Bernd-Christian Otto
Magie

Religionsgeschichtliche
Versuche und Vorarbeiten

Herausgegeben von
Jörg Rüpke und Christoph Uehlinger

Band 57

De Gruyter

Bernd-Christian Otto

Magie

Rezeptions- und diskursgeschichtliche Analysen
von der Antike bis zur Neuzeit

De Gruyter

ISBN 978-3-11-048799-2
e-ISBN 978-3-11-025421-1
ISSN 0939-2580

Library of Congress Cataloging-in-Publication Data

Otto, Bernd-Christian.
  Magie : rezeptions- und diskursgeschichtliche Analysen von der Antike bis zur Neuzeit / Bernd-Christian Otto.
    p. cm. – (Religionsgeschichtliche Versuche und Vorarbeiten, ISSN 0939-2580 ; Bd. 57)
  Revision of the author's thesis (doctoral) – Heidelberg, 2009.
  Includes bibliographical references and index.
  ISBN 978-3-11-025420-4 (hardcover : alk. paper)
  1. Magic – History. I. Title.
  BF1589.O88 2011
  133.4'309–dc22
                                                          2011010571

Bibliografische Information der Deutschen Nationalbibliothek

Die Deutsche Nationalbibliothek verzeichnet diese Publikation in der Deutschen Nationalbibliografie; detaillierte bibliografische Daten sind im Internet über http://dnb.d-nb.de abrufbar.

© 2011 Walter de Gruyter GmbH & Co. KG, Berlin/New York

Druck: Hubert & Co. GmbH & Co. KG, Göttingen
∞ Gedruckt auf säurefreiem Papier
Printed in Germany
www.degruyter.com

Vorwort

Die vorliegende Arbeit stellt eine überarbeitete Fassung meiner Dissertationsschrift dar, die im September 2009 an der Philosophischen Fakultät der Ruprecht-Karls-Universität Heidelberg zur Erlangung der Doktorwürde im Fach Religionswissenschaft eingereicht wurde. Mein großer Dank gilt Prof. Dr. Gregor Ahn, der mich zu dieser Arbeit ermutigte, diese über Jahre hinweg begleitete und in zahlreichen Gesprächen dabei half, die eigentümliche Problematik des Magiebegriffs zu entwirren. Auch Prof. Dr. Michael Stausberg, der freundlicherweise das Zweitgutachten übernahm und besonders in methodischer Hinsicht wertvolle Anregungen beisteuerte, gebührt mein Dank. Von den vielen fruchtbaren Kontakten, die sich im Zuge der Untersuchung ergeben haben, seien besonders Monika Neugebauer-Wölk, Kocku von Stuckrad, Rita Voltmer und Hubert Roeder herausgegriffen, denen an dieser Stelle für ihre Unterstützung gedankt sei. Den Herausgebern Jörg Rüpke und Christoph Uehlinger bin ich nicht nur zu Dank für die Aufnahme der Arbeit in die Reihe „Religionsgeschichtliche Versuche und Vorarbeiten" verpflichtet, sondern vor allem für ihre wertvollen Hinweise zur finalen Überarbeitung und Straffung des Manuskripts. In diesem Zusammenhang seien auch Albrecht Döhnert und Sabina Dabrowski vom Verlag De Gruyter genannt, die sich um die Betreuung der Drucklegung gekümmert haben.

Abschließend geht ein besonderer Dank an meine Familie, insbesondere an meine Frau Stephanie, ohne die die vorliegende Untersuchung in vielerlei Hinsicht nicht realisierbar gewesen wäre. Ihr möchte ich dieses Buch widmen.

Inhaltsverzeichnis

Vorwort		V
1.	Einleitung	1
1.1.	Gegenstand und Problemstellung	1
1.2.	Der Magiebegriff zwischen Begriffs-, Rezeptions- und Diskursgeschichte	6
1.2.1.	Kritische Bemerkungen zum begriffsgeschichtlichen Ansatz	9
1.2.2.	Rezeptions- statt Begriffsgeschichte	12
1.2.3.	Rezeptionsgeschichte und Diskursgeschichte(n)	15
1.3.	*Magie* und *Religion*	28
1.4.	Zur Kapitelstruktur	32
1.5.	Formale Hinweise	33

Teil A: Der akademische Magiediskurs

Der akademische Magiediskurs: Einführung		39
2.	Die Diskursbegründer – James George Frazer und David Émile Durkheim	45
2.1.	James George Frazer	45
2.2.	Rezeptionsgeschichtliche Einordnung Frazers	51
2.3.	David Émile Durkheim	60
2.4.	Rezeptionsgeschichtliche Einordnung Durkheims	66
2.5.	Weiterführende Überlegungen	69
3.	Der Zerfall der Kategorie: *Magie* und *Religion*	77
3.1.	Der fehlende Konsens	78
3.1.1.	Ein Syntheseversuch: Bronislav Malinowski	78
3.1.2.	Der Topos des *magisch-religiösen Kontinuums*	83
3.2.	Die zunehmende Falsifikation	87
3.2.1.	Allgemeinbegriffe und Einzelbeobachtungen	87

3.2.2.	Die Falsifikation durch Theorien	88
3.2.3.	Die Falsifikation durch Gegenstände	90
3.2.4.	Neuere Definitionen und das Problem des Bedeutungsüberschusses	96
3.3.	Der Magiebegriff als Ethnozentrismus	98
3.3.1.	Ethnozentrismen als Charakteristikum von Kulturkontakten	100
3.3.2.	Ethnozentrismen in der interkulturellen Religionsforschung	101
3.3.3.	Der Magiebegriff als Ethnozentrismus	105
4.	Der Zerfall der Kategorie: *Magie* und *Wissenschaft*	111
4.1.	*Magie* als falsche Wissenschaft	112
4.2.	*Mystisches Denken* als Erklärungshilfe	113
4.3.	Das Problem der *Attribution von Rationalität*	117
4.4.	Das Problem der *symbolischen Handlungsrationalität*	122
4.5.	Weiterführende Überlegungen	124
5.	Fazit	127

Teil B: Historische Analysen

Historische Analysen: Einführung		135
6.	Die formative Periode des Magiebegriffs im klassischen Griechenland	143
6.1.	Zur Forschungsgeschichte	144
6.2.	Rezeptionsgeschichtlicher Kontext: Die *persischen Magier*	149
6.3.	Die *griechischen Magier*	156
6.3.1.	Hippokrates' Περὶ ἱερῆς νούρου	165
6.3.2.	Platon: *mageía* und *pharmakeía*	169
6.4.	Weiterführende Deutungs- und Abstraktionsversuche	178
6.4.1.	Wer waren die *mágoi*?	179
6.4.2.	Überlegungen zum *Asebie*-Vorwurf	182
6.4.3.	Die Verdammung individualreligiöser Ritualpraktiken in der klassischen Polis	185
6.4.4.	Menschen mit übermenschlichen Fähigkeiten als neuer Vorstellungshorizont im klassischen Griechenland	198
6.5.	Fazit	211

7.	Apuleius von Madaura und die römisch-lateinische Rezeption des Magiebegriffs	219
7.1.	Rezeptionsgeschichtlicher Kontext: Zur römisch-lateinischen Rezeption des Magiebegriffs	220
7.1.1.	Plinius der Ältere und die *Historia Naturalis*	225
7.2.	Die *Apologia sive pro se de magia* des Apuleius Madaurensis	235
7.2.1.	Zum Gesetz	236
7.2.2.	Der Ablauf des Prozess	239
7.2.3.	Was ist ein *magus*?	241
7.2.4.	Apuleius' Dekonstruktion von *magia* als Bestandteil seiner Verteidigungsstrategie	245
7.2.4.1.	Der Fische-Vorwurf	246
7.2.4.2.	Der Vorwurf des fallenden Knaben	250
7.2.4.3.	Der Leintuch-Vorwurf	257
7.2.5.	Fazit	261
7.3.	Weiterführende Überlegungen	264
8.	Augustinus von Hippo und die frühchristliche Rezeption des Magiebegriffs	273
8.1.	Rezeptionsgeschichtlicher Kontext: Zur frühchristlichen Rezeption des Magiebegriffs	275
8.1.1.	Zur biblischen Terminologie	277
8.1.2.	*Mirakulöse Fähigkeiten* als hagiographischer Topos der römischen Kaiserzeit	287
8.1.2.1.	Apollonios von Tyana	290
8.1.3.	Wechselseitige Magievorwürfe	295
8.1.3.1.	Christliche Repliken	299
8.1.4.	Weiterführende Überlegungen	305
8.2.	Augustinus von Hippo: Die Vollendung des Magiebegriffs als Ausgrenzungskategorie	309
8.2.1.	Augustins Konstitution des *daemon*	311
8.2.2.	Augustins Setzungen zu *magia*	316
8.2.3.	Augustins Differenzierung von *Wunder* und *Magie*	324
8.3.	Fazit	332
9.	Die *Papyri Graecae Magicae* und der selbstreferentielle Magiebegriff der Spätantike	337
9.1.	Rezeptionsgeschichtlicher Kontext: Antike Rezeptionen eines positiv konnotierten Magiebegriffs	341
9.1.1.	Vertiefung: Die alkibiadische Rezeptionslinie	341

9.1.2.	Zur ambivalenten Rezeption des Magiebegriffs im neuplatonischen Diskurs	346
9.1.2.1.	Plotin: Grundlagen	346
9.1.2.2.	Plotin: *mageía* und *goēteía*	349
9.1.2.3.	Jamblichs *De Mysteriis*	356
9.1.2.4.	Fazit: Zur neuplatonischen Rezeption des Magiebegriffs	361
9.1.3.	Weitere Befunde und die Problematik ihrer Deutung	365
9.1.3.1.	Wichtige Negativbefunde: Das *Corpus Hermeticum*; die antiken *Tabellae Defixionum*	365
9.1.3.2.	Vertiefung: Zum Verhältnis von antiker Fremdreferentialität und Selbstreferentialität	369
9.1.3.3.	Ambivalente Befunde: Das *Testamentum Salomonis*; die *Biographie des Thessalos*; der *Alexanderroman*	376
9.2.	Die *Papyri Graecae Magicae*	382
9.2.1.	Zur Rezeption des Magiebegriffs in den *Papyri*	383
9.2.2.	Zur rituellen Stoßrichtung der *Papyri*	389
9.2.3.	*Mageía* und der Religionsbegriff	393
9.2.4.	Weiterführende Überlegungen	399
9.2.4.1.	Bitten und Zwingen	399
9.2.4.2.	Zum Topos des *Zauberworts*	403
9.2.4.3.	*Defixionen* und schadenbringende Ritualpraktiken	407
9.3.	Fazit	410
10.	Marsilio Ficino, Giovanni Pico della Mirandola und die frühneuzeitliche Rezeption des Magiebegriffs	413
10.1.	Prolog: Platons Bedeutung für den abendländischen Magiediskurs	415
10.2.	Rezeptionsgeschichtlicher Kontext: Die Wiederbelebung des klassischen Altertums	417
10.2.1.	Grundlegende Rezeptions- und Transformationsprozesse in der Frühen Neuzeit	417
10.2.2.	Vertiefung: Die *Florentiner Renaissance*	420
10.3.	Marsilio Ficino und die *magia naturalis*	424
10.3.1.	Ficinos *De Amore*	426
10.3.2.	Ficinos *De Vita Libri Tres*	432
10.3.2.1.	Die *Apologia*	433
10.3.2.2.	Rezeptionsgeschichtlicher Exkurs: Proklos' περὶ τῆς καθ' Ἕλληνας ἱερατικῆς τέχνης	436
10.3.2.3.	Rezeptionsgeschichtlicher Exkurs: Der *Picatrix*	443
10.3.2.4.	Ficinos Synthese in *De Vita*: Argumentative Grundlagen	451

10.3.2.5.	Rezeptionsgeschichtlicher Exkurs: Plotins *Enneade* 4, 3, 11 und der *lateinische Asclepius*	455
10.3.2.6.	Ficinos Dämonen	459
10.3.2.7.	Ficinos Ausführungen zur *Kraft der Worte*	462
10.3.2.8.	Ficinos Rezeption des Magiebegriffs in *De Vita*	465
10.3.3.	Fazit: Ficinos Bedeutung für den abendländischen Magiediskurs	469
10.4.	Pico della Mirandola: (Pseudo-) Historiographische und thematische Ausdifferenzierungen des *magia-naturalis*-Topos'	472
10.4.1.	Picos *Oratio de hominis dignitate*	473
10.4.2.	Picos *Conclusiones Nongentae*	480
10.5.	Fazit: Zum semantischen Gehalt des *magia-naturalis*-Topos'	486
10.6.	Weiterführende Überlegungen	491
11.	Aleister Crowley und der identifikatorische Magiediskurs des 19. und 20. Jahrhunderts	505
11.1.	Rezeptionsgeschichtlicher Kontext: *Magia-naturalis*-Allusionen im 18. und 19. Jahrhundert	509
11.1.1.	Der *Orden der Gold- und Rosenkreuzer*	509
11.1.2.	Francis Barretts *The Magus*	513
11.2.	Eliphas Lévi Zahed	518
11.2.1.	Lévis *Dogme et Rituel de la Haute Magie*: Übersicht	519
11.2.2.	Der *Wille*-Topos	521
11.2.3.	Rezeptionsgeschichtliche Einordnung Lévis	524
11.2.4.	Lévis weiträumiger Magiebegriff und das Problem der Ritualinvention	527
11.2.5.	Rezeptionsgeschichtlicher Exkurs: Der *Clavicula Salomonis* als Quellentext Lévis	532
11.2.6.	Fazit: Lévis „Beschwörung der Vier"	536
11.2.7.	Lévis Zuordnung von *Magie* und *Tarot*	538
11.2.8.	Lévi und Satan	541
11.2.9.	Fazit	545
11.3.	Helena Petrovna Blavatsky	547
11.3.1.	Blavatskys Artikel „Magic" im *Theosophical Glossary*	548
11.3.2.	Blavatskys Rezeption des Magiebegriffs in ihren Hauptwerken	553
11.3.2.1.	*Magie* als zentraler, synthetischer Grundbegriff im Werk Blavatskys: *magic is as old as man*	554
11.3.2.2.	*Magie*: schwarz oder weiß?	557
11.3.2.3.	Vertiefung: Blavatskys Magiebegriff	559
11.3.3.	Fazit	563
11.4.	Der *Hermetic Order of the Golden Dawn*	564

11.4.1.	Rezeptionsgeschichtlicher Kontext	565
11.4.2.	Der Magiebegriff des *Hermetic Order of the Golden Dawn*	572
11.4.3.	Die innere Ordnung: Der *Rosae Rubeae et Aureae Crucus*	577
11.4.4.	Rezeptionsgeschichtlicher Exkurs: John Dees *Henochische Sprache*	585
11.4.5.	Vertiefung: Der *Beschwörungs*-Topos	589
11.4.6.	Fazit	596
11.5.	Aleister Crowley: Synthese	600
11.5.1.	Crowleys Magiedefinition	601
11.6.	Fazit	611
12.	Synthesen	615
12.1.	Zum Verhältnis von Ausgrenzungs- und Aufwertungsdiskurs .	617
12.1.1.	Der historische Magiebegriff als *leere Signifikante*	620
12.2.	Zu historischen Wurzeln des akademischen Magiediskurses .	624
12.2.1.	Rezeptionsleistungen gegenüber dem Aufwertungsdiskurs	625
12.2.2.	Rezeptionsleistungen gegenüber dem Ausgrenzungsdiskurs	637
12.3.	*Magie* und *Religion*: Eine abschließende Verhältnisbestimmung	640
13.	Schluss	644

Literaturverzeichnis 657

Personenregister (Auswahl) 695

1. Einleitung

1.1. Gegenstand und Problemstellung

Die vorliegende religionswissenschaftliche Studie stellt den Versuch dar, dem akademischen Magiediskurs einen neuen methodologischen Umgang mit seinem konstituierenden Leitterminus – dem Magiebegriff – vorzuschlagen. Diese hier vorgeschlagene und partiell umgesetzte methodologische Umorientierung sieht nicht mehr die Untersuchung eines substanziell gefassten, religions- beziehungsweise kulturwissenschaftlichen Gegenstandsbereichs *Magie* vor, der – wie die akademische Theoriedebatte hinreichend erwiesen hat – durch grundlegende hermeneutische Probleme gekennzeichnet ist. Stattdessen wird der Magiebegriff im Folgenden als etymologisches Konstituens eines Textkorpus' fungieren, das durch Rezeptionen des Begriffs im Rahmen seiner tatsächlichen begriffsgeschichtlichen Referenzkulturen und -sprachen gekennzeichnet ist. Dieses Quellenkorpus, das (vor allem) Reptionen des Magiebegriffs im griechisch-hellenistischen, römisch-lateinischen und christlich-europäischen Kulturraum der letzten etwa 2500 Jahre impliziert, wird mittels einer Kombination aus begriffsgeschichtlichen, rezeptionsgeschichtlichen und diskurstheoretischen Fragestellungen strukturiert und untersucht. Die hier applizierte, primär philologisch-historiographische Herangehensweise an den Magiebegriff wird nicht nur eine differenzierte Einbettung des akademischen Magiediskurses in seine sehr viel weiter zurückreichenden, sinnkonstituierenden Referenzdiskurse erlauben und dadurch neue Einsichten in die Struktur und Problematik des akademischen Magiebegriffs generieren. Darüber hinaus werden völlig neue Fragestellungen und differenzierte Forschungsergebnisse im Kontext der außerwissenschaftlichen Geschichte des Begriffs selbst evoziert, die, so wird sich zeigen, sehr viel komplexer und disparater strukturiert ist, als bis dato angenommen.

Die hier vorgeschlagene methodologische Umorientierung im Kontext der akademischen Applikation des Magiebegriffs fußt im Wesentlichen auf zwei irritierenden Gegenwartsbeobachtungen. Zum einen konnte der akademische Magiediskurs bis heute keine funktionierenden Lösungsversuche hinsichtlich der zahlreichen konkurrierenden Magiedefinitionen und -theorien, der prinzipiellen Falsifizierbarkeit dieser Theorien oder der ethnozentrischen Konnotationen und Implikationen auch und gerade des akademischen Begriffs vorbringen. Der Bremer Religionswissenschaftler Hans G. Kippenberg hat in seinem 1998 veröffentlichten Aufsatz „Magie" sogar einen „Zerfall der Kategorie" diagnostiziert –[1] eine Einschätzung, die angesichts der fortlaufenden, im Zeitfenster der letzten Jahrzehnte häufig noch gestiegenen Applikation des Magiebegriffs in zahlreichen Nachbardisziplinen der Religionswissenschaft allerdings fraglich ist. Insbesondere die historischen Disziplinen – man denke an die klassischen Altertumswissenschaften,[2] die Mediävistik,[3] die frühneuzeitliche Geschichte,[4] die neuere Esoterik-Forschung,[5] aber auch an eine Disziplin wie die Ägyptologie[6] – weisen gerade heute zum Teil florierende, durch den Leitterminus *Magie* gekennzeichnete Forschungsfelder auf. Die Vorstellung eines konsistenten, transkulturell und ahistorisch zu fassenden Gegenstandsbereichs *Magie* wird dadurch auch und gerade in der rezenten akademischen Forschungslandschaft aufrecht erhalten und fortlaufend tradiert. Kippenbergs *Zerfall der Kategorie* scheint in vielen akademischen Disziplinen nicht stattgefunden zu haben – oder zumindest nicht ausreichend rezipiert worden zu sein. Die Heterogenität, ja, Zerrissenheit des rezenten interdisziplinären Magiediskurses stellt eine der beiden irritierenden Gegenwartsbeobachtungen dar, auf die die vorliegende Arbeit reagieren will.

Möglicherweise kann die zuletzt immer beliebtere akademische Magieforschung aber auch als Spiegelbild eines – und hierin liegt die zweite irritierende Gegenwartsbeobachtung – gerade in den letzten Jahrzehnten signifikant angestiegenen Rezeptionsniveaus des Magiebegriffs im euroamerikanischen, multimedialen Öffentlichkeitsdiskurs identifiziert werden. Dieser in seiner kontextuellen Ausgestaltung häufig verblüffende Rezeptionsanstieg des außerwissenschaftlichen Magiebegriffs impliziert nicht nur gestiegene Auflagen (ritual-) praktisch ausgerichteter Weltbewältigungsliteratur im Kontext der Literatursparte *Esoterik* (sowie eine Fülle entspre-

---

[1] Hans G. Kippenberg, „Magie", 86, in: Hubert Cancik, Burkhard Gladigow, Karl-Heinz Kohl (Hg.), *Handbuch religionswissenschaftlicher Grundbegriffe. Band IV: Kultbild-Rolle*, Stuttgart 1998, 85-98.

[2] Vgl. zum florierenden altertumswissenschaftlichen Magiediskurs unten, Kap. 6.1.

[3] Die Klassifikation zahlreicher Denk- und Ritualfiguren der christlich-mittelalterlichen Kirche als *magisch* ist gerade in der Mediävistik – so Eva Labouvie – „zur Selbstverständlichkeit geworden": Eva Labouvie, „Wissenschaftliche Theorien – rituelle Praxis. Annäherungen an die populäre Magie der Frühen Neuzeit im Kontext der 'Magie- und Aberglaubensforschung'", 295, in: *Historische Anthropologie 2* (1994), 287-307. Vgl. exemplarisch hierzu allein das quantitative Ausmaß an Rezeptionen des Magiebegriffs in Angenendts Standardwerk, auf das unten noch eingegangen wird: Arnold Angenendt, *Geschichte der Religiosität im Mittelalter*, Darmstadt ⁴2009.

[4] Hier ist exemplarisch die florierende akademische Auseinandersetzung mit dem frühneuzeitlichen *magia-naturalis*-Diskurs zu nennen; vgl. ausführlicher unten, Kap. 10.

[5] Vgl. hierzu u.A. die in Kapitel 11 aufgeführte Sekundärliteratur.

[6] Vgl. zu Beispielen und einer differenzierten Einordnung der ägyptologischen Magiedebatte unten, Kap. 9.2.4.1.

chender Angebote im *World Wide Web*), sondern auch die ausufernde Rezeption des Begriffs in der Sportberichterstattung (man denke an Formulierungen wie *Magic Johnson* oder *magisches Dreieck* um die Fußballspieler Fredi Bobic, Krassimir Balakov und Giovanne Elber) sowie – eine relativ neue Entwicklung – im Kontext der Vermarktung von Industrieprodukten. So ist es kein Zufall, dass das seit 2009 vertriebene Mobiltelefon des Suchmaschinenanbieters *google* den Produkttitel *HTC Magic* trägt; die Marketing-Experten des Konzerns reagierten hier offenkundig auf das dominante Rezeptionsmuster des Konkurrenzprodukts von *Apple* – das *Iphone* –, welches nicht nur von *Apple*-Chef Steve Jobs selbst als *magic* angepriesen,[7] sondern auch im Internetdiskurs der *Iphone*-Besitzer häufig mittels des Begriffs gekennzeichnet wird. Freilich ist in diesem Zusammenhang auch der weltweit und mit großem Abstand meistgelesene Text der letzten beiden Dekaden zu nennen – Joanne K. Rowlings *Harry-Potter*-Heptalogie –,[8] der den angesprochenen Rezeptionssprung in seinem Wirkungszeitraum sicherlich geprägt, wenn nicht potenziert hat.

Das derzeit hohe Rezeptionsniveau des Magiebegriffs im außerwissenschaftlichen, multimedialen, globalisierten Öffentlichkeitsdiskurs ist aus Sicht der vorliegenden Arbeit durch zwei wiederum irritierende Implikationen gekennzeichnet. Zum einen stellt schon die Tatsache, dass ein Begriff, der sich im akademischen Diskurs als so problematisch, mithin als undefinierbar erwiesen hat, im außerwissenschaftlichen Diskurs derzeit so üppig aufgegriffen, ja, gefeiert wird, einen äußerst unbefriedigenden Zustand dar. Der akademische Diskurs ist hinsichtlich dieses Befunds mithin disparat zu lokalisieren: während die außerwissenschaftliche Popularität des Magiebegriffs den erwähnten Anstieg substanziell-historiographischer Magieforschung in Nachbardisziplinen der Religionswissenschaft möglicherweise nicht unwesentlich beeinflusst hat,[9] offenbart der von Kip-

---

7   Vgl. Chris Ullrich, „The iPhone is magic", online verfügbar unter: http://www.tuaw.com/2009/01/15/the-iphone-is-magic/ (27.09.2009).
8   Mit „weit über 400 Millionen" verkauften Buchexemplaren (Stand: Juli 2009; vgl. hierzu die offizielle Pressemappe des Carlsen-Verlags, online verfügbar unter: http://www.carlsen.de/uploads/Presse/Harry_Potter_Pressemappe.pdf, Seite 3) kann Rowlings Erzählung in der Tat als weltweit meistgelesener (beziehungsweise -gekaufter) Text der letzten Jahrzehnte eingeordnet werden; vgl. hierzu auch Paul Bürvenich, *Der Zauber des Harry Potter. Analyse eines literarischen Welterfolgs*, Frankfurt a. Main 2001, 25: „Selbst der Best- und Longseller schlechthin, die Bibel, die mit 2,5 Milliarden Exemplaren seit 1815 als meistverkauftes Buch der Welt gilt, verkauft sich nicht einmal halb so gut wie die ersten vier Bände der Harry-Potter-Septalogie [sic!]: Umgerechnet auf 45 Monate, rund 50 Millionen Mal."
9   Vgl. Kocku von Stuckrad, der im Kontext des *Schamanismus*-Begriffs entsprechend festhält: „Die Entstehung wissenschaftlicher Forschungsgebiete, das wissen wir von Max Weber, Richard Rorty und anderen, verdankt sich einem kontingenten Geflecht gesellschaftlicher und persönlicher Einflüsse, die eine Wissenschaftlerin oder einen Wissenschaftler plötzlich für ein Thema begeistern."; Kocku von Stuckrad, *Schamanismus und Esoterik. Kultur- und wissenschaftsgeschichtliche Betrachtungen*, [Gnostica; 4], Leuven 2003, 1.

penberg konstatierte *Zerfall der Kategorie* hinsichtlich der theoretischen Auseinandersetzung mit dem akademischen Magiebegriff eine verstörende Diskrepanz, ja, diskursive Kluft gegenüber der ausufernden Rezeption des Begriffs in zahlreichen Segmenten moderner Popularkultur. Hieran schließt sich die kritische Beobachtung an, dass die akademische Theoriedebatte den Anschluss an den quantitativ außerordentlich relevanten, zum Teil sehr differenziert ablaufenden außerwissenschaftlichen Magiediskurs – der sich heute auch und gerade im Medium Internet manifestiert – weitgehend verloren hat.[10] Dies zeigt sich nicht zuletzt daran, dass wissenschaftliche Untersuchungen zu rezenten Autoren und Texten, die einen positiv konnotierten Magiebegriff zur Selbstbezeichnung aufweisen (man könnte also sagen: Untersuchungen zu rezenten *selbstreferentiellen*, das heißt *sich selbst so bezeichnenden Magiern*), nach wie vor rar gesät sind.[11] Möglicherweise haben die weitreichenden definitorischen Probleme des akademischen Magiediskurses selbst zu dieser diskursiven Kluft geführt. Eines der Ziele der vorliegenden Arbeit wird sein, diese Kluft zu überwinden und dem akademischen Diskurs einen Weg aus seiner (inter-) diskursiven Isoliertheit aufzuzeigen.

Die zweite, weitaus irritierendere Implikation der derzeit großen außerwissenschaftlichen Popularität des Magiebegriffs ist die Tatsache, dass der in Fantasy-Literatur (sowie in entsprechenden Verarbeitungen in Kinofilmen, Fernsehserien und Computerspielen), im journalistischen oder belletristischen Sprachspiel, im Produktmarketing sowie nicht zuletzt in neureligiösen Diskursfeldern wie *Wicca* oder *Neopaganismus* applizierte Magiebegriff überwiegend positiv konnotiert ist. Dies ist durch die Verwendung des Begriffs zum werbenden Anpreisen von Industrieprodukten oder bei der Illustration der Fähigkeiten außergewöhnlicher Sportler per se angezeigt; aber auch der in Joanne K. Rowlings *Harry-Potter*-Heptalogie oder der von John R. R. Tolkien in seinem Epos *Herr der Ringe* applizierte

---

10 Freilich ist hier zu fragen, ob dieser überhaupt jemals ausreichend bestanden hat. Hierzu ausführlicher unten, Kap. 12.2.2.

11 Eine Ausnahme stellt die brilliante Studie *Arkane Welten* des Sozialwissenschaftlers Gerhard Mayer dar: Gerhard Mayer, *Arkane Welten. Biographien, Erfahrungen und Praktiken zeitgenössischer Magier*, Würzburg 2008. Zwar wurden in den letzten Jahrzehnten weitere Untersuchungen zur Innenperspektive rezenter *MagierInnen* – insbesondere im Umfeld der *Wicca*- und *Neopaganismus*-Forschung – vorgelegt; diese haben bislang aber kaum auf die akademische Theoriedebatte eingewirkt. Vgl. hierzu auch Kocku von Stuckrad, der im Kontext seiner Auseinandersetzung mit Aleister Crowley festhält: „die Meinungen praktizierender Magier [spielen] in der akademischen Diskussion keine Rolle, obwohl ihre Positionen durchaus in der Lage sein könnten, neues Licht auf die wissenschaftliche Einordnung dieser religiösen Praxis zu werfen"; Kocku von Stuckrad, „Aleister Crowley, Thelema und die Religionsgeschichte des zwanzigsten Jahrhunderts", 307, in: Kocku von Stuckrad, Brigitte Luchesi (Hg.), *Religion im kulturellen Diskurs. Festschrift für Hans G. Kippenberg zu seinem 65. Geburtstag. Herausgegeben von Brigitte Luchesi und Kocku von Stuckrad*, [Religionsgeschichtliche Versuche und Vorarbeiten; 52], Berlin 2004, 307-24.

Begriff ist überwiegend meliorativer Natur – er konfiguriert moralisch hochwertige, mithin heldenhafte figuren, mit denen sich zahlreiche Leser und Kino- oder Fernsehzuschauer in den letzten Jahrzehnten hinreichend identifizieren konnten.

Man ist an diese Tatsache mittlerweile so gewöhnt, dass man selten ihre irritierenden, ja, verblüffenden historischen Implikationen beachtet hat. Geht man nur hundert Jahre zurück, markierte der Magiebegriff noch abergläubische, wirkungslose, ja, lächerliche Praktiken und Glaubensvorstellungen einer als intellektuell zurückgeblieben erachteten, europäischen Landbevölkerung oder – als *primitiv* oder *wild* bezeichneter – Stammeskulturen, mit denen die europäischen Kolonialmächte in ihren Herrschaftsgebieten in Kontakt gekommen waren.[12] Geht man noch weiter zurück – insbesondere vor die Zeit des üblicherweise als *Aufklärung* bezeichneten, komplexen ideengeschichtlichen Transformationsprozesses im Europa des 17., 18. und 19. Jahrhunderts – implizierte die öffentliche Zuschreibung des Magiebegriffs meist gar eine lebensbedrohliche Situation, wovon nicht zuletzt die frühnzeuzeitlichen Hexenverfolgungen (unter der übergeordneten Chiffre des *crimen magiae*) zeugen. Diese lebensbedrohlichen, fraglos negativ konnotierten Notationen des historischen Magiebegriffs lassen sich bis in die frühe römische Kaiserzeit, sogar bis in das klassische Griechenland zur Zeit Platons zurückverfolgen[13] und stellen – so sei bereits an dieser Stelle betont – aus historischer Sicht das lange Zeit dominante Rezeptionsmuster des Magiebegriffs dar.

Vor diesem Hintergrund mutet die gegenwärtige Rezeptionsflut eines positiv konnotierten, identifikatorischen Magiebegriffs – der prägnant auch im Kontext der neureligiösen Bewegung *Wicca* zu beobachten ist, die 1994 in den Vereinigten Staaten offiziell als Religion anerkannt worden ist – außerordentlich überraschend, wenn nicht unerklärlich an. Offensichtlich fand im 20. Jahrhundert ein weitreichender, sich auch öffentlichen Diskursen niederschlagender Umdeutungs- und Aufwertungsprozess des Magiebegriffs statt, der aus begriffsgeschichtlicher Sicht – so die hier vertretene Überzeugung – geradezu einmalig dasteht. Die vorliegende Arbeit wird versuchen, die bis dato kaum bemerkte Diskrepanz zwischen dem gegenwärtig hohen Rezeptionsniveau eines positiv konnotierten Magiebegriffs in zahlreichen Sparten moderner Popularkultur auf der einen, und seiner überwiegend negativ konnotierten Rezeption im Laufe seiner etwa 2500 Jahre umspannenden Begriffsgeschichte auf der anderen Seite durch eine differenzierte Rekonstruktion und Analyse der rezeptions- und diskursgeschichtlichen Grundzüge dieser Geschichte aufzuklären. Die vorliegende Arbeit intendiert also auch ein bis dato schmerzliches Desiderat akademi-

---

12 Vgl. hierzu ausführlicher unten, Kap. 2.1.
13 Ausführlicher unten, Kap. 6-9.

scher Forschung – einen übergreifenden, einheitlichen Entwurf zur Geschichte des Magiebegriffs – vorlegen zu können.

Die beiden genannten Gegenwartsbeobachtungen konfigurieren die Leitfragen der vorliegenden Arbeit. Zum einen ist der akademische Magiediskurs nicht nur vor dem Hintergrund wissenschaftstheoretischer und disziplingeschichtlicher Fragestellungen zu untersuchen, sondern auch mittels einer historiographischen Einordnung des Diskurses in seine außerwissenschaftlichen, mitunter sehr viel weiter zurückreichenden Referenzdiskurse. Zum anderen ist die Geschichte des Magiebegriffs insgesamt – und erstmals – möglichst detailliert und differenziert zu rekonstruieren; insbesondere ist sie dahingehend zu prüfen, ob die rezente, überwiegend positiv konnotierte Rezeption des Magiebegriffs als plötzliche Neusynthetisierung des 20. Jahrhunderts einzuordnen oder vielmehr auf – möglicherweise ebenfalls sehr viel weiter zurückreichende – begriffs- und rezeptionsgeschichtliche Wurzeln zurückzuführen ist. Diese Leitfragen sollen im Folgenden mittels der eingangs erwähnten methodologischen Umorientierung bearbeitet werden, deren theoretische Rahmenbedingungen nun ausführlicher darzulegen sind.

1.2. Der Magiebegriff zwischen Begriffs-, Rezeptions- und Diskursgeschichte

Um die Tragweite der hier vorgeschlagenen methodologischen Umorientierung verstehen zu können, ist vorab zu skizzieren, welche grundlegenden hermeneutischen und disziplingeschichtlichen Problematiken die im akademischen Magiediskurs typischerweise applizierte Methode – die substanzielle Definitionspraxis – mit sich gebracht hat.

Zunächst: der Magiebegriff ist, wie bereits angesprochen, zu Beginn des akademisch-religionswissenschaftlichen Diskurses im ausgehenden 19. Jahrhundert nicht kreiert, sondern vielmehr aus bestehenden, sehr viel älteren Referenzdiskursen – etwa der christlich-theologischen Literaturproduktion – aufgegriffen und neu ausgelegt (beziehungsweise eben: definiert) worden. Die Grundproblematik der Okkupation des Magiebegriffs durch akademische Protagonisten der formativen Periode bestand insofern darin, dass ein Terminus, der zu diesem Zeitpunkt bereits auf eine lange Tradition als (unter Anderem) christozentrisches Polem gegen fremdreligiöse, deviante oder als häretisch erachtete Ritualpraktiken und Glaubensvorstellungen zurückschauen konnte,[14] zu einer idealtypischen Sachkategorie für die neu formierte, interkulturell ausgelegte, vergleichende Religionswissenschaft erweitert wurde. Dadurch flossen elementare (negative) Wertungsmuster älterer magiologischer Referenzdiskurse – hierbei ist nicht

---

14 Vgl. zu diesem Rezeptionsmuster bereits im frühchristlichen Kontext unten, Kap. 8.

1.2. Der Magiebegriff zwischen Begriffs-, Rezeptions- und Diskursgeschichte 7

nur an Polemika des christlich-theologischen Diskurses, sondern auch des europäischen Aufklärungsdiskurses zu denken – in die Theoriebildung der sich formierenden akademischen Religionswissenschaft ein. *Magie* wurde (im Geiste des Christentums) idealtypisch dem Begriff *Religion*, oder (im Geiste der Aufklärung) dem Begriff *Wissenschaft* gegenübergestellt und in dieser Form zu einem auf alle Zeiten und Kulturen übertragbaren Klassifikationsmerkmal menschlicher Geschichte stilisiert, die gerade zu Gründerzeiten meist evolutionär – mit der westlichen Zivilisation als inhärentem Entwicklungsziel – gedacht wurde.

Dadurch konnte der Magiebegriff von europäischen Religionswissenschaftlern zur Bezeichnung kolonialer Befunde merkwürdiger Kultpraktiken in Übersee, oder auch zur Klassifikation unverständlicher Vorstellungen und Praktiken der eigenen, europäischen Landbevölkerung herangezogen werden, wodurch gleichzeitig auf deren Minderwertigkeit gegenüber *christlicher Religion* oder *akademischer Wissenschaft* hingewiesen wurde. Das wichtigste literarisch-diskursive Stilmittel jener Religionswissenschaftler war die Definition: alle wichtigen Magietheorien aus der Anfangszeit der Debatte – zu nennen sind hier vor allem die Entwürfe von Edward B. Tylor, James G. Frazer, Hubert Mauss und Henri Hubert, David Émile Durkheim und Bronislav Malinowski –[15] argumentieren mittels (unterschiedlicher) eineindeutiger Definitionsmuster, die substanziell angelegt sind, *Magie* also von einem Gegenstand, einer Substanz her festzulegen suchen, auf die der Begriff semantisch verweist.[16] Mittels dieser Praxis wurde insofern nicht nur versucht, eine (jeweils) einheitliche religionswissenschaftliche Metasprache zu konstituieren, die auf alle Zeiten und Kulturen anwendbar wäre, sondern auch, nach dem Wesen der wahrgenommenen Phänomene zu fragen, und dieses, einmal erfasst, über eine Definition gleichsam terminologisch zu fixieren.[17]

Das Problem dieses Vorgehens bestand in den folgenden Jahrzehnten nicht nur darin, dass die Anzahl unterschiedlicher, mitunter unvereinbarer Definitionen insbesondere des zentralen, dichotomen Begriffspaars *Magie –*

---

15 Zu diesen Entwürfen ausführlicher unten, Teil A.

16 Vgl. zur Problematik substanzieller Definitionen ausführlicher Fritz Stolz, *Grundzüge der Religionswissenschaft*, Stuttgart ²1997, v.a. 13-22 (von ihm als *substanzialistisch* bezeichnet).

17 Eine der Ursachen für ein solches Vorgehen sieht Burkhard Gladigow in einer frühen phänomenologischen Ausrichtung der Religionswissenschaft in Anlehnung an die programmatischen Vorgaben von Chantepie de la Saussaye: „Auf dieser Weise wird die Erzeugung von religionswissenschaftlich verwendbaren Allgemeinbegriffen, Kategorien und Klassifikationen umgangen und durch den virtuos gehandhabten Vergleich ‚religiösen' Sinns ersetzt. An diesem wissenschaftsgeschichtlichen und systematischen ‚Kreuzungspunkt' fiel eine folgenreiche Entscheidung gegen ‚Grundbegriffe' und für eine ‚platonisierende Wesensschau'"; Burkhard Gladigow, "Gegenstände und wissenschaftlicher Kontext von Religionswissenschaft", 31, in: Hubert Cancik, Burkhard Gladigow, Matthias Laubscher (Hg.), *Handbuch religionswissenschaftlicher Grundbegriffe. Band I: Systematischer Teil. Alphabetischer Teil: Aberglaube - Antisemitismus*, Stuttgart 1988, 26-40.

Religion durch die Pluralität theoretischer und methodologischer Blickwinkel unter Religionswissenschaftlern inflationär anstieg.[18] Schwerwiegender war – wissenschaftstheoretisch gesprochen – das Problem ihrer zunehmenden Falsifikation durch empirische Beobachtungen. Da *Magie* meist relational definiert wurde, also in Relation zum (christozentrischen) Religions- oder (akademischen) Wissenschaftsbegriff,[19] mussten nur einzelne Fallbeispiele – etwa im Kontext ethnologischer Feldforschung – gefunden werden, in denen die Akteure anders handelten, als metasprachlich festgelegt, um die theoretischen Grundannahmen in Frage zu stellen. Parallel dazu – dies ist vor allem ab der zweiten Hälfte des 20. Jahrhunderts immer deutlicher herausgestellt worden – verzerrte allein die Existenz einer substanziell ausgerichteten Metasprache die Beobachtung, Strukturierung und Erforschung religionswissenschaftlicher Gegenstandsbereiche. Die dadurch bereits begriffsimmanente Voreingenommenheit westlicher Forscher führte in vielen Fällen zur Anpassung realer Beobachtungsdaten an die verwendeten Leittermini und Theoriemodelle, wodurch die eigene Art zu denken reproduziert und veranschaulicht, das wirkliche Verständnis des Fremden jedoch mitunter erschwert, wenn nicht ganz verstellt wurde. Insbesondere seit den 1960er und 1970er Jahren hat sich als Terminus Technicus dieser Problematik der Begriff *Ethnozentrismus* etabliert –[20] der von Hans G. Kippenberg angesprochene *Zerfall der Kategorie* ist in diesem Zusammenhang besonders vor dem Hintergrund der ethnozentrischen Implikationen des Magiebegriffs zu verstehen, die bereits seit den 1960er Jahren rege diskutiert,[21] interdisziplinär allerdings bis heute nicht ausreichend erkannt und ernst genommen worden sind.

Aufgrund dieser Schwierigkeiten hat die vorliegende Arbeit weder zum Ziel, auf der Ebene substanzieller Magiedefinitionen möglicherweise neue, bislang unerkannte Lösungen für den versandeten Diskurs zu suchen, noch bei einer Auflösung des Begriffs stehen zu bleiben und dadurch die Isolation der religionswissenschaftlichen Magiedebatte gegenüber all jenen, die den Begriff nach wie vor – und gerade heute vermehrt – verwenden, aufrecht zu erhalten. Statt den Begriff von einer wie auch immer gedachten Substanz her zu definieren und dadurch einen zu unter-

---

18 So kann William J. Goode 1949 bereits einen Katalog von 11 nunmehr klassischen Gegenüberstellungen von *Magie* und *Religion* zusammenstellen: William J. Goode, „Magic and Religion. A Continuum", in: *Ethnos 14 (1949)*, 172-182. Ausführlicher unten, Kap. 2.1.2.
19 Klassisch die Frazersche Trias in evolutionärer Abfolge: *Magie – Religion – Wissenschaft*); ausführlicher unten, Kap. 2.1.1.
20 Vgl. im Kontext der Religionswissenschaft einführend Gregor Ahn, „Eurozentrismen als Erkenntnisbarrieren in der Religionswissenschaft", in: *Zeitschrift für Religionswissenschaft 5 (1997)*, 41-58.
21 Hierzu besonders Hans G. Kippenberg, „Einleitung: Zur Kontroverse über das Verstehen fremden Denkens", in: Hans G. Kippenberg, Brigitte Luchesi (Hg.), *Magie. Die sozialwissenschaftliche Kontroverse über das Verstehen fremden Denkens*, [Suhrkamp-Taschenbuch Wissenschaft; 674], Frankfurt a. Main ²1995, 9-51.

1.2. Der Magiebegriff zwischen Begriffs-, Rezeptions- und Diskursgeschichte

suchenden substanziellen Gegenstandsbereich *Magie* zu konstituieren, soll in der vorliegenden Arbeit vielmehr die Konstruktion und der Wandel von Bedeutungszuweisungen, in deren Mittelpunkt der Begriff *Magie* im Rahmen seiner etwa 2500 Jahre umspannenden Geschichte stand und steht, in den Blick genommen werden. Grundlegendes Ziel dieses Vorgehens ist also eine konsequente und im Wesentlichen philologisch ausgerichtete Historisierung des Magiebegriffs, deren methodologisch-theoretisches Fundament im Folgenden ausführlicher darzulegen ist.

1.2.1. Kritische Bemerkungen zum begriffsgeschichtlichen Ansatz

Das Konzept, das sich (nur) auf den ersten Blick für die hier zu unternehmende historiographische Analyse des Magiebegriffs zu eignen scheint, ist die begriffsgeschichtliche Methode, die im deutschsprachigen Raum insbesondere von Reinhard Koselleck im Rahmen des von ihm (mit-) herausgegebenen Lexikons *Geschichtliche Grundbegriffe* entwickelt worden ist.[22] In der vorliegenden Arbeit wird gleichwohl davon ausgegangen, dass der Ansatz Kosellecks für eine differenzierte Analyse der Geschichte des Magiebegriffs nicht geeignet ist. So sind Kosellecks Begriffsgeschichten häufig Bedeutungs- beziehungsweise – noch drastischer formuliert – Ideengeschichten geblieben; in den Worten Martin Wengelers: „Der wesentliche Kritikpunkt ist, dass Koselleck Begriffsgeschichte auf der einen und Sachgeschichte auf der anderen Seite verortet und damit letztlich die Indikator-Funktion von Begriffen für eine als außersprachlich aufgefasste Wirklichkeit sehr stark herausstellt".[23] Koselleck schreibt in der Einleitung des ersten Bandes der *Geschichtlichen Grundbegriffe* in diesem Zusammenhang explizit: "Begriffsgeschichten bezeugen Sachverhalte"[24] und führt in seinem Aufsatz „Begriffsgeschichte und Sozialgeschichte" weiter aus: „Wortbedeutungswandel und Sachwandel, Situationswechsel und Zwang zu Neubenennungen korrespondieren auf je verschiedene Weise miteinander."[25] Vor diesem Hintergrund beklagt auch Clemens Knobloch zurecht, dass Kosellecks Ansatz den Begriffen selbst „zu viel Ehre und zu viel Gewicht" beigemessen habe.[26] Tatsächlich kann man zahlreichen abstrakten, auch und gerade historisch bedeutsamen Begriffen – und hierzu gehört der Magiebe-

---

22 Vgl. Otto Brunner, Reinhard Koselleck, Werner Conze (Hg.), *Geschichtliche Grundbegriffe. Historisches Lexikon zur politisch-sozialen Sprache in Deutschland*, 8 Bände, Stuttgart 1972-1997.
23 Vgl. Martin Wengeler, *Topos und Diskurs. Begründung einer argumentationsanalytischen Methode und ihre Anwendung auf den Migrationsdiskurs (1960-1985)*, Tübingen 2003, 14.
24 Vgl. Reinhard Koselleck, „Einleitung", XV, in: Ders., Otto Brunner, Werner Conze (Hg.), *Geschichtliche Grundbegriffe. Historisches Lexikon zur politisch-sozialen Sprache in Deutschland.* Band 1, A-D, Stuttgart 1972, XIII-XXVII
25 Vgl. Reinhard Koselleck, „Begriffsgeschichte und Sozialgeschichte", 30, in: Ders. (Hg.), *Historische Semantik und Begriffsgeschichte*, Stuttgart 1979, 19-36.

griff zweifellos – eine eindeutige Bezeichnungsfunktion, gewissermaßen einen „realitätsspiegelnden"[27] Charakter nicht ohne Weiteres zusprechen.[28]

Zudem hat Kosellecks begriffsgeschichtlicher Ansatz häufig – dies hängt allerdings auch mit der lexikalischen Struktur der *Geschichtlichen Grundbegriffe* zusammen (das heißt besonders: mit der ihnen jeweils zur Verfügung gestellten Seitenanzahl) – zu einer gewissen Simplifizierung und Homogenisierung des Quellenmaterials geführt, was sich typischerweise darin äußert, einzelnen historischen Konstellationen oder Epochen *eine* einheitliche Bedeutung bei der Verwendung eines Begriffs zuzuschreiben. Gerade im Kontext des Magiebegriffs wird sich zeigen, dass dies nicht möglich ist, da dieser abhängig vom Autor beziehungsweise jeweils wirksamen Diskurs – auch innerhalb desselben historischen Kontextes – höchst polyvalente Bedeutungs- und Rezeptionsformen aufweisen kann. Zudem ist – wie unten noch ausführlicher dargelegt wird – eine eindeutige semantische Indikatorfunktion, ein realitätsspiegelnder Charakter des historischen Magiebegriffs häufig in Frage zu stellen. Darüber hinaus haben Kosellecks Begriffsgeschichten auch deshalb die Vorstellung relativ monolithisch voranschreitender Bedeutungen und Bedeutungsverlagerungen impliziert, weil sich die Autoren tendenziell an der Textproduktion kulturell-religiöser Eliten – an „Höhenkammliteratur" –[29] orientiert haben und andere, deviante Lesarten eines Begriffs aussparten; auch diese Problematik kann und muss im Kontext einer historiographischen Analyse des Magiebegriffs reflektiert und umgangen werden.[30]

Ein solchermaßen simplifizierender begriffsgeschichtlicher Ansatz soll hier daher nicht aufgegriffen werden. Wie bereits angesprochen, wird die folgende historiographische Analyse des Magiebegriffs stattdessen neuere rezeptionsgeschichtliche und diskurstheoretische Ansätze aufgreifen. Wenngleich hier also häufig von *Geschichte des Magiebegriffs* beziehungsweise vereinfachend *Begriffsgeschichte* gesprochen wird, sei an dieser Stelle

---

26 Vgl. Clemens Knobloch, „Überlegungen zur Theorie der Begriffsgeschichte aus sprach- und kommunikationswissenschaftlicher Sicht", 14, in: *Archiv für Begriffsgeschichte 35 (1992)*, 7-24.

27 Wengeler, *Topos und Diskurs...*, 13.

28 Vgl. Ebenda, 14: „Ohne anzunehmen, es gebe keine außersprachliche Wirklichkeit, kann gesagt werden, dass mit dieser Grundlage eine Analyse politisch-sozialer Begrifflichkeit Chancen verspielt werden, denn gerade für politisch-soziale 'Begriffe' ist aufgrund ihrer Abstraktheit und Nicht-Referenz auf konkrete sinnlich fassbare Gegenstände die wirklichkeitskonstituierende und nicht -repräsentierende Funktion zentral."

29 Vgl. Ebenda, 16.

30 Das heißt vor allem: in der vorliegenden Arbeit sollen nicht nur Autoren des elitären, polemisch-magiologischen Ausgrenzungsdiskurses zur Sprache kommen, sondern auch – um nochmals Kocku von Stuckrads obige Formulierung aufzugreifen – „die Meinungen praktizierender Magier" (.Stuckrad, „Aleister Crowley...", 307); Stuckrads Formulierung *praktizierende Magier* ist gleichwohl nochmals zu spezifizieren (denn wer legt fest, was ein *praktizierender Magier* ist?): hier geht es ausschließlich um die Meinungen jener, die sich selbst als *Magier* bezeichnet haben oder noch bezeichnen.

1.2. Der Magiebegriff zwischen Begriffs-, Rezeptions- und Diskursgeschichte   11

explizit darauf hingewiesen, dass hiermit kein begriffsgeschichtlicher Ansatz im klassischen Sinne impliziert ist. Vielmehr soll das überlieferte Quellenkorpus an historischen Verwendungen des Magiebegriffs nach rezeptions- und diskursgeschichtlichen Kriterien analysiert werden. Die im Rahmen dieser Analyse generierte Geschichte des Magiebegriffs wird zwar eine Reihe grundlegender semantischer Fragestellungen reflektieren, die auch im Kontext klassischer begriffsgeschichtlicher Ansätze relevant sind – etwa die Rekonstruktion eines *semantischen Feldes*; die Rekonstruktion der Genese und Geschichte einzelner *semantischer Topoi* innerhalb dieses Feldes; die Suche nach Synonyma und Antonyma im jeweiligen kulturell-terminologischen Kontext sowie nach weiteren terminologischen Referenzpunkten; die Frage nach onomasiologischen Entwicklungen insgesamt –, wird allerdings über die reine Bedeutungsrekonstruktion des historischen Magiebegriffs weit hinausgehen. Insofern wird sich die vorliegende Arbeit auch fundamental von den (wenigen) bis dato vorgelegten begriffsgeschichtlichen Entwürfen zum Magiebegriff unterscheiden,[31] sowie – noch drastischer – von den zahlreichen, nach Ansicht der Arbeit prinzipiell unbefriedigenden Ideengeschichten, die (meist unreflektierte) substanzielle Vorverständnisse von *Magie* zu vermeintlichen historischen Kontinuitäten stilisiert haben.[32]

---

31 Während ein Artikel zu Magie im Lexikon für Geschichtliche Grundbegriffe (leider) fehlt, findet sich zumindest im zweiten großen begriffsgeschichtlichen Lexikon des deutschsprachigen Raums – dem *historischen Wörterbuch der Philosophie* – ein kurzer Eintrag: Kurt Goldammer, „Magie", in: Joachim Ritter, Karlfried Gründer (Hg.), *Historisches Wörterbuch der Philosophie, Band 5: L-Mn*, Basel 1980, 631-636. Eine über diese fünf Seiten hinausgehende Untersuchung zur Geschichte des Magiebegriffs wurde bislang nicht vorgelegt – abgesehen von zahlreichen historischen Einzeluntersuchungen zu speziellen Aspekten und Epochen, auf die in Teil B dieser Arbeit jeweils verwiesen wird.

32 Vgl. allein im deutschsprachigen Raum exemplarisch die folgenden, in den letzten beiden Jahrzehnten veröffentlichten, implizit oder explizit ideengeschichtlichen Arbeiten: Dieter Harmening, *Zauberei im Abendland. Vom Anteil der Gelehrten am Wahn der Leute; Skizzen zur Geschichte des Aberglaubens*, [Quellen und Forschungen zur europäischen Ethnologie; Bd. 10], Würzburg 1991. Harald Haarmann, *Die Gegenwart der Magie. Kulturgeschichtliche und zeitkritische Betrachtungen*, Frankfurt a. Main 1992. Ralph Tegtmeier, *Magie und Sternenzauber. Okkultismus im Abendland*, Köln 1995. Christoph Daxelmüller, *Aberglaube, Hexenzauber, Höllenängste. Eine Geschichte der Magie*, München 1996. Leonard R. N. Ashley, *Geschichte der Magie*, Frechen 1999. Michael Baigent, Richard Leigh, *Verschlusssache Magie. Der Einfluß von Mythen und Mysterien auf unser Leben*, München 2000. Karl-Heinz Göttert, *Magie. zur Geschichte des Streits um die magischen Künste unter Philosophen, Theologen, Medizinern, Juristen und Naturwissenschaftlern von der Antike bis zur Aufklärung*, München 2001. Christoph Daxelmüller, *Zauberpraktiken. Eine Ideengeschichte der Magie*, Düsseldorf 2001. Margarethe Ruff, *Zauberpraktiken als Lebenshilfe. Magie im Alltag vom Mittelalter bis heute*, Frankfurt a. Main 2003. Dierk Suhr, Sabine Seifert, *Kleine Geschichte der Magie*, Ostfildern 2009.

1.2.2. Rezeptions- statt Begriffsgeschichte

Der methodologische Ansatz, der hier in erster Linie zur historiographischen Analyse des Magiebegriffs verwendet wird, ist das Konzept der *Rezeptionsgeschichte*.[33] Dieses Konzept ist besonders auf den Literaturwissenschaftler Hans Robert Jauß und den von ihm formulierten Ansatz der *Rezeptionsästhetik* zurückzuführen, der seit den späten 1960er Jahren vermehrt im literaturwissenschaftlichen Diskurs aufgegriffen worden ist.[34] Das erkenntnisgenerierende Potenzial eines rezeptionsgeschichtlichen im Kontext eines begriffsgeschichtlichen Ansatzes – zumal im allgemeinen Referenzfeld von Religionswissenschaft und -geschichte – ist bis dato aber noch nicht annähernd ausgelotet worden. Erst in jüngerer Zeit hat Michael Stausberg in seiner Studie *Faszination Zarathustra* darauf aufmerksam gemacht, welche weiterführenden, differenzierten Forschungsergebnisse sich mittels der rezeptionsgeschichtlichen Methode im Kontext genuin religionsgeschichtlicher Szenarien (und Begriffe) generieren lassen.[35] Die folgende Arbeit knüpft in gewisser Hinsicht an Stausbergs Entwurf an, hat mit dem Magiebegriff allerdings einen Forschungsgegenstand vor sich, der ganz andere heuristische Probleme und historiographische Implikationen in sich birgt als der von Stausberg untersuchte Eigenname ZaraΘuštra beziehungsweise Zoroaster. Zwar geht der Magiebegriff ursprünglich auch auf einen persischen Eigennamen zurück[36] und weist zudem, wie sich zeigen wird, eine Reihe signifikanter (rezeptionsgeschichtlicher) Berührungspunkte mit Stausbergs Analyse auf. Als begriffliches Abstraktum hat Magie allerdings eine sehr viel komplexere Rezeptions- und Bedeutungsgeschichte durchlaufen, weshalb hier – wie unten noch ausführlicher erläutert wird – zusätzlich mit einer Reihe diskurstheoretischer Ansätze gearbeitet wird.

Gleichwohl gelten grundlegende Implikationen des rezeptionsgeschichtlichen Ansatzes Stausbergs auch für die vorliegende Arbeit. Durch die Applikation dieses Ansatzes tritt die Vorstellung einer Kernbedeutung beziehungsweise semantisch konstanten Idee, die gewissermaßen über Zeit und Raum wandert (*Ideengeschichte*), oder die Auffassung eines Begriffs als selbstständige Entität, die unter dem primären Gesichtspunkt von Bedeutungsgenese und Bedeutungswandel zu untersuchen wäre (*Begriffs-*

---

33 Vgl. zum rezeptionsgeschichtlichen Paradigma grundlegend Gunter Grimm, „Einführung in die Rezeptionsforschung", in: Ders., *Literatur und Leser. Theorien und Modelle zur Rezeption literarischer Werke*, Stuttgart 1975, 11-84.
34 Vgl. maßgeblich Hans Robert Jauß, *Literaturgeschichte als Provokation der Literaturwissenschaft*, [Konstanzer Universitätsreden; Universität Konstanz; 3], Konstanz 1967. Ausführlicher hierzu auch Grimm, „Einführung in die Rezeptionsforschung", v.a. 26-33.
35 Vgl. Michael Stausberg, *Faszination Zarathustra: Zoroaster und die europäische Religionsgeschichte der frühen Neuzeit*, [Religionsgeschichtliche Versuche und Vorarbeiten; Bd. 42], Berlin 1998.
36 Ausführlicher unten, Kap. 6.1.2.

1.2. Der Magiebegriff zwischen Begriffs-, Rezeptions- und Diskursgeschichte 13

geschichte), in den Hintergrund. Eine Rezeptionsgeschichte des Magiebegriffs hat vielmehr die sozial-kulturellen Bedingungen, sprachlichen und außersprachlichen Funktionen, sowie autorspezifischen Motivationen und Intentionen konkreter Verwendungen (hier aufgefasst als Rezeptionen) des Begriffs *Magie* zum Gegenstand: „Eine strikt rezeptionsgeschichtliche Perspektive steht im Gegensatz zu der Annahme einer Selbstwirksamkeit und prädisponierten Bedeutung von (,heiligen') Texten und Konzeptionen [sowie Begriffen; d. Verf.]. Die Rezeptionsgeschichte hat demgegenüber etwa auf kreative Deutungsprozesse, Interpretationsleistungen, Interpretengruppen und Institutionalisierungen von Texten, Themen und Konzeptionen [sowie Begriffen; d. Verf.] zu achten."[37] Dadurch tritt die historische, soziale und intellektuelle Situiertheit einzelner Rezipienten des Magiebegriffs bei ihrer Applikation und Einordnung des Begriffs in unterschiedliche semantisch-konzeptionelle Bezüge in den Vordergrund. Aus rezeptionsgeschichtlicher Sicht ist insofern von einer prinzipiellen Heterogenität und Polyvalenz des Magiebegriffs auszugehen, da seine semantischen und funktionalen Implikationen häufig erst – wie sich zeigen wird – durch Rezeptionsprozesse selbst konstituiert worden sind und sich daher bereits zwischen zwei Autoren (auch desselben Kulturraums oder Diskurses) erheblich unterscheiden können.

Durch eine rezeptionsgeschichtliche Perspektive kann das oben beschriebene Dilemma der Pluralität und methodologischen Eingeschränktheit substanzieller Definitionen und Forschungsansätze einerseits thematisiert, andererseits umgangen werden. Indem eine Rezeptionsgeschichte des Magiebegriffs „ihre Perspektive vom Rezipienten her zu bestimmen"[38] sucht, kann von der Idee einer wie auch immer festzulegenden semantischen Eindeutigkeit des Magiebegriffs (aus religionswissenschaftlicher Sicht würde dies etwa die irreführende Vorstellung der Richtigkeit einer Magiedefinition implizieren) Abschied genommen und die terminologische Dependenz des Magiebegriffs von den vielfältigen historischen und sozialen Kontexten konkreter Rezeptionsformen oder -epochen – auch unter Religionswissenschaftlern des 20. Jahrhunderts – deutlich gemacht werden. Die religionswissenschaftliche Definitionsgeschichte des Magiebegriffs selbst wird dadurch als eine relativ kurze, allerdings prägnante Epoche der etwa 2500-jährigen abendländisch-europäischen Rezeptionsgeschichte des Magiebegriffs greifbar und durch die Einordnung in diese umfassendere historiographische Perspektive wichtige, erhellende Impulse erhalten.[39] Zudem kann die abendländische Kultur- und Religionsgeschichte insgesamt – die im Kontext des Magiebegriffs häufig eindimensional als Verfolgungsgeschichte wahrgenommen wird – unter völlig

---

37 Vgl. Stausberg, *Faszination Zarathustra...*, 3.
38 Ebenda.
39 Ausführlicher unten, Kap. 12.2.

neuen Gesichtspunkten rekapituliert werden: in welchen religionsgeschichtlichen Konstellationen wurde der Magiebegriff konkret aufgegriffen (und in welchen nicht?), von wem, zu welchem Zweck und vor allem: was wurde mit dem Begriff eigentlich genau bezeichnet (oder auch – aus diskurstheoretischer Perspektive – *nicht* bezeichnet)? Die vorliegende Arbeit wird differenzierte Ergebnisse zu diesen bis dato kaum gestellten Fragen vorlegen.

Mit der hier unternommenen Historisierung und Kontextualisierung des Magiebegriffs ist impliziert, dass jede historische Rezeption für sich steht und nicht mehr innerhalb eines monolithischen, übergeordneten Bedeutungskonzeptes von *Magie* eingeordnet werden kann. In diesem Zusammenhang ist auch von der Vorstellung Abstand zu nehmen, dass der moderne Leser – auch und gerade der Wissenschaftler – automatisch, gewissermaßen intuitiv verstehen kann, was im Kontext historischer (etwa antiker) Rezeptionen des Magiebegriffs eigentlich gemeint ist (sofern überhaupt die semantische Indikatorfunktion greift; in vielen Fällen wird sich dies als nicht eindeutig erweisen). Ein Verstehen einzelner historischer Rezeptionen des Magiebegriffs ist – so die hier vertretene Überzeugung – nur ausgehend von den jeweils autorspezifischen, kulturell-diskursiven Rahmenbedingungen möglich. Moderne Lesarten oder gar implizite Vorverständnisse sind bei der Rekonstruktion der historischen Semantik(en) des Begriffs – die oft genug zwischen den Zeilen erfasst werden muss (Definitionen haben sich ja erst, von einigen Ausnahmen abgesehen, im akademischen Magiediskurs des 19. und 20. Jahrhunderts durchgesetzt) – unbedingt auszublenden.

Eine Besonderheit und für die vorliegende Arbeit höchst praktische Implikation der rezeptionsgeschichtlichen Methode ist die Rekonstruktion von Rezeptionslinien. Rezeptionslinien sind dann konkret rekonstruierbar, wenn sich Autoren bei ihrem literarischen Schaffen explizit (oder implizit) auf ältere Autoren und Texte – etwa im Kontext einer bestimmten Lesart oder semantischen Zuordnung des Magiebegriffs – berufen. Es wird sich zeigen, dass auch der außerwissenschaftliche Magiediskurs zum Teil durch weitreichende intertextuelle Referenzstrukturen gekennzeichnet ist – das heißt: durch den dezidierten, textimmanenten Verweis auf ältere Texte und Autoren, die jeweils als autoritativ angesehen werden. Dadurch sind im Kontext der Geschichte des Magiebegriffs bestimmte Textpassagen oder semantische Topoi immer wieder und zum Teil mit explizitem Verweis auf rezeptionsgeschichtliche Vorbilder und Referenztexte aufgegriffen und fortlaufend – mitunter über Jahrtausende! – tradiert worden. Beispielsweise ist eine kurze Passage in Platons *erstem Alkibiades*, in welchem der Philosoph das griechische Abstraktum μαγεία als *Verehrung der Götter* markiert,[40] nicht nur im antiken philosophischen Diskurs, sondern auch von frühneu-

---

40 Vgl. zur Passage unten, Kap. 6.3.1.2.

1.2. Der Magiebegriff zwischen Begriffs-, Rezeptions- und Diskursgeschichte

zeitlichen und späteren Autoren immer wieder zur Legitimation einer positiv konnotierten Lesart des Magiebegriffs aufgegriffen worden. Eine vergleichbare wirkungsgeschichtliche Bedeutung wird sich auch bei weiteren Texten und Autoren erweisen – etwa bei Augustinus, dessen systematische Ausführungen zum *Dämonenpakt* die abendländisch-europäische, vorwiegend christlich-theologisch dominierte Rezeption des Magiebegriffs fundamental geprägt haben. Vergleichbare Referenzstrukturen und Rezeptionslinien sind auch innerhalb des textuellen Diskurses selbstreferentieller – das heißt: sich selbst so bezeichnender – *Magier* über zum Teil weitreichende Zeiträume beobachtbar. So sind eine ganze Reihe religionsgeschichtlich bedeutsamer Figuren – beispielsweise der im *ersten Buch der Könige* des Alten Testaments bezeugte dritte König Israels: *Salomon* – von selbstreferentiellen *Magiern* aufgegriffen und als Gewährsmänner von textimmanent als *Magie* gekennzeichneten Denk- und Ritualformen vereinnahmt worden. Dasselbe gilt für Symbolfiguren, die im selbstreferentiell-*magischen* Diskurs kursierten – hier ist beispielsweise an das Pentagramm zu denken. Es wird sich zeigen, dass auch Autoren, die sich innerhalb der letzten etwa 2000 Jahre als *Magier* bezeichneten, sprichwörtliche Texttraditionen generiert haben, die mittels der rezeptionsgeschichtlichen Methode hervorragend auf terminologische und konzeptionelle Kontinuitäten (oder auch Brüche) hin untersucht werden können.

1.2.3. Rezeptionsgeschichte und Diskursgeschichte(n)

In den letzten Passagen hat sich bereits angedeutet, dass im Rahmen der hier unternommenen historiographischen Analyse des Magiebegriffs unterschiedliche Trägergruppen von Texten differenziert werden, die jeweils eigenständig untersucht werden sollen. Dadurch ist der analytische Schritt von der *Rezeption* zum *Diskurs*, von der Rezeptions- zur Diskursgeschichte beziehungsweise Diskursanalyse vollzogen. Der Diskursbegriff ist aufgrund seines diffusen Charakters sicherlich eines der am schwierigsten zu fassenden theoretischen Konstrukte neuerer Wissenschaftssprache. Doch ist eine Auseinandersetzung mit ihm in der vorliegenden Arbeit geboten, da eine rein rezeptionsgeschichtliche Perspektive beim Magiebegriff immer wieder an ihre Grenzen gelangen würde. Zum einen sind Sinn und Funktion außerwissenschaftlicher Rezeptionen des Magiebegriffs häufig nur von dahinter stehenden und bereits entwickelten Textmengen – Diskursen – her verständlich. Zum anderen kann der Diskursbegriff dort Klarheit schaffen, wo die Rezeption von Begriffen oder Konzeptionen (etwa aufgrund spärlich gesäter historischer Quellen) nicht hinreichend rekonstruierbar ist. Ab dem 5. Jahrhundert vor Christus sind in griechischen Texten plötzlich Rezeptionen der Personenbezeichnung μάγος zur Kennzeichnung von privat operierenden Ritualspezialisten beobachtbar – die ursprüngliche, noch bei Herodot zu findende Namensbezeichnung einer persisch-medischen Priesterkaste scheint einer allgemeineren pejorativen Kennzeichnung von sozial-religiösen Randgruppen in der griechischen Polis Platz gemacht zu haben. Da sich solche semantischen Wandlungsprozesse textimmanent (auch heute) mitunter nicht en detail rekonstruieren lassen, kann der Diskursbegriff hier zur Einbettung auf den ersten Blick unverständlicher Aussagen oder Textpassagen in übergeordnete kulturelle Sinnzusammenhänge herangezogen werden. Denn Diskurse gehen Rezeptionen prinzipiell voraus: „the system of relations which constitutes language exists independently of specific users of language, so the structure and internal logic of discourses also exists independently of its users. Discourse structures the act of speech, not vice versa."[41]

Im Wesentlichen wird hier dem Diskursverständnis gefolgt, das Michel Foucault im Rahmen seiner Abhandlung *Archäologie des Wissens* dargelegt hat.[42] Foucaults zentrale Annahme ist hier, dass einzelne sprachliche Aussagen immer als "Knoten in einem Netz" fungieren,[43] dadurch prinzipiell mit anderen Aussagen und Texten in Verbindung stehen und in diese metatextuelle Aussagenmenge – eben den Diskurs – analytisch einzubetten sind. Die Idee eines einzelnen, rational handelnden, literarischen Subjektes und seine scheinbare – im europäischen Literaturverständnis häufig hervorgehobene – Individualität und literarische Schöpfungskraft wird von Foucault vor dem Hintergrund überindividueller diskursiver Formationsbedingungen und -regeln, die jede individuelle Aussage erst konstituieren, weitgehend verworfen.[44] In diesem Zusammenhang gibt er typische historiographische Klassifikationsmuster (wie *Epoche, Tradition, Mentalität, Entwicklung*)[45] und gewohnte literaturgeschichtliche Ordnungseinheiten (insbesondere *Autor, Buch* und *Werk*)[46] als Methoden der Textanalyse auf und entwickelt einen Diskursbegriff, der vor allem aus der Fragwürdigkeit einer stringenten, ursprungslogischen und in zeitlichen Kontinuitäten ablaufenden Geschichtsschreibung gespeist ist. Foucault setzt diesem in der Geschichtswissenschaft lange vorherrschenden Paradigma die Hinwendung zum Bruch, zur Diskontinuität, zur Heterogenität historischer Prozesse und Ereignisse entgegen.[47] Im Laufe der Arbeit wird deutlich wer-

---

41 Tim Murphy, „Discourse", 402, in: Willi Braun, Russell T. McCutcheon (Hg.), *Guide to the Study of Religion*, London 2000, 396-408.
42 Vgl. Michel Foucault, *Archäologie des Wissens*, Frankfurt a. Main 1973.
43 Ebenda, 36.
44 Zur Fragwürdigkeit der Stifterfunktion des Subjekts vgl. Ebenda, besonders 22ff. Ausgenommen von dieser Sichtweise sind die von Foucault als Diskursivitätsbegründer bezeichneten Autoren. Vgl. hierzu besonders Michel Foucault, „Was ist ein Autor", in: Ders., *Schriften zur Literatur*, Frankfurt a. Main 1988, 7-31.
45 Ebenda, u.A. 9ff, 33f.
46 Ebenda, 35ff.
47 Ebenda, u.A. 17ff, 33ff.

1.2. Der Magiebegriff zwischen Begriffs-, Rezeptions- und Diskursgeschichte 17

den, dass auch und gerade diese Aspekte in der Geschichte des Magiebegriffs eine bedeutsame Rolle gespielt haben und bei der historiographischen Analyse des Begriffs grundlegend beachtet werden müssen.

Diskurs wird hier also zunächst als *Menge von Aussagen*, darüber hinaus als verallgemeinertes, kodiertes, kulturelles System von Bedeutungszuschreibungen verstanden, das über einzelnen sprachlichen oder textuellen Aussagen steht und in das diese sinnhaft eingebettet sind.[48] In den Worten des amerikanischen Religionswissenschaftlers Tim Murphy: Diskurstheorie „understands the text to be a product of something which cannot be said strictly to reside within the text, but rather within which the text itself resides. This order, which is both within the text and without it, is discourse".[49] Kein Text, kein Begriff steht für sich, sondern verweist auf ein darüberliegendes Netz bereits getätigter Aussagen und bestehender kultureller Wissensstrukturen, durch das Kommunikation und Sprache überhaupt erst möglich wird.[50] Ziel wird im Folgenden sein, die einzelnen hier untersuchten Rezeptionen des Magiebegriffs diskursiv einzubetten – das heißt, die Diskurse zu identifizieren, die hinter diesen Aussagen stehen und ihnen erst ihre Gestalt, ihren Sinn und ihre Funktion verleihen.

Bereits in Foucaults diskursbegründenden Schriften ist der diskurstheoretische Ansatz durch eine hohe Komplexität und zum Teil schwierige Verständlichkeit gekennzeichnet. In der wissenschaftlichen Auseinandersetzung der letzten Jahrzehnten ist er kaum zufällig auf sehr unterschiedliche Art und Weise ausgelegt und appliziert worden.[51] Hier sollen keine vergleichbar komplexen, langwierigen Erörterungen zur Diskurstheorie vorangestellt werden, die im Kontext historischen Quellenmaterials häufig ohnehin nur begrenzt umsetzbar sind. Diskurstheoretische Überlegungen werden – abgesehen von den eben genannten, grundlegenden Voraussetzungen – im Rahmen dreier zentraler Annahmen appliziert, die die Gestalt und das analytische Vorgehen der Arbeit insgesamt bestimmen werden. Zum einen werden bereits vorab unterschiedliche Magiediskurse identifiziert (beziehungsweise vielmehr: konstituiert), die die Struktur und Ana-

---

48 Im Wesentlichen wird sich der hier verwendete Diskursbegriff also auf *textuelle Aussagen* beschränken und darüber hinausgehende (in neueren Diskurstheorien thematisierte) Ausdrucks- und Wirkebenen von Diskursen (nach Foucault außerdiskursive Praktiken wie rituelle Handlungen, Gefühle usw.) nicht unter dem Diskursbegriff konzeptionalisieren. Sofern Diskurse außerdiskursive Praktiken berühren, wird dies hier eigens erläutert.
49 Murphy, „Discourse", 397.
50 Vgl. Murphy, „Discourse", 398: „The text cannot be seen as a self-contained system of signifiers and signifieds, for its system of meanings draws upon a series of preexistent meanings, meanings of formulae, tropes, clichés, conventions, genres, taxonomies, myths, characters, histories, ideologems and other historical-cultural-semantic items.". Vgl. hierzu auch Kirsten Adamzik, *Sprache: Wege zum Verstehen*, [UTB für Wissenschaft: Uni-Taschenbücher; 2172], Tübingen 2001, 254f.
51 Vgl. zu einer Übersicht über die Vielzahl neuerer Diskurstheorien Siegfried Jäger, *Kritische Diskursanalyse. Eine Einführung*, [Edition DISS, Band 3], Münster ⁴2004, 120-126.

lyse des Quellenmaterials grundlegend bedingen – und vor allem vereinfachen – werden. Zum anderen wird Foucaults Konzept des *Diskursivitätsbegründers* beziehungsweise *Diskursbegründers* aufgegriffen, um insbesondere die Auswahl der hier untersuchten Quellentexte strukturieren und begründen zu können. Schließlich werden neuere diskurstheoretische Ansätze herausgegriffen, die das Vorhandensein eines tatsächlichen (*transzendentalen*) Signifikats im Kontext diskursiv verhandelter Begriffe betont haben.

Zunächst zur angesprochenen Differenzierung unterschiedlicher Diskurse: einführend ist hierbei festzuhalten, dass Diskurse im Folgenden auf unterschiedliche Weise differenziert werden. Zum einen werden Diskurse bezüglich gemeinsamer Charakteristika ihrer Autoren, das heißt ihrer literarischen Trägergruppen konstituiert. So wird hier zum Beispiel häufig von einem *akademischen Magiediskurs* gesprochen; hiermit ist also eine Menge an Aussagen zu *Magie* gemeint, die von Angehörigen akademischer Fakultäten innerhalb der letzten eineinhalb Jahrhunderte verfasst worden ist. Die analytische Konstitution eines genuin akademischen Magiediskurses wird in diesem Zusammenhang auch dadurch nahegelegt, dass dieser durch „bestimmte logische sowie formale Regeln, eine eigene Intertextualitätsgeschichte, eigene Legitimationsstrategien und einen gewissen akademisch-institutionellen Kontext"[52] gekennzeichnet ist, die ihn von anderen, außerwissenschaftlichen (Magie-) Diskursen absetzen. Analog ließe sich in diesem Zusammenhang auch – um ein weiteres Beispiel zu nennen – von einem christlich-theologischen Magiediskurs sprechen, der wiederum durch die Trägergruppe christlicher Autoritäten der letzten etwa zwei Jahrtausende gekennzeichnet ist und der ebenfalls spezifische Text-, Argumentations-, Legitimations- und Intertextualitätsstrukturen aufweist.

Neben der Unterscheidung unterschiedlicher Magiediskurse über ihre Trägergruppen wird noch ein weiteres Differenzierungsmuster zum Tragen kommen, das sich insbesondere bei der Analyse der außerwissenschaftlichen Rezeptionsgeschichte des Magiebegriffs als bedeutsam erweisen wird. So wird hier ganz prinzipiell zwischen zwei historischen Diskursen differenziert, die nicht über ihre Trägergruppen und deren Charakteristika, sondern vielmehr durch unterschiedliche textimmanente Rezeptions- und Funktionalisierungsformen des Magiebegriffs selbst gekennzeichnet sind. Hierbei geht es im Wesentlichen um die analytische Unterscheidung einer historischen Verwendung des Magiebegriffs zur Selbstbezeichnung (zur Kennzeichnung des *eigenen* Denkens und Handelns) und zur Fremdbezeichnung (zur Kennzeichnung des Denkens und Handelns *Anderer*). Diese grundlegende analytische Unterscheidung – die im Rahmen der historischen Analyse zur Rekonstruktion eines (kultur- und epochenübergreifenden) *selbstreferentiellen* und eines (kultur- und epochenübergreifenden)

---

52 Stausberg, *Faszination Zarathustra...*, 3/4.

1.2. Der Magiebegriff zwischen Begriffs-, Rezeptions- und Diskursgeschichte

fremdreferentiellen Magiediskurses führen wird – ist durch die außerordentlich konfliktreiche Geschichte des Magiebegriffs selbst bedingt. Offenkundig ist es für eine historiographische Analyse des Begriffs nicht ausreichend, nur die Texte und Stimmen jener zu berücksichtigen, die den Magiebegriff zur Verfolgung, Stigmatisierung und Ausgrenzung Anderer – häufig im Kontext binnen- oder interreligiöser Konfliktsituationen – appliziert haben. Denn diese Rezeptionen weisen meist polemische, verzerrende, ethnozentrische Charakteristika auf; hier bezeugen (um mit Koselleck zu sprechen) "Begriffsgeschichten [...] Sachverhalte" gerade nicht –[53] ein Befund, der beispielsweise im Kontext neuerer akademischer Literatur zur frühneuzeitlichen Hexenverfolgung, die nun Formulierungen wie „Konstruktion eines 'Superverbrechens'" aufweist,[54] geradezu zu einem Allgemeinplatz geworden ist.[55]

So ist eines der wesentlichen Ziele der vorliegenden Arbeit, nicht nur fremdreferentielle – etwa christlich-theologische – Magietheoretiker zu Wort kommen zu lassen, sondern deren Außenperspektive mit Positionen und Texten von Autoren zu kontrastieren, die sich im Laufe der letzten etwa 2000 Jahre selbst als *Magier* bezeichnet haben. Erwartungsgemäß haben selbstreferentielle *Magier* häufig nicht nur eine sehr viel wertfreiere, mithin völlig anders gelagte Lesart des Magiebegriffs appliziert und tradiert, als dies (zum Teil zeitgleich) im fremdreferentiellen Magiediskurs geschehen ist. Die hier vorgenommene funktionale Differenzierung eines Selbstbezeichnungs- und Fremdbezeichnungsdiskurses wird in diesem Zusammenhang zeigen, dass beide Diskurse – jeweils für sich – durch eine verblüffende kultur- und epochenübergreifende Konstanz hinsichtlich grundlegender Wertungsmuster des Magiebegriffs gekennzeichnet sind. Während der Magiebegriff des fremdreferentiellen Diskurses meist negative, polemische Wertungsmuster aufgewiesen hat – dieser Diskurs wird im Folgenden daher auch als *polemischer Ausgrenzungsdiskurs* bezeichnet –, hat der Begriff des selbstreferentiellen Magiediskurses meist außerordentlich positive, identifikatorische Wertungsmuster impliziert – dieser Diskurs wird hier entsprechend als *identifikatorischer Aufwertungsdiskurs* bezeichnet. Im Laufe der historischen Analysen wird sich zeigen, dass die Differenzierung eines selbstreferentiellen und eines fremdreferentiellen Magiediskurses zu außerordentlich fruchtbaren, weiterführenden Ergebnissen hinsichtlich der Begriffsgeschichte des Magiebegriffs insgesamt, aber auch des akademischen Magiediskurses im Speziellen führen kann.

Vorab sei freilich darauf hingewiesen, dass die Unterscheidung dieser beiden Diskurse eine analytische Konstruktion des Autors ist, keine Abbildung gleichsam realer Textverhältnisse. Jene Konstruktion wird sich aller-

---

53 Koselleck, „Einleitung", XV.
54 Zu dieser Formulierung und Forschungsperspektive insgesamt Walter Rummel, Rita Voltmer, *Hexen und Hexenverfolgung in der frühen Neuzeit*, Darmstadt 2008, 18-33.
55 Vgl. ausführlicher hierzu auch unten, Kap. 7.4.

dings nicht nur als überaus praktische, erkenntnisgenerierende Forschungsperspektive erweisen, sondern ist auch angesichts der textimmanenten Strukturen der Diskurse selbst begründbar. Die funktionale Konstanz, rezeptionsgeschichtliche Kontinuität und weitgehende diskursive Geschlossenheit sowohl des Ausgrenzungs-, als auch des Aufwertungsdiskurses wird sich im Laufe der historischen Analyse sehr deutlich erweisen – nicht zuletzt aufgrund der bereits genannten Rezeptionslinien, die jeweils diskursimmanente Traditionsstrukturen illustrieren können. Gleichwohl sind beide Diskurse – auch dies vorab – nicht als getrennt von ihrem jeweiligen Gegenpart zu erachten. Bei gleichbleibender funktionaler Grundstruktur werden sich auch zahlreiche semantische Überschneidungen ergeben, sodass einzelne Autoren mitunter differenziert zu lesen sind, in gewisser Hinsicht etwa *zwischen den Diskursen* stehen können. Nach der eigentlichen historischen Analyse wird insbesondere die Frage nach dem diskursiven Verhältnis von Ausgrenzungs- und Aufwertungsdiskurs in einem weiterführenden Kapitel (Kapitel 12) vertiefend betrachtet.

Auf Basis dieser grundlegenden Gegenüberstellung zweier historischer Magiediskurse stellt sich die Frage nach der Auswahl der hier zu untersuchenden Autoren und Texte aus dem enormen Pool an Rezeptionen des Magiebegriffs innerhalb seiner etwa 2500-jährigen Geschichte. Hierzu soll – wie oben angesprochen – eine zweite Implikation des diskurstheoretischen Entwurfes Foucaults appliziert werden: das Konzept des *Diskursivitätsbegründers*. In der vorliegenden Arbeit wird in diesem Zusammenhang davon ausgegangen, dass sprachliche Akteure in den seltensten Fällen signifikante Veränderungen in der Geschichte beziehungsweise im semantischen Feld eines Begriffs herbeiführen. Die überwiegende Mehrheit von Sprechern und Autoren verwendet einen Begriff in seiner bestehenden, diskursiv-kontextuellen Bedeutung, ohne ihn zu verändern. Im Kontext der folgenden historiographischen Analyse des Magiebegriffs soll hingegen versucht werden, aus der überbordenden Fülle an Autoren, die den Magiebegriff in den letzten 2500 Jahren aufgegriffen haben, diejenigen herauszugreifen und zu untersuchen, die tatsächlich auf die Geschichte des Magiebegriffs Einfluss genommen haben, die besondere, neuartige Lesarten des Begriffs formulieren, die seinem semantischen Feld neuartige Topoi zugeordnet haben. Es geht also darum, wirkungsgeschichtlich zentrale Autoren zusammenzustellen, an denen sich zahlreiche spätere Autoren – explizit oder implizit – orientiert haben; hierauf rekurriert die Bezeichnung *Diskursivitäts-* (beziehungsweise im Folgenden einfacher: *Diskurs-*) *Begründer*, die hier daher auch weiträumiger angelegt ist als das bei Foucault noch relativ eng gefasste Konzept.[56]

---

56 Foucault sieht vor allem in Autoren des 19. und 20. Jahrhunderts wie Marx oder Freud prototypische Diskursivitätsbegründer. Vgl. Foucault, „Was ist ein Autor", 24. Michael

1.2. Der Magiebegriff zwischen Begriffs-, Rezeptions- und Diskursgeschichte 21

Das Konzept des Diskursbegründers lässt sich hervorragend im Kontext der rezeptionsgeschichtlichen Methode einordnen und applizieren. Aus rezeptionsgeschichtlicher Sicht sind Diskursbegründer beispielsweise Initianden von Rezeptionslinien. Platon ist im Kontext der bereits angesprochenen *alkibiadischen Rezeptionslinie* also auch als Diskursbegründer einer bestimmten, positiv konnotierten Lesart des Magiebegriffs einzuordnen, die nicht nur im Laufe der antiken Literaturgeschichte vielfach tradiert wurde. Der berühmte Philosoph ist auch deshalb als Diskursbegründer einzuordnen, weil er der erste Autor im Kontext des überlieferten griechischen Literaturkorpus' ist, der überhaupt eine positiv konnotierte Lesart des Magiebegriffs formuliert hat. Insofern lassen sich Diskursbegründer im abendländisch-europäischen Magiediskurs auch dadurch rekonstruieren, dass sie bestimmte semantische Muster erstmals dem Magiebegriff zugeordnet haben – dies ist beispielsweise auch hinsichtlich Plotin und seiner Zuordnung von *Magie* und *sympatheía* im dritten Jahrhundert nach Christus,[57] Pico della Mirandola und seiner Zuordnung von *Magie* und *Kabbalah* im ausgehenden 15. Jahrhundert,[58] oder Eliphas Lévi hinsichtlich seiner Zuordnung von *Magie* und *Tarot* im 19. Jahrhundert zu konstatieren.[59] Zuvor bestanden diese Zuordnungen einfach nicht, danach lassen sich plötzlich Diskurse über *Magie* als sympathetische Grundkraft des Kosmos, die *magische Kabbalah*, das *magische Tarot*, oder – im Kontext der *Alkibiades*-Passage – über Zoroaster/Zarathustra als Begründer oder Erfinder der *Magie* beobachten.[60] Als Diskursbegründer werden hier also jene Autoren erachtet, die diese Einzeldiskurse, bestimmte semantische Zuordnungen, oder grundlegende Lesarten des Magiebegriffs selbst initiiert oder zumindest maßgeblich geprägt haben.

Mittels des Konzepts des Diskursbegründers wird es möglich, aus der überbordenden Menge an Rezeptionen des Magiebegriffs innerhalb der letzten 2500 Jahre diejenigen auszuwählen und differenzierter zu untersuchen, die die komplexe Geschichte des Magiebegriffs signifikant geprägt und beeinflusst haben. Freilich ist es hierbei kaum möglich, eine vollständige, alle Einzelentwicklungen und -facetten reflektierende Geschichte zu rekonstruieren, zumal Sprachgeschichten und -strukturen auch impliziten, schleichenden, kaum beobachtbaren Veränderungsprozessen unterliegen. Im Kontext der Geschichte des Magiebegriffs wird es aber immer wieder

---

Stausberg fügt zu Recht an, dass diese zeitgeschichtliche Eingrenzung durchaus zu erweitern ist und sieht etwa den Humanisten Marsilio Ficino als den „Zoroaster-'Diskursbegründer' der neuzeitlichen Zoroaster-Rezeptionsgeschichte"; Stausberg, *Faszination Zarathustra...*, 93. Marsilio Ficino wird übrigens auch eine bedeutsame Rolle im Kontext des identifikatorischen Magiediskurses spielen – vgl. hierzu unten, Kap. 10.

57 Vgl. unten, Kap. 9.1.2.
58 Vgl. unten, Kap. 10.4.2.
59 Vgl. unten, Kap. 11.1.1.
60 Zur bemerkenswerten Rezeptionsgeschichte dieses Topos' im Kontext europäischer Religionsgeschichte vgl. Stausberg, *Faszination Zarathustra...*, u.a. 503-69.

möglich sein, wichtige, wenn nicht herausragende Autoren zu rekonstruieren, die entsprechend – ein wichtiges Kriterium für diese Einschätzung – von zahlreichen späteren Autoren aufgegriffen und tradiert worden sind. Dadurch wird es möglich, keine telefonbuchartige, zudem der Detailkenntnis oder argumentativen Zielführung des Autors unterworfene Sammlung unzähliger Einzelrezeptionen des Magiebegriffs zusammenzustellen, sondern gezielt jene Autoren und Texte aufzugreifen, die für die Geschichte des Magiebegriffs bedeutsam waren und wesentliche onomasiologische Entwicklungen, Übergangsprozesse oder Neusynthetisierungen in ihren Texten konkret illustrieren können.

Die hier als wirkungsgeschichtlich bedeutsam oder diskursbegründend betrachteten Autoren sollen darüber hinaus nicht isoliert untersucht, sondern prinzipiell in ihren kultur-, rezeptions- und diskursgeschichtlichen Kontext eingeordnet werden. In den historiographischen Einzelkapiteln werden hierzu (mithin zahlreiche) weitere Autoren und Texte aufgeführt, um den rezeptionsgeschichtlichen Kontext eruieren zu können, der den jeweiligen Autor beziehungsweise Text beeinflusst hat. Mittels dieser Einbettung der Fallbeispiele in ihre kontextuell-diskursiven Bezüge soll nicht nur die angestrebte Historisierung und Kontextualisierung einzelner Rezeptionen des Magiebegriffs umgesetzt, sondern – im Textvergleich – auch die eigentliche kreative oder wirkungsgeschichtliche Leistung der untersuchten Autoren und Texte deutlich werden. Aufgrund der relativ begrenzten Auswahl an historischen Fallbeispielen ist die hier verfasste Begriffsgeschichte also durchaus als analytisches Konstrukt beziehungsweise Produkt der applizierten Methoden anzusehen – aufgrund einer großen Anzahl aufgewiesener rezeptionsgeschichtlicher Verbindungslinien und intertextueller Referenzstrukturen wird sie aber eine hinreichende Plausibilität und Überzeugungskraft in sich bergen.

Das dritte diskurstheoretische Methodologem, das hier appliziert werden soll, ist die Problematik des *transzendentalen Signifikats*. Schon Foucault hat in diesem Zusammenhang – bei der Erläuterung der vier Formationssysteme – darauf aufmerksam gemacht, dass die Vorstellung tatsächlicher Gegenstände, die gewissermaßen jenseits der Begriffe (beziehungsweise Diskurse) liegen, mit der prinzipiellen Konstruktivität von Diskursen nicht vereinbar ist; Diskurse seien vielmehr „als Praktiken zu behandeln, die systematisch die Gegenstände bilden, von denen sie sprechen".[61] In der Fou-

---

61 Vgl. Foucault, *Archäologie*..., 74: „[Ich möchte zeigen], daß die 'Diskurse', so wie man sie hören kann und so wie man sie in ihrer Textform lesen kann, nicht, wie man vielleicht erwarten könnte, eine reine und einfache Verschränkung der Dinge und der Wörter sind: dunkler Rahmen der Dinge, greifbare, sichtbare und farbige Kette der Wörter; ich möchte zeigen, daß der Diskurs keine dünne Kontakt- oder Reibefläche einer Wirklichkeit und einer Sprache, die Verstrickung eines Lexikons und einer Erfahrung ist; [...] [Diskurse sind] als Praktiken zu behandeln, die systematisch die Gegenstände bilden von denen sie

1.2. Der Magiebegriff zwischen Begriffs-, Rezeptions- und Diskursgeschichte 23

cault-Rezeption durch Jacques Derrida ist dieser Zusammenhang noch radikalisiert worden: so geht Derrida in seiner Studie *Die Schrift und die Differenz* davon aus, dass das Signifikat eines diskursiv verhandelten Begriffs nicht per se gegeben sei, sondern nurmehr durch die Differenz zwischen unterschiedlichen diskursiven Zeichen (beziehungsweise Begriffen) konstituiert werde.[62] Für Derrida ist der Diskurs insofern ein „System, in dem das zentrale, originäre oder transzendentale Signifikat niemals absolut, außerhalb eines Systems von Differenzen, präsent ist".[63] Diskurse seien weniger dadurch gekennzeichnet, über eine außersprachliche Wirklichkeit zu reflektieren, als vielmehr diskursiv kreierte Terminologien, Themen und Positionen zu verhandeln. Die hierbei verwendeten Begriffe seien nicht durch eine tatsächliche Bezeichnungsfunktion für Aspekte außersprachlicher Wirklichkeit, sondern vielmehr durch identifikatorische Abgrenzung- und Bewertungsfunktionen gegenüber anderen diskursiven Positionen und Begriffen gekennzeichnet.[64] Die Folge ist die eigentliche „Abwesenheit eines transzendentalen Signifikats" – ein Befund, der laut Derrida „das Feld und das Spiel des Bezeichnens ins Unendliche" erweitere.[65] Derridas radikales Infragestellung des *transzendentalen Signifikats* hat – dies ist besonders für die vorliegende Arbeit relevant – die in Kosellecks *Begriffsgeschichte*-Ansatz noch hervorgehobene Indikatorfunktion von Begriffen gleichsam gekappt.

Die weitere Rezeption des Derridaschen Dekonstruktivismus' hat in der Überlegung kulminiert, dass bestimmte Begriffe *leere Signifikanten* darstellen würden, bloße terminologische Chiffren, die eben nicht zur Indika-

---

sprechen"; vgl. auch Ebenda, 72: „Aber hier handelt es sich nicht darum, den Diskurs zu neutralisieren, aus ihm das Zeichen von etwas anderem zu machen, seine Mächtigkeit zu durchqueren, um auf das zu stoßen, was schweigend diesseits von ihm bleibt; es handelt sich im Gegenteil darum, ihn in seiner Konsistenz zu erhalten, ihn in der ihm eigenen Komplexität hervortreten zu lassen. In einem Wort, man möchte sich gänzlich der 'Dinge' enthalten; sie 'ent-gegenwärtigen'; ihre reiche, schwere und unmittelbare Fülle verbannen, aus der man gewöhnlich das Ur-Gesetz eines Diskurses macht".

62 Vgl. Jaques Derrida, *Die Schrift und die Differenz*, Frankfurt a. Main ⁴1989, v.a. 422ff.
63 Ebenda, 424.
64 Vgl. hierzu auch Michael Bergunder, „Was ist Esoterik? Religionswissenschaftliche Überlegungen zum Gegenstand der Esoterikforschung", 493, in: Monika Neugebauer-Wölk (Hg.), *Aufklärung und Esoterik. Rezeption – Integration – Konfrontation. Herausgegeben von Monika Neugebauer-Wölk unter Mitarbeit von Andre Rudolph*, [Hallesche Beiträge zur Europäischen Aufklärung; 37], Tübingen 2008, 477-507: „Die Bedeutung sprachlicher Zeichen ist nicht mehr in sich selbst gegeben, sondern sie ergibt sich aus der Differenz zu anderen Zeichen, die sich als ein unendliches Spiel fortschreibt, das offen ist und keine festen differentiellen Relationen ausbilden kann."
65 Derrida, *Die Schrift und die Differenz*, 424. Vgl. hierzu auch Philipp Sarasin, „Diskurstheorie und Geschichtswissenschaft", 66, in: Reiner Keller et al. (Hg.), *Handbuch Sozialwissenschaftliche Diskursanalyse. Band 1: Theorien und Methoden*, Wiesbaden 22006, 55-82: „Das heißt, daß sich ein Signifikant implizit immer auf den nächsten bezieht und dieser wiederum auf den nächsten, um so in einer nie abschließbaren Kette von Verweisungszusammenhängen 'Sinn' zu erzeugen."

tion von Bedeutung, sondern vielmehr zur Aushandlung von Identitäten und Markierung (binnen- oder inter-) diskursiver Grenzen dienten. Michael Bergunder hat kürzlich versucht, diesen Ansatz im Kontext des Esoterikbegriffs umzusetzen;[66] ob es angebracht ist, auch den Magiebegriff als eine solche *leere Signifikante* aufzufassen, wird nach der historischen Analyse eigens diskutiert werden.[67] Die Problematik des *transzendentalen Signifikats* soll allerdings auch während der historiographischen Arbeit zu einer prinzipiellen Skepsis gegenüber textuell konstituierten semantischen Bezügen des Magiebegriffs führen. Denn – so Philipp Sarasin zurecht – „Noch immer werden Quellen als 'Dokumente' für vergangene Wirklichkeit gelesen, möglicherweise besser, genauer und kritischer gelesen – aber dennoch als Medium mit einer hinreichenden Transparenz."[68] Um also auf Sarasin zu antworten: die hier untersuchten Rezeptionen des Magiebegriffs sollen nicht als „'Dokumente' für vergangene Wirklichkeit" gelesen werden, sie werden nicht als eindeutig indikativ oder transparent hinsichtlich außersprachlicher Wirklichkeit(en) erachtet. Es ist die hier aufgegriffene Diskussion um die Fragwürdigkeit des *transzendentalen Signifikats*, welche die applizierte Vorgehensweise am radikalsten von Kosellecks begriffsgeschichtlichem Ansatz unterscheidet.

Philipp Sarasin hat in diesem Zusammenhang wichtige Fragen für die Geschichtswissenschaft formuliert: „Wie wäre also die Sprachlichkeit und Diskursivität historischer Phänomene zu reflektieren? Was impliziert es zu sagen, daß die Bedeutung bzw. der 'Sinn' der Dinge diskursiv erzeugt werden kann und sich *nicht* aus jenem alltäglichen hermeneutischen Vorverständnis heraus erschließen lassen"?[69] In der vorliegenden Arbeit sollen diese Fragen nicht nur zu der bereits erwähnten Skepsis hinsichtlich der semantischen Inhalte hier untersuchter Aussagen führen, sondern vielmehr dazu anregen, den (zum Teil hochgradig) konstruktiven und identitätsstiftenden Charakter historischer Magiediskurse zu betonen. Ob eine Person ein *Magier* ist, ist folglich kein Faktum per se, sondern wird prinzipiell – übrigens sowohl im wissenschaftlichen wie außerwissenschaftlichen Diskurs – diskursiv verhandelt. Ein prägnantes Beispiel sei an dieser Stelle genannt: so ist die Auseinandersetzung zwischen christlichen und graecorömischen Autoren des zweiten und dritten Jahrhundert nach Christus unter Anderem dadurch gekennzeichnet, konkurrierende Personen mit außergewöhnlichen Fähigkeiten als *Magier* zu diffamieren, während mirakulöse Handlungen von ingroup-Akteuren als *signum dei* ausgewiesen werden.[70] Offenkundig implizierte die Bezeichnung *Magier* (sowie damalige Synonyma) hier gerade keine semantische Kennzeichnungsfunktion, son-

---

66 Vgl. Bergunder, „Was ist Esoterik?...".
67 Vgl. unten, Kap. 12.1.1.
68 Sarasin, „Diskurstheorie und Geschichtswissenschaft", 62.
69 Ebenda; Kursivsetzung Sarasin.
70 Ausführlicher unten, Kap. 8.1.3.

1.2. Der Magiebegriff zwischen Begriffs-, Rezeptions- und Diskursgeschichte 25

dern fungierte vielmehr als interdiskursiv applizierbares Schimpfwort. Ziel wird in solchen Fällen sein, fremdreferentielle Kennzeichnungen von *Magiern* nicht als Verweise auf eine realiter gegebene außersprachliche Wirklichkeit aufzufassen (es wird zudem auch und gerade im historischen Kontext schwierig sein, herauszufinden, was überhaupt ein *Magier* ist), sondern vielmehr im Rahmen ihrer Funktion zu interpretieren – das heißt in übergeordnete Diskurse und, wie in diesem Fall, interreligiöse Konfliktkonstellationen einzubetten.

Im akademischen Diskurs sind aufgrund solcher irritierender Befunde gerade in den letzten Jahren – besonders in den Altertumswissenschaften – devianztheoretische Positionen in der Magiedebatte formuliert worden: der Magiebegriff habe lediglich als Ausgrenzungskategorie für den „gefährlichen Anderen",[71] die „Religion des Anderen"[72] oder nach Charles R. Phillips III. als „a persuasive way to denigrate one's theological opposition"[73] fungiert. Es wird sich zeigen, dass dieses Muster in der Tat auf bestimmte Rezeptionsformen zutrifft, nämlich vorwiegend auf solche, die hier dem fremdreferentiellen Magiediskurs zugeordnet werden. Gerade der Magiebegriff des fremdreferentiellen Diskurses – der in der vorliegenden Arbeit daher als *Ausgrenzungsdiskurs* bezeichnet wird – ist durch eine höchst polemische, weiträumig applizierbare, geradezu asemantische Struktur gekennzeichnet. Nicht umsonst ließ sich der christliche *Dämonenpakt*-Topos im Laufe der Geschichte auf sehr heterogene Gegenstandsbereiche anwenden – so etwa auch, zur Zeit des frühen Christentums, auf die im graecorömischen Kontext hinreichend etablierte Divinationspraxis. Auch graecorömische Formen der Gottesverehrung, die im Wesentlichen auf Opferpraxis basierten, konnten durch jenen Topos von frühchristlichen Autoren – allen voran Augustinus – als (*magische!*) Dämonenverehrung umgedeutet und aus dem Kanon christlicher Kultpraxis ausgegrenzt werden.[74]

Gleichwohl lassen devianztheoretische Positionen außer Acht, dass sich Personen und Autoren der letzten knapp 2000 Jahre auch selbst als *Magier* bezeichnet, und diese Titulierung nicht als Stigma, sondern vielmehr als Auszeichnung empfunden und appliziert haben. Die vorliegende Arbeit rezipiert daher durchaus die devianztheoretische Position – im Kontext des fremdrefentiellen Magiediskurses –, stellt diesem aber auch einen (aus religionswissenschaftlicher Sicht mindestens genauso relevanten) Pool

---

71 Vgl. Hans G. Kippenberg, Kocku von Stuckrad, *Einführung in die Religionswissenschaft. Gegenstände und Begriffe*, München 2003, 155-163.
72 Vgl. Hartmut Zinser, *Der Markt der Religionen*, München 1997, 93-110.
73 Vgl. Charles R. Phillips III, "The Sociology of Religious Knowledge in the Roman Empire to A.D. 284", 2711, in: Hildegard Temporini, Wolfgang Haase (Hg.), *Aufstieg und Niedergang der römischen Welt: Geschichte u. Kultur Roms im Spiegel der neueren Forschung, Teil 2 (Principat), Bd. 16 (Religion), Teilband 3*, Berlin 1986, 2677-2773: „A charge of magic represented a persuasive way to denigrate one's theological opposition: the opposition would have to 'prove' that its alleged powers derived from the 'right' cosmic forces."
74 Vgl. hierzu unten, Kap. 8.2.

an selbstreferentiellen, identifikatorischen, positiv konnotierten Rezeptionen des Magiebegriffs gegenüber. Selbstreferentielle Rezeptionen des Magiebegriffs müssen im Vergleich zu fremdreferentiellen Rezeptionen freilich differenzierter eingeordnet und interpretiert werden, wie sich im Laufe der Analyse erweisen wird.[75] Nicht zuletzt verfolgt die vorliegende Arbeit das Ziel, die ethno- beziehungsweise diskurszentrische Außenperspektive des fremdreferentiellen Magiediskurses (der auch den akademischen Diskurs maßgeblich geprägt hat) endlich zu überwinden und *Magier* – das heißt jene, die sich tatsächlich so bezeichnet haben – selbst zu fragen, wodurch ihr Denken und Handeln eigentlich gekennzeichnet ist. Dieser Schritt, die Akteure selbst zu fragen, ist im Kontext akademischer Religionsforschung gar nicht mehr wegzudenken, ja, zu einem Allgemeinplatz geworden. In der vorliegenden Arbeit soll dieser Schritt – und hier steckt der akademische Diskurs noch ganz in den Kinderschuhen – auch im Kontext selbstreferentieller *Magier* appliziert werden.

Im Kontext der Problematik des *transzendentalen Signifikats* sei abschließend und bewusst vor der eigentlichen Untersuchung eine radikale These formuliert: so findet sich bereits im antiken Magiediskurs die Vorstellung, dass durch Ritualpraktiken bestimmte Kräfte beziehungsweise Wirkungszusammenhänge evoziert werden könnten – ein Topos, den James G. Frazer im Rahmen seines berühmten *Sympathie*-Konzeptes auch in den akademischen Magiediskurs des 19. und 20. Jahrhunderts einführte.[76] Die hier vertretene These lautet: *Magie* – sofern hierunter jene rituell evozierten Wirkungszusammenhänge gemeint sind – ist prinzipiell, auch und gerade im historischen Kontext, nicht beobachtbar. Der angesprochene *Kraft*-Topos impliziert, um mit Albert Camus zu sprechen, einen *Sprung ins Transzendente –*[77] vergleichbar zu zahlreichen weiteren Termini aus binnenreligiösen Diskursen wie *Gott*, *Engel*, *Dämon* oder auch (um den jüdisch-christlichen Referenzrahmen zu verlassen) *nirvāṇa*. Auch und gerade im Kontext religionswissenschaftlicher Forschungsmethoden und -konstellationen ist in diesem Zusammenhang auf die prinzipielle Begrenztheit des wissenschaftlich Erfahr-, Erfass- und Erforschbaren hinzuweisen. Selbst wenn eine Ritualpraxis äußerlich beobachtet werden kann, impliziert ihre Kennzeichnung als *magisch* (beziehungsweise die Kennzeichnung des jeweiligen Ritualpraktikers als *Magier*) einen weitreichenden Attributionsprozess, der –

---

75 Bei fremdreferentiellen Rezeptionen der Personenbezeichnung *Magier* kann man in den meisten Fällen davon ausgehen, dass die solchermaßen titulierten Personen sich nicht selbst als *Magier* bezeichnet haben. Diese Annahme macht bei selbstrefentiellen *Magiern* offenkundig keinen Sinn mehr; bei diesen ist vielmehr zu rekonstruieren, was sie selbst unter dieser Bezeichnung – beziehungsweise dem Abstraktum *Magie* – verstanden haben, was zu erheblichen Komplexualisierungen der Fragestellung und Analyse führen wird.

76 Vgl. unten, Kap. 2.1.1.

77 Vgl. zu dieser Formulierung, gleichwohl etwas anders konnotiert, Albert Camus, *Der Mythos des Sisyphos. Deutsch und mit einem Nachwort von Vincent von Wroblewsky*, Hamburg 2008, u.A. 47/48f; ausführlicher unten, Kap. 7.2.4.2.

1.2. Der Magiebegriff zwischen Begriffs-, Rezeptions- und Diskursgeschichte 27

sowohl im außerwissenschaftlichen wie akademischen Magiediskurs – tatsächlich auf einem *Sprung ins Transzendente* basiert. Im Kontext des unten untersuchten Magieprozesses gegen den römischen Philosophen Apuleius von Madaura wird sich die Gestalt und Problematik dieses Attributionsprozesses in vielerlei Hinsicht erweisen.[78]

Entscheidend an dieser Stelle ist, dass die vorliegende Arbeit zum Ziel hat, einen solchen *Sprung ins Transzendente* nicht selbst durchzuführen. Das heißt: der Magiebegriff wird in den hier referierten Quellentexten zwar sehr häufig vorkommen, im eigentlichen Analysetext aber niemals in einer substanziellen Fassung verwendet werden. Auf die Applikation eines substanziellen Magiebegriffs – dies ist aufgrund der applizierten Methodologie ohnehin unumgänglich – soll in der vorliegenden Arbeit durchweg verzichtet werden. Freilich unterliegt diesem Schritt auch die Überzeugung, dass nur dadurch – also durch den konsequenten Verzicht auf einen eigenen, substanziell gefassten Magiebegriff – überhaupt eine differenzierte begriffsgeschichtliche Analyse möglich sind. Die angesprochene Problematik eines *Sprungs ins Transzendente* impliziert daher nicht nur, historische Rezeptionen des Magiebegriffs vorsichtiger, differenzierter, kritischer einzuordnen, sondern auch selbst eine rigorose Enthaltsamkeit gegenüber etwaigen, etwa auch unachtsamen, Applikationen eines substanziell gefassten Magiebegriffs im eigenen Analysetext an den Tag zu legen.

Diskurstheoretische Ansätze sollen im Zuge der historiographischen Analyse also in dreierlei Hinsicht appliziert werden: erstens wird die Differenzierung unterschiedlicher historischer Magiediskurse – insbesondere eines polemischen Ausgrenzungs- und eines identifikatorischen Aufwertungsdiskurses – den hier zu untersuchenden Quellenpool strukturieren und die grundlegende Organisationsstruktur der historischen Analyse prägen. Zweitens wird der Fokus auf wirkungsgeschichtlich zentrale oder diskursbegründende Texte die Auswahl der hier zu untersuchenden Rezeptionen und Autoren vorgeben. Schließlich wird die Berücksichtigung der Fragwürdigkeit eines *Transzendenalen Signifikats* den analytischen Umgang mit den hier untersuchten Quellentexten sehr viel differenzierter, aber auch komplexer gestalten – insbesondere im Vergleich zu klassischen Formen historisch-kritischer Textanalyse. Durch die Applikation der genannten diskurstheoretischen Ansätze wird die im Folgenden unternommene rezeptionsgeschichtliche Analyse also zur (Re-) Konstruktion unterschiedlicher Diskursgeschichten führen, welche die hier in Grundzügen verfasste Geschichte des Magiebegriffs insgesamt konstituieren werden.

---

78 Vgl. unten, Kap. 7.2.

1.3. *Magie* und *Religion*

Die folgende historiographische Analyse wird *keine* neuen Perspektiven für substanzielle Definitionsmuster des Magiebegriffs im akademischen Kontext liefern oder gar auf die Suche nach einem historischen Wesenskern gehen wird. Im Gegenteil: gerade die semantische Heterogenität und Polyvalenz des historischen Magiebegriffs wird die Option auf einen eindeutig zu fassenden akademischen Magiebegriff aussichtslos erscheinen lassen. Die hier vorgeschlagene methodologische Neuausrichtung wird allerdings zu so fruchtbaren und in vielerlei Hinsicht weiterführenden Ergebnissen im Rahmen der Geschichte des Magiebegriffs führen, dass die Frage nach substanziellen Definitionen schließlich in den Hintergrund treten, wenn nicht als gänzlich irrelevant erscheinen wird.

In diesem Zusammenhang ist darauf hinzuweisen, dass der hier skizzierte methodologische Ansatz ausschließlich im Rahmen des historischen Magiebegriffs angewendet wird; freilich sind hier Synonyma des Begriffs (im griechischen Kontext etwa *goēteía*; im lateinischen Kontext *maleficium*) eingeschlossen. Ein anderer, in der Religionswissenschaft nicht minder bedeutsamer Begriff wird in der vorliegenden Arbeit allerdings – ganz bewusst – anders gefasst: *Religion*. Während der Magiebegriff im Folgenden historisiert und kontextualisiert wird, soll dies mit dem Religionsbegriff nicht – oder zumindest nicht in vergleichbarem Ausmaß – geschehen. Mehr noch: der Religionsbegriff wird für den analytischen Umgang mit dem gewählten Quellenkorpus sogar substanziell gefasst beziehungsweise auf Basis einer Arbeitsdefinition verwendet werden. Diese Arbeitsdefinition orientiert sich an neueren Fassungen des Religionsbegriffs im weiten Sinne von *Transzendenzbezug*, die – insbesondere in Anlehnung an die nach wie vor häufig aufgegriffene Definition Melford E. Spiros –[79] auch in der deutschsprachigen Debatte der letzten Jahrzehnte aufgegriffen worden sind. So schreibt beispielsweise Martin Riesebrodt in seiner kürzlich erschienenen Monographie *Cultus und Heilsversprechen*:

> „Die Definition, die mir dafür am geeignetsten erscheint, ist eine inhaltliche und im Grunde weithin akzeptierte. Sie basiert auf einer 'ontologischen Imagination', wie William James es genannt hat und lehnt sich an die von Melford Spiro an, modifiziert sie aber so, daß auch unpersönliche Mächte mit eingeschlossen sind. Danach ist Religion ein Komplex religiöser Praktiken [sic!], die auf der Prämisse der Existenz in der Regel unsichtbarer persönlicher oder unpersönlicher übermenschlicher Mächte beruhen."[80]

---

79 Spiro definierte 1966: „Religion is an institution consisting of culturally patterned interaction with culturally postulated super-human beings."; Melford E. Spiro, „Religion: „Problems of Definition and Explanation", 96, in: Michael Banton (Hg.), *Anthropological Approaches to the Study of Religion*, [Association of Social Anthropologists of the Commonwealth: ASA monographs; 3], London 1966, 85-126.

1.3. Magie und Religion

Vergleichbare substanzielle Fassungen des Religionsbegriffs, die über die Notation des *Transzendenzbezugs* gekennzeichnet sind, haben freilich eine lange Tradition in der Religionswissenschaft, und münden mithin in Tylors klassischer Definition eines *Glauben an übernatürliche Wesen (belief in spiritual beings)*.[81] Freilich ist die Fragwürdigkeit einer universellen Anwendbarkeit eines solchen Religionsbegriffs im Allgemeinen,[82] sowie der Transzendenzbegriff im Speziellen[83] in der akademischen Debatte hinreichend diskutiert und problematisiert worden. In der vorliegenden Arbeit wird insofern keinesfalls davon ausgegangen, dass der hier verwendete Religionsbegriff letztgültig definier- oder universell applizierbar ist beziehungsweise sich überhaupt in einer privilegierten Position gegenüber dem Magiebegriff befindet. Auch die Definitionsproblematik des Religionsbegriffs führt – sofern radikal gefasst – zu dessen substanzieller Auflösung.[84]

Gleichwohl wird hier eine substanzielle Arbeitsdefinition des Religionsbegriffs – im Kontext der angestrebten *Historisierung und Kontextualisierung* des Magiebegriffs – verwendet. Diese Arbeitsdefinition soll, wie erläutert, durch die primäre Denotation des *Transzendezbezugs* (beziehungsweise: kulturell tradierter Vorstellungen und Handlungen hinsichtlich angenommener, „in der Regel unsichtbarer persönlicher oder unpersönlicher übermenschlicher Mächte")[85] gekennzeichnet sein. Hierfür gibt es mehrere Gründe: zum einen wird hier der Einschätzung Gregor Ahns gefolgt, der im Kontext der vieldiskutierten Ethno- beziehungsweise Eurozentrismus-Problematik – in Anlehnung an Fritz Stolz – argumentiert, dass eine vollständige Überwindung von Ethnozentrismen generell nicht möglich sei.[86] Ahn plädiert stattdessen gerade im Kontext des Religionsbegriffs

---

80 Martin Riesebrodt, *Cultus und Heilsversprechen. Eine Theorie der Religionen*, München 2007, 113. Auf die tautologische Gestalt dieser Definition („Danach ist *Religion* ein Komplex *religiöser Praktiken* [...]"; Kursivsetzung Otto) sei hier nur am Rande hingewiesen.
81 Vgl. Edward B. Tylor, *Primitive Culture. 1*, [The collected works of Edward Burnett Tylor; 3], London 1994 (reprint 1871), u.A. 383. Ausführlicher hierzu auch Matthias Hildebrandt, Manfred Brocker, *Der Begriff der Religion. Interdisziplinäre Perspektiven*, [Politik und Religion], Wiesbaden 2008, 20f.
82 Vgl. Hildebrandt/Brocker, *Der Begriff der Religion...*, sowie insgesamt Gregor Ahn, „Religion I. Religionsgeschichtlich", in: Gerhard Krause, Gerhard Müller (Hg.), *Theologische Realenzyklopädie. Band 28: Pürstinger-Religionsphilosophie*, New York 1997, 513-522.
83 Vgl. hierzu etwa Heinrich Wilhelm Schäfer, „Zum Religionsbegriff in der Analyse von Identitätskonflikten: einige sozialwissenschaftliche und theologische Erwägungen.", v.a. 5ff, online verfügbar (Vortrag auf der Jahrestagung des Forschungsverbundes Religion und Konflikt. In Kooperation mit der Forschungsstätte der Ev. Studiengemeinschaft FEST e.V. Heidelberg. Villigst, 24.-26.10.2008) unter: http://www.religion-und-konflikt.de/attachments/Schaefer_EPD-Doku2009_lang.pdf (27.09.2009).
84 Vgl. hierzu etwa die Ausführungen bei Dario Sabbatucci, „Kultur und Religion", in: Cancik et al., *Handbuch religionswissenschaftlicher Grundbegriffe. Band 1...*, 43-58.
85 Vgl. Riesebrodt, *Cultus und Heilsversprechen...*, 113.
86 Vgl. Gregor Ahn, „Eurozentrismen als Erkenntnisbarrieren...", 47: „Denn es wäre völlig naiv, davon auszugehen, Eurozentrismen ließen sich nicht nur aufdecken, sondern auch gänzlich durch wertneutrale Begrifflichkeiten ersetzen: und es könnte dadurch dann nach

für eine differenzierte Reflektion des eigenen, eurozentrischen Fragehorizonts im Kontext religionswissenschaftlicher Gegenstandsbereiche:

> „doch bietet die Analyse von 'Religion(en)' im zugehörigen Kontext von Kultur die Chance, ohne grundsätzlichen Verzicht auf den Begriff die mit 'Religion' verbundene eurozentrische Frageperspektive durch eine sachangemessenere Deskriptionsmethode zu ersetzen. Der Terminus 'Religion(en)' dient dabei – anders als in theologischen, religionsphilosophischen oder auch juristischen Diskursen – nicht mehr der Generierung eines aus dem Kontext von (als säkular verstandener) Kultur ablösbaren Sach- und Gegenstandsbereichs 'Religion', sondern fungiert als eine Bezeichnung für Inhalte westlicher Forschung, die weitgehend durch die Aspekte und Funktionen bestimmt sind, die Religion in *unserer* Kultur zugeschrieben werden."[87]

Ahns Position erlaubt eine selbstreflexive, das heißt durchaus problembewusste Applikation des Religionsbegriffs in kultur- und religionswissenschaftlichen Forschungskonstellationen – ohne die der Religionswissenschaft ihre Aufgabe und Daseinsberechtigung abhanden kommen würde. Zudem ist die Verwendung eines solchermaßen reflexiven, weit gefassten und heuristisch anpassungsfähigen Religionsbegriffs gerade im Kontext der Geschichte des Magiebegriffs – die, zumindest nach den hier gewählten Quellenschwerpunkten –[88] sich im griechisch-hellenistischen, römisch-lateinischen, schließlich im christlich-europäischen Kulturraum bewegt, hinreichend nahegelegt. Gerade für diese Kultur- und Zeiträume ist die Verwendung eines über *Transzendenzbezug* gefassten Religionsbegriffs ausreichend, um die thematisierten Quellentexte und -kontexte analytisch abbilden und einordnen zu können.

Die wichtigste Implikation dieses methodischen Schrittes ist jedoch, dass die Rekonstruktion der Geschichte des Magiebegriffs – bei Verwendung des genannten Religionsbegriffs – zu wertvollen, ja, verblüffenden Ergebnissen führen wird. Vor dem Hintergrund des heuristischen Fensters von *Transzendenzbezug* wird sich zeigen, dass im Grunde alle Aspekte und Gegenstandsbereiche, die im Laufe der Geschichte des Magiebegriffs – ob selbst- oder fremdreferentiell – unter dem Begriff abgebildet worden sind, im akademischen Diskurs ohne Weiteres unter dem Religionsbegriff

---

und nach eine *objektive*, standpunktfreie Kultur- und Religionswissenschaft generiert werden"; Kursivsetzung Ahn. Vgl. analog auch Stolz, *Grundzüge...*, 39: „Daher ergibt sich die methodische Forderung, daß die Fragestellungen, mit denen man an die Beschreibung und Analyse einer fremden Religion herangeht, ganz exakt formuliert und fixiert werden. Natürlich handelt es sich dabei nur um eine Auswahl aus vielen möglichen Fragen, und damit ist eine Beschränkung jeder Untersuchung gegeben. *Die Forderung eines 'unbefangenen', 'objektiven' Herantretens an eine Religion ist pure Naivität.* In solchen Fällen werden unkontrolliert unbekannte Fragestellungen an die andere Religion herangetragen."; Kursivsetzung Stolz.

87 Ahn, „Religion I. Religionsgeschichtlich", 520; Kursivsetzung Ahn.
88 Vgl. zu weiterführenden, über die abendländisch-europäische Geschichte hinausgehenden Fragestellungen unten, Kap. 13 (Schluss).

1.3. Magie und Religion

gefasst werden können. Dies hat weitreichende Konsequenzen: *Magie* wird sich auch und gerade im historischen Kontext nicht als eigenständiger, von *Religion* stringent abgrenzbarer Sachbereich erweisen, sondern prinzipiell als rezeptionsgeschichtliche Variation, Neusynthetisierung oder schlicht Kopie dominanter oder jeweils wirkungsgeschichtlich relevanter religiöser Referenzdiskurse hervortreten. Sowohl der fremdreferentielle als auch der selbstreferentielle Magiediskurs werden dadurch als integraler Bestandteil abendländischer, ab einem bestimmten Zeitpunkt *europäischer Religionsgeschichte* greifbar.[89] Gerade vor dem Hintergrund des heuristischen Fensters von *Transzendenzbezug* wird es möglich, die klassische, hochgradig problematische Gegenüberstellung von *Religion* und *Magie*, die sowohl den außerwissenschaftlichen als auch akademischen Diskurs geprägt hat, endlich zu überwinden.

Durch die Analyse fremdreferentieller und (besonders) selbstreferentieller Rezeptionen des historischen Magiebegriffs unter dem heuristischen Fenster von *Religion* (*Transzendenzbezug*) ist es möglich, die Geschichte des Begriffs wertfreier und weitgehend unabhängig von polemischen Rhetoriken, welche den historischen *und* akademischen Diskurs durchzogen haben, darzustellen. Knifflige analytische Probleme, etwa hinsichtlich einer typologischen Einordnung der *Papyri Graecae Magicae* (*Religion* oder *Magie?*),[90] werden sich durch den Verzicht auf einen substanziellen Magiebegriff und die gleichzeitige Verwendung eines weit gefassten, substanziellen Religionsbegriffs wie von selbst auflösen. Zudem lassen sich weiterführende rezeptionsgeschichtliche Fragestellungen generieren, zumal eine monolithische Abgrenzung der Diskurse im historischen Kontext niemals gegeben war. So wird es möglich, gerade den selbstreferentiellen Magiediskurs besser beschreiben und verstehen zu können – und insgesamt als elementaren, ja, wertvollen Bestandteil abendländischer Religionsgeschichte hervortreten zu lassen. Nicht zuletzt ist eines der wesentlichen Ziele der vorliegenden Arbeit, den selbstreferentiellen *Magiern* der letzten zwei Jahrtausende gewissermaßen zu ihrem Recht zu verhelfen, als Stimme dieser – häufig missverstandenen – religiösen Akteure zu fungieren und die zahlreichen Klischees, Zerrbilder und Vorurteile, die insbesondere der begriffsgeschichtlich dominante Ausgrenzungsdiskurs verbreitet und auch in den akademischen Magiediskurs eingespeist hat, aus dem Weg zu räumen.

---

89 Die von Gladigow geforderte differenzierte Analyse *europäischer Religionsgeschichte* wird hier also u.A. im Rahmen der jüngeren Geschichte des Magiebegriffs umgesetzt: vgl. Burkhard Gladigow, „Europäische Religionsgeschichte", in: Hans G. Kippenberg, Brigitte Luchesi (Hg.), *Lokale Religionsgeschichte. Herausgegeben von Hans G. Kippenberg und Brigitte Luchesi*, Marburg 1995, 21-42.

90 Vgl. unten, Kap. 9.2.

1.4. Zur Kapitelstruktur

An den genannten methodologischen Voraussetzungen orientiert sich die Struktur der Arbeit. Die historiographische Analyse gliedert sich in zwei große Teile: in Teil A (*Der akademische Magiediskurs*: Kapitel 2 bis 5) wird zunächst auf den akademischen Magiediskurs eingegangen, um eine problemorientierte Rekonstruktion der wissenschaftlichen Positionen und Schwierigkeiten im Umgang mit dem Magiebegriff innerhalb der letzten etwa eineinhalb Jahrhunderte zu leisten. Die akademische Rezeptions- und Definitionsgeschichte des Magiebegriffs steht vor allem deshalb am Beginn der historiographischen Analyse, da die hier applizierten Methoden im Wesentlichen in Auseinandersetzung mit dem akademischen Diskurs und insbesondere in Reaktion auf die weitreichenden heuristischen Schwierigkeiten, die die akademische (substanzielle) Applikation des Magiebegriffs mit sich gebracht hat, entwickelt worden sind. Um die vorgeschlagene methodologische Umorientierung verständlich machen, disziplingeschichtlich einordnen und differenziert begründen zu können, soll daher zunächst die Problematik der akademischen Applikation eines substanziell definierten Magiebegriffs möglichst detailliert aufgezeigt werden.

Der darauf folgende umfangreiche Teil B (*Historische Analysen*: Kapitel 6 bis 11) wird sich schließlich mit zentralen Fallbeispielen aus der außerwissenschaftlichen Rezeptionsgeschichte auseinander setzen. Der Teil lehnt sich prinzipiell an die oben erläuterte Differenzierung eines fremdreferentiellen und eines selbstreferentiellen Magiediskurses an: die ersten drei Kapitel werden sich mit Vertretern des Ausgrenzungsdiskurses, die folgenden drei Kapitel mit Vertretern des Aufwertungsdiskurses auseinander setzen. Teil B ist in diesem Zusammenhang durch eine gewisse historiographische Asymmetrie gekennzeichnet: während die Kapitel zum Ausgrenzungsdiskurs allesamt in der graeco-römischen Antike beziehungsweise Spätantike lokalisiert sind, beginnen die Ausführungen zum identifikatorischen Diskurs in der Spätantike, legen dann den Schwerpunkt auf die europäische Frühe Neuzeit, schließlich wiederum auf europäische Autoren des ausgehenden 19. und beginnenden 20. Jahrhundert. Insofern beschäftigen sich allein vier von sechs Kapiteln in Teil B mit antiken Texten – was allerdings dadurch gerechtfertigt ist, dass hier eben die sprach- und begriffsgeschichtlichen Wurzeln des Magiebegriffs lokalisiert sind. Dass die Beispiele des Aufwertungsdiskurses zeitlich etwas versetzt liegen, ist durch die – zumindest überlieferte – Gestalt des identifikatorischen Diskurses selbst bedingt. In den historiographischen Einzelkapiteln wird die Auswahl der untersuchten Texte, Autoren und Epochen jeweils differenziert begründet werden; insbesondere soll – auch und gerade anhand des Quellenmaterials selbst – einsichtig werden, weshalb dieses für die Geschichte des Magiebegriffs insgesamt als repräsentativ oder bedeutsam erachtet wird.

Ausgehend von der rezeptions- und diskursgeschichtlichen Struktur, die sich im Laufe der historischen Analysen zeigen wird, werden im darauf folgenden, synthetischen Kapitel 12 weiterführende Überlegungen zur Geschichte des Magiebegriffs angestellt. Hierbei wird es zum einen um vertiefende Reflexionen zum historischen Verhältnis von Ausgrenzungs- und Aufwertungsdiskurs gehen – in diesem Zusammenhang wird auch die auch die Problematik des *Transzendentalen Signifikats* nochmals aufgegriffen und vertieft werden. Daraufhin werden die Ergebnisse aus Teil A und Teil B miteinander in Beziehung gesetzt, um eruieren zu können, inwieweit der akademische Magiediskurs selbst an historischen Magiediskursen partizipiert hat – beziehungsweise genauer: an welchen Diskursen er sich orientiert, welche Autoren und Texte er aufgegriffen, welche ausgespart hat. Die akademische Definitionsgeschichte wird durch ihre Einbettung in die abendländisch-europäische Rezeptionsgeschichte des Magiebegriffs in einem neuen Licht erscheinen, diskursive Rivalitäten – insbesondere jene zwischen James G. Frazer und Émile Durkheim – können durch ihre Einbettung in größere Rezeptionszusammenhänge differenzierter eingeordnet werden. Schließlich werden abschließende Überlegungen zum Verhältnis der Begriffe *Magie* und *Religion* im Wissenschaftsdiskurs vor dem Hintergrund der erarbeiteten Ergebnisse angestellt.

Im Rahmen eines abschließenden Fazits (Kapitel 13) sollen die Ergebnisse rekapituliert und insbesondere hinsichtlich weiterführender Fragestellungen und Forschungsoptionen reflektiert werden. Welche weiteren Anwendungsbereiche der hier applizierten Methode sind denkbar? Wo bestehen blinde Flecken im Kontext der Geschichte des Magiebegriffs, wo besteht Bedarf nach weiterführender Forschung, etwa auch hinsichtlich einer interdisziplinären Vernetzung des akademischen Magiediskurses? Die vorliegende Arbeit versteht sich als Anstoß zu einer methodologischen Neuausrichtung des Diskurses; die vorgelegten Ergebnisse mögen als erster Referenzpunkt einer solchen Neuausrichtung, kaum aber als erschöpfende Darstellung der außerordentlich komplexen Geschichte des Magiebegriffs verstanden werden.

1.5. Formale Hinweise

Abschließend bedarf es einiger formaler Hinweise. Zunächst: im Kontext der historiographischen Analyse wird versucht werden, mit deutschsprachigen Übersetzungen der jeweils verwendeten Texte zu arbeiten; englischsprachige Übersetzungen werden alternativ herangezogen, sofern deutsche Übersetzungen fehlen oder diese qualitativ minderwertiger sind. Texte in anderen europäischen Sprachen werden – von einigen (französischsprachigen) Ausnahmen abgesehen – nicht verwendet. Besonders im Falle griechischer oder lateinischer Quellentexte (sowie einer Reihe weiterer Texte in außereuropäischen Sprachen) wird hier aus Gründen der Lesbarkeit, analytischen Relevanz und Arbeitspragmatik darauf verzichtet, den vollständigen Referenztext eines Zitats in der Originalsprache anzugeben. Für eine vollständige Einsicht in den Originaltext wird auf die jeweils verwendeten, in den meisten Fällen zweisprachigen Übersetzungen oder originalsprachlichen Texteditionen und deren Expertise verwiesen. Rezeptionen des Magiebegriffs und seiner jeweiligen Synonyma sowie wichtige weitere Begriffe, Formulierungen oder Passagen, die für das Verständnis des Textes oder Autors wichtig sind, werden natürlich prinzipiell in ihrer ursprünglichen sprachlichen Fassung wiedergegeben – welche in ihrer jeweiligen Flexion dann beibehalten wird (!); bei der Auswahl der hier originalsprachlich wiedergegebenen Begriffe und Passagen wird eine gewisse Pragmatik walten, die vorab zugegeben sei.

Um die Rezeptionsgeschichte des Magiebegriffs insgesamt kennzeichnen zu können, wurde bereits einige Male der Begriff *Abendland* aufgegriffen – eine Formulierung, die auch im Folgenden immer wieder verwendet wird. Freilich soll hierbei nicht suggeriert werden, dass die Abgrenzung der üblicherweise mit diesem Begriff gekennzeichneten Zeit- und Kulturräume nicht problematisch oder gar arbiträr wäre – insbesondere hinsichtlich seines vermeintlichen Antithetums *Morgenland*. Gleichwohl impliziert die alltagssprachliche Verwendung des Begriffs *Abendland* gewisse historische Kontinuitäten, die auch im Kontext der Geschichte des Magiebegriffs greifen – eben text- und ideengeschichtliche Rezeptionsprozesse, die im Rahmen der griechisch-hellenistischen, römisch-lateinischen und schließlich jüdisch-christlichen Literaturproduktion innerhalb der letzten etwa 2500 Jahre kontinuierlich nachweisbar sind. Es sind diese Kontinuitäten, die auch die Geschichte des Magiebegriffs konstituieren, sodass diese – wiederum mit einer gewissen Pragmatik – als *abendländisch* oder *abendländisch-europäisch* gekennzeichnet wird.[91] Der mitunter verwendete Alternativbegriff *westlich* wird hier zudem kaum als trennschärfer angesehen und in der vorliegenden Arbeit weitgehend vermieden.

Erwartungsgemäß wird das Wort *Magie* außerordentlich häufig im Rahmen der vorliegenden Arbeit auftauchen; hier wird wiederum aus Gründen der Lesbarkeit darauf verzichtet, den Text mit Anführungszeichen zu übersäen. Anführungszeichen werden in der vorliegenden Arbeit nur für die direkte Zitation verwendet. Für die Kennzeichnung von Eigennamen oder auch speziellen sowie fremdsprachigen Begriffen (also auch für die Kennzeichnung des Magiebegriffs) wird im Folgenden immer das

---

91 Zu weiterführenden Fragestellungen – jenseits des relativ eng gefassten, abendländisch-europäischen Zeit- und Kulturfensters – vgl. unten, Kap. 13.

Mittel der Kursivsetzung angewandt. Gleichzeitig wird die Kursivsetzung – wie in rezenten akademischen Publikationen üblich – gelegentlich auch zur Markierung und Hervorhebung wichtiger Begriffe oder Textpassagen fungieren. Aufgrund der Nützlichkeit gerade letzteren Stilmittels wird an dieser Stelle die Hoffnung geäußert, dass durch die doppelte Funktion der Kursivsetzung keine Verwirrung entstehen mag.[92]

Gerade begriffsgeschichtliche Untersuchungen erfordern zudem ein erhöhtes Maß an terminologischer Sensibilität, insbesondere hinsichtlich einer möglichst klaren Differenzierung von Quellen- und Analysetext sowie der (jeweils) verwendeten Terminologie(n). Im Zuge der historiographischen Analyse wird in diesem Zusammenhang versucht werden, die kontextuellen Bedeutungen des historischen Magiebegriffs jeweils mit alternativen Begriffen abzubilden, zumal auf die Applikation eines substanziellen Begriffs (sowie etwaiger Synonyma) im Analysetext ja explizit verzichtet werden soll. Das bedeutet, dass beispielsweise ein Text, der den Magiebegriff als konkrete, identifikatorische Sach- oder gar Selbstbezeichnung aufweist, im Analystext nicht einfach als *magischer* Text bezeichnet werden kann und soll. Zum Teil wird in solchen Fällen – wie oben erläutert – mit der Differenzierung und Formulierung selbstreferentiell-*magischer* und fremdreferentiell-*magischer* Texte und Autoren gearbeitet. Alternativ wird aber auch eine Formulierung wie *magiologisch* aufgegriffen werden, um damit auf zweierlei hinzuweisen: zum einen, dass der behandelte Text beziehungsweise Autor sich mit Dingen auseinander setzt, die er selbst als *magisch* kennzeichnet; zum anderen, dass die vorliegende Arbeit sich dieser Setzung bewusst enthält, und keinen eigenen Magiebegriff zur Kennzeichnung des Quellentextes verwendet. Das Attribut *magiologisch* verschiebt den terminologischen Fokus – im Unterschied zum Attribut *magisch* – vom eigenen Analysetext auf den untersuchten Quellentext.

Insofern sei an dieser Stelle nochmals darauf hingewiesen, dass die vorliegende Arbeit kein einziges Mal intendiert, einen eigenen, substanziellen Magiebegriff zu verwenden, da dies die applizierte Methode und vertretene Grundposition offenkundig aushöhlen würde. Sofern aus Gründen der Sprachpragmatik beziehungsweise *schnellen Feder* doch einmal *magisch* im Analysetext auftauchen sollte, wird der Begriff (aller Wahrscheinlichkeit nach) in Anlehnung an den jeweils besprochenen Quellentext verwendet. Der Magiebegriff stellt auch und gerade im akademischen Diskurs eine Art ontologischen Fallstrick dar, etwa dahingehend, dass man sich zwar der Problematiken des Begriffs bewusst ist, dennoch aber (häufig auch implizit) davon ausgeht, dass in der Außenwelt, gewissermaßen jenseits der Worte, fraglos *magische* Rituale und Vorstellungen existieren. Henk S. Vers-

---

92 Gleichzeitig sei darauf hingewiesen, dass der Religionsbegriff in den meisten Fällen nicht kursiv gesetzt wird, da dessen semantischer Gehalt – auf Basis der genannten Arbeitsdefinition – im Folgenden als verständlich erachtet wird.

nel hat diese Gefahrenlage prägnant beschrieben: „Practically no one escapes moments of reduced concentration when they suddenly fall into unsophisticated common sense concepts, though they sometimes betray their awareness of the lapse by putting the term magic between inverted commas or adding 'so-called'."[93]

Über diesen Fallstrick hofft die vorliegende Untersuchung nicht zu stolpern, und stattdessen die Worte Michel Foucaults zu beherzigen – „man möchte sich gänzlich der 'Dinge' enthalten; sie 'ent-gegenwärtigen'; ihre reiche, schwere und unmittelbare Fülle verbannen, aus der man gewöhnlich das Ur-Gesetz eines Diskurses macht".[94] Dem Magiebegriff wohnt seit langer Zeit eine außerordentlich große, merkwürdig suggestive Kraft inne, auf etwas tatsächlich Existierendes, mitunter Mysteriöses, in jedem Fall Faszinierendes zu verweisen. Die vorliegende Arbeit begleitet die Hoffnung, den Magiebegriff in dieser Hinsicht (endlich) bändigen, das heißt der akademischen Konstruktion und Konstruktivität seiner vermeintlichen Signifikate hier ein Ende setzen zu können – und dadurch auch zukünftige akademische Arbeiten zu ermutigen, seiner geradezu *magischen* Anziehungs- und Suggestionskraft erfolgreich zu widerstehen.

---

[93] Henk S. Versnel, „Some reflections on the Relationship Magic – Religion", 181, in: *Numen* 38 (1991), 177-197.
[94] Foucault, *Archäologie...*, 72.

Teil A:

Der akademische Magiediskurs

Der akademische Magiediskurs: Einführung

Die folgende, einführende Skizze zur akademischen Rezeptions- und Definitionsgeschichte des Magiebegriffs ist – so sei vorab erläutert – durch eine argumentative Zuspitzung gekennzeichnet. Mittlerweile liegen zahlreiche Untersuchungen zum akademischen Magiediskurs vor, welche die Gestalt und Fragwürdigkeit der zahlreichen Definitionen, deren methodologische und theoretische Hintergründe sowie disziplingeschichtliche Entwicklungen mehr oder weniger detailliert rekonstruiert haben.[1] Im Folgenden soll nicht eine weitere Zusammenstellung der definitorischen Vielfalt und Uneinheitlichkeit des akademischen Magiediskurs vorgelegt werden. Vielmehr ist Ziel, die akademische Rezeptionsgeschichte des Magiebegriffs einmal so zusammenzufassen, dass die fundamentalen heuristischen Probleme des Begriffs im Wissenschaftsdiskurs besonders deutlich hervortreten. Die Metapher, die im Folgenden für die hier eingenommene, problemorientierte Perspektive herangezogen wird, ist die bereits in Kapitel I aufgegriffene Formulierung *Zerfall der Kategorie* von Hans G. Kippenberg. Freilich hat Kippenberg jenen Zerfall selbst nicht all zu radikal interpretiert,[2] und überblickt man einschlägige Publikationen des rezenten, inter-

---

1   Eine kleine Auswahl sei einführend genannt; im deutschsprachigen Raum nach wie vor maßgeblich Kippenbergs (bereits genannte) Einleitung in seinem Band über *Die sozialwissenschaftliche Kontroverse über das Verstehen fremden Denkens*: Kippenberg, „Einleitung: Zur Kontroverse..."; vgl. auch Derselbe, „Magie". Vgl. außerdem Michael Bäumer, „Magie", in: Christoph Auffarth, Jutta Bernard, Hubert Mohr (Hg.), *Metzler Lexikon Religion. Gegenwart – Alltag – Medien. Band 2: Haar – Osho-Bewegung*, Stuttgart 1999, 360-367; aus disziplingeschichtlicher Sicht lesenswert einige Beiträge in Leander Petzoldt (Hg.), *Magie und Religion. Beiträge zu einer Theorie der Magie*, Darmstadt 1978, besonders Murray and Rosalie Wax, „Der Begriff der Magie", in: Ebenda, 325-384, sowie Olof Pettersson, „Magie – Religion. Einige Randbemerkungen zu einem alten Problem.", in: Ebenda, 313-324. Im englischsprachigen Raum vgl. den hervorragenden Beitrag von Wouter J. Hanegraaff, "Magic I: Introduction", in: Wouter J. Hanegraaff, Antoine Faivre (Hg.), *Dictionary of Gnosis&Western Esotericism. Edited by Wouter J. Hanegraaff. In Collaboration with Antoine Faivre, Roelof van den Broek, Jean-Pierre Brach. II: I-Z*, Leiden 2005, 716-19; die argumentative Bandbreite im akademischen Diskurs illustriert prägnant Graham Cunningham, *Religion & Magic. Approaches & Theories*, Washington 1999; wichtig für eine (außerordentlich) kritische Einordnung des Diskurses ist schließlich Randall Styers, *Making Magic. Religion, Magic, and Science in the Modern World*, New York 2004. Weitere wichtige Arbeiten werden im Laufe der folgenden Kapitel genannt.

2   Vgl. ausführlicher unten, Kap. 3.3.2.

disziplinären Wissenschaftsdiskurses, kann von einem *Zerfall der Kategorie* tatsächlich keine Rede sein. Im Gegenteil: gerade im akademischen Diskurs der letzten Jahrzehnte – insbesondere in den historischen Disziplinen – erfreut sich der Magiebegriff einer großen, mithin verblüffenden Popularität. Offenkundig bleiben die kritischen Stimmen, die im Laufe des 20. Jahrhunderts gegen den Magiebegriff argumentiert haben, im Gros der Forschergemeinde nach wie vor ungehört.

Gleichwohl sind im Zuge der akademischen Auseinandersetzung mit dem Magiebegriff zahlreiche fundierte Argumente gegen eine substanzielle Verwendung des Begriffs im Kontext wissenschaftlicher Forschung vorgebracht worden, die nach Ansicht der vorliegenden Arbeit, sofern radikal zu Ende gedacht, eine geradezu unausweichliche Überzeugungskraft in sich bergen. Einer der Gründe dafür, dass der Begriff nach wie vor vielfach zur Kennzeichnung akademischer Gegenstandsbereiche und Publikationen verwendet wird, scheint daher – diese Einschätzung sei vorab geäußert – eine weitreichende, interdisziplinäre Unkenntnis der tatsächlichen Tragweite der akademischen Magieproblematik, möglicherweise Resultat einer nach wie vor unzureichenden interdisziplinären Vernetzung des Wissenschaftsdiskurses. So soll im Folgenden versucht werden, den *Zerfall der Kategorie* einmal so pointiert zu konstruieren, als hätte er tatsächlich stattgefunden – dabei sollen möglichst detailliert die unüberwindbaren Probleme des akademischen Magiebegriffs dargestellt und verständlich gemacht werden. Die folgende disziplingeschichtliche Analyse ist also bewusst tendenziös gehalten – sie betont Argumentationsmuster, die zwar vehement vorgebracht, bis heute aber nicht annähernd in dem Ausmaß rezipiert worden sind, wie es ihnen gebührt. Der *Zerfall der Kategorie*, so wie er hier dargestellt wird, ist also eine Konstruktion, allerdings eine wohlbegründete und disziplingeschichtlich hinreichend belegbare. Das folgende Kapitel lässt sich in diesem Zusammenhang durchaus auch – so sei an dieser Stelle zugegeben – als Plädoyer für den notwendigen (zukünftigen) Verzicht auf einen substanziell definierten Magiebegriff im Wissenschaftsdiskurs einordnen.

Freilich impliziert der Verzicht auf einen substanziell definierten Magiebegriff – wie in Kapitel 1 angesprochen – nicht den Verzicht auf einen wissenschaftssprachlich operationalisierten Magiebegriff. In der vorliegenden Arbeit soll ja, wie oben erläutert, ein alternativer methodologischer Umgang mit dem Magiebegriff vorgeschlagen werden, der nicht mehr dessen Verwendung als Signifikant einer wissenschaftlichen Sachkategorie, sondern vielmehr dessen Verwendung als etymologisches Konstituens eines klar umgrenzten, textuellen Quellenkorpus' vorsieht, das religionswissenschaftlich und -geschichtlich zu untersuchen ist. Gerade vor diesem Hintergrund fallen die im vorliegenden Kapitel untersuchten Wissenschaftler in das solchermaßen konstituierte Quellenkorpus hinein. Indem

Akademiker insbesondere seit dem ausgehenden 19. Jahrhundert den bereits über nahezu zweieinhalb Jahrtausende tradierten Magiebegriff rezipierten und mittels des diskursiven Instruments der *Definition* nunmehr als Signifikant eines ahistorisch und transkulturell zu verstehenden Sachbereichs konstituierten, partizipierten sie im Sinne eines – historisch gesehen sehr späten und in gewisser Hinsicht sehr speziellen – Einzeldiskurses an der sehr viel umfangreicheren Geschichte des Magiebegriffs. Akademische Autoren und Sprecher haben diese Geschichte in den letzten eineinhalb Jahrhunderten maßgeblich geprägt und auch die primären Referenztexte für die vorliegende Arbeit – die eine akademische ist – verfasst; mit ihnen soll die vorliegende historiographische Analyse beginnen.

Die akademische Auseinandersetzung mit dem Magiebegriff steht hier zudem am Beginn der historischen Analyse, da sie insgesamt als Ausgangs- und Zielpunkt der Argumentationsstruktur der vorliegenden Arbeit zu sehen ist. Zum einen verfolgt die Untersuchung, wie in Kapitel 1 erläutert, das Ziel, einen neuen methodologischen Umgang mit dem Magiebegriff *jenseits* substanzieller Definitionsmuster vorzuschlagen. Zur Begründung dieses Vorgehens ist daher zunächst – also im vorliegenden Kapitel – zu erläutern, welche heuristischen Probleme die substanzielle Definitionspraxis des akademischen Diskurses überhaupt mit sich gebracht hat. Zum anderen ist das zweite große Anliegen der Arbeit – grundlegende Entwicklungslinien der Geschichte des Magiebegriffs insgesamt zu rekonstruieren – nur leistbar, wenn die Probleme des akademischen Begriffs erkannt sind und dadurch implizite oder explizite Vorverständnisse ausgeblendet werden können. Der hier einführend (re-) konstruierte akademische *Zerfall der Kategorie* stellt daher auch für den begriffsgeschichtlichen Teil der Untersuchung (Teil B) das argumentative Fundament dar. Aus den Ergebnissen des vorliegenden Kapitels wird abzuleiten sein, dass auch und gerade bei der Rekonstruktion der außerwissenschaftlichen Geschichte des Magiebegriffs auf die Applikation eines substanziellen Magiebegriffs im Analysetext verzichtet werden muss.

Das folgende, einführende Kapitel ist also durch mehrere argumentative und quellenspezifische Engführungen hinsichtlich des übergeordneten Aufgabenfeldes der Disziplingeschichte gekennzeichnet; zum einen kann aus der großen Zahl an akademischen Publikationen, die sich in den letzten 150 Jahren implizit oder explizit mit einem als *Magie* gekennzeichneten Sachbereich oder explizit dem Begriff und seiner definitorischen Problematik auseinander gesetzt haben, nur eine kleine Menge aufgegriffen und vorgestellt werden. Diese Auswahl soll allerdings – dies gilt auch, wie in Kapitel 1 erläutert, für die Fallbeispiele des außerwissenschaftlichen Diskurses – nicht willkürlich, sondern ausgehend von der inhärenten Struktur und Dynamik des akademischen Diskurses selbst getroffen werden: wer hat den Diskurs maßgeblich bestimmt? Wer hat bestimmte terminologische

Muster als Erster formuliert oder diese aufgrund seiner besonderen Wirkung im Diskurs verankert? Es geht darum, die zentralen Autoren des akademischen Diskurses zu nennen, die Diskursbegründer – die zahlreichen akademischen Autoren, die bloß am Diskurs partizipiert haben, die bestehende terminologische Muster nur reproduziert haben, ohne den Magiebegriff selbst signifikant zu verändern, können hier vernachlässigt werden. Die im Folgenden getroffene Auswahl wird aufgrund des Fokus' auf wirkungsgeschichtlich zentrale Texte und Autoren also argumentative und terminologische Grundmuster des akademischen Diskurses wiedergeben und zu bündeln versuchen; die enorme Breite des Diskurses (etwa die interdisziplinäre Frazer-Rezeption) wird dabei nur bedingt deutlich werden; hierzu wird jeweils auf weiterführende Literatur verwiesen.

Der Fokus auf diskursbegründende Autoren bedingt die zweite Engführung der Auswahl – es werden vorwiegend Autoren aus dem englisch- und deutschsprachigen Raum aufgegriffen. Englischsprachige Autoren liegen deshalb im Fokus, weil sie den interdisziplinären Magiediskurs im 19. und 20. Jahrhundert maßgeblich geprägt haben; deutschsprachige Autoren werden zur Erläuterung herangezogen, weil sie gewissermaßen dem Heimatdiskurs des Autors angehören. Akademische Autoren weiterer europäischer Nationaldiskurse – etwa des italienischen, spanischen oder (mit Ausnahmen) französischen – werden hier kaum berücksichtigt. Für eine bessere Lesbarkeit des Textes wird, wenn möglich, mit deutschen Übersetzungen gearbeitet.

In diesem Zusammenhang wird mit der Frage, welcher der behandelten Autoren für einen Religionswissenschaftler im engeren Sinn zu halten ist, pragmatisch umgegangen. Freilich werden beispielsweise James G. Frazer und David Émile Durkheim hier als Religionswissenschaftler bezeichnet, wenngleich sie sich möglicherweise selbst nicht so bezeichnet haben oder hätten. Die Bezeichnung *Religionswissenschaftler* impliziert hier also nicht die fakultative Zugehörigkeit zur Disziplin der Religionswissenschaft oder Religionsgeschichte im engeren Sinn, sondern verweist vielmehr auf den allgemeineren Aspekt der Religionsforschung, der wissenschaftlichen Auseinandersetzung mit Religion(en) – die gerade zur Zeit der formativen Periode bekanntermaßen keine rigiden Fächergrenzen kannte. Die Frage, wer als Religionswissenschaftler zu gelten hat, ist für die vorliegende Bedeutung nicht relevant; wichtiger ist, dass Autoren wie Frazer und Durkheim zahlreiche akademische Einzeldiskurse des 20. und 21. Jahrhunderts maßgeblich beeinflussten, und wirkungsgeschichtlich insofern für die gesamte akademisch-interdisziplinäre Landschaft – weit über die Disziplin Religionswissenschaft im engeren Sinn hinaus – bedeutsam waren.

Die dritte Engführung bezieht sich auf die Auswahl der hier untersuchten Textpassagen. Ziel ist, in den Werken und Ausführungen der behandelten Autoren die Genese und (jeweilige) Gestalt des akademischen Magiebegriffs zu rekonstruieren; daher wird nur mit ausgewählten, thematisch relevanten Passagen der gewählten Texte gearbeitet. Insbesondere bei wirkungsgeschichtlich zentralen Autoren soll allerdings versucht werden, deren definitorische Fassung des Begriffs auch im Kontext größerer argumentativer Strukturen und inhärenter Motivationen der Autoren zu interpretieren. In diesem Zusammenhang werden insbesondere die Rezeptionsleistungen der beiden wirkungsgeschichtlich zentralen Autoren James G. Frazer und David Émile Durkheim detaillierter untersucht. Auf die mitunter zahlreichen weiteren Schriften der hier behandelten Autoren wird, sofern sie zum Verständnis des Magiebegriffs nichts beitragen, nicht eingegangen.

Die letzte Engführung betrifft den einführend angesprochenen Fokus auf kritische Texte des akademischen Diskurses, welche im Kontext des hier (re-) konstruierten *Zerfalls der Kategorie* von besonderer Bedeutung sind. Für das Vorhaben der vorliegenden Arbeit ist es nicht notwendig, die zahlreichen akademischen Publikationen der letzten Jahrzehnte zu rekapitulieren, die nach wie vor mit (implizit oder explizit) substanziellen Fassungen des Magiebegriffs operieren. Hier wird der Fokus vielmehr auf jene Autoren gelegt, denen die inhärente Problematik eines substanziell definierten Magiebegriffs besonders aufgefallen ist, und die mit ihren Schriften versucht haben, der Uneinheitlichkeit, Vagheit und fehlenden Konsequenz des akademischen Diskurses insgesamt entgegen zu wirken. Vor allem gegen Ende des Kapitels werden daher Autoren aufgegriffen, die wirkungsgeschichtlich (leider noch) nicht all zu bedeutsam waren, für die hier entwickelte Argumentation aber von entscheidender Bedeutung sind. In diesen Fällen wird vom oben genannten Vorhaben, vor allem wirkungsgeschichtlich zentrale Autoren zu behandeln, also bewusst abgewichen. Die vorliegende Arbeit begleitet insofern die Hoffnung, gerade mit Hilfe dieser kritischen, bislang nicht ausreichend zur Kenntnis genommenen Autoren und Argumentationsmustern den hier angesprochenen *Zerfall der Kategorie* nicht nur belegen und sachlich begründen zu können, sondern diesem auch zu mehr akademischem Ansehen zu verhelfen.

Ausgehend von den eben genannten Engführungen ist die Kapitelstruktur begründet; nach einer Skizze der Magietheorien jener beiden Autoren, die hier als zentrale, diskursbegründende Autoren des akademischen Magiediskurses angesehen werden (James George Frazer und David Émile Durkheim), wird der analytische Fokus der folgenden beiden Teilkapitel auf den Zerfallsprozess der Kategorie *Magie* hinsichtlich ihrer beiden wichtigsten, diskursimmanenten Antipole gelegt: *Religion* und *Wissenschaft*. Beide terminologischen Gegenüberstellungen sind, so wird sich zeigen, Kinder abendländisch-europäischer Kultur- und Religionsgeschichte und im akademischen Kontext – sofern ernsthafter, kritischer Prüfung unterzogen – arbiträr und irreführend. Ziel des Kapitels ist, dies anhand wichtiger

Debatten und Argumentationslinien des akademischen Diskurses selbst nachzuweisen und theoretisch zu begründen. Abschließend wird ein kritisches Fazit gezogen, insbesondere im Hinblick auf die Rezeption des Magiebegriffs im akademischen Diskurs der letzten zwei bis drei Jahrzehnte.

2. Die Diskursbegründer – James George Frazer und David Émile Durkheim

Zunächst sollen die Arbeiten jener beiden Autoren ausführlicher besprochen werden, die mit einigem Recht als *diskursbegründend* für die akademische Definitionsgeschichte des Magiebegriffs insgesamt gelten können: James George Frazer und David Émile Durkheim. Frazer gab mit seinem berühmten Werk *The Golden Bough* und seiner evolutionistischen Dreiteilung *Magie – Religion – Wissenschaft* ein Denkmuster vor, das (nicht nur) die Religionswissenschaft lange Zeit in Bann hielt, und in Nachbardisziplinen oder populärwissenschaftlicher Literatur teilweise bis heute weiterlebt. Durkheim nahm aufgrund seiner theoretischen Ausrichtung bewusst eine andere Position im akademischen Magiediskurs ein – die methodologische Auseinandersetzung zwischen den sogenannten *Intellektualisten* und *Symbolisten* findet in diesen beiden Autoren prototypische Konkurrenten. Im Folgenden sollen zunächst die wichtigsten Postulate von Frazer und Durkheim begutachtet werden; von diesen ausgehend können nachfolgende akademische Autoren rezeptionsgeschichtlich eingeordnet werden. Der hier postulierte Zerfallsprozess der Kategorie *Magie* hat in den methodologischen und definitorischen Differenzen Frazers und Durkheims zudem einen zentralen Ausgangspunkt.

2.1. James George Frazer

James George Frazer (1854-1941), von Haus aus klassischer Philologe und wichtiger Vertreter der sogenannten *armchair-anthropology* des ausgehenden 19. Jahrhunderts,[1] veröffentlichte im Jahre 1890 sein zunächst zweibändiges

---

1   Frazer begab sich – obwohl er als einer der führenden Ethnologen seiner Zeit galt – nie ins Feld und entwarf (ähnlich wie Herbert Spencer oder Edward B. Tylor) seine Theoriegebäude bekanntermaßen hinter dem Schreibtisch. Die von ihm verwendeten Reisebeschreibungen und Berichte der britischen Kolonialverwaltung weisen daher, zusätzlich zur literarischen Erfindungsgabe Frazers, auf die prinzipielle Problematik seiner Daten hin. Vgl. hierzu insgesamt Jonathan Z. Smith, „When the Bough Breaks", in: Ders., *Map is not Territory. Studies in the History of Religions*, Leiden 1978, 208-239.

Werk *The Golden Bough*, das bis 1915 auf dreizehn Bände anschwoll.² Das vordergründige Anliegen dieses Werkes bestand laut zweibändiges Werk *The Golden Bough*, das bis 1915 auf dreizehn Bände anschwoll.³ Das vordergründige Anliegen dieses Werkes bestand laut Frazer darin, die Regelung der Nachfolge im Priesteramt des Diana-Heiligtums in Aricia (nahe Rom) zu erklären, einem sonderbaren antiken Brauch,⁴ der in zwei lateinischen Quellen erwähnt wird.⁵ Frazers Antwort – die Konzeptionalisierung eines *sakralen Königtums*, dessen rituelle Ausformung (die regelmäßige Tötung eines Priesters beziehungsweise Priesterkönigs) sowohl in der klassischen Antike als auch bei Stammeskulturen seiner Zeit (etwa den afrikanischen *Schilluk* im Sudan)⁶ zu finden seien – transportierte zugleich den Versuch einer „Universalgeschichte der menschlichen Entwicklung",⁷ der tatsächlich Frazers vorrangiges Interesse galt.⁸ Jene Universalgeschichte war durch die drei aufeinander folgenden Kulturstufen *Magie, Religion* und *Wissenschaft* gekennzeichnet, die von menschlichen Gesellschaften auf ihrem Weg von ursprünglicher *Wildheit* zu (*moderner*) *Zivilisation* nacheinander durchlaufen werden. Es versteht sich von selbst, dass Frazer hier ganz dem Überlegenheitsdenken des britischen Kolonialzeitalters verpflichtet war – die Gesellschaft, in der er lebte, stellte für ihn die Spitze der menschlichen Evo-

---

2   Im Folgenden wird der Einfachheit halber mit der deutschen Übersetzung der 1922 veröffentlichten (verkürzten, d.h. nur noch 1088 Seite umfassenden) Ausgabe gearbeitet: James G. Frazer, *Der goldene Zweig. Eine Studie über Magie und Religion*, Köln ²1968.

3   Im Folgenden wird der Einfachheit halber mit der deutschen Übersetzung der 1922 veröffentlichten (verkürzten, d.h. nur noch 1088 Seite umfassenden) Ausgabe gearbeitet: James G. Frazer, *Der goldene Zweig. Eine Studie über Magie und Religion*, Köln ²1968.

4   Vgl. die eindrückliche Beschreibung zu Beginn des 1. Kapitels, Frazer, *Der goldene Zweig...*, 1/2: „In diesem heiligen Haine wuchs ein bedeutungsvoller Baum. In seiner Nähe konnte man zu jeder Stunde des Tages und auch wohl bis tief in die Nacht hinein eine düstere Gestalt umherstreifen sehen. Die Hand des Mannes umklammerte ein blankes Schwert, und immer wieder hielt er vorsichtig Umschau, als erwarte er jeden Augenblick einen feindlichen Überfall. Er war ein Priester und Mörder zugleich, und der Mann, nach dem er ausschaute, sollte ihn über kurz oder lang ermorden, um die Priesterwürde an seiner Statt zu übernehmen. So wollte es die Ordnung des Heiligtums. Wer nach der Priesterwürde strebte, konnte sein Amt nur antreten, wenn er den derzeitigen Priester ermordete. Hatte er diese Tat vollbracht, so blieb er so lange im Amt, bis er selbst von einem Stärkeren oder Geschickteren getötet wurde."

5   Vgl. Strabon, *Geographica*, 5, 3, 12 und Maurus Servius Honoratus, *Ad Aeneid*, 6, 136. Ausführlicher hierzu auch Hans G. Kippenberg, *Die Entdeckung der Religionsgeschichte. Religionswissenschaft und Moderne*, München 1997, 131.

6   Sowohl das Konzept des *sakralen Königtums* als auch dessen vermeintliche Verkörperung bei den afrikanischen Schilluk wurde später grundlegend in Frage gestellt, unter Anderem von Edward E. Evans-Pritchard, „The Divine Kingship of the Shilluk of the Nilotic Sudan", in: Derselbe, *Essays in Social Anthropology*, London 1962, 66-86.

7   Hans Wißmann, „James George Frazer (1854-1941)", 84, in: Axel Michaels (Hg.), *Klassiker der Religionswissenschaft. Von Friedrich Schleiermacher bis Mircea Eliade*, München 1997, 77-89.

8   Insbesondere ab der dritten Auflage des *Golden Bough* von 1911-1915. Vgl. dazu Kippenberg, *Die Entdeckung...*, 132.

lution dar. Im Folgenden sollen Frazers zentrale Postulate zum Magiebegriff, die sich in *The Golden Bough* finden, skizziert werden.

Zunächst: der Magiebegriff fungiert in Frazers Ausführungen im Wesentlichen als abstrakter Signifikant bestimmter Formen von repetitiven Handlungen – also einer von ihm in unterschiedlichen Kulturen und Zeiten verorteten, seiner Ansicht nach interkulturell vergleichbaren, und als *magisch* bezeichneten Ritualpraxis – sowie ihrer theoretisch-konzeptionellen Hintergründe. Dieser (vermeintlich homogene) Ritualkomplex der *Magie* steht in Frazers Konzeption am Beginn der menschlichen Entwicklung und wird von ihm in zwei Bereiche, *homöopathische* (nachahmende) und *kontagiöse* (übertragende) *Magie* unterteilt; beide seien als Zweige eines prinzipiellen *Gesetzes der Magie*, der *Sympathie*, zu verstehen.[9] *Homöopathische Magie* sei durch die Vorstellung gekennzeichnet, dass „Gleiches wieder Gleiches hervorbringt",[10] und unterliege dem *Gesetz der Ähnlichkeit*: Dinge, die gleich oder einander ähnlich sind, wirkten aufeinander. Dies mache sich der *Magier* zu eigen, indem er beispielsweise eine Puppe seines Feindes anfertige, und diese stellvertretend mit einer Nadel durchsteche. *Kontagiöse Magie* basiere auf dem *Gesetz der Berührung* und gehe von der Annahme aus, dass „Dinge, die einmal einmal verbunden waren, für alle Zeiten, selbst wenn sie völlig voneinander getrennt sind, in einer solchen sympathetischen Beziehung zueinander bleiben müssen, dass, was auch immer dem einen Teil geschieht, den andern beeinflussen muss."[11] Frazer reiht in *The Golden Bough* nach einführenden theoretischen Erläuterungen zahllose Fallbeispiele *homöopatisch-* beziehungsweise *kontagiös-magischer* Ritualpraktiken aus der klassischen Antike, ethnographischen Beschreibungen zeitgenössischer Stammeskulturen, sowie volkskundlichen Berichten über die europäische Landbevölkerung seiner Zeit aneinander, um die von ihm postulierten *magischen* Prinzipien gleichsam *induktiv* zu untermauern.[12]

Magie gehe nach Frazer zudem wie die *Wissenschaft* davon aus, dass die Welt von unwandelbaren Naturgesetzen beherrscht werde, deren Auswirkungen sich berechnen und manipulieren ließen; sie unterscheide sich von *Wissenschaft* dadurch, dass sie falsche Kausalitätsprinzipien annehme; *Magie* sei ein „unechtes System von Naturgesetzen" und dadurch schlicht

---

9   Frazer, *Der goldene Zweig*..., 17: „Beide Arten der Magie, die homöopathische und die übertragende, können leichter unter dem gemeinsamen Namen 'Sympathetische Magie' verstanden werden, da beide annehmen, dass die Dinge aus der Ferne durch eine geheime Sympathie aufeinander wirken, und dass der Impuls von einem auf den andern übergeht durch etwas, das wir uns als eine Art unsichtbaren Äthers denken können ähnlich demjenigen, welchen die moderne Naturwissenschaft zu ebendemselben Zwecke annimmt, nämlich um zu erklären, wie die Dinge einander physisch durch einen scheinbar leeren Raum beeinflussen können."
10 Ebenda, 18.
11 Ebenda, 54.
12 Ebenda, 18-65.

„falsche Wissenschaft",[13] beziehungsweise die „Stiefschwester der Wissenschaft",[14] da sie auf dem Prinzip einer *falschen Ideenassoziation* gründe:

> „Wenn meine Analyse der Logik des Magiers richtig ist, so stellen sich ihre beiden großen Prinzipien als lediglich zwei verschiedene, falsche Anwendungen der Ideenassoziation heraus. Homöopathische Magie gründet sich auf die Verbindung von untereinander ähnlichen Ideen. Übertragungsmagie dagegen auf die Verbindung von Ideen durch unmittelbare Aufeinanderfolge. Der Fehler homöopathischer Magie ist es, anzunehmen, dass Dinge, die einander gleichen, tatsächlich gleich seien; Übertragungsmagie verfällt in den Irrtum zu glauben, Dinge, die einmal miteinander in Berührung standen, würden immer miteinander in Berührung bleiben."[15]

Entscheidend für Frazers Konzeption ist der praktische Charakter der *sympathetischen Magie*; der *Magier* sei sich der (erst von Frazer herausgearbeiteten) theoretischen Implikationen seines Tuns „in seinem unentwickelten Geist" nicht bewusst.[16]

In diesem Grundgedanken ist auch der evolutionistische Ansatz Frazers begründet. Der Übergang von der *magischen* zur *religiösen* Kulturstufe geschehe dann, wenn der Mensch die Fehlerhaftigkeit von *Magie* erkenne, und stattdessen einsehe, dass der Gang der natürlichen Geschehnisse von anderen, höheren *Kräften* beherrscht werde, denen er sich nun selbst unterworfen sehe.[17] Entsprechend wandele sich die Einstellung: während *Magie*

---

13 Vgl. Ebenda, 16: „Von denselben Prinzipien nämlich, die der Magier in der Ausübung seiner Kunst anwendet, glaubt er, dass sie die Bewegungen der leblosen Natur regeln, mit andern Worten, er nimmt stillschweigend an, dass die Gesetze der Ähnlichkeit und der Berührung von allgemeiner Gültigkeit sind und sich nich auf menschliche Handlungen beschränken. Kurz, die Magie ist ein unechtes System von Naturgesetzen und zugleich eine trügerische Verhaltungsmaßregel, sie ist eine falsche Wissenschaft und zugleich eine unfruchtbare Kunst."
14 Vgl. Ebenda 71/72: „Die Grundsätze der Assoziation sind an sich ausgezeichnet und in der Tat unbedingt notwendig für die menschliche Denktätigkeit. Richtig angewandt ergeben sie Wissenschaft. Unrichtig angewandt zeitigen sie Magie, die Stiefschwester der Wissenschaft. Es ist daher ein Gemeinplatz, fast eine Tautologie, wenn man behauptet, jegliche Magie sei notwendigerweise falsch und unfruchtbar. Denn sollte sie jemals fruchtbar werden, so wäre sie eben nicht mehr Magie, sondern Wissenschaft."
15 Ebenda, 17.
16 Ebenda, 16: „Gleichzeitig sollte man im Auge behalten, dass der primitive Magier die Zauberei nur von ihrer praktischen Seite kennt; niemals geht er den geistigen Prozessen, die seine Tätigkeit bestimmen, auf den Grund, denkt nie über die abstrakten Prinzipien nach, die mit seinen Handlungen verknüpft sind." *Magie* und *Zauberei* (im Original: *magic/sorcery*) werden bei Frazer meist gleichbedeutend verwendet; er konzipiert an einer Stelle allerdings die Differenz von *Zauberei* als Positiver *Magie*, die dem Tabu, der Negativen *Magie* gegenüberstehe – vgl. Ebenda, 29f.
17 Ebenda, 82/83: „Die Entdeckung lief darauf hinaus, dass die menschen zum erstenmal ihre Unfähigkeit erkannten, nach Belieben gewisse Naturkräfte zu benutzen, die sie bis dahin vollkommen zu beherrschen glaubten. Es war ein Bekenntnis menschlicher Unwissenheit und Schwäche. Der Mensch erkannte, dass er Dinge als Ursache angesehen hatte, die keine waren, und dass alle seine Anstrengungen, mittels dieser vermeintlichen Ursachen zu arbeiten, umsonst waren."

danach strebe, bestimmte Ereignisse zu erzwingen, akzeptiere *Religion* nun die Überlegenheit eines höheren Wesens, das durch Opfergaben und Unterwerfung milde zu stimmen sei. In Frazers bildmächtiger Sprache:

> „An diese mächtigen Wesen, deren Hand er in dem üppigen und mannigfaltigen Schauspiel der Natur erkannte, wandte sich nun der Mensch, bekannte demütig seine Abhängigkeit von ihrer unsichtbaren Macht und flehte ihre Barmherzigkeit an, ihm alles Gute zu gewähren, ihn vor den Gefahren zu schützen, die unser ganzes Leben umlauern."[18]

Der wesentliche Unterschied zwischen *Religion* und *Magie* bestehe also in unterschiedlichen Konzeptionen hinsichtlich der Erklärung und Beherrschung der natürlichen Umwelt des Menschen: *Magie* gehe von einer *sympathetischen* Gesetzmäßigkeit natürlicher Geschehnisse aus und sei durch die manipulierende, erzwingende Haltung des Menschen gekennzeichnet; *Religion* sei durch den Glauben an *mächtige Wesen* charakterisiert, „die dem Menschen übergeordnet sind",[19] natürliche Ereignisse kontrollieren könnten und durch „sanft einschmeichelndes Gebet und Opfer zu liebkosen und zu besänftigen" seien.[20] In der Annahme, dass *magische* beziehungsweise *religiöse* Denk- und Handlungsmuster im Wesentlichen auf unterschiedlichen Erklärungsmodellen von Naturereignissen und dem menschlichen Umgang mit diesen beruhten, ist Frazers *intellektualistische* Position begründet.[21]

Wenngleich Frazer den *Magier* sowie den *Priester* im Rahmen dieses „radikalen Prinzipienkonfliktes" prototypisch gegenüberstellt,[22] ist es für

---

18 Ebenda, 84.
19 Frazer ist hier beeinflusst von Tylors *animistischer* Definition von Religion – Ebenda, 72: „Unter Religion verstehe ich also eine Versöhnung oder Beschwichtigung von Mächten, die dem Menschen übergeordnet sind, und von denen er glaubt, dass sie den Lauf der Natur und das menschliche Leben lenken."
20 Ebenda, 79. In Grenzfällen, wenn *Magie* mit *mächtigen Wesen, Geistern* oder *Dämonen* operiere, verweist Frazer auf unterschiedliche Arten des Umgangs mit höheren Mächten (*Manipulation* beziehungsweise *Unterwerfung*) zur Unterscheidung zwischen *Magie* und *Religion*. Vgl. ebenda, 74: „Es ist wohl wahr, dass die Magie sich oft mit Geistern beschäftigt, die persönlich handelnde Wesen sind, wie die Religion sie annimmt. Aber überall da, wo sie dies in der üblichen Form tut, behandelt sie diese Wesen in derselben Weise, wie sie mit leblosen Dingen umgeht, d.h. sie zwingt und fesselt, anstatt zu versöhnen und sich geneigt zu machen, wie die Religion es tun würde."
21 Hierzu ausführlicher auch Kippenberg, „Einleitung: Zur Kontroverse...", 11ff.
22 Vgl. Frazer, *Der goldene Zweig...*, 74: „Dieser radikale Prinzipienkonflikt zwischen Magie und Religion erklärt zur Genüge die unbeugsame Feindschaft, mit der im Verlauf des historischen Geschehens der Priester häufig den Magier verfolgt hat. Die stolze Selbstgenügsamkeit des Magiers, sein anmaßendes Auftreten gegenüber den höheren Mächten und sein unverschämter Absprach, ein Regiment wie das ihre auszuüben, musste den Priester notwendig abstoßen, dem bei seiner Ehrfurcht vor der göttlichen Majestät und seinem demütigen Niederfallen in deren Gegenwart solche Anmaßung und solches Verhalten als gotteslästerliche Besitzergreifung von Vorrechten erschienen sein muss, die Gott allein zukommen."

ihn dennoch möglich, dass sich beide Prinzipien in einem Akteur mischen können, sodass ein *Priester* durchaus *magische* Rituale durchführen könne (wobei Frazer ihm hier „theoretische Inkonsequenz" unterstellt!).[23] So kann der *Magier* zu einem mächtigen Stammeshäuptling, einem *Priesterkönig* aufsteigen, und „Zauberei zum Wohle der Gesamtheit" durchführen.[24] Auch das evolutionistische Grundgerüst Frazers darf in diesem Zusammenhang nicht starr gelesen werden. Frazer rezipiert nicht umsonst zahlreiche Fallbeispiele vermeintlich *magischer* Bräuche aus der europäischen Landbevölkerung seiner Zeit, um deutlich zu machen, dass *Magie* zwar am Beginn der menschlichen Entwicklung stehe, gleichwohl aber auch dann unter Bevölkerungsschichten weiterleben könne, wenn die Gesellschaft sich insgesamt zu den Kulturstufen *Religion* oder schließlich *Wissenschaft* weiterentwickelt habe. Selbst die von ihm geschätzte *wissenschaftliche* Zivilisation seiner Tage scheint dadurch von einem ständig präsenten *magischen* Untergrund aus primitiven Bevölkerungsschichten bedroht.[25]

Der Übergang von *Religion* zu *Wissenschaft* vollziehe sich schließlich dann, wenn das Erklärungsmodell der *Religion* (natürliche Geschehnisse werden durch eine „spröde, launenhafte oder reizbare Gottheit" bedingt, die zu umgarnen und besänftigen ist)[26] nicht mehr durch „Beobachtung gestützt"[27] und dadurch insgesamt unbefriedigend werde. Vielmehr erkenne der Mensch nun wiederum die „starre Einförmigkeit", die „pünktliche Genauigkeit", mit der „die Vorgänge in der Natur sich abspielen".[28] Dadurch kehre er zu dem „alten Standpunkt der Magie zurück",[29] indem er annehme, dass natürliche Ereignisse einer in der Natur selbst angelegten, gesetzesartigen Regelmäßigkeit folgen, und nicht der Willkür eines höheren Wesens unterliegen. Die von der *Wissenschaft* aufgestellte Ordnung sei

---

23 Ebenda, 75/76: „In einer früheren Periode waren die Funktionen eines Priesters und Zauberers vielfach in einer Person vereinigt, oder um es vielleicht genauer auszudrücken, sie waren noch nicht voneinander getrennt. [...] Er sprach Gebete und Beschwörungsformeln fast in einem Atem, ohne sich über die theoretische Inkonsequenz seines Benehmens klar zu sein oder sich viel darum zu kümmern."
24 Ebenda, 65. Vgl. auch 87ff bzw. v.a. Kapitel VI. „Zauberer als Könige", 120ff.
25 Vgl. Ebenda, 80/81: „So ist die Oberfläche der Erde überall rissig und brüchig durch Spalte und gähnende Abgründe, welche durch den zersetzenden Einfluss der religiösen Spaltungen hervorgerufen werden. Wenn wir jedoch durch diese Unterschiede, welche in der Hauptsache die intellektuelle und denkende Schicht des Gemeinwesens berühren, hindurchdringen, werden wir finden, dass unter ihr eine Schicht geistiger Übereinstimmung zu finden ist zwischen den Beschränkten, Schwachen, Unwissenden und Abergläubischen, die ja doch leider die überwältigende Mehrheit der menschlichen Gesellschaft ausmachen. [...] Wir bewegen uns scheinbar auf einer dünnen Kruste, die jeden Augenblick durch die unterirdisch schlummernden Mächte zerrissen werden kann."
26 Ebenda, 79.
27 Ebenda, 1034.
28 Ebenda.
29 Ebenda.

dabei der *magischen* – „so brauchen die Leser dieses Werkes wohl kaum erinnert zu werden" – aufgrund einer „geduldigen und genauen Beobachtung der Phänomene selbst"[30] überlegen: „Kurz, die Religion, sofern sie die Natur erklären will, wird durch die Wissenschaft ersetzt".[31] Hierin – nicht zu vergessen – wird Frazers religionskritischer Impetus deutlich.

2.2. Rezeptionsgeschichtliche Einordnung Frazers

Nicht nur in diesem akademischen Überlegenheitsdenken war Frazer ein Kind seiner Zeit. So ist insgesamt zu fragen: Was waren die Rezeptionsbedingungen für Frazers *Magie*-Konzeption, worin bestanden seine wesentlichen Rezeptionsleistungen?

Zunächst muss Frazers rigorose Anwendung der vergleichenden Methode – ein damals kühnes, für theologische und altphilologische Kollegen wohl „schockierendes" Vorgehen –[32] genannt werden. In endlosen Reihen zählt Frazer Beispiele für (seiner Ansicht nach) *magische* Handlungen,[33] Wetterzeremonien,[34] Taburegeln,[35] Vegetations-[36] und Opferriten[37] oder Feuerfeste[38] aus einer überbordenden Menge von kulturhistorisch völlig unabhängigen Personengruppen auf, und klassifiziert diese jeweils anhand der von ihm angenommenen übergreifenden Typologie.[39] Frazer verließ sich

---

30 Ebenda.
31 Ebenda, 1034/35. Tiefsinnig und nahezu visionär wirkt Frazer, wenn er die wissenschaftlichen Theorien seiner Zeit selbst nur als vorläufige Sammlung von Hypothesen bezeichnet: „Dennoch sollte uns die Geschichte des menschlichen Denkens vor der Schlußfolgerung warnen, dass die wissenschaftliche Theorie von der Welt etwa volkommen und abschließend sei, weil sie die beste ist, die bisher aufgestellt wurde. [...] Im letzten Grunde sind Magie, Religion und Wissenschaft nichts anderes als Denktheorien, und wie die Wissenschaft ihre Vorgänger abgelöst hat, so mag sie künftighin einmal selbst von einer vollkommeneren Hypothese, vielleicht von einer völlig verschiedenen Art, die Erscheinungen zu betrachten, die Schatten auf der Leinwand zu deuten, überholt werden, von der wir uns in unserer Generation keine Vorstellung machen können"; Ebenda, 1035.
32 Wißmann, „James George Frazer...", 82. Frazer konnte zwar bereits auf entsprechende Vorgehensweisen bei Edward B. Tylor oder Wilhelm Mannhardt zurückgreifen, ging allerdings in der Vielfalt seiner Quellenauswahl sowie der Annahme der universellen Gültigkeit seines evolutionistischen Klassifikationsmusters über seine Vorgänger hinaus.
33 Frazer, Der Goldene Zweig..., u.A. 18-52.
34 Ebenda, 87-119.
35 Ebenda, 284-382.
36 Ebenda, u.A. 431-471, 650-752.
37 Ebenda, 753-782.
38 Ebenda, 885-929.
39 Im Folgenden sei exemplarisch die Abfolge der Belege Frazers für *Homöopatische Magie* genannt: Ojebway-Indianer Nordamerikas, Peru-Indianer, malayische *Zauberer*, die Bataks von Sumatra, die Dyaken von Borneo, antike Autoren: Diodor, Plutarch und Plinius, die alten Inder, französische Bauern, einige Stämme Zentralaustraliens, Indianer Britisch-Kolumbiens und Britisch-Neu-Guineas, kambodschanische Jäger, schottische Angler, Carrier-

bei diesen Zusammenstellungen im Wesentlichen auf ein virtuos angewendetes Ähnlichkeitsprinzip sowie eine sowohl *induktive* als auch *deduktive* Erkenntnismethode, die ihm offenbar als adäquates epistemologisches Fundament erschien.[40] Der Magiebegriff übernahm dadurch für ihn die Funktion einer synthetischen Kategorie: sie erlaubte es, tausende unterschiedlicher, auf den ersten Blick meist unverständlicher Bräuche einheitlich zu benennen und auf der Basis weniger prinzipieller Gesetze zu erklären.[41]

Frazer orientierte sich hier insgesamt an der vergleichenden Methode, wie sie Friedrich Max Müller bereits in den 1870er Jahren in die Religionswissenschaft eingeführt hatte.[42] Seine Vergleichsbedingung implizierte allerdings nicht mehr einen gemeinsamen sprachgeschichtlichen Ursprung,[43] sondern vielmehr die evolutionistische Grundannahme, dass aufgrund der einheitlichen, universalen Gestalt *einer* Menschheitsgeschichte die prinzipielle Ähnlichkeit von Denkstrukturen auch bei räumlich wie zeitlich voneinander unabhängigen Volksgruppen gegeben sei.[44] Das evolutionisti-

---

Indianer, die Galelaresen von Neu-Guinea und Malayische Jäger! Vgl. Ebenda, 18-27.

40 Vgl. Frazers Verwendung des Begriffs *Beweis*, Ebenda, 18: „Aus der Fülle der Beispiele mögen nur einige hier erwähnt werden, um sowohl die weite Verbreitung der Sitte über die ganze Welt als auch deren erstaunliche Lebenskraft zu beweisen. Denn vor Tausenden von Jahren war sie den Zauberern des alten Indien, Babylon und Ägypten sowie Griechenlands und Roms bekannt, und bis zum heutigen Tage ist sie gebräuchlich bei listigen, böswilligen Wilden in Australien, Afrika und Schottland."; Frazer erwähnt die Verwendung der induktiven und deduktiven Methode explizit Ebenda, 79.

41 Vgl. hierzu auch Kippenberg, *Die Entdeckung...*, 134.

42 Vgl. Friedrich M. Müller, *Einleitung in die vergleichende Religionswissenschaft. 4 Vorlesungen im Jahre 1870 an der Royal Institution in London gehalten*, Straßburg 1874. Hierzu ausführlicher auch Kurt Rudolph, „Vergleich, religionswissenschaftlich", 314-316, in: Hubert Cancik, Burkhard Gladigow, Matthias Laubscher (Hg.), *Handbuch religionswissenschaftlicher Grundbegriffe. Band V: Säkularisierung - Zwischenwesen. Register*, Stuttgart 2001, 314-323. Sowie Burkhard Gladigow, „Vergleich und Interesse", 117f, in: Hans-J. Klimkeit, *Vergleichen und Verstehen in der Religionswissenschaft. Vom 4. bis 6. Oktober 1995 in Bonn*, [Deutsche Vereinigung für Religionsgeschichte: Vorträge der Jahrestagung der DVRG; 1995. Studies in oriental religions; 41], Wiesbaden 1997, 113-130.

43 Frazer orientierte sich in der ersten Auflage des *Golden Bough* noch an der von Müller getroffenen Unterscheidung einer arischen und einer semitischen Sprachfamilie, die einen religionswissenschaftlichen Vergleich aufgrund des gemeinsamen sprachgeschichtlichen Ursprungs ermöglichen sollte. Er verwarf diese linguistische Klassifikation aber in der zweiten und allen weiteren Auflagen – entsprechend wandelte sich auch der Untertitel des Werkes. Vgl. Kippenberg, *Die Entdeckung...*, 135: „A Study in Comparative Religion, Untertitel der ersten Auflage, spielte noch auf die Konzeption der vergleichenden Philologie an. A Study in Magic and Religion, Untertitel der zweiten und dritten Auflage, lenkte den Blick auf einen Gegensatz, der das Modell sprachwissenschaftlicher Zuordnungen sprengte: den von Magie und Religion."

44 Frazer orientierte sich hier insbesondere an Herbert Spencer, der den Darwinschen Evolutionismus bereits 1874 in seinen *Principles of Sociology* auf den Bereich menschlicher Kulturgeschichte übertragen hatte. Übrigens bespricht Spencer hier bereits eine Reihe von Fallbeispielen (allerdings noch unabhängig vom Sympathiebegriff), die für Frazers Sympathiekonzept Vorbildcharakter gehabt haben mochten – vgl. Herbert Spencer, *A System of*

2.2. Rezeptionsgeschichtliche Einordnung Frazers 53

sche Postulat einer prinzipiellen Ähnlichkeit kultureller Strukturen – konkretisiert in wenigen, überall identifizierbaren Kulturstufen – fungierte bei Frazer insofern als grundlegende Voraussetzung der vergleichenden Methode.[45]

Der Evolutionismus Frazers ging Hand in Hand mit dem kolonialen Überlegenheitsdenken der akademischen Elite des ausgehenden 19. Jahrhunderts[46] und mündete in einem (spät-) aufklärerischen Ideal, das sich in dem häufig herauszulesenden Wunsch niederschlug, die „Beschränkten, Schwachen, Unwissenden und Abergläubischen"[47] aus ihrem *Zustand intellektueller Wildheit* („state of intellectual savagery")[48] zu befreien. Frazer war in diesem Zusammenhang stark von der im 19. Jahrhundert aufblühenden volkskundlichen Forschung beeinflusst, wofür insbesondere seine Rezeption der Arbeiten Wilhelm Mannhardts kennzeichnend ist. Mannhardt

---

Synthetic Philosophy 6: Principles of Sociology 1, London 1883 (reprint 1874), u.A. 264: „The conception ascribed by Fitzroy to the Patagonians, who think that possession of a man's hair or nails enables the magician to work evil on him, is the general conception. New Zealanders 'all dread cutting their nails' for this reason"; zum Frazerschen Evolutionismus vgl. detaillierter auch Dietmar Först, "Ahnen der Religionswissenschaft: Sir James George Frazer (1854-1941) und seine evolutionistische Religionstheorie", in: *Spirita 4 (1990)*, 22-28; sowie Gerhard Schlatter, "Evolutionismus", in: Hubert Cancik, Burkhard Gladigow, Matthias Laubscher (Hg.), *Handbuch religionswissenschaftlicher Grundbegriffe. Band II: Apokalyptik - Geschichte*, Stuttgart 1990, 385-393.

45 Vgl. dazu auch Burkhard Gladigow, „Religionswissenschaft. Historisches, Systematisches und Aktuelles zum Stand der Disziplin", 206, in: *Berliner Theologische Zeitschrift 13 (1996)*, 200-211: „Die durchlaufende Präsenz strukturgebender Elemente legitimiert den Vergleich des Vergleichbaren, und eine Differenzierung gegenüber jenen 'alten' Elemente [sic] beschreibt die Strategie von Evolution. Auf diese Weise können durch den Vergleich unterschiedlicher Kulturen gemeinsame Elemente einer gemeinsamen Entwicklung der Menschheit, und unterschiedliche ihrer kulturellen Differenzierung bestimmt werden."

46 Vgl. Frazers Rechtfertigung des britischen Imperialismus: „Der geistige Fortschritt, welcher in der Aufwärtsbewegung auf künstlerischem und wissenschaftlichem Gebiete sowie in der Verbreitung liberaler Ansichten zum Ausdruck kommt, lässt sich nicht von dem technischen oder wirtschaftlichen Fortschritt trennen, und dieser empfängt seinerseits wieder die stärksten Impulse durch Eroberung und Imperialismus. Es ist kein blosser Zufall, dass die mächtigsten Ausbrüche der Tatkraft des menschlichen Geistes stets einem Siege unmittelbar auf den Fuß gefolgt sind, und dass die großen Eroberernationen der Welt den bedeutendsten Anteil an dem Fortschritt und der Verbreitung der Zivilisation gehabt und damit im Frieden die Wundern geheilt haben, die sie im Kriege schlugen." Frazer, *Der goldene Zweig...*, 69. Hierzu ausführlicher auch Styers, *Making Magic...*, 59ff.

47 Vgl. Frazer, *Der goldene Zweig...*, 80.

48 Vgl. Frazers eindrücklicher Vortrag *The Scope of Anthropology*: James G. Frazer, *The Scope of Anthropology. A Lecture delivered before the University of Liverpool, May 14th, 1908*, London 1908, 15/16: „the majority of people in every civilised country is still living in a state of intellectual savagery, that, in fact, the smooth surface of cultural society is sapped and mined in superstition. Only those whose studies have led them to investigate the subject are aware of the depth to which the ground beneath our feet is thus as it were honeycombed by unseen forces. We appear to be standing on a volcano which may at any moment break out in smoke and fire to spread ruin and devastation among the gardens and palaces of ancient culture wrought so laboriously by the hands of many generations."

hatte 1865 – fasziniert von den Forschungen Jakob Grimms zur *Deutschen Mythologie* –[49] eine umfangreiche Fragebogenaktion unter der deutschen Landbevölkerung zu Gebräuchen beim Ackerbau durchgeführt, deren Befunde – er glaubte einen nach wie vor verbreiteten heidnischen Vegetationskult rekonstruieren zu können – 1868 veröffentlicht wurden.[50] Mannhardt selbst blieb zeit seines Lebens weitgehend unbekannt, obwohl er – inspiriert von Friedrich M. Müller und Edward B. Tylor – 1875 ein erweitertes Werk *Wald- und Feldkulte* veröffentlichte, in dem er sein Quellenmaterial um germanische Baumkulte und einen Vergleich mit antiken Quellen erweiterte.[51] Mannhardts Studien sind im Kontext des in der zweiten Hälfte des 19. Jahrhundert signifikant anwachsenden Korpus' an Literatur zur Volks- und Aberglaubensforschung einzuordnen.[52] Frazer verhalf Mannhardt zumindest zur nachträglichen Würdigung seines Werks, indem er in *The Golden Bough* vielfach auf den von Mannhardt zusammen getragenen Fundus bäuerlicher und ländlicher Riten zurückgriff, und diese im Rahmen des Magiebegriffs und seiner Theorie des sakralen Königtums einordnete.[53]

Durch die Rezeption volkskundlicher Quellen konturierte Frazer das Bild einer ländlichen, abergläubischen *Magie*, die vom aufgeklärten Bürgertum und der akademischen Elite seiner Zeit als diametral entgegengesetzt zur wissenschaftlichen Vernunft und zum allgemeinen Fortschrittsglaube angesehen werden musste.[54] Eine konzeptionelle Rechtfertigung dieses Bildes fanden Frazer und Mannhardt im Konzept des *survivals*, das Edward B. Tylor in seinem 1871 veröffentlichten Werk *Primitive Culture* entwickelt hatte.[55] Tylor hatte im Rahmen der Untersuchung zeitgenössischer (*primitiver*) Stammeskulturen das von Herbert Spencer übernommene Modell

---

49 Erstmals 1835 veröffentlicht: Jakob Grimm, *Deutsche Mythologie*, Göttingen 1835.
50 Wilhelm Mannhardt, *Die Korndämonen. Beitrag zur Germanischen Sittenkunde*, Berlin 1868.
51 Wilhelm Mannhardt, *Wald- und Feldkulte*, 2 Bände, Berlin 1875/76.
52 Neben Mannhardt sind im deutschsprachigen Raum dieser Zeit außerdem zu nennen: Heino Pfannenschmidt, *Germanische Erntefeste im heidnischen und christlichen Cultus. Mit besonderer Beziehung auf Niedersachsen*, Hannover 1878. Die Publikationen von Ulrich Jahn, u.A. Ulrich Jahn, *Die deutschen Opfergebräuche bei Ackerbau und Viehzucht*, [Germanistische Abhandlungen; 3], Breslau 1884. Insbesondere ist hier auch Adolf Wuttke und sein Büchlein *Der deutsche Volksaberglaube der Gegenwart* von 1860 zu beachten, an das sich ab 1927 das 10-bändige *Handwörterbuch des deutschen Aberglaubens* anschloss: Adolf Wuttke, *Der deutsche Volksaberglaube der Gegenwart*, Hamburg 1860. Hanns Bächtold-Stäubli/Eduard Hoffmann-Krayer (Hg.), *Handwörterbuch des deutschen Aberglaubens*, 10 Bände, Berlin 1987 (reprint 1927-1942).
53 Vgl. Frazer, *Der goldene...*, u.A. 581ff.
54 Daxelmüller spricht hier von jener charakteristischen Sichtweise unter Akademikern des ausgehenden 19. Jahrhunderts, „die mit den dualen Begriffspaaren von Vernunft (Wissenschaft) und überlieferter Erfahrung (Aberglaube, Magie), Elite und 'Volk', Universität und Analphabetismus, Stadt und Land, Kurzlebigkeit eines naturwissenschaftlich orientierten Fortschrittsglaubens und Langlebigkeit beharrender Traditionen operierten." Daxelmüller, *Zauberpraktiken...*, 37.

2.2. Rezeptionsgeschichtliche Einordnung Frazers 55

einer kulturellen Evolution um die wichtige wie simple Einsicht ergänzt, dass in Kulturen sogenannte *Überlebsel*, also Vorstellungen und Bräuche aus früheren Kulturstufen zu finden seien, deren äußere Form erhalten bleibe, während ihre ursprüngliche Bedeutung verloren gehe.[56] Tylor zählt in *Die Anfänge der Cultur* zahllose Beispiele für solche *survivals* auf,[57] und entwickelt dadurch – wiederum in Anlehnung an die volkskundlichen Arbeiten Wuttkes und Grimms – die Vision einer tieferen, *primitiven* Schicht kultureller Überlieferung, die unter der Oberfläche der Zivilisation fortlebe.[58]

Frazers evolutionistische Konzeption erhielt durch das Konzept der *survivals* eine wichtige soziologische Spezifikation, indem Gesellschaften nicht einfach als monolithische Blöcke voranschritten, sondern kulturelle Entwicklungen und Stufenformen schichtenabhängig zu interpretieren seien. Während für Frazer das aufgeklärte, wohlhabende Bürgertum, insbesondere die akademische Elite seiner Zeit die wissenschaftliche Kulturstufe erreicht hatte, blieb das Gros der Bevölkerung auf der *religiösen* oder gar *magischen* Kulturstufe verhaftet. Entscheidend ist der epistemologische Vorteil, der sich aus dieser Konzeption ergab: die ethnographischen Befunde aus britischen Kolonien wurden für Frazer prinzipiell mit den Bräuchen der ländlichen Bevölkerung Europas vergleichbar. Beide erschienen als Ausformungen derselben *magischen* Kulturstufe, die hier als wesentliches Charakteristikum, dort nur noch als *survival* interpretiert werden konnte. *Magie* als irrationales *Überlebsel* aus den Anfängen menschlicher Entwicklung wurde im ausgehenden 19. Jahrhundert dadurch gleichsam zum Bindeglied zwischen den – aus Sicht der gebildeten Schicht – hier wie dort intellektuell Zurückgebliebenen.[59]

---

55 Im Folgenden wird mit der (neu aufgelegten) deutschen Übersetzung gearbeitet: Edward B. Tylor, *Die Anfänge der Cultur. Untersuchungen über die Entwicklung der Mythologie, Philosophie, Religion, Kunst und Sitte*, 2 Bände, Hildesheim 2005/06 (reprint: Leipzig 1873).

56 Vgl. Ebenda (Band 1), 70: *survivals* seien „Bruchstücke einer todten nierigern Cultur, welche in eine höhere lebende eingebettet liegen". Zum Bedeutungsverlust Ebenda, 110: „Wie die sociale Entwicklung der Welt fortschreitet, so schwinden die bedeutungsvollsten Gedanken und Handlungen zu blossen Ueberlebseln. Die ursprüngliche Bedeutung stirbt allmählich aus, jede Generation hinterlässt dem Gedächtniss weniger und weniger davon, bis sie schliesslich aus der Erinnerung des Volkes verschwindet; in späteren Tagen muss dann die Ethnographie, mit grösserem oder geringerem Erfolg, versuchen, sie wieder herzustellen, indem sie die Linien vereinzelter und vergessener Thatsachen wieder zusammensetzt."

57 Er nennt unter Anderem Kinder- und Glücksspiele, Redensarten, Sprichwörter, Opferbräuche beim Hausbau, Wahrsagekunst und eben (explizit so bezeichnete) *magische* Handlungen: Ebenda, 70-159.

58 Vgl. ausführlicher auch Kippenberg, *Die Entdeckung...*, 120ff.

59 Vgl. explizit Tylor, *Die Anfänge der Cultur, Band 1*, 111: „Sie [Magie; d. Verf.] gehört in ihren Hauptgrundzügen den niedrigsten Stufen der Civilisation an, welche wir kennen, und die niederen Rassen, welche noch keinen erheblichen Antheil an der Bildung der Welt besitzen, erhalten sie noch in Kraft."

Die anthropologischen Vorurteile, die zur Konstitution des damals so populären Bildes des *Primitiven* oder *Wilden* beigetragen hatten,[60] fanden im Magiebegriff insofern ein willkommenes Instrument zur terminologischen Vereinheitlichung und pejorativen Abwertung der Vorstellungen und Ritualpraktiken kolonialer Stammeskulturen; dadurch erschien freilich deren Eroberung und Missionierung gerechtfertigt. Der Frazerschen Konstruktion von *Magie* kann daher auch eine implizite Legitimationsfunktion für das *religiöse* und *wissenschaftliche* Überlegenheitsgefühl des viktorianischen Zeitalters, für das imperialistische Weltmachtstreben und den Missionierungseifer europäischer Kolonialmächte unterstellt werden.[61] Zudem konnte durch die radikale Gegenüberstellung von westlicher Zivilisation und zurückgebliebenen, *primitiven* Kulturen und Volksgruppen die Idee einer europäischen Moderne konturiert werden. Randall Styers schreibt in diesem Zusammenhang: „Europe could be understood only through cultural contrast; modern identity could be defined only through juxtaposition with cultural Others."[62] Der Magiebegriff ermöglichte es, die Charakteristika dieser Moderne, insbesondere den Wert einer rational-naturwissenschaftlichen Weltsicht zu propagieren und dadurch eine prinzipielle kulturelle Überlegenheit zu konstatieren.[63]

Die von Frazer angenommene intellektuelle Zurückgebliebenheit des *Wilden* beziehungsweise des *abergläubischen* europäischen Bauern ist eine in diesem Zusammenhang entscheidende Rezeptionsleistung, die den religionswissenschaftlichen Magiediskurs noch lange prägen sollte.[64] Das prinzipielle Postulat jener *falschen Ideenassoziation*, der der *Magier* unterliege (unwissentlich, sofern er kein Betrüger ist), übernahm Frazer – wie die

---

60 Vgl. ausführlicher auch Urs Bitterli, *Die 'Wilden' und die 'Zivilisierten'. Grundzüge einer Geistes- und Kulturgeschichte der europäisch-überseeischen Begegnung*, München ²1991; sowie zusammenfassend u.A. Kippenberg, *Die Entdeckung...*, 80-83.
61 Styers reiht die frühen religionswissenschaftlichen Magietheorien nicht umsonst in die zahlreichen Texte dieser Epoche ein, die darauf abzielten, den Kolonialismus und Imperialismus der europäischen Staaten (etwa mittels des Arguments rassischer Überlegenheit) zu legitimieren. Vgl. Styers, *Making Magic...*, 63ff. Hierzu ausführlicher auch Richard Koebner, Helmut D. Schmidt, *Imperialism: The Story and Significance of a Political word. 1840-1960*, Cambridge 1964, v.a. 81-134.
62 Vgl. Styers, *Making Magic...*, 63.
63 Styers interpretiert diese Funktion des frühen akademischen Magiebegriffs im Rahmen der Metapher *Selbstgestaltung der Moderne* – Ebenda, 224: „Instead of a multiplicity of overlapping human logics, practises and social relations, we are offered a narrow, rigidly demarcated contrast between the magical and the modern. In this configuration, magic has served as a potent tool for the self-fashioning of modernity."
64 Davon abgeleitete dualistische Unterscheidungen des Denkens finden sich später etwa im *Konzept der Teilhabe* bei Lévi-Bruhl oder der pejorativ abgeschwächten Unterscheidung von *mystischen* und *empirischen* Denkmodi (*modes of thought*) bei Evans-Pritchard. Vgl. Lucien Lévy-Bruhl, „Das Gesetz der Teilhabe", in: Petzoldt, *Magie und Religion...*, 1-26. Sowie Edward E. Evans-Pritchard, "The Intellectualist (English) Interpretation of Magic", in: *Bulletin of the Faculty of Arts 1 (1933)*, 282-311.

2.2. Rezeptionsgeschichtliche Einordnung Frazers 57

meisten seiner Grundgedanken – von Edward B. Tylor.[65] Geht man weiter zurück, findet sich dieses Bild bereits in Entwürfen der philosophischen Aufklärung des 17. und 18. Jahrhunderts (etwa bei David Hume, Denis Diderot oder Voltaire),[66] in denen die Chiffre *Aberglaube* nicht mehr der (christlichen) *Religion*, sondern dem akademischen Vernunftideal gegenübergestellt und entsprechend kritisiert wurde. Tylor greift auf die damit einher gehende Idee der Irrationalität (also der falschen Rationalität) *abergläubischer* und *magischer* Vorstellungen zurück, wenn er behauptet, dass der primitive Geist rein gedankliche Assoziationen mit realen, kausalen Beziehungen in der Außenwelt verwechsele.[67]

Vor allem in der Idee jener *primitiven* Art des Denkens wird die *intellektualistische* Position Tylors und Frazers besonders deutlich: konstitutives Element für kulturelle Entwicklung seien jeweils unterschiedliche Konzeptionen der Erklärung und Beherrschung der natürlichen Umwelt des Menschen. In den Charakteristika und der Entwicklung des Denkens sei das Wesen der *Magie*, sowie die spätere Weiterentwicklung zu *Religion* und *Wissenschaft* gleichsam entelechetisch angelegt. Spätere Kritiken stellten diesem rationalistischen – also wesentlich am Wissenschaftsideal des ausgehenden 19. Jahrhunderts orientierten – Ansatz etwa die emotionale Qualität religiöser Erfahrung gegenüber,[68] oder betrachteten die Vorstellungen *religiöser* Akteure nurmehr als (*symbolisch* zu reduzierende, und in ihrem Bedeutungsgehalt zu vernachlässigende) Ausdrucksformen kollektiver Handlungsmuster.[69] Von beiden Seiten wurde der *intellektualistischen* Posi-

---

65 Tylor beschreibt Magie als eine „der gefährlichsten Täuschen, welche je die Menschheit beunruhigt haben" (Tylor, *Die Anfänge der Cultur*..., Band 1, 110), als „aufrichtig gemeintes, aber verfehltes philosophisches System" (Ebenda, 134), das dadurch verstanden werden könne, „dass wir sie als beruhend auf der Ideenassoziation betrachten, einer Fähigkeit, welche die Grundlage für die menschliche Vernunft, aber auch in nicht geringem Maße für die menschliche Unvernunft bildet" (Ebenda, 115).

66 Dazu ausführlicher Styers, *Making Magic*..., 51-59, sowie 125ff. Zu Diderot und Voltaire vgl. auch unten, Kap. 11.

67 Vgl. Tylor, *Die Anfänge der Cultur*..., 115: „Der Mensch, der auf einer noch unentwickelten geistigen Stufe gelernt hat, in Gedanken jene Dinge zu verbinden, von denen ihm die Erfahrung gezeigt hat, dass sie wirklich in Zusammenhang stehen, ist weiter gegangen und hat irrthümlich diese Verrichtung umgekehrt und den Schluss gezogen, dass eine Verbindung in Gedanken nothwendig einen ähnlichen Zusammenhang in der Wirklichkeit bedinge."

68 Frühester Vertreter dieses Ansatzes ist Robert. R. Marrett mit seiner 1900 erstmals publizierten Theorie des *Präanimismus*. Zentrale Bedeutung für die Herausbildung *religiöser* Ideen und Empfindungen sei nicht der Versuch, natürliche Geschehnisse zu erklären, sondern vielmehr das ursprüngliche Erlebnis einer unpersönlichen Macht, das Gefühle der Ehrfurcht, des Staunens und der Bewunderung auslöse. Vgl. ausführlicher Robert R. Marrett, *The Threshold of Religion*, London 1979 (reprint 1914), besonders kapitel I: „Pre-Animistic religion", 1-28. Marett kritisiert Frazer übrigens ausführlich Ebenda, 176ff. Zu Marett ausführlicher auch Kippenberg, *Die Entdeckung*..., 179ff.

69 Vgl. zur Position Durkheims ausführlicher unten, Kap. 2.1.3.

tion die methodologisch unzulässige Überbewertung der kognitiv-intellektuellen Leistungen des Menschen vorgeworfen.[70]

Aufgrund der prinzipiellen Gegenüberstellung von *Magie* mit moderner, aufgeklärter Rationalität findet sich zudem insbesondere bei Tylor jene semantische Präzisionslosigkeit, wie sie für den Magiediskurs dieser Zeit insgesamt kennzeichnend ist. Tylor fasst sämtliche kulturellen Topoi, die aus seiner Sicht nicht unter den Bereich *animistischer Religion* oder etablierter, akademischer Wissenschaft fallen, unter dem Magiebegriff zusammen: auf *symbolischem* Denken (*falsche Ideenassoziation*) basierende Ritualpraktiken,[71] verschiedene Formen von Wahrsagekunst,[72] Traumdeutung,[73] Astrologie,[74] Alchemie,[75] bestimmte Formen des Spiritismus,[76] Levitation,[77] oder auch die „Kunst Fesseln zu lösen".[78] *Magie* ist bei Tylor (und zahlreichen Autoren des 19. und 20. Jahrhunderts, die dieses Denkmodell übernehmen) daher gerade nicht durch eine einheitliche inhaltliche Substanz charakterisiert, sondern vielmehr durch die Funktion eines *Kerichthaufens*[79] für (nach seiner Definition) Nicht-*Religiöses* und insbesondere Nicht-*Wissenschaftliches*. Die prinzipielle Schwierigkeit, den akademischen Magiebegriff präzise einzufangen, geht unter Anderem auf diese Funktionalisierung des Begriffs im ausgehenden 19. Jahrhundert zurück, als *Magie* für die Konstitution einer wissenschaftlichen, rationalen, aufgeklärten Moderne herhalten musste. Obwohl Frazer – anders als Tylor – versuchte, den Begriff an konkrete inhaltliche Bedingungen zu knüpfen (insbesondere das Sympathieprinzip), blieb die semantische Offenheit des Terminus gerade aufgrund seiner breiten Quellenauswahl bestehen; sie findet sich bis heute in thematischen Zuordnungen von Divination, Astrologie, Tarot und anderen Feindbildern der wissenschaftlichen Elite des 19. Jahrhunderts zum Magiebegriff.[80]

Zusammenfassend kann man an der Person Frazers also eine Reihe von Bedingungen für die akademische Rezeption des Magiebegriffs im ausgehenden 19. Jahrhundert deutlich machen. Während Perspektive und

---

70 Vgl. hierzu auch Kippenberg, „Einleitung: Zur Kontroverse...", 17ff.
71 Vgl. Tylor, *Die Anfänge der Cultur*..., Band 1, 115f.
72 Ebenda, 119, 123f, usw.
73 Ebenda, 120.
74 Ebenda, 128f.
75 Ebenda, 134.
76 Bei Tylor als als „Spiritualismus" bezeichnet; Ebenda, 141f.
77 Ebenda, 148f.
78 Ebenda, 152f.
79 Diese Analogie stammt von Pettersson, „Magie – Religion...", 323/24.
80 Gleichwohl sei an dieser Stelle darauf hingewiesen, dass die Zuordnung dieser Topoi zum Magiebegriff (zum Teil sehr viel) älteren Ursprungs ist und daher auch die signifikante Unschärfe des Tylorschen Magiebegriffs kein neuartiges Problem des 19. Jahrhunderts darstellte; im Laufe der historischen Analysen (Teil B) werden sich diese Zusammenhänge sehr viel differenzierter erweisen.

2.2. Rezeptionsgeschichtliche Einordnung Frazers

Werturteil der aufblühenden volkskundlichen Forschung dazu führte, dass die Vorstellungen und Ritualpraktiken der europäischen Landbevölkerung als *Magie*, *Aberglaube* und *Überlebsel* früherer (unter Anderem) heidnisch-germanischer Einflüsse gedeutet wurden, führte die Entwicklung evolutionistischer Konzeptionen zu der Vorstellung, dass *Magie* insgesamt als frühere, minderwertige Kulturstufe, als *survival* zu werten sei. Diese negativen Wertungsmuster konnten daraufhin im Rahmen evolutionistischer Konzeptionen *einer* Menschheitsgeschichte auf alle weiteren historischen und anthropologischen Quellen übertragen werden. Der Magiebegriff fungierte gerade aufgrund seiner semantischen Unbestimmtheit sowie seiner pejorativen Konnotation als Pauschalkategorie für all solche religionswissenschaftlichen Befunde, die den *religiösen* oder *wissenschaftlichen* Idealen der akademischen Elite nicht standhalten konnten und diente dadurch nicht zuletzt zur Herausbildung und Schärfung einer modernen, aufgeklärten Identität.[81] Die Postulierung unterschiedlicher Arten des Denkens ermöglichte die Identifikation und Abwertung zahlreicher als *primitiv* erachteter Kulturen und Bevölkerungsgruppen und diente gleichzeitig zur Rechtfertigung ihrer kolonialen Ausbeutung.

Wenngleich der universelle Charakter der Frazerschen Triade *Magie – Religion – Wissenschaft* früh kritisiert wurde, kann die Nachwirkung zahlreicher impliziter und expliziter Denkansätze Frazers bis in die heutige Zeit nicht hoch genug eingeschätzt werden.[82] Zahlreiche spätere Religionswissenschaftler mühten sich mit den Vorgaben Frazers, insbesondere mit den monolithischen Gegensatzpaaren *Magie - Religion* und *Magie – Wissenschaft* ab, ob in Zustimmung oder Ablehnung. Auch als diese scheinbar fundamentalen Dualismen von ihrem evolutionistischen Impetus befreit

---

81 Vgl. hierzu besonders Styers, *Making magic...*, 223/24: „In these words and in innumerable similar formulations, scholars set about the process of making magic – culling diverse forms of behaviour, modes of knowledge, social practises, and habits from an indiscriminate range of cultural systems and historical epochs and transmogrifying them into a unified phenomenon. [...] Instead of a multiplicity of overlapping human logics, practices, and social relations, we are offered a narrow, rigidly demarcated contrast between the magical and the modern. In this configuration, magic has served as a potent tool for the self-fashioning of modernity". Vgl. auch Phillips III, "The Sociology of Religious Knowledge...", 2722: „Regardless of the investigator's stance in relation to established religion, all the nineteenth century considered the new material as 'primitive' since it did not conform to the apparent reasonableness and civilization of the ruling European elites and their misappropriation of evolutionist models for judging both the lower orders at home and the befuddled natives of European colonial Empires."

82 Zur enormen wirkungsgeschichtlichen Bedeutung des *Goldenen Zweigs* ausführlicher John B. Vickery, *The Literary Impact of the Golden Bough*, Princeton 1973.

wurden, blieb die Vorstellung bestehen, dass jene drei Termini tatsächlich unterschiedliche kulturelle Denk- und Handlungsmuster abbilden würden – fraglich blieb nurmehr, worin die Unterschiede zwischen *Magie*, *Religion* und *Wissenschaft* genau bestünden. David Émile Durkheim, der im Folgenden behandelt wird, ging bei der Beantwortung dieser Frage einen anderen Weg als Frazer.

2.3. David Émile Durkheim

David Émile Durkheim (1858-1917) setzte sich früh mit der Konzeption Frazers auseinander und grenzte sich insbesondere methodisch radikal von diesem ab. Dies zeigt sich schon in den einleitenden Worten seines für die Religionswissenschaft wichtigsten Werkes *Les formes élémentaires de la vie religieuse*, erstmals veröffentlicht 1912:[83]

> „Die Soziologie stellt sich andere Probleme als die Geschichte oder die Ethnographie. Sie versucht nicht, erloschene Formen der Zivilisation zu erschließen, nur um sie zu kennen und zu rekonstruieren. Sondern sie hat, wie jede positive Wissenschaft, vor allem das Ziel, eine aktuelle, uns nahe Wirklichkeit zu erklären, die folglich imstande ist, unsere Gedanken und unsere Handlungen zu beeinflussen. Diese Wirklichkeit ist der Mensch und im besonderen der heutige Mensch, denn es gibt nichts, woran wir stärker interessiert sind. Wir studieren also nicht die sehr archaische Religion, von der die Rede sein wird, nur um das Vergnügen zu haben, ihre Wunderlichkeiten und ihre Seltsamkeiten zu berichten."[84]

Die „Wunderlichkeiten und [...] Seltsamkeiten", mit denen noch die voluminösen Werke Tylors und Frazers aufgewartet hatten, sind kein Faszinosum mehr, durch das der Leser gebannt und nebenbei mit evolutionistischen Spekulationen versorgt werden soll. Sie ermöglichen für Durkheim – neben Max Weber die zentrale Gründungsfigur der akademischen Disziplin Soziologie – vielmehr einen Einblick in prinzipielle Strukturen menschlicher Gemeinschaft. Letztere ist es, die für Durkheim im Mittelpunkt seiner wissenschaftlichen Anstrengungen steht. Dadurch treten die Glaubensvorstellungen einzelner Akteure in den Hintergrund; stattdessen gehe es in der (Religions-) Soziologie um *soziale Fakten*, also um konkret beobachtbare kollektive Handlungsmuster und Institutionen.[85] Durkheim

---

[83] Im Folgenden wird mit der deutschen Übersetzung (Ludwig Schmidt) gearbeitet: Émile Durkheim, *Die elementaren Formen des religiösen Lebens*. Übersetzt von Ludwig Schmidts, [Suhrkamp Taschenbuch Wissenschaft; 1125], Frankfurt a. Main 1994.

[84] Ebenda 17/18.

[85] Dieser theoretische Ansatz wurde von Durkheim bereits 1895 ausgearbeitet: Émile Durkheim, *Die Regeln der soziologischen Methode*. *Herausgegeben und eingeleitet von René König*, [Suhrkamp-Taschenbuch Wissenschaft; 464], Frankfurt a. Main 2002 (urspr. 1895). Zu den wissenschaftstheoretischen Voraussetzungen Durkheims vgl. auch Kippenberg, *Die Entdeckung...*, 194-217.

geht in diesem Zusammenhang so weit, die Soziologie in Bezug auf ihre epistemologische Basis mit einer Naturwissenschaft wie der Physik zu vergleichen, da sie (vermeintlich) objektiv beobachtbare Erscheinungsformen der Außenwelt – beispielsweise kollektive rituelle Handlungen – als alleinigen Gegenstand zuließe.[86]

Durkheim grenzt sich daher gleich zu Beginn der *elementaren Formen*, einem Werk, das vordergründig die (von Durkheim als *totemistisch* verstandene) *Religion* der australischen Ureinwohner zum Gegenstand hat, nebenbei aber der Einführung zahlreicher Grundpostulate der religionssoziologischen Methode sowie der Formulierung einer allgemeinen Religionstheorie dient,[87] auf mehreren Ebenen von den Intellektualisten Tylor und Frazer ab. Zum einen wendet er sich gegen die Vorstellung der Falschheit beziehungsweise vermeintlichen Sinnlosigkeit zahlreicher (*primitiver*) Vorstellungen und Praktiken, die im Konzept der *survivals* implizit mit transportiert werde. Für Durkheim gleicht diese Annahme einem Paradoxon; weshalb soll sich ein kulturelles Element entwickeln und fortbestehen, wenn es keine Funktion für die Gemeinschaft mehr erfüllt? Entsprechend radikal grenzt er seine soziologische Position ab:

> „Jedenfalls kann das nicht der Standpunkt der Soziologie sein. Ein wesentliches Postulat der Soziologie ist nämlich, dass eine menschliche Einrichtung nicht auf Irrtum und Lüge beruhen kann: denn sonst könnte sie nicht dauern. Wenn sie nicht in der Natur der Dinge begründet wäre, hätte sie in den Dingen Widerstände gefunden, die sie nicht hätte besiegen können. Wenn wir also das Studium der primitiven Religionen angehen, dann mit der Überzeugung, dass sie von der Wirklichkeit abhängen und sie auch ausdrücken. [...] Was wir den Lehrmeinungen, von denen wir uns trennen, vorwerfen, ist gerade, dies verkannt zu haben."[88]

Entsprechend wehrt sich Durkheim gegen jede evolutionistische Spekulation,[89] jede Hierarchisierung religiöser Erscheinungsformen – „Im Grund gibt es also keine Religionen, die falsch wären. Alle sind auf ihre Art wahr" – und grenzt sich ausdrücklich von dem Gedanken ab, die *Religion* von Stammeskulturen herabzuwürdigen.[90] Der Begriff *Primitiv* verliert bei Durkheim folglich seinen pejorativen Impetus, indem er nicht mehr einen historischen, sondern einen sozialen Anfangszustand kennzeichne.[91]

---

86 Vgl. Durkheim, *Die elementaren...*, 26.
87 In dieser Grundintention ist *Les formes élémentaires* mit Frazers *The Golden Bough* vergleichbar.
88 Ebenda, 18/19.
89 Ebenda, 26: „Wie jede menschliche Einrichtung beginnt auch die Religion nirgends. Alle Spekulationen dieser Art sind zu Recht verrufen; sie können nur aus subjektiven und willkürlichen Annahmen bestehen, die sich jeder Kontrolle entziehen."
90 Ebenda, 19.
91 Ebenda, 26, Fußnote 3: „Man sieht, daß wir dem Wort Ursprung wie dem Wort primitiv einen ganz relativen Sinn geben. Wir verstehen darunter keinen absoluten Anfang, sondern den einfachsten sozialen Zustand, der jetzt bekannt ist."

Aufgrund dieser grundlegenden methodologischen Positionierung wendet sich Durkheim gegen die *animistische* Definition von Religion, wie sie für Tylor und Frazer kennzeichnend ist. Mit Verweis auf den Buddhismus, der keine Gottheit kenne, verwirft er den Tylorschen Religionsbegriff eines Glaubens an geistige Wesen.[92] Die subjektiven Vorstellungen *religiöser* Akteure seien als epistemologische Grundlage eines wissenschaftlichen Religionsbegriffs nicht geeignet. Stattdessen trifft Durkheim eine andere, strukturelle Unterscheidung kollektiver Vorstellungen und Ritualhandlungen:

> „Alle bekannten religiösen Überzeugungen, wie einfach oder komplex sie auch seien, haben den gleichen Zug: sie setzen eine Klassifizierung der realen oder idealen Dinge, die sich die Menschen vorstellen, in zwei Klassen, in zwei entgegengesetzte Gattungen voraus, die man im allgemeinen durch zwei unterschiedliche Ausdrücke bezeichnet hat, nämlich durch profan und heilig. Die Aufteilung der Welt in zwei Bereiche, von denen der eine alles umfaßt, was heilig ist, und der andere alles, was profan ist; das ist das Unterscheidungsmerkmal des religiösen Denkens."[93]

Die „Aufteilung der Welt" in einen *heiligen* und einen *profanen* Bereich, die Durkheim hier vornimmt, führt schließlich zu einem zentralen Unterscheidungsproblem, denn die Definition „paßt gleichermaßen auf zwei Tatbestände, die zwar verwandt sind, aber trotzdem unterschieden werden müssen: die Magie und die Religion".[94] Der Franzose löst das Problem, indem er gleichzeitig eine methodologische Fokussierung vornimmt: da *Magie* wie die *Religion* aus Überzeugungen und Ritualpraktiken bestehe, da auch sie „ihre Zeremonien, ihre Opfer, ihre Sühne, ihre Gebete, ihre Gesänge und ihre Tänze" hat, und die „Wesen, die der Magier anruft", nicht nur gleicher Natur, sondern „oft genau die gleichen" sind,[95] bleibt für Durkheim nur ein soziologisches Unterscheidungskriterium – die *Religion* sei prinzipiell gemeinschaftlicher, *Magie* prinzipiell privater Natur.

Religiöse Überzeugungen und Riten würden von allen Mitgliedern einer Gesellschaft geteilt, und seien durch den gemeinschaftlichen Glauben und insbesondere die Institution *Kirche* vereint: „Nun begegnen wir in der Geschichte keiner Religion ohne Kirche".[96] *Magie* sei nicht nur „unentwickelter, weil sie technische und nutzbringende Ziele verfolgt", sondern durch ihren prinzipiell privaten, egoistischen Charakter gekennzeichnet: „Der Magier hat eine Kundschaft und keine Kirche".[97] Dadurch habe dieser keine konstante Gläubigerschar, die durch einen gemeinsamen Glauben mit ihm vereint wäre, sondern wechselnde Klienten sowie „zufällige und

---

92 Ebenda, 53/54.
93 Ebenda, 62.
94 Ebenda, 69.
95 Ebenda, 69.
96 Ebenda, 71.
97 Ebenda, 72.

vorübergehende" Beziehungen zu diesen. Der *Magier* sei im Wesentlichen Individualist und meide andere *Magier*;[98] bilde er Gemeinschaften (mit anderen *Magiern*), so sei dies im Grunde entbehrlich und als seltene Ausnahme zu betrachten.[99] Die Anhänger der *Magie* (also die Klienten) würden – anders als die Teilnehmer eines *religiösen* Gemeinschaftsrituals – am eigentlichen *magischen* Geschehen meist gar nicht teilnehmen.

Die solchermaßen vorgenommene Konstitution von *Magie* mündet schließlich in einer präziseren Definition von Religion:

> „Eine Religion ist ein solidarisches System von Überzeugungen und Praktiken, die sich auf heilige, d. h. Abgesonderte und verbotene Dinge, Überzeugungen und Praktiken beziehen, die in einer und derselben moralischen Gemeinschaft, die man Kirche nennt, alle vereinen, die ihr angehören."[100]

Durkheim nimmt hiermit nicht nur die prinzipielle Ausgrenzung von *Magie* aus dem Bereich der *Religion* vor; gleichzeitig verbannt er *Magie* aufgrund ihres asozialen Charakters aus dem Bereich der von der Religionssoziologie überhaupt zu untersuchenden Gegenstände. Durkheim betont mehr als einmal den moralischen Wert der *religiösen* Gemeinschaft; *Magie* wird aufgrund ihres von Durkheim postulierten asozialen, egoistischen Wesens zum gemeinschaftsentzweienden und unmoralischen Gegenspieler der *Religion*. Deutlicher hätte man die pejorative Konnotation und stigmatisierende Funktion des Magiebegriffs kaum aus der christlichen Religionsgeschichte übernehmen können. Bei Durkheim wird dieses christozentrische Wertungsmuster gleichsam zur methodologischen Ausrichtung seiner wissenschaftlichen Disziplin: *Magie* könne (aufgrund ihres privaten, asozialen Charakters) gar kein Gegenstand einer religionssoziologischen Perspektive sein, „da wir unsere Untersuchung ja auf die Religion beschränken und dort stehenbleiben wollen, wo die Magie beginnt".[101]

Es wird deutlich, dass Durkheims methodologisches Vorgehen zu einem völlig anders gearteten Magiebegriff als dem *intellektualistischen* Tylors und Frazers führt. Bei Frazer mitunter noch geachteter *Priesterkönig*, der *magische* Ritualpraktiken „zum Wohle der Gemeinschaft" durchführen könne, wird der *Magier* bei Durkheim zur geächteten, wenn nicht gefährlichen Randfigur, zum asozialen Gegenspieler der *religiösen* Gemeinschaft. *Magie*, bei Frazer noch wesentlicher Gegenstand seines religionswissenschaftlichen Hauptwerkes *The Golden Bough*, wird bei Durkheim aufgrund ihres gemeinschaftsschädigenden Charakters aus dem Bereich der wissenschaftlichen Betrachtung ausgeschlossen und dadurch als Gegenstand der Religionssoziologie insgesamt verworfen.

---

98 Ebenda, 72: „Der Magier braucht sich nicht mit seinen Berufskollegen zu vereinigen, um seine Kunst auszuüben. Er ist eher isoliert; statt die Gesellschaft zu suchen, flieht er sie viel mehr."
99 Durkheim verweist hier allen Ernstes auf Berichte zum Hexensabbat: Ebenda, 72.
100 Ebenda, 75.
101 Ebenda, 70.

Diese Gegenüberstellung, die Durkheim gang bewusst – und in expliziter, kritischer Abgrenzung zu Tylor und Frazer –[102] entwickelt, wird noch dadurch radikalisiert, dass der Franzose die beiden *magiologischen* Grundprinzipien Frazers (*homöopathische* und *kontagiöse Magie*) übernimmt, und diese als grundlegende Wirkweise bestimmter Gemeinschaftsrituale darstellt.[103] Nur folgerichtig verändern die Wirkprinzipien ihren Charakter: sie werden *religiös*! Während Frazer *magische* Vorstellungen oder Bräuche in etablierten *Religionen* als *survival* interpretiert, geht Durkheim den umgekehrten Weg: *Magie* habe ihre Prinzipien tatsächlich von *religiösen* Gemeinschaftsritualen abgeleitet:

> „Die Magie ist also nicht, wie Frazer behauptet hat, ein Urfaktum, von dem die Religion nur abgeleitet wäre. Im Gegenteil: Unter dem Einfluss von religiösen Ideen wurden die Rezepte aufgestellt, auf denen die Kunst der Magier beruht; und erst in einem weiteren Schritt wurden sie auf rein laizistische Beziehungen ausgedehnt."[104]

Entsprechend sei der Begriff *sympathetische Magie* irreführend, da er eine eigentlich und ursprünglich *religiöse* Wirkweise dem Magiebegriff zuordne, und dadurch falsche Ausschließlichkeit beanspruche.[105] *Sympathetische* Riten hätten nichts spezifisch *Magisches* an sich; vielmehr seien *magische* Riten als ein (asozialer, individualistischer) Sonderfall der allgemeineren Kategorie der *mimetischen* Riten anzusehen. Die von Durkheim untersuchten australischen Stämme würden diese Rituale durchführen, um die Fruchtbarkeit ihres Totemtieres zu gewährleisten – *mimetische* Riten hätten also einen explizit *religiösen* Charakter.[106] Dadurch sei nun auch erklärbar, weshalb die *Magie* typischerweise „voll religiöser Elemente ist: sie wurde aus der Religion geboren".[107]

Obwohl Durkheim sich sowohl im Rahmen seiner theoretischen und methodologischen Ausrichtung sowie seiner Fassung des Magiebegriffs von Tylor und Frazer distanziert, bleibt er bei der Annahme der prinzipiellen Wirkungslosigkeit *mimetischer* beziehungsweise *sympathetischer* Vorstellungen und Riten dem wissenschaftlichen Überlegenheitsgefühl seiner Zeit verpflichtet.[108] Dadurch stellt sich ihm das Problem der historischen Beständigkeit offenkundig falscher Glaubensvorstellungen: wie kann etwas, das

---

102 Vgl. Ebenda, u.A. 76ff, 239ff, 437ff.
103 Ebenda, 479ff.
104 Ebenda, 487.
105 Vgl. Ebenda, 488: „Das heißt dann, daß der Ausdruck sympathetische Magie, um die Gesamtheit der Praktiken zu bezeichnen, von dem hier die Rede ist, nicht gänzlich falsch ist. Es gibt sympathetische Riten, aber sie sind nicht nur bezeichnend für die Magie. Nicht nur findet man sie auch in der Religion; die Magie hat sie sogar von der Religion übernommen. Man gerät also nur in Verwirrung, wenn man sie durch den Namen, den man ihnen gibt, zu etwas spezifisch Magischem macht."
106 Ebenda, 473ff.
107 Ebenda, 488.
108 Dazu ausführlicher auch Kippenberg, „Einführung: Zur Kontroverse...", 17f.

offenkundig nicht funktioniert, so lange in Gemeinschaften Bestand haben?[109] Das konstatierte (kausale) Versagen *sympathetischer* Riten wird von Durkheim mit einer gleichwohl anderen Funktion derselben kompensiert: so würden sie den Bestand der Gemeinschaft sichern. Diese Annahme erklärt Durkheim im Kontext des *Totemismus*:

> „Das Totem ist also vor allem ein Symbol, ein materieller Ausdruck von etwa anderem. Aber wovon? [...] Der Gott des Klans, das Totemprinzip kann also nichts anderes als der Klan selber sein, allerdings vergegenständlicht und geistig vorgestellt unter der sinnhaften Form von Pflanzen- oder Tiergattungen, die als Totem dienen."[110]

Der symbolische Sinn jeder *religiösen* Gemeinschaft offenbart sich für Durkheim daher letztlich in einer Art Selbstanbetung des Kollektivs, der einzigen überindividuellen Kraft, die der Religionssoziologe Durkheim als Gegenstand akzeptieren kann. Das *religiöse* Prinzip selbst ist die „hypostasierte und transfigurierte Gesellschaft",[111] und die Zelebrierung *mimetischer* Riten stelle nicht – wie noch bei Tylor – die sinn- und wirkungslose Wiederholung *überlebter* Bräuche aus früheren Kulturstufen dar; sie diene vielmehr „der inneren und moralischen Erneuerung, die diese Gesten herbeizuführen beitragen".[112] Durkheim spricht gar von der *periodischen Wiedererweckung eines moralischen Wesens*:

> „Um berechtigt zu sein, in der Wirksamkeit der Riten etwas anderes zu sehen als das Produkt eines chronischen Deliriums, mit dem sich die Menschheit selbst täuscht, muß man nachweisen können, daß der Kult wirklich die Wirkung hat, periodisch ein moralisches Wesen wiederzuerwecken, von dem wir ebenso abhängen wie es von uns. Nun existiert aber dieses Wesen: es ist die Gesellschaft."[113]

Von diesem Endpunkt der Durkheimschen Argumentationskette wird die von ihm gezeichnete Gestalt des *Magiers* noch prägnanter sichtbar. Sein rituelles Handeln ist per definitionem unmoralisch, da es nicht Gemeinschaftsinteressen dient, und nur kollektives Handeln durch Moralität gekennzeichnet sei. Die egoistischen, kurzfristigen Intentionen, die der *Magie* laut Durkheim zugrunde lägen, dienten nicht dem Ziel, die Gemeinschaft zu stabilisieren oder regelmäßig zu erneuern, sondern – im Gegenteil – das Individuum und seine privaten Bedürfnisse überzubewerten. Indem der *symbolistische* Ansatz Durkheims *Religion* als grundlegenden

---

109 Vgl. Durkheim, *Die elementaren...*, 471: „Wenn man beobachtet, woraus die Riten bestehen und wohin sie neigen, fragt man sich erstaunt, wieso die Menschen auf diese Idee gekommen sind und vor allem wieso sie ihr derart treu geblieben sind. Wie sind sie auf die Illusion gekommen, dass es mit einigen in den Wind geworfenen Sandkörnern, mit einigen auf einen Felsen oder auf einen Altarstein vergossenen Blutstropfen möglich ist, das Leben einer Tiergattung oder eines Gottes zu erhalten?"
110 Ebenda, 284.
111 Ebenda, 469.
112 Ebenda.
113 Ebenda, 471.

Repräsentations- und Stabilisierungsfaktor der Gesellschaft konzipierte (als *Symbolisierung*), musste der *Magier* zwangsläufig zum asozialen, unmoralischen Gegenspieler degradiert werden. Gleichzeitig wurde so ein idealisiertes, moralisch überhöhtes Bild von *Religion* gezeichnet. Alle „anderen Erscheinungsformen der Religion, die nicht Teil der öffentlichen Riten sind",[114] fielen aus Durkheims Religionstheorie heraus; sie mussten durch den Magiebegriff sozusagen kollektiv aufgefangen werden.[115]

Während *Magie* also bei Tylor und Frazer vor allem als *Kehrichthaufen* für vermeintliche Irrationalität fungierte, avancierte sie bei Durkheim zum gleichfalls bedeutungsunscharfen Sammelbegriff für jedes private, individuelle, zweckorientierte rituelle Handeln. Maßstab für die Klassifikation von *Magie* war bei Tylor und Frazer das Rationalitätsideal der *Wissenschaft*, bei Durkheim die (scheinbar) gemeinschaftsstabilisierende Funktion der *Religion*. Hier wie dort – der Magiebegriff wurde jeweils an einem (*wissenschaftlichen* beziehungsweise *religiösen*) Ideal gemessen und wurde dadurch – um Frank Byron Jevons zu zitieren – „always and everywhere – an error".[116] Zudem erhielt der Begriff aufgrund seiner Bestimmung *ex negativo* (also der Definition von *Magie* durch Attribute, die er nicht beinhaltet, wie *nicht-rational* oder *nicht-gemeinschaftsbildend*)[117] jeweils eine diffuse, semantisch äußerst unscharfe Gestalt, die den religionswissenschaftlichen Magiediskurs fortan prägen sollte.[118]

2.4. Rezeptionsgeschichtliche Einordnung Durkheims

Es bleibt zu fragen, wie Durkheim im Kontext des religionswissenschaftlichen Magiediskurses rezeptionsgeschichtlich einzuordnen ist. Zunächst: *Die elementaren Formen* wird als Spätwerk und zugleich als Höhepunkt des Durkheimschen Schaffens angesehen.[119] Durkheim hatte seine soziologische Methode bereits im letzten Jahrzehnt des ausgehenden 19. Jahrhun-

---

114 Kippenberg, „Einleitung: Zur Kontroverse...", 20.
115 Kippenberg findet Tylors Theorie „in dieser Hinsicht [...] weniger zensierend"; Ebenda.
116 Frank B. Jevons, *An Introduction to the Study of Comparative Religion*, New York 1920, 70.
117 Definitionen *ex negativo* sind übrigens bereits bei Aristoteles, der die klassischen Definitionsregeln formulierte, nicht erlaubt: Vgl. insbesondere die Stellen im sechsten Buch der *Topik*, Kapitel sechs und neun: Eugen Rolfes (Hg.), *Aristoteles. Topik. Neu übersetzt und mit einer Einleitung und erklärenden Anmerkungen versehen von Eugen Rolfes*, [Philosophische Bibliothek; 12. Organon/Aristoteles; 5], Leipzig 1948 (reprint ²1922), 134-136 sowie 144-146.
118 Vgl. Hierzu auch Charles R. Phillips III, „Nullem Crimen sine Lege: Socioreligios Sanctions on Magic", 261, in: Christopher A. Faraone, Dirk Obbink (Hg.), *Magica Hiera. Ancient Greek Magic and Religion*, New York 1992, 260-276: "those definitions utilize combinations of Judeo-Christian and modern scientific models for, respectively, religion and science to identify phenomena that do not conform as magical – that is, 'bad' religion or science in the modern sense. Thus on a modern view a whole host of phenomena become magic."
119 Vgl. Cunningham, *Religion & Magic...*, 43.

2.4. Rezeptionsgeschichtliche Einordnung Durkheims 67

derts entwickelt,[120] und um die Jahrhundertwende versucht – beeinflusst vor allem durch die Opfertheorie William Robertson Smiths –,[121] die soziologische Methode im Kontext von Religionsgeschichte anzuwenden. Da es ihm für die Darstellung seines religionssoziologischen Ansatzes geboten schien, *Religion* in möglichst ursprünglicher (also *elementarer*) Form darzustellen,[122] wandte Durkheim sich den (vermeintlich) *primitiven Religionen*, insbesondere dem Konzept des *Totemismus* zu, was 1901 auch zu einer eigenen Veröffentlichung führte.[123]

Seine anthropologischen Daten stammten vor allem von Baldwin Spencer und Francis J. Gillen, die 1899 die umfangreiche ethnographische Studie *The Native Tribes of Central Australia* über die australischen Aranda und andere indigene Stämme vorgelegt hatten.[124] Indem Durkheim für die Analyse der Daten mit dem *Totemismus* eine Kategorie verwendete, die 1869/70 von John F. MacLennan erdacht worden war,[125] und zum Zeitpunkt der Veröffentlichung von *Die elemenaren Formen* „gerade im Alter von vierzig Jahren verschieden war",[126] machte er sich insbesondere unter Ethnologen angreifbar.[127] Selbst die von Durkheim umfangreich rezipierten Autoren Spencer und Gillen griffen später (nicht nur) seine totemistische Interpretation der australischen Kulte als irrtümlich an.[128] Während Durkheims Quellenanalyse und seine Verwendung des veralteten Klassifikationsschemas *Totemismus* also relativ schnell kritisiert wurden, übte er im Rahmen seiner funktionalistischen Religionstheorie und der darauf basierenden religionssoziologischen Methode, sowie insbesondere seines hiervon abgeleiteten

---

120 Vor allem in Anlehnung an die empirische Moralforschung Wilhelm Wundts – vgl. hierzu ausführlicher Kippenberg, *Die Entdeckung...*, 197-206.
121 Durkheim berief sich vor allem auf das 1889 erschienene *The Religion of the Semites*, in deutscher Übersetzung 1899 erschienen: William R. Smith, *Die Religion der Semiten*, Darmstadt 1967 (reprint 1899).
122 Vgl. zur Begründung ausführlicher Durkheim, *Die elementaren...*, v.a. 17-27.
123 In englischer Übersetzung: Émile Durkheim, „On Totemism", in: *History of Sociology* 5 (1985; reprint 1901), 91-121.
124 Baldwin Spencer, Francis J. Gillen, *The Native Tribes of Central Australia*, London 1938 (reprint 1899).
125 Vgl. John F. MacLennan, „The Worship of Animals and Plants", in: *The Fortnightly Review* 6 (1869), 407-427.
126 Kippenberg, *Die Entdeckung...*, 213. Kippenberg spielt hier an auf den 1910 veröffentlichten Aufsatz „Totemism" von Alexander A. Goldenweiser, in dem dieser den *Totemismus* als anthropologische Kategorie – in der Rückschau auf Forschungsgeschichte und Quellenlage – verwarf: Alexander A. Goldenweiser, „Totemism, am Analytical Study", in: *Journal of American Folklore* 23 (1910), 179-293.
127 Vgl. zu den zahlreichen Kritiken Steven Lukes, *Émile Durkheim. His life and work: a historical and critical study*, London 1988 (reprint 1973), 477f.
128 Vgl. ausführlicher Robert A. Jones, „Einen soziologischen Klassiker verstehen", 171/72, in: Wolf Lepenies (Hg.), *Geschichte der Soziologie. Studien zur kognitiven, sozialen und historischen Identität einer Disziplin. Herausgegeben von Wolf Lepenies. Übersetzungen von Wolf-Hagen Krauth. Band 1*, [Suhrkamp Taschenbuch Wissenschaft; 367], Frankfurt a. Main 1981, 137-197.

Magiebegriffs großen Einfluss auf den weiteren Magiediskurs in der Religionswissenschaft aus.

Die Idee, *Magie* als privates, egoistisches Ritual zu konzipieren, war allerdings nicht Durkheims Verdienst. Im Wesentlichen orientierte er sich dabei an der Sichtweise William Robertson Smiths, der bereits 1889 in seinem Werk *The Religion of the Semites* einen als *magisch* gekennzeichneten Ritualkomplex individualisiert und dem Sozialen im Kontext seiner Opfertheorie des frühen Judentums gegenübergestellt hatte.[129] Durkheims Schüler Marcel Mauss und Henri Hubert verarbeiteten diesen Ansatz 1902/03 im Rahmen ihrer Publikation *Esquisse d'une théorie générale de la magie*.[130] Obwohl davon ausgegangen werden kann, dass diese bei der Ausarbeitung ihrer *Allgemeinen Theorie der Magie* stark durch Durkheim beeinflusst waren – beide gehörten zu Durkheims Schülerkreis, zudem schrieb Mauss, Durkheims Neffe, ab 1898 regelmäßig für die von Durkheim herausgegebene Zeitschrift *L'Année sociologique* –,[131] war es Durkheim, der 10 Jahre später wesentliche Bestandteile seiner Magietheorie von ihnen übernahm.[132]

Bei Hubert und Mauss findet sich insofern – ebenfalls in Anlehnung an Smith – bereits jene soziologische Unterscheidung von *Religion* und *Magie*, der Durkheim schließlich durch die Rezeption in *Die elementaren Formen* zu großer Popularität verhelfen sollte: „Wie benennen so [*magisch*; d. Verf.] *jeden Ritus, der nicht Teil eines organisierten Kultes*, sondern privat, heimlich, geheimnisvoll ist und zum verbotenen Ritus als seinem Extrem tendiert. [...] Es ist deutlich, dass wir die Magie nicht durch die Form ihrer Riten definieren, sondern durch die Bedingungen, unter denen sie vollzogen wird und die ihren Platz in der Gesamtheit der sozialen Gewohnheiten markieren".[133] Hubert und Mauss grenzten sich bereits 10 Jahre vor Durk-

---

129 Vgl. Smith, *Die Religion der Semiten*, u.A. 203: „Wenn man in solchen Angelegenheiten Hilfe suchen wollte, so war sie nur durch magische Bräuche zu gewinnen, die den Zweck hatten, die Gunst dämonischer Mächte zu erkaufen oder zu erzwingen, zu denen die öffentliche Religion keine Beziehung hatte. Diese Zauberbräuche lagen nicht nur außerhalb der Religion, sondern galten auch in jedem wohl geordneten Staate als unerlaubt." Durkheims Verweis auf Smith: Durkheim, *Die elementaren...*, u.A. 73, Fußnote 62. Zu Smith ausführlicher Kippenberg, *Die Entdeckung...*, 99-119.
130 In deutscher Übersetzung: Henri Hubert, Marcel Mauss, „Entwurf einer allgemeinen Theorie der Magie", in: Marcel Mauss, *Soziologie und Anthropologie, Band 1: Theorie der Magie. Soziale Morphologie. Mit einer Einleitung von Claude Lévi-Strauss*, München 1974, 43-179.
131 Vgl. Kippenberg, *Die Entdeckung...*, 215f.
132 Vgl. die Verweise Durkheims auf Hubert und Mauss: Durkheim, *Die elementaren...*, u.A. 70, 306, 423.
133 Mauss/Hubert, „Entwurf einer allgemeinen...", 58; Kursivsetzung Mauss/Hubert.

heim auf vergleichbare Weise von Frazer ab,[134] etwa indem sie *sympathetische* Riten als eigentlich und ursprünglich *religiös* darstellten;[135] zudem könnten geistige Wesen, sogar Götter Bestandteile von *Magie* sein, sodass die *animistische* Religionsdefinition zur Abgrenzung von *Magie* nicht tauge;[136] Schließlich funktioniere die motivationale Gegenüberstellung von Unterwerfung (*Religion*) und Manipulation (*Magie*) nicht, da *religiöse* Riten teilweise zwingenden Charakter hätten, und *Magier* ihre geistigen Helfer mitunter unterwürfig bitten müssten, ihnen zu helfen.[137]

Durkheim kam also vor allem das Verdienst zu, das Bild des asozialen, unmoralischen, egoistischen, gesellschaftlich ausgegrenzten und kurzfristige Ziele verfolgenden *Magiers*, das Smith sowie vor allem Hubert und Mauss bereits herausgearbeitet hatten, im Rahmen seiner symbolistischen Religionstheorie zu verankern; gleichzeitig konnte und sollte dadurch die *Religionssoziologie* als eigenständige wissenschaftliche Disziplin mit einem genuinen theoretischen Profil herausgearbeitet werden. Gerade hierbei war die Abgrenzung von den *Intellektualisten* Tylor und Frazer von wesentlicher Bedeutung.

2.5. Weiterführende Überlegungen

James G. Frazer und David Émile Durkheim wurden im vorliegenden Kapitel als *Diskursbegründer* bezeichnet, da sie mit ihren Werken die Grundlagen eines genuin akademischen Magiediskurs geschaffen haben. Ihre wesentliche Leistung bestand gleichwohl nicht in der Neuschöpfung von Begriffen und Konzeptionen, die sie – wie gesehen – selbst rezipiert und vielmehr synthetisiert haben. Ihre Bedeutung ist primär wirkungsgeschichtlich einzuordnen: durch die Popularität von *The Golden Bough* und *Les formes élémentaires de la vie religieuse* wurde die Unterscheidung von *Magie* und *Religion* so fundamental im religionswissenschaftlichen Diskurs

---

134 Dabei bezogen sie sich auf die dreibändige Ausgabe des *Golden Bough* von 1901. Vgl. Ebenda, 45.
135 Ebenda, 54: „Nicht nur gibt es magische Riten, die keine sympathetischen Riten sind, sondern auch ist die Sympathie keine Eigentümlichkeit der Magie, da es in der Religion sympathetische Handlungen gibt."
136 Ebenda, 55: „Weiter ist es, wie wir noch genauer sehen werden, nicht richtig, daß alle magischen Riten in einer direkten Handlung bestehen, denn es gibt in der Magie Geister und selbst Götter treten in ihr auf."
137 Ebenda: „Diese Unterscheidung ist jedoch noch keineswegs hinreichend, denn häufig zwingt auch der religiöse Ritus und in der Mehrzahl der alten Religionen war der Gott gänzlich außerstande, sich einem ohne Mängel der Form vollzogenen Ritus zu entziehen. [...] Und schließlich gehorcht der Geist, Gott oder Teufel, nicht immer unausbleiblich den Anordnungen des Magiers, der ihn am Ende noch bittet."; zu einer vertiefenden rezeptionsgeschichtlichen Einordnung des Ansatzes Mauss'/Huberts vgl. ausführlicher unten, Kap. 12.2.1.

verankert, dass man in der Folgezeit kaum umhin kam, sich mit der Problematik dieser Dichotomie auseinandersetzen zu müssen. Die Gegensätzlichkeit ihrer Entwürfe stellte nachfolgende Religionswissenschaftler vor die schwierige Aufgabe, eine Lösung des Problems zu finden. Tatsächlich orientierten sich alle wichtigen Theorieentwürfe der Folgezeit – ob in Zustimmung oder Ablehnung – maßgeblich an den Vorgaben Frazers und Durkheims.

Entscheidend für die rezeptionsgeschichtliche Einordnung der beiden Autoren als *Diskursbegründer* ist, dass durch das Zusammenspiel ihrer Publikationen die grundlegende Denkstruktur des religionswissenschaftlichen Magiediskurses etabliert und popularisiert wurde: dass die Termini *Magie* und *Religion* unterschiedliche kulturelle Denk- und Handlungsmuster bezeichnen würden und im Kontext einer einheitlichen interkulturellen Komparatistik definitorisch zu unterscheiden seien. In den Worten Foucaults: „Das Besondere an diesen Autoren ist, daß sie nicht nur die Autoren ihrer Werke, ihrer Bücher sind. Sie haben noch mehr geschaffen: die Möglichkeit und die Bildungsgesetze für andere Texte".[138] Frazer und Durkheim hatten entscheidenden Anteil daran, dass diese Denkbedingung konstitutives Merkmal zahlreicher Religions- und Magietheorien des 20. Jahrhunderts wurde. Auch wenn das Denkmuster rezeptionsgeschichtlich gesehen (viel) älteren Ursprungs ist, hat es sich im religionswissenschaftlichen Magiediskurs untrennbar mit den Autoren Frazer und Durkheim und ihren Werken verbunden.

Dabei hatten beide Autoren im Grunde dasselbe Ziel verfolgt: ihre Theorien waren Versuche, rituelle, wahlweise als *religiös* oder *magisch* deklarierte Handlungen zu erklären, die ihnen prinzipiell erklärungsbedürftig (da – so die Überzeugung – nicht im intendierten Sinne wirksam) erschien. Frazers Antwort bestand darin, den untersuchten Akteuren das Bedürfnis zuzusprechen, ihre Umwelt und die Kräfte, die sie darin beobachteten, sinnvoll deuten und kontrollieren zu können; konstitutive Bestandteile seiner Theorie wurden entsprechend unterschiedliche (aus Frazers Sicht jeweils fehlerhafte) Deutungs- und Manipulationsstrategien. Durkheim hingegen glaubte die Durchführung der seiner Ansicht nach kausal wirkungslosen Riten durch deren Funktion erklären zu können: der symbolischen Repräsentation und rituellen Stabilisation von Gesellschaftsstrukturen; statt der real-physikalischen sei vielmehr die soziale Wirkung Triebkraft (bei ihm) *religiöser* Rituale.[139]

---

138 Michel Foucault, „Was ist ein Autor?", 24.
139 Erhellend hierbei eine Stellungnahme des Religionssoziologen Raymond Firth – einem Vertreter der *symbolistischen* Religionstheorie: „For us, in handling the symbolism of witchcraft, the problem is fairly simple. Whatever be the specific answer, the referend must lie in the field of human and physical relations, and there alone. We do not believe in the validity of witchcraft, in the sense of the autonomous existence of invisible, personally controlled evil powers of the order described by our informants. If we did, our problem of

Man kann diese Gegenüberstellung anhand der Frage nach dem epistemologischen Fundament religionswissenschaftlicher Kategorien zuspitzen. Während der *Intellektualismus* dadurch gekennzeichnet war, die (vermeintlichen) Vorstellungen der Akteure selbst als Ausgangspunkt für die religionswissenschaftliche Analyse zu verwenden, ging der *Symbolismus* von abstrakten, vom Soziologen geschaffenen Klassifikationsmustern aus, die den Akteuren selbst fremd waren.[140] Die Differenz dieser methodologischen Vorgaben führte zu Magiekonzeptionen, durch die fast gegensätzliche Gegenstandsbereiche konstituiert wurden. Frazers Magiebegriff, im Wesentlichen durch das *sympathetische* Wirkprinzip charakterisiert, führte zur Gestalt eines mitunter wohltätigen *Magiers*, der in der Anfangszeit der kulturellen Evolution gar an der Spitze der Gemeinschaft stehen konnte. Durkheims *Magier* konnte per definitionem keine Gemeinschaftsrituale mehr durchführen; dafür fielen hier *Religion* und *Magie* bei der Wahl ihrer Mittel (*sympathetische* beziehungsweise *mimetische* Riten) wiederum zusammen – bei Frazer noch wesentliches Unterscheidungsmerkmal. Kurz – zwischen den beiden Positionen bestand keine Möglichkeit der Aussöhnung: „Zu sehr sind beide darauf bedacht gewesen, die andere Position auszuschließen".[141]

Die Radikalität dieser Opposition mag vor dem Hintergrund der Herausbildung des kulturwissenschaftlichen Fächerkanons in der formativen Periode verständlicher werden. Der Magiebegriff geriet offenkundig ins Spannungsfeld unterschiedlicher methodologischer Entwürfe von Religionswissenschaft (beziehungsweise Religionsforschung) und musste nicht nur zur Etablierung idealisierter Konzeptionen von *Religion* oder *Wissenschaft* herreichen, sondern der Profilierung eigener und Herabsetzung konkurrierender theoretischer Positionen dienen; dies wurde bereits am Beispiel der Durkheimschen Polemik gegen Frazer gezeigt.[142] In der Rückschau erscheint die Unvereinbarkeit der *intellektualistischen* und *symbolisti-*

---

interpretation would be different."; Raymond Firth, „Problem and Assumption in an Anthropological Study of Religion", 135, in: *Journal of the Royal Anthropological Institute 89 (1959)*, 129-148.

140   Hierzu auch Kippenberg, „Einleitung: Zur Kontroverse...", 19-23.
141   Kippenberg, „Einleitung: Zur Kontroverse...", 21.
142   Es lassen sich zahlreiche weitere Beispiele für diese wechselseitige Polemik finden. Exemplarisch für die Gegenseite sei Alfred Bertholet zitiert: „Auf diese Ausführungen [die Theorie Frazers; d. Verf.] werden wir zurückzukommen haben, weil sie uns für die Bestimmung des Wesens der Magie haltbarere Ausgangspunkte bieten dürfen als gewisse Behauptungen, mit denen andere Forscher das ihr Eigentümliche glaubten kennzeichnen zu können. So weiß ich nicht, wie es mit den Tatsachen in Einklang zu bringen ist, wenn von soziologischer Seite (Émile Durkheim ist hier vor allem zu nennen) als das für die Magie Wesentliche ihr antisozialer egozentrischer Charakter im Gegensatz zum sozialen kollektivistischen der Religion hervorgehoben worden ist. An sich könnte der Hinweis auf ein einziges Gebiet der Magie, den Regenzauber, genügen, das Unzutreffende einer solchen Behauptung zu beleuchten;" Alfred Bertholet, „Das Wesen der Magie", 110, in: Petzoldt, *Magie und Religion...*, 108-134.

schen Position freilich überzogen; sie kann als Resultat einer (nicht nur) damals geradezu zelebrierten akademischen Rivalität interpretiert werden, welche letztlich in übersteigertem Ausschließlichkeitsdenken mündete.[143] Die Streitfrage um das richtige methodologische Vorgehen in der interkulturellen Religionsforschung des beginnenden 20. Jahrhunderts führte so zur Herausbildung konkurrierender religionswissenschaftlicher Schulen, die sich wechselseitig ausschließende Definitionen von *Religion* und *Magie* als akademisches Streitmittel applizierten. Die Rivalität der Entwürfe von Frazer und Durkheim ist daher auch vor dem Hintergrund der Etablierung des akademischen Fächerkanons und damit verbundener Mittel und Lehrstühle in der formativen Periode der Religionswissenschaft einzuordnen. Sie markiert im Wesentlichen die Abspaltung der heute als religionswissenschaftliche Nachbardisziplinen aufgefassten Forschungsrichtungen *Religionsethnologie* und *Religionssoziologie*.

Diese Spaltung, die zwischen Frazer und Durkheim geradezu prototypisch angelegt ist, führte entsprechend zu unterschiedlichen Rezeptionslinien. Die *intellektualistischen* Definitionen von *Religion* und *Magie* wurden bis in die siebziger Jahre hinein von vielen Ethnologen (wie noch von Spiro, Horton oder Skorupski)[144] favorisiert und übten darüber hinaus auch großen Einfluss auf die *Religionsphänomenologie* aus. So griff Alfred Bertholet, der die phänomenologische Methode bekanntermaßen rezipierte und unterstützte, in seinem Artikel „Magie" in der zweiten Ausgabe des Lexikons *Die Religion in Geschichte und Gegenwart* (1929) Frazers Magiedefinition sowie seine Abgrenzung vom Religionsbegriff (Punkte 1-5) auf und verwarf explizit die Position Durkheims und der religionssoziologischen Schule (Punkt 6);[145] Bertholets Artikel wurde 1960 in überarbeiteter Form auch in die dritte Ausgabe des *RGG* übernommen.[146]

Bei Rudolf Otto und Gerardus van der Leeuw stand die Rezeption des Magiebegriffs entsprechend im Zeichen des *Macht*- beziehungsweise *Mana*-Begriffs; so stellte van der Leeuw im ersten Paragraph seiner *Pänomenologie der Religion* bekanntermaßen *Macht* beziehungsweise *mana* als zentralen Aspekt von *Religion* heraus – und zugleich in enge Verwandtschaft zur

---

143 Kippenberg zeichnet in seinem Aufsatz „Rivalität in der Religionswissenschaft" ein ähnliches Spannungsverhältnis zwischen Religionssoziologen und Religionsphänomenologen nach: Hans G. Kippenberg, „Rivalität in der Religionswissenschaft", in: *Zeitschrift für Religionswissenschaft 2 (1994)*, 69-89.
144 Vgl. Kippenberg, „Einleitung: Zur Kontroverse...", 12/13; ausführlicher Cunningham, *Religion & Magic...*, 77-85.
145 Alfred Bertholet, „Magie", in: Hermann Bunsel, Leopold Tscharnad (Hg.), *Die Religion in Geschichte und Gegenwart. Handwörterbuch für Theologie und Religionswissenschaft. Zweite, völlig neubearbeitete Auflage. Dritter Band I-Me*, Tübingen 1929, 1839-1850.
146 Alfred Bertholet (Carl-M. Edsman), „Magie", in: Kurt Galling (Hg.), *Die Religion in Geschichte und Gegenwart. Handwörterbuch für Theologie und Religionswissenschaft. Dritte, völlig neubearbeitete Auflage. Vierter Band Kop-O*, Tübingen 1960, 595-601.

2.5. Weiterführende Überlegungen

magischen Kraft bzw. *Zauberkraft*: „Ist es doch gerade ein Charakteristikum des primitiven Denkens, daß es das Magische, an das Übernatürliche Streifende und das Wirksame nicht reinlich trennt. 'Efficiency' ist primitiv *per se* magisch und 'Zauber' *eo ipso* wirksam. [...] Gezaubert wird mit Macht".[147] Prägnanter noch ist seine ausführliche Diskussion des Magiebegriffs in Paragraph 83, das – ganz Frazerianisch – mit „Wege zur Welt. Schöpferische Beherrschung" betitelt ist:

„Der Mensch ergreift den Mächten gegenüber die Offensive [...], er bemeistert sie durch die reine Kraft seines Willens. Er schafft sie gleichsam. Die rein magische Haltung (die es natürlich nirgends gibt) ist die Haltung Gottes, des Schöpfers: 'Auf meinen Wink in jener ersten Nacht entfaltete sich aller Sterne Pracht.' In der Magie wird das *eritis sicut Deus* zur vollen Wirklichkeit."[148]

Zwar wirkt die Terminologie hier stärker am christlichen Referenzdiskurs und entsprechenden Polemika angelehnt; die grundlegende Gedankenlinie ist aber Frazerianisch – bei Magie gehe es um die Kontrolle und Beherrschung der natürlichen Umwelt des Menschen. Auch Rudolf Otto – etwa in seiner Monographie *Das Gefühl des Überweltlichen* –[149] und Nathan Söderblom – insbesondere in seinen nachgelassenen Gifford-Vorlesungen (*Der lebendige Gott im Zeugnis der Religionsgeschichte*) –[150] rezipierten dieses Denk-

---

147 Gerardus van der Leeuw, *Phänomenologie der Religion*, Tübingen ²1956, 5; Kursivsetzung van der Leeuw.
148 Ebenda, 618.
149 Vgl. Rudolf Otto, *Das Gefühl des Überweltlichen. Sensus numinis*, München ⁶1932, 56: „Numinose Macht ableiten wollen aus magischer Macht, heißt die Dinge auf den Kopf stellen, denn ehe der Magier sie sich aneignen kann und ehe er mit ihr manipulieren kann, ward sie längst in Pflanze und Tier, in Naturvorgang und Naturding, im Grauen des Totengebeins und auch unabhängig von dem allen 'numinos apperzipiert'. Magier ist erst der, der sich ihrer, berufen oder unberufen, als Wundertäter oder als böser Zauberer, zu bemächtigen weiß und in sich und in seinem Verhalten die Charakteristika der 'Macht' oder des 'Machtwesens' imitierend wiederholt."
150 Vgl. Nathan Söderblom, *Der lebendige Gott im Zeugnis der Religionsgeschichte. Nachgelassene Gifford-Vorlesungen*, München 1942 (reprint 1931), 34: „Denn das Wesen der Religion ist Unterwerfung und Vertrauen. Das Wesen der Magie ist eine kühne Selbstverherrlichung. Die Magie kennt keine Grenzen für ihre Macht. Sie hält sich für fähig, Regen zu machen und den Lauf der Himmelskörper zu ändern. Die Religion im eigentlichen Sinne beginnt, wenn der Mensch sich seiner Ohnmacht bewußt wird angesichts einer Macht, die ihn mit Ehrfurcht und Furcht erfüllt. In der Magie ist der Mensch der Herr. In der Religion ist die Gottheit Herr. Magie verneint und zerstört die Gefühle der Andacht und Ehrfurcht, welche die Seele des Menschen erheben. Bis auf den heutigen Tag wird die Religion in einem Menschen nur dann lebendig, wenn die Erkenntnis seiner Fehler und seiner Begrenztheit ihn vor dem Übermenschlichen auf die Knie gezwungen hat, nur dann, wenn er durch die Unterwerfung unter die elementare Seinsmacht, Gott, eine echte Würde gewonnen hat. So steht die Magie im klaren Gegensatz zum Geist der Religion."; Zur Frazer-Rezeption Söderbloms ausführlicher Erland Ehnmark, „Religion und Magie. Frazer, Söderblom und Hagerström", in: Petzoldt, *Magie und Religion...*, 302-312. Zur Bedeutung Söderbloms für die religionsphänomenologische Schule Eric J. Sharpe, „Nathan Söderblom (1866-1931)", 161, in: Michaels, *Klassiker...*, 157-170.

muster, zum Teil wiederum mit offenkundigen Referenzverlagerungen zu christlicher Terminologie und Motivik.[151]

In dieser kurzen Zusammenstellung phänomenologischer Autoren darf natürlich auch Mircea Eliade nicht fehlen. Auf den ersten Blick steht Eliade hinsichtlich seiner Verwendung des Magiebegriffs in der Tradition van der Leeuws – er rezipiert zentrale Setzungen der *intellektualistischen* Schule Tylors und Frazers. Dies wird etwa in seinen *Patterns in Comparative Religion* deutlich, wo der Rumäne explizit Frazers *Sympathie*-Konzept, Tylors *survival*-Theorie, sowie den klassisch phänomenologischen Topos – *mana* – im Kontext von *Magie* aufgreift.[152] Gleichwohl ist Eliade etwas differenzierter zu lesen: er hat sich offenbar eingehender mit dem frühneuzeitlichen Magiediskurs und der radikalen Aufwertung des Magiebegriffs in dieser Zeit auseinander gesetzt,[153] wovon eine Passage in seiner *Geschichte der reli-*

---

[151] Die bei Frazer zumindest in der Tendenz angelegte Gleichwertigkeit von *Magier* und *Priester* (im Rahmen ihrer jeweils verfehlten Versuche, ihre natürliche Umwelt zu erklären und zu beherrschen) findet sich bei Söderblom und Otto gleichwohl nicht mehr – der religionskritische Impetus der Frazerschen Konzeption wird im Zuge des Rezeptionsprozesses durch die frühe, stark theologisch geprägte Religionsphänomenologie gleichsam abgeworfen. Frazers Topos der *Beherrschung der Natur* findet sich in den zitierten Passagen nun im Rahmen christlicher Terminologie und Motivik eingebettet – das stark wertende Bild der blasphemischen Selbstverherrlichung bei Söderblom ist hierfür ein prägnantes Beispiel. Mit anderen Worten: Frazers rein motivationale Gegenüberstellung von (*magischer*) Manipulation und (*religiöser*) Unterwerfung wird im Zuge der religionsphänomenologischen Rezeption wiederum durch die genuin christlichen Topoi der *Gottwerdung* (bei van der Leeuw) beziehungsweise der *Selbstverherrlichung* (bei Söderblom) ersetzt – ein Vorgehen, gegenüber dem die Frazersche Magietheorie geradezu fortschrittlich und wertfrei wirkt.

[152] Vgl. Mircea Eliade, *Patterns in Comparative Religion. By Mircea Eliade. Translated by Rosemary Sheed*, London 1958, u.A. 9/10: „When a sorceress burns a wax doll containing a lock of her victim's hair she does not have in mind the entire theory underlying that bit of magic – but this fact does not affect our understanding of sympathetic magic. What does matter to our understanding is to know that such an action could only have happened after people had satisfied themselves by experiment, or established theoretically, that nails, hairs, or anything a person has worn preserve an intimate relation with their owner even when separated from him. [...] It is extremely unlikely that most of those sorceresses to be found today have a view of the world that corresponds with the magical practices they perform. Yet, even if those who perform them do not subscribe to the theories which underlie them, the practices themselves can tell us much of the world from which they come. [...] In a way they are a kind of 'living fossils' – and sometimes a single fossil is enough for us to reassemble a whole organism."; zu *mana* und *Magie* Ebenda, u.A. 19ff; zur Gegenüberstellung von *Religion* und *Magie* im Sinne von *Anbetung* und *Instrumentalisierung* Ebenda, 216/17: „And we may say from the start that most of the stones connected with worship were used as *instruments*; they helped towards getting something, towards ensuring possession of it. Their role was generally more magical than religious. Invested with certain sacred powers as a result of their origin or their shape, they were not *adored*, but *made use of*."; Kursivsetzung Eliade.

[153] Vgl. zur frühneuzeitlichen Aufwertung des Magiebegriffs ausführlicher unten, Kap. 10.

2.5. Weiterführende Überlegungen

giösen Ideen zeugt,[154] sowie sein Vorwort in Ioan P. Culianus Studie *Eros et Magie à la Renaissance* (1984).[155] Vielleicht liegt es auch hieran, dass besondere, außergewöhnliche Fähigkeiten in seinen Publikationen zu *Yoga*[156] und *Schamanismus*[157] häufig als *magisch* (oder *magisch-religiös*) bezeichnet werden und hierbei kaum mehr dem rationalistischen Duktus und den Abwertungstendenzen der ethnologisch-intellektualistischen Referenzliteratur unterliegen. 1997 wurde im deutschsprachigen Raum zudem das Bändchen *magische Geschichten* herausgegeben – Kurzgeschichten, die allesamt von Eliades Leitgedanke, dem *Einbruch des Göttlichen (Numinosen) in das Alltägliche* handeln.[158] Auch hier scheint das Attribut *magisch* identifikatorischer Natur – das heißt: der Begriff ist positiv konnotiert –, und steht dadurch in einer gewissen Spannung zum akademischen Diskurs. Eliade ist hinsichtlich seiner Verwendung des Magiebegriffs also differenzierter einzuordnen und scheint sich von der üblicherweise rationalistisch-abwertenden Lesart des Begriffs im Wissenschaftsdiskurs teilweise emanzipiert zu haben.

Gleichwohl lässt sich festhalten, dass durch die große wirkungsgeschichtliche Bedeutung der religionsphänomenologischen Schule im 20.

---

154 Vgl. Mircea Eliade, *Geschichte der religiösen Ideen. III/1: Von Mohammed bis zum Beginn der Neuzeit*, Freiburg 1983, 239-48.

155 Vgl. Ioan P. Culianu, *Eros et Magie à la Renaissance. Avec une préf. de Mircea Eliade*, [Idées et recherches], Paris 1984.

156 So setzt Eliade den fortgeschrittenen Yogi, der *siddhi* erreicht habe, in seiner Monographie *Yoga. Unsterblichkeit und Freiheit* explizit mit dem *Zauberer* gleich: „Ein Yogin galt in Indien immer als mahâsiddhi, als Inhaber okkulter Kräfte, als 'Zauberer'. Daß diese profane Meinung nicht absolut irrig ist, zeigt die ganze spirituelle Geschichte Indiens, in der der Zauberer jederzeit wenn nicht die Hauptrolle, so doch eine wichtige Rolle gespielt hat. Indien hat nie vergessen können, daß der Mensch unter bestimmten Umständen 'Gottmensch' zu werden vermag. Es hat sich nie in die gegenwärtige menschliche Verfassung fügen können, die aus Leiden, Ohnmacht und Unsicherheit besteht. Es hat immer geglaubt, daß es Gottmenschen, Zauberer gibt, denn es hatte immer das Beispiel des Yogins vor sich. Daß alle diese Gottmenschen und Magier die menschliche Verfassung übersteigen wollten, ist mehr als offensichtlich."; Mircea Eliade, *Yoga. Unsterblichkeit und Freiheit*, [Suhrkamp Taschenbuch; 1127], Frankfurt a. Main 1985, 97/98. Im Folgenden bezeichnet Eliade *siddhi* auch als „magische Kräfte"– vgl. Ebenda, u.A. 99: „Sobald nämlich der Asket darauf ausgeht, die durch eine Selbstbeherrschung erworbenen magischen Kräfte zu gebrauchen, schwindet ihm die Möglichkeit zum Erwerb neuer Kräfte. Wer auf das profane Leben verzichtet, findet sich schließlich reich an magischen Kräften"; vgl. zum rezeptionsgeschichtlichen Ursprung des Topos' *mirakulöser Fähigkeiten* und seiner Attribuierung zum Magiebegriff in der griechischen Klassik unten, v.a. Kap. 6.4.4.

157 Vgl. Mircea Eliade, *Schamanismus und archaische Ekstasetechnik*, Zürich 1957, 83, wo er von den „religiös-magischen Kräfte[n] der Schamanen spricht" (analog auch Ebenda, 113); Ebenda, 208f, spricht Eliade von den „magische[n] Heilungen" der Schamanen Zentral- und Nordasiens; Ebenda, 387f, spricht er vom „magischen Flug" im alten Indien, in Anlehnung an buddhistische Texte (*Visuddhimagga*; vgl. 389, Fußnote 73) auch von „magischer Versetzungskraft (gamana)"; Ebenda, 438, referiert er schließlich über die „magische Hitze" bei Schamanen.

158 Vgl. Mircea Eliade, *Magische Geschichten. Aus dem Rumän. von Edith Silbermann*, [Insel-Taschenbuch; 1923], Frankfurt a. Main 1997.

Jahrhundert eine Art christozentrische Vereinnahmung der Frazerschen Magietheorie – nicht nur im akademischen Kontext, aber von diesem quasi legitimiert – fortlaufend tradiert wurde. Die phänomenologische Konzeption des zeitlosen „*Typus* oder *Idealtypus*"[159] – der laut van der Leeuw ja „in der geschichtlichen Wirklichkeit nicht vorzukommen" braucht –[160] suggerierte dabei die unantastbare, akademisch abgesegnete Gültigkeit des so erfassten *Wesens der Magie* – eine methodologische Finte, die erst durch den *linguistic turn* und die kritische Abwendung von der religionsphänomenologischen Methode ab den 1970er Jahren gebrochen werden konnte.

Durkheims Magietheorie – so sei abschließend festgehalten – ist in der akademischen Landschaft nicht zuletzt aufgrund der eben geschilderten religionsphänomenologischen Präferenz wirkungsgeschichtlich deutlich hinter Frazer einzuordnen. Der Franzose war allerdings für die weitere Entwicklung der Religionssoziologie überaus bedeutsam[161] und beeinflusste – wie unten noch ausführlicher zu zeigen ist – die funktionalistisch orientierte Ethnologie, insbesondere wichtige Magietheoretiker wie Bronislaw Malinowski, Edward E. Evans-Pritchard und Alfred Radcliffe-Brown.[162] Nicht zuletzt lassen sich auch die in jüngerer Zeit formulierten *devianztheoretischen* Ansätze zur Magieproblematik auf die Durkheimsche Ausgrenzungs-Denkfigur zurückführen.[163]

---

159 Van der Leeuw, *Phänomenologie...*, 771; Kursivsetzung van der Leeuw.
160 Ebenda, 772.
161 Durkheims Magiebegriff wird von Religionssoziologen bis heute als Klassifikationsmuster rezipiert. Vgl. exemplarisch den (problematischen) Entwurf von Daniel L. O'Keefe, *Stolen Lightning: The Social Theory of Magic*, New York 1983 (dazu ausführlicher unten, Kap. 3.2.4); sowie die etwas aktuellere (1998) Arbeit von Jon P. Bloch, der versucht, die Durkheimsche Terminologie am Beispiel *neureligiöser spiritueller Magie* anzuwenden: Jon P. Bloch, „Individualism and Community in Alternative Spiritual 'Magic'", in: *Journal for the Scientific Study of Religion 37/2 (Juni 1998)*, 286-302.
162 Vgl. einführend Cunningham, *Religion & Magic...*, 28f bzw. 49f. Ausführlicher unten.
163 Vgl. hierzu u.A. (wie bereits in Kapitel 1 erläutert) Kippenberg/von Stuckrad, *Einführung in die Religionswissenschaft...*, 155-163; Zinser, *Der Markt der Religionen*, 93-110.

3. Der *Zerfall der Kategorie*: *Magie* und *Religion*

Mit dem *Zerfall der Kategorie* ist hier – dies sei nochmals betont – die bei Religionsforschern des 20. Jahrhunderts zunehmend beobachtbare Abkehr von der Idee gemeint, dass der Magiebegriff einen einheitlichen, transkulturell und ahistorisch zu fassenden Gegenstandsbereich bezeichnen kann oder sollte. Diese Entwicklung ist, wie bereits in Kapitel 1 angesprochen, auf den akademischen Bereich, und hier auch nur auf bestimmte Fächer und Vertreter beschränkt geblieben. In zahlreichen Nachbardisziplinen der Religionswissenschaft sowie in weiten Teilen der außeruniversitären Popularkultur erfreut sich der Magiebegriff nach wie vor (beziehungsweise gerade heute!) einer außerordentlichen Belebt- und Beliebtheit. Der *Zerfall der Kategorie*, der nach Ansicht der vorliegenden Arbeit wohlbegründet und absolut notwendig ist, ist daher noch nicht in dem Maße bekannt beziehungsweise als *diskursives Wissen* etabliert, wie es ihm gebürt. Gerade vor diesem Hintergrund soll der akademische Zerfallsprozess des Magiebegriffs im Folgenden pointiert herausgearbeitet werden.

Im vorliegenden Kapitel wird der *Zerfall der Kategorie* zunächst hinsichtlich der Gegenüberstellung des Magiebegriffs zum Religionsbegriff skizziert; er lässt sich hier im Wesentlichen auf drei Problematiken zurückführen, die die oben genannten akademischen Magiedefinitionen mit sich brachten: (1) auf den fehlenden definitorischen Konsens unter Religionswissenschaftlern; (2) auf die zunehmende Falsifikation aller substanziellen Vorgaben durch ethnologisches und religionshistorisches Quellenmaterial; (3) auf die ethonzentrische Gestalt des Magiebegriffs; diese drei Problematiken sollen im Folgenden nacheinander skizziert werden.

3.1. Der fehlende Konsens

Eine wesentliche Ursache für den Zerfall der Kategorie *Magie* war – dies hat sich in Kapitel 2 bereits angedeutet – der fehlende Konsens unter Religionswissenschaftlern über die korrekte definitorische Fassung des Begriffs. Bereits bei der Gegenüberstellung von Frazer und Durkheim ist deutlich geworden, dass durch deren Magietheorien ganz unterschiedliche Gegenstandsbereiche etabliert wurden; schon zwischen diesen beiden Entwürfen schien keine Einigung möglich. In der Folgezeit wurden weitere Unterscheidungsmerkmale von *Magie* und *Religion* postuliert, wodurch ein Konsens unter Forschern über eine tragfähige Definition des Magiebegriffs weiter erschwert wurde.

3.1.1. Ein Syntheseversuch: Bronislav Malinowski

Etwa zehn Jahre nach Durkheims *Elementaren Formen* schlug der polnische Ethnologe Bronislaw Malinowski eine Konzeption vor, die auf den Enwürfen Frazers und Durkheims aufbaute, insbesondere bei der Gegenüberstellung von *Magie* und *Religion* aber eine eigenständige Position einnahm. Malinowski gilt als einer der ersten Ethnologen, der die Methode der *teilnehmenden Beobachtung* in der ethnographischen Forschung angewendet hatte, mit dem Ziel, die bestehenden anthropologischen Theorien seiner Zeit – hier sind besonders die Ideen seiner akademischen Leitfigur James Frazer zu nennen – zu überprüfen.[1] In seinem 1922 veröffentlichten Feldforschungsbericht *Argonauts of the Western Pacific* kam er diesbezüglich zu dem Schluss, dass Frazers Unterscheidung der Begriffe *Magie*, *Religion* und *Wissenschaft* sehr wohl zutreffend sei (entgegen seiner ursprünglichen Annahme!).[2] Anstatt aber aufeinander folgende Kulturstufen darzustellen, würden die Begriffe Denk- und Handlungsmuster umfassen, die gleichzeitig und nebeneinander in einer Kultur existieren könnten – gleichwohl mit

---

1   Vgl. ausführlicher Fritz Stolz, „Bronislaw Kaspar Malinowski (1884-1942)", 251ff, in: Michaels, *Klassiker...*, 246-263.

2   Vgl. Bronislaw Malinowski, *Argonauten des westlichen Pazifik. Ein Bericht über Unternehmungen und Abenteuer der Eingeborenen in den Inselwelten von Melanesisch-Neuguinea*, [Schriften in vier Bänden/Bronislaw Malinowski; Bd. 1], Frankfurt a. Main 1979, 103: „Ich verwende die Worte *Religion* und *Magie* entsprechend der Unterscheidung von Sir James Frazer (siehe *Golden Bough*, Bd. I). Frazers Definitionen werden den Kiriwinischen Verhältnissen viel besser gerecht als andere. Obwohl ich meine Feldforschungen durchaus in der Überzeugung begann, daß die Theorien über Religion und Magie, die im *Golden Bough* dargelegt werden, inadäquat sind, wurde ich durch alle meine Beobachtungen in Neuguinea zur Übernahme der Position Frazers gezwungen."; Kursivsetzung Malinowski.

3.1. Der fehlende Konsens

unterschiedlichen Funktionen. Malinowski befreite Frazers Terminologie dadurch von ihrem evolutionistischen Impetus; *Magie* war nicht mehr zum minderwertigen *Überlebsel* degradiert, sondern stand gleichwertig neben anderen (etwa technischen) Methoden zur Organisation des praktischen Lebens. Gleichwohl blieb ihr prinzipiell trügerischer Charakter bestehen; ihre wesentliche Funktion bestehe nicht in der attribuierten kausal-physikalischen, sondern vielmehr einer – von Malinowski angenommenen – emotional-psychologischen Wirkung.[3]

Da für Malinowski *Magie* und *Wissenschaft* nun nebeneinander in einer Kultur existieren konnten, wurde eine genauere Unterscheidung der beiden Begriffe notwendig. Malinowski machte sich hierbei Durkheims Unterscheidung der Begriffe *heilig* und *profan* zunutze: ausgehend von seinen Beobachtungen bei den Trobriand auf Britisch-Neuguinea glaubte er konstatieren zu können, dass es bei Stammeskulturen *profane*, praktisch-wissenschaftliche, sowie *heilige*, mystifizierte und tabuisierte Bereiche gebe; in den *heiligen* Bereich fielen wiederum – wie bei Durkheim – *Magie* und *Religion*.[4] Wichtig in diesem Zusammenhang war, dass Malinowski dem Trobriand die Fähigkeit zusprach, selbst zwischen *natürlichen* und *übernatürlichen* Wirkursachen von Ereignissen unterscheiden zu können –[5] ein Postulat, das später von zahlreichen Forschern angegriffen wurde.[6]

Malinowski orientierte sich bei der Fundierung seiner Magietheorie eng an Frazer; wie die Wissenschaft diene sie der Beherrschung der Natur – nur mit anderen, trügerischen Mitteln, wodurch sie insgesamt als *Pseudo-Wissenschaft* zu charakterisieren sei.[7] Kern des magischen Aktes sei der der

---

3   Vgl. zu Malinowskis religionspsychologischem Fundament besonders den Abschnitt „Magie und Erfahrung" in seinem 1925 veröffentlichten Aufsatz „Magic, Science and Religion", in deutscher Übersetzung: Bronislav Malinowski, *Magie, Wissenschaft und Religion. Und andere Schriften*, [Conditio humana], Frankfurt a. Main 1983. Im Folgenden wird aufgrund seiner besonderen Prägnanz mit diesem Aufsatz gearbeitet.

4   Vgl. Ebenda, 71: „Tatsächlich verkörpert sich die Substanz der rationalen Wissenschaft und die Substanz der magischen Lehre jeweils in einer anderen Tradition, in einer anderen sozialen Umgebung und in einer anderen Art von Aktivität, und alle diese Unterschiede werden von den Primitiven klar erkannt. Die eine konstituiert den Bereich des Profanen; die andere, umgeben von Bräuchen, Mysterien und Tabus, bildet die eine Hälfte des sakralen Bereichs."

5   Vgl. Ebenda, 14: „Wenn man einem Eingeborenen nahelegen würde, er solle seine Pflanzung vor allem durch Zauber bestellen und seine Arbeit vernachlässigen, würde er über solche Einfalt einfach lachen. Er weiß ebenso gut wie wir, daß es natürliche Bedingungen und Ursachen gibt, und er weiß auch durch seine Beobachtungen, daß er diese natürlichen Kräfte durch geistige und körperliche Leistungen unter Kontrolle bringen kann. Sein Wissen ist ohne Zweifel begrenzt, aber so weit es reicht, ist es vernünftig und gegen Mystizismus gefeit."

6   Vgl. für eine Zusammenfassung dieser Problematik vor allem Kippenberg, „Einleitung: Zur Kontroverse...", 23-31, sowie Wax/Wax, „Der Begriff der Magie", 333-341.

7   Ebenda, 70: „So weisen Magie und Wissenschaft gewisse Ähnlichkeiten auf, und wir können, wie Sir James Frazer, Magie eine Pseudo-Wissenschaft nennen. [...] der unechte Charakter dieser Pseudo-Wissenschaft ist nicht schwer zu entdecken."

formelhafte Spruch,[8] dem der *Magier* eine eigenständige Wirkmächtigkeit attestiere. Diese Wirkmächtigkeit verortete Malinowski in unterschiedlichen Bereichen; zum einen beinhalte das Aussprechen der *magischen* Formel häufig eine übersteigerte Emotionalität, in deren rituellem Ausagieren der primäre Sinn des Rituals liege.[9] Zum anderen gebe es *magische* Handlungen, in denen das erwünschte Ziel imitiert oder auf der Basis des Frazerschen *Sympathie*-Prinzips vorgegangen werde.[10] Schließlich gebe es Riten, die weder emotional, noch imitativ oder sympathetisch aufgebaut, sondern die Ausdruck einer direkten *magischen* Kraft des Ausführenden seien.[11]

Insgesamt stand in Malinowskis Entwurf die emotionale Transformationswirkung eines *magischen* Rituals im Vordergrund. Malinowski glaubte mit einem solchermaßen religionspsychologischen Ansatz die Entstehung *magischen* Denkens insgesamt herleiten und erklären zu können, indem er diesem eine irrtümliche Assoziation zwischen Emotion und Wirklichkeit unterstellte. Aufgrund der starken emotionalen Wirkung eines Rituals gehe der *Magier* davon aus, dass die angestrebte physikalische Wirkung durch das emotionale Ausagieren und insbesondere das darauf folgende Abklingen der emotionalen Erregung gleichfalls erreicht sei.[12] Aus dieser emotionalen Verwechslung – man ist hier kaum zufällig an das Theorem der *falschen Ideenassoziation* bei Tylor und Frazer erinnert – sei der ganze Bereich *magischen* Denkens und Handelns überhaupt entstanden.[13]

Malinowskis Betonung von Emotionalität zeigt sich zudem bei der Frage nach dem Anwendungsbereich von *Magie:* diese komme primär in Risikosituationen, wenn der Trobriand die Unzulänglichkeit seines Wissens und seiner rationalen Methoden erkennen müsse, zum Tragen. *Magie* helfe

---

8   Ebenda, 57/58.
9   Vgl. Ebenda, 56: „Alle diese Handlungen, die gewöhnlich rational und durch irgendwelche Prinzipien der Magie erklärt werden, sind *prima facie* Ausdrucksformen von Emotionen."
10 Ebenda.
11 Vgl. Ebenda, 57: „Manche Riten sind so einfach, daß man sie als unmittelbare Anwendung magischer Kraft beschreiben kann, zum Beispiel, wenn der Magier sich erhebt und den Wind durch Beschwörung veranlasst zu wehen."
12 Ebenda, 65: „Kurz gesagt, ein starkes emotionales Erlebnis, das in eine rein subjektive Flut von Vorstellungen, Worten und Verhaltensweise mündet, hinterläßt eine tiefgehende Gewißheit von seiner Realität wie von einer tatsächlichen und positiven Leistung, als ob etwas durch eine dem Menschen offenbarte Macht geschehen sei."
13 Ebenda, 82: „Das magische Ritual, die meisten Prinzipien der Magie, die meisten ihrer Beschwörungen und Substanzen sind dem Menschen in jenen leidenschaftlichen Erfahrungen offenbart worden, die auf ihn in den ausweglosen Situationen seines Trieblebens sowie seiner praktischen Tätigkeiten einstürmen, in jenen Lücken und Einbrüchen in dem ewig unvollkommenen Wall der Kultur, den er zwischen sich und den bedrängenden Versuchungen und Gefahren seines Schicksals errichtet hat. Ich glaube, wir müssen darin nicht nur eine der Quellen, sondern den eigentlichen Ursprung des magischen Glaubens erkennen."

3.1. Der fehlende Konsens 81

hier, sowohl die Begrenztheit der eigenen Möglichkeiten wie die Ungewissheit bei der Realisierung risikoreicher Ziele zu ertragen,[14] und werde in solchen Situationen prinzipiell in Ergänzung zu praktischen-wissenschaftlichen Vorgehensweisen angewendet.[15]

Während Malinowski sich bei der Unterscheidung von *Magie* und *Wissenschaft* also an den theoretischen Vorgaben von Frazer und Durkheim orientierte, und diese letztlich durch seine Emotionstheorie religionspsychologisch zu begründen suchte, ging er bei der Unterscheidung von *Magie* und *Religion* einen eigenen Weg. Hierbei ist zu beachten, dass Malinowski die Trobriand – besonders in den *Argonauten des westlichen Pazifik* – zunächst durch eine enorme Bedeutung von *Magie* in allen Lebensbereichen charakterisierte, und zum Religionsbegriff in seinen Feldforschungsberichten nur selten ein Wort verlor.[16] Konkreter wurde er bezüglich der Unterscheidung von *Magie* und *Religion* erst in dem 1925 veröffentlichten Aufsatz „Magic, Science and Religion": die Begriffe *Religion* und *Magie* seien weder durch ihre inhaltlichen oder motivationalen Objekte (wie bei Frazer), noch durch ihren sozialen Status in der Gesellschaft (wie bei Durkheim), sondern einzig durch ihre Funktion zu unterscheiden:

> „Vergleichen wir einen Ritus, der ausgeübt wird, um den Tod im Wochenbett abzuwehren, mit einem anderen typischen Brauch, der Zeremonie einer Geburtsfeier. Der erste Ritus wird als Mittel zu einem Zweck ausgeführt, er hat ein bestimmtes Ziel, das alle kennen, die ihn ausüben und das leicht von jedem Informanten erklärt werden kann. Die nach der Geburt stattfindende Zeremonie, die Präsentation des Neugeborenen oder ein Fest, um das Ereignis zu feiern, hat kein Ziel: Sie ist kein Mittel zu einem Zweck, sondern ein Zweck an sich. [...] Dieser Unterschied wird uns als eine *prima-facie*-Unterscheidung zwi-

---

14 Berühmt geworden ist in diesem Zusammenhang Malinowskis Beschreibung des Trobriand-Fischers, Ebenda, 16: „Eine Untersuchung der Fischerei auf den Trobriand-Inseln und ihrer Magie ermöglicht interessante und entscheidende Einblicke. Während in den Dörfern der inneren Lagune die Fische einfach und absolut zuverlässig durch Vergiften getötet werden und auf diese Weise ohne Gefahr und Unsicherheit reichlicher Ertrag erzielt wird, gibt es an den Küsten des offenen Meeres gefährliche Methoden des Fischens, auch solche, bei denen der Ertrag sehr variiert, je nachdem ob Fischschwärme auftauchen oder nicht. Es ist sehr bezeichnend, daß es beim Fischen in den Lagunen, wo sich der Mensch völlig auf seine Kenntnisse und Geschicklichkeit verlassen kann, keine Magie gibt, hingegen beim Fischen im Meer, das voller Gefahr und Unsicherheit ist, ein umfangreiches magisches Ritual besteht, das Schutz und gute Erträge gewähren soll."

15 Vgl. Ebenda, 18: „Er weiß, daß eine Pflanze nicht allein durch Magie wachsen kann, daß ein Kanu nie auf dem Wasser liegen oder fahren kann, wenn es nicht richtig konstruiert und gehandhabt wird, und daß ein Kampf nicht ohne Gewandheit und Kühnheit gewonnen werden kann. Er verläßt sich nie allein auf die Magie, im Gegenteil, manchmal läßt er sie sogar völlig außer acht, wie beim Feuermachen und bei einer Reihe von Fertigkeiten und Tätigkeiten. Aber er klammert sich an sie, wenn er die Unzulänglichkeit seines Wissens und seiner rationalen Methoden anerkennen muss."

16 Dies wird schon daran deutlich, dass der Religionsbegriff weder im Inhaltsverzeichnis noch im Index der *Argonauten des westlichen Pazifik* auftaucht, während *Magie* hier wie dort als zentraler Begriff fungiert. Vgl. zu dieser Beobachtung auch Stolz, „Bronislaw...", 253ff.

schen Magie und Religion dienen. Während beim magischen Vorgang die zugrunde liegende Idee und das Ziel immer klar, einfach und definitiv ist, gibt s bei der religiösen Zeremonie keine auf ein späteres Ereignis gerichtete Absicht. Für den Soziologen ist es nur möglich, die Funktion festzustellen, die soziologische *raison d'être* des Vorgangs."[17]

Magische Riten seien funktional betrachtet immer Mittel zu einem konkreten, identifizierbaren, kurzfristigen Zweck; *religiöse* Riten hingegen verfolgten kein äußeres Ziel, sondern seien ein *Zweck an sich*, eher Ausdrucksmittel zentraler Lebensthemen (wie Geburt, Heirat, Tod), und häufig mythologisch tradiert.[18] Am Beispiel der Initiationsriten macht Malinowski zudem deutlich, dass *religiöse* Zeremonien der Vermittlung von Traditionen und Werten dienten und dadurch zur Stabilisierung von Gemeinschaftsstrukturen beitragen würden.[19] Malinowski liest sich im Rahmen dieser dezidiert funktionalistischen Sichtweise auf *Religion* wiederum wie ein Epigone Durkheims – obgleich er sich an anderer Stelle explizit von dessen Position abgrenzt[20] und insgesamt in der Nachfolge Frazers sieht.[21]

So lässt sich zusammenfassen, dass Malinowski um eine Synthese zwischen den Theorien seiner Zeit – insbesondere den Positionen Frazers und Durkheims – bemüht war.[22] Die Methode der *teilnehmenden Beobachtung* sollte es ihm ermöglichen, die verschiedenen anthropologischen Postulate

---

17 Vgl. Ebenda, 23/24.
18 Ebenda, 24.
19 Vgl. Ebenda, 25/26: „Wir können also die Hauptfunktionen der Initiationszeremonien darlegen: Sie sind ritueller und dramatischer Ausdruck der außergewöhnlichen Macht und Bedeutung der Tradition in primitiven Gesellschaften; sie dienen auch dazu, diese Macht und Bedeutung jeder Generation einzuprägen, und sie sind gleichzeitig ein überaus wirksames Mittel, die Stammeslehre weiterzugeben, die Kontinuität der Tradition zu gewährleisten und den Zusammenhang des Stammes aufrechtzuerhalten. [...] Initiation ist eine typisch religiöse Handlung, und man kann klar erkennen, wie die Zeremonie und ihr Zweck eines sind, wie das Ziel im Vollzug der Handlung verwirklicht wird."
20 Vgl. Ebenda, 44: „Die Ansichten Durkheims und seiner Schule können nicht akzeptiert werden. Erstens, in primitiven Gesellschaften entsteht Religion zu einem großen Teil aus rein individuellen Quellen. Zweitens, Gesellschaft als einer Menge ist es keineswegs immer gegeben, religiösen Glauben oder auch religiöse Geisteshaltung hervorzubringen, während kollektive Gefühlsausbrüche sehr oft rein weltlicher Natur sind. Drittens, die Tradition, die Gesamtheit bestimmter Regeln und kultureller Leistungen, umfaßt – und dies besonders stark in primitiven Gesellschaften – das Profane und das Sakrale. Letztlich, die Personifizierung der Gesellschaft, die Konzeption einer 'Kollektiven Seele' ist tatsächlich ohne jede Grundlage und widerspricht den gültigen Methoden der Soziologie."
21 Vgl. Malinowskis überschwengliche Ehrungen Frazers, Ebenda, u.A. 4, 7f usw. Nicht umsonst verfasste Frazer das Vorwort zu den *Argonauten*: Malinowski, *Argonauten*..., 7-13; Frazer nutzte dieses nicht nur zu einem Seitenhieb auf die religionssoziologische Schule (Ebenda, 11), sondern glaubte zudem, in den Befunden Malinowskis einen Beweis für sein evolutionistisches Stufenmodell vorzufinden – eine Deutung, die mit Malinowskis Theorie selbst gar nicht zu vereinen ist. Vgl. hierzu ausführlicher auch Stolz, „Bronislaw ...", 255f.
22 David Bidney wirft Malinowski entsprechend vor, zwischen den verschiedenen theoretischen Positionen hin und her zu schwanken, und keine einheitliche Linie zu verfolgen: David Bidney, *Theoretical Anthropology*, New York 1953, u.A. 162ff.

gleichsam empirisch – auf der Basis konkreter Feldforschungdaten – zu überprüfen. Im Zuge dieses Vorgehens entwickelte Malinowski eine Kulturtheorie, die – so sein Anspruch – auf den Konzeptionen und Vorstellungen der untersuchten Ethnien selbst, das heißt auf deren *emischer* Perspektive basiere. Insbesondere bei der Unterscheidung von *Magie, Religion* und *Wissenschaft* wurde ihm dieses scheinbare epistemologische Fundament allerdings zum Vorwurf gemacht. Spätere kritische Prüfungen seiner Daten stellten Malinowskis Überzeugung, dass die Trobriand selbst trennscharf zwischen *profan* und *heilig*, zwischen *praktisch* und *magisch*, oder zwischen *magisch* und *religiös* unterscheiden würden, fundamental in Frage.[23] Insbesondere seine Unterscheidung von *zweckorientierter Magie* und *zweckfreier Religion* schien zahlreichen weiteren Befunden nicht gerecht zu werden.[24]

3.1.2. Der Topos des *magisch-religiösen Kontinuums*

Durch Malinowskis Entwurf wurde der Magiediskurs in der Religionswissenschaft weiter aufgesplittert. Eine einheitliche Definition, die von allen Forschern akzeptiert werden konnte, schien kaum mehr möglich, jede Magiedefinition hatte ihre Vor- und Nachteile, schien hier belegt, dort widerlegt werden zu können.[25] Lösungsversuche dieses Dilemmas tendierten daher in die Richtung, die von Frazer und Durkheim gesetzten – und als zu starr empfundenen – Grenzen zwischen den Termini *Magie* und *Religion* aufzugeben und diese stattdessen im Rahmen eines *magisch-religiösen Kontinuums* eher ergänzend gegenüberzustellen. Robert R. Marett war einer der Ersten, der eine klare Unterscheidung von *Magie* und *Religion* – vor allem hinsichtlich der Frazerschen Gegenüberstellung von *Manipulation* und *Unterwerfung* – verwarf. In seinem 1914 veröffentlichten Werk *The Threshold of Religion* verwies er auf australische Stammeskulturen, bei denen diese Kategorien zur Klassifikation ihrer Glaubensvorstellungen und Ritualpraktiken nicht helfen würden.[26] Marett sah *Magie* und *Religion*

---

23 Zu nennen sind hier v.a. die Kritiken bei Dorothy D. Lee, *Freedom and Culture*, New Jersey 1959; sowie H. Philsooph, „Primitive Magic and Mana", in: *Man* 6 (1971), 182-203.Vgl. zusammenfassend Wax/Wax, „Der Begriff der Magie", 336ff, sowie Kippenberg, „Einleitung: Zur Kontroverse...", 23-31.

24 Vgl. dazu exemplarisch die unten noch ausführlicher behandelte Kritik bei Alfred R. Radcliffe-Brown, *Structure and Function in Primitive Society*, Glencoe 1952, u.A. 137f.

25 Vgl. Dorothy Hammond, „Magic: A Problem in Semantics", 1351, in: *American Anthropologist* 72 (1970), 1349-1356: „the increase ceremonies of the Arunta are classed as religion by Durkheim but magic by Frazer, and Trobriand garden rituals, which Malinowski terms magic, would be religion according to Durkheim. If more features are taken into account, the line blurs all the more."

26 Vgl. Marett, *The Threshold...*, u.A. 28: „Thus Dr Frazer, though he is doubtless well aware of all the facts I have cited, prefers to treat of magic and religion as occupying mutually exclusive spheres, while I regard these spheres, not indeed as coincident by any means, but still as overlapping."

daher nicht mehr als trennscharf zu unterscheidende, sondern sich im Bedeutungsspektrum ergänzende Begriffe an; er kreierte für diese Idee den (bis heute populären) Terminus *magico-religious*.[27] Diese Verschmelzung der Begriffe implizierte, dass *Magie* und *Religion* nurmehr unterschiedliche Aspekte des rituellen Umgangs mit Natur und Transzendenz darstellten, zwischen denen keine klaren Grenzen gezogen werden könnten.[28]

Ruth Benedict rezipierte Maretts Ansatz in ihrem 1938 veröffentlichten Artikel „Religion" und differenzierte das Konzept des *magisch-religiösen Kontinuums* weiter aus.[29] Benedict unterschied dabei zwischen zwei grundlegend unterschiedlichen Handlungsstrategien gegenüber dem *Übernatürlichen* (*supernaturalism*), die sie dem Tylorschen *Animismus* einerseits und dem Marettschen *Präanimismus* andererseits zuordnete:[30] wo das Übernatürliche personifiziert werde (*Animism*), strebe ein Ritual nach Besänftigung und Unterordnung; wo es unpersönlich gedacht werde (*Animatism*), sei vielmehr Kontrolle und direkte Manipulation Ziel eines Rituals.[31] Da *Religion* prinzipiell durch beide Haltungen charakterisiert sei,[32] fiel der Magiebegriff bei Benedict unter die Kategorie *Techniques of Religion*,[33] und diente zur Bezeichnung des *animatistischen* Pols und formalisierter ritueller Abläufe zur Kontrolle unpersönlicher Kräfte. Benedicts Entwurf wurde von zahlreichen Ethnologen bis in die 60er Jahre hinein mehr oder weniger explizit verwendet –[34] ein weiterer Beleg für die außerordentliche Fernwirkung Frazerscher Gedanken in der Ethnologie des 20. Jahrhunderts.

Die radikalste, gleichwohl problematischste Version eines *magisch-religiösen Kontinuums* findet sich schließlich in dem bekannten Aufsatz „Magic

---

27 Ebenda, u.A. 170.
28 Vgl. zur weiteren Ausarbeitung dieser Perspektive auch Robert H. Lowie, *History of Ethnological Theory*, New York 1937, 103f.
29 Ruth Benedict, „Religion", in: Franz Boas (Hg.), *General Anthropology*, Boston 1938, 627-665.
30 Ebenda, 631/32: „This supernaturalism among primitive peoples has two different formulations [...] On the one hand, in so far as he extended his concepts and experience of inanimate objects and made these a basis of supernaturalism, he saw this supernatural quality as an attribute of objects just as colour and weight are attributes of objects. There was just the same reason that a stone should have supernatural power as one of its qualities as there was that it should have hardness. [...] On the other hand, in so far as man extended his knowledge of himself and his fellows as the basis of his religious notions, the supernatural was a function of the fact the the external world was person just as he was himself. [...] These two beliefs have been distinguished as animatism, or the belief in mana; and animism, or the belief in spirits."
31 Ebenda, 637 bzw. 639/40.
32 Ebenda, 647: „They are two poles between which religious behaviour ranges, each pole representing one of the major human experiences outside of the religious realm: on the one hand man's experience with things, and on the other his experience with persons."
33 Ebenda, 637.
34 So die Einschätzung bei Edward Norbeck, *Religion in Primitive Society*, New York 1961, 35.

3.1. Der fehlende Konsens   85

and Religion. A Continuum" von William J. Goode aus dem Jahr 1949.³⁵
Goode zählte darin bereits elf typische Gegenüberstellungen von *Religion*
und *Magie* auf. Im Wesentlichen rezipierte er Frazer (Manipulation/Unterwerfung), Durkheim (Klient/Gruppe; Privat/Öffentlich; Gemeinschaftsschädlich/-förderlich), Malinowski (konkretes Ziel/höherwertige Ziele beziehungsweise *Zweck an sich*; praktisch/expressiv) und Benedict (Impersonalität/Personalität); zusätzlich fügte er noch eine Unterscheidung hinzu, die später Mischa Titiev weiter ausarbeiten sollte (kritisch/kalendarisch).³⁶ Die Besonderheit seines Entwurfs: die einzelnen Unterscheidungskriterien von *Religion* und *Magie* werden als idealtypische Pole eines fließenden Handlungsspektrums gedacht. Goode orientierte sich explizit an Webers Konzept des *Idealtypus* und folgerte, dass ein konkreter Befund nicht exakt den polaren Charakteristika entsprechen müsse, sondern prinzipiell zwischen den Polen des Kontinuums eingeordnet werden könne; zudem müssten nicht alle elf Unterscheidungskriterien von jedem Einzelfall abgedeckt werden.³⁷

Goodes Kombination des *Kontinuum*-Modells mit dem Konzept des *Idealtyps* ermöglichte es, die Vorgaben der verschiedenen Magietheorien zu synthetisieren und ergänzend zusammenzufügen;³⁸ ein Ritual konnte dadurch sowohl auf der Skala *Manipulation/Unterwerfung* als auch auf der Skala *Öffentlich/Privat* dem *magischen* Pol zugeordnet werden; der Exklusivismus, der insbesondere die Theorien Frazers und Durkheims umwehte, wurde dadurch umgangen. Sein Ansatz kann insofern als Versuch angesehen werden, der Fülle an bereits bestehenden Magietheorien Herr zu werden, und trotz der Unterschiedlichkeit der Entwürfe an einer Gegenüberstellung von *Magie* und *Religion* festzuhalten. Gleichwohl machte Goode dadurch die charakteristischen Schwächen des *Kontinuum*-Modells deutlich: klare Grenzen zwischen den beiden Termini wurden zugunsten eines Konzepts aufgegeben, das zu vielen Positionen gerecht werden wollte – denn wenn ein Befund im Rahmen seines Polaritätenmodells sowohl *religiöse* als auch *magische* Charakteristika aufweisen konnte, stellte sich die Frage, welchen Sinn die Unterscheidung der Begriffe überhaupt noch machte – die Gegenüberstellung von *Magie* und *Religion* wurde dadurch gewissermaßen ausgehöhlt. Zudem löste die Kombination der verschiedenen theoretischen Unterscheidungsmerkmale nicht das Problem ihres

---

35 Goode, „Magic and Religion. A Continuum".
36 Der Zeitpunkt der Ausführung eines Rituals ist hier entscheidend; während *religiöse* Riten oft kalendarisch vorgegeben seien, entscheide beim *magischen* Ritus der Ausführende über den (dadurch *kritischen*) Zeitpunkt der Ausführung. Vgl. Goode, „Magic and Religion...", 178, Punkt 8; Später ausgearbeitet bei Mischa Titiev, „A Fresh Approach to the Problem of Magic and Religion" in: William A. Lessa, Evon Z. Vogt (Hg.), *Reader in Comparative Religion: An Anthropological Approach*, ²1965, 316-319.
37 Goode, „Magic...", 176.
38 Sie wurden dadurch, negativ formuliert, „in einen Topf geworfen"; vgl. die kritische Einschätzung bei Wax/Wax, „Der Begriff der Magie", 342.

jeweils fragwürdigen empirischen Fundaments; Goodes Entwurf erlangte im ethnologischen Diskurs daher keine allzu große wirkungsgeschichtliche Bedeutung,[39] wurde aber bis in neuere Zeit – wohl aufgrund der großen Flexibilität des Modells – häufiger in theologischen Publikationen rezipiert.[40]

Goodes Aufsatz fiel in eine Forschungsperiode – beginnend in den Vierziger und Fünfziger Jahren des Zwanzigsten Jahrhunderts –, in der eine kritischere Haltung zum Magiebegriff aufgrund der Pluralität der Lehrmeinungen insbesondere unter Ethnologen zunahm. Aus Sicht der Idee einer einheitlichen interkulturellen Komparatistik erschien es als äußerst unbefriedigender Zustand, dass es vom jeweiligen Forscher abhing, was *Magie* in unterschiedlichen Forschungssituationen bedeuten mochte. Der Ethnologe Clyde Cluckhohn brachte die Situation 1953 auf den Punkt: „Anyone can make a definition that will separate magic from religion; but no one has yet found a definition that all other students accept: the phenomenal contents of the concept of religion and magic simply intergrade too much."[41] Da aufgrund der Vielfalt an Unterscheidungsmerkmalen ein Konsens nicht möglich sei, und die Theorien von Frazer, Durkheim und Malinowski jeweils bestimmten ethnographischen Daten nicht gerecht würden, forderte auch Alfred Radcliffe-Brown im Jahr 1952:

> „Seeing that there is this absence of agreement as to the definitions of magic and religion and the nature of the distinction between them, and seeing that in many instances whether we call a particular rite magical or religious depends on which of the various proposed definitions we accept, the only sound procedure, at any rate in the present state of anthropological knowledge, is to avoid as far as possible the use of the terms in question until there is some general agreement about them. Certainly the distinctions made by Durkheim and Frazer and Malinowski may be theoretically significant, even though they are difficult to

---

39 Zu dieser Einschätzung Hammond, „Magic: A Problem...", 1352.
40 Vgl. zu dieser Einschätzung Michael Becker, „Die 'Magie'-Problematik in der Antike – genügt eine sozialwissenschaftliche Erfassung?", 4, in: *Zeitschrift für Religions- und Geistesgeschichte* 54/1 (2002), 1-22. Vgl. exemplarisch David E. Aune, „Magic in Early Christianity", 1512f, in: Hildegard Temporini, Wolfgang Haase (Hg.), *Aufstieg und Niedergang der römischen Welt. Geschichte und Kultur Roms im Spiegel der neueren Forschung. Teil 2, Bd. 23, Teilbd. 2*, Berlin 1980, 1507–1557. Dieter Trunk, *Der messianische Heiler. Eine redaktions- und religionsgeschichtliche Studie zu den Exorzismen im Matthäusevangelium*, [Herders Biblische Studien; 3], Freiburg 1994, 376–378. Hans-J. Klauck, *Die religiöse Umwelt des Urchristentums. Band I: Stadt- und Hausreligion, Mysterienkulte, Volksglaube*, [Kohlhammer-Studienbücher Theologie; 9], Stuttgart 1995, 169–175. Gerd Theißen, Anette Merz, *Der historische Jesus. Ein Lehrbuch*, Göttingen 1996, 227.
41 Clyde Kluckhohn, „Universal Categories of Culture", 518, in: Sol Tax et al. (Hg.), *Anthropology Today. An Encyclopedic Inventory*, Chicago 1953, 507-523. Vergleichbar auch die Einschätzung bei Robert H. Lowie, *Primitive Religion*, [Universal Library; 35], New York 1948, v.a. Kapitel 6, 136-152.

apply universally. Certainly, also, there is need for a systematic classification of rites, but a satisfactory classification will be fairly complex and a simple dichotomy between magic and religion does not carry us very far towards it."[42]

Freilich wurde die von Radcliffe-Brown geforderte Übereinkunft bis dato nicht erreicht. Im Gegenteil: die Spannungen, die zwischen den großen Theorien von Frazer, Durkheim und Malinowski bestanden, wurden im akademischen Diskurs nie überwunden, was als einer der wesentlichen Gründe für den hier (re-) konstruierten *Zerfall der Kategorie* anzusehen ist. Spätere Lösungsversuche, etwa eine prinzipielle Gleichstellung der Begriffe,[43] oder die ritualtheoretische Unterordnung von *Magie* unter eine allgemeiner konzipierte Kategorie *Religion*,[44] konnten die methodologischen und theoretischen Divergenzen nicht überwinden.

3.2. Die zunehmende Falsifikation

Die wachsende Skepsis, die insbesondere Ethnologen ab Mitte des 20. Jahrhunderts gegenüber dem Magiebegriff empfanden, wurde durch einen Prozess gestützt, der oben als *zunehmende Falsifikation der substanziellen Vorgaben durch religionshistorische und ethnographische Quellen* bezeichnet wurde. Im Folgenden soll zunächst erläutert werden, was unter einer solchen Falsifikation zu verstehen ist.

3.2.1. Allgemeinbegriffe und Einzelbeobachtungen

Hintergrund des hier angesprochenen Falsifikationsprozesses ist eine erkenntnistheoretische Problematik, die allen substanziell definierten Begriffen anhaftet und sich im Kontext der abendländischen Philosophiegeschichte wohl erstmals mit den Schriften Platons in Verbindung bringen lässt – es geht um das Verhältnis von Allgemeinbegriffen und Einzelbeobachtungen. Bekannterweise gerieten bereits die Gesprächspartner von Sokrates mitunter in Rage, wenn ihre Vorstellungen von *Gerechtigkeit*, *Tapferkeit* oder dem *Guten* durch seine *mäeutische* Methode systematisch in die *Aporie* geführt wurden. Indem dieser ihren Allgemeinbegriffen konkrete Einzelbeobachtungen gegenüberstellte, die den Kriterien der Allgemeinbe-

---

42 Radcliffe-Brown, *Structure and Function*..., 138.
43 Wodurch freilich die Auflösung einer terminologischen Unterscheidung überhaupt impliziert ist – vgl. z. Bsp. Harald Biezais, „Von der Wesensidentität der Religion und Magie", in: *Acta Academiae Aboensis 55 (1978)*, 5-31. Ähnlich auch Pettersson, „Magie – Religion...", 313-324.
44 Vgl. zusätzlich zur Position Ruth Benedicts etwa auch Hammond, "Magic: A Problem...", 1251f.

griffe widersprachen, gleichwohl aber nach allgemeinem Verständnis unter die Begriffe zu subsummieren waren, zeigte er das Dilemma jeder sprachlichen Repräsentation von Erfahrung auf.[45] Kein Allgemeinbegriff ist letztgültig zu definieren, Sprache als Abbild von Erfahrungen kann zur *Wahrheit* (bei Platon: der *Ideen*) nicht vorstoßen. Folglich finden zahlreiche Allgemeinbegriffe in den sokratischen Dialogen ihre systematische Auflösung, wenn sie an divergierenden Einzelbeobachtungen geprüft werden.

Dieses für sprachliche Termini frustrierende Schicksal, in erkenntnistheoretischen Abhandlungen des 20. Jahrhundert noch radikalisiert durch logische Unwägbarkeiten wie dem *Münchhausen-Trilemma*,[46] widerfuhr auch dem Magiebegriff. Indem etwa Frazer – ganz in der Tradition aristotelischer Logik – von Einzelbeobachtungen (scheinbar) induktiv zur Konstitution allgemeiner *magischer* Prinzipien voranschritt, schuf er eine abstrakte Kategorie, die wiederum an Einzelbeobachtungen überprüft werden konnte. Dieses Los teilte er mit allen am Magiediskurs partizipierenden Religionswissenschaftlern – folglich bestand eine beliebte Diskursstrategie darin, konkurrierende oder missliebige Definitionen durch entsprechende Quelleninterpretationen in Frage zu stellen. Mit der *Falsifikation der substanziellen Vorgaben durch religionshistorische und ethnographische Quellen* ist daher ein Prozess gemeint, der alle bisher behandelten akademischen Magiedefinitionen im Laufe der Zeit aushöhlte. Zu jeder Definition lässt sich Quellenmaterial finden, das den Magiebegriff in seiner jeweiligen semantischen Struktur in Frage stellt – und es wurde gefunden. So hat sich keine der Definitionen als haltbar erwiesen, zahlreiche Abhandlungen des religionswissenschaftlichen Magiediskurses nach Frazer, Durkheim und Malinowski lassen sich mehr oder weniger als Dekonstruktionen etablierter Definitionsmuster lesen.

3.2.2. Die Falsifikation durch Theorien

Dabei lassen sich prinzipiell zwei Falsifikationstypen unterscheiden: (1) die Falsifikation aufgrund anders gelagerter theoretischer Vorverständnisse

---

45 Ausführlicher Leonard Nelson, „Die sokratische Methode", in: Dieter Birnbacher, Dieter Krohn (Hg.), *Das sokratische Gespräch*, [Reclam Universal-Bibliothek; 18230], Stuttgart 2002, 21-72.

46 Das *Münchhausen-Trilemma* besagt, dass die Letztbegründung eines Begriffs nicht möglich ist – es gebe lediglich drei (allesamt unbefriedigende) typische Kompensationsstrategien: a) Begriffe können durch Rückgriff auf andere Begriffe erklärt werden – dadurch gerät man in einen unendlichen Regress; b) Begriffe können zirkulär, d.h. wechselseitig begründet werden – dadurch dreht man sich argumentativ im Kreis; c) Begriffe können auf Dogmen, d.h. (vermeintlich) letzten Wahrheiten beruhen, die selbst nicht mehr begründet werden müssen – dies ist aus erkenntnistheoretischer Sicht natürlich gleichfalls unbefriedigend. Vgl. ausführlicher Hans Albert, *Traktat über kritische Vernunft*, [Die Einheit der Gesellschaftswissenschaften; 9], Tübingen ^{5}1991.

(Falsifikation durch Theorien) und (2) die Falsifikation ausgehend von quellenimmanenten Strukturen, die denen der Definition widersprechen (Falsifikation durch Gegenstände). Der erste Falsikationstyp ist im Wesentlichen dadurch charakterisiert, dass eine Magiedefinition auf der Grundlage einer anderen Theorie beziehungsweise Definition verworfen wird. Wichtig hierbei ist also, dass die Falsifikation nicht bedingungslos stattfindet, sondern auf der Grundlage einer anderen, implizit oder explizit genannten Magietheorie. Im Wesentlichen ist hiermit impliziert, dass eine konkrete religionswissenschaftliche Quelle nach Ansicht des falsifizierenden Autors unter den Magiebegriff fallen müsste – obwohl sie offenkundig nicht mit den Vorgaben der solchermaßen kritisierten Definition in Einklang zu bringen ist. So stellt Alfred Bertholet 1926 die Durkheimsche Systematik folgendermaßen in Frage:

> „So weiß ich nicht, wie es mit den Tatsachen in Einklang zu bringen ist, wenn von soziologischer Seite (Émile Durkheim ist hier vor allem zu nennen) als das für die Magie Wesentliche ihr antisozialer egozentrischer Charakter im Gegensatz zum sozialen kollektivistischen der Religion hervorgehoben worden ist. An sich könnte der Hinweis auf ein einziges Gebiet der Magie, den Regenzauber, genügen, das Unzutreffende einer solchen Behauptung zu beleuchten; denn wenn bei einer Ackerbau treibenden Bevölkerung (und bei einer solchen ist Regenzauber besonders im Schange) etwas im allgemeinsten Interesse liegt, so ist es der Kampf gegen Dürre und Trockenheit, mit welchen Mitteln auch immer er ausgefochten werde."[47]

Der entscheidende Punkt ist hier, dass Bertholet den Regenzauber auf der Grundlage des *sympathetischen* Prinzips – also in Anlehnung an Frazer – auffasst und (implizit) davon ausgeht, dass Durkheim diesen als *magisch* betrachten muss. Die (vermeintliche) Falsifikation besteht darin, dass im Rahmen der Durkheimschen Systematik ein öffentlich-kollektives, gleichzeitig aber mit scheinbar *magischen* Wirkprinzipien arbeitendes Ritual als Widerspruch erscheint. Bertholet vergisst – eben aufgrund seines Frazerianischen Vorverständnisses –, dass Durkheim seinen Magiebegriff nicht ausgehend von einem *magischen* Wirkprinzip her strukturiert, sondern vielmehr vom religionssoziologischen Kontext: eben der Frage nach der Institutionalisierung, der sozialen Funktion, der Öffentlichkeit eines Rituals. Durkheim könnte diese angebliche Falsifizierung daher mit dem Hinweis auf sein Konzept der *mimetischen* Riten abfangen, welches das *sympathetische* Wirkprinzip im Kontext *religiöser* (*kollektiver*) Ritualpraktiken ja vorsieht. Der vermeintliche *Regenzauber* wäre für Durkheim offenkundig kein *magischer*, sondern ein *religiöser* Akt, der aufgrund der immanenten Fruchtbarkeitsthematik zur symbolischen Absicherung der Ernährung und des Überlebens der Gemeinschaft dienen mag.

Auf vergleichbare Weise können symbolistische Falsifikationsversuche der intellektualistischen Position gesehen werden. Wenn Hubert und

---
47 Bertholet, „Das Wesen der Magie", 110/111.

Mauss schreiben, dass auch Religionen *sympathetische* Handlungsprinzipien aufwiesen,[48] dass geistige Wesen, sogar Götter Bestandteile von *Magie* sein könnten und dass schließlich die motivationale Gegenüberstellung von *Unterwerfung* (*Religion*) und *Manipulation* (*Magie*) nicht funktioniere, da *religiöse* Riten teilweise zwingenden Charakter hätten und *Magier* ihre geistigen Helfer manchmal unterwürfig bitten müssten, ihnen zu helfen,[49] versuchen sie Frazer im Kontext ihres religionssoziologischen Vorverständnisses zu widerlegen. Frazer könnte diese Kritiken mittels seiner eigenen Systematik abwehren: *sympathetische* Ritualformen im Kontext einer institutionalisierten *Religion* interpretiert er als *survival*, das Vorkommen geistiger Wesen und Götter im Kontext *magischer* Handlungen fängt er mit der Unterscheidung bittender (*religiöser*) und zwingender (*magischer*) Kommunikationsmuster ab – *religiöse* Riten können für ihn daher gar nicht zwingenden Charakter haben, es sei denn in Form eines überlebten Ritualfragments aus der *magischen* Kulturepoche. Entsprechend ist ein *Magier*, der seine transzendenten Helfershelfer unterwürfig um Hilfe bittet, für Frazer eben kein *Magier* mehr, sondern ein *Priester* (beziehungsweise ein Ritualspezialist, der die *religiöse* Kulturstufe erreicht hat) – was für Hubert und Mauss aufgrund einer potentiell privaten, egoistischen Ritualpraxis wiederum als Widerspruch erscheint. Man könnte sagen, dass beide Theorien dafür gesorgt haben, systemimmanent nicht falsifizierbar zu sein. Nur aus Sicht einer konkurrierenden Theorie konnten die Definitionen mittels verlagerter Interpretationen bestimmter Quellen in Frage gestellt werden.

3.2.3. Die Falsifikation durch Gegenstände

Der aus heutiger Sicht sicherlich wichtigere Falsifikationstyp – die Falsifikation aufgrund bestimmter quellenimmanenter Strukturen, die denen der Definition widersprechen – versucht nicht, eine Theorie mit einer anderen zu widerlegen, sondern prüft vielmehr deren konkrete Anwendung im Kontext religionswissenschaftlichen Quellenmaterials. Das prägnanteste religionshistorische Beispiel dieses Falsifikationstyps stellt sicherlich die kritische Reflektion der Frazerschen Systematik im Kontext christlicher Ritualpraktiken dar. Wenn man *Magie* so definiert wie Wolfgang Brückner, nämlich – in sehr weiter Auslegung Frazers –

> „als Inbegriff menschlicher Handlungen, die auf gleichnishafte Weise ein gewünschtes Ziel zu erreichen suchen; dann die dahinterstehende mag. Denkform; im besonderen Sinne ein rationalisiertes und konventionalisiertes System von zwingenden Handlungen, bei denen naturwissenschaftl. nicht faßbare,

---
48 Mauss/Hubert, „Entwurf einer allgemeinen...", 54.
49 Ebenda, 55.

3.2. Die zunehmende Falsifikation

aber von den Handelnden angenommene 'übernatürliche' Kräfte beansprucht werden",[50]
erscheint der Vorwurf von Karl A. Nowotny angebracht, dass diese Definition auf die anzunehmende Intentionalität hinter zahlreichen christlichen (also gemeinhin als *religiös* verstandenen) Ritualformen gleichermaßen zutrifft: „Sicherung des Naturgeschehens. Reinigung, Sühne und Versöhnung. Bitte, Tribut und Vertrag. Zwang. Abwehr und Vernichtung. Festmahl zur Erlangung göttlicher Kräfte, von Unsterblichkeitstrank und -speise usw."[51]

Dieser irritierende Sachverhalt – sofern im Rahmen einer kategorialen Gegenüberstellung von *Magie* und *Religion* Grundprinzipien der Aristotelischen Logik (besonders: Satz der Identität; Satz vom Widerspruch; Satz vom ausgeschlossenen Dritten) impliziert werden –[52] lässt sich auf zweierlei Art, nämlich auf der Gegenstands- und auf der Theorieebene deuten. Eine Deutung auf der Gegenstandsebene würde zu der Konsequenz führen, dass das Christentum wirklich – zum Teil oder sogar im Kern – *magische* Qualitäten aufweist. Entsprechende Deutungen christlicher Ritualistik sind in der Tat häufig vorgebracht worden, auch im Rahmen wissenschaftlicher Analysen; am prägnantesten hat hier sicherlich Max Weber im Rahmen seiner berühmten *Entzauberungs*-These argumentiert:

> „Die 'Entzauberung' der Welt: die Ausschaltung der *Magie* als Heilsmittel, war in der katholischen Frömmigkeit nicht zu den Konsequenzen durchgeführt, wie in der puritanischen (und vor ihr nur in der jüdischen) Religiosität. Dem Katholiken stand die *Sakramentsgnade* seiner Kirche als Ausgleichsmittel eigener Unzulänglichkeit zur Verfügung: der Priester war ein Magier, der das Wunder der Wandlung vollbrachte und in dessen Hand die Schlüsselgewalt gelegt war. Man konnte sich in Reue und Bußfertigkeit an ihn wenden, er spendete Sühne, Gnadenhoffnung, Gewißheit der Vergebung und gewährte damit die *Entlastung* von jener ungeheuren *Spannung*, in welcher zu leben das unentrinnbare und durch nichts zu lindernde Schicksal des Calvinisten war."[53]

Besonders in der Mediävistik finden sich bis heute vergleichbare Deutungen der primären Gestalt und Funktion christlicher Ritualpraxis.[54] Das

---

50 Wolfgang Brückner, „Magie", in: *Brockhaus-Enzyklopädie. Bd. 11: L-Mah*, Wiesbaden ¹⁷1970, 787/88.
51 Karl A. Nowotny (Hg.), *Agrippa ab Nettesheym, H. C.: De Occulta Philosophia*, Graz 1967, 387.
52 Vgl. die berühmten Passagen zur Identitäts- und Widerspruchsproblematik: Friedrich Bassenge, Regina Steindl (Hg.), *Aristoteles. Metaphysik. In der Übersetzung von Friedrich Bassenge*, [Philosophiehistorische Texte], Berlin 1990, 78ff.
53 Max Weber, *Die protestantische Ethik und der Geist des Kapitalismus. Vollständige Ausgabe. Herausgegeben und eingeleitet von Dirk Kaesler*, [beck'sche Reihe], München 2004, 154.
54 Vgl. etwa Angenendt, *Geschichte der Religiosität im Mittelalter*, 497: „Die Bitten und Intentionen, die in den einzelnen Meßformularen oder ganzen Meßreihen vorgebracht wurden, spiegeln die vielfältigen Nöte und Leiden, aber nicht minder Zudringlichkeit und Frivolität: Meßfeiern nicht nur für Schwangere, sondern ebenso zur Liebesverzauberung, für eine glückliche Geburt, aber auch als Tötungszauber, gegen die Pest oder beim Gottesurteil. Undenkbar schien es, daß Gott das Opfer seines Sohnes, bei dem ihm dessen Fleisch und

rezeptionsgeschichtliche Vorbild dieser Argumentationsfigur mag in einem ursprünglich *binnenreligiösen* Konflikt lokalisiert werden: so wurde im Zuge der üblicherweise als *Reformation* bezeichneten komplexen Entwicklungen im Europa des 16. und 17. Jahrhunderts von Seiten reformatorisch-protestantischer Theologen (unter Anderem) der Ablasshandel, die Heiligen- und Marienverehrung, der Wallfahrtskult oder die katholische Interpretation der Transsubstantiation als *Magie* diffamiert.[55]

In neueren Falsifikationsversuchen wird der irritierende Befund eines möglicherweise *magischen* Christentums allerdings als Beleg für die Haltlosigkeit einer kategorialen Unterscheidung von *Magie* und *Religion* umgedeutet, die Begriffs- und Theorieebene wird also selbst in Frage gestellt. In diese Kerbe zielt exemplarisch der Neutestamentler Peter Busch in seiner Monographie *Magie in neutestamentlicher Zeit*:

> „Ist die sonntäglich bei jedem Gottesdienst gesprochene Fürbitte, die ja allgemein als religiöse und nichtmagische Äußerung gilt, nicht auch in gewissem Sinne manipulativ und damit magisch? Schließlich hat hier die Formelhaftigkeit des Ausdrucks (etwa bei der Ektenie) oder das Schema kleine Tätigkeit – große Wirkung (durch eine kurze Bitte an Gott wird umfassende Hilfe für diejenigen erhofft, für die gebetet wird) eine Nähe zu Texten, die allgemein der Magie zugeordnet werden: Formelhafte, rituelle Wendungen und kleine Symbolhandlungen, denen man große Wirkung zutraut, finden wir auch in den Zauberpapyri. [...] Versteift man sich bei einer Magiedefinition auf die 'technische' Seite einer religiösen Handlung, so wäre etwa zu fragen, ob die agendarisch minutiös vorgeschriebenen Handlungs- und Redeabläufe unserer heutigen kirchlichen Abendmals- und Tauxpraxis nicht auch magischen Charakter haben könnten [...]".[56]

Blut dargebracht wurden, unbeachtet hätte lassen können. Prediger und Volk glaubten, wie Adolf Franz urteilt, an einen 'unbedingt eintretenden Erfolg'. Auflistungen und Merkverse beschrieben die erhofften Wirkungen, die 'Meßfrüchte'". Vgl. mit ähnlicher Stoßrichtung auch Ebenda, 373f (Kapitel 11,5: „Gabe und Gegengabe"), 378-404, oder seine Deutung der mittelalterlichen Messe als *Opfer*, Ebenda, 491-515. Wie bereits in Kap. 1 erwähnt, ist in der Mediävistik die Vorstellung einer engen Verwobenheit von *magischen* und christlichen Denkfiguren „zur Selbstverständlichkeit geworden" (Labouvie, „Wissenschaftliche Theorien – rituelle Praxis...'", 295). Vgl. zu einer solchen Forschungsperspektive exemplarisch auch Regine Grube-Verhoeven, „Die Verwendung von Büchern christlich-religiösen Inhalts zu magischen Zwecken", in: Hermann Bausinger (Hg.), *Zauberei und Frömmigkeit*, [Volksleben; 13], Tübingen 1966, 11-57; sowie Rudolf Kriss, „Zum Problem der religiösen Magie und ihrer Rolle im volkstümlichen Opferbrauchtum und Sakramentalien-Wesen", in: *Österreichische Zeitschrift für Volkskunde 22 (1968)*, 69-84.

55 Diskurstheoretisch betrachtet ging es damals allerdings nicht um Identitätszuschreibungen auf einer klar umgrenzten Gegenstandsebene, sondern vielmehr um eine polemische und polarisierende Verhandlung des *wahren Christentums*. Dazu hervorragend Philip M. Soergel, „Miracle, Magic, and Disenchantment in Early Modern Germany", in: Hans G. Kippenberg, Peter Schäfer (Hg.), *Envisioning Magic: A Princeton Seminar and Symposium*, Leiden 1997, 215-234.

56 Peter Busch, *Magie in neutestamentlicher Zeit*, [Forschungen zur Religion und Literatur des Alten und Neuen Testaments; 218], Göttingen 2006, 14/15.

3.2. Die zunehmende Falsifikation

Busch löst die solchermaßen evozierte Spannung mit der Feststellung, dass eine idealtypische Unterscheidung von *Magie* und *Religion* nicht möglich sei und „in der exegetischen Praxis schnell in die Aporie" führe.[57] Entscheidend in diesen und vergleichbaren Falsifikationsversuchen[58] ist die Beobachtung, dass sich die Magiedefinition Frazers auf zahlreiche Aspekte (unter Anderem) christlicher Kultpraxis anwenden ließe und – da diese ja zur Kategorie *Religion* zu zählen sei (!) – daher keine trennscharfe Gegenstandsbestimmung zuließe.

Neben diesen Reinterpretationen religionshistorischer Befunde insbesondere im Kontext christlicher Religionsgeschichte wurde das Gros der Einwände gegen eine definitorische Gegenüberstellung von *Religion* und *Magie* allerdings von Ethnologen vorgebracht, die im Laufe des 20. Jahrhunderts zunehmend feststellten, dass sich der Magiebegriff im Rahmen konkreter Feldforschungssituationen – also zur Bezeichnung ethnographischen Quellenmaterials – als untauglich erwies. Exemplarisch sollen hierzu Kritiken an Frazers Unterscheidung von *Manipulation* und *Unterwerfung* angeführt werden. Der erste Forscher, der Frazer diesbezüglich fundamental in Frage stellte, ist – wie bereits erwähnt – Robert R. Marett. Im Kontext seiner Untersuchung australischer Stammeskulturen schreibt er:

„Civilized theorists may with admirable clearness draw a logical line between conciliation and control, religious worship and magical manipulation. These undiscriminating savages, however, indulge little if at all in prayer, for us the foremost criterion of true religion; nor do they know the somewhat more ambiguous rite of sacrifice. They set up anthropomorphic images, indeed, if that be a mark of religion rather than of magic. But their favourite habit is dancing to the sound of the sacred name. Such a practise is usually reckoned magical. Yet they perform the ceremony in no masterful or arrogant way, but solemnly, earnestly, in short, in a spirit of reverent humility which is surely akin to homage."[59]

Entscheidend ist hier die Gegenüberstellung der indigenen Sichtweise australischer Ureinwohner mit dem abstrakten (*etischen*) religionswissenschaftlichen Konzept (hier: Frazers Magietheorie), welches zur Klassifikation der indigenen Sichtweise angewendet wird – und mit dieser inhaltlich nicht übereinstimme. Jene Problematik ist vor dem Hintergrund einzuordnen, dass in der ethnographischen Forschung des zwanzigsten Jahrhunderts das Bedürfnis entstand, das Leben untersuchter Ethnien möglichst präzise – das heißt: möglichst nah am jeweiligen Selbstverständnis – zu beschreiben. Im Zuge dieser Entwicklung wurden starre Konzeptionen und Begriffe zunehmend als störend beziehungsweise als potenzielle Fehlerquelle im

---

57 Ebenda, 14; Busch geht daraufhin irritierenderweise dennoch dazu über, „die 'Magie' in das weite Feld der 'Religion' als eine mögliche Ausdrucksform" einzuordnen; Ebenda, 15.
58 Vgl. z.B. auch Pettersson, „Magie – Religion...", u.A. 315/16, 322; sowie Biezais, „Von der Wesensidentität...", u.A. 16, 23.
59 Marrett, *The Threshold...*, 190.

ethnographischen Erkenntnisprozess empfunden. Entsprechend schreibt auch Robert Lowie – in expliziter Anlehnung an Marett – in seinem 1948 veröffentlichten ethnologischen Einführungswerk *Primitive Religion* zum nordamerikanischen Indianerstamm der *Bukaua*:

> „As Dr. Marett points out [...], thin partitions often divide the spell from prayer: a slight change in the formulation of words, a possibly transitory personification may convert the magical formula into a religious petition. This is well brought out by an intensive comparison of the several magical performances of the Bukaua. [...] But while in many cases the incantation is a mere recital of incidents without the suggestion of prayer, there are equally stereotyped formulas in which an ancestor is supplicated to grant a request. Are, then, the Bukaua to be classed as magicians or as religious devotees? The instance illustrates the arbitrariness of which we should be guilty if we assigned them wholesale to either category."[60]

Auf vergleichbare Weise spielt Lowie zahlreiche weitere ethnographische Beobachtungsdaten gegen die wesentlichen theoretischen Postulate Frazers (wie dessen evolutionistische Grundannahme, die Gegenüberstellung von *Magie* und *Wissenschaft*, den Umgang mit *transzendenten Bezugswesen*, die Unterscheidung von *imitativer* und *kontagiöser Magie*) aus,[61] und kommt zu dem desillusionierenden Ergebnis: „In short, Frazer's argument breaks down at every point".[62]

Ähnliche Einwände wurden auch gegen die Definitionen von Durkheim und Malinowski vorgebracht. Durkheims religionssoziologische Unterscheidung von *religiösen* (öffentlichen, gemeinschaftsbildenden oder -stabilisierenden) und *magischen* (privaten, egoistischen) Ritualpraktiken wurde von zahlreichen Ethnologen angegriffen, die eine solchermaßen künstliche Unterteilung bei den von ihnen untersuchten Ethnien nicht vorfinden konnten. Neben der bereits aufgeführten Kritik von Malinowski[63] soll hier wiederum die Analyse von Lowie angeführt werden; nach der Destruktion der Frazerschen Magiekonzeption geht dieser auch auf Durkheim ein und argumentiert, dass die soziologische Unterscheidung von öffentlichen und privaten Riten bei den von ihm untersuchten nordamerikanischen Indianerstämmen keinen Sinn mache.[64] Sowohl kollektive als auch individuelle Riten würden die selben Ziele verfolgen und in denselben mythologisierten Erklärungsmustern wurzeln; zudem hätten private Riten keinen antisozialen oder unmoralischen Charakter. Diese als *magisch* zu titulieren, und von den kollektiven *religiösen* Riten vor dem Hintergrund der Durkheimschen Idee einer *Kirche* terminologisch zu unterscheiden, hätte angesichts der emischen Sichtweise der Indianerstämme keinen Sinn:

---

60 Lowie, *Primitive Religion*, 140/141.
61 Vgl. insgesamt Ebenda, 136-148.
62 Ebenda, 147.
63 Vgl. Malinowski, *Magie, Wissenschaft und Religion...*, 44.
64 Lowie, *Primitive Religion*, 150f.

"Precisely as the Crow shaman's notions and practises are circumscribed by the traditional Crow culture, the Bukaua magician's technique, taboos, and spells are determined by Bukaua culture. There is as much or as little of a church in one case as in the other. In both there is automatic acceptance of the received beliefs, while in neither is there a rigid conformity to a set of tribally established dogmas and observances. The sociological distinction between magic and religion is untenable."[65]

Auch Malinowskis Magietheorie wurde entsprechend – zum Teil durch kritische Analysen seines eigenen Quellenmaterials – in Frage gestellt. Ihm wurde auf vergleichbare Weise der Vorwurf gemacht, seinen Gegenstand, also die Denk- und Lebensweise der Trobriand, aufgrund seines westlich-wissenschaftlichen Vorverständnisses in ein Schema zu pressen, das dem Selbstverständnis der Trobriand nicht gerecht würde. So wurde insbesondere seine – wie gesehen, von Durkheim übernommene – Unterscheidung von *heilig* und *profan* vor dem Hintergrund der emischen Perspektive der Trobriand angezweifelt. Im Wesentlichen basierte die Kritik auf der Beobachtung, dass Stammeskulturen ihre Lebenswirklichkeit nicht auf vergleichbar dualistische Weise interpretieren, und folglich kein Verständnis für die Trennung von *natürlichen* und *übernatürlichen* Wirkursachen hätten. In den Worten Maretts: „The savage has no word for 'nature.' He does not abstractly distinguish between an order of uniform happenings and a higher order of miraculous happenings. He is merely concerned to mark and exploit the difference when presented in the concrete.".[66]

Dorothy D. Lee wies im Rahmen einer Analyse von Malinowskis eigenem ethnographischen Material folgerichtig darauf hin, dass die Trobriand möglicherweise ein ganz anderes Verständnis von Natur und rituellem Handeln (gehabt) hätten, als Malinowski auf der Grundlage seiner Differenzierung von *Wissenschaft*, *Religion* und *Magie* zu beobachten geglaubt hatte.[67] Auch Jack Goody kam nach einer Analyse der Untersuchungen von Malinowski und Evans-Pritchard zu dem Schluss, dass die Unterscheidung von *heilig* und *profan* nicht auf die emische Sichtweise der untersuchten Ethnien applizierbar sei.[68] Sie erscheine vielmehr als Projektion des westlichen Wissenschaftlers, als künstliches Schema, das in dieser Form von den untersuchten Akteuren selbst gar nicht wahrgenommen werde.[69] In die-

---

65 Ebenda, 151.
66 Marett, The Threshold..., 109.
67 Dorothy D. Lee, „Being and Value in a Primitive Culture", in: *The Journal of Philosophy 46 (1949)*, 401-415, u.A. 401: „Anthropologists have realized in recent years that people of other cultures than our own not only act differently, but that they have a different basis for their behaviour. They act upon different premises; they perceive reality differently, and codify it differently."
68 Jack Goody, „Religion and Ritual: The Definitional Problem", in: *British Journal of Sociology 12 (1961)*, 142-164.
69 Vgl. auch Kippenberg, „Einleitung: Zur Kontroverse...", 23: „Hätte er [Jack Goody; d. Verf.] darin recht, dann zerfiele meines Erachtens die Objektivität von Durkheims Theorie."

selbe Kerbe schlägt Kippenbergs Kritik am funktionalistischen Magieverständnis Malinowskis, welches durch die unhinterfragte, aber durchaus fragwürdige Prämisse einer „zweckrationalen Beherrschung der Natur" charakterisiert sei – ebenfalls eine genuin westlich-moderne Denkschablone, die nicht pauschal auf Fremdkulturen übertragen werden könne.[70]

Kurzum, alle wesentlichen Postulate der Magietheorien von Frazer, Durkheim und Malinowski (und an diese angelehnte Entwürfe) erwiesen sich vor dem Hintergrund religionshistorischen oder ethnographischen Quellenmaterials als nicht haltbar beziehungsweise zumindest als nicht universell applizierbar. Parallel zu der bereits beschriebenen Problematik eines bis heute nicht erreichten wissenschaftlichen Konsenses über die korrekte definitorische Fassung des Magiebegriffs wurde dieser also zusätzlich dadurch ausgehöhlt, dass keine der vorgebrachten Definitionen der Prüfung durch konkretes Quellenmaterial stand halten konnte.

3.2.4. Neuere Definitionen und das Problem des Bedeutungsüberschusses

Neuere Versuche, den Magiebegriff zu definieren, neigen aufgrund des Falsifikationsproblems mitunter dazu, *Magie* so abstrakt zu definieren, dass es schwierig wird, überhaupt Fallbeispiele zu finden, die dem Begriff widersprechen. So definiert der amerikanische Ethnologe Morton Klass 1995 *Magie* – in Anlehnung an die intellektualistische Position – folgendermaßen: „techniques employed by those who believe that in specific circumstances persons, powers, beings or even events are subject to control or coercion."[71] Der Vorteil solch offener Definitionen – ihre schwierige Falsifikation – ist gleichzeitig ihr Nachteil: jede Technik oder Handlung, mit der

---

Sie würde allein noch auf Unterscheidungen reagieren, die der wissenschaftliche Beobachter in die Gegenstände hineinprojiziert hat. Die Erklärung wäre wissenschaftlich wertlos, da der Gegenstand (die Unterscheidung von Profan und Sakral) selbst erst das Produkt eines Ethnozentrismus wäre."

70 Vgl. Ebenda, 28/29: „Magie will nicht direkt die Natur beherrschen, sondern sie richtet sich immer auf die (zweckrationale) Beziehung des Menschen zur Natur. Sie artikuliert den Wunsch nach einer zweckrationalen Beherrschung der Natur auch für den Fall, daß der Mensch mit seinen Fähigkeiten am Ende ist. Doch ist die Konstatierung eines solchen Wunsches nicht die Projektion des Menschen einer anderen Gesellschaft, nämlich der westlichen Industriegesellschaft? Um nicht mißverstanden zu werden: die Beschreibung, die Malinowski von der primitiven Ökonomie der Trobriander gibt, widersetzt sich gerade der Projektion westlicher Rationalität auf das Handeln der Eingeborenen. Doch seine Erklärung der Magie nimmt diese Kritik nicht auf. Gerade derjenige, der kurz vor Malinowski den soziologischen Begriff der Zweckrationalität thematisiert hatte – Max Weber –, hatte dessen historische Entwicklung in der okzidentalen Gesellschaft nachgezeichnet. Auch wenn man diese These Malinowski nicht einfach als die zutreffende wird vorhalten können, so weckt sie doch zumindest Zweifel an der Universalität eines prometheischen Optimismus."

3.2. Die zunehmende Falsifikation

irgendeine Form von Kontrolle über Menschen oder Dinge bewirkt (beziehungsweise bei der diese Wirkung angenommen) wird, überhaupt jedes zielgerichtete Handeln wird unweigerlich zu *Magie*.[72] Randall Styers fasst diese Problematik treffend zusammen:

> „Note the astounding breadth of these formulations. According to these scholars, any sense that human desire or behaviour can influence other human beings or the natural world, that changes in circumstance are possible, that human techniques can exert control over other persons, powers, or events – any such sense falls into magic."[73]

Ein ähnliches Urteil muss man auch über neuere religionssoziologische Definitionsmuster fällen, die von einer vergleichbar abstrakten Fassung des Magiebegriffs ausgehen. Als Beispiel hierfür sei die Monographie *Stolen Lightning: A Social Theory of Magic* des Soziologen Daniel L. O'Keefe aus dem Jahr 1982 genannt.[74] Sein Anspruch ist kein geringer: „A general theory of magic: that means a complete explanatory account of the whole thing, past and present, all the provinces, rather than a single hypothesis".[75] Ausgehend von einer explizit an Mauss und Durkheim (sowie zum Teil Weber) angelehnten[76] substanziellen Definition von *Magie* – „Magic is the expropriation of religious collective representations for individual or subgroup purposes – to enable the individual ego to resist psychic extinction or the subgroup to resist cognitive collapse" –[77] unternimmt O'Keefe den Versuch, *Magie* im Rahmen der *gesamten* Weltgeschichte als konsistentes und einheitliches Phänomen nachzuzeichnen.[78] Es zeigt sich dasselbe Pro-

---

71 Morton Klass, *Ordered Universes: Approaches to the Anthropology of Religion*, Boulder 1995, 89.

72 Ein Beispiel – das des modernen, betriebswirtschaftlichen Managements – sei genannt; kaum zufällig findet sich zu dieser zunächst abstrus erscheinenden Verbindung eine Studie: Christof Niederwieser, *Über die magischen Praktiken des Managements. Persönlichkeitsmodelle des modernen Managements im kulturhistorischen Vergleich*, [Organisation & Personal; 11], München 2002.

73 Styers, *Making Magic...*, 222.

74 O'Keefe, *Stolen Lightning*....

75 Ebenda, xv.

76 Vgl. Ebenda, xix. Zu O'Keefes *sources* auch Ebenda, 8f.

77 Vgl. Ebenda, 14; noch unschärfer die darauf folgenden Zeilen – Ebenda, 14/15: „Magic 'in the strict sense,' then, will refer to certain well-known sacred institutions (especially what I call the main provinces of medical, ceremonial, paranormal, occult, sectarian, religious and black magic), institutions which are widely designated as magical in many societies, which are derived from religion, associated with religion or respond to religion, which are often of a secret or illicit or peripheral nature, or tend at least to organize themselves separately from (or within) religion, more often on a professional-client rather than community relationship, and which tend to serve fractional rather than fully collective ends, especially those of individuals and of subgroups in any collectivity."

78 Dabei strukturiert er jene Weltgeschichte anhand 13 zentraler Hypothesen, die er schrittweise abarbeitet und induktiv prüft (so der explizite Ansatz!); vgl. etwa „Postulate 7: Magic Is a Byproduct of the Projection of Society in Religion" (Ebenda, 176-209), „Postulate 9: Magic Tries to Protect the Self" (Ebenda, 263-348), oder „Postulate 12: Magic Persists as an Expression of Certain Aspects of Civilization" (Ebenda, 458-502).

blem wie bei Morton Klass – beziehungsweise wie bereits bei Émile Durkheim – ein kaum zu bändigender Bedeutungsüberschuss. Hätte O'Keefe seine eigene Definition ernst genommen, hätte er jedes private Ritual, das in irgendeiner Form Ausdruck einer individuellen, gegenüber dem Sozialen abgegrenzten Motivation ist, als Quellenmaterial ansehen und thematisieren müssen – was er natürlich nicht getan hat. Patrick Grim kommt in seiner Besprechung des Buches 1983 kaum zufällig zu einem überaus kritischen Fazit:

> „[...] Stolen Lightning is not a good book. [...] All in all, Stolen Lightning gives the impression, of being a peculiarly anachronistic book; it belongs among the great volumes of the nineteenth century anthropological and sociological theory. Those were magnificent pieces of work. But we are well beyond them now."[79]

3.3. Der Magiebegriff als Ethnozentrismus

Abgesehen von diesen relativ aktuellen Versuchen, am Magiebegriff trotz aller Probleme festzuhalten, wurde vor allem ab der zweiten Hälfte des 20. Jahrhunderts zunehmend ein Bewusstsein dafür entwickelt, dass jene frustrierende und grundlegende Eigenschaft aller religionswissenschaftlichen Magietheorien – ihre Falsifizierbarkeit – letztlich mit der eigenen, über den Begriff transportierten Kulturgeschichte verknüpft und dadurch prinzipiell nicht überwindbar ist. Als *Terminus Technicus* dieser methodologischen Problematik hat sich der Begriff *Ethnozentrismus* etabliert; im Folgenden soll abschließend überlegt werden, inwiefern der Magiebegriff selbst einen Ethnozentrismus darstellt.

Dass Ethnozentrismen im Kontext der religionswissenschaftlichen Forschung des 19. und 20. Jahrhunderts eine gewichtige und lange Zeit unerkannte Rolle gespielt haben, ist insbesondere in den letzten beiden Jahrzehnten – vor allem in der Auseinandersetzung mit der Religionsphänomenologie – vielfach aufgearbeitet worden.[80] Gerade die kontinuierliche Debatte um eine tragbare Fassung des Religionsbegriffs hat das Bewusstsein für die Problematik terminologischer Voreingenommenheiten auch im

---

79 Patrick Grim, „Theories and Magicians (review of Daniel L. O'Keefe, Stolen Lightning: The Social Theory of Magic)", 95, in: Cross Currents 33 (1983), 93-95.
80 Vgl. v.a. Ahn, „Eurozentrismen..."; Gladigow, „Gegenstände und wissenschaftlicher Kontext...", 26-40; Kippenberg, „Einleitung: Zur Kontroverse...", v.a. 38ff;

Kontext anderer religionswissenschaftlicher Grundbegriffe geschärft.[81] Im Zuge dieser Entwicklung wurde versucht, die epistemologischen Schwierigkeiten, die sich bei der Verwendung einer Reihe religionswissenschaftlicher Termini, die vorwiegend als Desiderate jüdisch-christlicher Religionsgeschichte identifiziert worden sind (etwa *Seele, Engel, Paradies, Dämon, Heilig*), gezeigt haben, zu überwinden beziehungsweise zumindest deutlicher herauszuarbeiten.[82] Während für einige dieser Begriffe alternative und wertfreiere Kategorien vorgeschlagen worden sind,[83] fand ein vergleichbares Vorgehen bezüglich des Magiebegriffs bislang nicht statt. Wohl wurde bereits in den 1950er Jahren erkannt, dass die eigentliche Grundproblematik des Magiebegriffs in seiner ethnozentrischen Gestalt verankert ist –[84] jenseits der jeweils unbefriedigenden Lösungsversuche einer Aufgabe des Begriffs oder seiner problematischen Weiterverwendung im Rahmen substanzieller Definitionsmuster ist jedoch bislang nichts geschehen, was den Diskurs nennenswert voran gebracht hätte. Gerade vor diesem Hintergrund soll mit der vorliegenden Arbeit ein neuer Weg im akademischen Umgang mit dem Magiebegriff vorgeschlagen werden.

---

81 Vgl. zum Religionsbegriff exemplarisch Ahn, „Religion I. Religionsgeschichtlich"; Sabbatucci, „Kultur und Religion"; sowie Hans G. Kippenberg, „Diskursive Religionswissenschaft. Gedanken zu einer Religionswissenschaft, die weder auf einer allgemein gültigen Definition von Religion noch auf einer Überlegenheit von Wissenschaft basiert.", in: Burkhard Gladigow, Hans G. Kippenberg, *Neue Ansätze in der Religionswissenschaft*, [Forum Religionswissenschaft; 4], München 1983, 9-28.

82 Dazu ausführlicher Ahn, „Eurozentrismen...", v.a. 48-52.

83 Vgl. zur Ersetzung des Begriffs *Engel* bzw. *Dämon* mit der wertfreieren, allerdings auch einen anderen Gegenstand konstituierenden Kategorie *religiöse Grenzgänger*: Gregor Ahn, „Grenzgängerkonzepte in der Religionsgeschichte. Von Engeln, Dämonen, Götterboten und anderen Mittelwesen", in: Gregor Ahn, Manfred Dietrich (Hg.), *Engel und Dämonen. Theologische, anthropologische und religionsgeschichtliche Aspekte des Guten und Bösen. Akten des gemeinsamen Symposiums der Theologischen Fakultät der Universität Tartu und der Deutschen Religionsgeschichtlichen Studiengesellschaft am 7. und 8. April 1995 zu Tartu*, [Forschungen zur Anthropologie und Religionsgeschichte; 29], Münster 1997, 1-48. Vgl. zur Ersetzung des Begriffs *Paradies* mit der Kategorie *Gegenwelt*: Fritz Stolz, „Paradiese und Gegenwelten", in: *Zeitschrift für Religionswissenschaft 1* (1993), 5-24.

84 Vgl. bereits 1957 Olof Pettersson: „die wissenschaftliche Diskussion über die Beziehung zwischen 'Magie' und 'Religion' ist eine *Diskussion über ein künstliches Problem, das dadurch erzeugt wurde, dass man „Religion" anhand des idealen, christlichen Grundmusters definierte.* Jene Elemente menschlicher Glaubensinhalte und Zeremonien, die nicht mit dem christlichen Idealtyp von Religion übereinstimmen, wurden – und werden – 'Magie' genannt. Immer ist die Tendenz vorhanden, das Abweichende am Glauben und Beten anderer Menschen zu verspotten. 'Magie' wurde – und ist immer noch – ein Kerichthaufen für die Elemente, die nicht 'wertvoll' genug sind, der 'Religion' zugeordnet zu werden."; Pettersson, „Magie – Religion....", 323/24; Kursivsetzung Pettersson.

3.3.1. Ethnozentrismen als Charakteristikum von Kulturkontakten

Zunächst: der Begriff *Ethnozentrismus* markiert kein explizit religionswissenschaftliches Problemfeld. Er bezeichnet „vereinfacht formuliert – die für eine bestimmte ethnische Gruppe signifikante Tendenz [...], die Regelsysteme und Verhaltensmuster von Menschen aus anderen Kulturen im Denkrahmen und in der Terminologie der eigenen zu interpretieren und zu bewerten".[85] Diese Tendenz lässt sich sicherlich als gerade typisches Charakteristikum von Kulturkontakten ansehen, und hat die Geschichte interkultureller und -religiöser Beziehungen nicht unwesentlich beeinflusst. Gregor Ahn nennt das zeitgenössische Beispiel des „auf dem Kontinent lebenden Europäers, der bei einem Besuch auf den Britischen Inseln erstaunt feststellt, daß die Engländer mit ihren Autos 'auf der falschen Seite der Straße' fahren",[86] um deutlich zu machen, dass (in diesem Fall touristisches) ethnozentrisches Denken ein geradezu natürlicher Vorgang ist, wenn Menschen versuchen, sich das Fremde verständlich zu machen.[87]

Im Kontext des zunächst allgemein gefassten, heuristischen Fensters *Religionsgeschichte* kann davon ausgegangen werden, dass Ethnozentrismen den Kontakt zwischen unterschiedlichen *religiösen* Traditionen und Gruppierungen signifikant beeinflusst haben. Es lassen sich zahllose Beispiele – etwa aus der griechischen, römischen oder christlichen Religionsgeschichte – finden, die darauf hindeuten, dass fremde *Religionen* tendenziell im Kontext der eigenen *religiösen* Systematik und Terminologie erfahren und klassifiziert worden sind.[88] Der Begriff *Ethnozentrismus* markiert dabei einen fundamentalen Unterschied zwischen Selbst- und Fremdwahrnehmung einer *religiösen* Gruppierung: durch die ethnozentrische Darstellung oder Vereinnahmung einer fremden *Religion* wird diese tendenziell abgewertet, missverstanden oder dem Bekannten, das heißt dem eigenen Denkhorizont, angeglichen.[89] Ein bekanntes antikes Beispiel für ein solches Vorgehen

---

85 Ahn, „Eurozentrismen...", 44.
86 Ebenda.
87 Vgl. dazu auch Luther H. Martin, "Comparison", 46, in: Braun, McCutcheon, *Guide to the Study...*, 45-56: "When observers encounter the data of others, data that often appear novel in that they do not fit the conceptual or interpretative categories of the observer, they tend to make generalizations about this data based upon their own common-sensical encyclopedia."
88 Ahn nennt exemplarisch die Gleichsetzung des vormals wertneutralen Inka-Geistwesens *supay* mit dem christlichen *Teufel* durch spanische Conquistadores im 16./17. Jahrhundert: „Daß aber erst eine christliche Sekundärinterpretation den *supay* zu einem dämonischen Wesen und zum negativen Pol eines ethisch dualistischen Welterklärungsmodell stilisierte, rückte bei diesem ethnozentrischen Assimilationsvorgang nicht ins Bewusstsein."; Ahn, „Eurozentrismen...", 45; Kursivsetzung hier und im Folgenden Ahn.
89 Vgl. Ebenda, 44: „Die der eigenen Gewohnheit gegenläufige Konvention wird als fremd wahrgenommen, zugleich aber perspektivisch vereinnahmt und nur in der Relation zur bekannten Norm gesehen und bewertet."

3.3. Der Magiebegriff als Ethnozentrismus

ist die *Interpretatio Graeca* beziehungsweise *Interpretatio Romana* –[90] indem im Rahmen des antiken griechischen und römischen Kulturaustauschs fremdkulturelle Gottheiten häufig mit Protagonisten des eigenen Pantheons gleichgesetzt wurden, wurde eben nur ein scheinbares Verständnis erreicht. Der ursprüngliche Kontext und Bedeutungsrahmen einer solchermaßen assimilierten Gottheit ging allzu häufig verloren.[91]

3.3.2. Ethnozentrismen in der interkulturellen Religionsforschung

Wenn man den gedanklichen Schritt hin zur Problematik von Ethnozentrismen in der interkulturellen Religionsforschung macht, ist man zum einen mit solchen binnenreligiösen (Fehl-) Deutungsprozessen konfrontiert. So kann es dem Religionsforscher aufgrund unreflektierter Quelleninterpretationen passieren, dass er binnenreligiöse Ethnozentrismen, also etwa *Fremd*-Darstellungen anderer *Religionen* als ernst zu nehmendes historisches Datenmaterial interpretiert.[92] Quellenimmanente Ethnozentrismen werden dadurch mitunter im Rahmen moderner Wissenschaftsdiskurse fortgeschrieben.[93]

Zum anderen ist der Kulturwissenschaftler selbst standortgebunden und operiert mit einem Begriffs- und Denkapparat, der der eigenen, westlich-wissenschaftlichen beziehungsweise abendländisch-christlichen Denktradition entstammt.[94] Gerade in den letzten Jahrzehnten ist in diesem

---

90 Vgl. hierzu Kohl, „Geschichte der Religionswissenschaft", 221-23.
91 Vgl. hierzu auch Ahn im Kontext der christozentrischen Assimilation des Inka-Wesens *supay*: „Der im Vergleich zum Christentum völlig anders strukturierte Kontext von Geistwesen in der Inka-Religion blieb zugleich unhinterfragt und unentdeckt."; Ahn, „Eurozentrismen...", 45.
92 Dies ist auch und gerade für die Geschichte des Magiebegriffs relevant: wie in Teil B der Arbeit zu zeigen ist, sind *Außen*darstellungen von *Magiern* in den meisten Fällen hochgradig polemisch, verzerrend, und hinsichtlich ihres Informationsgehalts zur Innenperspektive solchermaßen titulierter Personen kaum ernst zu nehmen – ein quellenkritisches Faktum, das der akademische Magiediskurs lange Zeit (zum Teil bis heute) geflissentlich ignoriert hat.
93 Ahn nennt exemplarisch die altphilologische Assimilation hellenozentrischer Ethnozentrismen gegenüber der persischen Kultur: „Die Hochschätzung der griechischen Tradition und ihre zum Teil identifikatorische Aneignung in der altphilologischen und althistorischen Forschung des 19. und 20. Jahrhunderts haben wesentlich dazu beigetragen, daß *hellenozentrische* Vorurteile gegenüber den Persern lange Zeit den Stand der Forschung beeinflußten. Herodots griechisch-ethnozentrische Stellungnahme zur persischen Weltanschauung konnte so zu einem nicht bewußt gemachten Vorverständnis der europäischen Altertumswissenschaften avancieren: die Rezeption eines ursprünglichen *Hellenozentrismus* in der europäischen Kulturgeschichte generierte schließlich einen *europäischen* Ethnozentrismus."; Ebenda, 46.
94 Vgl. Ebenda, 43: „Es handelt sich vielmehr um die methodisch sehr viel grundlegendere Schwierigkeit, daß die Verstehensvorgaben des eigenen Denkhorizonts die wissenschaftliche Annäherung an die Gegenstände der Forschung und sogar die Konstituierung dieser

Zusammenhang vermehrt darauf hingewiesen worden, dass ethno- beziehungsweise eurozentrisches Denken auch für den Religions- und Kulturwissenschaftler nicht zu überwinden ist.[95] Indem die vom Religionswissenschaftler verwendete Terminologie und Sprache typischerweise dem europäisch-abendländischen Kulturraum entstammt, und hier verankerte Denk- und Wertungsmuster implizit mittransportiert, erscheint es gleichsam als prinzipielle erkenntnistheoretische Hürde jeder religionswissenschaftlichen Forschungspraxis, fremde Kulturen überhaupt hinreichend (das heißt: nah am Selbstverständnis) verstehen zu können.[96]

Diese Problematik zeigt sich auch und gerade bei solchen Begriffen, die ihre semantischen und valorativen Inhalte ursprünglich im christlich-theologischen Referenzdiskurs erhalten haben und während der formativen Periode eine „Universalisierung des Begrifffsfeld" erfahren haben, um fortan als Bestandteil interkulturell zu applizierender religionswissenschaftlicher *Typologien* zu fungieren.[97] Während in der neueren Religionswissenschaft daher (zum Teil) davon abgesehen wird, ethno- beziehungsweise christozentrische Begriffe überhaupt im Kontext religionswissenschaftlicher Analysen zu verwenden,[98] scheint es doch einen pragmatischen

---

Forschungsgegenstände maßgeblich prägen und so gerade bei der Untersuchung von Vorstellungen aus fremden Kulturen und Religionen zu grob verzerrenden Ergebnissen führen können."

95 Vgl. Ebenda, 47: „Denn es wäre völlig naiv, davon auszugehen, Eurozentrismen ließen sich nicht nur aufdecken, sondern auch gänzlich durch wertneutrale Begrifflichkeiten ersetzen: und es könnte dadurch dann nach und nach eine *objektive*, standpunktfreie Kultur- und Religionswissenschaft generiert werden." Vgl. auch Stolz, *Grundzüge...*, 39/40: „Daher ergibt sich die methodische Forderung, daß die Fragestellungen, mit denen man an die Beschreibung und Analyse einer fremden Religion herangeht, ganz exakt formuliert und fixiert werden. Natürlich handelt es sich dabei nur um eine Auswahl aus vielen möglichen Fragen, und damit ist eine Beschränkung jeder Untersuchung gegeben. *Die Forderung eines 'unbefangenen', 'objektiven' Herantretens an eine Religion ist pure Naivität*. In solchen Fällen werden unkontrolliert unbekannte Fragestellungen an die andere Religion herangetragen"; Kursivsetzung Stolz.

96 Vgl. hierzu auch Kippenberg, „Einleitung: Zur Kontroverse...", v.a. 39ff.

97 Vgl. exemplarisch Ahns kritische Auseinandersetzung mit dem Terminus *Engel*: „Ähnliche Universalisierungen des Begriffsfeldes lassen sich auch für andere, ursprünglich theologische Begriffe wie 'Prophet', 'Offenbahrung', 'Seele' oder 'Engel' belegen, die bei der Übernahme in die Religionswissenschaft häufig ohne einen sonderlich veränderten Kriterienkatalog zur Bezeichnung von teilanalogen Phänomenen in Fremdkulturen herangezogen wurden. Götterboten und fliegende oder beflügelte Gestalten aus der Mythologie außerchristlicher Religionen konnten so etwa zu 'Engeln' stilisiert werden, ohne daß sich die Frage nach möglicherweise ganz unterschiedlichen, kultur- und zeitspezifischen Kontextualisierungen der untersuchten Götterboten oder Flügelwesen zwangsläufig aufdrängen musste"; Ahn, „Eurozentrismen...", 49/50. Ausführlicher hierzu auch Ders., „Grenzgängerkonzepte in der Religionsgeschichte...".

98 Vgl. hierzu etwa die Zusammenstellungen religionswissenschaftlicher Grundbegriffe bei Taylor und Braun/McCutcheon, die weitestgehend auf christozentrische Begriffe verzichten und stattdessen möglichst abstrakte beziehungsweise funktionale Kategorien aufführen (wie *Liberation, Modernity, Performance, Person, Cognition, Exchange, Gender, Structure,*

3.3. Der Magiebegriff als Ethnozentrismus

Konsens darüber zu geben, dass Verstehen überhaupt erst dann möglich ist, wenn das *Fremde* im Kontext von etwas *Bekanntem* betrachtet wird; ein solches Vorgehen sei ja gerade wesentlich für die Methode des religionswissenschaftlichen *Vergleichs*.[99] Eine Beschränkung auf die rein deskriptive Darstellung der Innenperspektive fremdkultureller oder -religiöser Gruppierungen – zudem noch im Kontext emischer Terminologie(n) – erscheint aus dieser Sicht sogar kaum aussagekräftig oder befriedigend,[100] und wird beispielsweise von Jonathan Z. Smith nurmehr mit ironischen Worten bedacht.[101]

Die etablierteste Strategie zum konstruktiven Umgang mit dem hier beschriebenen Problem besteht darin, den eigenen kulturellen Hintergrund weder ausblenden noch überwinden zu wollen, sondern vielmehr als genuin westlichen Fragehorizont zu konstituieren und im Zuge des Forschungsprozesses sukzessive dem jeweiligen Gegenstand anzupassen. Die Not der zwangsläufigen Gebundenheit an Vorverständnisse wird dadurch gleichsam zur Tugend gemacht – in den programmatischen Worten von Fritz Stolz: „Der Hintergrund der eigenen kulturellen und religiösen Tradition stellt also ein Arsenal an Leitfragen zur Verfügung."[102] Der Unterschied zu früheren ethnozentrischen Forschungsentwürfen – insbesondere der religionsphänomenologischen Schule – besteht hier darin, die eigene Position fortlaufend und möglichst umfassend zu reflektieren, um das Zusammenspiel von Fragehorizont und Forschungsobjekt im Blick zu

---

Discourse usw.). Der Magiebegriff bleibt in diesen Sammlungen kaum zufällig außen vor: Mark C. Taylor (Hg.), *Critical Terms for Religious Studies*, Chicago 1998; Braun, McCutcheon, *Guide to the Study*....

99 Vgl. Martin, "Comparison", 46f.

100 Dazu Fitz J. P. Poole, "Metaphors and Maps: Towards Comparison in the Anthropology of Religion", 413, in: *Journal of the American Academy of Religion 54 (1986)*, 411-457: „[The] analysis within a single religious system – and thus within the semantic networks of the religion's own terms, categories, and understandings – entangles the analysis with the very discourse it seeks to interpret and explain"; ähnlich Becker, „Die 'Magie'-Problematik der Antike...", 9: „So einleuchtend der Vorwurf auch ist, daß fremde Kulturen nicht an den Maßstäben eigener Begrifflichkeit und Konzepte gemessen werden dürfen, so problematisch erscheint doch seine Universalisierung. Konsequent zu Ende gedacht führt die dezidierte Betonung der ‚Fremdheit' eines Phänomens fast unausweichlich zu dessen individualistischer Isolierung. Eine singuläre Erscheinung würde aber jede Vergleichsmöglichkeit und damit auch jeden auf Vergleichen basierenden wissenschaftlichen Verstehensvollzug ausschließen."

101 Vgl. Jonathan Z. Smith, "Classification", 39, in: Braun/McCutcheon, *Guide to the Study*..., 39-44: „Many students of religion, with their exaggerated ethos of localism and suspicion of generalization, tend to treat their subjects in an Adamic fashion as if they were naming entities, often exacerbated by their insistence on employing native terminology which emphasizes the absolute particularity of the data in question rather than deploying a translation language which already suggests that the data are part of a larger, encompassing category."

102 Stolz, *Grundzüge*..., 39.

behalten beziehungsweise selbst als Untersuchungsgegenstand zu vereinnahmen.[103]

Unabhängig davon, wie man zu der hier geschilderten Verhandlung der erkenntnistheoretischen Pole *Relativismus* und *Ethnozentrismus* prinzipiell stehen mag: was Gregor Ahn zur Rettung des Religionsbegriffs vorschlägt,[104] ist im Kontext der Problematik des Magiebegriffs *nicht* leistbar. Versucht man, seine Formulierung auf den Magiebegriff hin anzuwenden („[...] sondern fungiert als eine Bezeichnung für Inhalte westlicher Forschung, die weitgehend durch die Aspekte und Funktionen bestimmt sind, die *Magie* in *unserer Kultur* zugeschrieben werden"), wird man unweigerlich mit den eben genannten Schwierigkeiten ethnozentrischer Forschungsansätze konfrontiert. Exemplarisch lässt sich diese Problematik in Kippenbergs Aufsatz „Magie" im *Handbuch religionswissenschaftlicher Grundbegriffe* beobachten. Kippenberg geht hier – nach der seitenlangen theoretischen Destruktion des Magiebegriffs und dem Konstatieren des hier vielfach zitierten *Zerfalls der Kategorie* – überraschenderweise von folgendem Sachverhalt aus:

> „Zu wenig ist nämlich beachtet worden, dass magische Handlungen selber in allen Kulturen anzutreffen sind und dass Kulturen sich (nur) darin unterscheiden, welche Positionen magische Konzepte im Ganzen einer Kultur einnehmen. Die europäische Geschichte zeigt uns, dass magische Konzepte auch zu einem offiziellen Idiom befördert werden bzw. als solche auch wieder abgesetzt werden konnten."[105]

Wenn „magische Handlungen", wie Kippenberg hier (nun ohne Anführungsstriche!) schreibt, nach der wissenschaftlichen Dekonstruktion des Begriffs dennoch als menschliche Universalie – so ja sein impliziter Gedanke – zu betrachten seien, drängt sich wiederum die Frage auf, wodurch „magische Handlungen" eigentlich gekennzeichnet sind.

Kippenberg unterscheidet im Folgenden *Analogien* und *Homologien* als methodologische Ansatzpunkte einer möglichen (Weiter-)Verwendung der Kategorie:

---

103 Damit einher gehen freilich erhebliche „Komplexitätssteigerungen in der Theoriebildung" – vgl. Ahn, „Eurozentrismen...", 56: „Der religionswissenschaftliche Umgang mit Eurozentrismen [...] führt also in aller Regel nicht zu schnellen Lösungen, sondern zu zum Teil ganz erheblichen Komplexitätssteigerungen in der Theoriebildung. Methodisch geht es im Einzelfall darum, den jeweiligen Eurozentrismus in einen stärker differenzierenden Fragehorizont zu überführen, der es zuläßt, auch die Andersartigkeit von Vorstellungskomplexen fremder Kulturen – sofern dies überhaupt möglich ist – herauszuarbeiten".
104 Vgl. nochmals Ahns in Kapitel 1 zitierte Passage zum Religionsbegriff – Ahn, „Religion I. Religionsgeschichtlich", 520: „doch bietet die Analyse von 'Religion(en)' im zugehörigen Kontext von Kultur die Chance, ohne grundsätzlichen Verzicht auf den Begriff die mit 'Religion' verbundene eurozentrische Frageperspektive durch eine sachangemessenere Deskriptionsmethode zu ersetzen. Der Terminus 'Religion(en)' [...] fungiert als eine Bezeichnung für Inhalte westlicher Forschung, die weitgehend durch die Aspekte und Funktionen bestimmt sind, die Religion in *unserer* Kultur zugeschrieben werden."
105 Kippenberg, „Magie", 97.

3.3. Der Magiebegriff als Ethnozentrismus

> „Diese Unterscheidung hilft, zwei Diskussionsfäden zu entwirren, die sich in der Magie-Diskussion immer wieder verhakt haben: (a) Welche Erscheinungen unserer eigenen Kultur ähneln den magischen Handlungen in anderen Kulturen (Homologie)? Und (b): Welche Positionen besetzen diese Handlungen in den jeweiligen kulturellen Kontexten (Analogie)?"[106]

Spielt man diesen Vorschlag in Gedanken durch, kommt man zu einem überraschenden Ergebnis: der *homologe* Vergleichstyp lässt sich bei nahezu allen klassischen Magietheoretikern beobachten, die – wenn auch unbewusst – durch die terminologische Universalisierung christlich-abendländischer Denkfiguren von *Magie* scheinbar *homologe* Erscheinungsformen in Fremdkulturen und -religionen zu entdecken geglaubt hatten. Der *homologe* Vergleich hat also – wie im vorliegenden Kapitel gezeigt – erst die zahlreichen theoretischen Schwierigkeiten hervor gerufen, die zum hier konstatierten *Zerfall der Kategorie* geführt haben. Zudem ist jener Vergleich von vornherein nur leistbar, wenn man Kippenbergs Formulierung umkehrt: Welche Erscheinungsformen in anderen Kulturen ähneln den Handlungen, die wir in unserer eigenen Kultur als *magisch* bezeichnen?[107] Entscheidend ist in diesem Zusammenhang, dass der homologe Vergleich im Rahmen der interkulturellen Applikation des Magiebegriffs die oben skizzierten Probleme ethnozentrischen Denkens erst mit sich gebracht hat.

Die Ethnozentrismus-Problematik wurde hier in ihren Grundzügen skizziert, um eine weitere, nunmehr entscheidende Interpretationsfolie für die Fragwürdigkeit des Magiebegriffs als wissenschaftliche Sachkategorie zur Verfügung zu stellen. Denn dass der Begriff nach wie vor in zahlreichen akademischen Forschungsfeldern angewendet wird, deutet darauf hin, dass er vor allem interdisziplinär noch nicht ausreichend vor dem Hintergrund der hier angesprochenen Problematik des Fremdverstehens reflektiert worden ist. Dies führt in der interkulturellen Forschung bis heute zu zahlreichen (häufig gar nicht erkannten) hermeneutischen Schwierigkeiten und Verzerrungseffekten – denn der Magiebegriff kann, so die Überzeugung der vorliegenden Arbeit, *als Ethnozentrismus par Excellence* angesehen werden.

3.3.3. Der Magiebegriff als Ethnozentrismus

Eine Reihe wichtiger Faktoren, die den Magiebegriff als *Ethnozentrismus* kennzeichnen, wurden bereits genannt. Wie gesehen, fassten die Begründer des akademischen Magiediskurses – James G. Frazer und Émile Durkheim – den Begriff in expliziter Abgrenzung zum Vernunftideal europäischer Aufklärung und einem empiristisch-naturwissenschaftlichen Welt-

---

106 Ebenda, 96.
107 In Kippenbergs Formulierung würde man *Magie* ja weiterhin als (wie zu definierende?) kulturelle Universalie ansehen.

bild auf der einen Seite (Frazer), sowie einem idealisierten, letztlich an christlichen Denkfiguren orientierten Religionsverständnis auf der anderen Seite (Durkheim). Durch dieses Definitionsprinzip *ex negativo* konnte *Magie* wahlweise als abzuwertender Gegenpol der eigenen kulturellen Institutionen (christliche) *Religion* und (empirische) *Wissenschaft* fungieren. Diese polaren Wertungsmuster, die offenkundig Kinder abendländisch-europäischer Kulturgeschichte sind, wurde durch das diskursive Instrument der *Definition* in der formativen Periode universelle (das heißt vor allem: interkulturelle) Geltung verschafft. Wenngleich die Universalität dieser Geltung bei nachfolgenden Autoren stark kritisiert wurde, haften sie tatsächlich – und das bis in rezente Publikationen hinein – jeder akademischen Operationalisierung des Magiebegriffs an und können kaum ausgeblendet werden. Denn ihre historischen Wurzeln reichen, wie sich besonders in Teil B der Arbeit zeigen wird, viel weiter, mithin bis in antike Diskursfelder zurück.[108] Die Ethnozentrik historischer Rezeptionen des Magiebegriffs, die insbesondere im Kontext des polemischen Ausgrenzungsdiskurses (und dieser ist es, der den akademischen Diskurs maßgeblich beeinflusste) immer gegeben war, konnte in der formativen Periode geradezu ungefiltert in akademische Operationalisierungen des Begriffs einfließen.[109]

Die ethnozentrische Gestalt des akademischen Magiebegriffs zeigt sich also zum einen auf der *Theorieebene* und wird bereits (aber nicht nur) in den religionswissenschaftlichen Entwürfen der formativen Periode prägnant greifbar. Deren Ethnozentrik zeigt sich darin, dass insbesondere in den evolutionistischen Stufenmodellen der intellektualistischen Schule die *Welt der religiösen Gegenstände* folglich genau so angeordnet wurde, wie es den Kategorien des eigenen Denkens und der eigenen Kulturgeschichte entsprach. Diese Kategorien reichen – ein entscheidendes Charakteristikum von Ethnozentrismen – weit in die Quelleninterpretation hinein: Frazers *Magier* (seien es die *Ojebway-Indianer, französische Bauern* oder die *alten Inder*)[110] konnten sich offenkundig nicht gegen ihre exemplarische Vereinnahmung in *The Golden Bough* wehren. Doch auch Malinowskis Annahme, dass die Trobriand *Magie, Religion* und *Wissenschaft* als eigenständige Denk- und Handlungsmuster unterschieden, ist ein charakteristisches Beispiel für ethnozentrische Quellendeutung. Indem Malinowski in seiner eigenen Art zu denken gefangen war – das ist der erkenntnistheoretische Kern der Ethnozentrismus-Problematik –, konnte er gar nichts Anderes bei den Trobriand entdecken als das bereits Bekannte.[111] Entsprechend sind auch die Oppositionen, die Goode in seinem genannten Aufsatz „Magic and Reli-

---

108 Sowohl das Blasphemie- als auch das Wirkungslosigkeitsargument finden sich bereits in der griechischen Klassik; vgl. ausführlicher unten, Kap. 6.
109 Vgl. zu den Zusammenhängen zwischen akdemischem und historischem Magiediskurs ausführlicher unten, Kap. 12.2.
110 Vgl. nochmals Frazers Exempel-Sammlung zu *homöopatischer Magie*: Frazer, *Der goldene Zweig...*, 18-27.

3.3. Der Magiebegriff als Ethnozentrismus

gion. A Continuum" in Anlehnung an die wichtigsten Theorieentwürfe nennt, weder wissenschaftlich fundiert noch besonders kreativ.[112] Sie zeigen, welche Denkfiguren aus Sicht der abendländischen Trias *Magie, Religion* und *Wissenschaft* überhaupt nur möglich sind und weisen insofern auf eine prinzipielle argumentative *Begrenztheit* des akademischen Magiediskurses hin. Diese Begrenztheit ist – so wird Teil B zeigen – freilich eng mit semantischen Mustern außerwissenschaftlicher Magiediskurse korreliert.

Die großen evolutionistischen Modelle und Theorieentwürfe der formativen Periode sind heute längst zu den Akten gelegt. Die Ethnozentrik des akademischen Magiebegriffs zeigt sich gleichwohl auch auf einer zweiten, noch wichtigeren Ebene – der *Gegenstandsebene* –, die sehr viel stärker mit Quelleninterpretation und der Problematik des Fremdverstehens zu tun hat und insofern auch für die jüngere und jüngste Forschung außerordentlich relevant ist. Entscheidend ist in diesem Zusammenhang, dass die von Frazer, Durkheim, Malinowski und Anderen postulierten semantischen Muster des Magiebegriffs offenkundig nicht ohne Weiteres auf Fremdkulturen übertragen werden können. An Frazers Differenzierung einer bittenden (*religiösen*) Haltung und einer zwingenden (*magischen*) Haltung sei dies exemplarisch illustriert: indem Frazer diese Unterscheidung in eine ahistorische religionswissenschaftliche Typologie überführte, verallgemeinerte er ein Denkmuster, das zuvor vor allem im Rahmen christlich-theologischer Dogmatik verankert und *hier* sinnhaft eingebettet war.[113] Innerhalb derselben wird die von Frazer angesprochene fordernde Haltung gegenüber transzendenten Wirkungsbereichen im schlimmsten Fall als

---

111 Ahns Feststellung, „daß die Verstehensvorgaben des eigenen Denkhorizonts die wissenschaftliche Annäherung an die Gegenstände der Forschung und sogar die Konstituierung dieser Forschungsgegenstände maßgeblich prägen und so gerade bei der Untersuchung von Vorstellungen aus fremden Kulturen und Religionen zu grob verzerrenden Ergebnissen führen können", gibt auch und gerade die Problematik des Magiebegriffs sehr präzise wieder; vgl. Ahn, „Eurozentrismen...", 43.

112 Die wichtigsten seien nochmals genannt: *Einstellung* (Manipulation/Unterwerfung), *Wirkungsursprung* (natürliche Gesetzmäßigkeit/Gottheit), *sozialer/moralischer Status* (Privat/Öffentlich); *Zweck und Intention* (kurzfristig/langfristig beziehungsweise Zweck an sich); *Temporalität* (kritisch/kalendarisch); vgl. Goode, „Magic and Religion...".

113 Vgl. exemplarisch die inhaltlichen Übereinstimmungen zu Frazer in dem Artikel „Magier, Magie", 1857 veröffentlicht im achten Band der *Real-Encyklopädie für protestantische Theologie und Kirche*: „Die Magie fällt also allerdings in den allgemeinen Bereich des Aberglaubens hinein, des verkehrten Verhaltens zur Gottheit; [...] Sie [die Magier; d. Verf.] glaubten durch die Magie auf die Gottheit zu wirken, nicht auf den freien Willen persönlicher Wesen, wie durch das Gebet, sondern sie suchten die Götter, die als Naturwesen dem Fatum und den Naturgesetzen unterworfen sind, dadurch zu zwingen, daß sie geheime Kräfte, Schicksalskräfte anwandten, die stärker sind, als die Götter. Während also die Religion sich von der Gottheit abhängig fühlt, sucht die Magie die Götter von den Menschen abhängig zu machen."; I. G. Müller, „Magier, Magie", 684, in: Johann J. Herzog (Hg.), *Real-Encyklopädie für protestantische Theologie und Kirche. In Verbindung mit vielen protestantischen Theologen und Gelehrten. 8: König - Manna*, Hamburg 1857, 675-85.

blasphemisches Vergehen gegen Gott angesehen und – vor allem seit den Systematisierungen des spätantiken Kirchenvaters Augustinus von Hippo – im Rahmen eines dualen Schemas von *gut* und *böse* dem satanisch-dämonischen Gegenreich Gottes zugeordnet.[114] Wendet man ein solches Denkschema auf Kulturen an, in denen transzendente Bezugswesen nicht so fundamental entrückt und der Verfügbarkeit des Menschen entzogen sind – dies lässt sich zum Teil für den rituellen Umgang mit Gottheiten des griechischen und römischen Pantheons, viel mehr noch für altorientalische und altägyptische Kultpraxis konstatieren – verliert die Unterscheidung von (bittender) *Religion* und (zwingender) *Magie* und die damit einher gehende moralische Abwertung entsprechender Praktiken seinen Sinn.

Wendet man es dennoch an, und bezeichnet vermeintlich zwingende Sprechakte etwa altägyptischer Ritualspezialisten als *Magie*, wird durch die Applikation dieser Kategorie ein Bereich aus der altägyptischen Kultpraxis ausgegrenzt, der im Rahmen der (anzunehmenden) altägyptischen Interpretation von Transzendenz und Transzendenzbezug nicht auf vergleichbare Weise konstituiert oder überhaupt wahrgenommen wurde.[115] Durch die ägyptologische Applikation des Magiebegriffs wird gleichwohl – vielfach bis heute – ein bestimmtes Korpus altägyptischen Quellenmaterials als *magisch* bezeichnet, und ein mit vielen Problemen behafteter Gegenstandsbereich konstituiert: denn die altägyptische Kultur wird im Rahmen einer terminologischen Opposition (*Magie – Religion – Wissenschaft*) beschrieben und untersucht, deren Ursprung (frühestens) in der griechischen Klassik zu lokalisieren ist, und die seitdem zahlreiche terminologisch-semantische Verschiebungen durchlaufen hat.[116] Die Folge ist eine künstliche, verzerrende Anordnung des altägyptischen Quellen- und Textmaterials und ein

---

114 Vgl. ausführlicher unten, Kap. 8.
115 Dies sei hier nur angedeutet; vgl. ausführlicher Bernd-Christian Otto, "Zauberhaftes Ägypten - Ägyptischer Zauber? Religionswissenschaftliche Überlegungen zur ägyptologischen Rezeption des Magiebegriffs", in: Florian Jeserich, Jürgen Kaufmann (Hg.), *Kindheit, Magie und Tod* (vorläufiger Buchtitel; erscheint voraussichtlich 2011). Vgl. auch die kritischen Analysen bei Wilfried Gutekunst, „Zauber", in: Wolfgang Helck (Hg.), *Lexikon der Ägyptologie. 6. Band: Stele-Zypresse*, Wiesbaden 1986, 1320-55. Sowie Derselbe, „Wie ‚magisch' ist die ‚Magie' im alten Ägypten? Einige theoretische Bemerkungen zur Magie-Problematik", in: Alessandro Roccati, Alberto Siliotti (Hg.), *La Magia in Egitto ai Tempi dei Faraoni: atti convegno internazionale di studi*, Milano, 29 - 31 ottobre 1985, [Operazione magia], Mailand 1987, 77-98.
116 Eine ägyptologische Rechtfertigungsstrategie für die Verwendung des Magiebegriffs verweist auf die spätantike Übersetzung des koptischen *hik* mit dem griechischen *mageía*, die sich in Übersetzungen der relevanten Passagen – also vor allem der Apostelgeschichte – des Neuen Testaments findet. Vgl. hierzu Robert K. Ritner, *The Mechanics of Ancient Egyptian Magical Practice*, [Studies in ancient Oriental civilization; 54], Chicago 1993, 14f und 236f. Vergessen wird hier, dass der neutestamentarisch applizierte Magiebegriff *selbst* ethnozentrisch und hochgradig polemisch ist und keinen trennscharfen Gegenstandsbereich abbildet; hierzu unten, Kap. 8.1.1.

3.3. Der Magiebegriff als Ethnozentrismus

für das Verständnis altägyptischer Kultpraxis insgesamt unbefriedigender Fragehorizont.[117]

Dieselbe Problematik lässt sich bei allen weiteren akademischen Operationalisierungen des Magiebegriffs aufzeigen, und ist auch und gerade im Rahmen historiographischer Anwendungsfelder – vielfach bis heute – beobachtbar. An dieser Stelle soll die exemplarische Analyse der Frazerschen Unterscheidung gleichwohl genügen; insbesondere in den *Historischen Analysen* (Teil B der Arbeit) wird sich die ethnozentrische Gestalt des Magiebegriffs noch sehr viel deutlicher erweisen. Entscheidend ist, dass der Magiebegriff als komplexer, als – in Anlehnung an Gregor Ahn – *systemischer* Ethnozentrismus verstanden werden muss:[118] er projiziert nicht nur abendländisch-europäische Denkschemata auf seine Anwendungsfelder, sondern beeinflusst durch (häufig auch implizite) Vorverständnisse alle Aspekte des Forschungsprozesses, angefangen beim grundlegenden Erkenntnisinteresse und als *interessant* oder *relevant* empfundenen Fragestellungen, über die Wahl der Quellen, bis hin zum Analyse- und Erkenntnisprozess selbst. Durch die Applikation eines substanziellen Magiebegriffs erfahren alle Ebenen des Forschungsprozesses potenziell verzerrende Prägungen und bleiben bereits in der gedanklichen Anlage „auf mitunter irreführende Perspektiven oder Alternativen" beschränkt.[119] Aufgrund dieser *systemischen* Ethnozentrik des Begriffs mögen im forschungspraktischen Einzelfall keine sachangemessenen Einsichten, sondern vielmehr – dem westlichen Denken zwar vertraute, einem vertiefenden Verständnis des als *magisch* titulierten aber möglicherweise im Weg stehende – *Missverständnisse* produziert werden.

Diese Zusammenhänge sind im interdisziplinären Rahmen bis heute nicht hinreichend aufgearbeitet und vielfach überhaupt nicht bekannt – wie die in den letzten Jahrzehnten stark *gestiegene* historiographische Magieforschung in Disziplinen wie Ägyptologie, den klassischen Altertumswissenschaften oder auch der Mediävistik illustriert. Insofern ist der interdisziplinäre akademische Magiediskurs momentan weit davon entfernt, ethnozentrische Forschungsentwürfe überwunden zu haben. Klassi-

---

117 Vgl. exemplarisch etwa die Quellenauswahl bei Hans-W. Fischer-Elfert, *Altägyptische Zaubersprüche. Eingeleitet, übersetzt und kommentiert von Hans-W. Fischer-Elfert. Mit Beiträgen von Tonio Sebastian Richter*, [Reclam Universal-Bibliothek; 18375], Stuttgart 2005. Problematisch ist eben – wie in vergleichbaren Sammlungen zur vermeintlich homogenen Quellengattung *Zaubertexte* – die Unmöglichkeit der Abgrenzung solcher Quellenkorpora von *religiösen* (oder im alten Ägypten auch in einem quasi-medizinischen Kontext stehenden) Texten desselben Kulturraums. Zur ägyptologischen Debatte auch unten, Kap. 9.2.4.1.
118 Vgl. Ahn, „Eurozentrismen...", 55f.
119 Vgl. Ahn, „Eurozentrismen...", 55: „Hierbei handelt es sich vielmehr um implizite Vorverständnisse, die selbst bereits auf komplexen, das Forschungsinteresse leitenden Denkvorgaben und Interpretationsmustern fußen und die die wissenschaftlichen Erkenntnisprozesse dadurch behindern, daß sie das Spektrum möglicher Fragestellungen auf mitunter irreführende Perspektiven oder Alternativen eingrenzen."

sche Definitionen werden heute zwar kaum noch aufgegriffen; durch unbewusste oder implizite Vorverständnisse (zumal bei Forschern, die mittlerweile – und das ganz bewusst! – *ohne* Definitionen arbeiten)[120] werden ethnozentrische Denkschemata aber fortlaufend tradiert. Gerade angesichts dieser Entwicklung sollte im vorliegenden Teilkapitel die Ethnozentrik des Magiebegriffs möglichst deutlich herausgearbeitet werden. Mit dem Nachweis ihrer theoretischen Unüberwindbarkeit und forschungspraktischen Brisanz ist die (Re-) Konstruktion des *Zerfalls der Kategorie* – im Rahmen der Gegenüberstellung des Magiebegriffs zum *Religionsbegriff* – daher vollendet. Was bleibt, ist die Ethnozentrismus-Problematik vor dem Hintergrund der Opposition *Magie – Wissenschaft* zu rekapitulieren; dies soll im folgenden Kapitel geschehen.

---

120 Vgl. zu dieser fatalen Entwicklung unten, Kap. 5.

4. Der *Zerfall der Kategorie*: *Magie* und *Wissenschaft*

Die wesentlichen Aspekte der oben dargelegten Ethnozentrismus-Problematik wurden im Laufe einer akademischen Debatte der Sechziger und Siebziger Jahre des 20. Jahrhunderts herausgearbeitet, die Hans G. Kippenberg als *sozialwissenschaftliche Kontroverse um das Verstehen fremden Denkens* bezeichnet hat,[1] und die den Magiebegriff vorwiegend im Kontext seiner Gegenüberstellung zum Wissenschaftsbegriff aufgriff und problematisierte. Um die ethnozentrische Gestalt des Magiebegriffs vollständig erfassen zu können, ist diese Debatte im Folgenden ausführlicher zu skizzieren.

Die Kontroverse, an der vorwiegend angelsächsische Sozialwissenschaftler und Philosophen partizipierten, entzündete sich im Wesentlichen an der Frage nach Rationalitätskriterien und Möglichkeiten der interkulturellen Übersetzbarkeit von Wirklichkeitskonzeptionen auf der Grundlage jener Kriterien. Während *Magie* in akademischen Theorien bis dato meist ein als *fehlerhaft* wahrgenommenes Denk- oder Handlungsmodell markiert hatte (welches über evolutionistische oder funktionalistische Interpretationsmuster allenfalls eine dem westlichen Denken untergeordnete Bedeutung zugesprochen bekam), wurde der Begriff nun explizit als Zeuge gegen eine den Blick auf das Fremde vor- und verformende Universalität wissenschaftlicher Terminologien und Theorien aufgerufen.[2] Die Erkenntnis der ethnozentrischen Implikationen des Magiebegriffs lässt sich aus disziplingeschichtlicher Sicht maßgeblich auf Beiträge der Debatte zurückführen.[3] Im Folgenden sollen – nach einem kurzen *Résumé* ihrer religionswissenschaftlichen Vorgeschichte – einige ihrer zentralen Argumentationslinien nachvollzogen werden.

---

1 Vgl. Kippenberg, Luchesi, Magie. *Die sozialwissenschaftliche....*
2 Vgl. auch Kippenberg, "Einleitung: Zur Kontroverse...", 10: "Daß plötzlich sozialwissenschaftliche Theorien vor dem Gegenstand der Magie zur Rechenschaft gezogen werden, ist ein Akt radikaler Neuerung. Lange Zeit hatte gerade die Magie als Paradebeispiel eines falschen Bewußtseins gegolten."
3 Kippenberg hat in oben genanntem Band allerdings nur eine kleine Auswahl ins Deutsche übertragen. Eine größere Auswahl an Beiträgen findet sich vor allem in den beiden Sammelbänden: Bryan R. Wilson (Hg.), *Rationality*, [key concepts in the social sciences], Oxford 1974; Robin Horton, Ruth Finnegan, *Modes of thought: essays on thinking in Western and non-Western societies*, London 1973.

4.1. *Magie* als *falsche Wissenschaft*

Die grundlegende Gegenüberstellung von *Magie* und *Wissenschaft* wurde – wie gesehen – von Tylor und Frazer Ende des 19. Jahrhunderts in den religionswissenschaftlichen Magiediskurs eingeführt. Wesentliches Charakteristikum der damals vorgeschlagenen Opposition von *magischem* und *wissenschaftlichem* Denken bestand im Postulat der *falschen Ideenassoziation* des *Magiers*, der gedankliche Verknüpfungen (bei Frazer repräsentiert durch das *sympathetische* Prinzip) mit realen Wirkungen in der Außenwelt assoziiert beziehungsweise verwechselt. Einer der Ursprünge dieser Gegenüberstellung von richtigem (*wissenschaftlichem*) und falschem, trügerischem (*magischem*) Denken ist im Vernunftideal der europäischen Aufklärung zu verorten, das unter Anderem durch das emanzipatorische Motiv charakterisiert war, die (bürgerliche) Gesellschaft von *religiösen Gewalten* zu befreien.[4] Im Zuge dieser für die europäische Kultur- und Geistesgeschichte so entscheidenden Entwicklung wurde *Magie* aus dem Bereich ernst zu nehmender *Wissenschaft* ausgegrenzt[5] und dem Fundus zurückgebliebenen, irrationalen *Aberglaubens* zugeordnet.[6] Im 19. Jahrhundert hat sich dieses Wertungsmuster durch die europäische Kolonialisation und die volkskundliche Forschung noch vertieft und – wie oben dargelegt – durch die Gegenüberstellung zum aufgeklärten, rationalen Weltbild des Akademikers eine wichtige identitätsstiftende Komponente gehabt. Wenn Frazer im *Goldenen Zweig* schreibt, *Magie* sei ein „unechtes System von Naturgesetzen" und dadurch schlicht „falsche Wissenschaft",[7] und dass die von der *Wissenschaft* aufgestellte Ordnung der *magischen* aufgrund einer „geduldigen und genauen Beobachtung der Phänomene selbst" prinzipiell überlegen sei,[8] knüpft er an dieses spätaufklärerische Denkmuster und ein hieraus gespeistes, lange Zeit (mitunter bis heute) selbstverständliches Überlegenheitsdenken akademischer Wissenschaft an.

---

4   Zu dieser Deutung auch Ebenda, 10/11.
5   Freilich kann das Wirkungslosigkeits- und Scharlatanerieargument als geradezu klassischer Topos der Geschichte des Magiebegriffs aufgefasst und bereits auf die griechische Klassik zurückgeführt werden (vgl. unten, Kap. 6); im Zuge des frühneuzeitlichen *magia-naturalis*-Diskurses kam dem Magiebegriff aber zeitweise eine besondere Wertschätzung im europäischen Gelehrtendiskurs zu – *magia* übernahm hier wesentliche Notationen des *scientia*-Begriffs; hierzu ausführlicher unten, Kap. 10.
6   Vgl. prägnant etwa den von Denis Diderot verfassten Artikel „Magie" im 10. Band (1765) der *Encyclopédie ou Dictionnaire raisonné des sciences, des arts et des métiers* – ausführlicher unten, Kap. 11, Einleitung.
7   Vgl. Frazer, *Der goldene Zweig...*, 16.
8   Ebenda, 1034/35.

Das Theorem der *falschen Ideenassoziation* – beziehungsweise die Annahme einer realiter gegebenen Wirkungslosigkeit von als *magisch* deklarierten Praktiken – findet sich auch bei Durkheim und Malinowski und durchzieht insofern die zentralen theoretischen Positionen des religionswissenschaftlichen Magiediskurses sowie alle daran angelehnten Entwürfe. Es scheint ein lange Zeit unhinterfragter Konsens darüber bestanden zu haben, dass *wissenschaftliches* Denken eine erkenntnistheoretisch fundierte und korrektive Kontrastfolie zu *magischem* Denken darstelle und der intentionale Anspruch von rituellen Handlungen, die man als *magisch* titulierte, illusorisch sei.[9]

4.2. *Mystisches Denken* als Erklärungshilfe

Eben dieses (mitunter implizite) Überlegenheitsdenken und Selbstverständnis westlicher Wissenschaft wurde in der Debatte der Sechziger und Siebziger Jahre vor den Richter gerufen. Der Magiebegriff fungierte dabei als Kristallisationspunkt einer grundlegenden epistemologischen Problematik – der Frage nach objektiven Kriterien für Wahrheitsaussagen – und gleichzeitig als Instrument um die „Relativität unserer Rationalität" sowie vor allem die „wissenschaftliche Borniertheit" der westlichen Forschung deutlich zu machen.[10]

Eine Art archimedischer Dreh- und Angelpunkt der Debatte stellte das Werk *Hexerei, Orakel und Magie bei den Zande* von Edward E. Evans-Pritchard dar. Evans-Pritchard hatte bei seiner ethnographischen Arbeit im anglo-ägyptischen Sudan der dreißiger Jahre – in Anlehnung an Malinowski – konsequent versucht, das Leben der Zande auf der Grundlage ihrer eigenen Unterscheidungen und Begrifflichkeiten zu beschreiben. Er hatte sich dabei insbesondere von zeitgenössischen Theorien abgegrenzt, die das *primitive* Denken und den Glauben an *Magie* dem Denken eines modernen Europäers unterordneten, und die Auffassung entwickelt, dass Menschen in Stammeskulturen auf dieselbe Weise an die von ihrer Kultur übermittel-

---

9 Vgl. hierzu auch Michael Winkelman, „Magic: A Theoretical Reassessment", 37, in: *Current Anthropology 23 (1982)*, 37-65: „the investigation and attempted explanation of magical phenomena have been seriously biased by Western cultural assumptions. Anthropologists have traditionally taken the position that beliefs about magic are empirically untenable and that there can be no such-cause-and-effect relations as they imply. Theories of magic have in general tended to be rationalistic, psychological, or social-functional accounts of magical phenomena. They have rarely accepted these phenomena as reported; consequently, they have failed to consider the possibility that some magical phenomena have the empirical basis claimed by practitioners"; Kippenberg spricht hier – in Anlehnung an Imre Lakatos – auch von *Kernaussagen*, die nicht verifizierbar oder falsifizierbar seien und im wissenschaftlichen Forschungsprozess (meist) nicht in Frage gestellt würden: Kippenberg, „Magie", 86.

10 So Kippenberg, "Magie", 94.

ten Wahrheiten glaubten wie der moderne, westliche Mensch an die Seinen.[11] Dadurch konnte er der in der Religionswissenschaft bis dato verbreiteten Überzeugung der Irrationalität *magischen* Denkens die Spitze nehmen und die Ritualtraditionen der Zande als ein in sich logisches und kohärentes System verstehen und darstellen.[12]

Obwohl Evans-Pritchard wie Malinowski den Evolutionismus und die damit einhergehenden Überlegenheitsansprüche westlichen Denkens verworfen hatte, blieb er dennoch weiterhin davon überzeugt, dass die Zande einem prinzipiell *falschen* Glauben anhingen.[13] Wie Malinowski stand er immer wieder vor der Frage, warum die Zande die Nutzlosigkeit ihres Ritualsystems nicht durchschauten.[14] Für ihn war klar, dass es *Hexerei*, „wie die Zande sie sich vorstellen", offensichtlich nicht geben könne.[15] In einem 1933 erschienenen Aufsatz zur intellektualistischen Position von Tylor und Frazer schreibt er:

> „Es ist wahr, dass die Folgerungen eines Magiers falsch sind – wären sie wahr, dann wären sie nicht magisch, sondern wissenschaftlich [...] Worin der Magier irrt, das ist in der Annahme, dass zwei Dinge eine mystische Verbindung haben, nur weil sie in ein oder mehrerer Hinsicht gleich sind. Tatsächlich ist die Verbindung nicht eine reale Verbindung, sondern eine gedankliche Verknüpfung im Verstand des Magiers".[16]

Evans-Pritchard rezipierte also wie viele Andere seiner Zeit das Theorem der *falschen Ideenassoziation* des *Magiers*; in diesem Zusammenhang bezeichnete er ein Denken, dass vom Glauben an *sympathetische* Wirkungszusam-

---

11 Explizit wendete er sich gegen Lévy-Bruhls Theorem einer anderen Art zu denken: Edward E. Evans-Pritchard, „Lévy-Bruhl's Theory of Primitive Mentality", in: *Bulletin of the Faculty of Arts 2 (1934)*, 1-36. Vg. zu Levi-Bruhl Kippenberg, „Magie", 88-90.
12 Edward E. Evans-Pritchard, *Hexerei, Orakel und Magie bei den Zande*, [Suhrkamp Taschenbuch], Frankfurt a. Main 1988, u.A. 57: „Denn im Rahmen ihrer Kultur ist der Geist der Zande logisch und forschend und besteht auf der Kohärenz seines eigenen Systems."; vgl. auch Ebenda, 63ff, 68f, 225f.
13 Obwohl er im Rahmen seiner Forschungsaufenthalte bei den Zande selbst häufig darauf zurückgriff – und durchaus zufrieden mit den Ergebnissen war. Vgl. Ebenda, 188: „Ich stellte fest, daß man in derartigen Angelegenheiten Vertrauen am besten dadurch gewinnt, daß man genauso wie die Zande handelt und die Urteilssprüche der Orakel so ernst nimmt wie sie. Ich hielt mir immer einen Giftvorrat für den eigenen Gebrauch, und meine Nachbarn und ich regelten unsere Angelegenheiten in Übereinstimmung mit den Entscheidungen der Orakel. Ich darf anmerken, daß ich diese Art, mein Haus und meine Geschäfte zu führen, ebenso befriedigend wie irgendeine andere mir bekannte fand."
14 Vgl. Ebenda, u.A. Ebenda, 42-46, explizit 277f: „Man kann fragen, warum die Zande die Nutzlosigkeit ihrer Magie nicht wahrnehmen. Es wäre leicht, diese Frage sehr ausführlich zu beantworten. Ich werde mich aber darauf beschränken, so kurz wie möglich eine Reihe von Gründen anzudeuten."; die folgende *kurze* Andeutung beinhaltet freilich 22 (!) Erklärungsversuche dieser für Evans-Pritchard offenbaraußerordentlich wichtigen Fragestellung.
15 Ebenda, 60.
16 Evans-Pritchard, "The Intellectualist (English) Interpretation of Magic", 283, hier nach der deutschen Übersetzung von Kippenberg, "Einleitung: Zur Kontroverse...", 32.

4.2. Mystisches Denken als Erklärungshilfe

menhänge geprägt war, als *mystisch*.[17] Wichtig ist hierbei, dass Evans-Pritchard *mystisches* Denken nicht für irrational beziehungsweise unvernünftig hielt: Innerhalb der Prämissen des Weltbildes der Zande, so betont Evans-Pritchard immer wieder, denke und agiere dieser folgerichtig und logisch – [18] lediglich die Prämissen dieses Weltbildes seien falsch. Indem Evans-Pritchard glaubte, dies – also den objektiven Wahrheitsgehalt von Kausalitätsprinzipien – beurteilen zu können, machte er sich in der erkenntnistheoretischen Debatte der Sechziger Jahre angreifbar.

Eines der hierbei am häufigsten besprochenen Prinzipien aus dem Material Evans-Pritchards war die Idee der *doppelten Kausalität* – von den Zande durch die Metapher des *zweiten Speers* ausgedrückt.[19] *Hexerei*, so die grundlegende These Evans-Pritchards, erkläre durch das Prinzip der doppelten Kausalität „unglückliche Ereignisse" und sei im Weltbild der Zande daher allgegenwärtig.[20] Das bekannteste Beispiel für ein solches – durch den *zweiten Speer* hervorgerufenes – Unglück ist das des einstürzenden Getreidespeichers. Bei den Zande komme es häufig vor, dass diese einstürzten, da deren Stützbalken regelmäßig von Termiten zernagt würden. Dennoch säßen aber vor allem im Sommer häufig Personen unter den Speichern, um sich vor der Sonne zu schützen. Kommt nun ein Zande durch einen einstürzenden Speicher zu Schaden, erscheine es nur aus Sicht westlich-wissenschaftlichen Denkens als *zufälliges* Ereignis. Der Zande verfüge – so Evans-Pritchard – in der Denkfigur der *Hexerei* über ein weitreichenderes Erklärungsmuster:

> „Wir haben keine Erklärung dafür, warum die beiden Kausalketten sich zu einem bestimmten Zeitpunkt und an einem bestimmten Ort überschnitten, da es keine Interdependenz zwischen ihnen gibt. Die Philosophie der Zande kann dazu das fehlende Glied liefern. Ein Zande weiß, daß die Stützen von Termiten unterhöhlt waren und daß Leute unter dem Speicher saßen, um der Hitze und dem gleißenden Sonnenlicht zu entgehen. Aber er weiß außerdem, warum diese beiden Ereignisse zur genau gleichen Zeit am gleichen Ort eintraten. Es war eine Folge der Wirkung von Hexerei. Hätte es keine Hexerei gegeben, hätten die Leute unter dem Speicher gesessen, ohne daß er auf sie gefallen wäre;

---

17 Interessant der erkenntnistheoretische Impetus, mit dem Evans-Pritchard diese Bezeichnung füllt: *Mystische* Vorstellungen seien „Denkmuster, die den Erscheinungen übersinnliche Eigenschaften zuschreiben, die insgesamt oder teilweise nicht aus der Beobachtung abgeleitet werden oder logisch daraus gefolgert werden können und die sie nicht besitzen."; Evans-Pritchard, *Hexerei*..., 310.

18 Vgl. Ebenda, 225: „Das Verhalten der Zande ist, obgleich rituell, folgerichtig, und die Gründe, die sie für ihr Verhalten angeben, sind logisch, auch wenn sie mystisch sind."

19 Vgl. Ebenda, 69: „Im Denken der Zande ist die Vorstellung von natürlicher und von mystischer Verursachung ganz klar ausgedrückt, indem eine Jagdmetapher benutzt wird, um ihre Beziehung zu definieren. Die Zande sagen von Hexerei immer, daß sie der umbaga oder zweite Speer sei. [...] Wenn ein Mann von einem Elefanten getötet wird, sagen die Zande daher, daß der Elefant der erste Speer und Hexerei der zweite Speer sei, und daß sie gemeinsam den mann getötet haben."

20 Ebenda, 60ff.

oder er wäre eingestürzt, ohne daß sich jemand zu diesem Zeitpunkt darunter befunden hätte. Hexerei erklärt die Koinzidenz dieser beiden Ereignisse."[21]

Der Glaube an *Hexerei* kennzeichnet für Evans-Pritchard daher *mystisches* Denken, da der Zande gedanklich über das direkt Beobachtbare hinaus gehe, und den äußeren Ereignissen zusätzlich *übersinnliche* Eigenschaften zuschreibe. Der Zande lebe daher in keiner anderen, entrückten, prinzipiell verborgenen Welt. Er sehe – so Evans-Pritchard – dasselbe wie ein Europäer;[22] entscheidend sei, dass er das beobachtete Geschehen anders *interpretiere*. Wichtig ist das erkenntnistheoretische Privileg, das sich aus dieser Setzung für die Wissenschaft und insbesondere den kulturwissenschaftlich arbeitenden Ethnologen ergibt: wissenschaftliches Denken wird zum Maßstab, an dem eine Glaubensvorstellung geprüft und im Rahmen der von Evans-Pritchard verwendeten Kategorien eingeordnet werden kann: „Der Bestand unseres wissenschaftlichen Wissens und die Logik sind die einzigen Instanzen, die darüber entscheiden, welche Vorstellung mystisch, welche Common-Sense und welche wissenschaftlich ist".[23]

Im Rahmen dieses grundlegenden theoretischen Ansatzes erklärt Evans-Pritchard schrittweise die Zande-Systematik von (dem Vorwurf der) *Hexerei*, dem darauf folgenden Orakel zur Eruierung des *Hexers* (das vorwiegend durch Verabreichung einer Substanz namens *benge* an ein Huhn durchgeführt wird), und der etwaigen Durchführung eines kompensatorischen Rituals, welches den *Hexerei*-Angriff abwehren oder rächen solle. Interessant ist die Unterscheidung, die Evans-Pritchard – in Anlehnung an die Terminologie der Zande – bezüglich der Begriffe *Hexerei*, *Magie* und *Zauberei* trifft: *Hexerei* (bei den Zande: *Mangu*) sei prinzipiell an eine materielle, dem Körper inne wohnende Substanz geknüpft, welche schädliche Wirkungen hinsichtlich Gesundheit und Besitz *behexter* Personen evozieren könne; diese schädliche Wirkung deuteten die Zande auch als *Ausstrahlung* der *Hexerei*-Substanz. *Hexer/Hexen* könnten also nur solche sein, die *Mangu*

---

21 Ebenda, 65/66.
22 Vgl. Ebenda, 67/68: „Ein Zande nimmt [Ereignisse] genauso wahr wie wir, wie sie geschehen. Er sieht nicht einen Hexer, der einen Menschen angreift, sondern einen Elefanten. Er sieht nicht einen Hexer, der einen Getreidespeicher umstürzt, sondern Termiten, die dessen Stützen zernagen. Er sieht nicht eine Seelen-Flamme, die ein Strohdach in Brand steckt, sondern ein gewöhnliches brennendes Strohbündel. Seine Wahrnehmung dessen, wie Ereignisse ablaufen, ist ebenso klar wie unsere."
23 Ebenda, 311. *Common-Sense*-Vorstellungen sind für Evans-Pritchard „Denkmuster, die den Erscheinungen nur das zuschreiben, was die Menschen daran beobachten oder was logisch aus der Beobachtung abgeleitet werden kann. Solange eine Vorstellung nicht etwas behauptet, was nicht beobachtet worden ist, wird sie nicht als mystisch klassifiziert, selbst wenn sie infolge unzureichender Beobachtung falsch ist. Sie unterscheidet sich gleichwohl von mystischen Vorstellungen, bei denen immer übersinnliche Kräfte vorausgesetzt werden" (Ebenda); man mag sich bei solchen Formulierungen nicht von ungefähr an die Charakterisierung ethnozentrischen Denkens aus dem vorigen Kapitel erinnert fühlen.

im Körper tragen – das Vorhandensein der Substanz könne folglich nur mittels Leichenöffnung oder durch das Giftorakel festgestellt werden. *Magie* (Zande: *Ngua*) beschreibt Evans-Pritchard wiederum als eine Technik, deren Zweck durch den ritualisierten und von Sprechformeln (*Sima*) begleiteten Gebrauch bestimmter – meist pflanzlicher – Mittel erreicht werde. *Magie* sei also nicht an die *Hexerei*-Substanz gebunden, und könne – bei Kenntnis des Rituals und der nötigen Mittel – von jedem durchgeführt werden; meist werde hierzu aber ein etablierter *Magier* (*Boro ngua*) aufgesucht. *Magie* werde häufig zudem als (*quasi-medizinische*) Heilkunst ausgeübt. Den Begriff *Zauberei* verwendet Evans-Pritchard zur Bezeichnung von *schwarzer Magie* (*Gbegbere ngua*), also Ritualpraktiken, die bei den Zande als verboten und unmoralisch galten.[24]

Das Leben und der Alltag der Zande sei – so Evans-Pritchard – von *Hexerei, Orakel und Magie* durchzogen, *Hexerei* als individuelles und kollektives Erklärungsmuster für viele Ereignisse gleichsam allgegenwärtig. Evans-Pritchards Feldforschungsbericht ist trotz der Fremdartigkeit, die ein solches Denken für einen westlichen Ethnologen der Dreißiger Jahre gehabt haben mag, durch den konsequenten Versuch gekennzeichnet, das Leben der Zande anhand ihrer eigenen Denkweise und Begrifflichkeit, also *von innen her* darzustellen und verständlich zu machen – ein Vorgehen, das als wichtiger Fortschritt für die ethnologische Feldforschungsmethode gewertet wurde.[25] Es erscheint gleichsam als zentrales Anliegen der Arbeit, dem westlichen Leser deutlich machen, dass die Zande trotz ihrer vom Glauben an *Hexerei* geprägten Weltanschauung insgesamt vernünftig denken und handeln würden. Nur die Prämissen ihres Denkens, etwa die Vorstellung, dass es *Hexerei*-Substanzen oder die antizipierten Wirkungen der verwendeten Ritualmittel gebe, seien falsch.

4.3. Das Problem der *Attribution von Rationalität*

Aufgrund der wissenschaftstheoretischen Weiterentwicklungen des 20. Jahrhunderts schien in den 1960er Jahren insbesondere unter Philosophen und Sozialwissenschaftlern die allgemeine Skepsis bezüglich ontologischer Aussagen so weit fortgeschritten, dass die Überzeugungen und Postulate Evans-Pritchards nicht mehr ohne Weiteres hingenommen werden konnten.[26] Die Kritik des britischen Philosophen Peter Winch eignet sich aufgrund ihrer besonderen Prägnanz dazu, die Radikalität des Umdenkens in

---

24 Insgesamt Ebenda, 307/08.
25 Vgl. Kippenberg, „Einleitung: Zur Kontroverse...", 38.
26 Hans G. Kippenberg ordnet die Debatte insofern vor dem Hintergrund einer zunehmenden Ablösung der erkenntnistheoretischen Position des *induktiven Empirismus* vom sich verbreitenden *kritischen Rationalismus* ein. Vgl. Kippenberg, „Magie", 94.

den Sozialwissenschaften der Sechziger Jahre zu verdeutlichen. Winch hatte bereits 1958 die inhaltlich bahnbrechende, wirkungsgeschichtlich bis heute aber nicht all zu bedeutende Arbeit *Die Idee der Sozialwissenschaften und ihr Verhältnis zur Philosophie* publiziert[27] und sich in den folgenden Jahren mit den philosophischen und erkenntnistheoretischen Facetten des ethnologischen Magiediskurses auseinander gesetzt; seine wichtigsten Gedanken hierzu hielt er in dem 1964 veröffentlichten Aufsatz „Understanding a primitive society" fest,[28] dessen wesentliche Argumentationslinien im Folgenden skizziert seien.

In seinem Aufsatz stellt Winch den von Evans-Pritchard propagierten Überlegenheitsanspruch westlicher Wissenschaft grundlegend in Frage. Dieser basiere auf der Überzeugung, dass wissenschaftliches Denken und Handeln als „echtes Verbindungsglied" zu einer davon unabhängigen Wirklichkeit – etwa im Gegensatz zu *magischem* Denken und Handeln – fungieren könne.[29] Dadurch werde ein Wirklichkeitsverständnis generiert, das nicht an einen sprachlich-kulturellen Kontext zurückgebunden sei, sondern die Möglichkeit beinhalte, Aussagen an einem tatsächlichen und objektivierbaren Realitätsbezug zu prüfen – für Winch eine verfehlte Vorstellung. Die von Evans-Pritchard getroffenen Unterscheidungen von *mystischem* und *wissenschaftlichem* Denken, analog von *rituellem* und *empirischem* Verhalten[30] implizierten vielmehr *metaphysische Annahmen* als funktionale Definitionen bestimmter Begriffe.[31]

Die impliziten Wahrheitsansprüche *wissenschaftlicher* und *magischer* Systeme verlagert Winch in Anlehnung an die Wittgensteinsche Sprachphi-

---

27 Peter Winch, *Die Idee der Sozialwissenschaft und ihr Verhältnis zur Philosophie*, [Suhrkamp-Taschenbücher Wissenschaft; 95], Frankfurt a. Main 1974.

28 Ursprüngliche Fassung: Peter Winch, „Understanding a primitive society", in: *American Philosophical Quarterly 1 (1964)*, 307-24. Im Folgenden wird mit der bei Kippenberg/Luchesi abgedruckten deutschen Übersetzung gearbeitet: Peter Winch, „Was heißt ‚eine primitive Gesellschaft verstehen'?", in: Kippenberg/Luchesi, *Magie. Die sozialwissenschaftliche...*, 73-119.

29 Vgl. Ebenda, 79: „Was Evans-Pritchard gerne nachweisen würde, ist, daß die bei wissenschaftlichen Experimenten angewandten Kriterien im Gegensatz zu den für andere Denksysteme – vor allem für magische Denkmethoden – charakteristischen Kriterien ein echtes Verbindungsglied zwischen unseren Ideen und einer unabhängigen Wirklichkeit darstellen."

30 Man beachte in diesem Zusammenhang den ontologischen Impetus, den Evans-Pritchard in die Definition rituellen Verhaltens einfließen lässt: „RITUELLES VERHALTEN: Jedes Verhalten, das durch mystische Vorstellungen erklärt wird. Es besteht kein objektiver Zusammenhang zwischen dem Verhalten und dem Ereignis, das bewirkt werden soll. Ein solches Verhalten ist für uns gewöhnlich nur dann verständlich, wenn wir die damit verbundenen mystischen Vorstellungen kennen"; Evans-Pritchard, *Hexerei...*, 311; Schriftsetzung Evans-Pritchard.

31 Winch, „Was heißt...", 83: „In diesen Definitionen stecken metaphysische Annahmen [...] Ganz offensichtlich wird unterstellt, daß diejenigen, die mystische Vorstellungen verwenden und rituelle Praktiken verfolgen, eine bestimmte Art von Fehlern machen, die mit Hilfe der Wissenschaft und der Logik herausgefunden werden können."

4.3. Das Problem der Attribution von Rationalität 119

losophie stattdessen auf die Ebene von Sprachspielen, wodurch die Attribute solcher Wirklichkeitskonzeptionen – insbesondere daran orientierte Kriterien der Rationalität, der Kausalität und der logischen Kohärenz – jeweils kultur- und kontextabhängig zu sehen und letztlich sprachlich determiniert seien: „Wirklichkeit ist nicht etwas, das der Sprache Sinn gibt. Was wirklich und was unwirklich ist, zeigt sich in dem Sinn, den die Sprache hat."[32] Dadurch rückt für Winch die Überprüfung und Bewertung von Ideen und Handlungen anhand bestimmter, von der westlichen Wissenschaft festgelegter Merkmale im Rahmen interkultureller Forschung in den Hintergrund; wichtiger wird die Vermittlung zwischen prinzipiell als gleichwertig und gleichberechtigt anzusehenden – kulturgebundenen – Wirklichkeitskonzeptionen, die jeweils über sprachliche Diskurse festgelegt und dadurch einander möglicherweise nur begrenzt vermittelbar seien.

Aus dieser Perspektive konzentriert Winch seine Kritik am methodologischen Ansatz Evans-Pritchards vor allem auf die Frage nach der *Attribution von Rationalität*: „Welche Kriterien haben wir, um sagen zu können, daß etwas sinnvoll ist oder nicht? Eine Teilantwort wäre: ein System von Glaubensansichten und Praktiken kann nicht sinnvoll sein, wenn darin Widersprüche enthalten sind".[33] In diesem Zusammenhang untersucht er zwei Widersprüche, die Evans-Pritchard beim Giftorakel der Zande ausgemacht hatte: „Zum einen können zwei Orakelsprüche einander widersprechen; zum anderen kann ein konsistenter Orakelspruch mit einer zukünftigen Erfahrung in Widerspruch geraten".[34] Er kommt zu dem Ergebnis, dass diese Ereignisse nur dem westlichen Denken als Widerspruch erschienen. Der Zande verfüge über eine Vielzahl von alternativen Erklärungsmöglichkeiten, wenn das Giftorakel keine eindeutigen Antworten liefere:

„Die Möglichkeiten dazu – diese Feststellung ist wichtig – sind im Gesamtsystem des Zande-Glaubens enthalten und können deshalb als dem Vorstellungssystem des Orakels zugehörig betrachtet werden. So könnte zum Beispiel angeführt werden, daß schlechtes *benge* verwendet worden sei; daß der Orakelbefrager rituell unrein gewesen sei oder daß das Orakel selber durch Hexerei oder Zauberei beeinflußt worden sei; es könnte auch sein, daß das Orakel auf diese Weise anzeigt, daß die Frage in der vorliegenden Form nicht direkt beantwortet werden kann".[35]

Evans-Pritchard habe – so Winchs aufschlussreiche Konklusion – aufgrund verinnerlichter westlich-wissenschaftlicher Rationalitätsvorstellungen bestimmte Aspekte des Denkens und Handelns der Zande als widersprüchlich empfunden, die im Kontext der Rationalitätsvorstellungen der Zande vollkommen sinnvoll und kohärent waren. Bei diesen hatte sein irritiertes Nachfragen daher weder zu besonderem Aufmerken noch zu einem gene-

---

32 Ebenda, 78.
33 Ebenda, 86.
34 Ebenda.
35 Ebenda; Kursivsetzung hier und im Folgenden Winch.

rellen Infragestellen ihres Deutungssystems geführt. Evans-Pritchard hatte sich diesen Umstand noch mit den Worten erklärt, dass die Zande „sich des Widerspruchs nicht in der Weise gewahr [werden] wie wir, weil sie kein theoretisches Interesse an dem Gegenstand haben und weil die Situationen, in denen sie ihren Glauben an Hexerei zum Ausdruck bringen, ihnen das Problem nicht aufnötigen".[36] Während auch andere Autoren dazu tendierten, das Problem der *Blockade von Falsifikation* darauf zurückzuführen, dass die Weltsicht der Zande durch einen weniger kritischen Umgang mit Wirklichkeitsdeutungen und möglichen Deutungsalternativen charakterisiert sei,[37] geht Winch hier noch einen Reflektionsschritt weiter. Er führt das Empfinden und Konstatieren jenes Widerspruchs selbst auf einen ethnozentrischen Fragehorizont zurück:

> „Das deutet stark darauf hin, daß der Kontext, dem der Hinweis auf den genannten Widerspruch entstammt – der Kontext unserer wissenschaftlichen Kultur –, nicht auf derselben Ebene liegt wie der Kontext, in dem der Glaube an die Hexerei wirksam ist. Die Vorstellungen der Zande über die Hexerei bilden kein theoretisches System, mit dem die Zande ein quasi-wissenschaftliches Verstehen der Welt zu erreichen versuchen. Dies deutet wiederum darauf hin, daß die Schuld für das Mißverstehen nicht bei den Zande, sondern bei den Europäern liegt, die darauf aus sind, das Zande-Denken in eine Richtung zu treiben, in die es sich normalerweise nicht bewegen würde: zu einem Widerspruch."[38]

Winch wirft Evans-Pritchard vor, das Denken der Zande nicht nur darzulegen und dem westlichen Denken gegenüber zu stellen, sondern anhand von Kriterien zu überprüfen und zu bewerten, die in der Kultur der Zande selbst nicht verankert seien.[39] Dadurch würden westliche Vorstellungen von Rationalität, Kausalität und Logik zum Maßstab, an dem das Wirklichkeitsverständnis der Zande gemessen werde – für Winch ein *Kategorienfehler*, der das Verstehen des Fremden prinzipiell verhindere.[40] Der Philosoph kommt zu dem entscheidenden Fazit, dass man die Rationalität fremdkultureller Vorstellungen und Handlungen nicht anhand eigenkultureller Rationalitätsvorstellungen überprüfen könne: „Rational erscheinen kann

---

36   Evans-Pritchard, *Hexerei...*, 42/43.
37   Vgl. Kippenberg, „Magie", 94/95: „Wenn eine kritische Tradition fehlt, die systematisch nach Alternativen zu akzeptierten Erklärungen Ausschau hält, werden Konzepte nur in seltenen Fällen nicht [sic!] falsifiziert werden."; Kippenberg bezieht sich hier unter Anderem auf die Position Hortons: Robin Horton, „African Traditional Thought and Western Science", in: *Africa 37 (1967)*, 50-71 („Part I. From Tradition to Science") und 155-187 („Part II. The 'closed' and 'open' predicaments").
38   Winch, „Was heißt...", 94.
39   Vgl. Ebenda, 90/91: „Evans-Pritchard gibt sich aber nicht mit der Klärung der Unterschiede zwischen den beiden zu jenen Sprachen gehörenden Realitätsauffassungen zufrieden; er möchte weiter gehen und sagen: unsere Auffassung der Wirklichkeit ist die richtige, die der Zande ist falsch."
40   Ebenda, 94. Allerdings hat Evans-Pritchard den ganzen Zusammenhang durchaus differenzierter und wertfreier dargestellt, als Winch hier suggeriert; vgl. Evans-Pritchard, *Hexerei...*, 211-31 (Kapitel 9: „Die Problematik des Giftorakels").

jemandem etwas nur im Sinn *seines* Verständnisses davon, was rational ist und was nicht. Unterscheidet sich *unser* Rationalitätsbegriff von seinem, dann ist es sinnlos, zu sagen, etwas erscheine *ihm* in *unserem* Sinn rational oder nicht" –[41] eine Einschätzung, die schließlich auch von anderen Autoren wie Ian C. Jarvie und Josef Agassi sowie John D. Y. Peel aufgegriffen und weiter ausgearbeitet wurde.[42]

Aus dem Gesagten wird ersichtlich, dass Peter Winch die Ethnozentrismus-Problematik im Kontext der Gegenüberstellung von *Magie* und *Wissenschaft* grundlegend erkannt und problematisiert hat – ohne dass der Terminus bis dato die Methodendiskussion der Kulturwissenschaften geprägt hätte. In aller Deutlichkeit legte er bereits 1964 die Interdependenz von Fremdwahrnehmung und eigenkulturellen Vorverständnissen dar,[43] und stellte die entscheidende Frage nach dem Bezugspunkt des Fremdverstehens. Hierbei wies er insbesondere darauf hin, dass der Versuch, das Weltbild der Zande im Kontext westlicher Vorstellungen von *Magie* zu untersuchen, nicht funktionieren könne:

„Vorstellungen von Hexerei und Magie sind in unserer Kultur – zumindest seit dem Aufkommen des Christentums – parasitäre Perversionen anderer, orthodoxer Vorstellungen sowohl religiöser als auch, in zunehmendem Maße, wissenschaftlicher Art. [...] Wenn wir im Zusammenhang mit den angeführten Praktiken von 'abergläubisch', 'illusorisch' oder 'irrational' reden, haben wir das ganze Gewicht unserer Kultur hinter uns. [...] Es ist offensichtlich, daß unsere Beziehung zur Magie der Zande ganz anderer Art ist. Wenn wir sie untersuchen wollen, müssen wir den Bezugspunkt anderswo suchen."[44]

Wenngleich Winch bei der Suche nach einem Bezugspunkt, der frei von westlichen Vorverständnissen wäre, im zweiten Teil des Aufsatzes eher vage bleibt,[45] kann sein Beitrag als geradezu visionär für die Debatte des Fremdverstehens eingestuft werden. Entscheidend ist – und hierzu trug Winchs Argumentation wesentlich bei –, dass im Zuge der Debatte die

---

41   Winch, „Was heißt...", 99.
42   Vgl. Ian C. Jarvie, Josef Agassi, „Das Problem der Rationalität von Magie", in: Kippenberg/Luchesi, *Magie. Die sozialwissenschaftliche...*, 120-149; John D. Y. Peel, „Was heißt 'fremde Glaubenssysteme verstehen'?", in: Kippenberg/Luchesi, *Magie. Die sozialwissenschaftliche...*, 150-173.
43   Vgl. auch Winch, „Was heißt...", 74: „Ein Anthropologe, der ein solches Volk untersucht, möchte diesen Glauben und diese Bräuche sich und seinen Lesern verständlich machen. Das heißt, er gibt eine Darstellung von ihnen, die den Rationalitätskriterien jener Kultur, der er und seine Leser angehören, irgendwie genügt: einer Kultur, deren Rationalitätsauffassung stark von den Errungenschaften und Methoden der Wissenschaft beeinflußt ist und die solche Dinge wie den Glauben an Magie und den Brauch, Orakel zu befragen, schon fast als ein Paradigma des Irrationalen begreift."
44   Ebenda, 81/82.
45   Er beruft sich unter Anderem auf den italienischen Renaissance-Philosophen Giambattista Vico und die Vorstellung anthropologischer Konstanten, von Winch als „Limitationsvorstellungen" bezeichnet; Vgl. Ebenda, v.a. 111-19.

erkenntnistheoretische Fragwürdigkeit, die dem Magiebegriff in seiner Opposition zum Wissenschaftsbegriff immer anhaftete, überhaupt erst deutlich geworden ist. Eine der wesentlichen Einsichten, die sich hieraus ergab, war, dass der Magiebegriff im akademischen Diskurs häufig gerade dann zur Bezeichnung fremdkulturellen Denkens und Handelns verwendet wurde, wenn dieses – ausgehend von westlichen Rationalitätsvorstellungen – nicht *verstanden* wurde.

4.4. Das Problem der *symbolischen Handlungsrationalität*

Ergänzend hierzu kann der 1961 von Jack Goody veröffentlichte Aufsatz „Religion and Ritual: The Definitional Problem"[46] herangezogen werden. Während Winch sich vor allem mit der Rationalität fremdkulturellen *Denkens* auseinandergesetzt hatte, konzentrierte sich Goody hier auf die interkulturelle Analyse und Klassifikation rituellen *Handelns*. In Anlehnung an die von Talcott Parsons getroffene Unterscheidung einer *intrinsischen* (*profanen*) und einer *symbolischen* (*sakralen*) Mittel-Zweck-Beziehung – typischerweise charakterisiert durch *Wissenschaft* auf der einen und *Religion* auf der anderen Seite –[47] macht Goody deutlich, dass die Zusprechung einer *symbolischen* Handlungsrationalität nicht selten ein Zugeständnis des wissenschaftlichen Beobachters darstelle, das jeweilige Handeln nicht im Rahmen bekannter intrinsischer Mittel-Zweck-Beziehungen identifizieren zu können:

> „While in the light of the essentially external character of the dichotomy, the attribution of a 'symbolic' or 'expressive' element to ritual or religious (i.e. 'non-rational') behaviour often turned out to be no more than a way of announcing that the observer is unable to make sense of an action in terms of an intrinsic means-end relationship, a 'rational' cause and effect nexus, and has therefore to assume that the action in question stands for something other than it appears to; in other words, that it expresses or is symbolic of something else. But what is that something else? This is where the recognition of the external character of the sacred-profane, supernatural-natural dichotomy becomes important. For it points to the fact that the referent of the symbol is supplied by the observer, not the actor."[48]

Entscheidend ist hierbei die Schlusspointe: die Zuschreibung der Bedeutung von menschlichen Handlungen gehe in der interkulturellen Forschung typischerweise vom wissenschaftlichen Beobachter aus, nicht vom Akteur. Goodys Analyse ist insbesondere als Kritik am kulturwissenschaft-

---

46 Jack Goody, „Religion and Ritual: The definitional Problem", in: *British Journal of Sociology* 12 (1961), 142-164.
47 Vgl. Talcott Parsons, *The Structure of Social Action. A study in social theory with special reference to a group of recent European writers*, Glencoe ²1949, u.A. 429ff.
48 Goody, „Religion and Ritual:...", 156.

4.4. Das Problem der symbolischen Handlungsrationalität

lichen Umgang mit dem Ritualbegriff und – als Teilaspekt – dem Magiebegriff zu verstehen. Nach einem Rückblick auf die Forschungsansätze Malinowskis und Evans-Pritchards kommt er diesbezüglich zu dem Schluss, dass in der ethnologischen Forschung häufig der Fehler gemacht werde, den Handlungen der beobachteten Akteure einen Sinn zuzuschreiben, der auf Vorstellungen von sinnvollen Handlungen basiere, die *nur* in der Kultur des Wissenschaftlers existierten. Für den westlichen Beobachter blieben bestimmte Formen fremdkulturellen (rituellen) Handelns eben dann unverständlich, wenn er diese nicht im Kontext einer bekannten und dadurch nachvollziehbaren Mittel-Zweck-Beziehung einordnen kann (hier spielt die Heimatkultur des Betrachters also eine entscheidende Rolle). Um solche Handlungen dennoch erklären zu können, müsse er deren Bedeutung auf eine symbolische Ebene verlagern. Genau diese Bedeutungsverlagerung leiste – so Goody – die Adaption eines symboltheoretischen Ritualbeziehungsweise Magiebegriffs: "What happens, then, is that symbolic acts are defined in opposition to rational acts and constitute a residual category to which 'meaning' is assigned by the observer in order to make sense of otherwise irrational, pseudo-rational or non-rational behaviour."[49]

Betrachtet man vor diesem Hintergrund den Erklärungsgehalt der religionswissenschaftlichen Magietheorien – die von Frazer beschriebenen *Magier* folgten ihrem Bedürfnis, natürliche Ereignisse erklären und kontrollieren zu können; die *mimetischen* Rituale der von Durkheim untersuchten australischen Stämme dienten der Stabilisierung der Gemeinschaft; die *Magie* der Trobriand helfe bei der emotionalen Verarbeitung von Gefahrensituationen; *Hexerei* erkläre (bei den Zande) unglückliche Ereignisse; *magische* Rituale stellten häufig gesellschaftlich verankerte Ventile zur Regelung interindividueller Konflikte dar (so eine häufige, an Evans-Pritchard angelehnte These, die sich auch noch im rezenten ethnologischen Diskurs findet) – zeigt sich, dass all diese Deutungen Versuche westlicher Wissenschaftler darstellen, einem Handeln, das ihnen sinn- und wirkungslos erscheint, dennoch eine (eben funktional verlagerte) Bedeutung zuzuschreiben. Die Verwendung des Magiebegriffs ermöglichte es, zahlreiche Befunde solcher unverständlicher Handlungen einheitlich zu titulieren, zu erklären und dem eigenen Denken (und Handeln) qualitativ unterzuordnen. Alle bisher besprochenen evolutionistischen, intellektualistischen, symbolistischen oder funktionalistischen Magietheorien sind daher selbst erst als Produkt ethnozentrischen Denkens anzusehen; nur das Absprechen von Rationalität – sei es auf der Ebene kulturell tradierter Glaubensvorstellungen oder ritueller Praktiken – machte eine solchermaßen verlagerte Deutung ritueller Handlungen überhaupt notwendig.

---

49 Vgl. Goody, „Religion and Ritual:...", 157.

4.5. Weiterführende Überlegungen

Nimmt man die Kritiken von Winch und Goody ernst, muss man zu dem Schluss kommen, dass die Ethnozentrismus-Problematik auch im Rahmen der terminologischen Gegenüberstellung von *Magie* und *Wissenschaft* eine kaum zu überwindende Hürde darstellt. Wenn *Magie* als eine Art Pauschalkategorie für fremdkulturelle Denk- und Handlungsmuster fungiert, die aus Sicht westlich-wissenschaftlicher Rationalitäts- und Kausalitätsvorstellungen als irrational oder fehlerhaft erscheinen, wird zum einen ein künstlicher Gegenstand geschaffen, der in dieser Form von den Akteuren selbst nicht wahrgenommen wird; zum anderen wird der innere Sinn zahlreicher fremdkultureller ritueller Handlungen durch das pauschale Klassifikationsmuster *Magie* tendenziell verstellt oder zumindest kaum verständlicher gemacht. Die Methoden und Strategien westlicher Wissenschaft sind in der interkulturellen – auch und gerade der ethnologischen – Forschung lange Zeit als legitime, korrektive Kontrastfolie zu als *magisch* titulierten Denk- und Handlungsformen empfunden worden.[50] Im Zuge der Rationalitätsdebatte ist deutlich geworden– dies ist eines ihrer wesentlichen Ergebnisse –, dass diese Gegenüberstellung nicht stringent begründbar ist, sondern *selbst* nurmehr das Resultat eines Ethnozentrismus darstellt.

So lässt sich das Fazit ziehen, dass auch definitorische Fassungen des Magiebegriffs, die in Abgrenzung zu einem idealisierten Rationalitäts- und Wissenschaftsverständnis her konstituiert sind, als ethnozentrische, im interkulturellen Kontext verzerrende Konstrukte eingeordnet und verworfen werden müssen. Sie ermöglichen keine wertfreie, erkenntnisgenerierende Forschung, sondern tradieren Denkmuster, die – wie gesehen – aus den Anfangszeiten des religionswissenschaftlichen Diskurses im ausgehenden 19. Jahrhundert stammen, und in Kolonialismus, Phantasien grenzenloser Naturbeherrschung und kulturellen Überlegenheitsgefühlen ihren intentionalen Ursprung haben. Hier dienten sie – um mit Randall Styers zu sprechen – als „potent tool for the self-fashioning of modernity".[51] Heute – mittlerweile ist (anscheinend) die *Moderne* der *Postmoderne*, der *Kolonialismus* den *postcolonial studies* gewichen – sollten sie als Relikte der Vergangenheit, nicht aber als ernst zu nehmende wissenschaftliche Optionen angesehen werden.

Hans G. Kippenberg spricht insofern etwas optimistisch davon, dass im Zuge der Rationalitätsdebatte zu einem „Generalangriff auf die Katego-

---

50 Hier spielen freilich auch Gewohnheitseffekte eine Rolle – vgl. Winch, „Was heißt...", 77: „Das Problem liegt darin, daß die Faszination, welche die Wissenschaft auf uns ausübt, uns dazu verführt, die naturwissenschaftliche Form dieser Überprüfung [einer unabhängigen Realität; d. Verf.] als Maßstab für die intellektuelle Respektabilität anderer Argumentationsweisen aufzufassen."
51 Styers, *Making Magic...*, 224.

4.5. Weiterführende Überlegungen

rie Magie geblasen" worden sei.[52] In der Tat forderte John D. Y. Peel in seinem an Winch angelehnten Aufsatz „Was heißt ‚fremde Glaubenssysteme verstehen'?" (1969), den Magiebegriff ganz aus dem soziologischen Vokabular zu streichen.[53] Dieselbe Forderung stellte 1972 David Pocock in seinem Vorwort zu einer englischen Neuauflage des Klassikers *A general Theory of Magic* von Henri Hubert und Marcel Mauss.[54] Zuvor war bereits Edward E. Evans-Pritchard höchstpersönlich – in seiner 1965 veröffentlichten Monographie *Theories of Primitive Religion* – mit den bestehenden Magietheorien ins Gericht gegangen und hatte sich kritisch gegenüber der Möglichkeit einer substanziellen Definition von *Magie* gezeigt.[55] Zusätzlich gerieten nun die häufig unbewusst wirkenden Voraussetzungen in den Blick, aufgrund derer man Handlungen als *magisch* eingestuft hatte – prinzipiell war eine solche Einstufung ja aufgrund bestimmter visueller oder auch literarischer Merkmale und der impliziten Annahme besimmter Denkmuster, Motive und Intentionen bei den Handelnden verbunden gewesen.[56] Jenes Vorgehen wurde nun unter Anderem aufgrund seiner methodologischen Unzugänglichkeit problematisiert.[57] Auch lange Zeit wie selbstverständlich gehandhabte Unterkategorien von *Magie*, wie etwa die Idee des *Bildzaubers*, wurden in der Folgezeit als die Quellen vereinfachende und verzerrende Fehlbilder eingeschätzt.[58]

---

52   Kippenberg, "Magie", 94.
53   Vgl. Peel, „Was heißt ‚fremde Glaubenssysteme verstehen'?", 172: „Vom soziologischen Standpunkt aus ist eigentlich kein Verhalten irrational, da derjenige der von 'irrationalem' Verhalten spricht, nicht als Soziologe spricht, der hier ausnahmsweise versucht, sich im Hinblick auf andere wertende und kognitive Standpunkte neutral zu verhalten, sondern als Parteigänger einer bestimmten gesellschaftlichen Auffassung oder als 'Publizist, als polemischer Tagesschriftsteller'. Ich hielte es für das beste, wenn wir die Bezeichnung 'Magie' vollkommen aus unserem soziologischen Vokabular streichen würden." Vgl. in expliziter Anlehnung daran auch Barry Barnes, „Glaubenssysteme im Vergleich: falsche Anschauungen oder Anomalien?", in: Kippenberg/Luchesi, Magie. *Die sozialwissenschaftliche...*, 213-234, der nun auch Thomas Kuhns kurz zuvor veröffentlichte Studie *The Structure of Scientific Revolutions* (1970) gegen wissenschaftliche Überlegenheitsgefühle ins Feld führt (Ebenda, 215ff).
54   Vgl. David Pocock, "Foreword", 2, in: Marcel Mauss, *A General Theory of Magic. Translated from the French by Robert Brain*, London 1972, 1-6: "If categorical distinctions of the Western mind are found upon examination to impose distinctions upon and so falsify the intellectual universes of other cultures then they must be discarded, or, as I have put it, dissolved. I believe 'magic' to be one such category and need only cite here by way of evidence the fact that it is perpetually opposed to 'religion' and 'science' in our literature."
55   Vgl. Edward E. Evans-Pritchard, *Theories of Primitive Religion*, Oxford 1965, u.A. 26-42, 110/11.
56   Dazu ausführlicher Gilbert Lewis, "The Look of Magic", in: *Man 21 (1986)*, 414-435.
57   Ebenda, v.a. 416-422.
58   Vgl. hierzu Wolfgang Brückner, „Überlegungen zur Magietheorie. Vom Zauber mit Bildern.", in: Petzoldt, *Magie und Religion...*, 404-420.

Hans G. Kippenberg hat wichtige Beiträge der englischen Debatte 1978 hervorragend ins Deutsche übertragen und kommentiert[59] und hierbei auch einen neueren, bereits maßgeblich vom *linguistic turn* beeinflussten Ansatz Stanley J. Tambiahs angefügt.[60] Tambiah wich in seinem Beitrag gleichwohl – analog zu vergleichbaren sprechakttheoretischen Entwürfen (etwa von Richard Horton und John Skorupski),[61] die sich nicht mehr an einem *atomistischen Erkenntnismodell*,[62] sondern vielmehr an Gestalt und Kontext sprachlicher Ausdrucksformen orientierten – von den zuvor geäußerten Verzichtsforderungen ab und verstand *Magie* nunmehr (wiederum substanziell) als „rhetorical art".[63] Die grundlegende Problematik idealtypischer Definitionen und substanzialistischer Begriffe – also deren Unvereinbarkeit mit anderen Definitionen; deren prinzipielle Falsifizierbarkeit; deren ethnozentrischer Charakter – blieb daher auch bei allen sprechakttheoretischen Entwürfen, die weiterhin mit einem substanziellen Magiebegriff operierten, bestehen.

---

59 Vgl. Kippenberg/Luchesi, *Magie. Die sozialwissenschaftliche...*.
60 Vgl. Stanley J. Tambiah, „Form und Bedeutung magischer Akte. Ein Standpunkt", in: Kippenberg/Luchesi, *Magie. Die sozialwissenschaftliche...*, 259-96; ausführlicher hat Tambiah seinen Ansatz 1990 präsentiert: Stanley S. Tambiah, *Magic, Religion, Science, and the Scope of Rationality*, [The Lewis Henry Morgan Lectures; 1984], Cambridge 1990.
61 Vgl. ausführlicher Kippenberg, „Einleitung: Zur Kontroverse...", 45ff.
62 Vgl. zum Begriff Ebenda, 49: „[...] das atomistische Erkenntnismodell: Worte der Sprache beziehen sich auf Objekte wie Namen auf den unabhängig von ihnen existierenden Namensträger."
63 Vgl. Tambiah, *Magic, Religion, Science, and...*, 82. Vgl. auch die differenzierten, gleichwohl den substanziellen Gehalt des verwendeten Magiebegriffs überhaupt nicht hinterfragenden Ausführungen am Ende seines oben genannten Aufsatzes: „Nur dadurch, daß wir die Rituale nichtwestlicher Gesellschaften als 'Magie' und die Substanzen, die sie verwenden, als 'Medizinen' und 'Heilmittel' bezeichnen, können wir – allein durch Bezeichnungen – den so bezeichneten Phänomenen keine Wesenszüge beilegen, die vielleicht nur der eigenen heutigen Zivilisation eigen sind. Von hier ist es nur ein kleiner Schritt dazu, eben diese rituellen Praktiken und Ideen als zwar der empirischen Wissenschaft gleichgestellt, aber selbstverständlich irregeleitet und hinter ihr zurückstehend einzuschätzen. Nicht daß eine solche Perspektive falsch wäre, aber sie kann den Blick für die positiven, persuasiven und schöpferischen, wenngleich 'unwissenschaftlichen' Züge des analogischen Denkens und Handelns, die in den magischen Riten zum Ausdruck kommen, verstellen. Man sollte die Gefahren einer exzessiven Universalisierung von Geschichte nicht übersehen. Dem Aufstieg der Industrie, des Kapitalismus und der experimentellen Wissenschaft in Europa in den letzten Jahrhunderten entspricht in der soziologischen Theorie Webers Lehre von der wachsenden 'Rationalität* und 'Rationalisierung' der westlichen Zivilisation – ein unvermeidlicher historischer Prozeß, der zur Leistungsfähigkeit von gesellschaftlichen Formen wie Bürokratie, zu einer pragmatischen Orientierung, derzufolge die Mittel aus engste mit den Zwecken verknüpft sind, und zur Ausbildung kontextloser, neutraler und universaler Konstrukte führte. Ich möchte nur darauf hinweisen, daß dies eine besondere Erfahrung ist, die nicht universalisiert werden muß und nicht universalisiert werden soll, wenn sie automatische Darstellungen darüber nach sich zieht, wie Traditionales unausweichlich zu Rationalem wird."; Tambiah, „Form und Bedeutung magischer Akte...", 296.

5. Fazit

So sei an dieser Stelle die abschließende Entschätzung erlaubt, dass im Zuge der Rationalitätsdebatte der 1960er und 1970er Jahre vielleicht kein „Generalangriff auf die Kategorie Magie" stattgefunden hat,[1] wohl aber begründete Bedenken gegenüber seiner wissenschaftssprachlichen Verwendung und mitunter explizite Verzichtsforderungen formuliert worden sind. Gleichwohl bleibt zu fragen, was diese Kritiken aus heutiger Sicht eigentlich bewirkt haben. Hat der von Kippenberg berichtete *Zerfall der Kategorie* zu einem konkret beobachtbaren, interdisziplinären Umdenken beigetragen? Sind die Probleme heute gelöst, ist der Magiebegriff etwa – mit gebührendem Respekt – zu den Akten gelegt worden? Überblickt man den interdisziplinären, akademischen Diskurs der letzten Jahrzehnte, muss man zu dem Schluss kommen, dass die hier skizzierten Probleme keinesfalls gelöst sind: es gibt bis dato weder eine tragfähige, allgemein anerkannte Definition, noch wurde ein allgemeiner Verzicht auf die wissenschaftssprachliche Applikation eines substanziellen Magiebegriffs durchgesetzt – und genau hierin liegt nach Ansicht der vorliegenden Arbeit das Problem. Der akademische Magiediskurs ist – diese Einschätzung drängt sich auf – gleichsam auf halbem Wege stecken geblieben.

Vor dem Hintergrund der profunden erkenntnistheoretischen Problematiken, die sich bei der akademischen Applikation des Magiebegriffs gezeigt haben, erscheint es geradezu als Mysterium, dass bis heute zahlreiche Kultur- und Geisteswissenschaftler am Begriff festhalten. Dies ist wohl vor dem Hintergrund einzuordnen, dass der Magiediskurs in den Sozial-, Kultur- und Geschichtswissenschaften nicht als zusammenhängende, sich chronologisch weiterentwickelnde Diskussion zu sehen ist, in der die Beteiligten jeweils alle verschiedenen Positionen kannten und verarbeiteten. Vielmehr müssen – bis heute – mehr oder weniger unabhängige fachspezifische Diskurse unterschieden werden, im Rahmen derer Wissenschaftler mit unterschiedlichen methodologischen Voraussetzungen jeweils eigene Position entwickelten und entsprechende disziplingeschichtliche Vorarbeiten rezipierten, ignorierten oder häufig auch gar nicht kannten. Insbeson-

---

1   Kippenberg, "Magie", 94.

dere die Implikationen und Ergebnisse der Rationalitätsdebatte haben sich bis dato noch nicht ausreichend im Geiste all derer verankert, die im Rahmen ihrer religions- und regionalhistorischen Partialdisziplinen nach wie vor mit dem Magiebegriff operieren und dadurch die Vorstellung eines konsistenten Gegenstandsbereiches *Magie* in unterschiedlichen Kulturen fortlaufend tradieren. Die interdisziplinäre Kommunikation zwischen der Religionswissenschaft und ihren Nachbardisziplinen scheint insofern noch nicht annähernd in dem Ausmaß stattzufinden, wie es für das Überwinden verzerrender Forschungsperspektiven wünschenswert wäre.

Dadurch ist der akademisch-interdisziplinäre Magiediskurs in den letzten Jahrzehnten nicht nur heterogener und inkonsistenter, sondern in vielerlei Hinsicht auch inkonsequenter geworden. Dies sei an einigen Fallbeispielen illustriert. Zum einen führte die fortlaufende Beschäftigung mit der (akademischen) Definitionsgeschichte des Magiebegriffs dazu, dass die verschiedenen Theoriemodelle in entsprechenden Publikationen nunmehr im Rahmen eines scherbenhaften Mosaiks zusammengestellt werden, ohne dass hieraus signifikante Konsequenzen oder Lösungsversuche abgeleitet würden.[2] Einzelne Autoren beziehungsweise Forschungsentwürfe verzichten heute bewusst auf den Magiebegriff[3] oder weisen zumindest explizit auf die Problematik substanzieller Definitionen hin.[4] Gleichwohl scheint

---

[2] Cunningham unternimmt im Afterword seines Büchleins *Religion & Magic* gar nicht mehr den Versuch, auch nur ein Wort zum Magiebegriff zu verlieren: Cunningham, *Religion...*, 111-115. Michael Bäumler landet in seinem Artikel „Magie" am Ende seiner disziplingeschichtlichen Rückschau nurmehr bei Autoren, die gefordert haben, „den Begriff aus der wissenschaftlichen Diskussion zu streichen": Bäumler, „Magie", 365; Kippenberg versucht in seinem Artikel „Magie" nach der (Re-) Konstruktion des *Zerfalls der Kategorie* immerhin eine – wenn auch irritierende – Zwischensumme von Begriffen, „die sich als tauglich erwiesen haben bzw. die aus Neuinterpretationen hervorgegangen sind.": Kippenberg, „Magie", 95. Rüdiger Schmitt verwirft in seinem Artikel „Magietheorien und die Religionen des Antiken Vorderen Orients" im Kapitel „Kritik der vorgestellten Modelle" gleichfalls alle zuvor besprochenen Theorien: Rüdiger Schmitt, „Magietheorien und die Religionen des Antiken Vorderen Orients", 325-327, in: Gregor Ahn, Manfred Dietrich, Ansgar Häußling (Hg.), *Zeit in der Religionsgeschichte*, [Mitteilungen für Anthropologie und Religionsgeschichte; 13], Münster 2001, 309-332. Exemplarisch auch der Artikel „Magic" in der jüngsten Ausgabe (1987) der *Encyclopedia of Religion*: Nach 7 Seiten zur religionswissenschaftlichen Definitions- und Dekonstruktionsgeschichte des Magiebegriffs wird im letzten Abschnitt allenfalls konstatiert, dass „its shadow remains": John Middleton, „Theories of Magic", 88, in: Mircea Eliade (Hg.), *The Encyclopedia of Religion. Volume 9: Liu – Mith*, New Nork 1987, 81-89.

[3] Vgl. v.a. Taylor, *Critical Terms...*; Braun, McCutcheon, *Guide to the Study...*; vgl. außerdem Jens Kreinath, Jan Snoek, Michael Stausberg (Hg.), *Theorizing Rituals*, 2 Bände, [Numen book series: Studies in the history of religions; Vol. 114, 1 und 2], Leiden 2006/07.

[4] Neben den bereits genannten kritischen Ansätzen, insbesondere den Arbeiten von Kippenberg sowie Randall Styers' radikalem *Making Magic* gilt dies auch für Hanegraaffs hervorragenden Einleitungsaufsatz des Sammel-Artikels „Magie" im *Dictionary of Gnosis and Western Esotericism*: Hanegraaff, „Magic I: Introduction"; vergleichbar kritisch (allerdings wiederum mit offenkundigen substanziellen Vorverständnissen) ist auch Peter Pels' Einleitung zu der von ihm herausgegebenen Aufsatzsammlung *Magic and Modernity*: Peter Pels,

5. Fazit

sich der interdisziplinär-akademische Diskurs von diesen kritischen Stimmen insgesamt kaum beirren zu lassen; nahezu die gesamte (auch aktuelle) Sekundärliteratur, die im zweiten, historischen Teils dieser Arbeit verwendet wird, wird dies in vielerlei Hinsicht belegen. Gerade in historischen Einzeluntersuchungen zum vermeintlichen Gegenstandsbereich *Magie* sind in den seltensten Fällen Zweifel an einem substanziellen semantischen Gehalt des Magiebegriffs selbst zu finden.[5] Zudem findet sich selbst in disziplin- und definitionsgeschichtlichen Arbeiten häufig ein geradezu reflexartiger Rückgriff auf implizite Vorverständnisse, selbst dann, wenn zuvor alle Definitionen verworfen worden sind.[6]

„Introduction: Magic and Modernity", in: Birgit Meyer, Peter Pels (Hg.), *Magic and modernity: interfaces of revelation and concealment*, Stanford 2003, 1-38.

5 Marco Pasis abschließende Ausführungen in seinem Artikel „Magic" in *The Brill Dictionary of Religion* (2006) können diese Problematik verdeutlichen: „Finally, apart from the social sciences, it is probably in the field of history that research on magic has shown the greatest vitality in the past twenty years. This scholarly output, insofar as it focuses on the history of magic in Western culture, seems to be able to avoid the problems of definition, as it finds the term magic used in an emic sense in the literature it studies."; Marco Pasi, „Magic", 1139, in: Kocku von Stuckrad (Hg.), *The Brill Dictionary of Religion. Edited by Kocku von Stuckrad. Revised edition of Metzler Lexikon Religion edited by Christoph Auffarth, Jutta Bernard and Hubert Mohr. Translated from the German by Robert R. Barr. Volume III: M-R*, Leiden 2006, 1134-40. Das Problem zahlreicher Untersuchungen zu einem als *Magie* markierten Gegenstandsbereich in der Mediävistik oder frühneuzeitlichen Geschichte ist ja nicht, dass der Begriff nicht in den verwendeten Quellen auftauchen würde. Problematisch ist, dass die untersuchenden Wissenschaftler weiterhin selbst mit substanziellen Vorverständnissen des Begriffs operieren – und dadurch etwaige Denotationen und Konnotationen des quellenimmanent hochgradig polythetischen Magiebegriffs tendenziell übersehen oder gar nicht thematisieren. Auch und gerade im Kontext historiographischer Magieforschung muss sehr sensibel mit der quellenimmanenten Terminologie umgegangen werden – was wiederum nur mittels des Verzichts auf einen substanziellen Begriff im Analysetext möglich ist; in Teil B dieser Arbeit wird dies an zahlreichen Fallbeispielen aufgezeigt werden.

6 Diese irritierende Beobachtung kann bis heute in zahlreichen Publikationen zum Magiebegriff gemacht werden: nach dem Verwerfen der bestehenden Theorien wird dennoch implizit an einem substanziellen Gehalt des Magiebegriffs festgehalten. Kippenberg überrascht – wie oben geschildert – nach der seitenlangen Destruktion religionswissenschaftlicher Theorien mit folgenden Zeilen: „Zu wenig ist nämlich beachtet worden, dass magische Handlungen selber in allen Kulturen anzutreffen sind und dass Kulturen sich (nur) darin unterscheiden, welche Positionen magische Konzepte im Ganzen einer Kultur einnehmen." – wie jene wiederum zur menschlichen Universalie erklärten *magischen Handlungen* beziehungsweise *Konzepte* zu verstehen sind, wird nicht erläutert: Kippenberg, „Magie", 97. Vergleichbar schreibt Rüdiger Schmitt in oben genanntem Artikel („Magietheorien und die Religionen des Antiken Vorderen Orients") nach dem Verwerfen aller bestehenden Theorien plötzlich von Bedingungen einer „'dichten Beschreibung' magischer Akte und Rituale": Schmitt, „Magietheorien...", 328. Irritierend auch der genannte Sammelartikel „Magic" der *Encyclopedia of Religion*: nach der Fülle an rezipierten Magietheorien im einleitenden Text von John Middleton beginnt der folgende Teilartikel „Magic in Primitive Societies" von Donald R. Hill mit den lapidaren Worten, dass magic „the manipulation of enigmatic forces for practical ends" sei – vgl. Eliade, *Encyclopedia of Religion*,

Mehr noch: die im akademischen Diskurs hinreichend aufgewiesene Begriffsproblematik hat mittlerweile zu bedenkenswerten hermeneutischen Rückschritten geführt; mitunter gewinnt man den Eindruck, dass heute – ganz bewusst – *ohne* Definitionen gearbeitet wird. Dieses Muster, also der bewusste Verzicht auf substanzielle Definitionen (bei gleichzeitiger Weiterverwendung des Begriffs!), scheint von der Überzeugung gespeist, dass gerade dadurch wertfreie Forschung möglich sei – da die klassischen Definitionsmuster sich ja als untauglich erwiesen hätten. Stattdessen solle nun die *emische* Terminologie befragt und in den Mittelpunkt gestellt werden. Ein Beispiel hierfür, das für Andere stehen mag, ist die 2004 erschienene Monographie *Magie im alten Testament* von Rüdiger Schmitt.[7] Das Buch beginnt mit einem gleichermaßen kritischen wie umfangreichen Kapitel zu „Magietheorien", welches alle älteren Theoriemodelle rekapituliert und kritisch hinterfragt.[8] Bemerkenswert sind nun die hermeneutischen Konsequenzen (Kapitel 1.9), die der Autor aus seiner kritischen Analyse zieht:

„Zuerst ist hier zu fragen, inwieweit Magie – analog zu Religion – überhaupt abschließend definiert werden kann. Pollak geht beim Problem der Definition von Religion davon aus, daß ein konsistenter Begriff von Religion nicht gefunden werden könne: [...] Dieselbe Forderung ist an den zu bestimmenden kontextuellen Magiebegriff zu stellen. Ein universaler Magiebegriff würde unweigerlich zu falschen Ergebnissen führen";[9]

Schmitt folgert:

„Aus dem hier dargelegten muß der Schluß gezogen werden, daß eine Universaltheorie der Magie nicht auf die alttestamentliche Magie anwendbar ist und in vorliegender Studie auch nicht angestrebt wird. Die hier diskutierten methodischen Perspektiven können je für sich e t w a s – einen Ausschnitt oder einen Baustein der Mechanismen und Funktionen von Magie verstehbar machen."[10]

Es erscheint offenkundig, dass die Problematik einzelner Definitionen bei Schmitt nicht dazu geführt hat, dass dieser die Verwendung eines substan-

---

Bd. 9, 89. Der darauf folgende Teilartikel „Magic in Greco-Roman Antiquitiy" von Hans Dieter Betz lässt schließlich jede Definition vermissen und konstatiert im Einleitungssatz pragmatisch: „From the beginning, magic was an essential part of Greco-Roman culture and religion."; Ebenda, 93. DIeselbe Problematik findet sich leider auch in dem ansonsten sehr viel reflektierter arbeitenden Sammelartikel im *Dictionary of Gnosis and Western Esotericism*. Nach dem sehr kritischen Einleitungsaufsatz Hanegraaffs fallen im Grunde alle darauf folgenden Autoren in substanzielle (das heißt: nicht definitorisch explizierte) magiologische Vorverständnisse zurück: div. Autoren, „Magic", in: Hanegraaff/Faivre, *Dictionary of Gnosis...*, 716-44.

7   Vgl. Rüdiger Schmitt, *Magie im alten Testament*, [Alter Orient und Altes Testament. Veröffentlichungen zur Kultur und Geschichte des Alten Orients und des Alten Testaments; 313], Münster 2004.
8   Ebenda, 1-61.
9   Ebenda, 63.
10 Ebenda, 64; Textsetzung Schmidt.

ziellen Magiebegriffs insgesamt in Frage gestellt hätte – der Autor glaubt immer noch an „die alttestamentliche Magie".[11] Was im Folgenden also als *Kontextorientierung*, als *Multiperspektivität*, als *Dichte Beschreibung* dargestellt wird,[12] impliziert tatsächlich einen hermeneutischen Rückschritt zu impliziten, unbewusst operierenden magiologischen Vorverständnissen – diese macht der Autor nicht explizit, sodass sie nun gewissermaßen zwischen den Zeilen erfasst werden müssen. Aus dem Textkorpus des *Alten Testaments* extrahiert Schmitt schließlich solche Passagen, Termini und Topoi, die mit bestimmten, etwa heilenden oder schadenbringenden Sprechakten sowie insbesondere der Verwendung von Ritualmitteln zu tun haben,[13] die im Kontext des Außergewöhnlichen, Mirakulösen[14] oder des Verbotenen, Polemischen stehen.[15] Wenngleich Schmitt seine Ausführungen prinzipiell im Kontext der *emischen* (also hebräischen) Terminologie erläutert,[16] und seine textuelle Zusammenstellung und argumentative Zuspitzung sicherlich einen forschungspraktischen Fortschritt für die alttestamentarische Forschung darstellt (das heißt vor allem: eine Konfrontation mit problematischen, inkonsistenten oder heterodoxen Aspekten des *Alten Testaments* selbst), bleibt die Frage nach einer grundlegenden Ethnozentrik der Arbeit dennoch bestehen. Denn inwieweit der von Schmitt im *alten Testament* lokalisierte Gegenstandsbereich *Magie* von jüdischen Text- und Ritualtraditionen (also: jüdischer *Religion*) abgegrenzt oder überhaupt abgrenzbar ist, wird im Buch nicht stringent problematisiert (gleichwohl konstituiert deren Kerntext – der hebräische *Tanach* – aber sein Quellenkorpus!). Ob die von ihm extrahierten Topoi heilender oder schadenbringender Ritualpraktiken, die Verwendung von Ritualmitteln, oder die Wundergeschichten Elias und Elischas innerhalb des jüdisch-alttestamentarischen Selbstverständnisses als eigenständiger Sachbereich *Magie* angesehen worden sind, ist insofern stark zu bezweifeln. So greift auch hier der Ethnozentrismus-Vorwurf: der Autor kreiert (implizit) eine konzeptionell-terminologische Opposition, die dem Quellenmaterial selbst möglicherweise nicht gerecht wird.[17]

Gegen implizite, unbewusst wirkende Vorverständnisse scheint in der akademischen Magiedebatte kein Kraut gewachsen; die gegenwärtige Entwicklung, diese nun als hermeneutische Offenheit und Kontextorientie-

---

11 Kaum zufällig finden sich die oben skizzierten Beiträge zur Rationalitätsdebatte (etwa von Winch oder Goody) nicht in Schmidts Theorie-Kapitel.
12 Ebenda, 64f.
13 Vgl. bes. Ebenda, Kap. 4 („Der magische Medienapparat: Wort, Handlung, Objekt und Materie als Medien ritualsymbolischer Kommunikation"), 123-208.
14 Vgl. bes. Ebenda, Kap. 5 in Anlehnung an Wundererzählungen im Kontext der *Gottesmänner* (*īš hā'ĕlōhîm*) Elia und Elischa, 209-302.
15 Vgl. Ebenda, Kap. 6 („Magieverbote und Magiepolemiken"), 335-381.
16 Vgl. bes. Ebenda, Kap. 3, 107-122.
17 Vgl. zu einem eigenen Versuch der Deutung alttestamentarischer Textstellen – im Kontext der Rezeptionsgeschichte des Magiebegriffs – unten, Kap. 8.1.1.

rung – jenseits der ethnozentrischen Vereinnahmung durch veraltete Definitionsmuster – zu maskieren, ist für den Forschungsprozess jedoch hinderlich, wenn nicht fatal. Nun muss gemutmaßt werden, was einzelne Forscher eigentlich unter *Magie* verstehen, die Texte werden unschärfer – und vergessen wird, dass das Arbeiten nach magiologischen Vorverständnissen nicht minder ethnozentrisch und problematisch ist wie die Verwendung der oben genannten, klassischen Definitionen. Letztere hatten immerhin noch eine diskursimmanente Verständigungs-, Konsens- oder Konfliktmöglichkeit gewährleistet!

In der vorliegenden Arbeit wird hinsichtlich einer substanziellen Verwendung des Magiebegriffs im Wissenschaftsdiskurs daher klar Stellung bezogen: aus Sicht der gegenwärtigen Methodendiskussion ist das heuristische Potenzial eines Begriffs, der auf solch fundamentale Weise eigenkulturelle Vorverständnisse und Denkmuster transportiert, für die interkulturelle Forschung nicht mehr zu erkennen. Der Magiebegriff ist als wissenschaftliche Sachkategorie nicht applizierbar – weder als metasprachlicher Terminus einer interkulturell ausgerichteten Religionswissenschaft, noch als objektsprachlicher Signifikant in Nachbardisziplinen der Religionswissenschaft, die den Begriff bis heute zur Kennzeichnung bestehender Quellenkorpora in ihren Forschungsfeldern anwenden. Sowohl mit jenen allesamt konstruierten Befunden eines scheinbar universalen, transkulturellen Gegenstandsbereiches *Magie* als auch mit historischen Aussagen zu *Magie* (im Rahmen der Rezeptionsgeschichte des Begriffs selbst) muss in Zukunft anders umgegangen werden als bisher. Wesentliches Ziel der vorliegenden Arbeit ist, diesen neuen, alternativen Umgang mit dem Magiebegriff zu begründen und – hiervon handeln die folgenden Kapitel – anhand zentraler Fallbeispiele aus der Geschichte des Magiebegriffs darzulegen.

Teil B:

Historische Analysen

Historische Analysen: Einführung

Die Analyse der akademischen Rezeptions- und Definitionsgeschichte des Magiebegriff hat ergeben, dass dieser im Kontext einer modernen, interkulturell operierenden Kultur- und Religionswissenschaft nicht geeignet ist, einen trennscharfen, wertneutralen und potenziell erkenntnisgenerierenden Gegenstandsbereich abzubilden – ein Befund, der hier in der Formulierung *Zerfall der Kategorie* gebündelt wurde. Gleichwohl soll diese auf den ersten Blick bitter schmeckende Frucht einer über hundert Jahre andauernden akademischen Auseinandersetzung mit dem Magiebegriff nicht darüber hinweg täuschen, dass dieser ein ungemein wichtiger, wenn nicht zentraler Begriff im Kontext abendländisch-europäischer Kultur- und Religionsgeschichte war und ist. Der hier vorgeschlagene Verzicht auf einen substanziell definierten Magiebegriff im Wissenschaftsdiskurs ist insofern nicht dahingehend zu verstehen, dass die akademische Auseinandersetzung mit *Magie* nunmehr an ihr unrühmliches Ende gelangt wäre – im Gegenteil. Angesichts der Tatsache, dass in der letzten Dekade eine Erzählung über einen jugendlichen, bebrillten *Magierlehrling* zum weltweit meistgelesenen Text avanciert ist, kann die Religionswissenschaft den Magiebegriff nicht einfach zu den Akten legen, nur weil dieser sich als widerspenstiger, undefinierbarer Terminus erwiesen hat. Magieforschung ist gerade heute notwendiger denn je – allerdings unter grundlegend veränderten methodologischen Rahmenbedingungen. Hiervon handeln die folgenden Kapitel.

Wie in Kapitel 1 erläutert sieht die vorliegende Arbeit nicht mehr die Auseinandersetzung mit einem – wie auch immer zu definierenden – substanziellen Sachbereich *Magie* vor, sondern die Konstituierung und religionswissenschaftliche Analyse eines Textkorpus, der Rezeptionen des Magiebegriffs im Rahmen seiner tatsächlichen begriffsgeschichtlichen Referenzkulturen und -sprachen innerhalb der letzten 2500 Jahre aufweist. Ausgehend von den im Einführungskapitel dargelegten methodologischen Rahmenbedingungen einer solchen Analyse – also (vor allem) dem Versuch einer Historisierung und Kontextualisierung einzelner Rezeptionen des Magiebegriffs; dem Fokus auf wirkungsgeschichtlich zentrale Autoren (*Diskursbegründer*) und Texte; der analytischen Unterscheidung eines polemischen Ausgrenzungs- und eines identifikatorischen Aufwertungsdiskurses; der kritischen, die Problematik des transzendentalen Signifikats reflektierenden Herangehensweise an historische Rezeptionen des Magiebegriffs – sollen in den folgenden Kapiteln sechs historische Konstellationen aus der Geschichte des Magiebegriffs eingehender untersucht werden. Die Auswahl dieser Konstellationen, der hier gewählten Autoren und Texte, sowie das analytische Vorgehen insgesamt sollen im Folgenden einführend erläutert werden.

Zunächst: die grundlegende Strukturierung von Teil B dieser Arbeit ist an der in Kapitel 1 vorgeschlagenen Differenzierung eines polemischen Ausgrenzungs- und eines identifikatorischen Aufwertungsdiskurses orientiert. Die ersten drei Kapitel (6 bis 8) behandeln drei zentrale Fallbeispiele aus dem historischen Ausgrenzungsdiskurs; die drei darauf folgenden Kapitel (9 bis 11) behandeln drei Fallbeispiele aus dem identifikatorischen Aufwertungsdiskurs. Aus historischer Sicht ist diese Kapitelstruktur also, wie bereits in Kapitel 1 erläutert, durch eine gewisse Asymmetrie gekennzeichnet: die Fallbeispiele zum Ausgrenzungsdiskurs bewegen sich allesamt im Zeit- und Kulturfenster der graeco-römischen Antike; die Fallbeispiele zum Aufwertungsdiskurs beginnen in der Spätantike (Kapitel 9), legen dann aber den Fokus auf die europäische Frühe Neuzeit (Kapitel 10) und schließlich das (ebenfalls europäische) ausgehende 19. und beginnende 20. Jahrhundert (Kapitel 11). Diese aus historischer Sicht asymmetrische Kapitelstruktur ist nicht in willkürlichen Setzungen oder Auswahlkriterien des Autors begründet, sondern orientiert sich an den diskursimmanenten Strukturen der Geschichte des Magiebegriffs selbst. Die diese Geschichte abbildende Quellenauswahl soll im Folgenden einführend erläutert und begründet werden; die historischen Zusammenhänge werden sich im Laufe der begriffsgeschichtlichen Analyse gleichwohl sehr viel klarer erweisen.

Das erste Kapitel zum historischen Ausgrenzungsdiskurs setzt sich mit dem rezeptionsgeschichtlichen Ursprung des Magiebegriffs auseinander: der Rezeption und semantischen Transformation der persischen Personenbezeichnung *maguš* in griechischen Texten der klassischen Periode (fünftes und viertes Jahrhundert vor Christus); wichtige, hier untersuchte Autoren sind (neben Anderen) Platon und Hippokrates. Das zweite Kapitel beschäftigt sich mit der römisch-lateinischen Rezeption des griechischen Abstraktums μαγεία ab dem ersten Jahrhundert vor Christus und stellt schließlich den Gerichtsprozess gegen den Philosophen Apuleius von Madaura in den Mittelpunkt (um 168 nach Christus), der als *magus* angeklagt war – die juristische Konzeptionalisierung eines *crimen magiae* in der römischen Kaiserzeit wird hier als erste radikale Zuspitzung des antiken Ausgrenzungsdiskurses interpretiert. Das dritte Kapitel schließlich setzt sich mit der frühchristlichen (inner- und außerbiblischen) Rezeption des Magiebegriffs auseinander, mit den terminologischen Auseinandersetzungen um *wundertä-*

tige Protagonisten in vorkonstantinischer Zeit, sowie schließlich dem spätantiken Kirchenvater Aurelius Augustinus von Hippo, der mit seiner dämonologisch fundierten Magietheorie den christlichen Diskurs der Folgezeit – in seinen Grundzügen bis heute – maßgeblich geprägt hat.

Aufgrund der besonderen wirkungsgeschichtlichen Bedeutung Augustins gelangen die Ausführungen zum historischen Ausgrenzungsdiskurs bereits in der Spätantike an ihr (vorläufiges) Ende. Autoren, Texte und Motivlinien des Ausgrenzungsdiskurses werden auch in den darauf folgenden Kapiteln immer wieder auftauchen; gleichwohl wird hier davon ausgegangen, dass der christlich-theologische Magiediskurs nach Augustinus den dogmatischen Setzungen des Kirchenvaters (insbesondere dem *Dämonenpakt*-Topos) – mit einigen konzeptionellen Variationen, die jeweils genannt werden – prinzipiell verpflichtet bleibt. Dies zeigt sich nicht zuletzt daran, dass noch rezente, christozentrische Kampfschriften gegen die *Harry-Potter*-Heptalogie allen Ernstes davon sprechen, dass Rowling die zeitgenössische Jugend zur *Dämonenbeschwörung* verführe.[1] Die *Dämonenpakt*-Denkschablone hat sich so fundamental in das diskursive Gedächtnis des Abendlands eingebrannt, dass hier auf eine differenzierte Analyse späterer christlicher Theoretiker nach Augustinus (etwa Thomas von Aquins) – die das konzeptionelle Gerüst Augustins allenfalls differenziert interpretiert, nie aber grundlegend verändert haben – verzichtet wird. Augustinus hat die im graeco-römischen Kontext bereits angelegte Funktionalisierung des Magiebegriffs als Ausgrenzungskategorie in einen christlichen Denkhorizont überführt und durch die Zuordnung von *Magie* zu einem *satanisch-dämonischen* Gegenreich Gottes gleichsam perfektioniert. Die Analyse seiner magiologischen Ausführungen bildet hier daher den Abschluss der Rekonstruktion des historischen Ausgrenzungsdiskurses.

Die Kapitel zum identifikatorischen Aufwertungsdiskurs sind, wie erläutert, zeitlich versetzt. Kapitel 9 beschäftigt sich zunächst mit der (schwierigen) Suche nach positiven, identifikatorischen Rezeptionen des Magiebegriffs in der graeco-römischen Antike insgesamt, konzentriert sich dann aber auf ein in der Tat selbstreferentiell-*magisches* Textkorpus, das kaum zufällig erst zu Beginn des 19. Jahrhunderts in ägyptischen Gräbern nahe Theben entdeckt worden ist – auf die spätantiken (zum Großteil zwischen dem zweiten und fünften nachchristlichen Jahrhundert verfassten) *Papyri Graecae Magicae*. Die insgesamt zehn Rezeptionen des Magiebegriffs in den überlieferten *Papyri* werden – wie in Kapitel 1 erläutert – unter dem

---

1 Vgl. etwa Phil Arms, *Pokemon & Harry Potter: A Fatal Attraction. An Exposé of the Secret War Against the Youth of America*, Oklahoma City 2000, 83f: "Harry Potter [...] teaches children how to manipulate demonic forces by the power of witchcraft. It teaches the child how to use God-forbidden techniques to accomplish objectives. [...] Harry Potter trains children to rely on the black arts and occultic powers. [...] Harry Potter justifies the use of evil to reach personal goals"; ähnlich kurios Gabriele Kuby, „10 Argumente gegen Harry Potter", online verfügbar unter http://www.gabriele-kuby.de/buecher/harry-potter/ (27.09.2009).

heuristischen Fenster des Religionsbegriffs analysiert und interessante semantische Parallelen, aber auch Differenzen zur Rezeption des Magiebegriffs im graeco-römischen Ausgrenzungsdiskurs dieser Zeit aufweisen. Es liegt an der Überlieferungssituation und -geschichte, dass hier mit einem spätantiken Textkorpus zum selbstreferentiellen Magiebegriff begonnen wird – es sind, von einigen (kontextuell zu differenzierenden) Befunden abgesehen, schlicht keine älteren Texte erhalten.

Mit Kapitel 10 wird ein signifikanter Zeit- und Kultursprung in das Europa der Frühen Neuzeit vollzogen. Dieser Sprung ist wiederum historisch konkret begründbar, und orientiert sich an der erstmals rigorosen, fundamentalen Aufwertung des Magiebegriffs im frühneuzeitlichen, humanistischen Gelehrtendiskurs – im Kontext der Chiffre *magia naturalis* –, der sich von der bis dato über ein Jahrtausend tradierten pejorativ-dämonologischen Lesart des Begriffs im christlich-theologischen Referenzdiskurs radikal emanzipierte. Die ersten diesbezüglichen Autoren, die hier entsprechend als diskursbegründend eingeordnet werden, sind die italienischen Humanisten Marsilio Ficino und Pico della Mirandola, deren Aufwertung des Magiebegriffs im Kapitel detailliert rekonstruiert wird. In diesem Zusammenhang werden sich eine Reihe interessanter rezeptionsgeschichtlicher Kontinuitäten zwischen dem antiken und dem frühneuzeitlichen Magiediskurs erweisen, die allerdings differenzierter zu lesen sind als bis dato geschehen. Ficinos Magiebegriff orientiert sich weniger an typischerweiseals *magisch* klassifizierten antiken Texten wie dem *Corpus Hermeticum*, dem *lateinischen Asclepius* oder der *Tabula Smaragdina*, sondern vielmehr an seiner Platon- und (terminologisch etwas verlagert) Plotin-Rezeption. Im Kapitel werden in diesem Zusammenhang nicht nur Überlegungen zu den Rezeptionsleistungen Ficinos und Picos angestellt, sowie zu den wirkungsgeschichtlichen Folgen ihres literarischen Schaffens – bei späteren Autoren wie Trithemius, Agrippa von Nettesheim oder Giambattista della Porta –, sondern auch zur parallel verlaufenden, zum Teil selbstreferentiell-*magischen* Texttradition der Salomon- Ritualtexte, die wiederum mit möglichen antiken Wurzeln in Beziehung gesetzt wird.

Im abschließenden Kapitel 11 zum identifikatorischen Magiediskurs wird das Fenster zu Texten des ausgehenden 19. und beginnenden 20. Jahrhunderts geöffnet, die zu dieser Zeit besonders in Frankreich und England aufblühten und von besonderer wirkungsgeschichtlicher Bedeutung – auch und gerade für rezente Rezeptionsmuster – sind. Hierbei wird besonders die Rezeption des Magiebegriffs bei Autoren wie Francis Barrett, Eliphas Lévi, HelenaPetrovna Blavatsky, den Protagonisten des *Hermetic Order of the Golden Dawn* und schließlich dem berühmtesten selbstreferentiellen *Magier* des 20. Jahrhunderts – Aleister Crowley – in den Blick genommen. Wieder wird versucht werden, die Ausführungen der Autoren mit rezeptionsgeschichtlichen Wurzeln und Referenztexten in Beziehung zu setzen, um ein Gefühl für die relative, allerdings zum Teil höchst disparat verlaufende Kontinuität des selbstreferentiellen Magiediskurses insgesamt zu entwickeln. Im Kapitel wird sich außerdem die enorme semantische Ausweitung des selbstreferentiellen Magiebegriffs im 19. und 20. Jahrhunderts erweisen, sowie (wiederum) seine signifikante, bis dato selten problematisierte Unschärfe. Schließlich lassen sich rezeptionsgeschichtliche Verbindungslinien von den skizzierten Autoren zu späteren Entwicklungen und Autoren des 20. Jahrhunderts ziehen.

Die hier verfasste Geschichte des Magiebegriffs setzt mit Aleister Crowley den Schlusspunkt, weil sich der identifikatorische Magiediskurs im 20. und 21. Jahrhunderts in einer Weise ausdifferenziert hat, die eine zusammenhängende oder gar erschöpfende Darstellung der vielschichtigen Rezeptionslinien und zum Teil höchst disparaten Verwendungen in jüngerer Zeit unmöglich macht. Insbesondere in den letzten Jahrzehnten ist diesbezüglich nicht nur ein enormer, mittlerweile kaum noch überschaubarer Anstieg an identifikatorischen Rezeptionen des Magiebegriffs zu verzeichnen (in den letzten 15 Jahren noch potenziert durch das *World Wide Web*), sondern auch durch weitere, im rezenten Diskurs geradezu beliebig anmutende Ausdifferenzierungen seines semantischen Feldes. Da die Analyse weiterer Fallbeispiele aus dem 20. und 21. Jahrhundert insofern keinen repräsentativen Charakter mehr für rezente Verwendungsformen des identifikatorischen Magiebegriffs hätte, wird hier auf eine Analyse von Texten und Autoren nach Crowley verzichtet.

Angesichts der hier vorgestellten Auswahl an Quellentexten stellt sich natürlich die Auswahl nach ihrer Repräsentativität für die abendländischeuropäische Geschichte des Magiebegriffs. In diesem Zusammenhang sei zunächst darauf hingewiesen, dass in den einzelnen Kapitel versucht wird, die hier als historisch zentral oder diskursbegründend erachteten Autoren und Texte prinzipiell in ihren kulturhistorischen Kontext einzubetten. Hierzu wird jeweils – zum Teil im Rahmen längerer rezeptionsgeschichtlicher Einführungskapitel – auf weitere Autoren und Texte der jeweiligen Epoche eingegangen, um möglichst viel Quellenmaterial für die zu erarbeitende Begriffsgeschichte berücksichtigen zu können; die eigentliche Leistung der behandelten Autoren für jene Geschichte wird durch die Rekonstruktion ihrer Referenzliteratur zudem um so stärker hervortreten. Im Laufe der historischen Analyse wird sich dadurch schrittweise ein zusammenhängenderes Bild der Geschichte des Magiebegriffs ergeben, da wichtige Autoren – vor allem eben die hier untersuchten – immer wieder als Gewährsmänner bestimmter Lesarten des Begriffs aufgegriffen worden sind. In diesem Zusammenhang werden sich auch – wie in Kapitel 1 bereits angesprochen – eine Reihe wirkungsgeschichtlich bedeutsamer Rezeptionslinien erweisen, die zum Teil über mehrere Kapitel hinweg immer wieder aktualisiert werden.

Zum Teil geht es hierbei um unscheinbare Textpassagen, die ihre spätere wirkungsgeschichtliche Bedeutung zunächst gar nicht erkennen lassen – so ist die bereits genannte, überaus kurze Passage in Platons *erstem Alkibiades*, in der der Philosoph *Magie* als *Verehrung der Götter* definiert,[2] nicht nur von zahllosen antiken Autoren aufgegriffen worden,[3] sondern auch vom frühneuzeitlichen *magia-naturalis*-Diskurs[4] und sogar von einer modernen Autorin wie Helena Blavatsky.[5] Platon lässt sich in diesem Zusammenhang also als Begründer einer eigenständigen Rezeptionslinie identifizieren, wenngleich der Philosoph eigentlich – nach Ansicht der vorliegenden Arbeit – eine pragmatische, viel unspektakulärere ethnographische Verortung des Magiebegriffs vor Augen gehabt hatte. Auch und gerade durch die Rekonstruktion späterer Rezeptionen und (dadurch) der wirkungsgeschichtlichen Bedeutung einzelner Autoren und Passagen wird sich die hier getroffene Quellenauswahl als begründet erweisen. Es sei an dieser Stelle darauf hingewiesen, dass diese Auswahl erst im Laufe des Forschungsprozesses überhaupt einsichtig geworden ist. Inwieweit die hier rekonstruierte, auf Fallbeispielen basierende Geschichte des Magiebegriffs also insgesamt als repräsentativ einzuordnen ist, möge nach der eigentlichen Lektüre entschieden werden. Einen Anspruch auf rezeptionsgeschichtliche Vollständigkeit kann und will die vorliegende Zusammenstellung freilich nicht einlösen. Gleichwohl tritt sie durchaus mit der Überzeugung an, grundlegende Motiv- und Rezeptionslinien der Geschichte des Magiebegriffs insgesamt wiedergeben zu können.

Bei der Analyse der behandelten Texte und der schrittweisen Rekonstruktion der außerwissenschaftlichen Rezeptionsgeschichte des Magiebegriffs wird im Folgenden – wie in Kapitel 1 erläutert – mit dem Konzept des *semantischen Feldes* gearbeitet, um die historische Vielfalt und Heterogenität der mit *Magie* assoziierten Bedeutungsinhalte abbilden zu können. In diesem Zusammenhang bestehen zwischen dem analytischen Umgang mit gewählten Quellentexten im vorangegangenen und im vorliegenden Kapitel zum Teil signifikante Differenzen – wie erwähnt, ist das Diskursinstrument der *Definition*, das die disziplingeschichtliche Rekonstruktion des akademischen Magiediskurses relativ einfach gestaltet hat, im Rahmen der außerwissenschaftlichen Rezeptionsgeschichte des Magiebegriffs kaum appliziert worden. So müssen etwaige Bedeutungsinhalte des außerwissenschaftlichen Begriffs (auch etwa polemische oder identifikatorische Funktionalisierungen mit geringer semantischer Aussagekraft) häufig zwischen

---

2   Es geht um Platon, *Alkibiades*, 122a; ausführlicher zur Passage unten, Kap. 6.3.2.
3   Vgl. zur alkibiadischen Rezeptionslinie in der graeco-römischen Antike insgesamt unten, Kap. 9.1.1.
4   Vgl. ihre Rezeption bei Pico della Mirandola unten, Kap. 10.4.1.
5   Vgl. unten, Kap. 11.3.1.

den Zeilen heraus gelesen beziehungsweise implizit rekonstruiert werden; eine gewisse hermeneutische Pragmatik, die im Rahmen dieses Herauslesens von Bedeutungen mitunter zum Tragen kommt, wird hoffentlich jeweils einsichtig.

Die Bezeichnung *Topos* kennzeichnet in diesem Zusammenhang einen einzelnen, immer wieder auftauchenden Bedeutungsaspekt des Begriffs – wie bereits an der Formulierung *Dämonenpakt-Topos* im Kontext Augustins gesehen. Es wird sich zeigen, dass dem semantischen Feld sowohl des fremdreferentiellen als auch des selbstreferentiellen Magiebegriffs im Laufe der Geschichte außerordentlich viele Topoi zugeordnet worden sind – ein Prozess, der nach wie vor abläuft, wie jüngere Entwicklungen (beispielsweise im *Wicca*-Diskurs)[6] anzeigen. Aufgrund der gerade aus historischer Sicht verblüffenden Vieldeutigkeit und Polyvalenz des Magiebegriffs wird im Folgenden – auch dies wurde bereits in Kapitel 1 erläutert – darauf verzichtet, auf die Suche nach einem Wesenskern zu gehen oder gar einen substanziellen Magiebegriff als Korrektiv historischer Verwendungsformen zu applizieren. Vielmehr stellt der oben angesprochene *Zerfall der Kategorie* auch für die folgende begriffsgeschichtliche Analyse den argumentativen Ausgangspunkt dar. Nur durch den hier unternommenen Versuch, auf explizite oder implizite magiologische Vorverständnisse zu verzichten, ist die Rekonstruktion der *historischen Semantik* des Begriffs überhaupt möglich.

Die vorliegende Arbeit begleitet insofern die Hoffnung, mit der hier vorgelegten und auf ausgewählten Fallbeispielen basierenden Geschichte des Magiebegriffs dazu beitragen zu können, die dichotome Gegenüberstellung von *Religion* und *Magie* im Wissenschaftsdiskurs endlich zu den Akten zu legen. *Magie* ist ein Begriff, der in verschiedenen binnen- und interreligiösen Konstellationen der letzten 2500 Jahre auf sehr unterschiedliche Weise verwendet worden ist. Es ist außerordentlich interessant und – vor dem Hintergrund des allgemeinen heuristischen Fensters von *Religionsgeschichte* – höchst erkenntnisgenerierend, die Geschichte des Begriffs möglichst wertfrei aufzuarbeiten und die üblichen Polemika, die sich innerhalb historischer Diskurse um den Begriff gebildet haben, gleichermaßen aufzuzeigen wie (in der eigenen Analyse) auszublenden. Gerade dadurch zeigt sich, dass auch all jene Bedeutungs- und Wertungsmuster, die sich in den akademischen Magiediskurs eingeschlichen und dort festgesetzt haben, gleichfalls zu den Akten gelegt werden sollten. Es lohnt nicht, diesen nachzutrauern: die folgenden Kapitel werden zeigen, dass die hier vorgeschlagene, rein philologisch-historiographische Herangehensweise an

---

6 Vgl. zur hier beobachtbaren, außerordentlich innovativen – und vorwiegend im Kontext von Naturverehrung und Sexualität stehenden – Auslegung des Magiebegriffs u.A. Henrik Bogdan, *From Darkness to Light. Western Esotericism and Rituals of Initiation*, [Skrifter utgivna av Institutionen för Religionsvetenskap, Göteborgs Universitet / Institutionen för Religionsvetenskap; 30], Göteborg 2003, 203-34.

den Magiebegriff neue, außerordentlich komplexe Fragestellungen sowie ausreichend Forschungsmaterial für den zukünftigen akademischen Magiediskurs zur Verfügung stellen wird.

6. Die formative Periode des Magiebegriffs im klassischen Griechenland

Zunächst sollen prinzipielle Überlegungen zu jenem semantischen Übergangsprozess angestellt werden, der am Beginn der abendländischen Rezeptionsgeschichte des Magiebegriffs steht. Bemerkenswert ist, dass dieser Beginn selbst nurmehr in Gestalt einer Rezeption fassbar wird: in griechischen Texten ab dem frühen 5. Jahrhundert vor Christus treten Protagonisten einer Priesterkaste der persischen Meder – μάγοι – in Erscheinung, und dringen auf diese Weise zunächst als reine Namensbezeichnung (!) in die griechische Sprache ein. Es ist an dieser Stelle von nicht unwesentlicher Bedeutung, dass religiöse Spezialisten einer – aus griechischer Sicht – Fremdkultur, welche sich zudem im 5. Jahrhundert vor Christus in umfangreichen militärischen Auseinandersetzungen mit den griechischen Poleis befand, als semiotische Konstituenten eines Begriffs fungieren, an dem sich knapp 2500 Jahre später Religionswissenschaftler die Zähne ausbeißen werden.

Zu beachten ist hierbei, dass zwischen den Praktiken der *mágoi*, wie sie von Herodot überliefert werden – er nennt unter Anderem Opfer, Begräbnis und Traumdeutung – oder wie sie aus den elamitischen Verwaltungstäfelchen aus Persepolis erschlossen werden können, und den Praktiken und Vorstellungen, die dann in Griechenland im Laufe der Zeit unter dem Abstraktum *mageía* (oder verwandten Begriffen wie *goēteía* und *pharmakeía*) subsumiert werden, signifikante Diskrepanzen bestanden haben. Mit anderen Worten: der Übergang von einer persischen Namensbezeichnung hin zu einer griechischen Sachbezeichnung kann als Abstraktionsprozess verstanden werden, der nicht nur einen neuen Gegenstandsbereich konstituiert (die persischen *Magier* – so ist doch stark anzunehmen – haben ihre eigenen religiösen Praktiken nicht als *Magie* bezeichnet), sondern der schon zu Beginn das prinzipielle Faktum einer interkulturellen Wahrnehmungsverzerrung in sich birgt. Im Folgenden sollen nach einem kurzen Exkurs zur Forschungsgeschichte eine Auswahl wichtiger griechischer Texte jener Epoche betrachtet und einige grundlegende Überlegungen zu diesem Rezeptionsprozess angestellt werden.

6.1. Zur Forschungsgeschichte

Die klassischen Altertumswissenschaften haben in den letzten Jahrzehnten einen äußerst lebhaften Magiediskurs aufgewiesen. Hiervon zeugen zahlreiche interdisziplinär angelegte Aufsatzsammlungen,[1] mehrere Reader,[2] sowie eine ganze Reihe einschlägiger Monographien,[3] die zum Teil versuchen, das – im Gros der genannten Arbeiten als durchaus konsistent aufgefasste – Forschungsfeld *Magie in der Antike* im Rahmen neuer methodologischer und terminologischer Zugänge zu bearbeiten. Im Zuge dieser Entwicklung wurde zunehmend – auch und gerade in kritischer Auseinandersetzung mit den in Teil A skizzierten Magiedefinitionen – die (objekt- wie metasprachliche) Verwendung des Magiebegriffs bei der Auseinandersetzung mit antiken Quellentexten rekapituliert und zum Teil grundlegend

---

1 Vgl. Faraone/Obbink, *Magika Hiera. Ancient Greek Magic*.... Marvin Meyer, Paul Mirecki (Hg.), *Ancient Magic and Ritual Power. Conference on "Magic in the Ancient World", held in August 1992 at the University of Kansas*, [Religions in the Graeco-Roman world; 129], Leiden 1995. Kippenberg/Schäfer, *Envisioning Magic*.... David R. Jordan, Hugo Montgomery, Einar Thomasson (Hg.), *The World of Ancient Magic: Papers from the First International Samson Eitrem Seminar, Norwegian Institute Athens, 4-8 May 1997*, [Papers of the Norwegian Institute at Athens; 4], Bergen 1999. Leda Ciraolo, Jonathan Seidel (Hg.), *Magic and Divination in the Ancient World*, [Ancient Magic and Divination; 11], Leiden 2002. Paul Mirecki, Marvin Meyer (Hg.), *Magic and Ritual in the Ancient World*, [Religions in the Graeco-Roman World; 141], Leiden 2002. Scott Noegel et al. (Hg.), *Prayer, Magic, and the Stars in the Ancient and late Antique World*, [Magic in History], University Park 2003. Kai Brodersen, Amina Kropp (Hg.), *Fluchtafeln. Neue Funde und neue Deutungen zum antiken Schadenzauber*, Frankfurt/Main 2004. Richard L. Gordon, Francisco M. Simón (Hg.), *Magical Practice in the Latin West. Papers from the International Conference held at the Universtity of Zaragoza, 30 Sept.-1st Oct. 2005*, [Religions in the Graeco-Roman World; 168], Leiden 2010.
2 Vgl. Georg Luck (Hg.), *Arcana Mundi. Magic and the Occult in the Greek and Roman Worlds. A collection of ancient texts. Transl., annotated, and introd. By Georg Luck*, [A John Hopkins paperback: Classics], Baltimore 1985 (zweite, erweiterte Auflage: Baltimore 2006); Daniel Ogden (Hg.), *Magic, Witchcraft, and Ghosts in the Greek and Roman Worlds: A Sourcebook*, Oxford 2002.
3 Vgl. u.A. Marie T. Fögen, *Die Enteignung der Wahrsager. Studien zum kaiserlichen Wissensmonopol in der Spätantike*, Frankfurt/Main 1993. Fritz Graf, *Gottesnähe und Schadenszauber. Die Magie in der griechisch-römischen Antike*, [C. H. Beck Kulturwissenschaft], München 1996. Matthew W. Dickie, *Magic and Magicians in the Greco-Roman World*, London 2001. Naomi Janowitz, Magic in the Roman World. Pagans, Jews and Christians, London 2001. Almuth Lotz, *Der Magiekonflikt in der Spätantike*, [Habelts Dissertationsdrucke; Reihe Alte Geschichte; 48], Bonn 2005. Marcello Carastro, *La cité des mages: Penser la magie en Grèce ancienne*, [Collection HOROS], Grenoble 2006. Peter Busch, *Magie in neutestamentlicher Zeit*, [Forschungen zur Religion und Literatur des Alten und Neuen Testaments; 218], Göttingen 2006. Kimberly B. Stratton, *Naming the Witch. Magic, Ideology, & Stereotype in the Ancient World*, New York 2007. Amina Kropp, *Magische Sprachverwendung in vulgärlateinischen Fluchtafeln (defixiones)*, [StriptOralia: Reihe A, Altertumswissenschaftliche Reihe; 39/135], Tübingen 2008.

hinterfragt. Als wesentlicher Erkenntnisfortschritt der jüngeren Debatte ist insbesondere die Verwerfung negativer Denk- und Wertungsmuster zu sehen, welche den altertumswissenschaftlichen Magiediskurs seit dem ausgehenden 19. Jahrhunderts bis in die 1970er Jahre hinein stark beeinflusst hatten.

Denn das offenkundige Unbehagen, das bis zu Beginn des Zwanzigsten Jahrhunderts gegenüber als *magisch* klassifizierten Quellenbefunden in den Altertumswissenschaften bestanden hatte,[4] ist zunächst durch die Rezeption evolutionistischer (meist Frazerianischer) Theorie- und Geschichtskonzeptionen abgelöst worden, wodurch *Magie* wahlweise als archaische Vorstufe griechischer und römischer Hochkultur oder – aufgrund des unübersehbaren Übergewichts spätantiker Quellen – als religiöse Dekadenzerscheinung der späten Kaiserzeit aufgefasst werden konnte.[5] Vor allem die klassische Studie *Les mages hellénisés* von Joseph Bidez und Franz Cumont war in diesem Zusammenhang noch davon ausgegangen, dass die griechischen Quellen einen mehr oder weniger direkten Zugang zu den persischen *Magiern* erlauben würden und insofern nicht nur der terminologische, sondern auch der historische Ursprung von *Magie* im achämenidischen Reich zu finden sei.[6] Insbesondere der wichtige begriffsgeschichtliche Artikel „Paul and the Magus" von Arthur Darby Nock aus dem Jahre 1933 vertrat hierzu allerdings früh eine kritische Gegenposition und plädierte für einen genuin griechischen Ursprung des Magiebegriffs –[7]

---

4   Vgl. hierzu etwa Preisendanz' prägnante Einleitung zu den *Papyri Graecae Magicae*: „Albrecht Dieterich ließ im Sommer 1905 die Mitglieder des Heidelberger Oberseminars 'ausgewählte Stücke aus griechischen Papyri' behandeln. Unter diesem Decknamen gingen im Vorlesungsverzeichnis der Ruperto-Carola die griechischen Zauberpapyri. Denn es empfahl sich damals noch nicht für den zünftigen Philologen, sich öffentlich zur Beschäftigung mit so tiefstehenden Erzeugnissen ungebildeter Volksschichten zu bekennen, Erzeugnissen krassen Aberglaubens, denen der Name 'Literatur' nicht zukam."; Albert Henrichs (Hg.), *Papyri graecae magicae. Die griechischen Zauberpapyri. Herausgegeben und übersetzt von Karl Preisendanz. I: Unveränderter Nachdruck der zweiten verbesserten Auflage (1973). Mit Ergänzungen von Karl Preisendanz. Durchgesehen und herausgegeben von Albert Henrichs*, [Sammlung wissenschaftlicher Commentare], München 2001, V. Vgl. hierzu auch Grafs forschungsgeschichtlichen Exkurs in Graf, *Gottesnähe...*, 16/17.

5   Graf verortet die altertumswissenschaftliche Rezeption des Frazerianischen Theorie- und Geschichtsmodells bei Hermann Usener und seinem Schülerkreis um Richard Wünsch und Albrecht Dieterich, sowie schließlich deren Schüler Karl Preisendanz; vgl. Ebenda, 17-19.

6   Vgl. Joseph Bidez, Franz Cumont (Hg.), *Les mages hellénisés: Zoroastre, Ostanès et Hystaspe d'après la tradition grecque*, 2 Bände, Paris 1938. Vgl. hierzu Busch, *Magie in neutestamentlicher...*, 90: „Magie kommt dann aus dem Osten, ist dort in literarischer Tradition gepflegt worden und wurde in hellenisierter Form in der griechisch-römischen Mittelmeerwelt verbreitet"

7   Arthur D. Nock, "Paul and the Magus", in: Frederick J. Foakes-Jackson, Kirsopp Lake (Hg.), *The Beginnings of Christianity. V: Additional notes to the Commentary*, London 1933, 164-88; erneut veröffentlicht in: Zeph Stewart (Hg.), *Arthur Darby Nock. Essays on Religion and the Ancient World*, 2 Bände, Oxford 1972, 1. Band, 308-30.

eine Position, die in jüngerer Zeit noch radikaler von Richard Gordon vorgebracht wurde, der in seinem 1987 veröffentlichten Aufsatz „Aelian's Peony: the location of magic in Graeco-Roman tradition" einen etwaigen persischen Ursprung von Ritualpraktiken, die in Griechenland und Rom unter *mageía/magia* gefasst worden sind, nunmehr vollständig negiert und als bereits antike Konstruktion auffasst.[8]

Die Position Gordons markiert forschungsgeschichtlich bereits den wichtigen Schritt zu einer stärkeren Orientierung an der *historischen Semantik* des Magiebegriffs, wie sie schließlich für die Entwürfe von Fritz Graf, Peter Busch oder Marcello Carastro wesentlich ist. Entscheidend an diesen neueren – vom *linguistic turn* in den Geschichts- und Kulturwissenschaften beeinflussten – Arbeiten ist die Intention, ein wie auch immer gefasstes modernes Verständnis von *Magie* auszuklammern, um stattdessen die antiken Verwendungen des Begriffs und etwaige onomasiologische Entwicklungen zu skizzieren. Fritz Graf etwa schreibt im Abschnitt „Skizze einer Methode" seiner Monographie *Gottesnähe und Schadenszauber:* „Statt also eine strenge, aber künstliche Terminologie zu schaffen, verfolgt man die antiken Bedeutungen der Terminologie als Teil eines Diskurses über die Beziehungen zwischen Menschen und Göttern."[9] Peter Busch hält in seiner Untersuchung *Magie in neutestamentlicher Zeit* vergeichbar fest: „Die Fragestellung, die wir in dieser Studie an die antiken Texte richten, wird eine andere sein. Wir fragen nicht, ob die Handlungen und Worte Jesu und der frühen Christen 'magisch' sind. Wir fragen, inwieweit und warum diese als 'magisch' verstanden wurden. Hierbei kommen die antiken Texte selbst zu Wort".[10]

Gleichwohl wirken auch diese neueren Entwürfe nach wie vor inkonsistent hinsichtlich einer klaren Unterscheidung von quellenimmanenter und metasprachlicher Verwendung des Magiebegriffs. Wenngleich Fritz Graf die akademischen Schwierigkeiten mit dem Magiebegriff belesen skizziert, suggeriert er doch in zahlreichen Formulierungen, dass er an einem substanziellen Gegenstandsbereich *Magie* nach wie vor festhält – ohne die-

---

8 Richard Gordon, „Aelian's Peony: the location of magic in Graeco-Roman tradition", v.a. 74ff, in: Elinor S. Shaffer (Hg.), *Comparative Criticism: A Yearbook 9*, Cambridge 1987, 59-95.
9 Graf, *Gottesnähe*..., 23.
10 Busch, *Magie in neutestamentlicher*..., 17. Vergleichbar auch die Feststellung Alan F. Segals in seinem wichtigen Aufsatz „Hellenistic Magic: Some Questions of Definition": "The most interesting question for scholarship, as I see it, is not wether the charge of magic against Jesus is true or not. Since he does not claim the title, there can be no possible demonstration or disproof of a charge which is a matter of interpretation in the Hellenistic world. The most interesting question for scholarship is to define the social and cultural conditions and presuppositions that allow such charges and counter-charges to be made."; Alan F. Segal, „Hellenistic Magic: Some Questions of Definition", 369/70, in: Roelof van den Broek, Maarten J. Vermaseren (Hg.), *Studies in Gnosticism and Hellenistic Religions. Presented to Gilles Quispel on the occasion of his 65. birthday*, [Études préliminaires aux religions orientales dans l'Empire romain; 91], Leiden 1981, 349-375.

sen wiederum klar zu fassen und insbesondere von (antiker) *Religion* zu unterscheiden.[11] Peter Busch hält trotz seines erklärtermaßen *emischen* Ansatzes an einer metasprachlichen Unterscheidung von *Magie* und *Religion* fest und ordnet „'Magie' in das weite Feld der 'Religion' als eine mögliche Ausdrucksform"[12] ein – eine Unterscheidung, die angesichts des weiteren Verlaufs seiner Arbeit mehr verwirrt als hilfreich ist. Auch Matthew Dicki mutet mitunter kurios an, wenn er während der Analyse früher griechischer Texte schreibt: „The overarching category so formed is surely to be identified with a concept that denotes much the same set of activities as does our concept of magic"[13] – eine ausreichende Problematisierung dessen, was denn „our concept of magic" sei, sucht man in Dickis Studie vergeblich.[14]

Die Schwierigkeit einer Vermengung antiker und moderner Terminologie(n) und Semantik(en) wird in einigen rezenten Entwürfen schließlich dadurch umgangen, dass die Existenz klar identifizierbarer antiker Bedeutungsinhalte von *Magie* mitunter ganz in Frage gestellt wird. Stattdessen wird – dies wurde bereits in Kapitel 1 angesprochen – argumentiert, dass der Magiebegriff und seine Synonyma in der griechischen und römischen Antike lediglich als Ausgrenzungskategorie für den „gefährlichen Anderen",[15] als „Religion des Anderen"[16] oder nach Charles R. Phillips III als „a persuasive way to denigrate one's theological opposition"[17] fungiert hätten;

---

11 Dies zeigt sich bereits prägnant bereits in den ersten Zeilen seiner Monographie: „Magie ist ein fester Bestandteil der antiken Religionen Griechenlands, Roms, des alten Italien."; Graf, *Gottesnähe*..., 9.
12 Busch, *Magie in neutestamentlicher*..., 15.
13 Dicki, *Magic and Magicians*..., 34. Vergleichbar Ebenda, 21, „the concept of mageía was at first very far from being coextensive with the notion of magic with which we operate", oder Ebenda, 40: „The concept of magic, present in the Greek world of the fifth century BC and particularly in Athens, [...] tallies in large measure but not entirely with the concept of magic with which the Western world is familiar."
14 Lediglich zu Beginn des 1. Kapitels („The Formation and Nature of the Greek Concept of Magic") finden sich einige Zeilen zur möglichen Fremdartigkeit einer (modernen) Unterscheidung von *Magie* und *Religion* in der griechischen und römischen Antike und der Wunsch, „to understand the Greeks and the Romans in their own terms." (Ebenda, 19); dass Dicki daraufhin dennoch fortlaufend einen (definitorisch nicht explizierten) modernen, substanziellen Magiebegriff zur Auswahl, Strukturierung und Analyse seiner Quellentexte verwendet, scheint für ihn kein weiteres Problem darzustellen.
15 Vgl. Kippenberg/von Stuckrad, *Einführung in die Religionswissenschaft*..., 155-163.
16 Vgl. Zinser, *Der Markt der Religionen*, 93-110.
17 Vgl. Phillips III, "The Sociology of Religious Knowledge...", 2711: „A charge of magic represented a persuasive way to denigrate one's theological opposition: the opposition would have to 'prove' that its alleged powers derived from the 'right' cosmic forces." Vergleichbar ist auch die Position John Gagers: „When looked at from the perspective of the center and ist values, this negative use of mageía usually amounts to little more than the claim that what we do is religion and what they do is magic. And so the term has been used pretty much ever since"; John G. Gager, „Moses The Magician: Hero of an Ancient Counter-Culture?", 183, in: *Helios 21 (1994)*, 179-188.

auch zwei neuere Monographien zum Magiekonflikt der Spätantike nehmen im Wesentlichen eine solche devianztheoretische Position ein.[18] Die konzeptionelle Ausrichtung dieser – letztlich in der Denktradition Huberts, Mauss' und Durkheims stehenden – Arbeiten impliziert, dass der semantische Gehalt des antiken Magiebegriffs scheinbar ganz vernachlässigt und dadurch mit einem moderneren Verständnis von *Magie* gar nicht erst verwechselt werden könne; in den Worten Michael Beckers: „Demnach läge ‚bloß' ein den sozialen Gegebenheiten angepaßtes Abgrenzungsverfahren vor, welches den ‚Magie'-Vorwurf pragmatisch einsetzt. Entsprechende Vorwürfe werden dabei als strategische Argumente verstanden, mit deren Hilfe sozial abweichendes Verhalten attackiert wird."[19] Wenngleich die Devianzthese einiges für sich hat, schießt deren pauschale Postulierung für die griechische und römische Antike doch weit über das Ziel hinaus. Nicht nur werden dadurch diejenigen Quellen ausgeblendet, in denen der Magiebegriff durchaus zur positiven, identifikatorischen Sach- oder gar Selbstbezeichnung verwendet wird;[20] die Devianzthese kann auch weiteren, semantisch durchaus gehaltvollen und nicht primär im Zeichen von Polemik stehenden (etwa literarischen) – antiken Rezeptionen des Magiebegriffs nicht gerecht werden.[21]

Im Folgenden soll die in den Altertumswissenschaften nunmehr etablierte Orientierung an antiker Terminologie übernommen, durch die Frage nach dem rezeptions- und diskursgeschichtlichen Kontext sowie der Motivation und etwaigen Ethnozentrik der Autoren ergänzt und vor dem Hintergrund der oben genannten Problematik des akademischen *Zerfalls der Kategorie* radikalisiert werden. Aus Sicht der vorliegenden Untersuchung ist das Gros der bis dato vorgelegten altertumswissenschaftlichen Entwürfe dadurch gekennzeichnet, dass eine wie auch immer gedachte moderne Kategorie *Magie* nicht fundamental hinterfragt wurde und dadurch als Verstehensfaktor im analytischen Hintergrund der Forschungsarbeit wirksam

---

18 Vgl. Naomi Janowitz, *Magic in the Roman World. Pagans, Jews and Christians*, London 2001; Almuth Lotz, *Der Magiekonflikt in der Spätantike*, [Habelts Dissertationsdrucke; Reihe Alte Geschichte; 48], Bonn 2005.
19 Becker, „Die 'Magie'-Problematik der Antike...", 6.
20 Vgl. ausführlicher unten, Kap. 9.
21 Vgl. zur Problematisierung der Devianzthese insgesamt Becker, „Die 'Magie'-Problematik in der Antike...", 6f, bes. 8: „Es wäre deshalb nicht korrekt, ausschließlich die soziale Realität der ‚Magie'-Vorwürfe zu berücksichtigen. Mehr noch, es wäre kurzschlüssig, ausschließlich devianztheoretische Interpretationsmuster an die antiken Phänomene anzulegen. Und genauso wenig dienlich wäre es für ein authentisches Verständnis, wollte man sich der ethnisch bestimmten Abgrenzungsstrategien durch den Vorwurf ‚ethnozentrischen' Denkens entledigen. Entgegen diesen Anachronismen ist vielmehr mit der individuellen Realität des ‚Magie'-Phänomens zu rechnen, bei der sowohl die ‚Magier' als auch die ‚Magie'-Anwender in den Blick kommen müssen."

war. Im Folgenden soll hingegen versucht werden, den *Zerfall der Kategorie* als hermeneutische Forschungsperspektive ernst zu nehmen und auf die Applikation eines substanziellen Magiebegriff bei der Analyse von Quellentexten zu verzichten – auch und gerade dann, wenn das Etymon in diesen selbst vorkommt. Dabei wird auch die Übersetzungsproblematik zur Sprache kommen – die eindimensionale Übersetzung griechischer und lateinischer Termini mit *Magie* oder *Zauberei* (und entsprechender fremdsprachiger Synonyma) ist hinsichtlich ihres semantischen Aussagewerts – angesichts der in Kapitel 1 angesprochenen Fragwürdigkeit des *transzendentalen Signifikats* und dem in Kapitel 2 beschriebenen *Zerfall der Kategorie* – gleichfalls in Frage zu stellen.

6.2. Rezeptionsgeschichtlicher Kontext: Die *persischen Magier*

Sowohl Fritz Graf, als auch Matthew Dicki und Marcello Carastro legen bei der Analyse der formativen Periode des Magiebegriffs im Griechenland des 5. Jahrhunderts vor Christus ihren argumentativen Schwerpunkt auf griechische Texte. Wenngleich die griechische Rezeption der persischen *Magier* ein viel diskutierter Untersuchungsgegenstand der historischen Forschung war und ist,[22] bleibt der persische Hintergrund der *mágoi* in Untersuchungen zum griechischen Magiebegriff doch meist seltsam unbestimmt. Dabei lassen sich möglicherweise durch die Kontrastierung von (griechischer) Außen- und (persischer) Innenperspektive wertvolle Erkenntnisse für die Genese des Magiebegriffs im klassischen Griechenland gewinnen. Im Folgenden soll daher zunächst eine Skizze zu möglichen Funktionen und Tätigkeiten jener „iranisch-zarathuštrische[n] Spezialisten"[23] in ihrem ursprünglichen kulturhistorischen Kontext – dem persisch-achämenidischen Großreich – erstellt werden.

Beginnt man bei den persischen Quellen, findet man den ersten wichtigen Beleg in der berühmten dreisprachigen Inschrift bei Behistûn.[24] Freilich bleibt die Rolle des *Magiers* (altpers. *maguš*)[25] Gaumata in dieser Rechtfertigungsschrift für die Machtübernahme Dareios' I. unklar. War Gaumata, der

---

22 Vgl. bes. das oben genannte Werk Bidez, Cumont, *Les mages hellénisés....* Wichtig in neuerer Zeit ist Albert de Jong, *Traditions of the Magi: Zoroastrianism in Greek and Latin Literature*, Leiden 1997, v.a. 387-403. Vgl. außerdem Peter Kingsley, "Meetings with Magi: Iranian Themes among the Greeks, from Xanthus of Lydia to Plato's Academy,", in: *Journal of the Royal Asiatic Society 5 (1995)*, 173-209.

23 Michael Stausberg, *Die Religion Zarathushtras. Geschichte – Gegenwart – Rituale*. Band 1, Stuttgart 2002, 475.

24 Vgl. zur Inschrift Friedrich Wilhelm König, *Relief und Inschrift des Königs Dareios I am Felsen von Bagistan*, Leiden 1938.

sich laut Inschrift fälschlicherweise für Bardiya (bei Herodot: Smerdis),[26] den Bruder des Herrschers Kambyses II., ausgegeben und auf diese Weise den Thron bestiegen hatte, einer der medischen Priester, die später Herodot beschreibt? Oder ist die Darstellung der Inschrift vielmehr als Propaganda zu betrachten, mit der die (gleichfalls usurpatorische) Herrschaftsübernahme Dareios' I. legitimiert werden sollte?[27] In jedem Fall ist die Figur Gaumatas zu unklar, um etwa eine generell negative Konnotation der *Magier* im persischen Großreich anzunehmen, die später ihre Entsprechung in Griechenland gehabt haben soll.[28]

Eine solche Konnotation ist um so unwahrscheinlicher, wenn man die elamitischen Verwaltungstäfelchen aus Persepolis hinzu zieht,[29] die in die darauf folgenden Regierungszeiten Dareios' I. und Xerxes' I. fallen[30] – also jene Zeitspanne, in der die griechischen Poleis der kleinasiatischen Küste bereits unter persischer Herrschaft standen und möglicherweise vermehrt mit *mágoi* in Kontakt gekommen sind.[31] In den Verwaltungstäfelchen werden unter Anderem Lieferungen für Opferrituale aufgeführt und die jeweils verantwortlichen Personen genannt: „Am häufigsten sind auf den Täfelchen die 'Magier' vertreten".[32] Insbesondere das wichtigste hierbei erwähnte Opfer, das *d.lan*, das aller Wahrscheinlichkeit nach an *Ahuramazdā* entrichtet wurde, fiel unter den Aufgabenbereich der *Magier*, die außerdem noch Opfer für iranische Gottheiten durchführten.[33] So deuten die Verwaltungstäfelchen darauf hin, dass der offizielle Kult der Persis unter Dareios I. *Ahuramazdā* gewidmet war – worauf seine direkte Herr-

---

25 Vgl. zur persischen Etymologie de Jong, *Traditions of the Magi*..., 387: „These words [die griechische Wortgruppe um den *mágos*; d. Verf.] derive from the Old Persian appellative for a priest *magu*- (nom. *Maguš*), etymologically related to Av. *mogu*- which appears to have meant '(member of a) tribe'."; Kursivsetzung de Jong.
26 Vgl. Herodot, *Historien* III, 30f.
27 Vgl. zur Diskussion ausführlich Gregor Ahn, *Religiöse Herrscherlegitimation im Achämenidischen Iran. Die Voraussetzungen und die Struktur ihrer Argumentation*, [Acta Iranica. Troisième Série: Textes et Mémoires; 31], Leiden 1992, 144-158; sowie Richard N. Frye, *History of Ancient Iran*, [Handbuch der Altertumswissenschaft; Abt. 3, Teil 7], München 1984, 96ff.
28 Daniel Ogden wirkt in diese Richtung suggestiv: Daniel Ogden, *Magic, Witchcraft and Ghosts*..., 37. Vgl. auch Graf, *Gottesnähe*..., 24: „Daß die Perser selber auch weniger positiv von ihren mágoi dachten, zeigt wenigstens die große Inschrift von Dareios I., in welcher der falsche Smerdis als *maguš* abqualifiziert wird."; Kursivsetzung Graf.
29 Vgl. Richard T. Hallock (Hg.), *Persepolis Fortification Tablets. By Richard T. Hallock*, [The University of Chicago; Oriental Institute Publications; 92], Chicago 1969.
30 Vgl. zusammenfassend Stausberg, *Die Religion*..., 183f.
31 Diese naheliegende, wenn auch nicht konkret belegbare Hypothese findet sich u. A. bei Martin West, *Early Greek Philosophy and the Orient*, Oxford 1971, 240/41 sowie Walter Burkert, *The Orientalizing Revolution. Near Eastern Influence on Greek Culture in the Early Archaic Age*, Cambridge 1992, 41-46.
32 Heidemarie Koch, *Es kündet Dareios der König... Vom Leben im persischen Großreich*, [Kulturgeschichte der antiken Welt; 55], Mainz 1992, 179.
33 Vgl. insgesamt ebenda, 276-286.

6.2. Rezeptionsgeschichtlicher Kontext: Die persischen Magier 151

schaftsableitung in der Behistûn-Inschrift ja hindeutet –,[34] dass aber die Verehrung einer Vielzahl von Göttern erlaubt war.[35] Der *maguš* tritt dabei als ranghoher Opferpriester in Erscheinung, dem „neben religiösen auch etwa Erziehungs-, Verwaltungs- und andere Aufgaben oblagen".[36] Dabei bleibt die Rolle beziehungsweise Tragweite des Zoroastrismus sowohl im Kontext des persischen Reichskultes wie auch des *maguš* unklar – ein Problem, auf das hier trotz diverser interessanter Bezüge[37] nicht weiter eingegangen werden kann.[38]

Wendet man sich nun der wichtigsten griechischen Quelle zu den persischen *Magiern* zu – den berühmten *Historien* Herodots (* 490/480 v. Chr.; † um 424 v. Chr.) –, zeigt sich ein ähnliches, wenn auch vielschichtigeres Bild, das aufgrund der griechischen Perspektive und Parteinahme Herodots frei-

---

34 Vgl. Zeile I, 5 der Inschrift: König, *Relief und Inschrift...*, 36: „Es kündet König Dārejawōš: Nach dem Willen Ōramazdā's bin ich König. Mir übergab Ōramazdā die Erdenherrschaft."; Textsetzung vereinfacht. Vgl. auch Koch, *Es kündet...*, 286.

35 Vgl. Josef Wiesehöfer, *Das antike Persien. Von 550 v. Chr. bis 650 n. Chr.*, [Albatros im Patmos Verlagshaus], Düsseldorf 2005, 147: „Sie [die Verwaltungstäfelchen; d. Verf.] beweisen, daß die Könige – wie wir es für Kyros und Xerxes bereits an anderer Stelle betont hatten – den Untertanen die Verehrung einer Vielzahl von Göttern erlaubten (und sie sogar dabei unterstützten)."

36 Ebenda, 148.

37 So findet sich eine mögliche Sprachwurzel des *maguš* bereits im Avesta, und wird beispielsweise von Mary Boyce in enge semantische Nähe zur Lehre Zarathustras gesetzt: Mary Boyce, *A History of Zoroastrianism. I: The early period*, [Handbuch der Orientalistik; 1. Abt.: Der Nahe und der mittlere Osten; 8. Band: Religion; 1. Absch.: Religionsgeschichte des alten Orients; Lieferung 2, Heft 2A], Leiden 1975, 10/11 sowie v.a. 250/51. In zoroastrischen Texten der Sassaniden-Zeit bezeichnet *magu* zudem einen (zoroastrischen) Priester, insbesondere im Kontext des Titels *magupati* (*Hauptpriester*): Mary Boyce, *A History of Zoroastrianism. II: Under the Achaemenians*, [Handbuch der Orientalistik; 1. Abt.: Der Nahe und der mittlere Osten; 8. Band: Religion; 1. Absch.: Religionsgeschichte des alten Orients; Lieferung 2, Heft 2A], Leiden 1982, 229. In Anlehnung hieran wird schließlich auch der sassanidische Hohepriester Kerdīr mit der Ableitung *mowbed* bezeichnet: Stausberg, *Die Religion...*, 223/24. Dass das (neupersische) *mobed* auch heute noch einen zoroastrischen Ritualpriester bezeichnet, wirft vor dem Hintergrund der oben ausgearbeiteten Ethnozentrismus-These einen kuriosen Schatten auf die abendländisch-europäische Rezeptionsgeschichte des Magiebegriffs.

38 Vgl. zu den hierbei relevanten, aber nur hypothetisch beantwortbaren Fragen Josef Wiesehöfer, *Das antike Persien...*, 148: „Waren sie es, durch die der Zoroastrismus auch in der Persis Platz griff? Oder war nur ein Teil von ihnen 'zoroastrisiert', ein anderer jedoch nicht? Oder hat erst Dareios die Magier zu zoroastrischen Funktionsträgern gemacht?" Zu einer Übersicht über die Fülle an – mitunter obskuren – weiteren Spekulationen vgl. de Jong, *Traditions of the Magi...*, 387-90. Besonders kurios etwa Elias J. Bickerman und Hayim Tadmor, die in ihrem Aufsatz „Darius I, Pseudo-Smerdis, and the Magi" die These vertreten, dass der *maguš* bereits im achämenidischen Reich nicht als Priester, sondern nurmehr als *wizard* angesehen worden sei: Elias J. Bickerman, Hayim Tadmor, „Darius I, Pseudo-Smerdis, and the Magi", v.a. 259f, in: *Athenaeum 56 (1978)*, 239-261. De Jong konstatiert hier nur: „That the Magi were not priests depends on one's definition of the category 'priest'."; de Jong, *Traditions of the Magi...*, 390.

lich kritisch gelesen werden muss. Im ersten Buch, einer Skizze persischer Geschichte bis zur Gründung des Großreichs unter Kyros II., werden die *mágoi* zunächst allgemein als Stamm der Meder eingeführt –[39] eine Behauptung, für die es leider keine weiteren Belege gibt.[40] Einige „Traumdeuter unter dem Magiern [ὑπερφέμενος δε τῶν μάγων]"[41] treten an prominenter Stelle des Buches auf, indem sie durch etwas unglückliche Deutungen mehrerer Träume des Astyages seine spätere Niederlage gegen seinen Enkel Kyros mitbedingen, sodass Astyages diese schließlich auch hinrichten lässt.[42] Neben der Traumdeutung ist es das Opfer, das als wichtiger Aufgabenbereich der persischen *mágoi* geschildert wird; an zentraler Stelle des persischen Opferrituals sängen die *mágoi* „das Lied von der Erschaffung der Götter [ἐπαοιδει θεογονίην]", nach Herodot ein Akt von großer Bedeutung, da die Perser ohne die Mithilfe eines *Magiers* gar nicht opfern würden.[43] An anderer Stelle im ersten Buch – im Kontext der Schilderung persischer Begräbnissitten – gibt Herodot einen relativ abwertenden Exkurs zum Umgang der *mágoi* mit dem Töten von Tieren.[44]

Nach der oben bereits angesprochenen Zusammenfassung der Niederwerfung Gaumatas durch Dareios I. im dritten Buch werden die *mágoi* vor allem im siebten Buch der *Historien* wieder ausführlicher geschildert. Während der Beschreibung des Rachefeldzugs Xerxes' I. gegen die griechischen

---

39 Herodot, *Historien* I, 101f. Im Folgenden wird mit der zweisprachigen Edition von Josef Feix gearbeitet: Josef Feix (Hg.), *Herodot. Historien. Erster Band. Griechisch-deutsch. Herausgegeben von Josef Feix*, [Tusculum-Bücherei], München 1963. Zur Stelle Ebenda, 98/99.

40 Vgl. Ogden, *Magic, Witchcraft and Ghosts*..., 37: „Herodotus is the only source to assert the Median origin of the mages. He may be right, but the claim may be based on nothing more substantial than the Greek folk etymology that derived the name of the Medes from Medea".

41 Herodot, *Historien* I, 107f (Feix, *Herodot*..., Band 1, 102/03): „Als er die Traumdeuter unter den Magiern [ὑπερφέμενος δε τῶν μάγων] nach der Bedeutung fragte und sie ihm genau alles erklärten, geriet er in arge Furcht."

42 Herodot, *Historien* I, 120f sowie 128f.

43 Herodot, *Historien* I, 132 (Feix, *Herodot*..., Band 1, 128/129): „Der opfernde darf nicht für sich allein um alles Gute bitten, sondern er betet darum für alle Perser und den König; denn er gehört ja auch dazu. Wenn er das Opfertier in Stücke zerschnitten und das Fleisch gekocht hat, legt er alles Fleisch auf frisches Gras, meist auf Klee, den er als Unterlage hinstreut. Nach diesen Vorbereitungen tritt ein Magier heran und singt das Lied von der Erschaffung der Götter [ἐπαοιδει θεογονίην]. Das ist nach ihrer Behauptung der Inhalt des Opfergesangs. Ohne Mithilfe eines Magiers ist es bei ihnen nicht Brauch zu opfern."

44 Herodot, *Historien* I, 140 (Feix, *Herodot*..., Band 1, 132/33): „Ihre Begräbnissitten aber halten sie geheim. Nur undeutlich erfährt man, daß die Leiche eines Persers erst bestattet wird, nachdem ihn ein Vogel oder ein Hund umhergezerrt hat. Ich weiß, dass die Magier dies tun [μάγους μὲν γὰρ ἀτρεκέως οἶδα ταῦτα ποιέοντας]; daraus machen sie keinen Hehl. Wenn sie dann den Leichnam mit Wachs überzogen haben, legen die Perser ihn auf jeden Fall in die Erde. Die Magier unterscheiden sich wesentlich von den anderen Menschen und von den Priestern in Ägypten. Diese töten kein Tier außer dem Opfertier, um sich nicht zu verunreinigen. Die Magier dagegen töten mit eigener Hand alles außer Hund und Mensch. Sie vertilgen Ameisen, Schlangen und andere Kriechtiere und Vögel in einem förmlichen Wetteifer."

6.2. Rezeptionsgeschichtlicher Kontext: Die persischen Magier 153

Poleis, der wie der Feldzug Dareios' I. zehn Jahre zuvor mit der Niederlage des persischen Heers enden wird, treten die *mágoi* mit – aus persischer Sicht angesichts des späteren Kriegsverlaufs – erneut irreführenden Traumdeutungen in Erscheinung.[45] Daraufhin schildert Herodot an wichtigen geographischen Orten des Feldzuges diverse Opferrituale, die durch die *mágoi* durchgeführt werden;[46] der Historiker bringt die *mágoi* hierbei auch mit Menschenopfern in Verbindung.[47] Gegen Ende des siebten Buches beschwichtigen die *mágoi* schließlich jenen Sturm, durch den die persische Flotte laut Herodot kurz vor der Schlacht bei Salamis über 400 Schiffe verloren habe, durch Opferungen und Gesänge an den Wind und lokale (griechische) Meeresgottheiten, von denen die *mágoi* von den ionischen Griechen gehört hätten;[48] der Sturm, so berichtet Herodot vorsichtig, sei mögli-

---

45 Herodot, *Historien* VII, 19, sowie v.a. 37 (Feix, *Herodot*..., Band 2, 902/03): „Gerade als es [das Heer; d. Verf.] abzog, wich die Sonne von ihrem Platz am Himmel und verschwand, obgleich keine Wolken, sondern ganz klarer Himmel zu sehen war; und aus Tag wurde Nacht. Als Xerxes dies bemerkte und erfaßte, wurde er nachdenklich. Er fragte die Magier, was diese Erscheinung zu bedeuten habe [καὶ εἴρετο τοὺς μάγους τὸ θέλει προφαίνειν τὸ φάσμα]. Die aber erklärten, der Gott künde den Griechen den Verlust ihrer Städte an; denn die Sonne, so sagten sie, zeige den Griechen die Zukunft, ihnen selbst aber der Mond. Über diese Nachricht war Xerxes sehr froh und ließ das Heer weiterziehen."
46 Vgl. u.A. Herodot, *Historien* VII, 43 (Feix, *Herodot*..., Band 2, 906/07): „Als das Heer den Skamandros erreichte – das war der erste Fluß seit ihrem Aufbruch von Sardes, der versiegte und nicht genug Wasser für Mensch und Vieh zum Trinken mitführte –, als Xerxes an diesen Fluß kam, stieg er hinauf nach Pergamon, der Stadt des Priamos, die er gern sehen wollte. Nachdem er die Burg besichtigt und sich alles darüber im einzelnen hatte erzählen lassen, opferte er der Athene von Ilion 1000 Rinder, die Magier spendeten den Heroen Trankopfer [κοὰς δὲ οἱ μάγοι τοῖσι ἥρωσι ἐκέαντο]. Danach überfiel das Heer Furcht in der Nacht."; Daniel Ogden interpretiert die Stelle dahingehend, dass die *Magier* mit der Fähigkeit „to manipulate the dead" dargestellt würden; die im Text angesprochenen Heroen (die Gefallenen des trojanischen Krieges) seien – so die Suggestion Herodots – von den *Magiern* durch ihr Opfer erweckt worden und hätten dadurch dem Heer in der Nacht Angst eingejagt: Ogden, *Magic, Witchcraft and Ghosts*..., 38.
47 Herodot, *Historien* VII, 113f (Feix, *Herodot*..., Band 2, 949/50): „Die Magier brachten dem Fluß [Strymon; d. Verf.] ein Opfer dar und schlachteten weiße Pferde [ἐς τὸν οἱ Μάγοι ἐκαλλιερέοντο σφάζοντες ἵππους λευκούς]. Nachdem sie den Fluß damit und durch andere zahlreiche Riten dazu beschworen hatten [φαρμακεύσαντες δὲ ταῦτα ἐς τὸν ποταμὸν καὶ ἄλλα πολλὰ πρὸς τούτοισι], zogen sie bei den 'Neunwegen' im Lande der Edonen über die Brücke, die sie über den Strymon gebaut vorfanden. Als sie erfuhren, dass die Gegend 'Neun-Wege' heißt, begruben sie dort ebenso viele eingeborene Knaben wie Mädchen lebendig als Opfer. Es ist persische Sitte, Menschen als Opfer lebendig zu begraben."
48 Herodot, *Historien* VII, 191/92 (Feix, *Herodot*..., Band 2, 1014/15): „Da die Kommandanten der Flotte nach diesem Schaden einen Angriff der Thessaler fürchteten, bauten sie einen hohen Wall aus Schiffstrümmern um das Lager; denn der Sturm hielt drei Tage an. Endlich beschwichtigten ihn die Magier durch Tierspenden und Zaubersprüche an den Wind, dazu durch Opfer für Thetis und die Nereiden. Da legte sich der Sturm am vierten Tage; vielleicht tat er es auch von selbst [τέλος δὲ ἐντόμα τε ποιεῦντες καὶ καταείδοντες βοῇσι οἱ Μάγοι τῷ ἀνέμῳ, πρὸς δὲ τούτοισι καὶ τῇ Θέτι καὶ τῇσι Νηρηῒσι θύοντες ἔπαυσαν τετάρτῃ ἡμέρῃ ἢ ἄλλως κως αὐτὸς ἐθέλων ἐκόπασε]. Sie opferten der Thetis, weil sie von den Ioniern die Sage hörten, sie sei von Peleus aus dieser Gegend entführt worden; ihr und den übrigen Nere-

cherweise von den Athenern selbst durch Gebete und Opfer an den Nordwind *Boreas* herbeigerufen worden.[49]

Wenngleich Herodot insgesamt sicherlich ein tendenziöser, stellenweise ethnozentrischer[50] und häufig perserfeindlicher Duktus unterstellt werden kann,[51] zeichnet er doch ein relativ genaues – und mit dem Befund aus den elamitischen Verwaltungstäfelchen durchaus kohärent gehendes – Bild der *mágoi* als ranghohe religiöse Spezialisten der Persis, die in direktem Kontakt mit dem Herrscherhaus stehen und alle Arten des Transzendenzbezugs für die persischen Könige regeln. Dabei decken sie ein Spektrum an Tätigkeiten ab – Zukunftsdeutung, Opfer- und Postmortalitätsrituale, sowie Kontrolle beziehungsweise Manipulation von Naturgewalten –[52] das sie als Priesterkaste mit weitreichenden Kenntnissen und Befugnissen kennzeichnet; hinsichtlich dieses Tätigkeitsbereichs stehen sie – ganz abstrakt gefasst – durchaus in funktionaler Nähe zum griechischen Götter-, Divinations- und Opferkult, sodass die Beschreibungen Herodots hier an Vertrautes aus den Traditionen Griechenlands anknüpfen konnten.

Gleichwohl mögen Herodots Beschreibungen der persischen *Magier* auch befremdlich auf den griechischen Leser beziehungsweise Hörer – Herodot hat Mitte des 5. Jahrhunderts auch Vorträge aus seinem Werk in Athen gehalten – gewirkt haben. Zum einen werden die *mágoi* insgesamt als fehlbar gekennzeichnet; die Traumdeutungen in den *Historien* leiten allesamt in die Irre, wobei deren Scheitern als Teil des Scheiterns von Xerxes und Dareios – also für die gesamte Dramaturgie des Werkes – unumgänglich erscheint. Aufgrund solcher dramaturgischer Notwendigkeiten

---

iden gehöre die ganze Küste Sepias." Die Lesung von βοῇσι durch Feix ist umstritten (eigentlich: *durch Geschrei/Rufen*), Ogden liest hier γοῇσι, und vermutet, dass Herodot bereits „mages [mágoi] and sorcerers [goêtes]" unterschieden habe: „At last the mages made sacrifices to the dead [entoma] and sang an incantation [kataeidontes] to appease the wind with the help of sorcerers [goêsi]."; Ogden, *Magic, Witchcraft and Ghosts...*, 38. Hier wird an der Lesart von Feix festgehalten.

49 Herodot, *Historien* VII, 188f (Feix, *Herodot...*, Band 2, 1012/13): „Man erzählt sich, die Athener hätten den Nordwind auf Grund eines Götterspruchs herbeigerufen. […] Während sie bei Chalkis auf Euboia vor Anker lagen und erfuhren, daß das Unwetter zunehme, oder auch schon früher, opferten und beteten sie zu Boreas und der Oreithyia, ihnen beizustehen und die Schiffe der Barbaren zu zerstören wie einst am Athos. Jedenfalls behaupteten die Athener, Boreas habe ihnen früher schon beigestanden und sie auch jetzt erhört. Als sie heimkamen, errichteten sie dem Boreas am Fluß Ilissos ein Heiligtum."

50 Vgl. etwa die Deutung Gregor Ahns von *Historien* VII, 34, der Auspeitschung des Hellesponts durch Xerxes, welcher von Herodot hier als brutaler Despot dargestellt wird. Ahn kennzeichnet die Stelle als Ethnozentrismus und argumentiert, dass Xerxes durchaus innerhalb etablierter persisch-religiöser Deutungsmuster von Natur gehandelt habe: Gregor Ahn, „Ethnozentrismen...", 45/46.

51 Vgl. ausführlich Marcello Carastro, *La cité des mages...*, 17-36.

52 Vgl. zu dem letzten Punkt die oben genannte Beschwörung des Sturmes in *Historien* VII, 191f, die Beschwörung der Heroen in *Historien* VII, 43, sowie die Auspeitschung des Hellespont – wodurch ein sprichwörtlicher Machtanspruch über die Naturgewalten als Bestandteil persischer Weltsicht suggeriert wird – in *Historien*, VII, 34f.

6.2. Rezeptionsgeschichtlicher Kontext: Die persischen Magier

hat sich in der Sekundärliteratur zu Herodot nicht umsonst die sogenannte *Liar school* gebildet, die die Authentizität seiner Daten und Quellen grundlegend in Frage stellt und den Historiker mithin als Märchenerzähler stilisiert.[53] Doch auch das unleugbare Faktum der militärischen Niederlage Persiens gegen die griechischen Stadtstaaten – die aus griechischer Sicht freilich eine sehr viel größere Bedeutung hatte als aus persischer – mag den Eindruck einer prinzipiellen Fehlbarkeit der persischen *Magier* in der Hellas evoziert haben; mithin ließe sich hiervon sogar die Denotation der *Scharlatanerie* ableiten, die in das griechische Abstraktum einfließen wird.[54]

Trotz dieser prinzipiellen Fehlbarkeit werden die *mágoi* insgesamt als machtvolle Opferpriester geschildert, die in engem Kontakt mit den Göttern und den Toten stehen und mittels Ritualpraktiken auch die Naturgewalten beeinflussen können. Wenngleich Opferkult, Anrufung der Götter sowie der Versuch, (wiederum vorrangig durch Opfer und Gebet) auf Natur und Schicksal Einfluss zu nehmen, gleichfalls als Bestandteile griechischer Religion betrachtet werden können,[55] fehlte in der Hellas ein vergleichbar dominanter Priesterstand, der – zumindest aus griechischer Sicht – den Machtbefugnissen des *mágos* in der Persis gewachsen war:[56] „Herodot stellt verwundert fest, daß Perser bei jedem Opfer einen Magier zuziehen müssen; bei den Griechen opfert, wer immer den Wunsch und die Mittel hat, auch Hausfrauen, auch Sklaven."[57] Mit anderen Worten: der persische *Magier* wird als Hohepriester eines riesigen, zentralisierten persischen Großreichs mit einer gesellschaftspolitischen Macht geschildert, welche die Bedeutung der griechischen Priesterschaft in den dezentral organisierten,

---

53 Vgl. v.a. Detlev Fehling, *Die Quellenangaben bei Herodot. Studien zur Erzählkunst Herodots*, [Untersuchungen zur antiken Literatur und Geschichte; 9], Berlin 1971. Zum Problembereich allgemein Hartmut Erbse, *Fiktion und Wahrheit im Werke Herodots*, [Nachrichten der Akademie der Wissenschaften in Göttingen; Philologisch-historische Klasse; Jg. 1991, Nr. 4], Göttingen 1991. Prägnant Martin Hose, „Am Anfang war die Lüge? Herodot, der 'Vater der Geschichtsschreibung'", in: Ders. (Hg.), *Große Texte alter Kulturen. Literarische Reise von Gizeh nach Rom*, Darmstadt 2004, 153-174.

54 Vgl. auch Gordon, „Aelian's peony...", 79: „Moreover, since the Greeks had beaten off the Persian attack, it must be that Greek religion was superior to Persian; the elaborate rituals of the *magi* were form, with no ability to produce effects claimed. Certainly the dominant explanation in the fifth century for the Greeks' surprising success against the Persians was religious: the Persians had been punished for excess and pride."

55 Vgl. zu letzterem Punkt besonders Walter Burkert, *Griechische Religion der archaischen und klassischen Epoche*, [Die Religionen der Menschheit; 15] Stuttgart 1977, v.a. 126ff.

56 Vgl. Burkert, *Griechische Religion...*, 157f: „Man könnte die griechische Religion geradezu eine Religion ohne Priester nennen: es gibt keinen Priesterstand als geschlossene Gruppe mit fester Tradition, Ausbildung, Weihe und Hierarchie, es gibt selbst in den dauerhaft etablierten Kulten keine 'Lehre', disciplina, nur 'Brauch', Nómos. Der Gott lässt prinzipiell jeden zu, der nur den Nomos respektiert – d.h. der lokalen Gemeinschaft sich einzuordnen willens ist; [...] Die Überlieferung der Riten und Mythen ist leicht durch nachahmendes Mitmachen zu erlernen; selbst von der speziellen Kunst des Sehens kann man sich durch bloßes Zuschauen vieles aneignen."

57 Ebenda, 158.

weitgehend unabhängigen Poleis weit in den Schatten stellte. Dies mag – verbunden mit der in der Hellas insgesamt empfundenen Fremdheit persischer Kultur sowie dem rhetorischen Schema der *Barbarei* –[58] Erstaunen und ängstliche Verwunderung, möglicherweise auch Abscheu gegenüber dem persischen *mágos* hervorgerufen haben.

So lässt sich bereits in Herodots Bericht ein ganzes Spektrum an Konnotationen finden, welches den späteren Magiebegriff kennzeichnen wird: zum einen jene prinzipiell negative Konnotation, welche die *mágoi* alleine schon aufgrund ihrer persischen Identität und ihrer Zusammenarbeit mit den feindlichen, orientalischen Despoten inne haben;[59] zum anderen der Duktus des Fremden, Geheimnis- und möglicherweise Machtvollen, welches später freilich auch zu einer positiven Anziehungskraft des Abstraktums *Magie* und entsprechenden Rezeptionsmustern führen wird; schließlich die Fehlbarkeit der *mágoi*, welche sich bereits in der griechischen Rezeption in Konnotationen der Scharlatanerie und Wirkungslosigkeit niederschlagen wird; zuletzt das unmoralische, gotteslästerliche Element, das durch die Darstellung brutaler, mitunter unverständlicher, aus griechischer Sicht *barbarischer* Riten transportiert wird.[60] In der prinzipiellen ethnozentrischen Verzerrung jener Außen-Wahrnehmung und -Darstellung der persischen *mágoi* durch den Griechen Herodot sind daher wichtige Elemente des späteren semantischen Feldes von *Magie* – jener „Kunst der Feinde Griechenlands" –[61] bereits angelegt.

6.3. Die *griechischen Magier*

In griechischen Texten des fünften und vierten Jahrhunderts tauchen plötzlich *mágoi* unabhängig von einem persischen Kontext oder Beschreibungen der persischen Kultur auf – das Abstraktum *mageía* hat sich bereits ebenfalls gebildet. Im Folgenden kann und soll keine erschöpfende Darstellung der griechischen Rezeption des Begriffs mehr geleistet werden – diese

---

58 Vgl. hierzu besonders Edith Hall, *Inventing the Barbarian. Greek Self-Definition through Tragedy*, [Oxford Classical Monographs], Oxford 1989, v.a. 56-100. Vgl. auch Jan N. Bremmer, "The Birth of the Term 'Magic'", 7, in: *Zeitschrift für Papyrologie und Epigraphik 126 (1999)*, 1-14: „Now there can be little doubt that the Greeks in general, and the Athenians in particular, had developed a rhetoric in which the Persians were 'The Other', the opponents whose despotism, slavishness, luxury and cruelty were the exact opposite of all the virtues of the Greeks."

59 Vgl. zu einer vergleichbaren Lesart der *mágoi* bei Herodot auch Carastro, *La cité des mages...*, v.a. 36.

60 Vgl. etwa die genannte Auspeitschung des Hellespont und die Köpfung der verantwortlichen Brückenbauer in *Historien* VII, 34, die Menschenopfer in *Historien* VII, 114f, sowie die Darstellung unverständlicher Begräbnissitten und tötender *mágoi* in *Historien* I, 140f.

61 Graf, *Gottesnähe...*, 31.

6.3. Die griechischen Magier

Arbeit wurde bereits mehrfach und mit unterschiedlichen argumentativen Schwerpunkten erbracht. Stattdessen soll anhand einiger zentraler, früher Texte eine alternative Deutung der formativen Periode des Magiebegriffs im Griechenland der klassischen Periode versucht werden. Dabei bildet die akademische Magieproblematik nach wie vor – und im Unterschied zu den bereits bestehenden Arbeiten – den argumentativen wie analytischen Leitfaden der Untersuchung. Das bedeutet zweierlei: zum einen soll versucht werden, das semantische Feld, in das der Magiebegriff eintritt, mit alternativen Begriffen und Konzeptionen einzufangen, um eine wie auch immer gefasste substanzielle Verwendung des Magiebegriffs im Analysetext zu vermeiden; zum anderen soll überprüft werden, inwiefern der antike Magiebegriff überhaupt als trennscharf betrachtet werden kann – die hierbei entscheidende Frage lautet hierbei: lassen sich bereits im Kontext der griechischen Verwendung des Magiebegriffs Gründe für die oben skizzierten Probleme des religionswissenschaftlichen Diskurses finden?

Sieht man von einem (Pseudo-) Heraklitischen Fragment bei Clemens von Alexandrien[62] und einer aller Wahrscheinlichkeit nach ebenfalls pseudoepigraphischen Fabel Äsops ab,[63] taucht eine eigenständige (das heißt von ihrem persischen Ursprung nun abgelöste) Personenbezeichnung *mágos* erst im Laufe des fünften Jahrhunderts vor Christus häufiger in griechischen Texten – zunächst vor allem bei den Dichtern – auf, was möglicherweise als eine der Nachwirkungen der Perserkriege zu deuten ist.[64] Vor diesem Hintergrund verwundert es nicht, dass der *mágos* bei Sophokles (* 496 v. Chr.; † 406/405 v. Chr.) bereits eine deutlich negative Konnotation besitzt: Oidipus beschimpft den Seher Teiresias als „listenspinnenden *mágos* [μάγον τοιόνδε μηχανορράφον], raffinierten Bettelpriester [δόλιον ἀγύρτην], der nur Augen hat für den Gewinn, nicht für seine Kunst [ὅστις ἐν τοῖς κέρδεσιν μόνον δέδορκε, τὴν τέχνην δ' ἔφυ τυφλός]",[65] und suggeriert damit zweierlei:

---

62 Dicki versucht, den stark abwertenden Gehalt der Stelle (Clemens, *Protreptikos* 2, 22, 2-3) Heraklit zuzuschreiben, obwohl es auch Sinn machen würde, der christozentrischen Rhetorik Clemens' eine entsprechend gefärbte Haltung gegen die *mágoi* zu unterstellen: Dicki, *Magic and Magicians...*, 28/29. Carastro deutet die Stelle ebenfalls anachronistisch; Carastro, *La cité des mages...*, 21.

63 Aesop, *Fabulae* 56 (nach Hausrath); vgl. Hans Haas (Hg.), *Corpus fabularum Aesopicarum*. Vol. I. Editit A. Hausrath. Fasc. 1, [Bibliotheca Scriptorum Graecorum et Romanorum Teubneriana], Lipsiae 1957, 77/78. Vgl. hierzu auch Dicki, *Magic and Magicians...*, 52, der für eine Spätdatierung plädiert: „The vocabulary, the use of what is evidently the Athenian procedure against impiety and finally the feat the female magician professed to be able to perform point very firmly to the fable's having its origins in Demetrius' collection and to its having been composed in the fourth century BC in Athens."

64 Am deutlichsten sicherlich erkennbar bei Aischylos, *Persae*, 318; die viel diskutierte Totenbeschwörung findet sich Ebenda, 598f; zur Diskussion Ogden, *Magic, Witchcraft and Ghosts...*, 34/35.

65 Sophocles, *Oedipus Rex* 387f; Übersetzung nach Graf, *Gottesnähe...*, 25; gr. Text nach Bernhard Zimmermann (Hg.), *Sophokles. König Oidipus. Griechisch-deutsch. Übersetzt von Wilhelm*

der *mágos* steht zusammen mit dem *agúrtēs* und damit abseits des offiziellen Tempelkults der Polis; er ist einer jener privat operierenden Ritualspezialisten, von denen später auch Platon berichten wird.[66] Zum anderen werden Wirksamkeit und Wahrheitsanspruch der Fähigkeiten und Praktiken des *mágos* in Frage gestellt, sodass die Bezeichnung hier gleichsam als Schimpfwort fungiert – der Topos der *Scharlatanerie*, der dem Magiebegriff bis heute anhaftet, nimmt hier in Verbindung mit der (verwerflichen) Geldgier des *Magiers* Teiresias erstmals Gestalt an.[67]

Bei Euripides (* um 480 v. Chr.; † 406 v. Chr.) findet sich ein weiteres Element, das später in das semantische Feld des Abstraktums *mageía* eingehen wird: so berichtet im *Orestes* ein Bote, Helena sei „verschwunden – O Zeus! O Ga! O Licht! O Nacht! – Durch Zaubertrank [ἤτοι φαρμάκοισιν]. Durch Zauberspruch [μάγων τέχναις], Durch göttliche Täuschung [θεῶν κλοπαῖς]".[68] Dass eine Person einfach verschwindet, wird jeder zeitgenössische Leser der *Harry-Potter*-Heptalogie unschwer der Fähigkeit des *Apparierens* zuordnen können. Bei Euripides ist der Ursprung des Verschwin-

---

Willige, überarbeitet von Karl Bayer, mit einem neuen Anhang herausgegeben von Bernhard Zimmermann, [Tusculum Studienausgaben], Düsseldorf 1999, 33/34; Willige übersetzt *mágos* hier mit *Zauberer* („diesen Zauberer und Ränkeschmied, den listigen Landstar, der für den Gewinn nur Augen hat, in seiner Kunst ein Blinder ist!"). Was immer man substanziell unter *Zauberer* oder *Zauberei* verstehen mag – hier wird davon ausgegangen, dass es im Kontext der Rezeptionsgeschichte des Magiebegriffs außerordentlich hilfreich ist, möglichst nah an der Quellenterminologie zu bleiben; daher wurde Grafs Übersetzung gefolgt, welche die Personenbezeichnung als Eigenname stehen lässt. Gerade zu Beginn der griechischen Rezeption des Magiebegriffs sollte nicht davon ausgegangen werden, dass ein ausgearbeitetes semantisches Konzept von *Zauberei/Magie* zur Verfügung stand, welches eine entsprechend verlagerte Übersetzung rechtfertigen würde.

66 Vgl. zu dieser Deutung auch Graf, *Gottesnähe...*, 25.
67 Hierbei ist zu beachten, dass die Denotation der *Scharlatanerie* in antiken Texten häufig anders gelagert ist, als man aus einer modernen, rationalistischen Perspektive vermuten würde. Insbesondere im Zuge der europäischen Aufklärung hat sich das Bedeutungsfeld des *Magiers* als *Scharlatan* ja dahingehend gewandelt, dass dieser Fähigkeiten vorgibt, die gar nicht existieren. Der antike *Scharlatanerie*-Vorwurf impliziert hingegen meist, dass entsprechende Kräfte und Fähigkeiten sehr wohl im Bereich des Möglichen liegen, dass aber die fragliche Person nur vorgibt, diese zu besitzen, sie aber nicht wirklich besitzt. Gerade diese Unterscheidung macht den Kern der späteren christozentrischen Polemik um das Begriffspaar *Wunder – Magie* aus. Auch in der Sophokles-Stelle wird nicht die Kunst selbst hinterfragt, sondern lediglich die Geldgier des *mágos*.
68 Euripides, *Orestes*, 1493f nach Gustav Adolf Seeck (Hg.), *Euripides. Sämtliche Tragödien und Fragmente. Griechisch-deutsch. Übersetzt von Ernst Buschor. Herausgegeben von Gustav Adolf Seeck. Band V: Orestes. Iphigenie in Aulis. Die Mänaden,* [Tusculum-Bücherei], München 1977, 112/13; Fritz Graf übersetzt die μάγων τέχναις immerhin mit „Künste eines Zauberers" (vgl. Graf, *Gottesnähe...*, 27), und bleibt damit (abgesehen von der unnötigen terminologischen Verlagerung zum *Zauberer*) näher am Text; dass die Formulierung *Künste eines Magiers* zur Zeit Euripides' die Vorstellung von *Zauber-* (das heißt in irgendeiner Form wirkmächtigen) Sprüchen implizierte, ist sicherlich eine unzulässige Verkürzung und Simplifizierung der Übersetzung Seecks/Buschors.

6.3. Die griechischen Magier

dens hingegen unklar: es könne durch *wirkmächtige Mittel*,[69] durch die Künste eines *mágos* (μάγων τέχναις), oder durch die Macht der Götter hervorgerufen worden sein. Der *mágos* bei Euripides vermag also Kraft seiner Künste (τέχναις) – abstrakt gesprochen – gewohnte Daseinsstrukturen außer Kraft zu setzen, um etwas Außergewöhnliches, geradezu Unglaubliches zu bewirken: das Verschwinden einer Person. Dadurch tritt er in einen Vorstellungshorizont der griechischen Kultur ein, der – insbesondere vor dem Hintergrund der Homerischen Epen – bislang primär den Göttern vorbehalten war.[70] Der Topos des *Magiers* als Mensch mit übermenschlichen oder gar gottgleichen Fähigkeiten wird bei Euripides erstmals angedeutet.

Der Dichter erwähnt das Etymon – in verbalisierter Form – auch in einem anderen Zusammenhang, welcher im Laufe der Rezeptionsgeschichte des Magiebegriffs noch außerordentlich bedeutsam werden wird. Am Ende seines Stückes *Iphigenie im Taurerlande* lässt er einen Boten berichten, wie Iphigenie mit einer List die beiden Gefangenen Orestes und Pylades befreien konnte, um daraufhin mit diesen zu fliehen:

„Agamemnons Tochter winkt / Uns da hinweg, wir sollten alle abseits stehn, / Geheimer Opferbräuche wegen, die sie hielt; / Sie übernahm der Fesseln Ende, hielt sie selbst, / Die Fremden vor sich treibend. Dieses fiel uns auf, / Doch stimmten deine Diener allem ruhig zu. / Nach einer Zeit – es mußte doch etwas geschehen! – / Schrie laut sie auf und schien nach der Barbaren Art [ἀνωλόλυξε καὶ κατῇδε βάρβαρα] / Mit Zauberweisen zu entsühnen jenen Mord [μέλη μαγεύουο', ὡς φόνον νίζουσα δή]."[71]

---

69 Hier wird aufgrund des fraglichen semantischen Gehalts des Suffixes *Zauber-* von Buschors Übersetzung für *pharmákoioin* Abstand genommen; nimmt man als Grundbedeutung von *phármakon* zunächst (pflanzliches) Mittel an (und betrachtet dieses also im weitesten Sinne als Substanz, die, sofern eingenommen, eine Wirkung hat), ist eine Übersetzung im Kontext des *Zauberei*-Begriffs nicht notwendig. Wilhelm Pape gibt für die Bedeutung von *phármakon* entsprechend „jedes künstliche Mittel, bes. zur Hervorbringung physischer Wirkungen" an, und unterscheidet im semantischen Feld Heil- und Arzneimittel, „Gift, tödtliches, Verderben, Unheil bringendes Mittel", „Zaubermittel", Hilfs- und Gegenmittel sowie Färbemittel, wobei er im Kontext von „Zaubermittel" entsprechend festhält: „dem einfachen Naturmenschen [hiermit meint Pape wohl auch den Griechen; d. Verf.] gilt Arznei, Gift und Zaubermittel für Eins": Wilhelm Pape, *Griechisch-Deutsches Handwörterbuch. In drei Bänden. Zweiter Band: Λ – Ω. Dritte Auflage bearbeitet von M. Sengebusch*, Braunschweig ³1906, 1256. Da die Differenzierung einer *natürlichen* und *magischen* Wirkung (wie auch immer man diese im Einzelnen fassen mag) des *phármakons* also kaum möglich ist, wird hier die wertfreiere Übersetzung *wirkmächtige Mittel* vorgezogen.

70 Graf bringt bei der Besprechung der Stelle die Formulierung einer „mirakulösen Zauberei" ins Spiel (Graf, *Gottesnähe...*, 27). Im Folgenden wird anders argumentiert: der *mágos* wird mit Kräften in Verbindung gebracht, die bis dato den Göttern zugesprochen worden waren. Vgl. ausführlicher unten, Kap. 6.4.4.

71 Euripides, Iphigenie im Taurerlande, 1327-1338 nach Gustav Adolf Seeck (Hg.), *Euripides. Sämtliche Tragödien und Fragmente. Griechisch-deutsch. Übersetzt von Ernst Buschor. Herausgegeben von Gustav Adolf Seeck. 4. Band: Euripides. Iphigenie im Taurerlande. Helena. Ion. Die Phönikierinnen*, [Tusculum-Bücherei], München 1972, 96/97.

Buschors Übersetzung der letzten Zeile ist freilich (erneut) irreführend; sinnvoller sowie näher an Text (und Kontext) wäre: „[...] schrie sie auf und sang barbarische Lieder wie ein Magier [...]". Euripides kannte noch kein Abstraktum *Magie* oder *Zauberei* – an der Stelle fungiert die Verwendung des verbalisierten μαγεύω nurmehr zur Veranschaulichung der Tatsache, dass der Bote die Lieder der Iphigenie nicht *verstehen* konnte. Die Analogie der Gesänge Iphigenies zu den barbarischen Liedern eines *mágos* stellt diesen nicht nur in einen wiederum negativ konnotierten Zusammenhang, sondern macht auch deutlich, wie das rituelle Sprechen des *mágos* auf einen Griechen gewirkt haben mag – fremdartig und unverständlich: „the incomprehensibility of their Avestan will have suggested *voces magicae* and possibly influenced Euripide's picture of the 'barbarious songs' of Iphigeneia".[72] Während Bremmer hier von einem bereits etablierten Konzept sogenannter *voces magicae* – unverständlicher Lautfolgen ohne erkennbare Bedeutung, im Rahmen rituellen Sprechens aber mit besonderer Wirkungsmacht ausgestattet –[73] in der griechischen Polis auszugehen scheint, lässt sich die Stelle auch umgekehrt lesen: Euripides ordnet hier erstmals unverständliches rituelles Sprechen und Singen dem Magiebegriff zu. Offenbar kann die Stelle als frühester Beleg für die später häufig vorgebrachte These gewertet werden, dass jene sogenannten *voces magicae* ursprünglich fremdsprachige – nicht übersetzte oder übersetzbare – Wörter darstellten und ihre (attribuierte) außergewöhnliche Wirkung lediglich der daraus resultierenden Unverständlichkeit verdankten.[74] Im Kontext der Rezeption des Magiebegriffs durch Euripides ist diese Konnotation noch direkt greifbar; wenngleich die Gesänge Iphigenies' im Stück nur ein Ablenkungsmanöver darstellen und daher keine tatsächliche Wirkungsmacht der Gesänge suggeriert wird, verweist die Unverständlichkeit der als *barbarisch* gekennzeichneten Gesänge bereits auf den späteren Topos' der *voces magicae*.

Der erste Beleg des Abstraktums *mageía* findet sich schließlich bei dem Sophisten Gorgias (* um 480 v. Chr.; † 380 v. Chr.), der in seiner Schrift *Lobpreis an Helena* die Macht der Sprache veranschaulichen will:

---

72 Jan N. Bremmer, „The birth of the Term 'Magic'", 10.
73 Zur Diskussion des Topos' im Kontext der *Papyri Graecae Magicae* ausführlicher unten, Kap. 9.2.4.2.
74 Ein prägnantes Beispiel hierfür ist die Kritikschrift gegen die Transsubstantiationslehre des anglikanischen Erzbischofs John Tillotson; dieser führt in seinem *Discourse against Transsubstantiation* die Entstehung der Worte *Hocus Pocus* polemisch auf den während der Eucharistiefeier ausgesprochenen (und vom einfachen Volk missverstandenen) lateinischen Ausspruch *Hoc est corpus* zurück: „And in all probability those common juggling words of hocus pocus are nothing else but a corruption of hoc est corpus, by way of ridiculous imitation of the Priests of the Church of Rome in their trick of Transsubstantation."; John Tillotson, *A Discourse against Transsubstantiation. The third edition*, London 1685, 34. Vergleichbar auch die Argumentation bei Apuleius, *Apologia* 38, 7f, ausführlicher unten, Kap. 7.2.4.1.

6.3. Die griechischen Magier

„Die gesamte Dichtung erachte und bezeichne ich als Rede, die ein Versmaß hat. Von ihr aus dringt auf die Hörer schreckenerregender Schauer ein und tränenreiche Rührung und wehmütiges Verlangen [...]. Wohlan, ich will von der einen zu einer anderen Art von Rede überwechseln: [10] Die göttlichen Beschwörungen durch Reden [ἔνθεοι διὰ λόγων ἐπῳδαί] nämlich werden zu Freudenbringern und Entführern von Leid; denn vereinigt sich die Wirkkraft der Beschwörung [ἐπῳδῆς] mit der Ansicht der Seele, so betört und bekehrt und gestaltet sie die Seele um durch Zauberei [γοητείᾳ]. Für Zauberei und Magie aber sind zwei Anwendungen der Kunst ausfindig gemacht worden, welche Fehlleistungen der Seele und Täuschungen der Ansicht sind [γοητείας δὲ καὶ μαγείας δισσαὶ τέχναι εὕρνηται, αἵ εἰσι ψυχῆς ἁμαρτήματα και δόξης ἀπατήματα]."[75]

Gorgias' Vergleich der großen Macht der Rhetorik mit „einer anderen Art von Rede", den Künsten *goēteía und mageía*, ist in mehrerlei Hinsicht bemerkenswert. Zum einen wird *Magie* erstmals als Abstraktum gefasst und wieder als *Kunst*, als *téchnē* gekennzeichnet. Während der *mágos* bei Sophokles dadurch abgewertet wird, dass er die Kunst aufgrund seiner Habgier nicht ausreichend respektiere, wird diese bei Gorgias bereits selbst als „Fehlleistung der Seele" dargestellt (wenngleich zuvor noch als „göttliche Beschwörung" eingeführt). *Mageía* tritt dabei zudem in das semantische Feld von *goēteía* ein, einem vielschichtigen Begriff, der ebenfalls einer Personenbezeichnung zuzuordnen ist – dem *góēs*. Wie der *agúrtēs* steht der *góēs* abseits des offiziellen Tempelkultes,[76] und ist in Texten der griechischen Klassik ebenfalls häufig negativ konnotiert; gleichwohl wird das Abstraktum *goēteía* von Platon in einen Kontext mit „Opfern und Weihen und Besprechungen und der gesamten Weissagung [θυσίας καὶ τελετὰς καὶ τὰς ἐπῳδὰς καὶ τὴν μαντείαν]" gestellt.[77] Zudem wird auch der *góēs* mit außergewöhnlichen Fähigkeiten beschrieben,[78] besonders mit nekromantischen Riten in

---

75 Gorgias, *Lobpreis der Helena*, 9-10 nach Thomas Buchheim, *Gorgias von Leontinoi. Reden, Fragmente und Testimonien. Herausgegeben mit Übersetzung und Kommentar von Thomas Buchheim. Griechisch-deutsch*, [Philosophische Bibliothek; 404], Hamburg 1989, 8/9.
76 Vgl. prägnant, wenngleich terminologisch problematisch, Walter Burkert, „ΓΟΗΣ. Zum griechischen Schamanismus", 52/53, in: *Rheinisches Museum 105 (1962)*, 36-55: "Der γόης ist notwendigerweise ein Einzelgänger, da eine ganz spezifische, in gewissem Sinn abnorme Begabung vorausgesetzt ist; zur Polis aber gehört die Einordnung des Individuums in die Gemeinschaft. Wie es in der Hoplitenphalanx darauf ankommt, daß alle in einer Reihe marschieren, keiner voraus und keiner zurück, so beruht das ganze Leben der Polis auf dem korporativen Zusammenschluß der ὅμοιοι. Wie der König abgesetzt oder seiner politischen Funktionen entkleidet wurde, so hatte auch der Zauberer keinen Platz mehr; auch die Beziehungen zu den Göttern sind Sache der Gemeinschaft, der Priester ist Repräsentant der Polis und nicht ein charismatisch begabter einzelner."
77 Platon, *Symposion* 202e-203a nach Barbara Zehnpfennig (Hg.), *Platon. Symposion. Übersetzt und herausgegeben von Barbara Zehnpfennig. Griechisch-deutsch*, [Philosophische Bibliothek; 520], Hamburg 2000, 82/83.
78 Herodot verwendet die Bezeichnung *γόης* etwa im Kontext eines Berichts über die Mitglieder des skythischen Stammes der Neuren, die sich einmal im Jahr in Wölfe verwandeln würden: „Dieser Stamm scheint ein Volk von Zauberern [γόητες] zu sein. Wenigstens wird von den Skythen und den im Skythenland wohnenden Griechen erzählt, daß sich jeder

Verbindung gebracht;[79] in der Folgezeit werden *mageía* und *goēteía* häufig synonym gebraucht.[80] Schließlich ist die von Gorgias angesprochene semantische Nähe von *mageía* und *Rhetorik* interessant – für ihn können sowohl gewöhnliche Worte als auch diejenigen, die er im zitierten Abschnitt als „göttliche Beschwörungen" kennzeichnet, eine große Wirkung auf den Menschen ausüben.[81] Diese Verbindung findet sich später auch bei Platon; Menon wirft Sokrates vor, er habe ihn mit seinen Worten „verzaubert und verwunschen und völlig verhext [γοητεύεις με καὶ φαρμάττεις καὶ ἀτεχνῶς κατεπᾴδεις]"[82] und könne von Glück reden, in Athen zu leben, denn anderswo wäre er längst verhaftet und als *góēs* angeklagt worden.[83]

Angesichts der Terminologie der letztgenannten Passage sei kurz inne gehalten: die im griechischen Text verwendeten Verben *goētéyō, pharmakéyō* und *(kat)epádō* – von Graf mit *verzaubern, verwünschen* und *verhexen* übersetzt – überlagern sich in der griechischen Klassik mit dem Magiebegriff, implizieren tatsächlich aber (jeweils) einen komplexeren semantischen Hin-

---

Neure einmal im Jahr für einige Tage in einen Wolf verwandelt und dann wieder in Menschengestalt zurückkehrt." ; Herodot, *Historien* IV, 105 (Feix, *Herodot...*, Band 1, 578/79).

79   In der Totenklage (*góos*) liegt der etymologische Ursprung des *góēs*; vgl. hierzu auch die Nennung der Totenklage bei Aischylos, *Persae*; 598f, die vom herbeigerufenen Geist des Dareios als Grund seines Erscheinens genannt wird; zur Diskussion Ogden, *Magic, Witchcraft and Ghosts...*, 34/35.

80   In der Forschung überwiegt gleichwohl die Meinung, dass *goēteía* insgesamt (noch) abwertender als *mageía* konnotiert sei: vgl. etwa Burkert, „ΓΟΗΣ...", 38/39; zur griechischen Terminologie insges. Graf, *Gottesnähe...*, 24ff.

81   Vgl. auch Gorgias, *Lobpreis der Helena*, 8f (Buchheim, *Gorgias...*, 8/9): „Rede ist ein großer Bewirker [λόγος δυνάστης μέγας ἐστίν], mit dem kleinsten und unwahrscheinlichsten Körper vollbringt sie göttlichste Taten: vermag sie doch Schrecken zu stillen, Schmerz zu beheben, Freude einzugeben und Rührung zu mehren."

82   Platon, *Menon*, 80a/b nach Graf, *Gottesnähe...*, 27. Die berühmte Stelle ausführlich nach Klaus Reich (Hg.), *Platon. Menon. Auf der Grundlage der Übersetzung von Otto Apelt in Verbindung mit Else Zekl. Neu bearbeitet und herausgegeben von Klaus Reich*, [Philosophische Bibliothek; 278], Hamburg 1972, 30-33: "Und ich müßte mich sehr täuschen, wenn du jetzt mich nicht behext und bezauberst und völlig in deine Gewalt bringst [γοητεύεις με καὶ φαρμάττεις καὶ ἀτεχνῶς κατεπᾴδεις], so daß ich nicht mehr aus noch ein weiß. Und – im Scherze zu reden – es kommt mir vor, als wärest du, was dein Antlitz und sonstiges Wesen anlangt, zum Verwechseln ähnlich mit jenem breiten Meerfisch, dem Marmelzitterrochen. Denn dieser macht jeden, der ihm nahekommt und ihn berührt, erstarren, wie auch du mir jetzt, wie mich dünkt, solches angetan hast. [...] Und es will mir scheinen, du tust gut daran, dich von hier weder zu Schiff noch zu Lande zu entfernen. Denn wenn du als Fremder in einer anderen Stadt dir dergleichen erlaubtest, so würdest du wohl als ein Zauberer [γόης] verhaftet werden."

83   An dieser Stelle erfährt man, dass offenbar in anderen griechischen Poleis – im Unterschied zu Athen – Gesetze gegen den *góēs* erlassen worden sind. Burkert interpretiert die Stelle dahingehend, dass ein *góēs* „Macht [...] über die Seele des anderen [gewinnt]: wenn Sokrates seine Gesprächspartner dahin bringt, daß sie vergessen, was sie zu wissen glaubten, und nicht mehr aus noch ein wissen, gelähmt wie vom elektrischen Schlag des Zitterrochens – dann gerät Sokrates in den Verdacht, ein γόης zu sein."; Burkert, „ΓΟΗΣ...", 42/43.

tergrund. Der *góēs* ist oben bereits als undurchsichtige Figur abseits des griechischen Tempelkultes charakterisiert worden, als Ritualspezialist mit außergewöhnlichen Fähigkeiten, der seine etymologische Wurzel in der Totenklage beziehungsweise -beschwörung hat; das verbalisierte *goēteo* hat diese semantischen Implikationen übernommen. Der Begriff *phármakon* bezeichnet schon bei Homer ein vielseitig einsetzbares Mittel, das als *Medikament*,[84] *Gift*,[85] oder *Droge*[86] verwendet werden und zudem sehr außergewöhnliche Wirkungen aufweisen kann.[87] Burkert fasst diesen Zusammenhang mit den irritierenden Worten „Im Wort φάρμακον ist magische und natürliche Wirkung ungeschieden" zusammen,[88] und auch Fritz Graf kommt zu dem möglicherweise etwas simplifizierenden Schluss, dass "wenigstens in der Heilkunde die Dichotomie zwischen Magie und Wissenschaft zu seiner [Platons; d. Verf.] Zeit offenbar noch nicht so recht ausgebildet" ist.[89] Ebenso vielschichtig kommt der Begriff *(kat)epodē* daher; ursprünglich von *Gesang, Lied, Gedicht* (ᾠδή) abgeleitet, meint *epodē* im weitesten Sinne das rituelle Besprechen und Besingen, etwa im Kontext von Gottesverehrung und religiöser Kultpraxis,[90] aber auch im Heilritual.[91]

Interessant an der *Menon*-Passage ist, dass alle drei Verben auf vergleichbare Weise dazu verwendet werden, die außergewöhnliche Redegewandtheit des Sokrates – sowie seine Fähigkeit, Gesprächspartner zu verwirren und mitunter in Rage zu bringen – gleichsam mit *anderen Worten* zu illustrieren. Jene *anderen Worte* – *goēteyo, pharmakeyo* und *(kat)epádo* – scheinen Platon hierzu offenbar aufgrund ihrer gemeinsamen Notation ungewöhnlicher, nicht direkt beobachtbarer (etwa durch Kräuter, Sprechakte oder Ritualpraktiken hervorgerufener) Wirkungen geeignet. Grafs Übersetzung ist also insofern stimmig, als *verzaubern, verwünschen* und *verhexen* (lediglich) illustrieren, dass Platons Rede unerklärliche Wirkungen auf seine Gesprächspartner hat – wenngleich der komplexere semantische Hin-

---

84 Vgl. die Verwendung eines *phármakons* zur Wundheilung bei Homer, *Ilias* 4, 190; vergleichbar die Aufzählung der Heilmittel in Platon, *Res Publica*, 426.
85 Vgl. die Verwendung eines *phármakons* als Pfeilgiftes in Homer, *Odyssee* 1, 261.
86 Vgl. die Verwendung eines *phármakons* zur Stimmungsaufhellung in Homer, *Odyssee* 4, 221.
87 Vgl. die Verwandlung der Kameraden Odysseus' in Schweine durch ein *phármakon* in Homer, *Odyssee* 10, 388ff.
88 Burkert, „ΓΟΗΣ...", 43.
89 Graf, *Gottesnähe*..., 30.
90 Vgl. exemplarisch bereits oben, Gorgias, *Lobpreis der Helena*, 10, sowie das in Herodot, *Historien* I, 132 genannte „Lied von der Erschaffung der Götter [ἐπαοιδει θεογονίην]" der persischen Magier.
91 Neben dem *phármakon* nennt Platon in *Res Publica*, 426b1-2, auch eine *epodē* als Heilmittel; in Platon, *Eutydemus*, 289e4-290a3 findet sich eine entsprechende Erwähnung zur Abwehr von Krankheiten; im *Charmides*, 155e5-8, schildert Platon ein *phármakon* gegen Kopfschmerzen, das nur wirke, wenn man gleichzeitig eine *epodē* spreche. Vgl. zum Heilungskontext auch Homer, *Odyssee* 19, 450ff sowie die Ausführungen unten zum Hippokratischen Traktat *de morbo sacro*.

tergrund der griechischen Termini verloren geht. An dieser Stelle mag dies gerechtfertigt sein; dennoch macht die Passage darauf aufmerksam, dass bei der Auseinandersetzung mit historischen Magiediskursen sehr behutsam und mitunter differenzierter vorgegangen werden muss als in handelsüblichen Übersetzungen. Mit anderen Worten: Wenn schon aus heutiger Sicht nicht klar ist, wie *Magie* semantisch denotiert ist, können und sollten antike Rezeptionen des Etymons und seiner Synonyma nur in ihrem jeweiligen historischen und semantischen Kontext analysiert und überhaupt verstanden werden.

Dann fällt auf: bereits die antike Terminologie um *mageía* ist komplex und semantisch unscharf. Diese Unschärfe wird allerdings erst dann erkenn- und überhaupt handhabbar, wenn von vermeintlich eindeutigen Übersetzungen von *mageía/pharmakeía/goēteía* mit *Magie/Zauberei* sowie ethnozentrischen rhetorischen Schemata wie „Im Wort φάρμακον ist magische und natürliche Wirkung ungeschieden"[92] oder "wenigstens in der Heilkunde [ist] die Dichotomie zwischen Magie und Wissenschaft zu seiner Zeit offenbar noch nicht so recht ausgebildet"[93] Abstand genommen wird. Stattdessen ist mit einiger Berechtigung davon auszugehen, dass antike Vorstellungen von Kausalität gar nicht mittels der Trias *Magie – Religion – Wissenschaft* abbildbar sind. In der griechischen Antike bestand kein zusammenhängendes Weltbild beziehungsweise Verständnis von Natur, welches es erlaubt hätte, die Wirkung von Ritualpraktiken, Sprechakten oder weiteren – etwa pflanzlichen – Wirkmitteln klar voneinander abzugrenzen oder hinsichtlich ihrer tatsächlichen Wirkung zu überprüfen.[94] Platon äußert selbst seine Unsicherheit über den Wahrheitsanspruch bestimmter, von ihm unter *pharmakeía* gefasster Ritualpraktiken in den unten noch ausführlicher zu besprechenden N*omoi*, wenngleich er sie daraufhin (dann allerdings eher aus religionsphilosophischen Gründen) in seinem idealen Staat verbietet.[95]

Entscheidend ist – und auf diese Erkenntnis sollte die Diskussion der *Menon*-Passage abzielen –, dass bereits in der griechischen Antike kein Konsens darüber herrschte beziehungsweise überhaupt herrschen konnte,

---

92   Burkert, „ΓΟΗΣ...", 43.
93   Graf, *Gottesnähe...*, 30.
94   Vgl. hierzu auch Phillips III, „Nullem Crimen sine Lege...", 268: „Thus the lack of a unified empirico-deductive system based on mathematical models would prevent common agreement on what constituted the natural or unnatural. Although even in the modern era appeals to 'science' as a standard of proof are questionable, it is even more questionable to impute the same possibility to what passed for science in classical antiquity. Ancient science was in no position to render judgements on what was magical and what was not. Asclepius offered viable medical cures to incubators. Was this magic, unsanctioned religion, sanctioned religion, or science? Opinions could and did, vary. Moderns incline to label it something like 'magico-religious but with some cures of real scientific value.' Such labels say much about the twentieth century, little about antiquity."
95   Vgl. Platon, *Nomoi*, 932e.

was *mageía* (*pharmakeía, goēteía*) genau ist. Stattdessen hat diese Terminologie einen – sehr weit gefassten – Bereich im griechischen Religionsdiskurs besetzt, der Fragen nach der religiösen Legitimität, kausalen Wirkung und sozialen Realität bestimmter Ritualpraktiken, Sprechakte oder Wirkmittel (variabel) aushandelte – und hierbei von Anfang an, wie gezeigt, auf die Abwertung des so Verhandelten abzielte. Freilich hat die Terminologie *funktioniert*, wurde also durchaus – auch in den hier geschilderten Nuancen, die in einem Wortspiel zum Tragen kommen – verstanden (ein solches Verständnis setzt Platon in der *Menon*-Passage ja voraus). Doch wäre es verfehlt davon auszugehen, dass hier bereits ein antikes Magiekonzept greifbar würde, welches eine entsprechende Übersetzung – oder gar die Verwendung eines substanziellen, wissenschaftssprachlichen Magiebegriffs bei der Analyse griechischer Quellen – rechtfertigen würde.

So lässt sich ein erstes Fazit ziehen: die wissenschaftliche Analyse antiker Magiediskurse sollte solche Zusammenhänge möglichst differenziert – das heißt: unter Berücksichtigung ihrer etymologischen Komplexität und semantischen Unschärfe – beschreiben, anstatt sie durch vereinfachende Übersetzungen oder moderne, magiologische Vorverständnisse zu verstellen. Unter dieser Voraussetzung sollen im Folgenden nun zwei Autoren detaillierter betrachtet werden, die für den Magiediskurs der griechischen Klassik von besonderer Bedeutung waren: Hippokrates und Platon.

6.3.1. Hippokrates' Περὶ ἱερῆς νούρου

Zunächst zu Hippokrates (* um 460 v. Chr.; † um 370 v. Chr.): seine bekannte Schrift *Über die heilige Krankheit* (Περὶ ἱερῆς νούρου) ist möglicherweise pseudoepigraphisch, wird jedoch im hippokratischen Schriftenkorpus sehr früh angesetzt.[96] In jedem Fall spiegelt der Text relativ genau jenes Szenario wieder, welches auch Platon beschreibt, sodass hier von großer zeitlicher Nähe beider Autoren ausgegangen wird. Die Schrift versucht im Wesentlichen eine Neudeutung der *heiligen Krankheit* zu leisten, einem antiken Symptomkomplex, der Ähnlichkeiten zum zeitgenössischen Krankheitsbild der Epilepsie aufweist. Hippokrates versucht, die bisherige Deutung der Krankheit als *heilig* (das heißt die Vorstellung, dass diese durch Götter oder unterschiedliche Arten von transzendenter Einwirkung bedingt und daher auch durch entsprechende – also religiöse – Riten heilbar ist) argumentativ zu entkräften und schlägt stattdessen eine rein natürliche Ursache – auf der Basis der Viersäftelehre und diverser Vorgänge im

---

96 Im Folgenden wird gearbeitet nach: Hermann Grensemann [Hg.], *Die hippokratische Schrift 'Über die heilige Krankheit'. Herausgegeben, übersetzt und erläutert von Hermann Grensemann*, [Ars Medica; 1], Berlin 1968; zur Datierung Ebenda, 7f. Der Einfachheit halber wird der Autor im Folgenden immer als Hippokrates bezeichnet.

Gehirn – sowie ein entsprechendes Heilverfahren vor.⁹⁷ Der Text ist deshalb so interessant, weil Hippokrates ausführlich das religiöse Szenario seiner Zeit skizziert und zum Teil polemisch abwertet; im Folgenden sollen einige wichtige Abschnitte der Schrift untersucht werden.

Gleich zu Beginn macht Hippokrates seine Position deutlich: "Mit der sogenannten heiligen Krankheit verhält es sich folgendermaßen: {Um nichts halte ich sie für göttlicher als die anderen Krankheiten oder für heiliger, sondern sie hat eine natürliche Ursache wie die übrigen Krankheiten, aus der sie entsteht.}"⁹⁸ Nach einer kurzen Skizzierung der Symptome erörtert er, wie es dazu kam, die Krankheit als *heilig* zu bezeichnen:

> „Ich meine nun: Diejenigen, die als erste diese Krankheit für heilig erklärt haben, waren Leute von dem Schlage, wie es auch jetzt Zauberer, Entsühner, Bettelpriester und Aufschneider [μάγοι τε καὶ καθαρταὶ καὶ ἀγύρται καὶ ἀλαζόνες] gibt, die alle beanspruchen, besonders gottesfürchtig zu sein und mehr als andere zu wissen. Diese Menschen wählten die Gottheit als Deckmantel für ihre Hilflosigkeit; denn sie hatten nichts, mit dessen Anwendung sie helfen konnten; und damit ihre Unwissenheit nicht entdeckt würde, brachten sie auf, daß diese Krankheit heilig sei, und indem sie passende Gründe dafür hinzufügten, stellten sie die Behandlung ganz auf ihre eigene Sicherheit ab. So behandelten sie mit Entsühnungen und Besprechungen [προσφέροντες καὶ ἐπαοιδάς] und verboten Bäder und viele Speisen, deren Genuß kranken Menschen unbekömmlich ist".⁹⁹

Der (von Grensemann hier als *Zauberer* übersetzte) *mágos* taucht bei Hippokrates erneut zusammen mit anderen negativ konnotierten Ritualspezialisten abseits des griechischen Tempelkultes auf – nunmehr als Dienstleister im Kontext von Krankheit und Heilung. Der Anspruch dieser Personen, „mehr als andere zu wissen", wird von Hippokrates karrikiert: eigentlich unfähig zu heilen, wählen sie „die Gottheit als Deckmantel für ihre Hilflosigkeit" und behandeln mit Methoden, die Hippokrates vor dem Hintergrund seiner medizinischen Überzeugungen allesamt als wirkungslos erachtet. Die bei Sophokles bereits angedeutete Konnotation des *mágos* als Scharlatan und Betrüger wird bei Hippokrates radikalisiert,¹⁰⁰ indem der Wahrheits- und Wirkungsanspruch der verwendeten Riten ganz in Frage

---

97 Mit der ganzen Kraft medizinhistorischer Arroganz schreibt hierzu Grensemann: „Die Schrift über die Heilige Krankheit ist der Ausdruck des immerwährenden Kampfes wissenschaftlich denkender Menschen gegen Aberglauben, Dummheit und freche Scharlatanerie."; Ebenda, 5.
98 Hippokrates, *De morbo sacro* 1, 1 (Grensemann, *Die hippokratische...*, 60/61).
99 Hippokrates, *De morbo sacro* 1, 10f (Grensemann, *Die hippokratische...*, 60/61).
100 Vgl. auch Hippokrates, *De morbo sacro* 1, 27 (Grensemann, *Die hippokratische...*, 64/65): „Mit solchen Behauptungen und Methoden tun sie so, als ob sie mehr als andere wüßten, und sie betrügen die Leute, indem sie ihnen Sühnungs- und Reinigungsvorschriften geben, und der größte Teil ihrer Reden läuft auf göttliche und dämonische Einwirkungen heraus [ὅ τε πολὺς αὐτοῖς τοῦ λόγου ἐς τὸ θεῖον ἀφήκει καὶ τὸ δαιμόνιον]."

6.3. Die griechischen Magier

gestellt und der Heilkonzeption des *mágos* gleichsam eine bewusste *Blockade von Falsifikation* vorgeworfen wird.[101]

Daraufhin folgt der für die vorliegende Untersuchung wichtigste Abschnitt: Hippokrates versucht, die Überzeugungen der von ihm diffamierten Heilspezialisten ausführlicher zu schildern. Dabei taucht wieder ein Topos auf, der bereits bei Euripides Gestalt annahm:

> „Ich allerdings meine, daß es in ihren Reden gar nicht um Frömmigkeit geht, wie sie glauben, sondern um Unfrömmigkeit, und darum, daß die Götter nicht existieren, und ihre fromme Gottesfurcht ist in Wahrheit Gotteslästerung [τὸ δὲ εὐσεβὲς αὐτῶν καὶ τὸ θεῖον ἀσεβές ἐστι καὶ ἀνόσιον], wie ich zeigen werde. Wenn sie nämlich für sich die Macht beanspruchen, sie könnten den Mond vom Himmel herabziehen und die Sonne verfinstern, schlechtes wie gutes Wetter hervorbringen und Regen und Dürre, ferner daß sie das Meer unbefahrbar und Land <unfruchtbar> machen könnten und alle Bereiche dieser Kunst beherrschten – mögen sie behaupten, durch Weihen oder irgendeine andere Erkenntnis oder Übung die Macht dazu zu haben –, so scheinen mir Leute, die das betreiben, zu freveln und zu glauben, daß die Götter nicht existieren oder keinerlei Macht haben; und daß diese Leute nicht vor dem Äußersten zurückschrecken würden, da (die Götter) ihnen nicht gefährlich sind. Denn wenn ein Mensch durch Zauber und Opfer [εἰ γὰρ ἄνθρθπος μαγεύων τε καὶ θύων] den Mond vom Himmel herabziehen, die Sonne verfinstern und schlechtes und gutes Wetter machen wird, so würde ich nicht mehr glauben, daß von diesen Dingen etwas göttlich ist, sondern ich würde es für menschliches Tun halten, wenn denn die göttliche Macht von menschlichem Witz besiegt und geknechtet wird [εἰ δὴ τοῦ θείου ἡ δύναμις ὑπ᾽ ἀνθρώπου γνώμης κρατεῖται καὶ δεδούλωται]."[102]

Der *mágos* beansprucht für sich die Macht, die Gestirne, das Wetter, die Natur und entsprechend auch Krankheiten zu beherrschen – bei Hippokrates wird dies erstmals ausführlich geschildert und zudem der Verbalisierung *mageuó* zugeordnet, von Grensemann mit *Zauber* übersetzt. Bei Hippokrates zeigt sich die Ethnozentrik des Magiebegriffs nun in voller Blüte: denn in seiner Beschreibung offenbaren sich offenkundige Diskrepanzen zwischen den religiösen Traditionen der griechischen Polis, aus deren Perspektive er schreibt, und den Vorstellungen und Praktiken des *mágos* – im Umgang mit Krankheit, mit Natur, mit den Göttern. Für Hippokrates bedeutet dessen Anspruch, über die oben genannten Fähigkeiten zu verfügen, nichts Anderes als *Asebie: Frevel gegen die Götter*, von Grensemann mit *Gotteslästerung* übersetzt.[103] Der *mágos* tritt mit einem Machtanspruch auf, der vor dem Hintergrund der traditionellen griechischen Göttervorstellung

---

[101] Vgl. Hippokrates, *De morbo sacro* 1, 20f (Grensemann, *Die hippokratische...*, 62/63): „Dies alles verordnen sie wegen des göttlichen Charakters, als ob sie ein besonderes Wissen hätten, zugleich geben sie weitere Gründe an, damit, wenn der Kranke vielleicht gesund wird, sie den Ruhm der Geschicklichkeit ernten, wenn er aber stirbt, sie sich in Sicherheit verteidigen und einen Grund dafür anführen können, daß nicht sie, sondern die Götter die Schuld haben; haben sie doch keine Medizin zu essen oder zu trinken gegeben und die Kranken auch nicht in Bäder gesteckt, wodurch man sie für schuldig halten könnte."

[102] Hippokrates, *De morbo sacro* 1, 28f (Grensemann, *Die hippokratische...*, 64/65).

– insbesondere jener der homerischen Epen – nur den Göttern zusteht.[104] Ein Mensch, der die Macht der Götter beansprucht, ist für Hippokrates nicht nur unverständlich, sondern unvorstellbar und zutiefst empörend. Die Praktiken der *mágoi* zur Krankheitsbehandlung sind für ihn daher nicht nur wirkungslos, da sie einen falschen Krankheitsursprung annehmen,[105] sondern – aus Hippokrates' Religionsverständnis heraus – blasphemisch und areligiös:

> "Und sie wenden Sühneriten und Besprechungen [καταρμοῖσί τε χρέωνται καὶ ἐπαοιδῇσι] an, was mir für meine Person ein ganz unfrommes und gottloses Vorgehen [ἀνοσιώτατόν τε καὶ ἀθεώτατιβ πρῆγμα ποιέουσιν ὡς ἔμοιγε δοκεῖ] zu sein scheint; denn sie nehmen die Sühnungen vor, indem sie die von der Krankheit Befallenen mit Blut und ähnlichem 'reinigen', als ob diese Kranken eine Blutschuld auf sich geladen hätten oder von bösen Geistern befallen oder von Menschen behext [πεφαρμαγμένους ὑπ᾽ ἀνθρώπων] wären {oder etwas Böses getan hätten}. Dabei sollten sie das Gegenteil davon tun: opfern und beten und in die Tempel gehen, um zu den Göttern zu flehen. Jetzt aber tun sie nichts dergleichen, sondern entsühnen, und das 'Unreine' verbergen sie in der Erde oder werfen es ins Meer oder bringen es weg in die Berge, wo niemand es berühren und darauf treten kann. Man müsste es aber in die Tempel tragen und dem Gott übergeben, wenn denn wirklich ein Gott daran schuld ist."[106]

Hippokrates beschreibt hier Heilpraktiken, der er weder im Kontext seines – sozusagen säkularisierten – medizinischen Wissens noch seiner religiösen Weltanschauung einordnen und verstehen kann.[107] Sein ethnozentrisches

---

103 *Asebie* (ἀσέβεια) wird in der Passage explizit dem Begriff *Eusebie* (εὐσέβεια) gegenüber gestellt, jenem griechischen Term, der sich noch am ehesten mit *Religion* übersetzen ließe; vgl. hierzu auch Robert Muth, *Einführung in die griechische und römische Religion*, Darmstadt ²1998, 25/26, besonders Fußnote 47.

104 Vgl. auch Graf, *Gottesnähe...*, 33: „kurz, [die Magier könnten; d. Verf.] durch ihr rituelles Wissen und Können die Naturgesetze beeinflussen; doch damit maßten sie sich Kräfte an, die allein den Göttern zustehen würden. Ja, die Heiler schrieben sich eine Macht zu, die größer sei als die der Götter, sie wollten die Götter dazu bringen, sich ihnen zu unterwerfen: das hebt die Existenz der Götter auf, die sich ja eben durch eine uneingeschränkte Überlegenheit dem Menschen gegenüber definierten."

105 Hippokrates nennt vielerlei Arten, auf die „sie bei jeder einzelnen Erscheinungsform des Leidens einem Gott die Schuld daran zuschieben. [...] Wenn nämlich der Kranke eine Ziege nachahmt, und wenn er (wie ein Löwe) brüllt und mit der rechten Seite zuckt, dann sagen sie, die Göttermutter sei schuld. Wenn er aber lauter und schriller schreit, dann vergleichen sie das mit dem Wiehern eines Pferdes und sagen, Poseidon sei schuld. [...] wenn dem Kranken aber Schaum aus dem Munde abgeht und er mit den Füßen um sich schlägt, dann Ares. Wenn aber jemand in der Nacht von Ängsten, Schrecken und Wahnvorstellungen befallen wird, vom Bett aufspringt und nach draußen flieht, so nennen sie das Angriffe der Hekate und Heimsuchungen von Geistern der Verstorbenen."; Hippokrates, *De morbo sacro* 1, 32f (Grensemann, *Die hippokratische...*, 64/65f).

106 Hippokrates, *De morbo sacro* 1, 39f (Grensemann, *Die hippokratische...*, 66/67).

107 Stattdessen versucht der zweite Teil des Traktates auf der Basis der antiken Körpersäftelehre (Blut, Schleim, gelbe und schwarze Galle) eine biologische Ursache für das Krankheitsbild zu erläutern. Vgl. hierzu auch Graf, *Gottesnähe...*, 35: „Die Ärzte ihrerseits begründeten ihre Kunst auf einer radikalen Kosmologie, welche die Natur unter

6.3. Die griechischen Magier 169

Unverständnis führt zur Ausgrenzung und Abwertung der Praktiken als unfromm und gottlos, dazu gesellt sich ein Ratschlag, der das Religionsverständnis Hippokrates' prägnant zusammenfasst: „opfern und beten und in die Tempel gehen, um zu den Göttern zu flehen". Dadurch ist nach Ansicht des Autors – so wird allzu deutlich – rechte Religion gekennzeichnet; die *Magie* der griechischen Heilpraktiker jedenfalls ist nichts weiter als *Asebie*. Die Verwendung des Magiebegriffs als Ausgrenzungskategorie, die die folgenden Jahrhunderte und Jahrtausende maßgeblich prägen sollte, ist unter Anderem in der – bei Hippokrates prägnant beobachtbaren – ethnozentrischen Abwertung unorthodoxer Heilkulte und -Spezialisten in den griechischen Poleis der klassischen Zeit begründet.

6.3.2. Platon: *mageía* und *pharmakeía*

Bevor tiefergehende Überlegungen zur Ethnozentrik dieser Konstellation – und zu den hier diffamierten *mágoi* – angestellt werden, sind einige ergänzende Passagen bei Platon (* 428/427 v. Chr.; † 348/347 v. Chr.) zu lesen. Zunächst: es finden nur wenige Rezeptionen des Magiebegriffs in seinem Werk, die von den bisher rekonstruierten Thematiken zum Teil abweichen und darauf hinweisen, dass Platon hier eine andere Terminologie bevorzugte.[108] Gleichwohl findet sich eine wirkungsgeschichtlich außerordentlich bedeutsame Stelle im *ersten* (pseudoepigraphischen?)[109] *Alkibiades*: Platon lässt hier Sokrates über die Erziehung der persischen Königssöhne berichten; sind diese vierzehn Jahre alt, kümmern sich vier Erzieher um die Sprösslinge:

> „Diese sind ausgewählt aus allen Persern die viere welche für die vortrefflichsten gehalten werden in der Blüte des Alters, der weiseste, der gerechteste, der besonnenste und der tapferste, wovon der eine ihn die geheime Weisheit des Zoroasters Sohn des Oromazes [Ὧν ὁ μὲν μαγείαν τε διδάσκει τὴν Ζωροάστρου τοῦ

Einschluß des Menschen als homogenes und nach außen geschlossenes System konzipierte; damit mußten sie alle jene Therapien verwerfen, welche Krankheit als gottgesandt deuteten und Heilung durch die kathartischen Riten der Goëten und Seher bewirken wollten".

108 Vgl. die Erwähnung von μαγεωτικε im Kontext abwehrender Heilmittel (αλεχιπηαρμακα) in Platon, *Politikos*, 280d, sowie die negativ konnotierte Nennung von *mágoi* im Kontext der Entstehung des tyrannischen Menschen und politischer Demagogie in Platon, *Politeia*, 572e. In Platon, *Theaetetos*, 178d, 191c; 194d und 196a, *Timaeus*, 50c und 72e sowie *Nomoi* 800b und 801d findet sich – so sei hinzugefügt – εκμαγείον im Sinne von *Abbild/Modell*.

109 Vgl. zur Diskussion die neue, überarbeitete Version des Aufsatzes: Jan N. Bremmer, „The birth of the Term 'Magic'", 6, in: Ders., Jan R. Veenstra (Hg.), *The Metamorphosis of Magic from Late Antiquity to the Early Modern Period*, [Groningen studies in cultural exchange; 1], Leuven 2002, 1-12.

Ὡρομάζου] lehrt, welches die Verehrung der Götter ist [ἔστιν δὲ τοῦτο θεῶν θεραπεία]; er lehrt ihn aber auch die königlichen Geschäfte."[110]

Magie steht hier als Abstraktum (von Hülser und zuvor Schleiermacher kurioserweise als *geheime Weisheit* übersetzt) und wird explizit mit dem persischen Königshaus und der dortigen *Verehrung der Götter* (θεῶν θεραπεία) in Verbindung gebracht. Zudem wird Zoroaster als Gewährsmann oder Begründer jener *mageía* angegeben – ein Topos, der insbesondere ab der frühen Neuzeit ein verblüffendes Eigenleben in der europäischen Geistesgeschichte entwickeln sollte.[111] *Magie* als Kunst der persischen Priester – Platon knüpft hier an die ursprüngliche Überlieferung im Anschluss an Herodot an; gleichwohl gibt er mit seiner eigentümlichen Auslegung von *mageía* als *Verehrung der Götter* gleichzeitig eine Art Definition vor, die wirkungsgeschichtlich noch außerordentlich bedeutsam werden wird.[112] Möglicherweise wollte Platon mit seiner Ableitung des Abstraktums *mageía* von den persischen *mágoi* nur ein terminologisches Analogon für den persischen Tempel- und Götterkult bilden, ohne viel mehr damit zu intendieren. Platons Rezeption des Magiebegriffs würde dann lediglich die (sicherlich irreführende) Vorstellung des Philosophen implizieren, dass die Verehrung der Götter bei den Persern eben als *Magie* bezeichnet worden sei. Jedenfalls erscheint die positiv konnotierte Nennung des Magiebegriffs im *ersten Alkibiades* etwas abgesetzt von Platons weiterer (negativer) Verwendung des Begriffs sowie vom Diskurs der klassischen Zeit insgesamt.

Vielleicht rührt es von der Alkibiades-Passage her, dass schließlich nicht *mageía*, sondern ein anderer Begriff – das oben bereits erwähnte Abstraktum *pharmakeía* – als zentrale Ausgrenzungskategorie in Platons wichtigstem Spätwerk, den *Nomoi*, fungiert. Um Platons gedankliche Stoßrichtung in den *Gesetzen* besser verstehen zu können, bietet es sich an, zuvor eine Stelle in der *Politeia* zu lesen, die Parallelen zur obigen Beschreibung Hippokrates' aufweist; das Grundthema der *Politeia*, die Gerechtigkeit, wird hier im Kontext ihrer religiösen Implikationen besprochen:

„Bettelpriester und Wahrsager [Ἀγύρται δὲ καὶ μάντεις] kommen an die Türen der Reichen und machen ihnen weis, durch Opfer und Beschwörungen [θυσίαις τε καὶ ἐπῳδαῖς] sei ihnen von den Göttern ein besonderes Vermögen verliehen worden: wenn der Betreffende oder seine Vorfahren ein Unrecht begangen habe, dann könnten sie es sühnen mit Hilfe von Lustbarkeiten und Festen. Und wenn er einem Feinde etwas zuleide tun möchte, dann könnten sie diesem, ob

---
110 Platon, *Alkibiades*, 122a; Übersetzung nach: Karlheinz Hülser (Hg.), *Platon. Euthyphron. Alkibiades. Gorgias. Menexenos. Griechisch und Deutsch. Sämtliche Werke II*, [Insel-Taschenbuch; 1402] Frankfurt a. Main 1991, 124/125; Hülser orientiert sich bei der Passage an der klassischen Platon-Übersetzung Friedrich Schleiermachers (1809).
111 Dazu ausführlich Stausberg, *Faszination Zarathustra*..., v.a. 503ff.
112 Vgl. die Skizze der alkibiadischen Rezeptionslinie unten, Kap. 9.1.1, sowie die weitere Rezeption des Topos' in der Frühen Neuzeit unten, Kap. 10.4.2, sowie im 19. Jahrhundert unten, Kap. 11.3.1.

er gerecht sei oder ungerecht, gegen ein geringes Entgelt Schaden zufügen, indem sie mit Hilfe von Zaubersprüchen und Beschwörungen [ἐπαγωγαῖς τισιν καὶ καταδέσμοις], wie sie behaupten, die Götter dazu bringen können, ihnen zu Diensten zu sein."[113]

Platon beginnt hier mit jener im Abendland allzu bekannten Problematik, die ein fatalistisches Schicksalsverständnis gepaart mit einem übermächtigen, positiven Götterbild mit sich bringt: der Frage nach Theodizee, nach *göttlicher Gerechtigkeit*. Wie kann es sein, so fragt Platon zuvor, dass die Götter „manchen guten Menschen schon Unglück und ein elendes Leben geschickt haben, den Schlechten jedoch das Gegenteil"?[114] An dieser Stelle taucht die oben bereits angesprochene Personengruppe auf: Bettelpriester (*agúrtai*) und Seher (*mánteis*) bieten rituelle Dienste für Jedermann beziehungsweise – bei Platon – die griechische Oberschicht an; in ihrem Wirkungs- und Wahrheitsanspruch weichen diese wiederum deutlich von dem ab, was Platon von der religiösen Tradition der Polis gewohnt ist beziehungsweise für gut heißen kann. Bei Hippokrates noch auf Heilrituale spezialisiert, verbreitet sich hier der Anwendungsbereich der diffamierten Praktiken: es geht um das Sühnen vergangener Schuld und darum, Feinden Schaden zuzufügen. Platon gibt schließlich – wie Hippokrates – vor, das religiöse Selbstverständnis der Praktizierenden zu beschreiben: sie hätten von den Göttern ein besonderes Vermögen (δύναμις) erhalten, welches es ihnen ermögliche, „wie sie behaupten", mit bestimmten Praktiken[115] eine gewisse Kontrolle über die Götter auszuüben; mehr noch: sie könnten sie „dazu bringen, ihnen zu Diensten zu sein". Der weitere Verlauf des Dialogs freilich wird solche – von Menschen begangenen – *Ungerechtigkeiten* in keinem guten Lichte stehen lassen.

Vergleicht man die Platon-Stelle mit der obigen Schilderung Hippokrates', bildet sich ein gemeinsames Feindbild als Schnittmenge heraus: eine unscharfe – das heißt: aus der Außenperspektive grob zusammengefasste und dadurch möglicherweise auch in sich uneinheitliche – Personengruppe wandernder Ritualspezialisten, die in den griechischen Poleis der klassischen Zeit ihre Dienste abseits des Tempelkultes anbieten und mit unterschiedlichen Namen belegt werden: *agúrtai, góētes, mánteis, kathártai, mágoi*. Von Bedeutung ist, dass diese Personengruppe zunächst nur von griechischen Autoren erwähnt wird, die selbst nicht dazu gehören, sie wird also

---

113 Platon, *Politeia*, 364a-364c; Übersetzung nach: Thomas Alexander Szlezsák (Hg.), Platon. Der Staat. Griechisch-deutsch. Übersetzt von Rüdiger Rufener, Einführung, Erläuterungen, Inhaltsübersicht und Literaturhinweise von Thomas Alexander Szlezsák, [Sammlung Tusculum], Düsseldorf 2000, 120-23.
114 Platon, *Politeia*, 336e nach Szlezsák, *Platon. Der Staat...*, 120/21.
115 Der griechische Text ist wieder präziser beziehungsweise komplexer als die Übersetzung von Rufener: ἐπαγωγαῖς kommt etymologisch von *herbeiführen, hinführen*; καταδέσμοις meint ursprünglich *herabfesseln, festbinden*. Vgl. dazu Wilhelm Pape, *Griechisch-Deutsches Handwörterbuch. In drei Bänden. Erster Band: A – K. Dritte Auflage bearbeitet von M. Sengebusch*, Braunschweig ³1908, 893/94, sowie 1345/46.

nur von außen beschreiben. Wenngleich sowohl Hippokrates wie Platon ihre Schilderungen jeweils als Selbstbeschreibungen ausgeben,[116] wird in ihren Texten doch allzu deutlich, dass es nicht um ein wertfreies Verständnis oder eine unvoreingenommene Darstellung dessen geht, was die Bettelpriester, Seher und *mágoi* wirklich denken oder tun; vielmehr wird deren (angenommenes) religiöses Selbstverständnis in bewusstem Kontrast zu den Überzeugungen der Autoren – und dadurch auch dem vermeintlichen *Common Sense* der Polis – geschildert und entsprechend abgewertet.

Die Beschreibungen jener Personengruppe – und dadurch auch der *griechischen mágoi* –[117] müssen daher möglicherweise mehr als Polemik denn als qualitativ verwertbares Zeugnis eingeordnet werden. Wesentliches Ziel der Texte ist, das Treiben der wandernden Ritualspezialisten als fremdartig, unmoralisch und areligiös darzustellen. Da jene mysteriösen *mágoi*, die im fünften und vierten Jahrhunderts vor Christus in den griechischen Poleis bezeugt werden, zunächst nur durch die – ethnozentrisch verzerrende und pejorativ eingefärbte – Feder griechischer Autoren erfassbar sind, ist fraglich, ob jene Fremdbeschreibungen überhaupt mit dem Selbstverständnis – dies wird in den Texten ja suggeriert – der so diffamierten Ritualdienstleister übereinstimmen. Für die Karriere des Magiebegriffs als Ausgrenzungskategorie ist dies freilich nicht weiter von Bedeutung; diese ist ja gerade durch das Unpräzise, Abwertende, Verzerrende gekennzeichnet. Für die religionswissenschaftliche Analyse ist diese Frage allerdings um so bedeutsamer: wenn die Geschichte des Magiebegriffs mit einem – bewussten oder unbewussten – interreligiösen Missverständnis beginnt, ist es von wesentlicher Bedeutung, die religiösen Unterschiede herauszuarbeiten, die zur Aufwertung des Einen und Abwertung des Anderen geführt haben. Im Folgenden sollen daher abschließend einige Passagen aus jenem Text gelesen werden, der diesen Zusammenhang am deutlichsten vor Augen führen mag: Platons *Nomoi*.

Die Abneigung, die Platon gegen die eben angesprochene Personengruppe privater Ritualspezialisten in der *Politeia* nur andeutet, radikalisiert er im zehnten und elften Buch der *Gesetze*. Gegen Ende des zehnten Buches, wel-

---

116 Vgl. oben: Hippokrates spricht von „ihren Reden" und der Macht, die „sie [...] für sich [...] beanspruchen" oder davon, dass „sie behaupten, durch Weihen oder irgendeine andere Erkenntnis oder Übung die Macht dazu zu haben"; Platon kennzeichnet seine Schilderung ebenfalls als Selbstbeschreibung: "Bettelpriester und Wahrsager [...] machen ihnen weis, durch Opfer und Beschwörungen sei ihnen von den Göttern ein besonderes Vermögen verliehen worden [...]"; sowie: "[...] dann könnten sie [...], wie sie behaupten, die Götter dazu bringen, ihnen zu Diensten zu sein".

117 Aufgrund der Andersartigkeit der Befunde zum persischen *maguš* und den Schilderungen jener *mágoi*, die im klassischen Griechenland als rituelle Dienstleister auftreten, wird hier – wie in den Kapitelüberschriften bereits angedeutet – eine Unterscheidung zwischen dem persischen *maguš* und dem griechischen *mágos* getroffen, die unten noch ausführlicher diskutiert wird.

6.3. Die griechischen Magier 173

ches die *Vergehen gegen die Götter*[118] zum Gegenstand hat, gibt Platon bereits den religionssystematischen Kontext des späteren Gesetzes gegen *pharmakeía* an: es geht im Kern um *Unglauben an die Götter*. Kommt zu dieser für Platon außerordentlich verwerflichen Geisteshaltung noch „Mangel an Selbstbeherrschung in Lust wie im Schmerz" hinzu, gehe aus solchen Menschen „eine Menge von Wahrsagern [μάντεις] und von Menschen hervor die sich mit allerlei Zauberkünsten [μαγγανείαν][119] abgeben, zuweilen aber auch Tyrannen, Volksleiter und Heerführer, auch solche Männer welche trügerisch Privatmysterien stiften oder die Künste der sogenannten Sophisten treiben."[120]

Bei Platon – wie bei Hippokrates – ist der *Asebie*-Vorwurf also Kern seiner Polemik gegen die Bettelpriester. Im Rahmen des *Gesetzes wider die Gottlosigkeit* [ἀσεβείας πέρι νόμων][121] umfasst dieser Straftatbestand dreierlei: zum einen den Unglauben an das „Dasein von Göttern"; zum anderen die Vorstellung, dass die Götter sich nicht „um die Menschen bekümmern"; schließlich die Annahme, dass sie „durch Opfer und Gebet leicht sich lenken und gewinnen ließen".[122] Gegen Ende des zehnten Buches gibt Platon hierfür Strafmaß und Begründung an:

„Alle diejenigen aber, welche zu der Meinung, es gebe keine Götter oder sie bekümmerten sich nicht um uns oder sie wären durch Geschenke zu bewegen, noch überdies die Natur von Raubtieren angenommen haben und, indem sie die Menschen verachten, nicht bloß die Seelen vieler Lebenden verlocken, sondern auch die de Verstorbenen herbeibeschwören zu können vorgeben und (sogar) die Götter durch Opfer, Gebete und Zaubersprüche [ὡς θυσίαις τε καὶ εὐχαῖς καὶ ἐπῳδαῖς γοητεύοντες] zu berücken und (zu Allem was man verlangt) zu überreden sich anheischig machen und die, um sich zu bereichern, darauf ausgehen nicht bloß die Einzelnen sondern auch ganze Häuser und Staaten von Grund aus zu verderben, alle solche Leute (sage ich) sollen, wenn sie eines solchen Verbrechens überwiesen worden sind, vom Gerichte nach dem Gesetze dazu verurteilt werden lebenslänglich in dem Gefängnisse im Innern des (platten) Landes eingekerkert in Ketten zu liegen [...]"[123]

---

118 Vgl. zu diesem Oberbegriff Hülser, *Platon. Nomoi...*, 771.
119 *Manganeía* ist aller Wahrscheinlichkeit nicht von *mageía* abgeleitet, befindet sich aber im selben semantischen Feld (einer nicht näher definierbaren Wirkung von Mitteln), und steht dadurch insbesondere dem *phármakon* nahe; die Konnotation des Betrugs, der Gaukelei ist vor allem in späterer Zeit ausgeprägt: „Zauberei, Betrügerei durch Arzneien u. sonstige künstliche Mittel"; Pape, *Griechisch-Deutsches Handwörterbuch...*, 2. Band, 78. Vgl. auch Dickie, *Magic and Magicians...*, 16: „The term does not seem to be related to the words *mágos* or *mageía*, but there is reason to suspect that most Greeks will have believed that *manganeumata* took their name from their being performed by *mágoi*."; Kursivsetzung Dickie.
120 Platon, *Nomoi*, 908c-d nach Karlheinz Hülser (Hg.), *Platon. Nomoi. Griechisch und Deutsch. Sämtliche Werke IX*, [Insel-Taschenbuch; 1409] Frankfurt a. Main 1991, 849f.
121 Platon, *Nomoi*, 907d (Hülser, *Platon. Nomoi...*, 846/47).
122 Platon, *Nomoi*, 885b (Hülser, *Platon. Nomoi...*, 772/73)
123 Platon, *Nomoi*, 909a-c (Hülser, *Platon. Nomoi...*, 850-53).

Platon kombiniert hier eine ganze Reihe von Aspekten, die bislang nur einzeln und nicht in vergleichbar radikaler Darstellung in griechischen Texten aufgetaucht sind. Zunächst zum *Asebie*-Vorwurf: Platon bevorzugt offenbar eine Theologie, welche die Götter als unbedingt hilfsbereit, nicht aber als bestechlich oder gar manipulierbar vorsieht; beide davon abweichenden Positionen – dass die Götter desinteressiert in der Transzendenz ruhen und die Menschen dadurch möglicherweise glauben, alles tun zu können, was sie wollen; oder dass die Götter durch Bittgaben und Gebete von den Menschen gedrängt werden können, deren Wünsche zu erfüllen, also manipulierbar sind – sind für Platon inakzeptabel und fallen, gemeinsam mit dem Atheismus, unter ein und denselben Straftatbestand der *Asebie*. Beide frevlerischen Haltungen versucht Platon zuvor in relativ ausführlichen Argumentationsgängen zudem systematisch zu widerlegen.[124] Die Folge ist ein moralisch hochwertiges, von Menschendünkel bereinigtes Götterbild, welches Platons Grundidee des *Guten*, die sich durch sein ganzes Werk zieht, versinnbildlicht und menschliche Egoismen dadurch um so radikaler ausschließen muss.[125] Die Abwertung, mit welcher Platon die Straftäter des *Asebie*-Gesetzes belegt, wird dadurch potenziert: sie erhalten die Natur von Raubtieren, verlieren also den Status des (kultivierten) Menschen, vielmehr verachten sie die Menschen und verderben „ganze Häuser und Staaten" – sie werden zu Feinden der menschlichen Kultur und Gemeinschaft. Hiermit geht wiederum der Vorwurf der Geldgier und dadurch auch der Scharlatanerie Hand in Hand, da ein solches Vorgehen – gemäß Platons Götterbild – ja prinzipiell wirkungslos sein muss. Schließlich kommt noch ein Topos hinzu, der gleichfalls aus Platons Religionsverständnis ausgegrenzt wird und der fortan noch häufig mit dem Magiebegriff in Verbindung gebracht wird: die *Nekromantie*.

Nachdem Platon den Straftatbestand der *Asebie* im zehnten Buch auf die eben beschriebene Weise vorbereitet hat, vollendet er seine Anklage gegen *pharmakeía* im elften Buch, welches (eigentlich) das Eigentums-, Handels-, und Gewerberecht zum Gegenstand hat.[126] Die Ausführungen zum – in der Übersetzung Hülsers – *Gesetz gegen Zauberei* (νόμος περὶ φαρμακείας)[127] beginnen schließlich mit den folgenden Worten:

„Was nun ferner die Beschädigungen anlangt welche man Anderen durch Gifte [φαρμάκοις] zufügt, so haben wir die von tödlichem Ausgange bereits in

---

124 Vgl. Platon, *Nomoi*, 899d-905d sowie 905d-907d.
125 Vgl. zu dieser Deutung auch Graf, *Gottesnähe...*, 32: „er [Platon; d. Verf.] rechnet den Magos zu denen, 'welche ... die Existenz der Götter leugnen oder sie für nachlässig oder bestechlich halten' – eine Meinung, die radikal der platonischen Auffassung des Göttlichen als des absolut Guten widerspricht, als eines überlegenen Wesens, daß [sic!] sich vollkommen um den Menschen kümmert und dem sich der Mensch vertrauensvoll anvertraut und unterwirft."; vgl. zu Platons Religions- und Gottesbild auch Burkert, *Griechische Religion...*, 473-483.
126 Vgl. Hülser, *Platon. Nomoi...*, 859.
127 Platon, *Nomoi*, 933c (Hülser, *Platon. Nomoi...*, 924/25).

Betracht gezogen, über alle sogenannten Zaubereien [βλάψεων][128] aber, welche mit der vorbedachten Absicht Andern zu schaden, sei es nun durch Getränke, Speisen oder Salben vorgenommen werden, haben wir noch nichts Näheres bestimmt, und diese nähere Bestimmung wird dadurch schwierig, daß es zweierlei Arten gibt, auf welche man Menschen zu behexen [φαρμακεῖαι] versucht. Die eine nämlich ist die eben von uns ausdrücklich bezeichnete, bei welcher Körpern durch die natürliche Einwirkung anderer Körper Schaden zugefügt wird; als eine andere aber ist es zu bezeichnen wenn gewisse Leute glauben durch allerlei Gaukeleien, Zaubersprüche und sogenannte Bannformeln [μαγγανείαις τέ τισιν καὶ ἐπῳδαῖς καὶ καταδέσεσι λεγομέναις] anderen Leuten Schaden zufügen zu können, und diese Anderen wiederum daß ihnen von Niemandem mehr als von solchen Leuten welche hexen können [γοητεύειν] Schaden zugefügt werden könne."[129]

Die schädliche oder tödliche Einwirkung auf Menschen mittels *phármaka*, also – vom Ergebnis her – Körperverletzung oder Mord, sind wesentlicher Gegenstand des Gesetzes. Dadurch wird auch erklärbar, dass dieses nicht im zehnten Buch über *Asebie*, sondern im elften Buch über – modern gesprochen – Bürgerliches Recht zur Sprache kommt. Bemerkenswert ist hierbei nun, dass Platon zwei Arten einer solchen Schädigung (*blápseon*) unterscheidet; die eine, „bei welcher Körpern durch die natürliche Einwirkung anderer Körper Schaden zugefügt wird", hat Platon bereits zuvor, im neunten Buch über Strafrecht besprochen. Im vorliegenden Gesetz geht es nun um *manganeíais, epodaīs, katadésesi*, mit denen anderen Menschen Schaden zugefügt wird.

Matthew Dicki lässt sich bei der Besprechung dieser Stelle zu der Bemerkung hinreißen, dass „although Plato does not discuss magic as an abstract idea, he is at one point in the Laws forced to distinguish between two different kinds of pharmakeia, one in which one body acts directly on another and one in which that does not happen. This is as close as he comes to defining magic."[130] In der vorliegenden Arbeit wird freilich nicht so optimistisch argumentiert; Platon geht es offenbar lediglich um eine Unterscheidung materiell-physikalischer Wirkungen (durch *Gifte*) von Wirkungen, die weniger durch das Einwirken von Substanzen zustande kommen als durch Ritualpraktiken, die wohl im weitesten Sinne durch die bereits in der *Politeia* sowie im zehnten Buch der *Nomoi* kritisierten Formen des Transzendenzbezugs gekennzeichnet sind.[131] Platon bleibt zunächst skeptisch und geht nicht so weit, deren Wirkungs- und Wahrheitsanspruch ganz in

---

128 *Blápseon* ist eigentlich zu übersetzen mit: *Schädigungen*; vgl. Pape, *Griechisch-Deutsches Handwörterbuch...*, 1. Band, 448.
129 Platon, *Nomoi*, 932 e-933 a (Hülser, *Platon. Nomoi...*, 920-923).
130 Dickie, *Magic and Magicians...*, 44.
131 Also durch die Vorstellung, dass Götter manipuliert bzw. *dahin gebracht* (vgl. Platon, *Politeia*, 364c) werden können, bestimmte Wünsche zu erfüllen. Interessant in diesem Zusammenhang ist, dass weder Hippokrates noch Platon direkt vom Götterzwang sprechen, sondern jeweils schwächere Formulierungen wählen.

Frage zu stellen,[132] äußert sich aber daraufhin abfällig über die Einfältigkeit der Leute, die solche Praktiken anwenden oder ernst nehmen würden.[133] Interessanterweise geht Platon davon aus, dass „solche Veranstaltungen [...] die große Masse der Menschen wie die Kinder fürchtet", was für ihn offenbar einer der Gründe ist, die das *Gesetz gegen pharmakeía* überhaupt notwendig machen –[134] dies deutet auf eine relativ große Verbreitung und Bekanntheit solcher Praktiken zur Zeit Platons hin. Er unterscheidet in diesem Zusammenhang Laien und Spezialisten und unterstellt den – wohl zahlreichen – Laien, die solche Praktiken anwenden, „daß sie ja gar nicht wissen was sie tun".[135] Folgerichtig schlägt er in seiner abschließenden Gesetzesformel zweierlei Strafmaß vor:

„Dann aber soll das Gesetz gegen Zauberei [νόμος περὶ φαρμακείας] folgendermaßen lauten. [...] Und eben so wenn Jemand durch Bann- oder Beschwörungsformeln, durch Zaubersprüche oder irgend ein ähnliches {Mittel} [καταδέσεσιν ἢ

---

132 Vgl. Platon, *Nomoi*, 933 a (Hülser, *Platon. Nomoi*..., 922/923): „Was für eine Bewandtnis es nun in Wahrheit mit allen solchen Dingen habe ist nicht leicht zu durchschauen, und wenn man es auch durchschaut hätte, so würde man doch schwerlich anderen Leuten darüber dieselbe Überzeugung beizubringen im Stande sein".

133 Vgl. Platon, *Nomoi*, 933 a-b (Hülser, *Platon. Nomoi*..., 922/923): „es würde sich nicht einmal der Mühe lohnen diesen Versuch bei Leuten welche in ihren Gemütern dergleichen Verdacht gegen einander hegen anstellen oder ihnen zureden zu wollen, wenn sie etwa aus Wachs geformte Bilder an ihren Türen oder auf Kreuzwegen oder auf den Grabmälern ihrer Eltern antreffen sollten, Dergleichen alles für gering zu achten, weil sie ja doch nichts Bestimmtes sich dabei zu denken im Stande sind".

134 Platon, *Nomoi, 933b-c* (Hülser, *Platon. Nomoi*..., 922/923): „Wir müssen daher vielmehr auf Grund jener obigen Zweiteilung unsern Gesetzen wider Behexungsversuche [φαρμακείας πέρι νόμον] zunächst die Bitte und Vermahnung und den freundlichen Rat vorausschicken daß doch Niemand irgend einen von der einen oder der anderen Art machen, und durch alle solche Veranstaltungen vor denen sich (nun einmal) die große Masse der Menschen wie die Kinder fürchtet die Leute schrecken möge, damit nicht der Gesetzgeber und Richter genötigt werde sie vor einer solchen Furcht zu beschützen."

135 Platon, *Nomoi*, 933c (Hülser, *Platon. Nomoi*..., 922-25): „Wir müssen den Leuten die solche Wunderwirkungen [φαρμάττειν] hervorbringen wollen zu bedenken geben daß sie ja gar nicht wissen was sie tun, weder wenn sie unmittelbar auf die Körper einzuwirken versuchen, sie müßten sich denn zufällig auf Arzneikunde verstehen, noch wenn sie durch ihren Zauber [μαγγανεύματα] in die Ferne zu wirken suchen, sie müßten denn Seher oder Zeichendeuter sein." Die Übersetzung von Schleiermacher/Susemihl ist in mehrerlei Hinsicht bemerkenswert; einem fällt vor allem die fehlende Einheitlichkeit der Übersetzungen selbst in einem so kurzen Textabschnitt auf: das verbalisierte *phármattein* wird diesmal mit "Wunderwirkungen hervorbringen" übersetzt; das – christozentrische – Spannungsfeld um das Wortpaar *Wunder/Magie* bleibt dabei merkwürdig ausgeblendet. Zum anderen verblüfft die Frazerianisch eingefärbte Übersetzung des letzten Abschnittes: "noch wenn sie durch ihren Zauber in die Ferne zu wirken suchen"; im Original steht lediglich: „τά τε αὖ περὶ τὰ μαγγανεύματα ἐὰν μὴ μάντις ἢ τερατοσκόπος ὢν τυγχάνῃ" – besser wäre also: „[...] daß sie ja gar nicht wissen, was sie tun, weder bei den Sachen, die den Körper betreffen, es sei denn sie sind zufällig Arzt, noch, bei den Sachen, die *manganeúmata* betreffen, es sei denn, sie sind zufällig Seher oder Zeichendeuter"; wie *manganeúmata* am besten übersetzt werden könnte, ist natürlich an dieser Stelle kompliziert geworden; im folgenden Kapitel soll ein ausführlicherer Abstraktionsversuch unternommen werden.

6.3. Die griechischen Magier

ἐπαγωγαῖς[136] ἤ τισιν ἐπῳδαῖς ἤ τῶν τοιούτων φαρμακειῶν] Schaden zu stiften versucht hat, so soll er, falls er ein Wahrsager oder Zeichendeuter ist, am Leben gestraft werden, falls er aber ohne Kenntnis der Wahrsagekunst verfuhr, so soll auch mit ihm, eben so wie mit Dem welcher einer Zauberei [φαρμακείας] der ersteren Art überwiesen ist, nach dem freien Ermessen des Gerichtes verfahren werden."[137]

Der Ritualspezialist, hier nun fixiert auf die Bezeichnung *Wahrsager* (*mántis*), der mit entsprechenden Ritualpraktiken sein Geld verdient, ist am Leben zu bestrafen, der Laie wird nach dem freien Ermessen des Gerichts behandelt; Platon will es offenbar vermeiden, ganzen Bevölkerungsgruppen mit dem Tod zu drohen – er hat es auf die kommerziellen Anbieter solcher Dienstleistungen abgesehen. Die von ihm verwendete Kategorie *pharmakeía* weist dabei bestimmte, eigentümliche Züge auf, die die Problematik des Magiebegriffs – der bei späteren Autoren Bedeutung und Funktion des Platonischen *pharmakeía* übernehmen wird –[138] verdeutlichen mögen. Zum einen fasst Platon unter dem Oberbegriff *pharmakeía* synthetisch eine Reihe von Begriffen zusammen, die – wie oben dargelegt – zuvor wahrscheinlich einen differenzierteren und jeweils unterschiedlichen Platz in der griechischen Sprache und Gedankenwelt inne hatten. Dadurch, dass Platon diese Begriffe nun unter einem einzigen Straftatbestand *pharmakeía* subsumiert, weist er ihnen gewissermaßen einen neuen, einheitlichen, nun freilich negativ konnotierten Platz zu, der dem komplexen semantischen Feld, welches die Begriffe teilweise noch bei Homer oder anderen vorplatonischen Autoren hatten, nicht mehr entspricht; hier finden semantische Übergangsprozesse, insbesondere konnotative Verlagerungen statt.[139] Platon ist an dieser Stelle geradezu mit den Aufklärungsschriften des 19. Jahrhunderts – etwa jenen von Edward B. Tylor und James G. Frazer – vergleichbar, in denen ganz heterogene Praktiken unter dem Magiebegriff subsummiert und gleichermaßen abgewertet werden.

Zum anderen hat die Unschärfe der so entstandenen Kategorie zur Folge, dass die verwendeten Unterbegriffe *katádesis*, *epagogé* und *epodē* weniger auf eine klare, äußerlich erkennbare Handlung verweisen, sondern primär das Handlungsumfeld markieren. Insbesondere das rituelle Spre-

---

136 Ἐπαγωγαῖς wurde bereits bereits oben angesprochen und meint im weitesten Sinne *Herbeiführung*.
137 Platon, *Nomoi*, 933c-e (Hülser, *Platon. Nomoi*..., 924/25).
138 Vgl. etwa den Exkurs zu Plinius' *Naturgeschichte* unten, Kap. 7.1.
139 Dies gilt auch für den *mántis* – eigentlich ja eine anerkannte, positiv konnotierte Berufsbezeichnung in der griechischen Polis –, der in der abschließenden Formulierung des Gesetzes als primäre Titulierung für den asebischen Straftäter herhalten muss. Vielleicht greift Platon hier auch auf die Bezeichnung *mántis* zurück, weil deren semantische Notation einer religiösen Expertise noch am ehesten geeignet war, das Treiben der Bettelpriester und Seher in einer Figur zu bündeln, die dem Leser bekannt war. Vgl. zum *mántis* auch Burkert, *Griechische Religion*..., 180f sowie Muth, *Einführung in die griechische*..., 149f.

chen, das ja im Grunde alle verwendeten Begriffe implizieren, ist freilich als zentraler Bestandteil des griechischen Tempel- und Götterkultes bekannt und anerkannt gewesen. Daraus folgt, dass die Identifikation einer straffälligen *pharmakeía* nicht durch die Beobachtung der Handlung selbst leistbar ist, sondern vielmehr durch die Klassifikation ihres sozialen Kontextes: es geht um Privatrituale, die nicht Teil des öffentlichen Kultes sind, und um Privatanbieter, die ihre Profession nicht im Tempelkult, sondern gleichsam auf dem Marktplatz oder in Privathäusern ausüben. Die so bezeichneten Ritualhandlungen stehen daher – aus einer gewissen analytischen Distanz betrachtet – möglicherweise in großer funktionaler Nähe zu denen des offiziellen Tempelkultes (wenngleich Platon auf konzeptionelle Unterschiede verweist, die im folgenden Kapitel besprochen werden). Die eigentliche Unterscheidung, die Platon mit dem Gesetz gegen *pharmakeía* zu intendieren scheint, ist daher die von *öffentlicher* und *privater* Kultpraxis. Nicht umsonst verbietet der Philosoph am Ende des zehnten Buches auch alle privaten Kulte, um die Gefahr abweichender, potentiell *asebischer* Religiosität möglichst im Ansatz zu unterbinden.[140]

Aus dem Gesagten ist das Fazit zu ziehen, dass die Begriffe *pharmakeía* (bei Platon) und *mageía* (bei Hippokrates) keine trennscharfen Bezeichnungen antiker Terminologie, sondern vielmehr synthetische Sammelbegriffe für aus heutiger Sicht nur indirekt zugängliche, mitunter heterogene Ritualpraktiken abseits des offiziellen Tempelkultes darstellen, die von den besprochenen Autoren als areligiös, wirkungslos und sozialfeindlich empfunden worden sind. Insofern kann aus den Quellen an dieser Stelle sicherlich nicht die Notwendigkeit abgeleitet werden, die antike Terminologie um *mageía* als semantisch trennscharf anzusehen und in eine wissenschaftliche Analysesprache zu übernehmen. Vielmehr ist die Problematik einer substanziellen Differenzierung von *Religion* und *Magie* bereits hier – zu Beginn der abendländischen Rezeptionsgeschichte des Magiebegriffs – wesentlich angelegt.

6.4. Weiterführende Deutungs- und Abstraktionsversuche

Im Folgenden sollen weiterführende Überlegungen und einige Deutungs- und Abstraktionsversuche zu den Befunden angestellt werden. Diese sind insgesamt durch den Versuch gekennzeichnet – sofern irgend möglich –, "jenseits des Ethnozentrismus"[141] zu gelangen, also *hinter* die griechische

---

140 Vgl. Platon, *Nomoi*, 909d-910d.
141 Vgl. den schillernden Titel des Sammelbandes von Sebastian Conrad (Hg.), *Jenseits des Eurozentrismus. Postkoloniale Perspektiven in den Geschichts- und Kulturwissenschaften*, Frankfurt a. Main 2002.

6.4. Weiterführende Deutungs- und Abstraktionsversuche

Polemik zu blicken und die diffamierten Personen und Praktiken genauer und differenzierter in den Blick zu nehmen. Dabei ist insbesondere zu fragen, wer jene *mágoi* eigentlich waren, die in den Texten bezeugt werden, was sie praktizierten – dabei ist also von dem zu abstrahieren, was ihnen unterstellt und vorgeworfen wurde –, und weshalb sie in der griechischen Polis auf die beschriebene Weise ausgegrenzt worden sind.

6.4.1. Wer waren die *mágoi*?

Zunächst ist die Frage zu diskutieren, wer jene *mágoi* eigentlich waren, die in den griechischen Stadtstaaten des fünften und vierten vorchristlichen Jahrhunderts auftauchten und dort „am Rande der Gesellschaft, von den einen verspottet, von den andern heimlich gefürchtet",[142] ihre Dienste anboten. Gabriel Bodart skizziert in seiner Rezension der oben erwähnten Monographie von Marcello Carastro prägnant das Spektrum an Möglichkeiten:

> „Were the mágoi to whom he [Carastro; d. Verf.] refers lone Persians, coming to Greece in the wake of Darius' and Xerxes' defeats? Were they in fact members of the caste of mágoi described by Herodotus? Or were they perhaps Greeks come from Ionia (or even natives to the mainland), itinerant ritual practitioners and mendicants but posing as wise foreign religious experts? Did they exist at all outside of the popular imagination and a new vocabulary for describing native figures who always had existed, or was mágos merely another word for the *agurtai* and *goetes*?"[143]

Wenngleich die von Bodart gestellten Fragen freilich nicht letztgültig beantwortet werden können, lassen sich doch einige Überlegungen dazu anstellen. Zunächst: es kann wohl kaum davon ausgegangen werden, dass – zumindest ab der Regierungszeit Dareios' I. – integrierte und anerkannte Mitglieder einer der höchsten Priesterkasten der Persis ihre hochdotierten Posten und ihr Mutterland verlassen haben, nur um in den griechischen Poleis misstrauisch beäugte Ritualpraktiken an Bewohner jenes Volkes zu verkaufen, das den persischen Expansionsbestrebungen bereits in zwei Kriegen erfolgreich widerstanden hatte. Gleichwohl ist hier zu bedenken, dass die Rolle, die *Magier* im persischen Großreich insgesamt gespielt haben, nicht rekonstruiert werden kann. Haben sie nur den elitären, königsnahen Staatskult ausgeübt, den Herodot beschreibt, oder auch randständige, unbedeutende, weniger anerkannte Funktionen, die eine Auswanderung wahrscheinlicher gemacht hätten? Haben sie auch andere Berufe ausgeübt, was Herodots Erwähnung einer eigenen, medischen

---

142 Graf, *Gottesnähe...*, 25.
143 Gabriel Bodart, „Review: Marcello Carastro, La cité des mages: Penser la magie en Grèce ancienne", in: *Bryn Mawr Classical Review* 2007.07.33; online abrufbar unter: http://ccat.sas.upenn.edu/bmcr/2007/2007-07-33.html (27.09.2009).

Volksgruppe ja implizieren würde? Sind in der Persis möglicherweise auch private Ritualdienstleister, die nicht dem institutionellen Tempelkult angehörten, bereits unter der Bezeichnung *maguš* aufgetreten?[144] Da diese Fragen nicht beantwortet werden können, bleibt auch die Beziehung zwischen den persischen und den griechischen *Magiern* unklar.

Zumindest auf den ersten Blick finden sich nicht viele Gemeinsamkeiten zwischen den beiden Personengruppen; hier geachteter Hohepriester an der Spitze der religiösen und kulturellen Hierarchie der Persis, dort geächteter Ritualdienstleister am Rande der griechischen Gesellschaft. Selbst wenn man Burkerts These einer *Orientalizing Revolution* in Betracht zieht,[145] die interkulturellen Transfer hinsichtlich Handel, Handwerk, Dienstleistungen, Kunst, sowie auch religiösem Gedankengut zwischen orientalischen Kulturen und den griechischen Poleis ab der archaischen Periode annimmt, bleibt das Faktum, dass *mágoi* erst in griechischen Texten des fünften und vierten Jahrunderts – also nach den Perserkriegen – als Ritualdienstleister in Griechenland bezeugt werden, irgendwie unerklärlich. Zudem ist die These der "wandernden orientalischen Experten"[146] empirisch relativ schwach gestützt; Walter Burkert kann in genannter Monographie in der Zeit vor dem fünften Jahrhundert vor Christus nur auf archäologische Zeugnisse und Kunstobjekte sowie semiotische Ähnlichkeiten einzelner Wörter zurückgreifen.[147] Die frühesten Textzeugnisse, die einen direkten Bezug zum griechischen *mágos* erkennen lassen, sind ja die hier besprochenen.

Die Frage nach der Beziehung zwischen oder gar Identität von persischen und griechischen *Magiern* kann daher nur hypothetisch beantwortet werden. Zunächst drängt sich die Hypothese, dass die griechischen *mágoi* in der Tat persischen Ursprungs gewesen sind – also nicht „Greeks [...] posing as wise foreign religious experts", wie Bodart vorschlägt – auf. Zum einen hätte es auch für einen ionischen Griechen keinen Sinn gemacht, mit der bereits bei Herodot sehr negativ konnotierten Priesterbezeichnung eines verfeindeten persischen Großreichs seinen Lebensunterhalt verdienen zu wollen; zum anderen weicht das von Hippokrates berichtete Selbstverständnis der *mágoi* doch signifikant vom griechischen Vorstellungshorizont ab. Vor allem vor dem Hintergrund des letztgenannten Arguments mag eine persische Provenienz plausibel erscheinen, zumal so auch die religiöse

---

144 Vgl. zu weiterführenden Überlegungen auch Jong, *Traditions of the Magi...*, 387-403.
145 Vgl. dazu etwa Walter Burkert, „Itinerant Diviners and Magicians: A Neglected Element in Cultural Contacts", in: Robin Hägg (Hg.), *The Greek Renaissance of the eighth century B.C.: Tradition and innovation; proceedings of the 2. Internat. Symposium at the Swedish Institute in Athens, 1-5 June, 1981*, [Skrifter utgivna av Svenska Institutet i Athen: quarto; 30], Stockholm 1983, 115-119. Sowie ausführlicher Ders., *The Orientalizing Revolution...*, zu *mágoi* v.a. 41-46 sowie 65-73.
146 Graf, *Gottesnähe...*, 25.
147 Vgl. Burkert, *The Orientalizing Revolution...*, v.a. 9-40.

6.4. Weiterführende Deutungs- und Abstraktionsversuche

Expertise der griechischen *mágoi* besser erklärbar würde. All diese Überlegungen gehen gleichwohl noch vom Bild der *Magier* als ursprünglich hochrangige persische Priester aus – falls diese auch andere Berufe und Funktionen in der Persis ausgefüllt haben, ließe sich eine etwaige Wanderbewegung besser erklären. Für Bodarts Andeutung, dass die *persischen Magier* im Zuge der Niederlagen von Xerxes und Dareios das Land verlassen mussten, finden sich – zumal in den persischen Quellen – keinerlei Belege. Vielmehr ist die herausragende Position des *maguš* im persischen Reich auch in späterer Zeit gut belegt.[148]

Eine wichtige Möglichkeit hat Bodart allerdings außer Acht gelassen: vor dem Hintergrund der Funktionalisierung des Magiebegriffs als Ausgrenzungskategorie ist es denkbar, dass persische *mágoi* in persona niemals als Ritualdienstleister in Griechenland aufgetreten sind. Stattdessen wäre anzunehmen, dass die Bezeichnung *mágos* von Anfang an als – abwertende, ausgrenzende – Bezeichnung für die oben geschilderten Bettelpriester verwendet worden ist, *ohne* dass diese von den fraglichen Personen jemals als Selbstbezeichnung verwendet worden wäre. Die Bezeichnung *mágos* hätte dann insbesondere nach den Perserkriegen primär als Schimpfwort fungiert und von jenem semantischen Spektrum profitiert, das bereits bei Herodot angelegt war: von der Vorstellung eines religiösen Spezialistentums abseits des offiziellen Kultes, das mit merkwürdigen, fragwürdigen, unwürdigen und mitunter schadenbringenden Ritualpraktiken seinen Lebensunterhalt verdient.[149] Ausgehend von dieser Deutung hätten alle obigen Befunde nie eine wirkliche Identität des griechischen *mágos* mit dem persischen *maguš* impliziert, sondern ausschließlich die bereits vollzogene semantische Ablösung der Bezeichnung von ihrem persischen Ursprung dokumentiert.

Zugegeben, die These ist reizvoll; in der Tat kann aus den existierenden Quellen an keiner Stelle direkt abgeleitet werden, dass der griechische *mágos* orientalischen Ursprungs gewesen ist. Möglicherweise hat selbst Hippokrates mit der Bezeichnung nur ein unscharfes, bereits negativ konnotiertes Polem aufgegriffen, um die von ihm verabscheuten Heilpraktiker in ein schlechtes Licht zu setzen. Dagegen spricht, dass der *mágos* bei Hippokrates eine von vier Personenbezeichnungen ist: "Diejenigen, die als erste diese Krankheit für heilig erklärt haben, waren Leute von dem Schlage, wie es auch jetzt Zauberer, Entsühner, Bettelpriester und Auf-

---

148 Vgl. unten, Kap. 6.5.
149 Dafür spricht auch, dass bereits die frühe Rezeption des Magiebegriffs bei den Dichtern (Sophokles, Aischylus, Euripides) die etymologische Ablösung vom persischen Ursprung dokumentiert und insgesamt negativ konnotiert ist. Vgl. dazu auch de Jong, *Traditions of the Magi...*, 387: „Whereas Herodotus mainly describes the Magi in terms of their Iranian functions, Sophocles, Aeschylus and Euripides already use mágos and related words with pejorative meanings; in the tragedies, these words give the impression of already belonging to the common Greek vocabulary."

schneider [μάγοι τε καὶ καθαρταὶ και ἀγύρται και ἀλαξόνες] gibt";[150] die Tatsache, dass Hippokrates die vier Begriffe differenziert angibt, deutet darauf hin, dass er sich zumindest beim *mágos* an einer Selbstbezeichnung orientiert haben könnte. Doch auch dies ist unsicher; die einzige Quelle, die mit relativ großer Wahrscheinlichkeit eine Verwendung des Begriffs zur Selbstbezeichnung bezeugt, ist der *Derveni-Papyrus*, der im Folgenden besprochen werden soll. In diesem Zusammenhang sind nun auch Überlegungen zum *Asebie*-Vorwurf der griechischen Autoren anzustellen.

6.4.2. Überlegungen zum *Asebie*-Vorwurf

Die These eines persischen Ursprungs lässt sich mit der Beobachtung stützen, dass insbesondere die Beschreibung Hippokrates' auf eine relativ große Fremdheit der religiösen Grundannahmen des *mágos* hinzuweisen scheint. Jene von Hippokrates konstatierte Unterschiedlichkeit in zentralen Glaubensvorstellungen – eine offenbar unterschiedliche Einstellung zu den Göttern, ein unterschiedlicher ritueller Umgang mit transzendenten Bezugswesen (zumindest aus Sicht Hippokrates'), ein unterschiedliches Verständnis der Reichweite ritueller Wirkungsmacht – wäre dann so zu deuten, dass hier tatsächlich fremdes religiöses Gedankengut, möglicherweise also orientalischen Ursprungs, in die griechische Welt eingedrungen ist. Am deutlichsten lässt sich dies am *Asebie*-Vorwurf Platons und Hippokrates' studieren. Wenn man von der oben angesprochenen pejorativen Funktion und dadurch prinzipiellen Fragwürdigkeit der Schilderungen einmal absieht, scheinen die Bettelpriester und *mágoi* offenbar von einem Verhältnis zwischen Göttern und Menschen ausgegangen zu sein, das gegenüber dem traditionellen Götter- und Menschenbild der griechischen Stadtstaaten ein weniger fatalistisches Schicksalsverständnis, einen geringeren Wirkungs- und Machtanspruch der Götter und dadurch auch eine größere Möglichkeit der menschlichen Einwirkung auf transzendente Bereiche (und dadurch auch auf Natur, Krankheit und andere Aspekte menschlicher Lebenswelt) vorsah. Darauf deutet nicht nur Platons Abwertung der Vorstellung, „die Götter dazu bringen [zu; d. Verf] können, ihnen zu Diensten zu sein"[151] hin, sondern auch Hippokrates' empörte Schilderung, dass die *mágoi* „die Macht beanspruchen, sie könnten den Mond vom Himmel herabziehen und die Sonne verfinstern, schlechtes wie gutes Wetter hervorbringen und Regen und Dürre, ferner daß sie das Meer unbefahrbar und Land <unfruchtbar> machen könnten und alle Bereiche dieser Kunst beherrschten".[152] Für Hippokrates, darin besteht eben die ethnozen-

---
150 Hippokrates, *De morbo sacro*, 1, 10 (Grensemann, *Die hippokratische...*, 60/61).
151 Platon, *Politeia*, 364c (Szleszák, *Platon. Der Staat...*, 123).
152 Hippokrates, *De morbo sacro*, 1, 20f (Grensemann, *Die hippokratische...*, 64/65).

6.4. Weiterführende Deutungs- und Abstraktionsversuche 183

trische Verzerrung seiner Darstellung, kann dieser Anspruch nur *Asebie* bedeuten, da „Leute, die das betreiben, [...] freveln und [...] glauben, daß die Götter nicht existieren oder keinerlei Macht haben".[153] Wie oben erläutert, lässt sich Hippokrates' Empörung insbesondere vor dem Hintergrund der Homerischen Mythologie einordnen, die eine Kontrolle oder Manipulation von Himmelskörpern, Wetter, Gezeiten und anderen Naturkräften noch ausschließlich den Göttern zugesprochen hatte.[154] Ein Mensch, der solche offenkundig übermenschlichen Kräfte beansprucht, negiert die Götter und nimmt ihren Platz ein.

Wenngleich hier also offenkundige Diskrepanzen zwischen religiösen Grundannahmen bezeugt werden, muss dennoch von einer unkritischen-Übernahme der Platonischen und Hippokratischen Polemik Abstand genommen und vielmehr zwischen einer – ethnozentrischen – Außenperspektive und einer möglichen Innenperspektive jener Ritualpraktiker unterschieden werden. Denn mit an Sicherheit grenzender Wahrscheinlichkeit haben die (griechischen) *mágoi* – beziehungsweise die von Hippokrates so bezeichneten Ritualspezialisten – ihr eigenes Vorgehen nicht als Götterfrevel, sondern als legitime Form der Kommunikation mit Gottheiten und anderen transzendenten Bezugswesen empfunden. Glücklicherweise gibt es eine Quelle, die hierüber Aufschluss geben mag; der 1962 gefundene *Derveni-Papyrus* kann als einziges griechisches Textdokument aus dem hier untersuchten Zeitraum gelten, das eine Schilderung von *mágoi* beinhaltet, die nicht von moralisierender Polemik durchdrungen ist. In der sechsten Spalte, die erst 1997 veröffentlicht wurde,[155] vergleicht der Autor, offenbar ein Anhänger des orphischen Mysterienkultes, die Riten der *mágoi* mit denen der Initianden seines Kultes:

> „prayers and sacrifices appease the souls, and the enchanting song of the magi [ἐπ(ωιδὴ δ)ὲ μάγων] is able to remove the daimones when they impede. Impeding daimones are avenging souls. This is why the magi perform the sacrifice, as if they were paying a penalty [τὴν θυς(ία)ν τούτου ἕνεκε(μ) π(οιοῦς)ι(ν | οἱ μά(γο)ι, ὡςπερεὶ ποινὴν ἀποδιδόντες]. On the offerings they pour water and milk, from which they make the libations, too. They sacrifice innumerable and many-knobbed cakes, because the souls, too, are innumerable. Initiates [μύςται] make the preliminary sacrifice to the Eumenides, in the same way as the magi. [μάγοις]"[156]

Der unbekannte Autor erklärt die Opferpraxis und den rituellen Gesang (*epodē*) der *mágoi* hier im Kontext eines zielgerichteten Umgangs mit tran-

---
153 Ebenda.
154 Vgl. ausführlicher unten, Kap. 6.4.4.
155 Vgl. Kyriakos Tsantsanoglou, „The First Columns of the Derveni Papyrus and their Religious Significance", in: André Laks, Glenn W. Most (Hg.), *Studies on the Derveni Papyrus*, Oxford 1997, 93-128.
156 Gábor Betegh, *The Derveni Papyrus. Cosmology, Theology and Interpretation*, Cambridge 2004, 14/15; die im griechischen Text in Klammer gesetzten Buchstaben stellen Ergänzungen des Übersetzers dar.

szendenten Bezugswesen, in diesem Fall mit *daimones* beziehungsweise störenden (postmortalen?) Geistwesen (ψυχαὶ τιμωροί).[157] Der Text offenbart gewissermaßen – zumindest aus Sicht des unbekannten Autors – die immanente Rituallogik der Opferpraxis des *mágos*, indem dieser nicht nur die (große) Menge der Opfergaben an die (große) Anzahl der beschworenen Geistwesen anpassen, sondern das Opfer gewissermaßen als Bußgeld (für vergangene Schuld?) fungieren würde, mit welcher das störende Geistwesen befriedet werden solle. Die Stelle kann insofern darauf hinweisen, dass die *mágoi*, anders als Hippokrates und Platon suggerieren, nicht nur (im Kontext ihres religiösen Selbstverständnisses) sinnvoll agieren, sondern in ihrem Umgang mit *daimones* und anderen transzendenten Bezugswesen durchaus respektvoll vorgehen – da ihre Opfergaben und Gesänge viel eher auf *Besänftigung* als *Zwang* abzuzielen scheinen.

Von Bedeutung ist zudem, dass der Terminus *mágos* hier – wie oben bereits angesprochen – nicht als pejorative, negativ konnotierte Fremdbezeichnung fungiert, sondern aller Wahrscheinlichkeit nach in Anlehnung an eine Selbstbezeichnung verwendet wird. Denn der Vergleich der eigenen Initiationspraxis mit der Opferpraxis der *mágoi* beruht offenbar auf einer prinzipiellen Wertschätzung der religiösen Expertise des *mágos*, wodurch eine Authentizität der verwendeten Namensbezeichnung viel wahrscheinlicher als in den bisher verwendeten Quellen ist. Der *Derveni-Papyrus* wurde 1969 in einem Grab in Makedonien – in Derveni, nahe dem heutigen Saloniki – gefunden und wird von den meisten Forschern auf die zweite Hälfte des vierten Jahrhunderts vor Christus datiert.[158] Daher ist eine Verortung der im Papyrus angesprochenen *mágoi* im griechischen Siedlungsgebiet in der Tat anzunehmen – denn warum sollte der Autor auf *mágoi* referieren, die weit entfernt im achämenidischen Reich Ritualpraktiken des persischen Tempel- und Götterkult durchführen? Zudem spricht die relativ genaue Kenntnis der Ritualpraxis des *mágos*, die der Autor an den Tag legt, gegen einen Vergleich mit der wahrscheinlich nicht im Detail bekannten Ritualpraxis persischer Priester. Der *Derveni-Papyrus* stützt also die These der wandernden orientalischen Experten und dadurch auch eines persischen Ursprungs des griechischen *mágos*.[159]

---

157 Interessanterweise findet sich hier auch die erste terminologische Verknüpfung von *Magiern* und *Dämonen*.
158 Vgl. zur Diskussion um die Datierung Betegh, *The Derveni Papyrus*..., 61.
159 Vgl. auch Jan Bremmer, der aufgrund der Erwähnung von *mágoi* im *Derveni-Papyrus* schließt: „it seems now reasonable to assume that at the end of the fifth century wandering *magoi* (be it Persian or Hellenised ones) were present in the Greek world precisely at the moment we find the first references to 'magical' *magoi* [hier bezieht sich Bremmer auf die oben beschriebenen, polemischen Referenzen zum griechischen *mágos*; d. Verf.]"; allerdings: „Unfortunately, we cannot say exactly where these private *magoi* practised, since nothing is known about the authorship or place of composition of the original text."; Bremmer, „The birth of the Term 'Magic'" (neuere Fassung), 9.

6.4.3. Die Verdammung individualreligiöser Ritualpraktiken in der klassischen Polis

Der Fund von Derveni wirft ein fragwürdiges Licht auf die Schilderungen von Hippokrates und Platon, die den Bettelpriestern und *mágoi* einen respektlosen und frevelhaften Umgang mit transzendenten Bezugswesen unterstellen. Betrachtet man vor diesem Hintergrund die griechischen Defixionsfunde, also jene meist auf Blei geschriebenen Fluchtäfelchen, die ab dem sechsten Jahrhundert im griechischen Raum bezeugt sind und gerade ab dem fünften Jahrhundert vor Christus immer zahlreicher werden, zeigt sich zumindest im frühen, attischen Kontext dasselbe Bild. Wenngleich hier eine eindimensionale Zuordnung der antiken Defixionspraxis zur Figur des *mágos* – anders als in zahlreichen anderen Untersuchungen –[160] nicht vorgenommen werden soll, hat doch immerhin Platon im oben genannten Abschnitt der *Politeia* die (unscharfe) Personengruppe der Bettelpriester explizit mit schadenbringenden Ritualpraktiken in Verbindung gebracht, sodass eine Verbindung jener textuell bezeugten Personengruppe mit den Produzenten der Täfelchen möglich ist. Nun zeigt sich zumindest in den frühen *tabellae defixionum* aus dem fünften und frühen vierten Jahrhundert vor Christus ein gleichfalls unterwürfiger, bittender und keinesfalls zwingender Habitus gegenüber den jeweils angerufenen Gottheiten,[161] welche die Zielpersonen gleichsam *herabbinden* sollen.[162] Der *Asebie*-Vorwurf der griechischen Autoren Hippokrates und Platon – der ja letztlich ein verblüffendes frühes Zeugnis jener Denkschablone ist, die James George Frazer viel später mit seiner berühmten Unterscheidung von *bittender Religion* und *zwingender Magie* in den akademischen Diskurs einbringen sollte – kann daher aller Wahrscheinlichkeit nach als faktisch unzutreffende, ethnozentrische Verzerrung in der Frühphase der abendländischen Rezeptionsgeschichte des Magiebegriffs eingeordnet werden.

---

160 Vgl. exemplarisch Graf, *Gottesnähe...*, 108-157; Busch, *Magie in neutestamentlicher...*, 31-44; Daniel Ogden, „Part 1: Binding Spells: Curse Tablets and Voodoo Dolls in the Greek and Roman Worlds", in: Bengt Ankarloo, Stuart Clark (Hg.), *The Athlone History of Witchcraft and Magic in Europe. Vol. 2: Ancient Greece and Rome*, London 1999, 1-90.

161 Vgl. zur Analyse früher attischer Defixionen etwa Christopher A. Faraone, „The agonistic context of early Greek binding spells", in: Faraone/Obbink, *Magika Hiera...*, 3-32. Vgl. auch Dicki, *Magic...*, 26: „Study of the way in which the gods were addressed in fourth-century Athenian curse-tablets [...] do not, however, show coercion being applied to the gods, but, if anything, an approach that is prayerful and supplicatory."; freilich sind zwingende bzw. drohende Vorgehensweisen in späterer Zeit gut belegt; vgl. dazu Graf, *Gottesnähe...*, 198ff, sowie die Diskussion zu den *Papyri Graecae Magicae*, unten, Kap. 9.2.

162 *herabbinden* entspricht dem lateinischen Verb *defigere* (daher: *Defixion*), dieses wiederum dem griechischen Verb *katadeîn*, das auch Platon in der oben erwähnten *Nomoi*-Stelle (933 a) im Kontext des Gesetzes gegen *pharmakeía* verwendet – und das auch auf den Täfelchen selbst häufig vorkommt. Vgl. zur Terminologie Graf, *Gottesnähe...*, v.a. 111-17.

Wenn der Vorwurf des Götterfrevels nurmehr als polemische Rhetorik einzuordnen ist, lassen sich möglicherweise auch andere Gründe finden, die zur Ausgrenzung der unscharfen Personengruppe der *mágoi, agurtai, manteis* in der griechischen Polis der klassischen Zeit geführt haben. Es bietet sich an dieser Stelle an, ein Konzept aufzugreifen, dass im Rahmen des Sonderforschungsbereichs *Ritualdynamik* an der Universität Heidelberg entwickelt wurde: *Individualreligiosität*.[163] Bereits bei der Besprechung der Platonischen *Nomoi* ist deutlich geworden, dass es dem Philosophen weniger um eine trennscharfe Kennzeichnung von Ritualpraktiken ging, als um eine Differenzierung von öffentlicher und privater Kultpraxis. Die Texte Hippokrates' und Platons deuten insofern darauf hin, dass in der Polis der klassischen Zeit offenbar ein Spannungsverhältnis zwischen dem offiziellen Tempelkult – den die beiden Autoren gleichermaßen favorisierten wie idealisierten –, und den Ritualpraktiken, die die Personengruppe der *Bettelpriester* gegen Entgelt der Bevölkerung anbot, entstand. Im elften Buch seines Spätwerkes dokumentiert Platon nicht nur, dass weiten Bevölkerungsschichten solche privaten, mitunter schadenbringenden Ritualpraktiken bekannt waren, sondern dass viele diese möglicherweise auch anwandten oder zumindest als Option der Lebensführung ansahen.

Das Konzept *Individualreligiosität* impliziert im Wesentlichen die Möglichkeit einer prinzipiellen Diskrepanz zwischen der „klassische[n], aus einem gelehrten Oberschichtendiskurs abgeleitete[n] Perspektive auf Religionen, die diese als ein abgrenzbares, konsistentes und nach Möglichkeit homogenes Symbolsystem – als 'Theologie'– zu erfassen sucht", und den heterogenen Befunden, die sich bei der Untersuchung der „patchwork-artig agierende[n], das heißt sich aus unterschiedlichen Traditionsströmungen bedienende[n] Individualreligiosität" zeigen.[164] Das Konzept geht in diesem Zusammenhang von der Annahme aus, dass die Aussagen (weniger) Spezialisten für eine große Anzahl von Mitgliedern einer religiösen Gemeinschaft nicht nur simplifizierend und wenig repräsentativ sein können, sondern mitunter ein idealisiertes Wunschdenken repräsentieren, das dem tatsächlichen Denken und Handeln religiöser Individuen kaum entsprechen mag. Die Tatsache, dass sich Religionswissenschaftler vor allem in vergangener Zeit häufig den religiösen Spezialisten und einer entsprechenden Oberschichtenliteratur zugewendet haben, birgt die Gefahr einer Darstellungsverzerrung aufgrund der fragwürdigen Repräsentativität solcher elitären Aussagen für die Masse der einer Religion zugeordneten Indi-

---

163 Vgl. einführend Simone Heidbrink, Nadja Miczek, Kerstin Radde-Antweiler, „Das Konzept 'Individualreligiosität'", in: SFB 619 Ritualdynamik – Projekt C2: Zwischen Online-Religion und Religion-Online: Konstellationen für Ritualtransfer im Internet, online verfügbar unter: http://rituals-online.uni-hd.de/downloads/individualreligiositaet.pdf (27.09.2009).
164 Vgl. Ebenda, 2.

6.4. Weiterführende Deutungs- und Abstraktionsversuche 187

viduen.[165] Bei der Anwendung des Konzepts *Individualreligiosität* werden simplifizierende Rekonstruktionen religiöser Konstellationen daher „durch ein komplexeres Beschreibungsmuster ersetzt, das der tatsächlichen Vielfältigkeit Rechnung trägt".[166] Es ist kein Zufall, dass der Schwerpunkt des Heidelberger Projektes auf der Internetforschung liegt; kein anderes Medium ermöglicht auf vergleichbare Weise einen Zugang zum religiösen Selbstverständnis zahlloser, nunmehr selbst publizierender Individuen, die durch das *World Wide Web* ihre Überzeugungen öffentlich zugänglich machen und dadurch die vormalige Diskurshoheit weniger (publizierender) religiöser Spezialisten durchbrochen haben.[167]

Überträgt man das Konzept auf den hier untersuchten Gegenstandsbereich, lassen sich mehrere weiterführende Überlegungen anstellen. Zunächst ist freilich die Repräsentativität der behandelten Autoren in Frage zu stellen. Platon und Hippokrates schildern ihre (polemische) Sicht auf Ritualpraktiken, die zu ihrer Zeit offensichtlich von (zahlreichen?) Bürgern der griechischen Poleis durchgeführt oder in Auftrag gegeben worden sind; beide Autoren bekämpfen solche Praktiken sowie die damit assoziierten Personen. Inwieweit sie sich mit ihren Positionen von den Überzeugungen der illiteraten – und dadurch nur indirekt beziehungsweise gar nicht zugänglichen – Bevölkerungsschichten unterscheiden, oder sogar ganz abseits stehen, ist nicht hinreichend zu rekonstruieren. Auch Fritz Graf weist darauf hin, dass Platons Religionsverständnis möglicherweise nicht repräsentativ für seine Zeit war: „Philosophen und Ärzte sind in den Augen der Polis um nichts weniger marginal als die Wanderpriester [...] Daß die Magiediskussion also erst einmal außerhalb der Polisgemeinschaft geführt wurde, erklärt das oben bemerkte Paradox, daß Platon die Magie bekämpft, seine Standesgenossen sie anwenden".[168] An dieser Stelle ist zumindest festzuhalten, dass der *Asebie*-Vorwurf nicht nur als ethnozentrische Beobachtungsverzerrung, sondern möglicherweise auch als randständige, kaum repräsentative Position gewertet werden kann.

Zum anderen ermöglicht das Konzept *Individualreligiosität* einen wertfreieren und differenzierteren Zugang zu der in den Texten diffamierten Ritualpraxis. Es bietet sich daher aus mehreren Gründen an, diese *individualreligiös* (und nicht – wie so häufig – *magisch*) zu nennen. So werden

---

165 Dies gilt auch für die christlichen Kirchen; vgl. hierzu etwa Winfried Gebhardt, Martin Engelbrecht, Christoph Bochinger, „Die Selbstermächtigung des religiösen Subjekts. Der 'spirituelle Wanderer' als Idealtypus spätmoderner Religiosität", in: *Zeitschrift für Religionswissenschaft (2/2005)*, 133-152.
166 Vgl. Heidbrink, Miczek, Radde-Antweiler, „Das Konzept 'Individualreligiosität'", 2.
167 Vgl. Ebenda, 2: „Aktuelle religionshistorische Konstellationen, die vom traditionellen Bild von Religion als einer durch Spezialisten in Anschauung und Praxis vereinheitlichten religiösen Gemeinschaft abweichen, finden sich in großer Zahl und Vielfalt im Internet, wo sie wie kaum einem anderen Medium erfasst und zum Gegenstand der Untersuchung erhoben werden."
168 Graf, *Gottesnähe...*, 36.

ganz offensichtlich konkrete, individuelle Bedürfnisse bedient: es geht um das Gewinnen der Liebe eines untreuen oder bislang unerreichbaren Menschen; es geht um Erfolgssicherung vor schwierigen Unternehmungen, vor Sportwettkämpfen oder auch vor Gerichtsprozessen; es geht darum, verhassten Rivalen zu schaden;[169] es geht – bei Hippokrates – um Heilung im Krankheitsfall. Wesentliches Ziel der dem *mágos* zugeschriebenen Ritualpraxis ist eben, dem *Individuum* die (rituelle) Einflussnahme auf wichtige Bereiche des persönlichen Lebens zu ermöglichen. Dabei verweist die Tatsache, dass diese Ziele mittels einer ganz wesentlich auf Transzendenzbezug beruhenden Ritualpraxis verfolgt werden, auf die prinzipiell religiöse Natur dieser Praktiken; die Tatsache, dass auch die religiöse Motivik antiker Defixionsfunde – etwa das adressierte Pantheon – ganz prinzipiell auf die Vorgaben graeco-römischer Religion zurückgreift, spricht hier eine deutliche Sprache. Die Personengruppe der *mágoi* und Bettelpriester hat offenbar in klassischer Zeit ein ganzes Spektrum an Ritualoptionen angeboten, um solche privaten, zeitlich eher kurzfristig orientierten, teilweise apotropäischen, teilweise auch schadenbringenden Bedürfnisse zu befriedigen.

Die Zuordnung solcher Ritualpraktiken zum Konzept der *Individualreligiosität* ermöglicht nicht nur die Verwendung einer sachangemesseneren Terminologie, sondern öffnet auch den Raum für wichtige weitere Überlegungen: konnte der institutionelle griechische Tempelkult der klassischen Zeit solche individuellen Bedürfnisse nicht mehr befriedigen? Oder war die Ritualpraxis der *Bettelpriester* ein Novum in der Polis, das in dieser Form vorher gar nicht bekannt war – was wiederum einen auswärtigen Ursprung nahe legen würde? Jan Bremmer ordnet die offensichtliche Korrelation von Angebot und Nachfrage einer solchen Ritualpraxis in der klassischen Polis im Kontext einer kollektiven Unzufriedenheit mit dem traditionellen Tempel- und Götterkult ein: „this 'demand' is well attested in late fifth-century Athens, where we witness a growing dissatisfaction with traditional religion and an increasing interest in private cults. The presence of privately practising Magi perfectly fits this development."[170]

Expliziert man Bremmers Gedankengang im Rahmen der hier entwickelten Argumentation, lassen sich die bisherigen Befunde dahingehend interpretieren, dass ein elementarer Bestandteil der religiösen Tradition Griechenlands, die Opferpraxis – sowie ihre Deutung als „Geben und Wieder-Empfangen, [als] Austausch von Geschenken"[171] zwischen Menschen und Göttern – im fünften und vierten Jahrhundert vor Christus eine grundlegende Umdeutung erfahren haben könnte. Insbesondere die klar bedürfnisorientierte Funktion des Bittopfers hinsichtlich „Geburt, Initiation und

---

169 Vgl. hierzu auch die prägnante Auflistung der Defixionsmotivik in Graf, *Gottesnähe...*, 110.
170 Bremmer, „The birth of the Term 'Magic'" (neuere Fassung), 10.
171 Burkert, *Griechische Religion...*, 115.

6.4. Weiterführende Deutungs- und Abstraktionsversuche 189

Tod, Jagd und Ernte, Hunger und Seuche, Krieg und Sieg"[172] sowie ein entsprechendes Verständnis der Gottheit als „Geber des Guten"[173] ist möglicherweise – auch im Kontext der sich verbreitenden Kritik am homerischen Götterbild – gleichfalls in Frage gestellt worden.[174] Insbesondere der dritte Anklagepunkt des *Asebie*-Gesetzes im zehnten Buch der *Nomoi* mag dies veranschaulichen: „dass man [...] glaubt, [...] dass sie [die Götter; d. Verf.] durch Opfer und Gebet leicht sich lenken und gewinnen ließen".[175] Platon stellt hier radikal die Vorstellung in Frage, dass man mittels ritueller Opferpraxis die Götter dazu bringen könne, menschliche Anliegen und Vorhaben zu unterstützen; mehr noch: der Glaube, dass private, egoistische Bedürfnisse des individuellen Lebens mittels religiöser Handlungen – Opfer und Gebet – verwirklicht werden könnten, wird als Götterfrevel dargestellt. Platon wendet sich hier auf ganz fundamentale Weise gegen die – zu seiner Zeit wahrscheinlich verbreitete! – Deutung und Funktionalisierung der rituellen Opferpraxis zur Unterstützung menschlicher Anliegen. Wenngleich die Repräsentativität der Aussagen Platons für die Masse der Polis-Bevölkerung wiederum in Frage zu stellen ist, kann doch angenommen werden, dass er mit seiner Haltung zumindest nicht völlig isoliert dastand, sondern diese in Auseinandersetzung mit dem (kritischen) Religionsdiskurs seiner Zeit entwickelt hat.

So kann nun differenziert werden: *Magie* kam im fünften Jahrhundert vor Christus freilich nicht mit den persischen *mágoi* nach Griechenland; stattdessen ist eine auf kurzfristige, individuelle Bedürfnisbefriedigung ausgerichtete Ritualpraxis bereits (lange) vorher – zunächst primär im Rahmen des institutionalisierten Kultes – durchgeführt, möglicherweise aber im fünften und vierten Jahrhundert zunehmend moralisiert und in Frage gestellt, schließlich über das Polem *mageía* (bei Platon: *pharmakeía*) ausgegrenzt und stigmatisiert worden. Die Tatsache, dass in eben dieser Zeit die oben angesprochenen Ritualspezialisten nunmehr *abseits* des Tempelkults auftreten, um solche Bedürfnisse zu befriedigen, kann als Beleg für diese These gelten. Insofern hat Graf recht, wenn er schreibt, dass „aus einer ursprünglichen Einheit ('Religion') erst im Lauf der klassischen Zeit aufgrund bestimmter historischer Entwicklungen ein Teil ('Magie') ausgeson-

---

172 Ebenda, 100. Zur griechischen Opferpraxis insgesamt Ebenda, 101-125.
173 Ebenda, 116. Vgl. zur Thematik auch Muth, *Einführung in die griechische...*, 147ff.
174 Vgl. auch *Graf, Gottesnähe...*, 31/32: „Für diese [religiöse; d. Verf.] Tradition bestand nie ein Zweifel, daß Menschen und Götter einfach und problemlos miteinander verkehrten: die Menschen konnten die Götter mit ihren Riten erreichen und sie mit Opfer und Gebet zum hilfreichen Eingreifen bewegen. Die philosophische Kritik ist seit der Generation von Heraklit fassbar, der bekanntlich gegen die gesamte rituelle Tradition polemisiert, [...] die Ritenpraxis wird an ethischen Maßstäben gemessen. Platon ist noch expliziter, [...] er rechnet den Magos zu denen, 'welche ... die Existenz der Götter leugnen oder sie für nachlässig oder bestechlich halten'".
175 Platon, *Nomoi*, 885b (Hülser, Platon. *Nomoi...*, 772/73).

dert wurde";[176] es sind offenkundig Ritualpraktiken gewesen, die ein Spektrum an Möglichkeiten der Einwirkung auf transzendente Bezugswesen – und über diesen Weg auf das eigene Schicksal, auf Natur, Krankheit und andere Aspekte menschlichen Lebens – vorsahen. Der offizielle Tempelkult konnte dieses Bedürfnisspektrum in klassischer Zeit offenbar nicht mehr ausreichend befriedigen, möglicherweise wurde er vermehrt als wirkungslos erachtet, möglicherweise haben die Tempelpriester selbst nunmehr moralisierende Ansichten à la Platon vertreten.

Leider liegen von den Protagonisten des griechischen Tempelkultes selbst kaum Zeugnisse vor, die die hier entwickelte These bestätigen würden. Die moralisierende Auseinandersetzung mit individualreligiösen Ritualpraktiken lässt sich allerdings prägnant an Vertretern der klassischen Dichtung studieren: Euripides und Sophokles haben etwa den Topos des individualreligiösen Liebesrituals gleich mehrfach thematisiert. So bietet im *Hippolytos* die Amme der Phaedra dieser an, ihren Stiefsohn, in den sie sich tragischerweise verliebt hat, mittels *epodaīs* und *phármaka* zu gewinnen:

> „Come on, dear child, stop your bad thinking and stop acting outrageously – for this is not other than outrage to wish to be mightier than the gods – and endure your passion; a god has willed this. And even though you are sick, in some way good way bring an end to your sickness. There are incantations and bewitching words; some drug for this sickness will appear [εἰσὶν δ' ἐπῳδαὶ καὶ λόγοι θελκτήριοι·[177] φανήσεταί τι τῆσδε φάρμακον νόσου]. Certainly men would be late in discovering contrivances, if we women are not going to discover it."[178]

Interessant ist die Argumentation der Amme: Phaedra solle mit ihrem überhöhten moralischen Anspruch nicht versuchen, „to be mightier than the gods"; es gehöre gerade zum Menschsein, sich den Leidenschaften hinzugeben, auch wenn mitunter moralische Tabus gebrochen würden. Außerdem sei ihre Liebe ja von der Götting Kypris (Aphrodite) selbst bewirkt

---

176 Graf, *Gottesnähe...*, 35.
177 Das hier verwendete θελκτήριοι verweist auf Θέλγω, ein Verb, das epischen Ursprungs ist und bei Homer häufig außergewöhnliche Fähigkeiten und Handlungen der Götter kennzeichnet. Hier wird von einer Übersetzung im Kontext von *Magie/Zauberei* Abstand genommen und ein abstrakteres Verständnis im Sinne einer *Wirkung* bzw. *Wirkungsmacht* vorgeschlagen – λόγοι θελκτήριοι wäre dann mit *bewirkende* bzw. *wirkmächtige Worte* zu übersetzen.
178 Euripides, *Hippolytos*, 472f. Hier wird mit der kommentierten englischen Übersetzung gearbeitet nach: Michael R. Halleran (Hg.), *Euripides. Hippolytus. With Introduction, Translation and Commentary by Michael R. Halleran*, Oxford 1995, 88/89; in der englischsprachigen Edition ist der griechische Text an dieser entscheidenden Stelle korrekt – und dadurch auch schlüssiger – angeordnet, als bei Gustav Adolf Seeck (Hg.), *Euripides. Sämtliche Tragödien und Fragmente. Griechisch-deutsch. Übersetzt von Ernst Buschor. Herausgegeben von Gustav Adolf Seeck. 1. Band: Alkestis. Medeia. Hippolytos*, [Tusculum-Bücherei], München 1972, 212-19; Seeck hat wohl aus dramaturgischen Gründen das Angebot der Amme an das Ende der Unterhaltung gezogen – dadurch geht aber die entscheidende Pointe verloren.

6.4. Weiterführende Deutungs- und Abstraktionsversuche

worden, sodass es legitim sei, den göttlichen Wunsch – auch mit solcherlei Mitteln – in die Tat umzusetzen.[179] Die Amme betrachtet den Wunsch Phaedras zu sterben, um ihrer Liebsqual zu entkommen, daher nicht als moralische Hochwertigkeit, sondern vielmehr als unangebrachten Hochmut.

Euripides lässt durch die Figur der Amme gleichsam das Individuum und seine Bedürfnisse und Sehnsüchte gegen eine allzu einengende Sozialmoral antreten, die der Verwirklichung jener Bedürfnisse im Wege steht.[180] Die Amme fungiert gleichermaßen als Verführerin wie als Rechtsanwältin egoistischer Interessen, die zur Not auch mittels *phármaka* durchzusetzen seien. Dies ist eben der primäre Kontext individualreligiöser Ritualpraktiken: es geht *nicht* um das Wohlergehen der religiösen Gemeinschaft, um moralisch-religiöse Wertekataloge oder abstrakte Heilsversprechen, sondern einzig um das Individuum und die (rituelle) Befriedigung seiner Bedürfnisse. Phaedra reagiert insofern kaum zufällig entrüstet und mit einer geradezu platonischen Replik auf das (unmoralische) Angebot:

„This is what destroys the well-governed cities and homes of mortals, overly fine words; for one should not at all speak what's pleasant to the ear but what will give good repute. [...] You've spoken terrible things; won't you shut your mouth and not utter such disgraceful words again?"[181]

Die Antwort weist verblüffende Parallelen zur oben diskutierten Platon-Passage in der *Politeia* auf: der Vorschlag der Amme, der gleichsam als dramaturgischer Kern und Höhepunkt des Stückes fungiert, führe zur *Zerstörung der Städte und Häuser der Sterblichen*. Der Vorwurf der *Asebie* findet sich hier nicht – eher jener einer prinzipiellen Sozialfeindlichkeit solcher Praktiken, die einer (nach Ansicht Phaedras) verwerflichen Begierde zum Durchbruch verhelfen. Es ist an dieser Stelle nicht ganz klar, ob Phaedras Entrüstung von der Vorstellung, mit ihrem Stiefsohn eine Liaison einzugehen, oder (auch) der Verwendung eines *phármakons* zur Beschaffung des Geliebten herrührt; zumindest der weitere, tragische Verlauf des Stückes – die Amme verrät Phaedra, die sich daraufhin das Leben nimmt, Hippolytos wird vom Vater verstoßen und stirbt gleichfalls tragödiengerecht – macht deutlich, dass das Individuum nach Meinung Euripides' seine egoistischen Interessen nicht mit aller Macht und (möglicherweise) erst recht nicht mittels *phármaka* durchsetzen darf.

Das Euripides-Stück offenbart zudem einen erstaunlichen Einblick in das fragliche Liebesritual, indem ein Vorgehen geschildert wird, das dem Frazer-Leser nur all zu bekannt sein dürfte. Nach den moralisierenden Ein-

---

179 Aphrodite ist im Stück in der Tat verantwortlich für die Zuneigung Phaedras zu ihrem Stiefsohn Hippolytos – allerdings um sich an Hippolytos' Zurückweisung zu Beginn des Stückes zu rächen.
180 Vgl. prägnangt Euripides, *Hippolytos*, 485 (Halleran, *Euripides...*, 88-91): „Why this lofty speech? It's not refined words you need but the man."
181 Euripides, *Hippolytos*, 480ff (Halleran, *Euripides...*, 88-91).

wänden Phaedras wird diese von ihrer Amme mit den folgenden Worten überredet:

> „I have in the house lovecharms which are enchantments for passion [ἔςτιν κατ' οἴκους φίλτρα μοι θελκτήρια], and it just occured to me that they will stop you from this disease without disgrace and without harming your mind, if you don't become cowardly. But we need to get some token of that one who's desired, either a lock of hair or something from his garments, and join together one delight from two."[182]

Phaedra benötigt eine Locke des Geliebten, oder ein Stück seiner Kleidung, damit das *phármakon*, hier als *philtron* bezeichnet, wirkt. Man ist möglicherweise geneigt, diesen frühen Beleg eines Denkens, das durchaus als (*kontagiöses*) Sympathiedenken bezeichnet werden könnte, als Beleg für Frazers Magietheorie im Kontext der griechischen Antike zu werten. In der vorliegenden Arbeit wird etwas anders argumentiert: *sympathetisches* Denken ist in der Tat in Quellenbefunden beobachtbar, die im Rahmen des historischen oder akademischen Magiediskurses als *magisch* bezeichnet worden sind;[183] sympathetische Denk- und Handlungsmuster sind aber auch im Kontext etablierter religiöser Strömungen des Abendlands beobachtbar,[184] sodass ihre eindimensionale Zuordnung zum Magiebegriff nicht gerechtfertigt erscheint. Im vorliegenden Fall könnte also schlicht gesagt werden, dass hier ein individualreligiöses Liebesritual mit sympathetischem Charakter beschrieben wird. Zudem lässt sich ein weiteres Charakteristikum feststellen, das die ausschließliche Zuordnung des Rituals zum Magiebegriff in Frage stellt: die Amme beschreibt das *philtron* als Heilmittel gegen die Liebe Phaedras, die dadurch gleichsam zur Krankheit stilisiert wird. Die semantische Nähe des Terminus' *phármakon* beziehungsweise *philtron* zum Bereich der Medizin ist wiederum unverkennbar. Das Bedeutungsspektrum der verwendeten Terminologie erscheint erneut vielschichtiger und lässt sich eher durch den abstrakteren Begriff eines *Wirkmittels* einfangen und übersetzen.[185]

Eine weitere dichterische Verarbeitung eines individualreligiösen Liebesrituals findet sich in Sophokles' Stück *Trachininae*. Diesmal ist es der Mann der Deianeira, Herakles, der sich einer anderen Frau zuwendet, und von Deianeira mit einem Gewand, welches zuvor mit einem *philtron* behandelt wurde, zurückgewonnen werden soll. Während das *philtron* und seine Wirkweise diesmal stark mythologisiert werden – Deianeira habe es als

---

182 Euripides, *Hippolytos*, 507f (Halleran, *Euripides...*, 90/91).
183 So auch in antiken *Tabellae Defixionum* oder den *Papyri Graecae Magicae*, vgl. zur Diskussion unten, Kap. 9.2.4.1.
184 Der oben bereits erwähnte Transsubstantiationsstreit verweist in diesem Zusammenhang nicht nur auf die polemische, innerchristliche Verwendung des Magiebegriffs, sondern auch auf Formen des analogischen Denkens im Rahmen christlicher Ritualpraxis.
185 Vgl. zur Diskussion des phármakons in der Dichtung auch Charikleia A. Armoni, *Liebestränke und Giftmord: Die Gestalt der Deianeira in den Trachiniae des Sophokles. Mit einer Diskussion über das Verständnis von φάρμακα bzw. φίλτρα in der klassischen Zeit*, Göttingen 2001.

6.4. Weiterführende Deutungs- und Abstraktionsversuche

junges Mädchen von dem Zentaur Nessus erhalten; es bestehe aus dem Blut des Nessus und dem Gift der von Herakles getöteten Hydra –[186] sind die moralischen Bedenken, die Deianeira bei der Verwendung des *philtrons* äußert, vergleichbar zu denen Phaedras:

„Von schlimmen Künsten möcht' ich weder wissen noch / sie lernen: Frauen, die das wagen, hasse ich [τάς τε τολμώσας στυγῶ]. / Doch trüg' ich über jenes Weib den Sieg davon / durch Liebesbann und Zauberei an Herakles [τὴν παῖδα καὶ θέλκτρισι[187] τοῖς ἐφ᾽ Ἡρακλεῖ] – / das Werk ist vorbereitet –, wenn als Torheit nicht / mein Tun erscheint; sonst unterlass' ich es."[188]

Deianeira äußert fundamentale Bedenken und macht ihre Entscheidung vom Rat des Chorus' abhängig, der geradezu utilitaristisch antwortet, dass Handlungen nur nach ihren Folgen gemessen werden könnten und diese ja noch gar nicht bekannt seien. Dicki ordnet die von Phaedra verwendete Terminologie, insbesondere das Verb *stygein*, im Kontext eines „deepest sense of outrage and of the strongest abhorrence" ein.[189] Es passt zum Aufklärungsauftrag der Dichter (*gegen phármaka*), dass auch Sophokles das Handeln der Deianeira mit fatalen Konsequenzen straft: Das *philtron* entpuppt sich als Gift und tötet zum Ende des Stücks Herakles; bereits zuvor nimmt sich auch Deianeira – wie Phaedra – das Leben.

Auch die weiteren dichterischen Belege der Verwendung wirkmächtiger Ritualmittel und -praktiken zur Befriedigung individueller, menschlicher Bedürfnisse und Leidenschaften sind negativ konnotiert.[190] Die moralisierende Thematisierung individualreligiöser Ritualpraktiken durch die griechischen Dichter deutet nicht nur darauf hin, dass solche Praktiken offenbar weithin bekannt waren und die Dichter an ein entsprechendes Vorwissen im Publikum anknüpfen konnten. Wichtiger ist noch, dass das Infragestellen solcher Praktiken ebenfalls bereits Bestandteil der öffentlichen Auseinandersetzung gewesen sein muss.[191] Die insgesamt kritische Position der Dichter kann daher gedanklich zur Polemik Platons und Hip-

---

186 Vgl. Sophokles, *Trachiniae*, 555ff.
187 Auch Sophokles verwendet hier das (unten noch ausführlicher erläuterte) epische τέλγω.
188 Sophokles, *Trachiniae*, 582-587 nach: Wilhelm Willige (Hg.), *Sophokles. Dramen. Griechisch und deutsch. Herausgegeben und übersetzt von Wilhelm Willige, überarbeitet von Karl Bayer. Mit Anmerkungen und einem Nachwort von Bernhard Zimmermann*, [Sammlung Tusculum], München ²1985, 144/45.
189 Dickie, *Magic...*, 37.
190 Vgl. Euripides, *Hiketides*, 1110: Euripides lässt Iphis von seinem Hass auf Menschen berichten, die mittels *philtra*, *phármaka* und *epodaīs* versuchen würden, das Altern zu besiegen; vgl. auch Euripides, *Medea*: bekanntermaßen ermordet diese aus Eifersucht – mittels *phármaka* – nicht nur die neue Geliebte ihres Mannes und deren Vater, sondern auch die beiden gemeinsamen Kinder.
191 Vgl. auch Dicki, *Magic...*, 38: „Yet in the case of Deianeira and Phaedra it would be strange if Sophocles and Euripides had chosen to portray women holding views peculiar to themselves and not shared by the audience watching. The way in which Deianeira in particular expresses her feelings suggests that she speaks from a well understood and widely-shared standpoint."

pokrates' gegen die *Bettelpriester* und *mágoi* hinzugefügt werden. Gleichwohl ist erneut zu beachten, dass auch die Dichter Obeschichtenpositionen vertraten, die den Überzeugungen insbesondere der ärmeren, minderprivilegierten Bevölkerungsteile in den griechischen Stadtstaaten möglicherweise nicht entsprochen haben. Dass aus jener Zeit letztlich nur solche Texte erhalten sind, die eine kritische Haltung gegenüber individualreligiösen Ritualpraktiken und den ihnen zugeordneten Spezialisten offenbaren, kann möglicherweise insgesamt als perspektivische Verzerrung des überlieferten antiken Textkorpus' eingeordnet werden.

Die moralisierende Sichtweise der Dichter geht mit der oben beschriebenen polemischen Außenperspektive auf *mágoi* und der Entstehung des Abstraktums *mageía* in der griechischen Polis der klassischen Zeit Hand in Hand. Es ist kein Zufall, dass der polemische Terminus *Magie* – sofern er als Ausgrenzungskategorie verwendet wurde – später häufig zur Bezeichnung individualreligiöser Ritualpraktiken mit kurzfristigen, egoistischen Intentionen herangezogen worden ist.[192] Auch dieser Aspekt des semantischen Feldes von *Magie* ist bereits zu Beginn der abendländischen Rezeptionsgeschichte des Begriffs prinzipiell angelegt.

Im vorliegenden Kapitel wurde versucht, die in den besprochenen Texten implizit vorliegende Unterscheidung von orthodoxem, anerkanntem Tempelkult und hiervon – mit den pejorativen Termini *mageía* oder *pharmakeía* bezeichneten – abweichenden Ritualpraktiken nicht (wie in der Sekundärliteratur üblich) mittels einer wissenschaftssprachlichen Gegenüberstellung von *Religion* und *Magie* abzubilden, sondern vielmehr über die Differenzierung öffentlicher und privater, individualisierter Kultpraxis. Diese perspektivische Verlagerung ist nicht nur besser geeignet, die Genese eines zentralen semantischen Aspekts des Magiebegriffs im Kontext der griechischen Stadtstaaten des fünften und vierten Jahrhunderts vor Christus zu rekonstruieren. Zusätzlich erlaubt sie, vom Vorkommen des quellenimmanenten Magiebegriffs und seiner Synonyma so weit Abstand zu nehmen, dass die im Wesentlichen polemische Gestalt dieser Terminologie nicht nur aufgedeckt, sondern in der eigenen Analyse auch überwunden werden kann. Dabei hat sich gezeigt, dass das Vorkommen des Magiebegriffs in griechischen Texten der klassischen Zeit keinesfalls zur Notwendigkeit führt, diesen auch bei der Analyse dieser Texte als analytischen Begriff selbst anwenden zu müssen.

Zudem weist die Differenzierung von öffentlicher und privater Ritualpraxis auf ein Faktum hin, das oben bereits im Kontext diverser Falsifikationsversuche einer idealtypischen Unterscheidung von *Religion* und *Magie*

---

192 Vgl. etwa die ausufernden Sammelsurien *superstitiöser* Ritualpraktiken bei Plinius d. Älteren, *Historien*, bes. Buch 30; ausführlicher hierzu unten, Kap. 7.1. Letztlich können auch die synthetischen Exzesse Tylors und Frazers auf diese Weise gelesen werden.

6.4. Weiterführende Deutungs- und Abstraktionsversuche

eine Rolle gespielt hat: es geht um das Problem der (zumindest teilweise gegebenen) äußeren Gleichartigkeit der unter diesen Begriffen gefassten Handlungen. Dass dies bereits im griechischen Kontext beobachtet werden kann, mag abschließend eine etwas verblüffende Passage in Platons *Symposion* deutlich machen. In diesem Text, um einige Zeit vor den *Nomoi* verfasst, entwickelt Platon eine Art Kommunikationstheorie zwischen Menschen und Göttern; dabei lässt er Diotima die Funktion des *Dämons* Eros mit den folgenden Worten umschreiben:

> „Zu übersetzen und zu überbringen den Göttern – den Göttern, was von den Menschen kommt, und den Menschen, was von den Göttern kommt: von den einen Gebete und Opfer, von den anderen Anordnungen und Vergeltungen der Opfer; und da es in der Mitte zwischen beiden steht, ergänzt es sie, so daß das Ganze in sich selbst verbunden ist. Durch dieses geht auch die gesamte Seherkunst vonstatten wie auch die Kunst der Priester, die es mit Opern und Weihen und Besprechungen und der gesamten Weissagung und Zauberei zu tun hat [διὰ τούτου καὶ ἡ μαντικὴ πᾶσα χωρεῖ καὶ ἡ τῶν ἱερέων τέχνη τῶν τε περὶ τὰς θυσίας καὶ τελετὰς καὶ τὰς ἐπῳδὰς καὶ τὴν μαντείαν πᾶσαν καὶ γοητείαν]. Denn Gott verkehrt nicht mit den Menschen, sondern aller Umgang und alle Zwiesprache der Götter mit den Menschen vollzieht sich durch diese, sowohl im Wachen als auch im Schlaf. Und wer in diesen Dingen kundig ist, der ist ein dämonischer Mensch [δαιμόνιος ἀνήρ], wer aber in etwas anderem kundig ist, in Kunst oder Handwerk, der ist ein Banause. Solche Dämonen nun gibt es viele und von mancherlei Art, einer aber von ihnen ist Eros."[193]

Interessant an dieser frühen Dämonologie ist, dass Platon hier quasi wertfrei jenes Spektrum an Ritualpraktiken aufzählt, das ihm aus dem religiösen Szenario seiner Zeit bekannt ist: „Durch dieses geht auch die gesamte Seherkunst vonstatten wie auch die Kunst der Priester [ἱερέων τέχνη], die es mit Opern [θυσίας] und Weihen [τελετὰς] und Besprechungen [ἐπῳδὰς] und der gesamten Weissagung [μαντείαν] und Zauberei [γοητείαν] zu tun hat "; *epōdé* und *goēteía* stehen hier als Methoden des Transzendenzbezugs neben den Opfern, Weihungen und Weissagungen des offiziellen Kultes und werden gleichfalls als „Kunst der Priester" ausgegeben. Alle genannten Praktiken verweisen dabei auf die Kommunikation mit dem Zwischenwesen *daimon*, welches die Anliegen der Menschen an die Götter, und umgekehrt die Botschaften der Götter an die Menschen überbringt. Der *Dämon* erscheint hier – anders als im Zuge seiner christlichen Rezeption – noch als gleichermaßen positiv konnotiertes wie notwendiges Zwischenwesen, als *religiöser Grenzgänger*,[194] dessen wesentliche Aufgabe darin besteht, zwischen Göttern und Menschen zu vermitteln. Interessant an Platons Konzeption ist nicht nur die relativ wertfreie Erwähnung der andernorts bereits negativ konnotierten Begriffe *epōdé* und *goēteía*, sondern auch, dass alle Ritualpraktizie-

---

193 Platon, *Symposion*, 202e-203a; Übersetzung nach Barbara Zehnpfennig (Hg.), *Platon. Symposion. Übersetzt und herausgegeben von Barbara Zehnpfennig. Griechisch-deutsch*, [Philosophische Bibliothek; 520], Hamburg 2000, 82/83.
194 Vgl. zur Terminologie Ahn, „Grenzgängerkonzepte in der Religionsgeschichte...".

renden gleichermaßen auf *daimones* angewiesen seien, um wirken zu können. Der Tempelpriester erscheint hier in keiner privilegierten Position gegenüber dem *góēs*; jeder, der sich auf Dämonen versteht, ist ein *dämonischer Mensch* (δαιμόνιος ἀνήρ), sei er nun für den offiziellen Tempelkult zuständig, oder privater Ritualdienstleister.[195]

Platons Ausführungen weisen auf eine gewisse Vergleichbarkeit des Vorgehens von Tempel- und Bettelpriestern – beziehungsweise von öffentlicher und privater, individualreligiöser Kultpraxis hin. Freilich ist wiederum in Frage zu stellen, ob Platons Theorie für alle fraglichen Personengruppen und Ritualpraktiken, die im *Symposion* nebeneinander gestellt werden, überhaupt repräsentativ ist. Gleichwohl verweist seine Konzeption auf die Möglichkeit, dass trotz der Stigmatisierung und Ausgrenzung individualreligiöser Ritualspezialisten in klassischer Zeit vergleichbare Praktiken auch vom offiziellen Kult – und hier ganz ohne pejorativen Beigeschmack – ausgeübt worden sind. Einige Fallbeispiele mögen diese Überlegung stützen. So sind Fluchtafeln auch innerhalb des Areals griechischer Tempel gefunden worden, was darauf hindeutet, dass diese auch im Kontext des etablierten Tempel- und Opferkultes verwendet worden sind;[196] in diesen Zusammenhang sind etwa die im Demetertempel in Cnidus gefundenen Täfelchen einzuordnen.[197] In der Stadt Thera wurde laut

---

195 Eros wird etwas später übrigens auch selbst als *góēs* bezeichnet – als Sohn der Gottheiten Poros und Penia habe er von beiden besondere Charakteristika erhalten: „Nach seinem Vater wiederum stellt er den Schönen und den Guten nach, ist tapfer, unerschrocken und unermüdlich, ein gewaltiger Jäger, immer auf irgendwelche Kniffe sinnend, begierig nach Einsicht und nie um einen Ausweg verlegen, sein ganzes Leben philosophierend, ein gewaltiger Zauberer, Giftmischer und Sophist [δεινός γόης καὶ φαρμακεὺς καὶ σοφιστής]."; Platon, *Symposion*, 203d/e (nach Zehnpfennig, *Platon...*, 84/85). Offenkundig fungieren die Bezeichnungen *góēs* und *pharmakós* an dieser Stelle sogar als positive Attribute des Eros und kennzeichnen seine besonderen Fähigkeiten – auch die Terminologie des *Symposion*-Dialogs steht also (wie die oben genannte *Alkibiades*-Passage) in einem gewissem Spannungsverhältnis zu den später verfassten *Nomoi*; kaum zufällig wird der *Symposion*-Dialog im Zuge seiner Rezeption durch Marsilio Ficino die frühneuzeitliche Aufwertung des Magiebegriffs maßgeblich beeinflussen; hierzu ausführlicher unten, Kap. 10.

196 Vgl. Graf, *Gottesnähe...*, 144f. Wichtig in neuerer Zeit sind hier die Funde im Heiligtum der Isis und Mater Magna (Mainz) und am Brunnen von Anna Perenna (Rom); hierzu ausführlicher Jürgen Blänsdorf, „The *defixiones* from the Sanctuary of Isis and Mater Magna in Mainz", in: Gordon/Simón, *Magical Practice...*, 141-90; Marina Piranomonte, „Religion and Magic at Rome: The Fountain of Anna Perenna", in: Gordon/Simón, *Magical Practice...*, 191-214.

197 Vgl. Auguste Audollent, *Defixionum tabellae quotquot innotuerunt tam in graecis orientis quam in totius occidentis partibus praeter atticas in corpore inscriptionum atticarum editas*, Paris 1904, 12/13 (Nr. 5); Audollent bezweifelt diese Deutung noch, Morton Smith hat 80 Jahre später keine Schwierigkeiten mehr, dem griechischen Kult – aufgrund der Nagellöcher in den Fluchtäfelchen – auch eine solche Praxis zuzuschreiben; vgl. Morton Smith, „On the Lack of a History of Greco-Roman Magic", 253, Fußnote 8, in: Heinz Heinen (Hg.), *Althistorische Studien*, [Historia Einzelschriften; Vol. 40], Wiesbaden 1983, 251-57: "AUDOLLENT's doubt of this, based on analogy, is outweighed by the nail holes in the tablets."

6.4. Weiterführende Deutungs- und Abstraktionsversuche

einer Inschrift eine Wachsfigur repräsentativ für all jene Menschen verbrannt, die sich der öffentlichen Ordnung widersetzten – gewissermaßen als sympathetisches *phármakon*.[198] Am faszinierendsten ist aber sicherlich jener Fluch, der in einem Gesetzestext der ionischen Polis Teos aus dem frühen fünften Jahrhundert festgehalten ist:

> „1. If anyone makes harmful spells/poisons [φάρμακα δηλητήρια] against the Teian state or against individuals of it, he is to die, himself and his family with him. [...] 6. If anyone in office does not perform this curse at the statue of Dynamis when the games are convened at the Anthesteria or the festival of Heracles or that of Zeus, he is to be the object of the curse. 7. If anyone breaks the inscription on which this curse has been written, or chipps off the letters, or rubs them smooth, he is to die, himself and his family with him."[199]

Eine Polis, die sich gegen *phármaka* mittels einer schriftlich und gesetzlich fixierten Fluchpraxis wehrt, die zudem drei mal jährlich öffentlich verkündet wird![200] Der Gesetzestext ist wahrscheinlich ein Jahrhundert vor Platon anzusetzen; er spiegelt möglicherweise noch nicht jene generelle Polemik gegen individualreligiöse Ritualpraktiken wider, welche zur Zeit Platons greifbar wird – im Gesetz werden nurmehr jene verflucht, die ein *phármakon* gegen die Polis als Ganzes richten. Dennoch machen die Beispiele deutlich, dass rituelle Verfluchungspraktiken, die Verwendung von Wachsfiguren oder Fluchtäfelchen auch im Kontext des institutionellen griechischen Kultes eine Rolle gespielt haben können. Anstatt solche Praktiken also – wie bis dato häufig – unter der Kategorie *Magie* abzubilden, bietet es sich vielmehr an, hinsichtlich ritueller Funktion und sozialem Kontext griechischer Kultpraktiken zu differenzieren und diese insgesamt unter dem heuristischen Fenster von *Religion* abzubilden. Dann wird deutlich, dass nach außen hin gleichartige Praktiken im Rahmen des öffentlichen Kultes als nützlich, hilfreich und legitim, im individuellen Kontext aber als sozialfeindlich, unmoralisch und areligiös empfunden worden sind. Dies mag wiederum als weiterer Beleg dafür gewertet werden, dass die bei Platon beobachtbare Polemik gegen *pharmakeía* keine konkret identifizierbaren Ritualpraktiken zum Gegenstand hatte, sondern nurmehr gegen die in klassischer Zeit offenbar zunehmende rituelle Emanzipation des Individuums vom offiziellen Kult gerichtet war.

---

198 Vgl. J.J.E. Hondius (Hg.), *Supplementum Epigraphicum Graecum 9*, Leiden 1944, 5/6 (Nr. 3); Zur Diskussion Smith, „On the Lack...", 253, Fußnote 9.
199 Gr. Text nach Russell Meiggs, David Lewis (Hg.), A selection of Greek historical inscriptions to the end of the fifth century, Oxford 1969, 63/64; Übersetzung nach Ogden, *Magic...*, 275/76.
200 Vgl. die Zeilen 29-34 des Gesetzestextes: Meigss/Lewis, *A selection...*, 64.

6.4.4. Menschen mit übermenschlichen Fähigkeiten als neuer Vorstellungshorizont im klassischen Griechenland

Es ist deutlich geworden, dass sich die Genese des Magiebegriffs mit der Herausbildung einer individualreligiösen Ritualpraxis überlagert hat, welche in griechischen Polemiken des fünften und vierten vorchristlichen Jahrhunderts gegenüber privat operierenden Ritualspezialisten greifbar wird. An dieser Stelle würde es zu weit führen, weitere Gründe für diese komplexe Entwicklung im Kontext der griechischen Religionsgeschichte zu suchen; entscheidend ist, dass sich der Magiebegriff von Anfang an zu einem jener Termini entwickelt hat, mit denen individualreligiöse Ritualpraktiken und die damit assoziierten Personen, zumindest aus der Perspektive einer publizierenden Oberschicht, abgewertet und ausgegrenzt werden konnten – ein Muster, das sich in der römischen und christlichen Religionsgeschichte schließlich unvermindert fortsetzt. Die Personenbezeichnung *maguš*, die in der Persis noch auf eine der zentralen Figuren des offiziellen Tempel- und Götterkult verwies, mutierte in der griechischen Polis zum *mágos*, einer nurmehr polemischen Spezialistenbezeichnung im Kontext (scheinbar) areligiöser Ritualpraktiken abseits des offiziellen Kultes. Die im Laufe dieser semantischen Transformation schrittweise sublimierte negative Konnotation eines persischen Priesters, der die „Kunst der Feinde Griechenlands"[201] ausübt, war offensichtlich ideal geeignet, jene als frevelhaft und sozialfeindlich erachteten Ritualpraktiken nicht nur einheitlich zu bezeichnen, sondern im selben Atemzug auch zu diskreditieren.

Die hier skizzierte Entwicklung verweist auf ein zentrales negatives Element des semantischen Feldes von *Magie*, welches im Laufe der abendländischen Kultur- und Religionsgeschichte eine verblüffende Konstanz – und das über Jahrtausende hinweg – bewiesen hat. Es bleibt zu fragen, wie es dazu kommen konnte, dass der Magiebegriff auch auf positive Weise, sogar zur identifikatorischen Selbstbezeichnung verwendet werden konnte; die Blüte dieser positiven Rezeption ja ist gerade gegenwärtig – etwa im Rahmen der multimedialen Verarbeitung des *Magiers* als bewundernswerte, moralisch hochwertige Identifikationsfigur – beobachtbar. Im Folgenden soll gezeigt werden, dass auch diese Konnotation des Magiebegriffs bereits im Kontext der frühen griechischen Verwendung des Begriffs angelegt ist. Allerdings orientiert sich die spätere Rezeption eines positiv konnotierten Magiebegriffs nicht an der Vorstellung sozialfeindlicher, individualreligiöser Ritualpraktiken, mit denen menschliche Egoismen zelebriert werden, sondern vielmehr am Topos des Menschen mit *übernatürlichen* beziehungsweise *übermenschlichen* Fähigkeiten, der – wie gesehen – bereits von Hippokrates explizit dem *mágos* zugeordnet wird. Wenngleich dieser Topos – zumindest textuell greifbar – erst später (ein erster Kulmina-

---
201 Graf, *Gottesnähe...*, 31.

6.4. Weiterführende Deutungs- und Abstraktionsversuche 199

tionspunkt liegt in der mittleren Kaiserzeit)[202] eine größere rezeptionsgeschichtliche Bedeutung erlangen wird, lohnt es sich an dieser Stelle, das Denkmuster im Kontext seines historischen Ursprung zu reflektieren. Z

Zunächst: *übermenschliche* Fähigkeiten sind sicherlich nicht als trennscharfes religionswissenschaftliches Significans zu betrachten; was im Bereich des Menschenmöglichen liegt, scheint eine Variable des jeweiligen kulturhistorischen Kontextes zu sein und sich nicht zuletzt gegenwärtig – durch stete (Weiter-) Entwicklungen der Technik – permanent zu verschieben. Zudem ranken sich bekanntermaßen ganze Diskurse um den Versuch, Menschen mit als *übernatürlich* beziehungsweise *übermenschlich* empfundenen Fähigkeiten wahlweise aufzuwerten – als *Wundertäter*, als *Heiliger* – oder abzuwerten – als Scharlatan, als *Magier*.[203] Dennoch hatte die Vorstellung, dass Menschen solche außergewöhnlichen Fähigkeiten besitzen oder besitzen können, in der abendländisch-europäischen Kultur- und Religionsgeschichte eine besondere Anziehungskraft und hat im alltagssprachlichen Kontext auch zu entsprechenden terminologischen und attributiven Musterbildungen geführt. Dabei implizierte die Zuschreibung solcher Fähigkeiten im religiösen Kontext üblicherweise, dass diese eigentlich und ursprünglich transzendenten Wesenheiten, vorzugsweise Göttern zuzuordnen sind. Dass auch ein Verständnis von Natur – und allem über beziehungsweise jenseits der Natur Stehenden – gleichfalls vom kulturhistorischen Kontext abhängt, ist eine spannende Implikation der hier formulierten Fragestellung; ein und dasselbe Ereignis – rein äußerlich betrachtet – mag nach den jeweils greifenden und kulturell verankerten Natur- und Weltbildern völlig anders gedeutet werden.

Ein oben bereits genanntes Fallbeispiel mag diesen Zusammenhang illustrieren: Helena in Euripides' *Orestes* sei plötzlich „verschwunden – O Zeus! O Ga! O Licht! O Nacht! – Durch Zaubertrank [ἤτοι φαρμάκοισιν]. Durch Zauberspruch [μάγων τέχναις], Durch göttliche Täuschung [θεῶν κλοπαῖς]".[204] Bereits der von Euripides eingesetzte Bote ist unsicher, wie er das plötzliche Verschwinden einer Person einordnen soll; aus den Epen mag ihm bekannt sein, dass Götter dies zu tun pflegen, da sie ohnehin eher feinstofflicher Natur sind und sich nur manchmal in Menschengestalt zeigen. Doch ihm sind auch Wirkmittel (*phármaka*) und nunmehr sogar Menschen bekannt (*mágoi*), deren Künste ein so außergewöhnliches Ereignis bewerkstelligen können. Verlagert man dieses in das Zwanzigste Jahrhundert, verändert sich der Kontext: das Verschwinden des Varieté-*Magiers*

---

202 Vgl. unten, Kap. 8.1.3.
203 Vgl. beispielsweise zum terminologischen Spannungsfeld um Jesus von Nazareth Morton Smith, *Jesus, The Magician*, London 1978; Eugene V. Gallagher, *Divine man or magician? Celsus and Origen on Jesus*, [Dissertation series / Society of Biblical literature; 64], Chicago 1982.
204 Euripides, Orestes, 1493f nach Seeck, *Euripides. Sämtliche Tragödien... Band V: Orestes. Iphigenie...*, 112/13.

David Copperfield – zuvor wurde er möglicherweise noch in einem Käfig eingeschlossen, mit Eisenketten gefesselt und von Schwertern durchbohrt – ruft keine religiöse Assoziation mehr hervor, sondern nurmehr die gedankliche Suche nach einer natürlichen Ursache: eben dem *Trick*. Blickt man in die Zukunft – zumindest in eine vorgestellte – mag das Verschwinden einer Person komplett in den Wirkungsbereich von Technik eingegangen sein: das *Beamen* als gängige Transport- und Fortbewegungsmethode der Fernsehserie *Star Trek* mag diese (in die Zukunft projizierte) motivgeschichtliche Verlagerung illustrieren. Schließlich sind kuriose Brückenschläge beobachtbar: Der Prä-Astronautiker Heinz Schuhmann interpretiert auf seiner Internetseite das Wirken der Götter in den Homerischen Epen ganz im Kontext überlegener Technologie und schlägt die These eines außerirdischen Ursprungs vor –[205] ein Topos, der insbesondere durch den Sachbuchautor Erich von Däniken weltweit bekannt,[206] und beispielsweise auch in der populären Fernsehserie *Stargate* verarbeitet wurde.

Der prägnanteste Versuch des religionswissenschaftlichen Diskurses, solche *übernatürlichen* oder *übermenschlichen* Fähigkeiten im Rahmen eines theoretischen Konzepts einzufangen, findet sich bei Max Weber:

„'Charisma' soll eine als außeralltäglich [...] geltende Qualität einer Persönlichkeit heißen, um derentwillen sie als mit übernatürlichen oder übermenschlichen oder zumindest spezifisch außeralltäglichen, nicht jedem anderen zugänglichen Kräften oder Eigenschaften [begabt] oder als gottgesandt oder als vorbildlich und deshalb als 'Führer' gewertet wird."[207]

An anderer Stelle ordnet Weber *magische Fähigkeiten* explizit dem Charismabegriff zu: „Charismatische Herrschaft, kraft affektueller Hingabe an die Person des Herrn und ihre Gnadengaben (Charisma), insbesondere: magische Fähigkeiten, Offenbarungen oder Heldentum, Macht des Geistes und der Rede".[208] Weber hat das Charismakonzept primär zur Klärung und Unterscheidung unterschiedlicher Herrschaftsstrukturen entwickelt und im Wesentlichen aus der christlichen Religionsgeschichte (Weberscher Lesart) abgeleitet, sodass es eine ganze Reihe frag- und kritikwürdiger Notationen enthält. Insbesondere das Verständnis *charismatischer Fähigkeiten* als Gnadengaben und Frucht „affektueller Hingabe an die Person des Herrn" wirkt als wissenschaftssprachliche Rezeption christlicher Vorstellungshorizonte, wodurch eine wertfreie Übernahme des Konzepts in nicht-christli-

---

205 Vgl. Heinz Schuman, „Was Homer von den Göttern zu sagen wußte", online verfügbar unter: http://www.heinz-schumann.de/Homer/homer.html (27.09.2009).
206 Vgl. etwa Erich von Däniken, *Die Götter waren Astronauten. Eine zeitgemäße Betrachtung alter Überlieferungen*, München 2001.
207 Max Weber, *Wirtschaft und Gesellschaft. Grundriß der verstehenden Soziologie. Fünfte, revidierte Auflage, Besorgt von Johannes Winckelmann. Studienausgabe*, Tübingen ⁵1980, 140.
208 Max Weber, „Die drei reinen Typen der legitimen Herrschaft", 481, in: Johannes Winckelmann (Hg.), *Gesammelte Aufsätze zur Wissenschaftslehre. Von Max Weber. Fünfte, erneut durchgesehene Auflage herausgegeben von Johannes Winckelmann*, Tübingen 1982, 475-488.

6.4. Weiterführende Deutungs- und Abstraktionsversuche

che Kontexte in Frage zu stellen ist. Im Folgenden soll daher nicht von einem vorgeformten, möglicherweise verzerrenden Konzept ausgegangen, sondern vielmehr versucht werden, die Vorstellung *übernatürlicher* beziehungsweise *übermenschlicher* Fähigkeiten im Kontext eines einzelnen Fallbeispiels zu studieren: hier also den griechischen Poleis des fünften und vierten Jahrhunderts vor Christus, in denen *mágoi* mit – für das griechische Denken – *übermenschlichen* Fähigkeiten erstmals geschildert werden.

Zunächst ist hierbei festzuhalten, dass die griechische Terminologie um den *mágos* im Kontext eines religiösen Vorstellungshorizontes greifbar wird, der besondere, wirkmächtige Fähigkeiten zuvor ausschließlich transzendenten Wesenheiten zugeordnet hat – eben den Göttern, Halbgöttern, Titanen, Heroen und anderen nicht-menschlichen Wesenheiten, die eindrücklich in den Epen Homers und Hesiods beschrieben werden. Wenn Hippokrates schreibt, die *mágoi* könnten „den Mond vom Himmel herabziehen und die Sonne verfinstern, schlechtes wie gutes Wetter hervorbringen und Regen und Dürre, ferner daß sie das Meer unbefahrbar und Land <unfruchtbar> machen könnten",[209] werden sie mit einem Spektrum an Fähigkeiten beschrieben – im Wesentlichen geht es hier um die Kontrolle der Elemente (Himmel und Erde, Wasser und Wind) –, das im griechischen Denken vor allem mit den olympischen Hochgöttern Zeus und Poseidon in Verbindung gebracht wird: Zeus herrscht über Wolken und Regen, Blitz und Donner sowie andere Himmelserscheinungen,[210] Poseidon ist für die Bewegungen des Meeres, insbesondere für Stürme, außerdem für Erdbeben und mitunter die Entstehung ganzer Erdformationen verantwortlich – ein Vorstellungshorizont, der auch auch noch in klassischer Zeit besteht.[211] Dass plötzlich Menschen über solche Fähigkeiten verfügen sollen, kann sich Hippokrates nur damit erklären, dass „die göttliche Macht von menschlichem Witz besiegt und geknechtet wird"[212] – hierauf beruht eben sein Vorwurf der *Asebie*. Offensichtlich prallen mit dem Auftreten des *mágos* in der griechischen Polis unterschiedliche Kontextualisierungen solcher Fähigkeiten aufeinander: im griechischen Weltbild noch wesentliches Charakteristikum göttlichen Handelns, nunmehr plötzlich in menschlicher Hand – für Hippokrates scheint das eine neuartige, fremdartige Vorstellung darzustellen. Der Hippokratische *mágos* überschreitet eine Grenze, die zumindest in den Epen klar markiert ist: *übermenschliche* Fähigkeiten illus-

---

209 Hippokrates, *De morbo sacro*, 1, 29 (Grensemann, *Die hippokratische...*, 64/65).
210 Vgl. beispielsweise Zeus als Wolkensammler: Homer, *Ilias*, 15. Gesang, 153f; Zeus als Verursacher von Regen, Schnee und Wind: Homer, *Ilias*, 12. Gesang, 278ff; Zeus als Blitzschleuderer: Homer, *Ilias*, 13. Gesang, 243f.
211 Vgl. zum Titel Meerbeherrscher u.A. Homer, *Ilias*, 15. Gesang, 158; zu diesem Topos eindrücklich auch Homer, *Ilias*, 13. Gesang, 17ff; zur Attribution von Erdbeben und Erdformationen auf Poseidon vgl. auch Herodot, *Historien* VII, 129, 4; von der Zuschreibung des großen Erdbebens in Sparta (464 v. Chr.) auf Poseidon berichtet auch Thukydides, *Der Peloponnesische Krieg* 1, 128,1.
212 Hippokrates, *De morbo sacro*, 1, 31 (Grensemann, *Die hippokratische...*, 64/65).

trieren hier nicht zuletzt die prinzipielle Überlegenheit der Götter gegenüber den Menschen und markieren eine unüberschreitbare Trennungslinie. In Anlehnung an dieses Denkmuster wurden die Fähigkeiten im vorliegenden Kapitel eben als *übermenschlich* – im Sinne von *über den Menschen stehend*, den *Menschen nicht zugänglich* – bezeichnet.

Es bietet sich an dieser Stelle an, eine Homer-Passage zu begutachten, die bereits in antiker Literatur – allerdings erst im Nachhinein – dem Magiebegriffs zugeordnet worden ist: es geht um Kirkes Verwandlung der Gefährten Odysseus' in Schweine – mit einem *phármakon*:

> „Kirke doch führte sie ein und bot ihnen Sessel und Stühle, / Rührte für sie ein Gemisch dann zusammen aus Käse und Gerste, / Gelbem Honig und Wein uns Pramne und tat in die Speise / Schreckliche Gifte [φάρμακα λύγρ']: sie sollten die Heimat völlig vergessen. / Kirke bot. Doch als jene geschlürft, griff gleich sie zum Stecken, / Schlug auf sie ein und schloß sie in Kofen für Schweine. Sie wurden / Schweine an Kopf, an Stimme und Haaren, der ganzen Gestalt nach. / Freilich blieb der Verstand so klar, wie er früher gewesen. / Weinend lagen sie so im Pferch und verschiedene Eicheln, / Früchte des wilden Kirschbaums gab ihnen Kirke zu fressen, / Tägliches Futter für Schweine, die gern auf der Erde sich lagern."[213]

Kirke kann offenkundig Menschen dazu bringen, die Gestalt von Schweinen anzunehmen – ob durch ein *phármakon* oder (auch) ihren Stock (*rhábdos*), ist an dieser Stelle (wie auch bei der späteren Rückverwandlung)[214] nicht ganz klar. Klar ist jedoch der religiöse Kontext, in dem die Passage lokalisiert ist – Kirke wird explizit als *Göttin* bezeugt: „Und wir kamen zur Insel Aiaia. Dort aber wohnte Kirke mit herrlichen Flechten, die mächtige, redende Göttin [ἔνθα δ' ἔναιε Κίρκη ἐϋπλόκαμος, δεινὴ θεὸς αὐδήεσσα]".[215]

Dies ist von entscheidender Bedeutung; Kirke, Tochter des Sonnengottes Helios und der Okeanide Perse, wohnt auf der Insel Aiaia, verbringt ihre Zeit meist singend an einem Webstuhl und hat die seltsame Angewohnheit, die Besucher der Insel in Tiere – vor allem in Wölfe, Löwen und Schweine – zu verwandeln. Warum sie dies tut, bleibt eines der vielen Rätsel der homerischen Mythologie; entscheidend ist, dass sie als Göttin offenbar das Recht und die Macht – Homer nennt sie „Meistrin in Giften [Κίρκης ἵξεσθαι πολυφαρμάκου]"[216] – dazu hat. Kaum zufällig gelingt es Odysseus auch nur mit Hilfe einer anderen Gottheit, der Verwandlung zu entgehen: Hermes, „der Gott mit dem Goldstab [Ἑρμείας χρυσόρραπις]"[217] tritt auf, kurz bevor Odysseus Kirke erreicht, um seine Gefährten zu befreien:

---

213 Homer, *Odyssee*, 10. Gesang, 233f; Übersetzung nach Anton Weiher (Hg.), *Homer. Odyssee. Griechisch und deutsch. Übertragung von Anton Weiher. Mit Urtext, Anhang und Registern. Einführung von A. Heubeck*, [Sammlung Tusculum], München ⁹1990, 268/69.
214 Homer, *Odyssee*, 10. Gesang, 388f.
215 Homer, *Odyssee*, 10. Gesang, 135f (Homer, *Odyssee. Griechisch und deutsch...*, 262/63).
216 Homer, *Odyssee*, 10. Gesang, 276 (Homer, *Odyssee. Griechisch und deutsch...*, 270/71).
217 Homer, *Odyssee*, 10. Gesang, 277 (Homer, *Odyssee. Griechisch und deutsch...*, 270/71).

6.4. Weiterführende Deutungs- und Abstraktionsversuche 203

> „Aber komm! Ich will dich erlösen und helfen im Unheil. / Hier dieses Gift [φάρμακον], das hilft! Das nimm und gehe in Kirkes / Haus! Es sichert dein Haupt vor der Stunde des Unheils. Alles / Will ich dir sagen, die Pläne und Tücken der Kirke. Sie macht dir / Erst ein Gemisch: eine Speise; die hat sie mit Giften [φάρμακα] verdorben. / Freilich verzaubern [θέλξαι][218] kann sie dich nicht; dem wirkt ja entgegen / Tüchtiges Mittel [φάρμακον ἐσθλόν], das ich dir nun gebe."[219]

Mit dem *phármakon* des Hermes gelingt es Odysseus schließlich, der Wirkung des *phármakons* der Kirke zu widerstehen; Kirke ist so beeindruckt, dass sie sofort ihr Lager mit ihm teilen will – Odysseus könne kein gewöhnlicher Mann sein.[220] Dennoch würde dieser wohl kaum die Lorbeeren für seine außergewöhnliche Widerstandskraft gegen das *phármakon* Kirkes in Anspruch nehmen wollen; er war ganz auf die Hilfe und das *phármakon* des Hermes angewiesen – seine Fähigkeit war gleichsam nur von einem Gott geliehen und nicht aus eigener Kraft reproduzierbar. Dies ist im Homerischen Kontext noch entscheidendes Charakteristikum: Götter verfügen über – eben *übermenschliche* – Fähigkeiten, denen Menschen entweder ausgeliefert sind, oder nur mit der Hilfe anderer Götter entgegen treten können.

Insofern ist jene häufig gestellte, eigentlich aber irreführende Frage nun relativ leicht zu beantworten: War Kirke eine *Zauberin*? Matthew Dicki schreibt hierzu:

> „However difficult it may be for us to think of Circe as anything but a sorceress, it should be acknowledged that there is nothing in the Greek text to suggest that its author possessed the concept of magic and that he thought of Circe as a Sorceress. The poet gives no indication, for instance, that Circe's conduct is to be seen as impious or sacrilegious."[221]

Dicki wendet hier wiederum ein (unklares) Verständnis von *Magie* auf die Odysseus-Passage an und scheint irritiert, dass dieses mit der Perspektive Homers nicht zu vereinen ist. Im Rahmen der hier entwickelten Argumen-

---

218 Θέλγω, meist mit *verzaubern* bzw. *bezaubern* übersetzt, ist das häufigste in den Epen verwendete Verb zur Kennzeichnung der außergewöhnlichen Fähigkeiten und Handlungen der Götter; es umfasst daher ein breites semantisches Spektrum und meint je nach Kontext beispielsweise *betäuben, blenden, betören, beschwichtigen, verführen, einschläfern, überlisten, betrügen, fesseln* usw.; vgl. zur Bedeutungsvielfalt und zu zahlreichen Belegen bei Homer: Pape, *Griechisch-deutsches Handwörterbuch...*, 2. Band, 1192. Verzichtet man aus den oben genannten Gründen gegen eine Grundbedeutung von *verzaubern*, lässt sich das Bedeutungsspektrum des Verbes daher am besten mit *bewirken* einfangen, je nach Kontext freilich mit unterschiedlichem Wirkungsziel.
219 Homer, Odyssee, 10. Gesang, 287f (Homer, Odyssee. Griechisch und deutsch..., 270/71).
220 Vgl. Homer, *Odyssee*, 10. Gesang, 327f (Homer, *Odyssee. Griechisch und deutsch...*, 272/73): „Gibt es doch – nein, es gibt keinen anderen Mann, der mein Gift da | Schadlos ertrug, wer immer es hinter die schützenden Zähne | Brachte und trank. [...] Wir wollen | Beide das Lager besteigen, das unseres ist, und wir wollen | Innigst verbunden im Lager der Liebe einander vertrauen."
221 Dicki, *Magic...*, 23.

tation ist es gleichwohl nicht schwierig, „to think of Circe as anything but a sorceress", da sie schlicht als Göttin mit (notwendigerweise) übermenschlichen Fähigkeiten identifiziert werden konnte – diese kennzeichnen nicht zuletzt Kirkes göttliche Herkunft. So wird auch erklärbar, weshalb ihr Handeln nicht als „impious or sacrilegious" erscheint – denn dann hätte Homer die besonderen Fähigkeiten anderer Götter gleichfalls in Frage stellen müssen. Freilich hätte er dann eine der faszinierendsten und schillerndsten Charakteristika griechischer Mythologie in ein fragwürdiges und gänzlich unpassendes Licht gestellt.[222]

Dickis Verwirrung rührt möglicherweise auch daher, dass eine kontextuelle Verlagerung der Figur und Fähigkeiten Kirkes bereits in der griechischen Antike stattfand – so tritt die Göttin und ihr Wissen über *phármaka* bereits in klassischer Zeit in einen ganz und gar menschlichen Zusammenhang ein. Erstmals bezeugt ist dies in der Komödie *Plutos* des Dichters Aristophanes (* um 450 v. Chr.; † um 380 v. Chr.); Carius droht dem Chor mit den folgenden Worten:

---

[222] Auch beim Topos der *Mensch-Tier-Verwandlung* lassen sich – wie beim oben bereits angesprochenen *Verschwinden* eines Menschen – unterschiedliche Kontextualisierungen beobachten. Während Kirke noch als Göttin in Erscheinung tritt, tritt der Topos über die Verwandtschaft des *mágos* mit dem *góēs* (vgl. die Schilderung einer Verwandlung von *góētes* in Wölfe bei Herodot, *Historien* IV, 105) wahrscheinlich schon in klassischer Zeit in das semantische Feld des Magiebegriffs ein (vgl. hierzu auch die Passage in Aristophanes' *Plutos*, die unten behandelt wird). Gleichwohl steht die *Mensch-Tier-Verwandlung* noch bei Ovid – in seinen berühmten Metamorphosen – primär in einem epischen Kontext und wird hier weiterhin (vorwiegend) den Göttern zugesprochen. Apuleius' *Metamorphosen* illustrieren schließlich auch die menschliche (rituelle) Vereinnahmung des Topos' im römisch-kaiserzeitlichen Kontext. Der christliche Kirchenvater Augustinus kann schließlich eine verblüffende Alternativ-Erklärung der Homer-Passage – auf der Basis seiner dämonologischen Magietheorie – abliefern (vgl. Augustinus, *de ciuitate dei*, 18, 18; ausführlicher unten, Kap. 8.2.3). Auch im europäischen Mittelalter und der Frühen Neuzeit stellt die Zuordnung der *Mensch-Tier-Verwandlung* zum Wortfeld um *Magie* nunmehr das dominante Rezeptionsmuster dar – im *Malleus Maleficarum* ist etwa der Frage, „Ob sich die Hexen mit den Menschen zu schaffen machen, indem sie sich durch Gaukelkunst in Tiergestalten verwandeln" ein eigener Abschnitt gewidmet – vgl. Jakob Sprenger, Heinrich Institoris, *Der Hexenhammer (Malleus maleficarum). Aus dem Lateinischen übertragen und eingeleitet von J. W. R. Schmidt*, [dtv bibliothek. Literatur. Philosophie. Wissenschaft], München ³1983, 145f. Hiervon ausgehend wundert es nicht, dass der Topos noch im 19. Jahrhundert – in den Grimmschen Märchen – primär im terminologischen Kontext von *Magie* und *Hexerei* zu finden ist (vgl. z.B. *der gestiefelte Kater*, *die zwölf Brüder*, *der Froschkönig*). Im zwanzigsten Jahrhundert fungiert die *Mensch-Tier-Verwandlung* nunmehr als illusorisches Motiv der *Varieté-Magie* (etwa bei den Illusionisten Siegfried und Roy). Gleichwohl finden sich auch Rezeptionsmuster im Bereich des Surrealismus (vgl. Kafkas *die Verwandlung*) und schließlich im Kontext von Technik (vgl. die schrittweise Verwandlung eines Menschen in eine Fliege in dem US-amerikanischen Spielfilm *The Fly*); Joanne K. Rowling ordnet den Topos – im Kontext ihres *Animagus*-Konzepts – wiederum dem Magiebegriff zu. Es gibt auch eine Dissertation zum Motiv der *Mensch-Tier-Verwandlung*: Gabriela Brunner Ungricht, *Die Mensch-Tier-Verwandlung. Eine Motivgeschichte unter besonderer Berücksichtigung des deutschen Märchens in der ersten Hälfte des 19. Jahrhunderts*, [Europäische Hochschulschriften. Reihe I: Deutsche Sprache und Literatur; 1676], Bern 1998.

6.4. Weiterführende Deutungs- und Abstraktionsversuche

> „Now I'll be Circe, the woman who stirred up potions [ἐγὼ δὲ τὴν Κίρκην γε, τὴν τὰ φάρμακ᾽ ἀνακυκῶσαν], / who once in Corinth got the companions of Philonides / to behave like pigs / and eat kneaded shit – *she* did their kneading for them. / I'll play her role in all its varieties; / and as for you, why, follow your mummy, little piggies, / sqealing with delight!"[223]

Carius will Kirke sein, beziehungsweise eher: sie imitieren, wie die Göttin handeln, über ihre Fähigkeiten und ihr Wissen im Umgang mit *phármaka* verfügen. Aristophanes spielt hier (auf komödiantische Art) mit der Idee, dass Menschen sich am Handeln der Götter orientieren, diese gleichsam als Vorbild nehmen, mit deren Fähigkeiten drohen. Es ist nur ein kleiner Schritt anzunehmen, dass die oben diskutierten Spezialisten für individualreligiöse Ritualpraktiken, die – wie Kirke! – ebenfalls als *phármaka* gekennzeichnete Wirkmittel verwendeten, ähnlich vorgegangen sind. Ein zumindest literarischer Beleg hierfür findet sich in der dichterischen Verarbeitung eines Liebesrituals aus hellenistischer Zeit; so nennt Theokrit (Wirkungszeit um 270 v. Chr.) in seinem Gedicht *Pharmakeitria* die Rezitation der Namen Kirkes und Medeas als Bestandteil einer Anrufung an Hekate:

> „Sei gegrüßt, schauerliche Hekate, und sei bis zum Ende bei uns! Mach, daß diese Drogen [φάρμακα] nicht schlechter sind weder als die der Kirke, noch der Medea, noch der blonden Perimede! Zauberrad [Ἴυγξ],[224] ziehe du diesen Mann zu meinem Haus!"[225]

So lässt sich gewissermaßen abstrahieren: im Zuge der Entwicklung individualreligiöser Ritualpraktiken in klassischer Zeit entsteht die Vorstellung, dass bestimmte Kräfte und Fähigkeiten, die zuvor nur den Göttern vorbehalten waren, auch in die Verfügungsgewalt von Menschen gelangen können. *Übermenschliche* Fähigkeiten werden dadurch gewissermaßen zu *menschlichen* Fähigkeiten, göttliche Wirkungsmacht – also die Macht, *Übernatürliches* zu bewirken –[226] tritt in den Bereich menschlicher Wirkungsmacht ein. Dies lässt sich auch daran festmachen, dass das bei Homer noch als göttliches Wirkmittel konnotierte *phármakon* in klassischer Zeit und nunmehr – wie gesehen – in ganz unterschiedlichen Kontextualisierungen

---

223 Aristophanes, *Plutos*, 303-08; Übersetzung nach Alan H. Sommerstein (Hg.), *The Comedies of Aristophanes: Vol. II. Wealth. Edited with translation and commentary by Alan H. Sommerstein*, Warminster 2001, 68/69.

224 Das griechische *ιυγξ* bezieht sich hier eigentlich auf einen Vogel, den Wendehals (auch: ἴυγγος), der im Kontext antiker Liebesritualistik – laut Wilhelm Pape – auf „einen metallenen Kreisel od. ein Rad gebunden u. umgedreht worden sei"; Pape, *Griechisch-Deutsches Handwörterbuch...*, 1. Band, 1275.

225 Theokrit, Die Zauberin (ΦΑΡΜΑΚΕΥΤΡΙΑ), 14f nach Bernd Effe (Hg.), *Theokrit. Gedichte. Griechisch-Deutsch. Herausgegeben und übersetzt von Bernd Effe*, [Sammlung Tusculum], Düsseldorf 1999, 20/21.

226 Diese Überlegungen sind wiederum nicht als definitorische Setzungen, sondern vielmehr als Versuch aufzufassen, bestimmte Implikationen der griechischen Göttervorstellung sprachlich abzubilden – die griechischen Götter können Übernatürliches bewirken, da sie ja selbst über der Natur stehen und diese kontrollieren können; vgl. die Ausführungen zu Zeus und Poseidon oben.

als menschliches Wirkmittel in Erscheinung tritt.[227] Auch das Homerische Θέλγω, das in den Epen meist zur Kennzeichnung besonderer Handlungen und Fähigkeiten der Götter verwendet wird, tritt – wie bei Euripides und Sophokles explizit gesehen – in klassischer Zeit in den Vorstellungsbereich menschlichen Wirkens ein.[228]

Wenngleich solche Fähigkeiten in der Folgezeit also die Notation des *Übermenschlichen* verlieren, bleiben sie dennoch *außergewöhnlich* – oder in Webers Terminologie: *außeralltäglich* – und werden primär jener Personenbezeichnung zugeordnet, der gleichfalls die Konnotation des Außergewöhnlichen, Außeralltäglichen zukommt: dem *mágos*. So findet sich beispielsweise in Diodors berühmter *Weltgeschichte* aus dem ersten Jahrhundert vor Christus eine entsprechende Schilderung des mythologisierten Volksstammes der Telchinen:

> „Die Telchinen sollen auch Zauberer [γόητες] gewesen sein, die nach ihrem Willen Wolken, Regengüsse und Hagelschläge herbeiholen konnten und ebenso auch Schnee; all dies vermochten sie nach den Berichten wie die Magier [μάγους] zustande zu bringen. Ja, sie waren sogar fähig, ihre eigene Gestalt zu verwandeln, freilich auch sehr zurückhaltend, andere ihre Künste zu lehren."[229]

Die Verwendung der Personenbezeichnungen *góēs* beziehungsweise *mágos* verweist hier auf die offenbar in hellenistischer Zeit nunmehr verbreitete Vorstellung, dass diese die Elemente (hier: Wolken, Regen, Stürme) beherrschen und unter Anderem auch ihre Gestalt verändern können.[230] Gleichwohl wird hier von einem möglicherweise göttlichen Ursprung solcher Fähigkeiten nun ganz abstrahiert; auch von Ritualpraktiken oder einem respektlosen Umgang mit den Göttern – wie noch bei Hippokrates – ist keine Rede mehr. Die *goêtes* beziehungsweise *mágoi* können „nach ihrem Willen" Wirbelstürme hervorrufen, der Unsicherheitsfaktor einer Anru-

---

227 Vgl. zur Bedeutungsvielfalt des *phármakons* auch Charikleia A. Armoni, *Liebestränke und Giftmord: die Gestalt der Deianeira in den Trachiniai des Sophokles. Mit einer Diskussion über das Verständnis von pharmaka bzw. philtra in der klassischen Zeit*, Göttingen 2001.
228 Vgl. u.A. Euripides, *Hippolytos*, 478 bzw. 509 sowie Sophokles, *Trachiniae*, 585.
229 Diodor, *Bibliotheca historica*, 5. Buch, 55f; Originaltext nach Friedrich Vogel (Hg.), *Diodorus. Bibliotheca Historica. Vol. II. Post I. Bekker et L. Dindorf. Recognivit Fr. Vogel. Editio Stereotypa. Editionis Tertiae*, [Bibliotheca Scriptorum Graecorum et Romanorum Teubneriana], Stuttgart 1964, 78; Übersetzung nach Thomas Nothers (Hg.), *Diodoros. Griechische Weltgeschichte. Buch I-X. Zweiter Teil. Übersetzt von Gerhard Wirth (Buch I-III) und Otto Veh (Buch IV-X). Eingeleitet und kommentiert von Thomas Nothers*, [Bibliothek der griechischen Literatur; 35], Stuttgart 1993, 483. Ähnlich auch die Schilderung der Daktylen bei Diodor, *Bibliotheca historica*, 5. Buch, 64f, die ebenfalls als γόητες bezeichnet werden (interessanterweise aber zuvor als Götter eingeführt worden sind).
230 Freilich ist auch die Veränderung der eigenen körperlichen Gestalt ein geradezu typischer Topos in der Homerischen Mythologie und hier wiederum prinzipielle Eigenschaft der Götter: vgl. hierzu Wolfgang Kullmann, *Das Wirken der Götter in der Ilias. Untersuchungen zur Frage der Entstehung des Homerischen Goetterapparats*, [Schriften der Sektion für Altertumswissenschaft; 1], Berlin 1956, u.A. 43f, 99f. Vgl. auch Hartmut Erbse, *Studien zur griechischen Dichtung*, Stuttgart 2003, 120f (Kapitel „Homerische Götter in Vogelgestalt").

6.4. Weiterführende Deutungs- und Abstraktionsversuche 207

fung oder Beschwörung spielt – zumindest in der Außenwahrnehmung durch Diodor – keine Rolle mehr. Außergewöhnliche Fähigkeiten, so könnte die Stelle gedeutet werden, werden hier als geradezu selbstverständliche Eigenschaft außergewöhnlicher Menschen wie der *mágoi* angesehen. Der wirkmächtige Mensch, der Natur und Schicksal kontrollieren kann, der sprichwörtlich mit den Kräften der Götter operiert, über diese geradezu beliebig verfügen kann – der Magiebegriff wird im Laufe der abendländischen Kultur- und Religionsgeschichte immer wieder herangezogen werden, um dieser Phantasie eine Gestalt zu geben. Wenngleich diese Phantasie im klassischen Griechenland noch Empörung hervorrufen musste, ist ihre große Anziehungskraft bereits zur Zeit ihres rezeptionsgeschichtlichen Ursprungs offenkundig; sie wird positive Rezeptionen in späterer Zeit maßgeblich prägen.

Die Beeinflussung oder Hervorrufung außergewöhnlicher Naturereignisse war allerdings dem griechischen Denken – auch in klassischer Zeit – keinesfalls fremd, stand allerdings in einem anderen Kontext: außergewöhnliche Naturereignisse wurden üblicherweise auch dann den Göttern zugeschrieben, wenn sie von menschlichen Versuchen einer rituellen Beeinflussung begleitet waren. Ein bereits genanntes Beispiel mag dies verdeutlichen; Herodot schreibt zur Verursachung jenes Sturmes, der kurz vor der Schlacht bei Salamis einen Teil der persischen Flotte vernichtet habe:

„Während sie bei Chalkis auf Euboia vor Anker lagen und erfuhren, daß das Unwetter zunehme, oder auch schon früher, opferten und beteten sie zu Boreas und der Oreithyia [ἐθύοντό τε καὶ ἐπεκαλέοντο τόν τε Βορέην καὶ τὴν Ὠρείθυιαν], ihnen beizustehen und die Schiffe der Barbaren zu zerstören wie einst am Athos. Jedenfalls behaupteten die Athener, Boreas habe ihnen früher schon beigestanden und sie auch jetzt erhört. Als sie heimkamen, errichteten sie dem Boreas am Fluß Ilissos ein Heiligtum."[231]

Der Bericht Herodots macht deutlich, dass die Athener den verheerenden Sturm im Nachhinein dem Wirken des Meeresgottes *Poseidon* zuschrieben (den sie fortan als *Retter* – Ποσειδέωνος σωτῆρος – verehrten),[232] und zudem aktiv – durch Opfer und Gebete an den Windgott Boreas – versuchten, auf das Naturgeschehen Einfluss zu nehmen. Gleichwohl wäre sicherlich kein Grieche auf die Idee gekommen, hierin *mageía*, *pharmakeía* oder eine blasphemische Selbstermächtigung des Menschen zu sehen; gewirkt und geschützt hat der Gott. Dieselbe Grundhaltung findet sich auch im Epos: im ersten Gesang der *Ilias* ruft der Priester Chryses aus Enttäuschung darüber, dass Agamemnon seine Tochter Chryseis nicht frei gibt, den Gott Apollon zu Hilfe, der daraufhin die Pest über das Heer der Achäer

---

231 Herodot, *Historien* VII, 188f (Feix, *Herodot...*, Band2, 1012/13).
232 Vgl. Herodot, *Historien* VII, 192. Als Dankopfer wurde wahrscheinlich die gewaltige Poseidonstatue am Kap Artemision aufgestellt, die heute im Archäologischen Nationalmuseum in Athen zu sehen ist; vgl. Burkert, *Griechische Religion...*, 216/17.

bringt;²³³ erst die spätere Rückgabe seiner Tochter bewegt Chryses dazu, sich wieder an Apollon zu wenden und eine Beendigung des Pestfluchs zu erbitten – ein Wunsch, den Apollon geradezu postwendend erfüllt.²³⁴ Wenngleich die griechischen Akteure hier jeweils aktiv auf natürliche Ereignisse einzuwirken suchen – die dichterisch geschönte *Ilias*-Passage weist etwa auf eine im kriegerischen Kontext wahrscheinlich nicht unübliche rituelle Verfluchungspraxis seitens des Apollon-Priesters hin – wird das Wirken ausschließlich dem jeweiligen Gott zugeschrieben.²³⁵

So kann nun hinsichtlich des von Hippokrates bezeugten ungewöhnlichen Machtanspruchs der griechischen *mágoi* nochmals differenziert werden: Versuche ritueller Manipulation natürlicher Ereignisse waren in der griechischen Polis durchaus bekannt; gleichwohl bestand Konsens darin, das etwaige Wirken einzig dem angerufenen Gott zuzuschreiben.²³⁶ Hippokrates' Vorwurf bestand also nicht darin, dass die *mágoi* überhaupt göttliche beziehungsweise übermenschliche Fähigkeiten und Kräfte für sich beanspruchten, sondern vielmehr, dass sie suggerierten, eine Bezugnahme zu oder Anrufung von Göttern für ihre Fähigkeiten nicht nötig zu haben – dass die Kräfte also ihre eigenen seien.

Doch besteht Grund zu der Annahme, dass Hippokrates hier das Selbstverständnis der griechischen *mágoi* adäquat wiedergibt? Gewiss nicht – mit an Sicherheit grenzender Wahrscheinlichkeit basierte ihre rituelle Einflussnahme auf Naturereignisse auf einer vergleichbaren Anrufung von und Kommunikation mit transzendenten Wesenheiten. Zumindest im Fall des oben genannten Derveni-Papyrus' – der möglicherweise einen (rudimentären) Einblick in die Binnenperspektive griechischer *mágoi* liefern kann – ist dies explizit deutlich geworden. Es kann angenommen werden, dass auch die von Hippokrates beschriebenen Ritualpraktiker nicht einfach übermenschliche Kräfte für sich in Anspruch genommen haben, sondern ihre Ziele ebenfalls mit der Hilfe angerufener Gottheiten und weiterer transzendenter Bezugswesen zu verwirklichen suchten.

---

233 Homer, *Ilias*, 1. Gesang, 11f, 35f, 90f, 370f.
234 Homer, *Ilias*, 1. Gesang, 450f.
235 Dies gilt freilich auch für die in der griechischen Antike geradezu selbstverständliche rituelle Einflussnahme auf Wetter und besonders die Winde; vgl. dazu etwa Paul Stengel, *Opferbräuche der Griechen. Mit 6 Textabbildungen*, Leipzig 1910, v.a. 146-153; Stengels Darstellung zeugt freilich noch vom monolithischen Denken des beginnenden Zwanzigsten Jahrhunderts; vgl. Ebenda, 146: „Es ist von vornherein unwahrscheinlich, daß man Windzauber schon in uralten Zeiten übte, und mancher spätere Opferbrauch trägt deutlich die Züge der alten Beschwörungsriten [...] So wird es schwierig sein, Kult und Zauber zu scheiden, um so mehr als sicherlich auch der Staat sich öfters der Kunst der Beschwörer bediente"; Vgl. zur Thematik auch Bremmer, "The Birth of the Term 'Magic'" (neuere Fassung), 7.
236 Vgl. zu zahlreichen weiteren Beispielen Wendy Cotter, *Miracles in Greco-Roman Antiquity. A sourcebook*, London 1999, v.a. 11-34, 131-163.

6.4. Weiterführende Deutungs- und Abstraktionsversuche

Wie die Ritualpraxis antiker selbstreferentieller *Magier* konkret aussah, kann erst in späterer Zeit rekonstruiert werden; in den *Papyri Graecae Magicae*, die etwa auf das erste bis fünfte nachchristliche Jahrhundert datiert werden, treten in der Tat *mágoi* auf (nun allerdings völlig unabhängig von einem persischen Kontext) und geben Einblick in ihr religiöses Denken und Handeln. Die prinzipiell auf Gebet, Anrufung und Beschwörung (beziehungsweise Herbeirufung) beruhende Kommunikationspraxis mit zahlreichen Gottheiten und anderen transzendenten Wesenheiten, die sich in den Papyri zeigt, stützt die hier entwickelte Argumentation.[237] Vor diesem Hintergrund macht es sicherlich keinen Sinn, den *mágoi*, die Hippokrates beschreibt, etwas Anderes – etwa Formen der Selbstvergottung – zu unterstellen und die Polemik des Autors als historisches Faktum aufzufassen. Wahrscheinlich hat die ethnozentrische Außenperspektive Hippokrates' auf die missliebigen *mágoi* – und seine damit einher gehende Unkenntnis der Art und Stoßrichtung ihrer Ritualpraktiken – zu seinem Vorwurf der *Asebie* geführt.

So ist auch die Schilderung der *mágoi* als Menschen mit übermenschlichen Fähigkeiten gewissermaßen verzerrt und Folge einer ethnozentrischen, polemischen Darstellungsweise. Möglicherweise hat Hippokrates seine Schilderung jenes außergewöhnlichen Machtanspruchs der *mágoi*, die er ja als Selbstbeschreibung ausgibt, tatsächlich an das werbende und prahlende Marktgeschrei solcher Ritualspezialisten angelehnt (wie er an diese Information gelangt ist, kann ja nur gemutmaßt werden); das Faszinierende an der Idee ist unverkennbar und hat in den griechischen Poleis sicherlich bewunderndes Staunen hervorgerufen. Gleichwohl kann davon ausgegangen werden, dass hinter diesem Anspruch eine mitunter komplizierte und ganz essenziell auf Transzendenzbezug beruhende Ritualpraxis stand. Zur Polemik und Ethnozentrik des Autors Hippokrates gesellt sich daher aller Wahrscheinlichkeit nach noch jene Tendenz zur Übertreibung – allerdings nun von Seiten des Ritualpraktikers, der seine Kundschaft beeindrucken will –, die auch für zeitgenössische Werbung charakteristisch ist.

Abschließend sei noch ein Autor erwähnt, der in Studien zur griechischen Antike häufig in einem Atemzug mit dem Magiebegriff genannt wird: Empedokles. Dies hat meist damit zu tun, dass seine Schrift *Über die Natur* mit den folgenden Zeilen endet:

„Alle Gifte [φάρμακα] wirst du kennen lernen, die geschaffen sind Krankheit und Alter zu bannen; denn Dir allein will ich dies alles erfüllen. Stillen sollst du ferner der unermatteten Winde Gewalt, die gegen die Erde losbrechen und mit ihrem Wehen die Fluren vernichten, und umgekehrt sollst Du, wenn es dir beliebt, die Winde zum Ausgleich herbeirufen können. Kehren sollst du den dunklen Regen in Trocknis, gedeihlich den Menschen, kehren sollst du aber auch nieder die sommerliche Trocknis in baumernährende Güsse, die dem

---
237 Vgl. ausführlicher unten, Kap. 9.2.

Himmel entströmen; zurückführen sollst du endlich aus dem Hades gestorbene Manneskraft."[238]

Die hier angesprochenen Fähigkeiten sind im vorliegenden Kapitel bereits genannt worden: es geht um die Abwehr von Krankheit und körperlicher Alterung mittels *phármaka*, um die Kontrolle von Wind und Wetter, schließlich gar um die Wiedererweckung von Toten. Matthew Dicki argumentiert bei der Besprechung von Empedokles wiederum vergleichbar zu der oben genannten Kirke-Passage: „There is no common element that ties together the quite disparate powers Empedocles maintains he possesses other than that they represent an upsetting of the course of nature and that in later times they would have fallen under the heading of magic."[239]

Wenngleich Dicki hier immerhin nicht so weit geht, Empedokles als *Magier* zu bezeichnen, glaubt er dennoch, dass kein anderes Konzept als die Kategorie *Magie* zur Verfügung stehe, um die von Empedokles genannten Fähigkeiten abzubilden. Im vorliegenden Kapitel wurde argumentiert, dass dieses – von einem wie auch immer gefassten Magieverständnis unabhängige – Konzept durchaus existiert; Empedokles hat sich an anderer Stelle explizit darauf berufen. In einem Fragment, das als Beginn der Schrift *Katharmoi* gilt, schreibt er:

„My friends who live in the great town of the tawny Acragas, on the city's citadel, who care for good deeds (havens of kindness for strangers, men ignorant of misfortune), greetings! I tell you I travel up and down as an immortal god [θεὸς ἄμβροτος], mortal no longer, honoured by all as it seems, crowned with ribbons and fresh garlands. Whenever I enter prospering towns I am revered by both men and women. They follow me in countless numbers, to ask where their advantage lies, some seeking prophecies, others, long pierced by harsh pains, ask to hear the word of healing for all kinds of illnesses."[240]

Empedokles, der bekanntermaßen die orphisch-pythagoreische Lehre der Seelenwanderung vertrat, war offenkundig der Meinung, dass er selbst den Weg der Entsühnung bis zum Ende durchlaufen und den Status eines Gottes erlangt hat: „I travel up and down as an immortal god [θεὸς ἄμβροτος], mortal no longer [...]". Insofern kann die Empedokles-Stelle als Beleg der hier entwickelten Argumentation gewertet werden – die Fähigkeiten, die Empedokles am Ende seiner Schrift *Über die Natur* nennt, sind sprichwörtlich *übermenschlich*: sie sind die eines Gottes.[241]

---

238 Empedokles, *Über die Natur*, 111; Text und Übersetzung nach Hermann Diels, *Die Fragmente der Vorsokratiker. Griechisch und Deutsch*, Berlin 1903, 214.
239 Dicki, *Magic...*, 32.
240 Vgl. Margaret R. Wright (Hg.), *Empedocles: The Extant Fragments. Edited, with an Introducion, Commentary, and Concordance, by M. R. Wright*, New Haven 1981, Fragment Nr. 102 (112), 134 bzw. 264 (Übersetzung).
241 Beziehungsweise: sie sind von Empedokles mit Sicherheit in einem theologischen Vorstellungshorizont – also im Kontext der archaisch-klassischen Göttervorstellung Griechenlands – lokalisiert worden. Dies gilt unabhängig davon, dass bereits sein antiker Biograph Diogenes Laertius jene Fähigkeiten – missverständlicherweise – in den (allerdings viel

6.5. Fazit

Im vorliegenden Kapitel wurde versucht, den etymologischen Ursprung des Magiebegriffs im historischen Kontext der griechischen Poleis des fünften und vierten vorchristlichen Jahrhunderts zu rekonstruieren. Dabei konnten zum einen begriffsgeschichtliche Überlegungen zum entstehenden semantischen Feld des Magiebegriffs angestellt, zum anderen differenziertere Deutungen einiger Aspekte griechischer Religionsgeschichte entwickelt werden. Schließlich wurde in bewusstem Wechselspiel zwischen Quellen- und Analysesprache versucht, einen Beitrag zum Umgang mit Texten zu liefern, in denen der Magiebegriff als quellenimmanenter Terminus vorkommt. Es hat sich gezeigt, dass es auch in solchen Fällen nicht nur möglich, sondern vielmehr notwendig und hilfreich zur differenzierten Erfassung von Text und Kontext ist, auf die Applikation eines idealtypischen Magiebegriff im Analysetext zu verzichten.

Im Zuge der begriffsgeschichtlichen Analyse ist in diesem Zusammenhang deutlich geworden, dass der griechische Terminus *mageía* und seine Synonyma keine klar umgrenzten, eindeutig erkennbaren Ritualpraktiken markierten, sondern vielmehr als polemische Rhetorik gegen eine in klassischer Zeit entstehende – oder zumindest textuell greifbar werdende – individualreligiöse Ritualpraxis gesehen werden müssen. Dieses rhetorische Muster wird im Laufe der vorliegenden Untersuchung noch häufig auftauchen; bereits an seinem begriffsgeschichtlichen Ursprung stellt es ein zentrales funktionales Element des Magiebegriffs dar. Zudem konnte neben dieser frühen negativen Konnotation des Begriffs auch ein Vorstellungskomplex rekonstruiert werden, der für spätere, positiv konnotierte Rezeptionen Pate stand: so tritt der *mágos* in klassischer Zeit als (rituell) wirkmächtiger Mensch mit außergewöhnlichen, geradezu übermenschlichen Fähigkeiten in Erscheinung. In der griechischen Polis musste ein solcher Anspruch als *Asebie*, als Götterfrevel, erscheinen, da Griechen solche Fähigkeiten – vor dem Hintergrund des homerischen Götterbildes – nicht zu beanspruchen pflegten; es waren eben die Kräfte der Götter, die der *mágos* zu besitzen vorgab. Daher wurde diese Vorstellung zunächst (zumindest aus Sicht publizierender Oberschichten) als frevelhafte Selbstvergottung diffamiert – ein Argumentationsmuster, dessen sich später auch die christliche Rezeption des Magiebegriffs bedienen wird. Gleichwohl ist bereits im griechischen Kontext die Anziehungskraft der Idee unverkennbar; die vor allem im 19. Jahrhundert aufblühende Varieté-*Magie* wird aus ihr ein ganzes Berufsfeld kreieren. Nicht zuletzt rezente, populäre (positiv konnotierte) Rezeptionsmuster des *Magiers* – man denke an die Figur *Harry Potter* – leben ganz wesentlich von der Vorstellung einer Zugriffsmöglichkeit auf

---

später – im dritten Jahrhundert nach Christus – verfassten) vitae philosophorum im Kontext von goēteía verortet: Diogenes Laertius, *Vitae Philosophorum*, 8. Buch, 59.

besondere, die gewo*hnte psychophysische Begrenztheit menschlichen Lebens übersteigende Fähigkeiten, mit denen das Leben (besser) gemeistert werden kann.

Stellt man diesen Befund in einen größeren historischen Kontext, ließe sich sagen, dass in jener Periode griechischer Geschichte, die gemeinhin als Geburtsstunde abendländischer Philosophie, als Blütephase antiker Kunst und Dichtung sowie als erste Zeit systematischer Religionskritik und eines zunehmend rationalistischen Weltbildes gilt, ein Prozess stattfand, der den griechischen Polisbewohner in gewisser Hinsicht der Transzendenz entrückte. Die Möglichkeit, auf die Götter Einfluss zu nehmen, um auf das eigene Leben Einfluss zu nehmen, wurde in klassischer Zeit offenbar in einem solchem Ausmaß in Frage gestellt – von keinem geringeren als Platon als *Asebie* gekennzeichnet –, dass eine Kultpraxis, die primär der Verwirklichung privater, egoistischer Ziele und Interessen diente, nicht mehr als legitimer Bestandteil griechischen Religionsverständnisses betrachtet werden konnte. Möglicherweise wurde eine zuvor wesentliche Funktion des griechischen Opferkultes – die Erfüllung, Besänftigung oder Unterstützung der scheinbar kleinen, alltäglichen Wünsche, Ängste, Hoffnungen und Bedürfnisse des menschlichen Lebens – zumindest in bestimmten Kreisen nicht mehr als legitim, wirkungsvoll, oder den Göttern angemessen empfunden. Möglicherweise haben sich als Folge dieses Prozesses jene – von den hier besprochenen Autoren polemisch als *mageía* oder *pharmakeía* verurteilte – Ritualpraktiken verbreitet, um nun abseits des offiziellen Kultes solche privaten, all zu menschlichen Bedürfnisse weiterhin befriedigen zu können.

So hat sich insgesamt gezeigt, dass die funktionale Grundstruktur des Magiebegriffs – er kann sowohl zur negativen, abwertenden Außenbezeichnung, als auch zur positiven, identifikatorischen Selbstbezeichnung verwendet werden – bereits zu Beginn seiner Rezeptionsgeschichte im klassischen Griechenland prinzipiell angelegt ist.[242] Zudem ist deutlich geworden, dass *mageía* bereits hier ein semantisches Feld aufweist, das nicht nur vielschichtig ist, sondern bereits jene Diffusität und fehlende Trennschärfe aufweist, die noch im 20. Jahrhundert von Religionswissenschaftlern kaum zu bändigen sein wird. Insofern kann nun auch ein Wort zum religionswissenschaftlichen Magiediskurs und seinen etwaigen Bezügen zu dem hier skizzierten Szenario gesagt werden. Es ist offenkundig, dass – oberflächlich betrachtet – sowohl Frazers wie Durkheims Magietheorien gleichermaßen auf das klassische Griechenland angewendet werden können. Zum einen ist bereits in der griechischen Polis jenes Spektrum an – hier als *individualreligiös* bezeichneten – Ritualpraktiken beobachtbar, welches auch durch

---

242 Dies hängt allerdings, wie sich zeigen wird, auch mit der kurzen Passage in Platons *erstem Alkibiades* zusammen, die im Laufe der späteren Rezeptionsgeschichte des Magiebegriffs immer wieder zur Aufwertung des Magiebegriffs herangezogen werden wird; vgl. unten, u.A. Kap. 9.1.

die Intellektualisten Tylor und Frazer im ausgehenden 19. Jahrhunderts als *magisch* bezeichnet worden wäre. Sogar explizite Bezugnahmen zu einem *sympathetischen* Ritualprinzip sind in den griechischen Quellen zu beobachten – allerdings auch im Rahmen des offiziellen Kultes, der dann gleichfalls als *magisch* zu titulieren wäre. Insofern offenbaren die Quellen auch – dies wäre im Sinne der symbolistischen Schule zu deuten – eine prinzipielle Ähnlichkeit von privaten, individualreligiösen Ritualpraktiken und dem offiziellen Tempel- und Götterkult der Polis. Offenbar – so würde Durkheim argumentieren – bietet es sich daher vielmehr an, zwischen *religiösen* Gemeinschaftsriten und *magischen* Privatritualen zu unterscheiden, zumal dies ja sogar der emischen Terminologie entsprechen würde.

Schon an dieser kurzen Gegenüberstellung zeigt sich dieselbe Konfusion, die bereits in Teil A – aufgrund der Unvereinbarkeit der religionswissenschaftlichen Magiedefinitionen – deutlich geworden ist. Sowohl Frazer als auch Durkheim könnten das hier untersuchte Quellenmaterial zur Untermauerung ihrer Definitionen heranziehen; der griechische Befund stützt beide Theorieentwürfe. Gleichwohl ist im vorliegenden Kapitel deutlich geworden, dass die Verwendung eines idealtypischen Magiebegriffs bei der Analyse griechischer Religionsgeschichte nicht hilfreich ist. Hier wird die Auffassung vertreten, dass ein kritischer – das heißt: von moralisierenden und idealisierenden Notationen befreiter –[243] Religions- sowie ein pragmatisch gefasster Ritualbegriff für die wissenschaftliche Analyse historischer Magiediskurse, sowie des hier skizzierten griechischen Szenarios im Speziellen, vollkommen ausreichen. Gerade wenn diese Diskurse kritisch und – wie im vorliegenden Kapitel geschehen – ohne Applikation

---

243 Ein moralisierendes und idealisierendes Religionsverständnis würde im vorliegenden Kontext dazu führen, die griechische Gegenüberstellung von *Asebie* und *Eusebie*, von Götterfrevel auf der einen und legitimer Religionsausübung auf der anderen Seite, in die wissenschaftssprachliche Verwendung des *Religionsbegriffs* zu übertragen. Dadurch würde dieser an das (sehr spezifische) Religionsverständnis der griechischen Polis angepasst und im Kontext des Magiediskurses etwa den normativen Setzungen entsprechen, die Platon am prägnantesten formuliert hat (Göttern habe man sich bedingungslos zu unterwerfen; man wage es nicht, ihnen gegenüber einen drohenden oder zwingenden Ton anzuschlagen; man habe sein Schicksal zu dulden und nicht mittels Opfer, Gebet oder fragwürdigen Ritualpraktiken zu beeinflussen suchen). Die idealtypische Verwendung des Magiebegriffs bei der Analyse griechischer Religionsgeschichte würde daher auch zur Konstitution eines Religionsbegriffs führen, der die moralisierenden und idealisierenden Implikationen des griechischen Eusebiebegriffs in sich aufgenommen hat. Der entscheidende Schritt für eine Überwindung der Ethnozentrik des (antiken wie modernen) Magiebegriffs ist daher auch eine Loslösung des Religionsbegriffs von impliziten oder expliziten (hier griechischen) Idealvorstellungen. Wie erläutert, lassen sich vermeintlich *magische* Quellenkorpora dann problemlos – über die primäre Notation des Transzendenzbezugs – dem Religionsbegriff zuordnen. Die binnenreligiöse (hier griechische) Polemik um unterschiedliche Arten eines solchen Transzendenzbezugs (etwa die Gegenüberstellung bittender und zwingender Anrufungsformen) bliebe dadurch ausgeblendet. Vgl. zur Problematik eines moralisierenden Religionsbegriffs auch Ahn, „Religion I. Religionsgeschichtlich", 519.

eines substanziellen Magiebegriffs im Analysetext rekapituliert werden, wird deutlich, dass das historische Etymon keinen eigenständigen, wesenhaft von Religion zu unterscheidenden Vorstellungshorizont kennzeichnete, sondern – jenseits des Ethnozentrismus – schlicht eine *andere Art von Religion* markierte.

Ziel des vorliegenden Kapitels war daher auch, terminologische Alternativen zur Verwendung des Magiebegriffs bei der Analyse griechischer Religionsgeschichte sowie der Übersetzung griechischer Texte anzubieten. Die beiden hierbei wichtigsten Befunde, die außerdem als zentrale und, wie sich zeigen wird, auch im Laufe der weiteren Begriffsgeschichte konstante Topoi des semantischen Feldes von *Magie* identifiziert werden konnten, waren zum einen die Kennzeichnung *individualreligiöser* Ritualpraktiken, zum anderen bestimmter, hier als *übernatürlich* beziehungsweise *übermenschlich* bezeichneter Fähigkeiten. Zu diesen beiden Zuschreibungsmustern sind im Folgenden noch einige klärende Worte nötig.

Zunächst zum Topos' *übernatürlicher* beziehungsweise *übermenschlicher* Fähigkeiten. Da dieser in den folgenden Kapiteln noch häufig auftauchen wird, soll an dieser Stelle ein anderer, trennschärferer Begriff zu ihrer Kennzeichnung vorgeschlagen werden. Bislang wurden die Begriffe *übernatürlich*, *übermenschlich* oder *außergewöhnlich* mehr oder weniger pragmatisch verwendet – mit dem Ziel, solche Fähigkeiten vor dem Hintergrund des griechischen Weltbildes zu kontextualisieren und eine entsprechende Kontextverlagerung beim Auftreten des *mágos* in der griechischen Polis nachzuweisen. Da die Geschichte des Magiebegriffs den griechischen Kulturraum in den folgenden Kapiteln hinter sich lassen und in ganz andere kulturhistorische Zusammenhänge eintreten wird, soll zur weiteren Kennzeichnung solcher Fähigkeiten der Begriff des *Mirakulösen* verwendet werden. Dieser weist gegenüber den bisher verwendeten Formulierungen eine Reihe von Vorteilen auf: zum einen kann in Anlehnung an das lateinische *mirari* (*sich wundern*) der Aspekt des Verwunderlichen, Außergewöhnlichen, Außeralltäglichen als zentrales Charakteristikum der hier thematisierten Fähigkeiten gefasst werden. Dadurch können kultur- und zeitspezifische Konzeptionen von *Natur* und *Mensch* – die bei Verwendung der Begriffe *übernatürlich* oder *übermenschlich* geklärt werden müssten – sowie alle damit einher gehenden terminologischen, epistemologischen oder ontologischen Probleme ausgeblendet werden.

Zum anderen weist die Formulierung *mirakulöser Fähigkeiten* darauf hin, dass diese gegenüber dem üblicherweise als begrenzt empfundenen menschlichen Leben in gewisser Hinsicht grenzüberschreitend sind – indem empfundene Grenzen durchbrochen werden und etwas geschieht, das gemeinhin als unmöglich gilt. Wie sich in den folgenden Kapiteln zeigen wird, sind eben solche Menschen häufig mit dem Titel *Magier* gekennzeichnet worden – ob positiv oder negativ konnotiert –, die die Elemente

6.5. Fazit

zu beherrschen vorgeben, die mit der Fähigkeit in Erscheinung treten, fliegen, über Wasser oder durch Wände gehen zu können, um nur einige Beispiele zu nennen (eine etwas merkwürdige *mirakulöse Fähigkeit*, die im antiken graeco-römischen Magiediskurs häufig auftaucht, ist etwa auch das *Herabziehen des Mondes*). Entscheidend ist, dass die Formulierung *mirakulöser Fähigkeiten* es erlaubt, diese Zuschreibungsmuster zu erfassen, ohne auf die stark wertenden Terminologien der Quellen selbst zurückgreifen zu müssen. Dadurch kann ein wesentliches Charakteristikum des abendländisch-europäischen Magiediskurses aufgedeckt und differenziert beschrieben werden: wie sich zeigen wird, sind *mirakulöse Fähigkeiten* in binnenreligiösen Diskursen tendenziell als *Wunder* beziehungsweise *Zeichen Gottes* interpretiert und (mitunter bis heute) zur Kennzeichnung des *Heiligen*, des *Gottesmannes* herangezogen worden; konkurrierende, fremdreligiöse Figuren mit identischen Fähigkeiten konnten hingegen mit der Chiffre *Magier* diffamiert und abgewertet. Die Formulierung *mirakulöser Fähigkeiten* kann die charakteristische Doppelbödigkeit – beziehungsweise Überdeterminiertheit –[244] des Topos' verdeutlichen, ohne das Wertungsgeflecht binnenreligiöser Terminologien übernehmen zu müssen. Welchen Vorteil die Formulierung *mirakulöser Fähigkeiten* in sich birgt, wird sich daher besonders bei der Analyse der Auseinandersetzungen um Jesus Christus und Apollonios von Tyana in der mittleren Kaiserzeit erweisen.[245]

Schließlich ist der Begriff der *mirakulösen Fähigkeiten* keinesfalls mit dem – gerade im jüdisch-christlichen Diskurs so bedeutsamen – Begriff des *Wunders* (sowie entsprechender antiker Termini wie θαῦμα oder *miraculum*) deckungsgleich. Während der Topos des *Wunders* – der auch im griechisch-hellenistischen Kontext in den sogenannten *Paradoxographien* greifbar wird –[246] auch außergewöhnliche, dem Gott oder Göttern zugeschriebene Naturerscheinungen abbilden kann, ist der perspektivische Kontext der hier vorgeschlagenen Formulierung *mirakulöser Fähigkeiten* konkreter: es geht ausschließlich um außergewöhnliche, außeralltägliche, grenzüberschreitende Ereignisse, die von *Menschen* hervorgerufen werden. Die For-

---

244 Mit der *Überdeterminiertheit* des Topos' *mirakulöser Fähigkeiten* ist hier gemeint, dass dieser nicht nur im semantischen Feld des Magiebegriffs lokalisiert ist, sondern auch – und hier ganz unabhängig vom Magiebegriff – in binnenreligiösen Diskursen, etwa dem jüdisch-christlichen Diskurs um *Wunder* und *Wundertäter*.
245 Vgl. ausführlicher unten, Kap. 8.1.2.
246 Vgl. ausführlicher Otta Wenskus, Lorraine Daston, "Paradoxographoi", in: Hubert Cancik, Helmuth Schneider (Hg.), *Der Neue Pauly. Enzyklopädie der Antike. Altertum*. Band 9: Or-Poi, Stuttgart 2000, 309-14. Vgl. auch die bei Cotter, *Miracles in Greco-Roman...*, genannten Beispiele. Eine prägnante kaiserzeitliche Sammlung findet sich im Buch der Wunder des Phlegon von Tralleis: Kai Brodersen (Hg.): *Das Buch der Wunder und Zeugnisse seiner Wirkungsgeschichte*, [Texte zur Forschung; 79], Darmstadt 2002. Ausführlicher auf die antike Scheidung des Gewöhnlichen vom Außergewöhnlichen geht der Wissenssoziologie Harold Remus ein: Harold Remus, *Pagan-Christian Conflict over Miracle in the Second Century*, [Patristic monograph series; 10], Cambridge 1983, v.a. 7-26.

mulierung betont also nicht das *Mirakulöse* an sich, sondern dessen Hervorrufung durch einen Menschen. Wie diese Hervorrufung jeweils vonstatten gehen mag – etwa, eine beliebte Streitfrage in späterer Zeit, *mit* oder *ohne* Ritualpraktiken – ist hierbei zunächst unerheblich. Als semantischer Topos des Magiebegriffs werden *mirakulöse Fähigkeiten* häufig – wie bereits bei Diodor gesehen – gerade ohne erläuternde Hinweise zu Ursprung oder Wirkweise genannt.

Auch die Formulierung *individualreligiöse Ritualpraktiken* stellt nicht einfach einen vermeintlich deckungsgleichen Alternativbegriff zur Formulierung *magische Ritualpraktiken* dar. Das Konzept der Individualreligiosität impliziert eine wichtige perspektivische Verschiebung, die bereits in der Bezeichnung selbst angelegt ist: in den folgenden Kapiteln wird sich zeigen, dass Ritualpraktiken, die im historischen Kontext – meist polemisch – als *magisch* bezeichnet worden sind, tatsächlich als Formen individualisierter, ritualisierter Religiosität identifiziert werden können. Dies kann an dieser Stelle nur angedeutet werden und wird sich in den folgenden Kapiteln deutlicher erweisen. Entscheidend ist, dass das Konzept der Individualreligiosität auch und gerade im historischen Kontext darauf aufmerksam machen kann, dass die individuelle Aneignung religiöser Symbolsysteme zu hochvariablen, verblüffend pragmatisch und mitunter egoistisch motivierten *Abweichungen* von der Norm religiöser Eliten führen konnte. Die Funktionalisierung der christlichen Hostie als Schutzmittel im bäuerlichen Stall zur Zeit des europäischen Hoch- und Spätmittelalters ist ein prägnantes Beispiel für einen solchen Prozess, das mit dem Konzept der Individualreligiosität sehr viel besser verständlich gemacht werden kann als mit der unscharfen und stark wertenden Chiffre *Magie*.[247] Wenngleich der Magiebegriff also auch in historischen Texten zur Kennzeichnung abweichender, im Privaten lokalisierter Praktiken verwendet wurde (parallel zur gleichfalls polemischen Chiffre *Aberglaube – superstitio*),[248] erlaubt sie gerade nicht ein differenziertes Verständnis solcher Praktiken – und sollte folglich auch nicht in die wissenschaftliche Analyse der Diskurse über solche Praktiken übernommen werden.

Die analytische Differenzierung der beiden semantischen Topoi *mirakulöse Fähigkeiten* und *individualreligiöse Ritualpraktiken* hat zudem den Vorteil, grundlegende Facetten des abendländisch-europäischen Magiediskurses sehr viel differenzierter abbilden zu können. Jesus von Nazareth ist von Kelsos und Hierokles nicht als *Magier* diffamiert worden,[249] weil er *individualreligiöse Ritualpraktiken* durchgeführt hat, sondern weil ihm in den Evangelien zahlreiche *mirakulöse Fähigkeiten* zugeschrieben worden sind. Daher ist es auch kein Zufall, dass christliche Apologeten den Magievor-

---

247 Vgl. die unbefriedigende magiologische Deutung dieses Beispiels bei Richard Kieckhefer, *Magie im Mittelalter. Aus dem Englischen von Peter Knecht*, München 1992, 95f.
248 Vgl. etwa die Ausführungen Plinius' des Älteren unten, Kap. 7.1.
249 Vgl. unten, Kap. 8.1.2.

wurf gegenüber Jesus mit dem Hinweis darauf abzuwehren suchten, dass dieser *keine* Ritualpraktiken für sein mirakulöses Wirken nötig gehabt habe. Offenkundig sind die beiden semantischen Topoi also bereits im historischen Magiediskurs differenziert wahrgenommen und gedeutet worden – ein Faktum, dem die hier vorgenommene analytische Differenzierung der Topoi Rechnung zu tragen versucht.

Entscheidend ist, dass diese Formulierungen nicht auf trennscharfe Definitionen (etwa des *Mirakulösen*) oder neuartige theoretische Klärungen der akademischen Magieproblematik abzielen, sondern ausschließlich auf eine möglichst präzise Darstellung der *historischen Semantik* des Magiebegriffs. Sie stellen Versuche dar, immer wiederkehrende Zuschreibungsmuster in historischen Texten zu *Magie* terminologisch einzufangen und im Rahmen eines polythetischen semantischen Feldes abzubilden, dem in den folgenden Kapiteln freilich sukzessive weitere Topoi zugeordnet werden. Sie sind notwendigerweise – dies hängt mit der Gestalt außerwissenschaftlicher, zumal religiöser Texte und Terminologien zusammen – *nicht* trennscharf, können dies gar nicht sein. Sie stellen semantische Einheiten im Sprachgebrauch von Akteuren dar, die in den letzten etwa 2500 Jahren den Magiebegriff auf die eine oder andere Weise verwendet haben. Die möglichst feinkörnige Analyse – das heißt hier: *Zergliederung* – dieser Verwendungsweisen ist eines der Anliegen der vorliegenden Arbeit.

Abschließend noch ein Wort zum persischen *maguš*, der – auch nachdem der Magiebegriff in Griechenland sein satellitenartiges Eigenleben entwickelt hatte – vom hierbei vollzogenen Bedeutungswandel seines Namens unbeeindruckt blieb. Xenophon (* um 426 v. Chr.; † nach 355 v. Chr.), der um 400 vor Christus das achämenidische Reich bereist, kann in seiner *Kyrupädie* berichten, dass die *mágoi*, die von Kyros I. zum ersten Mal den Auftrag erhalten hätten, „täglich am frühen Morgen alle Götter in Hymnen zu preisen" und entsprechende Opferungen durchzuführen, dies auch noch zur Zeit Xenophons praktizieren würden.[250] Etwa zur Zeitenwende beschreibt der griechische Historiograph Strabon (* um 63 v. Chr.; † nach 23 n. Chr.) in seinem Geschichtswerk *Geographica* ebenfalls die komplexe Ritualpraxis des *mágos* im Kontext des persischen Tempel- und Götterkults.[251] Noch im dritten Jahrhundert nach Christus kann schließlich Diogenes Laertios (Wirkungszeit um 230 n. Chr.) in seinem berühmten Werk *Leben und Meinungen berühmter Philosophen* – in Anlehnung an eine verloren

---

250 Vgl. Xenophon, *Kyropädie*, 8. Buch, I, 23/24; Übersetzung nach Rainer Nickel (Hg.), *Xenophon. Kyrupädie. Die Erziehung des Kyros. Griechisch-deutsch. Herausgegeben und übersetzt von Rainer Nickel*, [Sammlung Tusculum], München 1992, 556/57: „Darauf erhielten die Magier zum ersten Mal den Auftrag, täglich am frühen Morgen alle Götter in Hymnen zu preisen, und er ließ jeden Tag den Göttern opfern, die die Magier ihm nannten. Was damals eingerichtet wurde, hat so auch heute noch bei dem jeweiligen Großkönig Bestand."

251 Vgl. Strabo, *Geographica*, 15. Buch, 3, 13-15.

gegangene Aristoteles-Schrift namens *Magikos* –[252] konstatieren: „die Magier aber befleißigten sich des Gottesdienstes, der Opfer und Gebete, überzeugt, daß sie allein erhört würden, auch gäben sie Auskunft über Wesen und Werden der Götter, die aus Feuer, Erde und Wasser bestünden"; er beendet seinen Exkurs zu den persischen *Magiern* mit der prägnanten Feststellung: „Zauberspuk kannten sie überhaupt nicht [Τὴν δὲ γοητικὴν μαγείαν οὐδ' ἔγνωσαν]".[253]

---

252 Vgl. zu Fragmenten dieser Schrift Hellmut Flashar (Hg.), *Aristoteles. Fragmente zu Philosophie, Rhetorik, Poetik, Dichtung. Übersetzt und erläutert von Hellmut Flashar, Uwe Dubielzig und Barbara Breitenberger*, [Aristoteles. Werke in deutscher Übersetzung. Begründet von Ernst Grumbach. Herausgegeben von Hellmut Flashar. Band 20: Fragmente. Teil I] Darmstadt 2006, 40/41 sowie zum Kommentar 152-54.

253 Ein faszinierender abschließender Beleg, der die im vorliegenden Kapitel skizzierte Ablösung des griechischen Abstraktums *mageía* (hier wiederum zusammen mit *goēteía*) vom persischen *maguš* auf eindrückliche Weise veranschaulicht und die dieser Entwicklung zugrunde liegende Ethnozentrik gleichsam in einem Satz zusammenfasst; vgl. Diogenes Laertius, *Vitae philosophorum*, 1. Buch, 6-8. Übersetzung nach Otto Apelt (Hg.), *Diogenes Laertius. Leben und Meinungen berühmter Philosophen. I. Band: Buch I-VI. Übersetzt aus dem Griechischen von Otto Apelt*, Berlin 1955, 5/6. Originaltext nach Miroslav Marcovich (Hg.), *Diogenis Laertii. Vitae Philosophorum. Vol. I. Libri I-X. Editit Miroslav Marcovich*, [Bibliotheca scriptorum Graecorum et Romanorum Teubneriana], Stuttgart 1999, 9.

7. Apuleius von Madaura und die römisch-lateinische Rezeption des Magiebegriffs

Im folgenden Kapitel sollen nach einer einführenden rezeptionsgeschichtlichen Skizze zur römisch-lateinischen Rezeption des Magiebegriffs einige Überlegungen zur Schrift *Apologia sive pro se de magia* des platonischen Philosophen Lucius Apuleius von Madaura (* um 125 n. Chr.; † um 170 n. Chr.) angestellt werden. Die Schrift ist in mehrerlei Hinsicht bemerkenswert. Sie stellt die einzige vollständig erhaltene lateinische Gerichtsrede aus der römischen Kaiserzeit dar. Noch einzigartiger ist der juristische Kontext der Rede: Apuleius ist als *magus* angeklagt worden – die Schrift stellt seine Verteidigungsrede im Rahmen eines antiken Magieprozesses dar. Apuleius' *Apologia* kann daher höchst eindrücklich die juristische Verwendung des Magiebegriffs im römischen Reich des zweiten Jahrhunderts nach Christus dokumentieren – und hierbei auch auf stereotype Magievorstellungen in dieser Zeit aufmerksam machen. Im vorliegenden Kapitel wird sie als wichtiger, ja, schillernder Beleg zur römisch-lateinischen Rezeption des Magiebegriffs angesehen und als zentrales Fallbeispiel zum magiologischen Ausgrenzungsdiskurs im antiken Rom fungieren.

Apuleius' Gerichtsrede ist aufgrund einer Reihe weiterer Charakteristika für ihre Rezeption und eingehendere Untersuchung im Kontext der vorliegenden Arbeit prädestiniert. Zum einen stellt die Schrift aufgrund der umfassenden philosophischen Ausbildung des Autors eine Art Bindeglied zwischen griechischem und römischem Magieverständnis dar – Apuleius kann also auf rezeptionsgeschichtliche Kontinuitäten und Brüche zwischen der griechischen und lateinischen Rezeption des Magiebegriffs aufmerksam machen. Zum anderen offenbart die Argumentation des Philosophen ein so umfangreiches Reflektionsniveau gegenüber der Problematik des antiken Begriffs, dass Apuleius – obschon selbst als *magus* angeklagt – geradezu als Dekonstruktivist der Kategorie in Erscheinung tritt. Dies ist um so bedeutender, da seine Rede ja die erste (überlieferte) juristische Verteidigungsrede in der Geschichte des Magiebegriffs überhaupt darstellt – und insofern eine geradezu prototypische Stellung im abendländisch-europäischen Ausgrenzungsdiskurs einnimmt. Es stellt in diesem Zusammenhang ein historisches Kuriosum dar, dass gleich die früheste erhaltene

Verteidigungsrede in der Geschichte des *crimen magiae* weniger die Unschuld des Angeklagten als vielmehr die Absurdität des Straftatbestandes zu beweisen sucht – ein Vorgehen, dass man in späteren Magieprozessen vergeblich sucht, das aus historischer Sicht daher als um so bedeutsamer eingeordnet werden muss.

Wenngleich bereits viel Sekundärliteratur zur Schrift vorliegt, wurde der dekonstruktivistische Habitus des Apuleius bislang nicht ausreichend gewürdigt – es ist gerade diese Qualität des Platonikers, die ihn für die vorliegende Arbeit so interessant macht. Apuleius' Argumentation wird auf scharfsinnige und unterhaltsame Weise erweisen, dass der (in diesem Fall römisch-lateinische) Magiebegriff sogar dann, wenn er als scheinbar eindeutig definierter juristischer Terminus in Erscheinung tritt und Menschenleben von einer entsprechenden Klassifikation abhängen, nach wie vor kaum trennscharf ist und dieselben Probleme in sich birgt, die in der vorliegenden Arbeit bereits hinreichend beschrieben worden sind. Apuleius war sich dieser Tatsache bereits im zweiten Jahrhundert nach Christus bewusst und nutzte sie auf vielerlei Art, mit Witz, Charme und Genialität für seine Verteidigung.

7.1. Rezeptionsgeschichtlicher Kontext: Zur römisch-lateinischen Rezeption des Magiebegriffs

Interessanterweise wird der Magiebegriff in der lateinischen Literatur erst ab dem ersten Jahrhundert vor Christus etymologisch greifbar und tritt in diesem Zeitraum zunächst über die Vermittlung griechischer (und persischer) Kultur und Literatur in den römischen Vorstellungshorizont und die lateinische Terminologie ein. Der hierfür wichtigste Autor Marcus Tullius Cicero (* 106 v. Chr.; † 43 v. Chr.) rekurriert mehrfach auf die *magi*, unter Anderem in seiner Schrift *de divinatione*, einer philosophischen Auseinandersetzung mit dem im republikanischen Rom institutionalisierten Ritual- und Vorstellungskomplex der Divination (beziehungsweise Zeichendeutung). Cicero verortet die *magi* hier noch ganz im Kontext persischer Kultur und Religion: „Bei den Persern andererseits beachten Zeichen und weissagen die Magier [in Persis augurantur et divinant magi]: Sie versammeln sich an einem geweihten Ort, um Rat zu halten und sich miteinander zu besprechen, was auch ihr Auguren einst an den Nonen zu tun pfleget."[1]
Auch seine weiteren Erwähnungen stehen ausschließlich in einem persi-

---

1 Cicero, *De divinatione*, 1. Buch, 90; Übersetzung nach: Christoph Schäublin (Hg.), *Marcus Tullius Cicero. Über die Wahrsagung. De Divinatione. Lateinisch-deutsch. Herausgegeben, übersetzt und erläutert von Christoph Schäublin*, [Sammlung Tusculum], München 1991, 92/93. Interessant ist hier die – möglicherweise in Anlehnung an Herodot vorgenommene, etwas reduktionistisch anmutende – Zuordnung der Divination zu (persischen) *Magiern*.

7.1. Zur römisch-lateinischen Rezeption des Magiebegriffs

schen Kontext; das lateinische Abstraktum *magia* findet sich bei ihm noch nicht.² Auf vergleichbare (allerdings dichterische) Weise wird der *magus* auch bei seinem Zeitgenossen Catull (* um 87 v. Chr.; † um 50 v. Chr.) noch im Kontext persischer Sitte und Ritualpraxis verortet.³ Die griechische Personenbezeichnung μάγος tritt also im ersten Jahrhundert vor Christus zunächst über die römische Auseinandersetzung mit Fremdkulturen – im Kontext der Schilderung persischer Kultur und Religion – in die lateinische Sprache ein und wird hierbei mit dem lateinischen Lehnwort *magus* übersetzt.

Etwa eine Generation später findet sich das adjektivische Abstraktum *magicus* – in der dichterischen Verarbeitung eines Liebesrituals. So lässt Vergil (* 70 v. Chr.; † 19. v. Chr.) in seiner *Aeneis* Königin Dido berichten, dass sie ihren geliebten Äneis mittels *magischer Künste* wiedergewinnen wolle:

„Schwester, ich weiß einen Weg, – wünsch Glück deiner Schwester! – der / wiederschenkt oder ganz mein liebendes Herz von ihm frei macht. / Nah an des Ozeans Rand und der untergehenden Sonne [...] / Dort her kam eine Priesterin mir vom Massylervolke, / Hüterin war die des Tempels der Hesperiden, [...] / Diese verspricht, durch Zauberlied zu erlösen die Herzen [haec se carminibus promittit solvere mentis], / welche sie will, doch andern zu senden lastenden Kummer, / Wasser in Flüssen zu hemmen und Sterne rückwärts zu drehen. / Nächtliche Manen beschwört sie, [...] / Götter, du Liebe, ruf ich zu Zeugen, dich Schwester, dein liebes / Haupt! Nur ungern laß ich mich ein auf magische Künste [magicas invitam accingier artis]."⁴

Interessant ist hier nicht nur die Zuordnung des (daraufhin beschriebenen) Rituals zum Topos der *artes magicae*, der wohl in Anlehnung an den griechischen Begriff τέχνη ins Lateinische übertragen wurde. Wichtig ist auch die Nennung solcher Künste im Kontext einer fremdländischen Priesterin, die offenkundig mit mirakulösen Fähigkeiten beschrieben wird: sie könne durch ihre Gesänge (*carmina*)⁵ Menschenherzen gleichermaßen erlösen wie binden, zudem den Fluss des Wassers, die Gestirne und schließlich auch (postmortale?) Geistwesen (*manis*) kontrollieren. Offenbar werden durch die römische Rezeption des griechischen Magiebegriffs beide oben identifi-

---

2 Vgl. Cicero, *De legibus*, 2, 26; *De finibus*, 5, 87; *Tusculanae disputationes*, 1, 108; *De natura deorum*, 1, 43.
3 Vgl. Catull, *Carmina*, 90.
4 Vergil, *Aeneis*, 4. Gesang, 478-93; Übersetzung nach: Johannes Götte (Hg.), *Vergil. Aeneis. Lateinisch-Deutsch. In Zusammenarbeit mit Maria Götte. Herausgegeben und übersetzt von Johannes Götte. Mit einem Nachwort von Bernhard Kytzler*, [Sammlung Tusculum], München ⁷1988, 160/61.
5 Der von Vergil (und anderen Autoren) verwendete Begriff *carmen* bedeutet eigentlich *Gesang* und verweist wiederum auf die große Bedeutung des Sprechaktes im Kontext der graeco-römischen Vorstellung von *magia*; *carmen* lässt sich in diesem Zusammenhang analog zum griechischen Begriff *epodē* lesen und birgt dieselbe Unschärfe (zu religiösen Sprechakten) in sich.

zierten Topoi transportiert: sowohl die Kennzeichnung individualreligiöser (hier: amoristischer) Ritualpraxis wie die Zuordnung mirakulöser Fähigkeiten gehen in die Latinisierung des griechischen Abstraktums *mageía* ein.

Dieser Befund lässt sich auch an einem weiteren Gedicht Vergils aufzeigen; in seiner *achten Ekloge* adaptiert dieser Teile des oben genannten Gedichts *pharmakeutreia* des hellenistischen Dichters Theokrit.

> "Wasser bringe, umschling den Altar mit wollener Binde, / heiliges Grün voller Saft und würzigen Weihrauch entzünde, / daß ich durch magische Opfer die nüchternen Sinne des Gatten [coniugis ut magicis sanos avertere sacris] / wirksam berücke; hier fehlen uns nur noch bannende Sprüche [carmina]. / Holt aus der Stadt mir heim, meine Bannsprüche, holet mir Daphnis. / Bannsprüche können Luna sogar herholen vom Himmel [Carmina vel caelo possunt deducere Lunam], / Circes Bannspruch verwandelte einst des Odysseus Gefährten [carminibus Circe socios mutavit Ulixi], / Bannspruch bringt zum Bersten im Gras die schaurige Schlange. / Holt aus der Stadt mir heim, meine Bannsprüche, holet mir Daphnis."[6]

Wiederum geht es um ein Liebesritual, mit dem diesmal der geliebte Daphnis zurückgewonnen werden soll und das erneut dem Oberbegriff der *magicis sacris* zugeordnet wird. Vergil rezipiert außerdem – offenbar in bewusster Anlehnung an Homer und Theokrit – das griechische Mythologem um Kirke, um die außergewöhnliche Macht der Gesänge (*carmina*) zu veranschaulichen. Schließlich wird die Herkunft der Ritualmittel wiederum an eine Person mit mirakulösen Fähigkeiten gebunden: Moeris beherrsche die Mensch-Tier-Verwandlung, Nekromantie – zwei bereits in der griechischen Literatur verbreitete Motive – und einen Vorstellungskomplex, der nun genuin römisch ist: den (rituellen) Ernteraub, der bereits in den Zwölftafelgesetzen als Straftat verankert ist.[7] Vergil versucht hier offenbar eine griechisch-römische Synthese von Praktiken und Vorstellungen herzustellen, die er glaubt, gemeinsam unter dem Magiebegriff fassen zu können; interessanterweise fällt dadurch auch die römische Vorstellung des rituellen Ernteraubs unter die vormals griechische Kategorie.[8]

---

6   Vergil, *Bucolica*, 8. Ekloge, 64-72; Übersetzung nach: Johannes Götte (Hg.), *Vergil. Landleben. Catalepton. Bucolica. Georgica*. Ed. Johannes und Maria Götte. Vergil-Viten. Ed. Karl Bayer. Lateinisch und deutsch, [Sammlung Tusculum], München ⁵1987, 68/69.

7   Vgl. Vergil, *Bucolica*, 8. Ekloge, 95-99 (Götte, *Vergil*..., 70/71): „Diese giftigen Kräuter hier, gesammelt in Pontus [Has herbas atque haec Ponto mihi lecta venena] | schenkte mir Moeris selbst, sie wachsen reichlich in Pontus. | Oft genug sah ich, wie Moeris durch sie zum Wolf sich verwandelt | und in Wältern verbarg, wie Geister tief aus den Gräbern | oft er beschwor, wie Saatfrucht auf andere Felder er hexte [atque satas alio vidi traducere messis]."; *traducere* eigentlich: *hinüberführen*; vgl. zum Zwölftafelgesetz ausführlicher unten, Kap. 7.2.1.

8   Vgl. auch Graf, *Gottesnähe*..., 57: „Werwölfe und Totenbeschwörung sind wie schon der Verweis auf das Pontusgebiet rein literarische, griechisch-gelehrte Motive; [...] Der Transfer von Ernten andererseits ist ein römisches Motiv, und zwar eines aus der Realität der Magieanklagen, wie die Zwölf Tafeln lehren, auf die Servius ausdrücklich verweist. Wenn Vergil beide verbindet, um die Welt der Eklogen mit der Realität Roms zu durchsetzen,

7.1. Zur römisch-lateinischen Rezeption des Magiebegriffs

Auch die weiteren dichterischen Verarbeitungen individualreligiöser Liebesritualistik in der lateinischen Literatur des ersten Jahrhunderts vor Christus kommen außerordentlich vertraut vor – die griechische Topologie um den Magiebegriff fließt offenbar nahezu unverändert in dessen römisch-lateinische Rezeption ein.[9] Entsprechend findet sich auch die pejorative, moralisierende Konnotation einer solchen Ritualpraxis schon in lateinischen Texten vor der Zeitenwende. Wie oben bereits gesehen, legt Vergil der Königin Dido – allerdings ohne jede weitere Erläuterung – die besorgten Worte in den Mund, dass sie sich nur ungern auf *magische Künste* einlasse. Noch prägnanter ist hier der Dichter Horaz (* 65 v. Chr.; † 8 v. Chr.), der in seiner *fünften Epode* eine Anzahl von Frauen schildert, die einen Knaben lebendig begraben und verhungern lassen, um aus seiner Leber einen Liebeswirkstoff zu gewinnen.[10] Die Gleichgültigkeit, mit welcher die *veneficae*[11] gegenüber dem Betteln des Jungen und seiner Anrufung des Jupiter geschildert werden, offenbart den Kern der Botschaft Horaz': die Frauen haben kein Gewissen, ihr Handeln ist unmoralisch, ja, unmenschlich, ihre Sprüche (*carminae*) gehören nicht der etablierten Religion an, sondern sind an die Nacht und die Göttin Diana (*Nox et Diana*) gerichtet, die mit geheimnisvollen Opferritualen (*arcana sacra*) angerufen wird.[12] Auch bei Horaz findet sich also die Gegenüberstellung von legitimer, offizieller Religionsausübung auf der einen und einer zu verabscheuenden, individualreligiösen Ritualpraxis auf der anderen Seite, die scheinbar keine Skrupel kennt (und hier – dies sei nochmals erläutert – als *individualreligiös* bezeichnet wird, da sie auf die Befriedigung egoistischer, individueller menschlicher Bedürfnisse mittels der Durchführung religiöser – das heißt auf Transzendenzbezug

---

müssen die beiden Bereiche für ihn bereits eng verwandt gewesen sein, muß er die römische Praxis in griechischer Begrifflichkeit als magia gelesen haben."

9   Prägnant ist dies auch an einem Gedicht des lateinischen Autors Laevius beobachtbar, das nur als Fragment – in der *Apologie* des Apuleius – erhalten ist und gleichfalls ein Liebesritual zum Gegenstand hat; Laevius dichtet hier fast ausschließlich mit der griechischen Terminologie (im Kontext des Oberbegriffs *philtrum*), die er geradezu lautmalerisch ins Lateinische übersetzt: Laevius, Frg. 27 Morel = Apuleius, *Apologia*, 30,13f; Vgl. zu Text, Übersetzung und Diskussion Graf, *Gottesnähe...*, 39.

10 Horaz, 5. *Epode*.

11 *Venefica* wird etwa von Manfred Simon – vgl. Manfred Simon (Hg.), Horaz. Werke in einem Band. Oden. Säkulargesang. Epoden. Satiren. Briefe. Buch über die Dichtkunst, [Bibliothek der Antike. Römische Reihe], Berlin ²1983, 129 – mit *Zauberin* übersetzt. Gleichwohl ist das Abstraktum *venenum* bzw. *veneficium* wiederum ambivalent zu sehen, und meint – wie bereits das griechische *phármakon* – mal Gift, mal rituelles Wirkmittel. Hier wird Canidia daher einfach als individidualreligiöse Ritualspezialisten angesehen und bezeichnet – wiederum vergleichbar zu der bei Theokrit beschriebenen *pharmakeutreia*. Vgl. zur Bedeutungsvielfalt von *venenum* und *veneficium* auch Graf, *Gottesnähe...*, 45f.

12 Vgl. besonders Horaz, 5. Epode, 8, 29, sowie 51f. Obiger Text nach Walther Killy, Ernst A. Schmidt (Hg.), *Q. Horatius Flaccus. Oden und Epoden. Lateinisch und Deutsch. Übersetzt von Christian Friedrich Karl Herzlieb und Johann Peter Uz. Eingeleitet und Bearbeitet von Walther Killy und Ernst A. Schmidt*, Zürich 1981, 333-341.

basierender – Praktiken abzielt).¹³ Dieses polemische Argumentationsmuster und die damit intendierte Ausgrenzung bestimmter Ritualpraktiken aus dem Bereich legitimer religiöser Kultpraxis erscheint hier geradezu analog zum obigen griechischen Befund.

Schließlich findet sich in der frühen lateinischen Rezeption des ersten Jahrhunderts vor Christus auch jene kritische Position gegenüber dem Wahrheitsgehalt der *magicis sacris*, die bereits bei den griechischen Autoren Hippokrates und Platon beobachtet werden konnte. So bespricht der Dichter Ovid (* 43 v. Chr.; † um 17 n. Chr.) in seinem Lehrgedicht *Ars amatoria* die Wirkung von Amuletten, Tränken, Ritualen und Gesängen mit den folgenden Worten:

> „In die Irre geht, wer zu haemonischen Künsten sich flüchtet, / Der das gebrauchst, was vom Kopf zierlicher Fohlen er zupft. / Keine medeïschen Kräuter erzeugen lebendige Liebe, / Auch nicht das marsische Lied, tönend mit magischem Klang [Mixtaque cum magicis nenia Marsa sonis]. / Circe hätte Odysseus, die Kolcherin Jason gehalten, / Hätte nur Zaubergesang über die Liebe Gewalt [Si modo servari carmine posset amor]. / Nichts nützen Liebestränke [philtra], von denen die Mädchen erbleichen, / Gibt man sie ihnen; dem Geist schaden sie, treiben zum Wahn."¹⁴

Ovid stellt hier nicht nur diverse Prozeduren antiker Liebesritualistik in Frage, er kehrt auch das hierbei häufig verwendete mythologische Motiv ins Gegenteil: Kirke und Medea hätten mittels ihrer Ritualmittel gerade keinen Erfolg gehabt. Nicht nur seien die vielfältigen Liebespraktiken prinzipiell unwirksam; darüber hinaus würden sie „dem Geist schaden [...], zum Wahn" treiben – Ovid scheint hier eine geradezu abschreckende Wirkung erzielen zu wollen. Vergleichbar spricht auch der Dichter Grattius in seinem Gedicht *Cynegeticon* einer Wirkung von Amuletten, die (hier zur Förderung des Jagderfolgs) mit Kräutern und *magischen Gesängen* (*magicis cantibus*) behandelt werden, jeden Wahrheitsgehalt ab.¹⁵

So lässt sich zusammenfassen: Im Laufe des ersten Jahrhunderts vor Christus tritt der griechische Magiebegriff in die lateinische Sprache und Literatur ein – zunächst als (persische) Personenbezeichnung bei der ethnographischen Auseinandersetzung mit Fremdkulturen, schließlich als adjektivisches Abstraktum zur Kennzeichnung bestimmter Ritualpraktiken. Dabei werden im Grunde alle Topoi, die bereits im Kontext der griechischen Rezeption des Magiebegriffs eine Rolle spielten, in dessen Latinisierung übernommen. Zum einen wird der Topos einer eigenständigen Kunst – einer *ars magica* – in Anlehnung an die griechische Terminologie rezipiert,

---

13 Vgl. zur Diskussion der Passage auch Dicki, *Magic...*, 139/40.
14 Ovid, *Ars amatoria*, 2. Buch, 98-113; Übersetzung nach: Niklas Holzberg (Hg.), *Piblius Ovidius Naso. Liebeskunst. Ars Armatoria. Heilmittel gegen die Liebe. Remedia Amoris. Lateinisch-deutsch. Herausgegeben und übersetzt von Niklas Holzberg*, [Sammlung Tusculum], München ³1991, 68/69.
15 Grattius, *Cynegeticon*, 405.

zum anderen die Redewendung der *magicis sacris* im Kontext individualreligiöser – in der dichterischen Verarbeitung vor allem amoristischer – Ritualpraktiken adaptiert. Wiederum wird hierbei das rituelle Sprechen oder Singen – wie das häufig verwendete lateinische Wort *carmen* verdeutlicht – ganz wesentlich mit *magia* in Verbindung gebracht. Zudem wird der Begriff – wie bereits bei der griechischen Rezeption gesehen – häufig Personen mit mirakulösen Fähigkeiten zugeordnet: zu den bereits bekannten Motiven der Mensch-Tier-Verwandlung, der Kontrolle der Elemente, der Nekromantie gesellt sich der genuin römische Vorstellungskomplex des (rituellen) Ernteraubs. Die moralisierende Abwertung individualreligiöser Ritualpraktiken und deren polemische Ausgrenzung aus dem Bereich legitimer religiöser Kultpraxis findet sich ebenso bereits in der frühen lateinischen Rezeption des Magiebegriffs wie das vollständige Infragestellen des Wahrheitsanspruchs solcher Praktiken. Interessant an dieser Entwicklung ist das in der Tat Neuartige der Terminologie und der damit assoziierten Inhalte im Kontext römischer Kultur- und Religionsgeschichte.[16] Dieses Neuartige ist ideengeschichtlich – wie gesehen – wohl nicht als Folge einer eigenständigen römischen Entwicklung, sondern vielmehr als Ergebnis eines griechisch-römischen Rezeptionsprozesses einzuordnen.[17]

7.1.1. Plinius der Ältere und die *Historia Naturalis*

Im ersten Jahrhundert nach Christus kann schließlich der ältere Plinius (* um 23 n. Chr.; † 79 n. Chr.) diese verschiedenen Rezeptionsmuster in seiner *Historia Naturalis* synthetisch zusammenfügen – einem Werk, das vor allem aufgrund einer darin implementierten, hochgradig konstruierten *Geschichte der Magie* fortan große Bedeutung im antiken, mittelalterlichen und frühneuzeitlichen Magiediskurs haben sollte. Es lohnt sich an dieser Stelle, einen ausführlicheren Blick auf die Argumentation Plinius' des Älteren zu werfen; sie mag nicht nur das Verständnis für die spätere Ironie des Apuleius' schärfen, sondern auch eine differenziertere Einschätzung der Stellung des Magiebegriffs im Kontext römischer Kultur- und Religionsgeschichte erlauben.

---

16 Vgl. zur Diskussion dieses Zusammenhangs auch Graf, *Gottesnähe*..., 54f, der im Kontext der römischen Rezeption des Magiebegriffs und der damit assoziierten Vorstellungen einen prinzipiellen Unterschied zwischen Republik und Kaiserzeit sieht und folglich „zwei Phasen" der Geschichte des Magiebegriffs im antiken Rom unterscheidet.

17 Vgl. auch Dicki, *Magic and Magicians*..., 141: „To sum up, the Romans by the middle of the first century BC and in all likelihood earlier had come to disapprove of the rituals practised by persons claiming to have the power to upset the normal course of nature and had come to think of these practises as aberrations from proper religious observance. This development almost certainly came about because of the hellenization of Roman culture and was not something that came into being spontaneously and independently of the influence of Greek culture."

Zunächst zu seiner Magiegeschichte, die sich zu Beginn des 30. Buches der *Historia Naturalis* – im Kontext der Besprechung tierischer Heilmittel – befindet. Sie beginnt mit den Worten:

> „Im vorhergehenden Teil dieses Werkes haben wir zwar, wo immer Gegenstand und Ort es forderten, schon öfters die Lügenhaftigkeit der Magier [Magicas vanitates] aufgedeckt, und wir wollen sie auch weiterhin enthüllen. Doch verdient dieser Gegenstand wie wenige, daß man noch mehr darüber sagt, schon deshalb, weil diese betrügerischste aller Künste [fraudulentissima artium plurimum] auf dem ganzen Erdkreis und in den meisten Jahrhunderten große Bedeutung hatte."[18]

Bereits in diesen einführenden Zeilen lassen sich gegenüber der bisherigen Rezeption des Magiebegriffs zwei Radikalisierungen erkennen; zum einen wird *Magie* zur *betrügerischsten aller Künste* (*fraudulentissima artium plurimum*) stilisiert; die stereotypische Einordnung des *magos* als *Lügner* durchzieht letztlich die gesamte *Historia Naturalis*.[19] Der Vorwurf der Scharlatanerie ist freilich keinesfalls neu, wie gesehen bereits im Kontext der griechischen Rezeption üblich; doch in jenem umfassenden Sinne – als betrügerischste *aller* Künste – wurde *Magie* zuvor nicht angeklagt. Dies hat mit der zweiten Radikalisierung Plinius' zu tun: *Magie* ist nunmehr uralt und auf dem ganzen Erdkreis verbreitet:

> „Ohne Zweifel hat <die Magie>, wie die Schriftsteller übereinstimmend behaupten, dort in Persien durch Zoroaster ihren Ausgang genommen [...]. Zoroaster selbst aber habe 5000 Jahre vor dem Trojanischen Krieg gelebt. Besonders merkwürdig ist, daß sich die Erinnerung an ihn und seine Kunst in einem so langen Zeitraum erhalten hat, obwohl die Aufzeichnungen verlorengegangen sind und die Kunst zudem weder durch berühmte noch durch ununterbrochen aufeinanderfolgende Schulhäupter bewahrt wurde."[20]

Plinius' fiktionale Zuordnung der *Magie* zu Zoroaster – ein Motiv, das der Historiker offenbar, zumindest in Bezug auf das erhaltene Material (vorgängige Werke zur *Magie* von „Schriftstellern", die Plinius hier anspricht – hier ist etwa an Hermippos zu denken – sind leider nicht erhalten), in Anlehnung an die kurze Passage in Platons *erstem Alkibiades* ausführt –[21] impliziert eine wichtige Veränderung im Kontext der Rezeptionsgeschichte des Magiebegriffs. *Magie* ist hier kein fremdartiges griechisches oder gar persisches Lehnwort mehr, das nur in einem eingegrenzten geographi-

---

18 Plinius Maior, *Historia Naturalis*, 30. Buch, 1f; Übersetzung nach: Roderich König, Gerhard Winkler (Hg.), *C. Plinius Secundus d. Ä. Naturkunde. Lateinisch-Deutsch. Buch XXIV/XXX. Medizin und Pharmakologie. Heilmittel aus dem Tierreich. Herausgegeben und übersetzt von Roderich König in Zusammenarbeit mit Gerhard Winkler*, München 1988, 116/17.
19 Vgl. zu zahlreichen weiteren Beispielen die Diskussion bei Matthew W. Dickie, „The Learned Magician and the Collection and Transmission of Magical Lore", 172f, in: Jordan/Montgomery/Thomassen, *The World of Ancient Magic...*, 163-93.
20 Plinius Maior, *Historia Naturalis*, 30. Buch, 2f (König/Winkler, *C. Plinius...*, 30. Buch, 118/19).
21 Vgl. Platon, *Alkibiades*, 122a.

7.1. Zur römisch-lateinischen Rezeption des Magiebegriffs 227

schen oder kulturhistorischen Kontext verwendet wird. *Magie* stellt nunmehr eine kulturgeschichtliche Universalie dar, eine scheinbar eindeutige Bezeichnung für einen speziellen Typus des Denkens und Handelns, welcher „auf dem ganzen Erdkreis und in den meisten Jahrhunderten große Bedeutung hatte". Man ist hier nicht zufällig an die Intellektualisten Tylor und Frazer des ausgehenden 19. Jahrhunderts erinnert; die Art und Weise, wie Plinius *Magie* als synthetische Kategorie für eine Fülle von Ritualpraktiken – davon handeln eben die fünf Bücher zu den tierischen Heilmitteln – aus ganz unterschiedlichen kulturhistorischen Kontexten verwendet, weist in der Tat verblüffende Ähnlichkeiten zu dem Vorgehen der oben besprochenen Schreibtischethnologen auf.

Vor diesem Hintergrund ist auch die Verwunderung des Historikers über die Tatsache zu verstehen, dass sich die „Kunst in einem so langen Zeitraum erhalten hat, obwohl die Aufzeichnungen verlorengegangen sind und die Kunst zudem weder durch berühmte noch durch ununterbrochen aufeinanderfolgende Schulhäupter bewahrt wurde"; erst indem Plinius ein überbordendes Spektrum an Ritualpraktiken und Vorstellungen unter dem Oberbegriff *magia* zusammenfasst, wird die Frage nach einem einheitlichen Ursprung und einer stringenten Tradierung überhaupt virulent. Insofern ist sein historiographischer Entwurf insgesamt als Versuch anzusehen, die – hinsichtlich dieses weitreichenden Geltungsanspruchs in der Tat neuartige – Kategorie *Magie* nun auch mit einer einheitlichen Geschichte zu versehen: sie sei aus der Arzneikunde entstanden, hätte sich auch „die Kräfte der Religion" einverleibt, schließlich die Astrologie.[22] Sein Syntheseversuch mündet schließlich in einer Nennung zahlreicher, gleichfalls heterogener Figuren, die Plinius rückwirkend allesamt als *Magier* kennzeichnet; hierzu prägnant Daniel Ogden:

> „One of the most important aspects of this discussion is its explicit unification within the same category – whatever that category is – of figures of very different varieties (5-13). Compared, explicitly or implicitly, to the mages (of Persia, Medea, Babylon, Assyria, and even Armenia, all closely identified (5, 16) are: Circe, the Sirens, Proteus, Thessalian witches, Carian Telmessus (known for various forms of divination), Orpheus, Pythagoras, Empedocles, and Democritus, as well as Jewish, Cypriot (Cyprus is identified as a particular home for magic in later sources), Latin, and Gallic sorcerers. For all that magic spread over the entire world, it is presented as fundamentally external and antithetical to Roman Culture (13)"[23]

Offenkundig wird die Reich- und Tragweite des Magiebegriffs bei Plinius dem Älteren also – insbesondere gegenüber der vorgängigen griechischen Rezeption – radikal erweitert. *Magie* erscheint nun als ein fundamentales Kulturgut, das die Menschheitsgeschichte aus Sicht des römischen Historikers gleichsam durchzogen hat. Dies wird freilich überhaupt nur dadurch

---

22 Plinius Maior, *Historia Naturalis*, 30. Buch, 2 (König/Winkler, C. Plinius..., 30. Buch, 118/19).
23 Ogden, *Magic...*, 44.

möglich, dass Plinius als (aus römischer Sicht) gleichsam aufgeklärter Historiker all jene Praktiken darunter fasst, die ihm – wie Ogden richtig festhält – „fundamentally external and antithetical to Roman Culture" erscheinen. Wie bei Tylor und Frazer ist daher das primäre Stichwort, an dem sich bereits Plinius der Ältere orientiert, *superstitio* – Aberglaube:

> „Ich hätte eher gedacht, daß Orpeus als erster diesen Aberglauben [superstitionem], von der Heilkunde ausgehend, aus dem nahen <Thrakien> ins angrenzende <Thessalien> brachte, wäre die Magie in Thrakien, seinem Wohnsitz, nicht völlig unbekannt gewesen [si non expers sedes eius tota Thrace magices fuisset]. [...] Daß diese Lehren von irgendwelchen Menschen angenommen wurden und auf die Nachwelt übergingen, ist wie nichts anderes in der Welt erstaunlich; denn es fehlt ihnen so sehr jede Glaubwürdigkeit und jede sittliche Berechtigung, daß selbst die, welche alles übrige an diesem Manne [Demokrit; d. Verf.] billigen, in Abrede stellen, daß dies seine eigenen Werke sein könnten."[24]

In seitenlangen Ausführungen reiht Plinius schließlich Ritualpraktiken aneinander, die er allesamt den *Magiern* zuordnet[25] und deren Wahrheitsgehalt er durchweg als illusorisch und betrügerisch darzustellen versucht.[26] Auf die gleiche Weise ordnet er auch Inhalte der Homerischen Epen[27] sowie – wie Ovid – des römischen Zwölftafelgesetzes seiner Kategorie *Magie* zu,[28] schließlich sogar – ein prägnantes Beispiel für die Funktionali-

---

24   Plinius Maior, *Historia Naturalis*, 30. Buch, 8-10 (König/Winkler, *C. Plinius...*, 30. Buch, 120-23).

25   Vgl. exemplarisch Plinius Maior, *Historia Naturalis*, 30. Buch, 18-23 (König/Winkler, *C. Plinius...*, 30. Buch, 126-131): „Ein besonderer Beweis für die nichtige Prahlerei <der Magier> mag es sein, daß sie von allen Tieren am meisten die Maulwürfe bewundern, die doch so vielfach von der Natur benachteiligt sind [...] Keinem anderen Eingeweide glauben sie in gleicher Weise, kein anderes Tier halten sie für geeigneter zum Götterdienst [...] Im übrigen hilft gegen Zahnschmerzen, wie dieselben Magier erzählen, die Asche der ohne Fleisch verbrannten Köpfe von Hunden, die an der Tollwut zugrunde gegangen sind [...] Es gibt unter den Magiern solche, die vorschreiben, man solle zweimal im Monat eine Maus essen und so die Schmerzen verhüten. [...]"

26   Vgl. prägnant Plinius Maior, *Historia Naturalis*, 30. Buch, 17 (König/Winkler, *C. Plinius...*, 30. Buch, 126/27): „Man kann aber überzeugt sein, daß sie abscheulich, unwirksam und nichtig ist, jedoch einigen Schein der Wahrheit hat und daß dabei mehr die Giftmischerkünste, nicht aber die magischen Künste ihre Wirkung entfalten [proinde ita persuasum sit, intestabilem, inritam, inanem esse, habentem tamen quasdam veritatis umbras, sed in his veneficas artes pollere, non magicas]."

27   Vgl. Plinius Maior, *Historia Naturalis*, 30. Buch, 5/6 (König/Winkler, *C. Plinius...*, 30. Buch, 118/19): „Am merkwürdigsten ist jedoch, daß Homer <in seinem Werk> vom Trojanischen Krieg über diese Kunst volles Stillschweigen bewahrt und doch bei den Irrfahrten des Odysseus soviel davon die Rede ist, daß sogar das ganze Werk aus ebendieser besteht, sofern man unter Proteus und dem Sirenengesang nichts anderes bei ihm verstehen will und es sich bei Kirke und beim Hervorrufen der Unterirdischen nur um <Magie> handeln soll."

28   Vgl. Plinius Maior, *Historia Naturalis*, 30. Buch, 11/12. Vgl. auch die Erwähnung im 30.Buch, 18.

7.1. Zur römisch-lateinischen Rezeption des Magiebegriffs

sierung des Magiebegriffs als Ausgrenzungskategorie im antiken Rom – die keltischen Druiden.[29]

Das prägnante, oben bereits erwähnte Urteil, das Randall Styers über die akademischen Magietheoretiker des 19. und 20. Jahrhunderts fällt, lässt sich daher auf den Historiker Plinius im römischen Reich des ersten Jahrhunderts nach Christus übertragen:

> „In these words and in innumerable similar formulations, scholars [hier: Plinius; d. Verf.] set about the process of making magic – culling diverse forms of behaviour, modes of knowledge, social practises, and habits from an indiscrimenate range of cultural systems and historical epochs and transmogrifying them into a unified phenomenon."[30]

Plinius der Ältere kann hierbei wiederum nicht direkt als Diskursbegründer gelten – er hat im Wesentlichen bereit bestehende (griechische wie römische) Rezeptionsmuster des Magiebegriffs aufgegriffen und zusammengefügt; gleichwohl hat er den interkulturellen Geltungsbereich von *Magie* in einem Ausmaß erweitert, welches dem Begriff bei keinem (zumindest überlieferten) vorherigen Autor zukam und insofern als Novum gelten kann.[31] Gerade im Kontext dieser semantischen Ausweitung ist die wirkungsgeschichtliche Bedeutung des älteren Plinius für den weiteren – nicht nur antiken – Magiediskurs maßgeblich.[32] Der Historiker hat die Gültig- und Anwendbarkeit des Magiebegriffs in einer Radikalität universalisiert, auf die sich zahlreiche spätere Autoren berufen konnten.

---

29 Vgl. Plinius Maior, *Historia Naturalis*, 30. Buch, 12f (König/Winkler, *C. Plinius...*, 30. Buch, 122/23): „Bei den Galliern hat <die Magie> auf jeden Fall ihren festen Platz, sogar noch bis auf unsere Zeit. Denn erst die Herrschaft des Kaisers Tiberius unterdrückte ihre Druiden [Druidas] und diese Art von Wahrsagern und Ärzten [hoc genus vatum medicorumque]."

30 Styers, *Making Magic...*, 223.

31 Matthew Dickie hat in seinem Aufsatz "The Learned Magician and the Collection and Transmission of Magical Lore" zurecht darauf hingewiesen (ähnlich die Argumentation auch bei Gordon, "Aelian's peony..."), dass sich Plinius bei der Kompilation seiner *Magie*-Geschichte an früheren (heute größtenteils verlorenen) Texten orientiert habe – etwa an Hermippos, Bolos von Mendes, Zachalias, Pseudo-Pythagoras, Pseudo-Demokrit und Anderen. Die hier entwickelte Argumentation zielt insofern nicht darauf ab, Plinius zu unterstellen, dass er seine *Magie*-Geschichte vollständig erfunden hätte. Vielmehr ist es denkbar, dass die von Dickie genannten Referenztexte gar nicht den Magiebegriff verwendet haben, um etwa die Vorstellung abzubilden, dass Steine, Pflanzen oder Tiere über besondere Kräfte verfügen und daher im Kontext menschlicher Anliegen funktionalisiert werden können. Aus Sicht antiker Diskurse und Terminologien ist anzunehmen, dass diese Werke von ihren Autoren vielmehr als wissenschaftlich (d.h. etwa peripatetisch/philosophisch) oder medizinisch klassifiziert worden sind – ein Muster, das Plinius mit seiner pauschalen Zuordnung solcher Vorstellungsbereiche zu *magia* dann durchbrochen haben mag. Gerade in dieser semantischen Ausweitung des Magiebegriffs läge dann seine eigentliche begriffsgeschichtliche Leistung.

32 Bekanntermaßen war die *Historia Naturalis* im europäischen Mittelalter – bis in die Frühe Neuzeit hinein – eine wichtige Grundlage naturkundlichen Wissens; vgl. dazu exemplarisch den Plinius-Rekurs bei Pico della Mirandolas unten, Kap. 10.4.1.

Gleichwohl ist die Position Plinius' im römischen Kontext nicht als isoliert zu betrachten; er hat den Magiebegriff sicherlich in Auseinandersetzung mit dem Religionsdiskurs und der Terminologie seiner Zeit verwendet. Allerdings sah er sich möglicherweise aufgrund seines historiographischen Anspruches – anders als andere Autoren – genötigt, gewissermaßen ein empirisches Fundament für seine Verwendung des Begriffs anzugeben, wovon seine eigentümliche *Geschichte der Magie* im 30. Buch der *Historia Naturalis* zeugt. Der Plinische Magiebegriff spiegelt daher durchaus die im ersten Jahrhundert nach Christus vermehrt auftretenden Prozesse an römischen Gerichten wieder, die sich – die *Annalen* des Tacitus sind hier die erste wichtige Quelle – explizit auf den Magiebegriff als juristischen Terminus berufen.[33] Die weiträumige, pejorative Gestalt des Plinischen Magiebegriffs entspricht daher offenbar dem Denken der römischen Jurisprudenz ab der julisch-claudischen Dynastie, wovon schließlich auch der Prozess gegen Apuleius zeugen wird.[34] Plinius verweist im 28. Buch zudem darauf, dass es „in der Tat niemand [gibt], der nicht fürchtet, durch furchtbare Verwünschungen [diris deprecationibus] gebannt zu werden."[35] Die Vorstellung, dass Menschen feindseligen rituellen Verfluchungen ausgesetzt sein können – ein zur Lebenszeit Plinius' offenbar verbreitetes Denkmuster –, scheint also gerade in dieser Zeit dem lateinischen Oberbegriff *magia* zugeordnet worden zu sein. Apuleius wird schließlich im zweiten Jahrhundert nach Christus ein schillerndes Bild dieses Vorstellungskomplexes im römischen Reich zeichnen.

Eine Frage ist hinsichtlich des Entwurfs des römischen Historikers noch zu klären: inwiefern ist sein Magiebegriff trennscharf? Kann Plinius

---

33 Vgl. die Schilderungen dieser Prozesse in den *Annalen* des Tacitus: etwa Tacitus, *Annalen*, 2. Buch, 27 (Anklage u. A. wegen *magorum sacra*); 32 (Ausweisung von Astrologen und *Magiern* aus Rom); 6. Buch, 22 (Anklage wegen *magorum sacra*); 12. Buch, 22 (Anklage wegen Konsultation von Astrologen und *Magiern*); 59 (Anklage wegen *magicas superstitiones*); 16. Buch, 31 (Anklage wegen *magicis sacris*). Eindrücklich ist hier vor allem der letztgenannte Prozess in Tacitus, *Annalen*, 16. Buch, 31: „Als dann der Ankläger sie [Servilia; d. Verf.] fragte, ob sie nicht ihr Brautgeschmeide, ob sie nicht ihre Halskette abgenommen und verkauft habe, um damit Geld für die Abhaltung magischer Beschwörungen [magicis sacris] zusamenzubringen, warf sie sich zuerst zu Boden und weinte lange wortlos vor sich hin; dann umfaßte sie den Brandaltar und rief: 'Keine verruchten Götter habe ich angerufen, keine Verwünschungen [devotiones] ausgestoßen und nichts anderes mit meinen unseligen Gebeten erfleht, als daß du, Caesar, und ihr, Väter, diesen meinen besten Vater unversehrt erhalten möget."; Übersetzung nach: Erich Heller (Hg.), *P. Cornelius Tacitus. Annalen. Lateinisch-deutsch. Herausgegeben von Erich Heller. Mit einer Einführung von Manfred Fuhrmann*, Düsseldorf ³1997, 814-17. Interessant ist hier eben der bereits etabliert wirkende Topos einer Anrufung verruchter Götter und das Artikulieren von Flüchen im Kontext des – nunmehr als Straftat geltenden – *crimen magiae*.
34 Dazu auch Graf, *Gottesnähe...*, 52f.
35 Plinius Maior, *Historia Naturalis*, 28. Buch, 19; Übersetzung nach Roderich König, Gerhard Winkler (Hg.), *C. Plinius Secundus d. Ä. Naturkunde. Lateinisch-Deutsch. Buch XXVIII. Medizin und Pharmakologie. Heilmittel aus dem Tierreich. Herausgegeben und übersetzt von Roderich König in Zusammenarbeit mit Gerhard Winkler*, München 1988, 22/23.

diesen vom Religionsbegriff abgrenzen? Inwieweit stellt er *magische* – also aus seiner Sicht wirkungslose – und legitime, wirkungsvolle medizinische Wirkmittel gegenüber?

Die medizinische Frage ist schnell geklärt: es gibt keine klare Abgrenzung. Wohl unterscheidet Plinius zwei Arten von Heilpraktiken, eine herkömmliche *medicina* und eine trügerische *magia*, wobei er davon ausgeht, dass sich Letztere „unter einem wohltätigen Schein gleichsam als eine höhere und heiligere Arzneikunde [altiorem sanctiorem medicinam] eingeschlichen hat".[36] Bei der Besprechung einzelner Heilpraktiken verschwimmt diese Unterscheidung jedoch, was aufgrund einer fehlenden einheitlichen Medizin zur Zeit Plinius' eine geradezu unausweichliche Eigenart seiner Argumentation darstellen muss.[37] Im Anschluss an seine kurze *Geschichte der Magie* zu Beginn des 30. Buches treten seine polemischen Ausführungen kaum zufällig in den Hintergrund und gehen nahtlos in mehr oder weniger wertfreie Aufzählungen und Schilderungen von Praktiken gegen Zahnschmerzen,[38] Haut- und Halserkrankungen,[39] Magen-, Milz- und Darmerkrankungen,[40] Blasen- und Gesäßschmerzen sowie weitere Gebrechen über, die der Historiker zum Teil ohne moralisierenden Duktus empfiehlt.[41]

Auf diese Problematik soll an dieser Stelle nicht weiter eingegangen werden –[42] wichtiger erscheint die Plinische Abgrenzung von *Magie* und (römischer) *Religion*; es bietet sich hierzu an, einen Abschnitt aus dem 28. Buch zu lesen. Nach einer kurzen Einführung in das übergreifende Thema der folgenden Bücher – aus Tieren gewonnene Heilmittel – hält Plinius im Kontext des verwandten Bereichs menschlicher Heilmittel zunächst fest: „Was die aus dem Menschen gewonnenen Heilmittel anlangt, ergibt sich zuerst die sehr wichtige und immer noch nicht entschiedene Frage, ob

---

36 Plinius Maior, *Historia Naturalis*, 30. Buch, 2 (König/Winkler, *C. Plinius*..., 30. Buch, 116/17).
37 Exemplarisch sei darauf verwiesen, dass Plinius etwa im 28. Buch die Formulierung *carmen auxiliare* verwendet, um auf die althergebrachte – und von ihm offenbar durchaus als effektiv erachtete – Wirkung bestimmter hilfreicher Sprüche zu verweisen: „Homer sagte, daß Odysseus den Blutfluß aus einem verwundeten durch einen Zauberspruch [carmine] gestillt habe, Theophrastos sagte, daß man dadurch Ischias heile; Cato überlieferte einen Zauberspruch [carmen auxiliare], der bei Verrenkungen der Glieder helfen soll, M. Varro einen gegen die Fußgicht."; Plinius Maior, *Historia Naturalis*, 28. Buch, 20/21 (König/Winkler, *C. Plinius*..., 28. Buch, 24/25).
38 Vgl. Plinius Maior, *Historia Naturalis*, 30. Buch, 20f.
39 Ebenda, 27f.
40 Ebenda, 41f.
41 Ebenda, 64f.
42 Vgl. zur Plinischen Gegenüberstellung von magia und medicina ausführlicher Jerry Stannard, „Herbal medicine and herbal magic in Pliny's time", in: Jackie Pigeaut, José Orozio (Hg.), *Pline l'Ancien. témoin de son temps*, [Bibliotheca Salmanticensis: Estudios; 87], Salamanca 1987, 95-106; sowie Anna Maria Addabbo, „'Carmen' magico e 'carmen' religiose", in: *Civiltà Classica e Cristiana* 12 (1991), 11-28; vgl. zum Sachverhalt auch Graf, *Gottesnähe*..., 49.

Worte oder Zauberformeln [verba et incantamenta carminum] etwas vermögen."[43] Bei seiner Besprechung dieser Frage wendet sich der Historiker zunächst einigen typischen Merkmalen der religiösen Kultpraxis Roms zu:

> „Meint man doch, ohne Gebet [sine precatione] Opfertiere zu schlachten und Götter nach den gehörigen Zeremonien um Rat zu fragen, habe keine Wirkung. Außerdem hat man andere Worte [verba], um günstige Wahrzeichen zu erlangen, andere, um Übel abzuwenden, wieder andere für eine Empfehlung, und wir sehen, wie die höchsten Staatsbeamten mit bestimmten Gebetsformeln [certis precationibus] inständig zu bitten pflegten [...]."[44]

Die von Plinius verwendeten Beispiele illustrieren, dass die Vorstellung einer besonderen Wirkung rituellen Sprechens – die oben als wesentliches Charakteristikum der lateinischen Kategorie *magia* identifiziert worden ist – freilich auch und gerade in der traditionellen Kultpraxis Roms eine gewichtige Rolle spielte. Plinius ist sich dieser Problematik bewusst, zumal seine offenkundige Skepsis gegenüber dem Wahrheitsanspruch der eben genannten Praktiken seiner kritischen Haltung gegenüber *magia* entspricht. Plinius löst das solchermaßen evozierte Spannungsverhältnis zwischen traditioneller, anerkannter römischer Kultpraxis und der notwendigerweise trügerischen *magia* durch die eher pragmatische Feststellung, dass die religiösen Traditionen Roms bereits so lange funktioniert hätten, dass ihr Wahrheitsanspruch allein dadurch legitimiert sei:

> „Wenn man das Gebet [precationem] liest, das der Leiter des Kollegiums der *quindecimviri* bei einem solchen Opfer vorzusagen pflegt, möchte man in der Tat den Formeln eine Wirkung [vim carminum] zugestehen, da die Ergebnisse all das, was in 830 Jahren geschah, bestätigen. Heute noch glauben wir, dass unsere Vestalinnen entlaufene Sklaven, die die Stadt noch nicht verlassen haben, durch ein Gebet bannen; wenn man sich erst einmal die Ansicht zu eigen macht, daß die Götter gewisse Gebete erhören oder durch irgendwelche Worte bewegt werden [ullis moveri verbis], dann muß man die gesamte Theorie annehmen."[45]

Der Historiker wendet sich hier kaum zufällig einer der höchsten religiösen Institutionen Roms seiner Zeit zu – den *Quindecimviri Sacris Faciundis* –, um die „gesamte Theorie" (einer besonderen Wirkung rituellen Sprechens) zu prüfen. Freilich kann er an dieser Stelle nicht so weit gehen, das Handeln der *Fünfzehnmänner* (und in diesem Zusammenhang auch die Autorität der *Sibyllinischen Bücher*), die für ihn 830 Jahre erfolgreiche römische Geschichte und Tradition verkörpern, in Frage zu stellen. Angesichts einer solchermaßen etablierten – und als durchaus nützlich und hilfreich empfundenen – römischen Kultpraxis knickt der Aufklärungsanspruch des His-

---

43 Plinius Maior, *Historia Naturalis*, 28. Buch, 9/10 (König/Winkler, *C. Plinius...*, 28. Buch, 16-19).
44 Plinius Maior, *Historia Naturalis*, 28. Buch, 10/11 (König/Winkler, *C. Plinius...*, 28. Buch, 18/19).
45 Plinius Maior, *Historia Naturalis*, 28. Buch, 13 (König/Winkler, *C. Plinius...*, 28. Buch, 18-21).

7.1. Zur römisch-lateinischen Rezeption des Magiebegriffs

torikers ein. Um darzulegen, dass an der Wirkung jener Ritualpraxis etwas dran sein müsse, zählt Plinius vielmehr eine Reihe historischer Fallbeispiele auf, welche die Wirkung jener Praktiken belegen sollen.[46] Im Anschluss greift er zudem die *Zwölftafeln* auf,[47] die bei griechischen und lateinischen Dichtern beschriebenen (oben erwähnten) Liebesrituale,[48] weitere, bei Dichtern und Historiographen erwähnte *heilsame Sprüche (carmina auxiliaria)*, sowie sogar den Topos der *voces magicae*,[49] um die Frage, „ob Worte oder Zauberformeln [verba et incantamenta carminum] etwas vermögen", zu prüfen. Dieses Sammelsurium an Fallbeispielen mündet schließlich in einer seitenlangen Auflistung zahlreicher römischer Alltagspraktiken und Gewohnheiten,[50] die er offenbar ebenfalls mit der Grundfrage des Abschnittes in Verbindung bringt. Er beendet schließlich das Thema mit den relativ unbestimmten Worten „Es gibt auch Zaubersprüche [carmina] gegen Hagelschauer, gegen gewisse Arten von Krankheiten und gegen Verbrennungen, von denen sich einige auch bewährt haben; allein eine sehr große Scheu hindert mich, angesichts solcher Verschiedenheit der Ansichten weiteres mitzuteilen. Jeder mag deshalb darüber denken, wie es ihm gut dünkt."[51]

---

46 Vgl. exemplarisch Plinius Maior, *Historia Naturalis*, 28. Buch, 13-19.
47 Vgl. Plinius Maior, *Historia Naturalis*, 28. Buch, 17/18 (König/Winkler, *C. Plinius...*, 28. Buch, 22/23): „Stehen nicht selbst im Zwölftafelgesetz die Worte: 'Wer Früchte <von einem fremden Feld> wegzaubert' [qui fruges excantassit], und an anderer Stelle: 'Wer durch einen bösen Spruch bezaubert' [qui malum carmen incantassit]?"
48 Vgl. Plinius Maior, *Historia Naturalis*, 28. Buch, 19 (König/Winkler, *C. Plinius...*, 28. Buch, 22/23): „Daher bei den Griechen durch Theokrit, bei uns durch Catull und zuletzt durch Vergil die Nachahmung solcher Formeln durch Liebeszauber [incantamentorum amatoria imitatio]."
49 Vgl. Plinius Maior, *Historia Naturalis*, 28. Buch, 20 (König/Winkler, *C. Plinius...*, 28. Buch, 22-25): „Es ist nicht leicht zu sagen, ob fremde und unaussprechliche Worte mehr den Glauben zunichte machen oder in der lateinischen Sprache überraschen und die dem Geist lächerlich erscheinen mögen, da er immer etwas Ungeheuerliches erwartet, was würdig ist, einen Gott zu bewegen oder gar einer Gottheit zu befehlen."
50 Vgl. exemplarisch Plinius Maior, *Historia Naturalis*, 28. Buch, 20 (König/Winkler, *C. Plinius...*, 28. Buch, 22-25): „Warum denn wünschen wir uns am ersten Tag des beginnenden Jahres durch frohe Worte gegenseitig Glück? [...] Warum versichern wir bei der Erwähnung von Toten, daß ihr Andenken von uns nicht gestört werden soll? Warum glauben wir, die ungeraden Zahlen seien für alles wirksamer, was deutlich bei Fieberanfällen in der Beobachtung der Tage wahrgenommen wird? Warum sagen wir beim ersten Obst, dies sei alt, und wünschen anderes neues? Warum wünschen wir dem Niesenden Gesundheit? [...] Attalos behauptet, wenn man einen Skorpion sehe und dabei 'zwei' spreche, werde das Tier gebannt und steche nicht. Und in Afrika, weil mich der Skorpion daran erinnert, unternimmt niemand etwas, bevor er nicht 'Afrika' gesagt hat; [...] Ein anderer besänftigt die Erregung des Gemüts, indem er Speichel mit dem Finger hinter das Ohr streicht. Ein Sprichwort lässt uns auch die Daumen drücken, wenn wir jemand gewogen sind."; usw.
51 Plinius Maior, *Historia Naturalis*, 28. Buch, 29 (König/Winkler, *C. Plinius...*, 28. Buch, 28-31).

Wenngleich Plinius hier – wie in anderen Kontexten auch – insgesamt keine stringente Argumentation vorzubringen scheint,[52] wird doch ein grundlegendes, gleichwohl implizites Denkmuster deutlich. Wenngleich der Historiker gegenüber dem Wahrheitsanspruch der genannten Praktiken mitunter skeptisch erscheint, überwiegt doch der Eindruck, dass er die im 28. Buch genannten Praktiken – die ja alle gewissermaßen Bestandteil der (griechisch-) römischen Kultur sind – ernst nimmt und ihnen einen legitimen Platz im römischen Handeln und Denken zuweist. Vergleicht man diesen Befund mit der Darstellung der *Magier* im 30. Buch, wird klar, dass es nicht um eine trennscharfe Abgrenzung von *Religion* und *Magie* geht, sondern vielmehr um das Primat der Tradition – die eben auch die etablierte Religion und den für Plinius offensichtlichen Siegeszug des römischen Weltreiches verkörpert – gegenüber all jenen Ritualpraktiken, die Plinius (nicht nur) im 30. Buch der illusorischen *magia* zuordnet. Den im Kontext seiner Ausführungen im 28. Buch eigentlich angebrachten argumentativen Schritt, von einer Wirkung rituellen Sprechens im Kontext traditioneller Kultpraxis auf eine vergleichbare Wirkung des rituellen Sprechens der *Magier* zu schließen, vollzieht Plinius nicht. Wieder gilt, was oben bereits mehrfach festgehalten wurde: äußerlich vergleichbare Ritualpraktiken (in diesem Fall geht es insbesondere um den Sprechakt) werden im Kontext des etablierten Kultes als legitim, notwendig und wirkungsvoll erachtet; wenn diese von privat praktizierenden, mitunter fremdländischen, in jedem Fall nicht zum offiziellen Kult gehörigen Ritualspezialisten durchgeführt werden, kippt die Wertung ins Betrügerische, Wirkungslose, Abergläubische. Der Magiebegriff Plinius' des Älteren impliziert im Kern erneut keine trennscharf von *Religion* abgrenzbaren Inhalte, sondern – wie bereits bei Platon gesehen – nurmehr die Abgrenzung von öffentlicher und privater (individualreligiöser) Kultpraxis.

Zusammenfassend lässt sich daher sagen, dass die römisch-lateinische Rezeption des Magiebegriffs im Grunde alle semantischen Aspekte aufgreift, die bereits die griechische Verwendung des Begriffs gekennzeichnet hatten. Insbesondere im ersten Jahrhundert nach Christus geht die römische Rezeption – wie bei Plinius dem Älteren gesehen – gleichwohl noch einen Schritt weiter: in der römischen Kaiserzeit wird der Begriff mit einem so weitreichenden Geltungsbereich versehen, dass nunmehr (rückwirkend)

---

52 Alf Önnerfors führt dies darauf zurück, dass „der ältere Plinius, Freund und Vertrauter Vespasians und des Thronfolgers Titus (dem er seine 'Naturkunde' widmete), aus Rücksicht auf deren von zeitgenössischen Gewährsmännern bezeugtes Interesse für magische Praktiken seine grundsätzlich kritische Einstellung gemäßigt hat und die in Frage stehenden umfangreichen Auskünfte in sein Werk einfließen ließ"; Alf Önnerfors (Hg.), *Antike Zaubersprüche. Zweisprachig. Übersetzt und herausgegeben von Alf Önnerfors*, [Reclams Universal-Bibliothek; 8686], Stuttgart 1991, 10.

zahlreiche Personen, Gruppen, mythologische Figuren als *magus*, sowie ein großes Spektrum an Ritualpraktiken und Vorstellungskomplexen – unter der übergeordneten Chiffre *Aberglaube* –[53] als *magia* gekennzeichnet werden.[54] Gleichwohl kennzeichnet der Begriff erneut keine klar identifizier- und abgrenzbaren Gegenstände, sondern fungiert vielmehr als pejorativer Ausgrenzungsbegriff gegenüber als areligiös (bei Horaz) oder betrügerisch (bei Plinius) erachteten, im Privaten lokalisierten und meist kurzfristige, individuelle Ziele verfolgenden Ritualpraktiken. Auch im römischen Kontext besteht daher keine Notwendigkeit, die quellenimmanente Verwendung des Magiebegriffs in eine religionswissenschaftliche Analysesprache übernehmen zu müssen – dies gilt sogar dann, wenn der Begriff als juristischer Terminus eine so große Bedeutung erlangt, dass Menschenleben von einer entsprechenden lassifikation abhängen. So ist endlich der Moment gekommen, sich der Prozessrede des Apuleius zuzuwenden.

7.2. Die *Apologia sive pro se de magia* des Apuleius Madaurensis

Die Schrift *Apologia sive pro se de magia* stellt die Verteidigungsrede des Philosophen Lucius Apuleius Madaurensis zu einem Gerichtsprozess dar, der aller Wahrscheinlichkeit nach im Jahre 158 oder 159 nach Christus[55] in Sabratha, einem Ort in der römischen Provinz *Africa*, stattfand (die im Prozess verhandelten Geschehnisse fanden allerdings im etwa 70 Kilometer entfernten Städtchen Oea statt).[56] Hintergrund des Prozesses war die Heirat

---

53   Übrigens verwendet Plinius in diesem Zusammenhang häufig nicht *superstitio*, sondern – interessanterweise – *religio*, um eine Art übersteigerte Religiosität zu kennzeichen; vgl. etwa Plinius Maior, *Historia Naturalis*, 28. Buch, 24/25 (König/Winkler, *C. Plinius...*, 28. Buch, 26/27): „Attolos behauptet, wenn man einen Skorpion sehe und dabei 'zwei' spreche, werde das Tier gebannt und steche nicht. Und in Africa, weil man dort der Skorpion daran erinnert hat, unternimmt niemand etwas, bevor er nicht 'Afrika' gesagt hat; bei den übrigen Völkern aber ruft man vorher die Götter feierlich um Hilfe an. Wenn man sich zu Tische begibt, ist es, wie wir sehen, Gewohnheit, den Ring abzulegen, da ja offenbar abergläubische Gebräuche [religiones] auch ohne Worte wirksam sind."; vgl. zu diesem terminologischen Zusammenhang auch Graf, *Gottesnähe*..., 49.
54   Eine sehr ähnliche Zuordnung von *Aberglaube* und *Magie* findet sich etwa zur gleichen Zeit bei Plutarch, *de superstitionis*, 12.
55   Vgl. zur Problematik der Datierung Jürgen Hammerstaedt, „Apuleius: Leben und Werk", 15f, in: Jürgen Hammerstaedt et al. (Hg.), *Apuleius. De Magia. Eingeleitet, übersetzt und mit interpretierenden Essays versehen von Jürgen Hammerstaedt, Peter Habermehl, Francesca Lamberti, Adolf M. Ritter und Peter Schenk*, [SAPERE. Scripta Antiquitatis Posterioris ad Ethicam Religionemque pertinentia. Schriften der späteren Antike zu ethischen und religiösen Fragen; V], Darmstadt 2002, 9-22.
56   Vgl. zum juristischen wie geographischen Kontext ausführlicher Francesca Lamberti, „III. De magia als rechtsgeschichtliches Dokument", 337, in: Hammerstaedt et al., *Apuleius...*, 331-350.

des Apuleius mit einer gewissen Pudentilla, einer vermögenden Witwe, welche den Groll der Schwäger der Pudentilla hervorrief – Letztere standen ihrem beträchtlichen Vermögen freilich nicht gleichgültig gegenüber. Im Mittelpunkt der Gerichtsverhandlung stand der Vorwurf, Apuleius habe die Gunst der Pudentilla mittels *magia* gewonnen; die Vorstellung, dass Apuleius ein *magus* sei, war im zweiten Jahrhundert nach Christus nunmehr so dramatisch, dass ein römisches Gericht selbst im kleinstädtischen Kontext über diesen Sachverhalt entscheiden musste – und im Falle einer Verurteilung wohl den Tod des Apuleius verfügt hätte. Dass das Gericht anders entschied, steht trotz eines fehlenden direkten Beleges außer Frage; kaum hätte er sonst die Verteidigungsrede und insbesondere seine weiteren, auf die Jahre nach dem Prozess datierten Schriften herausgeben können.[57]

Im Folgenden muss nicht mehr die gesamte Argumentation der außerordentlich umfangreichen Rede rekonstruiert werden;[58] es liegt bereits ausreichend Sekundärliteratur zu dem Gerichtsprozess vor. Vielmehr soll an einzelnen Schlüsselstellen des Textes dargelegt werden, inwiefern der Magiebegriff selbst in seiner Anwendung in der römischen Gerichtsbarkeit jene semantischen und epistemologischen Probleme in sich bergen muss, die in der vorliegenden Arbeit bereits hinreichend aufgewiesen worden sind. Apuleius – so wird sich zeigen – war sich dieser Probleme bewusst und brachte diese mittels zahlreicher argumentativer und ironischer Winkelzüge ans Licht. Nach einer einführenden Rekonstruktion des Gesetzes, welches im Prozess gegen den Philosophen möglicherweise zur Anwendung kam, soll die Rede daher insbesondere hinsichtlich ihres dekonstruktivistischen Potenzials durchleuchtet werden.

7.2.1. Zum Gesetz

Unter welches konkrete Gesetz die Anklage gegen Apuleius fiel, kann nicht mit Sicherheit rekonstruiert werden. In jedem Fall tritt der Magiebegriff überhaupt erst – wie oben gesehen – in der frühen Prinzipatszeit in die Terminologie der römischen Jurisprudenz ein und überlagert sich im Zuge dieses Prozesses offenbar rasch mit der bereits bestehenden Gesetzgebung. Hierbei ist nicht nur das – auch noch zur Kaiserzeit gültige – *Zwölftafelgesetz* von Bedeutung, sondern auch die auf 81 vor Christus datierte *Lex Cor-*

---

57 Wichtig sind hier insbesondere Apuleius, *Metamorphoses*; *Florida*; *De Deo Socratis*. Vgl. zu Apuleius' Schriftenkorpus Hammerstaedt, „Apuleius: Leben und Werk", 18-22.
58 Peter Schenk führt an, dass die Redezeit zwischen drei uns sechs Stunden betragen haben muss: Peter Schenk, „Einleitung", 40/41, in: Hammerstaedt et al., *Apuleius...*, 23-57. Freilich kann nicht rekonstruiert werden, inwieweit die veröffentlichte Form der Rede von der tatsächlich gehaltenen abweicht; zur Diskussion Ebenda, 39-43.

nelia de sicariis et veneficis. Im Folgenden sollen diese rechtsgeschichtlichen Zusammenhänge kurz skizziert werden.[59]

Im um 450 vor Christus entstandenen Zwölftafelgesetz finden sich zwei Stellen, die – wie bereits bei Ovid und Plinius dem Älteren gesehen – ab dem ersten Jahrhundert vor Christus rückwirkend dem Magiebegriff zugeordnet worden sind. Wer anderen mittels *böswilliger Gesänge* Schaden zufügte (*Qui malum carmen incantassit*),[60] oder wer anderen mittels ritueller Sprechakte den Ertrag vom Feld stahl – wörtlich: *heraussang* (*Qui fruges excantassit*) –,[61] sollte nach der achten Tafel des Gesetzes mit der Kapitalstrafe (Verbannung oder Tod) bestraft werden. Wichtig ist, dass diese Praktiken nicht selbst Gegenstand des Gesetzes sind, sondern nurmehr ihre Auswirkung im Kontext zivilen Rechts: im Kern geht es um Übergriffe auf fremdes Wohlergehen und Eigentum. Vor diesem Hintergrund ist die Verortung auf der achten Tafel erklärbar, die im Wesentlichen den Schadensersatz regelt: „es geht nicht um Sakralgesetzgebung, sondern um Eigentumsrecht."[62]

Ähnlich verhält es sich mit der *Lex Cornelia de sicariis et veneficis,* jenem unter Sulla verabschiedeten Gesetz über „Meuchelmörder und Giftmischer".[63] Im Gesetz werden zwei Arten der Tötung unterschieden: eine herkömmliche, bei der ein gewaltsamer Tod durch sichtbare Waffeneinwirkung rekonstruiert werden kann, sowie eine unsichtbare, die auf den Einfluss eines *venenums* zurückgeführt wird.[64] Dabei ist das *venenum* – wie das griechische *phármakon* – ambivalent zu sehen; es kann zum einen *Gift* bedeuten, zum anderen auf ein schadenbringendes Ritual verweisen.[65] Dies

---

59 Zu einer ausführlicheren Darstellung vgl. Lotz, *Der Magiekonflikt in der Spätantike,* 62-183.
60 Vgl. Karl Georg Bruns (Hg.), *Fontes Iuris Romani Antiqui. Editit Carolus Georgius Bruns. Leges et Negotia. Editio Sexta. Cura Theodori Mommseni et Ottonis Gradenwitz,* Freiburg 1893, 28; Manche Rechtshistoriker übersetzen das *malum carmen* allerdings im Kontext von übler Nachrede; vgl. etwa Liselott Huchthausen, *Römisches Recht: in einem Band. Zwölftafelgesetz. Gaius. Institutionen. Aus den Digesten. Cicero. Rede für Sextus Roscius aus Ameria. Cicero. Aus den zwei Büchern Rhetorik,* [Bibliothek der Antike. Römische Reihe], Berlin ³1991, 5: „Wer ein Schmähgedicht gesungen hat". Zur Deutung im Kontext ritueller Verfluchungspraxis vgl. etwa Graf, *Gottesnähe...,* 41, oder Lamberti, „III. De magia...", 338.
61 Vgl. Bruns, *Fontes Iuris...,* 30: „Qui fruges excantassit [...] neve alienam Segetem Pellexeris".
62 Vgl. Graf, *Gottesnähe...,* 42: „bestraft wird der Übergriff auf fremdes Eigentum (alienos fructus, alienam segetem), um dem Besitzer zu schaden und sich selber zu bereichern: es geht nicht um Sakralgesetzgebung, sondern um Eigentumsrecht."
63 Graf, *Gottesnähe...,* 45.
64 Vgl. Bruns, *Fontes Iuris...,* 93/94.
65 Zur Diskussion ausführlich Dieter Nörr, *Causa Mortis. Auf den Spuren einer Redewendung,* [Münchner Beiträge zur Papyrusforschung und antiken Rechtsgeschichte; Heft 80], München 1986, 86-120. Nörr interpretiert das *venenum malum* ausschließlich im Kontext eines „Giftmordtatbestandes", verweist allerdings darauf, „daß man bereits kurz nach dem Erlaß der Lex Cornelia mit dem (vielleicht aus früheren Gesetzen) übernommenen Wortlaut des Giftmordtatbestandes recht frei umging und dabei das subjektive Element betonte"; Ebenda, 93. Vgl. zur Ambivalenz des Begriffs auch die obigen Ausführungen zur

hat auch damit zu tun, dass – in den Worten Fritz Grafs – „vor den modernen Möglichkeiten chemischer Analysen Gift oftmals kaum leichter nachweisbar als Zauberei: in beiden Fällen konnte der Tatbeweis nur über Zeugenaussagen geschehen, die mehr oder minder vertrauenswürdig waren."[66]

Beide Gesetzestexte zielen also nicht auf die Verurteilung einer eigenständige Kategorie rituellen Handelns ab, sondern thematisieren nur die Auswirkung dieses Handelns auf andere Mitglieder der Gemeinschaft: im Kontext der *Zwölftafelgesetze* geht es um Diebstahl und Schädigung, in der *Lex Cornelia* um Mord.[67] Um die jeweils verhandelten *carmina* beziehungsweise *venena* von gleichfalls unschädlichen oder gar hilfreichen *carmina auxiliaria*[68] beziehungsweise *venena ad sanandum*[69] abzugrenzen, wird zusätzlich die Intention des Praktizierenden in den Blick genommen. Entsprechend haben die Zwölftafeln nicht jedes *carmen* im Blick, sondern nurmehr das *carmen malum*, das beschwörende oder verfluchende rituelle Sprechen, mit dem explizit das Ziel verfolgt wird, Anderen zu schaden; die *Lex Cornelia* spricht analog von *venena mala*. Unterscheidungskriterium ist hier wie dort also auch die intentionale – böswillige – Haltung des Angeklagten, die erst zu Schaden und dadurch zur straffälligen Qualität eines Rituals führt.

Wenngleich die hier verhandelten Straftatbestände ab der frühen Kaiserzeit in das semantische Feld des Magiebegriffs eintreten, ist es allerdings unwahrscheinlich, dass Apuleius vor dem Hintergrund einer dieser beiden Gesetzestexte angeklagt worden ist. Der Hauptvorwurf der Verhandlung – die Verführung der Pudentilla mittels *magia*; Apuleius sei ein *magus* – wird von keinem der beiden Gesetze abgedeckt. Die Ausführungen des Apuleius selbst deuten in mehreren Passagen darauf hin, dass dieser weder aufgrund eines *carmen malum*, noch aufgrund eines *veneficiums*, sondern im Kontext eines eigenständigen Straftatbestands *crimen magiae* vor Gericht

---

Personenbezeichnung *venefica*.
66 Graf, *Gottesnähe...*, 46. Auch in der hier verwendeten Sekundärliteratur zur römischen Kulturgeschichte findet sich häufig der Magie- oder Zauberbegriff zur Kennzeichnung bestimmter Sachverhalte. Da auf die damit einhergehende Problematik bereits im griechischen Kontext häufig hingewiesen wurde und diese weitgehend vergleichbar ist, muss im vorliegenden Kapitel nicht mehr jede einzelne Stelle argwöhnisch korrigiert werden. Dies gilt auch für die zahlreichen Übersetzungen etwa von *carmen* mit *Zauberspruch*, von *venenum* oder *veneficium* mit *Zauberei* usw.
67 Vgl. Graf, *Gottesnähe...*, 45: „Wie schon im Fall der Gesetze auf den Zwölf Tafeln hat auch hier der Gesetzgeber nicht die Magie als solche im Blick, sondern die absichtliche Tötung von Mitbürgern entweder durch sichtbare Waffeneinwirkung (durch die sica, den Dolch) oder durch weniger sicher feststellbare Methoden (durch venenum, Gift)".
68 Vgl. bereits oben die Plinische Erwähnung des *carmen auxiliare*; dazu auch Graf, *Gottesnähe...*, 43.
69 So spricht die *Lex Cornelia* explizit von einem *venenum malum*; ein kaiserzeitlicher Kommentator schließt daraus, dass ungefährliche oder heilsame *venena ad sanandum* von dem Gesetz nicht angesprochen seien: Marcianus, *Institutionum*, 14. Buch (Digestae 48, 8, 3).

stand.[70] Es ist insofern anzunehmen, dass – in den Worten Francesca Lambertis – „man im Laufe der frühen Prinzipatszeit zu einer umfassenden normativen Behandlung der Zauberei kam, die diese als eigenständigen Anklagegrund vor Gericht zuließ".[71] Lamberti geht in diesem Zusammenhang von einem entsprechenden *senatusconsultum* – wahrscheinlich aus der Mitte des ersten Jahrhunderts nach Christus – aus, welches wahrscheinlich in Anlehnung an die *Lex Cornelia* verabschiedet wurde.[72] Was genau unter jener *magia* im juristischen Sinne verstanden wurde, ist aufgrund eines fehlenden Gesetzestextes nicht rekonstruierbar und lässt sich nur indirekt – etwa durch konkreten Einblick in eine darauf basierende Gerichtsverhandlung – erschließen. Es ist daher der Moment gekommen, den Angeklagten Apuleius sprechen zu lassen.

7.2.2. Der Ablauf des Prozess

Zunächst zum groben Ablaufs des Prozesses, insbesondere zu den Vorwürfen der Ankläger und deren Entkräftung durch Apuleius: die Ankläger Sicinius Amicus und Sicinius Aemilianus, Schwäger der Pudentilla, sowie Pudentillas Sohn Sicinius Pudens, der als Hauptankläger auftritt, versuchen den Richter Claudius Maximus im Laufe der Verhandlung mit einer Reihe von Indizien davon zu überzeugen, dass Apuleius als *magus* anzusehen und zu verurteilen sei. Jene Vorwürfe, die Apuleius in seiner Rede schrittweise erläutert und daraufhin systematisch entkräftet, lauten der Reihe nach: er habe ein arabisches Zahnpulver verwendet; er habe erotische Gedichte über Knaben verfasst; er besitze einen Spiegel; er habe bestimmte Fische gekauft und (für das Ritual) seziert; mehrere Personen seien in seiner Gegenwart ohnmächtig geworden; er besitze ein Leintuch, in dem er etwas aufbewahre; er habe nächtliche Rituale vollzogen; er besitze eine merkwürdige Statuette; schließlich: er habe die Liebe der Pudentilla – zur Gewinnung ihrer Mitgift – mittels *magicis sacris* gewonnen.

Es ließe sich bereits aus dieser Aufzählung an Indizien für *magia* einiges über das (nicht nur juristische) Verständnis des Magiebegriffs im römischen Reich des zweiten Jahrhunderts nach Christus sagen.[73] Immerhin

---

70 Vgl. etwa Apuleius, *Apologia*, 2, 2; 26, 8; 32, 8; 41, 6; besonders 25, 5 (Hammerstaedt, *Apuleius...*, 100/101): „Ich komme jetzt nämlich auf die eigentliche Anschuldigung von Magie [Aggredior enim iam ad ipsum crimen magiae], welche er zur üblen Nachrede gegen mich mit gewaltigem Toben entfacht hatte [...]"; vgl. ausführlicher auch Lamberti, „III. De magia...", 338/39.
71 Lamberti, „III. De magia...", 342.
72 Davon zeugt auch die Tatsache, dass erst in den späteren *Annalen* des Tacitus – ab dem Prozess gegen Statilius Tauris (53 n. Chr.) im zwölften Buch – *magia* als alleiniger Anklagepunkt fungiert. Dazu ausführlicher auch Lamberti, „III. De magia...", 344-46.
73 Vgl. zur Deutung der einzelnen Vorwürfe auch die hervorragenden Kommentare der Hammerstaedt-Übersetzung; zu einzelnen Vorwürfen auch Peter Habermehl, „I. Magie,

sind alle vorgebrachten Vorwürfe explizit mit dem Ziel formuliert worden, Apuleius als *magus* zu diskreditieren. Verständlicherweise zielt die Argumentationsstrategie des Apuleius daher im Wesentlichen darauf ab, jeweils alternative Erklärungen für die zur Sprache gebrachten Geschehnisse anzugeben – alles habe sozusagen mit rechten Dingen zu tun. Prägnant ist dies in seinem Schlusswort gebündelt, in dem Apuleius versucht, alle genannten Vorwürfe mit jeweils zwei Worten zu widerlegen:

> „Im übrigen zähl' nach, ob ich auf das, was du mir vorwirfst, jeweils mit je zwei Wörtern antworten kann. 'Du machst Zähne glänzend': verzeih Reinheit! 'Du schaust in Spiegel': eine Philosophenpflicht. 'Du dichtest Verse': erlaubtes Tun. 'Du untersuchst Fische': Aristoteles' Lehre. 'Du weihst ein Holz': Platons Rat. 'Du ehelichst eine Frau': gesetzliche Anweisung. 'Sie ist älter als du': geschieht häufiger. 'Du warst auf Gewinn aus': nimm Mitgifttafeln, bedenke Schenkung, lies Testament!"[74]

Ausgehend von dieser Gegenüberstellung lässt sich die argumentative Struktur der Gerichtsverhandlung zusammenfassen: die Ankläger werfen Apuleius eine Reihe zwielichtiger Handlungen und Besitztümer vor und versuchen dadurch – gewissermaßen akkumulativ – den Straftatbestand des *crimen magiae* nachzuweisen. Apuleius rekonstruiert in seiner Rede jeweils den (seiner Ansicht nach) tatsächlichen Hintergrund der einzelnen Sachverhalte, der freilich nie in einem *magischen* Kontext stehe. Etwas vereinfachend könnte man sagen, dass er die Vorwürfe jeweils durch wissenschaftliche (das Sezieren von Fischen diente Forschungszwecken; die fallenden Knaben waren Epileptiker und wurden von Apuleius medizinisch behandelt), durch religiöse (Die Statuette diente der legitimen Gottesverehrung; die Heirat mit Pudentilla geschah aus Liebe und wurde vor den Göttern geschlossen) oder durch mehr oder weniger triviale (das Zahnpulver diente der Zahnpflege; der Besitz eines Spiegels der Selbstbetrachtung; die Dichtung der Zerstreuung und schönen Kunst) Alternativverklärungen entkräftet. Am Ende der Rede präsentiert Apuleius zudem seinen Trumpf, das Testament der Pudentilla, welches nicht ihn, sondern ihre Schwäger begünstigt, um der Anklage ihren argumentativen Boden – Apuleius wurde letztlich Habgier vorgeworfen – zu entziehen.

Apuleius ist also tunlichst darauf bedacht, niemals in irgendeiner Form tatsächlich als *magus* in Erscheinung zu treten. Freilich stand sein Leben auf dem Spiel. Abgesehen von dieser zugegebenermaßen ernst zu nehmenden Gefahr suggeriert er allerdings häufig selbst, dass *magia* in der Tat verabscheuenswürdig – ein *ungeheuerliches Verbrechen*, eine *unerlaubte Frevelei*, eine *unsägliche Kunst* –[75] sei. Gleichwohl ist diese teilweise dramatisierende

---

Mächte und Mysterien: Die Welt des Übersinnlichen im Werk des Apuleius", in: Hammerstaedt et al., *Apuleius...*, 285-314, sowie Graf, *Gottesnähe...*, 61-82.

74 Apuleius, *Apologia*, 103,2 (Hammerstaedt, *Apuleius...*, 234/35).

75 Vgl. Apuleius, *Apologia*, 25, 4 (Hammerstaedt, *Apuleius...*, 100/01): „Warum beweist ihr nicht, wessen ihr mich bezichtigt, die ungeheuerlichen Verbrechen, die unerlaubten Freve-

Darstellung von (einer tatsächlichen, im Unterschied zu der ihm vorgeworfenen) *magia* wohl auch als rhetorisches Stilmittel des Apuleius einzuordnen, mit dem dieser versucht, sich selbst deutlich vom Straftatbestand des *crimen magiae* abzusetzen. Denn an anderer Stelle zieht er die Ankläger und ihr Verständnis von *magia* so sehr ins Lächerliche, dass man den Eindruck gewinnt, Apuleius habe nicht nur die konkrete Anklage gegen seine Person, sondern mitunter das ganze juristische Konzept des *crimen magiae* für fragwürdig, wenn nicht für absurd gehalten. In wichtigen Abschnitten seiner Rede tritt Apuleius weniger als Angeklagter, sondern vielmehr als Kritiker des verhandelten Straftatbestandes in Erscheinung. Seine offenkundige Skepsis gegenüber der juristischen Option, Menschen aufgrund von hanebüchenen Beobachtungen und Klischeevorstellungen zum Tod verurteilen zu können, tritt hier offen zutage. Liest man die Rede von diesem Gesichtspunkt her, meint man, nicht er, sondern das *crimen magiae* selbst habe vor Gericht gestanden. Im Folgenden soll dieser Aspekt seiner Rede pointiert herausgearbeitet werden.

7.2.3. Was ist ein *magus*?

Hierzu ist zunächst Apuleius' Verständnis von *magia* in den Blick zu nehmen – bereits Apuleius' Definition eines *magus* offenbart seine komplexe Herangehensweise an die Thematik. Nach einer einführenden Erläuterung diverser Anklagepunkte und ersten Entkräftungen stellt er diesbezüglich in geradezu sokratischer Manier die Frage, „was eigentlich ein Magier ist [quid sit magus]".[76] Die Antwort, die er gibt, dient nicht nur dazu, auf seine umfassende philosophische Ausbildung hinzuweisen:

> „Wenn nämlich, wie ich wenigstens bei den meisten lese, in der Sprache der Perser 'Magier' dasselbe ist, wie in unserer 'Priester' [Persarum lingua magus est qui nostra sacerdos], was ist das schließlich für ein Verbrechen, Priester zu sein und in rechter Weise zu kennen, zu wissen, und zu beherrschen die Gesetze der Kulthandlungen, die Ordnung der Opfer und die religiösen Normen [leges cerimoniarum, fas sacrorum, ius religionum], sofern wirklich Magie [magia] dasjenige it, wie es Plato deutet, wenn er erwähnt, in welchen Fächern die Perser einen Knaben unterweisen, der ins Königtum hineinwächst".[77]

---

leien, die unsäglichen Künste [scelera immania et inconcessa maleficia et artis nefandas]?"
76 Vgl. Apuleius, Apologia, 25, 7f (Hammerstaedt, Apuleius..., 102/03): „Da hast du jene Anklage: mit Anwürfen begonnen, mit Gerede erweitert, der Beweise verlustig; nach deinem Urteilspruch wird sie ohne jeden Rest ihres verleumderischen Verdachtsmoments dastehen. Diese nun ist von Aemilianus ganz an dem einen Punkt festgemacht worden, dass ich ein Magier sei; deshalb erlaube ich mir, seinen hochgebildeten Anwälten die Frage zu stellen, was eigentlich ein Magier ist [quid sit magus]."
77 Apuleius, Apologia, 25, 9f (Hammerstaedt, Apuleius..., 102/03).

Apuleius macht sich hier gewissermaßen die Ethnozentrik des in Kapitel 6 beschriebenen griechischen Rezeptionsprozesses zunutze, der überhaupt zur Genese des abendländischen Magiebegriffs geführt hatte. Dabei verweist er wiederum auf die Platon-Passage im *ersten Alkibiades*, um deutlich zu machen, dass der Magiebegriff vielschichtiger ist, als von den (mithin nicht des Griechisch mächtigen) Anklägern angenommen. Apuleius wertet den Magiebegriff daher im Rahmen seiner rhetorischen Strategie zunächst auf und bezeichnet *magia* gar als „Kunst, die den unsterblichen Göttern willkommen ist, die sich durch und durch darauf versteht, ihnen zu dienen und sie zu verehren, die selbstverständlich gottesfürchtig ist und das Göttliche weiß, berühmt schon von ihren Urhebern Zoroaster und Oromazes, an, die Oberpriesterin der Himmelsbewohner".[78]

Damit versucht er wohl nicht nur – wie in zahlreichen anderen Abschnitten seiner Rede – seine hervorragende Bildung gegenüber der bäuerlichen Einfältigkeit seiner Ankläger zu positionieren; vielmehr macht er auf die Fragwürdigkeit des Magiebegriffs im Kontext römischer Rechtsprechung aufmerksam. Freilich war Apuleius – wenn dieser Sachverhalt überhaupt unter seinen Hörern bekannt war – im Vorstellungshorizont des Gerichts und der Ankläger nicht als persischer Priester angeklagt; er konnte kaum hoffen, mit seinem begriffsgeschichtlichen Sprachspiel irgendeinen juristischen Effekt zu erzielen. Doch zeigt diese erste, ironische Definition[79] die weitere Zielrichtung der Argumentation des Apuleius an: es geht ihm nicht nur um den Freispruch, es geht ihm erklärtermaßen um die *Verteidigung der Philosophie*,[80] und in diesem Zusammenhang – wie oben bereits angesprochen – um die kritische Hinterfragung des landläufigen Verständnisses von *magia*, welches überhaupt zur Anklage geführt hatte. Dies zeigt sich prägnant in seiner kurz darauf genannten, zweiten Definition eines *magus*, die das Denken seiner Ankläger widerspiegeln soll:

> „Wenn diese Kerle hingegen nach gewöhnlicher Manier [more uulgari] für einen Magier im eigentlichen Sinne [proprie magum] denjenigen erachten, der im gemeinschaftlichen Gespräch mit den unsterblichen Göttern [communione loquendi cum deis immortalibus] zu all dem, was er will, mit einer geradezu unglaublichen Macht seiner Beschwörungen befähigt ist [incredibilia quadam ui cantaminum], dann frage ich mich mit höchster Verwunderung, warum sie

---

78 Vgl. Apuleius, *Apologia*, 26, 1f (Hammerstaedt, *Apuleius*..., 102/03).
79 Das von Apuleius häufig verwendete Stilmittel der Ironie charakterisiert den Philosophen als Vertreter der sogenannten zweiten Sophistik: vgl. dazu besonders Rudolf Helm, „Apuleius' Apologie: ein Meisterwerk der zweiten Sophistik", in: *Das Altertum 1 (1955)*, 86-108; sowie auch Peter Schenk, „Einleitung", v.a. 46-56.
80 Vgl. Apuleius, *Apologia*, 3, 5 (Hammerstaedt, *Apuleius*..., 62/63): „Ich leiste nämlich nicht nur meine eigene Verteidigung, sondern auch die der Philosophie, welche in ihrer Erhabenheit selbst die geringste Beanstandung von sich weist, als ob es die schlimmste Beschuldigung wäre". vgl. zu diesem Punkt auch Graf, *Gottesnähe*..., 65.

keine Angst empfunden haben, den anzuklagen, von dem sie behaupten, dass er zu so viel fähig sei."[81]

Die Formulierung *more vulgari* weist darauf hin, dass Apuleius sich hier eben an landläufigen Vorstellungen orientiert, die zur Zeit des Prozesses über einen *magus* kursieren. Dabei fallen zwei wiederum bekannte Rezeptionsmuster ins Auge: zum einen steht der *magus* in Kontakt mit den Göttern. Apuleius bewegt sich hier vor dem Hintergrund des oben entwickelten griechischen Befundes auf vertrautem rezeptionsgeschichtlichem Boden: der *Magier* bedarf eines weitreichenden „theologischen Überbaus"[82] für sein Tun. Zum anderen wird dieser wieder mit außergewöhnlichen, „geradezu unglaublichen" Fähigkeiten in Verbindung gebracht, die für Apuleius mit der „Macht seiner Beschwörungen" einher gehen würden. Der *magus* sei aufgrund seiner privilegierten Kommunikation mit den Göttern zu allem befähigt, „was er will". Apuleius verzichtet hier auf die Götterzwang-Denkfigur, deutet ein geradezu freundschaftliches Verhältnis an. Gleichwohl scheinen der Macht des *Magiers* wiederum keine Grenzen – auch nicht von Seiten der Götter – gesetzt. Diese für Apuleius übertriebene Vorstellung verführt ihn sogleich dazu, den Glauben der Ankläger an eine solche Person ins Lächerliche zu ziehen:

> „eine so verborgene und göttliche Wirkkraft [occulta et diuina potentia] kann man nicht ebenso abwehren wie die übrigen Bedrohungen. Wer einen Mörder vor Gericht stellt, erscheint mit Leibwache; wer einen Giftmischer [uenenarium] anklagt, ernährt sich achtsamer als sonst; wer einen Dieb überführt, passt auf seine Habe auf. Doch wer einen Magier, wie ihn die da meinen, in einen Gerichtsentscheid auf Leben und Tod hineinzieht [enimuero qui magum qualem isti dicunt in discrimen capitis decuit], mit welchen Leibwächtern, welcher Achtsamkeit, welchen Aufpassern könnte er ein unsichtbares und unentrinnbares Verderben abwehren? Natürlich mit keinem; diese Art von Verbrechen anzuklagen ist folglich nicht Sache dessen, der wirklich daran glaubt."[83]

Die verblüffende Argumentationsreihe offenbart nicht nur den oben bereits angesprochenen Sachverhalt, dass Apuleius wahrscheinlich nicht aufgrund der *Lex Cornelia* angeklagt worden ist;[84] sie demonstriert darüber hinaus Apuleius' Überzeugung, dass die Anklage gegen ihn letztlich eine Farce darstellte. Der Glaube der Ankläger an jenes „unsichtbare und unentrinnbare Verderben" namens *magia* wird sogleich ad absurdum (beziehungsweise in platonischer Terminologie: in die *Aporie*) geführt: hätten die Ankläger wirklich daran geglaubt, dass Apuleius ein *magus* ist, hätten sie ihn aus Furcht vor seinen *mirakulösen Fähigkeiten* niemals angeklagt.[85]

---

81 Apuleius, *Apologia*, 26, 6 (Hammerstaedt, *Apuleius*..., 104/05).
82 Graf, *Gottesnähe*..., 78.
83 Apuleius, *Apologia*, 26, 7f (Hammerstaedt, *Apuleius*..., 104/05).
84 Apuleius erwähnt hier ja, dass er nicht als *venenarius*, sondern als *magus* angeklagt werde.
85 Insbesondere in seinen *metamorphoses* – dem *Goldenen Esel* – differenziert Apuleius den Topos *mirakulöser Fähigkeiten* noch sehr viel stärker aus: vgl. etwa Apuleius, *Metamorphoses*,

Diese ironisierende Wendung deutet einen Sachverhalt an, der in der ethnologischen Literatur des Zwanzigsten Jahrhunderts (vor allem in Anlehnung an Evans-Pritchards Studie *Hexerei, Orakel und Magie bei den Zande*) und mittlerweile auch in der historiographischen Auseinandersetzung mit den europäischen Hexenverfolgungen als Erklärungsmuster herangezogen wird. Es geht um die Annahme, dass Anklagen der *Magie* oder *Hexerei* als Ventil für soziale Konflikte fungieren und mitunter ein Mittel darstellen, unliebsame Mitbewohner der (Dorf-) Gemeinschaft aus dem Weg zu räumen. Magieanklagen wurzelten daher tatsächlich in Neid, Eifersucht, Hass, Rache – im größeren sozialgeschichtlichen Kontext auch in wirtschaftlichen Nöten, Armut, Unglücken (Naturkatastrophen, Hungersnöte, Epidemien).[86] Zumindest im Kontext der Anklage gegen Apuleius ist dieses Muster in der Tat evident. Apuleius ist im Kontext der überschaubaren Gemeinschaft Oeas zunächst ein Fremder, ein Zugezogener, ein „hergelaufener Philosoph",[87] mit ungewohnten Ansichten und Gewohnheiten. Innerhalb kurzer Zeit gewinnt er das Herz der vermögenden Pudentilla, einem Mitglied einer der angesehensten, wahrscheinlich auch reichsten Familien des Ortes, den Sicinii – und dies, nachdem sich (nicht nur) die Brüder ihres verstorbenen Mannes, die späteren Ankläger Sicinius Amicus und Sicinius Aemilianus, jahrelang vergeblich um sie bemüht hatten. Diese Ausgangssituation mag bilderbuchartig zeigen, „aus welchen sozialen Konstellationen ein Verdacht auf Magie entstehen kann";[88] Graf spricht von einer „soziale[n] Asymmetrie",[89] die durch die Heirat des Apuleius mit

---

Buch 1 nach Edward Brandt, Wilhelm Ehlers (Hg.), *Apuleius. Der goldene Esel. Metamorphosen. Lateinisch und deutsch. Herausgegeben und übersetzt von Edward Brandt und Wilhelm Ehlers. Mit einer Einführung von Niklas Holzberg*, [Sammlung Tusculum], München ⁴1989, 16f: „'diese mächtige Majestät Frau Wirtin, – was ist das für ein Weib?' 'Eine Hexe [Saga]', sagte er, 'mit dämonischer Macht, den Himmel niederzulegen, die Erde aufzuhängen, Quellen zu verhärten, Berge zu schmelzen, Geister heraufzuholen, Götter herabzuziehen, Sterne auszulöschen, tatsächlich die Unterwelt zu illuminieren [et divini potens caelum deponere, terram suspendere, fontes durare, montes diluere, manes sublimare, deos infimare, sidera extinguere, Tartarum ipsum inluminare; man beachte: Brandt/Ehlers übersetzen *divini potens* mit *dämonischer Macht*!]."'

86 Von Apuleius wird diese emotionale Motivik übrigens selbst häufig angesprochen; vgl. etwa Apuleius, *Apologia*, 67, 1 (Hammerstaedt, *Apuleius*..., 172/73): „Worum geht es also? Jedem dämmert es allzu deutlich, dass es keinen Anlass gibt außer Neid, der ihn [Aemilianus Sicinus; d. Verf.] und [...] meine übrigen Widersacher dazu bewogen hat, die Verleumdungen wegen Zauberei zusammenzureimen [nectendas magiae calumnias]."; vgl. auch Apuleis, *Apologia*, 28, 6 (Hammerstaedt, *Apuleius*..., 108/09): „Unsere besagte Ehe freilich versetzte diesen Aemilianus in eine ungeheuerlich heftige Beklemmung und Qual; und daraus ist die ganze Wut, Tollheit und letztlich der Wahnsinn entstanden, die zur Erhebung dieser Anklage hier führten."

87 Graf, *Gottesnähe*..., 64.
88 Ebenda.
89 Vgl. Ebenda: „Auch hier steht im Vodergrund eine soziale Asymmetrie, geht es um Besitzstrukturen. [...] Und wieder trägt der marginale, unerwartete Rivale den Sieg davon, die Millionen und die Frau, die den Zugang dazu gibt; wieder sind gesellschaftliche Gleichgewichte in Frage gestellt."

7.2. Die Apologia des Apuleius Madaurensis

Pudentilla hervorgerufen worden sei, und nennt in Anlehnung an die grundlegende These Evans-Pritchards („Hexerei erklärt unglückliche Ereignisse")[90] die sozialpsychologischen Funktionen der Anklage:

> „Mit der Magieanklage versuchen die Verlierer, diesen unerwarteten Ausgang überhaupt verständlich zu machen: Magie kann sonst unselbstverständliches Unglück erklären. [...] Gleichzeitig dient der Vorwurf der Magie dazu, die geschlossene Gesellschaft von Oea gegen den Fremden aufzubringen, ihn auszugrenzen, gar zu beseitigen und so das soziale Gleichgewicht wiederherzustellen."[91]

Soweit die häufig gehörte Theorie –[92] die im Fall des Apuleius in der Tat ein schlüssiges Interpretationsmuster zur Deutung der Hintergründe des Prozesses liefern mag. Interessanter im Kontext der vorliegenden Arbeit ist gleichwohl die Frage, welche Rolle der Magiebegriff selbst in solchen Konstellation spielt. Gibt es in der semantischen Struktur des Begriffs Eigenschaften, die seine Verwendung bei der Kanalisierung psychosozialer Konflikte erleichtern oder begünstigen können?

7.2.4. Apuleius' Dekonstruktion von *magia* als Bestandteil seiner Verteidigungsstrategie

In der vorliegenden Arbeit wurde bereits mehrfach auf diesbezügliche Eigenschaften hingewiesen: unter Anderem die fehlende Trennschärfe des Magiebegriffs – eine Folge seiner antiken Funktionalisierung als Ausgrenzungskategorie – hat die Verwendung des Begriffs im Rahmen des antiken (und späteren) Strafrechts sicherlich begünstigt. Im Folgenden soll dieser Zusammenhang durch die Analyse einzelner Abschnitte der Rede ausführlicher dargelegt werden. Es ist kein Zufall, dass Apuleius – als studierter Philosoph und Rhetoriker – häufig versucht, gerade diese Problematik des Begriffs bei der Besprechung der ihm vorgeworfenen Vergehen aufzuzeigen. Sein sokratisches Infragestellen des *crimen magiae* fungiert insgesamt als wichtige Verteidigungsstrategie der Rede.

Vorab ein Wort zum erkenntnistheoretischen Grundproblem: der Prozess gegen Apuleius weist auf die wichtige Frage hin, wie *magia* denn überhaupt beobachtet und identifiziert werden kann. Die bereits genannten Indizien, die von den Anklägern aufgeführt werden, deuten darauf hin, dass ein *magus* nicht so einfach und problemlos identifiziert werden kann wie beispielsweise ein Fischer oder Schmied – dass *magia* also nicht vergleichbar direkt und eindeutig beobachtbar ist wie das Auswerfen eines

---
90 Vgl. Evans-Pritchard, *Hexerei...*, 60f.
91 Graf, *Gottesnähe...*, 64.
92 Vgl. zu dieser Deutung des Prozesses gegen Apuleius auch Peter Busch, *Magie in neutestamentlicher...*, 120-125; 152/53; vgl. auch Lotz, *Der Magiekonflikt in der Spätantike*, u.A. 184f.

Fischernetzes oder das Schmieden eines Schwertes. Der Prozess gegen Apuleius macht auf prägnante Weise deutlich, dass auch und gerade die juristische Applikation des Magiebegriffs auf einem mitunter komplexen Attributionsprozesses basiert. Aus Sicht der Ankläger bedeutet dies, dass bestimmte Gegenstände (Apuleius besaß arabisches Zahnpulver, Fische, ein Leintuch) und Handlungen (Apuleius dichtete, sezierte Fische, heiratete eine ältere Frau) gewissermaßen nicht (nur) für sich selbst stehen, sondern darüber hinaus noch auf etwas *Anderes* verweisen. Insbesondere das Konzept der Attribution ist geeignet, diesen Sachverhalt deutlich zu machen. Der Prozess gegen Apuleius fand statt, weil die Ankläger seine Heirat mit Pudentilla nicht Zuneigung oder anderen üblichen Heiratsgründen zugeschrieben hatten, sondern der rätselhaften Kategorie *magia*. Im Folgenden werden Gestalt und Problematik dieses Attributionsprozesses im Rahmen dreier Anklagepunkte – dem Fische-Vorwurf, dem Vorwurf des fallenden Knaben und dem Leintuch-Vorwurf – aufgezeigt.

7.2.4.1. Der Fische-Vorwurf

Das zentrale Element der Beweisführung der Ankläger besteht in dem Vorwurf, Apuleius habe Fische zu *magischen* Zwecken – also im Kontext des unterstellten Liebesrituals zur Gewinnung der Pudentilla – gekauft und seziert.[93] Apuleius erwidert hierauf:

> „Doch, ich bitte dich, ist denn, wer Fische sucht, ein Zauberer [qui pisces quaerit, magus est]? Ich jedenfalls glaube, nicht mehr, als wenn ich Hasen suchte oder Wildschweine oder Geflügel. Oder haben nur die Fische irgendetwas, was anderen verborgen, Zauberern aber bekannt ist? Wenn du weißt, was das ist, dann bist du in der Tat ein Zauberer; wenn du es aber nicht weißt, bist du gezwungen zuzugeben, dass du anklagst, was du nicht weißt."[94]

Dem philosophisch Bewanderten fällt an dieser Stelle auf, dass Apuleius auf den Fische-Vorwurf mittels einer Applikation aristotelischer Logik eingeht. Man könnte an dieser Stelle ein einfaches deduktives Schema bemühen, um die Argumentation zu verdeutlichen.[95] Die Anklage würde dann auf folgendem logischem Schluss basieren:

---

93 Vgl. Apuleius, *Apologia*, 29, 1 (Hammerstaedt, *Apuleius...*, 108/09): „Nun werde ich, wie eben geplant, zu allen Spinnereien dieses Aemilianus kommen und mit dem beginnen, was, wie du vernahmst, als das vermeintlich Wirksamste zur Verdächtigung wegen Zauberei [suspicionem magiae] am Anfang vorgetragen wurde, dass ich nämlich einige Fischarten über gewisse Fischer gegen Bezahlung gesucht hätte."
94 Apuleius, *Apologia*, 30, 1 (Hammerstaedt, *Apuleius...*, 110/11).
95 Die folgenden Ausführungen orientieren sich an: Paul Hoyningen-Huene, *Formale Logik. Eine philosophische Einführung*, [Universal-Bibliothek; 9692], Stuttgart 1998, 14ff.

7.2. Die Apologia des Apuleius Madaurensis

Wer Fische kauft und seziert, ist ein *Magier*.
Apuleius hat Fische gekauft und seziert.

Apuleius ist ein *Magier*.

Apuleius gelingt die Entkräftung dieses Vorwurfs leicht, weil sich die erste Prämisse schnell als falsch erweist. Dadurch ist zwar der logische Schluss korrekt, die Konklusion jedoch falsch: selbstverständlich ist nicht jeder, der „Fische sucht, ein Zauberer". Selbst wenn man die erste Prämisse aus Sicht der Ankläger abschwächt – etwa im Sinne der Formulierung „*Magier* kaufen und sezieren Fische für ihre Rituale" – bleibt sie überdeterminiert (das heißt: es sind mehrere Ursachen für das beobachtete Ereignis denkbar). Fische werden von zahlreichen anderen Personen (etwa Fischhändlern oder Köchen) zu unterschiedlichsten Zwecken erworben. Apuleius bemüht sich also zunächst um eine Falsifikation der Grundannahmen seiner Ankläger. Dabei unterstellt er diesen eine völlige Unkenntnis dessen, wessen sie ihn anklagen:

„Wenn du hingegen Vergil gelesen hättest, hättest du sicherlich gewusst, dass gewöhnlich anderes zu diesem Zweck gesucht wird; jener zählt nämlich, soweit ich weiß, weiche Binden, saftige Zweige, männliche Weihrauchkörner, verschiedenartige Fäden auf, außerdem Lorbeer zum Knistern, Ton zum Härten, Wachs zum Schmelzen [...] Doch du, Bezichtiger von Fischen, weist den Zauberern völlig andere Hilfsmittel zu, nicht von zarter Stirn abzuwischen, sondern von schuppigen Fischrücken wegzuschaben, nicht vom Grund abzurupfen, sondern vom Meeresgrund herauszuziehen, nicht mit Sicheln zu mähen, sondern an Angeln zu verhaken. [...] Ich hätte dir noch entsprechendes von Theokrit angeführt, weiteres von Homer und eine Menge von Orpheus, und aus griechischen Komödien und Tragödien sowie aus Geschichtswerken vieles wiedergegeben [...]"[96]

Wiederum gibt Apuleius hier über seine Belesenheit Auskunft und rekurriert auf die oben genannten Verse von Vergil, Theokrit, Homer und Anderen. Dadurch erweist er sich zudem als Kenner jener (zumindest dichterisch tradierten) amoristischen Ritualpraxis, derer er angeklagt ist – ein nicht ungefährliches Manöver. Es dient an dieser Stelle jedoch dazu, auf die Unkenntnis seiner Ankläger auf diesem Gebiet hinzuweisen – um deren Anklage wiederum als kompensatorische Farce zu entlarven. In den darauf folgenden Zeilen bemüht sich Apuleius analog – unter Anderem auch in Anlehnung an die Homerischen Epen – nachzuweisen, dass Fische und andere Meerestiere und -pflanzen üblicherweise gar nicht im Kontext von *magia* verwendet würden;[97] die Verhöhnung jener vermeintlichen Verwechslung seiner Ankläger wird mit Blick auf die rituelle Funktionalisierung von Gottheiten fortgeführt.[98]

---

96 Apuleius, *Apologia*, 30, 6f (Hammerstaedt, *Apuleius...*, 110-13).
97 Vgl. Apuleius, *Apologia*, 31, 5f.

7. Apuleius und die römisch-lateinische Rezeption des Magiebegriffs

Schließlich wendet sich Apuleius erneut der Ausgangsfrage des Abschnittes zu:

„Nun aber wollen wir, wenn es recht ist, dem Aemilianus einmal glauben, dass auch Fische zu magischen Fähigkeiten [magicas potestas] beizutragen pflegen. Ist dann also jeder, der sie sucht, auch selbst ein Magier? Unter dieser Annahme wird auch jeder, der ein Schnellboot sucht, ein Seeräuber, wer ein Stemmeisen, ein Einbrecher, und wer ein Schwert, ein Meuchelmörder sein. Unter allen Dingen wirst du keines als so harmlos bezeichnen, dass es nicht auf irgendeine Weise etwas schaden könnte, keins als so erfreulich, dass man es sich nicht auch als betrübnisbringend vorstellen könnte."[99]

Nach der Verwerfung der ersten Prämisse stellt Apuleius den deduktiven Schluss auch dann in Frage stellt, wenn die Prämisse Gültigkeit hätte – ein nicht mehr notwendiges, geradezu überhebliches Manöver. Man bemerke an dieser Stelle das Bemühen des Apuleius, jeden nur denkbaren Aspekt der Anklage in Frage zu stellen. Seine Ausführungen wirken wie praktizierte sokratische Mäeutik – gleichwohl in der monologischen Form einer juristischen Verteidigungsrede. Offenbar zielt Apuleius nicht nur darauf ab, den Verdacht der *magia* von sich abzuweisen; vielmehr wird ein philosophischer Auftrag sichtbar: Ziel ist, die Ankläger und deren Art zu denken – insbesondere also jene Denkmuster, die zur Anklage geführt hatten – in die Aporie zu führen.

Denn freilich wäre auch dann, wenn „Fische zu magischen Fähigkeiten beizutragen pflegen" – wie bereits erläutert – nicht „jeder der sie sucht, auch selbst ein Magier". Seine Beispiele weisen auch im Fall einer wahren Prämisse auf die Überdeterminiertheit der von den Anklägern verwendeten Regel hin. Selbstverständlich sind zahlreiche alternative Ursachen für das Kaufen von Fischen, Booten, Stemmeisen oder Schwertern denkbar; die beobachtete Handlung lässt sich nicht eindeutig einer bestimmten Ursache zuordnen. Apuleius unterstellt seinen Anklägern an dieser Stelle ein Einstellungsmuster, das im modernen psychologischen Fachjargon *confirmation bias* – Bestätigungsverzerrung – genannt wird: sie würden nurmehr das sehen, was sie sehen wollen.[100] Der *confirmation bias* impliziert, dass komplexe, multifaktorielle Sachverhalte vom Beobachter (häufig gleichwohl unbewusst) so reduziert werden, wie es dem eigenen Denken und

---

98 Apuleius, *Apologia*, 31, 9 (Hammerstaedt, *Apuleius...*, 114/15): „Folglich wird ebenso, wie zu der Zauberer Riten [magorum cerimonias] Merkur als Überbringer der Zaubersprüche [carminum], Venus als Verführerin der Seele, der Mond als Mitwisserin der Nächte, und die Dreiweggöttin als Gebieterin über die Manen herbeigerufen zu werden pflegte, auf eure Veranlassung künftig Neptun mit Salacia und Portunus und dem ganzen Reigen des Nereus von den Wallungen der Meeresströmungen auf die Wallungen der Liebesleidenschaften übertragen werden."
99 Apuleius, *Apologia*, 32, 2 (Hammerstaedt, *Apuleius...*, 114/15).
100 Das klassische Experiment hierzu findet sich bei Peter C. Wason, "On the failure to eliminate hypotheses in a conceptual task", in: *Quarterly Journal of Experimental Psychology* 12 (1960), 129-140.

7.2. Die Apologia des Apuleius Madaurensis

der persönlichen Motivation dienlich erscheint. Apuleius kann im Kontext des Fische-Vorwurfs insofern darauf aufmerksam machen, dass es gerade die Unbestimmtheit des *crimen magiae* ist, die eine solche Beobachtungs- und Bestätigungsverzerrung erst ermöglicht.

Dies zeigt sich auch an einem weiteren Detail des Fische-Vorwurfs, das bislang unerwähnt geblieben ist. Es geht um die Behauptung der Ankläger, dass Apuleius die Geschlechtsteile der Fische, „das Schamgliedlein und das Mädchenteil [veretillam et virginal]" verwendet habe.[101] Hier ist sympathetisches Entsprechungsdenken im Kontext der Anklage beobachtbar – ein Faktum, das Apuleius wiederum zu einem ironisierenden Seitenhieb auf die Naivität seiner Ankläger veranlasst:

> „Gibt es denn etwas Törichteres als aus der Verwandtschaft der Bezeichnungen eine ähnliche Wirkung der Dinge zu erschließen? Vielleicht wähnet ihr, auf etwas höchst Scharfsinniges verfallen zu sein, dass ihr ausdachtet, ich hätte zu meinen magischen Anlockungen diese beiden Meeresprodukte gesucht, das Schamgliedlein und das Mädchenteil [ueretillam et uirginal]; lerne nur die lateinischen Bezeichnungen für die Dinge, die ich deshalb in mehrfacher Weise benannt habe, damit du für eine neuerliche Anklage unterwiesen bist. Erinnere dich dann freilich dessen, dass für Liebesdinge herbeigewünschte Meeresschweinereien ein so lächerlicher Beweis sein werden, wie wenn du behauptetest, dass eine Kamm-Muschel zum Kämmen des Haares gesucht worden sei oder zum Fangen von Vögeln ein Habichtfisch oder zum Erjagen von Wildschweinen ein Eberfisch oder zum Heraufbeschwören von Toten ein Meerschädel."[102]

Freilich macht es Apuleius sich hier etwas einfach, die zu seiner Zeit offenbar verbreitete Vorstellung, „aus der Verwandtschaft der Bezeichnungen eine ähnliche Wirkung der Dinge zu erschließen", auf so fundamentale Weise in Frage zu stellen. Doch zielt seine Argumentation erneut auf die Widerlegung der Prämisse ab: durch seine analogischen Sprachspiele soll das landläufige Entsprechungsdenken lächerlich gemacht und grundlegend in Frage gestellt werden. Wieder betont Apuleius die Selektivität der Attribution: in anderen Kontexten würden die Ankläger kaum von einer Entsprechung von Wort und Wirkung ausgehen.[103] Einmal mehr wird die willkürliche Zuschreibung bestimmter – für Apuleius trivialer – Sachverhalte zur Kategorie *magia* aufgezeigt und als haltlos erwiesen.

Erst nachdem Apuleius die einzelnen Bestandteile des Fische-Vorwurfs auseinander genommen hat, geht er zur eigentlichen Verteidigung über – er stellt sich als Peripatetiker und Naturforscher dar, der Bücher über

---

101 Apuleius, *Apologia*, 34, 5 (Hammerstaedt, *Apuleius...*, 118/19).
102 Apuleius, *Apologia*, 34, 4f (Hammerstaedt, *Apuleius...*, 118/19).
103 Vgl. auch Apuleius, *Apologia*, 35, 6 (Hammerstaedt, *Apuleius...*, 120/21): „Ihr behauptet ja, dass aus dem Meer entnommene Besäuungsorgane und Schutzphalloi Wirkung in der Liebe zeigen aufgrund der ähnlichen Namensgebung: warum sollte denn weniger Wirkung zeigen ein Steinchen vom selben Strand auf die Blase, Schalenzeug aufs Zeugnis, ein Krebs auf Krebsgeschwür, eine Alge auf Schüttelfrost?"

Fische geschrieben und die im Prozess verhandelten daher ausschließlich zu philosophen Zwecken seziert und untersucht habe. Als Höhepunkt seiner Widerlegung des Fische-Vorwurfs lässt er aus einem seiner Bücher – den verloren gegangenen *Naturuntersuchungen* – einen Abschnitt über die Fortpflanzung bestimmter Fischarten vorlesen.[104] Er macht sich schließlich einen Spaß daraus, eine Reihe von griechischen Klassifizierungsbegriffen für einzelne Fischarten zu nennen, um auf den Topos der *voces magicae* anzuspielen:

„Höre also, welche Begriffe ich nenne, und gleich wirst du ausrufen, dass ich magische Worte [magica nomina] nach ägyptischem oder babylonischem Ritual aufsage: [im Folgenden wird der griechische Originaltext wiedergegeben; d. Verf.] σελάχεια, μαλάκεια, μαλακόστρακα, χονδράκανθα, ὀστρακόδερμα, καρχαρόδοντα, ἀμφίβια, λεπιδωτά, φολιδωτά, δερμόπτερα, στεγανόποδα, μονήρη, συναγελαστικά [...]"[105]

Gerade durch diese Hintenanstellung der eigentlichen Verteidigung wird das Bemühen des Philosophen deutlich, sich im Zuge des Prozesses nicht nur aus der Affäre zu ziehen, sondern den konzeptionellen Überbau der gesamten Anklage zu destruieren. Es wäre Apuleius ein Leichtes gewesen, einfach auf seine wissenschaftliche Publikation und Motivation zu verweisen und die Sache dadurch erheblich abzukürzen; dass er stattdessen zunächst auf die logische Problematik der Indizien hinweist, kennzeichnet ihn – wie bereits angesprochen – als Kritiker, ja, Dekonstruktivisten des antiken *crimen magiae*.

7.2.4.2. Der Vorwurf des fallenden Knaben

Bei der Entkräftung des Vorwurfs, dass ein Knabe (sowie zu einem anderen Zeitpunkt eine junge Frau) durch die Gegenwart des Apuleius auf gleichsam *magische* Weise ohnmächtig geworden seien,[106] geht Apuleius im

---

104 Vgl. Apuleius, *Apologia*, 36, 8.
105 Apuleius, *Apologia*, 38, 7f (Hammerstaedt, *Apuleius*..., 124/25). Hammerstaedt übersetzt den griechischen Teil mit: „Knorpelfischlein (Chondrichthyes), Mollusken (Weichtiere ohne Schalen), Krustentiere, Knorpelgrätler, Schaltiere, Spitzzähner, Amphibien, Schuppentiere, Schildhäuter (im Unterschied zu den zuvor gemeinten Fischen sind dies beschuppte Reptilien), Hautflügler, Schwimmfüßler, Einsiedler, Herdentiere": Hammerstaedt, *Apuleius*..., 256, Fußnote 296.
106 Vgl. Apuleius, *Apologia*, 42, 3 (Hammerstaedt, *Apuleius*..., 130/31): „Also erdachten sie, passend auf die Vorlage der herrschenden Meinung und Nachrede, dass irgendein Knabe, der mit einem Zauberspruch verhext worden sei [carmine cantatum] nach Entfernung möglicher Beobachter, an einem abgeschiedenen Ort, mit einem Altärchen und einer Lampe und wenigen Mitwissern als Zeugen, sobald man ihn behexte [ubi incantatus sit], zusammengebrochen sei und später ohne jede Erinnerung an sich aufgeweckt wurde."; Apuleius gibt hier weitere Charakteristika landläufiger Magievorstellungen in der römischen Kaiserzeit an: lokale Abgeschiedenheit, Einzelgängertum sowie die Verwendung ritueller Hilfsmittel.

7.2. Die Apologia des Apuleius Madaurensis

Prinzip auf vergleichbare Weise vor. Zunächst versucht er erneut die Einfältigkeit seiner Ankläger bloßzustellen, indem diese gar nicht wüssten, was sie ihm eigentlich vorwerfen – denn dass ein Knabe im Beisein eines *magus* ohnmächtig werde, könne nur bedeuten, dass beide ein divinatorisches Ritual durchgeführt hätten. Im Rahmen eines darauf folgenden Exkurses zur Praxis der Wahrsagung gibt Apuleius wiederum Einblick in sein umfangreiches Wissen zum Gegenstand; er verweist in diesem Zusammenhang darauf, dass junge Männer für die divinatorische Praxis besonders geeignet seien.[107] Gegenüber ihrem Wahrheitsgehalt gibt er sich gleichwohl skeptisch:

> „Dies und weiteres lese jedenfalls ich bei den meisten Autoren über magische Handlungen mit Knaben [magiis et pueris], bin aber unentschieden, ob ich bejahe oder abstreite, dass so etwas geschehen kann, obgleich ich Platon glauben möchte, dass sich zwischen Göttern und Menschen gewisse Mächte göttlicher Wesenheiten befinden, welche nach Natur und Lage die Mitte halten, und diese alle Wahrsagungen und Wundertaten der Magier steuern [easque diuinationes cunctas et magorum miracula gubernare]."[108]

Apuleius' Rekurs auf die oben genannte Platon-Stelle im *Symposion*[109] illustriert nicht nur den Sachverhalt, dass das im griechischen Text verwendete *goēteía* in römischer Zeit dem lateinischen Begriff *magia* zugeordnet wird. Vielmehr erhält man Einblick in die (mittel-) platonische Gedankenwelt des Redners, über die dieser sich an anderer Stelle – nach dem Prozess – noch ausführlicher äußern wird.[110] In den darauf folgenden Zeilen rekurriert Apuleius entsprechend auf die platonische Seelenlehre, um eine Art Theorie der Wahrsagung anzudeuten, welche ihm daraufhin auch zur Verteidigung dient.[111] Sein Exkurs zur Wahrsagung endet schließlich mit der ironisierenden Wendung, dass dafür ein Knabe notwendig sei, „dessen Körper ansehnlich und unversehrt und dessen Gemüt klug und dessen Mund beredt ist, damit in ihm entweder die göttliche Kraft wie in einem guten

---

107 Vgl. Apuleius, *Apologia*, 42, 4.
108 Apuleius, *Apologia*, 43,1f (Hammerstaedt, *Apuleius...*, 132/33).
109 Vgl. Platon, Symposion, 202e.
110 Vgl. insbesondere die auf die Zeit nach dem Prozess datierte Schrift *De Deo Socratis* – hervorragend ediert bei Matthias Baltes (Hg.), *Apuleius. De Deo Socratis. Über den Gott des Sokrates. Eingeleitet, übersetzt und mit interpretierenden Essays versehen von Matthias Baltes (†)/Marie-Luise Lakmann/John M. Dillon/Pierluigi Donini/Ralph Häfner/Lenka Karfíková*, [SAPERE. Scripta Antiquitatis Posterioris ad Ethicam Religionemque pertinentia. Schriften der späteren Antike zu ethischen und religiösen Fragen; VII], Darmstadt 2004.
111 Apuleius, *Apologia*, 43, 3 (Hammerstaedt, *Apuleius...*, 132/33): „Ja, ich erwäge auch folgendes bei mir: es könnte vielleicht eine menschliche Seele, zumal eine knabenhafte und einfältige, sei es durch Ablenkung mit Sprüchen [carminum] sei es durch Benebelung mit Gerüchen eingeschläfert und bis zum Vergessen der Gegenwart entrückt und, wenn für eine kleine Zeitspanne alle Erinnerung an den Leib beseitigt ist, zurückgebracht werden und zurückkehren zu ihrer eigentlichen Natur, welche natürlich unsterblich und göttlich ist [quae est immortalis scilicet et diuina], und so gleichsam in einer Art Tiefschlaf die Zukunft vorausahnen [futura rerum praesagare]."

Gebäude würdig einkehrt, [...] oder aber damit sein Geist selbst aufgerüttelt und rasch in seinen Zustand göttlicher Weitsicht zurückversetzt wird [...]".[112] Apuleius macht sich wiederum einen Spaß daraus, seine Ankläger zu fragen, wo denn jener Knabe sei, „gesund, unversehrt, begabt, ansehnlich" –[113] denn der von den Anklägern genannte könne freilich kaum für ein divinatorisches Ritual in Frage kommen:

> „Übrigens, Thallus, den ihr genannt habt, bedarf eher eines Arztes als eines Zauberers [medico potius quam mago indiget]; der Arme ist nämlich von der Epilepsie [morbo comitiali] dermaßen zugerichtet, dass er drei oder viermal am Tag häufig ohne jede Beschwörung hinfällt und alle seine Gliedmaßen durch ihr Zusammenstoßen in Mitleidenschaft zieht, im Gesicht voller Wunden, an Stirn und Hinterkopf voller Beulen, mit trüben Augen, weiten Nasenflügeln, unsicheren Füßen. Größter aller Zauberer ist derjenige, in dessen Gegenwart Thallus für eine längere Zeit aufrecht stehengeblieben ist: so häufig kippt er um, von der Krankheit, wie von Schlaf, gebeugt."[114]

Wieder ist es die Wissenschaft, in diesem Fall die Medizin, auf die sich Apuleius für eine alternative Erklärung der Geschehnisse beruft. Der fragliche Knabe sei in Wahrheit Epileptiker und bei Apuleius in Behandlung gewesen. Der Philosoph bemüht sich später in langen Abschnitten darzulegen, dass auch ebensolche (Philosophen) zu medizinischen Zwecken herangezogen werden könnten. Ausführlich referiert er hierbei – in Anlehnung an diverse Ausführungen Platons und die Hippokratische Körpersäftelehre – eine medizinische Theorie der Epilepsie (*morbus comitialis*) und erläutert seine Behandlungsmethode.[115] Interessanterweise knüpft Apuleius hierbei auch an die griechische Krankheitsbezeichnung der *Heiligen Krankheit* und die oben besprochene Hippokratische Schrift Περὶ ἱερῆς νούρου an; wieder ist es das (antike) Krankheitsbild der Epilepsie, das mit *Magiern* in Verbindung gebracht wird.[116]

Dass Apuleius die Anklage erneut durch die Opposition *Magie – Wissenschaft* zu entkräften sucht und sich an dieser Stelle als *medicus* positioniert, weist auf ein auch im Denken der römischen Jurisprudenz (implizit) vorhandenes Ausschlusskriterium hin: wer ein *medicus* ist, kann kein *magus* sein!? Verblüffenderweise verwendet der Philosoph zur Veranschaulichung dieser Denkfigur sogar den (lateinischen) Begriff der *Attribution*:

> „Was willst du denn letztlich? Stell dir vor, Thallus wäre da: willst du beweisen, dass er in meiner Gegenwart zusammenbrach? Das bekenne ich von selbst. Behauptest du, dass dies mit einem Zauberspruch bewirkt wurde? Dies weiß

---

112 Apuleius, *Apologia*, 43, 4f (Hammerstaedt, *Apuleius*..., 132/33).
113 Apuleius, *Apologia*, 43, 7 (Hammerstaedt, *Apuleius*..., 132/33).
114 Apuleius, *Apologia*, 43, 8f (Hammerstaedt, *Apuleius*..., 132/33).
115 Vgl. v.a. Apuleius, *Apologia*, 49-51.
116 Vgl. Apuleius, *Apologia*, 50, 7 (Hammerstaedt, *Apuleius*..., 144/45): „Dies haben unsere Landsleute nicht nur als die 'schlimmere Krankheit' und als die 'Versammlungskrankheit', sondern auch, ebenso wie die Griechen sie 'Heilige Erkrankung' [ἱερὰν νόσον] benannten, zu recht als die 'göttliche' Krankheit [diuinum morbum] bezeichnet [...]."

der Junge nicht, aber ich halte überzeugend dagegen, dass es nicht geschehen ist; denn dass der Junge fallsüchtig ist, wirst auch du nicht zu leugnen wagen. Warum sollte also sein Zusammenbruch eher einem Zauberspruch als einer Krankheit zugeschrieben werden [cur ergo carmini potius quam morbo attribuatur eius ruina]?"[117]

Wenngleich Apuleius das *attribuere* hier mehr in logischem als psychologischem Sinne verwendet, fällt nicht nur seine erneut messerscharfe Rhetorik, sondern darüber hinaus seine verblüffende Einsicht in die erkenntnistheoretische Grundproblematik des Prozesses auf – Wahrheitsaussagen sind keine Sache bloßer Beobachtung, sondern hängen von einem subjektiven Akt der Zuschreibung ab. Folgerichtig bemüht sich der Platoniker, das Gericht davon zu überzeugen, dass die Fehlerhaftigkeit der Beweisführung seiner Ankläger letztlich auf einem fehlerhaften Attributionsprozess beruht; bei keinem der Vorwürfe sei wirklich *magia* im Spiel gewesen, diese wurde den Indizien lediglich – und fälschlicherweise – von den Anklägern zugeschrieben.

Auch die Fünfzehn Sklaven, die von den Anklägern als Zeugen für das Ereignis des fallenden Knaben in den Gerichtssaal geladen werden, ändern an der Problematik jenes – für Apuleius fehlerhaften – Attributionsprozesses nichts. Der Philosoph zieht dieses Großaufgebot an Bezeugern von *magia* nurmehr ins Lächerliche:

„Besagte Magie [magia ista] ist, soweit ich höre, eine Sache, die unter gesetzliche Verfolgung fällt, bereits von altersher durch die Zwölftafeln aufgrund geradezu unglaublicher Ernteanlockungszauber [incredundas frugum inlecebras] verboten, nicht weniger geheim demnach als abscheulich und schrecklich, zumeist in Nachtwachen vollzogen, in Dunkelheit entrückt, ohne Beobachter, in Zaubersprüchen [carminibus] gemurmelt; zu ihr werden nicht allein Sklaven, sondern selbst Freie nur in geringer Zahl herbeigezogen: und du willst nun, dass fünfzehn Sklaven zugegen gewesen wären? Handelte es sich dabei denn um eine Hochzeit oder eine andere feierliche Amtshandlung oder ein Gelage zu passendem Anlass?"[118]

Erneut erweist sich Apuleius als Kenner landläufiger Magievorstellungen und versucht die Anklage dadurch in die Aporie zu führen. Jene wiederum als „abscheulich und schrecklich" dargestellte reale *Magie* sei üblicherweise geheim und würde in dunkler Nacht vollzogen, um die Zahl der Beobachter gering zu halten. Auch Apuleius rekurriert hier – wie Plinius der Ältere – auf die *Zwölftafelgesetze* und schreibt das darin genannte *Heraussingen* der Ernte vom fremden Feld dem lateinischen Magiebegriff zu (nicht ohne sich im selben Atemzug darüber lustig zu machen). Eine Anzahl von fünfzehn Zeugen freilich mutet Apuleius vor dem Hintergrund der üblichen Geheimhaltung von *magia* kurios an.[119] Zudem wüssten die Sklaven durchaus, dass der fragliche Knabe (bereits lange) krank sei, sie würden ihm des-

---

117 Apuleius, *Apologia*, 45, 2f (Hammerstaedt, *Apuleius*..., 136/37).
118 Apuleius, *Apologia*, 47, 3f (Hammerstaedt, *Apuleius*..., 138-141).

halb sogar aus dem Weg gehen – *morbus comitialis* galt in der Antike als ansteckend.[120] Apuleius kombiniert hier gewissermaßen das Problem der Attribution (die fünfzehn Zeugen haben lediglich einen fallenden Knaben beobachtet, der zudem als Epileptiker bekannt ist) mit dem der Aussagenlogik (wenn *magia* typischerweise geheim ist, mache es keinen Sinn, sie am hellichten Tag vor zahlreichen Zeugen durchzuführen), um die Anklage in Frage zu stellen.

Schließlich mündet sein ironisches Spiel mit dem Vorwurf des fallenden Knaben – der von den Anklägern zuvor noch hinsichtlich einer weiteren fallenden Frau ergänzt worden war (die, so Apuleius, bei ihm ebenfalls in medizinischer Behandlung gewesen sei) –[121] in der Frage, was ihm das Zufallbringen so vieler Personen eigentlich bringen solle:

> „Unlängst [...] stelltest du überaus klug die Frage, was mir denn für ein Gewinn erwachsen wäre aus dem Verhexen [incantandi]. Sie antworteten: 'Dass die Frau zusammenbreche.' 'Und dann? Starb sie?', fragtest du. Das verneinten sie. 'Was also behauptet Ihr? Was für ein Vorteil ergäbe sich für Apuleius, falls sie zusammengebrochen wäre?' So schön und hartnäckig stelltest du nämlich die dritte Frage, da du wusstest, dass man bei allen Begebenheiten die Gründe mit besonderer Sorgfalt untersuchen muss und häufiger die Ursachen zur Debatte stehen, während die Geschehnisse eingeräumt werden, und auch deshalb die Anwälte der Prozessierenden *causidici* (Grundsager) genannt werden, weil sie auseinanderlegen, warum eine jede Sache geschehen ist."[122]

Die juristisch sicherlich nicht unwichtige Frage nach einem Motiv bildet den letzten argumentativen Baustein zur Entkräftung des Vorwurfs: warum soll Apuleius, dazu noch mit zahlreichen Zeugen, einen Jungen durch *Besingen*[123] zu Fall gebracht haben – aus bloßer Bosheit und Machtverliebtheit? Möglicherweise wurde solch niederträchtige Intention dem stereotypen Bild des *Magiers* in der römischen Kaiserzeit zugeordnet; vor

---

119 Vgl. auch Apuleius, *Apologia*, 47, 2 (Hammerstaedt, *Apuleius...*, 138/39): „Es wissen also 15 Sklaven irgendetwas, aber zugleich ist es geheim. Oder ist es nicht geheim, aber zugleich magisch? Eins von beiden musst du zugeben, entweder dass es nichts Unstatthaftes gegeben hat in einer Sache, bei der ich so viele Mitwisser nicht zu fürchten hatte, oder aber, wenn es etwas Unstatthaftes war, dass soviele Mitwisser es garnicht hätten wissen dürfen."
120 Vgl. Apuleius, *Apologia*, 44, 1f.
121 Vgl. Apuleius, *Apologia*, 48, 1f (Hammerstaedt, *Apuleius...*, 140/41): „Auch eine freigeborene Frau, behauptet ihr, die zu mir nach Haus begleitet worden sei, in derselben Verfassung wie Thallus, welche ich zu heilen versprochen hätte, auch sie sei von mir behext [incantatam] zu Fall gekommen. So, wie ich das wahrnehme, seid ihr gekommen, um einen Ringer, nicht einen Zauberer anzuklagen: dementsprechend behauptet ihr, dass alle, die mich zu Rate gezogen hätten, zu Boden gegangen seien."
122 Apuleius, *Apologia*, 48, 6f (Hammerstaedt, *Apuleius...*, 140-143).
123 Auch das von Apuleius verwendete *incantare*, das in der Rede häufig im Kontext von *magia* in Erscheinung tritt, verweist wiederum auf die große Bedeutung des rituellen Sprechens im römischen Verständnis des Magiebegriffs und lässt sich – wie der lateinische Begriff *carmen* – analog zum griechischen Begriff *epodē* lesen.

7.2. Die Apologia des Apuleius Madaurensis 255

Gericht kann diese Unterstellung der Rhetorik des Platonikers freilich nicht stand halten. Vielmehr verweist dieser darauf, dass „bei einem guten Richter" das Fehlen eines böswilligen Motivs üblicherweise dazu führe, dass der Angeklagte von der „Last eines Verhörs befreit" werde.[124] Um das Fehlen dieses böswilligen Motivs zu unterstreichen, referiert Apuleius abschließend den medizinischen Hintergrund seines Handelns; die Kontrastierung der Anklage mit seiner tatsächlichen – medizinischen – Motivation rundet so die Verteidigung ab.

Der gesamte Argumentationsgang der Ankläger und dessen Entkräftung durch Apuleius macht auf prägnante Weise deutlich, wie die Unschärfe und Überdeterminiertheit des Magiebegriffs entsprechende Anschuldigungen erst ermöglicht oder zumindest erleichtert. Reflektiert man vor dem Hintergrund des Attributionsbegriffs die Beweisführung der Ankläger, könnte man sagen, dass der Magiebegriff eine Form der Argumentation erlaubt, die man *Attribution ins Ungewisse* nennen könnte. Dies hat freilich mit der unüberwindbaren Unsichtbarkeit des Straftatbestandes selbst zu tun: die an Apuleius gerichteten Vorwürfe basieren insgesamt auf der Vorstellung einer besonderen – als *magia* gekennzeichneten – Wirkung beziehungsweise Kraft bestimmter Ritualpraktiken; diese Kraft bleibt auch und gerade im Kontext ihrer juristischen Applikation – obschon zahlreichen Indizien zugeschrieben – kaum greifbar, gleichsam den Sinnen entrückt.

Es bietet sich an dieser Stelle an, für jenen Sprung von etwas konkret Beobachtbarem (etwa einer Heirat, dem Kauf von Fischen oder dem Fallen von Knaben) zur mysteriösen Kategorie *magia* den existenzialistischen Philosophen Albert Camus heranzuziehen. Camus hat in seiner kurzen Schrift *Der Mythos des Sysiphos* einige erkenntnistheoretische Implikationen des (für Camus absurden) menschlichen Daseins thematisiert und dabei den Versuch, Sinn in einer eigentlich sinnwidrigen Welt zu schaffen (etwa durch den Glauben an philosophische oder religiöse Systeme der Weltdeutung) als *Sprung ins Transzendente* angeklagt.[125] Für Camus impliziert dieser Sprung letztlich einen philosophischen Selbstmord, da der Mensch so seiner eigentlichen Aufgabe – der Revolte gegen die Absurdität des Daseins – entflieht und die in der Revolte liegende Freiheit gegen unbefriedigende, abstrakte Konzeptionen eintauscht.[126]

---

124 Apuleius, *Apologia*, 48, 9f (Hammerstaedt, *Apuleius...*, 142/43).
125 Vgl. Camus, *Der Mythos...*, u.A. 47/48: „Er [Jaspers; d. Verf.] hat in der Erfahrung nichts als das Eingeständnis seiner Ohnmacht gefunden und keinen Anlaß für die Ableitung irgendeines befriedigenden Prinzips. Dennoch bejaht er in einem Zuge – ohne Rechtfertigung, wie er selber sagt – zugleich das Transzendente, das Sein der Erfahrung und den übermenschlichen Sinn des Lebens [...]. Nichts führt der Logik folgend zu diesem Schluss. Ich kann ihn einen Sprung nennen."
126 Vgl. v.a. Camus, *Der Mythos...*, 42ff.

Reduziert man Camus' Formulierung auf seine erkenntnistheoretischen Implikationen (bei Vernachlässigung der existenzialistischen), kann sie möglicherweise die hier aufgewiesene Attributionsproblematik verdeutlichen. So könnte mit Camus gesagt werden, dass die Zuschreibung von *magia* prinzipiell einen *Sprung ins Transzendente* darstellt. Dies hat nicht nur damit zu tun, dass die Anrufung transzendent gedachter Wesenheiten als Bestandteil des antiken semantischen Feldes von *Magie* identifiziert worden ist. Vielmehr geht es um ein noch fundamentaleres erkenntnistheoretisches Problem: der Prozess gegen Apuleius verdeutlicht, dass der hinter dem Prozess stehende Straftatbestand des *crimen magiae* notwendigerweise aempirisch (das heißt schlicht: nicht beobachtbar) und dadurch prinzipiell von seiner Attribution zu bestimmten Handlungen, Gegenständen oder Personen abhängig ist. Umgekehrt werden diese Handlungen, Gegenstände oder Personen selbst auf etwas Transzendentes bezogen – etwa auf ominöse, rituell evozierte Kräfte oder entsprechend funktionalisierte Wesenheiten. Daraus folgt, dass ein solcher Attributionsprozess im Kontext des *crimen magiae* nicht nur außerordentlich komplex und kontextabhängig konfiguriert ist, sondern selbst gleichsam ins Transzendente reicht – das heißt: quasi-religiöser Natur ist.

Der historische Magiebegriff ist daher auch dann, wenn ein scheinbar eindeutiger juristischer Sachverhalt verhandelt wird, ganz prinzipiell neben andere, Transzendenz kennzeichnende Begriffe wie *Gott*, *Dämon* oder *Wunder* zu stellen, die (zumal aus religionswissenschaftlicher Sicht) in erster Linie Glaubensinhalte kennzeichnen, keine Sachverhalte. Wenngleich der Prozess gegen Apuleius auf den kuriosen Umstand aufmerksam macht, dass im römischen Weltreich Gerichtsprozesse im semantischen Referenzrahmen eines solchermaßen Transzendenz kennzeichnenden – und dadurch quasi-religiösen – Terminus' durchgeführt worden sind, verbessert dies die erkenntnistheoretische Grundproblematik des historischen Magiebegriffs keineswegs. Im Gegenteil: die im Prozess genannten Indizien können letztlich als Zugeständnis der Ankläger an die prinzipielle Unbeobachtbarkeit des eigentlichen Straftatbestandes gewertet werden. Bei keinem der von den Anklägern genannten Vorwürfe ist ein direkter, ausschließlicher Bezug zu *magia* gegeben; immer sind zahlreiche Alternativerklärungen denkbar, wie Apuleius im Zuge seiner systematischen Entkräftung der Vorwürfe veranschaulichen kann. Apuleius' *Apologia* macht daher letztlich auf die Absurdität des Versuchs aufmerksam, den Magiebegriff im Kontext eines auf empirischer Beweisführung basierenden Rechtsprinzips zu operationalisieren. Die Hauptstrategien der Ankläger – die kumulative Aneinanderreihung möglichst vieler Indizien, um deren individuelle Fragwürdigkeit durch ihre große Anzahl zu kaschieren; die Tendenz zur *Attribution ins Ungewisse*, um auf diese Weise eben möglichst viele Indizien zusammentragen zu können – mögen nur unzureichend darüber hinweg täuschen, dass das *crimen magiae* selbst (wie freilich jedes andere *religiöse* Konzept!) weder beweis- noch belegbar ist.

Die Tendenz zur *Attribution ins Ungewisse* stellt eine Folge der unlösbaren Problematik der Empirie im Kontext von *magia* dar. Zwischen den Indizien und der verhandelten Sache selbst (*magia*) klafft eine erkenntnistheoretische Lücke, die nicht geschlossen werden kann; kein denkbares Indiz kann dadurch überhaupt die Gestalt eines Beweises für das *crimen magiae* annehmen. Der so verhandelte Straftatbestand lebt vom Konsens der Verhandlungsteilnehmer über die Existenz besonderer, rituell evozierter Kräfte, die es vermögen (so die Vorstellung im vorliegenden Falle), amouröse Anziehung zwischen zwei Menschen herzustellen. Die jeweils verhandelten Indizien bleiben von dieser Grundannahme abhängig und haben aufgrund ihrer jeweiligen Überdeterminiertheit keinen zwingenden Charakter. Kehrt sich dieser Konsens der Verhandlungsteilnehmer um – wie etwa bei dem 2006 vor dem Münchner Amtsgericht verhandelten Prozess gegen die selbstreferentielle *Hexe* Sandra –[127] helfen selbst Beteuerungen nichts, tatsächlich über solche Kräfte zu verfügen; sowohl Gestalt als auch Überzeugungskraft von Indizien für *magia* hängen davon ab, inwieweit die Verhandlungsteilnehmer selbst einen *Sprung ins Transzendente* vornehmen. Aus religionswissenschaftlicher Sicht zwingt daher auch die juristische Rezeptionsgeschichte des Magiebegriffs – also die Geschichte des *crimen magiae* – zu einer differenzierten, möglichst kritischen historiographischen Auseinandersetzung.[128]

7.2.4.3. Der Leintuch-Vorwurf

Die Tendenz zur *Attribution ins Ungewisse*, die – so hat sich gezeigt – eine wichtige, gleichwohl merkwürdige Eigenschaft des Magiebegriffs darstellt, zeigt sich außerordentlich prägnant in dem Vorwurf, Apuleius habe ein Leintuch besessen, in dem er etwas aufbewahrt habe. Der hier sprichwörtlich beobachtbare *Sprung ins Transzendente* der Ankläger wird von Apuleius mit den folgenden Worten umschrieben:

> „Denn ungefähr mit diesen Worten hast du vor einem so würdevollen und scharfsinnigen Richter verhandelt: 'Apuleius hatte irgendwelche Dinge eingewickelt in einem Leinentüchlein bei den Laren des Pontianus aufbewahrt. Da ich ja nicht weiß, was es war, deshalb bestehe ich darauf, dass es Magisches [magica] gewesen sein muss. Glaube mir also, was ich sage, denn ich sage das, was ich nicht weiß.' Ach welch treffliche Beweise, die das Vergehen so überzeugend aufdecken!"[129]

---

127 Vgl. ausführlicher dazu unten, Kap. 7.4.
128 Wie dies beispielsweise im Kontext der frühneuzeitlichen Hexenverfolgungen umgesetzt werden könnte, wird in Kapitel 7.4 thematisiert werden.
129 Apuleius, *Apologia*, 53, 4f (Hammerstaedt, *Apuleius...*, 148/49).

Das Leintuch erweckt nur aufgrund der Verborgenheit des Inhalts den Magieverdacht der Ankläger – Apuleius fasst diese Art zu denken mit den Worten „Dies [magia; d. Verf.] war es, weil ich ja nicht weiß, was es war"[130] zusammen. Der Philosoph kann sich diese infame Art der Beweisführung nicht mehr nur mit „Verschlagenheit" oder „Schamlosigkeit" erklären: Hintergrund derselben sei vielmehr „Fruchtlose Raserei spröden Gemüts und bedauernswerte Vernunftlosigkeit unausgegorener Vergreisung".[131] Das Ausmaß dieser Vernunftlosigkeit verführt Apuleius erwartungsgemäß zu ironisierendem Spott: „die trefflichsten und scharfsinnigsten Philosophen behaupten, dass noch nicht einmal dem Glauben zu schenken ist, was wir sehen, du aber [gibst] sogar über dasjenige Versicherungen [ab], was du weder jemals erblickt noch gehört hast."[132] Ironie ist wieder das Rezept des Philosophen gegen die gewissermaßen beweislose Beweisführung seiner Ankläger, gegen die hier so unverblümt beobachtbare *Attribution ins Ungewisse*, die den Kern des Leintuch-Vorwurfs ausmacht.

Dass die kaiserzeitliche Magiegesetzgebung eine solche Art der Beweisführung erlaubt, veranlasst Apuleius schließlich dazu, auf außerordentlich prägnante, geradezu visionäre Art die damit einhergehenden Gefahren zu skizzieren. Denn greife ein solches Argumentationsmuster einmal Raum, könne nahezu jede Handlung zu einem Magievorwurf führen:

> „beurteile nicht im voraus, was etwas gewesen ist, das du deshalb erfragen musst, weil du es nicht weißt. Ansonsten werden auf diese Art alle Menschen zu Angeklagten, wenn für denjenigen, der den Namen von irgendeinem zur Anzeige bringt, kein Beweiszwang und stattdessen jegliche Nachfragemöglichkeit besteht. Freilich wird man auf diese Weise allen Leuten, sobald dann einmal eine Anklage wegen Zauberei betrieben wird [ut forte negotium magiae facessistur], zum Vorwurf machen, was immer sie je getan haben. Am Schenkel von irgendeiner Statue hast du ein Gelübde mit dem Siegelwachs angebracht: also bist du ein Zauberer; oder warum brachtest du es an [igitur magus es; aut cur signasti]? Ein stilles Gebet hast du Göttern im Tempel zukommen lassen: also bist du ein Zauberer, oder was wünschtest du [igitur magus es; aut quid optasti]? Umgekehrt: du hast im Tempel nicht gebetet: also bist du ein Zauberer; oder warum richtetest du keine Bitte an die Götter [igitur magus es; aut cur deos non rogasti]? Ebenso, wenn du irgendeine Weihgabe aufgestellt, ein Opfer vollzogen, einen Opferzweig ergriffen hast. Der Tag würde mir nicht ausreichen, wenn ich all dem nachgehen wollte, wofür ein Verleumder auf ähnliche Weise Rechenschaft fordern wird."[133]

Auf geradezu verblüffende Art und Weise problematisiert Apuleius hier das Problem der Überdeterminiertheit möglicher Indizien für *magia*. Es ist kein Zufall, dass er hierzu Praktiken aus dem römischen Tempelkult heran-

---

130 Apuleius, *Apologia*, 53, 5 (Hammerstaedt, *Apuleius*..., 148/49).
131 Apuleius, *Apologia*, 53, 3 (Hammerstaedt, *Apuleius*..., 148/49).
132 Apuleius, *Apologia*, 53, 6 (Hammerstaedt, *Apuleius*..., 148/49).
133 Apuleius, *Apologia*, 54, 5f (Hammerstaedt, *Apuleius*..., 150-53).

zieht – und dadurch implizit auch die Gegenüberstellung von *magia* und *religio* im antiken Rom problematisiert. Offenbar überschneiden sich – zumindest im Kontext eines Magievorwurfs und der damit einher gehenden Möglichkeit einer *Attribution ins Ungewisse* – grundlegende Elemente des römischen Tempel- und Götterkultes mit Praktiken und Vorstellungsmustern, die *magia* zugerechnet werden.

Zum einen bringt er hierbei den Topos der Beeinflussung des Götterwillens – durch ein an einer Statue angebrachtes Siegelwachs (*votum*), durch ein stilles Gebet, durch Opfergaben – ins Spiel. Wie oben gesehen hat bereits Platon im Rahmen seiner Polemik gegen individualreligiöse Ritualpraktiken die Vorstellung einer solchen Möglichkeit scharf angegriffen und als *Asebie*, als Götterfrevel bezeichnet. Freilich sind Formen der Instrumentalisierung des Opfers zu rein menschlichen Zwecken als Aspekt des antiken Tempel- und Götterkultes nicht wegzudenken (*do ut des*).[134] Apuleius appelliert hier an die bei seinen Hörern empfundene Legitimität und Selbstverständlichkeit einer solchen Praxis, um die Gefahr und Absurdität des Magievorwurfs deutlich zu machen. In diesem Zusammenhang weist der Philosoph darauf hin, dass aufgrund der Neigung zur *Attribution ins Ungewisse* auch die Nicht-Durchführung etwa eines Gebets im Tempel zu einer Magieananklage führen könne – die bloße Abweichung von einer (letztlich kaum ermittelbaren) religiösen Norm mag bereits einen Magieverdacht evozieren. Im Grunde könne man auf diese Weise „allen Leuten, sobald dann einmal eine Anklage wegen Zauberei betrieben wird, zum Vorwurf machen, was immer sie je getan haben" – für den Philosophen eine fatale Vorstellung, zumal „wenn kein Beweiszwang und stattdessen jegliche Nachfragemöglichkeit besteht". An keiner Stelle wird Apuleius' Aufklärungsauftrag hinsichtlich der Problematik des Magiebegriffs deutlicher; an keiner Stelle ist der Redner visionärer – kein Autor, ob vor oder nach ihm, hat in dieser argumentativen Klarheit den Hexenwahn im frühneuzeitlichen Europa vorweggenommen und die fundamentale Problematik der Beweisführung im Kontext des *crimen magiae* zur Sprache gebracht.

Interessanterweise belässt es Apuleius im Rahmen der Entkräftung des Leintuch-Vorwurfs bei dieser allgemeinen Problematisierung der *Attribution ins Ungewisse* – und weigert sich gar, preis zu geben, was sich tatsächlich im Leintuch befand. Vielmehr weist er in diesem Zusammenhang darauf hin, dass er insbesondere während seiner Zeit in Athen in Mysterienkulte eingeweiht worden und hierbei an die Schweigepflicht gebunden sei. Im Leintuch habe er ein Andenken an eine dieser Einweihungen aufbewahrt.[135] Sein Argumentationsmuster beinhaltet hier also die Gegenüberstellung von *magia* und legitimer Religiosität:

---

134 Vgl. Muth, *Einführung in die griechische und römische...*, 289f, v.a. 305f.
135 Vgl. Apuleius, *Apologia*, 55, 8f.

7. Apuleius und die römisch-lateinische Rezeption des Magiebegriffs

„Kann es denn überhaupt jemanden, der auch nur irgendein Bewusstsein von Religion hat, wunderlich erscheinen, dass einer, der in so viele Göttermysterien eingeweiht ist, bestimmte Erinnerungszeichen an Weihehandlungen zuhause aufbewahrt und sie in gewobenes Leinen einschlägt, das die reinste Hülle für göttliche Gegenstände [rebus diuinis] ist?"[136]

Apuleius appelliert an das Gericht und seine Hörer, das Schweigegelübde nicht brechen zu müssen und verweist auf die Legitimität des Aufbewahrens religiöser Gegenstände. Wieder ist das Indiz für *magia* überdeterminiert und Apuleius genießt es an dieser Stelle, seine Ankläger bis zum Schluss im Dunkeln zu lassen. Freilich ist in Frage zu stellen, ob überhaupt irgendein im Leintuch befindlicher Gegenstand eindeutig auf *magia* hingewiesen hätte. Der Leintuch-Vorwurf lebt – so zeigt der Argumentationsgang des Philosophen – ausschließlich von der Notation des Ungewissen, des Mysteriösen, das einem verborgenen Gegenstand anhaftet: „Besonders was immer verborgen, was versiegelt, was verschlossen zuhause aufbewahrt wird, all das wird mit derselben Beweisführung als magisch bezeichnet [magicum dicetur]" – so Apuleius im Anschluss an die obige Passage.[137] Bei keinem Indiz wird die Problematik der *Attribution ins Ungewisse* so deutlich wie bei der Zuschreibung eines in einem Leintuch eingewickelten Gegenstandes zu *magia* – einzig und allein aufgrund der Tatsache, dass dieser den Anklägern nicht bekannt ist.

Apuleius weist abschließend darauf hin, dass jener Gegenstand nicht wirklich verborgen, sondern vielmehr öffentlich zugänglich gewesen sei, da er nicht versiegelt, sondern für längere Zeit lose eingewickelt in der Bibliothek des Pontianus auf einem weithin sichtbaren Tisch gelegen hatte.[138] Gleichwohl mag der Leintuch-Vorwurf als armseliger Höhepunkt der fragwürdigen Prinzipien einer Magieanklage gelten. Er weist darauf hin, dass die juristische Konzeptionalisierung eines *crimen magiae* kaum auf der Möglichkeit eines tatsächlichen empirischen Nachweises basieren kann; vielmehr ist der Straftatbestand durch die prinzipielle Problematik gekennzeichnet, ein erkenntnistheoretisch schlechthin unzugängliches Delikt mittels notwendigerweise fragwürdiger, sekundärer Indizien zu verhandeln. So wird das Urteil, das sich der Richter oder die Anwesenden im Zuge eines solchen Prozesses bilden werden, nie über eine Schulds- oder Unschuldsvermutung hinauskommen. Gerade die Entrücktheit des tatsächlichen Deliktes macht es in diesem Zusammenhang auch so schwer, eine einmal bestehende Schuldsvermutung – wie im Kontext der zunehmenden Vernachlässigung des *in dubio pro reo* in späterer Zeit – zu widerlegen. Nicht umsonst ist während der frühneuzeitlichen Magie- und Hexereipro-

---

136 Apuleius, *Apologia*, 56, 1 (Hammerstaedt, *Apuleius*..., 154/55).
137 Apuleius, *Apologia*, 54, 8 (Hammerstaedt, *Apuleius*..., 152/53).
138 Vgl. u. A. Apuleius, *Apologia*, 53, 7f.

zesse das – in den meisten Fällen erzwungene – Geständnis der Angeklagten zentrale Bedingung einer Verurteilung gewesen.[139]

So zeigt der Leintuch-Vorwurf, dass Apuleius' Ankläger so sehr davon überzeugt gewesen sind, in Apuleius einen *magus* entlarvt zu haben, dass sie glaubten, nicht einmal mehr konkrete Indizien hierfür beschaffen zu müssen. Zur Nährung ihres Verdachts reichte ein in einem Leintuch eingewickelter, verborgener Gegenstand bereits aus.[140] Falls die Anklage nicht tatsächlich auf purer Berechnung und Verleumdungsabsicht basierte,[141] sind die Sicinii auch nach ihrer juristischen Niederlage davon überzeugt gewesen, dass Apuleius ein *magus* war. Letztlich hatten sie ihre Meinung unabhängig von den im Prozess genannten Indizien gebildet; wenn nicht diese, dann hätten sie andere Verhaltensweisen oder Gegenstände des madaurischen Sonderlings der ominösen Kategorie *magia* zugeschrieben. Apuleius fasst daher mit seinen Zeilen: „Freilich wird man auf diese Weise allen Leuten, sobald dann einmal eine Anklage wegen Zauberei betrieben wird, zum Vorwurf machen, was immer sie je getan haben"[142] gleichsam das Wesen des gegen ihn angestrengten Prozesses zusammen.

7.2.5. Fazit

Es ließen sich im Kontext der weiteren oben genannten Vorwürfe der Sicinii noch zahlreiche Details der Verteidigung des Apuleius durchsprechen. Gleichwohl sind die Grundprinzipien des Prozesses und die wichtigsten Argumentationslinien sowohl der Anklage als auch der Verteidigung aufgewiesen worden. Insbesondere wurde deutlich, dass die eigentümliche semantische Struktur des Magiebegriffs auch im Rahmen eines Gerichtsprozesses zu epistemologischen Grundproblemen und – als Folge – zu außerordentlich fragwürdigen Formen der Beweisführung führt (*Sprung ins Transzendente*; unüberwindbare Problematik der Empirie; *Attribution ins Ungewisse*). Aufgrund seiner philosophischen Bildung und rhetorischen Brillanz konnte Apuleius noch auf die Gefahren dieser Art der Beweisführung hinweisen. Spätere Angeklagte verfügten weder über seine

---

139 Vgl. zur Frage nach Indizien und Folteranwendung im Kontext frühneuzeitlicher Hexenverfolgungen Rummel/Voltmer, *Hexen...*, v.a. 45ff.
140 Busch schreibt über die „böswilligeund polemische 'interpretation magica' von Handlungen und Aussagen im Umfeld des Apuleius" daher prägnant: „Ist der Verdacht erst einmal geschöpft, so können auch ganz alltägliche Verhaltensweisen (einen Spiegel hatte der Philosoph!) schon als kompatible Argumente für die Magieanklage herhalten. Die Magiepolemik macht sich kaum an bestimmten, nach engen Kriterien zu messenden Sachlagen fest; entscheidend ist der Generalverdacht, in den viele Facetten menschlichen Tuns einordenbar sind."; vgl. Busch, *Magie in neutestamentlicher...*, 125.
141 Apuleius argumentiert abschließend freilich in diese Richtung; vgl. v. a. Apuleius, *Apologia*, 99-103.
142 Apuleius, *Apologia*, 54, 6 (Hammerstaedt, *Apuleius...*, 152/53).

intellektuellen und rhetorischen Fähigkeiten, noch über die juristischen Privilegien der kaiserzeitlichen Prozessordnung, die es dem Platoniker im Rahmen einer mehrstündigen Rede erlaubten, sämtliche Anklagepunkte zu entkräften und sich darüber hinaus über das Anklageprinzip und seine Ankläger selbst lustig zu machen. Der historische Wert der *Apologia* des Apuleius ist im Kontext der abendländischen Rezeptionsgeschichte des Magiebegriffs daher einzigartig.

Entscheidend ist, dass auch der im Gerichtsprozess gegen Apuleius applizierte Magiebegriff kaum durch trennscharfe semantische Denotationen charakterisiert ist. Den Anklägern kommt dies gerade entgegen: den Sicinii scheint gar nicht bekannt oder überhaupt wichtig, was ein *magus* eigentlich ist und was er konkret tut (dies ist zumindest die Suggestion der *Apologia*). Im Hintergrund des Prozesses steht vielmehr die juristische wie moralische Verdammung des *magus*, einer mysteriösen Figur, die mittels unerlaubter Ritualpraktiken Einfluss auf das eigene und das Leben Anderer zu gewinnen sucht. Die landläufigen Topoi, die Apuleius zu dessen Charakterisierung heranzieht, wirken schablonenartig: er nennt die Vorstellung ritueller Kräfte, die an Allmachtsvorstellungen heranreichen;[143] er schildert die Annahme einer prinzipiellen Bösartigkeit und Schadenfreude des *magus*[144] sowie, damit einher gehend, seiner prinzipiellen moralischen Gleichgültigkeit – etwa im Kontext des amoristischen Zwangs, der freilich immer auf Kosten des Gezwungenen wirken muss;[145] er nennt die Anrufung negativ konnotierter transzendenter Wesenheiten[146] und ein – als

---

143 Vgl. die Definition eines magus in Apuleius, Apologia, 25, 7f.
144 Vgl. die Vorstellung im Kontext des Knaben-Vorwurfs, dass Apuleius andere Personen – vor Zeugen – scheinbar zu seinem puren Vergnügen ohnmächtig werden lässt: Apuleius, Apologia, 48, 6f.
145 Vielleicht führt es zu weit, hier ein moralisierendes Korsett an die im römischen Reich des 2. nachchristlichen Jahrhunderts verbreitete – darauf deuten u.A. die Defixionsfunde hin – Praxis individualreligiöser Liebesritualistik anzulegen. Dennoch wird selten gefragt, wie und wie lange man mit einer rituell herbeigezwungenen Person überhaupt zusammen leben kann oder will. Interessanterweise spielt Joanne K. Rowling auf diese Problematik im sechsten Band der *Harry-Potter*-Heptalogie an: die Mutter von Lord Voldemort, Merope Gaunt, hatte sich in jungen Jahren in einen gewöhnlichen Mann (einen Muggel) verliebt, der allerdings bereits vergeben war. Sie bringt ihn mit einem Liebesritual dazu, seine Geliebte zu verlassen und macht ihn für mehrere Monate gefügig – Tom Vorlost Riddle (der spätere Voldemort) wird aus dieser Verbindung hervor gehen. Die Pointe der Geschichte ist, dass Merope Gaunt die Betäubung ihres Geliebten nicht lange aushält, und ihn schließlich von ihrem Bann erlöst – aus Liebe. Tom Riddle, Voldemorts Vater, verlässt sie freilich daraufhin umgehend. Rowling spielt hier darauf an, dass man in der Tat herz-los sein muss, um einen geliebten Menschen längerfristig mit einem – in Rowlingscher Terminologie – Zauber zu binden. Vgl. Joanne K. Rowling, *Harry Potter und der Halbblutprinz. Aus dem Englischen von Klaus Fritz*, Hamburg 2005, 215-18.
146 Beispielsweise wird von den Anklägern die (hier nicht besprochene) Statuette, die Apuleius besitzt, als Skelett bzw. als „verdorrte oder gar fleischlose Gestalt eines grausigen Leichnams" bezeichnet: Apuleius, Apologia , 63, 1 (Hammerstaedt, Apuleius..., 166/67). Diese entpuppt sich schließlich als Hermes-Statuette aus Ebenholz, womit Apuleius wie-

7.2. Die Apologia des Apuleius Madaurensis

anstößig, ja, gefährlich empfundenes – Wissen zur willentlichen Kontrolle anderer Menschen. Der *magus* des kaiserzeitlichen Roms, den Apuleius hier skizzieren mag, erlangt dadurch eine gleichermaßen verabscheuenswerte wie übermenschliche Gestalt und transportiert gleichzeitig sein Gegenbild: normale, gottesfürchtige römische Bürger würden niemals so gewissen-, gefühl-, respekt- und schrankenlos handeln.

Gerade diese Kombination aus religiösen Denkfiguren und negativen Werturteilen macht deutlich, dass es sich im römischen *magus* tatsächlich um ein kulturell-literarisches Konstrukt handelt (!) – ähnlich zur (semantisch etwas anders strukturierten) Figur der *Hexe* in der europäischen Frühen Neuzeit. Apuleius schildert im *magus* ein negatives Stereotyp, keinen realen Personentypus, der durch seine Gerichtsrede gleichsam historiographisch zugänglich würde. Seine *Apologia* kann auf prägnante Weise die Charakteristika des magiologischen Ausgrenzungsdiskurses im antiken Rom illustrieren; sie erlaubt keinen historiographischen Zugriff zu tatsächlichen selbstreferentiellen *Magiern* der Kaiserzeit.[147] Auch im rechtsgeschichtlichen Kontext muss mit dem Magiebegriff daher sehr viel differenzierter umgegangen werden, als dies bis dato geschehen ist – als „Medium einer hinreichenden Transparenz", um mit Philipp Sarasin zu sprechen, taugt er auch (und gerade) vor Gericht nicht.[148] Vielmehr muss es als Kuriosum angesehen werden, dass im Kontext der abendländischen Kultur- und Religionsgeschichte tatsächlich Gerichtsprozesse auf Basis eines solchermaßen Transzendenz kennzeichnenden Begriffs durchgeführt worden sind. Aus epistemologischer Sicht grenzt der Versuch, *Magie* zu beweisen, mithin an die Gottesbeweise der mittelalterlichen Scholastik; letztlich bleibt doch alles Spekulation und Sprachspiel. Weltliche Gerichte erscheinen zur Klärung solcher Fragen jedenfalls vollkommen ungeeignet.

Folglich erübrigt sich auch die Frage, ob Apuleius nun tatsächlich ein *magus* gewesen ist oder nicht; im historischen Kontext wird dieser Titel – wie gesehen – diskursiv verhandelt, das heißt: zugeschrieben. Die akade-

---

derum auf seine legitime Religiosität hinzuweisen sucht; vgl. zum ganzen Vorwurf und Apuleius' Entkräftung Apuleius, *Apologia*, 61-65.

147 Hier wird keinesfalls angezweifelt, dass in der graeco-römischen Antike die Apuleius vorgeworfenen amoristischen Ritualpraktiken tatsächlich durchgeführt worden sind – die Defixionsfunde sprechen hier ja eine deutliche Sprache; auch wird hier nicht von vornherein von einer Unschuld des Apuleius' hinsichtlich der Durchführung eines solchen Rituals ausgegangen (wobei seine Unschuld hier als sehr wahrscheinlich angesehen wird). Im vorliegenden Kapitel geht es vielmehr um die Problematik der Verwendung des Magiebegriffs im juristischen Kontext, die Konstruktion eines *crimen magiae* – und die damit einhergehende Konstitution eines weit über die Durchführung einzelner Ritualpraktiken hinausreichenden Konglomerats an Klischeevorstellungen, Werturteilen und Zerrbildern der römischen Kaiserzeit, welche dem Selbstverständnis der tatsächlichen Protagonisten solcher Praktiken – auf diese wird ab Kap. 9 ausführlicher eingegangen – aller Wahrscheinlichkeit nach fremd gewesen sind.

148 Sarasin, „Diskurstheorie und Geschichtswissenschaft", 62.

mische Debatte sollte diese Zuschreibungsprozesse möglichst präzise und wertneutral beschreiben[149] und der Versuchung widerstehen, den *Sprung ins Transzendente*, der in den Quellen beobachtbar ist, selbst nachzuvollziehen. Dass Forscher zum Teil bis heute zu eruieren versuchen, ob Apuleius zu Recht (oder zu Unrecht) freigesprochen worden ist,[150] mag daher als weiterer Beleg für die hier vertretene These gesehen werden, dass im Wissenschaftsdiskurs auf einen substanziellen Magiebegriff endlich verzichtet werden sollte.

7.3. Weiterführende Überlegungen

Im vorliegenden Kapitel wurde am Fallbeispiel der Verteidigungsrede des Apuleius von Madaura die grundlegende Problematik der Konstruktion eines *crimen magiae* herausgearbeitet. Gewissermaßen vorbeugend soll an dieser Stelle gesagt werden, dass der Prozess gegen Apuleius bewusst ausgewählt wurde und eine ausführlichere Analyse späterer Magie- und Hexereiprozesse in der vorliegenden Arbeit nicht mehr vorgenommen wer-

---

149 Vgl. hierzu auch Alan F. Segal, der hinsichtlich der antiken Magievorwürfe gegenüber Jesus Christus schreibt: "The most interesting question for scholarship, as I see it, is not wether the charge of magic against Jesus [hier: Apuleius; d. Verf.] is true or not. Since he does not claim the title, there can be no possible demonstration or disproof of a charge which is a matter of interpretation in the Hellenistic world. The most interesting question for scholarship is to define the social and cultural conditions and presuppositions that allow such charges and counter-charges to be made"; Segal, „Hellenistic Magic...", 369/70.

150 So wird insbesondere Apuleis' Besitz der Hermesstatuette noch von Forschern des 20. Jahrhunderts als „highly convincing with regard to Apuleius' possible practice of magic" angesehen (vgl. Cecil P. Golann, *The life of Apuleius and his connection with magic*, New York 1952, 153). Auch Adam Abt hält die Statuette in seiner bekannten Analyse *Die Apologie des Apuleius und die antike Zauberei* für den wichtigsten Beleg: „Denn dass Merkur Zaubergott ist, hat Apuleius selbst uns gesagt, er nennt ihn unter den in Kap. 31 aufgezählten Zaubergottheiten an erster Stelle" (Adam Abt, *Die Apologie des Apuleius von Madaura und die antike Zauberei. Beiträge zur Erläuterung der Schrift de magia*, [Religionsgeschichtliche Versuche und Vorarbeiten; 4, 2], Giessen 1908, 233). Entsprechend geht auch Peter Habermehl in seinem 2002 erschienenen Aufsatz „I. Magie, Mächte und Mysterien: Die Welt des Übersinnlichen im Werk des Apuleius" noch auf Spurensuche bezüglich des vermeintlich *magischen* Hintergrundes von Apuleius (Habermehl, „I. Magie, Mächte und Mysterien..."). Thomas Nelson Winter macht in seiner Studie *Apology as Prosecution* hingegen auf die Überdeterminiertheit (nicht nur) des Hermes-Indizes aufmerksam: „,'Hermes Trismegistus the god and founder of magic'? One must add ,of literature, poetry, medicine, algebra, geometry, astronomy, draughts, and dice.' It is, in fact, possible to write an excellent general essay on Hermes Trismegistus without once using the word ,magic.' St. George Stock has done it."; vgl. Thomas Nelson Winter, *Apology as Prosecution. The Trial of Apuleius*, Lincoln 2006 (urspr. Evanston 1968), 105. Winter verweist darauf, dass Apuleius' Verehrung des Hermes ohne Weiteres im Kontext seiner individuellen Religiosität eingeordnet werden könne (Vgl. insgesamt ebenda, 100-106).

den soll. Gleichwohl wird hier davon ausgegangen, dass sich die von Apuleius aufgewiesene Problematik des *crimen magiae* prinzipiell auch auf spätere Prozesse übertragen lässt; im Folgenden soll hierzu einige weiterführende Überlegungen angestellt werden.

Zunächst ist in diesem Zusammenhang von Bedeutung, dass das *crimen magiae*, das bei Apuleius zur Anwendung kommt, noch nicht mit christlicher Motivik überfrachtet und dadurch gleichsam in reinerer Form beobachtbar ist. Der Magiebegriff ist im römischen Reich des zweiten nachchristlichen Jahrhunderts noch jung und steht – wie im einführenden Exkurs zur römisch-lateinischen Rezeption gesehen – eng mit der oben skizzierten griechischen Topologie in Verbindung. Gerade die Tatsache, dass es zentrale Elemente dieser griechisch-römischen Topologie sind, die den Magiebegriff im Prozess gegen Apuleius kennzeichnen und Teufels- oder Dämonenpaktvorstellungen noch keine Rolle spielen, macht die sokratische Zergliederung der Anklage durch den Philosophen so wertvoll. Denn sie stellt nicht nur ein später hinzugekommenes Mythologem – etwa die Figur des Dämon oder den Teufelspakt –, sondern gleichsam die Tiefenschichten des semantischen Feldes von *Magie* in Frage. Daher sind die Probleme, die Apuleius an diesem (gewissermaßen vorchristlichen) Magiebegriff aufzeigt, auch für seine spätere juristische Applikation gültig – auch dann, wenn sich der mythologische Hintergrund von *magia* im Rahmen der christlichen Rezeption weiter ausdifferenzieren wird.

Damit einher geht die Figur des Apuleius selbst, die so in späterer Zeit sicherlich nicht mehr denkbar ist. Der Philosoph kann nicht nur aufgrund seiner hervorragenden Bildung, seinem Witz, seiner ausgefeilten Rhetorik in der skizzierten Weise auftreten. Vielmehr scheint das hinter der Anklage stehende Konzept im römischen Reich des zweiten Jahrhunderts noch nicht so stark kulturell etabliert, sodass Apuleius dem *crimen magiae* geradezu respektlos gegenüber treten und seine Implikationen in der hier skizzierten Weise hinterfragen kann; für den Platoniker dient dies ja geradezu der Wiederherstellung seiner philosophischen Ehre. Spätere der *Magie* Angeklagte werden sich vor allem deshalb in einer viel schwierigeren Lage befinden, weil durch die christliche Rezeption und sprichwörtliche Dämonisierung von *magia* die kulturhistorische wie konzeptionelle Deutungsmacht und Reichweite des Begriffs viel größer, gleichsam unantastbar wird. Wer im 15. oder 16. Jahrhundert auf Apuleiische Art das *crimen magiae* in Frage gestellt hätte, wäre aller Wahrscheinlichkeit nach nicht nur lächerlich, sondern vielmehr der Häresie schuldig gemacht worden: *magia* in Frage zu stellen, wäre einer Hinterfragung des gesamten Bereichs kirchlicher Teufels- und Dämonenvorstellungen – also eines fundamentalen Bestandteils christlicher Dogmatik und Weltdeutung – gleichgekommen.

Es ist daher kein Zufall, dass eine Rede wie die des Apuleius aus späterer Zeit nicht mehr überliefert ist; nachdem *magia* von den spätantiken Kirchenvätern als fundamentales Antithetum rechten Glaubens und Handelns in das christliche Weltbild integriert wurde,[151] war es fortan kaum mehr möglich, die Kategorie auf so grundlegende Art und Weise zu hinterfragen. Wenngleich die mittelalterliche Rezeption des Magiebegriffs bekanntermaßen durch eine gewisse Asymmetrie zwischen kirchlicher Skepsis und weltlichem (beziehungsweise dörflichem) Glaube an zahlreiche magiologische Topoi charakterisiert war,[152] wurde „die Existenz eines teuflischen Zauberwesens" seit der Spätantike kaum mehr „prinzipiell in Frage gestellt".[153] Die von Apuleius angesprochene Problematik der Indizienlage musste sich daher insbesondere während der frühneuzeitlichen Hexenverfolgungen – aufgrund der „strukturell bedingten Beweisnot bei Hexereiverdächtigungen"[154] – noch verschärfen. Zwar bestand jene etwa im 13. Jahrhundert beginnende – im Wesentlichen theologisch initiierte – „Konstruktion eines 'Superverbrechens'"[155] und die damit einer gehende Konzeptionalisierung eines "rechtlichen kumulativen häretischen Hexenbegriff[s]"[156] gewissermaßen nur noch zu einem Fünftel aus der Vorstellung eines feindseligen rituellen Aktes (*maleficium*), der unter das *crimen magiae* fiel;[157] gleichwohl finden sich gerade auf der Indizienebene große Ähnlichkeiten zwischen dem Prozess gegen Apuleius und den Hexenprozessen

---

151 Vgl. dazu ausführlicher unten, Kap. 8.
152 So wurde etwa im 906 n. Chr. verfassten *Canon Espicopi* noch der Glaube an die *magische Kunst (magicam artem)* sowie die Vorstellung, „dass einige verruchte, wieder zum Satan bekehrte Frauen von den Vorspiegelungen und Hirngespinsten böser Geister verführt sind und glauben und behaupten, sie ritten zu nächtlicher Stunde mit Diana, der Göttin der Heiden, und einer unzähligen Menge von Frauen auf gewissen Tieren und legten in der Stille der tiefen Nacht weite Landstrecken zurück und gehorchten ihren (Dianas) Befehlen wie denen einer Herrin und würden in bestimmten Nächten zu ihrem Dienst herbeigerufen", als heidnischer Aberglaube verurteilt; zu Text und Übersetzung Wilfried Hartmann (Hg.), *Das Sendhandbuch des Regino von Prüm. Unter Benutzung der Edition von F. W. H. Wasserschleben hrsg. und übers. von Wilfried Hartmann*, [Ausgewählte Quellen zur deutschen Geschichte des Mittelalters ; 42], Darmstadt 2004, 421; vgl. hierzu auch Rummel/Voltmer, *Hexen*..., 20: „Während weltliche Eliten und Bevölkerung weiterhin an die Wirkmacht des Schadenzaubers glaubten, hielten die Vertreter der Kirche an ihrer theologisch-missionarischen Grundposition fest, nach der alle Magie heidnisch, unwirksam und nur dämonisches Blendwerk sei". Zur dieser begriffs- und ideengeschichtlichen Entwicklung insgesamt Herbert Eiden, „Vom Ketzer- zum Hexenprozeß. Die Entwicklung geistlicher und weltlicher Rechtsvorstellungen bis zum 17. Jahrhundert", in: Rosmarie Baier-de Haan, Rita Voltmer, Franz Irsigler (Hg.), *Hexenwahn – Ängste der Neuzeit. Begleitband zur gleichnamigen Ausstellung des Deutschen Historischen Museums*, Berlin 2002, 48-59; online verfügbar unter http://www.dhm.de/ausstellungen/hexenwahn/aufsaetze/02.htm (27.09.2009).
153 Vgl. Eiden, „Vom Ketzer- zum Hexenprozeß...".
154 Rummel/Voltmer, *Hexen*..., 46.
155 Dazu insgesamt Rummel/Voltmer, *Hexen*..., 18-33.
156 Eiden, „Vom Ketzer- zum Hexenprozeß...".
157 Zu den fünf Kerndelikten gehörten neben dem *maleficium* Teufelspakt, Teufelsbuhlschaft, Hexenflug und Hexensabbat; vgl. Eiden, „Vom Ketzer- zum Hexenprozeß..." sowie Rummel/Voltmer, *Hexen*..., u.A. 80f.

7.3. Weiterführende Überlegungen 267

der Frühen Neuzeit. Sieht man in diesem Zusammenhang von den Indizien ab, welche die von der kirchlichen Teufelsvorstellung hergeleiteten Delikte belegen sollten (etwa die Suche nach dem Teufelsmal, die Wasserprobe, vermeintliche Beobachtungen von Hexenflug und Hexenversammlungen oder – meist unter peinlicher Befragung erreichte – Denunziationen weiterer *Hexen*), sind hierbei insbesondere die meist als *Realindiz*[158] geltenden Zeugenaussagen zu Schadensfällen sowie diversen verdächtigen Verhaltensweisen der Angeklagten von Bedeutung.[159]

Der Apuleiische Ausspruch „Freilich wird man auf diese Weise allen Leuten, sobald dann einmal eine Anklage wegen Zauberei betrieben wird, zum Vorwurf machen, was immer sie je getan haben" findet sich etwa bei einer Reihe von Aussagen, die in den „Luzerner Akten zum Hexen- und Zauberwesen" im Kontext einschlägiger Untersuchungen (im Luzerner Raum) zwischen 1463 und 1551 festgehalten wurden, prägnant bestätigt. Zum einen fällt bei dem 1899 im *Schweizerischen Archiv für Volkskunde*[160] veröffentlichten Aktenmaterial auf, dass die überwiegende Mehrzahl der gesammelten Indizien auf Aussagen basieren, die die Zuschreibung von familiären Krankheits- oder Unglücksfällen,[161] von verstorbenem[162] oder beeinträchtigtem[163] Vieh oder von schädlichen Wetterereignissen (in den meisten Fällen Hagel)[164] zur angeklagten Person vornehmen. Dieser durch Evans-Pritchards Formel „Hexerei erklärt Unglücke" noch hinreichend begründete Sachverhalt[165] wird schließlich durch eine Reihe von Aussagen zu – auf den ersten Blick – eher trivialen Ereignissen ergänzt. Reiht man

---

158 Vgl. dazu Rummel/Voltmer, *Hexen...*, 45.
159 Die Erkenntnisse aus der Prozessrede des Apuleius sind auch deshalb auf einen Teil frühneuzeitlicher Hexereiprozesse übertragbar, weil gerade auf dörflicher Ebene seltener die kirchliche Teufelstopologie, sondern viel häufiger das *maleficium* – im Kontext der Zuschreibung von Unglücksfällen – im Mittelpunkt der Verfolgungen stand; dazu auch Rainer Walz, „Dörfliche Hexenprozesse in Lippe. Ein Vergleich zwischen ethnologischen und regionalgeschichtlichen Konzepten", v.a. 289f, in: Stefan Brakensiek et al. (Hg.), *Kultur und Staat in der Provinz. Perspektiven und Erträge der Regionalgeschichte*, [Studien zur Regionalgeschichte; 2], Bielefeld 1992, 281-314. Gleichwohl fanden auch auf dörflicher Ebene – etwa nahe der Reichsabtei St. Maximin – mitunter Massenverfolgungen statt, welche dann durch die zunehmende Rezeption und Verarbeitung des kirchlichen Hexendelikts (unter Vernachlässigung des *maleficiums*) geprägt waren; dazu etwa Rita Voltmer, „St. Maximin bei Trier (Reichsabtei) – Hexenverfolgung", online verfügbar unter: http://www.historicum.net/no_cache/persistent/artikel/1594/ (27.09.2009).
160 Eduard Hoffmann-Krayer (Hg.), „Luzerner Akten zum Hexen und Zauberwesen", in: *Schweizerisches Archiv für Volkskunde 3 (1899)*, 22-40 (Teil I), 81-122 (Teil II), 189-224 (Teil III), 291-329 (Teil IV).
161 Vgl. Ebenda, u.A. die Fälle 8, 11, 16, 21, 22-26, 28, 29, 36, 37, 39, 44, 45.
162 Vgl. Ebenda, u.A. die Fälle 11, 16, 20, 23, 24, 25, 28, 29, 33, 36, 37, 44, 45.
163 Vgl. Ebenda, u.A. die Fälle 11, 20, 23, 24, 29, 39, 44, 45.
164 Vgl. Ebenda, u.A. die Fälle 8, 10, 16, 19, 21, 23, 24, 33, 43, 46.
165 Vgl. zur Rezeption und Applikation ethnologischer Theoriebildung im Kontext der frühneuzeitlichen Hexenforschung ausführlicher Walz, „Dörfliche Hexenprozesse in Lippe...", v.a. 281-89.

einmal diese eher trivial anmutenden Indizien systematisch aneinander, wird der visionäre Gehalt der oben skizzierten Apuleiischen Dekonstruktion in der Tat deutlich:[166]

> „Reider sagt, er habe sie verdächtigerweise in einer Wiese hantieren sehen. Das von ihm hierauf prophezeite Wetter sei eingetroffen. Aehnlich sagt Gassenrumer, dass er sie an einem Weiher gesehen habe, worauf ein Unwetter gekommen sei. Dasselbe habe nur durch Läuten gemildert werden können. [...] Ferner habe er die R. eines Morgens verdächtigerweise aus dem Wald kommen sehen";[167] „[...] sie habe die Speni und ihren Mann in einem blauen Rock bei einem Brunnen stehen und Wasser mit der Hand rückwärts über den Kopf werfen sehen. Bald darnach sei der Hagel gekommen";[168] „Auch habe er sie trotz ihres Alters auf einem schmalen Gesimse an seinem Hause gehen sehen. [...] Ebenso berichten sie, bei einer Wolfsjagd in einem Bachtobel auf K.'s Mutter gestossen, die ihnen auf die Frage, was sie hier treibe, mit drohenden Scheltworten geantwortet habe";[169] „Von der Oberhauserin sagt er, er habe sie in einem Bache eigentümliche Manipulationen verrichten sehen";[170] „Unlängst habe er A. bei einer Buchmulde stehen sehen und nachher sich mit Wasser zwischen die Beine plätschern sehen. Gleich darauf sei ein grosser Regen gekommen";[171] „Otilia Zuber sagt, sie habe die B. In einer Weide manipulieren sehen, und plötzlich sei sie verschwunden gewesen";[172] „In einem Steinbruch hat sie verdächtige Steine aufgelesen".[173]

Die prinzipielle Überdeterminiertheit der hier genannten Indizien, sowie die deutlich erkennbare Tendenz zur *Attribution ins Ungewisse* erscheinen geradezu analog zu den von Apuleius aufgewiesenen Problemen des *cri-*

---

166 Die folgenden Zeilen entstammen der Einfachheit halber den von Hoffmann-Krayer jeweils angehängten Übersetzungen und Zusammenfassungen der altschweizerischen Originalprotokolle.
167 Hoffmann-Krayer, „Luzerner Akten...", II. Teil, 85/86 (Fall 16).
168 Hoffmann-Krayer, „Luzerner Akten...", II. Teil, 88 (Fall 19).
169 Hoffmann-Krayer, „Luzerner Akten...", II. Teil, 91 (Fall 20).
170 Hoffmann-Krayer, „Luzerner Akten...", II. Teil, 103 (Fall 20). Es lohnt sich, an diesem Beispiel einmal den Originaltext zu betrachten, um einen Eindruck von den *eigentümlichen Manipulationen* (so Hoffmann-Krayers Zusammenfassung) zu erhalten (Ebenda, 101): „Witer hätt er gerett, das er vff ein zyt uff eim weg by eir matten ongeschickt gangen sy, hab er die oberhuserin gesehen in dem selben bach watten; daselb aber ein gůter steg uber dem bach gienge. Das in frömd nem, das das alt wib also in dem bach umbgienge; lugte uff sy, was sy tů wolte; dann er vor ettwas [zyt] von ira ouch gehört hett. Do leg ein grosser stein im bach; zů dem gieng sy vnd stiess gen im mit der fust, karte sich schnell vmb vnd hette den hindren ouch dran; vnd do sy enweg kem, lůgte er, ob sy ir noturft getan hatt, fund aber nutzit, wüste aber nit, was sy getan hett."; man bemerke: der Zeuge Jerg Speckly schreibt das Umherwandern in einem Bach und Anstoßen eines im Bach befindlichen Steines dem Topos der *Hexerei* zu, da seine einzige alternative Erklärung – die Notdurftverrichtung – nicht greift. Der tatsächliche Grund der Hexereiverdächtigung – er „wüste aber nit, was sy getan hett" – weist nur allzu deutlich auf das oben dargelegte Problem der *Attribution ins Ungewisse* hin.
171 Hoffmann-Krayer, „Luzerner Akten...", II. Teil, 121 (Fall 25).
172 Hoffmann-Krayer, „Luzerner Akten...", III. Teil, 217 (Fall 33).
173 Hoffmann-Krayer, „Luzerner Akten...", IV. Teil, 299 (Fall 37).

7.3. Weiterführende Überlegungen

men magiae. Freilich hängen auch diese Indizien lose mit der abendländischen Topologie von *Magie* zusammen:[174] im Hintergrund stehen Vorstellungen von einer Beeinflussung des Wetters und von weiteren, mirakulösen Fähigkeiten (Balancefähigkeit trotz hohen Alters, plötzliches Verschwinden) sowie von der Durchführung einer (in sich relativ unbestimmten) Ritualpraxis, die allein deshalb auf das Hexendelikt hindeuten mag, weil sie dem jeweiligen Beobachter nicht bekannt und daher unverständlich ist. Gerade aufgrund des letzten Punktes kann zur Kernzeit der Hexenverfolgung wohl nahezu jedes unverständliche (oder unkonventionelle, abweichende)[175] Verhalten einen Verdachtsmoment kreiert haben – die Tendenz zur *Attribution ins Ungewisse*, die dem Magiebegriff semantisch anhaftet, hat sich durch den frühneuzeitlichen Hexenwahn und das damit einhergehende „Klima des Misstrauens"[176] gewissermaßen potenziert. Erst als im Zuge jenes Prozesses, der gemeinhin unter der Chiffre *Aufklärung* zusammengefasst wird, die kirchliche Teufelsvorstellung (und dadurch auch der Wahrheitsanspruch der *artes magicae*) zunehmend in Frage gestellt wurde, konnten vermehrt kritische Stimmen hinsichtlich der fragwürdigen Indizienlage des *crimen magiae* laut werden.[177]

---

174 Hier wird insofern davon ausgegangen, dass die frühneuzeitlichen (frühneuhochdeutschen) Begriffe *hexerey* und *zauberey* sowie deren Übersetzungen in andere europäische Sprachen – rezeptionsgeschichtlich gesehen – prinzipiell Ableitungen des Magiebegriffs darstellen. Auf eine eingehendere etymologische Analyse etwa des *Zauber*-Etymons (althochdeutsch: *zoupar/zoubar*) kann an dieser Stelle daher verzichtet werden; vgl. einführend – wenn auch nicht befriedigend – den kurzen Artikel „Zauber" in Kluges *Etymologischem Wörterbuch*: Friedrich Kluge, *Etymologisches Wörterbuch der deutschen Sprache. Bearbeitet von Elmar Seebold. 24., durchgesehene und erweiterte Auflage*, Berlin ^{24}2002, 1004; etwas ausführlicher ist der Artikel „zoubar, zoupar" in: Oskar Schade, *Altdeutsches Wörterbuch. Zweiter Teil: P-Z. Zweite umgearbeitete und vermehrte Auflage*, Hildesheim 1969 (reprint Halle 1872-82), 1295/96.
    Entscheidend an dieser Stelle ist, dass der *Zauberei*-Begriff im deutschen Sprachraum die semantische Struktur des Magiebegriffs weitgehend übernommen hat – dies wird beispielsweise in Grimms *Deutscher Mythologie* und seinem Kapitel „Zauberei" deutlich (welches übrigens den Magiebegriff vollkommen ausspart!); Grimm leistet hier nicht nur wichtige etymologische Arbeit, etwa hinsichtlich denkbarer Synonyma in zahlreichen germanischen und nordischen Sprachen, sondern illustriert auch auf prägnante Weise das Bedeutungsspektrum des historischen *Zauberei*-Begriffs (bis 1835), welches insofern parallel zur semantischen Struktur des Magiebegriffs gelesen werden kann: vgl. Grimm, *Deutsche Mythologie*, 579-638 („Cap. XXVII. Zauberei"). Auch der kirchliche *Hexerei*-Begriff stellt aus Sicht der vorliegenden Arbeit eine – allerdings mit negativen weiblichen Stereotypen ergänzte – Synonymisierung des Magiebegriffs dar, die immer an primären semantischen Denotationen von *magia* (*schadenbringende Ritualpraxis*; *mirakulöse Fähigkeiten*; u.A.) orientiert bleibt.
175 Vgl. zu diesem Aspekt Walz, „Dörfliche Hexenprozesse in Lippe...", 289f sowie Rita Voltmer, „'Gott ist tot und der Teufel ist jetzt Meister!'. Hexenverfolgungen und dörfliche Krisen im Trierer Land des 16. und 17. Jahrhunderts", 218f, in: *Kurtrierisches Jahrbuch 39 (1999)*, 175-223.
176 Voltmer, „'Gott ist tot ...'", 194.

Die hier vorgebrachten Überlegungen sind insgesamt als Andeutungen dahingehend zu verstehen, inwieweit ein kritischer Zugriff auf den historischen Magiebegriff auch für ein vertiefendes Verständnis der frühneuzeitlichen Hexenverfolgungen hilfreich sein kann. Die im vorliegenden Kapitel aufgewiesenen Eigenschaften des Magiebegriffs, insbesondere das Problem der semantischen Unschärfe, die Überdeterminiertheit etwaiger Indizien und die Möglichkeit zur *Attribution ins Ungewisse* mögen zusätzlich zu den in der Forschung bislang besprochenen Erklärungsmustern[178] deutlich machen, welche fatalen Konsequenzen die Implementierung eines solchermaßen problematischen Begriffs (sowie etwaiger Synonyma) in einen über Leben und Tod entscheidenden Straftatbestand zeitigen kann. Im Rahmen der akademischen Hexenforschung wurde bislang möglicherweise nicht ausreichend beachtet, welchen Beitrag der Magiebegriff *selbst* und seine von Apuleius noch aufgewiesenen problematischen Eigenschaften im Kontext der Hexenverfolgungen gespielt haben.[179] Selbst die relative Unsichtbarkeit des frühneuzeitlichen *Hexerei*-Deliktes, die auch in den meisten überlieferten Prozessakten offenkundig ist, hat bis in neueste Zeit nicht dazu geführt, dass die Verwendung eines substanziellen Magiebegriffs bei der Analyse der Hexenverfolgungen in Frage gestellt worden wäre. Hier wird insofern die Auffassung vertreten, dass auch der frühneuzeitliche Hexen- beziehungsweise Hexereibegriff keineswegs vertrauenswürdig oder in irgendeiner Form geeignet ist, im Rahmen einer historiographischen Analysesprache operationalisiert zu werden. Vielmehr sind es gerade die hier skizzierten problematischen Eigenschaften des Magiebegriffs, die in den Händen einer unreflektiert damit operierenden Bevölkerung – „indem ein unerschöpfliches Potential an alltäglichen Widrigkeiten im Hexenglauben eine neue Erklärung findet" –[180] die Möglichkeit eröffnen, nahezu jedes Handeln verdächtiger Personen entsprechend zu funktionalisieren; die unheilvolle Verbindung von *magia* mit der christlichen Dämonen- beziehungsweise Teufelspaktvorstellung – auf diesen rezepti-

---

177 Prägnant beobachtbar etwa an der Schrift *Vom Laster der Zauberei* des Juristen Christian Thomasius (*De Crimine Magiae*, 1701); Thomasius spricht hier nicht nur zahlreichen Teufelsmythologemen ihren Wahrheitsgehalt ab (vgl. § 31ff), sondern stellt in diesem Zusammenhang auch die landläufigen Indizien von „Zauberey" in Frage (vgl. § 51ff).

178 Einen guten Überblick über die zahlreichen – etwa religionsgeschichtlichen, ökonomischen, (mikro-) soziologischen oder auch machtpolitischen – Deutungsmuster liefern Rummel/Voltmer, *Hexen...*, 84-119.

179 Vgl. den neuen Überblick zur Hexenforschung von Rita Voltmer, der zahlreiche ältere wie neuere Deutungsmuster anspricht, mögliche Implikationen eines unscharfen Magiebeziehungsweise Hexereibegriffs allerdings nicht thematisiert: Rita Voltmer, „Netzwerk, Denkkollektiv oder Dschungel? Moderne Hexenforschung zwischen 'global history' und Regionalgeschichte, Populärhistorie und Grundlagenforschung", in: *Zeitschrift für Historische Forschung 34/3 (2007)*, 467-508.

180 Walter Rummel, „Das 'ungestüme Umherlaufen' der Untertanen. Zum Verhältnis von Religiöser Ideologie, sozialem Interesse und Staatsräson in den Hexenverfolgungen im Rheinland", 139, in: *Rheinische Vierteljahresblätter 67 (2003)*, 121-161.

7.3. Weiterführende Überlegungen

onsgeschichtlichen Zusammenhang wird im folgenden Kapitel ausführlicher eingegangen werden – und die damit einher gehende Radikalisierung und Perfektionierung des negativ konnotierten Magiebegriffs konnten im Kontext des frühneuzeitlichen Magie- und Hexereiglaubens vielmehr dazu führen, dass „das Spektrum seiner Anwendung im Alltag gleichsam unendlich war".[181]

Abschließend mag eine amüsante Meldung der *Süddeutschen Zeitung* vom 31.10.2006 ein Licht darauf werfen, wie stark sich die gesamte Argumentationsstruktur eines Magieprozesses in Relation zu einem nochmals ganz anders gelagerten kulturhistorischen Kontext – nun der deutschen Rechtsprechung des 21. Jahrhunderts – verändern kann.[182] Der Artikel referiert einen Zivilprozess, der 2006 vor dem Amtsgericht München abgehalten wurde; Hintergrund des Prozesses war die Klage auf Rückerstattung des Honorars für einen „Liebeszauber" durch eine Klientin der selbstreferentiellen *Hexe* Sandra, die laut Artikel seit einigen Jahren in einem Münchner „Hexenladen Waren und Dienstleistungen" angeboten habe. Interessant an dem Artikel ist nicht nur die Beschreibung des Rituals („Solch ein Liebeszauber müsse drei Monate lang jeweils vor und bei Vollmond vollzogen werden, behaupten Kenner. Dabei würden spezielle Kerzen abgebrannt und aus Kleidern der Betroffenen gebastelte Puppen immer enger zusammengerückt, später vergraben"), oder die Rechtfertigungen der *Hexe* für das fehlgeschlagene Ritual („Denn sie habe eigentlich gar nicht zaubern wollen, weil der abgehauene Liebhaber keineswegs 'standesgemäß' gewesen sei. So etwas wie der Chef einer Motorradgang – 'über und über tätowiert'").

Im Kontext des vorliegenden Kapitels ist vielmehr die Begründung des Richters für seine Entscheidung, der Klägerin Recht zu geben und die angeklagte *Hexe* zur Rückzahlung der Ritualgebühr (1000 Euro) zu verurteilen, von besonderer Bedeutung: die Rückzahlung sei sogar im Falle eines (dann „zufälligen") Erfolges geboten gewesen, da die Hexe mit einer „objektiv unmöglichen Leistung" geworben habe. Auch die Beteuerung der Angeklagten, dass sie „grundsätzlich [...] über Hexenkräfte" verfüge, sowie ihr Verweis darauf, dass sich das Gericht für den Nachweis „parapsychologische[r] Phänomene und Wunder" beim „erzbischöflichen Ordinariat erkundigen" solle (!), konnten den Richter nicht von der Überzeugung abbringen, dass ein „Liebesritual nicht geeignet ist, einen Menschen aus der Ferne zu beeinflussen" – der Jurist verwies zudem explizit darauf, dass dies bereits „ohne Beweisaufnahme" feststehe! Daher müsse die *Hexe* auch die gezahlten 150 Euro für die vorherige telefonische Beratung erstatten: „Auch dieser Vertrag ist auf eine objektiv unmögliche Leistung gerichtet,

---

181 Ebenda.
182 Die folgenden Zitate beziehen sich auf den Artikel von Ekkehard Müller-Jentsch, „Schlechte Zeiten für Hexen", in: *Süddeutsche Zeitung* (Deutschlandausgabe) 31.10.2006, 36.

denn es ist offenkundig, dass weder Kartenlegen noch die Zahlenmystik der Kabbala noch sonstige parapsychologische Erkenntnisquellen geeignet sind, reelle Anhaltspunkte für eine Beratung zu finden". Der solchermaßen nicht nur juristisch, sondern geradezu ontologisch urteilende Richter schließt sein Urteil mit der ironischen Feststellung, dass ein auf „Liebeszauber gerichteter Vertrag" ohnehin „sittenwidrig" wäre – „wegen unzulässiger Beeinflussung des freien Willens einer Person".

Der Münchner Amtsrichter urteilt hier erklärtermaßen nicht nur über den einzelnen Fall, sondern vielmehr den Wahrheitsgehalt unterschiedlichster Ritualpraktiken und „Erkenntnisquellen". Was immer man von der Position des Juristen halten mag – das eigentlich Interessante an seiner Entscheidung ist die Tatsache, dass sich hier die gesamte Prozesskonstellation und Argumentationsstruktur – insbesondere im Vergleich zu frühneuzeitlichen Hexenprozessen, aber auch hinsichtlich des Prozesses gegen Apuleius – auf verblüffende Weise ins Gegenteil verkehrt. Während Apuleius sich noch mit Mühe und Not eines *magischen* Generalverdachts erwehren konnte, der auf einem im römischen Reich des zweiten nachchristlichen Jahrhunderts verankerten Glauben an die mit *magia* assoziierten Zusammenhänge basierte, wird die selbstreferentielle *Hexe* aus München im Grunde nur deshalb verurteilt, weil der Richter auf der Basis seines erklärten Unglauben an die mit *Magie* beziehungsweise *Hexerei* assoziierten Kräfte argumentiert. Die Angeklagte hat dadurch wiederum keine Chance auf einen fairen Prozess unter Einbezug ihrer persönlichen Überzeugungen; sie müsste im Kontext der nun verlagerten Prozesslogik gewissermaßen beweisen, dass sie tatsächlich eine *Hexe* ist, um Recht zu bekommen. Verfügte sie über den philosophischen Anspruch des Apuleius, hätte sie den Richter zu diesem Zweck wohl im Rahmen eines mehrstündigen Referats zu den fragwürdigen erkenntnistheoretischen Implikationen seiner Position – gewürzt etwa mit empirischen Befunden moderner Parapsychologie – davon zu überzeugen versucht, dass ihr Tun letztlich auf wahren Prämissen basierte. Gleichwohl hätte dies aller Wahrscheinlichkeit nach nichts genützt – die Indizienlast hat sich seit der frühen Neuzeit gleichsam ins Gegenteil verkehrt. Heute hilft nicht einmal mehr der Verweis auf das „erzbischöfliche Ordinariat", um Hexenkräfte vor Gericht geltend zu machen. Gleichwohl stehen jene „schlechte[n] Zeiten für Hexen", auf die der Titel des Artikels treffend hinweist, sicherlich in keinem Verhältnis zur blutigen Vergangenheit des *crimen magiae*.

8. Augustinus von Hippo und die frühchristliche Rezeption des Magiebegriffs

Gegenstand dieses dritten und letzten Kapitels zum historischen Ausgrenzungsdiskurs ist die Rezeption des Magiebegriffs durch christliche Autoren der frühen und mittleren römischen Kaiserzeit sowie schließlich dessen systematische Einbettung in das theologische Weltbild des frühen Christentums durch Aurelius Augustinus von Hippo (* 354; † 430). Der berühmte Kirchenlehrer wird hier aus mehreren Gründen als zentrales Fallbeispiel des christlichen Ausgrenzungsdiskurses angesehen und untersucht. Zum einen sind seine magiologischen Setzungen – insbesondere seine explizite, systematische und unumstößliche Zuordnung des Begriffs zu einem satanisch-dämonischen Gegenreich Gottes – nicht nur als Radikalisierung, sondern geradezu als Vollendung der polemischen Funktionalisierung des Magiebegriffs in der Antike anzusehen. Zum anderen hat sich Augustinus wie kein anderer christlicher Autor des vierten und fünften Jahrhunderts mit den – nun gewissermaßen oppositionellen – Schriften der Anhänger römischer und griechischer Religion und Philosophie auseinander gesetzt und seine eigentümliche Lesart des Magiebegriffs nicht zuletzt in Auseinandersetzung mit diesen entwickelt. Der Kirchenlehrer kann – wie Apuleius im vorangegangenen Kapitel (dessen Schriften Augustinus freilich genau kannte und verarbeitete) – wiederum als Bindeglied zwischen der graeco-römischen und frühchristlichen Rezeption des Magiebegriffs interpretiert werden und in diesem Zusammenhang auf wichtige rezeptionsgeschichtliche Kontinuitäten und Brüche aufmerksam machen.

Schließlich ist Augustinus als zentraler, in seinen diesbezüglichen Setzungen in der Tat diskursbegründender magiologischer Autor des frühen Christentums anzusehen. Er hat wie kein anderer frühchristlicher Autor versucht, den Magiebegriff systematisch zu fassen und in das sich formierende christlich-theologische Weltbild einzubetten. Der solchermaßen konstituierte Magiebegriff, insbesondere der von Augustinus erstmals systematisch ausgearbeitete *Dämonenpakt*-Topos ist nicht nur für den innerchristlichen Magiediskurs der Folgezeit, sondern für die abendländisch-europäische Kultur- und Religionsgeschichte insgesamt von entscheidender wirkungsgeschichtlicher Bedeutung. Alle späteren Verwendungen eines negativ konnotierten Magiebegriffs im christlichen Kulturraum – sei es durch Thomas von Aquin, sei es durch die Autoren des *malleus maleficarum*, sei es durch Johann Wolfgang von Goethe in seiner berühmten literarischen Verarbeitung des *Faustus*, sei es gar durch rezente christliche Autoren, die vor den Gefahren der *Harry-Potter*-Heptalogie warnen – bleiben in ihren Grundgedanken letztlich den dogmatischen Setzungen des Kirchenlehrers verpflichtet. Aufgrund seiner herausragenden wirkungsgeschichtlichen Bedeutung für den christlichen Ausgrenzungsdiskurs sind seine Ausführungen in der vorliegenden Arbeit einer eingehenderen Rekonstruktion und Deutung zu unterziehen.

Zunächst ist der Autor jedoch in seinen kulturhistorischen Kontext und bereits bestehende rezeptions- und diskurshistorische Strukturen einzuordnen. Hierzu wird in einem längeren rezeptionsgeschichtlichen Einführungskapitel zunächst die innerbiblische Rezeption des Magiebegriffs (sowie wichtiger Synonyma) rekapituliert, um den zentralen Referenztext des christlichen Diskurses mit Blick auf den Magiebegriff einordnen zu können. Daraufhin wird der Fokus auf christliche und graeco-römische Autoren der mittleren römischen Kaiserzeit gelegt, die ein rezeptionsgeschichtliches Szenario offenbaren, das im Kontext der Geschichte des Magiebegriffs geradezu einzigartig ist. So gerät der Magiebegriff im Zuge der literarischen Auseinandersetzung um die mirakulösen Fähigkeiten Jesu und seiner diesbezüglichen Konkurrenten des graeco-römischen Kulturraums – hier ist etwa Apollonios von Tyana zu nennen – erstmals ins Spannungsfeld eines genuin interreligiösen Konfliktes. Es ist kein Zufall, dass gerade diese Periode durch wechselseitige Magievorwürfe gekennzeichnet ist; die christlichen Autoren verfügen in vorkonstantinischer Zeit noch nicht über die allgemeine Diskurshoheit, sind zum Teil sogar als deviant einzuordnen. Indem hier beide Konfliktparteien (also graeco-römische und christliche Autoren) den Magiebegriff als Ausgrenzungskategorie verwenden, machen sie nicht nur erneut auf die Fragwürdigkeit antiker Magiezuschreibungen aufmerksam, sondern offenbaren ein Szenario kurzzeitiger diskursiver Gleichberechtigung – ein setting, das aufgrund des bald darauf folgenden Siegeszugs des Christentums historisch einzigartig ist. Die Grundzüge dieser Auseinandersetzung sollen im Einführungskapitel skizziert werden; trotz der Parallelen auf beiden Seiten gilt es hierbei allerdings auch, die unterschiedlichen religionsgeschichtlichen Voraussetzungen der Rezeption des Magiebegriffs durch die Konfliktparteien zu eruieren.

Im zweiten Teil des Kapitels kann die Rezeption des Magiebegriffs durch Aurelius Augustinus von Hippo dann differenzierter eingeordnet werden. Der Kirchenlehrer knüpft an die vorangegangenen Entwicklungen und Textschichten prinzipiell an, kann allerdings im ausgehenden vierten und beginnenden fünften Jahrhundert nun von der sicheren Warte des diskursiven Siegers schreiben und den Magiebegriff als pauschales Polem gegen unterschiedlichste Formen graeco-römischer Religion – etwa auch der Divinationspraxis – vereinnahmen. Es ist Augustinus, der die in vorkonstantinischer Zeit noch hitzig geführte Auseinandersetzung um mirakulöse Fähigkeiten oder individualreligiöse Ritualpraktiken zu einem systematischen, theologisch fundierten Abschluss führt. Der Magiebegriff avanciert dadurch zu einem der zentralen Begriffe zur Markierung des Inner- und Außerchristlichen, zur Scheidung von *religio* und *superstitio* – oder gar *idolatria* –, von Gottesdienst und Gottesfrevel.

Auf diese – im Kapitel ausführlich zu rekonstruierende – Weise verankert Augustinus *Magie* so fundamental im christlich-theologischen Weltbild, dass seine Setzungen im innerchristlichen Diskurs der Folgezeit kaum mehr revidiert oder in Frage gestellt worden ist. Daher gelangen die historiographischen Ausführungen zum Ausgrenzungsdiskurs mit der Rekapitulation der Schriften Augustins an ihr Ende. Freilich werden Autoren des Ausgrenzungsdiskurses auch in den folgenden Kapiteln eine Rolle spielen; der christlich-theologische Ausgrenzungsdiskurs hat jedoch bis heute eine so bemerkenswerte semantische und funktionale Konstanz aufgewiesen, dass es für das Verständnis der grundlegenden Struktur(en) des abendländisch-europäischen Ausgrenzungsdiskurses ausreicht, die antiken Wurzeln der christlichen Rezeption des Magiebegriffs zu rekonstruieren; diese reichen freilich weit in die Gegenwart hinein.

8.1. Rezeptionsgeschichtlicher Kontext: Zur frühchristlichen Rezeption des Magiebegriffs

Die obigen Kapitel haben gezeigt, dass der Magiebegriff sowohl im griechisch-hellenistischen wie römisch-lateinischen Sprach- und Kulturraum mit einem mitunter komplexen semantischen Spektrum hinreichend etabliert ist, als Jesus von Nazaret und das frühe Christentum den Schauplatz der Geschichte betreten. Im Kontext des hier entwickelten begriffsgeschichtlichen Szenarios kann allerdings nun differenziert werden; Jesus von Nazaret war sicherlich keiner jener individualreligiösen Ritualspezialisten, die – wie gesehen – etwa von Platon (im griechischen Kontext) oder Plinius dem Älteren (im römischen Kontext) mit dem Magiebegriff oder einem seiner Synonyma diskreditiert worden sind. Vielmehr ist im Kontext des semantischen Feldes von μαγεία/*magia* nunmehr die oben aufgewiesene Denotation *mirakulöser Fähigkeiten* von Bedeutung. Der christliche Religionsstifter fiel vor allem deshalb in das semantische Feld des Begriffs hinein, weil sein Handeln zu viele Ähnlichkeiten zu jenem Fähigkeitenkatalog aufwies, der schon seit der frühen griechischen Rezeption häufig dem *mágos* zugeschrieben worden ist: seine offenbare Kontrolle verschiedener Aspekte von *Natur*[1] und des menschlichen Körpers – im Kontext seiner zahlreichen Heilungen –[2] sowie die Nähe zur *Nekromantie* – im Kontext seiner (häufig im Heilungskontext stehenden) *Dämonenaustreibungen*[3] sowie mehrerer Wiederbelebungen –[4] mussten auf zeitgenössische und spätere (heidnische) Hörer und Leser geradezu als Illustration der typischen Merkmale eines *Magiers* wirken.[5]

Die frühchristlichen Autoren mussten auf die Problematik dieser offenkundigen Parallelen zur Figur des *mágos* und das damit einhergehende negative Werturteil freilich reagieren: „Die Aufgabe bestand in nichts Geringerem als darin, zwischen zwei frappant ähnlichen Phänomenen zu unterscheiden oder – präziser – gleichartige Wahrnehmungen zu differenzieren",[6] fasst Marie Theres Fögen jenes Unterfangen prägnant zusammen. Die wesentlichen Eckpunkte der christlichen Argumentationsstrategie bestanden schließlich in der Applikation eines dualen Sprachspiels um die Termini μαγεία/*magia* (und ihrer Synonyma) auf der einen und σημεῖον/*signum* (*Zeichen*) beziehungsweise θαῦμα/*miraculum* (*Wunder*) auf der anderen Seite sowie in der Rezeption und Umdeutung des zuvor noch polyvalenten graeco-römischen Zwischenwesens δαίμων (*daemon*). Hinsichtlich beider Argumentationsmuster sind von bereits bestehenden jüdisch-alttestamentarischen und griechisch-römischen Vorstellungshorizonten Rezeptionslinien zu ziehen. Im Folgenden sollen nach einem Überblick zur biblischen Terminologie die christlich-heidnischen Auseinander-

---

1 Vgl. etwa die Beschwichtigung des Sturmes in Mk 4, 35f und Mt 8, 23f; das Wandeln über den See in Mk 6, 48f; die Nahrungsschöpfungen in Mk 6, 35f, Mk 8, 1f und Lk 5, 1f; die Wandlung von Wasser in Wein in Joh 2, 1f; die Verdorrung des Feigenbaums in Mt 21, 19f und Mk 11, 20f.
2 Vgl. u. A. Mk 1, 30; Mk 1, 40f; Mk 2, 1f; Mk 5, 25f; Mk 6, 54f; Mk 7, 31f; Mk 8, 22f; Lk 7, 1f; usw.
3 Vgl. u.A. Mk 1, 21ff; Mk 3, 11; Mk 5, 1f; Mk 7, 26f; Mk 9, 14f; usw.
4 Vgl. Mk 5, 21ff; Lk 7, 11f; Joh 11, 1f.
5 Diese Analogie hat sich auch im wissenschaftlichen Diskurs niedergeschlagen und Forscher wie Morton Smith dazu verführt, Jesus als *Magier* zu stilisieren: vgl. Smith, *Jesus the Magician*. Vgl. hierzu auch Marie T. Fögen, *Die Enteignung der Wahrsager. Studien zum kaiserlichen Wissensmonopol in der Spätantike*, Frankfurt a. Main 1993, 189/90: „Jesu Wunder, Heilungen, Exorzismen und Weissagungen paßten ebenso perfekt in das zeitgenössische Bild eines Magiers wie seine merkwürdige asketische, soziale Standards mißachtende Lebensweise"; Fritz Grafs Definition des antiken *Magiers* scheint geradezu an der Figur Jesu orientiert zu sein: „A magician was someone who could perform miracles – fly, resuscitate the dead, heal the lame, multiply food"; Fritz Graf, „Augustine and magic", 91, in: Jan N. Bremmer, Jan R. Veenstra (Hg.), *The Metamorphosis of Magic from Late Antiquity to the Early Modern Period: From Late Antiquity to the Early Modern Period*, [Groningen studies in cultural change ; 1], Leuven 2002, 87-103.
6 Fögen, *Enteignung...*, 191.

setzungen über *mirakulöse Fähigkeiten* sowie – daran angelehnt – einige zusammenfassende Überlegungen zur frühchristlichen Rezeption des Magiebegriffs angestellt werden.

8.1.1. Zur biblischen Terminologie

Angesichts der enormen Beudeutung, die der Magiebegriff im Zuge der christlichen Rezeption erlangen sollte, ist es zunächst erstaunlich, dass der biblische Befund recht dünn und zudem kaum eindeutig ist. Freilich entsteht bereits dadurch Verwirrung, dass eine ganze Reihe von Sprachschichten zu unterscheiden sind, die jeweils eigene Übersetzungsproblematiken im Kontext des hier untersuchten Gegenstandsbereichs in sich bergen. Beginnt man etwa mit den alttestamentarischen Textstellen, die *später* dem griechisch-lateinischen Magiebegriff im Sinne eines Verbots zugeordnet worden sind,[7] ist die Interpretation bereits keinesfalls einfach. Deutlich zeigt sich dies etwa bei der Schlüsselstelle im Bundesbuch, die häufig als alttestamentarische Legitimation der frühneuzeitlichen Hexenverfolgungen herangezogen wurde: „Die Zauberinnen sollst du nicht am Leben lassen".[8] Was Luther in der hier verwendeten Übersetzung unter einer *Zauberin* verstand, ist – zumal zur Zeit der Hexenverfolgungen – gleichwohl leichter zu rekonstruieren als die Terminologie des hebräischen Originaltexts.[9] Es lohnt sich daher, die Übersetzungsgeschichte der Stelle exemplarisch zu rekonstruieren.

Im hebräischen *Tanach* findet sich an der fraglichen Stelle zunächst die Personenbezeichnung מְכַשֵּׁפָה. Zur genauen Bedeutung von *məkhaššəfāh* und des dahinter stehenden Abstraktums *kšp* (כשׁפ) gibt es innerbiblisch keine weiteren theoretischen Ausführungen. Während *kšp* in der alttestamentarischen Forschung üblicherweise mit *Magie* beziehungsweise *Zauberei* übersetzt wird,[10] geht Michael Becker in seiner Studie *Wunder und Wundertäter im alten Testament* gleichwohl davon aus, dass die alttestamentarischen Schriften keinen „abstrakten 'Magie'-Begriff kennen";[11] vielmehr bestehe

---

7   Vgl. v.a. Ex 22,17; Lev 19, 26.31; 20, 6.27; Dtn 18, 10f; Ex 20, 7=Dtn 5, 11.
8   Exodus 22, 17 nach Luther 1984. Alle hier zitierten Bibelstellen basieren auf den Editionen der deutschen Bibelgesellschaft, online verfügbar unter: www.bibelwissenschaft.de.
9   Luther orientierte sich bei seinem Verständnis von *Zauberei* primär am *maleficium*, also am feindseligen rituellen Akt, und war bekanntermaßen ein Verfechter der Hexenverfolgungen; gleichwohl stand er den weiteren Implikationen der kirchlichen Hexenlehre (insbesondere den Teufelsdelikten) ambivalent – teils ablehnend, teils zustimmend – gegenüber; ausführlicher dazu Jörg Haustein, *Martin Luthers Stellung zum Zauber- und Hexenwesen*, [Münchener kirchenhistorische Studien ; 2], Stuttgart 1990.
10 Vgl. zu Bedeutungsspektrum und üblicher Übersetzungspraxis der insgesamt 13 alttestamentarischen Verwendungen von *kšp* Schmitt, *Magie im alten Testament*, 107-09.
11 Vgl. Michael Becker, *Wunder und Wundertäter im frührabbinischen Judentum. Studien zum Phänomen und seiner Überlieferung im Horizont von Magie und Dämonismus*, [Wissenschaftliche Untersuchungen zum Neuen Testament: Reihe 2; 144], Tübingen 2002, 88.

eine Terminologie, die variabel zur Abwertung „konkrete[r] Praktiken, die man im Widerspruch zur 'offiziellen' Religion wähnt", appliziert werden konnte.[12] Die entscheidende Funktion des so verwendeten Begriffsapparates sei vielmehr die „Außenabgrenzung fremdreligiöser Praxis"[13] – ein Befund, der die Frage nach konkreten semantischen Denotationen von kšp im Dunkeln belässt, gleichwohl aber erstaunliche Parallelen zur üblichen Funktion der graeco-römischen Terminologie um μαγεία/magia aufweist. Dennoch bleibt hinsichtlich der expliziten Nennung des Begriffs *neben* den etwa in Deuteronomium 18, 9f genannten, allesamt als heterodox verstandenen (im Wesentlichen divinatorischen) Ritualpraktiken zu fragen, worin sich kšp von diesen unterscheidet.[14] Rüdiger Schmitt geht in seiner Monographie *Magie im alten Testament* in Anlehnung an akkadische und ugaritische Sprachwurzeln davon aus, dass kšp neben der Ausgrenzung fremdreligiöser Ritualspezialisten beziehungsweise als heterodox empfundener Ritualpraktiken explizit auch feindselige Ritualpraktiken (in seiner Terminologie: Schadenszauber) markiert habe, die entsprechend als gesellschaftsschädigend empfunden worden seien.[15]

Innerhalb des jüdischen Diskurses werden die Ausführungen zu kšp mit der Redaktion von *Mischna* und *Talmud* konkreter. In Anlehnung an die wichtigsten Talmudin im *Sanhedrin*[16] fasst Giuseppe Veltri die rabbinische Debatte folgendermaßen zusammen:

> „Die halakhische Definition des ‚Zauberers' basiert auf einem rein ‚empirischen' Prinzip: Der Lehre der Mishna zufolge ist *mekhashef* derjenige, der auch tatsächlich etwas bewirkt (עושה מעשה). Das Kriterium des ‚tatsächlichen Wirkens' ermöglicht es den Rabbinen, die Magie (מכשרת) halakhisch von der Augentäuschung (אחיות עינים) zu unterscheiden. Die erste ist mit dem Tod zu bestrafen, die zweite hingegen bleibt straffrei."[17]

---

12 Vgl. insgesamt Ebenda: „Zur Vorsicht mahnt auch, dass die biblischen Texte keinen abstrakten 'Magie'-Begriff kennen; abgewertet werden vielmehr stets konkrete Praktiken, die man im Widerspruch zur 'offiziellen' Religion wähnt. Diese werden unmissverständlich negativ bewertet, woraus eine eindeutige Positionierung resultiert."
13 Ebenda, 89/90.
14 Vgl. Dtn 18, 9f nach Luther 1984: „Wenn du in das Land kommst, das dir der Herr, dein Gott, geben wird, so sollst du nicht lernen, die Gräuel dieser Völker zu tun, dass nicht jemand unter dir gefunden werde, der seinen Sohn oder seine Tochter durchs Feuer gehen lässt oder Wahrsagerei, Hellseherei, geheime Künste oder Zauberei [Tanach: וּמְכַשֵּׁף] treibt oder Bannungen oder Geisterbeschwörungen oder Zeichendeuterei vornimmt oder die Toten befragt. Denn wer das tut, der ist dem Herr ein Gräuel, und um solcher Gräuel willen vertreibt der Herr, dein Gott, die Völker vor dir."
15 Vgl. Schmitt, *Magie im*..., 107-09.
16 Insbesondere in Anlehnung an *mSan* 7 und die entsprechende *Gemara* (*ySan* 7); vgl. Giuseppe Veltri, *Magie und Halakha. Ansätze zu einem empirischen Wissenschaftsbegriff im spätantiken und frühmittelalterlichen Judentum*, [Texte und Studien zum Antiken Judentum; 62], Tübingen 1997, 26ff.
17 Ebenda, 26; Kursivsetzung Veltri.

8.1. Rezeptionsgeschichtlicher Kontext: die frühchristliche Rezeption 279

Die Formulierung des „tatsächlichen Wirkens" mutet auf den ersten Blick unverständlich an; gleichwohl ist sie vor dem Hintergrund des Wirkens Mose beziehungsweise Aarons in der Exodus-Geschichte leicht einzuordnen. So impliziert die Schilderung ihres Wettstreits mit den ägyptischen Priestern (Exodus 7, 9f) bekanntermaßen die Gegenüberstellung diverser mirakulöser Fähigkeiten,[18] die im einen Falle als legitim – da vom jüdischen Gott autorisiert –, im anderen Falle als minderwertig und widergöttlich dargestellt werden. Vor dem Hintergrund des jüdischen Eingottglaubens kollidiert die Vorstellung eines – wie im Falle der ägyptischen Priester – nicht von Gott legitimierten mirakulösen Wirkens notwendigerweise mit der (etwa im Genesisbericht verkündeten) Schöpfungskraft Gottes.[19] Nur Moses und Aaron dürfen aufgrund ihrer prophetischen Sonderstellung mit dieser Kraft operieren, die gleichwohl in den Händen des jüdischen Gottes verbleibt und nur indirekt durch die Hand beziehungsweise den Stab Aarons und die Anrufung Gottes durch Mose offenbar wird.[20] Die innerbiblische Darstellung weist die ägyptischen Plagen insofern als *Zeichen* der überlegenen Macht Gottes aus und positioniert Moses beziehungsweise Aaron nur als ausführendes Organ. Als *məkhaššəfim* markierte Personen, die auf die Schöpfungskraft Gottes zuzugreifen intendieren, begehen daher einen aus rabbinischer Sicht illegitimen Akt und sind mit dem Tode (durch Steinigung) zu bestrafen.[21] Wer hingegen nur „die Augen täuscht", das

---

18   Vgl. die Verwandlung eines Stabes in eine Schlange in Ex 7, 9f; die Verwandlung von Wasser in Blut in Ex 7, 14f; die Hervorrufung der weiteren Plagen in Ex 7, 26 bis 12, 33; schließlich die Meeresspaltung in Exodus 14, 16f.
19   Vgl. hierzu besonders *bSan* 67b/11-15 und den darin befindlichen Vorwurf, dass der *məkhaššef* den „himmlischen Hof vermindern" würde, sowie die damit einher gehende Kontrastierung mit „Es gibt keinen anderen außer ihm" (Dtn 4, 35); Text nach Veltri, *Magie und Halakha...*, 38f. Der Aspekt der Schöpfung wird etwa in *ySan* 25d (54-65) augenscheinlich, wo die Erschaffung von Lebewesen aus unbelebten Objekten diskutiert wird – vgl. *ySan* 25d, 54/55: „Ich kann Kürbisse und Melonen nehmen und aus ihnen Rehe (und) Gazellen machen, aber wozu sind (solche) Rehe und Gazellen (denn) gemacht?"; 55f: „Ich [...] sah einen Ketzer, wie er einen Stein nahm, ihn in die Höhe warf, und er kam herunter und war zu einem Kalb geworden"; 61f: „Ich [...] sah einen Ketzer, wie er einen Schädel nahm, ihn in die Höhe warf, und er kam herunter und war zu einem Kalb geworden"; Text nach Veltri, *Magie und Halakha...*, 34. Gleichwohl wird die Fähigkeit, tatsächlich Leben erschaffen zu können, in Frage gestellt, entsprechende Darbietungen werden als Augentäuschung entlarvt (so auch in *bSan* 67b/21f; vgl. Veltri, *Magie und Halakha...*, 42/43).
20   Vgl. zur Hand- beziehungsweise Stabsymbolik ausführlicher Becker, *Wunder und Wundertäter...*, 134/35.
21   Vgl. besonders *ySan* 25d/21ff, wo ein Aufeinandertreffen zwischen einem Nicht-Juden und einigen Rabbinen beschrieben wird – Ersterer will die Rabbinen mit seinen mirakulösen Fähigkeiten beeindrucken beziehungsweise provozieren: „Nachdem sie zum Meer hinabgegangen waren, sagte jener Ketzer, was er sagte, und das Wasser spaltete sich. Er sagte zu ihnen: Hat nicht euer Lehrer Mose ebenso am Meer getan? Sie sagten zu ihm: Stimmst du uns nicht zu, dass unser Lehrer Mose in es hineingegangen ist? Er antwortete ihnen: Ja. Sie sagten zu ihm: Dann geh hinein! Er ging hinein. (da) ließ R. Yehoshua' über den Fürsten des Meeres einen Beschluss [...] ergehen und (das Meer) verschlang den (Ketzer).";

heißt mirakulöse Fähigkeiten oder Ereignisse nicht tatsächlich, sondern nur scheinbar (etwa mit technischen Mitteln) hervorruft, solle der *Mischna* zufolge mit dem Leben davonkommen.[22]

Der Opposition des als legitim dargestellten mirakulösen Wirkens Mose und Aarons mit jenem zu verurteilenden, nicht autorisierten Wirken durch *kšp* – auch die ägyptischen Priester der Exodus-Erzählung werden an einer Stelle als *məkhaššəfîm* bezeichnet –[23] entsprechen im alttestamentarischen Kontext analoge Rechtfertigungsmuster hinsichtlich des prophetischen Wirkens,[24] im talmudischen Kontext schließlich auch des rabbinischen Wirkens.[25] Damit einher geht die Verwendung einer entsprechenden *Wunder*-Terminologie insbesondere im *Talmud*,[26] die zur Legitimation der

---

Text nach Veltri, *Magie und Halakha...*, 31. Der Talmudin illustriert nicht nur die negative Haltung der Rabbinen gegenüber *kšp*, sondern auch ihren paradoxen Anspruch auf einen privilegierten, gegenüber Nicht-Juden überlegenen Zugang zu dem damit assoziierten Wirken.

22 Vgl. auch Veltri, *Magie und Halakha...*, 64: „Die eigentliche Intention der Rabbinen besteht also darin, die Magie entweder als Illusion zu entlarven oder sie, falls sie wahre Magie ist, aus der Welt zu schaffen."; auch im vorliegenden Kapitel sei freilich darauf verwiesen, dass die Rezeption des Magiebegriffs in der verwendeten Sekundärliteratur kritisch gesehen wird; Veltri verwendet den Magiebegriff an dieser Stelle offenbar in Anlehnung an den Topos *mirakulöser Fähigkeiten*, der hier unabhängig vom Magiebegriff verwendet wird – da er, so wird insbesondere das vorliegende Kapitel zeigen, im historischen Kontext hochgradig überdeterminiert ist.

23 Vgl. Exodus 7, 11.

24 Maßgeblich ist hier auf die Elia- und Elischa-Tradition im Alten Testament zu verweisen; die beiden Propheten werden mit diversen mirakulösen Fähigkeiten ausstattet, gleichzeitig aber als *Gottesmänner* (*îš hā'ĕlōhîm*) markiert, ihr Handeln wird als im Einklang mit dem Willen JHWHs darstellt; vgl. zu Elias Kontrolle von Wasser und Regen u.A. 1. Kön. 17 bzw. 1. Kön. 18, 43/44; zu Elias Totenerweckung vgl. 1. Kön. 17, 20-24; zu Elias Speisewunder 1. Kön. 17, 10-16; zu Elias Todesfluch und seiner Kontrolle von Feuer vgl. 2. Kön. 1, 9-16; zu Elischas Totenerweckung vgl. 2. Kön. 4, 33-37; zu Elischas Speisewunder vgl. 2. Kön. 4, 38-44; zu Elischas tödlichen Fluch gegen die spottenden Knaben vgl. 2. Kön. 2, 23-25. Man bemerke: auch Elia und Elischa führen mehrfach feindselige – auch tödliche – Sprechakte durch, werden aber terminologisch von *kšp* abgesetzt. Ausführlicher zum alttestamentarischen *Gottesmann*-Topos auch Schmitt, *Magie im Alten...*, 209-301, v.a. 294f.

25 Zum häufig demonstrierten rabbinischen Sachverständnis im Kontext von *kšp* vgl. die bei Veltri, *Magie und Halakha...*, 43ff genannten Talmudin sowie auch Becker, *Wunder und Wundertäter...*, 117f. In neuerer Sekundärliteratur wird in diesem Zusammenhang die Problematik der jüdischen Gegenüberstellung von *Wunder* und *Magie* und die rabbinische Expertise und Praxis hinsichtlich *kšp* (etwa in Anlehnung an *Menahot* 65a im babylonischen Talmud) stärker hervorgehoben; vgl. hierzu beispielsweise Peter Schäfer, „Magic and Religion in Ancient Judaism", u.a. 33ff, in: Schäfer, Kippenberg, *Envisioning Magic...*, 19-44; Jonathan Seidel, „Charming Criminals: Classification of Magic in the Babylonian Talmud", in: Meyer, Mirecki, *Ancient Magic...*, 145-166; vgl. auch die neue Studie von Gideon Bohak, *Ancient Jewish Magic: A History*, Cambridge 2008. Auch der neue Sammelband von Shaul Shaked zeugt von einer Überwindung der klassischen Dichotomie *Religion* (in diesem Fall: Judentum) und *Magie* im judaistischen Diskurs: Shaul Shaked (Hg.), *Officina Magica. Essays on the Practice of Magic in Antiquity. Edited by Shaul Shaked*, [IJS Studies in Judaica; 4], Leiden 2005.

26 Dazu insgesamt Becker, *Wunder und Wundertäter...*,184-203.

8.1. Rezeptionsgeschichtlicher Kontext: die frühchristliche Rezeption 281

biblisch bezeugten Überlegenheit des mirakulösen Wirkens Mose und Aarons gegenüber den ägyptischen Priestern verwendet wird. Die christliche Rechtfertigung der Fähigkeiten Jesu wird sich später an diesem Argumentationsmuster orientieren, zumal der Jesusbericht zahlreiche Ähnlichkeiten zu den mirakulösen Fähigkeiten der *Gottesmänner* Elia und Elischa aufweist und an deren alttestamentarischer Hagiographik insgesamt orientiert scheint. Gleichwohl muss auch die innerjüdische Gegenüberstellung einer hebräischen *Wunder*-Terminologie[27] mit *kšp* als ähnlich aempirisch gelten wie alle antiken Gegenüberstellungen von θαῦμα/*miraculum* mit μαγεία/*magia*. Michael Becker führt dies im rabbinischen Kontext darauf zurück, dass „trotz der gesetzlichen Regelungen weder 'universale Normen' noch theoretisch-terminologisch kohärente Konzepte vorlagen, die eine eindeutige Unterscheidung von 'Magie' und Prophetie bzw. 'Wunder' gewährleisten könnten."[28] – die hebräische Terminologie habe vielmehr eine „Entscheidung auf pragmatischer Basis" erlaubt.[29]

Wendet man sich hinsichtlich der Stelle im Bundesbuch („Die Zauberinnen sollst du nicht am Leben lassen") den (zumindest idealiter) darauf folgenden Sprachschichten zu – der *Septuaginta* und der *Vulgata* –, treten alte Bekannte auf: in der *Septuaginta* findet sich das (im *Talmud* weiblich singular deklinierte) *məkhaššəfāh* mit der nunmehr männlich plural deklinierten Personenbezeichnung φαρμάκους übersetzt.[30] Im Kapitel zur griechischen Rezeption der Terminologie um *pharmakeía* wurde freilich deren fehlende Trennschärfe und primär polemische Funktion hinreichend aufgewiesen.[31] Gleichwohl steht die Wertung der Scharlatanerie des griechischen Begriffs in einem eigentümlichen Widerspruch zum hebräischen Begriff *kšp*, der ja – zumindest laut den talmudischen Kommentatoren – die Fähigkeit zu tatsächlichem Bewirken implizierte; wahrscheinlich haben die jüdischen Übersetzer der *Septuaginta* die Personenbezeichnung *pharmákos* aufgrund ihrer Konnotation einer feindseligen, als illegitim erachteten Ritualpraxis verwendet, welche ihnen analog zum Wertungsspektrum von *kšp* erschien. In der auf die römische Spätantike zu datierenden lateinischen *Vulgata* steht schließlich (das wiederum männlich deklinierte) *maleficos* (wörtlich *Übeltäter*), jene nochmals abwertendere Ableitung von *veneficus*. So weisen alle Begriffe – vom hebräischen מְכַשֵּׁפָה über das griechische φαρμάκους und das lateinische *maleficos* bis hin zur Lutherschen *Zauberin* –[32]

---
27 Becker verweist hierbei besonders auf das Nomen סם; vgl. Ebenda, 187ff.
28 Ebenda, 92.
29 Ebenda; vgl. auch Ebenda, 89: „Die biblischen Bewertungen und Abgrenzungen basieren [...] meist auf einer einseitigen Wahrnehmung und Interpretation der Phänomene, bei der des einen 'Wunder' des anderen 'Magie' ist und umgekehrt."
30 Exodus 22, 17 nach LXX.
31 Vgl. oben, u.A. Kap. 6.3.
32 Luther wählte bekanntermaßen aufgrund seiner Verwendung des hebräischen Textes wieder die weiblich singulare Form; gleichwohl diente ihm der Passus auch bei seiner Rechtfertigung der Hexenverfolgungen – vgl. seine drastische, 1526 gehaltene Predigt über

zwar ungefähr dieselben Denotationen und Konnotationen auf (illegitime, feindselige Ritualpraktiken, mirakulöse Fähigkeiten, negative Konnotation, Vorwurf der Scharlatanerie), aber auch dieselben Schwierigkeiten (Unschärfe, Ethnozentrik, Polemik) auf.

Von diesem Befund her sind auch die weiteren relevanten Stellen im Alten Testament einzuordnen;[33] gleichwohl sind auch kuriose Verlagerungen beobachtbar. So wird aus תְעוֹנֵנוּ in *Levitikus* 19, 26 (laut Tur-Sinai *Wolkenzauber treiben*)[34] ein personalisierter *Vogeldeuter* (ὀρνῑθοσκόπος) in der Septuaginta, die *Traumdeutung* in der Vulgata (*non [...] observabitis somnia*), schließlich wiederum die *Zauberei* in der Übersetzung Luthers. Vergleichbar verwirrend auch *Levitikus* 20, 6: während im *Tanach* אוב und ידעני genannt werden (laut Tur-Sinai *Schlauchzauberer* und *Beschwörer*)[35] und *kšp* ganz fehlt, treten in der Septuaginta (laut Pape) *Bauch-Wahrsager* (ἐγγαστριμύθοις)[36] und *Beschwörer* (ἐπαοιδοῖς) auf, in der Vulgata *Magier* (*magos*) und *Wahrsager* (*ariolos*), in der Lutherschen Übersetzung schließlich *Geisterbeschwörer* und *Zeichendeuter*. Diese terminologischen Verlagerungen machen nicht nur die typische Übersetzungsproblematik zwischen den verschiedensprachigen Überlieferungen des Alten Testaments deutlich, sondern zudem auch auf große terminologische Unschärfen (und Deutungsdivergenzen) hinsichtlich der jüdisch-christlichen Ausgrenzung unliebsamer Ritualpraktiken und -praktiker aufmerksam.

Im Neuen Testament ändert sich der terminologische Zusammenhang – Griechisch wird im Kontext des *Novum Testamentum Graece* zunächst zur Redaktionssprache der christlichen Bibel. Bekannter- wie kurioserweise taucht in den griechischen Evangelien nur einmal der Magiebegriff auf: als Titel der später (verfremdet) als *heilige drei Könige*[37] verehrten Bezeuger der Geburt Jesu von Nazarets.[38] Die Nennung der μάγοι ἀπὸ ἀνατολῶν[39] knüpft hier freilich nicht an die im griechischsprachigen Raum übliche Perzeption des *Magiers* als privater Ritualdienstleister, sondern vielmehr an seine ältere, von Herodot und Platon abgeleitete geographische Zuordnung zum persischen Kulturraum an.[40] So ist die einzige Nennung des Magiebegriffs in den Evangelien eine positiv konnotierte (!) und bezeugt nach

---

Exodus 22, 17: Martin Luther, „Predigten über das 2. Buch Mose", in: Derselbe, *D. Martin Luthers Werke/[Abt. 1]*, Bd. 16, Weimar 1899, 551f.

33 Vergleichbar die Übersetzungsfolge bei der Titulierung der ägyptischen Priester in Exodus 7, 11 (Septuaginta: φαρμάκους; Vulgata: *maleficos*; Luther 1984: *Zauberer*) sowie bei der Aufzählung heterodoxer Ritualpraktiken in Deuteronomium 18, 10.

34 Levitikus 19, 26 nach Harry Torczyner (Hg.), *Die Heilige Schrift. Neu ins Deutsche übertragen. Erster Band. Tora/Fünfbuch*, Franfurt a. Main 1934, 238.

35 Levitikus 20, 6 nach Torczyner, *Die Heilige Schrift...*, 239/40.

36 Pape, *Griechisch-Deutsches Handwörterbuch...*, 1. Band, 700.

37 Der griechische Originaltext beinhaltet weder die Nennung einer genauen Anzahl der *mágoi*, noch deren königlichen Status.

38 Zur Geschichte des Königstopos' u.A. Manfred Becker-Huberti, *Die heiligen drei Könige: Geschichten, Legenden und Bräuche*, Köln 2005.

39 Mt 2, 1 nach NT Graece; Vulgata: *magi ab oriente*.

8.1. Rezeptionsgeschichtlicher Kontext: die frühchristliche Rezeption 283

theologischer Deutung mitunter die heilsstiftende Relevanz des Gottessohns auch für den heidnischen Orient.[41] Luther kann diese positive Wertung der im Matthäusevangelium genannten *mágoi* schließlich in seine freie Übersetzung *Weise aus dem Morgenland* einfließen lassen.[42]

Die gleichwohl üblichere, negativ konnotierte Rezeption des Magiebegriffs findet sich schließlich prominent in der Apostelgeschichte im Kontext der Schilderung des Samaritaners Simon.[43] Hier wird konkret darauf verwiesen, dass Simon mittels μαγεία –[44] offenkundig sind hiermit mirakulöse Fähigkeiten gemeint – das samaritanische Volk in seinen Bann gezogen hätte, das ihn gar als *Kraft Gottes* (δύναμις τοῦ θεοῦ) bezeichnete.[45] Der später kontrovers diskutierte – für seine Wirkungsgeschichte erstaunlich kurze – Abschnitt über die Figur des *Simon magus*[46] illustriert innerbiblisch freilich die Überlegenheit des apostolischen Wirkens über die Fähigkeiten gewöhnlicher *Magier*. So ist Simon von den *Zeichen und großen Taten* (σημεῖα καὶ δυνάμεις)[47] der Apostel so beeindruckt, dass er sich taufen lässt und diesen schließlich Geld anbietet, um den heiligen Geist empfangen und weitergeben zu dürfen. Petrus beschimpft Simon, verweist auf sein unreines Herz und darauf, dass Gottes Gabe nicht mit Geld zu erlangen sei.[48] Der *Magier* Simon erlangt dadurch die Gestalt eines machthungrigen Selbstdarstellers, dem der Zugang zu Gott prinzipiell verstellt bleibt. Zudem wird die *Kraft* (*dynamis*) der Apostel, die auch im Rahmen der neutestamentarischen Darstellung freilich vom einen Gott stammt und die primäre Funktion des *Zeichens* hat, gegenüber der bloß schaustellerhaften *mageía* des Simon als weit überlegen dargestellt.[49]

---

40 Zur ausufernden wissenschaftlichen Diskussion um die Stelle vgl. Kocku von Stuckrad, *Das Ringen um die Astrologie. Jüdische und christliche Beiträge zum antiken Zeitverständnis*, [Religionsgeschichtliche Versuche und Vorarbeiten; 49], Berlin 2000, 555/67, Fußnote 76.
41 Vgl. zu dieser etwa Deutung John M. Hull, *Hellenistic Magic and the Synoptic Tradition*, [Studies in Biblical Theology; 2, 28], London 1974, 122-128.
42 Mt 2, 1 nach Luther 1984.
43 Vgl. Apg 8, 9-25.
44 Apg 8,9, NT Graece: μαγεύων; Vulgata: *magus*; Luther 1984: *Zauberei*. Vgl. auch Apg 8, 11, NT Graece: μαγείαις; Vulgata: *magicis*; Luther 1984: *Zauberei*.
45 Apg 8, 10 nach Luther 1984 bzw. NT Graece; Vulgata: *virtus dei*.
46 Vgl. dazu u. A. Alberto Ferreiro, *Simon Magus in patristic, medieval and early modern traditions*, [Studies in the history of Christian traditions; 125], Leiden 2005.
47 Apg 8, 13 nach Luther 1984 bzw. NT Graece; Vulgata: *signa et virtutes maximas*.
48 Apg 8, 20f.
49 Prägnant ausgearbeitet ist dieser Zusammenhang schließlich in den *apokryphen Petrusakten*: der am Hof des Kaisers Claudius levitierende Simon wird von den Gebeten Petrus' zu Fall gebracht, bricht sich dabei den Schenkel und wird schließlich vom Volk gesteinigt: ausführlicher Jan N. Bremmer, *The Apocryphal Acts of Peter. Magic, Miracles and Gnosticism*, Leuven 1998; zum Hintergrund auch Thomas J. Kraus (Hg.), *Das Evangelium nach Petrus. Texte, Kontexte, Intertexte*, [Texte und Untersuchungen zur Geschichte der altchristlichen Literatur ; 158], Berlin 2007.

Ähnlich negativ ist die Darstellung des Juden Barjesus/Elymas, dem die Apostel in Zypern begegnen.[50] Dieser wird bereits einführend als *mágos* und *falscher Prophet* gekennzeichnet,[51] allerdings nicht aufgrund seiner Bezeugung miraklöser Fähigkeiten, sondern vielmehr wegen seines Versuchs, den Stadthalter von Paphos davon abzuhalten, von den Propheten Barnabas und Saulus das Wort Gottes zu hören.[52] Folgerichtig wird Barjesus von Saulus mit den Worten "Du Sohn des Teufels, voll aller List und aller Bosheit, du Feind aller Gerechtigkeit, hörst du nicht auf, krumm zu machen die geraden Wege des Herrn? Und nun siehe, die Hand des Herrn kommt über dich, und du sollst blind sein und die Sonne eine Zeit lang nicht sehen!"[53] postwendend seines Augenlichts beraubt.[54] Der Stadthalter nimmt diese miraklöse Demonstration der Apostel zum Anlass, gläubig zu werden und fortan "die Lehre des Herrn" zu bewundern.[55] Erneut steht also ein *mágos* dem missionarischen Auftrag der Apostel im Weg, deren miraklöse Fähigkeiten als überlegen – und freilich wiederum nicht als *mageía*, sondern vielmehr als Ausfluss göttlichen

---

50 Vgl. Apg 13, 6f.
51 Vgl. Apg 13, 6 nach Luther 1984: „Als sie die ganze Insel bis nach Paphos durchzogen hatten, trafen sie einen Zauberer und falschen Propheten [NT Graece: μάγον ψευδοπροφήτην; Vulgata: magum pseudoprophetam], einen Juden, der hieß Barjesus".
52 Vgl. zu einer ausschließlich polemischen Deutung dieser Rezeption auch Busch, Magie in neutestamentlicher..., 109-11.
53 Apg 13, 10/11 nach Luther 1984.
54 Auch im Neuen Testament nimmt das apostolische Wirken mitunter drastische, schadenbringende Formen an, die aber weiterhin von mageía abgesetzt bleiben und als göttlich legitimiert dargestellt werden; vgl. auch den Todesfluch Petrus' gegen Hananias und seine Frau Saphira in Apg 5, 1-11 nach Luther 1984: „Ein Mann aber mit Namen Hananias samt seiner Frau Saphira verkaufte einen Acker, doch er hielt mit Wissen seiner Frau etwas von dem Geld zurück und brachte nur einen Teil und legte ihn den Aposteln zu Füßen. Petrus aber sprach: Hananias, warum hat der Satan dein Herz erfüllt, dass du den Heiligen Geist belogen und etwas vom Geld für den Acker zurückbehalten hast? Hättest du den Acker nicht behalten können, als du ihn hattest? Und konntest du nicht auch, als er verkauft war, noch tun, was du wolltest? Warum hast du dir dies in deinem Herzen vorgenommen? Du hast nicht Menschen, sondern Gott belogen. Als Hananias diese Worte hörte, fiel er zu Boden und gab den Geist auf. Und es kam eine große Furcht über alle, die dies hörten. Da standen die jungen Männer auf und deckten ihn zu und trugen ihn hinaus und begruben ihn. Es begab sich nach einer Weile, etwa nach drei Stunden, da kam seine Frau herein und wusste nicht, was geschehen war. Aber Petrus sprach zu ihr: Sag mir, habt ihr den Acker für diesen Preis verkauft? Sie sprach: Ja, für diesen Preis. Petrus aber sprach zu ihr: Warum seid ihr euch denn einig geworden, den Geist des Herrn zu versuchen? Siehe, die Füße derer, die deinen Mann begraben haben, sind vor der Tür und werden auch dich hinaustragen. Und sogleich fiel sie zu Boden, ihm vor die Füße, und gab den Geist auf. Da kamen die jungen Männer und fanden sie tot, trugen sie hinaus und begruben sie neben ihrem Mann. Und es kam eine große Furcht über die ganze Gemeinde und über alle, die das hörten."
55 Apg 13, 12 nach Luther 1984.

Willens ("Und nun siehe, die Hand des Herrn kommt über dich") – dargestellt werden.

Von der in der Apostelgeschichte verwendeten Terminologie lässt sich eine Brücke zurück zu den Evangelien und dem Wirken Jesu schlagen: δύναμις (*Kraft, Macht*) ist der am häufigsten verwendete Begriff für die mirakulösen Fähigkeiten und Taten Jesu.[56] Der im griechischsprachigen Raum übliche Begriff θαῦμα (*Wunder*) findet sich zur Kennzeichnung seines Wirkens nur einmal,[57] wird aber an anderer Stelle auch den Taten der *Lügenapostel* entgegengestellt, die eben keine *Wunder* bewirken könnten.[58] Um den göttlichen Auftrag und Zeichencharakter des außergewöhnlichen Wirkens Jesu zu unterstreichen, wird zudem der Begriff ἐξουσία (*Vollmacht*) gebraucht.[59] Jesus lehnt in diesem Zusammenhang das Zeigen seiner mirakulösen Fähigkeiten zur Befriedigung menschlicher Neugier oder der Forderung eines äußeren Beweises mehrmals ab,[60] zumal sich auch *falsche Propheten* solcher Mittel – in den Evangelien interessanterweise mit derselben Terminologie gekennzeichnet (*Zeichen und Wunder*)[61] – bedienen würden, um Menschen zu verführen.[62] Die Fähigkeiten Jesu und auf vergleichbare Weise auch die mirakulösen Taten der Apostel[63] werden so ausschließlich als *signum dei* dargestellt und nicht als etwas, worüber Menschen aus eigener Kraft oder zur Verwirklichung eigennütziger Ziele – dies illustriert vor allem die Schilderung des Samaritaners Simon – verfügen sollten. Zur Verdeutlichung dieses Zusammenhangs wird in der Apostelgeschichte mehrfach die Formulierung gebraucht, dass Gott *durch* Jesus Christus beziehungsweise die Apostel gewirkt habe.[64]

---

56 Vgl. prägnant Mk 5, 30 nach Luther 1984: „Und da war eine Frau, die hatte den Blutfluss seit zwölf Jahren und hatte viel erlitten von vielen Ärzten und all ihr Gut dafür aufgewandt; und es hatte ihr nichts geholfen, sondern es war noch schlimmer mit ihr geworden. Als die von Jesus hörte, kam sie in der Menge von hinten heran und berührte sein Gewand. Denn sie sagte sich: Wenn ich nur seine Kleider berühren könnte, so würde ich gesund. Und sogleich versiegte die Quelle ihres Blutes, und sie spürte es am Leibe, dass sie von ihrer Plage geheilt war. Und Jesus spürte sogleich an sich selbst, dass eine Kraft [NT Graece: δύναμιν; Vulgata: *virtutem*] von ihm ausgegangen war, und wandte sich um in der Menge und sprach: Wer hat meine Kleider berührt?"; vgl. auch Lk 10, 13; Mt 11, 21; Mk 6, 2; Mk 8, 27.

57 Vgl. Mt 21, 15 nach Luther 1984: „Als aber die Hohenpriester und Schriftgelehrten die Wunder sahen [NT Graece: θαυμάσια; Vulgata: *mirabilia*], die er tat, [...]".

58 Vgl. 2. Korinther, 13/14 nach Luther 1984: „Denn solche sind falsche Apostel, betrügerische Arbeiter und verstellen sich als Apostel Christi. Und das ist auch kein Wunder [NT Graece: θαῦμα; Vulgata: *mirum*]; denn er selbst, der Satan, verstellt sich als Engel des Lichts."

59 Vgl. Mk 1, 27; Mk 2, 10.

60 Vgl. etwa Mk 8, 11; Mt 12, 38f; Mt 16, 1; Lk 23, 8f.

61 Mk 13, 22 nach Luther 1984; NT Graece: σημεῖα καὶ τέρατα; Vulgata: *signa et portenta*.

62 Vgl. auch Mt 24, 24.

63 Vgl. u.A. Apg 2, 43; Apg 5, 12; Apg 6, 8; Apg 8, 13.

64 Vgl. etwa Apg 2, 22 nach Luther 1982: „Ihr Männer von Israel, hört diese Worte: Jesus von Nazareth, von Gott unter euch ausgewiesen durch Taten und Wunder und Zeichen [NT

So lässt sich zusammenfassen, dass die neutestamentarische Rezeption des Magiebegriffs zwar ambivalent (Mt 2, 1: positive Verwendung; Apg 8, 9 sowie 13, 6: negative Verwendung), gerade dadurch aber analog zu seiner bisherigen Verwendung im griechischsprachigen Raum erfolgt – und sich bei der Darstellung des Samaritaners Simon im Wesentlichen an der Denotation mirakulöser Fähigkeiten, bei dem Juden Barjesus eher an dessen Feinschaft zur apostolischen Mission orientiert.[65] Das Wirken Jesu wird gleichwohl von *mageía* abgesetzt und primär als *Zeichen* (σημεῖον), häufig auch als *Kraft* (δύναμις), seltener als *Wunder* (θαῦμα) bezeichnet. Aus innerbiblischer Sicht erscheint es evident, dass die Fähigkeiten Jesu – und der Apostel – nichts mit denen gewöhnlicher *Magier* zu tun haben können; Letztere werden in der Figur des Samaritaners Simon nurmehr mit minderwertiger *dynamis* und spiritueller Geltungssucht ausgestattet.

Das neutestamentarisch angelegte dualistische Sprachspiel *Magie – Wunder* kann, wie gesehen, auf analoge Argumentationslinien aus der jüdisch-rabbinischen Tradition zurückgreifen. In Anlehnung an das bereits im alttestamentarischen Kontext etablierte Ausgrenzungsvokabular um das Abstraktum *kšp* konnten die frühchristlichen Autoren den Magiebegriff als analog strukturiertes Polem im graeco-römischen Sprachraum rezipieren, um fortan *innen* und *außen*, *richtig* und *falsch*, *christlich* und *heidnisch* terminologisch voneinander abzugrenzen. Die rezeptionsgeschichtlich bereits seit seinem Ursprung im klassischen Griechenland überwiegend negative Konnotation des Magiebegriffs konnte dadurch ab der Zeitenwende geradezu unvermindert in die christlich-apologetischen Abgrenzungsstrategien gegenüber dem konkurrierenden religiösen Umfeld einfließen.

Graece: δυνάμεσι καὶ τέρασι καὶ σημείοις; Vulgata: *virtutibus et produgiis et signis*], die Gott durch ihn in eurer Mitte getan hat, wie Ihr selbst wisst" ; vgl. auch Apg 14, 3; Apg 15, 12; Apg 19, 11.

65 Der Begriff φαρμακεία, der in Gal 5, 20, Offb 9, 21 und 18, 23 sowie als Personenbezeichnung (φάρμακος) in Offb 21, 8 und 22, 15 verwendet wird, fungiert analog als pejorative Kennzeichnung nicht-christlicher Personen und Praktiken und insbesondere in der Offenbarung des Johannes als Polem gegen das römische Reich, die *Hure Babylon* – vgl. v.a. Offb 18, 21f nach Luther 1984: „Und ein starker Engel hob einen Stein auf, groß wie ein Mühlstein, warf ihn ins Meer und sprach: So wird in einem Sturm niedergeworfen die große Stadt Babylon und nicht mehr gefunden werden. Und die Stimme der Sänger und Saitenspieler, Flötenspieler und Posaunenbläser soll nicht mehr in dir gehört werden, und kein Handwerker irgendeines Handwerks soll mehr in dir gefunden werden, und das Geräusch der Mühle soll nicht mehr in dir gehört werden, und das Licht der Lampe soll nicht mehr in dir leuchten, und die Stimme des Bräutigams und der Braut soll nicht mehr in dir gehört werden. Denn deine Kaufleute waren Fürsten auf Erden, und durch deine Zauberei [φαρμακείᾳ] sind verführt worden alle Völker".

8.1.2. Mirakulöse Fähigkeiten als hagiographischer Topos der römischen Kaiserzeit

Die innerbiblische Gegenüberstellung von *Wunder* und *Magie* mag auf den ersten Blick als weithin arbiträre, apologetische Konstruktion anmuten, kann aber im graeco-römischen Kulturraum an vergleichbare terminologische wie argumentative Strukturen anknüpfen. So weisen bereits die antiken *Paradoxographien* – jene vor allem ab hellenistischer Zeit erstellten Sammlungen unerklärlicher Naturerscheinungen – ganz unabhängig vom Magiebegriff Beschreibungen mirakulöser Ereignisse auf, die meist als Zeichen göttlichen Wirkens interpretiert werden.[66] Ab der Prinzipatszeit führt die zunehmende Vergöttlichung der römischen Kaiser zudem dazu, dass diese miunter mit mirakulösen Fähigkeiten beschrieben werden – wodurch implizit auch eine religiöse Rechtfertigung ihrer privilegierten Position angestrebt wird.[67] Hinzu kommen schließlich – vor allem ab der mittleren Kaiserzeit – zahlreiche Philosophen-Biographien, die mirakulöse Fähigkeiten als wichtigen hagiographischen Topos aufweisen. Neben der Biographie des Apollonios von Tyana, die unten noch ausführlicher besprochen wird, sind in diesem Zusammenhang insbesondere die Pythagoras-Viten der Neuplatoniker Porphyrios (* 234, † um 305) und Jamblich (* um 240; † um 320) zu nennen. Dem sagenumwobenen Philosophen wird von seinen neuplatonischen Biographen etwa die Bilokation,[68] das Fliegen, Wahrsagung, die Kontrolle und Abwendung von Pest, Stürmen und Winden[69] oder

---

66 Vgl. Wenskus/Daston, "Paradoxographoi".
67 Vgl. etwa die Schilderung der Heilungen Vespasians bei Tacitus, Historiae, IV. Buch, 81 sowie bei Sueton, De Vita Caesarum. Titus Flavius Vespasianus, 7, oder auch das betende Herbeirufen eines hilfreichen Sturmes durch Marc Aurel bei Julius Capitolinus, Vita Marci Aurelii, 24, 4. Vorbild ist hierfür sicherlich die (nur noch fragmentarisch erhaltene) hagiographische Darstellung Alexanders des Großen durch Kallisthenes von Olynth gewesen, an der sich im römischen Kontext – ausgehend von Nikolaos von Damaskus und seiner Augustus-Biographie – zahlreiche kaiserzeitliche Herrscherbiographien orientierten, und die sich schließlich auch in den spätantiken Alexanderromanen niederschlug.
68 *Bilokation* meint die Fähigkeit, an zwei Orten gleichzeitig zu sein beziehungsweise große Distanzen in kurzer Zeit zurücklegen zu können; vgl. etwa Jamblich, *Vita Pythagorae*, 134, Porphyrios, *Vita Pythagorae*, 27 sowie auch Philostratos, *Vita Apollonii*, 4, 10.
69 Vgl. exemplarisch Jamblich, *Vita Pythagorae*, 134-36 nach Michael von Albrecht et al. (Hg.), *Jamblich. ΠΕΡΙ ΤΟΥ ΠΥΘΑΓΟΡΕΙΟΥ ΒΙΟΥ, Pythagoras. Legende – Lehre – Lebensgestaltung. Eingeleitet, übersetzt und mit interpretierenden Essays versehen von Michael von Albrecht, John Dillon, Martin George, Michael Lurje, David S. Du Toit*, [Sapere; 4], Darmstadt 2002, 120-23: „Beginnen wollen wir, wie es Brauch ist, mit den Göttern und versuchen, die Frömmigkeit des Pythagoras aufzuzeigen und die aus ihr entspringenden Wundertaten [θαυμαστά] uns vor Augen führen und darstellen. Als eine Probe dieser Eigenschaft diene, was wir schon früher erwähnt haben: Er kannte seine Seele, wusste, wer sie war, woher sie in den Leib gekommen war, und kannte ihre früheren Existenzen. [...] Er überquerte einmal mit vielen Freunden den Fluss Nessos, redete ihn an, und der Fluss erwiderte laut und deutlich vor aller Ohren: 'Sei gegrüßt, Pythagoras!' Außerdem war er an einem und demselben Tage zu Metapontion in Italien und zu Tauromenion in Sizilien jeweils mit den dortigen Jüngern im Gespräch zusammen. Das behaupten so gut wie alle, obwohl doch dazwischen

auch die Fähigkeit zur Kontrolle über Tiere[70] zugesprochen – freilich *ohne* diese Fähigkeiten im Kontext von *mageía* zu verorten.[71] Neben ähnlichen Topoi in einigen *Vitae philosophorum* des Diogenes Laertios[72] finden sich auch in den Biographien der Neuplatoniker selbst häufig mirakulöse Züge, so etwa bei Plotin (* um 205; † um 270),[73] Jamblich,[74] und später auch Proklos (* 412; † 485).[75] Wenngleich sich bei dem Satiriker Lukian von Samosata (* um 120; † nach 180) im zweiten Jahrhundert auch die abwertende Verarbeitung entsprechender Fähigkeiten im Kontext von Scharlatanerie und Trickbetrug findet,[76] kann vermutet werden, dass mirakulöse Fähigkei-

---

zahlreiche Stadien zu Lande und zu Wasser liegen, die man selbst an vielen Tagen nicht bewältigen kann. [...] Er sagte zuverlässig Erdbeben voraus, vertrieb Seuchen schlagartig, brachte Sturm und Hagelschlag alsbald zur Ruhe, beschwichtigte Fluss- und Meereswellen, so dass seine Gefährten mühelos hindurchgehen konnten. [...] auch prophezeite er einem Schiff, das bei günstigem Wind segelte, den Untergang. Dies sollen die Zeugnisse seiner Frömmigkeit sein [καὶ ταῦτα μὲν ἔστω τεκμήρια τῆς εὐσεβείας αὐτοῦ]."; vergleichbar die Darstellung bei Porphyrios, *Vita Pythagorae*, 25-29.

70 Vgl. Jamblich, *Vita Pythagorae*, 60f und 142 sowie Porphyrios, *Vita Pythagorae*, 23-25.
71 Vielmehr werden die Fähigkeiten in der Biographie Jamblichs gleichfalls als *signum dei* ausgewiesen, die mirakulösen Fähigkeiten (θαυμαστὰ) des Pythagoras als „Zeugnisse seiner Frömmigkeit [τεκμήρια τῆς εὐσεβείας αὐτοῦ]" bezeichnet; Jamblich, *Vita Pythagorae*, 134-36 (nach Albrecht, Jamblich..., 120-23).
72 So wird Empedokles mit mirakulösen Fähigkeiten geschildert: vgl. Diogenes Laertius, *Vitae Philosophorum*, 8. Buch, u.A. 59f, hier gleichwohl verortet im Kontext von *goēteía*; Empedocles' Fähigkeit zur Kontrolle der Winde wird auch bei Jamblich, *Vita Pythagorae*, 136 und Porphyrios, *Vita Pythagorae*, 29, genannt.
73 Vgl. etwa Porphyrios, *Vita Plotini*, 10: Plotin wendet durch einen Neider durchgeführte magische Praktiken (μαγεύσας) nur mit Hilfe seiner mächtigen Seele (ψυχῆς τοῦ Πλωτίνου δύναμιν) gegen den Aggressor zurück; ein ägyptischer Priester, der Rom besucht, attestiert Plotin im darauffolgenden Abschnitt sinngemäß: „Hochselig bist du, der du einen Gott als Dämon beiwohnen hast, und keinen Dämon der niederen Klasse!"; Text nach Richard Harder (Hg.), *Plotins Schriften. Übersetzt von Richard Harder. Neubearbeitung mit griechischem Lesetext und Anmerkungen. Band Vc: Anhang. Porphyrios. Über Plotins Leben und über die Ordnung seiner Schriften*, [Philosophische Bibliothek; 215c], Hamburg 1958, 24-27.
74 Vgl. hierzu die Iamblich-Biographie des Eunapios von Sardes: Zur Fähigkeit des Schwebens: Eunapios, *vitae sophistarum*, 458; zu seiner Fähigkeit der Hellsichtigkeit: Eunapios, *vitae sophistarum*, 458/59. Jamblich führt in *de mysteriis* zudem explizit aus, dass die – mittels *theurgischer* Riten angestrebte – Einheit mit den Göttern zum Schweben des Körpers führen könne: Jamblich, *de mysteriis*, 3, 7; zu Neuplatonismus und Theurgie ausführlicher unten, Kap. 9.1.2
75 Vgl. die Proklos-Biographie des Marinos von Neapolis; ihm wird beispielsweise die Fähigkeit des Regenmachens zugeschrieben: Marinos, *Vita Procli*, 28.
76 Prägnant seine Biographie des Kultstifters Alexander von Abonuteichos: Lukian v. Samosata, *Alexandros oder der Lügenprophet*. Ausführlicher dazu auch Angelos Chaniotis, „Wie (er)findet man Rituale für einen neuen Kult? Recycling von Ritualen - das Erfolgsrezept Alexanders von Abonuteichos", in: *Forum Ritualdynamik 9 (2004)*, online verfügbar unter: http://www.ub.uni-heidelberg.de/archiv/5103 (27.09.2009). Vgl. auch Heinz-Günther Nesselrath, „II. Lukian und die Magie", in: Martin Ebner et al. (Hg.), *Lukian. ΦΙΛΟΨΕΥΔΕΙΣ Η ΑΠΙΣΤΩΝ. Die Lügenfreunde oder: Der Ungläubige. Eingeleitet, übersetzt und mit interpretierenden Essays versehen von Martin Ebner, Holger Gzella, Heinz-Günther Nesselrath, Ernst Ribbat*, [SAPERE; 3], Darmstadt 2001, 153-66.

8.1. Rezeptionsgeschichtlicher Kontext: die frühchristliche Rezeption 289

ten in kaiserzeitlichen Philosophen-Biographien als Nachweis großen philosophischen Wissens fungieren und mitunter auf das höchste Ideal eines antiken Philosophen – *Weisheit* (σοφία) – verweisen.[77] Aufgrund der charakteristischen Synthese von Philosophie und Theologie im neuplatonischen Kontext[78] dienen sie bei Neuplatonikern darüber hinaus zur Illustration einer mitunter göttlichen oder vergöttlichten ψυχή.[79]

Ludwig Bieler hat in einer 1935 veröffentlichten Studie den idealtypischen Begriff des ΘΕΙΟΣ ΑΝΗΡ – des *göttlichen Menschen* – vorgeschlagen, um die in der römischen Kaiserzeit zunehmende hagiographische Stilisierung besonderer Personen mittels der Zuschreibung vergöttlichender und häufig mirakulöser Eigenschaften zu charakterisieren.[80] Bielers Quellenauswahl war für damalige Verhältnisse außergewöhnlich, da er bei der Konturierung der Figur des *Theios Aner* den vermeintlichen Sonderstatus des christlichen Jesusberichts durch dessen Kontrastierung mit zahlreichen graeco-römischen Textbefunden grundlegend in Frage stellte.[81] Mittlerweile wurde seine Annahme, dass der *Theios Aner* ein zusammenhängendes und weithin – also auch von christlicher Seite – rezipiertes Vorstellungsbild der Kaiserzeit dargestellt habe, differenziert untersucht und teilweise in Frage gestellt.[82] Gleichwohl kann aus seiner Studie nach wie vor die wichtige Erkenntnis abgeleitet werden, dass auch im graeco-römischen Kontext das Bedürfnis bestand, mirakulöse Fähigkeiten in bestimmten Kontexten zu legitimieren und – ganz unabhängig vom Magiebegriff – gewissermaßen als religiös hochwertig auszuweisen. Geradezu bilderbuchartig zeigt sich dies in der Biographie des – fast zeitgleich zu Jesus von Nazaret lebenden – Philosophen Apollonios' von Tyana (* um 40?; † um 120?), die Anfang des dritten Jahrhunderts – offenbar auf kaiserlichen Auftrag – von dem Sophisten Philostratos (* um 170; † um 244) verfasst wurde.[83] Da sich die graeco-römischen Argumentations- und Legitimationsstrategien der Kaiserzeit gegenüber mirakulösen Fähigkeiten an der Biogra-

---

77 Vgl. zur expliziten Zuschreibung mirakulöser Fähigkeiten zu σοφία Philostratos, *Vita Apollonii*, 1, 2; ausführlicher unten.
78 Vgl. ausführlicher Clemens Zintzen, „Bemerkungen zur neuplatonischen Seelenlehre", in: Gerd Jüttemann et al. (Hg.), *Die Seele: Ihre Geschichte im Abendland*, Göttingen 2005, 43-58.
79 Vgl. explizit Porphyrios, *Vita Plotini*, 10 sowie – abseits des neuplatonischen Diskurses – auch Philostratos, *Vita Apollonii*, 7, 38.
80 Ludwig Bieler, ΘΕΙΟΣ ΑΝΗΡ. *Das Bild des 'göttlichen Menschen' in Spätantike und Frühchristentum*, 2 Bände, Wien 1935.
81 Vgl. zu seiner Quellenauswahl Ebenda, 7f.
82 Dazu ausführlicher David S. Du Toit, *Theios Anthropos. Zur Verwendung von θεῖος ἄνθρωπος und sinnverwandten Ausdrücken in der Literatur der Kaiserzeit*, [Wissenschaftliche Untersuchungen zum Neuen Testament; 2, 91], Tübingen 1997.
83 Die Biographie war laut Philostratos eine Auftragsarbeit für Kaiserin Julia Domna: Philostratos, *Vita Apollonii*, 1, 3; vgl. auch Fögen, *Die Enteignung*..., 186.

phie Apollonios' besonders klar studieren lassen, soll diese im Folgenden etwas ausführlicher referiert werden.[84]

8.1.2.1. Apollonios von Tyana

Seiner Mutter als Wiedergeburt des Proteus ankündigt,[85] zeigt Apollonios früh seine Begabung für Philosophie und insbesondere die Divination. Er schließt sich den Pythagoräern an und unternimmt zahlreiche Reisen – durch den gesamten Mittelmeerraum, schließlich durch Afrika und Ägypten, vor allem aber durch Indien –, um religiöse Autoritäten zu treffen, deren Lehren er teilweise rezipiert, teilweise verwirft.[86] Apollonios lebt insgesamt das Leben eines Wanderphilosophen, tritt häufig gar als Korrektiv für seiner Meinung nach fehlgehende kulturell-religiöse Entwicklungen in den von ihm besuchten Regionen auf. Zudem fungiert er laut Philostratos als Berater für mehrere römische Kaiser des ersten Jahrhunderts und gerät auf diese Weise auch mit Nero und Domitian aneinander – Konflikte, die er nicht nur aufgrund seiner rednerischen Begabung, sondern auch durch Anwendung mirakulöser Fähigkeiten meistert. Diese umfassen das mühelose Öffnen von Fesseln,[87] das plötzliche Verschwinden,[88] das Überwinden großer Distanzen in sehr kurzer Zeit[89] beziehungsweise die Bilokation,[90] diverse Heilungen,[91] das Bezwingen einer Pest in Ephesos,[92] die Wiederbelebung eines Mädchens,[93] die Kommunikation mit Geistwesen,[94] die Dämonenaustreibung,[95] schließlich die Wahrsagung.[96] Das Ableben des Philoso-

---

84   Im Folgenden wird mit der Edition von Vroni Mumprecht gearbeitet: Vroni Mumprecht (Hg.), *Philostratos. Das Leben des Apollonios von Tyana. Griechisch-deutsch. Herausgegeben, übersetzt und erläutert von Vroni Mumprecht*, [Sammlung Tusculum], München 1983.
85   Vgl. Philostratos, *Vita Apollonii*, 1.4: Proteus, der selbst in einer vorgeburtlichen Vision der Mutter auftritt, wird zunächst mit Verweis auf Homer vorgestellt, dann aber als Gott der Ägypter bezeichnet.
86   Zu den Reisen Apollonios vgl. Philostratos, *Vita Apollonii*, v.a. 2.-5. Buch.
87   Vgl. Philostratos, *Vita Apollonii*, 7, 38.
88   Vgl. Philostratos, *Vita Apollonii*, 8, 5.
89   Vgl. Philostratos, *Vita Apollonii*, 4, 10; 8, 12.
90   Philostratos vergleicht die Stelle explizit zu der Pythagoras zugeschriebenen Fähigkeit, an zwei Orten gleichzeitig zu sein, die auch von Jamblich, *Vita Pythagorae*, 134, sowie Porphyrios, *Vita Pythagorae*, 27, genannt wird. Vgl. Philostratos, *Vita Apollonii*, 4, 10.
91   Vgl. Philostratos, *Vita Apollonii*, 3, 38-40; 6, 40; 6, 43.
92   Vgl. Philostratos, *Vita Apollonii*, 4, 10.
93   Vgl. Philostratos, *Vita Apollonii*, 4, 45.
94   Vgl. Philostratos, *Vita Apollonii*, 4, 15f; 5, 42.
95   Vgl. Philostratos, *Vita Apollonii*, 4, 20; auch die Pest in 4, 10 wird dämonologisch interpretiert.
96   Vgl. u.A. Philostratos, *Vita Apollonii*, 4, 4; 4, 18; 5, 12/13; 5, 32; die (gleichzeitige) Wahrsagung der Ermordung Domitians in Philostratos, *Vita Apollonii*, 8, 26f berichtet unabhängig auch Cassius Dio, 67, 18.

phen ist unklar, Philostratos nennt am Ende der Biographie mehrere Überlieferungen.

Auffällig ist, dass die mirakulösen Fähigkeiten Apollonios' gleichermaßen häufig wie vielseitig dargestellt werden und sich gleichsam wie ein roter Faden durch das gesamte biographische Werk weben. Gleichwohl werden sie von Philostratos mehrmals systematisch vom Magiebegriff abgrenzt. So verweist der Biograph zwar darauf, dass Apollonios sprichwörtlich bei den *babylonischen Magiern* (μάγοις Βαβυλωνίων) gelernt habe, betont aber, dass er selbst nicht *magische Künste* (μάγῳ τέχνῃ) praktizieren würde.[97] Zwar sei dieser Vorwurf beispielsweise von Seiten eines eleusinischen Hohepriesters vorgebracht worden, der Apollonios als „Zauberer [γόητα]" beschimpft habe, „der vom Dämon besessen und unrein sei [καθαρῷ τὰ δαιμόνια]".[98] In Wirklichkeit – so Philostratos – sei allerdings Weisheit (σοφία) der Grund insbesondere seiner divinatorischen Gabe,[99] die nicht etwa „durch Folterung der Götterbilder, durch barbarische Opfer, durch Besprechungen", sondern vielmehr durch göttliche Offenbarungen hervorgerufen werde.[100] Auch seine weiteren mirakulösen Fähigkeiten rührten nicht von Opfer, Gebet oder Spruch her, sondern vielmehr davon, dass die „Natur des Mannes [...] göttlich und der menschlichen Art überlegen sei [ὅτι θεία τε εἴη καὶ κρείττων ἀνθρώπου]".[101] Keine niedrigen Emotionen wie Geld- oder Ruhmsucht[102] würden ihn antreiben, sondern vielmehr

---

97 Vgl. Philostratos, *Vita Apollonii*, 1, 2 (Mumprecht, *Philostratos*..., 12-15): „Einige halten ihn sogar für einen Zauberer [μάγον], weil er mit den babylonischen Magiern [μάγοις Βαβυλωνίων], den indischen Brahmanen und den ägyptischen Gymnosophisten Umgang hatte, und vermleunden ihn mit ihrer völlig falschen Auffassung, er sei der gewalttätigen Wissenschaften kundig. [...] Daß Apollonios vieles schon vorher bemerkt und vorausgesehen hat, berechtigt keineswegs, ihm jene Art der Weisheit zur Last zu legen. [...] Während man dies [eine korrekte Weissagung des Anaxagoras in Aigospotamoi; d. Verf.] der Weisheit des Anaxagoras zuschreibt, spricht man dem Apollonios die Fähigkeit, dank seiner Weisheit [σοφίαν] vorauszusehen, ab und behauptet, er bewirke dies mit Hilfe magischer Künste [μάγῳ τέχνῃ]."
98 Vgl. Philostratos, *Vita Apollonii*, 4, 18 (Mumprecht, *Philostratos*..., 386/87).
99 Vgl. Philostratos, *Vita Apollonii*, 1, 2.
100 Vgl. Philostratos, *Vita Apollonii*, 5, 12 (Mumprecht, *Philostratos*..., 486/87).
101 Vgl. Philostratos, *Vita Apollonii*, 7, 38 (Mumprecht, *Philostratos*..., 824/25).
102 Vgl. den Exkurs zu *goēteía* in Philostratos, *Vita Apollonii*, 7, 39.

die selbstgewählte Armut aufgrund seiner Liebe zur Philosophie[103] und das Bedürfnis, die Menschen zu verbessern und zu beglücken.[104]

Auch Apollonios stand laut dem biographischen Bericht Philostratos' im Kontext des *crimen magiae* vor Gericht, gar vor dem Kaisergericht Domitians, wo ihm vorgeworfen wurde, mittels eines divinatorischen Ritus' – der Opferung eines Knaben, um aus seinen Eingeweiden die Zukunft zu deuten – einen Usurpationsversuch des Nerva unterstützt zu haben. Apollonios, der vor Gericht entsprechend als γόης bezeichnet wird, „der sich ausgezeichnet auf seine Kunst verstehe",[105] nutzt die Anklage in geradezu Apuleiischer Manier zunächst zum Spott – „Wenn ich ein Zauberer bin, wie stehe ich dann vor Gericht? Und wenn ich vor Gericht stehe, wie bin ich dann ein Zauberer? [εἰ μὲν γόης {...} ἐγώ, πῶς κρίνομαι; εἰ δὲ κρίνομαι, πῶς γόης εἰμί]" –,[106] schließlich zur ausführlichen Darlegung und Verteidigung seines hochwertigen Charakters. Nach Feststellen der Uneinsichtigkeit des Kaisers legt er allerdings die mirakulöse Fähigkeit des Verschwindens an den Tag, um der weltlichen Macht seine Überlegenheit zu demonstrieren – nicht ohne sich zuvor mit den (dem Homerischen Apollon entlehnten)[107] Worten „Denn nicht wirst du mich töten, da dies nicht mir bestimmt ist!" zu verabschieden.[108]

Auch Philostratos stattet Apollonios von Tyana also mit zahlreichen mirakulösen Fähigkeiten aus, die er – analog zur christlichen Jesusdarstellung – explizit von *mageía/goēteía* abgrenzt und vielmehr als Begleiterscheinung seiner *göttlichen Natur* interpretiert. Hinzu kommt bei Philostratos interessanterweise die Abgrenzung vom Ritual, die dadurch wiederum Einblick in sein Verständnis von *mageía/goēteía* ermöglicht. So verweist er

---

103 Vgl. Apollonios' Selbstdarstellung als Philosoph und Abgrenzung von *goēteía* im Rahmen seiner Gerichtsrede in Philostratos, *Vita Apollonii*, 8, 7, 3 (Mumprecht, *Philostratos...*, 864-67): „Die Zauberer hingegen nenne ich Falschwisser [ἀλλὰ τοὺς γόητας ψευδοσόφους φημί]; denn Unwirkliches für wirklich zu halten, gehört meiner Meinung nach zu dem Wahne der völlig Getäuschten, liegt doch die ganze Weisheit dieser Kunst gerade in dem Unverstand der betrogenen Opferspender. Geldgierig ist überdies diese ganze Zunft; denn ihre falschen Vorspiegelungen haben sie um des Gewinnes willen erfunden. [...] Als Beweis, dass ich die Wahrheit sage, habe ich hier den Brief des edlen und göttlichen Mannes, der darin unter Anderem auch die Armut preist: 'Der Kaiser Vespasian grüßt den Philosophen Apollonios! Wenn alle im gleichen Geiste wie du, Apollonios, philosophieren wollten, dann stände es sehr gut um Philosophie und Reichtum. Die Philosophie wäre unbestechlich und die Armut freiwillig. Lebe wohl!'"

104 Vgl. Philostratos, *Vita Apollonii*, 8, 7, 7 (Mumprecht, *Philostratos...*, 876/77): „Was sie [die Menschen; d. Verf.] aber von mir benötigten, war folgender Art: Befreiung von Krankheit, Einweihungen und Opferungen auf heiligere Art, Ausrottung des Übermuts und Kräftigung der Gesetze. Mein Lohn aber bestand darin, daß sie besser und glücklicher wurden, als sie vorher waren."

105 Vgl. Philostratos, *Vita Apollonii*, 7, 17 (Mumprecht, *Philostratos...*, 764/65).

106 Vgl. Philostratos, *Vita Apollonii*, 7, 17 (Mumprecht, *Philostratos...*, 764/65).

107 Der Ausspruch ist entlehnt bei Homer, *Ilias*, 22, 13.

108 Vgl. Philostratos, *Vita Apollonii*, 8, 5 (Mumprecht, *Philostratos...*, 849/50).

8.1. Rezeptionsgeschichtlicher Kontext: die frühchristliche Rezeption 293

an zwei Stellen explizit darauf, dass Apollonios keine Ritualpraktiken für seine mirakulösen Taten durchführen müsse; zur Legitimation der divinatoren Fähigkeiten Apollonios' schreibt er im fünften Buch:

> „Die Zauberer [γόητες] – und ich halte sie meinerseits für die unseligsten Männer – vermögen, wie sie behaupten, durch Folterung der Götterbilder, durch barbarische Opfer, durch Besprechungen und Einsalbungen das Schicksal zu verändern [βασάνους εἰδώλων χωροῦντες, οἱ δ' ἐς θυσίας βαρβάρους, οἱ δὲ ἐς τὸ ἐπᾷσαί τι ἢ ἀλεῖψαι μεταποιεῖν φασι τὰ εἱμαρμένα]. [...] Apollonios dagegen folgte den Schicksalsbestimmungen und sagte nur voraus, was unabwendbar geschehen mußte. Dies erkannte er aber nicht durch Zauberkünste [γοητεύων], sondern mit Hilfe dessen, was ihm die Götter offenbarten."[109]

Analog erscheint die Erläuterung des Fessellösens im siebten Buch:

> „Mit diesen Worten zog er seinen Fuß aus den Fesseln und sagte zu Damis: 'Hier gebe ich dir den Beweis meiner Freiheit. Fasse nun Mut!' Erst damals, so sagte Damis, habe er die Natur des Mannes wirklich begriffen und erkannt, daß sie göttlich und der menschlichen Art überlegen sei [ὅτι θεία τε εἴη καὶ κρείττων ἀνθρώπου]; denn ohne zu opfern – wie hätte auch dies im Gefängnis geschehen können –, ohne zu beten und ohne etwas zu sagen, habe er seine Fesseln verhöhnt."[110]

In beiden Fällen stellt Philostratos Apollonios' Taten dem Durchführen von Ritualpraktiken gegenüber, welche die unseligen *γόητες* benötigen würden, um vergleichbar wirken zu können. Man meint, hierin den für Philostratos entscheidenden Unterschied zu erkennen, der einen *Theios Aner* wie Apollonios von einem gewöhnlichen *góēs/mágos* unterscheidet: er benötigt schlicht keine Rituale für seine mirakulösen Fähigkeiten. Diese werden vielmehr als Begleiterscheinung der Tatsache eingeordnet, dass die "Natur des Mannes [...] göttlich und der menschlichen Art überlegen sei".

Durch diese Gegenüberstellung kann Philostratos schließlich problemlos die rituelle Kunst der *goēteía* abwerten, ihr ganz ihren Wahrheitsanspruch entziehen, wie sein Exkurs im siebten Buch zeigt: einfältigere Menschen schrieben eine Tat wie das Lösen von Fesseln häufig der „Zauberei [γόητας]" zu.[111] Diese Kunst würde zwar etwa von Athleten oder Händlern genutzt, um das Schicksal zu beeinflussen, sie sei sie allerdings nicht von Nutzen, ein etwaiger Erfolg bloß Zufall; auch eine Niederlage beim Sport oder Misserfolg beim Handel würde von den Praktizierenden gleichwohl nicht der Wirkungslosigkeit von *goēteía*, sondern vielmehr fehlerhafter oder nicht ausreichender Opferpraxis zugeschrieben.[112] Auch Ver-

---

109 Vgl. Philostratos, *Vita Apollonii*, 5, 12 (Mumprecht, *Philostratos...*, 486/87).
110 Vgl. Philostratos, *Vita Apollonii*, 7, 38 (Mumprecht, *Philostratos...*, 824/25).
111 Philostratos, *Vita Apollonii*, 7, 39 (Mumprecht, *Philostratos...*, 824/25).
112 Philostratos, *Vita Apollonii*, 7, 39 (Mumprecht, *Philostratos...*, 824-27): „Ihrer Kunst bedürfen ja die Athleten [...], weil sie nach dem Siege streben. Indessen ist sie ihnen zu keinem Siege von Nutzen. Wenn sie aber durch Zufall siegen, berauben sich die Toren ihres Verdienstes und schreiben es dieser Kunst zu. Auch in der Niederlage entsagen sie diesem Wahne nicht. 'Wenn ich dieses oder jenes Räucheropfer dargebracht hätte, so wäre mir der Sieg

liebte seien der Kunst verfallen, „denn die Krankheit, an der sie leiden, macht sie so leicht lenkbar, daß sie sogar alte Weiber zu Rate ziehen".[113] Philostratos echauffiert sich schließlich darüber, dass diese „Zaubergürtel [...] in Empfang nehmen und Steine aus den geheimen Tiefen der Erde sowie vom Mond und den Sternen und alle Düfte Indiens" – der Apollonios-Biograph geht davon aus, dass Verliebte auf diese Weise viel Geld verlören, freilich „ohne etwas auszurichten".[114] Er beendet seinen Exkurs zu *goēteía* mit den prägnanten Zeilen: "Mir aber genügt es, mit dieser Abschweifung von der eigentlichen Erzählung die Jugend vor dem Umgang mit jenen gewarnt zu haben, damit sie sich auch nicht zum Scherz an solche Dinge gewöhne. Wozu sollte ich noch weiter eine Sache kritisieren, welche Natur und Gesetz verwirft [ὃ καὶ φύσει διαβέβληται καὶ νόμῳ]".[115]

Durch die Gegenüberstellung der mirakulösen Fähigkeiten Apollonios', die als gleichermaßen natürliche wie legitime Eigenschaft seines göttlichen Wesens dargestellt werden, und der verwerflichen, wirkungslosen, auf Ritualpraktiken basierenden *goēteía* wird es Philostratos möglich, eine Demarkationslinie zwischen dem nach außen hin Ununterscheidbaren zu ziehen. Seine Argumentationsstrategie weist gerade vor diesem Hintergrund große Ähnlichkeiten zur innerbiblischen beziehungsweise frühchristlichen Darstellung der Fähigkeiten Jesu und den damit einher gehenden christlich-apologetischen Abgrenzungsstrategien gegenüber *mageía* auf.[116] Es sind letztlich diese verblüffenden terminologischen Analoga, die die heidnischen wie christlichen Darstellungen mirakulöser Fähigkeiten in der römischen Kaiserzeit kennzeichnen – jedem ist daran

---

nicht entgangen', sagen sie und glauben es auch. In den Häusern der Kaufleute findet sich dieser Glaube ebenfalls; denn bei ihnen können wir sehen, dass sie das Glück beim Handel der Zauberei [γόητι] zuschreiben, Mißerfolge aber der Kargheit und Unangemessenheit ihrer Opfer."

113 Philostratos, *Vita Apollonii*, 7, 39 (Mumprecht, *Philostratos*..., 826/27).
114 Ebenda.
115 Philostratos, *Vita Apollonii*, 7, 39 (Mumprecht, *Philostratos*..., 828/29).
116 Auch die Fähigkeiten Jesu werden innerbiblisch ja als direktes Wirken göttlicher *dynamis* und *exousia*, nie aber als Folge eines Rituals beschrieben; entsprechend verteidigte bereits Arnobius, *Adverses gentes*, 1, 43/44 die mirakulösen Taten Jesu gegenüber Vorwürfen, er sei ein *magus* gewesen, indem er auf das Fehlen von Ritualpraktiken verweist. Das Argumentationsmuster findet sich auch heute noch in theologischen Arbeiten: vgl. Busch, *Magie in neutestamentlicher...*, v.a. 160f: „Jesus heilt also nicht aufgrund irgendwelcher wirkmächtiger Zauberrituale, wie sie von den antiken Magiern bekannt sind, sondern aufgrund seiner göttlichen Kraft. [...] Es ist die göttliche Kraft in Jesus, die ihn befähigt, Dinge zu tun, die ansonsten lediglich die antiken Magier zu tun im Stande waren. [...] Die Benutzung von Zauberliteratur und magischer Fachsprache durch Jesus? Kein Wort davon! [...] Jesus, der einen Liebeszauber bereitet? Jesus der in der Dekapolis oder im Hippodrom von Jerusalem mittels Magie Pferdewetten beeinflusst? Jesus, der für seine Dienste Geld nimmt? Jesus, der bei Nacht und Nebel Defixionen an den Gräbern von zur Unzeit Verstorbenen deponiert? Kein Wort davon."

8.1. Rezeptionsgeschichtlicher Kontext: die frühchristliche Rezeption

gelegen, den Magievorwurf weit von sich zu weisen und etwaige mirakulöse Fähigkeiten vielmehr göttlicher Abstammung zuzuschreiben;[117] der *Magier* ist – zumindest im Diskursfeld dieser Zeit – in der Tat immer der Andere.[118]

8.1.3. Wechselseitige Magievorwürfe

Aufgrund dieser allseits akzeptierten Diskurs- und Argumentationstrategie wundert es nicht, dass in der Folgezeit wechselseitige Magieanklagen auf die mirakulösen Akteure der Kaiserzeit niederprasseln. Apollonios von Tyana wird noch vor Philostratos von dem römischen Historiker Cassius Dio (* um 163; † nach 229) als *góēs* und *mágos* abgewertet,[119] und scheint auch in zwei ihm zugeschriebenen Briefen an den Stoiker Euphrates auf diesen Vorwurf zu reagieren;[120] freilich kehrt er die Wertung hier ironisierend – offenbar in Anlehnung an die alkibiadische Rezeptionslinie, an der sich auch Apuleius in seiner ironischen Definition des *Magiers* orientiert – in ihr Gegenteil: der *mágos* sei nach Ansicht der Perser ein *Knecht der Götter* beziehungsweise seiner Natur nach selbst ein Gott (μάγος οὖν ὁ θεραπευτὴς τῶν θεῶν ἢ ὁ τὴν φύσιν θεῖος), im Gegensatz zu Euphrates, der vielmehr gottlos (ἄθεος) sei.[121] Gleichwohl findet Apollonios zeitweise bis in höchste Kreise Verehrung: noch im frühen dritten Jahrhundert habe Kaiser Alexan-

---

117 Aufgrund der Ähnlichkeiten zwischen den hagiographischen Darstellungen Jesu und Apollonios' wurde auch gemutmaßt, ob eine literarische Abhängigkeit der Berichte bestanden haben könnte. Gerd Petzke, der diese Frage in seiner Studie *Die Traditionen über Apollonius von Tyana und das Neue Testament* untersuchte, verneint allerdings einen möglichen Zusammenhang: Gerd Petzke, *Die Traditionen über Apollonius von Tyana und das Neue Testament*, [Studia ad Corpus Hellenisticum Novi Testamenti; 1], Leiden 1970, u.A. 137.
118 Die etwa von Hartmut Zinser und Hans G. Kippenberg/Kocku von Stuckrad vorgeschlagene These (vgl. Zinser, *Markt der Religionen*..., v.a. 93-110; Kippenberg/von Stuckrad, *Einführung*..., 155-163), dass *Magie* immer die *Religion des Anderen* sei und der Begriff prinzipiell als Devianzzuschreibung fungiert habe, findet in dem hier skizzierten Szenario einen geradezu idealtypischen historischen Beleg. Gleichwohl schießt die Devianzthese über das Ziel hinaus, wenn man die unten (Kap. 9-11) untersuchten Verwendungen des Magiebegriffs zur identifikatorischen Selbstbezeichnung mit in den Blick nimmt; hier kehrt sich das Muster um, sodass die Devianzthese nicht pauschal postuliert werden sollte.
119 Cassius Dio, 78, 18, 4 nach Earnest Cary (Hg.), *Dio's Roman History. With an English Translation by Earnest Cary. In Nine Volumes: IX*, [The Loeb Classical Library], London 1969 (reprint 1927), 326/27: „His [Severus Alexander; d. Verf.] delight in magicians and jugglers [μάγοις καὶ γόησιν] was so great that he commended and honoured Apollonius of Capadocia, who had flourished under Domitian and was a thorough juggler and magician [γόης καὶ μάγος ἀκριβὴς], and erected a shrine to him."
120 Vgl. Apollonius, Ep. 16 und 17, ediert bei Robert J. Penella (Hg.), *The Letters of Apollonius of Tyana. A Critical Text with Prolegomena, Translation and Commentary*, [Mnemosyne: Suppl.; 56], Leiden 1979, 42-45.
121 Ausführlicher hierzu (einschließlich Originaltext und deutscher Übersetzung) Du Toit, *Theios Anthropos*..., 68ff.

der Severus (* 208; † 235) – zumindest nach der umstrittenen *Historia Augusta* – den Philosophen verehrt und seine Statue zusammen mit der Statue Jesu Christi, Abrahams, Orpheus' und anderer *heiliger Seelen* (*animas sanctiores*) in seinem Heiligtum aufgestellt.[122]

Auf vergleichbare Weise wird Jesus nicht nur von jüdischer Seite – etwa nach den apokryphen *Acta Pilati* des vierten Jahrhunderts –[123] mehrfach als *mágos* beziehungsweise *góēs* bezeichnet,[124] sondern auch von griechisch-römischer: so wirft der Platoniker Kelsos (Wirkungszeit um 180) in seiner Schrift Ἀληθὴς Λόγος (*Wahre Lehre*) – der ältesten bekannten Streitschrift gegen das Christentum – dem christlichen Religionsstifter vor, seine mirakulösen Taten nur mittels γοητεία vollbracht zu haben.[125] Jesus habe

---

122 Aulius Lampridius, *Vita Alexandri Severi*, 29, 2 nach David Magie (Hg.), *The Scriptores Historiae Augustae. With an English Translation by David Magie. In Three Volumes: II*, [The Loeb Classical Library], London 1953: „he [Severus Alexander; d. Verf.] kept statues of the deified emperors – of whom, however, only the best had been selected – and also of certain holy souls [animas sanctiores], among them Apollonius, and, according to a contemporary writer, Christ, Abraham, Orpheus, and other of this same character and, besides, the portraits of his ancestors."; der Beleg wird gestützt von Cassius Dio, 78, 18, 4, der vergleichbar – gleichwohl etwas naserümpfend – berichtet, dass Alexander Severus Apollonios verehrt und ihm ein Heiligtum gebaut habe.

123 Vgl. *Acta Pilati*, I, 1; II, 1; II, 5; interessanterweise besteht der zentrale (Magie-) Vorwurf der Rabbinen gleich zu Beginn der *Acta Pilati* (I, 1) darin, dass Jesus während des Sabbats mit „verwerflichen Mitteln [ἀωὸ κακῶη ωράζεωη]" geheilt habe; als Pilatus fragt, welche verwerflichen Mittel dies gewesen seien, antworten die Rabbinen „Er ist ein Magier [γόησ ἐστίμ] und vertreibt mit Hilfe Beelzebubs, des Herrschers der Teufel, die bösen Geister, und alles ist ihm untertänig [γόησ ἐστίν, καὶ ἐν Βεελζεβοὺλ ἄρχοντι τῶν δαιμονίων ἐκβάλλει τὰ δαιμόνια, καὶ πάντα αὐτῷ ὑποτάσσεται]" – Pilatus hingegen erkennt im Heilen freilich keinen teuflischen Akt, sondern nurmehr die Zuhilfenahme des griechischen Heilgottes Asklepios: „Das bedeutet nicht mit Hilfe eines unreinen Geistes die Dämonen austreiben, sondern mit Hilfe des Gottes Asklepios [ἀλλ᾽ ἐν θεῷ τῷ Ἀσκληπιῷ]"; der Magie- beziehungsweise Goetiebegriff als Devianzzuschreibung funktioniert hier – freilich aus christlicher Sicht wohlbegründet – einmal nicht, da der römische Stadthalter die Heilungen Jesu (anders als die Rabbinen) durch die Zuschreibung zu Asklepios religiös legitimiert; Text nach Wilhelm Schneemelcher, *Neutestamentliche Apokryphen. In deutscher Übersetzung. Herausgegeben von Wilhelm Schneemelcher.* 5. Auflage. I. Band: *Evangelien*, Tübingen [5]1987, 400/01; griechischer Text nach Konstantin von Tischendorf (Hg.), *Evangelia Apocrypha. Adhibitis plurimis codicibus graecis et latinis maximam partem nunc primum consultis atque ineditorum copia insignibus. Collegit atque recensuit Constantinus de Tischendorf*, Leipzig 1876, 215/16.

124 Auf jüdische Magievorwürfe verweisen auch Tertullian, *Apologeticum*, 21, 17; Origines, *Contra Celsum*, u.A. 1, 45, oder Laktanz, *Divinae Institutiones*, 5, 3, 18-21. Zu weiteren Befunden und Diskussion der jüdischen Vorwürfe vgl. Ernst Bammel, *Judaica et Paulina. Kleine Schriften II. Mit einem Nachwort von Peter Pilhofer*, [Wissenschaftliche Untersuchungen zum Neuen Testament; 91], Tübingen 1997, 3-14 (Kapitel „Jesus der Zauberer").

125 Kelsos' Schrift muss aus der Replik des Origines rekonstruiert werden – vgl. Origines, *Contra Celsum*, 1, 6 nach Otto Bardenhewer et al. (Hg.), *Des Origines acht Bücher gegen Celsus. Aus dem Griechischen übersetzt von Hofrat Prof. Dr. Paul Koetschau. I. Teil: Buch I-IV*, [Bibliothek der Kirchenväter; 1, 52], München 1926, 12; griechischer Text nach Miroslav Marcovich (Hg.), *Origines. Contra Celsum. Libri VIII. Editit M. Marcovich*, [Supplements to Vigiliae Christianae; 54], Leiden 2001, 10: „Im folgenden klagt er auch den Heiland an und

8.1. Rezeptionsgeschichtlicher Kontext: die frühchristliche Rezeption 297

sich als Tagelöhner in Ägypten „an einigen Zauberkräften [δυνάμεών] versucht", sich dann „viel auf diese Kräfte [δυνάμεσι] eingebildet und sich ihretwegen öffentlich als Gott erklärt";[126] er unterscheide sich deshalb nicht sonderlich von den zahlreichen *góētes*, die auf den Marktplätzen römischer Städte vergleichbare Kunststücke vorführen würden und keinesfalls für Gottessöhne, sondern vielmehr für schlechte und gottlose Menschen zu halten seien.[127] Unter anderem in Anlehnung an Aristeas und Abaris – zwei mythologische Figuren, die bereits von Herodot mit mirakulösen Fähigkeiten beschrieben worden waren –[128] stellt Kelsos die Einzigartigkeit Jesu mit den prägnanten Zeilen „Ist das nicht ein Frevel, wegen der nämlichen Werke den einen für Gott [θεόν] und die anderen für Betrüger [γόητας] zu halten?" in Frage.[129]

Auf vergleichbare Weise greift im späten dritten Jahrhundert der Neuplatoniker Porphyrios in seiner nur fragmentarisch erhaltenen Schrift κατὰ Χριστιανῶν λόγοι (*Gegen die Christen*) Jesus mit dem Argument an, Apollonios und Apuleius (!) seien ihm mit ihren mirakulösen Fähigkeiten weit

---

sagt: 'Jesus habe seine scheinbaren Wundertaten [παράδοξα] durch Zauberei [γοητείᾳ] zu vollbringen vermocht; und weil er vorausgesehen, daß auch andere dieselben Kenntnisse sich aneignen und dann gleiche Dinge vollbringen und dabei sich rühmen könnten, sie vollbrächten sie durch die Kraft Gottes, darum schließe er solche Menschen aus seinem Staate aus.'"; Textsetzung im Folgenden immer vereinfacht. Vgl. zum Magie-Vorwurf des Kelsos vgl. auch 1, 38; 1, 68; 2,49; 2,51. Zur Auseinandersetzung zwischen Kelsos und Origines ausführlicher Karl Pichler, *Streit um das Christentum. Der Angriff des Kelsos und die Antwort des Origenes*, [Regensburger Studien zur Theologie ; 23], Frankfurt a. Main 1980, sowie Gallagher, *Divine man or magician?*.... Zum Versuch einer Rekonstruktion des Ἀληθὴς Λόγος vgl. Robert Bader, *Der ΑΛΗΘΗΣ ΛΟΓΟΣ des Kelsos*, [Tübinger Beiträge zur Altertumswissenschaft; 33], Stuttgart 1940.

126 Origines, *Contra Celsum*, 1, 28 (Bardenhewer, Des Origines..., 39; Marcovich, Origines..., 29/30).
127 Origines, *Contra Celsum*, 1, 68 (Bardenhewer, Des Origines..., 96/97; Marcovich, Origines..., 71): „Aber sofort stellt er sie auf gleiche Stufe mit 'den Taten der Gaukler [γοήτων]', die nach ihm 'noch wunderbarere Dinge versprechen 'und mit den Kunststücken von Schülern der Ägyptier, die mitten auf den Märkten um wenige Groschen ihre erhabene Wissenschaft abgeben', 'Dämonen von den Menschen austreiben, Krankheiten wegbannen, die Seelen der Heroen beschwören, kostbare Mahlzeiten und Tische mit Näschereien und Leckerbissen, die gar nicht wirklich vorhanden sind, zeigen und Dinge in Bewegung setzen, als wären es lebende Wesen, obgleich sie dies nicht sind, sondern nur in der Einbildung als solche erscheinen'. Und dann wirft er die Frage auf: 'Da jene Leute solche Dinge vollbringen können, müssen wir sie dann für Gottes Söhne halten? Oder müssen wir sagen, dass dies die Betätigungen von schlechten und gottlosen Menschen sind?'"
128 Origines, *Contra Celsum*, u.A. 3, 31; vgl. zu Abaris Herodot, *Historiae*, 4, 36 sowie Platon, *Charmides*, 158b; zu Aristeas Herodot, *Historiae*, 4, 14 sowie u.A. auch Plinius, *Naturalis Historiae*, 7, 174. Ausführlicher zu beiden Figuren im Kontext der ihnen zugeschriebenen mirakulösen Fähigkeit des Fliegens auch Karin Luck-Huyse, *Der Traum vom Fliegen in der Antike*, [Palingenesia; 62], Stuttgart 1997, 112f sowie 160f.
129 Origines, *Contra Celsum*, 2, 49 (Bardenhewer, Des Origines..., 164; Marcovich, Origines..., 120).

überlegen gewesen.¹³⁰ Sossianos Hierokles (Wirkungszeit um 300), ein Provinzstatthalter unter Diokletian – der maßgeblich an den Diokletianischen Christenverfolgungen beteiligt war – führt in seiner um 300 verfassten Schrift Λόγος φιλαλήθης (Wahrheitsliebhaber) wiederum Apollonios ins Feld, um den Wahrheitsanspruch der christlichen Lehre und die Einzigartigkeit Christi zu unterminieren.¹³¹ Hierokles stellt den Philosophen – und entsprechend die Biographie Philostrats – gegenüber Jesus und den Evangelien als weit überlegen dar und brandmarkt die Leichtgläubigkeit der Christen, die Jesus wegen einiger *Wunder* (τερατείας) ungerechtfertigerweise zu Gott erklären würden; Petrus und Paulus bezeichnet er gar als Lügner, Dummköpfe und: *góētes* (ἄνθρωποι ψεῦσται καὶ ἀπαίδευτοι καὶ γόητες).¹³²

Wenngleich die antichristlichen Streitschriften des zweiten und dritten Jahrhunderts die polemische Terminologie um *Magie* gleichfalls rezipieren und tradieren – teilweise allerdings mit verblüffender ironischer Brechung –,¹³³ geht es gleichwohl um einen fundamentaleren interreligiösen Konflikt: die heidnischen Autoren stellen sich in ihren Schriften sowohl der „Monopolisierung einer Gottheit [...] als auch der Vergöttlichung einer Person als solcher"¹³⁴ entgegen. Dabei fehlt dem graeco-römischen Magiebegriff der radikale christliche Dualismus und die damit einher gehende konzeptionelle Verknüpfung von *mageía* mit einem dämonisch-satanischen Gegen-

---

130 Vgl. Adolf von Harnack (Hg.), *Porphyrius, Gegen die Christen, 15 Bücher. Zeugnisse, Fragmente und Referate*, [Aus den Abhandlungen der Königlich Preussischen Akademie der der Wissenschaften, Philosophisch-Historische Klasse; 1916, 1], Berlin 1916, 46/47 (Fragment 4) bzw. 84/85 (Fragment 63). Ausführlicher dazu auch Maria Dzielska, *Apollonius of Tyana in Legend and History*, [Problemi e ricerche di storia antica ; 10], Rom 1986, 96-99. Zur Schrift allgemein Robert M. Berchman, *Porphyry against the Christians*, [Ancient Mediterranean and Medieval Texts and Contexts: Studies in Platonism, Neoplatonism, and the Platonic tradition; 1], Brill 2005.

131 Die Schrift ist wiederum nur indirekt durch Eusebios' Replik *Contra Hieroclem* rekonstruierbar: vgl. Eusebios, *Contra Hieroclem*, v.a. Kap. II; Ausführlicher zur Schrift auch Fögen, *Die Enteignung...*, 210f sowie Dzielska, *Apollonius of Tyana...*, 98f.

132 Eusebios, *Contra Hieroclem*, Kap. II nach Frederick C. Conybeare (Hg.), *Philostratus. The Life of Apollonius of Tyana. The Epistles of Apollonius and the Treatise of Eusebius. With an English Translation by F. C. Conybeare, M.A. In Two Volumes: II*, London 1950 (reprint 1912), 488-51: „To this he [Hierokles; d. Verf.] adds after a little more the following remark: 'And this point is also worth noticing, that whereas the tales of Jesus have been vamped up by Peter and Paul and a few others of the kind – men who were liars and devoid of education and wizards, [ἄνθρωποι ψεῦσται καὶ ἀπαίδευτοι καὶ γόητες] – the history of Apollonius was written by Maximus of Aegae, and by Damis the philosopher who lived constantly with him, and by Philostratus of Athens, men of the highest education, who out of respect for the truth and their love of mankind determined to give the publicity they deserved to the actions of a man at once noble and a friend of the gods [θεοῖς φίλου].'"

133 Kelsos liest sich ja bei seinem Ausspruch „Ist es nicht ein Frevel, wegen der nämlichen Werke den einen für Gott [θεόν] und die anderen für Betrüger [γόητας] zu halten?" (Origines, *Contra Celsum*, 2, 49 nach Koetschau, *Des Origines...*, 164; Marcovich, *Origines...*, 120) wie ein moderner Devianztheoretiker.

134 Fögen, *Die Enteignung...*, 214.

reich Gottes. Der Magievorwurf gegen den christlichen Religionsstifter zielt vielmehr darauf ab, eine Art – gleichwohl polytheistisch begründete – „Chancengleichheit"[135] hinsichtlich des Mirakulösen einzufordern; nicht ein einzelner Mann solle das Recht beanspruchen dürfen, mit göttlichen Kräften zu operieren und als Gott verehrt zu werden, während alle anderen mirakulös Tätigen als minderwertig deklariert werden.[136] Marie Theres Fögen deutet die Bemühungen der Platoniker daher als graeco-römische Polemik gegen die dogmatischen Setzungen des christlichen Monotheismus' – ihre „Gesellschaft sollte offen sein für viele Götter und viele gottähnliche Charismatiker".[137] Neben den zahlreichen weiteren philosophischen, religiösen und ethischen Kritikpunkten heidnischer Autoren gegenüber dem aufstrebenden Christentum[138] zielt die Kennzeichnung Jesu als *mágos* beziehungsweise *góēs* darauf ab, sein – aus graeco-römischer Sicht – überhöhtes Selbstverständnis zu unterminieren, seine Gottessohnschaft und Einzigartigkeit zu hinterfragen und ihn als Einen unter vielen darzustellen.[139]

8.1.3.1. Christliche Repliken

Die christlichen Repliken erscheinen hinsichtlich ihrer Verwendung eines negativ konnotierten Magiebegriffs analog zu den graeco-römischen Vorwürfen, basieren jedoch auf anderen Grundannahmen. Prinzipiell kann gesagt werden, dass die Rezeption des Magiebegriffs in den Schriften der Kirchenväter und frühchristlichen Apologeten – gegenüber der innerbiblischen Rezeption – eine weitaus üppigere und differenziertere Gestalt annimmt. Gleichwohl bleibt sie den biblischen Setzungen und der damit einher gehenden Funktionalisierung des Magiebegriffs als negative Ausgrenzungskategorie prinzipiell verpflichtet. Vor dem Hintergrund der einzigartigen Gottessohnschaft Jesu und der bereits innerbiblischen Abgrenzung zu konkurrierenden Figuren mit mirakulösen Fähigkeiten (Simon, Barjesus, Pseudopropheten) musste es als evident erscheinen, dass alle heidnisch bezeugten Wundertäter – wie etwa Apollonios von Tyana – nur minderwertige *Magier* sein konnten. Die christliche Idee eines fundamenta-

---

135 Fögen, *Die Enteignung...*, 211.
136 Vgl. auch Ebenda, 214: „Stein des Anstoßes war für diesen [Eusebios; d. Verf.], daß die Christen ihren Helden zum einzigen Gott erhoben, während die Anhänger des Apollonios diesen im Status des den Göttern nahen und wohlgefälligen Menschen belassen hatten."
137 Ebenda.
138 Vgl. hierzu die brillante Zusammenfassung von Wilhelm Nestle, „Die Haupteinwände des antiken Denkens gegen das Christentum", in: Jochen Martin, Barbara Quint (Hg.), *Christentum und Antike Gesellschaft*, [Wege der Forschung; 649], Darmstadt 1990, S. 17-80.
139 Vgl. auch Berchman, *Porphyry against...*, 88: „Charges of magic functioned to define Christianity as an illegal social movement and to undermine Christian religious claims about the divinity of Jesus."

len Gegenspielers Gottes radikalisierte gleichwohl die Position gegenüber dem graeco-römischen Umfeld – und auch gegenüber dem Magiebegriff. Aufgrund des biblischen Postulats, dass nur Jesus und die Apostel ihre außergewöhnlichen Kräfte von Gott erhalten hatten, mussten alle anderen mirakulös Tätigen ihre Kraft notwendigerweise aus der einzigen Quelle beziehen, die im christlich-dualistischen Weltbild übrig blieb: von σατανᾶς beziehungsweise seinen transzendenten Helfershelfern – den δαίμονες.

Entsprechend referiert bereits einer der frühesten nachbiblischen Autoren – Justin der Märtyrer (* um 100; † 165) – dass die Menschen von den *Dämonen* mittels *mageía* verführt und versklavt würden und dass nur der christliche Glaube die Befreiung von diesen beiden Übeln ermögliche.[140] Bei seiner Besprechung des Samaritaners Simon findet sich ebenfalls bereits jene – signifikant von der Apostelgeschichte abweichende! – Zuordnung: Simon habe „vermittelst der Kunst der in ihm wirksamen Dämonen in eurer Kaiserstadt Rom Zaubereien ausgeführt [ἐνεργούντων δαιμόνων τέχνης δυνάμεις ποιήσας μαγικὰς]".[141] Auch die weiteren christlichen Autoren des zweiten und frühen dritten Jahrhunderts – etwa Irenäus von Lyon (* um

---

140 Vgl. Justin, *1. Apologie*, 14 nach Heinrich Veil (Hg.), *Justinus des Philosophen und Märtyrers Rechtfertigung des Christentums (Apologie I u. II). Eingeleitet, verdeutscht und erläutert von Dr. H. Veil*, Strassburg 1894, 8/9; gr. Text nach Miroslav Marcovich (Hg.), *Iustini Martyris. Apologiae pro Christianis*, [Patristische Texte und Studien; 38], Berlin 1994, 52/53: "Denn wir sagen es euch zum voraus, ihr müsst euch hüten, dass nicht die schon früher von uns angeklagten Dämonen euch berücken und überhaupt vom Lesen und Erfassen unserer Worte abziehen. Bemühen sie sich doch an euch Sklaven und Diener zu haben und wissen jeden, der auf keine Weise sich um sein eigenes Heil bemüht, bald durch Traumerscheinungen bald auch durch Zauberblendwerk [μαγικῶν στροφῶν] sich unterthan zu machen. (Macht euch von ihnen los), wie wir, seitdem wir von dem Vernunftgeist uns haben überzeugen lassen, uns von ihnen los gemacht haben und jetzt nur noch dem ungezeugten Gott durch seinen Sohn anhangen. Hatten wir früher an der Unzucht Gefallen, so huldigen wir jetzt einzig der Keuschheit; gaben wir uns einst mit Zauberkünsten [μαγικαῖς τέχναις] ab, so haben wir uns jetzt dem guten, ungezeugten Gott übergeben".
141 Justin, *1. Apologie*, 26 (Veil, *Justinus des Philosophen...*, 16; Marcovich, *Iustini Martyris...*, 69).

8.1. Rezeptionsgeschichtlicher Kontext: die frühchristliche Rezeption 301

135; † 202),[142] Tertullian (* um 150; † um 230),[143] sowie auch Origines (* 185; † 254) in seiner Replik auf den oben genannten Kelsos[144] – rezipieren dieses Denkmuster. Die konzeptionelle Verknüpfung von *Magie* und *Dämonen* – die ja selbst weder alt- noch neutestamentarisch begründbar ist! – wird sich schließlich durch die gesamte Patristik ziehen.[145]

Ihr rezeptionsgeschichtlicher Ursprung ist gleichwohl nicht mit Sicherheit zu rekonstruieren; denkbar ist, dass sich der philosophisch – insbesondere platonisch – versierte Justin an Platons Zuordnung von *goēteía* zum Dämon Eros im *Symposion* orientierte.[146] Die positive Konnotation des Platonischen *daímon* wich bei Justin freilich dem negativen Dämonenbegriff der christlichen Tradition. Sieht man Platon diesbezüglich als Diskursbegründer oder zumindest frühen, wirkungsgeschichtlich zentralen Rezpien-

---

142 Vgl. etwa Irenäus v. Lyon, *Contra Haereses*, 1, 13; 2, 31/32; bei seiner Besprechung und Verurteilung der Anhänger Simons, den Simonianern, greift Irenäus alle Klischees seiner Zeit auf: „Ihre Mysterienpriester [mystici sacerdotes] leben folglich rein nach Lustbedürfnis dahin, treiben indes nach Kräften Magie [magiam autem perficiunt]. Exorzismus und Zaubersprüche benutzen sie [Exorcismis et incantationibus utuntur]. Liebestränke und Verführungsmittel [Amatoria quoque et agogima], sogenannte Beistandsgeister [paredri] und solche, die Träume senden, und was es bei ihnen an Praktiken [perierga] gibt, das alles wird eifrig praktiziert. Sie haben auch ein Bild von Simon, der Gestalt des Zeus nachgebildet, und eines von Helena nach der Gestalt der Minerva, und die beten sie an. Sie haben auch einen Namen: Nach dem Erfinder der verwerflichen Lehre, Simon, nennen sie sich Simonianer."; Irenäus, *Contra Haereses*, 1, 23, 4 nach Norbert Brox (Hg.), *Irenäus von Lyon. Epideixis. Adversus Haereses. Darlegung der Apostolischen Verkündigung. Gegen die Häresien. I. Übersetzt und eingeleitet von Norbert Brox*, [Fontes Christiani; 8/1], Freiburg 1993, 292-95. Ein sehr ähnlich gestalteter Katalog zu den Simonianern findet sich bei Hippolyt von Rom, *Widerlegung aller Häresien*, 6, 20.

143 Vgl. etwa Tertullian, *Apologeticum*, u.A. 22/23 nach Carl Becker (Hg.), *Tertullian. Apologeticum. Verteidigung des Christentums. Lateinisch und deutsch*, München ³1984, 142/43: „Wenn zudem auch Zauberer übernatürliche Erscheinungen hervorbringen und die Seelen von bereits Verstorbenen herabwürdigen [Porro sie et magi phantasmata edunt et iam defunctiorum infamant animas], wenn sie Kinder, damit sie Orakel verkünden, niederstoßen, wenn sie mit marktschreierischer Gaukelei viele Wunderdinge [miracula] aufführen, wenn sie auch Träume eingeben können, da sie ein für allemal die Macht der herbeigerufenen Engel und Dämonen zu ihrem Beistand haben [habentes semel invitatorum angelorum et daemonum adsistentem sibi potestatem], durch deren Eingreifen gewöhnlich von Ziegen ebenso wie Tische weissagen: um wie viel eher wird diese Macht nach ihrem eigenen Gutdünken, und für ihr eigenes Geschäft mit allen Kräften zu bewirken suchen, was sie für das Gewerbe eines anderen leistet!"

144 Vgl. Origines, *Contra Celsum*, u.A. 1, 60; 2, 51; die Fähigkeit des Fliegens, die Kelsos im Zusammenhang mit Abaris nennt, ordnet Origines ebenfalls der Wirkung eines Dämons zu: Origines, *Contra Celsum*, 3, 31.

145 Vgl. u.A. auch Minucius Felix, *Octavius*, 26, 8f; Clemens von Alexandrien, *Protrepticus*, 4, 58, 3; Laktanz, *Divinae Institutiones*, 2, 17; zu Augustinus ausführlicher unten. Zur christlichen Rezeption des *daímon* insgesamt mit reicher Quellenauswahl vgl. Carsten Colpe et al., „Geister (Dämonen)", in: Theodor Klauser et al. (Hg.), *Reallexikon für Antike und Christentum. Sachwörterbuch zur Auseinandersetzung des Christentums mit der antiken Welt. Band 9: Gebet II-Generatianismus*, Stuttgart 1976, 546-797.

146 Vgl. Platon, *Symposion*, 202e-203a.

ten des Topos', wird auch erklärbar, weshalb die Platoniker Kelsos und Apuleius eine vergleichbare Zuordnung von *Magie* und *Dämonen* vornehmen –[147] eine denkbare Rezeptionslinie des Topos' der *dämonischen Magie* ist also von der griechischen Philosophietradition um Platon zu ziehen. Gleichwohl kann die Ausschließlichkeit dieser Zuordnung, ihre konzeptionelle Synthese mit einem satanischen Gegenreich Gottes und das damit einher gehende, radikal negative Werturteil als genuine Weiterentwicklung christlicher Autoren angesehen werden.

Eine zweiter, denkbarer Hintergrund der Setzung liefe über die negative Konnotation des *daímon* im hellenistisch-jüdischen Schrifttum, die sich bereits im *Buch Tobit* manifestiert und sich schließlich mit dem Topos des *gefallenen Engels* überlagert. Zwar gibt es für letzteren Topos wiederum keine expliziten Belege in den Testamenten;[148] allerdings findet sich bereits im ältesten bibelnahen Text, in dem das Vorstellungsmuster explizit auftaucht – im apokryphen *äthiopischen Henochbuch* – die Vorstellung, dass fallende (beziehungsweise in diesem Fall: freiwillig herabsteigende) Engel den Menschen in der Tat eine Reihe von illegitimen Ritualformen (*Sprüche, Flüche,* unter Anderem auch die *Astrologie*) gebracht hätten.[149] Aufgrund der

---

147 Vgl. Origines, *Contra Celsum,* 6, 39 nach Otto Bardenhewer et al. (Hg.), *Des Origines acht Bücher gegen Celsus. Aus dem Griechischen übersetzt von Hofrat Prof. Dr. Paul Koetschau. II. Teil: Buch V-VIII,* [Bibliothek der Kirchenväter; 1, 53], München 1927, 145; gr. Text nach Marcovich, *Origines...,* 415: „Er [Kelsos; d. Verf.] wendet sich darauf zu jenen Personen, ‚die', wie er sagt, ‚sich mit einer gewissen Zauberei und Schwarzkunst abgeben und mit barbarischen Namen dabei gewisse Dämonen anrufen [μαγείᾳ τινὶ καὶ γοητείᾳ καὶ καλοῦντας ὀνόματα βαρβαρικὰ δαιμόνων τινῶν]', und bemerkt,diese machten es ebenso wie diejenigen, die immer dieselben Dämonen meinen und den Leuten, die nicht wissen, dass diese Dämonen andere Namen bei den Griechen und andere bei den Skythen haben, blauen Dunst vormachen'"; Auch Apuleius referiert in *de deo Socratis* in Anlehnung an die *Symposion*-Passage, dass *Magier* (*magos*) mit *Dämonen* (*daemonas*) interagieren würden: Apuleius, De Deo Socratis, 6 (Baltes, *Apuleius. De Deo Socratis...,* 56/57): „Durch eben diese [Dämonen; d. Verf.], so behauptet Platon im Symposion, werden alle Weisungen, all die verschiedenen Wunderwerke der Magier [magorum varia miracula] und alle Arten von Voraussagen [omnesque praesagiorum] gelenkt."

148 Nahegelegt wird der Topos allenfalls altestamentarisch durch Jesaja 14, 12-20, Ezekiel 28, 2-19 oder Psalm 81, 7; neutestamentarisch durch Matthäus 25, 41, Offenbarung 12,7, Lukas 10, 18, oder Offenbarung 12, 7-9.

149 Vgl. *äthiopisches Henochbuch,* v.a. Kap. 6-8 nach Michael A. Knibb (Hg.), *The Ethiopic Book of Henoch. A New Edition in the Light of the Aramic Dead Sea Fragments. By Michael A. Knibb in Consultation with Edward Ullendorff.* 2: *Introduction, Translation and Commentary,* Oxford 1978, 67f: „6. 1 And it came to pass, when [...] the sons of men had increased, that in those days were born to them fair and beautiful daughters. 6. 2 And the angels, the sons of heaven, saw them and desired them. And they said to one another: 'Come, let us choose for ourselves wives from the children of men, [...] and let us beget for ourselves children.' [...] 6. 6 And they were in all two hundred, and they came down on Ardis which is [...] the summit of Mount Hermon. [...] 7. 1 And they took wives for themselves, [...] and everyone chose for himself one each. And they began to go in to them and were promiscuous with them. And they taught them charms and spells, and showed them the cutting of roots and trees. [...] 8.3 Amezarak taught all those who cast spells and cut roots, Armaros

8.1. Rezeptionsgeschichtlicher Kontext: die frühchristliche Rezeption 303

Fragmentfunde des Henochbuchs in den 1947 entdeckten Qumran-Schriftrollen (die ja auch hebräische und aramäische Fassungen des *Tobit-Buchs* beinhalteten) ist dessen Entstehungszeitpunkt möglicherweise weit vor das Jahr 70 nach Christus zu datieren, sodass es als frühester Text der jüdisch-christlichen Tradition gelten kann, in dem die Zuordnung von *fallendem Engel* beziehungsweise (später?) *Dämon* und Ritualformen, die möglicherweise unter μαγεία/*magia* gefasst worden sind, explizit auftaucht.[150] An dieser Stelle kann nicht rekonstruiert werden, woran sich die frühchristlichen Autoren bei ihrer Konstruktion (beziehungsweise Rezeption) des Dämonentopos' tatsächlich orientiert haben; jedenfalls steht die ausufernde Applikation des Zuordnungsmusters bei nachbiblischen Autoren in einem eigentümlichen Gegensatz zum Bibeltext, in welchem an keiner einzigen Stelle von *dämonischer Magie* die Rede ist.[151]

Die polemische Funktion der christlichen Rezeption des graeco-römischen Zwischenwesens *Dämon* ist in der Sekundärliteratur hinreichend aufgewiesen worden;[152] entscheidend ist, dass die zuvor polyvalente Gestalt der δαίμονες/*daemones* – Apuleius von Madaura bezeichnet diese noch gegen Ende des zweiten nachchristlichen Jahrhunderts (in Anlehnung an Platon) als „mittlere göttliche Mächte [divinae mediae potestates]" beziehungsweise „mittlere Gottheiten [mediorum divorum]" –[153] im Zuge der christlichen Rezeption radikal „auf das Schlechte reduziert" wird.[154] Diese „ideologische Umwertung"[155] geht mit der bereits im graeco-römischen Kontext angelegten negativen Konnotation von *mageía* eine für die christliche Apologetik überaus praktische Verbindung ein. Die konzeptionelle Synthese beider Begriffe erlaubt es christlichen Autoren, heidnische Figuren mit mirakulösen Fähigkeiten – die innerbiblisch ja bereits mit *Zeichen und Wundern* angekündigt worden waren – nicht nur über den Magiebegriff moralisch wie religiös abzuwerten, sondern aufgrund der nun postu-

---

the release of spells, and Baraqiel astrologers, and Kokabel portents, and Tamiel taught astrology, and Asradel taught [...] the path of the moon."; auf eine Darstellung und rezeptionsgeschichtliche Einordnung des äthiopischen Textes wird hier verzichtet.

150 Vgl. hierzu auch Florentino García Martínez, „Magic in the Dead Sea Scrolls", 14f, in: Bremmer/Veenstra, *The Metamorphosis of Magic...*, 13-34.
151 Hierzu auch Jeffrey Burton Russell, *Satan. The Early Christian Tradition*, London 1981, 75f. Zur christlichen Dämonologie außerdem hervorragend (gleichwohl mit Schwerpunkt auf ihrer Rezeption in Byzanz) Richard P. Greenfield, *Traditions of Belief in Late Byzantine Demonology*, Amsterdam 1988, v.a. 7-76.
152 Vgl. etwa Peter Habermehl, „Dämon", in: Cancik, Gladigow, Laubscher, *Handbuch religionswissenschaftlicher Grundbegriffe. Band II...*, 203-07. Peter Brown, „Sorcery, Demons and the Rise of Christianity: from Late Antiquity into the Middle Ages", in: Ders., *Religion and Society in the Age of Saint Augustine*, London 1972, 119-146.
153 Vgl. Apuleius, *De Deo Socratis*, 6 bzw. 7 nach Baltes, *Apuleius. De Deo Socratis...*, 56/57 bzw. 58/59.
154 Habermehl, „Dämon", 206.
155 Ebenda, 203.

lierten Zusammenarbeit mit Dämonen dem Reich Satans zuzuordnen und dadurch vollständig zu Feinden des Christentums zu stilisieren.

Diese Zusammenhänge seien zunächst nur angedeutet – sie werden sich im Zuge der Auseinandersetzung mit Augustinus sehr deutlich erweisen. Entscheidend an dieser Stelle ist: was Christoph Habermehl über die christliche Rezeption des *daímon* festhält, gilt auch für den Magiebegriff – „Die Christen eignen sich also eine etablierte Terminologie an, die es ihnen erlaubt, scheinbar adäquat über die nichtchristlichen Religionen zu sprechen".[156] Der Magiebegriff stellt für das frühe Christentum daher ein überaus wirksames Instrument dar, um seine Grenzen zu markieren – gleichwohl nicht auf der Basis konsequenter, aufrichtiger Logik, sondern vielmehr mittels einer etablierten, kaum trennscharfen, dafür emotional aufgeladenen und geradezu publikumswirksamen Terminologie. *Magie* kann schließlich alles benennen, was nicht christlich ist – dies werden besonders die Schriften Augustins illustrieren –, und in diesem Zusammenhang auch im Kontext innerchristlicher Auseinandersetzungen funktionalisiert werden.[157]

Die Überzeugung Philostrats, dass Apollonios seine Fähigkeiten nicht *Magie*, sondern vielmehr seiner göttlichen Natur und – insbesondere im Kontext seiner divinatorischen Fähigkeit – der Kommunikation mit den Göttern (Plural!) zu verdanken habe, kann im Zuge der christozentrischen Geschichtsschreibung der folgenden Jahrhunderte daher geflissentlich überlesen werden.[158] Stattdessen bildet der Pythagoräer in den Schriften späterer christlicher Autoren – häufig zusammen mit Julian dem Theurgen und Apuleius von Madaura (!) – ein *Magier*-Dreigestirn, „with Julian heading and Apuleius tailing the grading of their respective magical abilities".[159] Die mit der christlichen Rezeption einher gehende Stilisierung des *Magiers* zum *Antichristen*[160] und seine scheinbar fundamentale Feindschaft zu Kirche und Christentum wird schließlich im Zuge der frühneuzeitlichen Hexenverfolgungen – in rezeptionsgeschichtlicher Fortführung des hier frühchristlichen Szenarios – ihre radikalste Ausdrucksform finden.

---

156 Habermehl, „Dämon", 206.
157 Vgl. zu einigen Beispielen hierfür Graf, „Augustine and magic".
158 Vgl. zur Apollonios-Rezeption ausführlicher auch Johannes Hahn, „Weiser, göttlicher Mensch oder Scharlatan? Das Bild des Apollonios von Tyana bei Heiden und Christen", in: Barbara Aland, Johannes Hahn, Christian Ronning (Hg.), *Literarische Konstituierung von Identifikationsfiguren in der Antike*, [Studien und Texte zu Antike und Christentum /Studies and Texts in Antiquity and Christianity; 16], Tubingen 2003, 87-109; sowie – mit größerem Zeitfenster – Dzielska, *Apollonius of Tyana*..., v.a. 85-128.
159 Graf, „Augustine and magic", 88.
160 Vgl. zu dieser Zuordnung explizit etwa Origines, *Contra Celsum*, 2, 50 – hier in Anlehnung an den Wettstreit Mose mit den ägyptischen Priestern.

8.1.4. Weiterführende Überlegungen

Vor der Auseinandersetzung mit Augustinus erscheint es angebracht, die frühchristliche Rezeption des Magiebegriffs in einen größeren historischen Rahmen einzubetten und den hier dargestellten Vorgang etwas zu abstrahieren. Zunächst: überblickt man die in der vorliegenden Arbeit bislang geleistete Rezeptionsgeschichte des Magiebegriffs, erscheint es offenkundig, dass gegenüber der frühen griechischen Rezeption des Begriffs und dem hier skizzierten Szenario im kaiserzeitlichen Rom eine ideengeschichtliche Verlagerung stattgefunden hat. Wie oben gesehen, ist die Polemik gegen den *mágos* in der griechischen Polis noch von der Vorstellung geprägt, dass dieser Kräfte in Anspruch nimmt, die – vor dem Hintergrund der homerischen Mythologie – ausschließlich den Göttern vorbehalten sind. Menschen, die mit solchermaßen *übermenschlichen* Fähigkeiten in Erscheinung treten, die gar damit werben, begehen nach griechischer Vorstellung *Asebie – Frevel gegen die Götter*.[161] Die negativen Wertungsmuster, die den Magiebegriff fortan kennzeichnen werden, leiten sich unter Anderem von diesem frühen griechischen Denkmuster ab.

In der römischen Kaiserzeit ändert sich offenbar der konzeptionelle Zusammenhang. Die inflationäre Zuschreibung mirakulöser Fähigkeiten zu zahlreichen Personen weist nicht nur auf ein gestiegenes Interesse an diesem Topos hin, sondern führt auch zu der Notwendigkeit, ein Alternativkonzept zum *mágos* bereit zu stellen – eine positive Umdeutung des Magiebegriffs ist zu diesem Zeitpunkt offenbar (noch) nicht möglich. So behält der *mágos* sowohl die Denotation mirakulöser Fähigkeiten als auch seine negative Konnotation bei und wird jener neuen Figur gegenüber gestellt, die Ludwig Bieler idealtypisch als *Theios Aner*, als *göttlichen Menschen* bezeichnet hat. Diese wird hagiographisch auch mit mirakulösen Fähigkeiten ausgestattet, ist aber nun positiv konnotiert und wird als prinzipiell gottgefällig, mitunter gottgleich, als charakterlich und moralisch hochwertig dargestellt.

Peter Brown hat die hinter dieser terminologischen Aufgliederung stehende ideengeschichtliche Entwicklung als Übergangsprozess von einer – die Antike allgemein kennzeichnenden – tempelzentrierten Religiosität hin zu einer Betonung und Verehrung des religiösen Individuums, eines „man of power", in der Spätantike interpretiert –[162] eine These, der sich auch

---

161 Vgl. oben, Kap. 6.4.2.
162 Vgl. Peter Brown, *The World of Late Antiquity*, London 1971, u.A. 102f: „The idea of the holy man holding the demons at bay and bending the will of God by his prayers came to dominate Late Antiquity society. In many ways, the idea is as new as the society itself. For it places a man, a 'man of power', in the center of the people's imagination [...] Ancient religion had revolved round great temples [...] In the popular imagination, the emergence of the holy man at the expense of the temple marks the end of the classical world."; vgl. auch Derselbe, „The Rise and Function of the Holy Man in Late Antiquity", in: *Journal of Roman*

Jonathan Z. Smith in seinem Aufsatz „The Temple and the Magician" anschließt.[163] Wenngleich die Postulierung eines die graeco-römische Religionsgeschichte pauschal durchziehenden Transformationsprozesses sicherlich etwas vereinfachend ist, kann sie doch ein Licht darauf werfen, weshalb ab der Prinzipatszeit ein bemerkenswerter Anstieg der textuellen Zuschreibung mirakulöser Fähigkeiten zu Personen in unterschiedlichen religiösen Kontexten beobachtbar ist. Browns Individualisierungsthese erlaubt den Schluss, dass zwischen der Polemik gegen den *mágos* im klassischen Griechenland und der römischen Kaiserzeit eine meliorative Umdeutung des Topos' mirakulöser Fähigkeiten stattgefunden haben muss. Dieser verlieren im Zuge dieses Prozesses seine im griechischen Kontext noch negative Bewertung, sodass er nun auch zur Illustration legitimer göttlicher Abstammung und *dynamis* verwendet werden kann. Da diese Umdeutung nicht auf die Bezeichnung *mágos* übergreift, wird mit der Stilisierung des *göttlichen Menschen* in der römischen Kaiserzeit gewissermaßen eine mirakulöse Alternativkategorie zum *Magier* geschaffen. Die oben skizzierten wechselseitigen Magievorwürfe sind letztlich eine Folge dieser Entwicklung.

Vor dem Hintergrund der hier vorgeschlagenen Konzeptionalisierung eines eigenständigen semantischen Topos' mirakulöser Fähigkeiten – der durch die Ausblendung der quellenimmanenten Polemik eine wertfreie Betrachtung der gesamten Thematik ermöglicht – erübrigt sich daher freilich die Frage, welche Partei Recht hatte. Es ist offenkundig, dass die beiderseitige Applikation der polemischen Terminologie um $\mu\alpha\gamma\varepsilon i\alpha$/*magia* vielmehr als Ausdruck und Folge eines fundamentalen interreligiösen Konflikts in der römischen Kaiserzeit interpretiert werden kann. Die prägnante These Jonathan Z. Smiths – „Perhaps the most fundamental classification of religions is ‚ours' and ‚theirs,' often correlated with the distinction between ‚true' and ‚false,' ‚correct' and ‚incorrect.'" –[164] lässt sich im Kontext der kaiserzeitlichen Kontroverse um mirakulöse Fähigkeiten geradezu bilderbuchartig belegen. Gerade die große Ähnlichkeit der auf beiden Seiten berichteten Fähigkeiten zwang offenbar zu einer um so strafferen und dogmatischeren Differenzierung, um – so Marie Theres Fögen – „*eine* ununterschiedene und ununterscheidbare Wirklichkeit in zwei konträre Wirklichkeiten zu spalten".[165]

So konnte zumindest vor der konstantinischen Wende die polemische Opposition *Theios Aner* – *Magier* allen Seiten zu Nutzen gereichen, um

---

Studies 61 (1971), 80-101.
163 Vgl. Jonathan Z. Smith, „The Temple and the Magician", v.a. 186ff, in: Ders., *Map is not Territory...*, 173-189. Smiths Verwendung der Personenbezeichnung *magician* blendet gleichwohl den polemischen Charakter des antiken Begriffs vollkommen aus und orientiert sich im Wesentlichen an Browns Typisierung des (*holy*) *man of power*.
164 Vgl. Smith, "Classification", 39.
165 Fögen, *Die Enteignung...*, 191; Kursivsetzung Fögen.

8.1. Rezeptionsgeschichtlicher Kontext: die frühchristliche Rezeption 307

jeweils ihre(n) mirakulösen Protagonisten als wirkmächtig überlegen und religiös hochwertig darzustellen. Der Wissenssoziologe Harold Remus hat in seiner Studie *Pagan-Christian Conflict over Miracle in the Second Century* diesbezüglich herausgearbeitet, wie unbestimmt und überdeterminiert die Begriffe *Wunder* und *Magie* in der damaligen Zeit tatsächlich appliziert worden sind.[166] Aus wissensssoziologischer Perspektive interpretiert Remus die wechselseitigen Magievorwürfe der Spätantike vielmehr im Sinne ihrer psychosozialen Funktion und analog zu Smiths oben genannter These: die Unterscheidung von *wir* und *sie*, von *innen* und *außen*, von *richtig* und *falsch* sei Triebfeder des antiken Sprachspiels gewesen.[167] In der von Remus übernommenen Sprache Bergers und Luckmanns negierten die Wortführer beider Parteien den Wahrheitsanspruch der religiösen Gegenpartei durch die Applikation der negativen Chiffre *Magie*, die auf diese Weise gleichsam als Schimpfwort fungierte.[168]

Die hermeneutische Problematik, die sich hinsichtlich des Topos' mirakulöser Fähigkeiten im Kontext des Magiebegriffs zeigt, ist daher etwas anders gelagert als die im Prozess gegen Apuleius von Madaura aufgewiesenen Schwierigkeiten, die eher mit der konkreten Nachweisbarkeit von Ritualpraktiken und deren Wirkungen zu tun haben. Zwar geht es wieder um Attribution, nun jedoch in ganz anderem Kontext: sowohl die identifikatorische Abgrenzung der mirakulösen Fähigkeiten Jesu oder Apollonios' von *Magie* als auch deren polemische Zuschreibung zu *Magie* unterliegen notwendigerweise einer gewissen Beweisnot. Die offenkundig als hinreichend erachtete Lösung dieses Problems besteht sowohl bei heidnischen wie bei christlichen Autoren erneut in einem *Sprung ins Transzendente*: der Ursprung solcher Fähigkeiten sei einerseits in einer legitimen, göttlichen Sphäre zu verorten (*Wunder/Zeichen* im Falle Jesu; *göttliche Natur* im Falle Apollonios'), andererseits in minderwertigen, negativ konnotierten transzendenten Kräften oder Mächten ($\mu\alpha\gamma\varepsilon i\alpha$/$go\bar{e}teia$). Da das mirakulöse Wirken sowohl Apollonios' als auch Jesu jeweils von der Durchführung von Ritualpraktiken abgesetzt wird, gibt es keine äußeren Anhaltspunkte für eine stringente Differenzierung der hier wie dort bezeugten Fähigkeiten. Indem wechselseitig auf einen göttlichen beziehungsweise minderwertigen/dämonischen Ursprung der Fähigkeiten verwiesen wird, liegt das wesentliche Unterscheidungskriterium wiederum selbst in der Transzendenz.

Aus religionswissenschaftlicher Sicht besteht daher (erneut) weder die Notwendigkeit, noch die Möglichkeit, über den Konflikt in die eine oder

---

166 Vgl. insgesamt Remus, Pagan-Christian Conflict..., 7-94.
167 Vgl. Ebenda, 52-54.
168 Vgl. Ebenda, 182: „Viewed from the perspective of language, the conflicts can be seen as competitions in naming: affirming miracle of the extraordinary phenomena of one's own group and denying the name to those of rival groups."; ausführlicher im Kontext des Magievorwurfs Kelsos' Ebenda, 104ff, sowie Justins Ebenda, 141ff.

andere Richtung zu entscheiden – wie im Kontext der Anklage gegen Apuleius kann ein *Sprung ins Transzendente* nicht Aufgabe der Religionswissenschaft sein. Entsprechend ist es nicht nur unnötig, sondern für ein reflektiertes Verständnis des hier skizzierten Szenarios geradezu hinderlich, die antike Terminologie im Rahmen einer substanziellen Wissenschaftssprache zu operationalisieren. Wenngleich die antiken Argumentationsmuster sich freilich ihren Weg in die akademische Terminologie und den Wissenschaftsdiskurs des zwanzigsten Jahrhunderts gebahnt haben, wird in der vorliegenden Arbeit dafür plädiert, den Topos mirakulöser Fähigkeiten *unabhängig* von den Strategien und Terminologien binnen- oder interreligiöser Polemiken zu untersuchen. Dadurch wird es möglich, historische (oder auch zeitgenössische) Personen, denen solche Fähigkeiten zugeschrieben werden, zu thematisieren, ohne im Wissenschaftsdiskurs mit dem heißen Eisen der Personenbezeichnung *Magier* hantieren zu müssen. Die Problematik eines religionswissenschaftlichen *Sprungs ins Transzendente* wird so gleichermaßen reflektiert wie umgangen.

Erst dann kann schließlich eine naheliegende, gleichwohl selten gestellte Frage geklärt werden: weshalb ist gerade die jüdisch-christlich geprägte Religions- und Kulturgeschichte Europas durch ein derart restriktives Verhältnis gegenüber mirakulösen Fähigkeiten gekennzeichnet? Die Figur des *Magiers* und die damit einher gehenden spätantiken, mittelalterlichen und frühneuzeitlichen Magie- und Hexereiprozesse haben einen so selbstverständlichen Platz im historischen Bewusstsein des Abendlands, dass selten das Kuriose, ja, Absurde dieser teilweise obsessiven Vernichtungsstrategie bemerkt wird. Wäre es nicht auch denkbar gewesen, dass sich in Folge zweier mirakulös so außerordentlich begabter Stifterfiguren Religionen herausbilden, die einen friedlicheren, unblutigeren, gar wertschätzenden Umgang mit mirakulösen Fähigkeiten an den Tag legen?

Die Antwort, die das hier skizzierte Szenario auf diese Frage gibt, richtet den Blick offenkundig auf Dynamiken von Macht und Restriktion. Die Fähigkeiten, die Moses beziehungsweise Jesus zugeschrieben wurden, führten bei den diskursführenden Mitgliedern sowohl der jüdischen wie der christlichen Religion nicht zu einer generellen Legitimation und Wertschätzung mirakulöser Fähigkeiten, sondern vielmehr zur Applikation einer radikal dualen Terminologie, um einerseits deren (von Gott abgeleitete) Rechtfertigung im Kontext der Stifter (Moses, Jesus) und religiösen Eliten (Propheten, Rabbinen, Apostel, Heilige), andererseits deren Abwertung und Verurteilung abseits des solchermaßen privilegierten Kontextes durchzusetzen. Innerhalb der religiösen ingroup konnten mirakulöse Fähigkeiten so als Ausdruck besonderer Frömmigkeit, gar als Zeichen göttlicher Kraft, Verbundenheit oder Auserwähltheit interpretiert werden. Gleichzeitig konnte durch die polemische Funktionalisierung des Magiebegriffs die Gefahr, dass Personen mit mirakulösen Fähigkeiten abseits des jüdisch-christlichen Kontextes den Wahrheitsanspruch der Heiligen Schrift in Frage stellen, dauerhaft unterbunden werden. Aufgrund der großen suggestiven Kraft dieser Strategie ist bis dato kaum problematisiert oder überhaupt bemerkt worden ist, dass zwischen dem typischen Fähigkeitenkatalog des *Magiers* und jenen Fähigkeiten, die (bis heute!) als Bedingung für die katholische Selig- und Heiligsprechung gelten, verblüffende Ähnlichkeiten bestehen.[169] So kann dem christlichen Diskurs ein sprichwörtlich doppelmoralischer Umgang mit mirakulösen Fähigkeiten attestiert werden: die christliche Rezeption des Magiebegriffs erlaubte es, solche Fähigkeiten in unliebsamen Kontexten zu verdammen, während sie gleichzeitig – umgedeutet als *signum dei* – zur religiösen Aufwertung der eigenen Priester- und Mönchselite instrumentalisiert werden konnten.

8.2. Augustinus von Hippo: Die Vollendung des Magiebegriffs als Ausgrenzungskategorie

Als gegen Ende des vierten nachchristlichen Jahrhunderts Augustinus von Hippo den Diskurs betritt, sind die mirakulösen Auseinandersetzungen der vorkonstantinischen Zeit entschieden. Das argumentative Unbehagen, mit dem noch christliche Autoren wie Origines oder Eusebios bei der Bekämpfung der Anfeindungen des heidnischen Umfelds rangen, ist im Zuge der Anerkennung des Christentums als römische Staatsreligion der Gewissheit und Arroganz des diskursiven Siegers gewichen. So konstatiert Augustinus um 420 nach Christus nunmehr mit demonstrativer Gelassen-

---

169 Vgl. zur hagiographischen Ausgestaltung der ersten Heiligenviten des 9. und 10. Jahrhunderts vgl. Ludwig Zoepf, *Das Heiligen-Leben im 10. Jahrhundert. Von Dr. Ludwig Zoepf*, [Beiträge zur Kulturgeschichte des Mittelalters und der Renaissance; 1], Leipzig 1908, u.a. 181-199; Zoepf nennt vor allem die *Bauwunder, Quellwunder, Vermehrungswunder* und *Bequemlichkeitswunder* als zentrale Bestandteile der mittelalterlichen Heiligenbiographien. Zur Geschichte und Systematik der katholischen Heiligsprechung vgl. insgesamt Marcus Sieger, *Die Heiligsprechung. Geschichte und heutige Rechtslage*, [Forschungen zur Kirchenrechtswissenschaft; 23], Würzburg 1995, v.a. 357-405. Greift man einen Topos heraus – etwa das Fliegen bzw. die Levitation –, findet man über die Jahrhunderte in der Tat ein regelmäßiges Zuschreibungsmuster im Heiligenkontext; am prägnantesten erscheint hierbei sicherlich Josef von Copertino (1603-63) – der „fliegende Frater" –, dem über 100 Levitationen zugeschrieben wurden; vgl. ausführlicher Gustavo Parisciani, *Der heilige Josef von Copertino. Verzückung, Gefängnis und Heiligkeit*, Osimo 1968. Diese Zusammenhänge seien hier nur angedeutet; eine ausführlichere Analyse zur abendländischen Geschichte mirakulöser Fähigkeiten – die historische Zuschreibungsprozesse im Kontext von *Magie/Hexerei* bzw. *Heiligkeit* gleichermaßen thematisieren würde – wäre sicherlich ein lohnenswertes Unterfangen.

heit gegenüber heidnisch bezeugten *Mirakeln*: „Wir haben es indes nicht nötig, alles zu glauben, was die Geschichte der Heiden enthält, [...] Aber wir glauben, so wir wollen, das, was sich in Büchern nicht widerspricht, denen wir ohne Zögern Glauben schenken müssen."[170]

Augustinus von Hippo nimmt unter den spätantiken Kirchenvätern nicht nur hinsichtlich seines üppigen Werks und seiner großen ideen- und wirkungsgeschichtlichen Bedeutung für die weitere Kirchengeschichte eine Sonderstellung ein. Ursprünglich – wie Apuleius – in Karthago aufgewachsen und dort in klassischer Rhetorik ausgebildet, bleibt er zeit seines Lebens ein Kenner und – auch nach seinem zentralen Bekehrungserlebnis im Jahre 386 – mitunter Verehrer graeco-römischer Philosophie (insbesondere Ciceros und des Mittel- und Neuplatonismus') und Dichtkunst (insbesondere Vergils).[171] Er versucht schließlich wie kein Anderer, das von ihm in Teilen durchaus geschätzte antike Erbe mit dem Christentum zu versöhnen, Letzteres gar als Vollendung insbesondere der platonischen Philosophie auszuweisen.[172] Mit der Gewissheit der – nunmehr per römischem Gesetz bezeugten –[173] Überlegenheit des Christentums kann Augustinus dazu übergehen, eine Harmonisierung für gut befundener Teile des heidnischen Gedankenguts mit der christlichen Lehre anzustreben. Entsprechend tritt in seinem Werk die Polemik gegen den graeco-römischen Polytheismus gegenüber der Widerlegung der zahlreichen christlichen Abspaltungen des vierten Jahrhunderts zum Teil in den Hintergrund,[174] wenngleich er noch oft genug darüber klagt, dass der heidnische Glaube nur langsam verschwinde und Götterstatuen zwar aus den Tempeln, nicht aber aus den Herzen der Menschen zu entfernen seien.[175]

Als kulturhistorischer Kontext kommt die schwierige außenpolitische Lage Roms hinzu, das zur Lebenszeit Augustins mit dem Zusammenbruch der nördlichen Reichsgrenzen, dem Einfall der Germanenstämme in Hispanien, dem überraschenden Fall Roms im Jahre 410 und schließlich dem Verlust Nordafrikas – Augustins Heimatprovinz – an die Vandalen zu

---

170 Augustinus, *De Ciuitate Dei*, 21, 6 nach Carl Johann Perl (Hg.), *Aurelius Augustinus. Der Gottesstaat. De Civitate dei. Zweiter Band: Buch XV-XXII. In deutscher Sprache von Carl Johann Perl*, [Aurelius Augustinus' Werke], München 1979, 663.
171 Ausführlicher dazu Robert Dodaro, „Auseinandersetzung mit dem 'Heidentum'", 205f, in: Volker Henning Drecoll (Hg.), *Augustin Handbuch. Herausgegeben von Volker Henning Drecoll*, Tübingen 2007, 203-207.
172 Vgl. exemplarisch Augustinus, *De Doctrina Christiana*, 2, 29-63; Augustinus, *De Ciuitate Dei*, 8, 5; ausführlicher zu diesem Zusammenhang auch Lenka Karfíková, „Augustins Polemik gegen Apuleius", 172f, in: Baltes, *Apuleius. De Deo Socratis*..., 162-189.
173 Vgl. zu diesem Prozess – mit Fokus auf die nachkonstantinische Radikalisierung der Magiegesetzgebung – Fögen, *Die Enteignung*..., 215ff.
174 Vgl. insbesondere seine Schriften gegen den Manichäismus, den Donatismus, den Pelagianismus und den Arianismus; ausführlicher dazu Drecoll, *Augustin Handbuch*..., 168-211.
175 Vgl. etwa Augustinus, *Epistulae*, 232, 1; ausführlicher Dodaro, „Auseinandersetzung mit dem 'Heidentum'", 204f.

kämpfen hat. Die offenbare militärische Schwäche Roms wurde von der teilweise noch heidnisch geprägten römischen Oberschicht mitunter als Zeichen dafür ausgelegt, dass das Christentum als Staatsreligion eine erfolgreiche Verteidigung der Reichsgrenzen verhindert habe – der Niedergang Roms wurde hier als Folge der Vernachlässigung des traditionellen Götterkults interpretiert.[176] Augustinus reagiert auf diese Deutung unter Anderem mit seiner zentralen Schrift *De Ciuitate Dei*, in der er das Konzept des *Gottesstaats* entwickelt, dessen Wert und prinzipieller Gegensatz zum irdischen Staat auch dann gelte, wenn Letzterer von widergöttlichen Kräften beherrscht werde oder ganz unterginge.[177]

Bei Augustinus lassen sich aufgrund der genannten Faktoren zahlreiche Rezeptionslinien des antiken Magiediskurses in einer eigentümlichen Synthese vorfinden. Der Kirchenvater versucht nicht nur die mirakulösen Auseinandersetzungen der vorkonstantinischen Zeit, sondern auch die christliche Rezeption des Magiebegriffs und die damit einher gehende Abgrenzung von christlicher Orthodoxie und Heterodoxie zu einem systematischen theologischen Abschluss zu führen. Dazu legt er eine komplexe und (im christlichen Diskurs) erstmals differenzierter ausgearbeitete Dämonologie vor, die es ihm ermöglicht, eine konzeptionell durchdachte Magietheorie christlicher Couleur zu formulieren – seine hierbei vorgenommen Setzungen werden den abendländischen Diskurs maßgeblich prägen. Im Folgenden werden seine Ausführungen zur besseren Übersicht in drei Einzelabschnitten behandelt: zunächst werden die wichtigsten Implikationen seiner Dämonologie skizziert; auf der Basis dieser Dämonologie kann daraufhin seine Magietheorie rekonstruiert werden; schließlich wird es um seine Erklärung mirakulöser Fähigkeiten und seine damit einher gehende Unterscheidung unterschiedlicher Arten von *Wundern* gehen.

8.2.1. Augustins Konstitution des *daemon*

Die Darlegungen Augustins zur Figur des *daemon* können insgesamt als die elaborierteste Ausarbeitung zum dualistischen Weltbild des spätantiken Christentums gelten. Ziel dieser Ausarbeitung ist unter Anderem, den christlichen Bekämpfungsstrategien gegenüber dem zu seiner Lebenszeit

---

176 Vgl. zu diesen Vorwürfen u.A. Augustinus, *Epistulae*, 136; Augustinus, *De Ciuitate Dei*, 1, 1; 2, 2; 4, 1. Vgl. auch Johannes van Oort, „De ciuitate dei (Über die Gottesstadt)", 348, in: Drecoll, *Augustin Handbuch...*, 347-363: „Gerade auf diese weitgehend noch pagan bestimmte Führungsschicht des römischen Adels machte die Einnahme Roms einen schmerzlichen Eindruck, denn Stadt und Götter waren für sie eng miteinander verbunden. Für sie stand fest, daß, gerarde weil man die Götterverehrung vernachlässigt hatte, Rom eine Katastrophe erlebt habe. Die Christen waren für diese Vernachlässigung der traditionellen Götterverehrung verantwortlich und daher die eigentlichen Schuldigen."

177 Vgl. ausführlicher Johannes van Oort, „De ciuitate dei...", 348f.

nach wie vor einflussreichen graeco-römischen Polytheismus mittels einer systematischen und durchdachten Dämonologie ein logisches Fundament zu liefern. Die beiden fundamentalen Setzungen, auf denen der Kirchenvater – in Anlehnung an christliche Autoren vor ihm – aufbaut, sind die Gleichsetzung der im Alten Testament angesprochenen *gefallenen Engel* mit dem graeco-römischen Zwischenwesen *daemon* und schließlich die Gleichsetzung der *daemones* mit den Göttern des graeco-römischen Pantheons.[178] Interessant an der Ausarbeitung dieser Setzungen durch Augustinus ist, dass er diese auch und gerade in Auseinandersetzung mit mittel- und neuplatonischen Schriften – insbesondere der Schrift *De Deo Socratis* des Apuleius, „in der Augustin eine repräsentative Zusammenfassung der platonischen Lehre sieht" – entwickelt.[179] Im Folgenden sollen die wichtigsten, mit diesem Rezeptionsprozess einher gehenden Aspekte der Dämonologie Augustins zusammengefasst werden.

Zunächst zu einer Skizze der generellen Charakteristika des Augustinischen *daemon*: im achten Buch seines Werks *De Ciuitate Dei* orientiert sich Augustinus hierzu an einer Definition des Apuleius aus dessen Schrift *De Deo Socratis* – „Nach seiner [Apuleius'; d. Verf.] kurzgefaßten Definition seien Dämonen der Gattung nach Lebewesen, dem Gemüte nach leidenschaftlich, dem Verstande nach vernünftig, dem Leibe nach luftartig und der Dauer nach ewig".[180] Im Denken Apuleius' teilen die *Dämonen* insofern – in den Worten Lenka Karfíkovás – „die Unsterblichkeit des Leibes (*Immortalitatem corporum*) mit den Göttern und die Affizierbarkeit der Seele

---

178 Vgl. die Paraphrase von Psalm 95/96 in Augustinus, *De Ciuitate Cei*, 9, 23 nach Carl Johann Perl (Hg.), *Aurelius Augustinus. Der Gottesstaat. De Civitate dei. Erster Band: Buch I-XIV. In deutscher Sprache von Carl Johann Perl*, [Aurelius Augustinus' Werke], München 1979, 606/07: „Der Sinn der Stelle aber: 'Der Herr ist mehr zu fürchten als die anderen Götter' wird gleich im nächsten Vers erläutert: 'Denn all die Heidengötter sind ja nur Dämonen [Quoniam omnes dii gentium daemonia], der Herr jedoch erschuf die Himmel' (Ps 95, 4-5)"; vgl. zu dieser Gleichsetzung auch *De Ciuitate Cei*, 1, 29; 8, 24; 19, 23. Ein zweites biblisches Vorbild des Argumentationsmusters ist der 1. Korintbrief, in dem Paulus die graeco-romische Opferpraxis als Damonendienst markiert und von der christlichen Lehre abgrenzt: „Welche die Opfer essen, stehen die nicht in der Gemeinschaft des Altars? Was will ich nun damit sagen? Dass das Götzenopfer etwas sei? Oder dass der Götze etwas sei? Nein, sondern was man da opfert, das opfert man den bösen Geistern [NT Graece: δαιμονίοις] und nicht Gott. Nun will ich nicht, dass ihr in der Gemeinschaft der bösen Geister seid. Ihr konnt nicht zugleich den Kelch des Herrn trinken und den Kelch der bösen Geister; ihr konnt nicht zugleich am Tisch des Herrn teilhaben und am Tisch der bösen Geister."; 1. Korinter, 10, 18-21 nach Luther 1984.
179 Vgl. Lenka Karfíková, „Augustins Polemik gegen Apuleius", 173; vgl. explizit dazu Augustinus, *De Ciuitate Dei*, 8, 14.
180 Augustinus, *De Ciuitate Dei*, 8, 16 (Perl, *Aurelius Augustinus...*, 1. Band, 526/27); vgl. Apuleius, *De Deo Socratis*, 13 (Baltes, *Apuleius. De Deo Socratis...*, 68/69): „Denn – um alles in einer Definition zusammenzufassen – die Dämonen sind der Gattung nach Lebewesen, ihrer Anlage nach vernunftbegabt, ihrer Seele nach beeinflussbar und erregbar, ihrem Körper nach luftartig, ihrer Lebenszeit nach ewig."

8.2. Augustinus: Die Vollendung des Magiebegriffs als Ausgrenzungskategorie 313

(*animorum passiones*) mit den Menschen",[181] während ihr luftartiger Körper nur ihnen zukomme.[182]

Augustins' Kritik hängt sich vor allem an der seelischen Affizierbarkeit der *Dämonen* auf. Da sie den gleichen Gefühlsschwankungen wie Menschen unterlägen, wären sie nicht nur für menschliche Verehrung empfänglich, sondern würden besonders von negativen Emotionen angezogen: „Ihren Regungen sagt eben all das zu, was bei jenen Feiern [dem graeco-römischen Theater; d. Verf.] durch Unsittlichkeit oder schimpfliche Grausamkeit lächerlich oder abschreckend wirkt."[183] Die *Dämonen* hätten zudem – anders als Menschen (und anders als noch Apuleius postulierte) – *keine* Vernunftbegabtheit zur Mäßigung ihrer Affekte, sondern seien diesen geradezu unbegrenzt ausgeliefert,[184] da „ihr Verstand [...] allen Begierden und Schrecken, Zorn und allen ähnlichen Passionen unterworfen" sei;[185] folgerichtig stellt Augustinus fest, dass die Unsterblichkeit der Dämonen keinesfalls als Privileg, sondern vielmehr „als ewiger Kerker von Verdammten [aeternum vinculum damnatorum]" anzusehen sei.[186] Die *Dämonen* seien letztlich in einem „unseligen" Zustand verhaftet, der auch ihre Bösartigkeit erkläre – denn der alles lenkende Gott würde diesen niemals ein solch armseliges, unentrinnbares Dasein zumuten, „wenn ihre Bosheit nicht so groß wäre [nise esset magna militia]".[187] Der Kirchenvater glaubt mittels dieser (mitunter gedankenakrobatisch anmutenden)[188] Ausführungen den positi-

---

181 Karfíková, „Augustins Polemik gegen Apuleius", 174; Kursivsetzung Karfíková.
182 vgl. Apuleius, *De Deo Socratis*, 13 (Baltes, *Apuleius. De Deo Socratis...*, 68/69): „Von diesen fünf (Eigenschaften), die ich erwähnt habe, sind die drei zu Anfang (genannten) dieselben wie bei uns, die vierte ist nur ihnen eigen, die letzte haben sie mit den unsterblichen Göttern gemeinsam, doch unterscheiden sie sich von diesen durch ihre Beeinflussbarkeit und Erregbarkeit."
183 Augustinus, *De Ciuitate Dei*, 8, 14 (Perl, *Aurelius Augustinus...*, 1. Band, 522/23).
184 Vgl. auch Karfíková, „Augustins Polemik gegen Apuleius", 176.
185 Augustinus, *De Ciuitate Dei*, 9, 6 (Perl, *Aurelius Augustinus...*, 1. Band, 574/75).
186 Augustinus, *De Ciuitate Dei*, 9, 9 (Perl, *Aurelius Augustinus...*, 1. Band, 580/81): „Wenn darum einer auch glaubt, sie hätten die Ewigkeit mit den Göttern, weil ihre Seele durch keinen Tod wie bei den irdischen Wesen vom Leibe getrennt wird, so ist deshalb ihr Leib doch nicht als ewiger Träger von Verherrlichten anzusehen, sondern als ewiger Kerker von Verdammten [sed aeternum vinculum damnatorum]."; vgl. auch Ebenda, 9, 10 (Perl, *Aurelius Augustinus...*, 1. Band, 582/83): „So aber sind sie nicht nur durch ihren unseligen Geist unglücklicher als die Menschen, sondern auch durch die immerwährende Fessel des Leibes elender."
187 Vgl. Augustinus, *De Ciuitate Dei*, 9, 13 (Perl, *Aurelius Augustinus...*, 1. Band, 588/89): „Weil indes die Vorsehung des höchsten Gottes, die ja auch die Platoniker zugeben, die Welt regiert, wäre die Unseligkeit der Dämonen nicht ewig, wenn ihre Bosheit nicht so groß wäre [nise esset magna militia]."
188 Vgl. etwa den Versuch in *De Ciuitate Dei*, 9, 9 (Perl, *Aurelius Augustinus...*, 1. Band, 580/81), mittels der Applikation einer dualen aristotelischen Eigenschaftslogik nachzuweisen, dass die Dämonen, „diese falschen und trügerischen Mittler [istos mediatores falsos atque fallaces]", aufgrund ihrer göttlichen Unsterblichkeit und gleichzeitigen seelischen (tierischen) Affizierbarkeit „gleichsam mit dem Haupte nach unten in der Schwebe hängen";

ven Charakter des *Dämons* bei Apuleius – für den freilich ihre seelische Affizierbarkeit eine gleichermaßen wertfreie wie notwendige Begleiterscheinung ihrer Mittlerposition zwischen Menschen und Göttern war – auf einen rein negativen Charakter reduzieren zu können.

Augustins Konzentration auf die seelische Affizierbarkeit der *Dämonen* ist auch im Kontext seiner generellen Ablehnung der niederen Affekte – vor dem Hintergrund des christlichen Liebes- und Demutsideals – einzuordnen. Seine Verachtung (für ihn) typischer heidnischer Tugenden wie Mut, Stolz, Ehr- und Ruhmsucht – für den Kirchenvater sind diese „grundsätzlich keine *uera uirtutes* (wahren Tugenden), weil sie nicht in der Liebe Gottes gegründet seien"[189] –, zeigt sich prägnant an seiner Kritik an dem römischen Kaiser Sulla, den er insgesamt als Verbündeten der *Dämonen* sieht.[190] Die hierbei demonstrierte Verachtung einer (für Augustinus) rein egoistisch motivierten Affektivität – im Kontext von Sulla nennt Augustin vor allem Gier und Ehrsucht –[191] entspricht seinem fundamental negativen Werturteil gegenüber den *Dämonen*. Der Kirchenvater glaubt sogar – trotz dieser impliziten Applikation christlicher Ethik – aus Apuleius' Schrift selbst entnehmen zu können, dass es keine guten, sondern ausschließlich böse *Dämonen* gebe (und dass Platon und auch Apuleius ebenfalls so gedacht hätten!).[192] Letzterer habe dies in seiner Schrift allerdings verschwiegen, „weniger wohl um sie selbst, als vielmehr ihre Verehrer, zu denen er sprach, nicht zu verletzen".[193]

Augustinus leitet von seinem negativen Urteil über Gestalt und Charakter der *Dämonen* den Auftrag ab, deren Verehrung – die auch den polytheistischen Götterdienst, die heidnischen Feste, die Inszenierung des graeco-römischen Pantheons im Theater beinhaltet – zu beenden. Denn Menschen könnten – anders als *Dämonen* – ihre negativen Affekte durch Anstrebung des christlichen Liebesideals überwinden, sich dadurch dem sittlich Guten zuwenden und in der „wahre[n] Religion [vera religio]" Heil erlangen.[194] In der Überwindung der Affekte liege daher der Schlüssel zur

---

oder den mittels Applikation eines Gleichgewichtsverhältnisses scheinbar erbrachten Nachweis in *De Ciuitate Dei*, 9, 13, dass die Dämonen nicht glückselig sein *können*.

189 Vgl. Dodaro, „Auseinandersetzung mit dem 'Heidentum'", 207.
190 Vgl. Augustinus, *De Ciuitate Dei*, 2, 24f; ausführlicher Dodaro, „Auseinandersetzung mit dem 'Heidentum'", 206-208.
191 Augustinus, *De Ciuitate Dei*, 2, 24 (Perl, *Aurelius Augustinus...*, 1. Band, 130/31): „Denn so wenig dieser Sieg [über Marius; d. Verf.] seinem Ansehen nützte, so sehr schadete er seiner Ehrsucht, und die Folge davon war, daß er in maßloser Gier sich durch die Glücksumstände überhob, um dann kopfüber herabzustürzen und sich selbst mehr Schaden sittlich als seinen Feinden leiblich zuzufügen."
192 Vgl. zu Platon Augustinus, *De ciuitate dei*, 8, 14; zu Apuleius Augustinus, *De Ciuitate Dei*, 9,8.
193 Augustinus, *De Ciuitate Dei*, 9,8 (Perl, *Aurelius Augustinus...*, 1. Band, 578/79).
194 Vgl. Augustinus, *De Ciuitate Dei*, 8, 17 (Perl, *Aurelius Augustinus...*, 1. Band, 528/29): „Dämonen lassen sich durch Gaben bestechen [Cum daemones donis invitentur]: uns befiehlt die wahre Religion [vera religio], niemand durch eine Gabe uns gefügig zu

8.2. Augustinus: Die Vollendung des Magiebegriffs als Ausgrenzungskategorie 315

Abwehr und Überwindung der Dämonenverehrung, was sich auch an Augustins häufigem Verweis auf den Einfluss von *Dämonen* (beziehungsweise eben den Göttern des polytheistischen Pantheons) zeigt, wenn von der moralischen Schwäche der Menschen die Rede ist.[195] Da *Dämonen* aufgrund ihres minderwertigen affektiven Charakters – wie die Lektüre Apuleius' selbst erwiesen habe! – nicht einmal über den Menschen stünden, könne ihre Verehrung insofern auch gar nicht als *religio* gelten.[196]

In diesem Zusammenhang verweist Augustinus auch darauf, dass die *Dämonen* – anders als Platon und Apuleius behaupteten – eben *nicht* zwischen Menschen und dem Göttlichen vermitteln könnten. Er mokiert sich über die Platonische Setzung, dass „sich ja kein Gott mit einem Menschen einläßt",[197] jene Götter aber einen „betrügerischen Dämon" als Mittler akzeptieren würden.[198] Augustinus stellt daher die Apuleiische (beziehungsweise Platonische) Reihenfolge von Göttern, Dämonen und Menschen und das damit einer gehende physikalische Kriterium – *Dämonen* seien Göttern aufgrund ihres feinstofflichen Körpers näher – prinzipiell in Frage.[199] Vielmehr geht er davon aus – nun in Anlehnung an den von Plotin in seiner ersten *Enneade* beschriebenen Vorgang der „Gottesangleichung"[200]

---

machen. Dämonen werden durch Ehren beschwichtigt [Cum daemones honoribus mulceantur]: uns befiehlt die wahre Religion, daß wir uns nie durch sie bewegen lassen. Dämonen hassen gewisse Menschen, andere lieben sie, und nicht nach klugem, ruhigem Urteil, sondern wie Apulejus wörtlich sagt, mit leidenschaftlichem Gemüt: uns befiehlt die wahre Religion, daß wir sogar unsere Feinde lieben sollen."
195 Vgl. etwa Augustinus, *De Ciuitate Dei*, 2,4-6; 2, 9f; 2, 16; 2, 19; 2, 24; 2, 26.
196 Vgl. Augustinus, *De Ciuitate Dei*, 8, 17 (Perl, *Aurelius Augustinus...*, 1. Band, 529-32): „Kurz und gut, uns befiehlt die wahre Religion, jeder Erregung des Herzens, jedem Aufruhr des Verstandes aus dem Wege zu gehen, uns all den Verwirrungen und Stürmen des Gemüts zu widersetzen, von denen, wie Apulejus versichert, die Dämonen aufgewühlt und aufgepeitscht werden. Kann es also einen andern Grund als Torheit und beklagenswerten Irrtum geben, daß wir uns in Ehrfurcht vor jemand erniedrigen, dem wir im Leben gar nicht gleichen wollen, daß wir jemand in frommer Regung verehren, den wir nicht nachahmen möchten, wo doch das Höchste einer Religiosität darin besteht, den nachzuahmen, dem unsre Verehrung gilt?"
197 Augustinus, *De Ciuitate Dei*, 8, 18 (Perl, *Aurelius Augustinus...*, 1. Band, 530/31); Augustinus bezieht sich hier auf Apuleius, *De Deo Socratis*, 4 (Baltes, *Apuleius. De Deo Socratis...*, 54/55): „Was also? Hat sich die Natur durch keinerlei Band gebunden, sondern es hingenommen, dass sie in den menschlichen und göttlichen Bereich zerschnitten und zerrissen und (daher) gleichsam gebrechlich ist? Denn, wie derselbe Platon sagt, kein Gott verkehrt unmittelbar mit den Menschen [nullus deus miscetur hominibus], vielmehr ist das das besondere Kennzeichen ihrer Erhabenheit, dass sie durch keinerlei Berührung von unserer Seite befleckt werden."; Apuleius selbst orientiert sich an Platon, *Symposion*, 203a.
198 Vgl. Augustinus, *De Ciuitate Dei*, 8, 20 (Perl, *Aurelius Augustinus...*, 1. Band, 534/35).
199 Vgl. Augustinus, *De Ciuitate Dei*, 8, 21.
200 Karfíková, „Augustins Polemik gegen Apuleius", 181/82; Vgl. Augustinus, *De Ciuitate Dei*, 9, 17 (Perl, *Aurelius Augustinus...*, 1. Band, 598/99): „Wo bleibt da der Ausspruch Plotins: 'Zuflucht müssen wir daher zum teuersten Vaterland nehmen, dort ist der Vater, dort ist alles'? Er fragt: 'Mit welchem Schiff, auf welchem Wege?' und gibt zur Antwort: 'Gott ähnlich werden [Similem Deo fieri]'".

–, dass der Mensch auf der sittlichen und geistigen Ebene die Möglichkeit habe, dem „Ewigen und unwandelbar Unkörperlichen", das heißt dem „unbefleckbare[n] Gott" viel näher kommen zu können als die *Dämonen*.[201]

Allerdings könnten Menschen dies nicht – wie noch Plotin meinte – aus eigener Kraft schaffen, sondern sie bedürften dazu eines Vermittlers. Dieser stehe freilich nicht – wie die *Dämonen* – in der Mitte zwischen dem Göttlichen und dem Menschlichen, sondern vereine vielmehr beide Wesenszüge in sich: „Das ist der, den die Heilige Schrift preist: 'der Mittler Gottes und der Menschen, der Mensch Christus Jesus [mediator Dei et hominum, homo Christus Iesus]".[202] In der Ersetzung der *Dämonen* durch den einzig wahren Vermittler Jesus Christus – „über dessen Gottheit, die stets der des Vaters gleich ist, und über dessen Menschheit, durch die er uns ähnlich wurde, ausreichend […] zu sprechen, hier nicht der Ort ist" –[203] finden die dämonologischen Ausführungen Augustins ihren systematischen Abschluss.

8.2.2. Augustins Setzungen zu *magia*

Wenngleich die *Dämonen* also sittlich schlecht und von ihrer wesenhaften (gleichzeitig affektiven und unvernünftigen) Veranlagung kaum über den Menschen stünden, verfügten sie aufgrund ihrer Unsterblichkeit und ihres feinstofflichen Körpers gleichwohl über Fähigkeiten, die für Menschen außergewöhnlich seien. So sähen die *Dämonen* „mit Hilfe ihrer größeren Erfahrung in gewissen, uns verborgenen Anzeichen weit mehr von der Zukunft voraus als die Menschen".[204] Augustinus glaubt mittels dieser schlichten Setzung die Funktionsweise der graeco-römischen Divinationspraxis erklären zu können – nicht ohne zu ergänzen, dass jene *Dämonen* das Vorhergesagte mitunter selbst durchführen würden.[205] In diesem Zusammenhang käme ihnen ihr feinstofflicher, zudem in seiner Gestalt wandelbarer Körper zugute,[206] der über schärfere Sinne verfüge,[207] und mit dem sie schnell ihren Aufenthaltsort wechseln könnten.[208] Er erlaube es ihnen auch, „durch geheime Vorspiegelungen […] mit den menschlichen Sinnen ein

---

Augustinus bezieht sich hier auf Plotin, *Enneaden*, 1, 6, 8 bzw. 2, 3; zu Plotin ausführlicher unten, Kap. 9.1.2.
201 Augustinus, *De Ciuitate Dei*, 9, 17 (Perl, *Aurelius Augustinus...*, 1. Band, 598/99).
202 Augustinus, *De ciuitate dei*, 9, 17 (Perl, *Aurelius Augustinus...*, 1. Band, 598/99) in Anlehnung an 1. Timotheus, 2, 5.
203 Augustinus, *De Ciuitate Dei*, 9, 17 (Perl, *Aurelius Augustinus...*, 1. Band, 598/99).
204 Augustinus, *De Ciuitate Dei*, 9, 22 (Perl, *Aurelius Augustinus...*, 1. Band, 604/05).
205 Augustinus, *De Ciuitate Dei*, 9, 22 (Perl, *Aurelius Augustinus...*, 1. Band, 604/05): „Sie kündigen auch ihre eigenen Maßnahmen zuweilen vorher an."
206 Vgl. Augustinus, *De Ciuitate Dei*, 21, 6.
207 Vgl. Augustinus, *De Ciuitate Dei*, 9, 21.
208 Vgl. hierzu auch Augustinus, *De divinatione daemonum*, 3.

8.2. Augustinus: Die Vollendung des Magiebegriffs als Ausgrenzungskategorie 317

Spiel zu treiben".[209] Der Kirchenvater geht davon aus, dass die *Dämonen* diese Fähigkeiten nutzten, um die Menschen zu verführen und zu täuschen –[210] ein Verhalten, in dem sie sich übrigens grundlegend von den *Engeln* unterschieden.[211] Das wesentliche Ziel der dämonischen Täuschungsversuche nennt der Kirchenvater immer wieder: sie wollen, dass „man sie für Götter hält und verehrt und ihnen den Kult darbringt [ut pro diis habeantur et colantur, ut ea illis exhibeantur]".[212]

Aufgrund ihrer besonderen Fähigkeiten wird nun auch ersichtlich, weshalb die *Dämonen* eine so zentrale Rolle innerhalb der Magietheorie Augustins spielen: „Den Dämonen [spiritibus nequissimis] ist es nämlich ein leichtes, mit Hilfe von luftförmigen Körpern allerlei Gebilde hervorzubringen, welche die Bewunderung der durch die sichtbare, irdische Körperwelt bedrückten Seelen erregen".[213] Augustinus vergleicht jene Fähigkeit (wohlgemerkt: zur Täuschung der menschlichen Sinne) mit den „Kunstgriffe[n] und Taschenspielereien [artibus et exercitationibus]", durch die im Zirkus und im Theater „den Zuschauern solche Wunder [miracula]" vorgetäuscht würden.[214] Es sei nicht schwierig „für den Teufel und seine Engel [diabolo et angelis], wenn sie aus stofflichen Bestandteilen in den luftförmigen Körpern Gebilde formen, über die ein fleischlicher Sinn in Erstaunen gerät".[215] Konsequenterweise stellt Augustinus die *Dämonen* nicht nur als ausführendes Organ, sondern vielmehr als Lehrmeister der *artes magicae* dar.[216] In einem hierzu wichtigen Abschnitt des *Gottesstaats* findet sich eine entsprechend konstruierte Entstehungsgeschichte der *Magie*:

> „Um aber auch von Menschen angelockt zu werden, verführen sie [Dämonen; d. Verf.] selbst sie vorher mit allen Listen und Verschlagenheiten. Entweder flößen sie ihren Herzen ein geheimes Gift [virus occultum] ein oder treten auf als trügerische Freunde, um aus ihren wenigen Schülern Lehrmeister für viele zu machen. Zuerst lehrten sie nämlich selbst, sonst hätte ja niemand gewußt, was jeder einzelne von ihnen begehrt und was er haßt, unter welchem Namen er

---

209 Augustinus, *De Trinitate*, 4, 11 nach Otto Bardenhewer et al. (Hg.), *Des Heiligen Kirchenvaters Aurelius Augustinus fünfzehn Bücher über die Dreieinigkeit. Aus dem Lateinischen übersetzt und mit Einleitung versehen von Dr. Michael Schmaus*, [Bibliothek der Kirchenväter; 2, 13], München 1935, 158; hierzu auch Augustinus, *De Ciuitate Dei*, 18, 18.
210 Vgl. etwa Augustinus, *De Ciuitate Dei*, 2, 4; 2, 10; 2, 26; 4, 2; 4, 19; 4, 29; 8, 20/21; 19, 9.
211 Vgl. Augustinus, *De Ciuitate Dei*, 9, 22.
212 Augustinus, *De Ciuitate Dei*, 2, 24 (Perl, *Aurelius Augustinus...*, 1. Band, 130/31); vgl. auch Ebenda, 2, 4; 2, 10; 2, 29; 4, 29. Vgl. zu dieser Skizze auch Dieter Harmening, „Sturz der Engel, Sündenfall und Frauenzauber", 108, in: *Perspektiven der Philosophie. Neues Jahrbuch. Band 28 (2002)*, 105-126.
213 Augustinus, *De Trinitate*, 4, 11 nach Schmaus, *Des Heiligen Kirchenvaters...*, 158; lat. Text nach William J. Mountain, Fr. Gloire (Hg.), *Sancti Aurelii Augustini. De Trinitate. Libri XV (Libri I-XII)*, [Corpus Christianorum; Series Latina; L: Aurelii Augustini Opera: Pars XVI, I], Turnholti 1968, 179.
214 Ebenda.
215 Ebenda.
216 Vgl. u.A. Augustinus, *De Ciuitate Dei*, 8, 20.

beschworen [quo invitetur nomine], womit er bezwungen werden kann [quo cogatur]. Hieraus ergaben sich dann die magischen Künste und ihre Meister [unde magicae artes earumque artifices extiterunt]."[217]

Die Grundlage des *Dämonenpaktes* ist gelegt – einige, durch ein „verborgenes Gift [virus occultum]" der Dämonen verblendete Menschen werden zu deren Schülern und lernen so, „was jeder einzelne von ihnen begehrt und was er haßt, unter welchem Namen er beschworen, womit er bezwungen werden kann". Denn wie hätten jene vermeintlichen ersten *Magier* – die in der Vorstellung Augustins dann wieder Lehrmeister für viele Andere werden – die Praxis der *Dämonenbeschwörung* lernen können, wenn nicht von den *Dämonen* selbst? Im selben Abschnitt findet sich schließlich eine eigentümliche Applikation des Sympathieprinzips: „die Dämonen werden durch verschiedene von ihnen bevorzugte Ergötzungen angelockt, nicht wie Tiere durch Futter, sondern als Geister durch Sinnbilder, die der Neigung jedes einzelnen entsprechen [delectabilibus pro sua diversitate diversis, non ut animalia cibis, sed ut spiritus signis, quae cuiusque delectationi congruunt]";[218] das Arsenal dieser Lockmittel sei breit gefächert – es kämen „allerlei Arten von Steinen zum Beispiel, [...] Kräuter, Bäume, Tiere, Gesänge und Gebräuche [varia genera lapidum herbarum, lignorum animalium, carminum rituum]" zum Einsatz.[219]

Während Augustinus dieses Prinzip im *Gottesstaat* nur andeutet, arbeitet er es an anderer Stelle – in seiner Abhandlung *De Doctrina Christiana* – im Kontext einer elaborierteren Zeichentheorie aus. Die Grundfrage der Schrift – „inwieweit es dem Christen erlaubt sei, heidnische Wissenschaften zu betreiben" –[220] bearbeitet der Kirchenvater mittels einer Differenzierung von *Dingen* und *Zeichen*, wobei er Letztere nochmals in *natürliche* und *konventionelle* Zeichen unterscheidet.[221] Während natürliche Zeichen „diejenigen [sind; d. Verf.], welche ohne den Willen und ohne irgendein Streben nach Bezeichnung bewirken, daß neben ihnen selbst noch irgend etwas anderes aus ihnen erkannt wird, wie der Rauch Feuer bedeutet",[222] seien konventionelle Zeichen „diejenigen, welche sich alle Lebewesen gegenseitig geben, um nach besten Kräften die Bewegungen ihres Geistes oder irgendwelche Wahrnehmungen oder Gedanken anzuzeigen".[223] Neben den visuellen Zeichen seien die Worte die wichtigsten konventionellen Zeichen

---

217 Augustinus, *De Ciuitate Dei*, 21, 6 (Perl, *Aurelius Augustinus...*, 2. Band, 662/63).
218 Ebenda.
219 Ebenda.
220 Harmening, „Sturz der Engel...", 110.
221 Vgl. Augustinus, *De Doctrina Christiana*, 2, 1-3.
222 Augustinus, *De Doctrina Christiana*, 2, 2 nach Karla Pollmann (Hg.), *Aurelius Augustinus. Die christliche Bildung (de doctrina christiana). Übersetzung, Anmerkungen und Nachwort von Karla Pollmann*, [Reclam Universal-Bibliothek Nr. 18165], Stuttgart 2002, 46.
223 Augustinus, *De Doctrina Christiana*, 2, 3 (Pollmann, *Aurelius Augustinus. Die christliche...*, 47).

8.2. Augustinus: Die Vollendung des Magiebegriffs als Ausgrenzungskategorie 319

der Menschen,[224] und als „Zeichen für Worte" seien wiederum „Buchstaben [...] eingerichtet worden".[225] Diese Überlegungen wendet Augustinus schließlich an seinem Verständnis von *Aberglaube – superstitio –* an:

> „Abergläubisch ist alles [Superstitiosum est], was von den Menschen zur Herstellung und Verehrung von Götterbildern [idola] eingerichtet wurde und sich entweder darauf bezieht, die Schöpfung oder einen Teil von ihr wie ihren Schöpfer zu verehren; oder es bezieht sich auf Befragungen oder bestimmte Festlegungen von Bedeutungen, die mit Dämonen abgemacht und verhandelt wurden, worauf zum Beispiel die magischen Künste gerichtet sind [uel ad consultationes et pacta quaedam significationum cum daemonibus placita atque foederata, qualia sunt molimina magicarum artium]".[226]

Entscheidend ist hier nicht nur die Zuordnung der *artes magicae* zum christlichen Ausgrenzungsbegriff der *superstitio* – neben Idolatrie und Naturverehrung –, sondern auch die Fundierung des Dämonenpaktes im Kontext seiner Zeichentheorie: *Magie* impliziere „bestimmte Festlegungen von Bedeutungen, die mit Dämonen abgemacht und verhandelt wurden" – daraus entsteht eine Art „Sprachvertrag",[227] den *Magier* und *Dämonen* auf der Grundlage gegenseitig vereinbarter Zeichen abschließen würden. Das *magische* Ritual sei insofern nicht an sich wirksam, sondern sende nur das für einen bestimmten Zweck vereinbarte Zeichen an den für diesen Zweck zuständigen *Dämon* – in den Worten Dieter Harmenings: „Zauberei sei also ein Komplex vereinbarter Zeichen, die zur Verständigung mit Dämonen dienten".[228]

Dabei sind im Kontext der Argumentation Augustins – im Unterschied zu späteren Autoren – einige Besonderheiten zu beachten. Zum einen unterliegt jene Vereinbarung zwischen *Magier* und *Dämon* weiterhin den Täuschungsabsichten des *Dämons*: „Von einem 'ehrlichen' Vertrag kann also bei den dämonischen Pakten keine Rede sein".[229] Zum anderen sieht die Paktvorstellung Augustins noch ausschließlich die *Dämonen*, nicht aber den *Teufel* selbst als Partner vor und weist dadurch noch nicht jenen unentrinnbaren Charakter auf, der insbesondere die frühneuzeitlichen Paktvorstellungen kennzeichnen wird.[230] Da das primäre Anliegen der Dämonologie

---

224 Augustinus, *De Doctrina Christiana*, 2, 5/6.
225 Augustinus, *De Doctrina Christiana*, 2, IV, 5, 8 (Pollmann, *Aurelius Augustinus. Die christliche...*, 48/9).
226 Augustinus, *De Doctrina Christiana*, 2, XX, 30, 74 (Pollmann, *Aurelius Augustinus. Die christliche...*, 72); lat. Text nach Joseph Martin, Klaus-D. Daur (Hg.), *Sancti Aurelii Augustini. De doctrina christiana. De vera religione*, [Corpus Christianorum; Series Latina; XXXII: Aurelii Augustini Opera; Pars IV, I], Turnholti 1962, 54.
227 Vgl. Harmening, „Sturz der Engel...", 111.
228 Ebenda.
229 Thomas Linsenmann, *Die Magie bei Thomas von Aquin*, [Veröffentlichungen des Grabmann-Instituts zur Erforschung der Mittelalterlichen Theologie und Philosophie; N.F., 44], Berlin 2000, 96.
230 Vgl. Ebenda. Zu den spätmittelalterlichen und frühneuzeitlichen Rezeptionsprozessen im Kontext der augustinischen Paktvorstellung vgl. auch Almut Neumann, *Verträge und Pakte*

Augustins ist, den Anhängern der graeco-römischen Religion die Fehlerhaftigkeit ihres Glaubens aufzuweisen, kann sich der Mensch auch jederzeit vom *Dämon* abwenden: „wir haben es also sicherlich mit einem lösbaren Pakt zu tun".[231] Dies ist auch der Grund dafür, dass die Ausführungen Augustins zum *Dämonenpakt* – seinem analytischen Anspruch und umfangreichen literarischen Werk zum Trotz – recht spärlich ausgefallen sind. Die von ihm entwickelte, hinsichtlich ihres konkreten Ablaufs außerordentlich unpräzise Paktvorstellung reichte für seine Zwecke – der Verurteilung und Widerlegung graeco-römischer Religion – vollkommen aus. Elaboriertere Paktvorstellungen, die auch die Art und Weise der Kommunikation mit *Dämonen* (beziehungsweise nun dem *Teufel* selbst) sowie „deren Dauer und Beschaffenheit" beschreiben, werden erst spätere Autoren entwickeln.[232]

Auf der argumentativen Grundlage des *Dämonenpaktes* kann Augustinus schließlich zahlreiche weitere graeco-römische Ritualpraktiken der Kategorie *Aberglaube* und dadurch auch dem Magiebegriff zuordnen. So sieht er die Wirkweise der Divination analog zu den *artes magicae*: „Von dieser Art sind, aber gewissermaßen in gesteigerter Hemmungslosigkeit und Hohlheit, die Bücher der Eingeweidebeschauer und Vogelflugdeuter [Ex quo genere sunt, sed quasi licentiore uanitate, haruspicum et augurum libri]".[233] Für den Kirchenvater erscheint es evident, dass auch die Wahrsagung nur durch das Wirken von *Dämonen* möglich und von ihrer prinzipiellen Wirkweise daher mit *Magie* vergleichbar sei.[234] In diesem gemeinsamen dämonologischen Erklärungsansatz von *Magie* und Divination – für Augustinus zwei genuin nicht-christliche Ritualpraktiken, die ihren Ursprung in der *dämonischen* Verblendung graeco-römischer Religion haben – liegt ein wichtiger rezeptionsgeschichtlicher Ursprung für die typische Gleichsetzung beider Begriffe, welche den abendländisch-europäischen Diskurs fortan prägen wird.

---

mit dem Teufel. Antike und mittelalterliche Vorstellungen im „Malleus maleficarum", [Saarbrücker Hochschulschriften; 30: Grundlagen- und Geschichtswissenschaften], St. Ingbert 1997.
231 Linsenmann, *Die Magie bei Thomas*..., 97.
232 Ebenda, 96/97: „Im Hinblick auf die genaueren Modalitäten des Zustandekommens eines solchen Vertrages bleibt unser Autor in De doctrina christiana II, 20ff. ziemlich ungenau, von der Präzision eines Thomas von Aquin oder den Vorstellungen eines Institoris ist er noch weit entfernt. [...] Augustinus wird deshalb nicht präziser, weil er das bewußt nicht will, weil er eine metaphorische Aussage intendiert. Die Lehre vom Pakt mit den Dämonen dient [...] bei ihm noch primär zur Erklärung der Weise, wie der Magier mit den Dämonen kommuniziert, weniger zur Beschreibung der Bindung zwischen beiden und deren Dauer und Beschaffenheit."
233 Augustinus, *De Doctrina Christiana*, 2, XX, 30, 74 (Pollmann, *Aurelius Augustinus. Die christliche*..., 72; Martin/Daur, *Sancti Aurelii Augustini. De doctrina*..., 54).
234 Aufgrund der Gestalt seines Bekehrungserlebnisses waren hiervon das Losen und bestimmte – etwa traumhafte – visionäre Erfahrungen teilweise ausgenommen; ausführlicher dazu Linsenmann, *Die Magie bei Thomas*..., 78-81.

8.2. Augustinus: Die Vollendung des Magiebegriffs als Ausgrenzungskategorie 321

Auf vergleichbare Weise ordnet Augustinus „alle Amulette und Heilmittel, welche auch die Wissenschaft der Ärzte verdammt, sei es, daß es sich um beschwörende Zaubergesänge [praecantationibus], sei es, daß es sich um gewisse Zeichen, die sie 'Charactere' nennen [notis, quos caracteres uocant], sei es, daß es sich um das Aufhängen oder Befestigen von bestimmten Gegenständen oder sogar um bestimmte Tanzhandlungen handelt",[235] dem *Dämonenpakt*-Topos zu. Auch „jene Leute [...] die wegen ihrer Untersuchungen von Sternenkonstellationen an Geburtstagen Horoskopersteller, nun aber allgemein 'Astrologen' [mathematici] genannt werden"[236] werden in Augustins Aberglaubens-Katalog eingereiht und explizit als *Dämonenpakt* markiert (!) –[237] übrigens in Anlehnung an das bereits damals bekannte Zwillingsargument.[238] Ein Katalog alltäglicher, „inhaltsloser" Handlungen – wie beispielsweise „zum Bett zurückzukehren, wenn jemand beim Schuheanziehen geniest hat" –[239] komplettieren Augustins Ausführungen zum *Dämonenpakt*.

Der Kirchenvater geht im Kontext seiner Ausführungen zu *superstitio* gleichwohl davon aus, „daß durch ein gewisses verborgenes göttliches Urteil solche Menschen, die auf schlechte Dinge begierig sind, als Lohn für ihre verkehrten Bestrebungen Spott und Täuschung ausgeliefert werden, wobei abgefallene Engel sie verspotten und täuschen [inludentibus eos

---

235 Augustinus, *De Doctrina Christiana*, 2, XX, 30, 75 (Pollmann, *Aurelius Augustinus. Die christliche...*, 47; Martin/Daur, *Sancti Aurelii Augustini. De doctrina...*, 54).
236 Augustinus, *De Doctrina Christiana*, 2, XXI, 32, 78 (Pollmann, *Aurelius Augustinus. Die christliche...*, 73; Martin/Daur, *Sancti Aurelii Augustini. De doctrina...*, 55).
237 Augustinus, *De Doctrina Christiana*, 2, XXII, 34, 86 (Pollmann, *Aurelius Augustinus. Die christliche...*, 76; Martin/Daur, *Sancti Aurelii Augustini. De doctrina...*, 57): „Da er nun aber bei den Konstellationen, die er als einzige betrachten muss, nichts herausfindet [...] Deswegen müssen auch diese Meinungen jenen selben Dingen zugeordnet werden, die gleichsam mit Dämonen vereinbart und verhandelt wurden [daemonibus pacta et conuenta referendae sunt], da durch diese Meinungen gewisse Zeichen für Dinge in menschlicher Vermessenheit eingerichtet worden sind."; Augustin hatte in jungen Jahren an die Astrologie geglaubt und diese – wie seine confessiones zeigen (vgl. etwa Augustinus, *Confessiones*, 4, III, 4-6) – auch selbst praktiziert; ausführlicher dazu Linsenmann, *Die Magie bei Thomas...*, 74-78.
238 Augustinus, *De Doctrina Christiana*, 2, XXII, 33, 82/83. Vgl. auch seine ausführliche Widerlegung der Astrologie in *De Ciuitate Dei*, 5, 1-11.
239 Augustinus, *De Doctrina Christiana*, 2, XX, 31, 76/77 (Pollmann, *Aurelius Augustinus. Die christliche...*, 73; Martin/Daur, *Sancti Aurelii Augustini. De doctrina...*, 54): „Tausende von inhaltslosesten Beobachtungen [milia inanissimarum observuationum] gehören hierher: [...] wenn mitten zwischen zwei nebeneinanderher spazierengehende Freunde ein Stein, ein Hund oder ein Kind gerät. Aufgrund von Aberglauben treten diese dann den Stein gleichsam als Zerstörer ihrer Freundschaft, was weniger unerträglicher ist, als wenn sie einem unschuldigen Kind eine kräftige Ohrfeige geben [...]. Hierher gehören ferner jene abergläubischen Praktiken: auf die Schwelle zu treten, wenn einer vor seinem eigenen Haus vorübergeht; zum Bett zurückkehren, wenn jemand beim Schuheanziehen geniest hat; ins Haus zurückgehen, wenn man beim Verlassen gestolpert ist [...]".

atque decipientibus praeuaricatoribus angelis]",²⁴⁰ wodurch er implizit auch eine Rechtfertigung des Bösen anstrebt. Denn im Rahmen eines göttlichen didaktischen Auftrags sei auch „dieser unterste Teil der Welt gemäß der harmonischen Ordnung der Dinge durch das Gesetz der göttlichen Vorsehung [diuinae prouidentiae lege] unterworfen".²⁴¹ Der hierbei angedeutete Prüfungscharakter, der – bei Ausführung der genannten Ritualpraktiken – durch die Gefahr des *Dämonenpaktes* immer gegeben ist, zeigt sich prägnant in seinem abschließenden Fazit:

> „Denn alle Experten eines so gearteten unnützen oder schädlichen Aberglaubens [nugatoriae uel noxiae superstitionis] und die damit verbundenen – man könnte sagen – Verträge einer treulosen und hinterlistigen Freundschaft, die auf einer gewissen verderbenbringenden Gemeinschaft zwischen Menschen und Dämonen [pestifera societate hominum et daemonum] basieren, muß ein Christ im Innersten ablehnen und meiden, wie der Apostel sagt: 'Nicht weil ein Götzenbild wirklich irgend etwas bedeutet, sondern weil sie ja, was sie opfern, den Dämonen opfern und nicht Gott [sed quia quae immolant, daemoniis immolant, et non deo]; deshalb will ich nicht, daß Ihr Verbündete der Dämonen [socios daemoniorum] werdet".²⁴²

Die konzeptionellen Implikationen dieser „Bewährungsprobe"²⁴³ für den Christen – welcher den Verführungen heidnischer Glaubensvorstellungen und Ritualpraktiken aufgrund ihres *dämonischen* Ursprungs prinzipiell zu widerstehen hat – sind drastisch. Das Tragen von Amuletten, die Verwendung nicht-christlicher Ritualmittel bei Krankheit oder die Konsultation eines Astrologen oder Wahrsagers bedeuten für Augustinus unweigerlich die Abwendung von Gott und Zuwendung zu *Dämonen*: Menschen, auch gläubige Christen, die so handeln, „sagen sich damit von Gott los und stürzen sich ins Verderben",²⁴⁴ wie Thomas Linsenmann (etwas poetisch) festhält. Die Dämonologie Augustins erlaubt so eine radikale Scheidung christlicher und nicht-christlicher Religiosität und Ritualpraxis. Gleichwohl hat der Kirchenvater „diese scharfe Alternative [...] seiner Gemeinde wieder und wieder und, wie wir aus dieser Häufigkeit wohl ableiten müssen, mit geringem Erfolg vor Augen gestellt".²⁴⁵

Abschließend sei noch darauf hingewiesen, dass Augustinus bei seinen Ausführungen – insbesondere in *De Ciuitate Dei* – betont, dass die Ablehnung der *artes magicae* keine genuin christliche Erfindung sei. Folgerichtig

---

240 Augustinus, *De Doctrina Christiana*, 2, XXIII, 35, 87 (Pollmann, *Aurelius Augustinus. Die christliche...*, 76; Martin/Daur, *Sancti Aurelii Augustini. De doctrina...*, 57/58).
241 Augustinus, *De Doctrina Christiana*, 2, XXIII, 35, 87 (Pollmann, *Aurelius Augustinus. Die christliche...*, 76/77; Martin/Daur, *Sancti Aurelii Augustini. De doctrina...*, 58).
242 Augustinus, *De Doctrina Christiana*, 2, XXIII, 36, 89 (Pollmann, *Aurelius Augustinus. Die christliche...*, 77; Martin/Daur, *Sancti Aurelii Augustini. De doctrina...*, 58) in Anlehnung an 1. Kor. 10, 19f.
243 Linsenmann, *Die Magie bei Thomas...*, 96.
244 Ebenda.
245 Ebenda, 95.

8.2. Augustinus: Die Vollendung des Magiebegriffs als Ausgrenzungskategorie 323

untermauert er sein Werturteil über *magia* mit Belegen aus der ihm hinreichend bekannten graeco-römischen Literatur: er referiert die oben ebenfalls genannten Stellen „des edelsten Dichters" Vergil, um auf dessen (vermeintliche) Warnungen gegenüber den *magicis sacris* hinzuweisen.[246] Ebenfalls in Anlehnung an Vergil verweist er auf das das Zwölftafelgesetz und den bereits nach altem römischem Recht verbotenen – von Augustinus freilich als *magisch* klassifizierten – rituellen Ernteraub.[247] Schließlich nennt er auch den Prozess gegen Apuleius und dessen Verteidigungsrede, die zeige, dass auch ein platonischer Philosoph die „Magie [...] mit Recht für strafbar ansieht".[248] Augustinus äußert in diesem Zusammenhang sein Unverständnis darüber, dass Apuleius in seiner Schrift *De Deo Socratis* für die Verehrung der *Dämonen* eintrete, „und versichert, sie seien nötig, um unsere Gebete den Göttern zu vermitteln",[249] während er in seiner Verteidigungsrede auf die Verwerflichkeit der *Magier* hinweise. Da für Augustinus die „Wunder der Magie [miracula magorum], [...] nach den Lehren und durch das Wirken der Dämonen [doctrinis fiunt et operibus daemonum]" geschehen,[250] erkennt der Kirchenvater hier – freilich vor dem Hintergrund seines völlig anders gelagerten Dämonenbegriffs – eine vermeintliche argumentative Inkonsistenz im Apuleiischen Werk.

So lässt sich zusammenfassen: die Vorstellung des *Dämonenpaktes* – von Augustinus auf der Grundlage einer allgemeinen Zeichentheorie ausgear-

---

246 Vgl. Augustinus, *De Ciuitate Dei*, 8, 19 (Perl, *Aurelius Augustinus...*, 1. Band, 530-33): „Der Sinn jener Verse des edelsten Dichters: 'Zeugen, o Teuerste, sind mir die Götter, ist mir dein süßes / Haupt, daß ich ungern zu magischen Künsten mich wende [magicas invitam accingier artes]' [...], kann doch nur der sein, daß diese Zaubereien [maleficia] zweifellos dem Menschengeschlecht Verderben bringen." Augustinus rezipiert hier Vergil, *Äneis*, 4. Gesang, 492f.

247 Augustinus, *De Ciuitate Dei*, 8, 19 (Perl, *Aurelius Augustinus...*, 1. Band, 532/33): Und was er an einer andern Stelle über diese Künste sagt: 'Und die gepflanzte Saat ist vor meinen Augen versetzt" [...], weil angeblich durch diese unheilvolle frevlerische Machenschaft [hac pestifera scelerataque doctrina] die Feldfrüchte auf fremden Boden versetzt werden: ist für eine solche Tat nicht schon, wie Cicero erwähnt, im ältesten Gesetzbuch der Römer, im Zwölftafelgesetz, die Todesstrafe bestimmt gewesen?" – in Anlehnung an Vergil, *Bucolica*, 8. Ekloge, 98.

248 Augustinus, *De Ciuitate Dei*, 8, 19 (Perl, *Aurelius Augustinus...*, 1. Band, 532/33): „Es existiert jedoch von diesem platonischen Philosophen eine höchst umfangreiche wohlgeordnete Rede, in der er zu seiner Verteidigung anführt, er stehe magischen Künsten [crimen artium magicarum] fern; doch weiß er seine Unschuld nicht anders zu erweisen, als indem er etwas in Abrede stellt, was von einem Unschuldigen nicht begangen werden kann. Nun geschehen aber alle Wunder der Magie [omnia miracula magorum], die er mit Recht für strafbar ansieht, nach den Lehren und durch das Wirken der Dämonen [doctrinis fiunt et operibus daemonum]."

249 Ebenda: „So bleibt es ihm überlassen, warum er sie für verehrungswürdig hält und versichert, sie seien nötig, um unsere Gebete den Göttern zu vermitteln, während wir ihre Werke meiden müssen, wenn wir mit unseren Gebeten zum wahren Gott gelangen wollen."

250 Ebenda.

beitet – fungiert als umfassendes und abwertendes Erklärungsmuster für den graeco-römischen Götterkult, mithin für jegliche nicht-christliche Glaubensvorstellung und Ritualpraxis. Vor dem Hintergrund des universellen Wahrheitsanspruchs des Christentums erscheint es dem Kirchenvater evident, dass die Anhänger des graeco-römischen Pantheons nur vom *Teufel* und seinen *Dämonen* getäuscht werden können. Durch diese Grundannahme werden im Zuge seiner Ausführungen funktional wie konzeptionell heterogene nicht-christliche Ritualpraktiken zusammengefasst und konzeptionell neben die *artes magicae* gestellt. Folgerichtig erweitert sich das semantische Feld von *magia*: Der in *De Doctrina Christiana* entwickelte Katalog von (aus christlicher Sicht) heterodoxen beziehungsweise illegitimen Glaubensüberzeugungen und Ritualpraktiken ordnet bis dato – das heißt im Kontext graeco-römischer Religion – mitunter anerkannte, ja, verbreitete Praktiken wie die Spielarten der Divination, das Amuletttragen oder die Astrologie den *artes magicae* zu. Es ist Augustinus, bei dem *Magie* – vor dem Hintergrund seines dämonologischen Erklärungsansatzes – erstmals all das umfasst, was nicht christlich ist. Aufgrund der großen wirkungsgeschichtlichen Bedeutung des Kirchenvaters wird seine Dämonologie einen fundamentalen Einfluss auf den christlichen Folgediskurs ausüben, wie sich etwa an der teilweise wortwörtlichen Rezeption seiner Ausführungen bei Isidor von Sevilla – in seinen bedeutsamen *Etymologiae* – zeigt.[251]

8.2.3. Augustins Differenzierung von *Wunder* und *Magie*

Auf dem argumentativen Boden der dämonologischen Magietheorie Augustins kann nun abschließend seine Position gegenüber heidnischen *Wundertätern* und seine damit einher gehende Opposition von *Wunder* und *Magie* ausgebreitet werden. Gerade die Apuleius-Rezeption kann hierzu als Einstieg dienen: denn der Platoniker gilt im vierten und fünften Jahrhundert – seiner Verteidigungsrede zum Trotz – sowohl in christlichen wie heidnischen Kreisen in der Tat als *Magier*. So reagiert Augustinus in einem

---

251 Vgl. Isidor von Sevilla, *Etymologiae*, 8,9 („De Magis"); vgl. zum überaus interessanten Text Wallis M. Lindsay (Hg.), *Isidori Hispalensis Episcopi. Etymologiarum sive originum. Libri XX. Recognivit breviqne adnotatione critica instruxit W. M. Lindsay. Tomus I: Libros I-X continens*, [Scriptorum Classicorum Bibliotheca Oxoniensis], Oxford 1911 (Seitenzahlen fehlen!); der Text wurde kürzlich ins Deutsche übertragen bei Lenelotte Möller (Hg.), *Die Enzyklopädie des Isidor von Sevilla. Übersetzt und mit Anmerkungen versehen von Lenelotte Möller*, Wiesbaden 2008, 304-07. Isidor orientiert sich bei seinem Lexikoneintrag maßgeblich an Augustins Aberglaubenskatalog in *De Doctrina Christiana* und ordnet nicht nur *malefici, incantadores* und *necromantici*, sondern auch eine Vielzahl von Zukunftsdeutern (er nennt *divini, arioli, haruspices, augures, auspices, sortilegi, salisatores*) und Astrologen (*astrologi, genethliaci, mathematici*) der übergeordneten Personenbezeichnung *magus* zu und prägt dadurch maßgeblich die mittelalterliche und frühneuzeitliche Rezeption; vgl. dazu auch Graf, „Augustine and magic", 96.

8.2. Augustinus: Die Vollendung des Magiebegriffs als Ausgrenzungskategorie

seiner zahlreichen Briefe auf die Anfrage des römischen Kommissars Marcellinus, der ihn um Argumente gegen den zu dieser Zeit immer noch üblichen Vergleich der *mirakulösen* Taten Jesu mit denen diverser „men who professed magical arts [aliosque magicae artis homines in medium proferunt]" bittet. Als zentrale Vergleichsparameter nennt Marcellinus in diesem Zusammenhang: Apollonios und Apuleius![252]

Augustinus nutzt die Frage Marcellinus' in seinem Antwortschreiben zur Polemik gegen den graeco-römischen Polytheismus: er zeigt sich erleichtert über die Wahl der Konkurrenten, da Apollonios immerhin einen wertvolleren Charakter gehabt habe als der „author and perpetrator of innumerable gross acts of immorality whom they call Jupiter";[253] der Kirchenvater echauffiert sich in diesem Zusammenhang darüber, dass die „infamous crimes of the gods" in heidnischen Zeiten sogar in Theatern schaugestellt und verehrt worden seien; erst das Christentum habe die „perversity and chicanery of those devils" aufgezeigt, „by whose power also magical arts deceive the minds of men [Horum daemonum perversitatem atque fallaciam, per quos et magicae artes humanas mentes decipiunt, quia prodidit christiana doctrina]";[254] Augustinus referiert die oben skizzierten Gleichsetzungen: die antiken Götter seien in Wirklichkeit *Dämonen* gewesen; jene Dämonen seien auch für die *artes magicae* verantwortlich.

Daraufhin wendet er sich der Person Apuleius' zu, die ihm aufgrund dessen afrikanischer Abstammung und „superior education and great eloquence" gut bekannt sei.[255] Der Philosoph wird von Augustinus in jenem Brief mehrfach – unter Anderem in Anlehnung an den gegen ihn abgehaltenen Gerichtsprozess – als *magos* bezeichnet. Gleichwohl konstatiert der Kirchenvater, dass der Philosoph keinen Nutzen aus seiner Kenntnis jener Kunst habe ziehen können – nicht, weil er nicht gewollt hätte, sondern weil er es schlicht nicht konnte.[256] Augustinus leitet dies von der Tatsache ab,

---

252 Vgl. Augustinus, *Epistula* 136 nach Philip Schaff (Hg.), *Nicene and Post-Nicene Fathers. Volume 1: The Confessions and Letters of Augustin, with a sketch of his life and work*, Peabody 1995 (reprint 1886), 473; lat. Text nach Jacques P. Migne (Hg.), *Sancti Aurelii Augustini, Hipponensis Episcopi, Opera omnia, [...] Tomus Secundus*, [Patrologiae cursus completus/Series Latina; 33], Paris 1865, 514: „I would approach you with the request, that even in this question you would condescend to give a thoroughly guarded answer to their false statement that in His works the Lord performed nothing beyond what other men have been able to do. They are accustomed to bring forward their Apollonius and Apuleius, and other men who professed magical arts, whose miracles they maintained to have been greater than the Lord's [Apollonium siquidem suum nobis et Apuleium, aliosque magicae artis homines in medium proferunt, quorum majora contendunt extitisse miracula]."
253 *Epistula* 138, 4, 18 (Schaff, *Nicene and Post-Nicene Fathers. Volume 1*..., 487; Migne, *Sancti Aurelii Augustini, Hipponensis Episcopi*..., 532).
254 Ebenda.
255 *Epistula* 138, 4, 19 (Schaff, *Nicene and Post-Nicene Fathers. Volume 1*..., 487; Migne, *Sancti Aurelii Augustini, Hipponensis Episcopi*..., 532).
256 Vgl. Ebenda: „So far, therefore, as concerns worldly prosperity, that magician did his utmost in order to success [fuit magus ille quod potuit]; whence it is manifest that he

dass Apuleius einerseits nach Ruhm und Anerkennung gestrebt habe – davon zeuge auch die Veröffentlichung der Apologie –, aber abgesehen von seiner provinzialen Priestertätigkeit nie ein höheres Amt im römischen Reich bekleidet habe. Hätte Apuleius' tatsächlich *magische* Fähigkeiten besessen, so suggeriert Augustinus, hätte er diese sicherlich für seinen persönlichen Erfolg genutzt.

Eine etwas differenziertere Abhandlung der Problematik findet man im zehnten Buch des *Gottesstaats*. Im achten Abschnitt referiert Augustinus zunächst Teile des alttestamentarischen Genesis- und Exodusberichts und beschreibt die Frühgeschichte des Judentums als einen von göttlichen *Zeichen und Wundern* begleiteten Prozess, der die Überlegenheit des wahren Gottes gegenüber den „vielen falschen Götter[n]" aufzeige.[257] In diesem Zusammenhang kommt er auch auf die mirakulösen Fähigkeiten Mose zu sprechen und konstatiert, dass „die Magier des Pharao [magi Pharaonis], des ägyptischen Königs, der das jüdische Volk so hart bedrückte, die Erlaubnis [erhielten], ihrerseits etliche Wunder [mira] zu vollbringen, damit sie um so wunderbarer übertroffen würden [ut mirabilius vincerentur]."[258] Das Scheitern der pharaonischen Priester sei gleichwohl unumgänglich gewesen:

> „Denn was sie taten, geschah durch Zaubereien und magische Beschwörungen [veneficiis et incantationibus magicis], mit denen böse Engel, also Dämonen [mali angeli, hoc est daemones], unterworfen werden. Moses jedoch, um so machtvoller, je gerechter er war im Namen des Herrn [nomine die], der Himmel und Erde erschaffen hat, überwand sie leicht, weil sich ihm die guten Engel fügten. Als hernach die Magier [magis] bei der dritten Plage am Ende waren, sind durch Moses die zehn Plagen in ihrer ganzen geheimnisvollen Anordnung bewältigt worden, wodurch die harten Herzen des Pharao und der Ägypter erweicht wurden, so daß sie das Volk Gottes ziehen ließen."[259]

Die Priester des ägyptischen Pharaos – die von Augustinus selbstverständlich als *Magier* bezeichnet werden – hätten also Dämonen durch „Zauberei und magische Beschwörungen [veneficiis et incantationibus magicis]" dazu gebracht, ähnliche *Wunder* wie die Mose hervorzubringen. Da Moses allerdings im Namen Gottes[260] und mittels machtvoller Engel gewirkt habe,

---

failed not because he was not wishful, but because he was not able to do more."
257 Vgl. Augustinus, *De Ciuitate Dei*, 10, 9 (Perl, *Aurelius Augustinus...*, 1. Band, 630/31): „Diese und noch viele andere Wunder, die alle aufzuzählen zu weit führen würde, geschahen, um die Verehrung des einen, wahren Gottes zu empfehlen und die der vielen falschen Götter abzuwehren."
258 Vgl. Augustinus, *De Ciuitate Dei*, 10, 8 (Perl, *Aurelius Augustinus...*, 1. Band, 628/29).
259 Ebenda.
260 Fritz Graf interpretiert hier Augustins Formulierung *nomine Dei* dahingehend, dass diese eine konkrete Wirkmächtigkeit des Aussprechens des Gottesnamens impliziert habe und vergleicht – möglicherweise zu viel *Magie* in Augustinus hinein interpretierend – das Mosaische Aussprechen des Gottesnamens mit den *voces magicae* der *Papyry Graecae Magicae*: Fritz Graf, „Augustine and magic", 93.

seien die ägyptischen *Magier* bereits bei der dritten Plage erlahmt – im Denken Augustins kann die Wirkungsmacht von *Dämonen* nicht mit der Macht Gottes und seinem Engelreich konkurrieren. Die solchermaßen christozentrische Vereinnahmung des Exodus-Berichts – dem ein satanisch-dämonisches Gegenreich Gottes ja fremd ist –[261] zeigt prägnant die konzeptionelle Weiterentwicklung des bisherigen Diskurses durch Augustinus auf. Der lange schwelenden Auseinandersetzung um mirakulöse Fähigkeiten setzt der Kirchenvater eine nunmehr ausgearbeitete dualistische Weltordnung entgegen, die auf einer komplexen Dämonologie und der Vorstellung eines entsprechenden – wirkmächtig überlegenen – Engelreichs basiert.

Auf der Basis dieser Weltordnung kann Augustinus an späterer Stelle hinsichtlich der Qualität heidnischer *Wunder* differenzieren; in Anlehnung an einen Berichts über eine „unauslöschliche Leuchte" in einem Venustempel hält er entsprechend fest:

„Wir setzen nämlich zu dieser nicht verlöschenden Laterne auch gleich die vielen anderen Wunder hinzu, die Wunder menschlicher und magischer, das heißt dämonischer Künste, die durch Menschen ausgeführt oder allein durch Dämonen in großer Zahl vollbracht werden [Addimus enim ad istam lucernam inextinguibilem et humanarum et magicarum, id est per homines daemonicarum artium et ipsorum per se ipsos daemonum multa miracula]: sie in Abrede stellen hieße ja der Wahrheit der heiligen Schriften widersprechen, an die wir glauben."[262]

Augustinus differenziert hier vier Typen von *Wundern*: zum einen gebe es jene, die durch menschliche Künste – das heißt: *Technik* – herbeigeführt würden; daneben stünden *Wunder*, die durch *magisch-dämonische* Künste gewirkt würden – hier steht Augustins Magietheorie im Hintergrund; schließlich gebe es die von Dämonen selbst gewirkten *Wunder*, mit denen jene – wie gesehen – die Menschen täuschten, um von diesen wie Götter verehrt zu werden. Augustinus stellt *magische* und *dämonische Wunder* also nicht prinzipiell in Frage und sieht sich hierin biblisch bestätigt; das unauslöschliche Licht des Venusheiligtums müsse mittels einer dieser drei Arten ausgelöst worden sein.[263] Entscheidend sei allerdings, dass alle diese Mittel

---

261 *Satan* ist im alten Testament (unter Anderem) die Bezeichnung eines anklagenden Engels (vgl. prägnant das *Buch Hiob*, sowie auch 1. Buch der Chronik, 21,1 und Sacharja, 3, 1), wird aber auch abstrakt im Sinne von Anfeindung oder einer negativ konnotierten Personenbezeichnung verwendet; der mit der Vorstellung einer Personifikation des Bösen einher gehende Dualismus fehlt im jüdischen Denken. Vgl. ausführlicher auch Russell, *Satan. The Early Christian*....
262 Augustinus, *De Ciuitate Dei*, 21, 6 (Perl, *Aurelius Augustinus*..., 2. Band, 662/63).
263 Ebenda: „Entweder wird bei jener Leuchte ein von Menschen erfundener künstlicher Mechanismus aus Asbeststein verwendet, oder sie ist durch magische Kunst [arte magica] verfertigt, weshalb die Menschen sie in jenem Tempel anstaunten, oder es hat sich irgendein Dämon unter dem Namen der Venus [daemon quispiam sub nomine Veneris] so wirksam vergegenwärtigt, daß dieses Wunderzeichen [prodigium] den Menschen sichtbar wurde und längere Zeit andauerte."

in ihrer Wirkweise prinzipiell begrenzt seien, denn die „Geschöpfe aber, in denen sich Dämonen aufhalten, sind nicht von ihnen, sondern von Gott erschaffen" worden.[264] Sowohl *technische*, als auch *magische* und *dämonische Wunder* seien nur innerhalb der Grenzen der (von Gott geschaffenen) Schöpfung möglich; durch die jeweilige Methode werde auf jeweils unterschiedliche Weise „die Schöpfung Gottes dienstbar gemacht".[265] Hingegen seien die tatsächlichen – also die Grenzen der Schöpfung übersteigenden – und dadurch viel mächtigeren *Wunder* nur Gott und seinem Engelreich vorbehalten.[266]

So kann Augustinus also eine Unterscheidung von scheinbaren – das heißt *technischen*, *magischen* oder *dämonischen* – *Wundern*, die durch die Prinzipien der natürlichen Schöpfung begrenzt seien, und von tatsächlichen – das heißt: letztlich durch Gott bewirkten – *Wundern* vornehmen. Der konzeptionelle Hintergrund dieser Unterscheidung ist Augustins Verständnis von Schöpfung: im Denken des Kirchenvaters können *Dämonen* nicht tatsächlich kreativ wirken, also gleichsam Neues erschaffen. Ihre *Wunder* seien – wie oben gesehen – nur aufgrund ihres luftartigen (und dadurch dem Menschen überlegenen) Körpers und den damit einhergehenden Fähigkeiten möglich. Sofern diese tatsächlich suggerierten, etwas erschaffen zu können – wie etwa bei der Verwandlung von Stöcken in Schlangen durch die pharaonischen Priester im Exodusbericht – sei dies Täuschung. In seiner Schrift *De Trinitate* hält er diesbezüglich fest, dass man nicht glauben dürfe, „daß die bösen Engel, durch die Zauberkünste aufgerufen [angelos malos magicis artibus euocatos], die Schöpfer der Frösche und Schlangen gewesen seien";[267] vielmehr besäßen „auch die widersetzlichen Engel und die Mächte in den Lüften [transgressores angelos et aerias potestates] [...], welche den Zauberern zu ihren Künsten verhelfen [per quas magicae artes possunt quidquid possunt], nur Macht [...], soweit sie ihnen von oben gegeben ist".[268] Der Kirchenvater bündelt diese Überlegungen in der Setzung: „Aber die guten Engel tun das nur, soweit es

---

264 Ebenda.
265 Augustinus, *De Ciuitate Dei*, 21, 6 (Perl, *Aurelius Augustinus...*, 2. Band, 664/65): „Es sind viele und große Wunderdinge, wie sie der Grieche mechanemata [μηχανήματα] nennt, die durch menschliche Kunst entstehen, wobei die Schöpfung Gottes dienstbar gemacht wird [Dei creatura utentibus humanis artibus fiunt]."
266 Vgl. Ebenda: „Wenn nämlich bereits unreine Dämonen [inmundi daemones] solche Dinge vollbringen können, um wieviel mächtiger sind dann erst heilige Engel, und um wieviel machtvoller gar als sie alle ist Gott, der auch diese Engel, die Bewirker der größten Wunder, erschaffen hat [qui tantorum miraculorum effectores etiam ipsos angelos fecit]!"
267 Augustinus, *De Trinitate*, 3, 8 nach Otto Bardenhewer et al. (Hg.), *Des heiligen Kirchenvaters Aurelius Augustinus Fünfzehn Bücher über die Dreieinigkeit. Aus dem Lateinischen übersetzt und mit Einleitung versehen von Dr. Michael Schmaus*, [Bibliothek der Kirchenväter; 2, 13], München 1935, 118; lat. Text nach Mountain/Gloire, *Sancti Aurelii Augustini. De Trinitate...*, 142.
268 Augustinus, *De Trinitate*, 3, 7 (Bardenhewer, *Des heiligen Kirchenvaters Aurelius Augustinus Fünfzehn Bücher...*, 115; Mountain/Gloire, *Sancti Aurelii Augustini. De Trinitate...*, 139).

8.2. Augustinus: Die Vollendung des Magiebegriffs als Ausgrenzungskategorie 329

ihnen Gott gebietet, die bösen Engel in unrechtem Sinnen nur, soweit Gott in gerechtem Wollen es zuläßt [Sed nec boni haec nise quantum deus iubet, nec mali haec iniuste faciunt nisi quantum iuste ipse permittit]".[269]

Auf vergleichbare Weise wird in einer etwas kuriosen Passage im 18. Buch des *Gottesstaats* der landläufige Glaube geschildert, dass „es Gastwirtinnen geben soll, in solche schlimmen Künste eingeweiht, die den Wanderern, wenn sie es wollen oder können, einen Käse vorsetzen, der etwas enthält, wodurch man auf der Stelle in ein Lasttier verwandelt wird, alles mögliche herbeischafft, um nach getaner Arbeit wieder zu sich zurückzukehren".[270] Für Augustinus, der für diesen Glauben auch den *Goldenen Esel* des Apuleius als literarischen Beleg heranzieht, basieren solche Verwandlungen selbstverständlich auf dem Wirken von *Dämonen*. Der Kirchenvater nennt im fraglichen Abschnitt mehrere Augenzeugenberichte und zeigt sich überzeugt, dass die Zeugen diese Ereignisse tatsächlich wahrgenommen hätten; allerdings „erschaffen Dämonen niemals neue Wesen, wenn sie etwas Derartiges tun, wie es hier bei solchen Taten in Frage steht; sondern sie verändern nur der Gestalt nach, was vom wahren Gott erschaffen ist, so daß die betreffenden Geschöpfe etwas zu sein scheinen, was sie nicht sind."[271] Die auf dieser Setzung basierende Erklärung der (scheinbaren) Verwandlungen wirkt entsprechend umständlich: Die Dämonen hätten sowohl jene getäuscht, die glaubten, in Lasttiere verwandelt worden zu sein,[272] als auch jene, die glaubten, Lasttiere wahrgenommen zu haben.[273]

Schließlich erreicht die Argumentation Augustins bei der Erklärung der getragenen Lasten ihren gedankenakrobatischen Höhepunkt: „Sind diese Lasten wirklich körperhaft, dann sind es die Dämonen, die sie tragen, um die Menschen zu foppen, die entweder wirkliche Lasten oder eingebildete Tiere zu sehen vermeinen".[274] Welch umständliches, anstrengendes Unterfangen der Dämonen, und zu welchem Zweck!? Nicht nur müssen sie mehrere Menschen visuell täuschen – sie müssen schließlich auch die Lasten selbst tragen! Der Kirchenvater bleibt die Antwort schuldig, weshalb

---

269 Augustinus, *De Trinitate*, 3, 8 (Bardenhewer, *Des heiligen Kirchenvaters Aurelius Augustinus Fünfzehn Bücher...*, 117; Mountain/Gloire, *Sancti Aurelii Augustini. De Trinitate...*, 141).
270 Augustinus, *De Ciuitate Dei*, 18, 18 (Perl, *Aurelius Augustinus...*, 2. Band, 324/25).
271 Ebenda.
272 Augustinus, *De Ciuitate Dei*, 18, 18 (Perl, *Aurelius Augustinus...*, 2. Band, 326/27): „Etwas Derartiges ereignet sich auch in unserm Denken oder Träumen bei tausend verschiedenen Dingen, und wenn es auch kein Körper ist, nimmt es doch mit wunderbarer Schnelligkeit körperähnliche Formen an und wirkt auf die betäubten oder unterdrückten Sinne des Menschen in einer ganz unfaßbaren Art als Trugbild, das nur auf seiner Gedankenvorstellung beruht, während der menschliche Leib selbst an einem andern Platz mit verschlossenen Sinnen, lebendig zwar, aber doch in einer Bewußtlosigkeit liegt, die tiefer und betäubter sein kann als im Schlaf."
273 Ebenda: „So kann ein solches Trugbild in körperlicher Gestalt anderen erscheinen, und auch ein Mensch kann sich selbst so erscheinen, wie er sich auch im Traume selbst erscheinen kann, und kann sogar Lasten tragen dabei."
274 Ebenda.

die Dämonen sich überhaupt die Mühe machen, hier eine Mensch-Tier-Verwandlung vorzutäuschen, anstatt für die Wirtsfrauen – durch deren *schlimme Künste* gefügig gemacht – einfach direkt als Lastesel einzuspringen. Auch wenn Augustins Illusionstheorie – die er an daraufhin auch im Kontext der Homerischen Kirke anwendet –[275] hier kuriose Züge annehmen mag: entscheidend ist seine Überzeugung, dass Dämonen nicht selbst erschaffen, sondern nur innerhalb der vorgegebenen Prinzipien der Schöpfung Gottes wirken könnten. Nur der „allmächtige Gott" könne „alles machen […] was er will, sei es zur Strafe, sei es zur Gewährung" – die Dämonen hingegen würden „durch die Macht ihrer Natur (die ja Engelskreatur ist, wenn auch durch eigenes Gebrechen böse) nur dann etwas vermögen, wenn jener es zulässt, dessen verborgene Entscheidungen zwar vielgestaltig sind, jedoch nie ungerecht".[276]

Hintergrund all dieser Versuche, heidnisch bezeugte *Wunder* als Täuschung und Dämonenwerk darzustellen, ist freilich die Überzeugung Augustins, dass es nur einen wirklichen *Wundertäter* geben könne. Seine abschließenden Zeilen des Abschnittes zur unauslöschlichen Leuchte veranschaulichen dies prägnant:

„Um wieviel mehr vermag erst Gott Dinge zu vollbringen, die für Ungläubige unglaublich sind, aber ein Leichtes für seine Macht. Hat er doch selbst die Kräfte, die dem Gestein und anderen Dingen innewohnen, erschaffen, er, der den Verstand der Menschen schuf, der sich all dieser Kräfte in wunderbarer Weise bedienen kann. Und Gott hat die Engelsnatur erschaffen, die mächtiger ist als alle irdischen Lebewesen. Doch sämtliche Wunder übersteigt seine eigene Wunderkraft und seine Weisheit, die sich im Wirken, Befehlen und Zulassen kundgibt und die eben alles, was er erschaffen hat, so wunderbar zu gebrauchen weiß [universa mirabilia mirabili vincente virtute et operandi iubendi sinendique sapientia, utens omnibus tam mirabiliter, quam creavit]."[277]

Durch die Setzung des christlichen Gottes als einzigen, wahren *Wundertäter* kann der Kirchenvater auch die primäre Funktion des *Wunders* erläutern: es diene zur Veranschaulichung der Macht Gottes und seiner Überlegenheit über die wahlweise ägyptischen oder graeco-römischen Götter (*Dämonen*) und entsprechend (Fehl-) Gläubigen. Daher würde es „zur Religion und zur Verehrung des einen Gottes anregen, in dem allein sich das selige Leben findet" und könne entsprechend „von denen und durch die bewirkt werden, die uns in wahrer Frömmigkeit zugetan sind, weil Gott selbst es ist, der in ihnen wirkt".[278] Im Vergleich zum eigentlichen *Wunder* der Schöpfung der Welt durch Gott seien diese gleichwohl nur *Wunder* im klei-

---

275 Ebenda.
276 Augustinus, *De Ciuitate Dei*, 18, 18 (Perl, *Aurelius Augustinus...*, 2. Band, 324/25).
277 Augustinus, *De Ciuitate Dei*, 21, 6 (Perl, *Aurelius Augustinus...*, 2. Band, 664/65).
278 Vgl. Augustinus, *De Ciuitate Dei*, 10, 12 (Perl, *Aurelius Augustinus...*, 1. Band, 642/43).

8.2. Augustinus: Die Vollendung des Magiebegriffs als Ausgrenzungskategorie   331

nen Maßstab, die dem begrenzten menschlichen Geist groß erschienen.[279] Die *Wunder* der *Magier* und *Dämonen* hingegen würden von Gott nur zugelassen, „entweder um die Böswilligen zu täuschen, [...] oder um die Gläubigen zu warnen, daß sie nicht nach derartigen Künsten wie nach etwas Großem Verlangen haben [...] oder auch um die Geduld der Gerechten zu üben, zu erproben und zu offenbaren".[280]

So kann Augustinus schließlich auch erklären, weshalb *Magier* für ihre *Wunder* Rituale benötigten und die (jüdisch-) christlichen *Wundertäter* nicht. Im Zuge eines Exkurses zu Porphyrios und die neuplatonische *Theurgie* hält Augustinus fest:

> „Sie [*Wunder*; d. Verf.] geschahen aber in schlichtem Glauben und in frommer Zuversicht, nicht durch Beschwörungen und Zaubersprüche [incantationibus et carminibus], die ein Erzeugnis jener Kunst verwerflicher Neugier sind, die man Magie nennt, oder abscheulicher noch Goëtie. Man hat für sie auch noch einen ehrenvolleren Namen, nämlich Theurgie [quam vel magian vel detestabiliore nomine goetian vel honorabiliore theurgian vocant], und will damit in etwa eine Unterscheidung treffen zwischen unerlaubten Künsten, denen sich die vom Volk verachteten Gaukler [maleficos] hingeben, und die, wie es scheint, zur Goëtie gehören [hos enim ad goetian pertinere dicunt], und anderen Künsten, die man für ehrenhaft hält und zur Theurgie rechnet, während beide in die betrügerischen Gebräuche der fälschlich Engel genannten Dämonen verstrickt sind [cum sint utrique ritibus fallacibus daemonum obstricti sub nominibus angelorum]."[281]

Während man an dieser Stelle auch von Augustins christozentrischer Gleichsetzung von *Magie*, *Goetie* und *Theurgie* erfährt – in bewusster Nichtbeachtung der neuplatonischen Bemühungen, *Theurgie* von *Magie/Goetie* abzusetzen –,[282] ist in Anlehnung an die obigen Ausführungen der erste Abschnitt entscheidend: die christliche Wundervorstellung impliziert gewissermaßen ein aritualistisches, ausschließlich glaubensbasiertes Wirken. *Beschwörungen* und *Gesänge* hätten – so zumindest die Vorstellung des Kirchenvaters – im Kontext christlicher *Wunder* nichts verloren. Der zeichenhaften, *magischen* Kommunikation mit *Dämonen* stellt Augustinus den „schlichten Glauben" und die „fromme Zuversicht" des Christen gegenüber – und die Gewissheit, dass der christliche Weg auch beim *Wunder* (so Gott will) der Überlegene sei.

---

279 Ebenda.
280 Augustinus, *De Trinitate*, 3, 7.
281 Vgl. Augustinus, *De Ciuitate Dei*, 10, 9 (Perl, *Aurelius Augustinus*..., 1. Band, 630/31).
282 Dazu ausführlicher unten, Kap. 9.1.2.

8.3. Fazit

Im vorliegenden Kapitel wurde versucht, die frühchristliche Rezeption des Magiebegriffs und die damit einher gehende konzeptionelle Verankerung des Begriffs in der dualistisch geprägten Theologie des Christentums – mit Fokus auf die Schriften Aurelius Augustinus' von Hippo – in ihren Grundzügen zu skizzieren. Es hat sich gezeigt, dass Augustinus auf die in vorkonstantinischer Zeit teilweise heftigen, polemischen Auseinandersetzungen um mirakulöse Fähigkeiten mit der Konzeptionalisierung einer komplexen Dämonologie sowie einer im christlichen Diskurs erstmals systematisch ausgearbeiteten – auf der zeichenhaften Kommunikation mit *Dämonen* beruhenden – Magietheorie reagiert. Mit den damit einher gehenden Setzungen kann er zumindest im innerchristlichen Diskurs alle offenen Fragen klären und die christliche Rezeption des Magiebegriffs zu einem systematischen Abschluss führen. Dabei versucht der Kirchenvater nicht nur das Problem heidnisch bezeugter *Wunder* und *Wundertäter* zu klären, sondern darüber hinaus auch ein durchdachtes terminologisches und argumentatives Gerüst zur Bekämpfung nicht-christlicher Religiosität und Ritualpraxis vorzulegen: „Der 'Sitz im Leben' der augustinischen Magiologie ist die Bekämpfung heidnischer Religiosität".[283]

Entsprechend kann der ugustinische Magiebegriff als geradezu idealtypischer Magiebegriff christlicher Couleur gelten; er enthält alle wesentlichen Setzungen, die den christlichen Magiediskurs – in seinen Grundzügen bis auf den heutigen Tag – prägen werden. Auch ist er aufgrund seiner weitreichenden Applikationsmöglichkeit durch jene disparate und unscharfe Gestalt geprägt – indem er im Grunde all das bezeichnen kann, was von christlich-orthodoxer Ritualpraxis abweicht –, welche sich schließlich auch im akademischen Magiediskurs niederschlagen wird. Hinsichtlich der Iee und Konzeptionalisierung des *Dämonenpaktes* kann ugustinus in der Tat als Diskursbegründer gelten. Alle späteren Ausarbeitungen der Pakttheorie – etwa bei Thomas von quin (* um 1225; † 1274)[284] oder den Autoren des *Malleus Maleficarum* (1486)[285] – bauen wesentlich auf den Setzungen des spätantiken Kirchenvaters auf. Daher wurde ugustinus von Hippo in der vorliegenden Arbeit als rezeptions- wie wirkungsgeschichtlich zentraler Autor des christlichen Diskurses ausgewählt.

---

283 Linsenmann, *Die Magie bei Thomas...*, 96.
284 Dazu ausführlich und mit präziser Gegenüberstellung zu Augustinus: Thomas Linsenmann, *Die Magie bei Thomas...*.
285 Zu den rezeptionsgeschichtlichen Zusammenhängen ausführlicher Neumann, *Verträge und Pakte...*.

8.3. Fazit

Im Rahmen dieses Fazits seien noch einige weiterführende Überlegungen zu den Setzungen Augustins angefügt. Zunächst ist seine Unterscheidung der unterschiedlichen Wundertypen – insbesondere die Abgrenzung nur vermeintlicher, die Schöpfung Gottes „dienstbar" machender, und tatsächlicher, (direkt oder indirekt) von Gott gewirkter *Wunder* – weiteren Nachdenkens wert. In der vorliegenden Arbeit wurde der Begriff der mirakulösen Fähigkeiten vorgeschlagen, um (nicht nur) die oben skizzierten Auseinandersetzungen um Jesus Christus und Apollonios von Tyana im Rahmen einer wertfreieren Terminologie einfangen zu können. Bei der Etablierung dieses Begriffs im Kapitel zur griechischen Rezeption des Magiebegriffs wurde in diesem Zusammenhang vorgeschlagen, den Terminus *mirakulös* nicht in Anlehnung an die Notation des *Übernatürlichen*, sondern vielmehr des *Verwunderlichen* – das heißt: des im jeweiligen kulturellen Kontext *Außergewöhnlichen*, des *Außeralltäglichen* – zu verwenden.

Interessant ist, dass Augustinus einen ähnlichen Gedankengang zur Erläuterung des vermeintlichen *Wunders* heranzieht. Das nur scheinbare – das heißt: *technische, magische* oder *dämonische* – *Wunder* werde deshalb von den Menschen als *Wunder* wahrgenommen, weil diese die jeweils dahinter liegenden, auch im Falle eines *dämonischen* Wirkens prinzipiell natürlichen Zusammenhänge nicht wahrnehmen oder verstehen könnten.[286] Würde Augustinus die vorliegende Arbeit lesen, würde er möglicherweise die hier verwendete Formulierung des *Mirakulösen* aufgreifen und mit seinem Verständnis des tatsächlichen *Wunders* kontrastieren. Auf der Grundlage der christlichen Schöpfungsvorstellung und der damit einher gehenden Erschaffung der Natur (sowie ihrer Grenzen) durch Gott könnte er argumentieren, dass das *Verwunderliche* eben noch lange kein *Wunder* ausmache. Nur dem Schöpfer – sowie denen, durch die er wirke – sei es möglich, die Natur und ihre Begrenzungen tatsächlich zu überwinden.

Daher soll an dieser Stelle nochmals darauf hingewiesen werden, dass das in der vorliegenden Arbeit verwendete Konzept der mirakulösen Fähigkeiten wichtige Spezifikationen beinhaltet. Zunächst hat es einen engeren heuristischen Zuschnitt: es ist konkret an menschliche Fähigkeiten gebunden und dadurch vom graeco-römischen oder jüdisch-christlichen Wunderbegriff – der ja über das bloß menschliche Wirken hinausgeht – abzugrenzen. Gerade durch diese Zuspitzung auf menschliches Handeln fällt auf, dass ein relativ konstanter Katalog bestimmter, außergewöhnlicher Fähigkeiten im Rahmen der abendländischen Kultur- und Religionsgeschichte immer wieder literarisch verarbeitet wurde – wahlweise als identifikatorischer Topos binnenreligiöser Diskurse oder als Bestandteil der Polemik gegen den *Magier*. Entscheidend bei der Rekonstruktion dieser Zusammenhänge ist, dass der hier verwendete Begriff der *mirakulösen Fähigkeiten* nicht als Signifikant eines realiter gegebenen, ontologischen

---

286 Vgl. explizit Augustinus, *De Trinitate*, 3, 5-8.

Sachverhalts zu verstehen ist. Vielmehr soll damit versucht werden, variable Vorstellungsbilder bestimmter, außergewöhnlicher Fähigkeiten sowie deren diskursive Verortung im Zeit- und Kulturvergleich abzubilden. Ein Verweis auf tatsächliche Ereignisse und ein den Augustinischen Setzungen vergleichbarer *Sprung ins Transzendente* soll durch dieses Vorgehen gerade umgangen werden.

In diesem Zusammenhang muss freilich nicht betont werden, dass die Augustinische Konstruktion als weitreichender *Sprung ins Transzendente* anzusehen ist. Seine dämonologischen und magiologischen Setzungen konstituieren zwar ein kohärentes System zur Erklärung der (postulierten) Kluft zwischen den jüdisch-christlich bezeugten und den nur *technischen*, *magischen* oder *dämonischen Wundern*. Gleichwohl bildet die Dämonologie Augustins einen – dies betont er ja selbst immer wieder – dem Menschen prinzipiell verborgenen Wirklichkeitsbereich ab. Aus religionswissenschaftlicher Sicht kann seine Magietheorie daher als ein auf transzendenten Setzungen basierendes (hochgradig polemisches, christozentrisches) Erklärungsmuster eingestuft werden, welches *gerade dadurch* einen geradezu falsifizierungsresistenten Charakter aufweist. Bei der konkreten Applikation des Augustinischen Magiebegriffs – beispielsweise im Kontext der Streitfrage um mirakulöse Fähigkeiten – entscheiden folgerichtig nicht die (von außen ununterscheidbaren) Ereignisse selbst, sondern vielmehr die Diskurszugehörigkeit der fraglichen Person darüber, ob ihre Fähigkeiten nun als *signum dei* oder *Magie* eingestuft werden. Da alle hinter dieser Einstufung stehenden Setzungen wiederum in der Transzendenz ruhen, ist die Augustinische Magiologie freilich ideal dazu geeignet, aus christlicher Perspektive *innen* und *außen*, *richtig* und *falsch* voneinander abzugrenzen.

Thomas Linsenmann erfasst bei der Beschreibung der Haltung Augustins gegenüber dem divinatorischen Losen daher nur die apologetische Oberfläche, wenn er schreibt: „Erfragt ein Christ den Willen Gottes, eine Handlungsanweisung, dann ist das Losen erlaubt. Erfragt dagegen jemand, sei er Christ oder Heide, von einem Dämon durch Losen etwas, dann ist das Magie".[287] Freilich bespricht Augustinus selbst mehrfach die Gefahr, dass man als Mensch die – *dämonische* oder *göttliche* – Urheberschaft einer divinatorischen Botschaft niemals sicher wissen könne.[288] Wendet man den Blick von der theoretischen Unterscheidung hin zur konkreten Praxis, wird allerdings deutlich, dass die Postulierung einer *dämonisch-magischen* Wirkung wiederum auf einem Attributionsprozess beruht, der den üblichen Unwägbarkeiten unterworfen ist – ein Problem, das im Kontext der Magietheorie Augustins freilich analog beim Amulettgebrauch und der rituellen Behandlung von Krankheiten besteht. In seinen Ausführungen zum Johannestraktat konstatiert der Kirchenvater explizit, dass das Auflegen der

---

287 Linsenmann, *Die Magie bei Thomas...*, 81.
288 Vgl. ausführlicher Ebenda.

Bibel auf eine kranke Körperstelle – im Gegensatz zum Amulettgebrauch – akzeptabel sei, da so immerhin der richtige Adressat angesprochen werde.[289] Wenngleich Augustinus den Magiebegriff also an eine ausgearbeitete Theorie bindet, bleibt dessen Anwendung aufgrund der prinzipiell aempirischen Gestalt dieser Theorie weiterhin vom Gutdünken des Verwenders abhängig. Die dem Magiebegriff immanente Problematik, die bereits im Kontext des Prozesses gegen Apuleius von Madaura aufgewiesen worden ist, wurde durch die christliche Rezeption und die damit einher gehende Radikalisierung des negativen Werturteils daher nicht überwunden, sondern potenziert.

Daher ist nicht nur der griechisch-hellenistische und römisch-lateinische, sondern auch der christliche Magiebegriff durch dieselben grundlegenden Probleme – die semantische Unschärfe; die Tendenz zur ethnozentrischen, rein polemischen Attribution; der *Sprung ins Transzendente*; die Gefahr einer Instrumentalisierung des Begriffs in binnen- oder interreligiösen Konfliktkonstellationen – gekennzeichnet. Vor dem Hintergrund der hier entwickelten Rezeptionsgeschichte kann der Magiebegriff Augustins daher als Vollendung seiner polemischen Funktionalisierung zur Abwertung und Ausgrenzung des Anderen gelten. Die devianztheoretischen Ansätze des rezenten Magiediskurses finden im Magiebegriff Augustins eine geradezu idealtypische Vorlage.

Abschließend sei gleichwohl noch auf ein semantisches Muster des christlich-augustinischen Magiebegriffs hingewiesen, das bislang nicht eingehender besprochen wurde und (auf den ersten Blick) möglicherweise trennschärfer und – dank Goethes wirkmächtiger Verarbeitung – zudem vertrauter wirkt. Die (jüdisch-) christliche Vorstellung einer göttlichen Weltschöpfung mit konkreten, vorgegebenen Grenzen führt in Verbindung

---

289 Vgl. Augustinus, *In Johannis Evangelium Tractatus*, VII, Kap. 12 nach Otto Bardenhewer et al. (Hg.), *Des Heiligen Kirchenvaters Aurelius Augustinus Vorträge über das Evangelium des hl. Johannes. Übersetzt und mit einer Einleitung versehen von Dr. Thomas Specht. I. Band (Vorträge 1-23)*, [Bibliothek der Kirchenväter; 1, 8, 4], Kempten 1913, 121/22: „Willst du nicht ein Heilmittel gebrauchen? Seht, meine Brüder, welches Heilmittel der Herr gegen die Krankheiten der Seele bestimmt hat. Welches also? Wenn du Kopfschmerzen hast, so loben wir es, wenn du dir das Evangelium auf das Haupt legst und nicht zu einem Amulett die Zuflucht nimmst. Denn dazu hat die Schwachheit der Menschen geführt und so sehr sind die Menschen zu bedauern, die zu den Amuletten laufen, daß wir uns freuen, wenn wir sehen, daß ein im Bette darniederliegender Mensch von Fieber und Schmerzen gequält wird und gleichwohl seine Hoffnung nur darauf setzte, daß er sich das Evangelium auf das Haupt legte, nicht weil es zu diesem Zwecke geschah, sondern weil das Evangelium den Amuletten vorgezogen wurde. Wenn nun das Evangelium auf das Haupt gelegt wird, damit der Kopfschmerz aufhöre, soll es dann nicht auf das Herz gelegt werden, damit es von den Sünden geheilt werde? Es geschehe also! Was soll geschehen? Es soll auf das Herz gelegt werden, das Herz soll geheilt werden. Gut ist es, gut, daß du dir wegen der Gesundheit des Körpers nur Sorgen machst, um sie von Gott zu erhalten. Wenn er weiß, daß sie dir nützt, wird er sie geben; wenn er sie dir nicht gibt, so war es nicht zuträglich, sie zu haben."

mit dem christlichen Liebes- und Demutsideal zur Verdammung jedes menschlichen Versuchs, diese Grenzen zu überwinden und – hierdurch – den Willen Gottes in Frage zu stellen.[290] Thomas Linsenmann hält diesbezüglich fest, dass nach christlicher Vorstellung „Magie Erkenntnisse und Fähigkeiten anstrebt, die dem Menschen gemäß der von Gott geschaffenen natürlichen Ordnung der Dinge nicht zukommen".[291] Entsprechend können ihre Spielarten (nach Augustins weiter Auslegung des Begriffs in *De Doctrina Christiana*) als Versuche interpretiert werden, sich gegen Gottes Schöpfung und Fügung aufzulehnen.[292] Es kommt nicht von ungefähr, dass der Kirchenvater in seinem Aberglaubenskatalog zahlreiche Alltagspraktiken aufzählt, die durch das semantische Band einer Motivation des Menschen vereint scheinen, einen wie auch immer gearteten Einfluss auf das eigene Leben und Schicksal zu nehmen.[293] Oben wurde das Konzept der *Individualreligiosität* vorgeschlagen, um im Wissenschaftsdiskurs einen wertfreieren terminologischen Zugriff zu solchen Praktiken zu erhalten. Wenngleich diese also im Zuge der Augustinischen Setzungen – durch den auch hier postulierten *Dämonenpakt* – unter den christlichen Magiebegriff fielen, erscheint auch im christlichen Kontext evident, was bereits mehrfach festgehalten wurde: das all zu menschliche Bedürfnis, (rituell) auf die alltägliche Lebenswelt beziehungsweise das persönliche Schicksal Einfluss zu nehmen, konnte langfristig weder durch kirchliche Ermahnungen oder Verurteilungen noch durch eine radikale Prädestinationslehre wie die Augustins unterdrückt werden. In den Worten Thomas Linsenmanns: „Ausrotten konnte die Kirche solche Erscheinungen in ihrer ganzen Geschichte nicht, bestenfalls christianisieren und mit dem rechten Inhalt füllen."[294]

---

290 Die fundamentale Bedeutung des „Dein Wille geschehe" (Mt. 6, 10) ist für den christlichen Magiediskurs daher als theologischer Hintergrund im Blick zu behalten.
291 Thomas Linsenmann, *Die Magie bei Thomas...*, 96.
292 Vgl. entsprechend Linsenmann, *Die Magie bei Thomas...*, 96: „Menschen, die sich mit ihrer natürlichen Begrenztheit nicht abfinden wollen und sich an Dämonen wenden, um sie zu überschreiten, sagen sich damit von Gott los und stürzen sich ins Verderben."
293 Vgl. Augustinus, *De Doctrina Christiana*, 2, XX, 30-35.
294 Linsenmann, *Die Magie bei Thomas...*, 97.

9. Die *Papyri Graecae Magicae* und der selbstreferentielle Magiebegriff der Spätantike

Die bisherigen rezeptionsgeschichtlichen Ausführungen waren durch die Analyse von Verwendungsformen des Magiebegriffs gekennzeichnet, in denen dieser primär als negativ konnotiertes Polem gegen den Anderen fungierte. Der Begriff und seine Synonyma beinhalteten folglich – wie gesehen – sowohl bei der griechischen, der römisch-lateinischen, als auch der jüdisch-christlichen Rezeption Konnotationen des areligiösen Götterfrevels, des Unmoralischen und Sozialfeindlichen, der Wirkungslosigkeit und Scharlatanerie. Aufgrund dieser semantischen Konstanten wurde in der vorliegenden Arbeit vorgeschlagen, von einem kulturübergreifenden Magiediskurs der Ausgrenzung – beziehungsweise einfacher: einem Ausgrenzungsdiskurs – zu sprechen. Innerhalb der Grenzen dieses Diskurses war es folgerichtig üblich – wie im Gerichtsprozess gegen Apuleius von Madaura oder den Auseinandersetzungen um Apollonios von Tyana und Jesus Christus gesehen – einen etwaigen Magievorwurf weit von sich zu weisen. Die Personenbezeichnung *Magier* galt primär als Schimpfwort und jedem war daran gelegen, eine entsprechende Titulierung zu vermeiden. Keiner der bislang behandelten Autoren oder Personen wäre auf die Idee gekommen, sich selbst – möglicherweise gar mit stolz geschwellter Brust – als *Magier* zu bezeichnen.

In den folgenden drei Kapiteln wird gewissermaßen die Seite gewechselt. So sollen zum einen etwaige positiv konnotierte Verwendungsformen beziehungsweise Rezeptionslinien des Magiebegriffs rekonstruiert werden. Zum anderen wird das Augenmerk auf jene gerichtet, die sich in der Tat selbst als *Magier* bezeichnet haben – worauf die in der vorliegenden Arbeit verwendete Formulierung *selbstreferentiell* verweist. Bei einer selbstrefentiellen Verwendung fungiert die Bezeichnung *Magier* – anders als im bislang skizzierten Ausgrenzungsdiskurs – freilich weder als Polem noch als rein deskriptive Sach- oder gar Berufsbezeichnung. Vielmehr beinhaltet sie stark religiöse und identifikatorische Notationen, wodurch natürlich auch der Magiebegriff selbst stark aufgewertet wird. In den folgenden Kapiteln wird sich zeigen, dass die Verwendung eines positiv konnotierten, selbstreferentiellen Magiebegriffs völlig andere Implikationen beinhaltet als die oben untersuchten Rezeptionsmuster des Ausgrenzungsdiskurses. Daher muss aus religionswissenschaftlicher Sicht mit einem positiv konnotierten Magiebegriff auch anders umgegangen werden – devianztheoretische oder ethnozentristische Ansätze führen bei der Untersuchung selbstreferentieller *Magier* (zunächst) kaum zu vertiefenden Einsichten.

Zwischen den obigen drei und den folgenden drei historischen Kapiteln bestehen daher einige wichtige Unterschiede. So sind die Quellen zur Verwendung eines selbstreferentiellen Magiebegriffs – wie angesichts der abendländischen Verfolgungsgeschichte zu erwarten ist – vor allem im antiken Kontext deutlich rarer gesäht als jene, in denen der Begriff zur Stigmatisierung und Ausgrenzung verwendet wurde. Unterscheidet man – wie oben erläutert – hinsichtlich der Funktionalisierung des Magiebegriffs zwischen einem polemischen Ausgrenzungsdiskurs auf der einen und einem identifikatorischen Aufwertungsdiskurs auf der anderen Seite, ist der Ausgrenzungsdiskurs innerhalb der letzten 2500 Jahre sicherlich der dominantere gewesen; erst im Laufe der zweiten Hälfte des 20. Jahrhundert mag dieses Verhältnis zugunsten einer zunehmend kollektiven Rezeption des positiven Rezeptionsmusters gekippt sein.[1] Wären die im vorliegenden Kapitel untersuchten *Papyri Graecae Magicae* nicht erst in der ersten Hälfte des 19. Jahrhunderts, sondern bereits im vierten oder fünften Jahrhundert nach Christus von gewissenhaften (koptischen) Christen in einem thebanischen Grab entdeckt worden, besteht reichlich Grund zu der Annahme, dass das vorliegende Kapitel aufgrund fehlender Quellentexte nie geschrieben würde. Glücklicherweise ist dies nicht der Fall, sodass die Papyrussammlung einen profunden Einblick in das Denken und die Praxis jener erlaubt, die sich im romanisierten und schließlich christianisierten Ägypten – etwa zwischen dem ersten und fünften Jahrhundert nach Christus – sprichwörtlich als *Magier* bezeichnet und verstanden haben.

Auch zahlreiche weitere Texte selbstreferentieller *Magier* sind in den letzten Jahrzehnten zunehmend Gegenstand des wissenschaftlichen (und vor allem: außerwissenschaftlichen) Diskurses geworden. Die im selben Zeitraum allgemein beobachtbare Faszination und Rezeption eines nunmehr positiv gedeuteten, unscharfen Gegenstandsbereichs *Magie* hat insbesondere im Internet zur Verfügbarkeit zahlreicher vormals kaum bekannter oder diskutierter Texte geführt. Der wissenschaftliche Diskurs hinkt hier mitunter hinterher – so findet sich ein umfangreiches Korpus an spätmittelalterlichen und frühneuzeitlichen selbstreferentiell-*magischen* Ritualtexten oder auch an Schriften Aleister Crowleys mittlerweile in digitalisierter Form auf einschlägigen Internetseiten,[2] allerdings nach wie vor kaum in

---

1   Diese These sei in der vorliegenden Arbeit nur angedeutet; sie wird an anderer Stelle ausgearbeitet und publiziert werden.
2   Vgl. zur Textgruppe spätmittelalterlicher und frühneuzeitlicher Ritual- und Beschwörungstexte etwa die Internetseite des amerikanischen Privatgelehrten Joseph H. Peterson, online unter http://www.esotericarchives.com/ (27.09.2009); vgl. zum umfangreichen

Universitätsbibliotheken. Auf vergleichbare Weise zeugt auch die akademische Rezeptionsgeschichte der *Papyri Graecae Magicae* von einem – zu Beginn des 20. Jahrhunderts – zunächst zögerlichen, fast ängstlichen,[3] nunmehr aber mindestens faszinierten, wenn nicht wohlwollenden Umgang mit dem (in diesem Fall spätantiken) selbstreferentiellen *Magier*.

Gleichwohl bleibt der akademische Diskurs auch bei der Beschäftigung mit Personen, die sich selbst als *Magier* bezeichnen, in merkwürdigen terminologischen Problemen verstrickt. So bestehen üblicherweise signifikante konzeptionelle Differenzen zwischen dem Magiebegriff des akademischen Diskurses und dem des selbstreferentiellen *Magiers* – ein Problem, das sich auch in der Sekundärliteratur zu den *Papyri Graecae Magicae* massiv gezeigt hat. Offenbar markiert *Magie* im Falle einer Selbszuschreibung keine abweichende, widergöttliche oder abergläubische Religiosität (wie es Wissenschaftler gewohnt sind), sondern dient vielmehr zur identifikatorischen Selbstaufwertung sowie als Verweis auf eine große religiöse Expertise – ein Faktum, das den oben besprochenen akademischen Magietheorien drastisch widerspricht. Wenn Alan F. Segal im Kontext der *Papyri Graecae Magicae* festhält, dass „[...] now magic is even taken, in opposition to the temple cults, to be the only really effective religion",[4] gibt er daher für die Überwindung der terminologischen Problematik des akademischen Diskurses den entscheidenden Hinweis (allerdings noch ohne ihn selbst anzuwenden): der Religionsbegriff als grundlegende religionswissenschaftliche Kategorie für Transzendenzbezug ist nicht nur ausreichend, sondern besser geeignet, um das, was die Autoren der *Papyri Graecae Magicae* unter μαγεία verstanden haben, konzeptionell abbilden zu können.

Entsprechend soll in den folgenden Kapiteln gezeigt werden, dass mit einem Verzicht auf einen substanziellen Magiebegriff – auch bei der

---

Schriftenkorpus Crowleys etwa http://www.hermetic.com/crowley/ (27.09.2009; Webmaster: John G. Bell). Ausführlicher zu Crowley unten, Kap. 11.5.

3 Vgl. die aufschlussreiche Vorrede von Karl Preisendanz zu dem 1928 veröffentlichten ersten Band der *Papyri*: „Albrecht Dieterich ließ im Sommer 1905 die Mitglieder des Heidelberger Oberseminars 'ausgewählte Stücke aus griechischen Papyri' behandeln. Unter diesem Decknamen gingen im Vorlesungsverzeichnis der Ruperto-Carola die griechischen Zauberpapyri. Denn es empfahl sich damals noch nicht für den zünftigen Philologen, sich öffentlich zur Beschäftigung mit so tiefstehenden Erzeugnissen ungebildeter Volksschichten zu bekenne, Erzeugnissen krassen Aberglaubens, denen der Name 'Literatur' nicht zukam."; Albert Henrichs (Hg.), *Papyri graecae magicae. Die griechischen Zauberpapyri. Herausgegeben und übersetzt von Karl Preisendanz. I: Unveränderter Nachdruck der zweiten verbesserten Auflage (1973). Mit Ergänzungen von Karl Preisendanz. Durchgesehen und herausgegeben von Albert Henrichs*, [Sammlung wissenschaftlicher Commentare], München 2001, V.

4 Vgl. Segal, „Hellenistic Magic...", 372: „[...] in the magical papyri, the mix of overtly magical claims with clearly religious desire of individual divinization makes it impractical to distinguish between magic and religion, for now magic is even taken, in opposition to the temple cults, to be the only really effective religion." – aufgrund seiner tautologischen Gestalt lässt sich Segals Zitat geradezu als Plädoyer für die Verwerfung eines substanziellen Magiebegriffs im Wissenschaftsdiskurs lesen.

Besprechung von Texten, in denen dieser als positiv konnotierte, identifikatorische Selbstbezeichnung verwendet wird – die Problematik einer dichotomen Gegenüberstellung von *Magie* und *Religion* im Wissenschaftsdiskurs vollständig umgangen werden kann. Die Fallbeispiele, die in den folgenden Kapiteln besprochen werden, mögen daher für viele Andere stehen. Denn auch im Falle des identifikatorischen Aufwertungsdiskurses gilt: eine wissenschaftssprachliche Rezeption des quellenimmanenten Magiebegriffs würde zur Aufnahme meliorativer – also nun positiv konnotierter – Wertungsmuster und (tatsächlich arbiträrer) diskursiver Abgrenzungsstrategien in den akademischen Diskurs führen und weitreichende terminologische Komplikationen mit sich bringen. Auch die *Magie* des selbstreferentiellen *Magiers* soll in der vorliegenden Arbeit daher prinzipiell unter der heuristischen Perspektive des Religionsbegriffs betrachtet und analysiert werden.

Im vorliegenden Kapitel soll nun zunächst der selbstreferentielle Magiebegriff der Spätantike am Fallbeispiel der *Papyri Graecae Magicae* untersucht werden. In einem einführenden Kapitel sind vorab zunächst einige Befunde zu einem positiv konnotierten Magiebegriff – noch unabhängig von dessen selbstreferentieller Verwendung in den *Papyri* – in der graecorömischen Antike zu diskutieren. Hierbei wird nochmals die alkibiadische Rezeptionslinie zur Sprache kommen, sowie daraufhin die neuplatonischen Auseinandersetzungen um *mageía* beziehungsweise *goēteía*. Schließlich soll das überlieferte antike Quellenkorpus dahingehend exemplarisch durchstöbert werden, ob sich weitere, positiv konnotierte Rezeptionen des Magiebegriffs finden lassen. Aufgrund der überwiegend pejorativen Nutzung des antiken Magiebegriffs wird sich dies insgesamt als relativ schwierig erweisen – insbesondere antike attributive Verwendungen des Magiebegriffs sind in diesem Zusammenhang kritisch zu lesen, wie anhand einiger Fallbeispiele gezeigt werden soll. Darüber hinaus weisen einige, im akademischen Diskurs typischerweise als *magisch* klassifizierte Texte – wie beispielsweise das *Corpus Hermeticum* – gar keinen Magiebegriff auf und sind nach ihrem Selbstverständnis abseits der Rezeptionsgeschichte des Magiebegriffs einzuordnen. Im einführenden Kapitel wird sich insgesamt zeigen, dass mit antiken Rezeptionen des Magiebegriffs sehr viel differenzierter umgegangen werden muss, als dies bis dato geschehen ist.

Im zweiten Hauptteil des vorliegenden Kapitels sollen dann wichtige Implikationen der *Papyri Graecae Magicae* in die hier entwickelte Rezeptionsgeschichte eingearbeitet werden. Hierbei wird es zum einen um die Rezeption des Magiebegriffs in den *Papyri* sowie um die damit einhergehenden semantischen Setzungen gehen. Zum anderen sollen mögliche religionswissenschaftliche Herangehensweisen – jenseits einer wissenschaftssprachlichen Applikation des Magiebegriffs – an die in den Papyri beschriebenen Praktiken und die dahinter stehenden religiösen Vorstellungsmuster besprochen werden. Abschließend wird ein Fazit gezogen.

9.1. Rezeptionsgeschichtlicher Kontext: Antike Rezeptionen eines positiv konnotierten Magiebegriffs

9.1.1. Vertiefung: Die alkibiadische Rezeptionslinie

In den obigen Kapiteln sind bereits einige Rezeptionen eines positiv konnotierten Magiebegriffs in der graeco-römischen Antike aufgetaucht – an erster Stelle ist hier sicherlich die alkibiadische Rezeptionsline zu nennen. Wie gesehen, verortet Platon das Abstraktum *Magie* im ersten *Alkibiades* im Kontext der Figur Zoroasters und der Erziehung der persischen Königssöhne – *Magie* wird hier explizit als „Verehrung der Götter [θεῶν θεραπεία]" bezeichnet.[5] An diesen Topos schließt sich auch Apuleius von Madaura bei seiner ersten, ironischen Definition des *magus* in der *Apologia* an; in offenkundiger Anlehnung an den Alkibiades-Dialog bezeichnet er den *Magier* hier als *Priester* (*sacerdos*) und fragt entsprechend, ob es ein Verbrechen zu sei, „in rechter Weise zu kennen, zu wissen, und zu beherrschen die Gesetze der Kulthandlungen, die Ordnung der Opfer und die religiösen Normen [leges cerimoniarum, fas sacrorum, ius religionum]".[6] Auch in dem oben genannten (möglicherweise pseudoepigraphischen) Brief Apollonios' an den Stoiker Euphrates findet sich dieses Rezeptionsmuster des Magiebegriffs: der Pythagoräer bezeichnet einen *mágos* hier nicht nur als „Knecht der Götter", sondern geht noch einen Schritt weiter: ein *mágos* sei seiner Natur nach sogar selbst als *Gott* anzusehen (μάγος οὖν ὁ θεραπευτὴς τῶν θεῶν ἢ ὁ τὴν φύσιν θεῖος).[7] In diesem Zusammenhang ist auch Cassius Dios Erwähnung, dass Kaiser Alexander Severus einen „delight in magicians and jugglers [μάγοις καὶ γόησιν]" gehabt und entsprechend Apollonios von Tyana verehrt habe, zu überdenken;[8] deutet sie darauf hin, dass der Kaiser einen positiv konnotierten Magiebegriff verwendete oder ist der Passus des Historikers wiederum als Polemik – das heißt innerhalb des Ausgrenzungsdiskurses – einzuordnen? Oben wurde freilich darauf hingewiesen, dass die graeco-römische Apollonios-Rezeption sich stark vom Magiebegriff abgrenzte und zur Erklärung der mirakulösen Fähigkeiten

---

5 Vgl. Platon, *Alkibiades*, 122a (Hülser, *Platon...*, 124/125).
6 Apuleius, *Apologia*, 25, 9f (Hammerstaedt, *Apuleius...*, 102/03).
7 Vgl. Apollonius, *Epistula* 17 nach Du Toit, *Theios Anthropos...*, 68.
8 Cassius Dio, 78, 18, 4 nach Cary, *Dio's Roman History...*, 326/27.

des Philosophen vielmehr auf dessen göttliche Natur verwies. Das Beispiel zeigt, dass zwischen einer polemischen und einer identifikatorischen Verwendung des Magiebegriffs mitunter nicht eindeutig zu unterscheiden ist.

Sogar Augustinus scheint an einer Stelle die alkibiadische Rezeptionslinie zu rezipieren – bei der Besprechung der Verteidigungsrede Apuleius' von Madauras. So schreibt er offenbar in Anlehnung an die oben genannte ironische Definition des Platonikers:

> „Wenn er die Künste, die man ihm vorwarf, tatsächlich für göttlich, fromm und den Werken göttlicher Mächte entsprechend hielt, hätte er sie nicht nur bekennen, sondern auch für sie einstehen sollen und hätte eher die Gesetze beschuldigen müssen, die etwas verhinderten und verdammten, was wunderbar und verehrungswürdig war. Auf die Art würde er die Richter zu seiner Ansicht bekehrt haben, und, wenn sie nach den ungerechten Gesetzen erkannten und ihn, der diese Künste pries und lobte, mit dem Tode bestraften, hätten die Dämonen es seiner Seele mit würdigen Geschenken vergolten, daß er den Mut besessen, ihre göttlichen Werke zu preisen und dafür sein irdisches Leben sich nehmen zu lassen. So haben es unsere Martyrer gehalten, als ihnen die christliche Religion vorgeworfen wurde."[9]

Freilich glaubt der Kirchenvater hier wiederum einen Widerspruch im Denken des Apuleius erkennen zu können. Weshalb verweise der Philosoph in seiner Verteidigungsrede auf jene positive Deutungsmöglichkeit des Magiebegriffs, während er gleichzeitig versucht, sich von allen etwaigen Magievorwürfen freizusprechen? Zudem gebe er doch in seiner Schrift *De Deo Socratis* explizit zu, dass „all die verschiedenen Wunderwerke der Magier [magorum varia miracula]" in der Tat durch Dämonen gelenkt würden,[10] jenen (aus Sicht Augustins) durch und durch bösen, satanischen Geschöpfen! Für Augustinus ist eine positiv konnotierte Verwendung des Magiebegriffs freilich ebenso undenkbar wie eine positive Deutung der *Dämonen*. Die alkibiadische Rezeptionslinie gelangt im Zuge der christlichen Rezeption des Magiebegriffs daher an ihr (vorläufiges) Ende – sie wird erst wieder von Renaissance-Autoren aufgegriffen werden, die sich – kaum zufällig – wieder an der platonischen Texttradition orientieren werden.

Eine weitere, teilweise positiv zu deutende Rezeption des Magiebegriffs findet sich im jüdisch-alexandrinischen Diskurs in hellenistischer Zeit. So versucht sich Philo von Alexandrien (* um 15 v. Chr.; † nach 40 n. Chr.) – im dritten Buch seiner Erläuterung der jüdischen Gesetze (*De specialibus legibus*) – an einer Gegenüberstellung von *echter* und *falscher Magie*:

> „Die echte Magie nun, eine Wissenschaft des Schauens [τὴν μὲν ουν ἀληθῆ μαγικήν, ἐποπτικὴν ἐπιστήμην ουσαν], welche die Werke der Natur durch deutlichere Vorstellungen erhellt und der Verehrung und Wertschätzung würdig ist, betreiben nicht nur private Leute, sondern auch Könige, auch die größten unter

---

9   Augustinus, *De Ciuitate Dei*, 8, 19 (Perl, *Aurelius Augustinus...*, 1. Band, 532/33).
10 Apuleius, *De Deo Socratis*, 6 (Baltes, *Apuleius. De Deo Socratis...*, 56/57).

9.1. Antike Rezeptionen eines positiv konnotierten Magiebegriffs 343

ihnen, und insbesondere die Perserkönige derart, daß, wie man erzählt, keiner bei ihnen zur Königswürde gelangen kann, der nicht zuvor mit den Magiern [μάγων] vertrauten Verkehr gepflogen."[11]

Auch die Ausführungen Philos bewegen sich hier offenbar im Rahmen des alkibiadischen Rezeptionsmusters, welches ihm aufgrund seiner hellenistischen Bildung offenbar bekannt war. Bedeutsam ist, dass Philo hier – anders, als man es von einem jüdischen Autor erwarten könnte – noch einen Schritt weiter geht als Platon; für Philo stellt die „echte Magie" vielmehr eine "Wissenschaft des Schauens" dar, die der "Verehrung und Wertschätzung würdig ist". Folgerichtig grenzt er von dieser im darauffolgenden Abschnitt eine andere, nun verabscheuungswürdige *Magie* – genauer: eine *Afterkunst* (κακοτεχνία) – ab:

"Eine Entstellung dieser Kunst aber, eine Afterkunst, richtig ausgedrückt ['Εστι δέ τι παράκομμα ταύτης, κυριώτατα φάναι κακοτεχνία], ist die Magie, wie sie Bettelpfaffen, Possenreißer und die schlechtesten Weibsbilder und Sklaven betreiben, die sich anheischig machen, durch Zaubermittel eine Reinigung oder Sühne zu bewerkstelligen, die durch Liebestränke und gewisse Besprechungen Liebhaber zu tödlichem Haß und Hasser zu heißester Liebe zu bringen versprechen, die auch die einfältigen und ganz harmlosen Gemüter so lange irreführen und anködern, bis diese sich die schlimmsten Leiden zuziehen, durch die schon große und vielköpfige Gemeinschaften von Freunden und Verwandten nach und nach zerfallen und bald geräuschlos untergegangen sind."[12]

Der Alexandriner rezipiert hier offenbar Platons drastische Schilderung des Zusammenbruchs ganzer Gemeinschaften in den *Gesetzen*,[13] sowie die damit einher gehende Polemik gegen individualreligiöse Ritualpraktiken. Philo kann in diesem Zusammenhang auf prägnante Weise demonstrieren, dass die oben skizzierten Ausführungen Platons sowohl für den polemischen Ausgrenzungsdiskurs, wie auch für den identifikatorischen Aufwertungsdiskurs des Magiebegriffs Vorbildcharakter haben konnten. Während der jüdische Autor an anderer Stelle – in (direkter oder indirekter) Rezeption der alkibiadischen Setzungen – eine entsprechend wertschätzende Haltung gegenüber den persischen *mágoi* offenbart,[14] kann er im darauffol-

---

11 Philon von Alexandrien, *De specialibus legibus*, 3, 100 nach Leopold Cohn (Hg.), *Die Werke Philos von Alexandria. In deutscher Übersetzung. Herausgegeben von Prof. Dr. Leopold Cohn. Zweiter Teil,* [Schriften der Jüdisch-Hellenistischen Literatur; 2, 2], Breslau 1910, 214; griechischer Text nach Leopold Cohn (Hg.), *Philonis Alexandrini. Opera quae supersunt. Vol. V. Recognovit Leopoldus Cohn,* Berlin 1906, 150.

12 Philon von Alexandrien, *De specialibus legibus*, 3, 101 (Cohn, *Die Werke...,* 214; Cohn, *Philonis...,* 150).

13 Vgl. Platon, *Nomoi*, 909a-c..

14 Vgl. besonders Philon von Alexandrien, *Quod omnis probus liber sit*, 74 nach Leopold Cohn (Hg.), *Die Werke Philos von Alexandria. In deutscher Übersetzung. Herausgegeben von Leopold Cohn, Isaak Heinemann, Maximilian Adler und Willy Theiler. Band VII. Mit einem Sachweiser zu Philo,* Berlin 1964, 23; Originaltext nach Leopold Cohn, Siegfried Reiter (Hg.), *Philonis Alexandrini. Opera quae supersunt. Vol. VI. Recognoverunt Leopoldus Cohn et Sigofredus Reiter,*

genden Abschnitt der *Gesetze* – und nun wiederum in Anlehnung an die Platonischen *Gesetze* – scheinbar wohlbegründet das alttestamentarische Verbot von *kšp* erläutern: „Mit Rücksicht auf alle diese Erscheinungen, glaube ich, verbietet unser Gesetzgeber, die Aburteilung von Zauberern [φαρμακευτῶν] auf spätere Zeit zu verschieben und befiehlt die Strafe an ihnen sofort zu vollziehen".[15] Die drastische Strafe der jüdischen Gesetzgebung gegenüber den *məkhaššəfim* wurde oben freilich genannt: Tod durch Steinigung. So ist es durchaus verwunderlich, dass Philo überhaupt die positive, alkibiadische Rezeptionslinie aufgreift – seine Ausführungen könnten ja sogar als frühe Form des sehr viel später entstehenden (frühneuzeitlichen) Topos' der *magia naturalis*[16] oder auch der Differenzierung von *weißer* und *schwarzer Magie* bei einer Autorin wie Helena Blavatsky gedeutet werden.[17] Freilich ist eine wohlwollende jüdische Haltung gegenüber dem Perserreich bereits alttestamentarisch begründet;[18] möglicherweise wollte Philo seinen griechischen Lesern aber auch nur durch eine möglichst vollständige Rezeption der platonischen Setzungen gerecht werden. In jedem Fall steht jene positive Rezeption des Magiebegriffs durch den Alexandriner in einem eigentümlichen Widerspruch zur oben skizzierten jüdischen Haltung gegenüber der Figur des *məhaššef*.

Die alkibiadische Rezeptionslinie findet sich auch bei weiteren Autoren tradiert – so etwa bei Dion Chrysostomos (* nach 40; † vor 120),[19] Diogenes Laertios,[20] Philostratos[21] oder Porphyrios.[22] So kann Platon in der Tat als

---

Berlin 1915, 14: „Bei den Persern gibt es die Vereinigung der Magier [ἐν Πέρσαις μὲν τὸ μάγων], die die Werke der Natur durchforschen, um zur Erkenntis der Wahrheit zu gelangen. In die göttlichen Leistungen werden sie durch Eindrücke, die deutlicher sind als die gewöhnlichen, in Ruhe eingeweiht und weihen in sie ein".

15 Philon von Alexandrien, *De specialibus legibus*, 3, 102 (Cohn, Die Werke..., 215 bzw. Cohn, Philonis..., 151).
16 Dazu ausführlicher unten, Kap. 10.
17 Dazu ausführlicher unten, Kap. 11.3.2.3.
18 Vgl. etwa *Buch Esra* 1, 1-4.
19 Vgl. den sog. *Magier*-Mythos bei Dion Chrysostomos, *Borysthenes*, 40f nach Heinz-Günther Nesselrath et al. (Hg.), *Dion von Prusa. Menschliche Gemeinschaft und Göttliche Ordnung: die Borysthenes-Rede. Eingeleitet, übersetzt und mit interpretierenden Essays versehen von Heinz-Günther Nesselrath, Balbina Bäbler, Maximilian Forschner und Albert de Jong*, [SAPERE; 6], Darmstadt 2003, 52-53: „Und danach habe er [Zoroaster; d. Verf.] nicht mehr mit allen verkehrt, sondern nur noch mit denen, die die besten Anlagen zur Wahrheit hatten und den Gott verstehen konnten; die Perser nannten sie Magier [οὓς Πέρσαι μάγους ἐκάλεσαν], weil sie sich auf die Verehrung des Göttlichen verstanden, nicht aber in der Weise, wie die Griechen aus Unkenntnis des Begriffs Menschen nennen, die Scharlatane [γόητας] sind."
20 Vgl. Diogenes Laertius, *Leben und Meinungen berühmter Philosophen*, I. Buch, 6-8.
21 Philostratos, *Vita Apollonii*, 1, 26 bzw. 1, 39; Philostratos lässt Apollonios die *magói* hier als weise Männer bezeichnen, die legitime religiöse Riten vollführten.
22 Vgl. Porphyrios, *de abstinentia*, 4, 16: „Bei den Persern heißen die Weisen und Priester Magier, das bedeutet nämlich in ihrer Sprache dieses Wort [Παρά γε μὴν τοῖς Πέρσαις οἱ περὶ τὸ θεῖον σοφοὶ καὶ τούτου θεράποντες μάγοι μὲν προσαγορεύονται]. Es ist dies aber bei den Perser [sic!] ein höchst angesehener Stand, so daß Darius, des Hystaspes Sohn, auf seinem

9.1. Antike Rezeptionen eines positiv konnotierten Magiebegriffs 345

Diskursbegründer einer genuin positiven Rezeptionslinie des Magiebegriffs gelten. Alle weiteren oben skizzierten Rezeptionen des frühen griechischen Diskurses sind (abgesehen vom *Derveni-Papyrus*) negativ konnotiert; die Darstellung der persischen *mágoi* durch Herodot transportiert zwar auch bewundernde Zwischentöne, kann aber insgesamt als abwertende Außendarstellung der persischen Priesterkaste eingestuft werden – zudem kommt bei ihm noch kein Abstraktum *mageía* vor.

Zwar ist Platons Autorenschaft hinsichtlich des *Alkibiades*-Dialogs im modernen wissenschaftlichen Diskurs umstritten;[23] dies spielt für seine antike Wirkungsgeschichte allerdings keine Rolle. Die oben genannten Rezipienten der alkibiadischen Linie – allen voran Apuleius – haben sich auf den *Alkibiades*-Dialog als authentische Schrift Platons berufen. Daher ist Platons terminologischer Differenzierung der Begriffe *pharmakeía* (den er in seinen *Nomoi* zur Abwertung individualreligiöser Ritualpraktiken verwendet) und *mageía* (der bei ihm als positiv konnotiertes Abstraktum eben nur im *Alkibiades*-Dialog vorkommt) offenbar eine große wirkungsgeschichtliche Bedeutung zuzumessen. Hätte der Philosoph auch in seinen *Nomoi* den Magiebegriff zur Verurteilung vermeintlich *asebischer* Ritualpraktiken verwendet, hätte die abendländische Philosophie- und Literaturtradition nicht auf auf ein so prominentes Vorbild hinsichtlich einer positiven Lesart des Magiebegriffs zurückgreifen können. Die Geschichte des Begriffs würde dann möglicherweise nicht – oder zumindest nicht in dem Ausmaß – jene irritierende Ambivalenz aufweisen, die mit Blick auf die hier erarbeitenden Befunde in so vielen Facetten zu beobachten ist.[24]

Die große wirkungsgeschichtliche Bedeutung Platons findet freilich ihren deutlichsten Ausdruck im antiken Platonismus – insbesondere im sogenannten Mittel- und Neuplatonismus der römischen Kaiserzeit.[25] Auf-

---

Denkmale zu der übrigen Inschrift den Beisatz machte: 'Lehrer der Magier' [μαγικῶν γένοιτο διδάσκαλος].''; deutscher Text nach Detlef Weigt (Hg.), *Porphyrios. Über die Enthaltsamkeit von fleischlicher Nahrung. Bearbeitet und neu herausgegeben von Detlef Weigt*, Leipzig 2004, 136; Fettsetzung Weigt; griechischer Text nach Michel Patillon, Alain Ph. Segonds (Hg.), *Porphyre. De L'Abstinence. Tome III. Livre IV. Texte Établi, Traduit et Annoté par Michel Patillon et Alain Ph. Segonds*, [Collection des Universités de France; Série Grecque; 368], Paris 1995, 25.

23 Vgl. dazu Bremmer, „The birth of the Term 'Magic'" (neue Fassung), 6.
24 In diesem Zusammenhang ist zu bedenken, dass die (wirkungsgeschichtlich außerordentlich bedeutsame) frühneuzeitliche Aufwertung des Magiebegriffs – im Kontext des *magia-naturalis*-Topos – ganz konkret mit der Restituierung der platonischen Schriften und explizit auch des *Alkibiades*-Dialogs einher geht, wie in Kap. 10 ausführlicher dargelegt wird.
25 Die Unterscheidung verschiedener Platonismen gehört dem modernen akademischen Diskurs an und orientiert sich im Wesentlichen an der herausragenden Bedeutung Plotins für den antiken Platon-Diskurs; vgl. Volker Henning Drecoll, „Neuplatonismus", 66, in: Drecoll, *Augustin Handbuch...*, 72-85. Augustinus etwa redet auch im Kontext neuplatonischer Autoren immer von *Platonikern* (vgl. Augustinus, *De Ciuitate Dei*, u.A. 10, 2; 10, 9) und verweist in seinen *Confessiones* entsprechend auf (wahrscheinlich Plotinische) *Bücher der Platoniker* (Augustinus, *Confessiones*, u.A. 7, 20).

grund der bereits bei Platon angelegten Ambivalenz nimmt es nicht wunder, dass die Rezeption des Magiebegriffs und seiner Synonyma im platonischen Diskurs der Spätantike nicht analog zum oben skizzierten Ausgrenzungsdiskurs, sondern weitaus ambivalenter zu sehen ist. Bereits Apuleius kann jene Ambivalenz prägnant illustrieren – hier ist nicht nur an seine ironische Definition des *magus* in der *Apologia* zu denken, sondern auch an die in *De Deo Socratis* genannten „Wunderwerke der Magier [magorum varia miracula]",[26] die auf einem mindestens wertneutral, wenn nicht positiv konnotierten Dämonenbegriff basieren. Bei Plotin sind die Gedanken hierzu ebenfalls durch eine eigentümliche Ambivalenz geprägt, werden aber noch weitaus komplexer. Im Folgenden soll daher die Rezeption des Magiebegriffs und seiner Synonyma bei den wichtigsten neuplatonischen Autoren skizziert werden.

9.1.2. Zur ambivalenten Rezeption des Magiebegriffs im neuplatonischen Diskurs

An dieser Stelle kann freilich keine ausführliche Darstellung der – hinter der neuplatonischen Rezeption von *mageía/goēteía* stehenden – Philosophie Plotins geleistet werden. Gleichwohl gibt es einige grundlegende Setzungen des Philosophen, die gewissermaßen das Gerüst jeder neuplatonischen Philosophie bilden und auch an dieser Stelle nicht ausgeblendet werden können; sie sollen einführend skizziert werden. Alle weiteren neuplatonischen Ideenlinien sollen nur dann berücksichtigt werden, wenn sie im Kontext der Rezeption des Magiebegriffs eine Rolle spielen.

9.1.2.1. Plotin: Grundlagen

Zunächst zu den grundlegenden philosophischen Setzungen Plotins;[27] einführend kann gesagt werden, dass sein Denken durch ein „eminent auf Erlösung ausgerichtetes Philosophieverständnis" gekennzeichnet ist.[28] Dies hängt im Wesentlichen damit zusammen, dass seine Rezeption der Seelen- und Ideenlehre Platons in einer radikalen Gegenüberstellung der materiellen, sinnlich-wahrnehmbaren Außenwelt einerseits und des geistig-intelligiblen Teils der menschlichen Seele andererseits mündet. Von dieser

---

26 Apuleius, *De Deo Socratis*, 6 (Baltes, *Apuleius. De Deo Socratis...*, 56/57).
27 Im Folgenden wird gearbeitet nach der Gesamtausgabe von Richard Harder: Richard Harder (Hg.), *Plotins Schriften. Übersetzt von Richard Harder. Neubearbeitung mit griechischem Lesetext und Anmerkungen*, 12 Bände, [Philosophische Bibliothek; 211a-215c, 276], Hamburg 1956-71; die Enneaden-Angabe erfolgt zuerst nach der systematischen, dann nach der chronologischen Zählung.
28 Volker Henning Drecoll, „Neuplatonismus", 75, in: Drecoll, *Augustin Handbuch...*, 72-85.

9.1. Antike Rezeptionen eines positiv konnotierten Magiebegriffs 347

Gegenüberstellung leitet sich die Stellung des Menschen und das damit einher gehende Erlösungsverständnis des Philosophen ab: die ursprünglich freie, göttliche Seele des Menschen (bei Plotin immer: ψυχή) hat sich gewissermaßen in der körperlichen, sinnlichen, affektiven Welt verfangen[29] und ihren Ursprung vergessen.[30] Plotins grundlegendes Anliegen ist es daher nicht nur, an den göttlichen Ursprung der menschlichen Seele zu erinnern, sondern dieser auch einen (Rück-) Weg aus ihrem körperlich-affektiven Gefängnis aufzuzeigen – er will „sie auf den umgekehrten Weg, zum Ersten hin kehren und hinaufführen [...] bis zum Höchsten, dem Einen und Ersten."[31]

Aufgrund der hierfür großen – freilich platonisch begründeten – Bedeutung des vernunfthaften, denkenden Schauens kann dieser Vorgang insgesamt als „aufstiegsartiger Verinnerlichungs- und Abstraktionsprozeß" bezeichnet werden.[32] Plotin geht in diesem Zusammenhang davon aus, dass die menschliche Seele dabei von „Lehm oder Schlamm" gereinigt werden muss[33] – gemeint ist hiermit vor allem die Lösung von den *Begierden* (ἐπιθυμίαι), welche die Seele an den Körper binden.[34] Mit dieser schrittwei-

---

29 Vgl. Plotin, *Enneaden*, 3, 1, 8 (chron: 3, 8, 34/35 nach Harder, *Plotins Schriften. Band Ia...*, 86-89): „Die Seele [ψυχὴν] ist ein andersartiges Prinzip, sie muß man in die Welt einführen, nicht nur die Allseele sondern mit ihr auch die Einzelseele, denn sie ist kein geringes Prinzip; damit bringt man alle Dinge in Verflechtung, denn sie entsteht nicht, so wie die andern Dinge aus Samen, sondern sie ist selbst eine erstbewirkende Ursache. Solange die Seele nun ohne Leib ist, ist sie völlig Herr über sich und frei und steht außerhalb der innerweltlichen Verursachung; gerät sie aber in den Leib, so ist sie nicht mehr in Allem unabhängig, da sie dann in eine Reihe mit andern Dingen gestellt ist."

30 Vgl. Plotin, Enneaden, 5, 1, 1 (chron: 10, 1, 1 nach Harder, Plotins Schriften. Band Ia..., 208/09): „Was hat denn eigentlich die Seelen ihres Vaters Gott [πατρὸς θεοῦ] vergessen lassen und bewirkt, daß sie, obgleich Teile aus jener Welt und gänzlich Jenem angehörig, ihr eigenes Wesen so wenig wie Jenen mehr kennen? Nun, der Ursprung des Übels war ihr Fürwitz, das Eingehen ins Werden, die erste Andersheit, auch der Wille sich selbst zu gehören. An dieser ihrer Selbstbestimmung hatten sie, als sie denn in die Erscheinung getreten waren, Freude, sie gaben sich reichlich der Eigenbewegung hin, so liefen sie den Gegenweg und gerieten in einen weiten Abstand: und daher verlernten sie auch daß sie selbst von dort oben stammen; wie Kinder die gleich vom Vater getrennt und lange Zeit in der Ferne aufgezogen werden, sich selbst wie ihren Vater nicht mehr kennen."

31 Plotin, Enneaden, 5,1,1 (chron: 10, 1, 3 nach Harder, Plotins Schriften. Band Ia..., 208/09).

32 Drecoll, „Neuplatonismus", 74.

33 Vgl. prägnant Plotin, *Enneaden*, 1, 6, 5 (chron: 1, 5, 26 nach Harder, *Plotins Schriften. Band Ia...*, 14/15): „Da sie [die Seele; d. Verf.] also, meine ich, verunreinigt ist, hin- und hergerissen wird durch die Anziehung der Wahrnehmungsgegenstände, reichlich mit der leiblichen Beimischung versetzt ist, reichlich mit dem Stofflichen umgeht und es in sich einläßt, so hat sie durch die Vermischung mit dem Niederen eine fremde Gestalt angenommen. So tritt, wenn einer in Lehm oder Schlamm eintaucht, seine vorige Schönheit nicht mehr in Erscheinung, sondern man sieht nur das was von Schlamm oder Lehm an ihm haftet; für den ist doch das Häßliche ein fremder Zusatz, und es ist nun seine Aufgabe, wenn er wieder schön sein will, sich abzuwaschen und zu reinigen, dann ist er wieder was er war."

34 Vgl. Plotin, *Enneaden*, 1, 6, 5 (chron: 1, 5, 27 nach Harder, *Plotins Schriften. Band Ia...*, 14/15): „So dürfen wir wohl mit Recht die Häßlichkeit der Seele als eine fremde Beimischung,

sen Lösung von materiellen und affektiven Verhaftungen kann sich die Seele schließlich zunehmend dem *Guten* und *Schönen* – also im (neu-) platonischen Denken: dem *Göttlichen* – annähern.[35] Entscheidend hierbei ist, dass die Seele dabei „ganz und gar reines, wahres Licht" wird,[36] denn andernfalls könnte sie das *Schöne* gar nicht erkennen – „kein Auge könnte je die Sonne sehen, wäre es nicht sonnenhaft; so sieht auch keine Seele das Schöne, welche nicht schön geworden ist. Es werde also einer zuerst ganz gottähnlich und ganz schön, wer Gott und das Schöne schauen will."[37] Endpunkt des Seelenaufstiegs ist schließlich die „höchste Schau",[38] die Vereinigung mit dem letzten, göttlichen Prinzip – ein Zustand, den Plotin im Laufe seines Lebens (laut der von seinem Schüler Porphyrios verfassten Biographie) immerhin vier mal erreicht habe.[39]

Aufgrund dieses – die gesamte neuplatonische Philosophie durchziehenden – soteriologischen Aufstiegsgedankens ist das „System Plotins [...] geprägt durch eine Hierarchie des Seienden, welche im 'Einen' gipfelt".[40] Plotin orientiert sich hierbei an der – dem Platonischen *Timaios* entnommenen –[41] Vorstellung einer Weltseele, die alle einzelnen Lebewesen in sich enthält: „An erster Stelle ist festzuhalten, daß das Weltall ein einheitliches Lebewesen ist, welches alle in ihm befindlichen Lebewesen in sich enthält; es hat eine einheitliche Seele, die sich auf alle seine Teile erstreckt, insoweit das Einzelding Teil des Alls ist".[42] Hintergrund dieser seelischen All-Verbundenheit ist die Vorstellung, dass ursprünglich alle Bestandteile des Kos-

---

eine Hinwendung zum Leib und Stoff bezeichnen, und es bedeutet also häßlich sein für die Seele nicht rein und ungetrübt sein wie Gold, sondern mit Schlacke verunreinigt; entfernt man nun die Schlacke, so bleibt das Gold zurück und ist schön, sobald es vom Fremden losgelöst nur mit sich selbst zusammen ist; so ergeht es auch der Seele: löst sie sich von den Begierden [ἐπιθυμιῶν], die sie durch zu innige Gemeinschaft mit dem Leib erfüllen, befreit sie sich von den andern Leidenschaften und reinigt sich von Schlacken der Verkörperung und verweilt allein mit sich, dann hat sie das Häßliche, das ihr aus einem fremden Sein kommt, sämtlich abgelegt."

35 Vgl. hierzu etwa Plotin, *Enneaden*, 1, 6, 6 (chron: 1, 6, 30/31 nach Harder, *Plotins Schriften. Band Ia...*, 16/17): „Durch solche Reinigung wird die Seele Gestalt und Form, völlig frei vom Leibe, geisthaft und ganz dem Göttlichen angehörig, aus welchem der Quell des Schönen kommt, und von wo alles ihm Verwandte schön wird. Wird so die Seele hinaufgeführt zum Geist, so ist sie in noch höherem Grade schön. Der Geist aber und was von ihm kommt, das ist für sie die Schönheit, und zwar keine fremde sondern die wesenseigene, weil sie dann allein wahrhaft Seele ist. Deshalb heißt es denn auch mit Recht, daß für die Seele gut und schön werden Gott ähnlich werden bedeutet, denn von ihm stammt das Schöne und überhaupt die eine Hälfte des Seienden".
36 Plotin, *Enneaden*, 1, 6, 9 (chron: 1, 9, 42 nach Harder, *Plotins Schriften. Band Ia...*, 24/25).
37 Ebenda.
38 Drecoll, „Neuplatonismus", 74.
39 Vgl. Porphyrios, *Vita Plotini*, 23.
40 Zintzen, „Bemerkungen zur neuplatonischen Seelenlehre", 44.
41 Vgl. hierzu besonders die kosmogenetischen Ausführungen in Platon, *Timaios*, 29f.
42 Plotin, *Enneaden*, 4, 4, 32 (chron: 28, 32, 168 nach Harder, *Plotins Schriften. Band IIa...*, 322/23).

mos' im Rahmen eines stufenförmigen Emanationsprozesses aus dem absoluten, transzendenten *Einen* selbst hervorgegangen sind.⁴³ Der solchermaßen emanierte Kosmos Plotins kann insofern als einheitliches System verstanden werden, „das von der höchsten Spitze bis hin zu den untersten Stufen materieller Existenz die Wirklichkeit in einer werthaften Ordnung zusammenfaßt".⁴⁴ Plotins entscheidende konzeptionelle Weiterentwicklung gegenüber Platon und dem Mittelplatonismus ist nicht nur die konzeptionelle Ausarbeitung und Sonderstellung des absoluten, transzendenten *Einen*,⁴⁵ sondern vor allem die Vorstellung einer wesenhaften Verwandtschaft zwischen der Weltseele und den einzelnen Bestandteilen des Kosmos', welche sich folgerichtig in der prinzipiellen Verbundenheit alles Seienden äußert.⁴⁶

9.1.2.2. Plotin: *mageía* und *goēteía*

Es ist dieser Aspekt, der für seine Rezeption der Terminologie um *mageía* entscheidend ist. Die wechselseitige Verwobenheit der einzelnen Bestandteile des Kosmos' umschreibt Plotin mit einem Begriff, der sehr viel später auch den akademischen Magiediskurs des 19. und 20. Jahrhundert maßgeblich prägen wird: *Sympathie*. Aufgrund der allumfassenden kosmischen Beseeltheit und der damit einher gehenden Verbundenheit der Einzelseelen mit der Weltseele erscheint es für Plotin evident, dass alle Dinge in einer Wirkungsgemeinschaft – eben in *Sympathie* zueinander – stehen:

> „Diese ganze Alleinheit nun steht in einer Wirkungsgemeinschaft (*Sympathie*) [συμπαθὲς], ist Einheit wie ein Lebewesen; so ist das Ferne sich nahe wie bei einem Lebewesen Klaue und Horn, oder Finger und ein anderes ihm nicht benachbartes Glied; das entfernte Ding erfährt Einwirkung, ohne daß das Zwischenstück beteiligt ist und etwas erleidet; denn die gleichartigen Dinge liegen nicht nebeneinander, sondern sind getrennt durch andersartige Zwischenstücke, sie unterliegen aber trotzdem vermöge ihrer Gleichartigkeit den gleichen Einwirkungen; so muß notwendig eine Handlung, die von einem nicht

---

43 Plotin formuliert hierzu eine *Hypostasenreihe* – aus dem *Einen* emaniert sich *Geist* (*nous*), aus dem Geist wiederum die *Weltseele* (*psychē*), aus dieser emanieren schließlich die sinnlich wahrnehmbare Welt und Materie; die Einzelseelen sind von gleicher Art wie die Weltseele, allerdings an den Körper gebunden, in ihrer Wirkmöglichkeit begrenzt und dadurch von der Weltseele getrennt; ausführlicher dazu Zintzen, „Bemerkungen zur neuplatonischen Seelenlehre", 44-50.
44 Drecoll, „Neuplatonismus", 75.
45 Vgl. Christoph Horn, „Plotin (ca. 204-270 n.Chr.)", 106/07, in: Ottfried Höffe (Hg.), *Klassiker der Philosophie. 1: Von den Vorsokratikern bis David Hume*, [Beck'sche Reihe; 1792], München 2008, 106-117.
46 Vgl. auch Zintzen, „Bemerkungen zur neuplatonischen Seelenlehre", 48: „Die so streng verfochtene These von der Einheit aller Seelen und der Einheitlichkeit der Weltseele, sowie deren Übereinstimmung mit der Urseele bringt Plotin konsequenterweise dazu, die Verwandtschaft des ganzen von der Seele durchwalteten Weltalls zu postulieren."

Benachbarten ausgeht, auch in die Ferne wirken; denn es ist alles Lebewesen und zu einer Einheit zugehörig, daher ist keine räumliche Entfernung so groß, daß die Dinge sich nicht nahe genug wären, durch die Beschaffenheit des einheitlichen Lebewesens auf einander zu wirken."[47]

Aufgrund der sympathetischen Einheit des Kosmos könne eine „Handlung, die von einem nicht Benachbarten ausgeht, auch in die Ferne wirken". Auf der Basis dieser Vorstellung formuliert Plotin eine theoretische Erklärung – gleichwohl völlig anderer Art als die Augustins – auch (aber nicht nur) jener Ritualpraktiken, die in der Antike üblicherweise unter den Begriffen *mageía/goēteía* gefasst wurden. Den Sympathiebegriff selbst entnimmt Plotin der stoischen Philosophie – Cicero hatte beispielsweise in seiner Schrift *De Natura Deorum* davon gesprochen, dass die Welt von einer kosmischen Sympathie zusammengehalten werde, die unabhängig von göttlichen Kräften agiere: „Denn ihr Zusammenhalt und ihre Dauer [der Natur; d. Verf.] liegt vielmehr in einer rein natürlichen Kraft und nicht in der göttlicher Wesen begründet, und in dieser besteht diese Art von Harmonie, die die Griechen mit dem Wort 'sympátheia' bezeichnen [quam συνπάθειαν Graeci vocant]".[48] Geht man noch weiter zurück, findet sich der Sypmpathiebegriff bereits im Rahmen der vorsokratischen Spekulationen um Natur und Kosmos – so etwa bei Anaximander, Pythagoras und Empedokles;[49] er fließt auf diese Weise auch in die medizinischen Systeme Hippokrates' und später Galens ein.[50] Im Zuge der stoischen Rezeption wird *Sympathie* schließlich zur verbindenden Grundkraft eines organischen, einheitlich beseelten Kosmos'.[51]

Plotin orientiert sich ganz wesentlich an dieser Vorstellung und verwebt den Sympathiebegriff schließlich auch – im Rahmen des entscheidenden Abschnitts zu *mageía/goēteía* –[52] mit seinem Verständnis des Gebets: „die Erfüllung des Gebetes [εὐχὴν] geschieht, weil der eine Teil der Welt in Wirkungsgemeinschaft [συμπαθοῦς] [...] mit dem andern steht; so wie bei einer gespannten Saite, die, unten gezupft, sich auch oben bewegt; oft hat sogar eine Saite auf der Leier, wenn auch nur die andere gerührt wird, gleichsam Bewusstsein davon infolge des Gleichklangs, weil sie auf die-

---

47 Plotin, *Enneaden*, 4, 4, 32 (chron: 28, 32, 170/71 nach Harder, *Plotins Schriften. Band IIa...*, 322/23); Kursivsetzung Harder.
48 Cicero, *De Natura Deorum*, 3, 28 nach Wolfgang Gerlach, Karl Bayer, *M. Tullius Cicero. Vom Wesen der Götter. Drei Bücher. Lateinisch-deutsch. Herausgegeben, übersetzt und erläutert von Wolfgang Gerlach und Karl Bayer*, [Sammlung Tusculum], München ³1990, 376/77.
49 Dazu ausführlicher Walther Kranz, „Kosmos als philosophischer Begriff frühgriechischer Zeit", in: *Philologus 93 (1938)*, 430-448.
50 Vgl. Kristian Köchy, *Ganzheit und Wissenschaft: Das historische Fallbeispiel der romantischen Naturforschung*, [Epistemata: Reihe Philosophie; 180], Würzburg 1997, 214, Fußnote 585.
51 Vgl. im Kontext des Stoikers Poseidonios ausführlich Karl Reinhardt, *Kosmos und Sympathie. Neue Untersuchungen über Poseidonios*, München 1926.
52 Vgl. insgesamt Plotin, *Enneaden*, 4, 4, 40-44 (chron: 28, 40-44).

selbe Harmonie gestimmt ist".⁵³ Wichtig ist also, dass Plotin das *Gebet* (εὐχή) hier im Kontext seiner Ausführungen zu *mageía/goēteía* verortet; an anderer Stelle wird es sogar analog zu den *Künsten der Magier* gesetzt: „Es gibt nun ein Erkennen der Gebete [εὐχῶν] bei den Sternen, die gemäß einer Art Verknüpfung und der jeweils besonderen Beziehungen in Allharmonie stehen; die Erfüllungen der Gebete kommen so zustande; und in der Kunst der Magier [μάγων τέχναις] ist alles von dieser Verknüpfung abhängig; und das heißt, auf Grund von Kräften, die in Sympathie Folge leisten [ταῦτα δὲ δυνάμεσιν ἑπομέναις συμπαθῶς]."⁵⁴

Die von Plotin verwendete Terminologie um *mageía/goēteía* verweist also auf die Vorstellung einer sympathetischen „Krafteinwirkung"⁵⁵ – beispielsweise im Kontext eines Rituals, welches (um Plotins Metaphorik aufzugreifen) gezielt jene Saiten auf der kosmischen Leier anstößt, die an anderer Stelle die gewünschten Ereignisse in Gang setzen. Die so evozierte Kraft basiere prinzipiell auf der natürlichen *Sympathie* zwischen den einzelnen Bestandteilen des Kosmos': „Wie aber erklären wir die magischen Wirkungen [Τὰς δὲ γοητείας πῶς]? Durch die Wirkungsgemeinschaft [...] des Alls [συμπαθείᾳ], durch den bestehenden Einklang des Gleichen und den Gegensatz des Ungleichen, durch die bunte Fülle der zahlreichen Kräfte, die doch zusammenwirken zur Einheit des Weltorganismus."⁵⁶ Wichtig ist also, dass *goēteía* Kräfte nutzt, die bereits im Kosmos angelegt sind und gewissermaßen permanent – auch ohne die rituelle Einflussnahme des *góēs* – wirken. Plotin verwendet zur Erläuterung dieses Zusammenhangs ein gleichermaßen verblüffendes wie naheliegendes Analogon für den Sympathiebegriff – nämlich den Begriff φιλία (*Freundschaft/Liebe*):

„Denn auch wenn niemand sonst magische Praktiken übt, geschieht doch vieles unter magischem Zwange [καὶ γὰρ μηδενὸς μηχανωμένου ἄλλου πολλὰ ἕλκεται καὶ γοητεύεται]; die wahre Magie nämlich ist 'die Freundschaft' und 'der Streit' [καὶ ἡ ἀληφινὴ μαγεία ἡ ἐν τῷ παντὶ Φιλία καὶ τὸ Νεῖκος αὖ], die im All sind, das ist der oberste Zauberkünstler und Hexenmeister [Καὶ ὁ γόης ὁ πρῶτος καὶ φαρμακεὺς οὗτός ἐστιν]. Ihn kennen die Menschen gar wohl und brauchen seine Kräutlein und Formeln wider einander [φαρμάκοις καὶ τοῖς γοητεύμασι]. Denn weil die Menschen von Natur zur Liebe fähig sind und die Liebe erregenden Stoffe sie zueinander zwingen, findet die Kunst des magischen Liebeszwanges [γοητείας τέχνης] statt, bei der man verschiedenen Personen verschiedene magische Substanzen beibringt, die sie durch Kontakt zusammenführen, weil ihnen Liebes-

---

53 Plotin, *Enneaden*, 4, 4, 41 (chron: 28, 41, 221/22 nach Harder, *Plotins Schriften. Band IIa...*, 346/47).
54 Plotin, *Enneaden*, 4, 4, 26 (chron: 28, 26, 123 nach Harder, *Plotins Schriften. Band IIa...*, 302/03).
55 Zintzen, „Bemerkungen zur neuplatonischen Seelenlehre", 49.
56 Plotin, *Enneaden*, 4, 4, 40 (chron: 28, 40, 216 nach Harder, *Plotins Schriften. Band IIa...*, 344/45).

kräfte innewohnen; man verknüpft dabei eine Seele mit der andern, so wie wenn man getrennt stehende Pflanzen miteinander verbindet."[57]

Zweierlei ist hier bemerkenswert: zum einen stilisiert Plotin den Begriff *mageía* an dieser Stelle zu einer Grundkraft des Kosmos': „'die Freundschaft' und 'der Streit'", also – im metaphorischen Sinne – *Anziehung* und *Abstoßung*, stellen für ihn Grundbewegungen der einzelnen Bestandteile des Kosmos' dar. Wenngleich Plotin hier möglicherweise nur ein Wortspiel vor Augen hat,[58] sind die Implikationen dieser Rezeption des Magiebegriffs weitreichend. Erstmals in der Geschichte des Magiebegriffs bezeichnet dieser eine Kraft, die sämtlichen Bewegungen des Kosmos' zugrunde liege. Wenngleich jene Gleichsetzung in den *Enneaden* nicht mehr auftaucht und Plotin sonst den Sympathiebegriff bevorzugt, kann der Philosoph hier als Begründer eines eigenständigen Rezeptionsmusters gesehen werden. Dass der Magiebegriff als Signifikant einer Grundkraft des Kosmos' oder sogar der Schöpfungskraft Gottes herangezogen werden kann, wird im Zuge der frühneuzeitlichen Rezeption – in expliziter Anlehnung an Plotin – noch eine besondere Rolle spielen.[59]

Zum anderen wird an dieser Stelle deutlich, dass der *góēs*/*mágos* Kräfte nutzt, die letztlich durch jene „wahre Magie [ἀληθινὴ μαγεία]" – also *Anziehung* (φιλία/*Freundschaft*) und *Abstoßung* (Νεῖκος/*Streit*) – im Kosmos' bereits verankert sind. Das Liebesritual verknüpfe „eine Seele mit der andern", indem die dabei verwendeten Wirkmittel die menschliche Prädisposition zur Liebe aktivieren und auf einen anderen Menschen richten würden. Entscheidend für Plotin ist, dass der *Magier* außerhalb dieser (in den *Enneaden* gleichwohl nirgends weiter explizierten) vorgegebenen Struktur nicht wirken kann – das heißt: ein Ritual, das die natürlichen Wirkungszusammenhänge nicht kennt und nutzt, kann auch nicht die gewünschte Wirkung hervorrufen. Im Denken Plotins ist der *Magier* also kein Spezialist für die Kommunikation mit Göttern, Dämonen oder anderen transzendenten Wesen, deren Wille rituell zu beeinflussen wäre. Vielmehr kennt und nutzt der *Magier* die Gesetze der kosmischen *Sympathie* – denn sonst „könnte er keine anziehende und bannende Kraft ausüben mit seinen Formeln und Beschwörungen [ἐπαγωγαῖς ἢ καταδέσμοις]; jetzt aber, da er nicht gleichsam auswärts arbeitet, kann er anziehen, da er weiß, wie ein Etwas im Lebewesen zu einem andern hingezwungen wird."[60] Durch die Überzeugung, dass

---

57 Plotin, *Enneaden*, 4, 4, 40 (chron: 28, 40, 216/17 nach Harder, *Plotins Schriften. Band IIa...*, 344/45).
58 Angesichts der späteren Bedeutung des Topos' ist an dieser Stelle dessen marginale Bedeutung im Werk Plotins hervorzuheben: das Abstraktum *mageía* taucht in den *Enneaden* – laut *Thesaurus Linguae Graecae* – eben nur ein einziges Mal, nämlich an dieser Stelle auf.
59 Vgl. ausführlicher unten, Kap. 10.
60 Plotin, *Enneaden*, 4, 4, 40 (chron: 28, 40, 218 nach Harder, *Plotins Schriften. Band IIa...*, 344/45).

9.1. Antike Rezeptionen eines positiv konnotierten Magiebegriffs 353

Magie insgesamt also auf einem natürlichen Prozess beruhe und die gleichzeitige konzeptionelle Vernachlässigung transzendenter Wesenheiten kann Plotin schließlich von einem geradezu mechanistischen, gesetzartigen Vorgehen sprechen:

> „Auch erhören sie [die Gestirne; d. Verf.] die Gebete nicht, wie einige glauben, mit Willen und Bewußtsein; sondern man muß es zugeben, sowohl mit Gebet wie ohne Gebet gehen Wirkungen von ihnen aus, da sie Teile sind und einem Lebewesen angehören, und es gehen Kräfte in Menge von ihnen aus auch ohne ihre bewußte Vornahme, und zwar ohne Einwirkung so gut wie infolge von Vorkehrung, so wie bei einem einheitlichen Lebensorganismus; dabei hat das eine vom andern Nutzen oder Schaden infolge seiner so gearteten Naturanlage; und durch die Künste der Ärzte sowohl wie der Zauberer [τέχναις ἰατρῶν καὶ ἐπαοιδῶν] wird ein Ding gezwungen, einem andern ein Stück von seiner Kraft zu leihen. In gleicher Weise teilt auch das All seinen Teilen Kräfte mit, sowohl von sich aus als auch veranlaßt durch einen, der die Kraft auf einen bestimmten Teil des Alls hinlenkt, denn das All steht auf Grund der gleichen Naturanlage seinen Teilen zur Verfügung, und daher ist der Bittende kein Fremder."[61]

So lässt sich zusammenfassen, dass die Plotinsche Magietheorie auf der Vorstellung eines durchweg belebten Kosmos' beruht, dessen einzelne Bestandteile durch eine allumfassend gedachte *Sympathie* miteinander verbunden sind. Der *góēs/mágos* kennt und nutzt diese sympathetische Verwobenheit des Kosmos' und wirkt durch die (etwa rituelle) Beeinflussung von Kräften, die bereits natürlicherweise zwischen den Einzeldingen bestehen. *Magie* ist bei Plotin also ein geradezu natürlicher Vorgang, der permanent abläuft, sofern er nicht gezielt vom Ritualspezialisten in Gang gesetzt wird.[62] Das Magieverständnis des Philosophen kann daher geradezu als mechanistisch bezeichnet werden; von Menschenhand durchgeführte *mageía/goēteía* kommt für ihn einer Wissenschaft gleich – nicht umsonst werden in obigem Zitat die *Künste der Beschwörer* in einem Atemzug mit den *Künsten der Heiler* (τέχναις ἰατρῶν καὶ ἐπαοιδῶν) genannt. Transzendente Wesen, deren Willen der *góēs/mágos* – ob bittend oder zwingend – zu beeinflussen hätte, spielen in der Plotinschen Magietheorie so gut wie keine Rolle.[63]

---

61 Plotin, *Enneaden*, 4, 4, 42 (chron: 28, 42, 224/25 nach Harder, *Plotins Schriften. Band IIa...*, 348/49).
62 Vgl. Zintzen, „Bemerkungen zur neuplatonischen Seelenlehre", 49: „Dem Zaubererer ist also eine Wirkungsmöglichkeit gegeben, weil er in einem Sympathiezusammenhang innerhalb eines Kräftefeldes steht. Zauberei ist für Plotin eine physikalische und nicht eine psychische Angelegenheit."
63 Nur an einer Stelle hält Plotin nebenbei fest, dass auch Dämonen im sympathetischen Wechselspiel des Kosmos eingewoben und daher durch das Handeln der Menschen beeinflussbar seien; Plotin, *Enneaden*, 4, 4, 43 (chron: 28, 43, 231 nach Harder, *Plotins Schriften. Band IIa...*, 350/51): „Die Dämonen [δαίμονες] ferner sind auch ihrerseits nicht unaffizierbar durch ihren vernunftlosen Teil. Erinnerung und Wahrnehmung ihnen zuzuschreiben, ist nicht widersinnig, ferner daß man sie bezaubern und auf natürlichem Wege herbeiziehen kann [θέλγεσθαι φυσικῶς]; und daß auf die Anrufenden diejenigen von ihnen hören, die

Man beachte: Plotin spricht den hier unter *mageía/goēteía* gefassten Vorgängen weder ihre tatsächliche Wirkung ab, noch ist seine Darstellung durch die üblichen polemischen Setzungen des oben skizzierten Ausgrenzungsdiskurses – etwa durch Konnotationen des *Widergöttlichen, Superstitiösen* oder *Betrügerischen* – geprägt.[64] Zudem werden Praktiken wie *Opfer* und *Gebet* – also integrale Bestandteile institutionalisierter und anerkannter graeco-römischer Religion – mittels des sympathetischen Erklärungsmodells prinzipiell neben *goēteía* gestellt. Man könnte hier also von einem relativ wertneutralen Magieverständnis sprechen – würde sich Plotin nicht gleichzeitig stark von *mageía/goēteía* abgrenzen und die unter den Begriffen gefassten Praktiken (gleichwohl aus ganz anderen Gründen) negativ bewerten. Sein Unbehagen hängt mit seinem oben skizzierten soteriologischen Anliegen zusammen; die kosmische Allverbundenheit, die Plotin mit dem Begriff *Sympathie* zu umschreiben versucht, impliziert ja, dass alle Bestandteile des Kosmos' – auch der Mensch – in einem permanenten Beeinflussungsverhältnis zueinander stehen. Der Philosoph empfindet diese wechselseitige Beeinflussung alles Seienden als außerordentlich störend für den Seelenaufstieg des Menschen. Zur metaphorischen Umschreibung dieses Sachverhalts verwendet er einen naheliegenden Begriff:

> „Denn alles, was auf ein anderes hingewendet ist, unterliegt der Bezauberung durch ein anderes [Πᾶν γὰρ τὸ πρὸς ἄλλο γοητεύεται ὑπ ἄλλου]; denn das, worauf es gerichtet ist, das bezaubert [γοητεύει] und bannt es; und allein das, was auf sich selber hingewendet ist, ist frei von Bezauberung [ἀγοήτευτον]. So unterliegt jegliches Handeln der Zauberei und das ganze Leben des handelnden Menschen [Διὸ καὶ πᾶσα πρᾶξις γεγοήτευται καὶ πᾶς ὁ τοῦ πραξικοῦ βίος]; denn jeder gerät an dem in Erregung, was ihn betört [θέλγει]".[65]

Gerade jene Welt, die der Platoniker als körperliches, sinnliches und affektives Gefängnis des Menschen betrachtet, ist die Welt der allgemeinen und gegenseitigen *Bezauberung* (γοητεύω/θέλγω) – besser wäre hier freilich eine Übersetzung im Sinne von *Beeinflussung/Bewirkung*. Wenn der Mensch seine Seele in ihren ursprünglichen, freien Zustand zurückführen will, tut er daher gut daran, seine sympathetischen Verstrickungen mit den anderen Bestandteilen des Kosmos' zu lösen. Die kosmischen Sympathiezusammen-

---

dieser Welt näher sind und insoweit sie auf diese Welt hingewendet sind"; angesichts der zentralen Bedeutung der kosmischen *Sympathie* – in die auch der Dämon unweigerlich eingebunden ist – scheint dieser im Denken Plotins also nur eine untergeordnete Rolle für *mageía/goēteía* zu spielen.

64 An anderer Stelle – in *Enneaden* 2, 9, 14 (chron: 33, 14, 128 nach Harder, *Plotins Schriften. Band IIIa...*, 144-47) – spielt er allerdings (ähnlich wie bereits Hippokrates) das Wirkungslosigkeitsargument gegen Heilpraktiker aus, welche Dämonen als Krankheitsursache sehen und diese mittels Beschwörungen auszutreiben vorgeben, „womit sie denn bei der Masse sich ein Ansehen geben mögen, welche sich von den Wunderkräften der Zauberer [μάγοις δυνάμεις θαυμάζουσι] imponieren läßt".

65 Plotin, *Enneaden*, 4, 4, 43 (chron: 28, 43, 232 nach Harder, *Plotins Schriften. Band IIa...*, 350/51).

9.1. Antike Rezeptionen eines positiv konnotierten Magiebegriffs

hänge für die (etwa rituelle) Verwirklichung egoistischer Ziele zu nutzen, erleichtert für Plotin nicht den Aufstieg der Seele, sondern behindert diesen vielmehr.

Hinzu kommt, dass die kosmische *Sympathie* gar nicht auf den geistig-intelligiblen Teil der inkarnierten Seele – also auf jenen Teil, der für den Aufstieg der Seele entscheidend ist – einwirken könne; dieser sei daher auch durch *mageía/goēteía* prinzipiell unaffiziert. Entsprechend es ist gerade die geistige Rückbesinnung auf diesen Seelenteil, welche die Überwindung der zahlreichen *Verzauberungen* ermöglicht, denen der Mensch permanent ausgeliefert ist: „Übrig bleibt allein die Betrachtung als unverzauberbar. Denn niemand, der auf sich selber hingewendet ist, unterliegt einer Zauberei [Μόνη δὲ λείπεται ἡ θεωρία ἀγοήτυτος εἶναι, ὅτι μηδεὶς πρὸς αὐτόν γεγοήτευται]; er ist ja Einheit, der Gegenstand seiner Betrachtung ist mit ihm selber identisch; und die Vernunft unterliegt keinem trügerischen Schein, sondern wirkt das, was sein muß, sie lebt ihr Eigenleben und tut ihr Eigentun".[66] Daraus folgt, dass ein Mensch, der den Seelenaufstieg nach Plotin verwirklicht, ein gleichsam *unbezauberbares* Wesen erlangt.[67] Diese Vorstellung findet sich konkret verarbeitet in der Biographie Plotins; Porphyrios erläutert an einer Stelle, dass Plotin den Angriff eines Neiders mittels μαγεία nur aufgrund seiner *mächtigen Seele* (ψυχῆς τοῦ Πλωτίνου δύναμιν) abwehren konnte.[68] Das Selbstverständnis eines neuplatonischen Philosophen wird hier prägnant illustriert: er steht nicht nur intellektuell, sondern Kraft seiner ganzen ψυχή über dem *góēs/mágos*.

Zusammenfassend kann daher festgehalten werden, dass Plotin in seinen *Enneaden* eine elaborierte Magietheorie formuliert, die hinsichtlich ihrer Terminologie und Systematik für den antiken Raum geradezu einzigartig dasteht. Seine konzeptionelle Verknüpfung von *mageía/goēteía* mit einem durchgängig belebten, sympathetisch verwobenen Kosmos und einer allumfassenden Wirkungsgemeinschaft – die auch durch die „Künste der Zauberer [μάγων τέχναις]"[69] genutzt wird – kann in der Tat als diskursbegründend betrachtet werden. Er wird mit seinen Ausführungen nicht nur den identifikatorischen Magiebegriff diverser Renaissance-Autoren,[70] sondern auch den akademischen Diskurs des 19. und 20. Jahrhunderts maß-

---

66 Plotin, *Enneaden*, 4, 4, 44 (chron: 28, 44, 233 nach Harder, *Plotins Schriften. Band IIa...*, 352/53).
67 Plotin, *Enneaden*, 4, 4, 44 (chron: 28, 44, 238 nach Harder, Plotins Schriften. Band IIa..., 354/55): „So ist denn allein vom Zauberzwange frei [ἀγοήτευτος], wer, wenn seine niederen Teile ihn zerren, nichts von dem als gut anerkennt, was jene gut heißen, sondern nur das, um das er selber weiß; das narrt ihn nicht, und ihm jagt er nicht nach, sondern er besitzt es; so wird er wohl nirgendwohin gezerrt."
68 Porphyrios, *Vita Plotini*, 10 (Harder, *Plotins Schriften. Band Vc...*, 24-27).
69 Vgl. Plotin, *Enneaden*, 4, 4, 43 (chron: 28, 43, 232 nach Harder, *Plotins Schriften. Band IIa...*, 350/51); vgl. analog auch Plotin, *Enneaden*, 4, 4, 26 (chron: 28, 26, 123).
70 Vgl. ausführlicher unten, Kap. 10.

geblich beeinflussen.[71] Gleichwohl hat sich Plotin aufgrund seines soteriologischen Aufstiegsmodells von *mageía/goēteía* und einer etwaigen Durchführung von Ritualpraktiken zur Verwirklichung egoistischer Interessen stark distanziert. *Magie* – so könnte man Plotin überspitzt lesen – fördert die Verstrickung der Seele mit der sinnlich-affektiven Körperwelt, anstatt sie zu lösen. Daher findet sich in seinen *Enneaden* auch noch kein *Theurgie*-Begriff – also kein Verweis auf Ritualpraktiken, die den Seelenaufstieg initiieren oder erleichtern sollen. Für Plotin ist Letzterer ein aritualistischer, rein geistiger Prozess. Der Philosoph kann daher im Zeitfenster der Antike nur bedingt in die positive Rezeptionslinie des Magiebegriffs eingeordnet werden; gleichwohl beeinflusst er mit seinen Setzungen maßgeblich spätere positive Rezeptionen. Daher wurde Plotin in der vorliegenden Arbeit – aufgrund seiner großen wirkungsgeschichtlichen Bedeutung für den späteren Aufwertungsdiskurs – im Kapitelteil zur (antiken) positiven Rezeption des Magiebegriffs eingearbeitet.

9.1.2.3. Jamblichs *De Mysteriis*

Plotins Abneigung gegenüber der Durchführung von Ritualpraktiken zur Unterstützung des Seelenaufstiegs ändert sich freilich bei seinen Nachfolgern – so bereits bei seinen Schülern Jamblich und Porphyrios. Insbesondere Jamblich versucht in seiner Schrift *De Mysteriis* (die in den überlieferten griechischen Handschriften eigentlich den Titel Ἀβάμμωνος διδασκάλου πρὸς τὴν Πορφυρίου πρὸς Ἀνεβὼ ἐπιστολὴν ἀπόκρισις καὶ τῶν ἐν αὐτῇ ἀπορημάτων λύσεις – „Abammons des Lehrers Antwort auf den Brief des Porphyrius an Anebo und Widerlegung der darin enthaltenen Bedenken" – trägt)[72] den Aufstieg der Seele im Rahmen eines komplexen, gleichermaßen theoretisch wie praktisch ausgerichteten Modells zu systematisieren, welches er als *Theurgie* bezeichnet. Den Theurgiebegriff selbst rezipiert der Platoniker offenbar an das im zweiten nachchristlichen Jahrhundert von dem (sich selbst so bezeichnenden) *Theurgen* Julian verfasste Offenbahrungsbuch der *Chaldäischen Orakel*.[73] Auf diesen rezeptionsgeschichtlichen Zusammenhang und Jamblichs mitunter komplexes Verständnis von *Theurgie* soll im Folgenden nicht ausführlicher eingegangen werden; wichtig ist hier die Frage, ob sich bei Plotins Nachfolgern hinsichtlich Umgang und Bewertung der

---

71 Vgl. oben, Kap. 2.1, sowie zu einer differenzierteren Einordnung der rezeptionsgeschichtlichen Zusammenhänge auch unten, Kap. 12.2.
72 Vgl. Theodor Hopfner (Hg.), *Jamblichus. Über die Geheimlehren. Aus dem Griechischen übersetzt, eingeleitet und erklärt von Theodor Hopfner*, Hildesheim 1987 (reprint: Leipzig 1922), V.
73 Vgl. dazu Friedrich W. Cremer, *Die chaldäischen Orakel und Jamblich de mysteriis*, [Beiträge zur klassischen Philologie; 26], Meisenheim am Glan 1969, v.a. 19ff. Zur Bedeutung und Wirkungsgeschichte der *Chaldäischen Orakel* auch Stausberg, *Faszination Zarathustra...*, 44-56.

9.1. Antike Rezeptionen eines positiv konnotierten Magiebegriffs 357

Terminologie um *mageía* etwas ändert. Zusammenfassend kann hierzu gesagt werden, dass die Plotinischen Setzungen im Wesentlichen beibehalten werden – so grenzt Jamblich den Begriff *theourgía* mehrfach und deutlich von *goēteía* ab.[74]

Seine Schrift *De Mysteriis* ist im Wesentlichen ein systematisch ausgearbeitetes Antwortschreiben an den sogenannten *Brief an Anebo* (*Epistula ad Anebo*) des Porphyrios.[75] Die Fragen, die Porphyrios in diesem Brief stellt, werden in *de mysteriis* mittels der schrittweisen Konzeptionalisierung des *theurgischen* Modells beantwortet. Dieses umfasst sowohl die theoretischen wie praktischen Aspekte des Seelenaufstiegs – der Begriff *Theurgie* (θεῖα ἔργα beziehungsweise θεουργία)[76] verweist dabei im Wesentlichen auf die Vorstellung eines *göttlichen Wirkens*, welches durch den *Theurgen* stattfindet, beziehungsweise diesem widerfährt.[77] Jamblich unterscheidet diesbezüglich zwei Phasen der *Theurgie* – eine niedere, initiatorische, in der Ritualpraktiken und -mittel, sowie die Herbeirufung innerkosmischer Dämonen und Götter eine wesentliche Rolle spielten, um den *Theurgen* zu initiieren und auf seinen Seelenaufstieg vorzubereiten; sowie eine höhere, die nicht mehr auf Ritualpraktiken, sondern vielmehr auf intelligiblen Prozessen und dem überkosmischen, göttlichen Prinzip der *Liebe* (φιλία) beruhe, welche zur letztendlichen Einheit mit dem Göttlichen führe.[78] Entscheidend ist, dass Jamblich in seiner Schrift mehrfach auf eine als *goēteía* markierte Ritualpraxis rekurriert, die er gegenüber dem Wirken des *Theurgien* prinzipiell als minderwertig und betrügerisch darstellt; exemplarisch führt er im Kontext des dritten Kapitels zur Divination aus:

> „ebensowenig aber darfst du endlich auch die durch Zauberei künstlich hervorgerufenen Vorspiegelungen [γοητείας τεχνικῶς κατασκευαζομέναις φαντασίαις] mit der überaus klaren Schau der Götter [...] vergleichen; denn diese Vorspiegelungen verfügen weder über irgendwelche Energie [ἐνέργειαν] noch über eine wahre Wesenheit derer, die dabei geschaut werden, sondern rufen nur Phan-

---

74 Im Folgenden wird mit dem griechischen Text nach Emma C. Clarke et al. (Üb.), *Iamblichus. De mysteriis. Translated with an Introduction and Notes by Emma C. Clarke, John M. Dillon and Jackson P. Hershbell*, [Society of Biblical Literature. Writings from the Greco-Roman World; 4], Atlanta 2003, gearbeitet; der Verständlichkeit halber wird zudem die oben genannte deutsche Übersetzung von Theodor Hopfner hinzugezogen.

75 Ediert bei A. R. Sodano, *Porfirio. Lettera ad Anebo*, Neapel 1958; englische Übersetzung nach Thomas Taylor (Hg.), *Iamblichus. On the Mysteries of the Egyptians, Chaldeans, and Assyrians. Translated from the Greek by Thomas Taylor*, Chiswick 1821, 1-16 („The Epistle of Porphyri to the Egyptian Anebo").

76 Vgl. zur Terminologie Cremer, *Die chaldäischen Orakel...*, v.a. 21/22.

77 Vgl. Ebenda, 22: „Jamblich verwendet θεῖα ἔργα subjektiv als 'Werke' des Menschen (des Theurgen), die sich an die Götter richten, und objektiv als von Gott ausgehende Handlungen."

78 Vgl. hierzu auch Brian Copenhaver, „Iamblichus, Synesius and the Chaldean Oracles in Marsilio Ficino's De Vita Libri Tres: Hermetic Magic or Neoplatonic Magic?", 448f, in: James Hankins et al. (Hg.), *Supplementum Festivum. Studies in Honor of Paul Oskar Kristeller*, [Medieval and Renaissance texts and studies; 49], Binghamton 1987, 441-55.

tome [φαντάσματα] hervor, die nichts als den nackten Schein an sich sehen lassen".[79]

Da die *góētes* mangels (*theurgischer*) *Energie* also nur *Phantome* hervorrufen könnten, erscheint es für Jamblich evident, dass sie nicht jener „wahrhaften Offenbahrung teilhaftig" würden, die dem *Theurgen* möglich sei.[80] Jamblich bündelt diese Polemik schließlich im Rahmen der Beantwortung der Frage des Porphyrios', ob man im Rahmen eines divinatorischen Ritus' nicht auch von minderwertigen Wesen getäuscht werden könne;[81] bereits Porpyhrios hatte in diesem Zusammenhang darauf verwiesen, dass Ritualpraktiker (von ihm wiederum als *agúrtēs* bezeichnet) minderwertige Rituale durchführen würden, die nicht der Seele, sondern nur ihrem Stolz dienten. Diese würden sogar explizit Praktiken durchführen, um die *Theurgen* am Seelenaufstieg zu hindern –[82] ein Vorwurf, den auch Augustinus aus Porphyrios' verloren gegangener Schrift *De Regressu Animae* überliefert.[83] Porphyrios

---

79 Jamblich, *De Mysteriis*, 3, 25, 160 (Hopfner, *Jamblichus*..., 106 bzw. Clarke, *Iamblichus*..., 182).

80 Jamblich, *De Mysteriis*, 3, 26, 161 (Olm, *Jamblichus*..., 106 bzw. Clarke, *Iamblichus*..., 182): „Mancher mag sich wohl überhaupt über vieles andere an der widerspruchsvollen Neuerungssucht [...] wundern, mit Recht aber auch über die ausgeprägte Gegensätzlichkeit der Ansichten [...] betroffen sein, wenn man sogar zu behaupten wagt, daß auch die Zauberer [γόησιν] der wahrhaften Offenbarung teilhaftig sind, während doch bei ihnen auch bei jenen Leuten, die vom Affekte und von Krankheiten ausgehen, die ganze Grundlage [...] nur eine scheinbare ist, Wahrheit [...] dagegen dort überhaupt gar nicht existiert, indem es sich dort [...] nur um Betrug handelt."

81 Jamblich, *De Mysteriis*, 3, 31, 175 (Hopfner, *Jamblichus*..., 115/16 bzw. Clarke, *Iamblichus*..., 194-98): „Noch unverständiger aber als diese Erklärungsart der heiligen [...] Werke ist jene, die ein bestimmtes vielgestaltiges und mannigfaltiges Geschlecht trügerischer Wesen der Schöpfung für das Prinzip der Offenbarung erklärt, die die Rolle von Göttern, (guten) Dämonen imd Totenseelen spielen. Bezüglich dieser Auffassung will ich dir eine Lehre vortragen, die ich einst von chaldäischen Propheten vernahm [Χαλδαίων ποτὲ προφητῶν λεγόντων]"; Kursivsetzung nach Hopfner; vgl. Porphyrios, *Epistula ad Anebo*, 2, 7 (Sodano, *Porfirio*..., 16/17).

82 Porphyrios, *Epistula ad Anebo* (Taylor, *Iamblichus*..., 9; Sodano, *Porfirio*..., 16/17): „But there are some who suppose that there is a certain obedient genus of daemons, which is naturally fraudulent, omniform, and various, and which assumes the appearance of Gods and daemons, and the souls of the deceased [θεοὺς καὶ δαίμονας καὶ ψυχὰς τεθνηκότων]; and that through these every thing which appears to be either good or evil is effected; for they are not able to contribute any thing to true goods, such as those of the soul, nor to have any knowledge of them, but they abuse, deride, and frequently impede those who are striving to be virtuous. They are likewise full of pride, and rejoice in vapours and sacrifices. Jugglers [ἀγύρτης] likewise fraudulently attack us in many ways, through the ardour of the expectations which they raise."

83 Vgl. Augustinus, *De Ciuitate Dei*, 10, 9 (Perl, *Aurelius Augustinus*..., 1. Band, 630-33).: „Auch Porphyrius verheißt eine gewisse Art von Reinigung der Seele durch Theurgie [purgationem animae per theurgiam]; [...] Was indes die Theurgie betrifft, die er als Vermittlerin der Freundschaft mit Engeln und Göttern empfiehlt, kann er nicht in Abrede stellen, daß sie ihre Wirkung bei solchen Mächten ausübt, die entweder selbst auf die Seelenreinigung neidisch sind oder den Künsten Neidischer zu dienen haben. So führt er zum Beispiel folgende Klage eines Chaldäers an: 'Es beschwerte sich ein braver Mann in Chaldäa, daß seine großen Bemühungen um Seelenreinigung ganz erfolglos geblieben seien, weil ein

wundert sich in seinem *Brief an Anebo* zudem darüber, dass jene Ritualpraktizierende vorgeben, höhere Wesenheiten kontrollieren zu können, als seien diese ihnen unterlegen.[84]

In seiner entsprechenden Replik in *de mysteriis* hält Jamblich fest, dass es in der Tat Menschen gebe, die „selbst sündhaft sind und gegen Satzung und Ordnung [...] sich an das Göttliche heranmachen" würden, allerdings fehlte ihnen die notwendige *Energie* (ἐνέργεια) und *Kraft* (δύναμις), um den Göttern wirklich teilhaftig zu werden.[85] Daher könnten sie sich lediglich mit den „bösen Geistern [κακοῖς πνεύμασι]" verbinden, wodurch sie selbst „schlecht und unfromm" würden – „voll zügelloser Lüste, angefüllt mit Schlechtigkeit, Bewunderer jener Denk- und Handlungsweise, die den Göttern fremd ist, und mit einem Worte den bösen Dämonen [πονηροῖς δαίμοσι] ähnlich, denen sie anhängen".[86] Schlimmer noch – da sie Tempelräubern gleichkämen, stünden sie mit den „Theürgen [θεουργοὺς] im heftigsten Kampfe"[87] – Jamblich übernimmt hier Porphyrios' Stilisierung der *góētes* als Feinde der *Theurgie* und kanzelt ihre Praktiken als „frevelafte [...] Verstöße der Unfrömmigkeit" ab.[88] Demgegenüber würde durch *theurgische* Riten „alles Böse [...] beseitigt, alle Schlechtigkeit und jede leidenschaftliche Erregung wird völlig [...] ausgetilgt, ein lauteres Anteilhaben am Guten kommt ihnen im Lautern zu und von obenher werden sie vom Feuer der Wahrheit erfüllt".[89] Auch Jamblich ist also vor dem Hintergrund der soteriologischen Grundintention Plotins zu lesen – *Theurgie* verfolge letztlich das Ziel der „Läuterung, Befreiung und Rettung der Seele [ψυχῆς κάθαρσιν καὶ ἀπόλυσιν καὶ σωτηρίαν]".[90] Im Unterschied zu *goēteía* sei *theourgía* „heilig, göttlich und

---

andrer mit dem gleichen Wunsch es ihm neidete; der habe mit heiligen Gebeten und Beschwörungen die Mächte zu bannen verstanden, auf daß sie das Erbetene dem andern nicht zu geben vermochten. So zog', erklärt Porphyrius, 'der eine zu, und der andre ließ nicht locker.' Damit sei der Beweis erbracht, sagt er, daß die Theurgie eine Kunst sein müsse, die ebenso Gutes wie Böses, sowohl bei Göttern als auch bei Menschen vollbringe."

84 Porphyrios, *Epistula ad Anebo* (Taylor, *Iamblichus...,* 9; Sodano, *Porfirio...,* 18/19): „It very much indeed perplexes me to understand how superior beings, when invoked [θεράποντα], are commanded by those that invoke them, as if they were their inferiors; and they think it requisite that he who worships them should be just, but when they are called upon to act unjustly, they do not refuse so to act."

85 Jamblich, *De Mysteriis*, 3, 31, 176 (Hopfner, *Jamblichus...,* 116 bzw. Clarke, *Iamblichus...,* 196): „Alle Menschen dagegen, die selbst sündhaft sind und gegen Satzung und Ordnung [...] sich an das Göttliche heranmachen, vermögen wegen der Schwäche ihrer eigenen Wirkungsmöglichkeit [ἐνέργείας] oder auch infolge der Mangelhaftigkeit der ihnen zukommenden Energie [δυνάμεως] der Götter nicht teilhaftig zu werden."

86 Jamblich, *De Mysteriis*, 3, 31, 176/77 (Hopfner, *Jamblichus...,* 116 bzw. Clarke, *Iamblichus...,* 196).

87 Jamblich, *De Mysteriis*, 3, 31, 178 (Hopfner, *Jamblichus...,* 117 bzw. Clarke, *Iamblichus...,* 198).

88 Jamblich, *De Mysteriis*, 3, 31, 177 (Hopfner, *Jamblichus...,* 116 bzw. Clarke, *Iamblichus...,* 196).

89 Jamblich, *De Mysteriis*, 3, 31, 178 (Hopfner, *Jamblichus...,* 117 bzw. Clarke, *Iamblichus...,* 198).

90 Jamblich, *De Mysteriis*, 10, 7, 293 (Hopfner, *Jamblichus...,* 191 bzw. Clarke, *Iamblichus...,* 352).

überhaupt in Wahrheit die Offenbarung" –[91] und nur sie weise den „Weg hinauf zum intelligiblen [...] Feuer [...], das man sich als Ziel aller Vorhererkundung und allen theürgischen Wirkens setzen muß".[92]

Im Vergleich zur herausragenden Bedeutung der *Theurgie* bei Jamblich ist die Haltung Porphyrios' gegenüber ihrem Wert und ihrer Relevanz für den Seelenaufstieg reservierter. Wenn man dem Kommentar Augustins in *De Ciuitate Dei* Glauben schenken darf,[93] ging Porphyrios davon aus, dass die (bei Augustin als *teletisch* bezeichneten) Riten der *Theurgie* für den der Körperwelt zugewandten Teil der Seele nützlich seien, bei der Reinigung und dem Aufstieg des intelligiblen Seelenteils aber nicht helfen würden.[94] Gleichwohl kann trotz dieses Unterschiedes in der Bewertung der *Theurgie* festgehalten werden, dass sich sowohl Porphyrios als auch Jamblich von frevelhaften Ritualpraktikern abgrenzen, die mittels etablierter griechischer Synonyma des Magiebegriffs gekennzeichnet werden. Entsprechend deutlich setzt Jamblich die *Theurgie* von einer als minderwertig deklarierten *goētischen* Ritualpraxis ab und verortet sein *theurgisches* Aufstiegsmodell im Kontext authentischen göttlichen Wirkens. Für den Neuplatoniker sind die *goētes* Frevler, die die wahren Gesetze der *Theurgie* nicht kennen; sie könnten nur Trugbilder oder minderwertige Dämonen evozieren, nicht aber die wahren Götter der *Theurgen*.[95] Daher findet sich bei Jamblich auch die Vorstellung einer freiwilligen Götterwirkung im Kontext der *Theurgie* und eines *goētischen* Götter- beziehungsweise Dämonenzwangs, der zu Schadenszwecken instrumentalisiert werden könne.[96]

Insgesamt kann festgehalten werden, dass sich auch die wichtigsten Schüler Plotins – Porphyrios und Jamblich – die im griechischsprachigen Raum übliche negative Bewertung von *mageía/goēteía* übernehmen. Das Eigene, in diesem Fall die neuplatonische Lehre vom Aufstieg der Seele – bei Jamblich im System der *Theurgie* rituell umgesetzt – wird einer als minderwertig deklarierten Ritualpraxis gegenübergestellt, die mit dem Polem

---

91 Jamblich, *De Mysteriis*, 3, 31, 178 (Hopfner, *Jamblichus...*, 117 bzw. Clarke, *Iamblichus...*, 198).
92 Jamblich, *De Mysteriis*, 3, 31, 179 (Hopfner, *Jamblichus...*, 117 bzw. Clarke, *Iamblichus...*, 200).
93 Problematischerweise ist Augustinus ja der einzige antike Autor, der Teile aus Porphyrios' Schrift *De Regressu Animae* überliefert; vgl. dazu Drecoll, „Neuplatonismus", 80/81.
94 Vgl. Augustinus, *De Ciuitate Dei*, 10, 9 nach (Perl, *Aurelius Augustinus...*, 1. Band, 630-33): laut Augustinus stelle Porphyrios die Theurgie „als nützlich hin zur Reinigung eines Teils der Seele, zwar nicht des intellektualen, durch den die Wahrheit der intelligiblen Dinge erfaßt wird, die keine Ähnlichkeit mit den Körpern haben, sondern des spiritualen Teiles der Seele, mit dem man die Bilder der körperlichen Dinge begreift. Dieser Teil, sagt Porphyrius, würde durch gewisse theurgische Heilungen, die man Teleten (Einweihungen) nenne [consecrationes theurgicas, quas teletas vocant], so stark und geschickt, daß er Geister und Engel aufnehmen und Götter schauen könne. Der intellektualen Seele aber erwächst nach seinem Geständnis keinerlei Reinigung aus diesen theurgischen Teleten, wodurch sie befähigt würde, ihren Gott und das wahrhafte Sein zu schauen."
95 Vgl. auch Cremer, *Die chaldäischen Orakel...*, 34/35.
96 Vgl. explizit Jamblich, *De Mysteriis*, 4, 1-7. Dazu ausführlicher auch Cremer, *Die chaldäischen Orakel...*, 36.

goēteía identifiziert wird. Jamblich weist bei seiner Stilisierung der *góētes*, welche die affektive Schlechtigkeit der niederen *Dämonen* in sich aufnehmen würden, indes verblüffende Ähnlichkeiten zu Augustinus auf. Letzter verweist nur ein einziges Mal auf Jamblich und konzentriert sich bei seinen Kommentaren zu neuplatonischen Autoren sonst auf Plotin und Porphyrios.[97] Gleichwohl kann Jamblichs Rezeption des Begriffs *goēteía* und dessen konzeptionelle Verknüpfung mit „den bösen Dämonen [πονηροῖς δαίμοσι]"[98] – die im hierarchisch geordneten, neuplatonischen Kosmos freilich weit unter den *theurgischen* Göttern stehen – durchaus parallel zur polemischen Rezeption des Magiebegriffs bei Augustinus gelesen werden. Der *mágos/góēs* ist auch für die Neuplatoniker – wie im oben skizzierten antiken Ausgrenzungsdiskurs gesehen – immer der Andere.[99]

9.1.2.4. Fazit: Zur neuplatonischen Rezeption des Magiebegriffs

Es ließen sich an dieser Stelle noch weitere Passagen aus den Werken der Neuplatoniker diskutieren – hier ist etwa an eine prägnante Passage in Synesios von Kyrenes *De Imsomniis* zu denken,[100] oder auch an Proklos Schrift *von der heiligen Kunst nach Meinung der Griechen* (περὶ τῆς καθ' Ἕλληνας ἱερατικῆς τέχνης).[101] Da die Grundlagen der neuplatonischen Rezep-

---

97 Vgl. zum Verweis auf Jamblich Augustinus, *De Ciuitate Dei*, 8, 12; zu Augustins Rezeption der Neuplatoniker ausführlicher Drecoll, „Neuplatonismus", 72ff.
98 Jamblich, *De Mysteriis*, 3, 31, 177 (Hopfner, *Jamblichus...*, 116 bzw. Clarke, *Iamblichus...*, 196).
99 An dieser Stelle muss gleichwohl bedacht werden, dass Porphyrios und Jamblich nie den Magie- sondern immer den Goetiebegriff als Ausgrenzungskategorie verwenden; möglicherweise war der Magiebegriff bei den Neuplatonikern durch die alkibiadische Rezeptionslinie – oder auch durch Plotins durchaus positive Setzung, dass „die wahre Magie nämlich [...] 'die Freundschaft' und 'der Streit' [καὶ ἡ ἀληφινὴ μαγεία ἡ ἐν τῷ παντὶ Φιλία καὶ τὸ Νεῖκος αὖ]" sei (Plotin, *Enneaden*, 4, 4, 40; chron: 28, 40, 216/17; nach Harder, *Plotins Schriften*. Band IIa..., 344/45) – noch positiver konnotiert als der Goetiebegriff. Allerdings wird der Magiebegriff von den antiken Neuplatonikern auch nicht identifikatorisch verwendet – dies wird einem frühneuzeitlichen (Neo-) Neuplatoniker wie Marsilio Ficino vorbehalten bleiben.
100 Vgl. Synesios, *De Imsomniis*, 132/33. Der *mágos* wird hier als Kenner und Manipulator des neuplatonischen Kosmos dargestellt und an einer Stelle sogar als Weiser – σοφὸς – bezeichnet; gleichwohl wird die Wirkung seiner Ritualpraxis als begrenzt, ihre Ausführung abschließend als illegitim gekennzeichnet.
101 Zur Schrift ausführlich – mit der lateinischen und griechischen Überlieferung sowie einer englischen Übersetzung – Brian P. Copenhaver, „Hermes Trismegistus, Proclus, and the Question of a Philosophy of Magic in the Renaissance", in: Ingrid Merkel, Allen G. Debus (Hg.), *Hermeticism and the Renaissance. Intellectual History and the Occult in Early Modern Europe*, [Folger books], Washington D.C. 1988, 79-110. Auch an diesem Text ist interessant, dass er keinen Magiebegriff aufweist, in Früher Neuzeit aber dem Magiebegriff zugeordnet wird (der Text wird 1497 von Marsilio Ficino mit dem Titel *de sacrificio et magia* ins Lateinische übersetzt) – wiederum ein verzerrendes Deutungsmuster, das sich bis in Copenhavers genannten Artikel fortführt. Hierzu ausführlicher unten, Kap. 10.3.2.2.

tion des Magiebegriffs aber deutlich geworden sind – der Begriff wird zum Teil ambivalent gefüllt; der neuplatonische Diskurs ist gleichwohl dem antiken Ausgrenzungsdiskurs zuzuordnen –, soll hier auf weitere Einzelanalysen verzichtet werden.

Abschließend ist gleichwohl auf das Verhältnis von *Theurgie* und *Magie* einzugehen. Wie oben gesehen, hat Augustinus die Bemühungen neuplatonischer Autoren, eine scharfe Grenze zwischen beiden Begriffen zu ziehen, gänzlich ignoriert. *Magia, goetia und theurgia* werden bei ihm in einem radikalen semantischen Schmelztiegelverfahren in eins gesetzt.[102] Was bewegt den Kirchenvater dazu, die Position der Neuplatoniker dermaßen zu übergehen? Nun – fasst man aus seiner Sicht die *Theurgie* als Ritualpraxis, um mit einem transzendenten Prinzip oder auch personalisierten transzendenten Mächten (Plural!) in Kontakt zu treten, muss es für den Kirchenvater freilich evident erscheinen, dass hier nur *Dämonen* am Werk sein können. Die Kommunikation mit *Dämonen* ist seiner Sicht wiederum nichts Anderes als: *Magie* – unabhängig von etwaigen Ersatzbegriffen neuplatonischer Autoren. Augustins Gleichsetzung von *Theurgie* und *Magie* kann also prinzipiell – und dadurch analog zu seiner sonstigen Verwendung des Magiebegriffs – als christozentrische Polemik gegenüber einer fremdreligiösen Ritualpraxis angesehen werden.[103]

Man könnte diese polemische Gleichsetzung Augustins seinen weiteren terminologischen Simplifizierungen zuordnen und nicht weiter darüber nachdenken, bestünde nicht das Problem, dass er mit dieser Unterschlagung des neuplatonischen Selbstverständnisses noch den rezenten akademischen Diskurs beeinflusst. Wenn etwa Clemens Zintzen in seinem Aufsatz „Bemerkungen zur neuplatonischen Seelenlehre" schreibt: „Daß Porphyrios magische Praktiken, wenn auch vorsichtig, zuließ, um die Heilung der menschlichen Seele zu befördern, mag wie ein Sakrileg an Plotins Haltung in dieser Frage aussehen", stellt er sich argumentativ auf die Seite Augustins.[104] Dadurch beeinflusst, wie so oft, christliche Apologetik die wissenschaftliche Terminologie, was freilich zu konzeptionellen Schwierigkeiten führt. Denn mit welcher Rechtfertigung sollte ein (post-) moderner Religionswissenschaftler – zumal, wenn er die vorliegende Arbeit gelesen hat – die *Theurgie* der Neuplatoniker als *magisch* bezeichnen dürfen? Reicht für diese Klassifikation die bloße Existenz *theurgischer* Ritualpraktiken aus?

---

102 Augustinus, *De Ciuitate Dei*, 10, 9.
103 Vgl. auch Cremer, *Die chaldäischen Orakel...*, 12: „Augustins weiß sehr wohl um den Unterschied zwischen Theurgie und Magie, doch dient es seinem apologetischen Konzept mehr, gerade in Kenntnis des Unterschiedes, die Grenze zu verwischen."
104 Zintzen, „Bemerkungen zur neuplatonischen Seelenlehre", 54. Vgl. analog Ebenda: „Theurgie ist Zauberei und Götterzwang, sie bleibt daher an die Materie gebunden, kann sich aber von ihr ein Stück sublimieren."

9.1. Antike Rezeptionen eines positiv konnotierten Magiebegriffs

Freilich ist ein substanzieller Magiebegriff als Bestandteil moderner Wissenschaftssprachen – wie oben hinreichend dargelegt – bereits kaum zu rechtfertigen. Zudem könnte man die neuplatonische Lehre des Seelenaufstiegs – analog zu ihrem Selbstverständnis – zunächst einmal unter der Chiffre (praktische?) Philosophie konzeptionalisieren. In Anlehnung an die Argumentation der vorliegenden Arbeit könnte sie freilich auch ohne signifikanten Erkenntnisverlust unter dem Begriff *Religion* gefasst werden. Zintzen hält an anderer Stelle ganz richtig fest: „Da Plotin das Eine mit Gott gleichsetzte, wurde Philosophie zur Theologie".[105] Bei Plotin wie bei all seinen Nachfolgern steht die Reinigung und der Aufstieg der Seele, sowie schließlich die Einheit mit einem absolut und transzendent gedachten *Einen* im Mittelpunkt allen Denkens. Was liegt näher, als dieses Denken als *religiös* zu bezeichnen? Auch wenn bei den Schülern Plotins das ritualpraktische Modell der *Theurgie* einen größeren Raum einnimmt, ist es nicht nötig, dies wissenschaftssprachlich als Übergang zu einem wie auch immer gefassten Konzept *Magie* zu beschreiben.[106]

---

105 Ebenda, 44.
106 Vgl. auch Zintzen, 55: „Die Vita Isidori, die der letzte Scholarch der Athener Akademie Damaskios verfaßte, wirft ein bezeichnendes Licht darauf, wie weit das soteriologische Bedürfnis die Philosophen des 5. und 6. Jahrhunderts n. Chr. auf der Suche nach dem Heil der Seele in die Magie getrieben hatte."; Zintzen verwendet den Magiebegriff hier offenbar in Anlehnung an den Topos *mirakulöser Fähigkeiten*, der in der Vita Isidori vielfach aktualisiert wird – vgl. etwa Rudolf Asmus (Hg.), *Das Leben des Philosophen Isidoros von Damaskios aus Damaskos. Wiederhergestellt, übersetzt und erklärt von Rudolf Asmus*, [Philosophische Bibliothek; 125], Leipzig 1911, zum hellsichtigen Träumen des Isidoros Ebenda, 7f; zur Austreibung eines Dämons Ebenda, 35; zur Fähigkeit indischer Brahmanen, „durch ihre Gebete Regen und Regenlosigkeit" zu bewirken, sowie „Hungersnot und Pest" zu vertreiben Ebenda, 42; zum hellsichtigen, menschenerkennenden Blick Ebenda, 59; zum bösen Blick Ebenda, 123. Sicherlich fällt auch beim Lesen der *Vitae Sophistarum* des Eunapios von Sardes auf, dass bei späteren Neuplatonikern (etwa bei Maximos von Ephesos) *Theurgie* häufig mit dem Wirken von *mirakulösen Ereignissen* – der *Thaumaturgie* – gleichgesetzt wurde; Eunapios macht in seiner hagiographischen Erzählung aber darauf aufmerksam, dass sogar während der inner-neuplatonischen Auseinandersetzungen um *Theurgie* und *mirakulöse Fähigkeiten* – etwa zwischen Eusebios von Myndus und Maximos von Ephesos – der Magiebegriff weiterhin als Ausgrenzungskategorie verwendet worden ist: „At the close of his exposition Eusebius would add that these [die neuplatonischen Ideen zum Aufstieg der Seele; d. Verf.] are the only true realities, whereas the impostures of witchcraft and magic [μαγγανεῖαι καὶ γοητεύουσαι] that cheat the senses are the works of conjurors who are insane men led astray into the exercise of earthly and material powers."; Eunapios von Sardes, *Vitae Sophistarum*, 474 nach Wilmer C. Wright (Hg.), *Philostratos. Lives of the Sophists. Eunapius. Lives of Philosophers. With an english translation by Wilmer Cave Wright*, [The Loeb Classical Library; 134], Cambridge 1998 (reprint 1921), 432/33. Eunapios berichtet entsprechend, dass Maximos daraufhin von Eusebios abfällig als „theatrical miracle-worker [θεατρικὸν ἐκεῖνο θαυματοποιὸν]" bezeichnet worden ist; Eunapios von Sardes, *Vitae Sophistarum*, 475 (nach Wright, *Philostratos...*, 434/35). Die eigenständige Konzeptualisierung *mirakulöser Fähigkeiten* hilft, diesen Zusammenhang zu rekonstruieren, ohne einen verzerrenden Magiebegriff – der von den Neuplatonikern ja nicht zur Selbstbezeichnung, sondern zur Ausgrenzung verwendet wurde – ins Spiel zu bringen.

Die soteriologische Grundausrichtung bleibt bei allen neuplatonischen Autoren bestehen, die *Theurgie* erscheint entsprechend deutlich auch vom antiken semantischen Feld von *mageía/goēteía* abgesetzt. So ist sie gerade nicht durch jene Intention gekennzeichnet, rituell Einfluss auf die materielle Wirklichkeit zu nehmen, die im Kontext des antiken Magiediskurses ja, wie gesehen, ein üblicher Topos (im Kontext der Abwertung individualreligiöser Ritualpraktiken) ist.[107] Nimmt man die Position Jamblichs ernst, soll die *Theurgie* dabei helfen, eben jene materielle Wirklichkeit zu überwinden, welche die *mágoi/góētes* zu beeinflussen versuchen; sie zielt auf die Befreiung der Seele von materiellen und affektiven Begierden, nicht auf deren Verwirklichung ab.[108] Auch etwaige mirakulöse Fähigkeiten werden nicht als Ziel angestrebt, sondern treten allenfalls als Begleiterscheinung eines erfolgreichen *theurgischen* Ritus' auf – Jamblich nennt beispielsweise die Schmerzunempfindlichkeit,[109] oder das Anschwillen oder Schweben des menschlichen Körpers als Anzeichen *göttlichen Wirkens*.[110] Selbst wenn man die Bemühungen des Philosophen, *Theurgie* von *Goetie* abzugrenzen, wiederum nur als (neuplatonische) Polemik gegenüber Ritualpraktikern ansieht, die nicht in sein System eingeweiht sind, macht es weder aus Sicht der akademischen Magieproblematik noch des antiken Magiediskurses Sinn, Augustins christozentrische Gleichsetzung in die Terminologie des Wissenschaftsdiskurses zu übertragen.[111]

Freilich soll an dieser Stelle nicht eine polemische Innenperspektive (Jamblichs Abwertung der *góētes*) gegen eine polemische Außenperspektive (Augustins Abwertung der *Theurgie*) ausgespielt werden. Entscheidend ist, dass im akademischen Diskurs keine Notwendigkeit besteht, den Magiebegriff bei der Analyse neuplatonischen Denkens und Handelns verwenden

---

107 Vgl. dazu explizit Jamblichs Abgrenzung der *Theurgie* von der egoistischen, auch schadenbringenden Instrumentalisierung der Götter: Jamblich, *De Mysteriis*, 4, 1-7.
108 Vgl. Jamblich, *De Mysteriis*, 3, 31, 178 (Hopfner, *Jamblichus...*, 117 bzw. Clarke, *Iamblichus...*, 198): „Nicht Eitelkeit und Hoffart, nicht Freude an Schmeichelei, nicht Gewalttätigkeit vermag sie [die *Theurgen*; d. Verf.] zu erschüttern, sondern alles das weicht und sinkt vor ihnen zurück und vermag ihnen gar nicht einmal nahe zu kommen, gleichsam von einem Blitzstrahl getroffen."
109 Vgl. Jamblich, *De Mysteriis*, 3, 4, 110 (Hopfner, *Jamblichus...*, 72 bzw. Clarke, *Iamblichus...*, 128):: „Viele werden [...] nicht gebrannt, auch wenn man Feuer an sie bringt, weil das Feuer sie eben wegen der göttlichen Inspiration überhaupt nicht zu berühren vermag, [...] andere wieder fühlen es nicht, wenn sie von Spießen durchbohrt sind, wenn sie sich mit Beilen in den Rücken schlagen (lassen) oder sich ihre Arme mit Messern zerfleischen."
110 Vgl. Jamblich, *De Mysteriis*, 3, 5, 112 (Hopfner, *Jamblichus...*, 73/74 bzw. Clarke, *Iamblichus...*, 130): „ferner sieht man den Körper [...] an Höhe oder Breite zunehmen oder auch in der Luft schweben".
111 Auch für Porphyrios und Jamblich gilt daher, was im Kontext von Plotin festgehalten wurde: hinsichtlich ihrer Verwendung der Terminologie um *mageía* lassen sie sich zwar dem antiken Ausgrenzungsdiskurs zuordnen; gleichwohl wurden sie im vorliegenden Kapitel eingearbeitet, da sie maßgeblich spätere (insbesondere frühneuzeitliche) positive Rezeptionen des Magiebegriffs beeinflussen werden.

zu müssen. Wieder gilt, was oben bereits häufig konstatiert worden ist: der wissenschaftssprachliche Verzicht auf einen substanziellen Magiebegriff hilft nicht nur, antike Polemiken, die sich um den Begriff kreisen, aufzudecken, sondern auch, die untersuchten Zusammenhänge adäquater, präziser und wertfreier abbilden zu können.

9.1.3. Weitere Befunde und die Problematik ihrer Deutung

Im Folgenden sollen vor dem Hintergrund der Frage nach selbstreferentiellen *Magiern* in der graeco-römischen Antike noch einige weitere Textbeispiele diskutiert werden. Hierbei werden zunächst wichtige Negativbefunde zur Sprache kommen – also Texte oder Quellentypen, die selbst keinen Magiebegriff aufweisen, im Zuge späterer (auch akademischer) Rezeptionsprozesse aber als *magisch* bezeichnet und interpretiert worden sind. In einem zweiten Kapitelteil sollen dann nochmals vertiefende Überlegungen zur fremdreferentiellen Verwendung des Magiebegriffs in der Antike angestellt werden. Ziel ist hier, zu zeigen, dass fremdreferentielle Zuschreibungen des Begriffs es prinzipiell nicht erlauben, auch von einer entsprechenden selbstreferentiellen Verwendung auszugehen. Mit Rekurs auf eine Reihe weiterer, ambivalent zu deutender Texte im dritten Kapitelteil wird sich insgesamt zeigen, dass mit antiken Rezeptionen des Magiebegriffs sehr viel differenzierter umgegangen werden muss, als bis dato geschehen.

9.1.3.1. Wichtige Negativbefunde: Das *Corpus Hermeticum*; die antiken *Tabellae Defixionum*

Zunächst zu einem prominenten Negativbefund: der Magiebegriff (sowie seine griechisch-lateinischen Synonyma) findet sich weder im *Corpus Hermeticum*, noch im *Lateinischen Asclepius*,[112] noch in der *Tabula Smaragdina* –[113] drei klassischerweise als *magisch* interpretierten und auf einen spätantiken Entstehungszeitraum datierten Texten. Es wird sich zeigen, dass auch diese Zuordnung erst während der Florentiner Renaissance – im Zuge der Über-

---

112 Colpe/Holzhausen führen im zweiten Band ihrer deutschsprachigen Edition des *Corpus Hermeticum* und des *Lateinischen Asclepius* lediglich eine Testimonie (Nr. 20) bei Zimosis auf, die in der (alkibiadischen) Rezeptionslinie um Zoroaster steht und zudem dem Ausgrenzungsdiskurs zuzuordnen ist (!): vgl. Carsten Colpe, Jens Holzhausen (Hg.), *Das Corpus Hermeticum Deutsch. Übersetzt und eingeleitet von Jens Holzhausen. Teil 2: Exzerpte, Nag-Hammadi-Texte, Testimonien*, [Clavis pansophiae; 7, 2], Stuttgart 1997, 580/81.

113 Nach Julius Ruska, *Tabula Smaragdina. Ein Beitrag zur Geschichte der hermetischen Literatur*, [Heidelberger Akten der Von-Portheim-Stiftung; 16; Arbeiten aus dem Institut für Geschichte der Naturwissenschaft; 4], Heidelberg 1926, 2/3.

setzungen Marsilio Ficinos – einsetzt und fortlaufend (bis in den rezenten akademischen Diskurs hinein) tradiert wird.[114] Insbesondere das zwischen dem ersten und vierten Jahrhundert nach Christus entstandene *Corpus Hermeticum* – eine Sammlung griechischer, vornehmlich in Dialogform abgefasster Traktate über die Entstehung der Welt, die Natur Gottes und des Menschen sowie damit einher gehende Vorstellungen der Wiedergeburt, Reinigung und Vereinigung der menschlichen ψυχή mit einem letzten, göttlichen Prinzip – diente ab dem 15. Jahrhundert der Stilisierung eines eigenständigen *hermetischen* Weltbildes (beziehungsweise Diskurses), welches in semantischer Nähe zur frühneuzeitlichen Konstruktion der *magia naturalis* stand. Aufgrund der (bis zur Richtigstellung durch Isaac Casaubon im Jahre 1614 fehlerhaften) Zuschreibung des Textkorpus' zur mythologischen Figur des Hermes Trismegistos (des *dreimalgroßen Hermes*) schienen diese Texte Zugang zu einer uralten ägyptischen Weisheitslehre, einer *prisca theologia* zu ermöglichen – die große Faszination, die das *Corpus Hermeticum* in der Gedankenwelt der europäischen Renaissance ausgelöst hat, konnte dadurch als eine der Triebkräfte bei der positiven Umdeutung des Magiebegriffs im 15. und 16. Jahrhundert wirken.[115]

Gleichwohl kann an dieser Stelle auch ohne tiefergehende Untersuchung des Textkorpus' festgehalten werden, dass – analog zur oben entwickelten Argumentation im Kontext neuplatonischer Autoren – wiederum keine Notwendigkeit besteht, einen substanziellen Magiebegriff bei dessen Analyse verwenden zu müssen. Nach Ansicht der vorliegenden Arbeit weist das *Corpus Hermeticum* deshalb keinen quellenimmanenten Magiebegriff auf, weil die Autoren nicht über *mageía* schreiben wollten – der Begriff war für die Verfasser der hermetischen Traktate (wie für die meisten antiken Autoren) aller Wahrscheinlichkeit nach negativ konnotiert. Zudem lassen sich typische *hermetische* Topoi – wie die analogische Verwobenheit des Kosmos, die Entsprechungsvorstellung von *oben* und *unten* sowie die Möglichkeit zur visionären Schau und Einheit mit dem Göttlichen – als religiöse Textmuster identifizieren, die weitgehend abgesetzt vom antiken semantischen Feld von *mageía/magia* erscheinen.[116] Auch im Kontext des *Corpus*

---

114 Vgl. hierzu sowie zu den Problemen dieser Zuordnung prägnant Copenhaver, „Hermes Trismegistus, Proclus, and the Question of a Philosophy of Magic in the Renaissance", v.a. 81f, 93f.

115 Vgl. ausführlicher unten, Kap. 10.

116 Die analogische Verwobenheit des hermetischen Kosmos' kann – vergleichbar zu den kosmologischen Ausführungen Plotins – völlig unabhängig vom Magiebegriff gelesen werden; auch im *Corpus Hermeticum* ist das thematische Hauptanliegen ein soteriologisches. Jene Stelle im *Lateinischen Asklepius*, die häufig als *magisch* interpretiert wurde und wird, also die Schilderung des Erstellens wirkmächtiger Götterstatuen in *Asklepius*, 23/24 bzw. 37/38 – vgl. Carsten Colpe, Jens Holzhausen (Hg.), *Das Corpus Hermeticum Deutsch. Übersetzt und eingeleitet von Jens Holzhausen. Teil 1. Die griechischen Traktate und der lateinische 'Asclepius'*, [Clavis pansophiae; 7, 1], Stuttgart 1997, 284-86 sowie 309-11 –, deckt wiederum klassisch religiöse Motive ab: Gottesverehrung; die Herstellung von Götterstatuen;

9.1. Antike Rezeptionen eines positiv konnotierten Magiebegriffs 367

Hermeticum gilt, dass ein analytischer Zugriff im heuristischen Fenster des Begriffs *Religion* nicht nur ausreichend ist, sondern den Textinhalt tatsächlich besser abbilden kann.[117]

Ein weiterer Negativbefund ergibt sich bei einem Quellentyp, der in nahezu allen rezenten akademischen Publikationen dem Magiebegriff zugeordnet wird: es geht um die antiken *Tabellae Defixionum* (*Fluchtafeln*), die seit dem späten sechsten Jahrhundert vor Christus im gesamten Mittelmeerraum – häufig in der Nähe von Gräbern, Gewässern, aber auch Tempelanlagen – vergraben und seit dem ausgehenden 19. Jahrhundert sukzessive wissenschaftlich erschlossen worden sind. Jene über 1500 bislang entdeckten,[118] in den meisten Fällen aus Blei gegossenen und beschrifteten Täfelchen weisen zwar eine Reihe häufig wiederkehrender, funktionaler Termini wie καταδῶ (*ich binde herab*) – oder das lateinische *defigo* (*ich durchbohre/halte fest*) – auf, die bereits von Platon in semantische Nähe zu seiner Ausgrenzungskategorie *pharmakeía* gestellt worden sind.[119] Gleichwohl wurde nach Kenntnisstand des Autors bislang kein einziges Täfelchen gefunden, in welches der graeco-römische Magiebegriff selbst oder eines seiner Synonyma eingeritzt worden wäre. Gleiches gilt für die Defixionsfiguren – kleine, aus Wachs, Ton, Bronze oder Blei geformte menschenähnliche Figuren, die das Fluchopfer darstellen und teilweise ebenfalls beschrieben sind.[120] Wenngleich auch diese in der rezenten Forschungsliteratur als *magisch* bezeichnet und gedeutet werden – im deutschsprachigen Raum wird hierbei auch das mysteriöse Präfix „Zauber-" verwendet –, gilt auch hier: für die Untersuchung der antiken Rezeptionsgeschichte des Magiebegriffs spielen sie (zunächst) keine Rolle.

Der Einfachheit ließe sich an dieser Stelle sagen, dass dieses Quellenkorpus in der vorliegenden Arbeit vollständig vernachlässigt werden kann. Gegen diese Einschätzung könnten zwei Einwände vorgebracht werden:

---

die Vorstellung der Präsenz Gottes im Abbild. Vgl. zur magiologischen Deutung der Passage auch Brian P. Copenhaver, *Hermetica. The Greek Corpus Hermeticum and the Latin Asclepius in a new English translation, with notes and introduction*, Cambridge 1992, XXXVIII sowie ausführlicher Derselbe, „Hermes Trismegistus, Proclus, and a Philosophy of Magic". Auch die Vorstellung des mirakulösen Wirkens (*miracula/mirabiles*), die sich in der *Tabula Smaragdina* findet (vgl. *Tabula Smaragdina*, 2 bzw. 11/13 nach Ruska, *Tabula Smaragdina*..., 2/3), kann, wie oben vielfach gezeigt, als Rezeption eines in der Antike etablierten religiösen (geradezu urbiblischen) Topos' verortet werden.

117 Vgl. auch Copenhaver, „Hermes Trismegistus, Proclus, and a the Quesion of...", 93: „Ficino's Hermetica say little of theoretical interest about magic. Modern scholars should not use Hermetic and related terms as if they were vaguely synonymous with magical and its cognates."

118 Vgl. John G. Gager, *Curse Tablets and Binding Spells from the Ancient World*, New York 1992, 3; da gerade in den letzten beiden Jahrzehnten zahlreiche neue Funde gemacht und publiziert worden sind, dürfte diese Zahl mittlerweile deutlich höher sein.

119 Vgl. Platon, *Nomoi*, 933 a.

120 Vgl. Gager, *Curse Tablets*..., 15f sowie ausführlicher Ogden, "Part 1: Binding Spells: Curse Tablets and Voodoo Dolls...", 71ff.

zum einen – der Einwand mit geringerem Gewicht – scheint bis heute ein akademischer Konsens darüber zu bestehen, die Täfelchen und Figuren als *magisch* zu bezeichnen.[121] Insofern kommt diesen also durchaus eine – wenn auch zeitlich verlagerte – rezeptionsgeschichtliche Relevanz für den Magiebegriff zu. Dieser Punkt sei angesichts der in Teil A aufgewiesenen Problematik des akademischen Magiebegriffs vernachlässt. Der zweite, gewichtigere Einwand ergibt sich aus der Tatsache, dass auch die Autoren der *Papyri Graecae Magicae* – also in der Tat selbstreferentielle *Magier*, die ihr Tun explizit unter dem griechischen Abstraktum *mageía* abgebildet haben – Fluchtafeln hergestellt haben.[122] Gleichwohl rechtfertigt auch dieses Argument nicht die wissenschaftssprachliche Kennzeichnung der Fluchtafeln als *magisch* – in der vorliegenden Arbeit wird ja, wie in Kapitel 1 erläutert, dafür plädiert, auch selbstreferentiell-*magische* Texte und Praktiken unter dem Religionsbegriff abzubilden. Gerade diese Strategie macht nun auch im Kontext der Fluchtafeln Sinn: ohne Umschweife werden hier die Götter und Zwischenwesen des etablierten graeco-römischen Pantheons zur Verwirklichung individueller menschlicher Bedürfnisse instrumentalisiert.[123] So ist das Korpus der Fluchtafeln tatsächlich ein Paradebeispiel für die private, egoistische Instrumentalisierung antiker Gottheiten – also für *Individualreligiosität* in der graeco-römischen Antike. Das Konzept erlaubt, das intentionale Spektrum und den rituellen Kontext der Fluchtafeln klarer zu erfassen, ohne einen metasprachlichen Magiebegriff bei deren Analyse verwenden zu müssen.[124]

Entscheidend an dieser Stelle ist, dass das Phänomen der Negativbefunde auf massive Verzerrungstendenzen des *akademischen* Magiebegriffs hinweisen kann, sofern dieser zur Kennzeichnung religionshistorischer – in diesem Fall antiker – Quellentexte herangezogen wird. Die Kennzeichnung dieser Texte als *magisch* impliziert keinen Erkenntnisgewinn, sondern steht

---

121 Vgl. neben den bereits erwähnten Studien von Graf, Dicki und Busch exemplarisch die neue Aufsatzsammlung von Richard L. Gordon, Francisco Marco Simón (Hg.) *Magical Practice in the Latin West. Papers from the International Conference held at the Universtity of Zaragoza, 30 Sept.-1st Oct. 2005*, [Religions in the Graeco-Roman World; 168], Leiden 2010; im deutschsprachigen Raum außerdem wichtig: Kai Brodersen, Amina Kropp (Hg.). *Fluchtafeln. Neue Funde und neue Deutungen zum antiken Schadenzauber*, Frankfurt a. Main 2004. Eine Ausnahme ist die genannte Studie von John G. Gager, der explizit versucht, auf einen wissenschaftssprachlichen Magiebegriff bei der Analyse der Täfelchen zu verzichten; entsprechend prägnant lautet seine Erläuterung: „The Sentence 'X is/was a magician!' tells us nothing about the beliefs ans practises of X; the only solid information that can be derived from it concerns the speaker's attitude toward X and their relative social relationship – that X is viewed by the speaker as powerful, peripheral, and dangerous. [...] Thus our treatment of ancient defixiones does not locate them in the category of magic, for in our view no such category exists."; Gager, *Curse Tablets...*, 25.
122 Vgl. etwa PGM IV, 336f.
123 Vgl. zu den üblichen Dexixions-Zielen ausführlicher Graf, *Gottesnähe...*, 110f.
124 Vgl. hierzu auch die Argumentation bei Jörg Rüpke, *Die Religion der Römer. Eine Einführung*, München ²2006, 166-71.

einem differenzierteren Blick auf die jeweiligen Textinhalte im Wege – eine Erkenntnis, die sich angesichts der in Kapitel 3 aufgewiesenen Ethnozentrik des akademischen Magiebegriffs ohnehin aufgedrängt hätte. Wie auch immer der Wissenschaftsdiskurs fortan mit diesen Quellen umgehen mag: für die vorliegende Arbeit ist entscheidend, dass sie zum Verständnis des antiken Magiebegriffs nichts beitragen können.

9.1.3.2. Vertiefung: Zum Verhältnis von antiker Fremdreferentialität und Selbstreferentialität

Gegenüber diesen wichtigen Negativbefunden soll im Folgenden die Frage gestellt werden, ob sich weitere positive oder selbstreferentielle Rezeptionen des Magiebegriffs jenseits der – eher dem elitären literarischen Diskurs angehörigen – alkibiadischen Rezeptionslinie in der graeco-römischen Antike finden lassen. Erwartungsgemäß ist hier die Quellenlage „etwas dünn";[125] nahezu alle Verweise auf *Magier* entstammen ja dem Ausgrenzungsdiskurs. Hierin liegt das Problem: bereits in Kapitel 8 wurde darauf hingewiesen, dass Personen, die in antiken Texten – aus einer Außenperspektive – als *Magier* gekennzeichnet werden, sich selbst in den meisten Fällen nicht so bezeichnet hätten. Dies betrifft freilich nicht nur die Zuschreibung des personalen Titels, sondern auch die attributive Verwendung des Magiebegriffs, etwa zur Kennzeichnung von Texten oder rituellen Handlungen. Zu dieser Problematik sollen im Folgenden eine Reihe weiterer Fallbeispiele besprochen werden.

Zunächst zu einer kurzen Stelle in der Schrift *Antiquitates Judaicae* des hellenistischen Juden Flavius Josephus (* um 37; † nach 100). Dieser schreibt, dass der römische Stadthalter Felix – in Liebe zu einer gewissen Drusilla entbrannt – „sent to her one of his friends, a Cyprian Jew named Atomus, who pretended to be a magician, in an effort to persuade her to leave her husband and to marry Felix [μάγον εἶναι σκηπτόμενον πέμπων πρὸς αὐτὴν ἔπειθεν τὸν ἄνδρα καταλιποῦσαν αὐτῷ γήμασθαι]".[126] Entscheidend ist hier also „die Notiz des Josephus, dass der genannte Atomos anscheinend selbst vorgibt, ein 'Magier' zu sein".[127] Da Josephus in der Schrift zahlreiche andere Personen mit den Begriffen γόης/γόητες oder ψευδοπροφήτης diffa-

---

125 Vgl. Busch, *Magie in neutestamentlicher...*, 87.
126 Flavius Josephus, *Antiquitates Judaicae*, 20, 142 nach Louis H. Feldman (Üb.), *Josephus. In Nine Volumes. IX: Jewish Antiquities, Books XVIII-XX. General index to Volumes I-IX. With an English Translation by Louis H. Feldman*, [The Loeb Classical Library], London 1965, 464/65.
127 Busch, *Magie in neutestamentlicher...*, 86.

miert,[128] kann an dieser Stelle möglicherweise von einer Selbstbezeichnung ausgegangen werden.

Gleichwohl bleiben auch bei dieser vermeintlich selbstreferentiellen Verwendung des Magiebegriffs die üblichen Unsicherheiten bestehen: vielleicht hat Josephus eine anders lautende Selbstbezeichnung des Atomos mit dem eingängigeren Titel *mágos* (für sich beziehungsweise für den Leser) übersetzt? Augustinus erwähnt in seinen *Confessiones*, dass ein *haruspex* ihm in jungen Jahren im Rahmen eines Dichterwettbewerbs das Angebot gemacht habe, ihn rituell zu unterstützen, damit er gewönne – ein Angebot, dass Augustinus freilich brüsk ablehnte.[129] Es kann angenommen werden, dass der Kirchenvater hier mit der Bezeichnung *haruspex* eine adäquatere Selbstbezeichnung seines unmoralischen Anbieters (für den lateinischen Sprachraum) wiedergibt – denn ist es wirklich wahrscheinlich, dass sich ein öffentlich agierender Ritualspezialist in der Antike mit dem negativ konnotierten Polem *Magier* bezeichnet hat? In diesem Zusammenhang darf nicht vergessen werden, dass sowohl im griechischen[130] wie im römischen[131] Kulturraum eine mitunter scharfe Gesetzgebung gegen den *góēs/mágos/magus* bestand. Wahrscheinlicher ist, dass auch jene Ritualpraktizierende, die sich im privaten, eingeweihten Kontext[132] möglicherweise als *mágos/magus* bezeichnet und verstanden haben, im öffentlichen Raum alternative, positiver konnotierte Personenbezeichnungen verwendet haben.[133]

---

128 Klaus-Stefan Krieger spricht in diesem Zusammenhang von einer „regelrechten literarischen Gattung 'Goeten-Erzählung'" und skizziert dieses – weithin polemische – Muster bei Flavius Josephus: Klaus-Stefan Krieger, *Geschichtsschreibung als Apologetik bei Flavius Josephus*, [Texte und Arbeiten zum neutestamentlichen Zeitalter; 9], Tübingen 1994, 145-48.

129 Augustinus, confessiones, 4, 2 nach Wilhelm Thimme (Hg.), *Aurelius Augustinus. Bekenntnisse. Eingeleitet und übertragen von Wilhelm Thimme*, München ³1985, 89/90; lat. Text nach Martin Skutella (Hg.), *S. Aureli Augustini. Confessionum. Libri XIII. Editit Martinus Skutella*, [Bibliotheca Scriptorum Graecorum et Romanorum Teubneriana], Stuttgart 1981, 55: „Als ich mich damals um den vom Prokonsul für eine dramatische Dichtung ausgesetzten Preis bewarb, fragte, wie ich mich erinnere, ein Wahrsager [haruspicem] bei mir an, welchen Lohn ich ihm zahlen wolle, wenn er mir zum Sieg verhülfe. Ich aber, voll Widerwillen und Abscheu gegen solch schwarze Zauberkünste, gab ihm zur Antwort [me autem foeda illa sacramenta detestatum et abominatum respondisse], wenn auch ein Kranz von unvergänglichem Golde mir winkte, ließe ich doch für meinen Sieg nicht eine Fliege töten. Denn jener hätte bei seinen Opfern Tiere geschlachtet und mir, so glaubte ich, durch solche Ehrengaben die Gunst der Dämonen zuwenden wollen [illis honoribus invitaturus mihi suffragatura daemonia videbatur]."

130 Vgl. hierzu etwa – wie in Kap. 6.3 angesprochen – Platon, *Menon*, 80 a-b.

131 Zum römischen *crimen magiae* ausführlicher oben, Kap. 7.

132 Vgl. zum Topos des selbstreferentiellen Magiers als *Myste* in den *Papyri Graecae Magicae* ausführlicher unten, Kap. 9.2.1.

133 Dies findet sich etwa auch in Augustinus, *Contra Academicos*, 1, 6, 17 bis 1, 7, 21 belegt, wo der Kirchenvater einen Ritualdienstleister namens Albicerius als *divinus*, *haruspex* oder *augur* bezeichnet, nicht aber als *magos*.

9.1. Antike Rezeptionen eines positiv konnotierten Magiebegriffs 371

Dies gilt möglicherweise auch für den vermeintlichen *Magier* Arnuphis, der von Cassius Dio im Rahmen seiner Schilderung der Markomannenkriege Marc Aurels erwähnt wird. Der Historiker berichtet im 71. Buch seines Geschichtswerks, dass die römischen Legionen von einer Überzahl germanischer *Barbaren* eingekreist gewesen seien und Gefahr liefen, an Hitze und Durst zu Grunde zu gehen, als „suddenly many clouds gathered and a mighty rain, not without divine interposition, burst upon them".[134] Jenen göttlichen Eingriff bringt Dio daraufhin mit der Einwirkung des ägyptischen *Magiers* Arnuphis in Verbindung, der das Heer Marc Aurels begleitet habe: „Indeed, there is a story to the effect that Arnuphis, an Egyptian magician ['Αρνοῦφίν {...} μάγον Αἰγύπτιον], who was a companion of Marcus, had invoked by means of enchantments [μαγγανείαις] various deities and in particular Mercury, the god of the air, and by this means attracted the rain".[135] Trotz dieser eingängigen Beschreibung besteht auch im Fall des Arnuphis der Vorbehalt, dass dieser sich möglicherweise selbst nicht als *Magier* bezeichnet hat. Die übliche lateinische Bezeichnung für Ritualpraktizierende, welche die römischen Legionen begleiteten, war viel eher *haruspex, augur* oder einfach *sacerdos* (*Priester*). Tatsächlich ließe sich argumentieren, dass die von Cassius Dio beschriebene Ritualpraxis des Arnuphis in den traditionellen Aufgabenbereich des römischen Tempelpriesters fiel. Auch Cassius Dios Verweis auf den *Magier* Arnuphis mag daher als ausschließlich fremdreferentielle Zuschreibung und dadurch als terminologische Verzerrung aufgefasst werden.[136]

Die Fragwürdigkeit einer Rekonstruktion selbstreferentieller *Magier* aus Quellen des Ausgrenzungsdiskurses betrifft auch die attributive Verwendung des Magiebegriffs, die besonders im Fall der bereits antiken Klassifikation von Texten virulent wird. Wie im Fall der Zuschreibung des

---

134 Cassius Dio, 72, 8, 3 nach Cary, *Dio's...*, 28/29.
135 Cassius Dio, 72, 8, 4 nach Cary, *Dio's...*, 28/29.
136 An den Bericht des Historikers schließen sich gleichwohl kuriose rezeptionsgeschichtliche Verwicklungen an. Julius Capitolinus (Wirkungszeit 3. Jhdt. n. Chr.) schreibt – bei der Schilderung desselben Sachverhalts in der *Historia Augusta* – ein Regen und Donner beschwörendes Gebet Kaiser Marc Aurel selbst zu und erwähnt Arnuphis gar nicht (Julius Capitolinus, *Vita Marci Aurelii*, 24, 4). Johannes Xiphilinos, jener Mönch aus Konstantinopel, der im 11. Jahrhundert das fragliche Fragment aus dem 71. Buch der *Historien* überliefert, fügt an obigen Bericht eine alternative Erklärung der Vorkommnisse an: nicht „Arnuphis, the magician [Ἀρνοῦφις ὁ μάγος]" (Cassius Dio, 72, 9, 2 nach Cary, *Dio's...*, 30/31) habe das römische Heer gerettet, vielmehr habe eine christliche Legion im Heer Marc Aurels gedient und (in dessen Auftrag) zum christlichen Gott gebetet, damit er in jener ausweglosen Lage helfen möge. Da der Allmächtige freilich postwendend Hilfe gesendet habe, sei die christliche Legion fortan als *Donner*-Legion (λεγεῶνα κεραυνοβόλον) bezeichnet worden. Angesichts der Tatsache, dass sich Arnuphis (wenn es ihn denn gab) aller Wahrscheinlichkeit nach gar nicht als *Magier* bezeichnet hat, kann erneut von einer mehrschichtigen Bezeichnungsverzerrung – mit dem Endpunkt der vollständigen historischen Trivialisierung der Person Arnuphis' durch den christlichen Mönch Johannes Xiphilonos – gesprochen werden.

Magier-Titels deuten insofern auch fremdreferentielle Klassifikationen von Texten als *magisch* keinesfalls darauf hin, dass man es hier endlich mit authentischen Texten selbstreferentieller *Magier* zu tun hat. Einige Beispiele mögen zur Illustration dieses Sachverhalts genügen.

So findet sich bei dem hellenistisch-jüdischen Verfasser der unter *Pseudo-Phocylides* überlieferten Aphorismen der Aufruf „Bereite nicht Zaubertränke – halte dich fern von Zauberbüchern [φάρμακα μὴ τεύχειν, μαγικῶν βίβλων ἀπέχεσθαι]".[137] Da auch diese Rezeption des Magiebegriffs dem Ausgrenzungsdiskurs zuzuordnen ist, ist eine genauere Charakterisierung der *magischen* Qualität jener Bücher nicht gegeben. Besitzen diese besondere, von anderen – etwa philosophischen oder religiös-kultischen – Büchern abgrenzbare Eigenschaften? Könnte der Autor einfach – im weitesten Sinne – nicht-jüdische Bücher religiösen Inhalts als *magisch* angesehen haben und hier in der Tradition der unscharfen Verwendung des Magiebegriffs als Ausgrenzungskategorie stehen? Da man über den Inhalt jener Bücher nichts erfährt, besteht hier ein weiter Interpretationsspielraum.

Abgesehen von einigen literarischen, mitunter ironischen Allusionen an den Topos des *magischen Buchs*[138] ist möglicherweise die erste Schilderung einer christlich initiierten Bücherverbrennung ernster zu nehmen, die in der Apostelgeschichte genannt und in den meisten Übersetzungen in den terminologischen Kontext von *Magie* gestellt wird: „Viele aber, die Zauberei getrieben hatten [NT Graece: περίεργα πραξάντων; Vulgata: *qui fuerant curiosa sectati*], brachten die Bücher zusammen und verbrannten sie öffentlich und berechneten, was sie wert waren, und kamen auf fünfzigtausend Silbergroschen".[139] Der im *Novum Testamentum Graece* an dieser Stelle verwendete Begriff *períerga*[140] ist analog zur Terminologie des Ausgrenzungsdiskurses um *mageía* zu sehen:[141] an dieser Stelle wird er verwendet, um das Wirken einiger Juden aus Ephesos, die versucht hatten, im Namen Jesu Exorzismen durchzuführen, abzuwerten.[142] Nachdem diese demonstrativ

---

137 Pseudo-Phocylides 149 nach Douglas Young (Hg.), *Theognis. Ps.-Pythagoras. Ps.-Phoclydes. Chares. Anonymi Aulodia. Fragmentum Teliambicum. Post Ernestum Diehl. Editit Douglas Young*, [Bibliotheca scriptorum Graecorum et Romanorum Teubneriana], Leipzig 1961, 107. Dt. Übers. nach Busch, *Magie in neutestamentlicher...*, 45, Fußnote 50.
138 Vgl. etwa Lukian von Samosata, *Der Lügenfreund*, 12; Apuleius, *Apologia*, 36, 7.
139 Apg 19, 19 nach Luther 1984.
140 Vgl. zum allg. Bedeutunsspektrum Pape, *Griechisch-deutsches Handwörterbuch...*, 2. Band, 575: „Sorgfalt, Fleiß, bes. übertriebene Sorgfalt, Kleinlichkeit, Aengstlichkeit od. Weitschweifigkeit im Thun und Sprechen, auch Beschäftigung mit Dingen, die Einen Nichts angehen, Neugier".
141 Vgl. auch Busch, *Magie in neutestamentlicher...*, 54/55: nach Busch impliziere *periergía* „all das, was dem üblichen Umgang mit der Geisterwelt widerspricht" und ist im Rahmen der „allgemeinen Magiepolemik" einzuordnen.
142 Vgl. Apg 19, 13-16 nach Luther 1984: „Es unterstanden sich aber einige von den Juden, die als Beschwörer umherzogen [NT Graece: περιερχομένων Ἰουδαίων ἐξορκιστῶν], den Namen des Herrn Jesus zu nennen über denen, die böse Geister hatten, und sprachen: Ich beschwöre euch bei dem Jesus, den Paulus predigt. Es waren aber sieben Söhne eines jüdi-

9.1. Antike Rezeptionen eines positiv konnotierten Magiebegriffs

scheitern, befällt die in Ephesos lebenden Juden und Griechen „Furcht [...] und der Name des Herrn Jesus wurde hoch gelobt",[143] daraufhin findet die genannte Bücherverbrennung statt. Auch in der Apostelgeschichte ist also nicht spezifiziert, wodurch jene offenbar außerordentlich große Menge der mit *períerga* assoziierten Bücher eigentlich charakterisiert ist;[144] sicherlich kann angenommen werden, dass ein umfangreiches Spektrum an antiker, aus frühchristlicher Sicht häretischer Literatur unter jene „ephesinischen Zauberbücher"[145] gefallen ist. Gerade aus christlicher Sicht – dies ist im letzten Kapitel deutlich geworden – bildet die Formulierung *magisches Buch* sicherlich kein eindeutiges Textkorpus ab, sondern fungiert vielmehr als polemischer Sammelbegriff für Texte fremdreligiösen Inhalts.[146]

So sollte auch und gerade der moderne Wissenschaftler bei pauschalen Klassifikationen antiker Texte als *magisch* vorsichtig sein; wenn etwa Hans-Dieter Betz über die Bücherverbrennung Kaiser Augustus' im Jahre 13 vor Christus schreibt: "According to Suetonius, Augustus ordered 2000 magical scrolls to be burned in the year 13 B.C."[147] – weicht er signifikant von der ursprünglichen Terminologie bei Sueton ab; dort ist lediglich von *fatidicorum librorum Graeci Latinique* die Rede,[148] also von Büchern zur graeco-römischen Divinationspraxis. Gerade im Kontext der Regierungszeit Augustus' hat dieses Ereignis eine besondere Bedeutung, die kaum mit dem antiken Verständnis von *Magie* in Verbindung steht; jene "erste große Bücherbrennung in Rom"[149] wurde von Augustus – nach dem Erlangen des Oberpontifikats – zur Kontrolle und Säuberung des römischen Tempelkults

---

schen Hohenpriesters mit Namen Skevas, die dies taten. Aber der böse Geist antwortete und sprach zu ihnen: Jesus kenne ich wohl und von Paulus weiß ich wohl; aber wer seid ihr? Und der Mensch, in dem der böse Geist war, stürzte sich auf sie und überwältigte sie alle und richtete sie so zu, dass sie nackt und verwundet aus dem Haus flohen."

143 Apg 19, 17 nach Luther 1984.
144 Peter Busch führt aus, dass die angegebenen 50.000 Silbergroschen etwa dem „doppelten Jahresetat einer großen Bibliothek" entsprochen haben dürften; vgl. ausführlicher Busch, *Magie in neutestamentlicher...*, 80/81.
145 Ebenda, 80.
146 Ähnlich kritisch mag, dies sei hier nur angedeutet, auch die Erwähnung *magischer Bücher* in der römischen Rechtsprechung interpretiert werden – vgl. hierzu etwa Iulius Paulus, *Sententiarum Receptarum ad filium*, 5. Buch, 23, 18.
147 Hans Dieter Betz, *The Greek Magical Papyri in Translation. Including the Demotic Spells. Edited by Hans Dieter Betz*, Chicago 1986, XLI.
148 Vgl. Gaius Suetonus Tranquillus, *De vita Caesarum II: Divus Augustus*, 31 nach Hans Martinet (Hg.), *C. Suetonius Tranquillus. Die Kaiserviten. De vita caesarum. Berühmte Männer. De viris illustribus. Lateinisch-deutsch. Herausgegeben und übersetzt von Hans Martinet*, [Sammlung Tusculum], Düsseldorf 1997, 194/95: "Erst nach dem Tode des Lepidus übernahm er das Amt des Pontifex maximus; [...] jetzt ließ er alles, was es an Weissagebüchern gab, sowohl solche auf Griechisch als auf Latein [fatidicorum librorum Graeci Latinique], bei denen die Quelle überhaupt nicht bekannt war oder nicht genügend sicher war, massenweise von überallher zusammentragen. Dabei kamen mehr als zwei Millionen Bücher zusammen. Er ließ sie verbrennen, lediglich die Sybillinischen Bücher behielt er zurück, aber auch diese nur, nachdem er sie hatte ausdünnen lassen."

angeordnet, der traditionell die Zeichendeutung ausgeübt hatte; in den Worten Hildegard Cancik-Lindemaiers:

> "Die Aktion beweist [...] die Entschlossenheit des Augustus, die großstädtischen Massen auch mit Hilfe religiöser Säuberungsmaßnahmen unter Kontrolle zu halten. Hinter dem Rauche der verbrannten Orakelbücher, Sibyllinen, Apokalypsen geschah ein religiöser Handstreich. Augustus überführte die altehrwürdigen sibyllinischen Bücher – auch sie gesäubert – aus dem Tempel des Iupiter Optimus Maximus auf dem Capitol in seinen (privaten) Apollotempel auf dem Palatin, wo sein Palast stand".[150]

Wenngleich *Divination* und *Magie* später – insbesondere im Zuge der christlichen Rezeption – synonym gesetzt werden, sollte gerade im Wissenschaftsdiskurs genauer differenziert werden. *Divination* als Signifikant einer begrifflich relativ klar fassbaren, funktional ausgerichteten Praxis der Zukunftsdeutung weist weder im antiken noch im modernen Kontext ein vergleichbares Problemspektrum wie der Magiebegriff auf. Die von Sueton genannten Bücher werden die Ritual- und Deutungsanweisungen zum institutionalisierten *Haruspizium* und *Augurium* beinhaltet haben; im Unterschied zu der inhaltlich unscharfen, weithin polemischen und der Ausgrenzung dienenden Formulierung *magischer Bücher* sind die bei Sueton genannten Bücher klar zuzuordnen.

An dieser Stelle sei darauf hingewiesen, dass die *Papyri Graecae Magicae* selbst zwar den Magiebegriff, nie aber die Formulierung eines *magischen Buchs* aufweisen; stattdessen werden die in den Papyri genannten Bücher meist als *heilig* (ἱερός) bezeichnet.[151] Gleichwohl kann davon ausgegangen werden, dass Texte mit einem ähnlichen Erscheinungsbild wie die *Papyri Graecae Magicae* in der Antike auch aus einer Außenperspektive als *magisch* klassifiziert und bezeichnet worden wären. Eines der wenigen konkreten Beispiele hierzu findet sich erst sehr spät und bereits maßgeblich durch die Brille des christlichen Diskurses gefärbt: so wurde um 480 nach Christus von den kirchlichen Autoritäten in Beirut eine Untersuchung unter Studenten durchgeführt, um dort vermutete *magische* Praktiken auszumerzen.[152] In der Tat wurden im Haus eines thebanischen Christen, dem die Durchführung eines amoristischen Rituals zur Gewinnung einer Frau

---

149 Vgl. Hildegard Cancik-Lindemaier, Hubert Cancik, „Zensur und Gedächtnis. Zu Tacitus, Annales IV 32-38", 360, in: Hildegard Cancik-Lindemaier, Henriette Harich-Schwarzbauer, Barbara von Reibnitz (Hg.), *Von Atheismus bis Zensur: Römische Lektüren in kulturwissenschaftlicher Absicht. Herausgegeben von Henriette Harich-Schwarzbauer und Barbara von Reibnitz*, Würzburg 2006, 343-366.
150 Ebenda, 361.
151 Vgl. u.A. PGM III, 424; XIc, 1; XIII, 3; XIII, 231; XIII, 343.
152 Davon berichtet Zacharias von Mytilene in seiner *Vita Severi* – der syrische Text ist ediert und ins Französische übertragen bei Marc-Antoine Kugener (Hg.), *Vie de Sévère*, [Patrologia Orientalis; 2, 1], Turnhout 1980 (reprint 1903), 7-115. Vgl. zur ganzen Episode auch Frank R. Trombley, *Hellenic Religion and Christianization C. 370-529. Frank R. Trombley. Volume 2*, Boston ²2001, 34-42.

9.1. Antike Rezeptionen eines positiv konnotierten Magiebegriffs 375

vorgeworfen worden war (hierbei auch die rituelle Opferung eines Sklaven), eine Reihe von als *magisch* klassifizierten Texten gefunden; einer der Hauptverantwortlichen der Untersuchung – Zacharias von Mytilene (* um 465; † nach 536) – beschreibt diese folgendermaßen:

> „In the books were certain drawings of perverse *daimones*, barbaric names, and harmful, presumptuous commands replete with arrogance and quite fit for perverse *daimones*. Certain of the incantations were attributed to Zoroaster the *magus*, others to Ostanes the magician, others yet to Manetho."[153]

Wenngleich die polemische und verzerrende Stoßrichtung dieses Berichts offenkundig sind,[154] ist der Befund doch interessant. Aus christlicher Sicht ist das äußere Erscheinungsbild der *Papyri Graecae Magicae* in der Tat durch merkwürdige Zeichnungen, die Verwendung unverständlicher Lautfolgen (*voces magicae*) und Anweisungen an beziehungsweise Anrufungen von Gottheiten (seltener Dämonen, aber diese Differenzierung spielt aus christlicher Sicht eben keine Rolle) gekennzeichnet. Interessant ist auch der Verweis darauf, dass die einzelnen Spruchtexte unterschiedlichen Personen zugeschrieben worden sind – auch dies entspricht der Textstruktur der *Papyri Graecae Magicae*. So kann angenommen werden, dass die Beiruter Texte in der Tat Ähnlichkeiten zu den Papyri – und möglicherweise ebenfalls den Magiebegriff – aufgewiesen haben.[155] Die Beiruter Episode würde dann nicht nur darauf hinweisen, dass selbstreferentiell-*magische* Texte unter jungen Christen des ausgehenden 5. Jahrhunderts kursierten. Sie wäre darüber hinaus als Beleg dafür zu werten, dass manche Texte sowohl selbstreferentiell (textimmanent) als auch fremdreferentiell (von den christlichen Kommissaren) als *magisch* bezeichnet worden sind. In diesem Fall hätte also eine Übereinstimmung von Ausgrenzungs- und Aufwertungs-

---

153 Vgl. Zacharias von Mytilene, *Vita Severi*, 61 nach Trombley, *Hellenic Religion*..., 36. Vgl. Kugener, *Vie de Sévère*, 61/62: „Il devait toutefois brûler de sa propre main ces livres de magie, dans lesquels il y avait certaines images des démons pervers, des noms barbares, des indications présomptueuses et nuisibles, et quietaient remplis d'orgueil et convenaient tout à fait aux démons pervers. Certains d'entre eux étaient attribués à Zoroastre le mage, d'autres à Ostanès le magicien, enfin d'autresa Manéthon."; auf eine Darstellung des syrischen Textes, der eine Übersetzung aus dem Griechischen darstellt, wird hier verzichtet.
154 Etwas später klassifiziert Zacharias die in den Büchern gefundenen Spruchtexte nach ihren Ritualzielen – Zacharias, *Vita Severi*, 61 (Trombley, *Hellenic Religion*..., 36; vgl. Kugener, *Vie de Sévère*, 69/70): „How one can set cities in turmoil, making the populace rise up and array fathers against their sons and grandchildren. By what means one might break up legitimate marriages and cohabitations. How one might win over a woman who wishes to live in chastity to illicit love by force. How one might attempt adultery and murder. How one might commit theft. In what manner one can compel judges to deliver a sentence of acquittal". Der negative Impetus dieser Darstellung ist offenkundig – nicht umsonst spricht Zacharias auch von "signes diaboliques" und "l'orgueil athée et barbare [...] des démons" (Ebenda).
155 Gleichwohl sei auch hier ein Vorbehalt angemeldet; ob tatsächlich der Magiebegriff in den beschlagnahmten und schließlich verbrannten Büchern vorkam, ist nicht rekonstruierbar. Auch im Fall der Beirut-Episode ist die Klassifikation ausschließlich fremdreferentiell.

diskurs (von Außen- und Innenperspektive) bestanden, die über die oben skizzierte unscharfe Verwendung des *Zauberbuch*-Topos' hinausginge.

Gleichwohl sollte der Beirut-Befund nicht darüber hinweg täuschen, dass auch der antike Topos des *magischen Buchs* insgesamt problematisch ist und kaum eine eigenständige Textsorte antiker Publizistik abbildet.[156] Die Ethnozentrik des historischen Magiebegriffs betrifft daher auch seine Verwendung als Personenbezeichnung sowie als vermeintliches Charakteristikum antiker Literatur: über die tatsächlichen Charakteristika der so bezeichneten Personen oder Bücher erfährt man durch den attributiven Zusatz *magisch* nichts. Selbst wenn – wie im Falle des Beirut-Befunds – die fremdreferentielle Klassifikation eines Textes als *magisch* (aus einer Außenperspektive) der selbstreferentiellen Verwendung des Magiebegriffs (der Innenperspektive) entsprochen haben mag, ändert sich nichts an der prinzipiellen Problematik historischer Magiezuschreibungen.

9.1.3.3. Ambivalente Befunde: Das *Testamentum Salomonis*; die *Biographie des Thessalos*; der *Alexanderroman*

Die drei Texte, die hier abschließend besprochen werden, lassen sich in gewisser Hinsicht als ambivalente Befunde einordnen: sie weisen zwar einen Magiebegriff auf, dieser ist aber weder dem Ausgrenzungsdiskurs, noch dem selbstreferentiellen Diskurs eindeutig zuzuordnen. Zunächst sei jene Schrift genannt, die Jonathan Z. Smith auf so prägnante Weise in seinem Aufsatz „The Temple and the Magician" interpretiert hat: es geht um die Autobiographie des antiken Arztes Thessalos – ein ursprünglich griechischer Text, der ab dem 14. Jahrhundert als Vorwort mehrerer pharmazeutischer Schriften überliefert und auf einen Entstehungszeitraum zwischen dem ersten und zweiten Jahrhundert nach Christus datiert wird.[157] Der autobiographische Text ist in Form eines Briefes an Kaiser Caesar Augustus verfasst; Thessalos beschreibt, wie er – in Kleinasien geboren – nach der Ausbildung in klassischer Rhetorik nach Alexandria zieht, um dort *dialektische Medizin* (διαλεκτικῶν ιατρῶν) zu studieren.[158] Obschon außerordentlich begabt, scheitert er bei der medizinischen Anwendung eines in

---

156 Peter Busch wirkt, ausgehend vom Befund der *Papyri Graecae Magicae*, in diese Richtung suggestiv – Busch, *Magie in neutestamentlicher...*, 45: „Wir dürfen voraussetzen, dass die Gattung 'Zauberbuch' eine verbreitete Publikationsform der antiken Magie dargestellt hat".
157 Neben dem griechischen Manuskript wurde auch eine lateinische Fassung überliefert; vgl. Zur Textedition Hans-Veit Friedrich (Hg.), *Thessalos von Tralles. Griechisch und Lateinisch. Herausgegeben von Hans-Veit Friedrich*, [Beiträge zur klassischen Philologie; 28], Meisenheim am Glan 1968; zur komplexen Editions- und Rezeptionsgeschichte ausführlicher Smith, „The Temple and the Magician", 172-74.
158 Vgl. Thessalos, 5 nach Friedrich, *Thessalos von Tralles...*, 47.

9.1. Antike Rezeptionen eines positiv konnotierten Magiebegriffs 377

der Bibliothek entdeckten *Buches des Nechepso*, welches großartige medizinische Heilungserfolge verheißt. Thessalos verlässt daraufhin Alexandria und streunt – erschüttert aufgrund seines Versagens als Arzt und dem Selbstmord nahe – durch Ägypten, um Kontakt zu den Göttern und dadurch authentisches Wissen zu erlangen. Thessalos gelangt nach Theben und kann schließlich mit (ritueller) Hilfe eines dort ansässigen Priesters mit dem Heilgott Asklepios höchstpersönlich sprechen. Die Frage Thessalos', weshalb er bei der Anwendung des Buches Nechepsos versagt habe, erläutert der Gott abschließend mit der Erläuterung einer sympathetisch-astrologischen Kosmologie – Thessalos habe schlicht den falschen Ort und Zeitpunkt für das Sammeln der Heilpflanzen ausgesucht.[159]

Der Magiebegriff findet sich nur an einer Stelle im (griechischen) Text: nach einiger Zeit des Aufenthalts in Theben fragt Thessalos die dort ansässigen Priester, „whether any magical power saves a person from illness [εἴ τι τῆς μαγικῆς ἐνεργείας σῴζεται]".[160] Die Mehrheit der ägyptischen Priester reagiert entrüstet auf die Anfrage; nur jener Ältere, der Thessalos später die Zusammenkunft mit Asklepios ermöglicht, kündigt ihm nicht die Freundschaft.[161] Offenbar verweist der in der Schrift verwendete Magiebegriff also auf ein Kraftverständnis und so auf einen stoischen oder frühen alexandrinisch-(neu)platonischen Einfluss. Aufgrund der Zuordnung des Magiebegriffs zur Wirkung des abschließend propagierten sympathetischen Heilmodells kann hier in der Tat von einer positiv konnotierten Rezeption gesprochen werden – wenngleich die erboste Reaktion der ägyptischen Priester auch auf dessen negative Implikationen zu verweisen scheint.[162]

---

159 Vgl. Thessalos, 27/28: „Since he [Nechepso; d. Verf.] had a good natural ability, he observed the sympathy [συμπαθείας] of stones and plants with the stars, but he did not know the correct times and places one must pick the plants. For the produce of every season grows and withers under the influence of the stars. That divine spirit [θεῖον ἐκεῖνο πνεῦμα], which is most refined, pervades throughout all substance and most of all throughout those places where the influences of the stars are produced upon the cosmic foundation."; die Übersetzung stammt – mangels Alternative – von der Online-Edition des kanadischen Religionswissenschaftlers Philip A. Harland, „Thessalos Project: Thessalos' Journeys and Prepaarations to Meet an Egyptian God", online verfügbar unter: http://www.philipharland.com/travel/Thessalos.htm (27.09.2009); griechischer Text nach Friedrich, *Thessalos von Tralles...*, 58.

160 Übersetzung nach Harland; griechischer Text nach Friedrich, *Thessalos von Tralles...*, 49; Smith übersetzt die Stelle (insbesondere σῴζεται) anders und dadurch zugespitzt auf seine magiologische Deutung: „[...] wether the 'energizing power of magic still exists.'"; Smith, „The Temple and...", 179.

161 In der lateinischen Fassung des Textes wird an dieser Stelle allerdings nicht der Magiebegriff, sondern die etwas anders gelagerte Formulierung „[...] si aliquod opus divinandi erat in civitate eorum" gebraucht: vgl. Friedrich, *Thessalos von Tralles...*, 50.

162 Die Deutung der Reaktion der ägyptischen Priester ist umstritten; während das Gros der Forscher annimmt, dass sie auf die Angst der Priester vor der graeco-römischen Magiegesetzgebung hinweise, glaubt Jonathan Z. Smith, dass diese sich vielmehr am Glauben des Thessalos anstoßen – „his faith in the continued efficacy of magic itself – a faith which the priests had evidently lost."; vgl. zu Zitat und Diskussion Smith, „The Temple and...", 179.

Gleichwohl wird Thessalos in der Schrift nicht als *Magier* bezeichnet und auch sonst verweist die Grundausrichtung des Textes kaum auf ein genuin als *magisch* gekennzeichnetes Weltbild; von viel zentralerer Bedeutung ist die abschließende Propagierung eines sympathetisch strukturierten Medizin- beziehungsweise Heilungsverständnisses. Insofern schießt Jonathan Z. Smith in seinem Aufsatz „The Temple and The Magician" sicherlich über das Ziel hinaus, wenn er Thessalos mehrfach als *magician* bezeichnet[163] und den Text als Indikator eines von ihm postulierten ideengeschichtlichen Übergangs in der Spätantike ansieht. Jener Übergang beinhalte die in der Spätantike zunehmende Bedeutungslosigkeit des Tempels auf der einen und die Stilisierung und Verehrung eines wirkmächtigen Individuums auf der anderen Seite, eines „magician, who will function, by and large, as an entrepreneur without fixed office and and will be, by and large, related to 'protean deities' of relatively unfixed form whose major characteristic is their sudden and dramatic autophanies."[164] In der vorliegenden Arbeit wird jene ungenaue wissenschaftssprachliche Verwendung des Magiebegriffs durch Smith kritisch gesehen; auch aus Sicht des antiken Magiediskurses erscheint Thessalos viel eher als Arzt – zumal als Vertreter eines medizinischen Modells mit stark religiösem Überbau – denn als *Magier*. Gleichwohl ist festzuhalten, dass die Schrift in der Tat als faszinierender Beleg einer frühen, positiv konnotierten Rezeption des Magiebegriffs – jenseits des elitären, den Ausgrenzungsdiskurs tradierenden Literaturkanons – gewertet werden kann.

Des Weiteren sei auf einen spätantiken Text verwiesen, der mitunter als einer der ersten Belege für eine genuin *dämonische Magie* gewertet wird und ebenfalls einen quellenimmanenten Magiebegriff aufweist: das *Testamentum Salomonis*.[165] Der Text, dessen genaue Datierung umstritten ist,[166] schildert, wie der jüdische König Salomon mittels eines – durch Erzengel Michael verliehenen und mit einem Pentagramm versehenen – Siegelrings nicht weniger 36 Dämonen einschließlich des *Beelzebuls* selbst unter seine Kontrolle bringt; Salomon errichtet mit Hilfe der unterworfenen Dämonen schließlich den ersten israelitischen Tempel.[167] Die Dämonen, die nachein-

---

163 Vgl. etwa Smith, „The Temple and...", 172, 174.
164 Smith, „The Temple and...", 187.
165 Im Folgenden wird gearbeitet nach der neuen Edition von Peter Busch, *Das Testament Salomos. Die älteste christliche Dämonologie, kommentiert und in deutscher Erstübersetzung*, [Texte und Untersuchungen zur Geschichte der altchristlichen Literatur; 153], Berlin 2006.
166 Aller Wahrscheinlichkeit nach ist ein spätantiker Entstehungszeitraum zwischen dem ersten und vierten Jahrhundert anzusetzen; vgl. zur Diskussion Busch, *Das Testament Salomos...*, 19-30; zu einer etwas verlagerten Einschätzung von Stuckrad, *Das Ringen um...*, 395.
167 D. C. Duling liefern in seiner englischen Übersetzung des Testamentum Salomonis' eine hervorragende Rekonstruktion etwaiger Rezeptionslinien: D. C. Duling, „Testament of Solomon (First to Third Century A.D.). A New Translation and Introduction by D. C. Duling", v.a. 943-951, in: James H. Charlesworth (Hg.), *The Old Testament Pseudoepigrapha. Volume 1. Apocalyptical Literature and Testaments*, New York 1983, 935-988.

9.1. Antike Rezeptionen eines positiv konnotierten Magiebegriffs 379

ander vor dem König erscheinen, werden nicht nur mit ihrem Namen und ihrem äußeren Erscheinungsbild genannt, sondern geben auch über ihren jeweiligen Aufgabenbereich Auskunft (beispielsweise über ihre Verantwortlichkeit für bestimmte Krankheiten) sowie das Mittel, mit dem sie gebannt beziehungsweise vertrieben werden können. Das *Testamentum Salomonis* kann also gewissermaßen als Anleitung zur Kontrolle und Abwehr unterschiedlichster Dämonen – beziehungsweise der ihnen zugeschriebenen Wirkungen – verstanden werden.[168] Von dieser Perspektive leitet sich auch der didaktische Auftrag der Schrift ab, der besonders an ihrem drastischen Ende erkennbar wird: als Salomon durch die Liebe zu einer gewissen Jebusaean vom Eingottglauben abfällt und mehrere Tempel für die von ihr verehrten Gottheiten (unter Anderem Baal, Rapha, Moloch) errichten lässt, verlässt ihn „Gottes Herrlichkeit"[169] – er endet als Anhänger von Götterbildern und eben jener Dämonen, die er zuvor noch mit der Kraft Gottes gebannt hatte. Mit diesem bedrückenden Ende wird schließlich auch der zentrale Auftrag der Schrift (und die Funktion des Testaments) erklärt: der Leser möge nicht dasselbe Schicksal – eines Abfalls vom Eingottglauben – erleiden.[170]

Der Magiebegriff taucht erneut lediglich an einer Stelle auf: so berichtet der Dämon Enêpsigos, er werde hin und wieder von „den Weisen durch Magie beschworen wie Kronos [ὅτε μὲν μαγευομένη ὑπὸ τῶν σοφῶν γίνομαι ὡς Κρόνος]".[171] Wenngleich dieser Befund erneut verblüffend dünn ist, kann davon ausgegangen werden, dass der in der Schrift verwendete Magiebegriff nicht nur eine negativ konnotierte Dämonenvorstellung impliziert, sondern auch die semantische Zuordnung von *Magie* zur Praxis der Anrufung beziehungsweise Beschwörung eines Dämons. Trotz der textimmanenten jüdischen Verortung scheint daher zumindest das Magieverständnis der Schrift von einem christlichen Gedankenhorizont beeinflusst. Im Grunde müsste das *Testamentum Salomonis* also dem Ausgrenzungsdiskurs zugeordnet werden, da *Magie* ja als Signifikant der (negativ konnotierten)

---

168 Vgl. explizit *Testamentum Salomonis*, 15, 14 Rec B (Busch, *Das Testament Salomos...*, 202): „Als die Dinge aber geschahen, dann verstand ich und in meiner Todesstunde schrieb ich dieses Testament für die Söhne Israels und übergab es ihnen, so dass sie die Kräfte der Dämonen kennen und ihre Gestalt und die Namen der Engel, von denen die Dämonen unschädlich gemacht werden."
169 Busch, *Das Testament Salomos...*, 274.
170 Vgl. *Testamentum Salomonis*, 26, 7 Rec B (Busch, *Das Testament Salomos...*, 274): „So handelte ich Unglücklicher denn nach ihrem Rat und Gottes Herrlichkeit schwand endlich von mir und mein Geist verdunkelte sich und ich wurde den Götzen und Dämonen zum Gespött. Darum schrieb ich dieses mein Testament auf, damit ihr, die ihr dies hört, fleht und betet für die letzten Dinge, nicht für die ersten. Damit finden sie letztlich Gnade in Ewigkeit. Amen."
171 *Testamentum Salomonis*, 15, 5 Rec B (Busch, *Das Testament Salomos...*, 201). Griechischer Text nach Chester C. McCown (Hg.), *The Testament of Solomon. Edited from manuscripts at Mount Athos, Bologna, Holkham Hall, Jerusalem, London, Milan, Paris and Vienna. With introduction,* by Chester Charlton McCown, Leipzig 1922, 46.

Praxis der Dämonenbeschwörung verwendet wird und der Rückfall Salomos gegen Ende der Schrift zudem auf einen klaren didaktischen Auftrag – gegen die Verehrung von Dämonen – verweist.[172]

Gleichwohl wird die Schrift im akademischen Diskurs üblicherweise als eines der frühesten Zeugnisse für ein ausgearbeitetes dämonologisches Magieverständnis behandelt.[173] Salomon wird noch in der rezenten Forschungsliteratur als *Magier* bezeichnet –[174] obwohl er in der Schrift selbst weder als *mágos* gekennzeichnet wird, noch jemals eine als *mageía* markierte Ritualpraxis durchführt. Wie gesehen wird der Begriff ja lediglich ein einziges mal – fremdreferentiell – im Kontext nicht näher explizierter Beschwörer des Dämons Enêpsigos genannt. Peter Busch hält in seiner neuen Übersetzung des *Testamentum Salomonis* daher zurecht fest, „dass im TSal [*Testamentum Salomonis*; d. Verf.] schon in der 'Grundschrift' ein 'magisches' Salomobild vermieden wird. Salomo ist als Exorzist ein frommer Beter, der seine exorzistische Kraft allein aus der Gabe Gottes, dem Siegel, bezieht".[175] Trotz der sicherlich umfangreichen Applikationsmöglichkeiten, die das *Testamentum Salominis* für den gewillten Dämonenbeschwörer bereitzuhalten scheint, ist also die Autorschaft selbst aller Wahrscheinlichkeit nach keinem selbstreferentiellen *Magier* zuzuschreiben.[176]

Freilich könnte an dieser Stelle argumentiert werden, dass ein solchermaßen konkretes individualdämonologisches Wissen nicht publiziert würde, nur um von dessen Anwendung abzuraten. Gleichwohl scheint die Schrift in ihrer Grundanlage von einer explizit apotropäischen Intention gespeist und einer "christlich-exorzistischen Tradition" nahe zu stehen.[177] Zumindest lässt sich an dieser Stelle festhalten, dass sich auch im Kontext des *Testamentum Salomonis* die Problematik zeigt, zwischen dem polemi-

---

172 In diese Richtung argumentiert auch Busch, *Das Testament Salomos...*, 41: „Die vielbeschworene Verbindung zur Magie erscheint bei näherer Betrachtung als sehr fraglich. Man sieht Salomo niemals eine magische Handlung oder ein Ritual vollführen – er handelt ausschließlich mit dem Siegelring Gottes und ergeht sich des Öfteren in Dankgebeten zu Gott, um diesen für die verliehene exorzistische Kompetenz zu preisen."
173 Ausgehend von McCown, der das *Testamentum Salomonis* in seiner bis heute maßgeblichen Edition von 1922 als frühen magisch-dämonologischen Text einordnete – vgl. McCown, *The Testament of Solomon...*, 66: „The Test [*Testamentum Salomonis*; d. Verf.] comes from an earlier, or at least a less highly developed stage in the history of magic, [...] No one familiar with the magic papyri can fail to identify the Test as a Hellenistic work. Upon the basis of primitive Greek and Roman animism the popular mind had constructed by the time of the early Empire a magic that borrowed from all the races, Babylonian, Persian, Indian, Jewish, and Egyptian, that had contributed to its civilization, and yet was thoroughly naturalized. It is in this world that the Test belongs."
174 Vgl. exemplarisch Stuckrad, *Das Ringen um...*, 396, 407.
175 Busch, *Das Testament Salomos...*, 42.
176 Vgl. Busch, *Das Testament Salomos...*, 41: „In Bezug zum Tsal wäre zu fragen, ob sich die Trägergruppen – unbeschadet neuzeitlichen Versuchen einer Magiedefinition – auch 'Magier' nennen würden, und dies ist m.E. stark zu bezweifeln."
177 Vgl. Busch, *Das Testament Salomos...*, 44.

9.1. Antike Rezeptionen eines positiv konnotierten Magiebegriffs 381

schen Ausgrenzungs- und dem identifikatorischen Aufwertungsdiskurs des Magiebegriffs eindeutig zu unterscheiden. Für die wissenschaftliche Analyse ist dies gleichwohl unerheblich; Macht über Dämonen ist neutestamentarisch hinreichend belegt und kann vor dem Hintergrund des dämonologischen Wirkens Jesu sogar im innerchristlichen Diskurs als legitime (religiöse) Praxis gesehen werden.[178] Die jüngst per *Bild-Zeitung* dramatisierte Meldung, dass Papst Benedikt XVI. 3000 neue Exorzisten ausbilden lässt, mag diesen Zusammenhang prägnant illustrieren.[179] Zudem kann auch unabhängig von einer innerchristlichen Perspektive ein wie auch immer gearteter Umgang mit transzendenten Bezugswesen (in diesem Fall Dämonen) im Wissenschaftsdiskurs problemlos unter dem heuristischen Fenster von Religion – ausgehend von der in Kapitel 1 genannten Arbeitsdefinition – abgebildet werden.

Abschließend sei freilich noch auf den antiken *Alexanderroman* verwiesen. Gleich im einleitenden Abschnitt wird „Nektabenos, der letzte König Ägyptens" als Sachkundiger in μαντείαις τε καὶ μαγείαις ausgewiesen,[180] der Feinde nicht mittels seines Heeres, sondern eines Rituals zu besiegen pflege: er „nahm eine eherne Schüssel, füllte sie mit Regenwasser, formte aus Wachs kleine Schiffchen und Menschlein, setzte sie in die Schüssel, sprach seinen Zaubersang [ἔλεγεν ἀοιδήν], indem er einen Stab aus Ebenholz in der Hand hielt, und rief die Engel und Ammon, den Gott Libyens herbei [ἐπεκαλεῖτο τοὺς ἀγγέλους καὶ θεὸν Λιβύης Ἄμμωνα]. Und so tauchte er durch diesen Schüsselzauber [λεκανομαντεία] die Schiffe in der Schüssel unter, und wie diese versenkt wurden, gingen auch die feindlichen Schiffe auf dem Meer zugrunde und so wurde er Herr über seine Feinde."[181] Nektabenos wird im Alexanderroman als positiver Held positioniert – er ist kein Geringerer als der Vater Alexanders –, wodurch auch seine Kenntnis von *mageía* und seine hieraus resultierende, stark ins Mirakulöse reichende Macht[182] positiv dargestellt wird. Der Text weist insofern darauf hin, dass besonders in literarischen oder fiktionalen Erzählungen – der historischen Dominanz des Ausgrenzungsdiskurses zum Trotz – immer ein größerer

---

178 Vgl. zu dieser argumentativen Stoßrichtung auch Busch, *Das Testament Salomos...*, 51ff bzw. 279ff.
179 Vgl. etwa Andreas Englisch, „Die Rückkehr der Exorzisten", Bild.de, online verfügbar unter: http://www.bild.de/BILD/news/vermischtes/2008/03/06/neue-exorzisten/vom-vatikan-beauftragt,geo=3940816.html (27.09.2009).
180 Vgl. *Historia Alexandri Magni*, 1 nach Friedrich Pfister (Hg.), *Der Alexanderroman mit einer Auswahl aus den verwandten Texten*, [Beiträge zur klassischen Philologie; 92], Meisenheim am Glan 1978, 1; gr. Text nach Jürgen Trumpf (Hg.), *Vita Alexandri Regis Macedonum. Primum Edidit Juergen Trumpf*, Stuttgart 1974, 1.
181 *Historia Alexandri Magni*, 1 nach Pfister, *Der Alexanderroman...*, 1; Trumpf, *Vita Alexandri Regis...*, 1.
182 Vgl. u.A. Nektabenos' Selbstverwandlung in eine Schlange in *Historia Alexandri Magni*, 10.

Freiraum im Umgang mit dem Magiebegriff bestanden haben mag. Dies betrifft im antiken Kontext nicht unbedingt die satirischen Werke Lukians, ließe sich aber zu Teilen auch den *Metamorphoses* des Apuleius unterstellen. Über selbstreferentielle *Magier* der Antike erfährt man freilich auch in den hier als *ambivalent* gekennzeichneten Texten nichts – so ist endlich der Moment gekommen, diese selbst sprechen zu lassen.

9.2. Die *Papyri Graecae Magicae*

Gegenüber der insgesamt dünnen Befundlage an positiv konnotierten beziehungsweise selbstreferentiellen Rezeptionen des Magiebegriffs in den (überlieferten) antiken Quellen liegt in den *Papyri Graecae Magicae* ein Textkorpus vor, das sowohl hinsichtlich seines thematischen Inhalts wie der textimmanenten Verwendung des Magiebegriffs einzigartig im antiken Raum ist. Überlieferungsgeschichtlich hängt dies sicherlich damit zusammen, dass die Papyri nicht – wie das Gros der antiken Literatur – über die christlich-klösterliche Tradierung oder byzantinische Rezeptionslinien auf den modernen Leser gekommen sind. Die wichtigsten der heute unter der Sammelbezeichnung *Papyri Graecae Magicae* (im Folgenden: PGM) gefassten Texte sind von ägyptischen Siedlern zu Beginn des 19. Jahrhunderts – wahrscheinlich in einem oder mehreren Gräbern bei Theben – entdeckt[183] und schließlich vor 1828 von dem armenischen Kaufmann Jean d'Anastasi in Ägypten aufgekauft worden, der sie im Laufe der nächsten Jahrzehnte an Museen in England, Frankreich, Holland, Deutschland und Schweden weiterverkaufte.[184] Die religionshistorische Bedeutung der Papyri – die im Auktionskatalog Anastasis noch unter der Bezeichnung *mystischer Käse (fromage mystique)* geführt wurden (!) – ist freilich nicht sofort erkannt worden.[185] Zu Beginn des 20. Jahrhunderts lagen eine Reihe von Einzeleditionen und -übersetzungen heterogener Qualität vor, sodass sich der Heidelberger Gelehrte Albrecht Dieterich, der ein Faible für die Papyri entwickelt hatte, entschloss, die damals bekannten Texte in einer zusammenhängenden, mehrbändigen Edition mit einer einheitlichen deutschen Übersetzung zu veröffentlichen – eine Arbeit, die nach dem frühen Tod Dieterichs Karl

---

183 Vgl. zu den Lücken und Spekulationen um die frühe Fundgeschichte ausführlicher Betz, *The Greek Magical Papyri...*, XLII-XLIV.
184 Ausführlicher auch William M. Brashear, „The Greek Magical Papyri: an Introduction and Survey; Annotated Bibliography (1928-1994) [Indices in vol. II.18.6]", 3401f, in: Wolfgang Haase et al. (Hg.), *Aufstieg und Niedergang der römischen Welt. Geschichte und Kultur Roms im Spiegel der Neueren Forschung. Teil II: Principat. Band 18: Religion. Teilband 5: Heidentum (Die religiösen Verhältnisse in den Provinzen, Fortsetzung)*, Berlin 1995, 3380-3684.
185 Vgl. Betz, *The Greek Magical Papyri...*, XLIII: „It is noteworthy that the auction catalog of d'Anastasi's collection calls the material simply 'fromage mystique.' Until the middle of the nineteenth century, the papyri were stored in the museums simply as curiosities."

Preisendanz in den Jahren 1928 und 1931 vollenden konnte.[186] Wenngleich die PGM aufgrund ihrer kulturhistorischen Verortung im romanisierten und schließlich christianisierten Ägypten des (etwa) zweiten bis fünften Jahrhunderts nach Christus möglicherweise nicht als repräsentativ für die selbstreferentielle Verwendung des Magiebegriffs im antiken Mittelmeerraum insgesamt gesehen werden können, erlauben sie dennoch einen faszinierenden Einblick in das Denken und die Praxis antiker selbstreferentieller *Magier*. Sie sind daher hervorragend für das Vorhaben geeignet, im Kontext der Geschichte des Magiebegriffs nun gleichsam die Seite wechseln zu können.

Im Folgenden kann keine vertiefende Analyse des gesamten Textkorpus' durchgeführt werden; vielmehr ist Ziel, die Rezeption des Magiebegriffs in den Papyri und etwaige Denotationen und Konnotationen des Begriffs zu rekonstruieren. Der quellenimmanente Magiebegriff der PGM kann dann mit wichtigen semantischen Mustern der oben bereits erarbeiteten (fremdreferentiellen) antiken Rezeptionsgeschichte des Begriffs verglichen werden. Wo liegen Gemeinsamkeiten – wo Unterschiede zwischen antikem Ausgrenzungs- und Selbstbezeichnungsdiskurs? In einem zweiten Schritt ist das Verhältnis zwischen dem quellenimmanenten und einem etwaigen wissenschaftssprachlichen Magiebegriff zu klären. Hierzu sollen exemplarische Abschnitte der PGM untersucht werden, um zentrale und im Wissenschaftsdiskurs bis dato als *magisch* klassifizierte Textmuster differenziert einordnen zu können. In diesem Zusammenhang soll besonders die Problematik des nach wie vor applizierten Konzepts *Zauberspruch*, die Frage nach einem alternativen wissenschaftssprachlichen Zugriff auf Defixionen und etwaige schadenbringende Ritualabsichten, oder auch die Gegenüberstellung von bittenden und zwingenden Kommunikationsformen mit Göttern und anderen transzendenten Bezugswesen geklärt werden. Abschließend wird ein Fazit gezogen.

9.2.1. Zur Rezeption des Magiebegriffs in den Papyri

Zunächst zur quellenimmanenten Rezeption des Magiebegriffs in den PGM: er kommt (in der zweibändigen Edition von Preisendanz/Henrichs)[187] in allen Flexionen – als Personenbezeichnung, als Abstraktum, als Adjektiv – insgesamt zehn mal vor.[188] Dabei findet sich vier mal die Perso-

---

186 Vgl. ausführlicher zum jahrzehntelangen Übersetzungs- und Editionsprozess das beeindruckende Vorwort von Karl Preisendanz in Henrichs, *Papyri graecae magicae...*, Band I, V-XII.

187 Auf eine Analyse von Papyrustexten, die nach Preisendanz/Henrichs veröffentlicht worden sind, wird hier verzichtet – die entwickelte Argumentation mag stellvertretend für den Umgang mit vergleichbaren Texten der graeco-ägyptischen Spätantike stehen.

nenbezeichnung *Magier*,[189] vier mal das Abstraktum *Magie*,[190] sowie zwei Mal eine adjektivische Verwendung.[191] Gleichzeitig ist festzuhalten, dass der Begriff *góēs* oder eine seiner Ableitungen nicht ein einziges Mal in den Papyri auftaucht. Offenbar galt die im Ausgrenzungsdiskurs übliche Gleichsetzung der beiden Poleme *mageía* und *góēteía* für die selbstreferentiellen graeco-ägyptischen *Magier* nicht. Der Begriff *phármakon* findet sich einige Male in den Papyri, verweist jedoch primär auf verwendete Wirkmittel und wird nicht in seiner Flexion als Personenbezeichnung verwendet.[192] Einführend lässt sich daher festhalten, dass der griechische Magiebegriff in den PGM nicht nur recht häufig verwendet wird, sondern in der Tat – im Unterschied zu den im Ausgrenzungsdiskurs üblichen Synonyma –

---

188 Gesucht wurde in der Edition Preisendanz' im *Thesaurus Linguae Graecae*: online verfügbar unter http://www.tlg.uci.edu/ (27.09.2009).
189 Vgl. PGM IV, 243-48 (nach Henrichs, *Papyri...*, 1. Band, 80/81): „Du weißt wohl, größter König und Führer der Magier [βαςιλεῦ μέγιςτε καὶ μάγων καθη<γε>μών], daß das der vorzüglichste Namen Typhôns ist, vor dem zittert Erde, Tiefe, Hadês, Himmel, Sonne, Mond, der Sterne sichtbarer Chor, die ganze Welt, der Name, der, ausgesprochen, Götter und Dämonen gewaltsam zu sich treibt."; PGM IV, 2082-4 (nach Henrichs, *Papyri...*, 1. Band, 136/37): „Sehr viele Zauberer, die ihr Gerät bei sich trugen [πλεῖςτοι δὲ τῶν μάγων παρ᾽ ἑαυτοῖς τὰ], legten es weg und verwendeten den (Dämon) als Paredros und vollendeten so das Vorstehende in aller Schnelligkeit."; PGM IV, 2288-90 (nach Henrichs, *Papyri...*, 1. Band, 142/43): „[...] als Listenvolle und Retterin aus Schrecknis kenne ich dich wohl [adressiert ist Selênê; d. Verf.], ich, als aller Zauberer Stammvater [ὡς μάγων ἀπχηγέτης], Hermês, der Altehrwürdige, der Isis Vater."; PGM LXIII, 5 (nach Henrichs, *Papyri...*, 2. Band, 196): „Sprich (beim Trinken) die sieben Buchstaben der Magier [μάγω||ν δὲ τὰ γρά}μματ{α} ἑπτὰ {λ}έγε]. Die Buchstaben sind a{eêioyô} [α|εηιουω]."; die durch eckige Klammern markierten Ergänzungen Preisendanz' werden hier in geschwungenen Klammern angegeben.
190 Vgl. PGM I, 126/27 (nach Henrichs, *Papyri...*, 1. Band, 8/9): „er [der Paredros, von Preisendanz mit Beisitzer übersetzt; d. Verf.] wird dir in hinreichender Weise dienstbar sein zu allem,was du ersinnst, du glücklicher Myste der heiligen Magie [ὦ μα{κάρι}ε μύςτα τῆς ἱερᾶς μαγείας"; PGM IV, 2318/19 (nach Henrichs, *Papyri...*, 1. Band, 144/45): „die Moiren werfen deinen bisher unverletzten Faden (der Unsterblichkeit) weg, wenn du nicht das Geschoß meines Zaubers zwingst, beflügelt auf schnellste zum Ziele eilen [ἂν μὴ μαγείης τῆς ἐμῆς ἀναγκάςῃς]"; PGM IV, 2446-49 (nach Henrichs, *Papyri...*, 1. Band, 148/49): „Rauchopfer: vorgeführt hat es Pachratês, der Prophet aus Hêliopolis, dem König Hadrianos, wobei er ihm die Wirkung seiner göttlichen Zauberkunst erwies [ἐπιδεικνύμενος τὴν δύναμιν τῆς θείας αὐτοῦ μαγείας]."; PGM IV, 2449-53 (nach Henrichs, Papyri..., 1. Band, 148/49): „Denn er zwang herbei in einer Stunde, machte krank innerhalb zweier Stunden, tötete im Lauf von sieben Stunden, beschickte den König selbst mit Träumen, als er die ganze Wahrheit seiner Magie erwies [ἀλήθειαν τῆς περὶ αὐτὸν μαγείας]."
191 Vgl. PGM I, 327-31 (nach Henrichs, *Papyri...*, 1. Band, 18/19): „Und wenn er hereingekommen ist, frag ihn, über was du willst, über Wahrsagung, über Versorakel, über Traumsendung, über Traumforderung, über Traumauslegung, über Krankenlager, über alles, was es in der magischen Erfahrung [μαγικῇ ἐμπει{ρίᾳ}] gibt"; PGM IV, 210-15 (nach Henrichs, *Papyri...*, 1. Band, 78/79): „Hast du das dreimal gesagt, so wird als Zeichen der Vereinigung folgendes eintreten; du aber mit deiner magischen Seele gewappnet, erschrick nicht [μαγικὴν ψυχὴν ἔχων ὁπλιςθεὶς μὴ θαμβηθῇς]: ein Seesperber fliegt hernieder und schlägt dich mit den Schwingen auf den Gebilde, womit er nichts anderes anzeigt, als daß du dich erheben sollst."
192 Vgl. u.A. PGM IV, 2169; PGM V, 246; PGM VIII, 28; PGM XXIVb, 14.

9.2. Die Papyri Graecae Magicae

zur identifikatorischen Bezeichnung von Personen sowie ihres Denkens und Handelns verwendet wird.

Die deutsche Übersetzung der PGM von Karl Preisendanz steht gleichwohl in etwas eigentümlicher Diskrepanz zu diesem Befund – da das irritierende Präfix „Zauber-" ungleich häufiger im deutschen Text auftaucht. Preisendanz gibt bei seiner Verwendung des Zauberbegriffs allerdings nur zwei Mal den griechischen Magiebegriff wieder;[193] alle weiteren Verwendungen des Preisendanzschen Zauberbegriffs stellen wissenschaftssprachliche Ergänzungen funktionaler griechischer Termini dar – so wird πρᾶξις beziehungsweise πραγματεία (Handlung, Handeln) in den meisten Fällen mit „Zauberhandlung" übersetzt,[194] wahlweise auch mit „Zaubern" oder „Zauber",[195] mit „magisches Rezept"[196] oder „Zauberrezept",[197] schließlich sogar mit „Zauberkraft".[198] Analog verzaubert wird auch das griechische ἐνέργεια (Energie, Kraft), das von Preisendanz mit "Zauber"[199] oder "Zauberkraft"[200] übersetzt wird, auch die Begriffe δύναμις (Kraft, Bewegung)[201] sowie πνεῦμα (Wind, Luft)[202] werden als "Zauberkraft" wiedergegeben.[203] Auf vergleichbare Weise werden βοτάναι (Pflanzen) bei Preisendanz zu "Zauberpflanzen",[204] χαρακτῆρας (Zeichen) zu "Zauberzeichen",[205] ἐπαοιδαῖς (Gesänge) zu "Zaubergesängen",[206] ὄνομαι (Namen) zu „Zaubernamen".[207] Einzig beim sehr häufig in den PGM vorkommenden Begriff λόγος sind die Übersetzer nicht dem Reiz des "Zauber"-Präfixes erlegen – anstelle der hier zu erwartenden Übersetzung mit "Zauberspruch" wird in den meisten Fällen der Begriff *Gebet* verwendet,[208] seltener *Spruch*,[209] *Hymnus*[210] oder *Formel*.[211] Hinzu kommt die Verwendung des „Zauber"-Präfixes im Kontext der Titel einzelner Ritualabschnitte: so wird beispielsweise das (zur einführenden

---

193 Vgl. PGM IV, 2319 sowie PGM IV, 2449.
194 Im Folgenden wird nur die Zählung des griechischen Textes angegeben: Vgl. u.A. PGM I, 1; I, 275 sowie 276; II, 142; II, 150; III, 498; IV, 2080; IV, 2360; IV, 3270 usw.
195 Vgl. u.A. PGM IV, 2630; IV, 3272.
196 Vgl. u.A. PGM IV, 254/55.
197 Vgl. u.A. PGM IV, 160.
198 Vgl. u.A. PGM III, 284.
199 Vgl. u.A. PGM III, 290.
200 Vgl. u.A. PGM III, 412.
201 Vgl. u.A. PGM IV, 3172.
202 Vgl. u.A. PGM IV, 2311.
203 Vgl. u.A. PGM IV, 3172.
204 Vgl. u.A. PGM IV, 2968.
205 Vgl. u.A. PGM V, 311.
206 Vgl. u.A. PGM I, 317; I, 322; IV, 2787.
207 PGM XIII, 149.
208 Vgl. u.A. PGM I, 25; I, 62; I, 195; I, 250; III, 3; III, 42; III, 98; III, 128; III, 270; III, 372; III, 393; III, 442; IV, 179; IV, 234; IV, 857; usw.
209 Vgl. u.A. PGM I, 148; I, 156; III, 321; usw.
210 Vgl. u.A. PGM 1, 71.
211 Vgl. u.A. PGM 1, 132.

Angabe des Ritualziels) häufig verwendete ἀγωγή (*Herbeiführung*) mit "Herbeiführungszauber",[212] "Herbeizwingender Zauber",[213] "Zubringungszauber"[214] oder auch "Liebeszauber"[215] übersetzt.

Wenngleich die Problematik des Zauberbegriffs an dieser Stelle noch vernachlässigt werden soll, erscheint offenkundig, dass die Übersetzung Preisendanz' – die bis heute die gängige deutsche Übersetzung darstellt – die PGM in ein viel zauberhafteres Licht stellt, als es die griechische Terminologie selbst impliziert. Dort, wo Preisendanz – wohl zur vermeintlichen Verbesserung der Verständlichkeit – *Zauber*- hinzufügt, stehen meist viel unspektakulärere Sach- oder Handlungsangaben. In der vorliegenden Arbeit wird freilich dafür plädiert, im wissenschaftssprachlichen Umgang mit den Papyri auf eine derart inflationäre Verwendung des fragwürdigen und wenig aussagekräftigen Zauberbegriffs (oder äquivalenter fremdsprachiger Termini) zu verzichten.

Doch was impliziert nun der quellenimmanente Magiebegriff der PGM? Wichtige Charakteristika lassen sich bereits an den adjektivischen Zusätzen zum Abstraktum *mageía* erkennen: In PGM I, 127 wird *Magie* als *heilig* bezeichnet („[...] du glücklicher Myste der heiligen Magie [ὦ μα{κάρι}ε μύστα τῆς ἱερᾶς μαγείας]"),[216] in PGM IV, 2245 als *göttlich* („[...] wobei er ihm die Wirkung seiner göttlichen Zauberkunst erwies [ἐπιδεικνύμενος τὴν δύναμιν τῆς θείας αὐτοῦ μαγείας]").[217] Der Magiebegriff ist also außerordentlich positiv konnotiert und wird – mittels der dafür üblichen griechischen Terminologie – prinzipiell in einem religiösen Kontext (*heilig/göttlich*) verortet. Zudem zeigt PGM I, 127 an, dass jene *Magie* nur *Mysten* (*Eingeweihten*) bekannt sei – ein Aspekt, der auch an den häufig auftauchenden Geheimhaltungsanweisungen erkennbar ist.[218] Versteht man die Autoren der PGM daher im weitesten Sinne als religiöse Gemeinschaft, lässt der häufige Verweis auf ihren initiatorischen Status und die damit einher gehenden Geheimhaltungspflichten auf stark ausgeprägte ingroup-Strukturen und eine entsprechende Abgrenzung nach außen schließen.[219]

Geht man in diesem Zusammenhang die Personenbezeichnungen durch, erfährt man in PGM IV, 2290 entsprechend von einem göttlich abge-

---

212 Vgl. u.A. PGM IV, 1390; IV, 1930; IV, 2006.
213 Vgl. u.A PGM IV, 2441; IV, 2890.
214 Vgl. u.A PGM IV, 2708; IV, 2943.
215 Vgl. u.A. PGM III, 280; IV, 1391; IV, 1495; XIII, 237.
216 PGM I, 127 (nach Henrichs, *Papyri*..., 1. Band, 8/9).
217 PGM IV, 2449 (nach Henrichs, *Papyri*..., 1. Band, 148/49).
218 Vgl. zur Verwendung des Begriffs *Myste* auch PGM IV, 477; IV, 745; zu Geheimhaltungsgeboten vgl. u.A. PGM I, 41; I, 130f; I, 192; IV, 851-54; IV, 1870; XIII, 231f; XIII, 740f. Dazu auch Busch, *Magie in neutestamentlicher*..., 60f.
219 Dies kann möglicherweise als Reaktion auf die graeco-römische Magiegesetzgebung interpretiert werden, allerdings auch als „literarisches Stilmittel [...], um den Inhalt der Zauberbücher aufzuwerten", wie Busch, *Magie in neutestamentlicher*..., 60 festhält – denn „was geheim ist, das ist auch interessant".

leiteten Genealogieverständnis („[...] ich, als aller Zauberer Stammvater [ὡς μάγων ἀπχηγέτης], Hermês, der Altehrwürdige, der Isis Vater."),[220] und damit einhergehend – analog zum Selbstverständnis des *Magiers* als *Myste* – von der identifikatorischen Konstruktion einer religiösen Tradition.[221] Der Magiebegriff der PGM scheint semantisch zudem recht weit gefasst, wenn in PGM I, 327f gesagt wird, dass man einen herbeigerufenen *Dämon*[222] nicht nur „über Wahrsagung, über Versorakel, über Traumsendung, über Traumauslegung, über Krankenlager" befragen könne, sondern letztlich über alles, „was es in der magischen Erfahrung [μαγικῇ ἐμπει{ρίᾳ}] gibt".[223] Vor diesem Hintergrund lässt sich annehmen, dass die selbstreferentiellen *Magier* der PGM tatsächlich ihr gesamtes Denken und Handeln unter dem übergreifenden Abstraktum *mageía* gefasst haben; dies führt so weit, dass in PGM IV, 211 sogar von einer *magischen Psyche* gesprochen wird („du aber, mit deiner magischen Seele gewappnet, erschrick nicht [μαγικὴν ψυχὴν ἔχων ὁπλισθεὶς μὴ θαμβηθῇς]").[224] Die weitreichende Anwendbarkeit des Magiebegriffs zeigt sich schließlich auch darin, dass in PGM IV, 2319 noch die Wirkung der durchgeführten Ritualpraktiken – beziehungsweise die Vorstellung einer rituell evozierten Kraft – unter dem Abstraktum *mageía* gefasst wird („wenn du nicht das Geschoß meines Zaubers zwingst [ἂν μὴ μαγείης τῆς ἐμῆς ἀναγκάςῃς], beflügelt auf schnellste zum Ziele eilen").[225]

So ergibt sich ein erster wichtiger Befund: der Magiebegriff der PGM ist so weit gefasst, dass er nicht nur zur Selbstbezeichnung der Ritualpraktizierenden und zur Kennzeichnung ihres rituellen Handelns, sondern auch zur Bezeichnung der Ritualwirkungen selbst sowie einer offenbar spezifischen Eigenschaft ihrer Psyche fungieren kann. Der Begriff ist freilich durchweg positiv konnotiert und weist keine der negativen Konnotationen des Ausgrenzungsdiskurses (etwa Scharlatanerie, Blasphemie, Schä-

---

220 PGM IV, 2290 (nach Henrichs, *Papyri...*, 1. Band, 142/43).
221 Dies lässt sich nicht nur an den publizistischen Aspekten der PGM – etwa den textimmanenten Verweisen auf unterschiedliche Abschriften und Versionen (vgl. u.A. PGM II, 64f; III, 483f; V, 172f; V, 460f; XIII, 270f) – erkennen, sondern auch an der Zuordnung einzelner Ritualtexte zu religiösen Autoritäten (wie Psammetich in PGM IV, 154f bzw. IV, 243; Salomon in PGM IV, 850f; Moses in PGM XIII, 1f; Demokrit in PGM VII, 168f; usw.) oder in der Nennung des jeweiligen Autors (vgl. etwa PGM IV, 155f; IV, 2140f; PGM XX).
222 Der u.A. in PGM I, 317 genannte δαίμων sollte natürlich nicht aus christlicher Perspektive gelesen werden – er wird vorher von diversen Göttern mit den Worten erbeten, „damit sie mir den göttlichen Geist [θεῖον πνεῦμα] senden und er vollende, was ich im Sinne und im Herzen habe"; PGM I, 313f (nach Henrichs, Papyri..., 1. Band, 16/17). Der *daímon* der PGM erfüllt die im graeco-römischen Raum übliche Funktion eines – selbst quasi-göttlichen – Vermittlers zwischen Göttern und Menschen.
223 PGM I, 327-31 (nach Henrichs, *Papyri...*, 1. Band, 18/19).
224 PGM IV, 211 (nach Henrichs, *Papyri...*, 1. Band, 78/79).
225 Vgl. PGM IV, 2318/19 (nach Henrichs, *Papyri...*, 1. Band, 144/45): „die Moiren werfen deinen bisher unverletzten Faden (der Unsterblichkeit) weg, wenn du nicht das Geschoß meines Zaubers zwingst [ἂν μὴ μαγείης τῆς ἐμῆς ἀναγκάςῃς], beflügelt auf schnellste zum Ziele eilen".

digung der Gesellschaft oder der eigenen Person) auf. Vielmehr wird *Magie* als *heilig* beziehungsweise *göttlich* bezeichnet – ein Wertungsmuster, das auch den verwendeten *Sprüchen*[226] und *Gesängen*,[227] der rituell evozierten *Kraft*,[228] oder auch den Papyri selbst zukommt.[229] Die Verwendung des Magiebegriffs in den PGM kann daher insgesamt als *fundamentale Umkehrung* der zentralen Wertungsmuster des Ausgrenzungsdiskurses eingeordnet werden.

Betrachtet man die Autoren der PGM zunächst als religiöse Gruppierung, fällt insofern der etwas merkwürdige Zusammenhang ins Auge, dass ihre Selbstbezeichnung (*mágos*) zu einer Bezeichnung für ihr gesamtes Handeln und Denken erweitert worden ist (*mageía*). Um das Erstaunliche dieses Sachverhalts deutlich zu machen, mag eine etwas saloppe Analogie helfen: die Verwendung des Magiebegriffs in den PGM erscheint in etwa so, als hätten die frühen *Benediktiner* ihr gesamtes Denken und Handeln, ihre Schriften, Gebete und Ritualpraktiken unter dem Abstraktum *Benedikteía* gefasst. Freilich haben Letztere sich als Christen verstanden und bezeichnet – bei den selbstreferentiellen *Magiern* der PGM ist kaum zu rekonstruieren, ob sie neben ihrer rituellen Tätigkeit im Kontext der geheim gehaltenen, initiatorischen *Magier*-Gemeinschaft auch im offiziellen ägyptischen oder römischen Kult oder gar in christianisierten Gemeinden des spätantiken Ägyptens offizielle Positionen inne hielten. Freilich spricht ihre penibel anmutende Schriftgelehrtheit sowie ihre detaillierten Kenntnisse zahlreicher religiöser Motive und Figuren aus der ägyptischen, graeco-römischen und jüdisch-christlichen Religionsgeschichte für eine gleichzeitige Verortung im institutionalisierten Kult. Betrachtet man die PGM unter diesem Gesichtspunkt, fällt auf, dass nicht nur zahlreiche Ritualsegmente (etwa die ausgeprägten Reinigungsvorschriften oder die Verwendung diverser Ritualgegenstände und -mittel), sondern auch die meisten der instrumentalisierten Wesenheiten den großen religiösen Traditionen der Antike entlehnt sind. Eine etwaige Doppelfunktion (tagsüber ägyptischer Tempelpriester, in den freien Stunden privat operierender Ritualdienstleister) ist also nicht auszuschließen. Das religionsgeschichtliche und ritualpraktische Wissen sowie die hochqualifizierte Schreib- und Editionstätigkeit der selbstreferentiellen *Magier* sind sicherlich nicht – wie durch

---

226 Vgl. u.A. PGM I, 62 (nach Henrichs, *Papyri...*, 1. Band, 6/7): „[...] indem du seinen Kopf hin- und herschwenkst und dabei das folgende heilige Gebet hersagst [ἱερὸν λόγον]". Vgl. auch PGM IV, 2240.

227 Vgl. u.A. PGM I, 317 (nach Henrichs, *Papyri...*, 1. Band, 18/19): „Sende diesen Dämon meinen heiligen Zaubergesängen [πέμψον δαίμονα τοῦτον ἐμαῖς ἱεραῖς ἐπαοιδαῖς]"; vgl. auch PGM I, 322; IV, 2787.

228 Vgl. PGM IV, 3172 (nach Henrichs, *Papyri...*, 1. Band, 176/77): „Dann öffne, und du wirst staunen über die unübertreffliche heilige Zauberkraft [εἶτα ἄνοιγε, καὶ θαυμάσεις τὴν ἀνυπέρβλητον ἱερὰν δύναμιν]".

229 Vgl. PGM III, 424 (nach Henrichs, *Papyri...*, 1. Band, 50/51): „Abschrift aus einem heiligen Buch [Ἀντίγραφον ἀπὸ ἱερᾶς βίβ{λο}υ]."; vgl. auch PGM XIc, 1; XIII, 3; XIII, 231; XIII, 343.

die idealtypische Gegenüberstellung von *Magier* und *Priester* suggerieren würde – vollkommen abseits der religiösen Traditionen der Antike entwickelt und tradiert worden.

Die entscheidende Implikation, die sich aus der weiträumigen Applizierbarkeit des Magiebegriffs der PGM ableiten lässt, ist gleichwohl eine wissenschaftssprachliche: auch der Magiebegriff der *Papyri Graecae Magicae* ist zu unscharf, um als wissenschaftssprachlicher Termnius bei der Analyse der PGM fungieren oder hierbei gar exklusivistisch dem Religionsbegriff gegenüber gestellt werden zu können. Vielmehr sind auch die Autoren der PGM in die Religionsgeschichte der graeco-römischen Antike (beziehungsweise Spätantike) einzuordnen und insbesondere auf Rezeptionsleistungen hin zu überprüfen; hierzu sollen im Folgenden vertiefende Überlegungen angestellt werden.

9.2.2. Zur rituellen Stoßrichtung der Papyri

Was ist von den Autoren der PGM konkret unter *mageía* verstanden worden? Zur Beantwortung dieser Frage sollen im Folgenden zunächst zwei Aspekte beleuchtet werden, die in den obigen Kapiteln bereits als feststehende Topoi des antiken Magiediskurses identifiziert worden sind: zum einen bestehen die PGM vorwiegend aus präskriptiven Ritualtexten mit klar individualreligiöser Stoßrichtung, die – wie gesehen – auch im Kontext des Ausgrenzungsdiskurses häufig unter dem Magiebegriff gefasst worden sind. Zum anderen finden sich in den PGM zahlreiche Verweise auf mirakulöse Fähigkeiten unterschiedlichster Art und Qualität, die rituell angestrebt werden.

Zunächst zu der in den PGM beschriebenen Ritualpraxis, die in der vorliegenden Arbeit – wie erläutert – unter dem Konzept *Individualreligiosität* abgebildet wird. Im Kapitel zur griechischen Rezeption des Magiebegriffs wurde in diesem Zusammenhang festgehalten, dass dieses Konzept vor allem solche Ritualpraktiken in den Blick nimmt, die zum einen eine Verwirklichung *individueller* menschlicher Bedürfnisse und Wünsche zum Ziel haben und zum anderen einen *religiösen* Charakter aufweisen – etwa durch Formen des Transzendenzbezugs. Nun findet sich in den PGM reichlich Anschauungsmaterial für die rituelle Verwirklichung individualreligiöser Bedürfnisse: das Gros der Papyri besteht im Grunde aus Aneinanderreihungen präskriptiver Ritualtexte, deren wichtigste Funktionen im Folgenden genannt werden sollen.

Das weitaus häufigste in den PGM genannte Ritualziel ist die Zukunftsschau, die auf sehr vielfältige Arten angestrebt wird;[230] sehr häufig

---

230 Vgl. u.A. PGM II, 1f; III, 196f; III, 257f; III, 424f; III, 479f; IV, 53f; IV, 88f; IV, 154f; IV, 223f; IV, 850f; IV, 1275f; IV, 3088f; V, 1f; V, 55f; V, 370f; VI, 1f; VII, 1f; VII, 222f; XIII, 265f; usw.

werden auch – meist unter dem Titel ἀγωγή (*Herbeiführung*) gefasste – Ritualpraktiken mit einer amoristischen Intention genannt (in der Forschungsliteratur häufig als *Liebeszauber* bezeichnet);[231] hinzu kommen Abwehr- und Schutzrituale,[232] sowie Rituale zur Heilung,[233] zur Abwehr von Schlangen,[234] zum Verscheuchen von Flöhen oder Wanzen,[235] zur Dämonenaustreibung,[236] oder – falls all dies nichts genutzt hat – sogar zur Totenerweckung;[237] natürlich finden sich auch Schadensrituale, die häufig im Kontext von Bannung, Gefügigmachung und Beherrschung einer anderen Person stehen;[238] schließlich fehlen freilich auch Ritualpraktiken zur Erreichung von Glück, Ehre und Reichtum nicht;[239] falls einmal Reichtum verloren gegangen ist, kann ein Ritual zur Herbeizwingung des etwaigen Diebes durchgeführt werden;[240] ein etwas merkwürdiges, immer wiederkehrendes Ritualziel ist zudem die Gedächtnisverbesserung;[241] offenbar war – angesichts der zum Teil komplexen, langwierigen Ritualanweisungen durchaus verständlich – ein gutes Gedächtnis von großer Bedeutung für die Autoren der PGM. Schließlich findet sich in einigen Papyri auch die Rezeption astrologischer Termini und Symbole.[242]

Einzelne Praktiken werden mitunter als so kraftvoll angesehen, dass sie für alle nur denkbaren Zwecke einsetzbar seien; in PGM IV, 2145f findet sich im Kontext eines Rituals, welches auf der schlichten Eingravierung eines Homerischen Dreizeilers in ein Bleitäfelchen basiert, eine prägnante Auflistung des individualreligiösen Bedürfnisspektrums:

> „Homerischer Dreizeiler als Beihelfer: 'Sprach so und lenkte den Graben hindurch die stampfenden Rosse.' / 'Und noch zappelnd die Männer in schreckenvoller Ermordung.' / 'Selber wuschen sie ab ihren reichlichen Schweiß in der Meerflut.' Wenn diese Verse ein Entlaufener trägt auf einem eisernen Täfelchen, wird er nie gefunden werden. Ebenso häng das gleiche Täfelchen einem Sterbenden um: so wirst du alles vernehmen, wonach du fragst. Und wenn sich einer gebannt glaubt, so spreche er die Verse über Meerwasser und besprenge (das Täfelchen). [...] Ein Ringkämpfer aber, der das Blättchen trägt, bleibt unbesiegt. Ebenso auch ein Wagenlenker, der das Blättchen mit einem Magnetstein trägt. Und vor Gericht (wirkt es) ebenso. [...] Denn du wirst zu Ruhm kommen und Vertrauen: es kann Dämonen und Tiere wegbannen; fürchten wird dich

---

231 Vgl. u.A. PGM IV, 296f; IV, 1265f; IV, 1391f; IV, 1495f; IV, 1872f; IV, 2708f; IV, 2943f; VII, 191f; VII, 215f; XIII, 237f; XIII, 320f; usw.
232 Vgl. u.A. PGM I, 195f; IV, 78f; IV, 86f; IV, 468f; IV, 831f; IV, 1497f; IV, 3125f; IV, 2241f; usw.
233 Vgl. u.A. PGM VII, 193-214; VII, 218f; XIII, 344f; XIII, 253f; usw.
234 Vgl. PGM XIII, 249f; XIII, 262f.
235 Vgl. PGM VII, 150f.
236 Vgl. PGM IV, 1168f; XIII, 278f.
237 Vgl. PGM IV, 1168f; XIII, 278f.
238 Vgl. u.A. PGM IV, 2126f; IV, 2623f; V, 305f.
239 Vgl. PGM IV, 2145f; IV, 2373f; VII, 187f; VII, 390f; VII, 423f; usw.
240 Vgl. PGM V, 70.
241 Vgl. PGM I, 231f; II, 17f; III, 410f; III, 424f; III, 468f.
242 Vgl. etwa PGM VII, 795f.

jeder, im Kriege wirst du unverwundbar sein; was du forderst, wirst du erhalten; [...] welches Weib oder welchen Mann du damit anrührst, von ihnen wirst du geliebt sein; berühmt, glückselig wirst du sein, wirst Erbschaften machen, reich werden, Gifte wirst du überwinden, Bindezauber [καταδέςμους] lösen und Feinde besiegen."²⁴³

Hier mag die breite Palette menschlicher Ängste, Nöte und Bedürfnisse deutlich werden, welche durch individualreligiöse Ritualpraktiken üblicherweise abgedeckt werden. Freilich sind jene Bedürfnisse von so grundlegender Natur, dass auch der institutionalisierte Opferkult der graeco-römischen Antike auf vielfältige Weise zu deren Verwirklichung vereinnahmt worden ist (ein Punkt, der hier freilich nur angedeutet werden kann). In den PGM erscheinen die Ritualverheißungen gleichwohl in potenzierter Form: der Entlaufene wird mit jenem Täfelchen nie gefunden, Ringkämpfer, Wagenlenker und Soldat werden unbesiegbar, der Führer des Täfelchens muss sich weder Sorgen über einen bevorstehenden Gerichtsprozess machen, noch über die Frage, ob er von Personen seiner Wahl geliebt wird; schließlich stehen sogar Ruhm, Geld und Glück ins Haus und bei all dem könne man von einem etwaigen Neider weder vergiftet noch rituell gebunden werden, da man mittels des Täfelchens ohnehin jeden Feind besiege. Von rituellen Unwägbarkeiten oder gar der Möglichkeit, dass die im späteren Teil des Rituals angerufenen Gottheiten aus irgendwelchen Gründen einmal nicht helfen mögen, ist keine Rede. Die in den PGM geschilderten Praktiken sind – so die Überzeugung – bei korrekter Ausführung *immer* erfolgreich, das jeweilige Ritualziel wird in einer Vollkommenheit erreicht, die sich ein möglicher Auftraggeber nur wünschen, kaum aber vorstellen kann.

Ein ähnlich potenziertes Bild zeigt sich hinsichtlich des Topos' mirakulöser Fähigkeiten. In der Tat werden in den PGM zahlreiche außergewöhnliche Fähigkeiten genannt, die der selbstreferentielle *Magier* rituell erreichen könne: neben der bereits genannten Erweckung von Toten schildern die PGM auch Praktiken zur „Befragung eines Leichnams";²⁴⁴ zur Unsichtbarmachung des Körpers,²⁴⁵ wie auch zur Dienstbarmachung des Schattens;²⁴⁶ hinzu kommen Praktiken zur Zähmung eines Krokodils als Reittier,²⁴⁷ zum Lösen von Fesseln,²⁴⁸ zum Öffnen von verschlossenen Türen,²⁴⁹ oder zum – freilich gänzlich wasserlosen – Löschen beziehungsweise lokalen Fixieren eines Feuers.²⁵⁰ Am prägnantesten sind aber sicherlich die Beschreibungen zum πάρεδρος – einer transzendenten, als *Beisitzer* bezeich-

---

243 PGM IV, 2145f (Henrichs, *Papyri...*, 1. Band, 138/39).
244 Vgl. PGM IV, 2140f.
245 Vgl. PGM I, 222f; I, 246f; XIII, 234f; XIII, 267.
246 Vgl. PGM III, 613f.
247 Vgl. PGM XIII, 283f.
248 Vgl. PGM XII, 160f; XIII, 289f.
249 Vgl. PGM XIII, 127f.
250 Vgl. PGM XIII, 298f bzw. 303f.

neten Helferfigur –, die geradezu grenzenlose mirakulöse Wirkmöglichkeiten suggerieren; nach der Erläuterung des langwierigen, in PGM I beschriebenen Rituals zur Gewinnung eines solchen *paredros'* wird verheißen:

> „Das ist die heilige Gewinnung eines Beisitzers. Man erkennt aus ihr, daß er der Gott ist; [...] Wenn du ihm einen Auftrag gibst, führt er das Werk auf der Stelle aus: er sendet Träume, er führt Weiber, Männer ohne Zauberstoff herbei, er beseitigt, er unterwirft, er schleudert Winde aus der Erde empor, er bringt Gold, Silber, Erz und gibt es dir, wenn du dessen bedarfst, er löst aber auch aus den Banden einen, der in Ketten bewacht wird, er öffnet Türen, er macht unsichtbar, damit dich überhaupt keiner erblickt, er bringt Feuer, er trägt Wasser, er bringt Wein, Brot und was du sonst von Eßbarem willst: Öl, Essig, abgesehen von Fischen allein, von Gemüse wird er die Menge, die du willst, bringen, Schweinefleisch aber – das gebiete ihm überhaupt nie zu bringen. [...] er bannt Schiffe und löst sie wieder, er bannt schlimme Dämonen in Menge, er bringt die wilden Tiere zur Ruhe und zerbricht die Zähne der wilden Kriechtiere sogleich, er schläfert Hunde ein und bannt sie zur Lautlosigkeit, er verwandelt in jede beliebige Gestalt eines geflügelten Tieres, eines Wassertieres, eines Vierfüßlers oder eines Kriechtieres. Er wird dich in die Luft tragen und wird dich wieder herabwerfen in den Wogenschwall der Meeresströme und in die Strömungen der See, er wird Flüsse und Meer auf der Stelle festmachen, damit du sogar aufrecht darauf laufen kannst, wie du willst. Vorzüglich wird er, falls du's einmal wünschest, den meerdurchlaufenden Schaum anhalten, und willst du die Sterne herabziehen, willst du warm zu kalt und kalt zu warm machen, (wird er's ausführen); er wird Lichter anzünden, wieder auslöschen, wird Mauern erschüttern und in Flammen aufgehen lassen, [...]."[251]

Die Auflistung der Dienste und Fähigkeiten des *Beisitzers* ist in der Tat beeindruckend. Als quasi-göttliches Wesen kann der *paredros* offenbar alle Aspekte der materiellen Welt kontrollieren; sobald rituell gefügig gemacht, stellt er diese Eigenschaft in die Dienste des *Magiers*, um fortan nach dessen Willen zu wirken. Die üblichen Begrenzungen des menschlichen Lebens – etwa die Notwendigkeit der Nahrungsbeschaffung, die Gebundenheit an den eigenen Körper, die Unkontrollierbarkeit der Natur und Elemente, die Eingeschränktheit eigener Einwirkungsmöglichkeiten auf andere Personen (um nur einige Aspekte zu nennen) – gelten für den Besitzer eines *paredros* nicht. Interessanterweise gibt es hierbei weder zeitliche Einschränkungen – der *paredros* verwirklicht die Wünsche des *Magiers* „auf der Stelle" und „sooft du ihm befiehlst" – noch moralische Bedenken: „die Götter werden in jeder Hinsicht einverstanden sein".[252]

---

251 Vgl. PGM I, 96ff (Henrichst, *Papyri...*, 1. Band, 8/9).
252 Ebenda.

9.2.3. *Mageía* und der Religionsbegriff

Man mag geneigt sein, diesen Befund als Rechtfertigung für eine substanzielle Verwendung des Magiebegriffs bei der Analyse der *Papyri Graecae Magciae* anzusehen. In den PGM scheint der Leser gleichsam zum semantischen Kern des antiken Magiebegriffs vorzustoßen – hier ist nicht mehr die Polemik des Ausgrenzungsdiskurses im Spiel, hier kommen die selbstreferentiellen *Magier* selbst zu Wort und schildern ihr faszinierendes Tun. Insbesondere haben sich Überschneidungen bei zentralen Denotationen des antiken Ausgrenzungsdiskurses und Selbstbezeichnungsdiskurses gezeigt: sowohl individualreligiöse Ritualpraktiken als auch mirakulöse Fähigkeiten sind hier wie dort unter *mageía/magia* gefasst worden. Unterschiedlich wirken nur die Konnotationen: hier areligiöse und wirkungslose, dort heilige und absolut wirkmächtige Ritualpraxis.

Gleichwohl wird in der vorliegenden Arbeit dafür plädiert, auch die PGM (sowie alle späteren selbstreferentiell-*magischen* Texte) im Rahmen des Begriffs *Religion* zu betrachten und zu analysieren. Zur Begründung dieses Vorgehens sei noch einmal auf die Hintergründe der Polemik des Ausgrenzungsdiskurses hingewiesen. Betrachtet man die oben skizzierten fremdreferentiellen Texte – etwa von Platon und Hippokrates, von Plinius und Apuleius, von Augustinus und anderen frühchristlichen Autoren –, wird deutlich, dass der antike Magiebegriff häufig in (expliziter oder impliziter) Opposition zu einem idealisierten Religions- und Gottesverständnis gefüllt worden ist. Bereits Platon ist hier ein wichtiger, möglicherweise diskursbegründender Autor: Kern seiner Magiepolemik ist, wie gesehen, der Vorwurf, dass der *Magier* (bei Platon: φαρμακεύς) vorgebe, auf Götter und Schicksal rituell Einfluss nehmen zu können, diese also zu menschlichen Zwecken zu instrumentalisieren.[253] Durch die normative Setzung, dass hierdurch eine illegitime, areligiöse Haltung impliziert sei (*Asebie*), wird im Gegenzug ein Religionsverständnis kreiert, welches die Götter entrückt und moralisiert; menschliche Einwirkungsmöglichkeiten auf die Götter werden minimiert oder sogar negiert. Diese Gedankenfigur ist freilich nie konsequent auf den antiken Opferkult angewandt worden und eher als philosophisch-religiöse Ideal- oder gar Wunschvorstellung einzuordnen. Gleichwohl hat sie sowohl im griechisch-hellenistischen, als auch im römisch-lateinischen wie im (früh-) christlich-spätantiken Kontext als theoretisches Fundament elitärer Magiepolemiken fungiert. Die mit dieser *Entrückung der Götter* einher gehende Differenzierung legitimer und illegitimer

---

253 Wie gesehen, verortet Platon sein Gesetz gegen pharmakeía im Kontext seiner Gesetze wider die *Gottlosigkeit* (ἀσεβείας πέρι νόμων); vgl. Platon, *Nomoi*, 907d (Hülser, Platon. Nomoi..., 846/47). Hippokrates spricht analog davon, dass die Heilpraktiken der *mágoi* als "ganz unfrommes und gottloses Vorgehen [ἀνοσιώτατόν τε καὶ ἀθεώτατον πρῆγμα ποιέουσιν]" zu betrachten seien; vgl. Hippokrates, *De morbo sacro*, 1, 28 (Grensemann, *Die hippokratische...*, 64/65).

Umgangsformen zwischen Menschen und Göttern/Gott mag daher als verbindendes argumentatives Element hinter der (bemerkenswerten!) kultur- und religionsübergreifenden Konstanz des magiologischen Ausgrenzungsdiskurses in der Antike gewertet werden.

Was hat dies mit den PGM zu tun? Betrachtet man die grundlegende rituelle Stoßrichtung der Papyri unter dem heuristischen Fenster von *Religion*, fällt auf, dass das Gottesbild des Ausgrenzungsdiskurses radikal ins Gegenteil verkehrt wird. Der selbstreferentielle Magiebegriff der PGM impliziert keine moralisierenden Reflektionen über richtige oder falsche Umgangsformen mit Göttern, die in weite Ferne entrückt sind; vielmehr stehen transzendente Wesenheiten dem selbstreferentiellen *Magier* prinzipiell, permanent und beliebig häufig zur Disposition. Im Kontext der PGM kann gewissermaßen – also ganz im Gegensatz zum Religionsverständnis des Ausgrenzungsdiskurses – von einer *radikalen Verfügbarkeit der Götter* gesprochen werden. Damit einher geht die Position des Menschen: die PGM beinhalten keine Selbstzweifel oder gar Selbstanmaßungsvorwürfe hinsichtlich menschlicher Einwirkungsmöglichkeiten auf Schicksal und Götter; vielmehr kann – wiederum im Gegensatz zum Religionsverständnis des Ausgrenzungsdiskurses – von einer weitreichenden *rituellen Wirkmächtigkeit des Menschen* gesprochen werden. Die beiden wesentlichen Charakteristika des oben skizzierten Religionsverständnisses des Ausgrenzungsdiskurses erscheinen in den PGM in ihr Gegenteil verkehrt. Die Götter und anderen transzendenten Wesenheiten der PGM stehen dem selbstreferentiellen *Magier* jederzeit und ohne jeden Vorbehalt zur Verfügung – um in der Tat nichts Anderes zu tun, als dessen lebensweltliche Bedürfnisse (beziehungsweise die seiner Kundschaft) zu verwirklichen.

Anstatt also zu suggerieren, dass die in den PGM beschriebenen Praktiken fundamental von anderen Formen antiker Religionsausübung abweichen (etwa durch Verwendung eines substanziellen Magiebegriffs bei deren Analyse), wird hier argumentiert, dass in den PGM das Verhältnis zwischen Menschen und Göttern schlicht (etwas) anders bestimmt wird, als man es von den großen religiösen Traditionen der Antike gewohnt ist (hier geht es – mit Blick etwa auf den antiken Opferkult – tatsächlich nur um eine Nuancen-Verschiebung). Anders als in früheren Untersuchungen, die entweder gar nichts Religiöses in den PGM identifizieren konnten,[254]

---

[254] Am prägnantesten hat diese Sichtweise sicherlich André-Jean Festugière vertreten, der in seiner Monographie *L'Idéal Religieux des Grecs et L'Évangile* den PGM jeden „valeur religieuse" abspricht: vgl. André-Jean Festugière, *L'Idéal Religieux des Grecs et L'Évangile*, Paris ²1932, v.a. 281ff. In Anlehnung an die Frazersche Dichotomie von *Zwang* und *Unterwerfung* glaubt Festugière in den PGM gleichsam die Essenz der Magie identifizieren zu können – vgl. Ebenda, 284-86: „Quel que soit le but visé, il importe d'établir d'abord qu'une action magique, laquelle comprend toujours à la fois une invocation (κλῆσις, ἐπίκλησις) et une série de pratique (πρᾶξις, πρᾶγμα), est d'essence magique, c'est-à-dire qu'elle commande une attitude particulière à l'égard de la divinité. [...] A vrai dire, ce n'est pas une prière, une demande, mais une sommation. On force la divinité à agir, on la contraint par son

9.2. Die Papyri Graecae Magicae

oder lediglich einige religiöse Brocken zu extrahieren meinten (welche sich – gewissermaßen fälschlicherweise – in den *fromage mystique* verirrt hatten und eigentlich „den Zauberern nicht zuzutrauen" seien)[255] wird hier also ein anderer Weg eingeschlagen: die PGM werden vollständig als religiöse Texte angesehen und analysiert. Mit Blick auf die in Kapitel 1 genannte Arbeitsdefinition von *Religion* (*Transzendenzbezug*) führt dieses Vorgehen zu der wichtigen Erkenntnis, dass jene in den PGM beschriebene *mageía* schlicht *eine andere Form von* (*antiker*) *Religion* markiert.

Für diese Deutung sprechen weitere Textmuster der PGM. So wird die übliche griechische Terminologie religiöser Texte verwendet; kennzeichnend hierfür ist beispielsweise die inflationäre Verwendung des Lexems ἱερ – das laut *Thesaurus Linguae Graecae* in unterschiedlichen Flexionen nicht weniger als 191 Mal (!) in den PGM auftaucht. Der emischen Vorstellung der *Heiligkeit* der als *Magie* gekennzeichneten Ritualpraxis entspricht die Vorstellung, dass die Götter in der Tat einverstanden mit dem Tun der selbstreferentiellen *Magier* sind, wie etwa in PGM I, 129 – im Kontext des mirakulösen Wirkens des *paredros* – explizit festgehalten wird („die Götter werden in jeder Hinsicht einverstanden sein").[256] Sogar der Eusebiebegriff wird drei Mal verwendet, am prägnantesten in PGM IV, 679f – der Ritualpraktiker begegnet den Göttern hier mit den Worten:

„Seid gegrüßt, ihr Achsenwächter, ihr heiligen und starken Jünglinge, die ihr auf einen Befehl die rundumdrehende Kreisachse des Himmels treibt und Donner und Blitze und die Schläge der Erdbeben und Wetterstrahlen entsendet in die Scharen der Gottlosen, mir aber, dem Frommen und Gottesfürchtigen [ἐμοὶ δὲ εὐσεβεῖ καὶ θεοσεβεῖ], Gesundheit und des Körpers Unversehrtheit und des Gehörs und Gesichtes Stärke, Unerschütterlichkeit in den gegenwärtigen guten Stunden des heutigen Tages, ihr meine Herren und hochgewaltigen Götter."[257]

Der selbstreferentielle *Magier* der PGM bezeichnet sich hier gar als *fromm* und *gottesfürchtig* und setzt sich bewusst von den *Scharen der Gottlosen* ab. Erneut zeigt sich eine prägnante Umkehrung der Charakteristika des Aus-

---

nom."; Graf, *Gottesnähe...*, 193, spricht in diesem Zusammenhang vom „Bemühen Festugières, alle jene – wie Dieterich oder Reitzenstein – zu widerlegen, die in den magischen Papyri irgendwelche Spuren von Religion zu finden glaubten: die Papyri würden reine Magie enthalten, in ihnen eine 'höhere', 'geläuterte' Religiosität zu finden, sei unmöglich."

255 Vgl. hierzu etwa Martin P. Nilsson, „Die Religion in den griechischen Zauberpapyri", in: *ÅRSBERÄTTELSE. Bulletin de la Société Royale des Lettres de Lund 1947-1948*, Lund 1948, 60: „Es ist sehr richtig, wie Festugière scharf betont, dass die Magie in ihrer Haltung den Göttern gegenüber der Religion grunsätzlich entgegengesetzt ist. Die Zauberer haben aber immer und überall sich Brocken und gar grössere Stücke der Religion angeeignet und für ihre Zwecke verwendet, solche sind auch in die Zauberpapyri eingebettet. So können die Texte auch auf die Religion ihrer Zeit einiges Licht werfen. [...] Der Hymnus an Helios, III, 198, fängt mit einem schönen Stück Naturlyrik an, das den Zauberern nicht zuzutrauen ist".

256 PGM I, 129 (Henrichst, *Papyri...*, 1. Band, 8/9). Vgl. zu ähnlichen Formulierungen PGM I, 274f; III, 494f; IV, 276f; usw.

257 PGM IV, 679-88 (Henrichs, *Papyri...*, 1. Band, 96/97).

grenzungsdiskurses („[...] now magic is even taken, in opposition to the temple cults, to be the only really effective religion").²⁵⁸ In diesem Zusammenhang findet sich in den PGM sogar eine Stelle, die sich im Kontext der Verwendung eines polemisch funktionalisierten Synonyms von *mageía* deuten lässt: in PGM XII, 402f wird die *Neugier* (περιεργία) *der Menge* dem überlegenen Wissen der selbstreferentiellen *Magier* gegenübergestellt – hier wird also jener Begriff verwendet, der auch in Apg 19, 19 im Kontext der oben geschilderten Bücherverbrennung als Ausgrenzungsbegriff genannt wird:

> „Deutungen, aus den Tempeln gegeben, wie sie die Tempelschreiber anwandten. Wegen der Zaubergier [περιεργίαν]²⁵⁹ der Menge schrieben sie die Pflanzen und das andere, mit dem sie umgingen, auf Götterbilder, damit sie ja nicht ohne die nötige Vorsicht Zauberei mit ihnen treiben könnte [περιεργάζωνται],²⁶⁰ wegen der damit verbundenen Irrtümer. Wir aber entnehmen die Lösungen den vielen Abschriften und Geheimschriften."²⁶¹

Wiederum zeigt sich das Überlegenheitsgefühl der selbstreferentiellen *Magier* gegenüber der Menge, die minderwertige – von Tempeschreibern auf Götterbildern angebrachte (hier ein deutlich ägyptischer Einschlag) – Ritualpraktiken durchführe. Selbst bei den selbstreferentiellen *Magiern* der PGM zeigt sich also dasselbe Muster wie im Ausgrenzungsdiskurs: die Ritualpraktiken *Anderer* werden als minderwertig betrachtet und über die Verwendung einer entsprechenden Terminologie abgewertet. Der Autor von PGM XII praktiziert eben *mageía*, nicht *periergía*, sein Handeln basiert auf authentischen Texten, nicht jenen minderwertigen Ritualanleitungen, welche für die Massen auf Götterbildern bereit gestellt werden.²⁶² Zudem wird wieder die textimmanente Konstruktion einer religiösen Tradition deutlich – über den Verweis auf authentische, ursprünglich in ägyptischen Tempelbibliotheken gelagerte Geheimschriften, zu welchen der selbstreferentielle *Magier* Zugang habe. Er ist es, der die wirkmächtigten Sprüche und Praktiken der religiösen Tradition(en) Ägyptens kennt und konserviert. Er verfügt noch über das Wissen zur Evozierung göttlichen Wirkens, welches den Tempelpriestern selbst möglicherweise verloren gegangen ist.²⁶³ Er ist der wahre *Theios Aner* – und im Unterschied zu den in Kapitel 8

---

258 Segal, „Hellenistic Magic...", 372.
259 Die Übersetzung von περιεργίαν durch Zaubergier – und nicht, wie an dieser Stelle eigentlich angezeigt (und sinnvoller), als Neugierde – ist ein weiteres Beispiel für die irreführenden Implikationen des *Zauber*-Präfixes in Preisendanz' Übersetzung.
260 Freilich ist die Nennung des Lexems an dieser Stelle im Kontext der antiken Magiepolemik einzuordnen, die sich bereits bei der in der Apostelgeschichte genannten Bücherverbrennung gezeigt hat.
261 PGM XII, 402ff (Henrichs, *Papyri*..., 2. Band, 83/84).
262 Vgl. zu dieser Deutung auch Busch, *Magie in neutestamentlicher*..., 54/55 bzw. 57f.
263 Vgl. auch Betz, *The Greek Magical*..., XLVII: „The magician claimed to know and understand the traditions of various religions. While other people could no longer make sense of the old religions, he was able to. He knew the code words needed to communicate with

skizzierten Autoren des Ausgrenzungsdiskurses sieht er hierin die wahre Bedeutung des Begriffs *Magier*.

Schließlich spricht für eine Interpretation der PGM im Kontext des Begriffs *Religion* die fundamentale Bedeutung des Transzendenzbezugs für die selbstreferentiellen *Magier* der Spätantike. Die Liste der Götter und weiteren transzendenten Figuren, die in den Ritualanleitungen der PGM greifbar werden, ist geradezu unüberschaubar. Der von Preisendanz erstellte Index der PGM, der zwar nie veröffentlicht wurde, aber in einigen Abschriften in Forscherkreisen kursierte,[264] mag dies veranschaulichen: der häufigste in den PGM genannte Göttername ist *ιαω*,[265] gefolgt von der Gottesanrede *κύριος*,[266] am dritthäufigsten genannt wird der ägyptische Gott Osiris, schließlich folgen Helios, Hermes, Thot und Isis sowie zahlreiche weitere Götter (-namen) aus der jüdisch-christlichen, ägyptischen oder graeco-römischen Religionsgeschichte.[267] An dieser kurzen Liste wird nicht nur die immense Bedeutung des Transzendenzbezugs für die Ritualpraxis des selbstreferentiellen *Magiers* deutlich, sondern auch die Tendenz der PGM zu einer geradezu großherzigen Anerkennung *aller Götter* des antiken Mittelmeerraums.[268] Exemplarisch sei hierzu ein Auszug aus einem *Vereinigungsgebet an Hêlios* in PGM 3, 197f genannt:

> „Sêmea, König, Vater der Welt, sei mir gnädig; Sonnenkäfer, {dich}, den goldhaarigen, unsterblichen {Gott}, rufe ich, Sonnenkäfer, allen Göttern und Menschen ein großes Wunder, {...} Feuermutiger, Herr {des Aufgangs}, Titan, der du feurig aufgegangen bist, dich rufe ich an, den feurigen Engel des Zeus, den göttlichen Iaô, und dich Raphaêl, der die himmlische Welt beherrscht, der du des Aufgangs dich freust, ein gnädiger Gott sei, Abrasax, und dich, Größter, Luftiger, rufe ich, deinen Helfer M{ichaêl}, und dich der rettet [...] Ich bitte: jetzt leuchte mir, Herrscher des Weltalls, Sabaôth, der im Osten den Westen beschaut, Adônai, der das Weltall ist und allein von den Unsterblichen das Weltall begeht, [...] ich beschwöre dich beim Siegel des Gottes, vor dem alle unsterblichen {Götter} des Olympos erschaudern und die vornehmsten Dämo-

---

the gods, the demons, and the dead. He could tap, regulate, and manipulate the invisible energies."

264 Vgl. dazu Betz, *The Greek Magical Papyri...*, XLIV.
265 Der *Thesaurus Linguae Graecae* gibt für das Lexem *Ιαω* in allen Flexionen 176 Treffer an; mit unterschiedlichen Schreibungen (die z.T. Auslegungssache sind) landet man bei über 250 Treffern.
266 Der *Thesaurus Linguae Graecae* zählt für *κύριος* in allen Flexionen 193.
267 Vgl. zu einer Skizze zum Index Preisendanz' Smith, „On the Lack of a History of Greco-Roman Magic", 256/57, Fußnote 26. Zu Götternennungen vgl. auch Nilsson, „Die Religion in den griechischen Zauberpapyri", 62ff, der ein eigenes Register angelegt hat.
268 Vgl. Betz, *The Greek Magical Papyri...*, XLVI: „For these magicians, there was no longer any cultural difference between the Egyptian and the Greek gods, or between them and the Jewish God and the Jewish angels, and even Jesus was occasionally assimilated into this truly 'ecumenical' religious syncretism of the Hellenistic world culture."

nen und vor dem das Meer schweigen muß, wenn es ihn hört. Denn ich beschwöre dich beim großen Gott Apollôn aeêiouô".²⁶⁹

Auf die zahlreichen religionsgeschichtlichen Implikationen dieser Götternennungen soll an dieser Stelle nicht ausführlicher eingegangen werden; entscheidend ist im Kontext der hier entwickelten Argumentation, dass Gottesbezug als *das* zentrale Charakteristikum der selbstreferentiellen *Magie* der PGM anzusehen ist. Es sind die Götter, Dämonen und anderen transzendent gedachten Wesenheiten, die das Ritualziel beziehungsweise den Willen des selbstreferentiellen *Magiers* umsetzen. Dieser kann selbst nicht wirken – er bedarf der Götter für die Umsetzung seines Ritualziels. Von automatischen, sympathetischen Naturabläufen à la Plotin oder gar Psychologisierungstendenzen, die für Rezeptionen des 19. und 20. Jahrhunderts kennzeichnend sind,²⁷⁰ ist in den PGM keine Rede. Der selbstreferentielle *Magier* der PGM benötigt Rituale und er benötigt Götter und andere transzendente Helfershelfer für sein Tun. Er besitzt selbst keine außergewöhnlichen Kräfte, sondern nur außergewöhnliche Kenntnisse über Ritualpraktiken, mit denen er transzendente Agenten instrumentalisieren kann. Selbst bei deren Nutzbarmachung – etwa im Kontext der Erstellung eines Amuletts – bleiben die evozierten Kräfte als göttlich markiert, wie PGM I, 263f verdeutlichen mag:

> „Apollinische Anrufung. Nimm einen Lorbeerzweig mit sieben Blättern und halt ihn in der rechten Hand, während du die himmlischen Götter und die Dämonen der Erde anrufst. Schreib auf den Lorbeerzweig die sieben Schutzzeichen. [...] das erste Zeichen auf das erste Blatt, das zweite wieder so auf das zweite, bis die sieben Blätter und die sieben Zeichen zu Ende sind. Sieh aber zu, daß du kein Blatt verlierst und dich dadurch nicht schädigst; denn das ist für den Leib das größte Amulet, durch das alle (Menschen dir) untertan sind, und Meer und Felsen erschaudern und die Dämonen hüten sich vor <der Charaktere> göttlicher Gewalt [<χαρ>ακτήρων τὴν θείαν ἐνέργειαν], die du haben wirst; denn es ist das größte Amulet des Zaubers [φυλακτήριον μέγιστον τῆς πραξεως]; damit fürchte du nichts."²⁷¹

Der selbstreferentielle *Magier* evoziert über das Ritual eine *göttliche Kraft* (θείαν ἐνέργειαν), die er durch Tragen des Lorbeerzweigs fortan zu seinem Schutz nutzen kann. Wohlgemerkt: der Verweis auf die Nutzung göttlicher Kräfte fungiert auch in den hagiographischen Darstellungen Mose, Jesu und anderer jüdisch-christlicher Figuren immer als zentrale Legitimationsstrategie – und kann so wiederum als klassisch religiöser Topos gewertet werden. So ist die unbedingte Notwendigkeit des Transzendenzbezugs als zentraler Indikator für eine Interpretation der PGM im Kontext des

---

269 PGM III, 205-230 (Henrichs, *Papyri...*, 1. Band, 40-43).
270 Jene *Psychologisierung* impliziert die relativ moderne Vorstellung aritualistischer Kräfte, die der Mensch – völlig unabhängig von der Durchführung von Ritualpraktiken oder Formen des Transzendenzbezugss – besitzen mag; ausführlicher unten, Kap. 11.
271 PGM I, 263-75 (Henrichs, *Papyri...*, 1. Band, 14-17).

Begriffs *Religion* anzusehen. Zwar mögen sowohl die Vielfalt der transzendenten Figuren als auch der kommunikative Umgang mit diesen nicht dem entsprechen, was man von anderen religiösen Traditionen der Antike gewohnt ist; gleichwohl sollte dies kein Grund sein, eine eigene – von *Religion* unterschiedene – wissenschaftssprachliche Kategorie *Magie* für diesen Befund zu etablieren. Wieder gilt, was bereits mehrfach festgehalten wurde: der Verzicht auf einen substanziellen Magiebegriff unterbindet nicht nur die einschlägigen Probleme des akademischen Magiediskurses, sondern hilft auch, zu einem vertiefenden Verständnis einschlägiger Quellentexte – dies gilt also auch und gerade für selbstreferentiell-*magische* Texte – beizutragen.

9.2.4. Weiterführende Überlegungen

Ausgehend von dieser Perspektive sollen abschließend noch einige Aspekte der PGM in den Blick genommen werden, die häufig – insbesondere in der wissenschaftlichen Auseinandersetzung – als genuin *magisch* interpretiert wurden und werden. Zunächst soll hierzu – mit Rekurs auf Frazer – die Opposition von bittenden und zwingenden Haltungen rekapituliert werden; daraufhin sollen vertiefende Überlegungen zum Zauberbegriff angestellt werden; abschließend geht es um das Verhältnis der PGM zur antiken Praxis der Defixionserstellung und etwaiger schadenbringender Ritualpraktiken.

9.2.4.1. Bitten und Zwingen

Zunächst zu dem wirkungsgeschichtlich wohl bedeutsamsten (akademischen) Kriterium zur Unterscheidung von *Religion* und *Magie,* das James George Frazer im Wissenschaftsdiskurs etabliert hat – es geht um die Gegenüberstellung von *bittenden* und *zwingenden* Umgangsformen mit transzendenten Bezugswesen. Appliziert man diese Gegenüberstellung im Kontext der PGM, wirkt sie freilich arbiträr – scheinen hier doch bittende und zwingende Kommunikationsformen häufig auf geradezu willkürliche Weise kombiniert und sich mitunter innerhalb derselben Anrufung abzuwechseln. Im Folgenden sollen einige kritische Überlegungen zu diesem Differenzierungsmuster angestellt werden.

Zunächst sei ein Beispiel genannt: Im Rahmen der Schilderung einer amoristischen Ritualpraxis (einer *Ἀγωγή*) – in PGM IV, 2891f wird Aphrodite zunächst mit den folgenden unfreundlichen Worten angesprochen:

„Wenn du aber, wiewohl Göttin, saumselig handelst, wirst du den Adônis nicht aus dem Hadês zurückkehren sehn. Denn sofort werd ich hinzueilen und gleich

> ihn binden mit stählernen Fesseln; bewachen werd ich ihn und auf ein zweites Ixiônsrad flechten, und er wird nicht wieder ans Licht kommen, gepeinigt und überwältigt soll er werden. Drum tu es Herrin, ich bitte: führ her die N N, der N N Tochter, daß sie aufs schnellste eile und an meine, des N N, der N N Sohn, Hoftüre komme zu Liebe und Lager, vom Stachel der Leidenschaft getrieben, von gewaltigem Wahnsinn, unter Zwang; heute noch, jetzt schnell!"[272]

Der Ritualakteur droht der Liebesgöttin an, ihren verlorenen Adonis – in bewusster Anlehnung an das griechische Mythologem – für immer im Hades gefangen zu halten, sollte diese das Ritualziel nicht erfüllen. Das verwendete analogische Textmuster wird in der Forschungsliteratur häufig als *similia-similibus-Formel* bezeichnet und taucht auch auf antiken Fluchtafeln häufig auf.[273] Entscheidend ist nun, dass in einem späteren Abschnitt des Ritualtextes wiederum eine geradezu hymnische Verehrung der Göttin angefügt wird:

> „Schaumgeborene Kythereia, der Götter Mutter und der Menschen, Luftige, Chthonische, Allmutter Physis, Unbezwungene, Zusammenhaltende, die das große Feuer im Kreise umtreibt, [...] Du unsere Königin, Göttin, komm zu diesen Zaubersprüchen [ἐπαοιδαῖς], hehre (ZW), auf Kypros Geborene (ZW), Herrscherin (ZW) und wirf die N N, der N N Tochter, die Liebe als Feuerbrand, daß sie in Liebesverlangen nach mir, dem N N, der N N Sohn, dahinschmilzt alle Tage."[274]

Die hier exemplarisch beobachtbare Vielfalt an Anredeformen gegenüber Gottheiten und anderen transzendenten Agenten deutet zunächst einmal darauf hin, dass die selbstreferentiellen *Magier* der PGM dort, wo Frazer und Epigonen einen Widerspruch zwischen bittenden und zwingenden Handlungen wahrnehmen, selbst nicht zu differenzieren scheinen.[275] Möglicherweise ist diese Vermischung unterschiedlicher Anrufungstypen schlicht Rezeptionsprozessen zuzuschreiben, die – verbunden mit einer gewissen Pragmatik der Autoren – dazu führten, dass in den PGM häufig ganz unterschiedliche Text- und Ritualbausteine zusammengefügt wurden. Zum anderen zeigt sich hier wiederum die Grundintention des selbstreferentiellen *Magiers*, der mit seiner Ritualpraxis eben möglichst wirkungsvoll sein will – durch die Kombination unterschiedlicher, jeweils für sich als wirkmächtig erachteter Kommunikationsformen.

Es ist allerdings noch ein weiterer Aspekt denkbar, auf den etwa PGM V, 215f hindeutet, eine Ritualanweisung zur Divination. Der Ritualpraktizierende spricht nach der Präparation eines Skarabäus folgende Worte:

> „Ich bin Thôyth, der Heilmittel und Buchstaben Erfinder und Erschaffer. Nahe mir, du unter der Erde, erwecke <dich> mir zu Liebe, großer Dämon, Phnoun,

---

272 PGM IV, 2901f (Henrichs, *Papyri*..., 1. Band, 164/65).
273 Vgl. Gager, *Curse Tablets and Binding Spells*..., 13f.
274 PGM IV, 2915f (Henrichs, *Papyri*..., 1. Band, 166/67).
275 Vgl. zu Terminologie und weiteren Beispielen von *Zwang* und *Bitte* in den PGM ausführlicher Graf, *Gottesnähe*..., 199f.

> Unterirdischer [...]. Ich bin Hêrôn, der berühmte, das Ei des Ibis, das Ei des Falken, das Ei des luftduchfliegenden Phönix; [...] Sollte ich nicht erkennen, was in aller Seelen (vorgeht), der Ägypter, Hellenen, Syrer, Äthiopen, jedes Geschlechtes und jedes Volks, [...] dann werd ich das Blut des schwarzen Hundsgesichtigen [...] in eine neue unversehrte Schüssel gießen und ich werde sie stellen auf einen neuen Untersatz und darunter werd ich verbrennen die Gebeine des 'Esiês, und ausschreien werd ich an der Lände von Bousiris ihn, der im Flusse geblieben ist 3 Tage, 3 Nächte, [...] Von den Fischen wird dein Bauch gefressen, und ich werde die Fische nicht hindern, deinen Leib mit ihren Mäulern zu verzehren, [...] Ich werde keinen Gott und keine Göttin wahrsagen lassen, bis ich, N N, erkenne, was in den Seelen aller Menschen ist, [...]".[276]

In dieser Anrufung wird der Sinn und religionsgeschichtliche Ort solcher göttlichen Bedrohungsszenarien möglicherweise verständlicher: es ist die rituelle Identifikation mit den ägyptischen Göttern Thot und Heron, die es dem selbstreferentiellen *Magier* hier erlaubt, anderen Göttern zu drohen. Vor diesem Hintergrund kann angenommen werden, dass der Verweis auf eine entsprechende Identifikation mit einer anderen, überlegenen Gottheit in PGM IV, 2891f einfach weggelassen wurde. Vergleichbare Identifikationsformeln tauchen in den PGM sehr häufig auf,[277] und haben im akademischen Diskurs mitunter dazu geführt, den Papyri jeden *valeur religieuse* abzusprechen.[278] Nun kann dieses Sprechmuster gerade im Kontext der Religionsgeschichte Ägyptens konkret zurückverfolgt werden. So findet sich in den Pyramidentexten des alten Reichs oder auch den Sargtexten des mittleren Reichs unter Anderem die Vorstellung einer postmortalen Identifikation mit Re, der in seiner herausragenden Rolle als Schöpfergott von den anderen Göttern fordert, sich ihm unterzuordnen – beziehungsweise diesen entsprechend droht, wenn sie ihm bei seiner nächtlichen Fahrt auf der Sonnenbarke im Wege stehen.[279] Zur Verwirklichung einer solchen Identifikation des Verstorbenen mit der Gottheit wird im altägyptischen Kontext eine Form des Sprechakts gebraucht, die hier Nichtidentitätsformel genannt sei – im Folgenden ein Beispiel aus Spruch 539 der *Pyramidentexte*:

> „N ist ein Genosse des Gottes, ein Sohn des Gottes, N ist ein Sohn des Re, der von ihm geliebt ist, N ist dem Re erzeugt worden, N ist dem Re empfangen worden, N ist dem Re geboren worden. Dieses HkA ist an ihm, der im Leibe des N [der Re] war. [...] Jeder Gott, der ihm nicht eine Treppe schlagen wird

---

276 PGM 5, 247f (Henrichs, Papyri..., 1. Band, 188-91).
277 Vgl. PGM III, 145f; IV, 385f; IV, 723f; IV, 765f; IV, 1937f; V, 145f; V, 247f; V, 476f; usw.
278 Vgl. Festugière, *L'Idéal Religieux des Grecs...*, 281ff.
279 Vgl. einführend Hermann Kees, *Totenglauben und Jenseitsvorstellungen der alten Ägypter. Grundlagen und Entwicklung bis zum Ende des Mittleren Reiches. Mit 7 Abbildungen*. Zweite, neubearbeitete Auflage, Berlin ²1956, v.a. 59-97 (Kap IV und V), zur rituellen Identifikation u.A. 61, 69, 71/72, 76, 80/81. Vgl. zu dieser Form des Sprechakts in der altägyptischen Kultpraxis allgemein – gleichwohl mit etwas verlagerter Deutung – auch Assmann, *Tod und Jenseits...*, 504-518 (Kap. 17, 2: „Erlösung durch unio liturgica").

dem N, wenn er aufsteigt und sich wie Schu erhebt zum Himmel, der soll keinen pAq-Kuchen haben, der soll keinen Schattenschirm haben, der soll [...]. Nicht ist es N, der dies zu euch gesagt hat, Ihr Götter, HkA ist es, der dies zu euch gesagt hat, Ihr Götter [...]".[280]

An dieser Stelle kann nicht ausführlicher auf den altägyptischen Totenkult oder die Bedeutung der im Text genannten Gottheit Heka eingegangen werden.[281] Entscheidend ist, dass die Identifikation mit einer Gottheit im Kontext altägyptischer Kultpraxis nicht außergewöhnlich war, sondern für die Priesterschaft (insbesondere den obersten Vorlesepriester, den ḫrj-ḥb) ein bekanntes, kultisch legitimiertes Vorgehen darstellte.[282] Dabei impliziert die Nichtidentitätsformel („Nicht ist es N, der dies zu euch gesagt hat, Ihr Götter, Hka ist es, der dies zu euch gesagt hat, Ihr Götter") eben die Möglichkeit, als Mensch zur Durchsetzung eines Ritualziels gleichsam den Platz eines Gottes einzunehmen.

Wie viel von diesem Vorstellungshorizont zur Zeit der selbstreferentiellen *Magier* der PGM – also im romanisierten, dann zunehmend christianisierten Ägypten der Spätantike – noch übrig ist, kann kaum rekonstruiert werden. Gleichwohl weist die in den PGM sehr häufig auftauchende Identifikationsformel auf einen Rezeptionsprozess dieses Sprechmusters hin. Wenngleich freilich auch in der ägyptologischen Fachliteratur eine ausufernde Diskussion zur Magieproblematik – etwa hinsichtlich der üblichen Übersetzung von *Heka* mit *Zauber* oder der (weithin arbiträren) Abgrenzung eines genuin *magischen* Textkorpus aus dem Bereich altägyptischer Quellen –[283] stattfindet, bleibt festzuhalten: die Identifikation mit den Göttern des altägyptischen Pantheons stellt einen wichtigen Aspekt nicht nur des Totenkultes, sondern auch zahlreicher Tempel- und Privatrituale dar und ist im altägyptischen Kontext freilich im Kontext des heuristischen Fensters von *Religion* einzuordnen. Entsprechend sind auch jene drohenden Haltungen des selbstreferentiellen *Magiers* der PGM als Bestandteil sei-

---

280 Vgl. Kurt Sethe (Hg.), Übersetzung und Kommentar zu den altägyptischen Pyramidentexten. Band 5: Spruch 507 - 582 (§§ 1102 - 1565), Hamburg 21962, 234 bzw. 246. Der Ägyptologe Hermann Kees deutet die Stelle ganz Frazerianisch: „Zum Schluß kommt dann noch ein anderes Mittel, das zeigt, wie die Magie in den Totenglauben Eintritt fand, die direkte Bedrohung der Götter unter der Maske eines besonders zauberreichen Gottes."; Kees, Totenglauben und Jenseitsvorstellungen..., 71.
281 Vgl. zu Heka ausführlicher H. Te Velde, „The God Heka in Egyptian Theology", in: *Jaarbericht van het Voorasiatisch-Egyptische Genootschap; Ex Oriente Lux (JEOL) 21 (1970)*, 175-86. Vgl. auch Ritner, The Mechanics..., 14-28.
282 Vgl. mit einigen Beispielen Gutekunst, „Zauber", 1341, Fußnote 46. Vgl. auch die Beispiele und Diskussion bei Johannes F. Quack, „Das Pavianshaar und die Taten des Thot (pBrooklyn 47.218.48+85 3, 1-6)", 309f, in: *Studien zur altägyptischen Kultur 23 (1996)*, 305-333. Ausführlicher auch Derselbe, „La magie au temple", in: Yvan Koenig (Hg.), *La magie égyptienne: à la recherche d'une définition*, Paris 2002, 41-68.
283 Vgl. zum ägyptologischen Magiediskurs kritisch Gutekunst, „Zauber"; Derselbe, „Wie ‚magisch' ist die ‚Magie' im alten Ägypten?...". Zur Problematik des ägyptologischen Magiebegriffs auch Ritner, The Mechanics..., 3-28, gleichwohl mit unbefriedigender Lösung.

nes religiösen Handlungsrepertoires zu erachten. Selbst wenn ein etwaiger Rezeptionsprozess solcher Textmuster nicht mehr vollständig rekonstruiert werden kann – der Religionsbegriff sollte frei genug von moralisierenden Implikationen sein, um auch solche Umgangsformen mit Transzendenz vertragen und abbilden zu können.

9.2.4.2. Zum Topos des *Zauberworts*

Bislang wurde noch nicht ausführlicher auf die Implikationen des Zauberbegriffs, auf die damit einer gehende Übersetzungsproblematik oder auch auf den Topos der *voces magicae*, der in den PGM in der Tat außerordentlich präsent ist, eingegangen. Im Folgenden sollen kritische Überlegungen zu diesem in der Übersetzung Preisendanz' so inflationär gebrauchten Wort angestellt werden.

Zunächst ist freilich zu überlegen, was der Begriff *Zauber(ei)* eigentlich bedeutet. Wird das Verständnis der PGM durch die Übersetzung von πρᾶξις mit *Zauberhandlung* – anstatt quellengerecht mit *Handlung* – verbessert? Während im akademischen Diskurs versucht wurde, Magiedefinitionen und -theorien zu entwickeln, die eine Verwendung des Magiebegriffs rechtfertigen sollten, fand dies im Kontext der zahlreichen Applikationen der Begriffe *Zauberspruch*, *Liebeszauber*, *Schadenszauber* und anderer *Zauber-Konglomerate* nicht in vergleichbarem Ausmaß statt. Gleichwohl kann angenommen werden, dass diese Begriffe auch im akademischen Kontext meist in Anlehnung an Vorverständnisse verwendet worden sind und dass jene Vorverständnisse – aufgrund der oben angesprochenen rezeptionsgeschichtlichen Zusammenhänge – den semantischen Implikationen des Magiebegriffs weitgehend entsprechen.

Daher ist die in Teil A skizzierte Problematik des Magiebegriffs auf den Zauberbegriff zu übertragen und dessen wissenschaftssprachliche Verwendung gleichfalls kritisch zu sehen. Dies betrifft auch und gerade die Übersetzung der PGM: Preisendanz' Wiedergabe von πρᾶξις mit *Zauberhandlung* fügt keine relevante semantische Information hinzu, sondern deutet nurmehr darauf hin, dass jene Praxis für Preisendanz (und die weiteren Übersetzer der PGM) letztlich *unverständlich* war. Dieses Unverständnis muss angesichts der großartigen Bemühungen des Forschers um die wissenschaftliche Auseinandersetzung mit den PGM nicht einmal eine negative Bewertung implizieren. Der Zauberbegriff mag in der deutschen Übersetzung schlicht deshalb so häufig verwendet worden sein, weil die Handlungen der selbstreferentiellen *Magier* auf Kausalitätsvorstellungen zu beruhen scheinen, welche die Übersetzer nicht nachvollziehen konnten oder wollten. Nach Ansicht der vorliegenden Arbeit ist freilich ein Begriff, der einzig die Funktion hat, auf etwas Unverständliches zu verweisen, kaum als

Bestandteil einer möglichst klaren, trennscharfen und aussagekräftigen religionswissenschaftlichen Analysesprache anzusehen.

Durch die Übersetzung von πρᾶξις mit *Handlung* – und nicht mit *Zauberhandlung* – wird hingegen wird ein wichtiger Erkenntnisfortschritt erreicht: die Autoren der PGM haben den Magiebegriff nicht viele hundert, sondern lediglich zehn mal in den überlieferten Papyri verwendet. Ihr Verhältnis zu ihrem eigenen Handeln war also nicht so *zauberhaft*, wie es Preisendanz' Übersetzung suggerieren mag.[284] Es war aller Wahrscheinlichkeit nach viel unspektakulärer: der Begriff πρᾶξις weist ja darauf hin, dass die Autoren der PGM schlicht *Handlungen* durchführten, meist sehr konkret fixierte Ritualabläufe, die in ihrer dezidierten Zusammensetzung und geradezu zwanghaft anmutenden Handlungsabfolge mitunter an Kuchenrezepte erinnern und – aufgrund der anzunehmenden Durchführungshäufigkeit – wahrscheinlich auch viel pragmatischer umgesetzt wurden, als es der sensationsheischende Zauberbegriff suggerieren mag.

Wendet man sich den PGM auf der Basis ihrer eigenen Terminologie zu, fällt allerdings auf, dass darin häufig eine Form des Sprechens auftaucht, die keine direkt erkennbare semantische Funktion aufweist, sondern nurmehr aus unverständlichen Wörtern und Lautfolgen zu bestehen scheint. Man ist wiederum geneigt, diese Textmuster im Kontext des bereits in der Antike bekannten Topos' der *voces magicae* zu interpretieren. Ist hierin nicht sogar ein Beleg für die Verwendung von *Zaubersprüchen* zu sehen? In der vorliegenden Arbeit wird vorgeschlagen, anstatt des fragwürdigen Zauberbegriffs vielmehr die Formulierung des *wirkmächtigen Sprechens* zu verwenden, um mit solchen Textbausteinen der PGM umgehen zu können. Damit orientiert sich die Terminologie der Analysesprache zum einen am Vorstellungshorizont des selbstreferentiellen *Magiers*, der offenbar von einer besonderen Wirkungsmacht bestimmter Worte und Lautfolgen ausging, um auf transzendente Agenten einwirken zu können. Zum anderen wird mit der Formulierung darauf aufmerksam gemacht, dass zwischen dem Sprechakt des selbstreferentiellen *Magiers* und jenem des antiken Tempelpriesters oder auch frühchristlichen Bischofs – also dem üblicherweise im Kontext vom *Religion* verorteten Sprechen – aus religionswissenschaftlicher Sicht eben *kein* Unterschied besteht.

Vor diesem Hintergrund ist anzunehmen, dass das Gros der scheinbar bedeutungslosen Wort- und Lautreihen der PGM – die in der Übersetzung Preisendanz' üblicherweise mit „(ZW)" (*Zauberworte*) wiedergegeben werden – tatsächlich eine genuin religiöse Bedeutung aufweist: sie stellen aller Wahrscheinlichkeit nach Anrufungsformeln gegenüber Göttern bezie-

---

284 Man darf nicht vergessen, dass beim modernen Leser ja noch ganz andere Vorstellungen im Kontext von *Zauberei* mitschwingen mögen – etwa Faustische Teufelspaktvorstellungen, zugeschriebene Größenwahnphantasien, literarische Topoi wie Zauberstab oder Spitzhut, oder gar Licht- und Feuereffekte, wie sie für gängige Verarbeitungen in Fernsehen, Kino und Computerspiel charakteristisch sind.

hungsweise als wirkmächtig erachtete Götternamen dar.²⁸⁵ Dies ist in mehrerlei Hinsicht im Text der PGM erkennbar; so wird explizit darauf hingewiesen, dass das Kennen der Gottesnamen als machtvoll angesehen wird, wie exemplarisch PGM IV, 278f verdeutlicht: „Größter Typhôn, höre auf mich, den N N, und erfülle mir die betr. Sache. Denn ich sage deine wahren Namen: Iôerbêth, Iôpakerbêth, Iôbolchosêth (ZW), Typhon (ZW), Phrâ; erhöre mich und erfülle die betr. Sache".²⁸⁶ Entsprechend wird immer wieder auf die Bedeutung der Gottesnamen hingewiesen, wie etwa in PGM IV, 1000f: „[...] Komm herein, erscheine mir, Herr, weil ich anrufe, wie dich anrufen die drei Hundskopfaffen, die in symbolischer Form nennen deinen heiligen Namen: a ee êêê iii ooooo yyyyyy ôôôôôôô.' (Sprich wie ein Hundskopfaffe.) 'Komm herein, erscheine mir, Herr! Denn ich nenne deine größten Namen: (ZW) Iaô, Bal, Bêl (Zauberworte und -vokale)".²⁸⁷ Hinzu kommt, dass die Preisendanzschen *Zauberworte* häufig vor oder nach der direkten Anrede von Gottheiten²⁸⁸ sowie im Kontext der Nichtidentitätsformel auftauchen – ein weiterer Hinweis darauf, dass hier eigentlich Götternamen markiert werden.²⁸⁹ In PGM XIII, das einführend übrigens als *Achtes Buch Mose* (Ογδόη Μοϋςέως) bezeichnet wird, findet sich sogar eine Übersetzungshilfe in verschiedene Sprachen: „Hêlios aber lobpreist dich in Hiëroglyphensprache: 'Laïlam', auf hebräisch mit dem gleichen Namen: 'Ich bin (ZW, 36 Buchstaben)', was besagt: 'Ich gehe dir voran, Herr, der ich, der Sonnengott, auf der Sonnenbarke aufgehe mit deiner Hilfe.' Dein Zaubername [ὄνομα] aber auf ägyptisch: (ZW, 9 Buchstaben)".²⁹⁰

Dort, wo Preisendanz von *Zauberworten* spricht, begegnet also eigentlich ein klassisch religiöser Topos: die Anrufung einer Gottheit. Die im Kontext dieser Gottesanrufungen verwendeten Wörter und Lautfolgen mögen aus anderen Sprachen entlehnt, verformt oder gänzlich entfremdet sein,²⁹¹ doch letztlich – so kann aufgrund der immensen Bedeutung des

---

285 Vgl. dazu auch Betz, der die Wörter salopp „code words" nennt: Betz, *The Greek Magical Papyri...*, XLVII. Vgl. auch Festugière, *L'Idéal Religieux...*, 285f.
286 PGM IV, 278f (Henrichs, *Papyri...*, 1. Band, 80/81).
287 PGM IV, 1000f (Henrichs, *Papyri...*, 1. Band, 112/13); vgl. auch PGM IV, 1183f: (Henrichs, *Papyri...*, 1. Band, 106/07): „Öffne dich, Himmel, nimm entgegen meine Rufe, höre, Hêlios, Vater der Welt: ich rufe dich an mit deinem Namen (ZW)".
288 Vgl. neben den bereits genannten Passagen auch PGM IV, 3267 (Henrichs, *Papyri...*, 1. Band, 180/81): „ich rufe dich an, den großen Typhôn (ZW); denn ich bin der N N; erhöre mich bei der Zauberhandlung [πράγματι], die ich vollbringe (ZW), zweimal großer Typhôn (ZW), steh mir mit bei diesem Zauber [πραγματεία] bei, den ich ausführe, weil ich sage und schreibe deinen großen und preiswürdigen Namen (Aberamenthôu-Formel)".
289 Häufig fixiert nach dem Schema „Ich bin (ZW)...": vgl. u.A. PGM IV, 723; IV, 765; IV, 1937f; V, 476f; usw.
290 PGM XIII, 149f (Henrichs, *Papyri...*, 2. Band, 94).
291 Vgl. Graf, *Gottesnähe...*, 44/45: „Die Wortreihen der Zauberpapyri sind nicht einfach zufällige und sinnentlehrte Lautreihen. Je mehr man sich mit ihnen abgibt, desto klarer wird, daß wenigstens ein Teil von ihnen sich aus verschiedenen orientalischen Sprachen herleitet, aus dem Persischen, Akkadischen, Hebräischen, Koptischen."

Transzendenzbezugs für die Ritualpraxis der PGM angenommen werden – sind es eben keine unerklärlichen, unverständlichen, bedeutungslosen Worthülsen, die nur vage mit der Chiffre *Zauberwort* wiedergegeben werden können, sondern alternative, wirkmächtige Namen der angerufenen Gottheiten beziehungsweise mit diesen assoziierte Anrufungsformeln.[292] Vor dem Hintergrund der Tatsache, dass es die Kräfte der Götter sind, die der selbstreferentielle *Magier* evoziert, macht dies Sinn: die Preisendanzschen *Zauberworte* implizieren gerade keinen Sprechakt, der *ex opere operato* auf die äußere Wirklichkeit einwirkt, sondern tatsächlich eine Form der sprachlichen Adressierung eines Gegenübers, gleichsam einen kommunikativen Akt. So ist die Fomulierung *Zauberwort* im Kontext der PGM letztlich missverständlich: vielmehr ließe sich von *Gottesnamen* oder gar *voces religiosae* sprechen – was liegt näher, als die Anrufung von Gottheiten unter dem Religionsbegriff abzubilden?

Demgegenüber würde die Zuordnung der *voces religiosae* der PGM zu einem wie auch immer gefassten Konzept *Magie* zur arbiträren Unterscheidung *religiöser* und *magischer* Sprechakte führen, die weder wissenschafts- noch quellensprachlich konsistent applizierbar ist. Auch diese Gegenüberstellung ist das Produkt binnen- und interreligiöser Abgrenzungsstrategien, die in den Wissenschaftsdiskurs übernommen worden sind.[293] Hier wird daher vorgeschlagen, den analytischen Fokus auf die Vorstellung einer besonderen Wirkmächtigkeit von (religiösen) Sprechakten zu legen und auch selbstreferentiell-*magische* Befunde im Rahmen dieser übergreifenden Kategorie abzubilden. Gleichzeitig wird dadurch eine einengende Sicht auf den Religionsbegriff vermieden, das heißt: die voll-

---

292 Vgl. mit identischer argumentativer Stoßrichtung – allerdings im Kontext der Verwendung sinnloser Wörter während eines *theurgischen* Ritus' – Jamblich, *De Mysteriis*, 7, 4/5.

293 Vgl. etwa zu einer prägnanten frühchristlichen Rechtfertigungsstrategie für die Verwendung wirkmächtiger Gottesnamen – in expliziter, apologetischer Abgrenzung zu den *voces magicae* des heidnischen Umfelds – Origines, *Contra Celsum*, 1, 25. In Reaktion auf den Magievorwurf gegenüber Christus griffen sich auch weitere frühchristliche Autoren wie Justin, *Dialogus cum Tryphone*, 69, 6/7, Tertullian, *Apologeticum*, 21, 17, oder Irenäus von Lyon, *Contra Haereses*, 3, 11, 5, den Topos des *wirkmächtigen Sprechens* auf. Gemeinsamer Nenner ihrer Ausführungen ist, dass Christus ja nur mit seinem Wort gewirkt habe und deshalb zu Unrecht als *Magier* bezeichnet worden sei – tatsächlich sei sein Wirken mit dem bloßen Wort Anzeichen seiner Gottessohnschaft (explizit: Irenäus von Lyon, *Contra Haereses*, 3, 11, 5). Hintergrund dieser Setzungen ist offenbar die Überzeugung der Autoren, dass *Magier* gerade nicht mittels ihrer Worte, sondern vielmehr mittels Ritualpraktiken und weiterer materieller Hilfsmittel operierten. Mit Blick auf die Übernahme dieses Argumentationsmusters in den Wissenschaftsdiskurs schreibt Harold Remus, *Pagan-Christian Conflict...*, 59/60, prägnant: „To assert, as do some scholars, that wonders worked by a word are ‚miracles' (and Christian) and those involving formulas or manipulations are ‚magic' (and pagan) is to overlook the two-edged nature of this distinction – magicians sometimes employed only words, so that Tertullian, e.g., goes on to distinguish Jesus' word from the magical word by identifying him as the word of God, the primordial logos who was making and had made all things."

kommen unbegründete Überzeugung zu den Akten gelegt, dass die Kategorie *Religion* – möglicherweise in impliziter Fortführung protestantischer Setzungen – nicht auch besondere, als wirkmächtig erachtete Sprechakte abbilden könnte.

9.2.4.3. *Defixionen* und schadenbringende Ritualpraktiken

Es hat sich gezeigt, dass zentrale Aspekte der PGM im Kontext des heuristischen Fensters von *Religion* abgebildet und eingeordnet werden können. Auf eine wichtige Implikation dieses Vorgehens sei nochmals hingewiesen: es geht um die Notwendigkeit, das semantische Spektrum des Religionsbegriffs maßgeblich – also über idealisierende und moralisierende Setzungen binnenreligiöser Diskurse hinausgehend – zu erweitern, wenn dieser auch selbstreferentiell-*magische* Befunde umfassen und abbilden soll. Dies betrifft – wie gesehen – nicht nur eine außerordentlich konkrete Anrufungspraxis gegenüber Gottheiten (welche auch zur direkten Begegnung mit der Gottheit führen kann),[294] deren Instrumentalisierung zu individuellen menschlichen Zwecken, oder die Verwendung merkwürdiger, unverständlicher Wörter und Lautfolgen. Es geht auch um einen Aspekt, der sowohl von Akademikern wie religiösen Akteuren meist reflexartig vom Religionsbegriff ferngehalten wird: um die Durchführung von Ritualpraktiken, um anderen Menschen zu schaden – also im vorliegenden Kontext die antike Fluch- und Defixionspraxis, die in den PGM in der Tat präsent ist. Können schadenbringende Ritualpraktiken tatsächlich unter dem Religionsbegriff abgebildet werden? Werden hier nicht die Grundprinzipien der Durkheimschen Religionstheorie – oder überhaupt eines plausiblen Religionsverständnisses – außer Kraft gesetzt? Diese Fragen soll abschließend diskutiert werden.

In der Tat wird in den PGM nicht nur die Herstellung von Fluchtafeln *en detail* beschrieben,[295] auch wurden Textbausteine der PGM auf antiken Defixionen und Amuletten identifiziert. Die Anrufung des *Wunderbaren Liebeszwangs* (φιλτροκατάδεσμος Θαυμαστός)[296] in PGM IV, 336f ist beispielsweise auf mehreren ägyptischen Bleitäfelchen des vierten nachchristlichen

---

294 Vgl. hierzu prägnant PGM XIII – das schon erwähnte *achte Buch Mose*: nach einem komplexen, 41-tägigen Ritual betritt die Gottheit sprichwörtlich den Ritualraum und gibt ihren Namen preis (vgl. PGM XIII, 207f nach Henrichs, *Papyri...*, 2. Band, 97: „Herr, ich ahme (dich) nach mit den 7 Vokalen; komm herein und erhöre mich (die 7 Vokale, ZW, mit ‚Iao'). Kommt dann der Gott herein, so blick abwärts und schreib seine Worte und seinen Namen, den er dir gibt, auf. Er verlasse aber dein Zelt nicht, bis er dir auch über die genaue Auskunft erteilt."). Mit diesem Namen kann der Praktizierende schließlich zahlreiche, am Schluss des Textes rezeptartig genannte Ritualziele in kürzester Zeit umsetzen (PGM XIII, 235f).
295 Vgl. etwa PGM IV, 336f; V, 305f; VII, 395f; usw.
296 PGM IV,296 (Henrichs, *Papyri...*, 1. Band, 82/83).

Jahrhunderts belegt, sodass hier von einer direkten oder indirekten Abschrift ausgegangen werden kann.[297] Ob dieser Befund es erlaubt, auch bei früheren Hersteller von Fluchtafeln – etwa den bereits bei Platon angesprochenen? – eine Verwendung des selbstreferentiellen *Magier*-Titels anzunehmen, sei hier dahingestellt (sie lässt sich schlechthin nicht beantworten). Wichtiger an dieser Stelle ist die Frage, wie mit schadenbringenden Ritualintentionen aus religionswissenschaftlicher Sicht umzugehen ist. Exemplarisch wird etwa in PGM IV, 2623f beschrieben:

"Verleumdung an Selênê, wirksam für alles und für jede Praktik. Denn sie führt herbei in einer Stunde, sendet Träume, macht krank, wirkt Visionen im eigenen Traum, beseitigt Feinde, je nachdem du das Gebet [λόγον] änderst, wie du nur willst. [...] Das Gebet, das du sprichst [λόγος ὁ λεγόμενος]: [...] Du aber Herrscherin Aktiôphis, einzige Gebieterin, Selênê, Schicksal von Göttern und Dämonen (ZW, anders: ZW), versieh mit bittern Strafen die N N, die frevle, die ich dir wiederum als feindlich abgewandt überführen werde (nach Belieben, in gewöhnlicher Rede, was sie Frevles gegen die Götter spricht). Denn sie wird (sonst) mit ihrem Gebet [λόγῳ] noch erzwingen, dass auch die Felsen bersten".[298]

Es zeigt sich dasselbe Muster wie oben: wieder ist es die Gottheit, welche die – in diesem Fall – schadenbringende Handlung umsetzt. Wenngleich sich etwa in Jamblichs *De Mysteriis* eine ausufernde Thematisierung dieses für den Neuplatoniker merkwürdigen Sachverhalts findet (die *Geber des Guten* können anscheinend dazu gebracht werden, Menschen zu schaden),[299] bleibt zu fragen: sind schadenbringende Ritualpraktiken in religiösen Diskursen wirklich so ungewöhnlich?

Die moralisierenden Konnotationen des akademischen Religionsbegriffs lassen gerne darüber hinweg sehen, dass gerade in der Antike schadenbringende Praktiken unter bestimmten Umständen als legitim und gemäß dem Willen Gottes – beziehungsweise der Götter – angesehen worden sind. So lässt sich bereits der alttestamentarische Wettstreit Mose und Aarons mit den ägyptischen Priestern durchaus als rituelle Herbeiführung schadenbringender, durch den jüdischen Gott verfügter mirakulöser Ereignisse zur Brechung des pharaonischen Willens und Bestrafung des ägyptischen Volkes deuten.[300] Moses und Aaron zeigen hier allerdings genauso wenig moralisierende Reflektionen, die Kraft JHWHs zum Schaden der Ägypter zu instrumentalisieren wie die alttestamentarischen *Gottesmänner* Elia und Elischa. So tötet Elia die Gesandten des jüdischen Königs Ahasja mittels eines Feuerfluchs, der durch seine Eigenschaft als *Gottesmann* (ʾîš

---

297 Dazu ausführlicher Gager, *Curse Tablets and Binding Spells...*, 97ff. Zu weiteren Beispielen vgl. Busch, *Magie in neutestamentlicher Zeit...*, 95.
298 Vgl. PGM IV, 2623f (Henrichs, *Papyri...*, 1. Band, 154-57).
299 Vgl. Jamblich, *De Mysteriis*, 4, 1-7.
300 Vgl. Ex. 7, 1ff.

hā'ĕlōhîm) ermöglicht und legitimiert wird;[301] Elischa tötet 42 Kinder, die sich über seinen Kahlkopf lustig gemacht hatten, „im Namen des HERRN".[302] Auch das *Ritual der zerbrochenen Krüge* in *Jeremia 19* kann im Kontext einer schadenbringenden Funktionalisierung der Macht Gottes interpretiert werden;[303] man bemerke: hier wie dort sind Sprechakte und Ritualhandlungen im Spiel![304] Die rabbinischen Kommentatoren des Talmuds knüpfen ebenso an diese Tradition – religiösen Konkurrenten mittels der Kraft Gottes Schaden zuzufügen – an,[305] wie die Autoren des Neuen Testaments, die bei der Schilderung des mitunter drastischen Handelns der Apostel gleichfalls auf jegliche moralisierenden Reflektionen verzichten.[306]

Im griechischen Kontext finden sich analoge Schilderungen der Funktionalisierung göttlicher Kraft zum Schaden Anderer – hierbei ist etwa an den oben erwähnten Pestfluch des Apollon-Priesters Chryses gegenüber dem Heer der Achäer in Homers *Ilias* zu denken,[307] oder auch an Herodots Schilderung des Sturmes, der vor der Schlacht bei Salamis 400 Schiffe der persischen Flotte vernichtet habe und mittels der Anrufung Poseidons durch die Athener hervorgerufen worden sei.[308] Auch im altägyptischen Kontext sind schadenbringende Ritualpraktiken mithin als integraler, regelmäßig durchgeführter Bestandteil des offiziellen Kultes anzusehen, wie etwa das Ritual zum *Zerschlagen der roten Töpfe*, der sogenannte *Papy*-

---

301 Vgl. 2. Kön. 1, 9/10 nach Luther 1984: „Und der König sandte zu Elia einen Hauptmann über fünfzig samt seinen fünfzig Mann. Und als der zu ihm hinaufkam, siehe, da saß er oben auf dem Berge. Er aber sprach zu ihm: Du Mann Gottes, der König sagt: Du sollst herabkommen! Elia antwortete dem Hauptmann über fünfzig: Bin ich ein Mann Gottes, so falle Feuer vom Himmel und fresse dich und deine fünfzig Mann. Da fiel Feuer vom Himmel und fraß ihn und seine fünfzig Mann."

302 Vgl. 2. Kön. 2, 23-25 nach Luther 1984: „Und er ging hinauf nach Bethel. Und als er den Weg hinanging, kamen kleine Knaben zur Stadt heraus und verspotteten ihn und sprachen zu ihm: Kahlkopf, komm herauf! Kahlkopf, komm herauf! Und er wandte sich um, und als er sie sah, verfluchte er sie im Namen des HERRN. Da kamen zwei Bären aus dem Walde und zerrissen zweiundvierzig von den Kindern. Von da ging er auf den Berg Karmel und kehrte von da nach Samaria zurück."

303 Vgl. Jeremia 19, 1-15.

304 Anstatt also – wie etwa der Alttestamentler Rüdiger Schmitt – solche Ritualhandlungen alttestamentlicher Protagonisten als *Schadenzauber* zu bezeichnen und unter dem heuristischen Fenster von *Magie im alten Testament* (im Gegensatz zu *Religion im alten Testament*?) zu konzeptionalisieren (vgl. Schmitt, *Magie im alten Testament*..., v.a. 283ff), wird hier vielmehr der umgekehrte Weg vorgeschlagen: die Beispiele zeigen die Vorstellung legitimer Funktionalisierungsmöglichkeiten von Gottesmacht – auch zum Schaden Anderer – im alttestamentarisch-jüdischen Kontext. Dadurch wird eine künstliche – eben ethnozentrische – Aufteilung des alttestamentarischen Textkorpus' in *magische* und *religiöse* Bestandteile vermieden.

305 Vgl. etwa die Schilderung der Tötung eines Nicht-Juden mit mirakulösen Fähigkeiten in ySan 25d/21ff; ausführlicher oben, Kap. 8.1.1.

306 Vgl. die Blendung des vermeintlichen *Pseudopropheten* und *mágos* Barjesus in Apg 13, 10/11 oder die drastische Tötung des Bauernpaares Hananias und Saphira in Apg 5, 1-11.

307 Vgl. Homer, *Ilias*, 1. Gesang, 35f.

308 Vgl. Herodot, *Historien*, 7, 188f.

rus Rollin oder auch die *Amada-Stele* dokumentieren.[309] Letztlich kann also auch im Kontext der in den PGM geschilderten schadenbringenden Ritualpraktiken gesagt werden, dass hier Rezeptionsprozesse eines religiösen – das heißt: eines auch in den großen religiösen Strömungen der Antike durchweg präsenten – Topos' beobachtbar sind.

Auch die dichotome Gegenüberstellung einer wohlwollenden (vermeintlich *religiösen*) und einer schadenbringenden (vermeintlich *magischen*) Ritualintention ist insofern als künstliches Denkmuster anzusehen, welches im Rahmen des hier gewählten religionsgeschichtlichen Szenarios kaum aufrecht zu erhalten ist. Es mag vielleicht ungewohnt erscheinen, den Religionsbegriff auch für solchermaßen niederträchtige Ritualziele heranzuziehen; aber jener Schritt ist unumgänglich, um eine – mit Blick auf die Quellen irreführende – Moralisierung und Idealisierung des Religionsbegriffs zu vermeiden. Betrachtet man *Religion* vielmehr, wie oben angesprochen, als heuristisches Fenster,[310] das im Forschungsprozess fortwährend „revidiert, [...] und neu formuliert" wird,[311] bietet sich gerade im Kontext des Zerfalls der Kategorie *Magie* die Gelegenheit, auch den Religionsbegriff von seinen moralisierenden Implikationen, die nach wie vor den Wissenschaftsdiskurs beeinflussen, zu befreien. Die vorliegende Arbeit stellt nicht zuletzt einen Aufruf dazu dar, diese Gelegenheit zu nutzen.

9.3. Fazit

Im vorliegenden Kapitel wurde zum einen der Versuch unternommen, positiv konnotierte Verwendungsformen des Magiebegriffs in der graecorömischen Antike zu rekonstruieren, zum anderen, das früheste erhaltene selbstreferentiell-*magische* Textkorpus' – die *Papyri Graecae Magicae* – zu untersuchen und im Rahmen der bereits erarbeiteten antiken Rezeptionsgeschichte des Magiebegriffs einzuordnen. Im rezeptionsgeschichtlichen Einführungskapitel konnte in diesem Zusammenhang gezeigt werden, dass es generell schwierig ist, überhaupt identifikatorische (positiv konnotierte) oder selbstreferentielle (zur Selbstbezeichnung dienende) Rezeptionen des Magiebegriffs in der graeco-römischen Antike zu rekonstruieren. Insbesondere ist deutlich geworden, dass Quellen des Ausgrenzungsdiskurses es nicht erlauben, auf eine selbstreferentielle Verwendung

---

309 Vgl. zum Ritual „Breaking the red Pots" (und Spruch 244 der *Pyramidentexte*) ausführlicher Ritner, *The Mechanics...*, 144f; zu *Papyrus Rollin* Ebenda, 192f; zur *Amada-Stele* Ebenda, 13 bzw. 187. Vgl. exemplarisch auch die Defixionsfiguren zur Schädigung der Feinde Ägyptens aus der 12. Dynastie, erläutert bei Fischer-Elfert, *Altägyptische Zaubersprüche...*, 79-81 bzw. 151.
310 Vgl. dazu v.a. Ahn, „Religion", 519/20.
311 Vgl. Stolz, *Grundzüge...*, 42.

des Magiebegriffs bei den jeweils verhandelten Personen oder Praktiken zu schließen. Da der Ausgrenzungsdiskurs den (nicht nur) antiken Textbestand dominiert, muss mit quellenimmanenten Rezeptionen des Magiebegriffs daher sehr viel differenzierter umgegangen werden, als bis dato geschehen. Dies betrifft auch die Notwendigkeit einer differenzierten Einordnung der oben genannten Negativbefunde – bis hin zu einer Reinterpretation der Quellengattung antiker *Tabellae Defixionum*, auf die in der vorliegenden Arbeit nur hingewiesen werden kann.

Im zweiten Kapitelteil wurden schließlich die *Papyri Graecae Magicae* einer vertiefenden rezeptionsgeschichtlichen Analyse unterzogen. Zweifellos ist eines der wichtigsten Ergebnisse dieser Analyse, dass die derzeit viel diskutierte Devianzthese im antiken Kontext nicht pauschal postuliert werden sollte. Die Autoren der PGM haben sich in der Tat selbst als *Magier* bezeichnet und diesen Titel nicht als Beleidigung, sondern vielmehr als Auszeichnung empfunden. Kaum zufällig sind wesentliche Argumentationsmuster des Ausgrenzungsdiskurses – etwa das Scharlatanerie- oder das Blasphemiargument – in den PGM prägnant ins Gegenteil verkehrt. Wer die Autoren der Papyri waren, kann freilich nur gemutmaßt werden. Haben erst ägyptische Tempelpriester – im romanisierten und schließlich christianisierten Ägypten sukzessive marginalisiert und ins religiöse Abseits gedrängt – Sympathie mit der vormaligen Devianzzuschreibung *magós* entwickelt? Oder ist es lediglich überlieferungsgeschichtlich bedingt, dass von antiken selbstreferentiellen *Magiern* ausschließlich Texte aus dem spätantiken Ägypten erhalten sind (das würde wiederum zu der Frage führen: haben die Autoren der PGM tatsächlich an einem viel größeren – möglicherweise den gesamten Mittelmeerraum umspannenden – selbstreferentiellen Magiediskurs partizipiert)? Wenngleich diese Fragen nicht hinreichend beantwortet werden können, lässt sich zumindest konstatieren, dass der selbstreferentielle Magiediskurs (zu einem unbekannten Zeitpunkt) *nach* dem fremdreferentiellen Magiediskurs einsetzt – dass der Ausgrenzungsdiskurs dem Aufwertungsdiskurs also historisch vorgängig ist. Denn dass die Geschichte des Magiebegriffs im klassischen Griechenland zunächst mit einer polemischen Umdeutung der persischen Priesterbezeichnung *maguš* beginnt, ist in Kapitel 6 aufgezeigt worden.

Als wesentliches Fazit der Analyse ist festzuhalten, dass auch selbstreferentiell-*magische* Texte wie die *Papyri Graecae Magicae* vollständig unter dem Religionsbegriff abgebildet werden können. Nicht nur angesichts der Unschärfe und Polemik fremdreferentieller Zuschreibungen oder der Problematik der Negativbefunde, sondern auch aufgrund der religiösen Implikationen selbstreferentiell-*magischer* Texte selbst ist es daher geboten, auf wissenschaftssprachliche Konstruktionen vermeintlich *magischer* Text- und Quellenkorpora im Wissenschaftsdiskurs zu verzichten. Selbst die in der vorliegenden Arbeit vorgenommene Konstitution eines selbstreferentiellen

Magiediskurses sieht *nicht* dessen paradigmatische – oder gar ontologische – Abgrenzung von umliegenden religiösen Diskursen vor. Vielmehr ließe sich argumentieren, dass zentrale Topoi des quellenimmanenten Magiebegriffs – genannt seien etwa individualreligiöse Ritualpraktiken, mirakulöse Fähigkeiten, (vermeintliche) Götterzwang-Semantiken, die Verwendung sinnloser Wörter und Lautfolgen oder auch schadenbringende Ritualintentionen – von den Autoren der PGM aus (historisch vorgängigen!) religiösen Referenzdiskursen entlehnt oder übernommen worden sind.

Dies zeigt sich auch daran, dass in den PGM zahlreiche religionsgeschichtlich bedeutsame Figuren rezipiert und rituell (oder zumindest textuell) eingebunden werden – so werden nicht nur Abraham, Moses, Salomon und Jesus als potenzielle Agenten eines Rituals genannt,[312] sondern auch Pythagoras, Demokrit, Apollonios von Tyana sowie auch Zoroaster, um nur einige zu nennen.[313] Den Autoren der PGM waren insofern nicht nur die Theologien und Mythologeme der großen religiösen Strömungen der Antike vertraut, sondern auch zahlreiche Figuren, die in der jüdisch-christlichen, graeco-römischen oder ägyptischen Religionsgeschichte als besonders bedeutsam oder wirkmächtig hervorgetreten sind. Dies mag als weiterer Beleg dafür gewertet werden, dass die PGM keinen eigenständigen, merkwürdigen Sonderfall graeco-ägyptischer Spätantike darstellen, sondern vielmehr als Produkt eines hochgradig kreativen, geradezu innovativen Rezeptionsprozesses zu identifizieren sind. Tatsächlich haben die selbstreferentiellen *Magier* der PGM ihr gesamtes Denk- und Handlungsrepertoire aus etablierten religiösen Traditionen der Antike entlehnt; sie kochen gewissermaßen mit dem selben Wasser. Es ist an der Zeit, dies auch im Wissenschaftsdiskurs zu honorieren und die *Papyri Graecae Magicae* – analog zum Selbstverständnis der Autoren – in den Korb zu untersuchender *heiliger Schriften* aufzunehmen.

---

312 Vgl. zu Jesus PGM IV, 3016; XII, 192; zu Moses vgl. PGM V, 108f; VII, 619f sowie v.a. PGM XIII, 3f, das *achte Buch Mose* (Ὀγδόη Μούςέως); zu Abraham vgl. PGM I, 219; V, 480; VII, 315; XIII, 816; zu Salomon PGM IV, 851f.
313 Vgl. zu Pythagoras PGM VII, 795; zu Demokrit PGM VII, 168f; VII, 795; zu Apollonios von Tyana PGM XIa, 1; zu Zoroaster PGM XIII, 967.

10. Marsilio Ficino, Giovanni Pico della Mirandola und die frühneuzeitliche Rezeption des Magiebegriffs

Der thematische Rahmen und kulturhistorische Kontext des folgenden Kapitels ist gegenüber den bisherigen rezeptionsgeschichtlichen Ausführungen durch einen auf den ersten Blick weitreichenden Zeitsprung von ungefähr 1000 Jahren und eine – ebenfalls signifikante – geographische Verlagerung in den europäischen Kulturraum der Frühen Neuzeit gekennzeichnet. Diese Verlagerung hat im Kontext der hier unternommenen und auf Fallbeispielen basierenden Rezeptionsgeschichte des Magiebegriffs seine Begründung und Notwendigkeit. Bei der Auswahl der Fallbeispiele der vorliegenden Arbeit wurde darauf geachtet, dass vor allem solche Texte behandelt werden, die entweder maßgeblich Neues in den abendländischen Magiediskurs einbringen und insofern als diskursbegründend zu erachten sind, oder die als besonders repräsentativ für einen bestimmten Aspekt oder eine bestimmte Problematik des Magiebegriffs angesehen werden können. Mit den Setzungen Augustins in Kapitel 8 wurde diesbezüglich der grundlegende Rahmen für die Rezeption des Magiebegriffs im fortan dominanten christlichen Diskurs rekonstruiert. Dieser Rahmen – der *Magie* als Dämonen- beziehungsweise (seit Thomas von Aquin)[1] als Teufelspakt definiert und die Figur des *Magiers* insgesamt zum Feind des Christentums stilisiert – ist im Rahmen seiner Rezeption durch christliche Autoren des Mittelalters unterschiedlich interpretiert, in seinen Grundzügen jedoch nie verlassen worden. Insofern kann in der vorliegenden Arbeit die mittelalterlich-scholastische Tradierung der frühchristlichen Magiologie weitgehend ausgeblendet werden, ohne dass all zu Wertvolles verloren ginge.[2] Weitreichende rezeptionsgeschichtliche Veränderungen hinsichtlich

---
1 Dazu ausführlicher Linsenmann, *Die Magie bei Thomas...*, v.A. 330f.
2 Diese etwas vereinfachende Perspektive dient zunächst der thematischen Ausrichtung des vorliegenden Kapitels – freilich ist auch die mittelalterliche Rezeption differenzierter und mitunter heterogen zu lesen. Sofern im Folgenden mittelalterliche Quellen und Rezeptionslinien eine Rolle spielen, wird eigens darauf hingewiesen. Zur mittelalterlichen Rezeption des Magiebegriffs vgl. einführend Claire Fanger, Frank Klaassen, „Magic III: Middle Ages", in: Hanegraaff/Faivre, *Dictionary of Gnosis...*, Band 2, 724-31; sowie z.T. Kurt Goldammer, *Der göttliche Magier und die Magierin Natur. Religion, Naturmagie und die Anfänge der Naturwissenschaft vom Spätmittelalter bis zur Renaissance. Mit Beiträgen zum Magie-Verständ-*

zentraler Denotationen und Konnotationen des Magiebegriffs – die auch und gerade den identifikatorischen Aufwertungsdiskurs betreffen – finden erst wieder im Europa des 15. und 16. Jahrhunderts statt; diese Veränderungen bilden den Gegenstand des folgenden Kapitels.

Der kulturhistorische Kontext des frühneuzeitlichen Europas ist aus rezeptionsgeschichtlicher Sicht gleichwohl durch eine verblüffend polyvalente Verwendung des Magiebegriffs gekennzeichnet. Gerade zur Zeit sich ausbreitender und an Schärfe gewinnender Hexenverfolgungen und einer entsprechend eingefärbten magiologischen Fachliteratur entsteht ein zweiter, von einer humanistischen Bildungselite geführter Magiediskurs, der das lateinische Abstraktum *magia* radikal aufwertet und zu einer göttlich legitimierten Grundkraft der Natur stilisiert – eine Aufwertung, die in der Formulierung *magia naturalis* semantisch gebündelt wird. Zu dem bis dato traditierten negativ konnotierten Magiebegriff des christlich-theologischen (Ausgrenzungs-) Diskurses erscheint diese frühneuzeitliche Vereinnahmung des Begriffs – die mehr Produktion als Rezeption ist – merkwürdig abgesetzt.[3]

Entsprechend ist der humanistische Magiediskurs der Frühen Neuzeit vom christlich-theologischen Diskurs der Scharfrichter und Hexenverfolger

---

nis des Paracelsus, [Kosmosophie. Forschungen und Texte zur Geschichte des Weltbildes, der Naturphilosophie, der Mystik und des Spiritualismus vom Spätmittelalter bis zur Romantik; V], Stuttgart 1991, v.a. 7-23; zu den auch für das vorliegende Kapitel relevanten Transformationsprozessen im 12. und 13. Jahrhundert vgl. den hervorragenden Aufsatz von Frank Fürbeth, „Die Stellung der artes magicae in den hochmittelalterlichen 'Divisiones philosophiae'", in: Ursula Schäfer (Hg.), *Artes im Mittelalter*, Berlin 1999, 249-62. Vgl. mit den üblichen terminologischen Unschärfen und einem weniger rezeptionsgeschichtlichen als substanziellen Ansatz auch Richard Kieckhefer, *Magic in the Middle Ages*, Cambridge 1989; mit Fokus auf dem arabischen Diskurs vgl. Charles Burnett, *Magic and Divination in the Middle Ages*, Aldershott 1996.

3   Die frühesten magiologischen Schriften zum Hexendelikt – „der Bericht des Chronisten Hans Fründ über die Hexenverfolgungen im Wallis, mehrere Kapitel im 'Formicarius' des Johannes Nider, die 'Errores gazariorum seu illorum qui scopam vel baculum equitare probantur' eines anonymen Autors, der Traktat 'Ut magorum et maleficorum errores ...' des delphinatischen Richters Claude Tholosan und schließlich das vierte Buch des 'Champion des Dames' des Lausanner Dompropstes Martin le Franc" (vgl. Georg Modestin, Kathrin Utz Tremp, „Zur spätmittelalterlichen Hexenverfolgung in der Westschweiz. Ein Forschungsbericht", online verfügbar unter http://www.zeitenblicke.de/2002/01/modestin/modestin.html#fn27; 27.09.2009) – datieren auf einen Entstehungszeitraum zwischen 1428 und 1442, sind also nur etwa zwei bis drei Jahrzehnte vor Ficinos Übersetzung des Corpus Hermeticum und des platonischen Schriftenkorpus' – und seiner damit einher gehenden Aufwertung des Magiebegriffs – verfasst worden. Die merkwürdige Synchronizität wird noch prägnanter, wenn man Johann Hartliebs *puch aller verpotten kunst, unglaubens und der zaubrey* (1456) sowie die wirkungsgeschichtlich wohl bedeutsamste Kampfschrift gegen die Figur der Hexe – den *Malleus Maleficarum* – in den Blick nimmt: 1486 veröffentlicht, fällt sie zwischen die Drucklegungen von Ficinos *Theologia Platonica* (1482) und *De Vita Libri Tres* (1489), und propagiert zeitgleich mit Pico della Mirandolas *900 Thesen* (1486) die kirchliche Dämonisierung und juristische Verfolgung der Hexe.

zu unterscheiden und rezeptionsgeschichtlich in den identifikatorischen Aufwertungsdiskurs einzuordnen. Ziel des vorliegenden Kapitels ist, die wichtigsten Implikationen jener bedeutsamen Transformation des Magiebegriffs in der Frühen Neuzeit bei den beiden diskursbegründenden Autoren des humanistischen Magiediskurses – Marsilio Ficino (* 1433; † 1499) und Giovanni Pico della Mirandola (* 1463; † 1494) – zu skizzieren. Das Vorgehen der beiden Autoren soll schließlich mit der bisher geleisteten Rezeptionsgeschichte in Beziehung gesetzt werden, um einen Erklärungsversuch für die Transformation des Magiebegriffs im Europa der Frühen Neuzeit entwickeln zu können. Abschließend sollen weiterführende Überlegungen zu Wirkung und Wirkungsgeschichte dieser Umdeutung – bis in rezente Magiediskurse hinein – angestellt werden.

10.1. Prolog: Platons Bedeutung für den abendländischen Magiediskurs

Im Rahmen der bisher geleisteten historischen Kapitel ist die besondere Bedeutung Platons für den abendländischen Magiediskurs in mehrerlei Hinsicht aufgewiesen worden. Nicht nur hatte dieser in seinen *Nomoi* erstmals systematisch versucht, der (griechischen) Polemik gegen individualreligiöse Ritualpraktiken – bei ihm gefasst unter der Chiffre *pharmakeía* – ein durchdachtes religionsphilosophisches Fundament zu liefern, welches den Magiediskurs, vor allem aber das abendländische Religions- und Gottesverständnis maßgeblich prägen sollte.[4] Hinzu kommt, dass Platon als möglicher Diskursbegründer zweier zentraler Topoi der Rezeptionsgeschichte des Magiebegriffs identifiziert werden konnte: mit seiner alkibiadischen Definition von *mageía* als „Verehrung der Götter [θεῶν θεραπεία]"[5] initiierte er eine antike, vom oben skizzierten Ausgrenzungsdiskurs getrennt zu lesende Rezeptionslinie eines positiv konnotierten Magiebegriffs, der mit seinem etymologischen Ursprung – dem persischen Tempelkult – zumindest noch in loser Verbindung stand. Zudem konnte seine Zuordnung von *goēteía* zum Handeln des Dämons Eros im *Symposion* erstmals ein – wenn auch nur marginal ausgearbeitetes – theoretisches Erklärungsmuster für die angenommene Wirkung zahlreicher Ritualpraktiken liefern, die im griechischen Raum unter den Begriffen *mageía, pharmakeía* oder *goēteía* gefasst worden sind.[6] Möglicherweise – dies wäre sicherlich seine wirkmächtigste Hinterlassenschaft – beeinflusste er mit dieser Zuordnung auch

---

4 Vgl. oben, Kap. 6.3.2.
5 Platon, *Alkibiades*, 122a (Hülser, *Platon*....124/125).
6 Vgl. Platon, *Symposion*, 202e-203a..

die christliche Rezeption und Konzeptionalisierung des Topos' der *dämonischen Magie*.⁷

Platons Bedeutung für den abendländischen Magiediskurs ist also kaum zu überschätzen – auch wenn seine Gedankenlinien mitunter nur implizit rezipiert worden sind. Hinzu kommt seine fundamentale Beeinflussung der abendländischen Philosophiegeschichte, insbesondere mit Blick auf den Platonismus, der gerade in der Spätantike erneut maßgeblich Neues in den Magiediskurs einbrachte. So legte Plotin mit seiner Konzeptionalisierung eines sympathetisch durchwobenen Kosmos' eine ganz eigenständige Deutung und Erklärung der unter *mageía/goēteía* gefassten Ritualpraktiken vor – die wirkungsgeschichtliche Bedeutung seines sprichwörtlich allumfassenden Erklärungsmodells wird sich vor allem im folgenden Kapitel erweisen. In einem Anflug von Poesie ließ Plotin sich zudem zu einer Formulierung hinreißen, deren spätere Wirkungsgeschichte er wahrscheinlich kaum erwartet hätte – „die wahre Magie nämlich ist 'die Freundschaft' und 'der Streit' [καὶ ἡ ἀληφινὴ μαγεία ἡ ἐν τῷ παντὶ Φιλία καὶ τὸ Νεῖκος αὖ]".⁸ Das Abstraktum *mageía* bezeichnete in den *Enneaden* somit auch – allerdings nur an einer einzigen Stelle! – jene alldurchdringende, anziehend-abstoßende Grundkraft des Kosmos', die von dem Platoniker sonst unter dem Begriff *sympatheía* gefasst wurde. Bevor im Folgenden die enorme (frühneuzeitliche) Wirkungsgeschichte dieser Setzung durch den Philosophen ausgebreitet werden soll, sei daher nochmals darauf hingewiesen, dass dieser ansonsten dem Ausgrenzungsdiskurs zuzuordnen ist. Bei ihm wie bei allen seinen Schülern standen die Begriffe *mageía/goēteía* für Ritualpraktiken und -intentionen, die dem Aufstieg der Seele – dem inhärenten Ziel jedes neuplatonischen Philosophierens – im Wege standen. Es kann daher davon ausgegangen werden, dass (nicht nur) Plotin den Entwicklungen, die im Folgenden skizziert werden, mit Befremden zugesehen hätte.

---

7   Vgl. zur Diskussion oben, Kap. 8.1.3.
8   Plotin, *Enneaden*, 4, 4, 40 (chron: 28, 40, 216 nach Harder, *Plotins Schriften. Band IIa...*, 344/45).

10.2. Rezeptionsgeschichtlicher Kontext: Die Wiederbelebung des klassischen Altertums

10.2.1. Grundlegende Rezeptions- und Transformationsprozesse in der Frühen Neuzeit

Der einführende Prolog zu Platon und Plotin hat mit den Implikationen jenes soziokulturellen Veränderungsprozesses im frühneuzeitlichen Europa zu tun, der üblicherweise unter dem Epochenbegriff *Renai-ssance* gefasst wird. Ein zentraler Bestandteil dieses Prozesses war bekanntermaßen die *Wiederbelebung des Classischen Alterthums* – so der Titel des programmatischen, in dieser Hinsicht geradezu diskursbegründenden Werkes des Historikers Georg Voigt aus dem Jahre 1859.[9] Freilich sind die historiographischen Probleme des Renaissancebegriffs im Speziellen[10] und der konstruktiven, mitunter arbiträren Gliederung von Epochen im Allgemeinen[11] hinreichend diskutiert worden. Gleichwohl können im Kontext des von Voigt als *Renaissance* markierten Zeit- und Kulturraums gerade aus rezeptionsgeschichtlicher Sicht historische Diskontinuitäten identifiziert werden:[12] der

---

9 Vgl. Georg Voigt, *Die Wiederbelebung des classischen Alterthums oder das erste Jahrhundert des Humanismus*, Berlin 1859; zu Voigt Paul F. Grendler, "Georg Voigt: Historian of Humanism", in: Christopher S. Celenza, Kenneth Gouvens (Hg.), *Humanism and Creativity in the Renaissance: Essays in Honor of Ronald G. Witt*, Leiden 2006, S. 295-326.

10 Vgl. Karlheinz Stierle, „Renaissance – Die Entstehung eines Epochenbegriffs aus dem Geist des 19. Jahrhunderts", in: Reinhart Herzog, Reinhart Koselleck (Hg.), *Epochenschwelle und Epochenbewusstsein. Herausgegeben von Reinhart Herzog und Reinhart Koselleck*, [Poetik und Hermeneutik; 12], München 1987, 453-92; vgl. auch Peter Burke, *Die Renaissance. Aus dem Englischen von Robin Cackett*, [Fischer-Taschenbücher; 12289], Frankfurt a. Main 1996, 9-17.

11 Vgl. dazu insgesamt die Beiträge in oben genanntem Band *Epochenschwelle und Epochenbewußtsein*, sowie auch Niklas Luhmann, „Das Problem der Epochenbildung und die Evolutionstheorie", in: Hans U. Gumbrecht, Ursula Link-Heer (Hg.), *Epochenschwellen und Epochenstrukturen im Diskurs der Literatur- und Sprachhistorie. Herausgegeben von Hans Ulrich Gumbrecht und Ursula Link-Heer. UnterMitarbeit von Friederike Hassauer, Armin Biermann, Ulrike Müller-Charles, Barbara Ullrich*, [Suhrkamp-Taschenbuch Wissenschaft; 486], Frankfurt a. Main 1985, 11-33; sowie Hans Erich Bödeker, Ernst Hinrichs, „Alteuropa – Frühe Neuzeit – Moderne Welt?", in Dies. (Hg.), *Alteuropa – Ancien régime – Frühe Neuzeit. Probleme und Methoden der Forschung*, [Problemata; 124], Stuttgart 1991, 11-50.

12 Hier wird der Argumentation von Michael Stausberg gefolgt, der im Rahmen eines rezeptionsgeschichtlichen Paradigmas die Möglichkeit zur konkreten Identifizierung historischer Diskontinuitäten sieht – vgl. Stausberg, *Faszination Zarathustra...*, 26: „Epochen und Epochengliederungen [...] haben als gesellschaftliche Selbstbeschreibungen mythische bzw. legitimatorische Implikationen und Funktionen, aber eben auch ihre historiographische Berechtigung. Denn als letztlich arbiträre Phasenmodelle denotieren und plakatieren sie nominell historische Diskontinuitäten. Wie die Wissenschaftsgeschichte begründet eine Rezeptionsgeschichte prinzipiell ihre eigene Zeit und ihre eigenen Epochen, indem sie spezifische Diskontinuitäten beobachtet."; gerade auf der Ebene von Texten lassen sich

laut Voigt von humanistischem Geist durchdrungenen Wiederbelebung der Antike ging eine historiographisch konkret rekonstruierbare „Wiederauffindung antiker philosophischer Texte" voraus,[13] ermöglicht durch die systematische Durchforstung und Neuedition des Textbestandes europäischer Kirchen- und Klosterbibliotheken von bedeutsamen Humanisten wie Gianfrancesco Poggio Bracciolini (* 1380; † 1459) oder Niccolo Niccoli (* 1364; † 1437),[14] durch den hoch- und spätmittelalterlichen arabisch-christlichen Kulturkontakt[15] und die Erbeutung zahlreicher griechischer und arabischer Texte insbesondere im Zuge der spanischen Reconquista,[16] sowie durch den Austausch und Handel mit Byzanz vor dem Fall Konstantinopels im Jahre 1453.[17] Entscheidend ist, dass sowohl Umfang als auch Qualität des

---

Diskontinuitäten rekonstruieren, wenn – wie im vorliegenden Kapitel deutlich werden wird – die Implementierung neuer Texte in ein kulturelles Wissenskorpus zu konkret beobachtbaren und mitunter weitreichenden Veränderungen in thematischen Rezeptionsprozessen führt.

13 Vgl. Wolf-Dieter Müller-Jahncke, „Von Ficino zu Agrippa. Der Magia-Begriff des Renaissance-Humanismus im Überblick", 31/32, in: Antoine Faivre, Rolf Christian Zimmermann (Hg.), *Epochen der Naturmystik. Hermetische Tradition im wissenschaftlichen Fortschritt. Grands Moments de la Mystique de la Nature. Mystical Approaches to Nature. Unter Mitarbeit zahlreicher Fachgelehrter des In- und Auslandes*, Berlin 1979, 24-51: „Ein Korrektiv zu diesen sowohl vom 'physikalischen' Nominalismus als auch von der 'mathematischen Mystik geprägten hochmittelalterlichen Kosmologien entstand [...] durch die Wiederauffindung antiker philosophischer Texte, die seit der Mitte des 15. Jahrhunderts in Italien vermehrt zugänglich wurden. Die nun in Angriff genommenen Übersetzungen aus dem Griechischen erlaubten eine weitergehende Kommentierung als es vorangegangenen Generationen möglich gewesen sein konnte. Das sich auf antike Vorbilder berufende Mäzenatentum, ebenso gebildet wie bildungshungrig, gab den finanziellen Hintergrund für unabhängiges, nicht der Dogmatik verpflichtetes Denken, dessen erstes Erblühen im Rahmen der sogenannten 'Florentiner Akademie' erfolgte."

14 Vgl. ausführlicher Paul Oskar Kristeller, *Humanismus und Renaissance. II: Philosophie, Bildung und Kunst*, [UTB; 915], München 1980, u.A. 14f.

15 Vgl. ausführlicher Paul Oskar Kristeller, *Humanismus und Renaissance. I: Die antiken und mittelalterlichen Quellen*, [UTB; 914], München 1980, 35ff.

16 Allein die Bibliothek von Cordoba, das 1236 erobert wurde, soll 400.000 Werke umfasst haben; vgl. dazu Ulrich Haarmann, Heinz Halm, Monika Gronke (Hg.), *Geschichte der arabischen Welt. Unter Mitwirkung von Monika Gronke, Barbara Kellner-Heinkele, Helmut Mejcher, Tilman Nagel, Albrecht Noth (†), Alexander Schölch (†), Reinhard Schulze, Hans-Rudolf Singer (†), Peter von Sivers. Begründet von Ulrich Haarmann (†), herausgegeben von Heinz Halm*, [Beck's Historische Bibliothek], München ⁴2001, 281.

17 Etwa durch Giovanni Aurispa, der 1423 nicht weniger als 238 griechische Handschriften aus dem bereits von Osmanen belagerten Konstantinopel nach Italien brachte; dazu ausführlicher Peter Schreiner, „Giovanni Aurispa in Konstantinopel. Schicksale griechischer Handschriften im 15. Jahrhundert", in: Johannes Helmrath, Heribert Müller (Hg.), *Studien zum 15. Jahrhundert. Festschrift für Erich Meuthen. Hg. von Johannes Helmrath und Heribert Müller in Zusammenarbeit mit Helmut Wolff. Band 2*, München 1994, 623–633. Wichtig ist in diesem Zusammenhang auch der Aufenthalt des byzantinischen Gelehrten Georgios Gemistos Plethon auf dem Konzil von Florenz (1438/39), der es dem Florentiner Mäzen Cosimo de' Medici ermöglichte, eine Abschrift des gesamten platonischen Kodex' erstellen zu lassen; vgl. hierzu Stausberg, *Faszination Zarathustra...*, 98.

10.2. Die Wiederbelebung des klassischen Altertums

auf diese Weise wiederentdeckten, antiken Textmaterials weit über das christlich-klösterlich tradierte Textkorpus hinausgingen –[18] abgesehen davon, dass Letzteres nach wie vor dem Zugriffs- und Deutungsmonopol der katholischen Kirche unterlag.

Der drastische Anstieg an neu verfügbaren Schriften antiker Autoren führte in Kombination mit den bekannten sozialpolitischen, wirtschaftlichen und technologischen Veränderungen des 14. und 15. Jahrhunderts – hier ist an erster Stelle freilich der Buchdruck mit beweglichen Lettern zu nennen –[19] zu einer rasant ansteigenden Übersetzungs- und Editionstätigkeit durch humanistische Gelehrte. Erstaunlich ist die Geschwindigkeit dieser Entwicklung: im Jahre 1465 wurde in Italien die erste Druckerpresse im Benedictinerkloster Subiaco (bei Rom) installiert –[20] um 1520, also nur etwa 55 Jahre später, waren (nahezu) alle zur Verfügung stehenden antiken Texte in gedruckten, meist lateinischen, zum Teil kommentierten Editionen zugänglich.[21] So stand „einem gebildeten Menschen des 16. Jahrhunderts […] das vollständige Erbe der klassischen griechischen Literatur und Naturwissenschaft zur Verfügung, ob er nun Griechisch lesen konnte oder nicht".[22]

Freilich muss jene „*Einholung* der Antike in das Bewußtsein der Zeit, der damaligen 'Moderne'"[23] viel eher als produktiver denn als rezeptiver Prozess gelesen werden, der dadurch, dass er „das Alte in ein gänzlich

---

18 Vgl. Kristeller, *Humanismus und Renaissance. I...*, 23: „Bei den zahlreichen Erstübersetzungen von Werken der griechischen Antike fallen die Verdienste der Humanisten besser ins Auge. [...] Zu den Autoren, deren Schriften der westliche Leser auf diese Weise ganz oder teilweise zum ersten Mal kennenlernte, gehören Homer und Sophokles, Herodot und Thukydides, Xenophon, Isokrates, Demosthenes, Plutarch und Lukian, Epikur, Sextus Empiricus und Plotin, um nur einige Autoren zu nennen, deren Rang und Einfluß offenkundig sind."; Vgl. ausführlicher auch Ebenda, 159f.
19 Vgl. aus kommunikationstheoretischer Sicht Michael Giesecke, *Der Buchdruck in der frühen Neuzeit. Eine historische Fallstudie über die Durchsetzung neuer Informations- und Kommunikationstechnologien*, Frankfurt a. Main 1991.
20 Vgl. Stausberg, *Faszination Zarathustra...*, 103. Ausführlicher zur enormen Beschleunigung der Text(re)produktion durch den Buchdruck auch Burke, *Die Renaissance in Italien*, 69f.
21 Vgl. Stausberg, *Faszination Zarathustra...*, 24/25: „Bis 1520 sind die meisten antiken Werke im Druck (!) zugänglich gewesen; das 'klassische Erbe' konnte in knapp sechzig Jahren typographisch erfaßt werden, ein Vorgang, der die von Erwin Panofsky herausgestellte Nachhaltigkeit der Renaissance gegenüber den mittelalterlichen Renaissancen wesentlich gefördert haben dürfte."
22 Kristeller, *Humanismus und Renaissance. I...*, 159.
23 Stephan Otto, *Renaissance und frühe Neuzeit*, [Geschichte der Philosophie in Text und Darstellung; 3: Renaissance und frühe Neuzeit], Stuttgart 1994, 16: „Die Renaissance war nie eine bloße 'Wiedergeburt' klassischer Kultur im Sinne unreflektierter Wiederholung, sondern sie war Einholung der Antike in das Bewußtsein der Zeit – der damaligen 'Moderne'."; Kursivsetzung Otto.

andersgeartetes Informations- und Kommunikationssystem integriert hat, wesentlich mehr war als eine bloße Wiederkehr desselben."[24] Durch die Vereinnahmung antiker Autoren für die Argumentations- und Gedankenlinien ihrer humanistischen Übersetzer und Interpreten konnten zunehmend – unter (vermeintlichem) Rückgriff auf alte, mitunter vorchristliche, als autoritativ verstandene Texte – Positionen abseits der kirchlich-scholastischen Tradierung entwickelt und begründet werden.[25] So ist es nicht verwunderlich, dass im Zuge dieses Prozesses auch das kirchliche Text- und Diskursmonopol gegenüber dem Magiebegriff aufbrach und neue, alternative Rezeptions- und Deutungsmuster ermöglichte. Die weitreichende Umdeutung des Magiebegriffs, die im vorliegenden Kapitel untersucht wird, ist daher in diese *Wiederbelebung des Classischen Alterthums* konkret einzuordnen. Sie hat aus rezeptionsgeschichtlicher Sicht – von hier sei eine gedankliche Brücke zum Prolog des vorliegenden Kapitels gezogen – zu einem nicht geringen Anteil mit der Wiederentdeckung jenes Philosophen zu tun, der bereits den antiken Magiediskurs maßgeblich geprägt hatte: mit Platon.

10.2.2. Vertiefung: Die *Florentiner Renaissance*

Platon kann sicherlich als einer der großen Gewinner der humanistischen Restituierung der Antike in der Frühen Neuzeit angesehen werden. Während die Bedeutung seiner Schriften für die aristotelisch geprägte Scholastik des Hoch- und Spätmittelalters nur noch marginal gewesen war,[26] führte die Wiederentdeckung des vollständigen platonischen Schriftenkanons im 15. Jahrhundert zu einer genuinen Renaissance Platons und, damit einher gehend, zu einem (erneuten) Neuplatonismus humanistischer Lesart, oder – in den Worten Kurt Goldammers – einem „Neo-Neuplatonismus".[27] Dieser lässt sich konkret mit der sogenannten *Florentiner Renaissance* um den humanistischen Gelehrten Marsilio Ficino in Verbindung bringen; Ficino hatte im Jahre 1462 – er war zu diesem Zeitpunkt erst 19 Jahre alt – von Cosimo de' Medici einen Kodex der gesammelten Schriften Platons geschenkt bekommen, den dieser wahrscheinlich auf dem Kon-

---

24 Stausberg, *Faszination Zarathustra...*, 25.
25 Vgl. Müller-Jahnke, „Von Ficino zu Agrippa...", 30: „Es muß als unangreifbare Leistung der 'studia humanitatis' angesehen werden, diese fast verschütteten Werke der 'antiqui' wieder zugänglich gemacht und dadurch eine 'Korrektur' der überlieferten Kosmologie ermöglicht zu haben, die das Bewußtsein erschloss, Mikro- und Makrokosmos in grundsätzlich anderer Weise zu deuten."
26 Bis zur Mitte des 12. Jahrhunderts war in der lateinischsprachigen Gelehrtenwelt West- und Mitteleuropas überhaupt nur der *Timaios* zugänglich – in unvollständigen lateinischen Übersetzungen von Cirero und Chalcidius; vgl. Kristeller, *Humanismus und Renaissance. 1...*, 55-57.
27 Goldammer, *Der göttliche Magier...*, 32.

10.2. Die Wiederbelebung des klassischen Altertums

zil von Florenz (1438/39) von dem Byzantiner Gelehrten Georgios Gemistos Plethon (* um 1355; † 1452) erworben hatte.[28] Ficino erhielt den Auftrag, den Kodex – „im 15. Jahrhundert eine kostbare Rarität, besaß doch selbst die päpstliche Bibliothek damals keinen vollständigen Platon"[29] – baldmöglichst ins Lateinische zu übersetzen. Der Florentiner machte sich sofort ans Werk und erhielt von seinem Mäzen bereits nach der Übersetzung der ersten zehn Dialoge im April 1464 ein Landhaus geschenkt – 1468/69 konnte Ficino schließlich „die erste vollständige Übersetzung der Schriften Platons ins Lateinische" vollenden;[30] diese kursierte zunächst in Handschriften, wurde schließlich 1484 mit einer Auflage von 1025 Exemplaren gedruckt und bereits 1491 ein zweites Mal verlegt.[31]

Zu Ficinos Platon-Übersetzung, deren philosophie- und religionsgeschichtliche Bedeutung bereits kaum zu überschätzen ist,[32] gesellen sich im Laufe der folgenden Jahrzehnte weitere, nicht minder bedeutsame griechisch-lateinische Übersetzungen. So wurde um 1460 von dem makedonischen Mönch Lionardo von Pistoja ein altgriechisches Manuskript nach Florenz gebracht, dass sich als weitgehend vollständige Fassung des (bis dato nur in Erwähnungen und einzelnen Paraphrasen der Kirchenväter zugänglichen) *Corpus Hermeticum* erwies –[33] Cosimo de' Medici beauftragte wiederum Ficino mit der sofortigen Übersetzung, die dieser bereits 1464 fertig stellen konnte. Als Druck erschien der Text erstmals 1471 unter dem Titel *Pimander* (eigentlich der Titel des ersten Dialogs); Ficinos lateinische Übersetzung des *Corpus Hermeticums* erlebte schon vor dem Jahr 1500 acht Neuauflagen und kann insgesamt als das erfolgreichste Werk des Florentiners gelten.[34] Hinzu kommen Ficinos Übersetzungen der Neuplatoniker – 1492 legte er die erste lateinische Übersetzung der Plotinischen *Enneaden* vor,[35] 1497 folgte die Herausgabe von Jamblichs *De Mysteriis* (bei Ficino mit

---

28 Vgl. Stausberg, *Faszination Zarathustra*..., 98.
29 Ebenda.
30 Ebenda, 100. Vgl. auch Kristeller, *Humanismus und Renaissance. I*..., 59f.
31 Stausberg, *Faszination Zarathustra*..., 100.
32 Vgl. Ebenda, 100/01: „Ficinos Platon-Übersetzung ist ein geistes-, kultur-, und auch religionsgeschichtliches Ereignis ersten Ranges: Durch diese Übersetzung entstand vor den Augen der Zeitgenossen ein neuer Platon, der zugleich die disparate Zerrissenheit der platonischen Philosophie in ein Werkganzes komprimierte und dieses Werk 'aus der Esoterik des griechischen Urtextes in die öffentlich wirksame Gestalt der Latinität' überführte."; Stausberg zitiert hier Thomas Leinkauf, „Die Bedeutung Platons und des Platonismus bei Marsilio Ficino", 15, in: Elisabeth Blum (Hg.), *Marsilio Ficino. Traktate zur Platonischen Philosophie. Übersetzt und mit Erläuterungen versehen von Elisabeth Blum, Paul Richard Blum und Thomas Leinkauf*, [Collegia], Berlin 1993, 9-27.
33 Vgl. Stausberg, *Faszination Zarathustra*..., 102.
34 Ficinos Übersetzung des *Corpus Hermeticum* ist darüber hinaus – so Brian P. Copenhaver – „the most influential presentation of the Corpus Hermeticum until the nieteenth century"; vgl. Copenhaver, Hermetica. *The Greek Corpus Hermeticum*..., xlviii.
35 Auch Plotin erlebte dadurch eine sprichwörtliche Renaissance, war er doch im Mittelalter – trotz des weitreichenden Einflusses neuplatonischer Ideen auf christliche Autoren insbe-

der kreativen Ergänzung: *Aegyptiorum*), gemeinsam mit einigen Schriften weiterer neuplatonischer Autoren (unter Anderem von Porphyrios, Synesios und Proklos).[36] 1496 gab der Florentiner zudem die lateinische Übersetzung der Schriften des (Pseudo-) Dionysios Areopagita heraus, „den Ficino als Kulmination (*culmen*) der platonischen Philosophie und Säule (*columen*) der christlichen Theologie" betrachtete.[37] All diese Übersetzungen Ficinos können hinsichtlich ihrer kulturhistorischen Bedeutung und Wirkungsgeschichte nicht hoch genug eingeordnet werden – in den Worten Michael Stausbergs: „Allein seine Übersetzungen verleihen Marsilio Ficino eine kaum zu überschätzende Bedeutung für die europäische Geistesgeschichte. Denn bis weit ins 18. bzw. 19. Jh., als die großen neusprachlichen Übersetzungen erschienen sind, war Ficinos Werk die Grundlage (fast) jeder Auseinandersetzung mit Platon und den Neuplatonikern."[38]

Gleichwohl betätigte sich der Florentiner nicht nur als Übersetzer, er verfasste auch Inhaltsangaben, Einführungen und Kommentare zum Werk Platons – vorrangig ist hier sein Kommentar zum *Symposion* (*De Amore*) aus dem Jahre 1469 zu nennen. Nach seiner Priesterweihe (1473) versuchte er sich außerdem an einer apologetischen Schrift über das Christentum (*De Christiana Religione*, 1476), 1482 veröffentlichte er schließlich sein philosophisches Hauptwerk mit dem Titel *Theologia Platonica* – eine Gesamtdarstellung des Platonismus' (aus Sicht Ficinos) mit dem erklärten Ziel, diesen mit der christlichen Religion zu vereinen. Zudem verfasste der Florentiner, der lange Zeit auch als Arzt tätig war, eine Auseinandersetzung mit Medizin, Astrologie und (explizit) *magia*, 1489 veröffentlicht unter dem Titel *De Vita Libri Tres*, die ihm schließlich auch den Magievorwurf der römischen Kurie einbrachte. Mit Hilfe seiner Beziehungen und einer schnell verfassten Verteidigungsschrift konnte er den Verdacht der Häresie allerdings von sich weisen, „eine entscheidende Vorbedingung seiner geschichtlichen Wirkung".[39]

Auf die hinter Ficinos umfangreicher Publikationstätigkeit liegenden Intentionen und seine grundlegenden philosophischen Gedankenlinien soll hier – sofern sie nicht den Magiebegriff berühren – nicht ausführlicher eingegangen werden. Um Ficinos Rezeption des Magiebegriffs einordnen zu können, ist an dieser Stelle gleichwohl auf die immense Bedeutung Platons für den Florentiner hinzuweisen. Schon der Titel von Ficinos Hauptwerk –

---

sondere seit Augustinus – ebenfalls nur noch indirekt bzw. in einer Aristoteles zugeschriebenen arabischen Paraphrase (*Theologie des Aristoteles*) zugänglich gewesen; dazu ausführlicher Henri D. Saffrey, „Florence 1492: The Reappearance of Plotinus", in: *Renaissance Quaterly 49 (1996)*, 488-506.

36 Vgl. den unveränderten Nachdruck der Venedig-Ausgabe (1503): Marsilio Ficino, *De Mysteriis Aegyptiorum*, Frankfurt a. Main 1972.
37 Stausberg, *Faszination Zarathustra...*, 102.
38 Ebenda, 119.
39 Ebenda, 118.

10.2. Die Wiederbelebung des klassischen Altertums

Theologia Platonica – deutet auf die Grundintention seiner Platon-Exegese hin: es geht ihm mindestens um eine „Synthese von Philosophie und Theologie",[40] viel eher noch um eine Sakralisierung Platons, die sich in einer genuin religiösen Deutung, Vereinnahmung und Überhöhung des antiken Philosophen äußert. Ficino sieht sich hier – wohl insbesondere in Anlehnung an die von ihm übersetzten neuplatonischen Philosophen – historisch bestätigt: Platon sei, so der Gelehrte im *Prooemium* zu seiner *Theologia Platonica*, bereits in der Antike *unter allen Völkern (apud omnes gentes)* für *heilig (divinus)* gehalten, seine Lehre entsprechend als *Theologie* bezeichnet worden.[41] Die wesentlichen Aspekte platonischer Philosophie (wie Moral, Dialektik, Mathematik und Physik) dienten – auch hieran erkennt man Ficinos neuplatonisch beeinflusste Lesart – letztlich der *Kontemplation und Verehrung Gottes (contemplationem cultumque Dei)*.[42] Mehr noch – Platons Stil gleiche „nicht so sehr menschlicher Sprache Sprache als göttlichem Orakel [non tam humano eloquio, quam divino oraculo similem], das immer himmlische Geheimnisse enthält [semper {...} arcana coelestia complectentem]".[43] Folgerichtig wird die Philosophie bei Ficino zu einem Heilmittel der menschlichen Seele stilisiert, der Philosoph gleichsam in den „Rang eines Priesters gehoben"[44] – Platon und die Platoniker stellen für den Florentiner keine „profanen, sondern geradezu religiöse Autoritäten" dar.[45]

Dies hat auch mit seinem – insbesondere durch die Übersetzung des *Corpus Hermeticum* beeinflussten – unorthodoxem Geschichtsverständnis zu tun. Der Florentiner glaubte durch das *Corpus Hermeticum* Zugang zu einer uralten Weisheitslehre – einer *prisca theologia* – zu erhalten, die noch

---

40   Ebenda, 109.
41   Vgl. Ficino, *Prooemium In Platonicam Theologiam*, 2 nach James Hankins (Hg.), *Platonic Theology. Volume 1. Books I-IV. English Translation by Michael J. B. Allen with John Warden. Latin text edited by James Hankins with William Bowen*, [The I Tatti Renaissance Library; 2], London 2001, 8/9: „And that is why he has been considered indisputably divine and his teaching called 'theology' among all peoples [Quo factum est ut et ipse sine controversia divinus et doctrina eius apud omnes gentes theologia nuncuparetur]. For whatever subject he deals with, be it ethics, dialectic, mathematics or physics, he quickly brings it round, in a spirit of utmost piety, to the contemplation and worship of God [contemplationem cultumque dei summa cum pietate reducat].
42   Ebenda.
43   Vgl. Ficino, *Prooemium in Omnia Platonis Opera* nach Marsilio Ficino, *Opera Omnia. Con una lettera introduttiva di Paul Oskar Kristeller e una premessa di Mario Sancipriano. Volumen II, Tomus I*, [Monumenta Politica et Philosophica Rariora; Series I, Numerus 9], Turin 1959, 1129; Übersetzung nach Paul Richard Blum, „Einleitung. Von Paul Richard Blum", XXII, in: Ders. (Hg.), *Marsilio Ficino. Über die Liebe oder Platons Gastmahl. Übersetzt von Karl Paul Hasse. Herausgegeben und eingeleitet von Paul Richard Blum. Lateinisch-deutsch*, [Philosophische Bibliothek; 368], Hamburg 2004, XIII-XXXIII.
44   Stausberg, *Faszination Zarathustra...*, 110.
45   Ebenda, 111/12.

vor die biblischen Schriften zu datieren sei. Hermes galt Ficino entsprechend als „Zeitgenosse Moses bzw. Moses selbst",[46] die *prisca theologia* als kontinuierlich tradierte, religiös-priesterliche, gleichwohl außerbiblische Tradition, deren genealogischer Ursprung letztlich bei Zoroaster zu finden sei (Alkibiades lässt grüßen).[47] Über bestimmte Rezeptionslinien sei diese *erste Theologie* schließlich zu Platon gelangt, wo sie ihren philosophischen Höhepunkt erreicht habe: „Ficinos Platon-Exegese beansprucht somit implizite zugleich stets Auslegung der in Platon enthaltenen *prisca theologia* zu sein."[48] Zudem hielt sich der Florentiner – aufgrund der astrologischen (Be-) Deutung seines Saturn-Aszendenten – für einen *Erneuerer alter Dinge*, unter Freunden galt er gar als Wiedergeburt Platons.[49] Durch die evolutionäre Konstruktion der *prisca theologia* – mit ihm selbst als zentralem, frühneuzeitlichem Protagonisten – hoffte er letztlich auch die angestrebte Synthese des durch ihn wiederbelebten Platonismus mit dem Christentum legitimieren zu können.[50] Plotin wiederum war für Ficino der „erste und einzige, der die Geheimnisse der Alten (*arcana veterum*) durchdrungen hat."[51] Im Prooemium zu seiner Plotin-Übersetzung lässt er Platon entsprechend – in Anlehnung an Matthäus 17, 5! – dem Leser erklären: „hic est filius meus dilectus, in quo mihi undique placeo: ipsum audite".[52] So konnte auch Plotin von Ficino in seine fiktive Tradentenlinie der *prisca theologia* eingereiht werden. Die Umdeutung des Magiebegriffs durch den Florentiner Humanisten, die im Folgenden skizziert wird, schien also durch eine uralte Tradition bestätigt und legitimiert.

10.3. Marsilio Ficino und die *magia naturalis*

Wenn man sich diese Zusammenhänge vor Augen hält – also: Platons (sowie Plotins) Bedeutung für den antiken Magiediskurs auf der einen,

---

46 Ebenda, 104.
47 Vgl. die genealogische Skizze der sechs alten Theologen Zoroaster, Hermes, Orpheus, Aglaophamos, Pythagoras und schließlich Platon im Ficinos *Philebos-Kommentar*; diese Genealogie ist im Werk Ficinos mitunter uneinheitlich, dazu ausführlicher Stausberg, *Faszination Zarathustra...*, 132f.
48 Ebenda, 106.
49 Vgl. Ebenda, 101, Fußnote 63.
50 Vgl. Ebenda, 135/36.
51 Vgl. Werner Beierwaltes, „Neuplatonisches Denken als Substanz der Renaissance", 2, in: Albert Heinekamp, Dieter Mettler (Hg.), *Magia naturalis und die Entstehung der modernen Naturwissenschaften. Symposion d. Leibniz-Ges. Hannover, 14. u. 15. Nov. 1975*, [Studio Leibnitiana: Sonderhefte; 7], Wiesbaden 1978, 1-16; in Anlehnung an Marsilio Ficino, *Opera Omnia. Con una lettera introduttiva di Paul Oskar Kristeller e una premessa di Mario Sancipriano. Volumen II, Tomus II*, [Monumenta Politica et Philosophica Rariora; Series I, Numerus 10], Turin 1959, 1537.
52 Ficino, *Opera Omnia. [...] Volumen II, Tomus II*, 1548.

10.3. Marsilio Ficino und die magia naturalis

Marsilio Ficinos Wiederherausgabe und immense Wertschätzung der platonischen Schriften und Autoren auf der anderen Seite – lässt sich erklären, weshalb auch die Rezeption des Magiebegriffs bei dem Florentiner Gelehrten einen neuen Weg einschlägt. Denn wie im Folgenden zu zeigen ist, lässt sich die frühneuzeitliche Umdeutung des Magiebegriffs *konkret* an der Person Marsilio Ficinos im Florenz des späten 15. Jahrhunderts festmachen. So findet sich bei dem Gelehrten eine neue, vertiefende Deutung einer Formulierung, die bereits ab dem 13. Jahrhundert sporadisch Eingang in den scholastischen Magiediskurs eingefunden hatte: *magia naturalis*. Es ist Ficino, der (gemeinsam mit Giovanni Pico della Mirandola) dieser Formulierung zum Siegeszug in der frühneuzeitlichen Gelehrtenwelt Europas verhelfen wird. Das Syntagma ermöglicht es in der Folgezeit zahlreichen Autoren, sich eines „dichotomisierten und doppelsinnigen Differenzierungsmusters" zu bedienen, „das eine affirmierte ('natürliche') von einer negierten ('diabolischen') Form der Magie unterscheidet".[53] Zwar findet sich sowohl die Hinzufügung des Attributs *naturalis* als auch die Differenzierung legitimer und illegitimer Formen von *Magie* vor Ficino.[54] Es wird sich allerdings zeigen, dass nicht nur die theoretische Ausarbeitung und Begründung dieser Gegenüberstellung durch den Florentiner – durch ihre Einbettung in platonische und neuplatonische Rezeptionslinien – eine neuartige Qualität aufweist. Noch zentraler ist die Betonung und Wertschätzung, die der Gelehrte dem positiven Pol, der *magia naturalis* entgegen bringt. Erst in den Schriften Ficinos wird der Magiebegriff so umfassend

---

53 Stausberg, *Faszination Zarathustra...*, 508/09.
54 Die Differenzierung legitimer und illegitimer Formen von *Magie* findet sich – wie oben gesehen – bereits bei dem hellenistischen Juden Flavius Josephus und lässt sich auch mit weiteren Tradenten der alkibiadischen Rezeptionslinie (etwa mit Apuleius in seiner *Apologia*) in Verbindung bringen. Konkret taucht die attributive Zuordnung *naturalis* allerdings erst im Zuge der Auseinandersetzung mit lateinischen Übersetzungen arabischer Wissenschaftssystematiken im 12. Jahrhundert in den scholastischen Diskurs über die philosophia naturalis und die Einteilung der scientias ein. So ordnet der spanische Archidiakon Dominicus Gundissalinus (Wirkungszeit um 1150) in seinem Werk *De Divisione Scienciarum* in Anlehnung an die aristotelisch geprägte Wissenschaftssystematik *De Scientiis* des al-Farabi einige im theologischen Diskurs typischerweise unter *magia* klassifizierte artes – nämlich die Lehre von den Bildern (*scientia de ymaginibus*), die Nekromantie (*scientia de nigromantia secundum physicam*), die Lehre von den Zeichen (*scientia de indiciis*) und die Lehre von den Spiegeln (*scientia de speculis*) – einem Teilbereich der philosophia theoretica, nämlich der scientia physica zu; durch die Zuordnung dieser Wissensbereiche zur philosophia im Sinne einer legitimen scientia bzw. ars werden diese bei Gundissalinus freilich legitimiert und aufgewertet (vgl. hierzu ausführlicher Fürbeth, „Die Stellung der artes magicae...", 251f). Eine ganze Reihe hoch- und spätmittelalterlicher theologischer Autoren öffnen sich daraufhin dieser Möglichkeit zur Differenzierung und Aufwertung eines Teils der *artes magicae* – so etwa Wilhelm von Auvergne (1180-1249), Albertus Magnus (um 1200-1280), Michael Scot (1175-um 1232), Roger Bacon (1214-nach 1292) und Petrus von Abano (wahrsch. 1250-1316). Zu diesen hier nur angedeuteten Zusammenhängen vgl. hervorragend Fürbeth, „Die Stellung der artes magicae...", v.a. 254/55 sowie insgesamt den guten Überblick bei Fanger, Klaassen, „Magic III: Middle Ages".

aufgewertet, dass es dem öffentlichen Gelehrtendiskurs möglich wird, sich eingehend, mithin umfassend mit unter *magia* gefassten Gegenstandsbereichen auseinander zu setzen.[55] Im Folgenden soll sein diesbezügliches Vorgehen anhand einiger zentraler Textauszüge skizziert werden.

10.3.1. Ficinos *De Amore*

Nicht zufälligerweise finden sich die ersten systematischen Ausführungen zur *magia naturalis* in der Schrift *De Amore*, seinem vielgelesenen Kommentar zu Platons *Symposion* – also jenem Dialog, in dem Platon das griechische *goēteía* dem Dämon Eros zugeordnet hatte. Ficinos Symposion-Kommentar hat im Wesentlichen die Entwicklung und Diskussion einer „philosophischen Liebestheorie"[56] zum Gegenstand, die vor allem neuplatonisch fundiert ist: der Platonische Dämon Eros wird hier nicht nur als Mittlerwesen zwischen Mensch und Gott dargestellt, sondern personifiziert die den Kosmos durchdringende Liebe selbst, ein „vermittelndes, alles mit allem verbindendes Prinzip",[57] das letztlich in enge Relation zu Gott gestellt wird. Die Schrift ist an die Struktur des Platonischen Dialogs angelehnt und besteht entsprechend aus sieben Reden während eines Symposions (wörtlich: eines *geselligen Beisammenseins*).

Ficinos Ausführungen zu *magia* beginnen just bei der Besprechung von Platons Rezeption des Goetiebegriffs; der Gelehrte fragt sich im zehnten Kapitel der sechsten Rede, weshalb Eros von Platon beziehungsweise Diotima selbst als „Zauberer, Giftmischer und Sophist [γόης καὶ φαρμακεὺς καὶ σοφιστής]"[58] bezeichnet worden ist – die Bezeichnung *góēs* setzt Ficino also (wie bereits in seiner lateinischen Übersetzung des Dialogs)[59] analog zum griechischen *mágos* und lateinischen *magus*. Die Antwort erfolgt mittels einer offenkundigen Applikation plotinischer Philosopheme:

> „Weshalb aber wird Eros Zauberer genannt [Sed cur *magum* putamus amorem]? Weil alle Macht der Zauberei auf der Liebe beruht [Quia tota vis magice in amore consistit]. Die Wirkung der Magie besteht in der Anziehung, welche ein Gegenstand auf einen anderen auf Grund einer bestimmten Wesensverwandtschaft ausübt [Magice opus est attractio rei unius ab alia ex quadam cognatione nature]. Die Teile dieser Welt hängen, wie Gliedmaßen eines Lebewesens, alle von einem Urheber ab und stehen durch die Gemeinschaft ihrer Natur in

---

55 Vgl. auch Stausberg, *Faszination Zarathustra...*, 509, Fußnote 32: „Von einer magia naturalis war auch schon im Mittelalter (z.B. bei R. Bacon und Wilhelm von Auvergne) die Rede gewesen. Das Syntagma hat jedoch in der Frühen Neuzeit eine entscheidende semantische Transformation durchlaufen". Auf jene semantische Transformation, die Stausberg hier anspricht, wird unten noch ausführlicher eingegangen werden.
56 Blum, „Einleitung. Von Paul Richard Blum", XXVII.
57 Ebenda, XXVIII.
58 Platon, *Symposion*, 203e (Zehnpfennig, *Platon...*, 84/85).
59 Vgl. Ficino, *Opera omnia.* [...] *Volumen II, Tomus I*, 1348.

Zusammenhang. Wie also in uns das Gehirn, die Lunge, das Herz, die Leber und die übrigen Körperteile voneinander etwas empfangen, sich gegenseitig fördern und untereinander in Mitleidenschaft stehen, so hängen die Teile dieses großen Lebewesens, d.h. alle Weltkörper in ihrer Gesamtheit, untereinander zusammen und teilen einander ihr Wesen mit. Aus dieser allgemeinen Verwandtschaft entspringt gemeinsame Liebe, aus dieser die gegenseitige Anziehung: und dies ist die wahre Magie [Ex communi cognatione communis innascitur amor, ex amore, communis attractio. Hec autem vera magicae est]."[60]

Alle „Macht der Zauberei [tota vis magice]" beruhe auf der Liebe, welche wiederum aus der „allgemeinen Verwandtschaft" aller Weltkörper resultiere – Ficinos Interpretation der platonischen Titulierung des Dämons Eros als *góēs* basiert tatsächlich auf der Plotinischen *Enneade* 4, 4, 40.[61] Seine Ausführungen wirken weitgehend als Replik der Setzungen Plotins: alle Bestandteile der Welt stünden – „wie Gliedmaßen eines Lebewesens" – miteinander in Verbindung und teilten „einander ihr Wesen mit". Ficino fasst diesen grundlegenden Zusammenhang unter dem Begriff Verwandtschaft (*cognatio*), jene Verwandtschaft zwischen den Einzeldingen bedinge die alles durchdringende Liebe (*amor communis*), diese führe wiederum zu einer gegenseitigen Anziehung (*attractio communis*), welche als *wahrhaft magisch* (*vera magica*) zu betrachten sei. Im Rahmen dieser etwas freien Umsetzung des plotinischen Sympathiekonzeptes setzt der Florentiner schließlich zu einer Erklärung elementarer Naturphänomene an:

„So wird durch Übereinstimmung der Natur von der Wölbung der Mondsphäre das Feuer, von der Wölbung der Feuersphäre in gleicher Weise die Luft aufwärts, von dem Mittelpunkte des Weltalls die Erde abwärts gezogen und das Wasser von seinem Standorte fortgeleitet. Eben deshalb zieht der Magnet das Eisen, der Bernstein den Strohhalm und der Schwefel das Feuer an, wendet die Sonne Blüten und Laub zu sich hin, setzt der Mond das Wasser und der Mars die Winde in Bewegung, locken die verschiedenen Kräuter die mannigfachen Arten von Lebewesen zu sich hin. In gleicher Weise wird in der Menschheit jedes Individuum von seinem Wohlgefallen geleitet. Folglich sind die Werke der Magie Wirkungen der Natur [Magicae igitur opera nature opera sunt]".[62]

Auf Ficinos Rezeption des mittelalterlichen (beziehungsweise antiken)[63] Himmelssphärenmodells soll an dieser Stelle noch nicht ausführlicher eingegangen werden; entscheidend ist die argumentative Stoßrichtung des Gelehrten: er subsumiert an dieser Stelle *alle* (!) ihm bekannten Naturkräfte – die Bewegungen der Sterne, des Feuers, der Gezeiten, die Anziehungskraft der Erde, die Kraft des Magneten, die Ausrichtung der Blüten nach

---

60 Marsilio Ficino, *De Amore*, oratio 6, Kapitel 10 nach Blum, *Marsilio Ficino. Über die Liebe...*, 242-45; Kursivsetzung Ficino/Blum.
61 Vgl. oben, Kap. 9.1.2.2.
62 Blum, *Marsilio Ficino. Über die Liebe...*, 244/45.
63 Ausführlicher Klaus Anselm Vogel, *Sphaera terrae: Das mittelalterliche Bild der Erde und die kosmographische Revolution*, Göttingen 1995, zu den antiken Grundlagen v.a. 34-87.

der Sonne, sogar die Gefühle einzelner Menschen – unter einer einzigen, allen natürlichen Prozessen zugrunde liegenden Kraft: *magia*! Mit diesem argumentativen Schritt, der sich für Ficino aus dem Plotinischen System offenbar schlüssig ergibt – allerdings mit der nicht unbedeutenden terminologischen Verlagerung von *sympatheía* zu *magia* –, kann er schließlich guten Gewissens konstatieren: „Folglich sind die Werke der Magie Wirkungen der Natur [Magicae igitur opera nature opera sunt]". Der Florentiner ordnet *magia* also nicht nur dem weiträumigen Begriff *natura* zu, sondern auch – in Anlehnung an die sympathetische Kosmosvorstellung Plotins – einem allen Naturabläufen zugrunde liegenden Kraftverständnis. In der Setzung, dass jene Kraft als natürlich zu betrachten sei, also nicht – wie in zeitgenössischen magiologischen Traktaten zur kirchlichen Hexendoktrin – als widergöttlich beziehungsweise dämonisch (und dadurch auch als widernatürlich), liegt das argumentative Fundament für Ficinos positive Deutung des Magiebegriffs. Man beachte die weitreichenden Folgen der Setzung: für den Florentiner stellt *magia* nicht nur eine natürlicherweise gegebene Kraft oder Potenz im Kosmos dar –[64] vielmehr führt diese Zuordnung zur Vorstellung einer „selbst magischen Natur",[65] einer Natur, deren prinzipielle Wirkweise auf nichts Anderem als *magia* beruhe.[66]

Aufgrund dieser grundlegenden Setzung ergibt sich für den Gelehrten die Schlussfolgerung, dass die *artes magicae* nichts anderes implizierten als die Einflussnahme auf jene allen natürlichen Prozessen zugrunde liegende Kraft: „die Kunst ist nur Vermittlerin. Wenn nämlich zur harmonischen Verbindung der Naturen noch etwas fehlt, dann tritt im rechten Zeitpunkt die Kunst mittels bestimmter Dämpfe, Zahlen, Figuren und Qualitäten ergänzend ein. So bringt beim Ackerbau die Natur das Getreide hervor, und die Kunst hilft die Materie zubereiten."[67] In der unschuldigsten und notwendigsten aller Künste – dem Ackerbau – sucht Ficino die Analogie. Da *magia* als Kunst – der Gelehrte deutet vorsichtig auf Ritualmittel wie „Dämpfe, Zahlen, Figuren und Qualitäten" hin – nur vermittelnd in natürliche Prozesse eingreifen würden, kann Ficino ihr letztlich jedes technische Handeln des Menschen zuordnen; folgerichtig wird auch der Ackerbau zu einer *ars magica*.

---

64 Durch „das Attribut des Natürlichen" erhält der Magiebegriff – so Kurt Goldammer – „gleichsam seine Legitimation oder Diskussionsfähigkeit"; vgl. Goldammer, *Der Göttliche Magier...*, 14, Fußnote 11.

65 Vgl. Beierwaltes, „Neuplatonisches Denken als Substanz der Renaissance", 10: „Magie als Fertigkeit des Menschen hilft der selbst magischen Natur auf, d.h. sie verdeutlicht und intensiviert den bereits bestehenden, aber bisweilen verdeckten natürlichen Zusammenhang".

66 Vgl. den prägnanten Schluss von Ficinos Ausführungen zu *magia* – Blum, *Marsilio Ficino. Über die Liebe...*, 246/47: „Wird doch auch die Natur wegen der in ihr herrschenden gegenseitigen Liebe Zauberin genannt [Et natura omnis ex amore mutuo maga cognominatur]".

67 Ebenda, 244/45.

10.3. Marsilio Ficino und die magia naturalis

Im Kontext dieses zur Natur komplementären Bereichs der Kunst bettet Ficino schließlich auch seine Rezeption der platonischen Dämonologie ein:

> „Diese magische Kunst schrieben die Alten den Dämonen zu [Hanc artem veteres demonibus attribuerunt]; denn diese kennen die Wahlverwandtschaften der Naturdinge sowohl wie die zwischen ihnen bestehende Harmonie und wissen das etwa fehlende Einvernehmen wiederherzustellen. Von einigen Philosophen heißt es, sie hätten mit diesen Dämonen Freundschaften unterhalten, entweder auf Grund eines natürlichen Verhältnisses wie Zoroaster und Sokrates, oder auf Grund eines Kultus, wie Apollonios und Porphyrios."[68]

Ficinos Rezeption der Figur des Dämon wirkt hier freilich – wie überhaupt im gesamten Text von *De Amore* – merkwürdig abgesetzt zur offiziellen Kirchendoktrin seiner Zeit. Sie zeigt, wie sehr sich der Florentiner bereits in den sechziger Jahren des 15. Jahrhunderts – beeinflusst von seinen Übersetzungen der platonischen Dialoge und des Corpus' Hermeticum – von orthodoxen Lehrmeinungen distanziert hatte. Zwar entspricht seine Zuordnung von *magia* und *daemones* im weitesten Sinne der – von Augustinus ausgehenden – christlichen Magiologie; beide Begriffe werden von dem Florentiner jedoch in positiver Konnotation verwendet! Ficinos positive Deutung der Dämonen ist freilich seiner Analyse der platonischen Texte geschuldet: in *De Amore* wendet sich der Gelehrte von der ethnozentrischen Vereinnahmung der Dämonen durch den christlichen Referenzdiskurs ab und orientiert sich stattdessen an der platonischen – positiven – Deutung des Zwischenwesens. So geht Ficinos Aufwertung des Magiebegriffs mit der Aufwertung des Dämonbegriffs Hand in Hand, die Freundschaft mit Dämonen (deren Zuschreibung zur Lebenszeit Ficinos bereits viele Menschen das Leben kostete!) wird zum bewundernswerten Charakteristikum stilisiert.

So hätten besondere, hochgeschätzte Personen wie Zoroaster, Sokrates, Apollonios und Porphyrios eine solche Freundschaft gepflegt:

> „Es wird auch berichtet, die Dämonen hätten sich jenen im Wachen durch Stimmen, Zeichen und wunderbare Erscheinungen, im Schlafe durch Offenbarungen und Gesichte kund getan. Demnach scheinen jene durch ihre freundschaftlichen Beziehungen zu den genannten Geistern Magier geworden zu sein, in dem gleichen Sinne, wie die Dämonen Magier sind, indem sie die Wahlverwandtschaft der Naturdinge kennen [Qui amicitia demonum magi evasisse videntur, quemadmodum demones magi sunt, rerum ipsarum amicitiam cognoscentes]."[69]

Da Dämonen laut Ficino „die Wahlverwandtschaften der Naturdinge" kennen würden, bezeichnet er sie – wie auch ihre menschlichen Freunde – hier selbst als *Magier*. Ficino intendiert hier offenbar eine Synthese zwischen christlich-theologischer und (neo-) neuplatonischer Magiologie herzustel-

---

68 Ebenda, 244/45.
69 Ebenda, 245-48.

len, allerdings unter Bevorzugung des – freilich kaum mit der kirchlichen Lehrmeinung zu harmonisierenden – Platonischen Dämonenverständnisses. So beschreibt der Florentiner die Dämonen in den einführenden Kapiteln der sechsten Rede als „Geister der mittleren Region",[70] welche die sublunare Sphäre bewohnten und die sieben Gaben Gottes („Feinheit der Betrachtung, Fähigkeit zum Herrschen, Mut, Klarheit der Sinne, Inbrunst der Liebe, Scharfsinn im Auslegen, Fruchtbarkeit im Zeugen")[71] von den sieben Himmelsgöttern, welche wiederum den sieben Himmelskörpern des ptolemäischen Weltsphärenmodells zuzuordnen seien, erhielten und daraufhin den Menschen zukommen ließen.[72] So nehmen die Dämonen in einem hierarchisch abgestuften Kosmos die Mittlerposition zwischen Mensch und Gott ein, Ficino beschreibt sie als „unsterblich, aber leidensfähig", wodurch sie „die guten Menschen lieben, den schlechten gewissermaßen feindlich gesonnen sind und mit freundlichem Eifer sich mit der Leitung der niederen, besonders der menschlichen Angelegenheiten befassen."[73] Die Inkompatibilität der Dämonologie Ficinos mit der christlich-orthodox Lehrmeinung findet sich in der darauf folgenden Feststellung „Alle [Dämonen; d. Verf] erweisen sich in dieser Hinsicht als gut" prägnant gebündelt.[74] Ficino geht in diesem Zusammenhang sogar so weit, von einer Identität der (neu-) platonischen Welt- und Sphärengötter sowie der Dämonen mit der christlichen Figur des Engels auszugehen![75]

So impliziert die elementare Verbindung von *Magier* und *Dämon*, die Ficino im zehnten Kapitel zieht, tatsächlich eine – aus christlicher Sicht – heterodoxe (neuplatonische) Kosmologie und mündet in einer diametral entgegen gesetzten Bewertung sowohl des Dämons als auch des *Magiers*. Dies hat freilich auch mit der Tatsache zu tun, dass man die Figur eines satanischen Gegenspielers Gottes in *De Amore* vergeblich sucht. Der Ficinische *Magier* erscheint vielmehr als Sachverständiger des neuplatonischen Kosmos, der die natürlichen Dinge und Prozesse sowie ihre wechselseitigen Zusammenhänge kennt und versteht – sieht man von den religiösen

---

70 Ebenda, 194/95.
71 Ebenda, 194/95.
72 Ebenda, 194/95: „Der göttliche Geist umfaßt die Ideen aller Dinge. Diesen sind die Weltgötter, und den Gaben der Weltgötter sind die Dämonen dienstbar; denn von der höchsten bis zur untersten Stufe geht alles durch die ordnungsgemäßen Zwischenstufen hindurch, so daß demnach die göttlichen Ideen, nämlich die Gedanken des göttlichen Geistes, durch Vermittlung der Götter und Dämonen den Menschen ihre Gaben zukommen lassen."
73 Ebenda, 192/93.
74 Ebenda, 192/93.
75 Ebenda, 192-97: „Ebenso dürfen wir [...] die Geister, welche Platon Götter sowohl wie Seelen der Sphären und Gestirne nennt, als Gott dienende Engel bezeichnen. [...] Die Kraft dieser Gaben trägt Gott urgründlich in sich; dann teilt er sie den sieben Göttern mit, welche die sieben Planeten bewegen – bei uns heißen sie die Engel, welche Gottes Thron umkreisen – derart, daß ein jeder von ihnen gemäß der Eigentümlichkeit seines Wesens eine Gabe in besonderem Maße empfängt."

10.3. Marsilio Ficino und die magia naturalis

Implikationen dieses Modells ab, würde man eine solche Person heute wohl aller Wahrscheinlichkeit nach als *Wissenschaftler* bezeichnen.[76] Ficinos Beschreibung impliziert – dies ist entscheidend – keinerlei negative Bewertung; vielmehr handelt der *Magier* auch dann, wenn er die Hilfe von Dämonen nutzt, „'natürlich' im striktesten Sinne".[77] Folgerichtig schließt der Florentiner seine nur zwei Seiten umfassende Transformation des Magiebegriffs mit einer erneuten Paraphrasierung von Plotins *Enneade* 4, 4, 40:

> „Wird doch auch die Natur wegen der in ihr herrschenden gegenseitigen Liebe Zauberin genannt [Et natura omnis ex amore mutuo maga cognominatur] Zudem bezaubern schöne Personen den, welcher sie viel ansieht, mit dem Blick [Quin etiam formosus quisque teneris nos fascinat oculis], und die Verliebten nehmen durch die Macht der Beredsamkeit und durch Gesänge die geliebten Personen für sich ein, ködern und fangen sie durch Dienstleistungen und Geschenke gleichsam wie durch Zaubermittel [veneficiis]. Darum besteht kein Zweifel daran , daß Eros ein Zauberer [magus] ist: denn alle magischen Kräfte beruhen auf der Liebe [cum et tota vis magice in amore consistat], und das Wirken des Liebesgottes vollzieht sich gewissermaßen durch Zauberblicke, Zaubersprüche und Zaubertränke [amoris opus fascinationibus incantationibus veneficiis expleatur]".[78]

In *De Amore* findet sich die Formulierung *magia naturalis* also (noch) nicht explizit, wohl aber ihre konzeptionelle Verankerung. Durch die Rezeption des plotinischen Sympathie- und Kosmosverständnisses wird es Ficino möglich, eine alles bestimmende und durchdringende Grundkraft anzunehmen, die – und bei diesem entscheidenden Schritt ist Ficino mehr Produzent als Rezipient – er unter der Chiffre *magia* fasst. Aller Wahrscheinlichkeit hat Platon die Bezeichnung *góēs* nur zur pragmatischen Charakterisierung des Eros' verwendet, Plotin bei seinen Ausführungen zu *mageía/goēteía* ein Wortspiel vor Augen gehabt – Ficino kreiert in seiner Vereinnahmung und Stilisierung des Magiebegriffs zu einer Grundkraft der Natur daher in der Tat etwas Neues. Folgerichtig nimmt *magia* im Denken des Florentiners eine so grundlegende Bedeutung an, dass sie auch die Ähren des Bauern wachsen lässt – Landwirtschaft, wie jede andere menschliche Kunst, die natürliche Abläufe zum menschlichen Vorteil nutzt und steuert, wird zu einer *ars magica* stilisiert. Das noch nicht explizit ausformulierte, aber schon konstituierte Konzept der *magia naturalis* führt also

---

76 Auf die konzeptionellen Analogien zwischen dem frühneuzeitlichen Topos' der *magia naturalis* und dem (späteren) Verständnis von *scientia* bzw. *Wissenschaft* ist bereits häufig hingewiesen worden; an erster Stelle ist hier freilich das voluminöse Werk von Lynn Thorndike zu nennen: Lynn Thorndike, *A History of Magic and Experimental Science*, 8 Bände, New York 1923-58; der Zusammenhang wurde neuerdings etwas präziser herausgearbeitet in einigen Beiträgen bei Heinekamp, Mettler, *Magia naturalis und die Entstehung...*, sowie teilweise rezeptionsgeschichtlich bei Kurt Goldammer, *Der göttliche Magier und die Magierin Natur...*, v.a. 7-73.
77 Stausberg, *Faszination Zarathustra...*, 151.
78 Blum, *Marsilio Ficino. Über die Liebe...*, 246/47.

zu einer signifikanten semantischen Erweiterung des Magiebegriffs: bei Ficino denotiert dieser eine (beziehungsweise *die*) *natürliche Kraft.*

10.3.2. Ficinos *De Vita Libri Tres*

In seinem umfangreichen, 1474 verfassten und 1482 in den Druck gegebenen Hauptwerk *Theologia Platonica* arbeitet Ficino seinen neuplatonisch-kosmologischen Entwurf weiter aus,[79] entwickelt aber keine weiterführenden Überlegungen zum Magiebegriff.[80] Erst in seiner 1489 veröffentlichten Schrift *De Vita Libri Tres* finden sich hierzu wieder konkrete – für die weitere Rezeption des *magia-naturalis*-Topos' entscheidende – Ausführungen. Die drei Bücher von *De Vita* stellen den (erstmaligen) Versuch dar, ein gleichermaßen medizinisch wie astrologisch fundiertes Kompendium zur Gesundheit und den speziellen Problemen des frühneuzeitlichen Gelehrten – das heißt eines humanistischen Intellektuellen wie Ficino selbst – vorzulegen, mit besonderem Fokus auf den melancholischen, saturnisch beeinflussten Charaktertyp, dem Ficino sich selbst zurechnete.[81] Während im ersten und zweiten Buch medizinische Ausführungen im Vordergrund stehen, erläutert der Florentiner im dritten Buch – mit dem Titel *De vita coelitus comparanda* – sowohl Theorie als auch Praxis einer rituell und astrologisch fundierten Beeinflussung des körperlichen und seelischen Wohlergehens, im weiteren Sinne freilich auch des persönlichen Schicksals sowie weiterer Aspekte der natürlichen Lebenswelt des Menschen.[82] Der Florentiner fasst diese Erläuterungen nun konkret unter der Chiffre *magia naturalis*

---

79 Dazu ausführlicher Müller-Jahnke, „Von Ficino zu Agrippa...", 34f.

80 Gleichwohl ist zu erwähnen, dass er im elften Kapitel des zehnten Buch (in Anlehnung an die Symposion-Passage) – in geradezu augustinischer Manier! – behauptet, dass die *ars magica* den Menschen unter Anleitung von Dämonen zugekommen sei: „In return there must be spirits who are familiarly linked to men and under whose instruction, says Plato, we have discovered the miracles of the art of magic [magicae artis Plato vult reperta fuisse miracula] (just as certain animals, having learned from men's instruction and being particularly close to us, do remarkable things, often beyond the scope of their species). These demons or heroes are so close to us in their feeling, as in their nature and location, that they are affected by particular turbulent human emotions, and some favor some people and places, while others are hostile to others."; Marsilio Ficino, *Theologia Platonica*, 10, 2, 3 nach James Hankins (Hg.), *Platonic Theology. Volume 3. Books IX-XI. English Translation by Michael J. B. Allen with John Warden. Latin text edited by James Hankins with William Bowen*, [The I Tatti Renaissance Library; 2], London 2003, 116/17.

81 Im Folgenden wird gearbeitet nach der hervorragenden englischen Edition von Carol V. Kaske, John R. Clark (Hg.), *Marsilio Ficino. Three Books on Life. A Critical Edition and Translation with Introduction and Notes by Carol V. Kaske and John R. Clark*, [Medieval & Renaissance Texts & Studies; 57: In conjunction with the Renaissance Society of America; Renaissance Texts Series; 11], Binghamton 1989; zur Melancholie ausführlicher Ebenda, 21f.

82 Das erste Buch hat laut Ficinos eigenem Prooemium das Thema „On Caring for the Health of Learned People [De litteratorum valetudine curanda]" zum Gegenstand, das zweite „On a Long Live [De vita longa]", das dritte schließlich „On Obtaining a Life Both Healthy

–⁸³ *De Vita* kann als erster umfangreicherer, systematisch ausgearbeiteter Text zum Syntagma gelten und hat durch seine bemerkenswerte Wirkungsgeschichte die weitere Rezeption des *magia-naturalis*-Topos' maßgeblich beeinflusst.[84]

10.3.2.1. Die *Apologia*

Da seine der Schrift angefügte *Apologia*, mit der er den Magie- und Häresievorwurf der römischen Kurie zu entkräften suchte, die semantischen Implikationen der frühneuzeitlichen *magia-naturalis*-Konstruktion besonders prägnant veranschaulichen kann, soll diese hier zunächst einführend skizziert werden. Die Argumentation der Verteidigungsschrift weicht wohl aus apologetischen Gründen etwas von den Ausführungen in *De Amore* ab. So beginnt Ficino mit einer Unterscheidung zweier Formen von *magia* – das Syntagma *magia naturalis* taucht nun ausformuliert auf:

> „After this, you too rise, O mighty Guicciardini, and reply to intellectual busybodies that Marsilio is not approving magic and images but recounting them in the course of an interpretation of Plotinus [magiam vel imagines non probari quidem a Marsilio, sed narrari, Plotinum ipsum interpretante]. And my writings make this quite clear, if they are read impartially. Nor do I affirm here a single word about profane magic which depends upon the worship of daemons [Neque de magia hic prophana, quae cultu daemonum nititur, verbum quidem ullum asseverari], but I mention natural magic [magia naturali], which, by natural things [rebus naturalibus], seeks to obtain the services of the celestials for the prosperous health of our bodies. This power [facultas], it seems, must be granted to minds which use it legitimately, as medicine and agriculture are justly granted, and all the more so as that activity which joins heavenly things to earthly is more perfect [tantoque etiam magis, quanto perfectior est industria, terrenis coelestia copulans]."[85]

---

and Long from Heaven [De vita tum valida tum longa coelitus comparanda]"; Kaske, Clark, *Marsilio Ficino. Three Books on Life*..., 104/105.

83 Allerdings nur in der *Apologia*, im eigentlichen Text taucht das Syntagma nicht auf; gleichwohl ordnet er die im dritten Buch skizzierten Zusammenhänge der *Apologia* explizit der *magia naturalis* zu, was für die weitere Rezeption entscheidend ist.

84 Vgl. Copenhaver, „Hermes Trismegistus, Proclus, and a the Question of...", 80: „For all students of Renaissance magic, Marsilio Ficino's De triplica vita (1489) is a cardinal text. Having seen more than thirty editions by the middle of the seventeenth century, it was by far the most popular works, and its third book, De vita coelitus comparanda, was arguably the most significant statement on magic written in the Renaissance."; hier wird davon ausgegangen, dass „the most significant statement on magic written in the Renaissance" nicht von Ficino, sondern von Agrippa von Nettesheim verfasst wurde; Ficinos Schrift kann allerdings als wegbereitend für *De Occulta Philosophia*, diese wiederum als systematische Ausarbeitung von *De Vita* gelesen werden; ausführlicher hierzu unten, Kap. 10.6.

85 Ficino, *Apologia*, Z. 55ff nach Kaske, Clark, *Marsilio Ficino. Three Books on Life*..., 396/97.

Um vor dem römischen Klerus mit seiner *Apologie* Erfolg zu haben, ordnet Ficino den *Dämonenkult* (*cultum daemonum*) hier einer profanen *magia* zu, die von einer zweiten, der *magia naturalis* abgesetzt sei und von der er (verblüffenderweise) behauptet, dass sie in *De Vita* überhaupt nicht erwähnt werde. Gegenüber der *dämonischen Magie* bediene sich die *magia naturalis* prinzipiell natürlicher Methoden, um himmlische Kräfte (das heißt, so wird sich zeigen: die Kräfte der Himmelskörper) zum Wohl und der Gesundheit des Menschen zu kanalisieren. Zur Illustrierung der Legitimität und Natürlichkeit solcher Kräfte stellt Ficino wieder den Vergleich mit der Landwirtschaft, diesmal auch mit der Medizin, an: beide seien anerkannte Künste und beruhten eben auf der gleichen Kraft (*facultas*) wie *magia naturalis*. Erneut erlaubt also seine weite Fassung des Magiebegriffs – im Sinne einer die Natur durchdringenden Kraft – die Gleichsetzung mit legitimen und akzeptierten Künsten.[86] Gleichwohl geht er in der *Apologia* noch einen Schritt weiter – *magia naturalis* verknüpfe himmlische mit irdischen Dingen (*terrenis coelestia copulans*), sie sei daher der Medizin und Landwirtschaft noch überlegen.

Ficino setzt daraufhin seine Argumentation fort, indem er „die klassische Stelle christlicher Magie-Legitimation, die Mager-Episode des *Matthäus-Evangeliums*"[87] aufgreift. In Anlehnung an die μάγοι ἀπὸ ἀνατολῶν argumentiert er, dass der Name *magos* nichts Schlimmes impliziere, nicht *maleficium* oder *veneficium*, sondern tatsächlich Weisheit und Priestertum.[88] Der Florentiner hebt daraufhin zu einer geradezu hymnischen Beschreibung des ersten Verehrers Christi an:

„For what does that Magus, the first adorer of Christ, profess [Quidnam profitetur Magus ille, venerator Christi primus]? If you wish to hear: on the analogy of a farmer, he is a cultivator of the world [mundicola]. Nor does he on that account worship the world, just as a farmer does not worship the earth; but just as a farmer for the sake of human sustenance tempers his field to the air, so that wise man, that priest, for the sake of human welfare tempers the lower parts of the world to the upper parts [sic ille sapiens, ille sacerdos gratia salutis humanae inferiora mundi ad superiora contemperat]".[89]

---

86 Vgl. Stausberg, *Faszination Zarathustra*..., 154: „Sowohl im Symposion-Kommentar als auch in De vita greift Ficino also auf das Beispiel der Landwirtschaft zurück – dort um die notwendige Ergänzung der Natur durch die (dämonische) Kunst aufzuweisen, hier um die Natürlichkeit und die dadurch gegebene Legitimität der magischen Tätigkeit zu belegen."
87 Ebenda; Kursivsetzung Stausberg.
88 Ficino, *Apologia*, 63ff nach Kaske, Clark, *Marsilio Ficino. Three Books on Life*..., 396-99: „From this workshop, the Magi, the first of all, adored the new-born Christ [Ex hac officina Magi omnium primi Christum statim natum adoraverunt]. Why then are you so dreadfully afraid of the name of Magus [Quid igitur expavescis Magi nomen formidolose?], a name pleasing to the Gospel, which signifies not an enchanter and a sorcerer, but a wise priest [Nomen evangelio gratiosum, quod non maleficium et veneficium, sed sapientem sonat et sacerdotem]?"
89 Ficino, *Apologia*, 63ff nach Kaske, Clark, *Marsilio Ficino. Three Books on Life*..., 396-99.

10.3. Marsilio Ficino und die magia naturalis

Ficinos an dieser Stelle radikale Aufwertung des *Magiers* ist bemerkenswert: dieser personifiziere nicht nur den ersten Anbeter und Bezeuger Christi, sondern sei vielmehr – in erneuter Analogie zum Bauern – als *Weltbauer* (*mundicola*) zu erachten, als *Weiser* (*sapiens*) und *Priester* (*sacerdos*), der zum Wohle des menschlichen Wohlergehens (*gratia salutis humanae*) die niederen Dinge mit den höheren verknüpfe. So ist es nur konsequent, dass der Florentiner daraufhin die Zusammenarbeit des *Magiers* mit Gott suggeriert – Letzterer setze jene *magia* nicht nur höchstpersönlich in die Tat um, sondern ermahne die Menschen gar dazu, vom *Magier* zu lernen und diesem nachzueifern: „God himself always brings this about [Quod efficit semper ipse Deus] and by doing, teaches and urges us to do it in order that the lowest things may be produced, moved and ruled by the higher".[90] Der Ficinische *Magier* wird hier – in persona eines zum Wohle der Menschheit handelnden Weltbauers – zu einem Gesandten Gottes stilisiert: er „erfüllt geradezu eine kosmo-theologische Funktion".[91]

Interessant ist, dass der Magiebegriff der *Apologie* gewissermaßen dämonologisch bereinigt ist; jene Implikationen von *magia*, die in *De Amore* (und zum Teil in *De Vita* selbst) Dämonen zugeschrieben werden, unterliegen in der *Apologie* nunmehr einem menschlichen *Magier*, der letztlich im Auftrag Gottes handele.[92] Entsprechend enden Ficinos Ausführungen mit einem erneuten Verweis auf den dualen Charakter von *magia* – die mit Dämonen operierende *Magie* sei abzulehnen, die zweite hingegen, die Astrologie und Medizin vereine, sei nützlich und solle beibehalten werden.[93] Der Florentiner verweist abschließend auf seine Hoffnung, dass all jene, welche die legitime *magia* überschritten, seine Ausführungen weder lesen, noch verstehen, noch anwenden mögen.[94] Gleichwohl täuscht dieses Eingeständnis, dass seine Schrift auch für die illegitime Version jener *magia* genutzt werden könnte, nicht über Ficinos grundlegendes Ziel hinweg: es geht ihm nicht nur um die Verteidigung seines Rufs als christlicher Autor – vielmehr strebt Ficino in seiner *Apologia* eine radikale Aufwertung des *Magiers* als Weiser und Priester, als von Gott eingesetzter und legitimierter

---

90 Ficino, *Apologia*, 72ff nach Kaske, Clark, *Marsilio Ficino. Three Books on Life...*, 398/99.
91 Stausberg, *Faszination Zarathustra...*, 155.
92 Vgl. Stausberg, *Faszination Zarathustra...*, 155: „Hatte er noch im Symposion-Kommentar das Wissen um die Verwandtschaft der Dinge, das sicherlich eine Voraussetzung dieser vom weisen, ärztlichen und priesterlichen Magier zu erbringenden Anpassungsleistung darstellt, den Dämonen zugeschrieben, so erklärt er diese Leistung in der theologisch 'sauberen' Apologie zu einem Werk Gottes, ja, zu einer göttlichen Lehre und zu einem göttlichen Auftrag (faciendo docet suadetque facere)."
93 Ficino, *Apologia*, 75ff..
94 Ficino, *Apologia*, 87ff nach Kaske, Clark, *Marsilio Ficino. Three Books on Life...*, 398/99: „If anyone obstinately insists further, however, gratify him, Guicciardini, to the extent that the man (if one wholly underserving of such a benefit is a man) may never read these things of ours, nor understand, remember, or make use of them."

Weltbauer an. Es ist gerade der Topos des „Magier-Priester-Weisen",[95] der – in explizitem Anschluss an Ficino (und Pico della Mirandola) – den Gelehrtendiskurs der Frühen Neuzeit maßgeblich prägen wird.

Ficinos *Apologia* kann sowohl die intentionale Stoßrichtung der frühneuzeitlichen Rezeption des Magiebegriffs durch humanistische Gelehrte, als auch die semantische Diffusität des *magia-naturalis*-Topos' illustrieren. Dies wird in *De Vita*, insbesondere im dritten Buch der Schrift noch deutlicher, wie im Folgenden ausführlicher dargelegt werden soll. Der rezeptionsgeschichtliche Hintergrund von *De Vita* ist gleichwohl differenzierter zu sehen; neben Ficinos Platon- und Plotin-Rezeption stehen hier eine Reihe von weiteren Texten – insbesondere der *Picatrix* sowie die bereits oben erwähnte Schrift *von der heiligen Kunst nach Meinung der Griechen* (περὶ τῆς καθ' Ἕλληνας ἱερατικῆς τέχνης) des Neuplatonikers Proklos – als rezeptionsgeschichtliche Einflussfaktoren hinter dem Magiekonzept von *De Vita*. Im Folgenden müssen daher zwei Exkurse zu diesen Schriften vorangestellt werden, um Ficinos Vorgehen differenzierter einordnen zu können.

10.3.2.2. Rezeptionsgeschichtlicher Exkurs: Proklos' περὶ τῆς καθ' Ἕλληνας ἱερατικῆς τέχνης

Die kurze – nur 85 Zeilen umfassende – Schrift des im 5. nachchristlichen Jahrhundert wirkenden und fast fünf Jahrzehnte die Platonische Akademie in Athen leitenden Neuplatonikers Proklos wurde im obigen Kapitel zur neuplatonischen Rezeption des Magie- beziehungsweise Goetiebegriffs nicht analysiert, da sie – wie könnte es anders sein – keine solche Rezeption aufweist. Gleichwohl hat die Schrift Ficinos Magieverständnis so stark beeinflusst, dass er bei seiner lateinischen Übersetzung des griechischen Textes (1497 veröffentlicht zusammen mit Jamblichs *De Mysteriis* und anderen neuplatonischen Schriften) nicht widerstehen konnte, ihr den lateinischen Titel *de sacrificio et magia* zu verleihen. Wenngleich Ficino seine Übersetzung erst 1497, also lange nach *De Vita* herausgegeben hat, hatte er die Schrift bereits vor der Abfassung von *De Vita* ins Lateinische übertragen und sich offenbar intensiv mit ihr auseinander gesetzt – Brian Copenhaver weist in seinem Aufsatz „Hermes Trismegistus, Proclus, and a the Question of a Theory of Magic in the Renaissance" nicht weniger als elf Allusionen an Proklos' kurze Schrift in *De Vita* nach.[96] Copenhaver kann in seinem Aufsatz auf hervorragende Weise die im akademischen Diskurs nach wie vor applizierte Zuordnung von *Magie* und *Hermetik/Hermetismus* dekonstruieren – bei seiner Deutung der Proklos-Schrift ist er allerdings weniger kri-

---

95 Stausberg, *Faszination Zarathustra...*, 252.
96 Copenhaver, „Hermes Trismegistus, Proclus, and a the Question of...", 85, Fußnote 41 (zu den Stellen: Ebenda, 97-98).

tisch: er deutet sie als „perhaps the most important surviving statement of ancient magical theory"[97] und tituliert den im Text angesprochenen Ritualspezialisten mehrfach als *magician*.[98] Angesichts eines fehlenden Magiebegriffs im Originaltext – der im Appendix des Aufsatzes im griechischen Original nach Bidez (1929),[99] in der lateinischen Übersetzung Ficinos[100] und einer englischen Übersetzung (des griechischen Textes) durch Copenhaver angehängt ist – erscheint dies mehr als verwunderlich. Im Folgenden ist daher kurz zu rekapitulieren, wovon der Text eigentlich handelt, freilich unter besonderer Berücksichtigung der griechischen Terminologie.

Bereits der Titel weist unmissverständlich darauf hin, dass es dem Autor nicht um μαγεία geht, sondern um ἱερατικῆς τέχνης, also um *heilige Techniken* – sprich: um die Praxis des ἱερατικος, des *Priesters*. Dieses Vokabular wird im ganzen Text beibehalten; das Handeln des Priesters ist es auch, welches gleich zu Beginn angesprochen wird:

> „Just as lovers systematically leave behind what is fair to sensation and attain the one true source of all that is fair and intelligible, in the same way priests [ἱερατικοὶ; Ficino: sacerdotes antiqui] – observing how all things are in all from the sympathy that all visible things have for one another and for the invisible powers – have also framed their priestly knowledge."[101]

Copenhaver geht hier von einer Allusion an die Ausführungen zur Liebe in Platons *Symposion* aus[102] und verortet den im Text genannten Priester dadurch im thematischen Kontext von *goēteía* – dadurch vernachlässigt er signifikant die Terminologie des Originaltextes. Denn für Proklos ist offenbar die Kenntnis der von Plotin angesprochenen sympathetischen Wirkungszusammenhänge des Kosmos so bedeutsam, dass nur die höchste religiöse Autorität unter den Griechen – der ἱερατικος – dieses Wissen verwaltet. Entsprechend sei die Kenntnis der kosmischen Sympathie heiliges Wissen, das der Priester zur Verwirklichung seiner Aufgaben benötige und nutze. Ausgehend von dieser grundsätzlichen Perspektive entwickelt Pro-

---

97 Vgl. Ebenda, 84.
98 Vgl. besonders Ebenda, 86f. Copenhaver begeht hier freilich denselben Lapsus wie Clemens Zintzen in seinem Aufsatz „Bemerkungen zur neuplatonischen Seelenlehre" (vgl. oben, Kap.9.1.2) – er rezipiert die christozentrische Gleichsetzung von *Theurgie* und Magie. Vgl. Ebenda, 84: „The art (τέχνη) described here by Proclus is called priestly (ἱερατική) because it derives from his deep interest in the theurgic magic of the Chaldean Oracles. The intent of this magic was religious – man's immortalization and union with the god – but its prerequesites were scientific and philosophical in as much as its procedures were based on distinct and coherent views of the nature of the cosmos."
99 Nach Joseph Bidez et al. (Hg.), *Catalogue des Manuscrits Alchimiques Grecs VI*, Brüssel 1928, 148-51.
100 Nach der Basel-Werkausgabe (1576); vgl. Copenhaver, „Hermes Trismegistus, Proclus, and a the Question of...", 85/106f.
101 Proklos, *Über die heilige Kunst*, Z. 1-5 nach Copenhaver, „Hermes Trismegistus, Proclus, and a the Question of...", 103 (griechisch: 109; lateinisch: 106); Zeilenangabe nach der englischen Übersetzung.
102 Vgl. Ebenda, 86f.

klos im Text ein relativ konkretes Modell sympathetischer Wirkungszusammenhänge, welches – ganz Plotinisch – auf einem hierarchisch gegliederten, sympathetisch verwobenen Kosmos und der Differenzierung himmlischer und weltlicher Daseinsbereiche beruht. Für den Neuplatoniker ergibt sich hieraus die Konsequenz, dass sich konkrete, reihenhafte Zuordnungen aller im Kosmos vorhandenen Einzeldinge bilden lassen – er verwendet hierbei das Analogon der Kette (σειρά).[103] In Anlehnung an die Pflanzenart der Sonnenwende (*Heliotropium*) verweist der Platoniker auf auf die konkret beobachtbare Entsprechung und Beeinflussung weltlicher und himmlischer Wirklichkeitsbereiche: genau wie die heliotropen Gewächse sich nach dem Lauf der Sonne drehen und dadurch gleichsam ihr Gebet an Gott (das heißt in diesem Fall: die Sonne) sprechen würden,[104] seien alle Dinge, abhängig von ihren jeweiligen Charakteristika, wie an einer Kette aufgereiht und jeweils mit dem höchsten Vertreter ihrer jeweiligen σειρά verbunden.[105]

Proklos fährt fort, dass *alte Weise* diese Zusammenhänge beobachtet und hieraus eben die *heilige Kunst* entwickelt hätten, um fortan selbst göttliche Kräfte auf Erden manifestieren zu können: „So by observing such things and connecting them to the appropriate heavenly beings, the ancient wise men [πάλαι σοφοί; Ficino: veteres] brought divine powers [θείας δυνάμεις; Ficino: divinas virtutes] into the region of mortals, attracting them through likeness [ὁμοιότητος; Ficino: similitudinem]. For likeness is sufficient to join beings to one another."[106] Für diese rituelle Manifestation göttlicher Kräfte auf Erden habe der ἱερατικός freilich auf den rechten Ort, die rechte Zeit und die rechte Durchführung zu achten, wie Proklos' darauf

---

103 Proklos, *Über die heilige Kunst*, Z. 5-14 nach Copenhaver, „Hermes Trismegistus, Proclus, and a the Question of...", 103 (griechisch: 109; lateinisch: 106): „For they [Priester; d. Verf.] were amazed to see the last in the first and the very first in the last; in heaven they saw earthly things acting causally and in a heavenly manner, in the earth heavenly things in an earthly manner. Why do heliotropes move together with the sun, selenotropes with the moon, moving around to the extent of their ability with the luminaries of the cosmos? All things pray [Εὔχεται] according to their own order and sing hymns, either intellectually or rationally or naturally or sensibly, to heads of entire chains [σειρῶν ὅλων; Ficino: *ordinis*]. And since the heliotrope is also moved toward that to which it readily opens, if anyone hears it striking the air as it moves about, he perceives in the sound that it offers to the king the kind of hymn that a plant can sing."

104 Später wird auch der Hahn auf analoge Weise der Sonne zugeordnet: „In fact, the presence of heliacal symbols is more effective for the cock: it is clear that he perceives the solar orbits and sings a hymn to the luminary as it rises and moves among the other cardinal points."; Proklos, *Über die heilige Kunst*, Z. 56-58 nach Copenhaver, „Hermes Trismegistus, Proclus, and a the Question of...", 103

105 Proklos hat diese Zusammenhänge auch in seinen *Elementen der Theologie* ausgeführt; dazu ausführlicher Copenhaver, „Hermes Trismegistus, Proclus, and a the Question of...", 85.

106 Proklos, *Über die heilige Kunst*, Z. 17-20 nach Copenhaver, „Hermes Trismegistus, Proclus, and a the Question of...", 103 (griechisch: 109; lateinisch: 106/07).

folgende Analogie zum rituellen Feuer deutlich macht.[107] Der Platoniker erläutert in seiner Schrift schließlich exemplarisch – immer in Bezug auf die *σειρά* des Sonnengottes – einige tierische, pflanzliche und mineralische Ritualmittel und beschreibt jeweils deren Charakteristika.[108] Interessant ist hierbei nicht nur die Vorstellung, dass diese die Strahlen der Sonne in sich aufnehmen und gleichsam imitieren würden, sondern auch die Zuordnung von „angels, demons, souls, animals, plants, and stones" zur *σειρά* des Sonnengottes.[109]

Entscheidend ist, dass Proklos die sympathetische Verbundenheit der kosmischen Einzeldinge und -wesen sowie die Möglichkeit der rituellen Nutzung dieser Verbundenheit nicht als *magisch*, sondern als in natürlicher Übereinstimmung mit dem Kosmos und dadurch in letzter Konsequenz selbst als göttlich erachtet:

> „Thus, all things are full of gods: Things on earth are full of heavenly gods; things in heaven are full of supercelestials [Οὕτω μεστὰ πάντα θεῶν, τὰ μὲν ἐν γῇ τῶν οὐρανίων, τὰ δὲ ἐν οὐρανῷ τῶν ὑπὲρ τὸν οὐρανόν]; and each chain [σειρά; Ficino: *ordo rerum*] continues abounding up to its final members. For what in the One-before-all makes its appearance in all, in which are also communications between souls set beneath one god or another."[110]

---

107 Vgl. Proklos, *Über die heilige Kunst*, Z. 20-31 nach Copenhaver, „Hermes Trismegistus, Proclus, and a the Question of...", 103/04 (griechisch: 109; lateinisch: 106): „If, for example, one first heats up a wick and then holds it under the light of a lamp not far from the flame, he will see it lighted though it be untouched by the flame, and he lighting proceeds upward from below. By analogy, then, understand the preparatory heating as like the sympathy of lower things for those above; the bringing-near and the proper placement as like the use made in the priestly art [ἱερατικῆς τέχνης] of material things, at the right moment and in the appropriate manner; the communication of the fire as like the coming of the divine light to what is capable of sharing it; and the lighting as like the divinization of mortal entities and the illumination of what is implicated in matter, which things then are moved toward the others above insofar as they share in the divine seed, like the light of the wick when it is lit."

108 Vgl. etwa die Passage über Steine – Proklos, *Über die heilige Kunst*, Z. 38-45 nach Copenhaver, „Hermes Trismegistus, Proclus, and a the Question of...", 104: „One can also see that stones inhale the influences of the luminaries, as we see the sunstone with its golden rays imitating the rays of the sun; and the stone called Bel's eye (which should be called sun's eye, they say) resembling the pupil of the eye and emitting a glittering light from the center of its pupil; and the Moonstone changing in figure and motion along with the moon; and the sun-moonstone, a sort of image of the conjunction of these luminaries, imitating their conjunctions and separations in the heavens."

109 Proklos, *Über die heilige Kunst*, Z. 65-69 nach Copenhaver, „Hermes Trismegistus, Proclus, and a the Question of...", 104/05 (griechisch: 110; lateinisch 107): „In brief, then, such things as the plants mentioned above follow the orbits of the luminary [περιόδοις τοῦ φωστῆρος]; other imitate the appearance of its rays (e.g., the palm) or the empyrean substance (e.g., the laurel) or something else. So it seems that properties sown together in the sun are distributed among the angels, demons, souls, animals, plants, and stones [ἀγγέλοις, δαίμοσι, ψυχαῖς, ζῴοις, φυτοῖς, λίθοις; Ficino: *angelis, daemonibus, animis, animalibus, platis atque lapidibus*] that share them."

Angesichts dieser Omnipräsenz des Göttlichen bietet es sich freilich erneut an, den Begriff *Religion* zur Klassifikation des Themas von Proklos' Schrift – analog zu ihrem Titel und Selbstverständnis – heranzuziehen. Die Vorstellung einer konkreten Nutzung göttlicher Kräfte auf Erden zu menschlichen Zwecken ist zwar im Laufe der abendländischen Religionsgeschichte auch dem Magiebegriff – sowohl innerhalb des Ausgrenzungs-[111] als auch des Aufwertungsdiskurses[112] – zugeordnet worden. Gleichwohl kann sie auch als biblisches Motiv gewertet werden –[113] und auch der Neuplatoniker Proklos vollzieht die Zuordnung zum Magiebegriff eben nicht. Die von ihm erörterte Ritualpraxis spiegelt die Tätigkeit des ἱερατικος, des *Priesters*, seine Interaktion mit den Göttern wider. Zwar scheinen seine Ausführungen zum Mischen von Ritualmitteln eine geradezu mechanistische Vorstellung hinsichtlich dieser Interaktion zu implizieren.[114] Gleichwohl wird Proklos' grundlegende argumentative Stoßrichtung deutlich, wenn er abschließend das Anwendungsspektrum der *heiligen Techniken* beschreibt:

> „Flax-leaved daphne is enough for a manifestation [αὐτοφάνειαν; Ficino: *apparationem*]; laurel, box-thorn, squill, coral, diamond, or jasper will do for a guardian spirit [φυλακὴν; Ficino: *custodiam*]; but for foreknowledge [πρόγνωσιν; Ficino: *praesagium*] one needs the heart of a mole and for purification [καθάρσεις; Ficino: *purificationem*] sulfur and salt water. By means of sympathy [συμπαθείας; Ficino: *rerum cognationem compassionemque*], then, they draw them near, but by antipathy [ἀντιπαθείας; Ficino: *repugnantiam*] they drive them away, using sulfur and bitumen for purification, perhaps, or an aspersion of sea water. For sulfur purifies by the sharpness of its scent, sea water because it shares in the empyrean power. For consecrations and other divine services [τελεταῖς δὲ καὶ ταῖς ἄλλαις

---

110 Proklos, *Über die heilige Kunst*, Z. 46-50 nach Copenhaver, „Hermes Trismegistus, Proclus, and a the Question of...", 104 (griechisch: 110; lateinisch: 107)
111 Die Gedankenfigur liegt, wie in Kap. 6.2.1 gesehen, bereits dem Asebievorwurf Hippokrates' und Platons zugrunde.
112 Vgl. zu diesem Textmuster in den *Papyri Graecae Magicae* oben, v.a. Kap. 9.2.3.
113 Dies betrifft nicht nur die *signum-dei*-Denkfigur, sondern – wie gesehen – etwa auch die schadenbringende Nutzung der Kraft Gottes in den Testamenten.
114 Vgl. ausführlicher Proklos, *Über die heilige Kunst*, Z. 69-81 nach Copenhaver, „Hermes Trismegistus, Proclus, and a the Question of...", 104/05 (griechisch: 110; lateinisch 107): „ From this evidence of the eyes, the authorities on the priestly art [ἱερατικῆς ἡγεμόνες; Ficino: sacerdotii veteris auctores] have thus discovered how to gain the favor of powers above, mixing some things together and setting others apart in due order. They used mixing because they saw that each unmixed thing possesses some property of the god but is not enough to call that god forth. Therefore, by mixing many things they unified the aforementioned influences and made a unity generated from all of them similar to the whole that is prior to them all. And they often devised composite statues and fumigations, having blended seperate signs together into one and having made artificially something embraced essentially by the divine through unification of many powers, the dividing of which makes each one feeble, while mixing raises it up to the idea of the exemplar. But there are times when one plant or one stone suffices for the work."

περὶ τοὺς θεοὺς θεραπείαις; Ficino: *in deorum cultu diis*] they search out appropriate animals as well as other things."[115]

Spätestens an dieser Stelle wird klar, dass das Selbstverständnis des Platonikers in der Tat – und dadurch analog zur neuplatonischen Traditionslinie insgesamt – abgesetzt von *mageía* einzuordnen ist. Der Platoniker nennt im Zuge der Auflistung einzelner Ritualmittel prägnant die Aufgabenbereiche des ἱερατικος: Interaktion mit den Göttern, Herbeirufen eines Schutzgeistes, Zeichendeutung, rituelle Reinigungen und Weihen sowie andere *göttliche Dienste* (θεοὺς θεραπείαις). Proklos skizziert hier nichts Anderes als das traditionelle Aufgabenspektrum des antiken, graeco-römischen Tempelkultes. Freilich hatte man für diese Tätigkeiten schon immer Ritualmittel, pflanzliche Räucherungen und Opfertiere zur Beziehungspflege mit den Göttern sowie zur Unterstützung einzelner Anliegen verwendet. Proklos' Intention scheint gleichwohl, ein theoretisches – das heißt: philosophisch (neuplatonisch) durchdachtes – Fundament für die Nutzung solcher Ritualmittel zu liefern. Vor diesem Hintergrund ist auch seine Nennung der Dämonen im letzten Abschnitt des Textes einzuordnen, die wiederum als platonisches Mittlerwesen zwischen Menschen und Göttern gekennzeichnet werden. Über den rituellen Kontakt mit Dämonen sei es dem ἱερατικος möglich, Kontakt zu den *ersten und höchsten Kräften* (πρωτουργοῖς καὶ θείαις δυνάμεσι) aufzunehmen, von den Göttern selbst zu lernen, ihre Kräfte zu nutzen.[116] Die Figur, die Proklos hier vor Augen hat, wird also bewusst nicht mit der (für ihn aller Wahrscheinlichkeit nach negativ konnotierten) Bezeichnung *Magier* markiert. Für Proklos impliziert das Vorgehen des ἱερατικος vielmehr die Kenntnis und Anwendung neuplatonischer Philosophie, welche letztlich zur Einheit mit dem Göttlichen selbst führt.

Es ist an dieser Stelle daher entscheidend, den Text – ausgehend von seinem Selbstverständnis – als religiös-philosophischen, keinesfalls aber als selbstreferentiell-*magischen* Text anzusehen. Hier wird auch nicht davon ausgegangen, dass Proklos eigentlich einen μάγος vor Augen hatte und dessen negativen Leumund mittels der wertfreieren Bezeichnung ἱερατικος nur kaschieren wollte. Tatsächlich findet sich auch bei Proklos jene charakteristische Synthese von Philosophie und Theologie, die für das neuplatonische

---

115 Proklos, *Über die heilige Kunst*, Z. 81-89 nach Copenhaver, „Hermes Trismegistus, Proclus, and a the Question of...", 105 (griechisch: 110; lateinisch 108):
116 Proklos, *Über die heilige Kunst*, Z. 89-96 nach Copenhaver, „Hermes Trismegistus, Proclus, and a the Question of...", 05 (griechisch: 110; lateinisch 108): „Beginning with these things and others like them, they gained knowledge of the demonic powers [δαιμονίους δυνάμεις; Ficino: *potentias daemonum*], how closely connected they are in substance to natural and corporeal energy, and through these very substances they achieved association [συνουρίαν; Ficino: *praesentiam*] with the {demons}, from whom they returned forthwith to actual works of the gods, learning some things from the {gods}, for other things being moved by themselves toward accurate consideration of the appropriate symbols. Thence, leaving nature and natural energies below, they had dealings with the primary and divine powers [ταῖς πρωτουργοῖς καὶ θείαις ἐχρήσαντο δυνάμεσι; Ficino: *in deorum se consortium receperunt*]."

Denken insgesamt kennzeichnend ist – und auch bei Proklos spielt der Magiebegriff für diese Synthese keine Rolle.

Es ist unklar, ob der Platoniker die wenigen von ihm exemplarisch genannten pflanzlichen, tierischen und mineralischen Ritualmittel aus einem umfangreicheren Ritualmittel-Kompendium zitiert hat, welches ihm vorlag – dies ist aber zumindest wahrscheinlich. Gleichwohl ist eine solche sympathetisch-neuplatonisch geprägte rituelle Fachliteratur aus dem fünften Jahrhundert nicht überliefert. Da Proklos der wichtigste neuplatonische Autor der Spätantike ist und seine Schriften insbesondere im arabischen Mittelalter fortlaufend tradiert worden sind, ist daher von einer nicht zu unterschätzenden Wirkungsgeschichte der Schrift περὶ ἱερατικῆς τέχνης auszugehen. Möglicherweise ist sie – abgesehen von ihrer Rezeption bei Marsilio Ficino – nicht unwesentlich in der Schrift *De Radiis Stellarum* des arabischen Philosophen Al-Kindi verarbeitet worden, der besonders die Strahlen-Metaphorik Proklos' aufgegriffen und zu einem grundlegenden Charakteristikum nicht nur der Himmelskörper, sondern im Grunde jedes Einzeldings stilisiert hat.[117] Al-Kindi verknüpft den solchermaßen spezifizierten (und, wie gesehen, im Wesentlichen auf Plotin zurückgehenden) *Symphathie*-Topos mit der Vorstellung einer rituellen Wirkmächtigkeit des Menschen durch Wörter, Bilder, Figuren und Opferrituale –[118] ein Vorgehen, das im Kontext der europäischen Rezeption der Schrift wiederum dem Magiebegriff zugeordnet wurde. In diesem Zusammenhang hat die lateinische Übersetzung des Textes möglicherweise die oben erwähnten positiven Rezeptionsmuster im scholastischen Magiediskurs des 12. Jahrhunderts beeinflusst.[119] Die Tatsache, dass in *De Radiis Stellarum* selbst jedoch wiederum – analog zum Proklos-Text – keine Rezeption des Magiebegriffs vorkommt (zumindest in der hier überprüften lateinischen Fassung), weist darauf hin, dass Al-Kindi das von ihm Beschriebene möglicherweise als legitim und auch im arabischen Kontext als orthodox eingestuft hat. Al-Kindis Schrift steht jedenfalls als weiterer rezeptionsgeschichtlicher Kon-

---

117 Die lateinische Fassung der Schrift findet sich bei: M. T. D'Alverny, F. Hudry, „Al-Kindi. De radiis", in: *Archives d'histoire doctrinale et littéraire du moyen âge 49 (1974)*, 139-260. Eine englische Übersetzung findet sich bei Ya`kûb ibn Ishâk ibn Sabbâh, *Al-Kindi. De Radiis Stellicis. On The Stellar Rays. C9th AD. Translated by Robert Zoller from the Latin De Radiis Stellicis edited by M. T. D'Alverny and F. Hudry in Archives d'histoire doctrinale du Moyen Age, vol. 41, 1974, published in 1975*, London 2004 (elektronische Publikation, online verfügbar unter http://www.new-library.com).
118 Vgl. zur Kraft der Wörter Al-Kindi, *De Radiis Stellarum*, v.a. Kap. 6; zur Verwendung von Bildern Kap. 7; zur Verwendung von Figuren Kap. 8; zur Durchführung von Opferritualen Kap. 9.
119 Vgl. hierzu Frank Klaassen, „English Manuscripts of Magic, 1300-1500: A Preliminary Survey", 5f, in: Claire Fanger, Richard Kieckhefer, Nicholas Watson (Hg.), *Conjuring Spirits. Texts and Traditions of Medieval Ritual Magic*, [Magic in History], Stroud 1998, 3-31.

text hinter *De Vita* – sie war dem Florentiner nachweislich bekannt, wie mehrere Verweise auf die *arabes* im dritten Buch illustrieren.[120]

Zudem kann im Kontext der arabischen Rezeption antiker Texte möglicherweise von einer direkten oder indirekten Beeinflussung des *Picatrix* durch Proklos' Schrift ausgegangen werden. Der *Picatrix*, auf den im Folgenden eingegangen wird, geht ausführlich auf die von Proklos nur spärlich erläuterten sympathetischen Reihen und die Zuordnung spezifischer Ritualmittel zu den Himmelskörpern ein. Da Proklos der erste und gleichzeitig wichtigste antike Autor ist, der überhaupt über konkrete, sympathetische σειραί geschrieben hat, kann er bezüglich dieses Topos' möglicherweise als Diskursbegründer gelten. Der *Picatrix* ordnet – im Gegensatz zu Proklos – das damit einher gehende rituelle Vorgehen allerdings in der Tat dem Magiebegriff zu (allerdings nicht dem Etymon, sondern einem arabischen Äquivalenzbegriff) und kann dadurch zugleich die arabische Rezeption (und Übersetzung) des graeco-römischen Magiebegriffs und seiner semantischen Muster illustrieren; dies soll im Folgenden ausführlicher dargelegt werden.

10.3.2.3. Rezeptionsgeschichtlicher Exkurs: Der *Picatrix*

Aufgrund der nicht unwesentlichen – gerade in der jüngeren Forschung stark hervorgehobenen –[121] Bedeutung des *Picatrix* für den frühneuzeitlichen Magiediskurs (und konkret Marsilio Ficinos *De Vita*) ist an dieser Stelle etwas ausführlicher auf diesen Text einzugehen. *Picatrix* ist der Titel der lateinischen Übersetzung eines arabischen Textes mit dem Titel Ġājat al-ḥakīm wa-aḥaqq al-natīġatain bi-'l-taqdīm (*Das Ziel des Weisen und diejenige der beiden Konklusionen, die es am ehesten verdient, vorangestellt zu werden*),[122] der im 11. Jahrhundert in Spanien verfasst, auf Befehl König Alfons' von Kastilien zwischen 1256 und 1258 ins Spanische und zu einem unbekannten späteren Zeitpunkt ins Lateinische übersetzt wurde.[123] Während die

---

120 Vgl. etwa Ficino, *de vita coelitus comparanda*, II, 14f; XVIII, 16f; XX, 21; XXII, 51. Expliziter Verweis auf Al-Kindi: XXI, 15f.
121 Vgl. zur Forschungsübersicht und Diskussion Stephen A. Farmer (Hg.), *Syncretism in the West. Pico's 900 theses (1486); the evolution of traditional, religious, and philosophical systems; with text, translation, and commentary*, [Medieval & Renaissance Texts & Studies], Tempe 1998, 45f.
122 Vgl. Hellmut Ritter, Martin Plessner (Üb.), '*Picatrix*'. *Das Ziel des Weisen von Pseudo-Maǧrīṭī. Translated into German from the Arabic by Hellmut Ritter and Martin Plessner*, [Studies of the Warburg Institute; 27], London 1962, XXI.
123 Vgl. Carol V. Kaske, John R. Clark, „Magic", 45, in: Kaske, Clark, *Marsilio Ficino. Three Books on Life...*, 45-54: „De vita coelitus comparanda owed an unacknowledged debt to the Picatrix, an Arabic compilation of Hellenistic magic done in eleventh-century Spain, translated into Spanish under the aegis of Alphonso the Wise between 1256 and 1258, and thence by unknown persons at an unknown date into Latin."

Autorschaft ursprünglich Abu 'l-Qāsim Maslama Ibn Aḥmad al-Maǧrīṭī zugeschrieben worden ist, also dem berühmten, in Al-Andalus wirkenden Mathematiker und Philosophen (verstorben um 1005 nach Christus), wurde diese Zuschreibung in der Forschung aufgrund diverser textimmanenter Ungereimtheiten revidiert,[124] sodass sie heute als ungesichert gilt – der im Text genannte Name *Bu(i)qrāṭīs* selbst ist historisch nicht zuzuordnen.[125]

Der *Picatrix* hat, sobald seine lateinische Übersetzung vorlag, eine weite Verbreitung im spätmittelalterlichen und frühneuzeitlichen Europa erfahren; er ist aufgrund der ausführlichen Beschreibung individualreligiöser Ritualpraktiken (meist: der Erstellung eines Talismans) und der expliziten Zuordnung zum Magiebegriff in kirchlichen Kreisen freilich in Misskredit geraten – so warnt Johann Hartlieb in seinem *puch aller verpotten kunst* (1465) Kaiser Maximalan I. eindringlich vor der Schrift und markiert diese als „das vollkomnest püch, das jch ye gesach jn der kunst. […] vor dem püch sol sich dein fürstlich genad am maisten hütten, wann vnder seinen süssen worten ist der potter gift vermist. […] o was hocher list vnd gespenst hat gehabt sathanas, bis er das püch einpläsen hat."[126] Es kann als gesichert gelten, dass Marsilio Ficino eine Abschrift des *Picatrix* vorlag, von der er beim Verfassen des dritten Buches von *De Vita* mehr oder weniger explizit Gebrauch machte.[127] So erscheint es an dieser Stelle geboten, eine kurze Skizze des – in einer deutschsprachigen Edition zugänglichen – *Picatrix* anzufertigen, um diese mit der hier entwickelten Rezeptionsgeschichte des Magiebegriffs zu vergleichen.

Die Schrift stellt ein in vier Bücher gegliedertes Kompendium zahlreicher, dem Verfasser anscheinend verfügbarer antiker und arabischer Texte zu Astrologie, Alchemie, neuplatonisch geprägter Kosmologie und *siḥr* dar. Der arabische Begriff *siḥr* stellt offenbar eine direkte Übersetzung des griechisch-lateinischen Magiebegriffs dar –[128] er wird explizit zur Kennzeichnung des Grundthemas der Schrift genannt und impliziert dabei die im

---

124 Ausführlicher Ritter, *Plessner, 'Picatrix'...*, XXI/XXII.
125 Vgl. Ebenda, XXII: „Das Buch ist also offenbar von einem Manne geschrieben, der sich nicht nennen wollte, und ist dann dem bekannten Mathematiker und Astronomen, dessen Name den spanischen Arabern besonders nahe lag, untergeschoben worden. […] Welcher Name sich hinter dem Bu(i)qrāṭīs des Textes verbirgt, ist uns nicht bekannt."
126 Dora Ulm (Hg.), *Johann Hartliebs Buch aller verbotenen Kunst. Untersucht und herausgegeben von Dora Ulm*, Halle 1914, 24.
127 Zum rezeptionsgeschichtlichen Zusammenhang und zur Forschungsdiskussion ausführlicher Kaske, Clark, „Magic", 45ff.
128 An dieser Stelle wird versucht, die Implikationen von *siḥr* im *Picatrix* zu rekonstruieren und auf einen – notwendigerweise dahinter liegenden – griechisch-(lateinisch-)arabischen Rezeptions- und Übersetzungsprozess zu überprüfen; zu den durchaus komplexen und zur christlich-lateinischen Rezeption teilweise (insbesondere hinsichtlich der Unterscheidung legitimer und illegitimer Formen von *siḥr*) abzusetzenden Implikationen des arabischen Begriffs vgl. einführend Taufiq Fahd, „Siḥr", in: Clifford E. Bosworth et al. (Hg.), *The Encyclopaedia of Islam. 9: San-Sze*, Leiden 1997, 567-71.

10.3. Marsilio Ficino und die magia naturalis

antiken, graeco-römischen Raum üblichen semantischen Muster, wie sie oben rekonstruiert wurden: im *Picatrix* finden sich rezeptartige Aufzählungen unterschiedlichster, insbesondere aber auf dem Gebrauch von *Talismanen* (*ṭilasm*, *ṭlsm*) basierender individualreligiöser Ritualpraktiken,[129] die Vorstellung des Erlangens mirakulöser Fähigkeiten,[130] sowie nun auch astrologisch fundierte sympathetische Reihen – also Zuordnungen von Planeten, Wissenschaften, Körperteilen, Gefühlen, Mineralien, Stoffen, Tieren, Orten, Handlungen, verbunden mit der Überzeugung einer wechselseitigen Verbundenheit, Ähnlichkeit und Beeinflussungsmöglichkeit.[131] Gewürzt mit Berichten von Ritualpraktiken fremder Völker macht der Text insgesamt einen weniger systematischen, vielmehr kompilatorischen Ein-

---

129 Vgl. beispielsweise die Aufzählung von 31 Talismanen im ersten Buch: Die Ritualziele umfassen „Vereinigung eines Liebenden mit der geliebten Person", „Vernichtung eines Feindes", „Verwüstung einer Stadt", „Wohlergehen einer Stadt", „Wachsen des Besitzes", „Erlangung der Verwaltung eines hohen Amtes", „Talisman, um den Herrscher geneigt zu machen wem man will, und um diesem eine hohe Stelle zu verschaffen", „Sklaven, der sich seinen Herrn geneigt machen will", „Talisman, um einen Mann von dem Wunsch abzubringen, zu seiner Frau eine zweite hinzu zu nehmen", „Befreiung eines Gefangenen", „Gewinnung des Sieges über einen Feind", „für den Statthalter eines Landes, gegen den die Bevölkerung widerspenstig ist", „um jemand in seinem Wohnort festzuhalten", „um einen Mann nach am selben Tage aus seinem Wohnort zu vertreiben" usw.; Text nach Ritter, Plessner, '*Picatrix*'..., 24-29 (*Picatrix*, I. Abhandlung, 5. Abschnitt).

130 Vgl. exemplarisch im dritten Buch in Anlehnung an eine pseudoplatonische Schrift: Ritter, Plessner, '*Picatrix*'..., 153-55 (*Picatrix*, II. Abhandlung, 12. Abschnitt): „In dem großen Buch erzählt er [Platon; d. Verf.] von den Wirkungen der Bilder höchst absurde Dinge, wie das Wandeln auf dem Wasser und das Erscheinen mit irgendwelchen zusammengesetzten Tiergestalten, die es auf der Welt gar nicht gibt, und das Herabkommen des Regens zur Zeit, wo keiner fallen sollte, und seine Aufhaltung, wenn er eigentlich fallen sollte, und das Erscheinen von Sternschnuppen und Meteoren und von Säulen in der Luft, und das Einschlagen von Blitzen zur Zeit, wo sie nicht einschlagen sollten, und die Verbrennung feindlicher Schiffe und die Verbrennung jedes Menschen, den man will, auf weite Entfernung, und das Gehen durch die Luft und das Aufgehen der Sterne zur Zeit, wo sie nicht aufgehen sollten, und ihr Erscheinen, wie sie von ihrem himmlischen Ort herabkommen nach dem Mittelpunkt Erde, und das Reden mit den Toten und das Sichspalten der Sonne und des Mondes in verschiedene Stücke, und das Erscheinen von Stäben und Stricken als Schlangen und Ottern, die verschlingen, was man ihnen vorwirft, und das Zurücklegen weiter Strecken über die Erde hin in der kürzesten Zeit, gleichsam in einem Augenblick."

131 Vgl. beispielsweise zu Mars: Ebenda, 159/60 (*Picatrix*, III. Abhandlung, 1. Abschnitt): : „Mars ist die Quelle der anziehenden Kraft. Ihm untersteht die Naturwissenschaft, die Tierarzneikunde, die Chirurgie, das Zahnziehen, das Schröpfen und das Beschneiden. Von den Sprachen gehört ihm zu das Persische, von den Gliedern außen am Leibe das rechte Nasenloch und im Innern die Galle und die Wirkungen, die von ihr in den Körper strömen, nämlich Entflammung und Hitze, die Zorn und Haß und Fieber erregen. Von den Religionen gehört ihm zu die Gottesleugnung und der schnelle Religionswechsel, von den Kleider(stoffe)n die Halbseide und die Felle der Hasen, Panther und Hunde, von den Künsten die Eisen- und Feuerarbeit, das Kriegswesen und der Straßenraub, von den Geschmäcken die heiß-trockene Bitterkeit, von den Landschaften die Festungen, Burgen, Schlachtfelder, Feuerstätten, Schlachtstätten, die Schlupfwinkel der wilden Tiere und die Gerichtshöfe, und von den Edelsteinen der Karneol und alle dunkelroten Steine, [...]".

druck, sodass auch die darin eingebettete Theoretisierung von *siḥr* zwangsläufig unzusammenhängend etwas erscheint.¹³² Die Bedeutung der Astrologie, also die Macht und Einwirkung der sieben Himmelskörper des Ptolemäischen Modells sowie der Sternbilder auf die Zwecke des Ritualpraktikers erscheint gleichwohl als grundlegendes argumentatives Fundament; mitunter lässt sich die im *Picatrix* nur angedeutete Theorie hinter der Erstellung eines Talismans so lesen, dass die Kraft eines Planeten durch die rituelle Opferung materieller Bestandteile seiner sympathetischen Reihe in einen Gegenstand gelenkt wird, um fortan durch diesen zu wirken.¹³³ Hier kann also in der Tat von einem möglichen Einfluss durch Proklos' περὶ ἱερατικῆς τέχνης ausgegangen werden.

Entscheidend für die rezeptionsgeschichtliche Einordnung der Schrift im Kontext des Magiebegriffs sind gleichwohl die Ausführungen gleich zu Beginn des ersten Buches, wo eine Erläuterung und Definition des Gegenstands gegeben wird. Der Autor beginnt mit den folgenden Zeilen:

> „O du Jünger, der du dich sehnst, in die Wissenschaft der Philosophen einzutauchen, ihre Geheimnisse zu betrachten und zu forschen nach den wunderbaren Dingen, die sie in ihren Büchern verewigt haben, wisse: [...] Bewogen aber hat mich zur Abfassung des Buches, daß ich sah, wie die meisten Leute unserer Zeit nach | den Talismanen und den verschiedenen Gattungen des Zaubers forschen, ohne doch zu wissen, worauf sie ihr Streben richten und welchen Weg sie einschlagen sollten, so daß ihr Leben damit hinging, nach etwas zu suchen, was ihnen doch verschlossen war, da die Philosophen es verschleiert und es zu offenbaren sich gescheut hatten, weil damit die Gefahr der Zerstörung und des Untergangs der Welt – Gott möge solches nicht geschehen lassen um des Heiles seiner Welt willen! – verbunden schien."¹³⁴

Bemerkenswert ist, dass der Autor zwar vor einer fehlerhaften Anwendung der thematisierten Praktiken warnt – dies gar als primären Beweggrund seines Schreibens ausweist –, dass er aber davon ausgeht, tatsächlich von der „Wissenschaft der Philosophen" zu berichten. Als integralen Bestand-

---

132 Vgl. Ebenda, XXXIV: „Der Autor ist kein Denker, sondern ein Kompilator. Er hat aus einer recht großen Anzahl sehr disparater Quellen, – die aufzuspüren der Gelehrsamkeit meines Mitarbeiters zum größten Teil, aber doch nicht restlos gelungen ist – in einem Zeitraum von sechs Jahren, wie er sagt [...], mit unendlicher Mühe offenbar alles zusammengetragen, was ihm überhaupt über Magie und Zauberwesen und – fast möchte man sagen – 'verwandte Gebiete' erreichbar war."
133 Vgl. explizit Ebenda, 7/8 (*Picatrix*, I. Abhandlung, 2. Abschnitt): „Über die Bedeutung von Talisman (ṭilasm, ṭlsm) aber ist zu sagen, daß sie die Umkehrung seines Namens ist, nämlich musallaṭ (mslṭ) (dasjenige, dem Macht über ein anderes gegeben ist). Denn aus den Substanzen der Macht und der Gewalt heraus übt er auf das, wofür er zusammengesetzt ist, eine Wirkung der Überwältigung und Übermächtigung aus durch Zahlenbeziehungen und sphärische Geheimnisse, die in bestimmte Körper zu geeigneten Zeiten gelegt sind, und durch stärkende Räucherungen, die das dem betreffenden Talisman zugehörige Pneuma anziehen."; Kursivsetzung sowie die in Klammer gesetzten arabischen Transkriptionen immer Ritter/Plessner.
134 Ebenda, 1 (*Picatrix*, Vorrede).

10.3. Marsilio Ficino und die magia naturalis

teil dieser Wissenschaft sieht er eben die „würdigere der beiden Künste", *siḥr* – an dieser Stelle zeigt sich die arabische Rezeption und Tradierung des antiken Syntagmas *ars magica* (beziehungsweise τέχνη μαγική).[135] Wenngleich die Philosophen die Kenntnis von *siḥr* – aufgrund der damit einher gehenden Gefahr „der Zerstörung und des Untergangs der Welt"! – verschleiert hätten, sieht sich der Verfasser genötigt, fundiertes Wissen dazu zur Verfügung zu stellen. Denn – so führt er an etwas späterer Stelle aus –

> „Die Philosophie ist die edelste Gabe und der trefflichste Erwerb; denn sie besteht in der Kenntnis der entfernten Ursachen, auf denen das Sein der seienden Dinge und das Sein der nahen Ursachen | der Dinge, die Ursachen haben, beruht, indem man nämlich ein sicheres Wissen von ihrem Sein gewinnt und erkennt, was sie sind und wie sie sind, und daß sie bei all ihrer Vielheit der Reihe nach aufsteigen zu Einem Seienden, welches die Ursache des Seins dieser Dinge ist, sowohl der entfernten wie der unter diesen stehenden, nahen, und daß dieses Eine das wahrhaft Erste ist und sein Bestand nicht auf dem Sein eines anderen Dinges beruht. [...] Ferner erkennt man {durch sie} die Rangstufen aller seienden Dinge, nämlich daß es solche gibt, die am Anfang, solche, die in der Mitte, und solche, die am Ende stehen. [...] Dies also ist das Wesen der Philosophie."[136]

Ein umfassendes Wissen um Naturzusammenhänge und Naturkräfte wird hier als Philosophie, diese wiederum als *edelste Gabe* gekennzeichnet; freilich wird dadurch auch eine Aufwertung des Magiebegriffs (beziehungsweise *siḥr*-Begriffs) erreicht, der der Philosophie zugeordnet wird und – wie gesehen – insgesamt das Thema der Schrift markiert. Die sympathetische Verbundenheit aller Dinge legt wiederum einen neuplatonischen Einfluss nahe, insbesondere hinsichtlich der Rezeption eines hierarchisch gegliederten Kosmos, sowie der damit einher gehenden Vorstellung, dass das Ferne entsprechend auf das Nahe einwirken könne. Der neuplatonische Einfluss wird noch klarer, wenn man die etwas später folgenden Ausführungen zu *siḥr* betrachtet:

> „Wisse: Diese conclusio (*natīğa*) hier ist es, die als 'Zauber' (*siḥr*) bezeichnet wird. Zauber bedeutet im allgemeinen alle Worte oder Handlungen, die den Verstand 'bezaubern' und die Seelen in ihren Bann ziehen, in dem Sinne, daß man sie bewundert, davon in Bann geschlagen wird, darauf lauscht und sie schön findet. Das ist etwas, was schwer zu begreifen ist und dessen Ursachen dem Einfältigen verborgen sind. Es kommt nämlich daher, daß er eine göttliche Kraft ist, wirkend aus vorausgehenden Ursachen, die die Voraussetzung für sein Begreifen bilden. Es ist eine schwer zu verstehende Wissenschaft."[137]

---

135 Für eine enge rezeptionsgeschichtliche Verbindung des arabischen Diskurses mit dem antiken, graeco-römischen Magiediskurs spricht auch die üppige Nennung antiker Gewährsmänner wie Aristoteles (29 Mal), Apollonius (8 Mal), Empedokles (whs. 7 Mal), Hermes (14 Mal), Platon (13 Mal), Pythagoras (2 Mal) oder Sokrates (4 Mal) im *Picatrix*, um nur die wichtigsten zu nennen (gezählt nach dem Personenregister – Ebenda, 429-31).
136 Ebenda, 4/5 (*Picatrix*, I. Abhandlung, 1. Abschnitt).
137 Ebenda, 8 (*Picatrix*, I. Abhandlung, 2. Abschnitt).

In dieser – von der Sache her außerordentlich unscharfen – Definition von *siḥr* offenbaren sich nicht nur konkrete Parallelen zu den Ausführungen Plotins in der vierten *Enneade*, sondern auch zu Ficinos Erläuterungen in der sechsten Rede von *De Amore*; die Analogie zur Liebe lässt sich hier ebenso ziehen wie die zur betörenden (*bezaubernden*) Schönheit.[138] Der Autor des *Picatrix* kann diesbezüglich also in der Tat als Tradent der platonisch-neuplatonischen Rezeptionslinie eingeordnet werden – mit dem nicht unbedeutenden Unterschied, dass der Begriff *siḥr* im *Picatrix* positiv konnotiert ist und die von Plotin zwar in ihrer Wirkweise erläuterte, selbst aber gemiedene und verurteilte Kunst einer „göttlichen Kraft" zugeordnet und rituell ausgearbeitet wird. Denn wenngleich der Verfasser auf die Verborgenheit und schwierige Verständlichkeit der hinter dieser Kunst stehenden Wissenschaft hinweist, geht er im Folgenden zu ihrer systematischen Darstellung über: „Es gibt aber auch einen praktischen Zauber; denn sein Gegenstand ist [die Wirkung von] Geist auf Geist. Diese aber liegt vor beim Nirendsch und der Phantasmagorie, während der Gegenstand der Talismankunst [die Wirkung von] Geist auf Körper, und der der Alchemie [die von] Körper auf Körper ist."[139]

Offenbar werden hier drei Arten der rituellen Einflussnahme unterschieden. Während bei der Alchemie Körper auf Körper einwirke, basiere praktische *siḥr* auf dem Einwirken geistiger Bereiche auf andere geistige oder materielle Bereiche. Zu den geistigen Bereichen zählen im *Picatrix* nun weniger (beispielsweise) der menschliche Verstand, als vielmehr die himmlischen Bewohner der postlunaren Sphäre, also die sieben Planeten und ihre jeweiligen Wirkkräfte sowie das Fixsternfundament mit seinen Tierkreiszeichen. Entsprechend führt der *Picatrix* aus, dass die Ausübung praktischer *siḥr* konkret „auf der Kenntnis der drei Reiche und der Planetenkräfte, die in ihnen zerstreut sind und virtutes (*ḥawāṣṣ*) genannt werden", basiere.[140] Erneut wird also die besondere Bedeutung der Astrologie und konkreter, kanalisierbarer Planetenkräfte für die Ausübung der Kunst hervorgehoben; etwas später wird diesbezüglich – im Rahmen eines geradezu humanistisches Verweises auf die *alten Griechen* – konstatiert:

> „Die alten Griechen aber bezeichneten den Nirendsch und die Verwandlung konkreter Dinge (*'ain*) mit dem Ausdruck *tarǧīḥ* (wörtl. 'Übergewicht verleihen'), den Talisman aber mit dem Worte Syllogismus, d.i. das Herabziehen der Kräfte der oberen Geister; das Ganze aber bezeichneten sie mit dem

---

138 Ficino verwendet in Kapitel vier der siebten Rede (Titel: „Die gemeine Liebe ist Bezauberung [Amoris vulgaris est fascinatio quedam]"; Blum, *Marsilio Ficino. Über die Liebe...*, 320/21) den Begriff *fascinatio* zur Erläuterung der „eigenartigen Wirkung [miro effectu] der gemeinen Liebe" (Blum, *Marsilio Ficino. Über die Liebe...*, 334/35); von Blum wird *fascinatio* mit *Verzauberung* übersetzt – besser wäre hier sicherlich der Begriff *Anziehung* gewesen.

139 Ritter, Plessner, '*Picatrix*'..., 7 (Picatrix, I. Abhandlung, 2. Abschnitt). *Nirendsch* wird später auch als *Kunststück*, also offenbar als Hervorrufung eines mirakulösen Ereignisses erläutert: Ebenda, 10 (Picatrix, I. Abhandlung, 2. Abschnitt).

140 Ebenda, 9 (Picatrix, I. Abhandlung, 2. Abschnitt).

10.3. Marsilio Ficino und die magia naturalis

Worte Zauber (*siḥr*). In den Besitz dieser Wissenschaft aber gelangten die Weisen allein durch die Kenntnis der Wissenschaft vom Himmelsglobus."[141]

Auch im *Picatrix* müssen die *alten Griechen* als Gewährsmänner für eine vermeintlich konsistente *magische Tradition* herhalten, die hier geradezu reduktionistisch auf die *Wissenschaft vom Himmelsglobus* – also die Astrologie – zurückgeführt wird. Entsprechend wird die Wirkweise eines Talismans erläutert, indem dieser im Sinne eines *Syllogismus'* (der aus der aristotelischen Logik stammende Begriff wirkt hier etwas arbiträr) die „Kräfte der oberen Geister"[142] herabziehe – eine Formulierung, die in der Tat stark an Ficinos Weltbauer-Topos in seiner *Apologie*, viel mehr noch an seine Ausführungen im dritten Buch von *De Vita* erinnert. In den folgenden Abschnitten wird jenes Herabziehen himmlischer Kräfte auf unterschiedliche Weise erläutert, unter Anderem mittels ritueller Räucherungen oder auch der Nahrungsaufnahme.[143]

So lässt sich zusammenfassen, dass sowohl der grundlegende thematische Inhalt des *Picatrix* wie auch die Rezeption des *siḥr*-Begriffs insgesamt an die graeco-römische Topologie von *mageía/magia* angelehnt ist, gegenüber den überlieferten antiken Schriften aber eine ausgearbeitete, viel elaboriertere theoretische Durchdringung und in diesem Zusammenhang mehrere konzeptionelle Verschiebungen aufweist. Eine dieser Verschiebungen ist die große Bedeutung der Astrologie für *siḥr* sowie der neuplatonische Topos eines hierarchisch gestuften Kosmos', der die Vorstellung komplexer sympathetischer Reihen impliziert. Bemerkenswert ist auch, dass *siḥr* der Philosophie, also der „edelsten Gabe" und höchsten Wissenschaft zugeordnet und dadurch signifikant aufgewertet wird. Beide Zuordnungen sind in dieser Qualität dem antiken Textkorpus fremd. Zwar finden sich an zwei Stellen des *Picatrix* auch Bedenken bezüglich der Rechtmäßigkeit des Schriftinhalts und ihrer Übereinstimmung mit der islamischen

---

141 Ebenda, 10 (*Picatrix*, I. Abhandlung, 2. Abschnitt).
142 Hiermit sind – je nach Auslegung – transzendente Wesen und/oder Planeten gemeint – aufgrund der Personalisierung der Himmelskörper, die im Picatrix teilweise beobachtbar ist, kann hier nicht klar unterschieden werden.
143 Vgl. Ebenda, 10 (*Picatrix*, I. Abhandlung, 2. Abschnitt): „Ferner [besteht der praktische Zauber] in der Operation der Mischung des einen [Reiches] mit dem anderen, sei es daß man dadurch Elementwärme erstrebt – das ist die Gattung der Räucherungen –, um die vollkommenen Kräfte gegen die mangelhaften ins Feld zu führen, oder daß man dadurch Naturwärme erstrebt, das ist die Kategorie der als Speise einzunehmenden Mittel."

Doktrin,[144] verbunden mit etwas unbeholfenen Rechtfertigungsversuchen.[145] Gleichwohl machen (nicht nur) die Schlusszeilen auf das religiöse Selbstverständnis des Autors und sein ungetrübtes Gefühl der Rechtschaffenheit gegenüber Gott aufmerksam: „Hier ist das Buch zu Ende – Lob gebührt Gott, dem Geber der Spende – der uns durch das intellektuelle Licht Güte erweist allezeit – unauslöschlicher Dank sei ihm zuerst und zuletzt {geweiht}; – gelobt und hoch erhoben sei er. Und sein Segen und Heil über unsern Herrn Muḥammad und seine Familie und seine Genossen allesamt."[146]

Vergleicht man den *Picatrix* mit dem wichtigsten (überlieferten) selbstreferentiell-*magischen* Textkorpus der Antike – den *Papyri Graecae Magicae* – fallen Unterschiede und Gemeinsamkeiten ins Auge. Beide Texte rezipieren die positive, identifikatorische Verwendung des Magiebegriffs (beziehungsweise im Fall des *Picatrix*: des arabischen Äquivalenzbegriffs *siḥr*) und denotieren in diesem Zusammenhang die zentralen Topoi des antiken semantischen Feldes von *mageía/magia*: individualreligiöse Ritualprakti-

---

144 In diesem Zusammenhang ist zumindest kurz auf die wichtigsten Referenzpassagen im Koran hinzuweisen, die auch darauf aufmerksam machen, dass der islamisch-arabische Diskurs im Kontext des Begriffs *siḥr* – der im Koran 23 Mal genannt wird – eigentlich zentrale Setzungen des jüdisch-christlichen Ausgrenzungsdiskurses aufgegriffen hat (!); *Siḥr*, das prinzipiell Konnotationen von Betrug und Falschheit impliziert (und z.T. auch so übersetzt wird), sei ursprünglich von den (gefallenen) „Engeln in Babel, Hārūt und Mārūt, offenbart" worden: Sure II, 103 nach Hazrat Mirza Tahir Ahmad (Hg.), *Koran. Der Heilige Qur-Ân. Arabisch und Deutsch. Fünfte überarbeitete Taschenbuchauflage*, Frankfurt a. Main ⁵2001, 18; der *siḥr*-Begriff umfasst in diesem Zusammenhang sowohl die Denotation des (falschen) Zeichens und illegitimer mirakulöser Fähigkeiten – ersichtlich an der koranischen Rezeption des Wettstreits Mose mit den ägyptischen Priestern (vgl. u.A. Sure XX, 18-24 sowie 57) oder auch der Fähigkeiten Jesu (vgl. Sure V, 111) – als auch die Applikation des personalisierten Begriffs zu Stigmatisierung und Denunziation (vgl. zu Moses Sure XX, 57; zu Jesus Sure V, 111; zu Mohammed u.A. Sure XXXVIII, 5; XLIII, 31). In den *Hadithen* wird die negative Lesart von *siḥr* schließlich radikalisiert und im Kontext von Verbot und Todesstrafe umgesetzt – vgl. hierzu ausführlicher und mit weiterführenden Verweisen Fahd, „Siḥr".

145 Vgl. prägnant Ebenda, 245 (*Picatrix*, III. Abhandlung, 8. Abschnitt): „Jedoch in unserer Religionsgemeinschaft und unserem Gesetze ist ihre Ausführung Unglaube; daher ist in unserer Religionsgemeinschaft vorgeschrieben, den Zauberer zu töten, weil er anwendet, was wir erwähnt haben, und sich außerhalb der Gebote unserer Religionsgemeinschaft stellt. Wir haben das, was wir davon mitgeteilt haben, nur mitgeteilt, um keine von den Arten dieser Praktik auszulassen, die aufzudecken wir im Begriff sind. Außerdem sind dies Geschichten, | [die geeignet sind,] die Ansichten und Glaubenslehren der Früheren aufzudecken und das Erhabensein dieser geheiligten Religionsgemeinschaft über diese Dinge darzutun; darin liegt die Entschuldigung. Und ich mahne den, dem dieses mein Buch in die Hände fällt, niemand darein Einblick zu gewähren; denn es gibt Leute in der Welt, die keine Religion besitzen und die der Einblick in Geheimnisse wie diese verführen könnte, diese Religionsgemeinschaft zu verlassen und jene Dinge auszuführen, deren Aufdeckung verboten ist und deren Verhüllung und Bewahrung bei den Weisen geboten ist."; ein weiterer Verweis auf den Ausgrenzungsdiskurs findet sich, gleichwohl mit noch weniger Überzeugungskraft, Ebenda, 81 (Picatrix, II. Abhandlung, 3. Abschnitt).

146 Ebenda, 423 (*Picatrix*, Schluss).

ken, mirakulöse Fähigkeiten, die rezeptartige Auflistung und Verwendung zahlloser Ritualmittel. Gleichwohl wirken theoretischer Hintergrund sowie rituelle Ausgestaltung der Praxis stark voneinander abgesetzt; an die Stelle der in den PGM angerufenen Gottheiten (das heißt auch: der zentralen Bedeutung ihrer Kraft – und ihrer Namen) treten im *Picatrix* die sieben Himmelskörper des ptolemäischen Kosmos', die 28 Mondhäuser und komplexe, mit dem astrologischen Modell verknüpfte sympathetische Reihen, die rituell genutzt werden. Das Ziel ist dasselbe: es geht um die Verwirklichung individueller menschlicher Ziele, Wünsche, Bedürfnisse durch eine im weitesten Sinne religiöse Funktionalisierung transzendenter Wirkungsbereiche. Freilich ist es an dieser Stelle Auslegungssache, ob man das astrologische Fundament des *Picatrix* als religiös markiert; den *Picatrix* aus wissenschaftssprachlicher Sicht aber als *magischen* Text zu bezeichnen, wäre angesichts der hier entwickelten Argumentation ebenfalls verfehlt. Wie im Kontext der Analyse der *Papyri Graecae Magicae* gesehen, ist es auch für den *Picatrix* ausreichend, die Rezeption (beziehungsweise in diesem Fall: arabische Übersetzung) des Magiebegriffs im Text zu rekonstruieren und vor dem Hintergrund seiner umfassenderen Begriffsgeschichte einzuordnen.

Vor diesem Hintergrund ist der *Picatrix* als selbstreferentiell-*magischer* Text (abseits der eigentlichen Begriffsgeschichte – das Etymon ist ja nicht ins Arabische eingegangen) einzustufen, der prägnant die arabische Rezeption des graeco-römischen Magiebegriffs und seiner zentralen, antiken Denotationen veranschaulichen kann. Gleichwohl geht der *Picatrix* – und hier kann er in der Tat analog zu Texten der europäischen Renaissance gesehen werden – über die antike Verwendung des Magiebegriffs hinaus, indem *siḥr* in eine ausgearbeitete, astrologisch fundierte, neuplatonisch beeinflusste Kosmologie eingebettet wird. Möglicherweise hatte der *Picatrix* für seine frühneuzeitlichen Rezipienten daher in mehrerlei Hinsicht Vorbildcharakter; die positive Bewertung und die Konstituierung von *siḥr/magia* als legitime Disziplin der Philosophie, der Versuch, ein umfassendes, neuplatonisch geprägtes Theorie- und Erklärungsmodell zur Wirkung der Ritualpraxis zu konzipieren, sowie die Herausstellung der zentralen Bedeutung astrologischer Zusammenhänge für das rituelle Wirken – alle diese Aspekte finden sich (nicht nur) in Ficinos Ausführungen wieder. Insofern kann in der Tat von einer nicht unwesentlichen Beeinflussung des Florentiners – und dadurch des gesamten frühneuzeitlichen Magiediskurses – durch den *Picatrix* ausgegangen werden.

10.3.2.4. Ficinos Synthese in *De Vita*: Argumentative Grundlagen

Ausgehend von dem nun erarbeiteten rezeptionsgeschichtlichen Kontext ist ausführlicher auf Ficinos Gedankenlinien in *De Vita* einzugehen. Freilich kann keine erschöpfende Analyse des umfangreichen Werkes geleistet werden; im Mittelpunkt stehen Ficinos Rezeption des Magiebegriffs und dessen Einbettung in die Konzeption vor allem des dritten Buchs der Schrift. Insbesondere seine Synthese von *magia* und *astrologia* ist in diesem Zusammenhang zu betrachten. So weist bereits der Titel des dritten Buchs – *De vita coelitus comparanda* – auf die kaum zu überschätzende Bedeutung der Himmelskörper in Ficinos Schrift hin. Im Folgenden soll mit einer Skizze ihrer wichtigsten Inhalte begonnen werden.

Einführend ist festzuhalten, dass das dritte Buch von *De Vita* auf den ersten Blick vielmehr als Kompendium zu (ritualisierter) *Astrologie* als zu *magia* daherkommt. Die 26 Kapitel des Buches handeln zum überwiegenden Teil von einer – von Ficino angenommenen – außerordentlich großen Wirkung der Himmelskörper auf nahezu alle Bestandteile des täglichen menschlichen Lebens. Ficino rezipiert hier wie fast alle seine Zeitgenossen das geozentrische Weltbild ausgehend von den hierfür maßgeblichen Schriften des Alexandriners Claudius Ptolemäus (also vor allem der *Syntaxis Mathematica* und dem *Quadripartitum*) aus dem zweiten nachchristlichen Jahrhundert –[147] die Erde befindet sich im exakten Mittelpunkt des Weltalls und ist von kreisförmigen, beweglichen Sphären umgeben, denen zunächst die sieben Himmelskörper Mond, Merkur, Venus, Sonne, Mars, Jupiter und Saturn (in dieser Reihenfolge), dann das Fixsternfundament, schließlich, dahinter liegend, (nach christlich-mittelalterlicher Interpretation) der Wohnraum Gottes zugeordnet werden.[148]

Ficino greift offenbar aus Al-Kindis Schrift *De Radiis Stellarum* die Vorstellung planetarer Strahlen auf, die den Kosmos und dadurch auch alle Einzeldinge durchdringen und nach den ihnen zukommenden Eigenschaften beeinflussen würden.[149] Schließlich ist es aller Wahrscheinlichkeit nach Ficinos Kenntnis der oben skizzierten Proklos-Schrift sowie des *Picatrix* verschuldet, dass in *De vita coelitus comparanda* sympathetische Zuordnungen der Himmelskörper zu zahlreichen Einzelaspekten des menschlichen Lebens formuliert werden. Der Florentiner thematisiert hierbei nicht nur Kräuter und Arzneimittel, deren Beziehung zum Geburtshoroskop und deren astrologisch korrekt zu ermittelnden Pflück- und Zubereitungszeitpunkt und -ort,[150] sondern ordnet auch diverse Tiere, Mineralien und Mate-

---

147 Vgl. ausführlicher von Stuckrad, *Geschichte der Astrologie*..., 114f.
148 Vgl. hierzu auch Kaske, Clark, *Marsilio Ficino. Three Books on Life*..., 236/37.
149 Vgl. zum Verweis auf planetare Strahlen (*radiis*) u.A. Kapitel VI, 83f; XI, 30f; XVI, 1f. Ficinos Al-Kindi-Rezeption wird in Kapitel 21 am greifbarsten, dessen Titel an das 6. Kapitel von *De Radiis Stellarum* angelehnt ist; Al-Kindi (Alchindus) wird hier auch explizit als Gewährsmann für *magia* erwähnt: Kap. XXI, 15. Vgl. hierzu auch Kaske, Clark, *Marsilio Ficino. Three Books on Life*..., u.A. 444/45, Fußnote 2 sowie 452, Fußnote 5.
150 Vgl. hierzu v.a. Kapitel IX, X, XII und XV; in Kapitel XII vereinnahmt er neben Proklos sogar Platons *Alkibiades*-Dialog als vermeintlichen antiken Beleg für diesen Zusammenhang: „Therefore, just as in various places, certain bodies and their forms coalesce at certain places and times and are preserved; so also certain actions properly achieve efficacy

rialien,[151] die Körperteile und diverse Krankheiten des Menschen,[152] die unterschiedlichen Qualitäten der Sinne (also Gerüche, Geschmack, Geräusche und Musik, taktile Wahrnehmung sowie visuelle Reize wie Farben und Licht),[153] unterschiedliche Persönlichkeitstypen,[154] schließlich auch Erziehungsstile, Nahrungszubereitung, Gebäude, Räume und Kleidung[155] den Himmelskörpern, Planetenkonstellationen und Sternbildern zu.

Seine Ausführungen zur rituellen Verwendung von wirkmächtigen Bildern fallen aus diesem Rahmen etwas heraus. Im 13. Kapitel („On the Power Acquired from the Heavens Both in Images, according to the Ancients, and in Medicines [De virtute imaginum secundum antiquos atque medicinarum coelitus acquisita]")[156] führt er für diese Praxis einführend Claudius Ptolemäus als Gewährsmann an und erläutert ihre Wirkweise – auch im Kontext von Bildern bestehe eine wechselseitige Entsprechung von *oben* und *unten*: "Ptolemy says in the *Centiloquium* that images of things here below are subject to the celestial images; and that the ancient wise men used to manufacture certain images when the planets were entering similar faces of the heavens, the faces being as it were exemplars of things below".[157] Hintergrund seiner Ausführungen zum Erstellen wirkmächtiger Bilder sind offenbar entsprechende Erläuterungen im *Picatrix* (der Begriff *imago* wurde in Spätmittelalter und Früher Neuzeit üblicherweise zur Übersetzung des arabischen Begriffs für *Talisman/ṭilasm* verwen-

---

in their own certain seasons; and this Socrates signifies in the Alcibiades and Proclus explains it."; Ficino, *de vita coelitus comparanda*, XII, 102f nach Kaske, Clark, *Marsilio Ficino. Three Books on Life...*, 302-05.

151 Verstreut über fast alle Kapitel; vgl. aber besonders Kap. II-VI.
152 Zu den Körperteilen vgl. besonders Kap. VII („How Parts of Our Body Are Fostered through Relating the Moon to Signs and to Fixed Stars.") und X.
153 Vgl. hierzu besonders Kap. XI und XII.
154 Vgl. besonders Kapitel XXIII ("To Live Well and Prosper, First Know Your Natural Bent, Your Star, Your Genius, and the Place Suitable to These; Here Live. Follow Your Natural Profession.") und XXIV.
155 Vgl. besonders Kap. XXV ("Astronomical Care to Be Taken in Procreating Children, in Preparing Meals, in Buildings, and in One's Dwelling-Place and Clothing; and How Much It Is Permissible to Care about Such Things.").
156 Ficino, *De vita coelitus comparanda*, XIII nach Kaske, Clark, *Marsilio Ficino. Three Books on Life...*, 304/05.
157 Ficino, *De vita coelitus comparanda*, XIII, 1f nach Kaske, Clark, *Marsilio Ficino. Three Books on Life...*, 304/05.

det),[158] die hierfür relevanten Passagen im *lateinischen Asclepius*,[159] sowie eine kurze Passage in den *Enneaden* Plotins, auf die unten noch eingegangen wird.[160] Der Florentiner leitet aus diesen Schriften die Grundidee ab, dass die Götter – im Kontext des von Ficino vertretenen astrologischen Modells heißt dies vor allem: die Kräfte der Himmelskörper – in die sublunare Sphäre (also auf die Erde) herabgezogen werden können. Ficino geht in Anlehnung an seine genannten Referenztexte davon aus, dass für diese Manifestation himmlischer Kräfte auf Erden nicht nur pflanzliche, tierische und mineralische Ritualmittel, sondern eben auch die Verwendung wirkmächtiger Bilder – sowie etwas später auch des wirkmächtigen Sprechens – als effektiv erachtet werden können.

Da Ficino solche Vorstellungen offenkundig den *artes magicae* zuordnete – hier hat seine christliche Sozialisation sicherlich eine nicht unwesentliche Rolle gespielt –, findet sich 13. Kapitel auch einer der (relativ seltenen) Verweise auf *Magier* in *De Vita*: „Yes, and the magicians who were disciples of Zoroaster, when they wanted tu summon a spirit [...] from Hecate, would use a golden ball on which characters of heavenly bodies were engraved and in which also a sapphire had been inserted; they would whirl it around in a strap made of bull's hide while they chanted."[161] Die *Magier* werden an dieser Stelle, wie auch in mehreren anderen Passagen des dritten Buches,[162] im ethnographischen Kontext Persiens verortet und als Schüler Zoroasters vereinnahmt – Ficino rezipiert hier offensichtlich die alkibiadische Rezeptionslinie. Im selben Abschnitt verweist Ficino auch auf den *Epistula ad Anebo* des Porphyrios, in dem dieser erwähne, dass Bilder in der Tat wirkungsvoll (*efficaces*) seien und durch das Verwenden entsprechender Ritualmittel (Räucherungen) auch Luftdämonen (*aerios daemonas*) angezogen werden könnten.[163] Der Florentiner nennt in diesem Zusammenhang auch Jamblichs Replik in *De Mysteriis*, der bestätige, dass man mit Ritual-

---

158 Vgl. etwa Ritter, Plessner, *'Picatrix'*..., v.a. 54ff (*Picatrix*, II. Abhandlung, 1. Abschnitt): „die Worte der Weisen bezeugen übereinstimmend, daß den Planeten kraft der Gewohnheit Kräfte eigen sind, die imstande sind, der ihnen jeweils eigenen Natur entsprechende Wirkungen auszuüben. 'Demgemäß stellen die Talismanverfertiger Zeichnungen von ihnen (den himmlischen Bildern bzw. Formen) her, wenn die Planeten in ihnen stehen, um dadurch gewisse Wirkungen zu erzielen', und durch wohlüberlegte Kombination | {bestimmter} ihnen bekannter geheimer Dinge erlangen sie dann {alles}, was sie wünschen."

159 Im *lateinischen Asclepius* geht es konkret um die Passagen zur Erstellung wirkmächtiger Götterbilder in *Asclepius*, 23/24 sowie 37/38; vgl. zu Ficinos Rezeption des *Picatrix* sowie des *Asclepius* auch die hervorragenden Kommentare in Kaske, Clark, *Marsilio Ficino. Three Books on Life...*, u.A. 47f.

160 Nämlich Plotin, *Enneaden*, 4, 3, 11 (chron.: 27, 11); das dritte Buch von *De Vita* war ursprünglich als Teil eines Kommentars zu den *Enneaden* geplant, wurde dann jedoch selbständig verlegt; vgl. hierzu Kaske, Clark, „Introduction", 7f.

161 Ficino, *De vita coelitus comparanda*, XIII, 19f nach Kaske, Clark, *Marsilio Ficino. Three Books on Life...*, 306/07.

162 Vgl. auch Kap. II, 63f; XIII, 19f; XV, 65f.

10.3. Marsilio Ficino und die magia naturalis 455

mitteln nicht nur die Kräfte der Himmelskörper, sondern auch *Dämonen* und *Götter* anziehen könne.¹⁶⁴ Ficinos (vermeintliches) antikes Argumentationsfundament wird mit einem Verweis auf Proklos' περὶ ἱερατικῆς τέχνης und die entsprechende Passage in der Schrift *De Insomniis* des Neuplatoniker Synesios abgerundet.¹⁶⁵

10.3.2.5. Rezeptionsgeschichtlicher Exkurs: Plotins Enneade 4, 3, 11 und der *lateinische Asclepius*

Hintergrund all dieser Versuche Ficinos, antike Belege für die Vorstellung einer rituellen Herbeirufung höherer, transzendenter Kräfte und Wesenheiten aufzuführen, ist freilich die Tatsache, dass das dritte Buch von *De Vita* ursprünglich als Kommentar zur Plotinischen *Enneade* 4, 3, 11 geplant war, 1489 allerdings mit den beiden weiteren Büchern als eigenständiges Werk herausgegeben wurde.¹⁶⁶ Plotins *Enneade* 4, 3, 11 weist selbst keinen Magie- oder Goetiebegriff auf und wurde daher im Kapitel zur neuplatonischen Rezeption des Magiebegriffs nicht aufgeführt. Gleichwohl hat Ficino die Passage offenbar als genuin *magisch* interpretiert – in seiner lateinischen Übersetzung fügt er der Passage die kreative Überschrift „Magica trahit vim proprie ab anima mundi, Diisque mundanis per haec a superioribus" hinzu.¹⁶⁷ Plotin selbst geht im fraglichen Abschnitt in der Tat auf das Erstellen von Statuen und Abbildern der Götter ein:

> „Ich glaube, alle die Urweisen, welche sich Tempel und Götterbilder machten in dem Wunsche, die Götter möchten unter ihnen gegenwärtig sein, haben sich dabei nach der Natur des Weltalls gerichtet, indem sie bemerkten, daß die Seele

---

163 Vgl. Ficino, *De vita coelitus comparanda*, XIII, 26f nach Kaske, Clark, *Marsilio Ficino. Three Books on Life...*, 306/07: „Porphyry also in his Letter to Anebo testifies that images are efficacious [efficaces]; and he adds that by certain vapors arising from fumigations proper to them, aerial daemons would instantly be insinuated into them". Ficino verweist hier offenbar auf Porphyrios, *Epistula ad Anebo*, 24 und 29; der kurze Text ist zwar erst im 17. Jahrhundert im griechischen Original zugänglich geworden, Ficino hat allerdings über die jeweiligen Passagen in Jamblichs *De Mysteriis* daraus zitiert; vgl. hierzu Kaske, Clark, *Marsilio Ficino. Three Books on Life...*, 441, Fußnote 9.
164 Vgl. Ficino, *De vita coelitus comparanda*, XIII, 26f nach Kaske, Clark, *Marsilio Ficino. Three Books on Life...*, 306/07: „Iamblichus confirms that in materials which are naturally akin to the things above and have been both collected from their various places and compounded at the right time and in the proper manner, you can receive forces and effects which are not only celestial [coelestes], but even daemonic and divine [daemonicos et divinos]."; Ficino verweist hier auf Jamblich, de mysteriis, u.A. 5, 12 und 5, 23.
165 Vgl. Ficino, *De vita coelitus comparanda*, XIII, 26f nach Kaske, Clark, *Marsilio Ficino. Three Books on Life...*, 306/07.
166 Vgl. Kaske, Clark, „Editorial Introduction", 6-8, in: Dies., *Marsilio Ficino. Three Books on Life...*, 6-12.
167 Vgl. Kaske, Clark, *Marsilio Ficino. Three Books on Life...*, 306/07 in Anlehnung an die Basel-Werkausgabe (1580).

> im Weltall gewiß sich leicht überall hinziehen läßt, daß aber am leichtesten von allen Dingen ein auf sie Abgestimmtes sie werde aufnehmen können, welches man sich etwa errichtete, ein Ding mit dem Vermögen, irgend einen Teil von ihr aufzunehmen; auf sie abgestimmt aber ist die – wenn auch unvollkommene Nachbildung, welche wie ein Spiegel ein Stück Gestalt zu erhaschen vermag. So auch die Natur des Weltalls: sie schuf alle Dinge kunstreich als Nachbilder der geistigen Wesenheiten, deren rationale Formen sie in sich trug, und als nun so jedes einzelne Ding zu einer innerstofflichen rationalen Form geworden war, deren Gestalt der vorstofflichen Form entsprach, da verknüpfte sie es mit jenem Gott, dem es nachgebildet war, auf den die Seele bei seiner Schöpfung hingeblickt, den sie in sich gehabt hatte. Denn es war nicht möglich, daß es des Gottes unteilhaft werden sollte, und wiederum konnte jener nicht zu ihm hinabkommen."[168]

Plotin erläutert hier die Idee, dass das Bild – genauer: das Abbild – gleichsam wie ein Spiegel einen Teil dessen in sich aufnehmen könne, das es abbildet. Die alten Weisen hätten, indem sie Tempel und Götterstatuen errichtet haben, die natürlichen Zusammenhänge des (neuplatonischen) Kosmos' in eben dieser Hinsicht verstanden und nachgeahmt. Vor diesem Hintergrund erscheint es dem Platoniker evident, dass die kosmische Sympathie, die die Einzeldinge des Weltkörpers verbinde und durchdringe, bei der Verwendung eines Abbildes gleichfalls auf das Abgebildete einwirke – also auch auf einen Gott, der dadurch geradezu unweigerlich angezogen würde. Plotin bemüht sich hier um eine sympathetische Erklärung des schlichten Sachverhalts, dass im Kontext des antiken Tempelkultes schon immer konkrete, plastische Abbilder der Protagonisten des graeco-römischen Pantheons erstellt und rituell verehrt worden sind.

Eine ähnliche Intention mag hinter jenen Passagen des *lateinischen Asclepius* stehen, auf die sich Ficino mehrfach beruft, wenn er von den Ägyptern oder explizit von Hermes Trismegistus spricht.[169] Im *Asclepius*, der bereits im Mittelalter in einer lateinischen Fassung zugänglich war,[170] finden sich zwei kurze Passagen über den Menschen als Bildner der Götter – so erläutert Hermes Trismegistos seinem Gesprächspartner *Asclepius* in Abschnitt 37:

> „Mehr als über alles Erstaunliche hat man sich nun darüber zu wundern, daß der Mensch göttliche Natur erfinden und sie herstellen konnte. Da nun also unsere Ahnen hinsichtlich der Lehre von den Göttern sehr in die Irre gingen, weil sie ungläubig waren und sich nicht dem Kult und der göttlichen Religion zuwandten, erfanden sie die Kunstfertigkeit, Götter herzustellen. Mit dieser nun erfundenen Kunstfertigkeit verbanden sie das für die Natur der Materie

---

168 Plotin, *Enneaden*, 4, 3, 11 (chron: 27, 11, 66 nach Harder, *Plotins Schriften. Band IIa...*, 194-97).
169 So in Kap. XIII, 13f und XXVI, 77f; vgl. zu diesem Zusammenhang ausführlicher Copenhaver, „Iamblichus, Synesius and the Chaldean Oracles...", 442f.
170 Vgl. Kaske, Clark, *Marsilio Ficino. Three Books on Life...*, 47; der im Folgenden zitierte 37. und 38. Abschnitt des Textes wird schon von Augustinus – bis auf den Schlusssatz vollständig – aufgeführt: Augustinus, *De Ciuitate Dei*, VIII, 24/26.

10.3. Marsilio Ficino und die magia naturalis

passende (technische) Können und wandten es gleichzeitig an und beschworen, da sie ja Seelen nicht herstellen konnten, die Seelen der Dämonen oder Engel und brachten sie in die Bilder hinein durch heilige und göttliche Mysterien [euocantes animas daemonum uel angelorum eas indiderunt imaginibus sanctis diuinisque mysteriis], wodurch die Götterbilder die Kraft haben konnten, Gutes und Böses zu tun. [...] Asklepios: 'Und von welcher Art, Trismegistos, ist die Eigentümlichkeit dieser Götter, die für irdisch gehalten werden?' Hermes: 'Sie beruht, Asklepios, auf Kräutern, Steinen und Gewürzen, die in sich eine göttliche Natur haben. Und deswegen werden sie durch häufige Opfer, Hymnen, Lobgesänge und lieblichste Klänge, die nach Art der himmlischen Harmonie ertönen, erfreut".[171]

Zunächst ist wiederum festzuhalten, dass im *lateinischen Asclepius* – wie in Plotins *Enneade* 4, 3, 11 – kein Magiebegriff auftaucht und es auch nicht der Intention des Textes entspricht, hier eine *magische* Praxis zu beschreiben. Vielmehr ist die thematische Grundausrichtung und Terminologie explizit religiös; es ist von heiligen Riten die Rede, von der heiligen Kraft bestimmter Ritualmittel, sowie der Möglichkeit des Menschen, transzendente Wesen (Götter, Engel, Dämonen) in eigens geschaffene Bilder herabziehen zu können. In einer vorherigen Passage ist in diesem Zusammenhang auch von göttlichen Standbildern die Rede, die entsprechend „beseelt sind, voller Geist und Pneuma [statuas animatas sensu et spiritu plenas tantaque facientes et talia], die große und gewaltige Taten vollbringen, Standbilder, die die Zukunft vorherwissen und sie durch Los, Seher, Träume und viele andere Dinge voraussagen, die den Menschen Schwächezustände bereiten und sie heilen, Trauer und Freude bereiten, je nach Verdienst."[172] Auch mit Blick auf die in obigem Zitat geäußerte Kritik an einer solchen Praxis ist es an dieser Stelle entscheidend, das Fehlen des Magiebegriffs im *Asclepius* ernst zu nehmen und diesen – im Gegensatz zu Ficino – nicht magiologisch zu deuten. Offenbar intendiert auch der *Asclepius* lediglich eine Theoretisierung des graeco-römischen Tempelkults, der freilich immer durch die rituelle Verehrung im Tempel dargestellter Gottheiten sowie die damit einher gehende Vorstellung der Beseeltheit der Götterstatuen charakterisiert war.[173] So erläutert auch die Passage im *Asclepius* die traditionellen Praktiken des antiken Götterkultes – Opfer und Zukunftsschau – und deutet diese über die konkrete Vorstellung göttlichen oder dämonischen Wirkens im vom Menschen geschaffenen Abbild.

Freilich geht Ficino bei seiner Deutung der Passagen in *De Vita* weit über diesen aus graeco-römischer Sicht eher unspektakulären Kontext hin-

---

171 *Asclepius*, 37/38 nach Colpe/Holzhausen, *Das Corpus Hermeticum Deutsch...*, 309-11; lat. Text nach Arthur D. Nock (Hg.), *Corpus Hermeticum. Tome II: Traités XIII-XVIII. Asclepius. Texte établi par A. D. Nock et traduit par A. J. Festugière*, [Collection des Universités de France], Paris ²1960, 347.
172 *Asclepius*, 24 nach Colpe/Holzhausen, *Das Corpus Hermeticum Deutsch...*, 286; Nock, *Corpus Hermeticum. Tome II...*, 326.
173 Vgl. zum römischen Kontext etwa Rüpke, *Die Religion der Römer...*, 82f.

aus. So setzt sich der Florentiner mit Plotins kurzer Passage gleich im ersten Kapitel von *De vita coelitus comparanda* auseinander – dessen Titel spricht bereits für sich: „In What, According to Plotinus, the Power of Attracting Favor from the Heavens Consists, Namely, That Well-adapted Physical Forms Can Easily Allure the World-soul and the Souls of the Stars and the Daemons [In quo consistat secundum Plotinum virtus favorem coelitus attrahens, scilicet in eo quod anima mundi et stellarum daemonumque animae facile alliciuntur corporum formis accomodatis]".[174] Um jene Kraft zu erläutern, geht Ficino im ersten Kapitel auf die Zusammenhänge zwischen Weltseele, Einzelseele und materieller Körperwelt ein. Die (menschliche) Seele hatte Ficino bereits in seiner *Theologia Platonica* als unsterbliches, individualisiertes Bewegungsprinzip etabliert, das in der Mitte zwischen Körper und Geist stehe, beides miteinander verbinde und über die Weltseele selbst mit allen Dingen verbunden sei.[175] Die Weltseele wiederum sei mit allen Einzeldingen über eine Art Code verbunden, den jedes Einzelding besitze – von Ficino als *Vernunftsamen* (*rationes seminales*) bezeichnet. Über seinen Vernunftsamen sei jedes Ding mit der entsprechenden Idee im Weltgeist verbunden und könne bei entsprechender Anwendung die mit der Idee verbundenen Qualitäten herbeiziehen,[176] um wiederum über die Seele des Anwenders und seinen *spiritus* – ein aus der Galenschen Medizin übernommenes Verbindungsglied zwischen Seele und Körper – auch auf den menschlichen Körper einzuwirken.[177]

Ficino weist nach dieser kurzen theoretischen Einführung darauf hin, dass die Zusammenhänge zwischen Weltseele, Kosmos, Mensch und Individualseele sowie materiellem Einzelding nicht beliebig seien, sondern bestimmten, festgelegten Strukturen unterliegen würden. So könnten Ritualmittel nur zu bestimmten Zeiten und auf bestimmten Arten verwendet werden und seien entsprechend auch nur für bestimmte Zwecke wirksam.[178] Entscheidend ist in diesem Zusammenhang, dass Ficino auch die

---

174 Ficino, *de vita coelitus comparanda*, I nach Kaske, Clark, *Marsilio Ficino. Three Books on Life...*, 242/43.
175 Ficino rekapituliert entsprechend in Ficino, *De vita coelitus comparanda*, I, 7f nach Kaske, Clark, *Marsilio Ficino. Three Books on Life...*, 242/43: „In the first place, Soul is led most easily of all, since she is the Primum Mobile and movable of herself, of her own accord. Moreover, since, as I have said, she es the mean of things, in her own fashion she contains all things and is proportionally [...] near to both. Therefore she is equally connected with everything, even with those things which are at a distance from one other, because they are not at a distance from her. For besides the fact that on the one side she conforms to the divine and on the other side to the transient, and even turns to each by desire, at the same time she is wholly and simultaneously everywhere."
176 Vgl. Ficino, *De vita coelitus comparanda*, I, 13f.
177 Zur *Spiritus*-Konzeption Ficinos vgl. auch Müller-Jahnke, „Von Ficino zu Agrippa...", 36f.
178 Ficino, *De vita coelitus comparanda*, I, 32f nach Kaske, Clark, *Marsilio Ficino. Three Books on Life...*, 244/45: „Finally, let no one believe that absolutely all gifts are drawn from the Soul to any one particular species of matter at a specific time, but rather at the right moment only those gifts of that one seed from which such a species has grown".

Wirkung astrologischer Zusammenhänge neuplatonisch begründet: die Weltseele selbst habe den Himmel mit seinen Sternen und Sternbildern, seinen Himmelskörpern und astrologischen Zahlenverhältnissen eingerichtet und beseelt.[179] Dadurch könnten die Himmelskörper über ihre Verbindung mit der Weltseele auf alle niederen Dinge, so auch auf den Menschen einwirken und eine entsprechende Ordnung etablieren.[180] Ficino schließt seine – angesichts des eigentlichen Themas von *Enneade* 4, 3, 11 verblüffende – theoretische Fundierung astrologischer Wirkungszusammenhänge, indem er darauf hinweist, dass die so etablierte Ordnung in der perfekten Einheit des Weltgeistes und des Höchsten selbst münde.[181]

10.3.2.6. Ficinos Dämonen

Der offenkundigen Heterogenität der von Ficino verarbeiteten Texte ist es sicherlich auch verschuldet, dass der Florentiner im ersten Kapitel des dritten Buchs von *De Vita* – offenbar ohne dies als besonders problematisch zu empfinden – nicht nur im Titel, sondern bereits auf den ersten Seiten mehrfach von Dämonen spricht, die rituell herbeigerufen werden könnten. Prinzipiell hat Ficino in *De Vita* freilich ein (aus christlicher Sicht) unorthodoxes, platonisches Dämonenverständnis vor Augen – er fasst die mit dem Begriff gekennzeichneten Zwischenwesen unter Anderem als himmlische Potenzen, die den vier Elementensphären und sieben Himmelskörpern zugeordnet seien und so auch auf den Menschen einwirken könnten;[182] im Hintergrund schwingen hier auch seine dämonologischen Ausführungen

---

179 Ficino, *De vita coelitus comparanda*, I, 42f nach Kaske, Clark, *Marsilio Ficino. Three Books on Life...*, 244/45: „For according to the more ancient Platonists, from her reasons, the Worldsoul constructed in the heavens besides the stars, figures and such parts of them as are also themselves figures of a sort; and she impressed properties on all these. In the stars moreover – in their figures, parts and properties – are contained all the species of things below and their properties. She arranged 48 universal figures: 12 in the zodiac and 36 outside it; likewise she placed 36 more figures in the zodiac according to the number of its faces."; die 48 hier erwähnten Sternenkonstellationen entsprechen den 48 klassischen Konstellationen aus Ptolemäus' *Syntaxis Mathematica*. Dass Ficino hier von *Platonikern* spricht, ist freilich etwas verwirrend und mag der Weltentstehungspassage in Platons *Timaios*, evtl. auch der Plotinischen *Enneade* 4, 3, 10 verschuldet sein; vgl. zu Plotin Kaske, Clark, *Marsilio Ficino. Three Books on Life...*, 430, Fußnote 8. Plotin selbst offenbart jedenfalls in *Enneade* 2, 3, 1f seine kritische Einstellung zur antiken Astrologie und verneint die Vorstellung, dass die Himmelskörper das menschliche Schicksal signifikant beeinflussen könnten.
180 Vgl. Ficino, *De vita coelitus comparanda*, I, 54f.
181 Ficino, *De vita coelitus comparanda*, I, 59f nach Kaske, Clark, Marsilio Ficino. Three Books on Life..., 244-47: „But the reasons, insofar as they do not make up a unity, are traced back to the Forms in the Intellect – the Intellect in Soul and the higher Intellect – which do make up a unity; and these Forms, being multiples, are reduced to the perfectly simple One and Good, just as the celestial figures diminish to a point at the Pole."
182 Vgl. hierzu auch Müller-Jahnke, „Von Ficino zu Agrippa....", 38f.

in *De Amore* mit. Gleichwohl ist Ficinos Rezeption der Dämonen uneinheitlich – so finden sich mehrfach auch negative, zum Teil durch den christlichen Diskurs, zum Teil durch neuplatonische Quellen beeinflusste Stellungnahmen. Eine charakteristische Passage findet sich im 20. Kapitel:

> „Yet the Arabs and the Egyptians ascribe so much power to statues and images fashioned by astronomical and magical art [arte astronomica et magica fabricatis] that they believe the spirits of the stars are enclosed in them. Now some regard the spirits of the stars as wonderful celestial forces, while others regard them as daemons attendant upon this or that star. They think the spirits of the stars – whatever they may be – are introduced into statues and talismans in the same way that daemons customarily use on the occasions when they take possession of human bodies and speak, move themselves or other things, and work wonders through them. They think the spirits of the stars do similar things through images. They believe that the daemons who inhabit the cosmic fire are insinuated into our bodies through fiery or ignited humors, and likewise through ignited spirits and fiery emotions. Similarly they think that through rays caught at the right time and through fumigations, lights and loud tones, the spirits of the stars can be introduced into the compatible materials of images and can work wonders on the wearer or bystander. This could be done, I believe, by daemons, but not so much because they have been constrained by a particular material as because they enjoy being worshipped. But I deal with these things more exhaustively elsewhere."[183]

Ficinos einführender Verweis auf die Araber und Ägypter (*Arabes et Aegyptii*) bezieht sich hier auf entsprechende Passagen im *Picatrix* sowie im *lateinischen Asclepius*.[184] Erstaunlich ist, dass seine Erläuterung der Ritualpraxis zur Manifestation himmlischer beziehungsweise göttlicher Kräfte in Bildern oder Gegenständen ganz unterschiedliche Dämonenkonzeptionen aufweist: zunächst nennt er *astrale Dämonen*, rezipiert also die Vorstellung, dass jedem Himmelskörper ein entsprechender Dämon mit dazugehörigen Eigenschaften und Potenzen zugeordnet ist; daraufhin spricht Ficino von Dämonen, die den menschlichen Körper besetzen und über diesen sprechen, sich bewegen sowie auch Wunder (*mirabilia*) tätigen könnten; schließlich nennt der Florentiner Dämonen, die das *kosmische Feuer* bewohnten – möglicherweise hat Ficino diese Formulierung Jamblichs *De Mysteriis* entnommen;[185] denkbar ist auch, dass er sich hier auf die sublunare Elementsphäre des Feuers bezieht;[186] abschließend behauptet er, dass die Wirkung von Bildern nur deshalb von Dämonen in Gang gesetzt werden könne, weil diese es genössen, von Menschen angebetet zu werden – der Florentiner

---

183 Ficino, *De vita coelitus comparanda*, XX, 21f nach Kaske, Clark, *Marsilio Ficino. Three Books on Life...*, 350/51.
184 Vgl. *Asclepius*, 23/24 und 37/38; *Picatrix*, III. Abhandlung, 5. Abschnitt.
185 Vgl. etwa Jamblich, *De Mysteriis*, 8, 2.
186 Zu dieser Deutung Kaske, Clark, *Marsilio Ficino. Three Books on Life...*, 452, Fußnote 3.

10.3. Marsilio Ficino und die magia naturalis

rezipiert hier offenkundig das frühchristliche Propagandaschema gegen den graeco-römischen Tempel- und Götterkult.[187]

Ficinos bereits an dieser Stelle äußerst disparate Dämonenrezeption wird im 18. Kapitel noch ergänzt durch die Rezeption einer der *Goetie*-Passagen in Jamblichs *De Mysteriis* – der Florentiner deutet die Stelle allerdings dahingehend (um), dass das bloße Vertrauen in die Macht der Bilder dazu führen könne, von bösen Dämonen *(malis daemonibus)* getäuscht zu werden.[188] Im 26. Kapitel rezipiert er in Anlehnung an Hermes (das heißt: *Asclepius*, 37/38) zudem die Vorstellung, dass sich Dämonen auch in allen materiellen Dingen – „herbs, trees, stones, and spices [herbis, arboribus, lapidibus, aromatis]" – befinden würden.[189] Um die Verwirrung komplett zu machen, spricht Ficino in Kapitel 23 auch noch von individuellen Schutzdämonen, die stark an das *daimonion* Sokrates' erinnern und vom Florentiner auch explizit in Anlehnung an die *Platonici* erläutert werden.[190]

So lässt sich auch und gerade an Ficinos Rezeption des Dämonenbegriffs erkennen, dass der Florentiner im Schnittpunkt völlig unterschiedlicher Diskurse steht und der tatsächlichen Heterogenität seines Quellenmaterials – aufgrund seiner synthetischen Grundintention – kaum gerecht werden kann.[191] Ein ähnlicher Befund wird sich auch an seiner Rezeption

---

187 Solche christozentrischen Setzungen hat der Florentiner – wie Brian Copenhaver in seinem Aufsatz „Scholastic Philosophy and Renaissance Magic in the *de vita* of Marsilio Ficino" aufgezeigt hat (Brian Copenhaver, „Scholastic Philosophy and Renaissance Magic in the *de vita* of Marsilio Ficino", in: *Renaissance Quaterly 37 (1984)*, 523-554) – vor allem der Augustinus-Rezeption Thomas von Aquins entnommen, der in *De Vita* mehrfach als „Orthodoxie-Korrektiv" (Stausberg, *Faszination Zarathustra...*, 97) fungiert. In der Tat findet sich eine sehr ähnliche Applikation des christlichen Dämonenbegriffs im 26. Kapitel: nach einer Besprechung der (vermeintlich) antiken Praxis einer Herabziehung von Dämonen in Abbilder und Statuen, welche dadurch die Zukunft vorhergesagt hätten (Kap. XXVI, 77-108) verweist der Florentiner auf den *heiligen Thomas (beati Thomae)*. Auch dieser habe versichert, dass Dämonen die Menschen verführten, um sie schließlich zu betrügen. Insofern – hier folgt nun wieder ein Rückgriff auf Porphyrios und Jamblich – sei die Qualität ihrer Vorhersagen minderwertig (Kap. XXVI, 109-121).

188 Vgl. Ficino, *De vita coelitus comparanda*, XVIII, 157f nach Kaske, Clark, *Marsilio Ficino. Three Books on Life...*, 342/43: „For Iamblichus too says that those who place their trus in images alone, caring less about the highest religion and holiness, and who hope for divine gifts from them, are very often deceived in this matter by evil daemons [mali daemonibus] encountering them under the pretense of being good divinities."; Ficino bezieht sich hier auf Jamblich, *De Mysteriis*, 2, 10. Ein analoger Verweis auf böse Dämonen in Anlehnung an *De Mysteriis* findet sich in Kap. XXVI, 119f. Vgl. zu bösen Dämonen auch Kap. XV, 49f.

189 Vgl. Ficino, *De vita coelitus comparanda*, XXVI, 84f nach Kaske, Clark, *Marsilio Ficino. Three Books on Life...*, 388/89.

190 Vgl. Ficino, *De vita coelitus comparanda*, XXIII, 44f.

191 Vgl. hierzu auch Copenhaver, „Iamblichus, Synesius and the Chaldean Oracles", 454/55: „More attention to the historicity of his sources might have resolved some of Ficino's confusions. His admiration for the Hermetica and his interest in their εἰδωλοποιία were, after all, results of an error in dating. In addition, it is worth recalling that the philosophy of Ficino's Platonici saw considerable change over a period of centuries: [...] All the successors of Plotinus altered his themes and added to them, and if Ficino had been inter-

des Magiebegriffs zeigen. Unklar ist, ob Ficino tatsächlich keinen Widerspruch zwischen seinen unterschiedlichen Lesarten des Dämonenbegriffs empfand. Sein exegetisches Problem ist offenkundig: da er die Schriften der *antiqui* als homogene literarische Tradition (*prisca theologia*) interpretierte, musste er nicht nur allen Textbefunden gleichermaßen gerecht werden, sondern auch an *eine* tradierte Wahrheit glauben, die zudem (idealerweise) noch mit der christlichen Lehrmeinung zu synthetisieren war. Möglicherweise hat der Florentiner deshalb einen Stil entwickelt, der – meist konstruierte – Gemeinsamkeiten seiner Quellentexte in den Vordergrund stellt, während signifikante Unterschiede kaschiert, wenn nicht unterschlagen werden. In jedem Fall weist Ficinos Behauptung in der *Apologia*, dass er *Dämonen* in *De Vita* überhaupt nicht thematisiere, allenfalls auf seine Überzeugung hin, dass die römische Kurie sein Werk im Detail kaum lesen würde.

10.3.2.7. Ficinos Ausführungen zur *Kraft der Worte*

Auf einen weiteren Topos in *De vita coelitus comparanda* sei an dieser Stelle eingegangen: im 21. Kapitel behandelt Ficino die *Kraft der Worte und Gesänge*, um analog zur Verwendung sympathetischer Ritualmittel und wirkmächtiger Bilder himmlische Gaben anziehen zu können (entsprechend lautet der Titel: "On the Power of Words and Songs for Capturing Celestial Benefits [De virtute verborum atque cantus ad beneficium coeleste captandum] and on the Seven Steps That Lead to Celestial Things.").[192] Nach einem einführenden Hinweis darauf, dass ein solchermaßen wirkmächtiges Sprechen mit starken Emotionen verbunden sein müsse,[193] führt Ficino eine bemerkenswerte Liste antiker Autoren an, welche die Kraft der Worte (das heißt: die Wirksamkeit der *voces magicae*; Ficino ordnet das wirkmächtige Sprechen freilich der Kategorie *magia* zu)[194] bezeugt hätten. Als ersten Autor fuhrt er keinen Geringeren als Origines und seine oben erwähnte Schrift *Contra Celsum* an, daraufhin nennt er Synesios und Al-Kindi, Zoroaster und Jamblich, die Pythagoräer, jüdische Ärzte der Antike, schließlich den römischen Schriftsteller Marcus Porcius Cato den Älteren.[195] Er schließt diese recht arbiträr anmutende Zusammenstellung mit einem

---
ested in their development as much as their ideas, he might have been more sensitive to the contradictions among them."
192 Ficino, *De vita coelitus comparanda*, XXI nach Kaske, Clark, *Marsilio Ficino. Three Books on Life...*, 354/55.
193 Ficino, *De vita coelitus comparanda*, XXI, 1f.
194 Dies ist nicht zuletzt daran erkennbar, dass Ficino in diesem Zusammenhang auf jene Passagen in den Schriften Synesios' und Al-Kindis verweist, „where they argue about magic [de magia disputantes]"; Vgl. Ficino, *De vita coelitus comparanda*, XXI, 15 nach Kaske, Clark, *Marsilio Ficino. Three Books on Life...*, 354/55.
195 Vgl. Ficino, *De vita coelitus comparanda*, XXI, 14f.

10.3. Marsilio Ficino und die magia naturalis

Verweis auf das Alte Testament: „Nevertheless, that singing through which the young David used to relieve Saul's insanity – unless the sacred text demands that it be attributed to divine agency – one might attribute to nature".[196] Indem Ficino hier eine Deutung der alttestamentarischen Stelle im Kontext von Natur – und dadurch von *magia* (*naturalis*) – vorschlägt, unterschlägt er freilich die innerbiblische Attribution zum Wirken Gottes. Zudem verdeutlicht der Florentiner, dass nach seinem Verständnis *magia* eben nicht auf dem Wirken von transzendenten Agenten, sondern auf *natürlichen* Zusammenhängen beruhe.

Schließlich weist er darauf hin, dass die Stimme (*vox*) genau der mittleren Position der sieben Himmelskörper entspreche und entsprechend der Sonne und dem Sonnengott Apollo zuzuordnen sei –[197] die Mittelposition der Seele zwischen Körper und Geist ist hier freilich analog mitzudenken. So versucht Ficino im 21. Kapitel dem Sprechen eine zentrale Position in seinem astrologischen Kosmos zuzuordnen und auf diese Weise die zahlreichen Verweise der (vermeintlich homogenen) *prisca theologia* auf eine besondere Kraft der Worte zu erklären. Im Kapitel werden daher nochmals sympathetische Reihen der einzelnen Himmelskörper erläutert, nun mit besonderem Fokus auf die astrologische Bedeutung bestimmter Sprechakte und Gesänge. Der Florentiner beweist aufgrund der disparaten Gestalt seiner Quellen hier einmal mehr, dass eine klare Abgrenzung zwischen dem Sprechakt während eines Heilrituals, dem Sprechakt während eines religiösen Rituals und dem Topos der *voces magicae* nicht zu ziehen ist. Entscheidend ist, dass Ficino – anders als bei seiner durchaus kritischen Besprechung wirkmächtiger Bilder –[198] von einer besonderen Kraft der Worte zweifellos ausgeht und diese Kraft eben nicht (nur) transzendenten Agenten, sondern vielmehr der *natürlichen*, astrologisch begründeten Wirkmächtigkeit des Sprechens selbst zuschreibt. Dies geht schließlich so weit, dass Ficino Gesänge an die einzelnen Himmelskörper vorschlägt, um deren Qualitäten anzuziehen;[199] der Florentiner glaubt in diesem Zusammenhang, dass das Singen dem Sprechen noch überlegen ist.[200]

---

196 Vgl. Ficino, *De vita coelitus comparanda*, XXI, 21f nach Kaske, Clark, *Marsilio Ficino. Three Books on Life...*, 354/55 – in Anlehnung an 1. Samuel 16, 14-23.

197 Vgl. Ficino, *De vita coelitus comparanda*, XXI, 24f nach Kaske, Clark, *Marsilio Ficino. Three Books on Life...*, 354/54: „Now since the planets are seven in number, there are also seven steps through which something from on high can be attracted to the lower things. Sounds (voces) occupy the middle position and are dedicated to Apollo."

198 Vgl. hierzu etwa Ficino, *De vita coelitus comparanda*, XIII, 33f, XVIII, 161f und XX, 18f.

199 Vgl. seine Erörterung der Regeln für kosmische Lieder – Ficino, *De vita coelitus comparanda*, XXI, 61f; hierzu aus musiktheoretischer Sicht ausführlicher Daniel Pickering Walker, *Spiritual and Demonic Magic: From Ficino to Campanella*, Pennstate ²2000 (reprint 1958), 12f.

200 Ficino, *De vita coelitus comparanda*, XXI, 74f nach Kaske, Clark, *Marsilio Ficino. Three Books on Life...*, 358/59: „But remember that song [cantum] is a most powerful imitator of all things. It imitates the intentions and passions of the soul as well as words; it represents also people's physical gestures, motions, and actions as well as their characters and imita-

Im Kontext dieser grundlegenden Perspektive – also der Überzeugung, dass auch die Stimme die Kräfte der Himmelskörper anziehen könne – setzt Ficino am Ende des Kapitels schließlich auch das Gebet analog zum Gesang. Auch im Kontext der Wirkung des Gebets verweist er darauf, dass hierbei nicht das Wirken transzendenter Agenten entscheidend sei, sondern vielmehr "a natural power in speech, song, and words [naturali quadam potestate sermonis et cantus atque verborum]".[201] Der Florentiner hat den im 21. Kapitel erläuterten astrologischen Gesang unter Begleitung seiner *lira di braccio* aller Wahrscheinlichkeit nach auch selbst zum Besten gegeben.[202] Francis Yates hält in seiner Monographie *Giordano Bruno and the Hermetic Tradition* zu Ficinos eigentümlicher Synthese von heterogenem Quellenmaterial, astrologischem Neuplatonismus und der Kraft der Gesänge süffisant fest: „If we think of the Neoplatonic philosopher singing Orphic hymns, accompanying himself on his 'lira de bracchio' decorated with the barbarous mutterings of some invocation in 'Picatrix', the contrast between the new magic and the old is painfully evident."[203]

So lässt sich zusammenfassen, dass der Florentiner im 21. Kapitel eine dem Sprechen immanente Kraft vor Augen hat, die er als Teilbereich von *magia* (*naturalis*) ansieht. Jene Kraft also, die der *Magier* bei der Verwendung von Ritualmitteln zur Gewinnung der Gunst der Himmelskörper evoziert, ist für Ficino dieselbe Kraft, die hinter der Wirkung des – astrologisch korrekt durchgeführten – rituellen Sprechens oder Singens steht. Wenngleich der Magiebegriff im 21. Kapitel wiederum nur einmal und lediglich im Kontext eines Quellentextes genannt wird, können seine Ausführungen zur Kraft der Worte seiner astrologischen Grundkonzeption der *magia naturalis* zugeordnet werden. Diese Zuordnung erlaubt es dem Florentiner, auch das religiöse Sprechen – er erwähnt explizit das Gebet – wie das (im weitesten Sinne) medizinisch motivierte Sprechen (oder Singen) der *magia naturalis* zuzuordnen. Ficino versucht hier eine systematisch durchdachte, auf neuplatonischer Astrologie basierende Erklärung für einen der ältesten religiösen Topoi überhaupt – die Vorstellung einer besonderen Wirkmächtigkeit ritueller Sprechakte – zu formulieren. Auch mit der Zuordnung dieses Topos' zur *magia naturalis* wird er den frühneuzeitlichen Magiediskurs maßgeblich prägen.

---

tes all these and acts them out so forcibly that it immediately provokes both the singer and the audience to imitate and act out the same things. By the same power, when it imitates the celestials, it also wonderfully arouses our spirit upwards to the celestial influence and the celestial influence downwards to our spirit."

201 Vgl. Ficino, *De vita coelitus comparanda*, XXI, 144f nach Kaske, Clark, *Marsilio Ficino. Three Books on Life*..., 362/63.
202 Vgl. hierzu ausführlicher Walker, *Spiritual and Demonic Magic*..., 19f.
203 Frances A. Yates, *Giordano Bruno and the Hermetic Tradition*, London 1964, 80.

10.3.2.8. Ficinos Rezeption des Magiebegriffs in *De Vita*

Es ließen sich zahlreiche weitere Aspekte des dritten Buchs von *De Vita* durchsprechen – beispielsweise Ficinos Umgang mit antiken Verweisen auf schadenbringende Ritualpraktiken,[204] seine üppige Apollonios-Rezeption[205] oder auch seine letztlich ambivalente Position zur Astrologie.[206] Gleichwohl soll an dieser Stelle darauf verzichtet werden – Ziel war, die thematischen Grundlagen der Schrift sowie die dahinter liegenden Rezeptionsprozesse zu skizzieren, um – hierauf aufbauend – Ficinos Verständnis von *magia* (beziehungsweise *magia naturalis*) rekonstruieren zu können.

In diesem Zusammenhang hat sich gezeigt, dass bei der Ficino-Exegese keineswegs von einem stringent durchdachten, einheitlichen Gedankengebäude und – damit einher gehend – einem konsistenten Magiebegriff ausgegangen werden darf. Für das Verständnis Ficinos und seine Einordnung in die Rezeptionsgeschichte des Magiebegriffs ist es vielmehr entscheidend, die tatsächliche *Uneinheitlichkeit* seiner Gedanken- und Rezeptionslinien herauszustellen. Denn Ficino befindet sich im Schnittpunkt völlig unterschiedlicher Diskurse – dies betrifft nicht nur die Inkompatibilität seiner Konstruktion einer bereits von der *prisca theologia* bezeugten positiv konnotierten *Magie* mit dem gerade zu seinen Lebzeiten immer drastischer agierenden christlichen Ausgrenzungsdiskurs. Auch die von Ficino rezipierten Quellentexte weisen disparate Thematiken und Terminologien auf und können von Ficino nur unter erheblichen Deutungsverzerrungen als vermeintlich homogenes Quellenkorpus synthetisiert werden – dies ist bei seiner Rezeption des Dämonenbegriffs besonders deutlich geworden. Vor diesem Hintergrund ist es verständlich, dass auch der Magiebegriff in *De Vita* weder einheitlich verwendet wird, noch ein trennscharfes Bedeutungs-

---

[204] Vgl. exemplarisch Kap. XX, 9f. Ficino zeigt sich hier ungläubig, dass die Verwendung von Bildern zum Schaden Anderer tatsächlich funktioniere und verweist allenfalls auf eine schädliche physikalische Wirkung der verwendeten Materialien.

[205] Ficino verweist in *De Vita* mindestens 8 mal auf den Pythagoräer und schildert hierbei meist Passagen aus der ihm bekannten *Vita Apollonii* des Philostratos; zwar wird Apollonios nie selbst als *Magier* bezeichnet, jedoch als Gewährsmann für mirakulöse Fähigkeiten herangezogen und von Ficino als antiker Protagonist der *magia naturalis* vereinnahmt.

[206] Bekanntermaßen war Ficinos Position zwiegespalten: „Seine Stellung zur Astrologie schwankte zwischen persönlicher, von Sternenfurcht bedingter Entmutigung und Zurückweisung jeglichen Glaubens an die vorhersagende Astrologie."; Müller-Jahnke, „Von Ficino zu Agrippa...", 37, Fußnote 79. *De Vita* kann in dieser Hinsicht auch als Versuch gesehen werden, die Inkompatibilität der (vermeintlich) deterministischen, vorhersagenden Astrologie mit der christlich-orthodoxen Lehrmeinung des (begrenzt) freien Willens – durch die rituelle Beeinflussung astrologischer Kräfte – zu überwinden. Vgl. hierzu auch Yates, *Giordano Bruno...*, 40: „This magic is astrological only in the sense that it too bases itself upon stars, their images and influences, but it is a way of escaping from astrological determinism by gaining power over the stars, guiding their influences in the direction which the operator desires."

spektrum aufweist. Dies soll abschließend mit Blick auf eine Reihe charakteristischer Passagen aufgezeigt werden.

Angesichts der Überzeugung der meisten Ficino-Interpreten, dass *De Vita* das erste, zentrale Werk zu *magia naturalis* darstellt, ist es in der Tat verwunderlich, dass die Rezeption des Magiebegriffs in *De Vita* eher spärlich sowie letztlich unzusammenhängend erscheint. Das Syntagma *magia naturalis* taucht – wenn man die *Apologia* außer Betracht lässt – in *De Vita* gar nicht auf. Auch im Kontext der rezeptartigen Handlungsanweisungen und astrologischen Zuordnungen im Großteil des dritten Buchs findet sich der Magiebegriff so gut wie nicht, so auch in keiner einzigen Kapitelüberschrift. Die Personenbezeichnung *magus* taucht einige Male auf, gleichwohl in unterschiedlichen Kontexten. So findet sich im ersten und zweiten Buch ein Rezept für eine Arznei, das von Ficino – offenbar durchaus ironisch – als *magisch* bezeichnet wird, da es (in expliziter Anlehnung an die *Magier* des Matthäusevangeliums) Gold, Myrrhe und Weihrauch als Ingredienzien aufweise.[207] In einigen Passagen des dritten Buches tauchen *Magier* auf, die im persischen Kontext verortet werden und insofern einen geographisch begrenzten Geltungsbereich aufzuweisen scheinen – also noch nicht zur terminologischen Kennzeichnung des weisen und heiligen Weltbauers aus der *Apologia* verwendet werden.[208] Im 20. Kapitel findet sich diesbezüglich auch eine etwas merkwürdige Zuordnung der *Magier* zu Medea, die wohl ihrer bereits auf die griechische Klassik zurückgehenden Stilisierung als Kundige wirkmächtiger Kräuter (*phármaka*) verschuldet ist.[209] In Kapitel 18 bezeichnet Ficino auch Olympius – also jene Figur, die Porphyrios in seiner *Vita Plotini* erwähnt und die versucht habe, Plotin mittels μαγεία zu schaden – als „Magum et astrologum Aegyptium".[210] Der Florentiner ordnet hier also auch den negativ konnotierten Magiebegriff der *Vita Plotini* der *magia naturalis* zu – die Beispiele illustrieren erneut seine Rezeption und Synthetisierung heterogener Quellentexte. Im 26. Kapitel findet sich in diesem

---

207 Vgl. Ficino, *De vita sana*, XX, 2f sowie Ficino, *De vita longa*, XIX, 1f.
208 Vgl. hierzu neben der oben genannten Episode im 13. Kapitel auch Ficino, *De vita coelitus comparanda*, II, 63f nach Kaske, Clark, *Marsilio Ficino. Three Books on Life...*, 252/53: "The Magi, Brahmans, and Pythagoreans [Magi, Brachmanes, Pythagorici] seem to have been most prudent in this, in that when they feared that Saturn would oppress them on account of their sedulous zeal for philosophizing, they would ear white clothes, use Jovial or Phoebean sounds and songs every day, and live continually in the open air."; Vgl. auch Ficino, *De vita coelitus comparanda*, XV, 65f nach Kaske, Clark, *Marsilio Ficino. Three Books on Life...*, 318/19: "I have read, in fact, that the Magi counseled the Persian King [Legi equidem Magos Persarum regi consuluisse] that he should engrave this image on the stone haematite, and set it in a golden ring, but in such a way that between the gem and the gold they would insert the root of the snake-weed."
209 Vgl. Ficino, *De vita coelitus comparanda*, XX, 4ff nach Kaske, Clark, *Marsilio Ficino. Three Books on Life...*, 350/51: "Whence the story – Medea and the magicians used certain herbs to restore youth; myrobalans do not so much restore as preserve it."
210 Vgl. Ficino, *De vita coelitus comparanda*, XVIII, 123f nach Kaske, Clark, *Marsilio Ficino. Three Books on Life...*, 340/41.

Zusammenhang auch die nicht unbedeutende konzeptionelle Gleichsetzung von *Magier* und *Priester*, die – von Ficino wohl eher unwillkürlich formuliert – auf die Austauschbarkeit dieser beiden Personenbezeichnungen in *De Vita* hinweist (hier ist freilich auch die Figur des Astrologen hinzuzudenken).[211]

Während sich die Rezeption des *Magier*-Titels in *De Vita* bereits keineswegs einheitlich darstellt, ist das Abstraktum *magia* merkwürdig unterrepräsentiert. Dies mag damit zusammenhängen, dass Ficino keinen offenen Konflikt mit der Kirche riskieren wollte; auch seine Rezeption des Dämonenbegriffs ist ja – wie gesehen (und anders als in *De Amore*) – durch deutliche Zugeständnisse an die kirchliche Lehrmeinung gekennzeichnet. So finden sich die einzigen ausführlicheren Zeilen zum Magiebegriff erst im 26., dem letzten Kapitel, abgesehen von einem kurzen Vorgriff in Kapitel 15: „Through this, moreover, many people confirm that magic doctrine [illud magicum] that by means of lower things which are in accord with higher ones, people can in due season somehow draw to themselves celestial things, and that we can even through the celestials reconcile the supercelestials to us or perhaps wholly insinuate them into us – but this last matter I leave to them."[212]

Was Ficino hier noch vorsichtig und unter explizitem Hinweis auf seine Kommentarfunktion berichtet, arbeitet er im 26. Kapitel aus. Er beginnt mit einer Allusion an Plotin und seine eigenen Ausführungen in *De Amore*: „Yes everywhere nature is a sorceress [Ubique igitur natura maga est], as Plotinus and Synesius say, in that she everywhere entices particular things by particular foods, just as she attracts heavy things by the power of the earth's center, light things by the power of the Moon's sphere, leaves the heat, roots by moisture and so on."[213] Ficino spielt erneut mit der Metapher, dass die Natur selbst eine *Magierin* sei, indem sie natürliche Vorgänge in Gang setze und steuere. Ausgehend von dieser Perspektive geht er schließlich auf die Figur des *Magiers* ein:

„Agriculture prepares the field and the seed for celestial gifts and by grafting prolongs the life of the shoot and refashions it into another and better species. The doctor, the natural philosopher, and the surgeon achieve similar effects in our bodies in order both to strengthen our own nature and to obtain more productively the nature of the universe. The philosopher who knows about natural

---

211 Vgl. hierzu Ficino, *De vita coelitus comparanda*, XXVI, 78f nach Kaske, Clark, *Marsilio Ficino. Three Books on Life...*, 388/89: "Plotinus uses almost the same examples in that place where, paraphrasing Hermes Trismegistus, he says that the ancient priests or magi [sacerdotes sice Magos] used to capture in statues and meterial sacrifices something divine and wonderful."; analog auch Ficino, *De vita coelitus comparanda*, XXVI, 127f; In Kapitel XV, 109 wird der *magus* mit dem *astrologus* gleichgesetzt.
212 Ficino, *De vita coelitus comparanda*, XV, 85f nach Kaske, Clark, *Marsilio Ficino. Three Books on Life...*, 318/19.
213 Ficino, *De vita coelitus comparanda*, XXVI, 30f nach Kaske, Clark, *Marsilio Ficino. Three Books on Life...*, 384-87.

objects and stars, whom we rightly are accustomed to call a Magus [quem proprie Magum appellare solemus], does the very same things: he seasonably introduces the celestial into the earthly by particular lures just as the farmer interested in grafting brings the fresh graft into the old stock."[214]

Auch im letzten Kapitel von *De Vita* bemüht Ficino die Analogie zur Landwirtschaft, um die Tätigkeit des *Magiers* – vom Florentiner nun eher idealtypisch gekennzeichnet als „philosopher, who knows about natural objects and stars" – zu charakterisieren. Wie der Bauer pflanze der *Magier* zu bestimmten Zeiten den Samen der Planetenkräfte in die materielle Welt, um die natürlichen Prozesse des Lebens zu unterstützen und deren Ablauf zu verbessern. Ficinos Metapher der *Apologia*, dass der *magus* das Höhere in das Niedere herabziehe, findet in seiner neuplatonischen Deutung des ptolemäischen Kosmos' und der Vorstellung konkreter, rituell beeinflussbarer astrologischer Wirkungen in *De Vita* daher ein sehr konkretes konzeptionelles Fundament. Indem *oben* und *unten* im Modell des Florentiners jene konkrete, geradezu kosmographische Bedeutung erhalten, erscheint der Ficinische *Magier* letztlich als rituell vorgehender Astrologe, der zum Wohl des Menschen die Kräfte der Himmelskörper kontrolliert. Dadurch werden die vom *Magier* ausgelösten Wirkungen, wie die darauffolgende Passage nochmals verdeutlichen soll, als natürliche – und dadurch auch legitime – Prozesse dargestellt.[215]

Gerade diese Gedankenfigur, der in der *Apologia* dann explizit ausformuliert wird, zeigt Ficinos Intention, den Magiebegriff mit dem humanistischen Gelehrtendiskurs *und* der kirchlichen Lehrmeinung gleichermaßen zu harmonisieren. Denn weshalb sollte eine Figur, die nicht nur klug und weise, sondern auch nützlich und moralisch hochwertig ist, negativ beurteilt werden? Der *Magier* wurde – so lässt sich Ficino hier lesen – zu Unrecht in ein negatives Licht gerückt, verfolge er doch lediglich das Ziel, die Kräfte der Himmelskörper, in letzter Konsequenz des Göttlichen selbst auf Erden zu manifestieren. Freilich sind dies aus kirchlicher Sicht unorthodoxe, ja, häretische Vorstellungen – Ficino sieht sich aber durch die *prisca theologia*, insbesondere durch ihren vermeintlichen Tradenten Plotin bestätigt, wie sein abschließender Rückgriff auf die Plotinische *Enneade* 4, 3, 11 verdeutlicht:

„He thinks [Plotin; d. Verf.], therefore, that through such seminal reasons the Anima Mundi can easily apply herself to materials since she has formed them

---

214 Ficino, *De vita coelitus comparanda*, XXVI, 49f nach Kaske, Clark, *Marsilio Ficino. Three Books on Life...*, 386/87.
215 Vgl. auch Ficino, *De vita coelitus comparanda*, XXVI, 68f nach Kaske, Clark, *Marsilio Ficino. Three Books on Life...*, 388/89: "Like all these, our wise man [ille sapiens] – when he knows what or what sort of materials (partly begun by nature, partly completed by art and, although they had been dispersed, grouped together) can receive what or what sort of influence from the heavens – assembles these materials when that influence is most dominant, he prepares them, he brings them to bear, and he wins through them celestial gifts."

to begin with through these same seminal reasons, when a Magus or a priest [Magus vel sacerdos] brings to bear at the right time rightly grouped forms of things [...]. Sometimes it can happen that when you bring seminal reasons to bear on forms, higher gifts too may descend, since reasons in the Anima Mundi are conjoined to the intellectual forms in her and through these to the Ideas of the Divine Mind."[216]

Der Florentiner fasst hier – im letzten Absatz des letzten Kapitels von *De vita coelitus comparanda* – nochmals seine Deutung der kurzen Passage in der vierten Plotinischen *Enneade* zusammen. An dieser Stelle sei nochmals daran erinnert: Plotin hatte lediglich versucht, eine sympathetische Erklärung der Verwendung von Götterbildern im antiken Tempelkult vorzubringen. Ficinos abschließende Stilisierung des *Magiers* (hier wieder synonym zum *Priester* – *sacerdos* – gesetzt) zu einem versierten Interpreten und rituellen Nutzer der *anima mundi* stellt in der Tat eine vollkommen neue Setzung des Florentiners dar.

Hier wird insofern *nicht* davon ausgegangen, dass Ficino erstmals in einer Systematik und Tiefe über *Magie* nachgedacht habe, dass gleichsam der semantische Kern (beziehungsweise in phänomenologischer Lesart: das Wesen) des Begriffs aufgedeckt worden wäre. Tatsächlich leitet sich die Denotation einer natürlichen, alldurchdringenden Kraft, die Ficino vor Augen hat, aus der antiken Rezeption des Begriffs nicht ab – sie ist ein genuines Produkt des Florentiner Humanisten und nur vor dem Hintergrund *seiner* Renaissance der *antiqui* im frühneuzeitlichen Europa verstehbar. Dass jene Denotation zudem nicht nur unscharf, sondern hochgradig überdeterminiert ist, hat nicht zuletzt der spätere Siegeszug des *scientia-naturalis*-Diskurses erwiesen.

10.3.3. Fazit: Ficinos Bedeutung für den abendländischen Magiediskurs

In den Kapiteln zur antiken Rezeptionsgeschichte des Magiebegriffs wurde auf die besondere Bedeutung der alkibiadischen Rezeptionslinie hingewiesen, die im antiken graeco-römischen Raum eine eigenständige, positive Deutung des Magiebegriffs zur Verfügung gestellt hatte. Das alkibiadische Rezeptionsmuster war mit der frühchristlichen Rezeption des Magiebegriffs, die den *Magier* zum Gegenspieler Gottes und Feind des Christentums stilisiert hatte, zwangsläufig inkompatibel und wurde in der spätantiken und mittelalterlichen theologischen Literatur – auch weil die hierfür relevanten platonischen und neuplatonischen Texte verloren gingen – nicht mehr aufgegriffen. Es war der Florentiner Humanist Marsilio Ficino, der diese Rezeptionslinie im Zuge der frühneuzeitlichen Restituierung des pla-

---

216 Ficino, *De vita coelitus comparanda*, XXVI, 127f nach Kaske, Clark, *Marsilio Ficino. Three Books on Life...*, 390/91.

tonischen Textkorpus' und wichtiger neuplatonischer Schriften wieder aufgriff und der Gelehrtenwelt des 15. und 16. Jahrhunderts zugänglich machte. Dabei rezipierte, übersetzte und kommentierte er eben jene (wenigen) antiken Texte, die einen positiv konnotierten Magiebegriff tradiert hatten: Ficino las seinen heiligen Platon und fand *Magie* in *Alkibiades* 122a als „Verehrung der Götter [θεῶν θεραπεία]"[217] gekennzeichnet, den (engelhaften) Dämon Eros – das heißt (für Ficino) jene allverbindende, den Kosmos durchdringende Liebe – in *Symposion* 203e gar als „Zauberer, Giftmischer und Sophist [δεινός γόης καὶ φαρμακεὺς καὶ σοφιστής]"[218] (das heißt für Ficino: als *magus*) bezeichnet. In Plotins *Enneade* 4, 4, 40 schien das Abstraktum *mageía* sogar mit jener alldurchdringenden, kosmischen Liebeskraft gleichgesetzt.[219] Auf den Florentiner muss diese völlig andere Lesart des Magiebegriffs gegenüber jener, die er vom theologischen Ausgrenzungsdiskurs gewohnt war, geradezu spektakulär gewirkt haben.

Kaum zufällig stellte er diese antike Rezeptionslinie eines positiv konnotierten Magiebegriffs daher neben die *mágoi* des Matthäus-Evangeliums,[220] um (auch hier) eine Synthese zwischen antikem und biblischem Diskurs zu generieren – freilich bei gleichzeitiger Unterschlagung der christlichen Lesart des Dämons sowie der Instrumentalisierung des Magiebegriffs zur pejorativen Fremdbezeichnung. Offenkundig sprach Ficino den antiken Rezeptionen eines positiv konnotierten Magiebegriffs ein größeres Gewicht zu als der gerade zu seiner Zeit immer drastischeren Applikation des kirchlichen Hexereikonstrukts oder auch der Polemik gegen den *góēs/mágos* in neuplatonischen Texten. Der *Magier*, den Ficino vor Augen hatte, der Priester und Weltbauer, der zum Wohle der Menschheit über die Natur gebietet, erschien dem Gelehrten vielmehr als zentraler, durch seine Quellentexte bezeugter Protagonist der *prisca theologia*.

Dadurch rezipierte Ficino nicht nur, er entwickelte eine neuartige, gleichsam humanistische Lesart und Deutung des Magiebegriffs. Während in der antiken alkibiadischen Rezeptionslinie in den meisten Fällen der persische Ursprung und Kontext mittradiert wurde, trat dieser in der Rezeption Ficinos weitgehend in den Hintergrund. Zwar verweist er mehrfach auf Zoroaster als Begründer oder zentralen Exponenten von *magia* und spricht auch einige Male von persischen *Magiern*. Gleichwohl wird der

---

217 Platon, *Alkibiades*, 122a nach Hülser, *Platon. Euthyphron....*, 124/125.
218 Platon, *Symposion*, 203e nach Zehnpfennig, *Platon...*, 84/85.
219 Vgl. Plotin, *Enneaden*, 4, 4, 40 (chron: 28, 40, 216/17 nach Harder, *Plotins Schriften. Band IIa...*, 344/45): Die wahre Magie nämlich ist 'die Freundschaft' und 'der Streit' [καὶ ἡ ἀληφινὴ μαγεία ἡ ἐν τῷ παντὶ Φιλία καὶ τὸ Νεῖκος αὖ], die im All sind, das ist der oberste Zauberkünstler und Hexenmeister [Καὶ ὁ γόης ὁ πρῶτος καὶ φαρμακεὺς οὗτός ἐστιν]. Ihn kennen die Menschen gar wohl und brauchen seine Krautlein und Formeln wider einander [φαρμάκοις καὶ τοῖς γοητεύμασι]. Denn weil die Menschen von Natur zur Liebe fahig sind und die Liebe erregenden Stoffe sie zueinander zwingen, findet die Kunst des magischen Liebeszwanges [γοητείας τέχνης] statt."
220 Vgl. Ficino, *Apologia*, 63ff nach Kaske, Clark, *Marsilio Ficino. Three Books on Life...*, 396-99.

10.3. Marsilio Ficino und die magia naturalis

magus – insbesondere in der oben skizzierten *Apologia* – von seinem etymologischen Ursprung abgelöst und gleichsam zu einem menschlichen Archetyp erhoben. Der *Magier* als Weiser und Priester, der die natürlichen Zusammenhänge des Kosmos' versteht und zum Wohle des Menschen beeinflusst – dieser Topos ist in antiken Texten allenfalls angedeutet,[221] in dieser Radikalität sowie engen Verwobenheit mit Neuplatonismus und Astrologie ein Novum. Marsilio Ficino ist daher als Diskursbegründer dieses Rezeptionsmusters einzuordnen; in *De Amore*, besonders aber in *De vita coelitus comparanda* und der *Apologia* wertet er den Magiebegriff in einer Weise auf, die für spätere Autoren – auch für Rezeptionsmuster des 19., 20. und 21. Jahrhunderts – zentral sein wird.[222]

Die Aufwertung des Magiebegriffs bei Marsilio Ficino hat sich – wie oben bereits erwähnt – auch auf seine Editionstätigkeit ausgewirkt. Die Bedeutung der Übersetzung des Titels von Proklos' περὶ τῆς καθ᾽ Ἕλληνας ἱερατικῆς τέχνης mit *de sacrificio et magia* in Ficinos 1497 herausgegebener Sammlung neuplatonischer Schriften ist vor diesem Hintergrund nicht zu unterschätzen. Hier wird eine antike Schrift als *magisch* gekennzeichnet, die selbst weder einen Magiebegriff, noch – ausgehend von ihrem Selbstverständnis – semantische Analoga zur (antiken) Topologie von *mageía/magia* aufweist. Wohl hat ein solches Vorgehen im Kontext des spätantiken, christlichen Ausgrenzungsdiskurses bereits eine Rolle gespielt, wie etwa bei Augustins Gleichsetzung des neuplatonischen Ritualsystems der *Theurgie* mit *Magie* gesehen. Ficino ist allerdings der Erste, der einen positiv konnotierten Magiebegriff verwendet, um einen antiken Text aufzuwerten – und dadurch gleichzeitig interessanter, ja, wertvoller darzustellen. Erst seine signifikante Aufwertung des Begriffs ließ ein solches Vorgehen überhaupt sinnvoll erscheinen – denn erst dadurch konnte dieser zur werbewirksamen, identifikatorischen Klassifikation eines Textes dienen. Das gerade in zeitgenössischen Subkulturen beliebte Muster einer positiven, identifikatorischen, ja, werbenden Klassifikation von Texten als *magisch* findet daher im frühneuzeitlichen Gelehrten Marsilio Ficino ebenfalls ihren Begründer.

---

221 So etwa bei Apuleius in seiner ersten Definition des *magos* oder in dem (evtl. pseudoepigraphischen) Brief des Apollonios an den Stoiker Euphrates; vgl. oben, Kap. 9.1.1.
222 Vgl. hierzu auch Jean-Pierre Brach, „Magic IV: Renaissance-17th Century", 733, in: Hanegraaff/Faivre, *Dictionary of Gnosis*..., Band 2, 731-38: „Ficino's relatively novel combination of a metaphysics of light (divine, solar, angelic and intellectual) and of knowledge, on the one hand, with the influence of celestial spheres and spirits, astral powers and the world soul, on the other (not to mention his references to artefacts such as talismans and invocations), would exert a durable influence on almost all notable later Renaissance magi, such as Agrippa, Dee, Bruno and Campanella."

10.4. Pico della Mirandola: (Pseudo-) Historiographische und thematische Ausdifferenzierungen des *magia-naturalis*-Topos'

Die Umdeutung des Magiebegriffs durch Marsilio Ficino hat auf den frühneuzeitlichen Gelehrtendiskurs nicht nur durch seine zahlreichen Schriften und Übersetzungen eingewirkt, sondern freilich auch seinen Florentiner Schüler- und Freundeskreis direkt beeinflusst. So findet sich eine der frühesten und prägnantesten Rezeptionen des Ficinischen Magiebegriffs – kaum zufällig – bei Ficinos jüngerem (1463 geborenen) Freund und Schüler Giovanni Pico della Mirandola, den er im Rahmen mehrerer Studienaufenthalte Picos in Florenz Anfang der Achziger Jahre kennen und schätzen gelernt hatte.[223] Pico wurde während dieser Aufenthalte stark von der Florentiner Akademie beeinflusst, mit Ficino verband ihn schließlich – unabhängig von späteren fachlichen Disputen – eine lebenslange Freundschaft (bis zu Picos frühem Tod im Jahr 1494).

Pico della Mirandola orientierte sich maßgeblich an Ficinos kreativem Umgang mit dem Magiebegriff, wie sich an diversen Ausführungen in seiner berühmten Schrift *Oratio de hominis dignitate* nachweisen lässt, sowie nicht minder prägnant in seinen *900 Thesen* – den *Conclusiones Nongentae*.[224] Pico hatte jene Thesen im Vorfeld einer Reise nach Rom im Jahre 1486 verfasst, um sie dort im Rahmen eines Konzils mit Gelehrten aus aller Welt zu diskutieren; die *Oratio* war als Eröffnungsrede dieses Konzils geplant. Unglücklicherweise stieß Picos Vorhaben – trotz seiner Überzeugung, mit der Lehre der Kirche nicht im Widerspruch zu stehen und seiner expliziten Unterwerfung unter das Urteil des Papstes – nicht auf den gewünschten

---

223 Vgl. Stausberg, *Faszination Zarathustra...*, 230.
224 Steve Farmer argumentiert in seiner Edition der *900 Thesen*, dass Pico, nicht Ficino den Topos der *magia naturalis* maßgeblich geprägt hätte, (unter Anderem) da Ficino erst 1489 in seiner *Apologia* das Syntagma konkret verwendet, Pico dies aber schon 1486 in seinen *Thesen* und seiner *Apologia* getan habe. Hier wird davon ausgegangen, dass die wesentlichen Elemente des *magia naturalis*-Topos in der Tat von Ficino angestoßen worden sind – wie im Rahmen der Analyse seines bereits 1469 herausgebenenen *Symposion*-Kommentars deutlich wurde. Farmer geht davon aus, dass „De vita coelitus comaranda [...] Ficino's only magical treatise, and our sole source of information concerning his magia naturalis" sei, und unterschlägt Ficinos Ausführungen in *De Amore* einfach (vgl. Farmer, *Syncretism in the West...*, 118; Kursivsetzung Farmer). Allenfalls ist denkbar, dass Pico die Florentiner Debatte in den 1480er Jahren aufgegriffen und in der Formulierung *magia naturalis* gebündelt hat, an welcher sich dann wiederum Ficino während der Abfassung seiner *Apologia* orientierte. In jedem Fall kommt Ficino die eigentliche Rezeptionsleistung des antiken, platonisch bzw. plotinisch geprägten, positiv konnotierten Magiebegriffs und die damit einher gehende semantische Transformationsleistung zu.

Enthusiasmus.[225] Papst Innozenz VIII. verhinderte die öffentliche Disputation und setzte eine Untersuchungskommission ein, die im März 1487 dreizehn der 900 Thesen verurteilte und drei davon als häretisch deklarierte.[226] Trotz einer zwischenzeitlich von Pico verfassten *Apologia* wurden Druck, Lektüre und Verbreitung der *Conclusiones* schließlich auf Geheiß des Papstes verboten.

Durch den Einfluss machtvoller Protektoren wie Karl VIII. und Lorenzo de Medici entging Pico allerdings der weiteren Verfolgung durch die Kirche. Zudem wurde im Jahre 1493 (ein Jahr vor Picos frühem Tod) das Urteil der Untersuchungskommision Innozenz VIII. durch seinen Nachfolger Papst Alexander VI. vollständig revidiert. Bereits 1495/96 konnte Picos Neffe Gianfrancesco Pico della Mirandola große Teile des *operas* seines Onkels posthum in zwei Bänden veröffentlichen. Pico galt als außergewöhnlicher Zeitgenosse, als „Phönix der Geister", als „Naturwunder",[227] entsprechend rasch wurden seine Schriften über die italienischen Grenzen hinaus rezipiert, zunächst vorrangig in Frankreich und England.[228] Durch das frühe Einlenken Papst Alexanders VI. landeten sie zudem nie auf dem *Index LibrorumProhibitorum* und wurden nach einer erneuten Revision 1519 seitens der Kirche sogar offiziell zur Lektüre empfohlen.[229] So kann davon ausgegangen werden, dass Picos Verwendung des Magiebegriffs vielfach rezipiert wurde und maßgeblich auf den frühneuzeitlichen Gelehrtendiskurs einwirken konnte.

10.4.1. Picos *Oratio de hominis dignitate*

Es bietet sich an, Picos Rezeption des Magiebegriffs vor allem an den hierfür relevanten Passagen seiner *Oratio*, also seiner geplanten (aber nie gehaltenen) Eröffnungsrede zu seinen *900 Thesen* zu rekonstruieren. Pico sah sich in der *Oratio* – die in ihrer späteren Rezeption zu einem der berühmtesten Renaissancetexte avancierte –[230] zu einer Stellungnahme genötigt, da er sich in 26 seiner 900 Thesen explizit zu *magia* geäußert hatte.[231] Seine

---

225 Vgl. ausführlicher Stausberg, *Faszination Zarathustra*..., 232.
226 Unter diesen dreizehn Thesen waren allerdings nur zwei (seiner 26) Thesen zu *magia*, nämlich (nach der Zählung Farmers) II, 9, 8 und II, 9,9; ausführlicher William G. Craven, *Giovanni Pico della Mirandola. Symbol of his Age. Modern Interpretations of a Renaissance Philosopher*, [Travaux d'humanisme et renaissance; 185], Genf 1981, 48.
227 Vgl. August Buck, „Einleitung. Von August Buck", IX, in: Ders. (Hg), *Giovanni Pico della Mirandola. De hominis dignitate. Über die Würde des Menschen. Übersetzt von Norbert Baumgarten. Herausgegeben und eingeleitet von August Buck. Lateinisch-deutsch*, [Philosophische Bibliothek; 427], Hamburg 1990, VII-XXVII.
228 Vgl. zur Wirkungsgeschichte ausführlicher Ebenda, v.a. XXIIf.
229 Vgl. Stausberg, *Faszination Zarathustra*..., 234.
230 Vgl. Buck, „Einleitung...", VIIf, XXIIf.

hierauf Bezug nehmenden Ausführungen der *Oratio* beginnen entsprechend mit den folgenden Zeilen:

> „Ich habe ebenfalls Lehrsätze zur Magie vorgeschlagen, in denen ich gezeigt habe, daß es eine doppelte Magie gibt [Proposuimus et Magica theoremata, in quibus duplicem esse magiam significavimus]. Die eine beruht auf dem Werk und Einfluß von Dämonen, eine bei Gott fluchwürdige und abscheuliche Sache. Die andere ist, wenn man sie auf dem rechten Weg verfolgt, nichts anderes als die absolute Vollendung der Naturphilosophie [naturalis philosophiae absoluta consummatio]."[232]

Offenkundig ist, dass sich der Graf hier – wie auch in den *Thesen* –[233] an Ficinos Unterscheidung zweier Formen von *magia* anlehnt; gleichwohl fällt Picos Differenzierung etwas anders aus: der illegitime Pol sei durch die Wirkungen von Dämonen gekennzeichnet – indem Pico diese Form von *magia* als „bei Gott fluchwürdige und abscheuliche Sache" markiert, bemüht er sich zunächst um eine Rezeption der christlich-theologischen (Augustinischen) Magiologie. Gleichwohl gebe es gegenüber dieser zurecht verdammten *magia* eine zweite, die – so Pico – tatsächlich die „absolute Vollendung der Naturphilosophie" darstelle.[234] Zur Untermauerung dieser These fährt der Graf mit einem verblüffenden Verweis auf *die Griechen* fort:

> „Wenn die Griechen beide erwähnen, bezeichnen sie jene, die sie auf gar keinen Fall der Benennung 'Magie' für würdig erachten, als γοητεία, diese nennen sie mit der charakteristischen und eigentümlichen Bezeichnung μαγεία, sozusagen als die vollkommene und höchste Weisheit [Utriusque cum meminerint Graeci, illam magiae nullo modo nomine dignantes γοητείαν nuncupant, hanc propria peculiarique appellatione μαγείαν, quasi perfectam summamque sapientiam vocant]. 'Magier' bedeutet nämlich, wie Porphyrios sagt, in der Sprache der Perser dasselbe wie bei uns Deuter und Verehrer des Göttlichen [Idem enim, ut ait Porphyrius, Persarum lingua magus sonat quod apud nos divinorum interpres et cultor]."[235]

---

231 Es geht um die 26 Thesen im neunten Abschnitt des zweiten, persönlichen Teils der *Conclusiones*: vgl. Farmer, Syncretism in the West..., 494-503.
232 Buck, *Giovanni Pico...*, 50-53.
233 Vgl. Pico, *Conclusiones nongentae*, II, 9, 1-4 nach Farmer, Syncretism in the West..., 494/95: „9>1. All magic [Tota Magia] that is in use among the moderns, and which the church justly exterminates, has no firmness, no foundation, no truth, because it depends on the enemies of the first truth, those powers of darkness, which pour the darkness of falsehood over poorly disposed intellects. 9>2. Natural magic is permitted and not prohibited [Magia naturalis licita est et non prohibita], and concerning the universal theoretical foundations of this science I propose the following conclusions according to my own opinion. 9>3. Magic is the practical part of natural science [Magia est pars practica scientiae naturalis]. 9>4. From that conclusion and the forty-seventh paradoxical dogmatizing conclusion, it follows that magic is the noblest part of natural science [sequitur quod magia sit nobilissima pars scientiae naturalis].”; Kursivsetzung Farmer.
234 Vgl. auch These II, 9, 4 der *Conclusiones*.
235 Buck, *Giovanni Pico...*, 52/53.

10.4. Pico della Mirandola

Offenkundig knüpft der Graf hier – genau wie Ficino – an die alkibiadische Rezeptionslinie an und beruft sich explizit auf Porphyrios als ihren Tradenten.[236] Auch Pico greift also dieses von Platon ausgehende Rezeptionsmuster auf und führt es unter geänderten Vorzeichen fort – unter Anderem durch die (irreführende) Behauptung, dass *die Griechen* analog zwischen *mageía* und *goēteía* unterschieden hätten.

Tatsächlich ist die Nennung von *mageía* im *Alkibiades*-Dialog ethnographisch motiviert und fungiert – wie oben gesehen – vielmehr als kreative Bezeichnung des persischen Tempel- und Götterkultes denn als Verweis auf jene *magia*, die Pico vor Augen hat. Porphyrios wiederum paraphrasiert die alkibiadische Passage und verortet die μάγοι analog im ethnographischen Kontext des Perserreichs. Wie gesehen, implizieren auch die relevanten Ausführungen in den *Enneaden* Plotins keine vergleichbar dualistische Abgrenzung von *mageía* und *goēteía*; die einzige Nennung des Abstraktums *mageía* findet sich im Kontext der Ausführungen zu *goēteía* und ist insofern synonym zu lesen. So kann Picos Überzeugung, ein uraltes, analog strukturiertes Rezeptionsmuster des Magiebegriffs aufzugreifen, vielmehr als Produktion denn als Rezeption eingestuft werden; Picos Vorgehen erscheint in dieser Hinsicht in der Tat analog zur Argumentation Ficinos in *De Vita*.

Die solchermaßen künstliche Traditionalisierung der *magia naturalis* und ihre Kontrastierung zum Magiebegriff des Ausgrenzungsdiskurses führt schließlich zu einer radikal polaren Gegenüberstellung:

„Es besteht aber zwischen diesen Künsten, ihr Väter, eine große, nein: gewaltige Ungleichheit und Verschiedenheit. Die erste wird nicht nur von der christlichen Religion, sondern allen Gesetzen, jedem Staat mit guter Verfassung verurteilt und verdammt. Die zweite heißen alle Weisen, alle Völker, die sich um die himmlischen und göttlichen Dinge bemühen, willkommen und widmen sich ihr. Jene ist die betrügerischte aller Künste, diese sicher, zuverlässig und unerschütterlich. Wer immer jene ausübte, hat es stets verheimlicht, weil es für einen Autor Schimpf und Schmach bedeutete; durch diese ist von alters her und fast immer nach höchstem schriftstellerischem Glanz und Ruhm gestrebt worden. Um jene hat sich niemals ein der Philosophie ergebener Mann bemüht, der danach strebte, die guten Künste zu erlernen; diese Kunst zu erlernen, haben Pythagoras, Empedokles, Demokrit und Platon ein Schiff bestiegen, diese haben sie nach ihrer Rückkehr gepriesen und unter den anderen als besondere Geheimlehre betrachtet. Die erstere erhält weder durch Vernunftgründe noch durch sichere Urheber Gewicht; diese zweite ist gewissermaßen durch hochberühmte Eltern ausgezeichnet, denn sie hat vornehmlich zwei Urheber: Zalmoxis, den der Hyperboreer Abaris nachgeahmt hat, und Zarathustra – das ist nicht der, an den ihr vielleicht denkt, sondern der Sohn des Oromasus".[237]

Man weiß an dieser Stelle nicht genau, welchen konkreten Gegenstand Pico bei dieser Geschichtskonstruktion der *zweiten Magie*, jener *sicheren, zuver-*

---

236 Pico zitiert hier die in Kap. 9.1.1 erwähnte Passage aus Porphyrios, *De Abstinentia*, 4, 16.
237 Buck, Giovanni Pico..., 52/53.

lässigen und *unerschütterlichen* Beschäftigung mit *himmlischen und göttlichen Dingen* eigentlich vor Augen hat; ein ausgearbeitetes neuplatonisch-astrologisch fundiertes Modell wie in *De Vita* findet sich bei Pico nicht. Dennoch ist die Radikalität seiner Ausführungen zum positiven Pol von *magia* bemerkenswert. Dieser sei *von alters her* die Quelle von Weisheit und Ruhm gewesen und von so bedeutenden Philosophen wie Pythagoras, Empedokles, Platon und Demokrit studiert worden.[238] Diese hätten wiederum mit ihren Schriften (welchen?) zur kontinuierlichen Tradierung der zweiten *magia*, jener *gepriesenen Geheimlehre* (*arcanum*) beigetragen. Diese Picos Phantasie entspringende Geschichtstradition der positiven *magia* – die kaum zufällig an die erste dieser Art bei Plinius dem Älteren erinnert –[239] wird schließlich mit zwei (beziehungsweise drei) Figuren abgerundet, die hierfür maßgebliche Texte verfasst hätten: Zamolxis (sowie Abaris) und Zoroaster. Gerade die Nennung Zoroasters ist keine Überraschung – Pico erklärt daraufhin selbst, woher seine Informationen stammen:

> „Wenn wir Platon fragen, was die Magie der beiden sei, wird er im 'Alkibiades' antworten [Utriusque magia quid sit, Platonem si percontemur, respondebit in *Alcibiade*]: die Magie des Zarathustra sei nichts anderes als die Wissenschaft von den göttlichen Dingen [Zoroastris magia non esse aliud quam divinorum scientiam], in der die Könige der Perser ihre Söhne ausbilden ließen, damit sie lernten, ihren eigenen Staat nach dem Vorbild des Weltenstaates zu regieren."[240]

Auch Pico kann also als expliziter Tradent der alkibiadischen Rezeptionslinie eingeordnet werden! Seine Vereinnahmung der Alkibiades-Stelle impliziert gleichwohl nicht nur die Stilisierung Zoroasters zu einem Traditionsstifter von *magia*, sondern gleichzeitig eine nicht unbedeutende semantische Verlagerung: während Platon die Kunst der persischen Priester – also ihre „Verehrung der Götter [θεῶν θεραπεία]" – pragmatisch unter dem Abstraktum *mageía* gefasst hatte, findet sich bei Pico nun die Vorstellung, dass die *Magie* Zoroasters eine „Wissenschaft von den göttlichen Dingen [divinorum scientiam]" darstelle, in welcher die persischen König ausgebildet worden seien, um ihr Reich in Übereinstimmung mit dem Weltenstaat

---

238 Interessanterweise hat Pico die vermeintliche Schiffahrtsepisode der vier Philosophen aus Plinius' Magiegeschichte im 30. Buch der *Historia Naturalis* entnommen; vgl. Plinius Maior, *Naturalis Historiae*, 30. Buch, 9 (König/Winkler, *C. Plinius...*, 30. Buch, 120/121): „Indessen stelle ich fest, daß man in schon alter Zeit, ja beinahe immer höchsten Glanz und Ruhm der Gelehrsamkeit aus dieser Wissenschaft gewinnen wollte. Jedenfalls sind, um sie zu erlernen, Pythagoras, Empedokles, Demokritos und Platon zu See gereist, wobei sie mehr eine Verbannung auf sich nahmen als eine Reise; nach ihrer Heimkehr rühmten sie diese <Lehre>, hielten sie aber geheim."
239 Wie sich an Picos Ausführungen ablesen lässt, galten die Ausführungen im 30. Buch der *Historia Naturalis* noch in der Frühen Neuzeit als authentischer historiographischer Beleg für antike *magia* – mit dem nicht unbedeutenden Unterschied, dass Plinius einen negativ konnotierten Magiebegriff vor Augen hatte, der wirkungslose, als *superstio* markierte Praktiken markierte.
240 Buck, *Giovanni Pico...*, 52-55; Kursivsetzung Pico/Buck.

(*mundanae Reipublicae*) zu regieren. Picos Idee, dass die *Magie* der persischen Königssöhne „nichts anderes" als eine Wissenschaft über die Dualität von Mikrokosmos und Makrokosmos und ein entsprechend analoges Regierungsverständnis impliziert habe, verdeutlicht erneut, dass die frühneuzeitliche Restituierung der alkibiadischen Rezeptionslinie weit mehr als einen bloßen Rezeptionsprozess darstellt.

Auf vergleichbare Weise gibt Pico daraufhin auch bezüglich Zalmoxis' seine Quelle an: „Im 'Charmides' wird er antworten, die Magie des Zalmoxis [magiam Xalmosidis] sei eine Medizin für die Seele; durch sie werde nämlich der Geist zur Mäßigung geführt, wie durch jene dem Körper Gesundheit verschafft werde".[241] Wie im Kapitel zur griechischen Rezeption gesehen, beschreibt Platon im Kontext der relevanten Stelle des *Charmides* ein *phármakon*, das – gleichzeitig mit einem rituellen Spruch oder Gesang angewendet – Kopfschmerzen heile und auf den König der Thraker, Zalmoxis, zurückzuführen sei;[242] an etwas späterer Stelle im *Charmides* wird schließlich auch Abaris als Gewährsmann für entsprechende Heilrituale genannt. So lassen sich die Wurzeln, die Pico im Rahmen seiner Geschichtskonstruktion der positiven *magia* angibt, konkret rekonstruieren: der Graf beruft sich auf zwei kurze Stellen im *ersten Alkibiades* und im *Charmides*, die zum einen die Zuordnung von *mageía* zu Zoroaster und den persischen Götterkult, zum anderen die Zuordnung bestimmter Heilrituale zu konkret genannten (historisch allerdings kaum rekonstruierbaren) Figuren (Zalmoxis, Abaris) implizieren. Picos Stilisierung einer weit zurückreichenden Tradition positiver *magia* entpuppt sich bei genauerer Betrachtung als eigenwillige Auslegung dekontextualisierter Quellentexte.

Doch damit nicht genug – Pico schmückt die Pseudo-Historie der positiven *magia* weiter aus:

> „Auf den Spuren dieser Männer fuhren später Carondas, Damigeron, Apollonios, Hostanes und Dardanos fort. Auch Homer hielt hieran fest, der, wie ich einmal in meiner 'Theologie der Poesie' beweisen werde, wie alle anderen Weisheiten, so auch diese hinter den Irrfahrten seines Odysseus verborgen hat. Eudoxos und Hermippos hielten daran fest, ebenso wohl alle, die die pythagoreischen und platonischen Mysterien erforscht haben. Von den Jüngeren aber finde ich drei, die sie wahrgenommen haben, den Araber Alkindi, Roger Bacon und Wilhelm von Paris."[243]

Picos Aufzählung weiterer Tradenten wirkt nicht zufällig so arbiträr wie die bereits bei Plinius dem Älteren genannte Magierliste. Offenbar hat der Graf einen Teil der genannten Figuren direkt von dem römischen Historiker übernommen, so etwa Eudoxos und Hermippos, Osthanes (Hostanes) und Dardanos.[244] Damigeron und Carondas fehlen bei Plinius, Damigeron wird allerdings in einigen Magierlisten der Kirchenväter genannt, an

---
241 Buck, *Giovanni Pico...*, 54/55.
242 Vgl. Platon, *Charmides*, 155e5-8.
243 Buck, *Giovanni Pico...*, 54/55.

denen sich Pico zusätzlich orientiert haben mag.[245] Interessant ist, dass Pico zwar diese – dem Ausgrenzungsdiskurs zuzuordnenden! – Magierlisten aufgreift, jedoch keinen Widerspruch darin sieht, die genannten Personen nun zu Gewährsmännern der positiv konnotierten *magia naturalis* umzufunktionalisieren. Dadurch wird die Frage nach einem verbindenden Charakteristikum der genannten Personen freilich hinfällig; anstatt ein verbindendes semantisches Band anzunehmen, lässt sich vielmehr feststellen, dass Pico hier ein recht willkürliches Amalgam aus antiken Autoren und Autoritäten erstellt, um durch die positive Reputation der genannten Personen auch den Magiebegriff aufzuwerten.

Folgerichtig impliziert auch seine Nennung Apollonios von Tyanas eine signifikante Veränderung gegenüber der bisherigen, insbesondere spätantiken Rezeption; während die graeco-römische Apollonios-Rezeption (etwa bei Porphyrios) den Magievorwurf von dem Pythagoräer ja fern hielt, wurde dieser im Zuge christlicher Propaganda – wie gesehen – zum Prototyp eines (negativen) *Magiers* stilisiert. Indem Pico den antiken Philosophen nun als Tradenten der *magia naturalis*, das heißt eines positiven Magiebegriffs instrumentalisiert, weicht er signifikant von diesen beiden antiken Lesarten ab. Während die Nennung Homers wiederum auf der (bereits antiken) Zuschreibung einzelner Mythologeme zum Magiebegriff zu basieren scheint,[246] steht hinter der Zuordnung antiker Vertreter der pythagoräischen und platonischen Philosophie offenbar der Wunsch, deren Weisheit als Kennzeichen von *magia naturalis* auszuweisen. Die drei letztgenannten Autoren, Al-Kindī, Roger Bacon und Wilhelm von Auvergne sind in der Tat begriffsgeschichtlich einzuordnen. Wie oben angesprochen, ist durch die lateinische Übersetzung einzelner Schriften des Al-Kindī die Rezeption eines positiven Magiebegriffs im hochmittelalterlichen Gelehrtendiskurs – explizit bei Roger Bacon und Wilhelm von Auvergne – maßgeblich beeinflusst worden.

Pico fährt schließlich fort, indem er – wie könnte er ihn auslassen – auch Plotin in seine fiktive Tradentenreihe der *magia naturalis* einreiht: „Auch Plotin erwähnt sie, wo er zeigt, daß der Magier Diener der Natur und nicht Meister ist [Meminit et Plotinus, ubi naturae ministrum esse et non artificem Magum demonstrat]".[247] Nach diesem Verweis auf Plotin, *Enneaden*, 4, 4, 40 nimmt die Verteidigung der *magia naturalis* schließlich hymnische Töne an:

---

244 Vgl. Plinius Maior, *Naturalis Historiae*, 30. Buch, zu Euxodos und Hermippos 3f; zu Osthanes und Dardanos Ebenda, 30. Buch, 8/9.
245 Vgl. etwa Tertullian, *De Anima*, 57 und Arnobius, *Adversus Nationes* 1, 52, 1; Tertullian nennt außerdem auch Osthanes und Dardanus, Arnobius nennt neben Zoroaster, Damigeron, Dardanus und Julian dem Chaldäer auch Apollonios.
246 Möglicherweise orientiert Pico sich auch hier an der Zuordnung der Homerischen Epen (insbesondere der Kirke-Passage) zu *magia* durch Plinius in *Naturalis Historiae*, 30, 6.
247 Buck, *Giovanni Pico...*, 54/55.

10.4. Pico della Mirandola

„Wie nämlich jene den Menschen üblen Mächten als willfährigen Sklaven unterwirft, so macht ihn diese zu ihrem Fürsten und Herrn. Jene kann schließlich weder die Bezeichnung 'Kunst' noch 'Wissenschaft' für sich beanspruchen; diese ist voll höchster Mysterien und umfaßt die tiefste Betrachtung der geheimsten Dinge und endlich die Erkenntnis der gesamten Natur. Zwischen den von Gottes Gnade auf der Welt ausgestreuten und gesäten Kräften, die sie gleichsam aus dem Verborgenen ans Licht ruft, wirkt sie nicht so sehr Wunder, wie sie der wirkenden Natur emsig dienstbar ist. Sie hat die Übereinstimmung der Welt, die die Griechen treffender συμπάθεια nennen, mit besonderer Gründlichkeit erforscht und die Wechselseitigkeit der Erkenntnisse über die Naturen klar durchschaut, und so wendet sie die einer jeden Sache naturgegebenen und eigenen Reize an, die die ἴυγγες der Magier genannt werden."[248]

Die zweite *magia* umfasse die „tiefste Betrachtung der geheimsten Dinge" und führe dadurch zur „Erkenntnis der gesamten Natur" –[249] an dieser Stelle der *Oratio* zeigt sich die semantische Nähe zur (späteren) Stoßrichtung empirischer Naturwissenschaft. Bei Pico mündet die verblüffende Glorifizierung des Magiebegriffs in der Zuordnung zu Gott, da *magia* die Kräfte, die Gott selbst in der Welt verankert habe, „aus dem Verborgenen ans Licht" rufe.[250] Daher würden durch *magia* auch keine Wunder gewirkt – diese nutze vielmehr die „Übereinstimmung der Welt", welche von den Griechen (also Plotin und den Neuplatonikern) unter dem Begriff συμπάθεια gefasst worden sei. Konkret wirke sie in diesem Zusammenhang durch Reize beziehungsweise Lockmittel (*ἴυγγες*) – Pico orientiert sich hier an einer Passage in Synesios' Schrift *De Insomniis*.[251] Ausgehend von der Überzeugung, dass jene *magia* also nur natürliche Zusammenhänge beeinflusse, kann Pico sie daraufhin – wie Ficino – neben die Landwirtschaft stellen.[252] Schließlich münden die Ausführungen des Grafen in einer Art Schlussgebet:

---

248 Buck, *Giovanni Pico...*, 54-57.
249 Diesem Abschnitt entsprechen die Thesen II, 9, 5/10/11 und – prägnant – 13 der *Conclusiones*; vgl. Farmer, *Syncretism in the West...*, 496-99: „9>5. No power exists in heaven or earth [Nulla est uirtus in caelo aut in terra] seminally and separated that the magician cannot actuate and unite. [...] 9>10. What man the magus makes through art, nature made naturally making man [Quod magus homo facit per artem, fecit natura naturaliter faciendo hominem]. 9>11. The miracles of the magical art [Mirabilia artis magicae] exist only through the union and actuation of those things that exist seminally and seperated in nature. [...] 9>13. To operate magic is nothing other than to marry the world [Magicam operari non est aliud quam maritare mundum]."
250 Vgl. hierzu Pico, *Conclusiones Nongentae*, II, 9, 6 nach Farmer, *Syncretism in the West...*, 496/97: „9>6. Whatever miraculous work is performed, wether it is magical or Cabalistic [sit magicum, siue cabalisticum] or of any other kind, should be attributed principally to God the glorious and blessed, whose grace daily pours supercelestial waters of miraculous power liberally over contemplative men of good will."
251 Vgl. Synesios, *De Insomniis*,132b/c; ausführlicher zur Passage Copenhaver, „Iamblichus, Synesius and the Chaldean Oracles...", 447.
252 Vgl. Buck, *Giovanni Pico...*, 56/57.

„So kommt es, daß diese ebenso göttlich und heilbringend erscheint wie jene ungeheuerlich und schädlich; besonders deswegen, weil jene den Menschen an Gottes Feinde verkauft und so von Gott wegruft, diese zu einer Bewunderung der Werke Gottes ermuntert, der hingebungsvolle Liebe, Glaube und Hoffnung ganz gewiß folgen. Denn nichts fördert die Frömmigkeit und die Verehrung Gottes mehr als die ständige Betrachtung der Wunder Gottes. Wenn wir diese durch die natürliche Magie, die wir hier behandeln, gut erforscht haben, werden wir uns für die Verehrung und Liebe des Schöpfers glühender begeistern und nicht anders können als singen: 'Voll sind die Himmel, voll ist die ganze Erde von der Majestät deiner Herrlichkeit.'"[253]

Picos Aufwertung des Magiebegriffs findet hier ihren abschließenden Höhepunkt. Die Vorstellung, dass *Magie* selbst *heilbringend*, ja *göttlich* sei, findet sich zwar auch in selbstreferentiell-*magischen* Texten wie den *Papyri Graecae Magicae*, ist jedoch in dieser Prägnanz sicherlich von keinem christlichen Autor vor Pico formuliert worden. Mehr noch: *magia* rufe eine Bewunderung der Werke Gottes hervor, welche zur Verwirklichung der christlichen Kardinaltugenden Glaube, Liebe und Hoffnung führe! Der traditionelle Gegensatz von *Wunder* und *Magie* wird hier radikal aufgelöst – beide Begriffe finden im Naturbegriff ihre Synthese und werden so auch mit dem christlichen Glauben verschmolzen. Pico verkehrt mit seiner abschließenden Behauptung, dass *Magie* zu nichts anderem als zur Verherrlichung und Lobpreisung Gottes führen würde, die Augustinische Magiologie radikal in ihr Gegenteil. Es ist angesichts dieser Zeilen in der Tat verblüffend, dass der Graf überzeugt war, mit seinen Ideen in Übereinstimmung mit der kirchlichen Lehrmeinung zu stehen.

10.4.2. Picos *Conclusiones Nongentae*

Picos Thesen zu *magia* in seinen *Conclusiones Nongentae* offenbaren ein weiteres zentrales Anliegen des Grafen – die große Bedeutung, die Ficino der Astrologie zumaß, entsprach Picos Faszination für die jüdische Texttradition der *Kabbalah*.[254] Pico gilt gemeinhin als erster christlicher Autor, der sich eingehend mit kabbalistischen Texten auseinander gesetzt hat;[255] im Vorfeld seiner Reise nach Rom hatte er in diesem Zusammenhang den jüdischen Konvertiten Flavius Mithridates (auch bekannt als Raimundo Moncada) beauftragt, ein umfangreiches, von Pico erworbenes Korpus hebräischer Texte ins Lateinische zu übersetzen. Gestalt und Umfang dieser Texte sind bis heute nicht vollständig erforscht – erst in den letzten Jahren hat

---

253 Buck, *Giovanni Pico...*, 56/57.
254 Der Astrologie hingegen stand Pico wiederum kritisch gegenüber, wie besonders seine in den letzten Lebensjahren verfasste Schrift *Disputationes adversus astrologiam divinatricem* veranschaulicht; vgl. ausführlicher Stausberg, *Faszination Zarathustra...*, 235f.
255 Vgl. Müller-Jahncke, „Von Ficino zu Agrippa...", 39f.

10.4. Pico della Mirandola

sich ein Forschungsprojekt der Universitäten Berlin und Florenz der Rekonstruktion und Analyse von Picos *kabbalistic library* zugewendet.[256] Sicher ist, dass der Graf einen sehr weiten *Kabbalah*-Begriff vor Augen hatte, der eng mit der ursprünglichen, hebräischen Bedeutung des Begriffs in Verbindung stand: *Tradition*.[257] Der Begriff implizierte bei Pico nicht (nur) jene Texte, die heute als Kernschriften des mittelalterlichen, mystischen Judentums angesehen werden und „erst im 9. und 13. Jahrhundert in Spanien und der Provence kodifiziert worden" sind –[258] wie die Texte *Zohar*, *Sefer Ha-Bahir* oder *Sefer Jetzirah*.[259] Picos *Kabbalah* hatte vielmehr die gesamte nachbiblische, jüdische Literatur im Blick, also beispielsweise auch die *Talmud*-Tradition, welche von der christlichen Theologie seiner Zeit nicht nur ignoriert, sondern geradezu verachtet worden ist. In den Worten Joseph Dans: „Giovanni Pico della Mirandola and his friends and followers extended the Christian sanctification of the Hebrew bible to the totality of Jewish tradition: a courageous and radical theological breakthrough, which stood in opposition to the current Christian attitude of rejection and hatred towards the Talmud and everything descended from it".[260]

Entscheidend ist, dass einige der von Pico rezipierten jüdischen Texte Formen der Bibelinterpretation an den Tag legten, die ein anderes Sprachverständnis implizierten; während die christliche Bibelexegese meist auf lateinischen Übersetzungen basiert und üblicherweise nur den semantischen Textinhalt thematisiert hatte,[261] stand der jüdischen Exegese traditionell ein viel breiteres Spektrum an Zugriffsmöglichkeiten auf die Heilige Schrift zur Verfügung. Da die hebräische Sprache und Schrift selbst als gottgegeben und heilig erachtet worden ist, ließen sich jenseits der rein semantischen Bedeutung des Tanach-Textes weitere Ebenen der Botschaft Gottes rekonstruieren:

---

256 Vgl. die Homepage der Forschergruppe "Giovanni Pico della Mirandola and The Kabbalah Translated into Latin", online verfügbar unter http://www.pico-kabbalah.eu/first_page.html (27.09.2009).

257 Vgl. Joseph Dan, „Jewish Influences III: 'Christian Kabbalah' in the Renaissance", 639, in: Hanegraaff/Faivre, *Dictionary of Gnosis...*, Band 2, 638-42: „The term 'kabbalah' in the concept 'Christian kabbalah' should therefore be understood in the original, general, Hebrew meaning of the term, that is, tradition."

258 Müller-Jahncke, „Von Ficino zu Agrippa...", 40. Freilich ist die Datierung der Schriften – etwa des *Zohar*, der textimmanent Shimon Bar Yochai, einem Rabbi des zweiten nachchristlichen Jahrhunderts zugeschrieben wird – äußerst umstritten; hier wird der Spätdatierung Melila Hellner-Esheds gefolgt: Melila Hellner-Eshed, „Zohar", 656, in: Fred Skolnik, Michael Berenbaum (Hg.), *Encyclopedia Judaica. Second Edition. Volume 21: Wel-Zy*, Detroit 2007, 647-64.

259 Vgl. Dan, „Jewish Influences III...", 639-41.

260 Ebenda, 639.

261 Ebenda: „Christian Scriptures were studied and interpreted in their translated form, mainly Latin; and therefore the semiotic level of meaning – the only one that is transmitted in translation – was almost the exclusive one."

"The means of revealing these meanings were not found only on the semantic level; rather, letter, word and verse represented a semiotic entity, conveying messages by means of the shapes of the letters, the vocalization and musical signs (*nikkud, teamim*), their adornments (*tagin*), their numbers and numerical values (*gematria*), acronyms of many kinds, including letter endings (*notarikon*), and the transmutation of letters into others, according to fixed rules (*temurah*). The library of Jewish texts which was available to the Renaissance humanists, in Latin translation or in the Hebrew originals, included extensive use of these methodologies (especially in the writings of Rabbi Judah the Pious of Regensburg, Rabbi Eleazar of Worms and Rabbi Abraham Abulafia)."[262]

Pico war fasziniert von diesem ganz anderen Umgang mit Sprache, welche er in den ihm zugänglichen Texten vorfand, besonders von der Idee, dass einzelne Wörter, Buchstaben, Zahlen und Laute eine eigene Bedeutung und Kraft aufweisen könnten. Hinzu kamen weitere *kabbalistische* Topoi – wie semiotische Interpretationen und Symbolisierungen der göttlichen Weltschöpfung, die (aus christlicher Sicht) verwirrende Vielfalt an hebräischen Gottesnamen, die Vorstellung von einer Harmonie und wechselseitigen Entsprechung unterschiedlicher Wirklichkeitsbereiche, oder auch das Konzept der Emanation Gottes in einer Reihe von Stufen (*Sephiroth*) –,[263] welche die Aufmerksamkeit Picos auf sich zogen und sich auf eigentümliche Weise mit seiner Rezeption des Magiebegriffs verbanden. Diesen konnte Pico offenbar deshalb als weithin synonym zu *Kabbalah* verwenden, da die Notation einer besonderen Bedeutung und Kraft von Worten oder Lauten bereits zuvor im semantischen Feld von *magia* angelegt war. Wohlgemerkt: der Ursprung (nicht nur) der Wort-, Buchstaben- und Zahlensymbolik in Picos *Kabbalah* lag ja in nichts anderem als einer Interpretation des Tanachs, der hebräischen Bibel. Im Zuge von Picos magiologischer Vereinnahmung dieses Textkorpus' trat also erneut ein (aus jüdischer Sicht) religiöser Topos in das semantische Feld des Magiebegriffs ein.

Pico glaubte schließlich – analog zu Ficinos Sichtweise auf das *Corpus Hermeticum* und die *prisca theologia* –, durch seine *kabbalistischen* Texte Zugang zu einer uralten, vorchristlichen Weisheitslehre zu erhalten, deren Ursprung letztlich in den mosaischen Büchern zu finden sei. Gerade mittels der *Kabbalah* hoffte er, die vermeintlich uralte Tradition der *magia naturalis* mit einem konkreten, auf biblische Ursprünge zurückführbaren Textkorpus belegen und legitimieren zu können. Folgerichtig zeigt sich in den *Conclusiones* eine fundamentale Synthese von *Kabbalah* und *magia*, wie die folgenden Thesen im neunten Abschnitt des zweiten Teils zeigen:

„9>7. The works of Christ could not have been performed through either the way of magic or the way of Cabala [Non potuerunt opera Christi uel per uiam magiae uel per uiam cabalae fieri]. [...]

---

262 Ebenda, 639/40.
263 Vgl. ausführlicher Ebenda, 640f.

10.4. Pico della Mirandola

9>9. There is no science that assures us more of the divinity of Christ than magic and Cabala [magia et cabala]. [...]

9>15. No magical operation can be of any efficacy [Nulla potest esse operatio magica alicuius efficaciae] unless it has annexed to it a work of Cabala, explicit or implicit. [...]

9>25. Just as characters are proper to a magical work [operi magico], so numbers are proper to a work of Cabala, with a medium existing between the two, appropriable by declination between the extremes through the use of letters.

9>26. Just as through the influence of the first agent, if that influence is individual and immediate, something is achieved that is not attained through the mediation of causes, so through a work of Cabala, if it is the pure and immediate Cabala, something is achieved to which no magic attains [quod nulla magia attingit]."[264]

Picos Abgrenzung der mirakulösen Taten Jesu von *magia* (und *Kabbala*) erscheint auf den ersten Blick etwas widersprüchlich zur vorherigen These 5, in der Pico dem *Magier* eine geradezu umfassende Wirkungsmöglichkeit bescheinigt hatte.[265] Der Graf rezipiert hier offenbar (anders als in der *Oratio*) die klassische Gegenüberstellung der – *magia* übersteigenden – *Wunder* Jesu, möglicherweise um seinen Orthodoxieanspruch mit Blick auf die Sonderstellung Christi nicht zu gefährden.[266] Wichtiger ist gleichwohl die Vorstellung einer fundamentalen Verwobenheit von *magia* und *Kabbalah*, die in der prägnanten These 15 mündet: „No magical operation can be of any efficacy [Nulla potest esse operatio magica alicuius efficaciae] unless it has annexed to it a work of Cabala, explicit or implicit".[267]

Insgesamt ist wiederum unklar, was Pico hier eigentlich mit diesen Begriffen bezeichnen will; es kann wohl – auch aufgrund der häufigen Verwendung des Begriffs *Effektivität* (*efficacia*) – davon ausgegangen werden, dass er hier rituelle Praktiken vor Augen hat, die in dem Sinne wirkmächtig (*effektiv*) sind, dass sie die materielle Lebenswelt des Menschen und sein Schicksal konkret beeinflussen können. Gleichwohl wird *magia* einführend als praktischer – mehr noch: als hochwertigster – Teil von *Naturwissenschaft* (*scientia naturalis*)[268] markiert, sodass hier auch die Nutzung einer (nicht

---

264 Pico, *Conclusiones Nongentae*, II, 9, 7f nach Farmer, *Syncretism in the West...*, 496-503.
265 Vgl. Pico, *Conclusiones Nongentae*, II, 9, 5 nach Farmer, *Syncretism in the West...*, 496/97: „9>5. No power exists in heaven or earth [Nulla est uirtus in caelo aut in terra] seminally and separated that the magician cannot actuate and unite."
266 Entsprechend ist auch These 9, 8 zu lesen – Pico, *Conclusiones Nongentae*, II, 9, 8 nach Farmer, *Syncretism in the West...*, 496/97: „9>8. The miracles of Christ [Miracula Christi] are the most certain argument of his divinity, not because of the things that he did, but because of the way in which he did them."
267 Pico, *Conclusiones Nongentae*, II, 9, 15 nach Farmer, *Syncretism in the West...*, 498/99.
268 Vgl. hierzu auch Thesen II, 9, 2 bis 4 – Pico, *Conclusiones Nongentae*, II, 9, 2-4 nach Farmer, *Syncretism in the West...*, 494/95: „9>2. Natural magic is permitted and not prohibited [Magia naturalis licita est et non prohibita], and concerning the universal theoretical foundations of this science I propose the following conclusions according to my own opinion. 9>3. Magic is the practical part of natural science [Magia est pars practica scientiae natura-

näher gekennzeichneten) Naturkraft mitschwingt. In diesem Zusammenhang wird *Kabbalah* gegenüber *magia* sogar noch als überlegen ausgewiesen – insbesondere die Wort-, Buchstaben- und Zahlensymbolik erscheint schließlich als geradezu prototypische Ausdrucksform von *magia*:

> „9>19. Voices and words have efficacy in a magical work, because in that work in which nature first exercises magic, the voice is God's [Ideo uoces et uerba in magico opere efficaciam habent, quia illud in quo primum magicam exercet natura, uox est dei].
> 9>20. Every voice has power in magic insofar as it is shaped by the voice of God [Quaelibet uox uirtutem habet in magia, inquantum dei uoce formatur].
> 9>21. Voices that mean nothing are more powerful in magic than voices that mean something [Non significatiuae uoces plus possunt in magia quam significatiue]. And anyone who is profound can understand the reason for this conclusion from the preceding conclusion.
> 9>22. No names that mean something, insofar as those names are singular and taker per se, can have power in a magical work [in magico opere uirtutem habere possunt], unless they are Hebrew names, or closely derived from Hebrew.
> 9>23. Every number besides the ternarius and denarius {3 and 10} are material numbers in magic [in magia]. Those are formal numbers, and in magical arithmetic [in magica arithmetica] are the numbers of numbers.
> 9>24. Out of the principles of the more secret philosophy it is necessary to acknowledge that characters and figures are more powerful in a magical work [in opere Magico] than any material quality."[269]

Pico baut hier – wie Ficino in *De Vita* – den Topos der *voces magicae* in seine Perspektive der *magia naturalis* ein und äußert seine zur kirchlichen Lehrmeinung freilich erneut inkompatible Überzeugung, dass das *magische* Sprechen letztlich eine Kanalisierung der Stimme Gottes darstelle und eben dadurch wirksam sei. Der Graf entzieht an dieser Stelle also auch der klassischen Unterscheidung von *religiösem* und *magischem* Sprechen den Boden. Die *voces magicae* werden gewissermaßen als Funktionalisierung der biblisch bezeugten Macht des Gotteswortes stilisiert und explizit der hebräischen Sprache zugeordnet. Zu dieser bereits an Picos *Kabbalah*-Verständnis angelehnten Setzung gesellt sich die enge Zuordnung von Zahlen, Buchstaben und Bildern zu *magia*, sowie die Vorstellung, dass diese weitaus effektiver seien als die Verwendung materieller Ritualmittel. Auch diese Bevorzugung geistiger gegenüber materiellen Ritualmitteln ist sicherlich seiner Wertschätzung der *Kabbalah* geschuldet. Denn der Geist trage – so These 14 – selbst eine *magische* Qualität in sich: „9>14. If there is any nature immediate to us that is either simply rational, or at least exists for the most part rationally, it has magic in its summit, and through its participation in men

---

lis]. 9>4. From that conclusion and the forty-seventh paradoxical dogmatizing conclusion, it follows that magic is the noblest part of natural science [sequitur quod magia sit nobilissima pars scientiae naturalis].“; Kursivsetzung Farmer.
269 Pico, *Conclusiones Nongentae*, II, 9, 19-24 nach Farmer, *Syncretism in the West*..., 502/03.

10.4. Pico della Mirandola 485

can be more perfect".[270] An Picos *Kabbalah* angelehnt sind schließlich auch die geographischen Verortungen von *magia* in den Thesen 16 bis 18, die eine Zuordnung zum Lebensbaum nahe legen.[271]

So findet auch die bis in rezente Darstellungen hineinreichende Vorstellung, dass die *Kabbalah* selbst *magisch* sei oder *magische* Qualitäten aufweise –[272] sicherlich im Gegensatz zum Selbstverständnis ihrer jüdischen, dem Ausgrenzungsdiskurs zuzuordnenden Autoren – in Giovanni Pico della Mirandola ihren (Diskurs-) Begründer. Gleich der erste Rezipient von lateinischen Übersetzungen kabbalistischer Texte ordnet deren Inhalte dem Magiebegriff zu. Ausgehend von den Setzungen des Grafen ist es nicht verwunderlich, dass sich bereits in den 1490er Jahren Verarbeitungen des *magia-naturalis*-Topos beobachten lassen, die Wort- und Zahlensymbolik als wesentlichen Bestandteil von *magia* ansehen (etwa bei Johannes Reuchlin und Johannes Trithemius).[273] Über Pico wird daher erneut ein ursprünglich religiöser Topos – die jüdische Tradition semiotisch-symbolischer Tanach-Exegese – unter der Chiffre *Kabbalah* dem Magiebegriff zugeordnet.

Picos Aufwertung von *magia* in der *Oratio* und den *Conclusiones* ist nicht nur hinsichtlich ihrer Prägnanz, sondern auch ihrer Wirkung auf den frühneuzeitlichen Magiediskurs so maßgeblich, dass die Analyse weiterer Schriften des Grafen – etwa die in ihrer Argumentation weitgehend analog vorgehende *Apologia*[274] oder auch seiner späteren Schriften *Heptaplus* (1489) und *De ente et uno* (1491) – sowie die Frage, ob Pico in seinen letzten Lebensjahren möglicherweise Abstand von seiner positiven Deutung des Magiebegriffs genommen hat,[275] hier vernachlässigt werden kann. Die Verbreitung der *Conclusiones* ist zwar von kirchlicher Seite zunächst unterbunden worden (obwohl von den Thesen zu *magia* verblüffenderweise nur zwei als häretisch deklariert worden sind).[276] Gleichwohl kann – zusätzlich zur Drucklegung und Verbreitung des Mirandolischen Werks ab 1496 – von einem weitreichenden Einfluss der waghalsigen Rom-Episode des Grafen auf den frühneuzeitlichen Magiediskurs ausgegangen werden. Hier hat

---

270 Pico, *Conclusiones Nongentae*, II, 9, 14 nach Farmer, *Syncretism in the West...*, 498/99.
271 Vgl. Pico, *Conclusiones Nongentae*, II, 9, 16-18 nach Farmer, *Syncretism in the West...*, 500/501: „9>16. That nature that is the horizon of eternal time is next to the magus [mago], but below him. 9>17. Magic [magia] is proper to the nature of that which is the horizon of time and eternity, from whence it should be sought through due modes known to the wise. 9>18. The nature of that which is the horizon of temporal eternity is next to the magus [mago], but above him, and proper to it is the Cabala."; Kursivsetzung Farmer.
272 Vgl. im populärwissenschaftlichen Sektor etwa Michael D. Eschner, Jürgen Hostrup, *Die magische Kabbala*, Holdenstedt 1986; Rolph Gail, *Magische Kabbala. Der westliche Weg*, München 1995.
273 Vgl. unten, Kap. 10.6.
274 Vgl. zur *Apologia* ausführlicher Stausberg, *Faszination Zarathustra...*, 250f.
275 Vgl. zur Diskussion Ebenda, 253ff.
276 Nämlich (nach der Zählung Farmers) II, 9, 8 und II, 9,9.

einer der berühmtesten italienischen Humanisten des 15. Jahrhunderts die römische Kurie öffentlich mit einer radikal anderen Deutung von *magia* konfrontiert. Picos Aufwertung des Magiebegriffs – die in These 13 der *Conclusiones* („To operate magic is nothing other than to marry the world [Magicam operari non est aliud quam maritare mundum]") einen ihrer metaphorischen Höhepunkte findet – konnte für humanistische Autoren des 15. und 16. Jahrhunderts Vorbildcharakter haben und diese zu weiterführenden Verarbeitungen des *magia-naturalis*-Topos' inspirieren. Nicht zuletzt hat Pico auch (gewissermaßen rückwirkend) Marsilio Ficino bei der Ausarbeitung von *De Vita* (sowie insbesondere der *Apologia*) beeinflusst. In der vorliegenden Arbeit wird daher davon ausgegangen, dass Marsilio Ficino und Giovanni Pico della Mirandola mit ihren Schriften maßgeblich zur positiven Aufwertung und Rezeption des Magiebegriffs in der Frühen Neuzeit beigetragen haben und so spätere Werke wie Agrippa von Nettesheims *De Occulta Philosophia* oder auch Giambattista della Portas *Magiae naturalis sive de miraculis rerum naturalium* erst möglich gemacht haben.

10.5. Fazit: Zum semantischen Gehalt des *magia-naturalis*-Topos'

Der Magiebegriff übt auch auf die Vertreter der üppigen Forschungsliteratur zum Gegenstandsbereich des vorliegenden Kapitels einen nicht unerheblichen und mitunter irrationalen Reiz aus. Zwar ist man sich meist bewusst, dass die Fasssung des Begriffs bei den frühneuzeitlichen Autoren uneinheitlich ist und zum Teil sehr heterogene Gegenstandsbereiche abbildet. Gleichwohl hat auch im akademischen Forschungsfeld des frühneuzeitlichen Magiediskurses die unzureichende Berücksichtigung der kritischen Magiedebatte der Religionswissenschaft dazu geführt, dass der Magiebegriff im Quellen- und Analysetext einschlägiger Untersuchungen auf unsaubere und für den Forschungsprozess zum Teil äußerst nachteilhafte Weise vermengt ist. Wenn etwa Wolf-Dieter Müller-Jahncke in seinem ansonsten hervorragenden Aufsatz „Von Ficino zu Agrippa. Der Magia-Begriff des Renaissance-Humanismus im Überblick" mehrfach davon schreibt, dass Marsilio Ficino in *De Vita* das Konzept einer *magia caeremonialis* entwickelt habe, tut er nicht nur dem Florentiner und dessen Selbstverständnis unrecht, gewiss keine Schrift zu *magia caeremonialis* verfasst zu haben.[277] Problematischer ist noch, dass das von Müller-Jahncke angesprochene *magia-caeremonialis*-Konzept – aufgrund hierzu fehlender Ausführun-

---

277 Vgl. Müller-Jahnke, „Von Ficino zu Agrippa...", 38f. Müller-Jahnke rückprojiziert hier offenbar die erstmalige Verwendung des Syntagmas im dritten Buch von Agrippa von Nettesheims *De Occulta Philosophia* auf Ficinos *De Vita*.

10.5. Fazit: zum semantischen Gehalt des magia-naturalis-Topos' 487

gen Ficinos – ganz offenbar *sein eigenes* darstellt; im Aufsatz fehlen jedoch erläuternde Ausführungen dazu, was Müller-Jahnke selbst unter *magia caeremonialis* versteht!

In der vorliegenden Arbeit wird bezweifelt, dass es möglich ist, ein trennscharfes Konzept einer solchen *magia caeremonialis* im akademischen Diskurs zu formulieren; stattdessen wird vorgeschlagen, auch im Kontext des frühneuzeitlichen Magiediskurses streng rezeptionsgeschichtlich vorzugehen und sich darauf zu beschränken, den Magiebegriff der frühneuzeitlichen Autoren einzeln und möglichst präzise zu rekonstruieren. Wesentliche Bedingung hierfür ist, nicht gleichzeitig mit einem substanziellen Magiebegriff im Analysetext zu operieren. Erst dann wird es möglich, die frühneuzeitliche Umdeutung des Magiebegriffs genauer in den Blick zu nehmen, Unterschiede zwischen den einzelnen Autoren herauszuarbeiten und insbesondere die (fragwürdige) semantische Gestalt des (merkwürdigen) Syntagmas *magia naturalis* selbst in den Blick zu nehmen.

Denn was bedeutet nun eigentlich *magia naturalis*? Lässt sich diese von den beiden hier thematisierten Autoren verwendete Formulierung – Marsilio Ficino und Pico della Mirandola können in dieser Hinsicht weitgehend parallel gelesen werden – trennscharf bestimmten Gegenständen zuordnen? Betrachtet man zunächst das antike Bedeutungsspektrum des Magiebegriffs und dessen Einfluss auf die beiden Humanisten, ist das semantische Feld nicht besonders scharf vorgezeichnet. So dringt die Vorstellung einer konkreten, zielgerichteten (in der vorliegenden Arbeit häufig als *individualreligiös* bezeichneten) Ritualpraxis zur Beeinflussung menschlicher Lebensbereiche in den frühneuzeitlichen Topos ein, sowie, damit einher gehend, auch die Vorstellung einer entsprechenden Ritualwirkung – ein Zusammenhang, der etwa durch die häufige Verwendung des lateinischen Begriffs *efficacia* bei Ficino und Pico angezeigt ist. Die in den meisten antiken Texten und so auch bei neuplatonischen Autoren üblichen Konnotationen des *Areligiösen*, *Minderwertigen* und *Betrügerischen* fallen bei den beiden frühneuzeitlichen Gelehrten freilich weg und weichen vielmehr einer positiven magiologischen Vereinnahmung auch solcher antiker Texte, die selbst gar keinen Magiebegriff aufweisen – wie etwa bei Proklos' Schrift περὶ ἱερατικῆς τέχνης und deren Rezeption bei Marsilio Ficino gesehen. Die eigentliche produktive Leistung der beiden Autoren besteht schließlich darin, das Wortspiel Plotins in *Enneade* 4, 4, 40 ernst zu nehmen und dem unscharfen antiken Topos einer *ars magica* und einer hierdurch evozierten Ritualwirkung eine weitere, darüber liegende Abstraktionsstufe hinzuzufügen: so gehen Ficino und Pico nun auch von einer kosmischen Grundkraft *magia* aus, welche als omnipräsente Potenz letztlich hinter allen beobachtbaren Naturprozessen stehe – nicht nur hinter den Ritualpraktiken des *Magiers*, sondern auch hinter den wachsenden Ähren des Bauerns, der Medizin des Arztes, der Wirkung des Gebets, dem Einfluss der Planeten und Himmelskörper oder auch hinter den in antiken Texten (sowie biblisch) bezeugten mirakulösen Fähigkeiten einzelner Personen.[278]

Sowohl Ficino als auch Pico sind nicht nur von der Existenz dieser Kraft überzeugt, sondern auch von ihrer prinzipiell positiven Qualität und einer uralten Tradition weiser Männer, die schon immer gewusst hätten, wie jene zu evozieren, zu nutzen und zu steuern sei. Jenes antike Philosophem, welches am ehesten geeignet war, als konzeptioneller Rahmen für die Vorstellung und Nutzbarmachung einer solchen Kraft zu fungieren – das Plotinische Sympathiekonzept – hat entsprechend auf den Diskursbegründer des frühneuzeitlichen *magia-naturalis*-Topos', Marsilio Ficino, maßgeblich eingewirkt. Gleichwohl ist der von ihm initiierte Diskurs durch eine signifikante terminologische Verlagerung gekennzeichnet: jene Kraft, welche den Kosmos durchdringe und seine einzelnen Bestandteile miteinander verbinde, wird im „Neo-Neuplatonismus"[279] des 15. Jahrhunderts nicht mehr als συμπάθεια bezeichnet, sondern eben als: *magia*.

Was hat es mit dem attributiven Zusatz *naturalis* auf sich? Inwiefern ermöglicht es der Naturbegriff den beiden Autoren, den Magiebegriff auf die von ihnen intendierte Weise umzudeuten und aufzuwerten? Zunächst: der frühneuzeitliche Naturbegriff ist freilich nicht direkt auf den modernen, von einem mechanistischen, weithin *entzauberten* Weltverständnis geprägten Naturbegriff übertragbar.[280] Kurt Goldammer hat in seinem Büchlein *Der göttliche Magier und die Magierin Natur* zurecht darauf hingewiesen, dass in der Frühen Neuzeit „die heutige Begriffshypostasierung einer alles beherrschenden Größe 'Natur' fehlt. Die Idee einer Natur als Gegenüber Gottes oder des Menschen, als einer selbständigen Größe, womöglich sogar als Alternative zum Göttlichen oder zur Transzendenz mit einem Eigenleben, unabhängig von Gott und Mensch, gibt es nicht."[281] Stattdessen ist der von Ficino und Pico verwendete Naturbegriff primär in Anlehnung an die Tradition der *philosophia naturalis* zu lesen,[282] also jener

---

278 Vgl. hierzu auch Copenhaver, „Hermes Trismegistus, Proclus, and a the Question of...", 88: „Both his [gemeint ist Ficino; d. Verf.] love and his magic are forces: They drive the motions of the heavenly bodies, cause the changes of elements, humors, and compounds, and support the mutual attractions of all these organs of the living cosmos. There is a real, if imperfect, analogy among the function of love in Ficino's physics, the function of πνεῦμα in Stoic physics, and the function of force in Newton's physics. Though Ficino's love lacked both the explanatory power of Newton's force and the systematic coherence of the Stoic πνεῦμα, all three were terms of scientific intention in that they aimed to explain important features of the physical world."
279 Goldammer, *Der göttliche Magier...*, 32.
280 Dieses an Weber angelehnte Wortspiel sei hier verziehen. Entscheidend ist, dass der vom Siegeszug der Naturwissenschaften maßgeblich geprägte Naturbegriff des 20. und 21. Jahrhunderts anders gelesen werden muss als der von Ficino und Pico verwendete.
281 Goldammer, *Der göttliche Magier und die Magierin Natur...*, 11.
282 Vgl. Ebenda, 14, Fußnote 11: „Der Begriff der 'magia naturalis' scheint sich – mit einer gewissen Akzentverschiebung – zwanglos aus dem der 'philosophia naturalis' gewandelt zu haben, mit dem er manchmal fast identisch zu sein scheint".

10.5. Fazit: zum semantischen Gehalt des magia-naturalis-Topos'

mittelalterlich-scholastischen Wissenschaftsdisziplin, welche durch eine Form der Welterkenntnis gekennzeichnet ist, die nicht auf Offenbarung, Spekulation und göttlicher Eingebung basiert, sondern auf der sinnlichen Beobachtung und gedanklichen Ordnung weltlicher Erscheinungen und Ereignisse durch den Menschen.[283] Die hierauf basierenden Erfahrungswissenschaften lauten in scholastischer Terminologie entsprechend *Künste/ artes*, da sie auf künstlerische Weise der „Befriedung der Notwendigkeiten oder Beseitigung der Mängel der menschlichen Kreatur dienen".[284]

Während die oben erwähnten hoch- und spätmittelalterlichen Neustrukturierungen des artistischen Kanons noch damit rangen, die *artes magicae* unter die legitimen Künste und dadurch auch unter die *philosophia naturalis* zu subsummieren, ist der frühneuzeitliche *magia-naturalis*-Topos durch eine viel umfassendere Grundintention gekennzeichnet: „Hier ist der Versuch zu verzeichnen, [...] Vorstellungen einer uralten Gläubigkeit und Ritualfrömmigkeit aus ihren gedanklichen Zusammenhängen und mythisch-religiösen Hintergründen heraus erklärend zu ordnen, zu reinigen, zu stabilisieren und zum Range einer neuen 'Wissenschaftlichkeit' zu erheben".[285] Mehr noch – dadurch, dass *magia* nun zu einer alldurchdringenden Grundkraft des Kosmos' stilisiert wird, verweist die Formulierung *magia naturalis* entsprechend auf die Konstitution einer Wissenschaftsdisziplin, einer *scientia*, welche sich die systematische Erfassung und Beeinflussung der Grundkraft *magia* durch den Menschen zur Aufgabe macht. Ficino macht in mehreren Passagen darauf aufmerksam, dass die von ihm assoziierte Vorstellung von *magia* – etwa im Kontext der Wirkung eines Gebets oder Heilrituals – eben nicht auf der Einflussnahme Gottes oder untergeordneter transzendenter Agenten beruht, sondern vielmehr auf natürlicherweise im Kosmos angelegten Wirkungszusammenhängen, die dem Verständnis und der Kontrolle des Menschen prinzipiell zugänglich sind.[286] Dadurch werden Bedeutung und Reichweite der neu konstituierten philosophischen Disziplin *magia naturalis* so fundamental, dass sie notwendigerweise über allen anderen Künsten steht und – wie in Formulierungen

---

283 Vgl. Ebenda, 19: „'Natur' bezieht sich dabei fast noch mehr auf den Weg als auf den Gegenstand des Erkennens: naturgegebene Erkenntnis und das von ihr inspirierte Handeln. Ihr Gegenstück und gleichzeitig ihre unabdingbare Voraussetzung ist die die irdisch-menschliche 'Natur' übergipfelnde 'Übernatur' des Göttlichen, Geoffenbarten, das 'Übernatürliche' der Gotteswelt samt ihren Zeichen und gottgewirkten Wundern."
284 Fürbeth, „Die Stellung der artes magicae...", 256/57.
285 Goldammer, *Der göttliche Magier...*, 15.
286 Vgl. exemplarisch Ficino, *De vita coelitus comparanda*, XXI, 21f; XXI, 144f. Vgl. hierzu auch Goldammer, *Der göttliche Magier...*, 15/16: „Es ist die auf 'natürlichen Kräften', auf natürlichem Erkennen und auf Naturgegebenheiten beruhende, sich ihrer bedienende, aber nicht die Welt des 'Übernatürlichen', des Göttlichen, der Offenbarung unmittelbar berührende und nicht theologisch-religiös zu erklärende oder zu begründende, sondern eher 'philosophische' Magie. Sie ist ein 'natürliches Wissen' oder Wissen von Naturzusammenhängen (scientia naturalis)."

Ficinos und Picos explizit gesehen – als höchste Ausdrucksform der Philosophie selbst in Erscheinung tritt. Sie steht nun gewissermaßen „als neues 'sophisches' Weltverständnis, als Kosmosophie, als Universalwissenschaft neben der traditionellen Theologie".[287] Erst die Dichotomisierung zweier Arten von *magia* ermöglichte die Konstitution dieser prinzipiell positiv konnotierten Universalwissenschaft und ihre Abgrenzung von der minderwertigen, durch die Kirche scheinbar zurecht verdammten, traditionellen *ars magica* – beziehungsweise dem (vermeintlichen) *cultum demonum*.

So lässt sich festhalten, dass der frühneuzeitliche *magia-naturalis*-Topos durch mehrere signifikante Veränderungen gegenüber der bisherigen Rezeption des Magiebegriffs gekennzeichnet ist. Die neue, von Ficino und Pico antizipierte *magia* ist im Kern *natürlich* – das heißt: sie basiert nicht mehr auf der Einwirkung transzendenter Wesen, welche durch den Menschen rituell beeinflusst werden müssten. Zudem stellt jene neue *magia* nicht mehr lediglich eine Kunst (*ars*) dar, das heißt eine praktisch ausgerichtete Erfahrungswissenschaft, deren Erkenntnisstand stets schwankt und die aufgrund nur unsystematisch überlieferter, zudem meist als trügerisch erachteter Praktiken der Philosophie und Theologie weit unterlegen ist. Vielmehr ist jene neue *magia* – da sie das Verständnis und die Kontrolle einer von Gott gegebenen und dadurch prinzipiell legitimen Grundkraft des Kosmos zum Ziel hat – die „absolute Vollendung der Naturphilosophie [naturalis philosophiae absoluta consummatio]"[288] beziehungsweise „der hochwertigste Teil der Naturwissenschaft [nibilissima pars scientiae naturalis]".[289] Jene neue *magia* ist dadurch mehr als nur legitim – sie ist anerkannten Künsten wie der Medizin oder Landwirtschaft noch überlegen. Folgerichtig erscheint der *Magier* als Protagonist der *magia naturalis* nun als gleichermaßen weise wie moralisch hochwertige Identifikationsfigur.

Die weitgehend automatisch, geradezu mechanistisch operierende, gleichwohl okkulte (das heißt: verborgene) Naturkraft *magia* ist dem Menschen aufgrund seiner besonderen Stellung im Kosmos, insbesondere aufgrund seiner Vernunftbegabtheit natürlicherweise einsichtig und verstehbar. Die Kunst, die der *Magier* ausübt, beinhaltet dadurch keine mirakulösen Fähigkeiten oder Ereignisse mehr. Sie initiiert, unterstützt oder steuert lediglich bereits bestehende natürliche Wirkungszusammenhänge und hat, wie Ficino im Kontext seines Vergleichs zur Landwirtschaft in *De Amore*

---

287 Ebenda, 18.
288 Buck, *Giovanni Pico...*, 50-53.
289 Vgl. Pico, *Conclusiones Nongentae*, II, 9, 4 nach Farmer, *Syncretism in the West...*, 494/95.

festhält, nur vermittelnde Funktion.[290] Die *ars* selbst tritt dadurch gegenüber der *scientia* beziehungsweise *theoria* gleichsam in den Hintergrund, die theoretisch-spekulative Konstitution der *magia naturalis* und ihrer weitreichenden Implikationen für alle Aspekte des menschlichen Lebens kennzeichnet – ausgehend von den Ausführungen Ficinos und Picos – die intentionale Stoßrichtung des gesamten frühneuzeitlichen Magiediskurses.[291]

Zwar gehen diese Implikationen des frühneuzeitlichen Magiebegriffs in den folgenden Jahrhunderten, insbesondere im Zuge der sogenannten *Aufklärung* und des schließlichen Siegeszuges der *scientia naturalis* (ein Prozess, der aus rezeptionsgeschichtlicher Sicht also nicht unwesentlich durch die erneute Differenzierung der Begriffe *scientia* und *magia* gekennzeichnet ist) wieder verloren. Gleichwohl liegt in der Formulierung *magia naturalis* die semantische Wurzel der modernen, experimentell vorgehenden Naturwissenschaft mit ihrem fundamentalen Ziel, natürliche Vorgänge zu beschreiben, zu verstehen und zu prognostizieren, diese zu initiieren, zu manipulieren, zu kontrollieren und zu imitieren. Ficinos Ablösung des Magiebegriffs vom nunmehr über ein Jahrtausend gültigen, christozentrischen Ausgrenzungsdiskurs und seine radikale Aufwertung von *magia* illustriert daher auf prägnante Weise das frühneuzeitliche, humanistische Bedürfnis einer Beeinflussung des menschlichen Schicksals und seiner Lebenswelt *jenseits* der starren Grenzen des christlichen Weltbildes. Zwar werden moderne Wissenschaftshistoriker Ficinos und Picos Ausführungen im Detail belächeln und sicherlich auch gegenüber ihrer Rezeption des Magiebegriffs Vorbehalte anmelden. Doch ist es gerade dieser Begriff, der – insbesondere mit seinem attributiven Zusatz *naturalis* – die Emanzipation der frühneuzeitlichen Gelehrtenwelt von kirchlich-theologischen Lehrmeinungen wie kein anderer verkörpert.

10.6. Weiterführende Überlegungen

Im vorliegenden Kapitel wurde versucht, die fundamentale Aufwertung des Magiebegriffs bei den beiden Begründern des frühneuzeitlichen Magiediskurses – Marsilio Ficino und Giovanni Pico della Mirandola – in ihren

---

290 Vgl. hierzu auch Brach, „Magic IV: Renaissance...", 732: „With respect to natural magic, essentially the ancient topos (which eventually goes back to Aristotle) of a complementary opposition between Art and Nature remains as the root of a conception of magical action as consisting of strictly natural operations, in which human industry has the role of a steward, merely assisting the occult [...] natural powers, which it helps combine, harmonize and interweave."

291 Vgl. Ebenda, 731: „The contribution of the early modern period to the perception of 'magic' consists essentially of a number of more or less famous attempts at theorizing and systematizing it; indeed, it may well be asserted that ohne of the tasks assumed by Renaissance philosophy has been that of providing western culture with a hitherto absent 'general theory of magic'."

Grundzügen zu skizzieren. Aufgrund der methodologischen Ausrichtung der vorliegenden Arbeit wurde hierbei besonderer Wert auf die Rekonstruktion jener Schriften und Autoren gelegt, welche die beiden Humanisten bei ihrer Umdeutung und Aufwertung des Magiebegriffs maßgeblich beeinflusst haben. Vor diesem Hintergrund konnte gezeigt werden, dass Zeitpunkt und Ort der hier skizzierten, wirkungsgeschichtlich so bedeutsamen Transformation des Magiebegriffs im Europa der Frühen Neuzeit auf einen konkret rekonstruierbaren rezeptionsgeschichtlichen Zusammenhang zurückgeführt werden kann. Die beiden Humanisten antworten nicht etwa auf die zu ihren Lebzeiten immer drastischere Anwendung des *crimen magiae* – beziehungsweise die oben skizzierte „Konstruktion eines 'Superverbrechens'"[292] im Kontext des frühneuzeitlichen Hexereibegriffs. Sie sind also nicht als frühe Antagonisten der Hexenverfolgungen einzuordnen, indem sie etwa versuchten, den Ausgrenzungsdiskurs mit der Konstitution eines ganz anderen Magiebegriffs in Frage zu stellen.

Betrachtet man die rezeptionsgeschichtlichen Zusammenhänge, muss die gleichzeitige Radikalisierung des negativ konnotierten Magie- beziehungsweise Hexereibegriffs im Europa des 15. Jahrhunderts auf der einen und die radikale Aufwertung des Begriffs bei Marsilio Ficino und Pico della Mirandola auf der anderen Seite als bloßer Zufall gelten. Denn zwischen beiden Prozessen besteht kein erkennbarer historischer Zusammenhang. Jener christliche Autor, der die theoretische Grundlegung der frühneuzeitlichen Hexenverfolgungen mit seinen Schriften maßgeblich beeinflusst hat – Thomas von Aquin –,[293] hat zwar auch auf Marsilio Ficino eingewirkt. Das eigentliche initiatorische Ereignis und wesentliche Triebkraft hinter der Aufwertung des Magiebegriffs bei Ficino (und dadurch auch bei Pico) war allerdings die Wiederentdeckung und Übersetzung der Schriften Platons, Plotins, des *Corpus Hermeticum* sowie weiterer neuplatonischer Schriften, welche vom Florentiner Humanisten als Tradenten einer einheitlichen, uralten, authentischen Weisheitslehre gedeutet wurden. Dieses Ereignis ist in der Tat unabhängig von den text- und ideengeschichtlichen, psychosozialen und machtpolitischen Hintergründen der frühneuzeitlichen Hexenverfolgungen einzuordnen.

Gleichwohl *hat* die zeitliche Synchronizität dazu geführt, dass im Denken und in den Schriften Ficinos (mindestens) zwei nicht nur heterogene, sondern letztlich inkompatible Magiediskurse aufeinander trafen. Der Florentiner Humanist illustriert dadurch *in persona* die Notwendigkeit einer analytischen Unterscheidung unterschiedlicher, ja, gegensätzlicher Magiediskurse – und rechtfertigt insofern die in der vorliegenden Arbeit getroffene Kapitelstruktur. Insbesondere die platonisch-plotinischen Quellentexte Ficinos konfrontierten diesen mit einer Lesart des Magiebegriffs, die

---

292 Dazu insgesamt Rummel/Voltmer, Hexen..., 18-33.
293 Vgl. hierzu Linsenmann, *Die Magie bei Thomas...*.

ihm der christlich-theologische Diskurs (abgesehen von Mt 2, 1) bis dato vorenthalten hatte. Indem Ficino dieser, und nicht der christlichen Rezeption des Magiebegriffs folgte, legte er den Grundstein für die Umdeutung und Aufwertung des Begriffs in der Frühen Neuzeit.

Es ließen sich zahlreiche weitere Schriften des frühneuzeitlichen Magiediskurses untersuchen und auf ihre rezeptionsgeschichtlichen Zusammenhänge hin rekonstruieren – denn im Grunde werden alle wichtigen, von Ficino und Pico angestoßenen Aspekte des *magia-naturalis*-Topos bei späteren Autoren (freilich auf unterschiedliche Weise) aufgegriffen und weiterentwickelt.[294] Wie schnell dieser Prozess auch jenseits der Grenzen Italiens einsetzt, illustriert die wohl zwischen 1492 und 1494 verfasste, allerdings nie veröffentlichte Schrift *De Magia Naturali* des französischen Humanisten Jacques Lefèvre D'Étaples (* um 1450; † 1536), dem späteren Übersetzer der Bibel ins Französische (!), die stark an die Ausführungen Ficinos und Picos angelehnt ist.[295] Wie das Syntagma selbst wird etwa auch der Topos der *Kraft der Worte* schnell aufgegriffen – so bereits 1494 durch Johannes Reuchlin (* 1455; † 1522) in seiner vielgelesenen Schrift *De Verbo Mirifico* sowie etwas später (1517) auch in seiner Schrift *De Arte Cabbalistica*. Die Vorstellung einer „den Worten inhärente[n] Macht"[296] sowie ihre Synthese mit *Kabbalah* beeinflusst über Reuchlin schließlich auch den Abt Johannes Trithemius (* 1462; † 1516) – insbesondere seine hierfür maßgeblichen Schriften *Stenographiae* (um 1500) und *Polygraphiae* (1508) – und gelangt über diesen wiederum zu dem Gelehrten Heinrich Cornelius Agrippa von Nettesheim (* 1486; † 1535).

Dessen berühmtes Werk *De Occulta Philosophia* (1510 in einer ersten Fassung fertig gestellt; 1531 Drucklegung des ersten Buchs; 1533 Drucklegung der gesamten, überarbeiteten Schrift)[297] kann sowohl aufgrund seiner systematischen Gesamtdarstellung eines *magischen Systems* unter Berücksichtigung einer enormen Fülle literarischen Materials,[298] seiner viel freieren, geradezu selbstverständlichen und außerordentlich häufigen Rezep-

---

294 Vgl. zur Deutung und Skizzierung des frühneuzeitlichen humanistischen Magiediskurses als tight network ausführlicher Frank L. Borchardt, „The Magus as Renaissance Man", v.a. 58f, in: *Sixteenth Century Journal 21, Issue 1 (1990)*, 57-76.
295 Vgl. zur Schrift Müller-Jahnke, „Von Ficino zu Agrippa...", 44f.
296 Stausberg, *Faszination Zarathustra...*, 159.
297 Vgl. Franz J. Worstbrock, *Deutscher Humanismus: 1480-1520. Verfasserlexikon. Band 1: A-K*, Berlin 2008, 31.
298 Vgl. zu dieser Sichtweise Wolf-Dieter Müller-Jahnke, „Agrippa von Nettesheim: 'De Occulta Philosophia'. Ein 'Magisches System'", 22, in: Heinekamp, Mettler, *Magia naturalis und die Entstehung...*, 19-26: „Die Bedeutung dieses nun jedem Interessenten leicht zugänglichen Werkes lag zum einen in der enzyklopädischen Erfassung der ungeheuren Fülle des ins 16. Jahrhundert tradierten antiken, arabischen und mittelalterlichen Materials, zum andern in der Konzeption eines 'Magischen Systems', das es gestattete, die oftmals unerklärbar erscheinenden Phänomene unter dem Gesichtspunkt einer geschlossenen Kosmologie zu subsumieren und so in fast aufklärerisch zu nennender Tendenz dem Verstehen zugänglich zu machen."

tion des Magiebegriffs[299] sowie schließlich seiner herausragenden Wirkungsgeschichte (nicht nur) im frühneuzeitlichen Diskurs[300] die Wirkung des von Ficino und Pico angestoßenen *magia-naturalis*-Topos' gleichsam potenzieren.[301] Die besondere Wirkmächtigkeit von bestimmten Buchstaben, Worten und Zahlen (sowie Bildern und Musik) sowie entsprechende Ausführungen zu dahinter stehenden astrologischen Zusammenhängen füllen in *De Occulta Philosophia* nun das gesamte zweite Buch (sowie weitere Kapitel im ersten und dritten Buch).

Agrippa bewegt sich dabei prinzipiell in den von Ficino und Pico angestoßenen Bahnen, geht aber nicht nur in seiner Rezeption des Magiebegriffs und seiner Zuordnung (zahlreicher) weiterer Themenfelder (wie beispielsweise der Alchemie) zu *magia*, sondern auch einiger kreativer Neusynthetisierungen des Magiebegriffs über die beiden Humanisten hinaus. Ein Element, das besonders für die spätere Rezeption des Magiebegriffs bedeutsam werden wird, sei hier herausgegriffen. Im dritten Buch weist der Nettesheimer den neuplatonischen Gedanken des Aufstiegs der Seele nun als

---

299 Agrippa erklärt in seinem begleitenden, der Werksausgabe angefügten Brief an Johannes Trithemius, dass seine Schrift nichts Anderes als *magia* zum Gegenstand habe und dass er ihr nur zur Sicherheit „den weniger anstößigen Titel 'Geheime Philosophie' [De occulta philosophia minus infenso titulo] gegeben" habe; vgl. Marco Frenschkowski (Hg.), *Agrippa von Nettesheim. Die Magischen Werke. Und weitere Renaissancetraktate. Herausgegeben und eingeleitet von Marco Frenschkowski*, Wiesbaden 2008 (überarbeiteter Nachdruck der Ausgaben München 1913 und Berlin ⁴1921), 50; lat. Text nach Vittoria P. Compagni (Hg.), *Cornelius Agrippa. De Occulta Philosophia. Libri Tres. Edited by V. Perrone Compagni*, [Studies in the History of Christian Thought; 48], Leiden 1992, 71. Entsprechend wird *magia* im einführenden Kapitel des ersten Buchs als Thema der gesamten Schrift genannt, die Gegenstände der drei Bücher werden in *magia naturalis*, *magia coelestis* und *magia caeremonialis* geschieden – eine Unterteilung, die der von Ficino übernommenen Unterscheidung dreier hierarchisch abgestufter Bereiche des Kosmos (elementar, himmlisch, geistig) entsprechen soll. Nicht nur Agrippas wortwörtliche Übernahme des *Magier-Priester-Weisen*-Topos' in der Vorrede, sondern auch seine Stilisierung der *magia (naturalis)* als höchste Philosophie in Buch 1, Kap. 2 scheint direkt von Ficino und Pico übernommen.

300 *De Occulta Philosophia* erlebte allein zwischen 1533 und 1564 nicht weniger als 14 Drucke; vgl. Worstbrock, *Deutscher Humanismus...*, 31. Vgl. zur Wirkungsgeschichte auch Marco Frenschkowski, „Heinrich Cornelius Agrippa von Nettesheim und seine 'Okkulte Philosophie': Ein Vorwort", 25, in: Ders., *Agrippa von Nettesheim...*, 23-41: „Agrippa war und ist (in seiner Wirkungsgeschichte) ein zentraler Autor [...]. Tatsächlich ist er weit mehr als eine Stimme in der Geschichte des Okkultismus: er hat das Thema für lange Zeit geradezu definiert. [...] Agrippa band die verschiedenen Fäden des naturphilosophischen und magischen Denkens in ein System zusammen, und füllte dies mit einer schier unendlichen Fülle an illustrierenden Details. Damit ist sein Werk weit mehr als nur ein Baustein der Geschichte religiöser Subkulturen im Abendland."; in der Tat hat Agrippa mit dem (ausweichenden) Titel seines Werks „nicht nur inhaltlich, sondern auch formal den neuzeitlichen Begriff 'Okkultismus' geprägt"; Ebenda, 36.

301 Diese Formulierung kann noch radikalisiert werden; Ficino und Pico spielen für den selbstreferentiell-*magischen* Diskurs späterer Jahrhunderte – besonders des 19. und 20. Jahrhunderts – im Grunde keine Rolle mehr, während Agrippa zu einem der bedeutsamsten und meistgelesenen Autoren (und Autoritäten) avanciert.

10.6. Weiterführende Überlegungen

letztes und höchstes Ziel des selbstreferentiellen *Magiers* aus.[302] Der Nettesheimer fasst die (freilich genuin religiöse) Vorstellung des Aufstiegs der Seele und ihrer letztendlichen Einheit mit einem göttlichen Prinzip nun unter dem Titel *magia caeremonialis*, weist allerdings explizit darauf hin, dass hierunter eigentlich die Kenntnis der Theologie(n) beziehungsweise Religion(n) zu verstehen sei![303] Agrippa verwendet den *caeremonialis*-Begriff also in direkter Anlehnung an die religiöse Zeremonie, welche letztlich bewirke, „daß der Mensch, auf die göttliche Natur gestützt und gleichsam der Genosse der Himmlischen geworden, auch eine entsprechende Macht erlangt".[304] Folgerichtig impliziert Agrippas *magia caeremonialis* ausgewählte, vorwiegend dem christlich-kirchlichen Kultrepertoire entnommene Handlungsvorschriften, Reinheitsgebote und Tugendideale, an denen sich der selbstreferentielle *Magier* zu orientieren habe.[305] Der Nettesheimer ver-

---

302 Vgl. hierzu unter Anderem die Einleitung zum dritten Buch: „Die alten Magier [veterum magorum], durchlauchtigster Fürst, waren der sehr edlen Ansicht, es müsse unser Bestreben in diesem Leben vor allem darauf gerichtet sein, daß wir den Adel der Seele, wodurch wir Gott am nächsten kommen und die göttliche Natur annehmen, nie im Geringsten aufgeben, damit nicht die in Trägheit versunkene Seele der Hinfälligkeit des irdischen Körpers und den Lastern des Fleisches zur Beute und von dem finsteren Abgrund unserer bösen Lüste und Begierden verschlungen werde. Wir müssen daher unserer Seele eine solche Richtung geben daß sie, ihrer hohen Würde eingedenk, stets etwas ihrer selbst würdiges denke, tue und wirke. Dazu verhilft uns aber allein und auf die sicherste Weise die Kenntnis der göttlichen Wissenschaft, wenn wir im Hinblick auf ihre Majestät immer mit religiösen Studien beschäftigt keine Minute vorübergehen lassen, ohne daß wir uns der aufmerksamsten Betrachtung der göttlichen Dinge widmen, um durch die einzelnen Stufen der Kreaturen zum Schöpfer selbst aufsteigend von ihm die unaussprechliche Kraft aller Dinge zu empfangen."; Agrippa, *De Occulta Philosophia*, Buch 3 (Frenschkowski, *Agrippa von Nettesheim...*, 315; Compagni, *Cornelius Agrippa. De Occulta...*, 399).
303 Vgl. etwa Agrippa, *De Occulta Philosophia*, Buch 3, Kap. 3 (Frenschkowski, *Agrippa von Nettesheim...*, 321/22; Compagni, *Cornelius Agrippa. De Occulta...*, 407/08): „Wir müssen daher, wenn wir nach einer solchen hohen Würde streben, vornehmlich zweierlei betrachten: erstlich, auf welche Weise wir uns der fleischlichen Begierden und der materiellen Leidenschaften unserer Sinnlichkeit entledigen, und zweitens, auf welchem Wege und wie wir zur reinen, mit göttlichen Kräften ausgestatteten Geistigkeit uns erheben können. [...] Die Würdigkeit aber, die man sich durch Verdienst aneignet, erhält man durch zwei Mittel: nämlich durch Unterricht und durch Übung. Der Zweck des Unterrichts ist, das Wahre kennenzulernen. Man muß daher, wie zu Anfang des ersten Buchs gesagt wurde, in jenen drei Wissenschaften (Physik, Mathematik und Theologie) unterrichtet und erfahren sein; sodann muß man nach Beseitigung der Hindernisse die Seele ganz der Betrachtung zuwenden und auf sich selbst kehren; denn in uns selbst liegt das Ergreifen und die Beherrschung aller Dinge."
304 Vgl. Agrippa, *De Occulta Philosophia*, Buch 3, Kap. 3 (Frenschkowski, *Agrippa von Nettesheim...*, 322; Compagni, *Cornelius Agrippa. De Occulta...*, 408).
305 Vgl. hierzu das fünfte Kapitel des dritten Buchs, wo „Liebe, Hoffnung und Glaube [amor, spes atque fides]" als die „drei Führerinnen der Religion [tribus ducibus religionis]" ausgewiesen werden, insbesondere der Glaube sei „Wurzel aller Wunder, durch ihn allein (nach Lehre der Platoniker) nahen wir uns Gott und erlangen den göttlichen Schutz und göttliche Kraft."; Agrippa, *De Occulta Philosophia*, Buch 3, Kap. 5 (Frenschkowski, *Agrippa von Nettesheim...*, 325/26; Compagni, *Cornelius Agrippa. De Occulta...*, 412/13).

sucht hier letztlich eine vollständige konzeptionelle Synthese von *Religion* und *Magie* herzustellen – freilich bei Bevorzugung und Überordnung der *magia caeremonialis* über den Religionsbegriff. Letzteren definiert er übrigens als „Ausübung äußerlicher gottesdienstlicher Handlungen und Zeremonien [Est itaque religio disciplina quadam externorum sacrorum ac ceremoniarum], wodurch wir wie durch Zeichen an die innerlichen und geistigen Dinge erinnert werden".[306]

An Agrippas Fassung der *magia caeremonalis* zeigt ist sich (erneut), dass die selbstreferentielle Verwendung des Magiebegriffs meist nicht nur auf jeweils bekannten, religiösen Traditionen aufbaut, sondern darüber hinaus noch als Vollendung dieser Traditionen interpretiert wird. Eine substanzielle wissenschaftssprachliche Unterscheidung von *Magie* und *Religion* erscheint angesichts der Ausführungen des Nettesheimers einmal mehr arbiträr. Wichtig ist zudem, dass Agrippa als Diskursbegründer des *magia-caeremonialis*-Topos' angesehen werden kann. Die Vorstellung eines schrittweisen, über Zeremonien begleiteten Aufstiegs der Seele des selbstreferentiellen *Magiers* zu Gott ist in der Tat eine eigenständige Kreation des Nettesheimers – die Re- beziehungsweise Neukonstitution eines als *ceremonial magic* gekennzeichneten Ritualsystems im ausgehenden 19. Jahrhundert ist ohne die konzeptionelle Vorarbeit in *De Occulta Philosophia* nicht denkbar.[307] Freilich wird das genuin christliche Szenario, in dem Agrippa den Aufstieg der Seele des *Magiers* zum Göttlichen noch verortet, im Zuge der späteren Rezeption des *magia-caeremonialis*-Topos' mehr oder weniger unterschlagen. Die Rezeption des Topos' bei dem 1888 gegründeten, selbstreferentiell-*magischen* Freimaurerorden *Hermetic Order of the Golden Dawn* weist dann auf einen ganz anderen Zusammenhang hin: die Konstitution des selbstreferentiell-*magischen* Rituals als *Gruppenritual*.

Diese rezeptionsgeschichtlichen Zusammenhänge seien hier nur angedeutet – auf vergleichbare Weise ließe sich die Rezeption (oder auch Zurückweisung) weiterer, von Ficino und Pico angestoßener Aspekte des *magia-naturalis*-Topos bei Autoren wie Theophrastus von Hohenheim (auch bekannt als Paracelsus; * 1493; † 1541),[308] Giordano Bruno (* 1548; † 1600),[309] John Dee (* 1527; † 1608/09)[310] sowie zahlreichen Anderen rekonstruieren.[311] Ausgehend von der hier entwickelten Perspektive wäre es zudem inter-

---

306 Agrippa, *De Occulta Philosophia*, Buch 3, Kap. 4 (Frenschkowski, *Agrippa von Nettesheim...*, 323; Compagni, *Cornelius Agrippa. De Occulta...*, 409).
307 Vgl. ausführlicher unten, Kap. 11.
308 Vgl. hierzu bereits die hervorragende Analyse bei Kurt Goldammer, „Magie bei Paracelsus. Mit besonderer Berücksichtigung des Begriffs einer 'natürlichen Magie'", in: Heinekamp, Mettler, *Magia Naturalis und die Entstehung...*, 30-51.
309 Vgl. mit Unschärfen Yates, *Giordano Bruno and the Hermetic...*.
310 Zu John Dee vgl. auch unten, Kap. 11.4.3.1.
311 Vgl. zur weiteren Rezeption auch Müller-Jahnke, „Von Ficino zu Agrippa...", 43f sowie Brach, „Magic IV: Renaissance...", 733f.

essant, den schrittweisen Übergang von *magia naturalis* zu *scientia naturalis* in den hierfür relevanten Texten des 15., 16. und 17. Jahrhunderts – streng rezeptionsgeschichtlich – zu untersuchen. So subsummiert bereits Agrippa von Nettesheim in *De Occulta Philosophia* die gesamte Physik und Mathematik (neben der Theologie) unter den Aufgabenbereich des *magus*.[312] In der umfangreichen Schrift *Magia Naturalis* (1558 erstmals in vier Büchern veröffentlicht; 1584 erweitert auf 20 Bücher) des Neapolitaner Gelehrten Giambattista della Porta (* 1535; † 1615) ist der Übergang von einer rituell ausgerichteten *magia* zu einer experimentell vorgehenden *scientia* noch sichtbarer.[313] In der 20-bändigen Ausgabe von 1584 beschäftigen sich bereits die Mehrzahl der Bücher mit (aus heutiger Sicht) biologischen, chemischen und physikalischen Wirkungszusammenhängen sowie ihrem experimentellen Nachweis – gleichwohl werden diese hier *noch* unter *magia naturalis* subsummiert.[314] Es wäre aufschlussreich, diese Entwicklung bei den hierfür relevanten Autoren nicht nur aus wissenschafts- und kulturhistorischer Perspektive, sondern vielmehr als konkreten, semantischen Rezeptions- und Transformationprozess zu rekonstruieren.[315]

Vor dem Hintergrund der hier entwickelten Rezeptionsgeschichte ließen sich auch die hier vernachlässigten, zum Teil in der Tat selbstreferentiell-*magischen* Ritual- und Beschwörungstexte des späten Mittelalters und der Frühen Neuzeit (sowie späterer Jahrhunderte) analysieren, wie beispielsweise die Texte *Heptameron, Liber Rasiel, Abramelin, Arbatel*, die Texte der Salomon-Tradition (wie *Liber Juratus Honorii, Clavicula Salomonis, Lemegeton Clavicula Salomonis* oder *Ars Notoria*) oder auch die diversen, häufig

---

312 Vgl. etwa Agrippa, *De Occulta Philosophia*, Buch 1, Kap. 2 (Frenschkowski, *Agrippa von Nettesheim...*, 57; Compagni, *Cornelius Agrippa. De Occulta...*, 409): „Es sind also, um auf den Gesamtinhalt dieses Kapitels zurückzukommen, die Physik, die Mathematik und die Theologie die drei mächtigsten Zweige der Gelehrsamkeit, welche die Magie umfaßt, miteinander verbindet und in Ausübung bringt, weshalb dieselbe von den Alten mit Recht für die höchste und heiligste Wissenschaft gehalten wurde [Has tres imperiosissimas facultates magia ipsa complectitur, unit atque actuat: merito ergo ab antiquis summa sanctissimaque scientia habita est]."
313 Vgl. zur enormen Wirkungsgeschichte der Schrift Stausberg, *Faszination Zarathustra...*, 524.
314 Als Nachweis sei nur der Titel der englischen Ausgabe (London 1659) angegeben: Giambattista della Porta, *Natural magick by John Baptista Porta, a Neapolitane. In twenty books. 1 Of the causes of wonderful things. 2 Of the generation of animals. 3 Of the production of new plants. 4 Of increasing houshold-stuff. 5 Of changing metals. 6 Of counterfeiting gold. 7 Of the wonders of the load-stone. 8 Of strange cures. 9 Of beautifying women. 10 Of destillation. 11 Of perfuming. 12 Of artificial fires. 13 Of tempering steel. 14 Of cookery. 15 Of fishing, fowling, hunting, &c. 16 Of invisible writing. 17 Of strange glasses. 18 Of statick experiments. 19 Of pneumatick experiments. 20 Of the Chaos. Wherein are set forth all the riches and delights of the natural sciences*, London 1669.
315 Hierzu bereits einführend Brach, „Magic IV: Renaissance...", v.a. 734f.

der (fiktiven?)[316] Figur des Johann Faustus zugeschriebenen *Höllenzwänge*,[317] um nur einige zu nennen. So weist einer der frühen Vertreter dieser Textgruppe, der *Liber Juratus Honorii* – dessen früheste lateinische Fassung auf das frühe 14. Jahrhundert zu datieren ist –[318] in seiner Einleitung eine interessante Rechtfertigung des explizit als *magisch* gekennzeichneten Textinhalts auf. Diese scheint zwar zunächst maßgeblich vom (christlichen) Ausgrenzungsdiskurs beeinflusst,[319] impliziert aber schließlich eine positive, von Gott abgeleitete Deutung des Magiebegriffs,[320] welche sogar noch (pseudo-) etymologisch hergeleitet wird.[321] Wenngleich die zentrale seman-

---

316   Von fiktionaler Gestalt ist jedenfalls die 1587 erstmals veröffentlichte *Historia von D. Johann Fausten*, eine moralisierende Lebenslegende im Kontext des kirchlichen Teufelsmythos'. Die tatsächlichen Lebensumstände des historischen Johann Faust verorten diesen gleichwohl kaum zufällig in der ersten Blütephase des *magia-naturalis*-Topos' (Lebenszeit wahrsch. 1480-1541); in den wenigen ernst zu nehmenden Quellen wird Faust denn auch als reisender Astrologe und Alchemist genannt. Vgl. hierzu vor allem Günther Mahal, *Faust. Der Mann aus Knittlingen; 1480/1980; Dokumente, Erläuterungen, Informationen*, Knittlingen 1982; Sowie Ders., *Faust. Untersuchungen zu einem zeitlosen Thema*, Neuried 1998.
317   Vgl. den Überblick bei Fanger, Klaassen, „Magic III: Middle Ages", 727f.
318   Vgl. hierzu die Diskussion in der neuen Edition des lateinischen Textes bei Gösta Hedegård, *Liber Iuratus Honorii: A Critical Edition of the Latin Version of the Sworn Book of Honorius*, [Studia Latina Stockholmiensia; 48], Stockholm 2002, 11-13.
319   Im Folgenden wird der Online-Textedition von Joseph H. Peterson gefolgt (online verfügbar unter http://www.esotericarchives.com/juratus/juratus.htm, 27.09.2009), da bislang nur eine einzige, minderqualitative, zudem unvollständige Buchveröffentlichung hierzu vorliegt: Daniel J. Driscoll (Hg.), *The Sworn Book of Honourius the Magician. As composed by Honourius through counsel with the Angel Hocroell. Edited and translated by Daniel J. Discroll*, Gillette 1983. Peterson orientiert sich an MS Royal 17Axlii (British Library), zieht für variable Lesarten allerdings drei weitere Manuskripte hinzu und berücksichtigt die Zählung Gösta Hedegårds. *Liber Iuratus Honorii*, 1r/1v (http://www.esotericarchives.com/juratus/juratus.htm; lateinischer Text nach Hedegård, *Liber Iuratus Honorii...*, 60): „The health which the Lord has given his people is now through magic and negromancy [magos et nigromanticos] turned into the damnation of all people. For even the magians themselves, being intoxicated and blinded by the devil, and contrary to the order of Christ's Church [Nam et ipsi magi potu diabolico inebtriati et eciam excecati contra statuta sancte matris ecclesie], and transgressing the commandment of God, which says, 'Thou shalt not tempt the Lord thy God, but him only shalt thou serve.' But these negromancers or magians, denying the sacrifice due to God [ipsi Deo sacrificium abnegando], and in tempting him have done sacrifice to devils, and abused His Name in calling of them, contrary to the profession made at there baptism for there it is said, 'Forsake the devil and all his pomps.'"
320   Vgl. Ebenda, 2r/2v (Hedegård, *Liber Iuratus Honorii...*, 60/61): „he [Honorius; d. Verf.] made a book which we do call The Sacred or Sworn Book for this cause [quem sacrum sive iuratum vocamus hac de causa], for in it is contained the 100 sacred names of God, and therefor it is called sacred, as you would say 'made of holy things,' or else because by this book he came to the knowledge of sacred or holy things, or else because it was consecrated by angels, or else because the angel Hocroel did declare and show him that it was consecrated of God [et ideo sacrum, quasi actus ex sacris, vel quod per istum exeunt sacra, vel quod ab angelis est sacratus, et quia cum hoc angelus Hocrohel eum sacratum a Domino appellavit]."
321   Vgl. Ebenda, 8v (Hedegård, *Liber Iuratus Honorii...*, 66): „it is not to be thought that there is any evil in this name Magian, for this same name Magian signifies in the Greek tongue a

10.6. Weiterführende Überlegungen

tische Denotation des Magiebegriffs im *Liber Juratis Honorii* (sowie überhaupt in der gesamten, oben genannten Textgruppe) die Beschwörung von Zwischenwesen scheint,[322] finden sich im Text auch Ausführungen zu Astrologie, Alchemie und Divination sowie dem Erlangen mirakulöser Fähigkeiten.

Auch der *Liber Juratis Honorii* tradiert also die wichtigsten, oben skizzierten Denotationen des antiken Magiediskurses, wenngleich nun stark vom christlichen Referenzdiskurs beeinflusst. Zudem weist die Semantik des selbstreferentiellen Magiebegriffs – also seine fundamentale Aufwertung; die Überzeugung einer prinzipiellen Legitimität der selbstreferentiell-*magischen* Praxis vor Gott; die prinzipielle Zuhilfenahme Gottes und der ihm untergeordneten Zwischenwesen im Kontext dieser Praxis; die (daher) prinzipiell religiöse Terminologie und Stoßrichtung der gesamten Schrift – verblüffende Ähnlichkeiten zu obigem Befund in den *Papyri Graecae Magicae* auf. In diesem Zusammenhang fällt auch die Verwendung zahlreicher, als wirkmächtig erachteter Laute und Lautfolgen auf, welche textimmanent explizit als Gottes- und Engelsnamen markiert werden und in dieser Hinsicht stark an die Funktion der Preisendanzschen *Zauberworte* in den PGM erinnern.

Aus rezeptionsgeschichtlicher Sicht regen diese verblüffenden Analoga freilich zu weiterführenden Überlegungen an: Der *Liber Juratus Honorii* und vergleichbare Texte verweisen auf eine eigenständige (Text-) Tradition selbstreferentieller *Magier* in (Spät-) Mittelalter und Früher Neuzeit, deren Magieverständnis – trotz des veränderten christlichen Kontextes – so große Ähnlichkeiten zum Magieverständnis der PGM aufweist, dass ein rezeptionsgeschichtlicher Zusammenhang denkbar ist. Da ein derart positiv konnotierter Magiebegriff im europäischen (Gelehrten-) Diskurs erst wieder – wie im vorliegenden Kapitel gesehen – über die Rezeption der alkibiadi-

---

philosopher, and in the Hebrew tongue a scribe, and in the Latin tongue it signifies wise. And so this name of art magic is compounded of this word magos which is as much to say as 'wise,' and of ycos which by interpretation is 'knowledge.' For by it a man is made wise. For by this art a man may know things present, past, and to come [non credendum est, quod in hoc nomine 'magus' debeat malum includi. Nam mags per se philosophus Grece, Hebraice scriba, Latine sapiens dicitur. Sic ars magica a 'magos' dicitur, quod est 'sapiens', et '-ycos', quod est 'sciencia', quasi 'sciencia sapientum', cum in ipsa efficiatur homo sapiens, et per hanc sciuntur presencia, preterita et futura]."

322 Der Magiebegriff dieser Textgruppe ist also von den Rezeptionen des im vorliegenden Kapitel skizzierten *magia-naturalis*-Diskurs abzugrenzen und eigenständig zu untersuchen; entsprechend unterscheidet auch Hanegraaff in seinem Aufsatz „Magic V: 18th-20th Century" unterschiedliche Denotationen von *magic*: neben „religious wisdom of the ancients, traditionally linked to the name of Zoroaster" (vgl. die oben genannte alkibiadische Rezeptionslinie) und dem *magia-naturalis*-Diskurs nennt Hanegraaff als dritten Bedeutungsaspekt, der für die hier thematisierten Ritualtexte zentral sei, „the traditional notion of magic as based upon contact with intelligent beings, notably demons or angels"; vgl. Wouter J. Hanegraaff, „Magic V: 18th-20th Century", 738/39, in: Ders./Faivre, *Dictionary of Gnosis...*, 2. Band, 738-44.

schen Rezeptionslinie aufgegriffen wird, müssen sich die Autoren des frühesten, lateinischen Manuskriptes des *Liber Juratus Honorii* an einer anderen Texttradition orientiert haben, um einen solchermaßen positiv konnotierten, göttlich legitimierten Magiebegriff verwenden zu können. Freilich wäre es recht spekulativ, hier nicht nur eine zufällige Übereinstimmung, sondern konkrete, über ein Jahrtausend reichende Rezeptionsprozesse anzunehmen. Mit Blick auf den arabischen *siḥr*-Diskurs und dessen (partielle) Latinisierung im Spanien des 13. Jahrhunderts könnte gleichwohl von einer Brückenfunktion des arabischen Diskurses ausgegangen werden,[323] die sich etwa anhand der Rezeption von Brillenbuchstaben überprüfen ließe –[324] ein Zusammenhang der hier nur angedeutet werden kann. Da eine epochenübergreifende Analyse selbstreferentiell-*magischer* Texte bislang nicht vorliegt, liegen diese Zusammenhänge momentan im Dunkeln und harren ihrer wissenschaftlichen Bearbeitung.[325]

---

323 Hierzu einführend David Pingree, „The Diffusion of Arabic Magical Texts in Western Europe", in: Scarcia Amoretti, Biancamaria (Hg.), *La diffusione delle scienze islamiche nel medio evo europeo*, Rom 1987, 57-102; Charles Burnett, "The translating activity in medieval Spain", in: Ders., *Magic and Divination in the Middle Ages*, 1036-58.

324 Brillenbuchstaben finden sich sowohl in den *Papyri Graecae Magicae* (vgl. etwa PGM VII, 393; XXXVI, 236), im *Picatrix* (vgl. etwa Ritter, Plessner, *'Picatrix'*..., 111/12 – *Picatrix*, II. Abhandlung, 10. Abschnitt –, *Picatrix*, IV. Abhandlung, 2. Abschnitt – oder 320-22 – Picatrix, IV. Abhandlung, 2. Abschnitt) sowie in den lateinischen Ritualtexten, etwa in einigen *notae* der *Ars Notoria* (vgl. Julien Véronèse, *L'Ars notoria au Moyen Age. Introduction et édition critique*, [Micrologus' Library; 21: Salomon Latinus; 1], Florenz 2007), in dem von Kieckhefer 1998 edierten Münchner Ms. Clm 849 (vgl. Richard Kieckhefer, *Forbidden Rites. A Necromancer's Manual of the Fifteenth Century*, [Magic in History Series], Stroud 1997) oder auch in einigen Siegeln des *Clavicula Salomonis* (vgl. hierzu die Online-Edition des Textes, herausgegeben von Joseph H. Peterson, online verfügbar unter: http://www.esotericarchives.com/solomon/ksol.htm; 29.09.2009). Auch Agrippa rezipiert Brillenbuchstaben in *De Occulta Philosophia*, Buch 3, Kap. 30.

325 Vgl. die Bestandaufnahme Greenfields, an der sich nicht viel geändert hat – Greenfield, *Traditions of Belief*..., 161: „Very little comparative work has been done on the literature of this ritual magic, the magic of the notorious Claviculae and Grimoires of the later Mittle Ages, and not much is known of its precise development and origin."; Auch die Aufsatzsammlung *The Metamorphosis of Magic from Late Antiquity to the Early Modern Period* von Jan N. Bremmer und Jan R. Veenstra hält nicht, was der Titel verspricht, da die meisten Beiträge eine theoretische Klärung des Magiebegriffs vermissen lassen – und dadurch wiederum Texte, die von ihren Autoren nicht als *magisch* klassifiziert oder verstanden worden sind, durch einen unscharfen akademischen Magiebegriff vereinnahmt werden (wie im Falle des bereits erwähnten Aufsatzes „Magic in the Dead Sea Scrolls" von Florentino García Martínez). Auch Owen Davies' neue Studie *Grimoires: A History of Magic Books*, die den ersten akademischen Versuch einer Historiographie der europäischen Ritualtexte darstellt – und einen beeindruckenden Fundus an historischen Fakten liefert –, ist kritisch zu sehen; da eine Reflektion des Magiebegriffs ausbleibt, fehlt eine ausreichende Klärung der Quellenauswahl sowie der zentralen Frage: was ist ein *magic book*? Dadurch wird erneut eine Dichotomie zwischen *magischen* und *religiösen* Texten kreiert, wodurch die eigentlich spannenden Fragen – etwa: sind die frühen lateinischen Texte von christlichen Mönchen verfasst worden (in diese Richtung argumentiert Kieckhefer, *Magic in the Middle*..., 151f)? – ausblendet. Vgl. Owen Davies, *Grimoires: A History of Magic Books*, Oxford 2009.

10.6. Weiterführende Überlegungen

In diesem Zusammenhang ließe sich die hier applizierte, diskurs- und rezeptionsgeschichtliche Herangehensweise ohne Weiteres auf das Korpus lateinischer mittelalterlicher, frühneuzeitlicher und neuzeitlicher Beschwörungstexte übertragen. Diese könnten nicht so nur fruchtbar in die hier entwickelte Rezeptionsgeschichte des Magiebegriffs eingebettet, sondern darüber hinaus als Bestandteil *Europäischer Religionsgeschichte* untersucht werden. Denn auch der *Liber Juratus* ist nach Ansicht der vorliegenden Arbeit freilich als *religiöser* Text zu betrachten – stellvertretend für die gesamte Textgruppe. Die Schrift weist trotz (oder vielmehr wegen) der Verwendung eines selbstreferentiellen Magiebegriffs eine Intensität an Frömmigkeit und Gottgläubigkeit auf, die manchem Inquisitor des 14. oder 15. Jahrhunderts zur Ehre gereicht hätte.

Im Zuge einer akademischen Erschließung dieser Textgruppe im Kontext des heuristischen Fensters von *Religion* wäre beispielsweise zu thematisieren, weshalb einige (frühe) Schriften – wie die Texte *Ars Notoria* oder auch der (textimmanent dem Florentiner Gelehrten Pietro d' Abano zugeschriebene) *Heptameron* – keinen Magiebegriff, sonst aber alle wesentlichen Charakteristika der Textgruppe aufweisen. Zum anderen ließe sich das Augenmerk auf weitere intertextuelle Rezeptionsprozesse richten, welche nicht nur die massive Einbettung christlicher Terminologie und Symbolik erklären würden, sondern auch die explizite Rezeption von Textmustern des gelehrten *magia-naturalis*-Diskurses. So weist beispielsweise der (wahrscheinlich im frühen 17. Jahrhundert kompilierte) Text *Lemegeton Clavicula Salomonis* in seiner Einleitung eine direkte Allusion an den frühneuzeitlichen *magia-naturalis*-Topos auf.[326] Der so legitimierte und aufgewertete Magiebegriff wird darüber hinaus noch mit Verweisen auf Origines, Apollonios von Tyana und Philo von Alexandrien untermauert[327] und mit einem Verweis auf die Fraternitas der Rosenkreuzer abgerundet, „whose remedies are not only lawful but divine".[328] Wieder lassen sich also – mitunter

---

326 Vgl. Joseph H. Peterson (Hg.), *The Lesser Key of Solomon. Lemegeton Clavicula Salomonis. Detailing the Ceremonial Art of Commanding Spirits Both Good and Evil*, York Beach 2001, 3 (Preface des Manuskripts Harley 6483): „Magick is the highest most absolute and divinest knowledge of Natural Philosophy advanced in its works and wonderful operations by a right understanding of the inward and occult vertue of things, so that true agents being applied to proper patients, strange and admirable effects will thereby be produced; whence magicians are profound & diligent searchers into Nature; they because of their skill know how to anticipate an effect which to the vulgar shall seem a miracle."

327 Vgl. Peterson, *The Lesser Key...*, 3/4: „Origen saith that the Magical Art doth not contain anything subsisting, but although it should yet that must not be evil or subject to contempt or scorne; and doth distinguish the Natural Magic from that which is Diabolical. Tyaneus only exercised the Natural Magic by which he performed wonderfull things. Philo Hebreus saith that true Magick by which we come to the secret works of nature is so far from being contemptible that the greatest monarchs & Kings have studied it. Nay amongst the Persians none might reigne unlesse he were skilfull in this great Art."

328 Peterson, *The Lesser Key...*, 4. Zur Rezeption des Magiebegriffs im Rosenkreuzer-Diskurs vgl. unten, Kap. 11.1.1.

höchst kreative – Versuche einer Aufwertung und Legitimation des Magiebegriffs finden.[329]

Zudem ließen sich weitere, intertextuelle Rezeptionsprozesse rekonstruieren: ein interessantes, immer wiederkehrendes Element insbesondere der Salomon-Gruppe ist beispielsweise die Verwendung einer als *magisch* gekennzeichneten Symbolfigur: dem *Siegel Salomons*.[330] Gegenüber dem einfachen Pentagramm, welches im oben skizzierten *Testamentum Salomonis* begegnete, ist die in frühneuzeitlichen Ritualtexten verwendete Symbolfigur vielfach ausdifferenziert. Ihre primäre Funktion ist gleichwohl identisch mit der bereits im *Testamentum Salomonis* erläuterten: sie symbolisiert und ermöglicht die Beschwörung und Kontrolle von Engeln, Geistern, Dämonen und anderen Zwischenwesen. In dieser textimmanent als *magisch* gekennzeichneten Macht über jene Zwischenwesen liegt der Kern der Siegelbedeutung und dadurch auch des Magieverständnisses der gesamten Salomon-Textgruppe. Freilich kann über diese Macht zur Beschwörung von Zwischenwesen – dieser Befund kann analog zum Magieverständnis der *Papyri Graecae Magicae* gesehen werden – wiederum auf vielfache Weise in der Welt gewirkt werden.

Aus rezeptionsgeschichtlicher Sicht ist nun nicht nur die unterschiedliche Gestalt des Siegels innerhalb der Textgruppe interessant,[331] sondern auch dessen Rezeption und Diskussion bei so illustren frühneuzeitlichen Autoren wie John Dee – der in seiner Schrift *Mysteriorum Libri Quinti* die Bezeichnung *Sigillum Dei Emeth* einführt –[332] oder Athanasius Kircher – der eine eigenwillige, abwertende Interpretation des Siegels in seiner Schrift *Oedipus Aegyptiacus* liefert.[333] Nicht zufällig werden einzelne Bestandteile des Siegels wie Penta- und Hexagramm schließlich auch im selbstreferenti-

---

329 Der *Lemegeton Clavicula Salomonis* ist aus rezeptionsgeschichtlicher Sicht ohnehin hochkomplex, da er neben der *magia-naturalis*-Allusion auch Materialien aus Trithemius' *Stenographia*, Johann Weyers *Pseudomonarchia Daemonum*, einzelner Schriften Paracelsus' und John Dees, sowie darüber hinaus noch ältere Ritualtexte wie *Ars Armadel* und *Ars Notoria* verarbeitet. Vgl. ausführlicher Peterson, *The Lesser Key...*, XIII-XVII.
330 Vgl. zur Symbolfigur im *Liber Iuratus Honorii* Hedegård, *Liber Iuratus Honorii...*, 70. Im *Lemegeton Clavicula Salomonis* Peterson, *The Lesser Key...*, 42.
331 Die Gestalt des Siegels differiert nicht nur signifikant zwischen unterschiedlichen Texten wie dem *Liber Juratus Honorii*, dem *Clavicula Salomonis* oder dem *Lemegeton Clavicula Salomonis*, sondern auch zwischen unterschiedlichen Manuskriptversionen ein und desselben Textes. Vgl. hierzu die entsprechenden Ausführungen Joseph Petersons in der Einleitung seiner Online-Textedition des *Liber Juratus*: http://www.esotericarchives.com/juratus/juratus.htm#aemeth (27.09.2009).
332 Vgl. hierzu Deborah E. Harkness, *John Dee's Conversations with Angels: Cabala, Alchemy, and the End of Nature*, Cambridge 1999, 35ff, zur von Dee tradierten Figur Ebenda, 36. Zu Dee ausführlicher auch unten, Kap. 11.4.3.1.
333 Vgl. Athanasius Kircher, *Oedipus Aegyptiacus, hoc est universalis hieroglyphicae veterum doctrinae temporum iniuria abolitae instauratio. Tomi Secundi, Pars altera: Complectens Sex posteriores Classes*, Rom 1653, 479-81 (Kap. 7, § 4: „Amuleti alterius Cabalistici heptagoni Interpretatio").

ell-*magischen* Diskurs des 19. und 20. Jahrhunderts aufgegriffen, so bei Eliphas Lévi, den diversen Protagonisten des *Hermetic Order of the Golden Dawn* oder auch Aleister Crowley – Autoren, die sich in der Tat auf Texte der Salomon-Tradition berufen.[334] Über die Rezeption insbesondere des Pentagramms im 19. Jahrhundert avanciert dieses schließlich zu einem der Kernsymbole des modernen selbstreferentiellen Magiediskurses und schmückt nunmehr (unter Anderem) Abertausende von Internetseiten zum Thema. Gleichwohl muss an dieser Stelle sicherlich nicht darauf hingewiesen werden, dass auch die Verwendung geometrischer Symbolfiguren durch den selbstreferentiell-*magischen* Diskurs tatsächlich auf einer Rezeption dieser Symbole aus etablierten religiösen Strömungen des Abendlands beruht.[335] Eine Rekonstuktion entsprechender Rezeptionslinien müsste also auch der charakteristischen Überdeterminiertheit typischer Symbole des selbstreferentiellen Magiediskurses Rechnung tragen und diese vielmehr integralen Bestandteil abendländischer Kultur- und Religionsgeschichte betrachten.[336]

All diese weiteren Applikationsfelder der hier entwickelten Rezeptionsgeschichte des Magiebegriffs können in der vorliegenden Arbeit nicht mehr angegangen werden; gleichwohl sei an dieser Stelle darauf hingewiesen, dass hier nicht nur aus Platzgründen darauf verzichtet wird. In Kapitel 1 wurde darauf hingewiesen, dass aufgrund der enormen Menge an relevanten Quellentexten der Fokus auf diskursbegründende Texte und Autoren gelegt werden soll, an denen sich spätere Autoren und Schriften orientiert haben. Mit Marsilio Ficino und Pico della Mirandola wurden daher jene beiden Autoren untersucht, die den Magiebegriff umdeuteten, aufwerteten und dadurch für den Gelehrtendiskurs der Frühen Neuzeit gleichsam salonfähig machten – wenngleich die Auseinandersetzung mit *magia* freilich auch in der Folgezeit nicht ungefährlich war. Während die späteren Rezeptionsmuster, Differenzierungen und nochmaligen Komplexualisierungen des *magia-naturalis*-Topos im 16. und 17. Jahrhundert schließlich der Polemik der sogenannten *Aufklärung* und dem Siegeszug des *scientia-naturalis*-Diskurses weichen mussten, besteht die eigentliche, bleibende

---

334 Vgl. ausführlicher unten, Kap. 11.
335 An dieser Stelle mag ein Hinweis auf die (wahrsch. im späten 12. Jahrhundert erbaute) Marktkirche *St. Georgii et Jacobi* in Hannover genügen, die Penta- und Hexagramm auf ihrem Kirchturm aufweist – auf der Homepage der Gemeinde folgendermaßen begründet: „Die spitzen Giebeldreiecke besitzen unterschiedlichen Schmuck: In die Ostseite ist ein regelmäßiges Sternfünfeck – ein Pentagramm im Kreis, als Christussymbol eingefügt, wobei die fünf Zacken die Wundmale Christi bedeuten sollen; es galt aber auch als Unheil abwendendes Zeichen. Die Nord- und Südseite zieren ein Sechsstern, auch Davidstern – ein Hexagramm im Kreis, ein seit vielen Jahrhunderten vor Christus überliefertes Sinnbild des Alten Testaments"; online verfügbar unter: http://www.kirche-hannover.de/marktkirche/geschichte/Beschreibung.html (27.09.2009).
336 Vgl. in diesem Zusammenhang auch die biblisch-mosaische Rechtfertigung der Verwendung eines Stabes im *Clavicula Salomonis*, ausführlicher hierzu unten, Kap. 11.2.4.1.

Leistung der beiden Autoren darin, die Figur des *Magiers* als Weiser, Priester und Weltbauer, als ein mit verborgenen Naturkräften operierender Kenner des (neuplatonischen) Kosmos' – sprich: als positiv konnotierte Identifikationsfigur – in das diskursive Gedächtnis der europäischen Gelehrten- und Autorenwelt eingepflanzt zu haben.

Diese Stilisierung des *Magiers* als positive Identifikationsfigur findet sich nicht nur bei späteren Renaissance-Autoren wie Agrippa von Nettesheim oder Giambattista della Porta geradezu gleichlautend verarbeitet,[337] sondern wandert schließlich – vor allem über die Rezeption von Agrippas *De Occulta Philosophia* – auch zu Autoren des 19. und 20. Jahrhundert wie Francis Barrett, Eliphas Levi oder Aleister Crowley.[338] Es ist letztlich der von Ficino und Pico angestoßene Topos des *Magier-Priester-Weisen*, der hinter den in ihrer Breitenwirkung so erstaunlichen, positiv konnotierten Rezeptionen der rezenten Popularkultur steht. Während der christliche Ausgrenzungsdiskurs mit einer nicht nur diskursiven, sondern über Leben und Tod gebietenden Macht die juristische Unschuldsvermutung *ad absurdum* führte, haben die beiden Humanisten Marsilio Ficino und Giovanni Pico della Mirandola die Figur des *Magiers* als positiv konnotierten, moralisch hochwertigen, religiös legitimen und philosophisch versierten Archetypen im Gelehrtendiskurs verankert. Die Figur *Gandalf* in John R. R. Tolkiens Epos *Herr der Ringe* oder auch *Harry Potter* in Joanne K. Rowlings jüngst so erfolgreicher Heptalogie können so letztlich als fantastisch verformte Spätfolgen des hier skizzierten, bahnbrechenden semantischen Transformationsprozesses in der Frühen Neuzeit gedeutet werden.

---

337 Vgl. neben den bereits genannten Ausführungen Agrippas auch Giambattista della Portas prägnante Stellungnahme in Buch 1, Kap. 1 seiner *Magia Maturalis*.
338 Ausführlicher unten, Kap. 11.

11. Aleister Crowley und der identifikatorische Magiediskurs des 19. und 20. Jahrhunderts

Im folgenden Kapitel – zum sechsten und letzten hier untersuchten historischen Fallbeispiel der Rezeptionsgeschichte des Magiebegriffs – wird versucht, die Rezeption und erneute Transformation des Begriffs im aufblühenden *Esoterik*- und *Okkultismus*-Diskurs[1] des ausgehenden 19. Jahrhunderts zu skizzieren und schließlich anhand zentraler Aussagen des berühmten selbstreferentiellen *Magiers* Aleister Crowley (* 1875; † 1947) zu erläutern. Dieser erneute hier vorgenommene Zeitsprung von etwa 500 Jahren ist wiederum nicht willkürlich gewählt, sondern historisch konkret begründbar. Die in Kapitel 10 skizzierte Transformation des Magiebegriffs im Gelehrtendiskurs der Frühen Neuzeit und der damit einher gehende Anstieg an Verwendungen eines positiv konnotierten Magiebegriffs im öffentlichen, literarischen Diskurs war bekanntermaßen von begrenzter Dauer. Die schrittweise verlaufende semantische Verlagerung von *magia naturalis* zu *scientia naturalis* lässt sich etwa in den großen, bereits maßgeblich von der Aufklärung beeinflussten Enzyklopädien des 18. Jahrhunderts studieren. Im Folgenden sei exemplarisch auf den Artikel "Magie" in der berühmten, ab 1751 erschienenen, von Denis Diderot (* 1713; † 1784) und Jean Baptiste le Rond d'Alembert (* 1717; † 1783) herausgegebenen *Encyclopédie ou Dictionnaire raisonné des sciences, des arts et des métiers Encyclopédie ou Dictionnaire raisonné des sciences, des arts et des métiers* eingegangen, welcher die antimagische Rhetorik dieser Zeit besonders prägnant illustrieren kann.[2]

In dem von Diderot höchstselbst verfassten Artikel „Magie" wird der Begriff einführend noch relativ wertfrei als „science ou art occulte qui app-

---

1   Diese Bezeichnungen werden hier in expliziter Anlehnung an die damalige Terminologie verwendet, die sich etwa in den Schriften Helena Petrovna Blavatskys explizit findet – auf eine Diskussion etwaiger substanzieller Inhalte dieser Bezeichnungen im Wissenschaftsdiskurs (oder auch deren Arbitrarität) soll hier verzichtet werden. Freilich – dies sei immerhin angedeutet – überschneiden sich die terminologischen Problematiken der (gleichfalls polemisch-identifikatorischen) Chiffren *Esoterik* oder *Okkultismus* mit denen des Magiebegriffs, ein Zusammenhang, der hier nur angedeutet sein kann.

2   Im Folgenden nach Denis Diderot, „Magie", in: Denis Diderot, *Jean le Rond d'Alembert (Hg.), Encyclopédie ou dictionnaire raisonné des sciences des arts et des métiers. Nouvelle impression en facsimilé de la première édition de 1751-1780*, Stuttgart 1966, 852-54.

rend à faire des choses qui paroissent au-dessus du pouvoir humain" definiert, dann aber nach einem kurzen Exkurs zu vermeintlichen antiken Wurzeln als „science ténébreuse" bezeichnet, die ihren Sitz besonders in jenen Ländern habe, „où regnent la barbarie & la grossiereté".[3] Zwar werden daraufhin noch eine „*magie* divine" und eine „*magie* naturelle" unterschieden und zum Teil positiv bewertet – insbesondere Letztere habe der Menschheit bemerkenswerte Dienste geleistet und zu wichtigen Erkenntnisen in „Physique, Astronomie, Médecine, Agriculture, Navigation, Méchanique" geführt.[4] Schließlich wird aber vieles von dem, was von Ficino und Agrippa noch als integraler Bestandteil der *magia naturalis* angesehen wurde, in eine dritte, minderwertige Kategorie „*magie* surnaturelle" abgeschoben. Jene sei eine „*magie* noire" und das Ergebnis von „l'orgueil, l'ignorance & lemanque de Philosophie", sie basiere auf „l'amas confus de principes obeurs, incertains & non démonstrés, de pratiques la plûpart arbitraires, puériles, & dont l'inéfficace le prouve par la nature des choses".[5] Agrippas *magia coelestis* und *caeremonialis* (also die Ausführungen in Buch zwei und drei von *De Occulta Philosophia*) werden schließlich als Paradebeispiele einer solchen sinn- und wirkungslosen *Magie* genannt, nicht zuletzt da sie das „système ridicule" der Astrologie voraussetzten.[6]

Jene Rhetorik greift im Grunde Argumentationsmuster auf, die – wie gesehen – bereits in der griechischen Klassik gegen den *mágos* ins Feld geführt worden sind. Gleichwohl wird das Wirkungslosigkeits- und Scharlatanerieargument im wissenschafts- und fortschrittsgläubigen 18. Jahrhundert weitaus arroganter und radikaler angeführt –[7] der zunehmend von

---

3   Ebenda, 852; Kursivsetzung hier und im Folgenden Diderot.
4   Ebenda.
5   Ebenda, 853.
6   Ebenda.
7   Vgl. beispielsweise auch das amüsante Voltaire-Zitat in seinem Artikel „Enchantment" der *dictionnaire philosophique*: „Il n'y a pas cent ans que nous avons fait brûler des sorciers dans toute l'Europe; et on vient encore de brûler une sorcière, vers l'an 1750, à Vurtzbourg. Il est vrai que certaines paroles et certaines cérémonies suffisent pour faire périr un troupeau de moutons, pourvu qu'on y ajoute de l'arsenic."; Voltaire, „Enchantment", 104, in: Adrien J. Q. Beuchot (Hg.), *Oeuvres de Voltaire. Avec Préfaces, Advertissements, Notes, etc. par M. Beuchot. Tome XXIX. Dictionnaire Philosophique. – Tome IV*, Paris 1829, 98-108. Vergleichbar süffisant mokiert sich der Franzose in seinem Artikel „Magie" darüber, dass man *Magier* (*magiciens*) überhaupt verbrannt habe – wären sie wirklich *Magier* gewesen, hätten sie sich der Verbrennung mittels ihrer mirakulösen Fähigkeiten sicherlich entzogen: „Rien n'est plus ridicule que de condamner un vrai magicien à être brûlé; car on devait présumer qu'il pouvait éteindre le feu, et tordre le cou à ses juges. Tout ce qu'on pouvait faire, c'était de lui dire: Mon ami, nous ne vous brûlons pas comme un sorcier véritable, mais comme an faux sorcier, qui vous vantez d'un art admirable que vous ne possédez pas; nous vous traitons comme un homme qui débite de la fausse monnaie: plus nous aimons la bonne, plus nous punissons ceux qui en donnent de fausse: nous savons très bien qu'il y a eu autrefois de vénérables magiciens, mais nous sommes fondés à croire que vous ne l'êtes pas, puisque vous vous laissez brûler comme un sot."; Voltaire, „Magie", 117, in: Adrien J. Q. Beuchot (Hg.), *Oeuvres de Voltaire. Avec Préfaces, Advertissements, Notes, etc. par M. Beuchot. Tome XXXI. Dictionnaire Philosophique. – Tome VI*, Paris 1829, 115-18.

einem mechanistischen, mathematisierten Naturverständnis geprägte *scientia-naturalis*-Diskurs dieser Zeit sah für die okkulte, geheimnisvolle Naturkraft *magia* keinen Platz mehr vor.[8]

Die im folgenden Kapitel skizzierten Autoren sind sowohl hinsichtlich ihrer Rezeption des Magiebegriffs als auch der intentionalen Stoßrichtung ihres literarischen Schaffens vom Aufklärungsdiskurs des 17., 18. und 19. Jahrhunderts – dem ja letztlich auch die Werke Edward B. Tylors und James G. Frazers zuzuordnen sind – radikal zu unterscheiden. Welche tiefer liegenden, kulturhistorischen Wandlungsprozesse hinter jenem erneuten Anstieg an Rezeptionen eines positiv konnotierten Magiebegriffs insbesondere ab der zweiten Hälfte des 19. Jahrhunderts stehen mögen, kann hier nicht hinreichend beantwortet werden. Anstatt dieses vage als Ausdruck spätromantischer Wissenschaftskritik oder auch einer radikalen, vom okkulten Alternativdiskurs angetriebenen Abkehr von institutionalisierter Religion (das heißt vor allem: von den christlichen Kirchen) einzuordnen, wird im vorliegenden Kapitel wiederum das Augenmerk auf konkrete Rezeptionsprozesse gelegt, welche jenen Prozess initiiert und vorangetrieben haben. So wird sich zeigen, dass das erneute Aufblühen eines positiv konnotierten Magiebegriffs im ausgehenden 19. Jahrhundert maßgeblich mit der Rezeption von Texten und Autoren zu tun hat, die zuvor bereits eine entsprechend positive Lesart des Magiebegriffs tradiert und propagiert hatten.

In Rahmen eines einführenden rezeptionsgeschichtlichen Kapitels soll daher zunächst versucht werden, jene Rezeptionsprozesse eingehender zu rekonstruieren, die hinter der identifikatorischen Verwendung und erneuten Transformation des Magiebegriffs im Okkultismus-Diskurs des ausgehenden 19. Jahrhunderts stehen. Zum einen ist hierbei die fortlaufende Tradierung des frühneuzeitlichen *magia-naturalis*-Topos' bei explizit antiaufklärerischen Gruppierungen wie dem *Orden der Gold- und Rosenkreuzer*, sowie bei diversen Autoren und Sammlern der Schriften des magiologischen Alternativdiskurses im 18. und 19. Jahrhundert – wie Ebenezer Sibly,

---

8 Vgl. Brach, „Magic IV: Renaissance...", 737: „As is well-known, the advent of 'modern science' in the 17th century tends to gradually mechanize the image of nature and mathematize the language and methods of philosophical investigation. If natural causes may still appear derivative or secondary, they nonetheless come to be considered as constituting the proper framework and limitation of scientific inquiry, whereas the study of the primary or 'divine' causes is seen as pertaining only to theology. Nature is known inasmuch as its functionalities are under scrutiny, and is thus reduced to the field of human activity. Structural comparisons and affinities, elucidated by quantitative and logical procedures, tend to replace the traditional explanations of natural interactions, which rested on the doctrine of universal sympathy and correspondences. Simultaneously, the idea of an organic universe, central to the earlier magical approach, loses its relevance insofar as its structure is no longer perceived as an image of man and as the material expression of its living essence."

Francis Barrett, Frederick Hockley oder Eliphas Lévi – zu rekonstruieren, um einen zentralen Anknüpfungspunkt für die Rezeption des Magiebegriffs im 19. Jahrhundert sichtbar zu machen. Daraufhin ist dessen Verwendung im aufblühenden Esoterik- und Okkultismus-Diskurs des ausgehenden 19. Jahrhunderts in den Blick zu nehmen, der als allgemeiner Kontext hinter den hier skizzierten Entwicklungen steht; dies soll anhand wichtiger Schriften der berühmten Begründerin der *Theosophischen Gesellschaft*, Helena Petrovna Blavatsky, geschehen, die das Aufblühen dieser Diskurse im 19. und 20. Jahrhundert nicht nur maßgeblich beeinflusst, sondern geradezu initiiert hat.[9] Ausgehend von diesem rezeptionsgeschichtlichen Kontext kann schließlich die Verwendung des Magiebegriffs im Rahmen der Konstitution eines als *ceremonial magic* gekennzeichneten Ritualsystems im ausgehenden 19. Jahrhundert untersucht werden; hierbei wird es insbesondere um den selbstreferentiell-*magischen* Freimaurerorden *Hermetic Order of the Golden Dawn* und all das gehen, was dieser unter *Magie (magic)* verstanden haben mag.

Daraufhin soll in einem zweiten, etwas kürzeren Kapitel herausgearbeitet werden, wie Aleister Crowley diese unterschiedlichen Rezeptions- und Traditionslinien aufgreift und schließlich in höchst kreativer Weise innerhalb seines eigenen selbstreferentiell-*magischen* Systems umsetzt. Crowleys berühmte Definition – „**MAGICK is the Science and Art of causing Change to occur in conformity with Will.**" –[10] stellt in diesem Zusammenhang, wie sich zeigen wird, nurmehr das (gleichwohl kreative) Endprodukt der vorangegangenen Entwicklungen dar. Crowley wurde als zentrales, abschließendes Fallbeispiel des vorliegenden Kapitels (und der historischen Analyse des identifikatorischen Magiediskurses ingesamt) ausgewählt, weil er nicht nur eine der schillerndsten und wirkungsgeschichtlich bedeutsamsten Figuren des modernen, selbstreferentiellen Magiediskurses darstellt; vielmehr entwickelte und propagierte er einen Magiebegriff, der stellvertretend für grundlegende semantische Verschiebungen im identifikatorischen Magiediskurs des 20. und 21. Jahrhunderts steht und diese auf prägnante Weise veranschaulichen kann. Gerade aufgrund der enormen Breitenwirkung Crowleys im rezenten, selbstreferentiellen Magiediskurs ist seine Bedeutung für die abendländische Rezeptionsgeschichte des Magiebegriffs insgesamt, insbesondere aber für den bemerkenswerten Anstieg an positiv konnotierten Rezeptionen im 20. und 21.

---

9   Vgl. zu dieser Einschätzung auch James A. Santucci, „Blavatsky, Helena Petrovna, * 12.8.1831 Ekaterinoslav, † 8.5.1891 London", 184, in: Hanegraaff/Faivre, Dictionary of Gnosis..., 1. Band, 177-85.
10 Aleister Crowley, Magick in Theory and Practice, New York 1979 (reprint London 1929), XII; Fett- und Buchstabensetzung hier und im Folgenden nach Crowley, Textausrichtung vereinfacht.

Jahrhundert nicht hoch genug anzusetzen. In einem abschließenden Fazit sollen daher Überlegungen zu zeit- und wirkungsgeschichtlichen Implikationen des Crowleyschen Magiebegriffs angestellt werden.

11.1. Rezeptionsgeschichtlicher Kontext: *Magia-naturalis*-Allusionen im 18. und 19. Jahrhundert

Zunächst zu einem rezeptionsgeschichtlichen Zusammenhang, der direkt mit den Ausführungen des vorherigen Kapitels in Verbindung steht – der Rezeption des frühneuzeitlichen *magia-naturalis*-Topos' im 18. und 19. Jahrhundert. Einführend ist hierbei festzuhalten, dass die weitere Rezeption dieses Topos' durch den Aufklärungsdiskurs der folgenden Jahrhunderte freilich nicht vollständig unterbunden werden kann – wieder müssen unterschiedliche Diskurse und Tradentengruppen unterschieden werden. Während der Magiebegriff etwa – wie oben gezeigt – in den Enzyklopädien des 18. Jahrhunderts zunehmend ins Abseits der *scientia naturalis* gestellt wird, greifen so illustre Gruppierungen wie der *Orden der Gold- und Rosenkreuzer* den Topos des *Magier-Priester-Weisen* auf und verankern diesen innerhalb der ordenseigenen Initiations- und Aufstiegssystematik. So weist dieser ab 1756 bezeugte, der Freimaurerei nahe stehende Orden ein neunstufiges Gradsystem auf, welches die Läuterung der Initiandenseele und deren Reife- und Aufstiegsprozess abbilden soll – dessen höchste Stufe trägt nun verblüffenderweise den Titel *magus*.[11]

11.1.1. Der *Orden der Gold- und Rosenkreuzer*

Der *Orden der Gold- und Rosenkreuzer* lehnt sich historisch an die geheimnisvolle Bruderschaft der *Rosenkreuzer* an,[12] welche in mehreren, anonym veröffentlichten Schriften zu Beginn des 17. Jahrhunderts in Erscheinung tritt (*Fama Fraternatis*, 1614; *Confessio Fraternatis*, 1615; *Chymische Hochzeit*, 1616) und sich auf die legendäre Figur des Frater C. R. (Christian Rosencreutz, anscheinend 1387-1484) als Gründer beruft.[13] Während jenseits dieser Gründungsschriften eine im 17. Jahrhundert tatsächlich existierende Rosenkreuzer-Gruppierung historisch kaum fassbar ist und in der Forschung mitunter vollständig als "Fiktion" angesehen wird,[14] ist der *Orden*

---
11 Vgl. Gerhard Steiner, *Freimaurer und Rosenkreuzer – Georg Forsters Weg durch Geheimbünde. Neue Forschungsergebnisse auf Grund bisher unbekannter Archivalien*, [Acta humaniora], Berlin 1985, 94/95.
12 Vgl. Ebenda, 68.
13 Einführend Marco Frenschkowski, *Die Geheimbünde. Eine kulturgeschichtliche Analyse*, Wiesbaden 2007, 108f.
14 Ebenda.

der Gold- und Rosenkreuzer sowie dessen Rezeption des Magiebegriffs konkret rekonstruierbar. Einer der wichtigsten Ideengeber war der schlesische Theologe und Alchemist Samuel Richter (* vor 1700; † nach 1722), der den frühneuzeitlichen *magia-naturalis*-Topos in Schriften wie *Theo-Philosophia Theoretico-Practico* (1711) sowie dem *Opus mago-cabbalisticum et theosophicum* (1719) auch im 18. Jahrhundert lebendig hielt.[15] Der Orden war stark pietistisch geprägt und hatte "mystische Annäherung an Gott durch Gebete, Fasten und Kasteien [...] zur Vereinigung mit Gott, zum Eindringen in die Welt der Geister und zu einer sonst unerreichbaren Beherrschung der Natur und aller ihrer verborgenen Kräfte"[16] zum Ziel, wobei die Alchemie eine besondere Stellung inne hielt.[17] Die Rezeption der Personenbezeichnung *magus* als Signifikant der höchsten Stufe des ordenseigenen Gradsystems kann daher prinzipiell in Anlehnung an den frühneuzeitlichen Topos der *magia naturalis* und der damit einher gehenden, von Ficino und Pico angestoßenen Figur des *Magier-Priester-Weisen* eingeordnet werden. Kaum zufällig lautet die ordenseigene Erläuterung zum Gradtitel des *magus*: "Diesem Br. ist ausser den göttlichen Kräften und Geheimnissen der Natur nichts verborgen, und sind vermöge dieser Kenntnisse gleichsam wie Moses, Aaron, Hermes, Salomo, Hiram – Abif. Meister über Alles".[18] Die Stilisierung der *magia naturalis* als höchste Vollendung der Philosophie und insbesondere die im dritten Buch von Agrippas *De Occulta Philosophia* dargelegte Vorstellung eines schrittweisen Aufstiegs der Seele des *Magiers* zu Gott ermöglichte es einer Gruppierung wie dem *Orden der Gold- und Rosenkreuzer*, die Personenbezeichnung *magus* als höchsten Grad eines rituell umgesetzten Aufstiegsmodells zu instrumentalisieren.

Geht man einen Schritt zurück, findet sich dieser Zusammenhang auch in den Gründungsschriften der *Rosenkreuzer*, an denen sich der *Orden der Gold- und Rosenkreuzer* mit Sicherheit orientiert hat – in der 1614 anonym veröffentlichten, aller Wahrscheinlichkeit nach aber von dem lutherischen Theologen Johann Valentin Andrae (* 1586; † 1654) verfassten *Fama Fraternitatis oder Brüderschaft des Hochlöblichen Ordens des Rosen-Creutzes* finden sich im Kontext der hagiographischen Nacherzählung des Lebens von Frater C.R. folgende Zeilen:

"Alle Jahr schicken die Araber und Africaner zusammen, befragen einander auß den Künsten, ob nicht vielleicht etwas besere erfunden oder die Erfahrung ihre

---

15 Letztere Schrift ist allerdings nicht von Richter, sondern von Georg von Welling verfasst und 1719 gegen dessen Willen von Richter veröffentlicht worden; vgl. Hermann E. Stockinger, *Die hermetisch-esoterische Tradition. Unter besonderer Berücksichtigung der Einflüsse auf das Denken Johann Christian Edelmanns (1698-1767)*, [Philosophische Texte und Studien ; 73], Hildesheim 2004, 894/95.
16 Steiner, *Freimaurer und Rosenkreuzer...*, 84. Vgl. zu entsprechenden Formulierungen in den Originaldokumenten des Ordens Ebenda, 65-74.
17 Ebenda, 87-93.
18 Vgl. Harald Lamprecht, *Neue Rosenkreuzer. Ein Handbuch*, [Kirche – Konfession – Religion; 45], Göttingen 2004, 53 (Lamprecht zitiert hier den *Haupt-Plan* von 1777).

11.1. Magia-naturalis-Allusionen im 18. und 19. Jahrhundert 511

rationes geschwächt hette, da kommet järlich etwas herfür, dadurch Mathematica, Physica und Magia (dann hierinn sind die Fessaner {Bewohner von Fez in Nordafrika} am besten) gebessert werden, wie es dann Teutschland numehr weder an Gelehrten, Magis, Cabalists, Medicis und Philosophicis nicht mangelt, da man es einander möchte zu lieb thun oder der gröste hauff nicht wolle, die Waid allein / abfretzen: Zu Fessanum (oder Fez) machet er kundschafft zu den (wie man sie zu nennen pflegt) Elementarischen Inwohnern, die ihme viel des ihrigen eröffneten, wier dann auch wir Teutschen viel des unserigens köndten zusammen bringen, da gleiche Eynigkeit unter uns, und da man mit gantzem ernst zu suchen begerete: Von diesen Fessanern bekendt er offt, daß ihr Magia nicht aller rein, auch die Cabala mit ihrer Religion befleckt were, nichtsdestoweniger wuste er sie ihme treflich nutz zu machen."[19]

Hintergrund dieser Episode ist der vorherige Aufenthalt des Ordensgründers Christianus Rosencreutz in Damaskus, wo er arabisch gelernt und das *librum mundi* studiert habe (!); von dort sei er schließlich nach Fez in Nordafrika weitergereist. Interessant ist die Renaissance-typische Terminologie bei der Schilderung der arabischen und afrikanischen Gelehrten, welche in "Mathematica, Physica und Magia" bewandert gewesen seien. In einem vorigen Abschnitt findet sich diesbezüglich auch die Reihung "Theologia, Physica und Mathematica",[20] also die Zusammenstellung jener drei Disziplinen, welche in Kapitel I, 2 von Agrippas *De Occulta Philosophia* als die drei grundlegenden Bestantteile von *magia* herausgestellt werden; in obigem Zitat scheint *Theologia* einfach durch *Magia* ersetzt. Auch die Erwähnung der deutschen "Gelehrten, Magis, Cabalists, Medicis und Philosophicis" ist in diesen rezeptionsgeschichtlichen Kontext einzuordnen. Christian Rosencreutz wird in der *Fama Fraternitatis* entsprechend als Universalgelehrter geschildert, der das frühneuzeitliche Ideal des *magus (naturalis)* verkörpert, indem er geheimes Wissen erlangt und (gleichwohl erfolglos) versucht, damit die von ihm bereisten Länder zu reformieren.[21] Besonders bewandert sei er in der Kunst der "transmutatione metallorum" (also der Alchemie) gewesen, außerdem habe er es durch sein Studium der Mathematik geschafft, "vieler schöner Instrumenten ex omnibus huius artis partibus {aus allen Teilen dieser Kunst} zugerichtet" zu haben.[22] Schließlich habe er – zum Segen der Welt und im Auftrag Gottes – die Bruderschaft der *Rosenkreuzer* gegründet, welche aus Geheimhaltungsgründen zudem eine "Magische Spraache und Schrifft" verwendet habe.[23]

---

19   *Fama Fraternitatis oder Brüderschaft des Hochlöblichen Ordens des Rosen-Creutzes* – nach Richard van Dülmen (Hg.), *Johann Valentin Andreae. Fama Fraternatis (1614). Confessio Fraternatis (1615). Chymische Hochzeit: Christiani Rosencreitz. Anno 1459 (1616)*. Eingeleitet und hrg. Von Richard van Dülmen, [Quellen und Forschungen zur württembergischen Kirchengeschichte; 6], Stuttgart 1973, 18/19.
20   Ebenda, 17.
21   Vgl. Ebenda, 18-22.
22   Ebenda, 20/21.
23   Ebenda, 21.

So können auch die Ursprungsschriften des europäischen *Rosenkreuzer*-Diskurses als Tradenten des frühneuzeitlichen *magia-naturalis*-Topos und der Figur des *Magier-Priester-Weisen* angesehen werden. In gewisser Hinsicht verkörpert der legendäre Ordensgründer höchstpersönlich den von Ficino und Pico kreierten Menschentypus eines die Geheimnisse der Natur durchdringenden und diese zum Wohle der Menschheit einsetzenden Weisen und Universalgelehrten.[24] Indem der *Orden der Gold- und Rosenkreuzer* die Ursprungsschriften der *Rosenkreuzer* rezipierte, orientierte er sich auch am frühneuzeitlichen Topos der – nun über Geheimbünde, Geheimschriften und Geheimhaltungsregeln noch mystifizierten – *magia naturalis*. So war es nur konsequent, die Figur des *Magier-Priester-Weisen* an die Spitze des ordenseigenen Gradsystems zu setzen.

Der *Orden der Gold- und Rosenkreuzer* hat auf zahlreiche spätere Freimaurer- und (Pseudo-) Rosenkreuzerorden eingewirkt[25] und lässt sich zudem mit der 1866 gegründeten *Societas Rusicruciana in Anglia* in Verbindung bringen, aus der wiederum der *Hermetic Order of the Golden Dawn* hervorgegangen ist. Sowohl *Societas Rusicruciana in Anglia* als auch *Hermetic Order of the Golden Dawn* rezipieren das neunstufige Gradsystem und die Bezeichnung *magus* als Titel der höchsten Initiationsstufe.[26] Der *Orden der Gold- und Rosenkreuzer* kann daher in der Tat als Tradent der oben skizzierten, von Marsilio Ficino und Pico della Mirandola angestoßenen Aufwertung des Magiebegriffs in der Frühen Neuzeit gewertet werden. Er steht exemplarisch für die fortlaufende Tradierung eines positiv konnotierten Magiebegriffs in antiaufklärerischen Gruppierungen des 18. und 19. Jahrhundert und ist insofern abseits vom zu dieser Zeit bereits dominanten Aufklärungsdiskurs (sowie dem nach wie vor applizierten theologischen Ausgrenzungsdiskurs) einzuordnen.[27]

---

24 Auf weitere rezeptionsgeschichtliche Zusammenhänge, die hinter den *Rosenkreuzer*-Schriften selbst stehen, kann (und muss) hier nicht weiter eingegangen werden; vgl. ausführlicher – insbesondere mit Blick auf die Rolle John Dees – Frances A. Yates, *The Rosicrucian Enlightment*, London 1972; insgesamt Lamprecht, *Neue Rosenkreuzer...*, 47-59; zusammenfassend Henrik Bogdan, *From Darkness to Light. Western Esotericism and Rituals of Initiation*, [Skrifter utgivna av Institutionen för Religionsvetenskap, Göteborgs Universitet / Institutionen för Religionsvetenskap; 30], Göteborg 2003, 82f.

25 So findet sich beispielsweise auch in dem historisch gesehen äußerst kurzlebigen bayrischen *Illuminatenorden* (1776 gegründet, 1784 verboten) die Bezeichnung *magus* als Titel einer – nun den Hochgraden der Freimaurerei entsprechenden – Mysterienklasse; sie kennzeichnet hier den dritthöchsten von insgesamt vier Hochgraden (nur der *rex* steht noch über dem *magus*); vgl. hierzu Frenschkowski, *Die Geheimbünde...*, 127-31.

26 Der *Hermetic Order of the Golden Dawn* weicht allerdings geringfügig davon ab, indem ein zehnter, übergeordneter Grad hinzugefügt wird – vgl. unten, Kap. 11.4.1.

27 Vgl. zur explizit antiaufklärerischen Einordnung des Rosenkreuzerdiskurses auch Roland Edighoffer, „Rosicrucianism II: 18th Century", in: Hanegraaff/Faivre, *Dictionary of Gnosis...*, 2. Band, 1014-1017.

11.1.2. Francis Barretts *The Magus*

In diese hinsichtlich ihrer damaligen Breitenwirkung marginale, gleichwohl kontinuierliche Fortschreibung des identifikatorischen Magiebegriffs der Renaissance ist auch die Rezeption der Schriften des frühneuzeitlichen Magiediskurses durch eine Reihe von Gelehrten und Sammlern des 18. und 19. Jahrhunderts einzuordnen. Insbesondere Agrippas *De Occulta Philosophia* hält in diesem Zusammenhang eine Sonderstellung unter den Renaissance-Schriften inne – so veröffentlicht im Jahre 1801 der Londoner Apotheker und selbsternannte "Professor of Chemistry, natural and occult Philosophy, the Cabala, &c., &c."[28] Francis Barrett (* 1774; † um 1830) eine zweibändige englische Schrift mit dem Titel *The Magus, or Celestial Intelligencer*, welche den vollmundigen Titelzusatz *Being a Complete System of Occult Philosophy* trägt. Der Untertitel weist geradezu wortwörtlich auf den rezeptionsgeschichtlichen Kontext Barretts hin – "Das Buch besteht weithin aus nur geringfügig bearbeiteten Passagen aus Agrippas 'De Occulta Philosophia', ein Werk, das er nach einer älteren englischen Ausgabe (London 1651 u.ö.) benutzt hat".[29]

Barretts Kompilation beinhaltet außerdem Auszüge aus dem pseudoepigraphischen, posthum veröffentlichten vierten Buch von Agrippas *De Occulta Philosophia*, das dezidierte Ritualanweisungen zur Beschwörung von Zwischenwesen enthält,[30] sowie Auszüge aus der Schrift *Heptameron*, die textimmanent dem italienischen Gelehrten Pietro d'Abano (* um 1250; † um 1316) zugeschrieben wird, allerdings frühestens 1496 in Venedig (wahrscheinlich erst 1565 in Paris) verlegt wurde und insofern ebenfalls als pseudoepigraphisch einzuordnen ist.[31] Auch der *Heptameron* beinhaltet Ritual-

---

28 Vgl. Francis Barrett, *The Magus, or Celestial Intelligencer; Being a Complete System of Occult Philosopy*, London 1801, Titelblatt.
29 Frenschkowski, „Heinrich Cornelius Agrippa von Nettesheim...", 28.
30 Im Vorwort wird das Erscheinen eines vierten Bandes damit erklärt, dass die ersten drei Bücher zu theorielastig seien und zu wenig Praxisbezug aufwiesen würden: „In unseren Büchern von der geheimen Philosophie haben wir den Ursprung der Magie, ihre Übereinstimmung mit dem rationellen Prinzip des Naturlebens, und wie man zur Erreichung gewisser Zwecke die geheimen Kräfte der Geisterwelt verwenden könne, weitläufig entwickelt. Weil aber dort mehr Theorie als die Praxis berücksichtigt wurde, so haben wir in diesem Buche mehr den Laien uns zu nähern gestrebt, das dort Zerstreute hier im gedrängten Auszuge, welcher jenen Büchern gleichsam als Schlüssel dienen soll, wiedergegeben, und die magische Disziplin in allen ihren Teilen vervollständigt, so daß der Leser, erst wenn er dieses Buch kennengelernt hat, wirklichen Nutzen davon haben wird. Bewahre es aber als einen geheimen Schatz und beobachte ein unverbrüchliches Stillschweigen über dessen Inhalt."; Frenschkowski, Agrippa von Nettesheim..., 485.
31 Thorndyke setzt die erste Veröffentlichung des Textes überhaupt erst 1565 an – Thorndyke, *A History of Magic*..., Volume 2, 925: „Kiesewetter, Der Occultismus des Alterthums, mentions a Latin edition, Venice 1496, which I have neither seen nor found mentioned elsewhere. It was printed together with the Occult Philosophy of Henry Cornelius Agrippa in Latin at Paris, 1565, and in 1600 and 1655 in English translation"; Thorndyke

anweisungen zur Beschwörung von Zwischenwesen (im Text übrigens gekennzeichnet als *angeli*), weist allerdings selbst keinen Magiebegriff auf.[32] Hinzu kommen Auszüge aus der Schrift *Tractatus de magnetica vulnerum curatione* des frühneuzeitlichen Gelehrten Johan Baptista van Helmont (* 1580; † 1644), welche Barrett – möglicherweise in Anlehnung an den zu seiner Zeit populären *animalischen Magnetismus* Franz Anton Mesmers (* 1734; † 1815) – unter dem Begriff *Magnetism* fasst.[33] Die zweibändige Kollektion wird durch eine Biographiesammlung zu "Ancient and Modern Magi, Cabalists, and Philosophers, discovering the Principles and Tenets of the first Founders of the Magical and Occult Sciences" abgerundet, welche neben alten Bekannten wie Zoroaster, Hermes Trismegistos, Apuleius, Apollonios, Albertus Magnus, Pietro d'Abano, Roger Bacon und Agrippa freilich auch eher assoziativ zugeordnete Figuren wie Aristoteles oder die "Babylonians" behandelt.[34]

Francis Barrett entnahm seine Quellentexte selbst der Büchersammlung eines Förders, des britischen Astrologen und Mesmerismus-Anhängers Ebenezer Sibly (* 1751; † 1799), der zuvor selbst mehrere astrologisch-magiologische Schriften veröffentlicht hatte (*Celestial Science of Astrology*, 1776; *A key to the Physic and the Occult Sciences*, 1792).[35] Interessant an Barretts Kompilation ist nicht nur die kreative Synthese und Übertragung seiner Textvorlagen in ein zeitgenössisches, leichter verständliches Englisch, sondern vor allem seine explizite Rezeption und Tradierung sowohl des frühneuzeitlichen *magia-naturalis*-Topos' als auch der Figur des *Magier-Priester-Weisen*. So schreibt Barrett in seinem Vorwort zur Bezeichnung *Magier*:

> "seeing it is a word originally significative not of any evil, but of every good and laudable science, such as a man might profit by, and become both wise and happy; and the practice so far from being offensive to God or man, that the very root or ground of all magic takes its rise from the Holy Scriptures, *viz.*--'The fear of God is the beginning of all wisdom;' – and charity is the end: which fear of God is the beginning of Magic; for Magic is wisdom, and on this account the wise men were called *Magi*. The magicians were the first Christians; for, by their high and excellent knowledge, they knew that that Saviour which was promised, was now born man--that Christ was our Redeemer, Advocate, and Media-

---

hält die Schrift daher für „quite certainly spurious" (Ebenda, 912). Der *Heptameron* wurde – wie Thorndyke erwähnt – ab 1565 der Werkausgabe von *De Occulta Philosophia* angefügt, zusammen mit dem eben genannten vierten Buch sowie einigen weiteren Ritualtexten; an dieser kompilatorischen Tradition scheint sich auch Barrett orientiert zu haben.

32 Eine zweisprachige (lateinisch-englische) Edition des *Heptameron* befindet sich wiederum auf der Internetseite von Joseph Peterson, der Robert Turners Übersetzung der ersten Edition (1565 im Anhang von Agrippas *De Occulta Philosophia*) überarbeitet hat – online verfügbar unter: http://www.esotericarchives.com/solomon/heptamer.htm (27.09.2009).
33 Vgl. Barrett, *The Magus...*, 2. Band, 3-29.
34 Vgl. Ebenda, 141ff.
35 Vgl. u.A. Frenschkowski, *Die Geheimbünde...*, 142. Ausführlicher Joscelyn Godwin, *The Theosophical Enlightenment*, [SUNY Series in Western esoteric traditions], Albany 1995, v.a. 107-11.

tor; they were the first to acknowledge his glory and majesty; therefore let no one be offended at the venerable and sacred title of Magician--a title which every wise man merits while he pursues that path which Christ himself trod, *viz.* humility, charity, mercy, fasting, praying, &c.; for the true magician is the truest Christian, and nearest disciple of our blessed Lord, who set the example we ought to follow".[36]

Barrett greift hier in der Tat die Renaissance-typische Gleichsetzung von *Magie* und Wissenschaft beziehungsweise Weisheit auf, geht allerdings noch einen Schritt weiter als die Autoren des frühneuzeitlichen *magia-naturalis*-Diskurses. Die in Mt 2,1 genannten μάγοι ἀπὸ ἀνατολῶν werden nun selbst als *wahre Christen* identifiziert, *Magie* entsprechend als ein Weg (*path*), den Christus höchstpersönlich gegangen sei und der nichts Anderes als "humility, charity, mercy, fasting, praying, &c." beinhalte! Barretts in diesen einleitenden Zeilen verblüffende Umkehrung des christlichen Ausgrenzungsdiskurses wird schließlich noch anhand der *Zeichen und Wunder* der Apostel illustriert, die dadurch ebenfalls zu (positiv konnotierten!) *Magiern* stilisiert werden.[37] Wieder findet sich hier das Muster einer Umkehrung der Setzungen des Ausgrenzungsdiskurses und einer enormen Aufwertung des Magiebegriffs, wobei Barrett noch über seine Referenztexte hinaus geht: nicht nur die Apostel, sondern auch Jesus Christus höchstpersönlich werden im Rahmen einer vermeintlich konsistenten *magischen* Traditionslinie vereinnahmt, mit dem verblüffenden Ergebnis, dass der *Magier* – und nur der *Magier*! – nun als einziger, wahrer Christ in Erscheinung tritt.

In diese Stoßrichtung ist auch seine Erläuterung des *magia-naturalis*-Topos im darauf folgenden Kapitel einzuordnen:

"NATURAL MAGIC is, as we have said, a comprehensive knowledge of all Nature, by which we search out her secret and occult operations throughout her vast and spacious elaboratory; [...] but seeing, in the regular order of the creation, man was the work of the sixth day, every thing being prepared for his vicegerency here on earth, and that it pleased the omnipotent God, after he had formed the great world, or macrocosm, and pronounced it good, so he created man the express image of himself; and in man, likewise, an exact model of the great world. We shall describe the wonderful properties of man, in which we may trace in miniature the exact resemblance or copy of the universe; [...] therefore, we shall hasten to speak of the creation of man, and his divine image; likewise of his fall, in consequence of his disobedience; by which all the train of evils, plagues, diseases, and miseries, were entailed upon his posterity, through the curse of our Creator, but deprecated by the mediation of our blessed Lord, Christ."[38]

---

36 Barrett, *The Magus*..., 1. Band, Preface: VII/VIII.
37 Vgl. Ebenda: „Likewise, all the Apostles confess the power of working miracles through faith in the name of Christ Jesus, and that all wisdom is to be attained through him; for he says, 'I am the light of the world!'"
38 Barrett, *The Magus*, 1. Band, 14/15.

Auch seine Rezeption des frühneuzeitlichen *magia-naturalis*-Topos klingt zunächst wie eine Allusion an die Ausführungen Ficinos beziehungsweise Agrippas. Gleichwohl wirkt wiederum die Einordnung der *magia naturalis* in den alttestamentarischen Schöpfungsbericht sowie schließlich der Verweis auf den Menschen als Abbild Gottes (beziehungsweise: als Abbild des Kosmos' selbst) – wodurch dieser vollständiges Wissen erlangen könne – wie eine nochmalige Überhöhung des *magia-naturalis*-Topos. *Magie*, so lässt sich Barrett hier lesen, ist im Schöpfungsplan Gottes als höchste Verwirklichung der menschlichen Natur selbst angelegt; daher lässt sie sich aus zentralen biblischen Motiven – dem Schöpfungs-, Sündenfall- und Jesusbericht – direkt herleiten.

Diese pseudo-biblische Legitimation von *Magie* wird schließlich noch mit Ficinos *Weltbauer*-Topos vereint – in Barretts einleitender Skizze des zweiten Buches wird der *Magier* auf vergleichbare Weise zu einem primär dem Wohl seiner „fellow-creatures" dienenden „recipient of divine light and knowledge" stilisiert.[39] Auch hier zeigt sich, dass Barrett prinzipiell am terminologischen Rahmen des frühneuzeitlichen Magiediskurses orientiert ist, in seiner religiösen Überhöhung der *Natural* beziehungsweise *Ceremonial Magic* aber noch einen Schritt weiter geht. Gerade in dieser Hinsicht weist der Autor bereits auf die intentionale Stoßrichtung des Okkultismus-Diskurses im ausgehenden 19. Jahrhunderts hin: *Magie* wird nicht mehr komplementär zur etablierten Religion gesehen oder mühevoll als legitime Kunst/Wissenschaft ausgewiesen; vielmehr wird sie als verborgener Kern, als Vollendung der – bei Barrett vor allem christlichen – Religion selbst dargestellt.

Ein kurioses Detail sei angemerkt; im zweiten Buch findet sich Barretts werbender Hinweis auf die Einrichtung einer eigenen Schule in London – der interessierte Leser könne sich jederzeit bei ihm zum Studium von "Natural Philosophy, Natural Magic, the Cabbala, Chemistry, the Talismanic Arts, Hermetic Philosophy, Astrology, Physiognomy, etc., etc." anmelden, "at any time between the hours of Eleven and Two o'clock at 99 Norton Street, Mary-le-Bonne".[40] Auch dies ist Ausdruck des nun veränderten kulturhistorischen Kontextes – Marsilio Ficino hätte kaum in einem öffentlich publizierten Text auf seine eigene, selbstreferentiell-*magische* Schule hinweisen können. Barretts Kompilation kann daher in gewisser Hinsicht

---

39 Vgl. Ebenda, 1. Band, VIII/IX: „The Second Book forms a complete treatise on the mysteries of the Cabala and Ceremonial Magic; by the study of which, a man (who can separate himself from material objects, by the mortification of the sensual appetite, abstinence from drunkenness, gluttony, and other bestial passions, and who lives pure and temperate, free from those actions which degenerate a man to a brute) may become a recipient of Divine light and knowledge; by which they may foresee things to come, whether to private families, or kingdoms, or states, empires, battles, victories, &c.; and likewise be capable of doing much good to their fellow-creatures: such as the healing of all disorders, and assisting with the comforts of life the unfortunate and distressed."

40 Vgl. Barrett, *The Magus*..., 2. Band, 140.

auch die Erfolglosigkeit antimagischer Aufklärungsrhetoriken illustrieren; indem diese darauf hinarbeiteten, die Wirkungslosigkeit von *Magie* als nun öffentlich nachgewiesenes, unumstößliches Faktum hinzustellen, wurde es einem selbstreferentiellen *Magier* wie Francis Barrett überhaupt erst möglich, seine Dienste in einer öffentlich publizierten Schrift anzubieten, ohne weitere Restriktionen fürchten zu müssen. Solchermaßen ungefährliche – da aus Sicht des Ausgrenzungsdiskurses wirkungslose – selbstreferentielle *Magier* konnten sich im 19. Jahrhundert freier in der Öffentlichkeit bewegen und ihre Überzeugungen publizieren, sich gar in (*Lern-*) *Gruppen* organisieren. Die im vorliegenden Kapitel skizzierten Zusammenhänge sind ohne einen notwendigerweise vorangegangenen, von Barrett prägnant illustrierten ideengeschichtlichen Transformationsprozess nicht denkbar.

Da *The Magus* bis 1875 nur eine einzige Auflage erlebte, gehörte die Schrift "lange Zeit zu den gesuchtesten und teursten [sic!] Büchern auf dem Okkulta-Markt".[41] Trotz ihrer dadurch scheinbar geringen Verbreitung ist die Textsammlung in der Tat von besonderer rezeptionsgeschichtlicher Relevanz, da sie das Werk Agrippas für den englischen Sprachraum des 19. Jahrhunderts in einer sprachlich überarbeiteten Fassung, sowie in Kompilation mit weiteren einschlägigen Texten der Renaissance zugänglich machte.[42] Barretts Kompilation wird daher in der rezenten Esoterikforschung mitunter als Schlüsselwerk für das Wiederaufleben des identifikatorischen Magiediskurses im England des 19. Jahrhunderts angesehen –[43] eine Einschätzung, die sich in der Tat an Barretts Beeinflussung des Schriftstellers Edward Bulwer-Lytton (* 1803; † 1873), diverser Sammler magiologischer Fachliteratur des 19. Jahrhunderts wie Frederick Hockley (* 1809; † 1885), der auch Freimaurer und Mitglied der *Societas Rosicruciana in Anglia* war, oder auch des französischen selbstreferentiellen *Magiers* Alphonse Louis Constant (besser bekannt als Eliphas Lévi Zahed; * 1810; † 1875)

---

41 Frenschkowski, „Heinrich Cornelius Agrippa von Nettesheim...", 28.
42 Vgl. Alison Butler, „Magical Beginnings. The Intellectual Origins of the Victorian Occult Revival", 83, in: *Limina 9 (2003)*, 78-95: „By presenting, in a single book, a large portion of the occult literature available in English translation, Barrett's compendium tells much about the state of magical knowledge and practice in England at the beginning of the nineteenth century. In creating a magical textbook and establishing the notion of a magical school, Barrett had introduced a new accessibility to magical studies."
43 Vgl. hierzu auch Robert A. Gilbert, „Barrett, Francis, * 18.12.1774 Marylebone, London, † probably ca. 1830 London", 164, in: *Hanegraaff/Faivre, Dictionary of Gnosis...*, 1. Band, 163/64; sowie Dennis M. Quinn, *Early Mormonism and the Magic World View*, Salt Lake City 1998, 21; Francis King geht sogar davon aus, dass "whole generations of occultists based their first tentative experiments in Ritual Magic and Ceremonial Skrying on information they extracted from The Magus. In the 'fifties and 'sixties of the nieteenth century a group of occultists experimenting with the techniques outlined in this work gathered round the mystic and visionary Fred Hockley, and by the 'seventies demand for The Magus was such that a London publisher found it worth while to reprint it"; Francis King, *Modern Ritual Magic: The Rise of Western Occultism*, Dorset 1989, 194/95.

erweist. Da gerade Letzterer wiederum maßgeblich auf den selbstreferentiellen Magiediskurs des ausgehenden 19. Jahrhunderts (sowie insbesondere Aleister Crowley) eingewirkt hat, soll im Folgenden ausführlicher auf ihn eingegangen werden.

11.2. Eliphas Lévi Zahed

Alphonse Louis Constant (Eliphas Lévi Zahed ist ein hebraisiertes Pseudonym, unter welchem Constant ab 1854 publiziert), 1810 in Paris geboren, zunächst Theologe (die Priesterweihe wird ihm aufgrund einer Liebesaffäre versagt), publiziert in den 1830er und 40er Jahren zunächst keine magiologischen, sondern vielmehr eine Reihe gesellschafts- und religionskritischer Schriften, die ihm mehrere kurze Gefängnisstrafen einbringen.[44] Um 1850 wendet sich Constant zunehmend – unter Anderem beeinflusst von den Schriften Böhmes und Swedenborgs – dem identifikatorischen Magiediskurs zu. Von einschneidender Bedeutung ist in diesem Zusammenhang eine Reise nach London im Jahr 1854, welche eigentlich der persönlichen Zerstreuung dienen sollte, da Constant kurz zuvor von seiner Frau verlassen worden war. In London trifft er – nach eigener Auskunft –[45] eine kleine Rosenkreuzergruppierung um den damals berühmten britischen Schriftsteller und Politiker Edward Bulwer-Lytton, welche ihn bittet, eine Reihe nekromantischer Beschwörungen vorzunehmen. Constant willigt ein und ruft schließlich keinen anderen als Apollonios von Tyana herbei (!), damit dieser ihm und einer weiteren Anwesenden Fragen beantworte – ein Wunsch, dem Apollonios (beziehungsweise seine „Erscheinung") gleichwohl nur auf höchst merkwürdige Weise nachkommt.[46]

---

44 Vgl. ausführlicher Jean-Pierre Laurant, „Lévi, Éliphas (ps. Of Alphonse Louis Constant), * 8.3.1810 Paris, † 31.5.1875 Paris", 689/90, in: Hanegraaff/Faivre, *Dictionary of Gnosis...*, 2. Band, 689-92.

45 Im Folgenden wird der Verständlichkeit halber mit einer deutschen Übersetzung gearbeitet – die Buch- und Kapitelangabe wird jeweils angegeben (besondere Text- und Kursivsetzungen ebenfalls dort): Eliphas Lévi, *Transzendentale Magie. Dogma und Ritual*, [Bibliotheca Hermetica], München 2000; die London-Episode findet sich Ebenda, 202ff (Band 1, Kapitel 13). Bei einzelnen Begriffen wird zur etymologischen Rekonstruktion die französische Edition herangezogen: Eliphas Lévi, *Dogme et Rituel de la Haute Magie. Par Éliphas Lévi. Nouvelle Édition, complète en un Volume avec 24 Figures dans le Texte*, Paris 1952.

46 Vgl. Lévi, *Transzendentale Magie...*, 205/06 (Band 1, Kapitel 13): „Mit geschlossenen Augen rief ich dreimal den Namen Apollonios aus, und als ich die Augen aufschlug, stand ein Mann vor mir, ganz in ein Leinlaken gehüllt, das mich eher grau als weiß dünkte. Sein Antlitz war abgezehrt, traurig und bartlos und entsprach nicht eigentlich dem Bild, das ich mir von Apollonios gemacht hatte. [...] Die Erscheinung hatte zwar nicht zu mir gesprochen, aber es schien mir, als hätten die Fragen, die ich ihr stellen sollte, sich gewissermaßen in meinem Inneren von selbst beantwortet. Auf jene der Dame erwiderte eine Stimme in mir: tot (es handelte sich um einen Herrn, über den sie Nachricht wünschte)! Ich selbst wollte wissen, ob eine Annäherung und Versöhnung zwischen zwei Menschen,

11.2. Eliphas Lévi Zahed

Nach seiner Rückkehr nach Frankreich und maßgeblich beeinflusst von den Ereignissen in London verfasst Lévi sein magiologisches Hauptwerk *Dogme et Rituel de la Haute Magie*, welches 1855 und 1856 in zwei Bänden erscheint, 1859 folgt schließlich seine *l'Histoire de la Magie*. 1861 wird Lévi in die Pariser Freimaurerloge *Rose du Parfait Silence* aufgenommen, die er allerdings bald darauf wieder verlässt.[47] Der Franzose verfasst vor seinem Tod im Jahre 1874 noch zahlreiche weitere zum Teil selbstreferentiell-*magische* Schriften, die teilweise erst posthum veröffentlicht werden. Aufgrund der großen Bedeutung des Franzosen nicht nur für den selbstreferentiell-*magischen* Diskurs des ausgehenden 19. Jahrhunderts, sondern vor allem auch für Aleister Crowley persönlich – der sich erklärtermaßen als Reinkarnation Lévis ansah –,[48] sollen im Folgenden die Rezeption des Magiebegriffs und die dahinter liegenden Rezeptionsleistungen Lévis in seinem wirkungsgeschichtlich bedeutsamsten Werk – *Dogme et Rituel de la Haute Magie* – rekonstruiert werden.

11.2.1. Lévis *Dogme et Rituel de la Haute Magie*: Übersicht

Anders als Barretts Schrift *The Magus*, die primär eine Zusammenstellung von bereits bestehenden Texten darstellt, kann Lévis *Dogme et Rituel de la Haute Magie* in der Tat als eigenständige, kreative und in vielerlei Hinsicht neuartige Synthetisierung des selbstreferentiell-*magischen* Diskursfeldes angesehen werden. Die beiden Bücher sind relativ kurz gehalten und bestehen jeweils aus 22 mehrseitigen Kapiteln – eine kaum zufällige Kapitelstruktur, die explizit der Anzahl der Buchstaben des hebräischen Alphabet entsprechen soll. Das erste Buch ist theoretischer (*Dogme*), das zweite praktischer (*Rituel*) ausgerichtet. Der Aufbau der Schrift sowie das Pseudonym des Autors sind nicht die einzigen Hinweise auf die fundamentale Bedeutung jüdischer Symbolika für Lévis Rezeption des Magiebegriffs. So gilt auch dem Franzosen die *Kabbalah* – Pico della Mirandola lässt grüßen – als Inbegriff der *Haute Magie*; sie steht nicht nur hinter dem konzeptionellen Aufbau der beiden Bücher, sondern letztlich dem gesamten, von Lévi postulierten, wiederum alle Seinsbereiche durchziehenden und als *magisch*

---

an die ich gedacht hatte, möglich wäre, und dasselbe innere Echo antwortete unerbittlich: beide tot!"; hier und im Folgenden ist die Textsetzung meist vereinfacht.

47 Kaum zufällig ist es wiederum ein Freimaurer, *Golden-Dawn*-Mitglied und Mitglied der *Societas Rosicruciana in Anglia* – Arthur Edward White –, der Lévis *Dogme et rituel de la haute magie* im Jahr 1896 ins Englische übersetzt: Arthur Edward White, *Transcendental Magic. Its Doctrine and Ritual. By Eliphas Lévi. A Complete Translation of „dogme et Rituel De La Haute magie" with a Biographical Preface. By Arthur Edward White*, London 1896.

48 So Crowley explizit in Kap. 22 seiner *confessions* – auch online verfügbar unter: http://www.hermetic.com/crowley/confess/chapter22.html (27.09.2009). Der Text ist ediert u.A. bei John Symonds, Kenneth Grant (Hg.), *The confessions of Aleister Crowley: an autohagiography. Ed. by John Symonds and Kenneth Grant*, London 1969.

gekennzeichneten Weltbild. Entsprechend charakterisieren hebraisierende oder kabbalistische Deutungsmuster beide Bücher, im ersten Buch wird zudem in jedem Kapitel die *magische* Bedeutung der jeweiligen Kapitelnummer eruiert. Nicht zufällig behandelt schließlich auch das zehnte Kapitel des ersten Buches den Lebensbaum mit seinen zehn Emanationsstufen (*Sephiroth*) und weist die kabbalistische Lehre und Symbolsprache als Kern der *Haute Magie* aus.[49] Der *Kabbalah*-Begriff selbst wird gleichwohl nicht nur im Kontext der Wirkungsmacht der hebräischen Buchstaben, des Lebensbaums und der Sephiroth, sowie weiterer Buchstaben-, Zahlen- und Bildsymbolik angewendet, sondern darüber hinaus abstrakt, mystifiziert und geradezu ahistorisch ausgedeutet.[50]

Neben der *Kabbalah* findet sich ein weiteres, grundlegendes konzeptionelles Element in Lévis *Dogme et Rituel de la Haute Magie*: die Vorstellung eines *Astrallichts*, welches alle Dinge durchdringe und so die primäre Wirkungsinstanz des selbstreferentiellen *Magiers* darstelle. Der rezeptionsgeschichtliche Hintergrund dieser Vorstellung ist konkret rekonstruierbar: an mehreren Stellen setzt Lévi das *Astrallicht* explizit mit der Vorstellung einer *Weltseele* gleich, die er offenkundig aus Agrippas diesbezüglichen Allusionen an Ficino übernommen hat.[51] Den *Astral*-Begriff entnimmt Lévi wiederum den Schriften Paracelsus', der unter Anderem in seiner *Astronomia Magna* in expliziter Anlehnung an Ficinos *magia-naturalis*-Topos die Vorstel-

---

49   Lévi partizipiert gleichwohl an der von Pico angestoßenen Literaturtradition einer *christlichen Kabbalah*, ohne selbst jemals jüdisch-kabbalistische Schriften im Original gelesen zu haben – Lévi war des Hebräischen gar nicht mächtig: „He was almost completely ignorant of Hebrew, resulting in spectacular blunders [...], and his ideas about kabbalah are widely fantastic; but the important point is that they were taken seriously by generations of occultists after him." (Wouter J. Hanegraaff, „Jewish Influences V: Occultist Kabbalah", 645, in: Ders./Faivre, *Dictionary of Gnosis...*, 2. Band, 644-47).

50   Vgl. Lévi, *Transzendentale Magie...*, 170 (Buch 1, Kap. 10) : „Alle Religionen haben das Andenken an ein frühes Buch bewahrt, das von den Gelehrten der ersten Jahrhunderte der Welt in Bildern geschrieben wurde und dessen später vereinfachte Symbole der heiligen Schrift die Buchstaben, dem Gotteswort den Stempeln und der okkulten Philosophie die geheimnisvollen Zeichen und Pantakel gegeben haben. Dieses Buch wurde von den Hebräern dem Henoch, dem siebten Weltweisen nach Adam, von den Ägyptern Hermes Trismegistos, von den Griechen Kadmos, dem geheimnisvollen Gründer der Heiligen Stadt zugeschrieben: es war die symbolische Zusammenfassung der frühen Überlieferungen, und wurde seither nach einem griechischen Wort [!] die Kabbala genannt, das etwa Überlieferung bedeutet."

51   Vgl. exemplarisch Ebenda, 180 (Buch 1, Kap. 11): „Das große magische Agens, welches wir Astrallicht genannt haben, und das anderen unter dem Namen Erdseele, den alten Chymisten aber als Azoth und Magnesie bekannt war, diese einzige und unleugbare okkulte Kraft ist der Schlüssel aller Gewalt und das Geheimnis aller Macht. Es ist der fliegende Drache Medeas, die Schlange des paradiesischen Mysteriums, der universelle Spiegel der Visionen, der sympathische Knoten, der Quell der Liebe, Prophetie und Herrlichkeit. Wer dieses Agens zu erringen versteht, ist der Verwalter von Gottes Macht. Es gibt eine wahre Magie, eine wirkliche okkulte Macht, und alle Bücher des wahren Wissens sind nur an ihrem Beweis entstanden."

lung eines zweiten, *astralen* – das heißt bei dem von Ficinos *De Vita* beeinflussten Mediziner also: mit den Sternen in Verbindung stehenden (lateinisch *astrum*: Stern!) – Körpers entwickelt hatte, der für Krankheit und Heilung des Menschen wichtiger sei als der physische Körper.[52]

So wird auch erklärbar, weshalb Lévi mehrfach von der Fähigkeit der menschlichen Seele spricht, zu diesem Astrallicht Zugang erlangen zu können, um dieses in letzter Instanz – hierin bestehe dann die Meisterschaft des selbstreferentiellen *Magiers* – vollständig kontrollieren zu können.[53] Bei Lévi wird die Kombination der (neo-) neuplatonischen, frühneuzeitlichen Seelenvorstellung mit dem Paracelsischen Astralbegriff gleichwohl noch in die Terminologie des *animalischen Magnetismus'* eingebettet, was sich nicht nur an zahlreichen biologistisch anmutenden Formulierungen ablesen lässt, sondern zu einer entsprechenden Interpretation der Beeinflussbarkeit des *Astrallichts* selbst führt.[54] So werden für Lévi nun Aspekte ausschlaggebend, die im selbstreferentiell-*magischen* Diskurs bislang eher eine untergeordnete Rolle gespielt haben: Konzentration, Imagination, Wille.

11.2.2. Der *Wille*-Topos

Die persönliche Reife des selbstreferentiellen *Magiers*, seine Überwindung von niederen Affekten oder auch seine Fähigkeit zur Imagination hat schon in der Frühen Neuzeit eine gewisse Rolle gespielt – so etwa im Kontext des

---

52 Vgl. hierzu Walter Pagel, *Paracelsus. An Introduction to Philosophical Medicine in the Era of the Renaissance*, Basel ²1982, u.A. 120f.
53 Vgl. etwa Lévi, *Transzendentale Magie...*, 131-135 (Buch 1, Kap. 5): „Die Seele kann aus eigener Kraft und ohne Vermittlung der körperlichen Organe, nur mit Hilfe ihrer Empfindsamkeit und ihres Diaphane die Dinge im Weltall wahrnehmen, seien diese geistiger oder körperlicher Natur. [...] Unsere sogenannte Vorstellung ist nur die unserer Seele anhaftende Eigenschaft, sich Bilder und Reflexe anzupassen, die im lebendigen Lichte, dem großen magnetischen Arkanum enthalten sind. [...] Für den Weisen bedeutet demgemäß vorstellen gleichviel als sehen, so wie sprechen für den Magier schaffen heißt. [...] So ist das astrale Licht oder das irdische Fluidum, welches wir das große magische Agens nennen, von Bildern oder Reflexen aller Art erfüllt, die von unserer Seele wachgerufen und ihrem Diaphane unterworfen werden können, wie die Kabbalisten sagen."
54 Vgl. Ebenda, 142/43 (Buch 1, Kap. 6): „Es wirken in uns drei Zentren der Anziehung und der Ausstrahlung von Fluiden: Hirn, Herz oder Zwerchfell und Genitalien. [...] Jedes dieser Organe zieht einerseits an und stößt andererseits ab. Mit diesen Werkzeugen sind wir mit dem universellen Fluidum, das uns durch das Nervensystem übermittelt wird in Verbindung. Diese drei Zentren sind überdies der Sitz der dreifachen magnetischen Verfahren, was wir später erklären werden. Ist der Magier in den Zustand des Hellsehens gekommen, durch Vermittlung einer Pythia oder einer Somnabule, so leitet er nach Belieben magnetische Schwingungen in die ganze astrale Lichtmasse, deren Ströme er durch Hilfe seines magischen Stabes, einer vervollkommneten Wünschelrute auffindet. Durch diese Schwingungen beeinflußt er das Nervensystem derer, die er sich unterlegen macht, beschleunigt oder verlangsamt ihre Lebensströme, beruhigt oder erregt, heilt oder macht krank, tötet endlich oder erweckt zu neuem Leben."

dritten Buchs von Agrippas *De Occulta Philosophia*. Doch Wissen – das heißt vor allem: die profunde rationale (Er-) Kenntnis der konkreten, etwa neuplatonisch, astrologisch oder kabbalistisch gedeuteten Wirkungszusammenhänge des Kosmos – war im frühneuzeitlichen Diskurs eindeutig die wichtigste Qualifikation des selbstreferentiellen *Magiers*. Bei Lévi bleibt dieser Zusammenhang zwar bestehen – insbesondere hinsichtlich der Kenntnis und Anwendung der *kabbalistischen* Symbolsprache –, doch zusätzlich ist bei dem Franzosen nun eine Verlagerung beobachtbar, welche den selbstreferentiell-*magischen* Diskurs des 19. und 20. Jahrhunderts insgesamt kennzeichnet: eine – in den Worten Wouter J. Hanegraaffs – „psychologization of magic".[55]

Im ersten Kapitel des zweiten Buchs findet sich hierzu eine explizite Erläuterung: der selbstreferentielle *Magier* – hier als *Priester des Hermes* gekennzeichnet – müsse lernen, Herr über seine Gefühle, Begierden und körperlichen Bedürfnisse zu werden, um sich voll und ganz auf sein großes Ziel konzentrieren zu können:

> „Ein schlapper Mensch wird nie Magier. Die Magie ist stündliche, nein ununterbrochene Übung. Wer große Werke vollbringen will, muß sich absolut selbst beherrschen, die Lokkung [sic!] des Vergnügens, Begierde und Schlaf besiegen, unempfindlich sein gegen Erfolg wie Schande. Sein Leben muß ein durch einen Gedanken geleiteter und durch die ganze Natur bedienter Wille sein, die er in all ihren eigenen Organen und durch Sympathie in allen mit ihr korrespondierenden Kräften unterwerfen muß. Alle Fähigkeiten und Sinne müssen an dem Werk teilnehmen und nichts in dem Priester des Hermes darf untätig bleiben."[56]

Hintergrund der hier erläuterten Notwendigkeit einer vollkommenen Selbstbeherrschung ist Lévis Überzeugung, dass der menschliche Wille das entscheidende Instrument des selbstreferentiellen *Magiers* darstellt. Bereits seine einführende Definition im ersten Buch führt einen unbeugsamen Willen als eine von vier grundlegenden Eigenschaften (neben Wissen, Mut und Geheimhaltung) auf, um Zugang zur *Haute Magie* zu erlangen.[57] Wichtig ist für Lévi, dass der Wille des *Magiers* frei sein muss, befreit von den üblichen, den Menschen bedrängenden, inneren und äußeren Triebkräften, deren Kontrolle – wie in obigem Zitat gesehen – daher seine oberste Aufgabe darstellt. Erst durch diese Emanzipation des Willens von sekundären Bedingungen könne der *Magier* Kontrolle über den *universellen magischen Agens* – also das *Astrallicht* selbst – gewinnen.[58] Lévis Symbol hierfür ist

---
55 Vgl. Hanegraaff, „Magic V...", u.A. 743.
56 Lévi, *Transzendentale Magie*..., 305/06 (Buch 2, Kap. 1).
57 Vgl. Ebenda, 90/91 (Buch 1, Kap. 1): „Vier Dinge sind unerläßlich, um das sanctum regnum, das heißt Wissen und Macht des Magiers zu erlangen: durch Übung erleuchtete Intelligenz, unerschütterlicher Mut, unbeugsamer Wille und unbedingte Verschwiegenheit. Wissen, wagen, wollen, schweigen, – dies sind die vier Verben des Magiers".
58 Ebenda, 192 (Buch 1, Kap. 12): „Das große Werk besteht vor allem in der Erschaffung des Menschen durch sich selbst, d. h. In dem durch den Menschen bewirkten restlosen Errin-

11.2. Eliphas Lévi Zahed

wiederum eines der meistverwendeten Symbole im selbtreferentiell-*magischen* Diskurs der Gegenwart – das Pentagramm.[59] Bemerkenswerterweise glaubt Lévi den Begriff des Willens selbst als Potenz zur Vereinigung der „Freiheit der Person mit der Gesetzmäßigkeit der Dinge" definieren zu können.[60]

Im sechsten Kapitel des zweiten Buchs findet sich schließlich eine prägnante Illustration der herausragenden Bedeutung einer Befreiung des Willens – Lévi bemüht hierzu wiederum ein biblisches Motiv:

„Wir haben schon gesagt, daß man zwei Dinge braucht, um die magische Macht zu erlangen: Die Loslösung des Willens von aller Knechtschaft und seine Übung zur Herrschaft. Der überragende Wille ist in unseren Symbolen dargestellt durch die Frau, die der Schlange den Kopf zertritt, und durch den strahlenden Engel, der den Drachen unter seinen Fuß und seine Lanze zwingt. [...] Jedes magische Werk besteht also darin, sich aus den Umschlingungen der alten Schlange zu befreien, dann ihr den Fuß auf den Kopf zu setzen und sie dahin zu führen, wo man will. Ich werde dir, sagte sie in der evangelistischen Mythe, alle Königreiche der Erde geben, wenn du niederfällst und mich anbetest. Der Eingeweihte wird ihr antworten: Ich werde nicht niederfallen, und du wirst zu meinen Füßen kriechen, du wirst mir nichts geben, aber ich werde mich deiner bedienen und mir das nehmen, was ich will; denn ich bin dein Her und Meister!"[61]

Die Herrschaft über die Schlange der biblischen Schöpfungserzählung, die den Baum der Erkenntnis im Mittelpunkt des Paradiesgartens bewohnt,[62] wird hier zur symbolischen Charakterisierung des *magischen Werks* herangezogen. Dieses Bild impliziert für Lévi freilich keine Versuchung oder gar Sünde, sondern vielmehr die Verwirklichung der höchsten menschlichen Potenz des Menschen: die Herrschaft über seine äußere und innere Natur. In diesem Zusammenhang fehlt erwartungsgemäß auch bei Lévi der Hinweis nicht, dass der Mensch – im Speziellen der *Magier* – als Abbild Gottes, beziehungsweise als Gott selbst zu betrachten sei.[63] Schließlich verweist der

---

gen seiner Fähigkeiten und seiner Zukunft; Es ist vor allem die vollkommene Verselbständigung seines Willens, durch die ihm die universelle Macht des Azoth und der Bereich der Magnesia, d. h. Die Vollmacht über das universelle magische Agens gesichert wird."

59 Vgl. Ebenda, 136 (Buch 1, Kap. 5): „Die Herrschaft des Willens über das Astrallicht, die physische Seele der vier Elemente, wird in der Magie durch das Pentagramm versinnbildlicht, dessen Bild wir unserem Kapitel voransetzten."

60 Vgl. Ebenda, 141 (Buch 1, Kap. 6): „Wille ist das Führervermögen der geistigen Kräfte, das die Freiheit der Person mit der Gesetzmäßigkeit der Dinge vereinen soll. Macht ist der weise Gebrauch des Willens, der selbst das Schicksal zwingt, die Wünsche des Wissenden zu erfüllen."

61 Ebenda, 353/54 (Buch 2, Kap. 6).

62 Vgl. 1. Mose, 3, 2f.

63 Vgl. Ebenda, 157 (Buch 1, Kap. 8): „Der Mensch verstand erst, daß er nach dem Bild Gottes erschaffen war, als er durch Vergrößerung seines Eigenbegriffes bis ins Unendliche Gott begriffen hatte. Indem er Gott als unendlichen Menschen erfaßte, sagte er sich selbst: ich bin der endliche Gott."

Franzose auch auf die Imagination als wichtiges Instrument des *Magiers*, da diese als ausführendes Organ des Willens fungiere.[64]

11.2.3. Rezeptionsgeschichtliche Einordnung Lévis

Abgesehen von dieser offenkundigen interpretativen Verlagerung zu Wille und Imagination des selbstreferentiellen *Magiers* bewegt sich allerdings auch Lévi im Referenzrahmen des frühneuzeitlichen Magiediskurses.[65] Der Franzose ist ein belesener Autor, beruft sich etwa auf Agrippa, Trithemius und Paracelsus als Gewährsmänner seiner *Haute Magie* und rezipiert typische, später zu *Magiern* stilisierte Philosophen der Antike wie Pythagoras, Apuleius, sowie insbesondere Apollonios von Tyana,[66] der im Denken Lévis – wohl aufgrund der besonderen Bedeutung der London-Episode – eine Sonderstellung einnimmt. Zudem orientiert sich der Franzose stark am *Hermetik*-Diskurs: Hermes ist bei ihm der Gott der *Haute Magie*, seine eigene Schrift bezeichnet er mehrfach als *Buch des Hermes*, sowohl im theoretischen wie praktischen Buch wird immer wieder auf den (ursprünglich) griechischen Götterboten verwiesen.[67]

---

64 Vgl. Ebenda, 96 (Buch 1, Kap. 1): „Intelligenz und Wille des Menschen sind Werkzeuge von unberechenbarer Tragweite und Kraft. Aber als Hilskraft und Werkzeug haben Intelligenz und Wille eine Fähigkeit, die noch viel zu wenig bekannt ist, und deren Allmacht ausschließlich der Magie angehört: ich spreche von der Einbildungskraft, die die Kabbalisten das Diaphane oder Durchscheinende nennen. Die Einbildungskraft ist wahrlich wie das Auge der Seele. In der Seele werden alle Formen aufgezeichnet und aufbewahrt, wir sehen durch sie den Wiederschein der unsichtbaren Welt, sie ist der Spiegel der Visionen und das Gerät des magischen Erlebens. Durch sie heilen wir Kranke, beeinflussen die Jahreszeiten, halten den Tod von den Lebenden fern und erwecken Tote, denn die Seele erhebt den Willen und gibt ihm Gewalt über das universelle Agens."

65 Auch im Werk des Franzosen kann ein interessanter rezeptionsgeschichtlicher Zusammenhang beobachtet werden: ein Verweis auf Marsilio Ficino sucht man vergeblich, stattdessen werden Trithemius, Agrippa und Paracelsus als Gewährsmänner des frühneuzeitlichen Magiediskurses stilisiert – so spielt der eigentliche Diskursbegründer in der späteren Rezeption des von ihm initiierten Topos' kaum noch eine Rolle.

66 Im achten Kapitel des ersten Buches findet sich eine erstaunliche Reihung von Figuren, die Lévi als *Magier* vereinnahmt: „Einen Eingeweihten sieht man oft traurig, doch nie niedergeschlagen oder verzweifelt; oft arm, doch nie würdelos oder erniedrigt; oft verfolgt, doch nie zurückgestoßen oder besiegt. Vor seinem geistigen Auge stehen die Bilder von Orpheus Witwertum und Mord, von Moses Verbannung und einsamem Tod, vom Märtyrertum der Propheten, von den Qualen des Apollonios und dem Kreuz des Erlösers. Er weiß, in welcher Verlassenheit Agrippa starb, dessen Andenken heute noch verleumdet wird, weiß, welchen Leiden der große Parazelsus erlag und was Raimundus Lullus bis zu seinem bludigen Ende erdulden mußte. [...]"; Ebenda, 168/69 (Buch 1, Kap. 9).

67 Auf Apollonios von Tyana wird im ersten Buch 14, im zweiten Buch 12 mal rekurriert, auf Hermes im ersten Buch 21, im zweiten Buch 23 mal; interessant etwa die Attribution einiger Ritualsymbolika im neuten Kapitel des ersten Buchs: „Der ist ein Eingeweihter, der die Lampe des Trismegistos, den Mantel des Apollonios und der Stab der Patriarchen besitzt. Die Lampe des Trismegistos ist die durch Wissen erhellte Vernunft, der Mantel des Apol-

Seine Magiedefinition – „Die Magie ist überliefertes Wissen von den Geheimnissen der Natur und stammt von den Magiern [La magie est la science traditionelle des secrets de la nature, qui nous vient des mages]."–[68] scheint schließlich direkt an den frühneuzeitlichen *magia-naturalis*-Topos angelehnt. Der Franzose kann in diesem Zusammenhang sogar als impliziter Tradent der alkibiadischen Rezeptionslinie eingeordnet werden, wie sein späterer Verweis auf die „Jünger Zoroasters" illustriert.[69] Gleich zu Beginn des ersten Buchs findet sich zudem eine Gegenüberstellung zweier Formen von *Magie*, die wie eine Allusion an Pico wirken:

> „Es gibt echtes und unechtes Wissen, eine göttliche und eine höllische, d.h. lügnerische, schwarze Magie [une magie divine et une magie infernale, c'est-à-dire mensongère et ténébreuse]. Wir wollen die eine offenbaren und die andere entschleiern, wobei wir zwischen dem Magier und dem Zauberer, zwischen dem Adepten und dem Charlatan unterscheiden müssen [distinguer le magicien du sorcier et l'adepte du charlatan]. Der Magier [magicien] verfügt über eine ihm bekannte Kraft; der Zauberer [sorcier] treibt nur Mißbrauch mit etwas ihm Unbekanntem. Der Teufel – wenn es erlaubt ist, in einem wissenschaftlichen Buch dieses gewöhnliche und verschriene Wort zu brauchen – unterliegt dem Magier, aber der Zauberer ergibt sich dem Teufel. Der Magier ist der Oberpriester der Natur, die der Zauberer nur entweihen kann. Der Zauberer ist im Vergleich zum Magier das, was ein Abergläubischer und Fanatiker gegen einen wahrhaft Religiösen ist."[70]

Interessanterweise ist das terminologische Feld hier etwas verlagert: Während Pico[71] noch mühevoll eine hochwertige *magia naturalis* von einer minderwertigen *magia daeminica* zu differenzieren suchte, verwendet Lévi hier nun *eine* positiv konnotierte Personenbezeichnung *Magier* und stellt ihr den minderwertigen Titel *Zauberer* (*sorcier*) gegenüber. Wieder zeigt sich jenes Muster, das bereits im Kontext der *Papyri Graecae Magicae* aufgetaucht ist: auch die selbstreferentielle Verwendung des Magiebegriffs führt zu Ausgrenzungs- und Abwertungstendenzen gegenüber anderen, als minderwertig erachteten Ritualspezialisten.

Zudem ist hier ein weiteres Element erkennbar, welches wiederum typisch für die selbstreferentielle Verwendung des Magiebegriffs ist: die Instrumentalisierung religiöser Terminologie und Symbolsprache zur Aufwertung und Legitimation der eigenen (Theorie und) Praxis. Wie bereits

---

lonios die vollkommene Selbstzucht, die den Weisen von den triebhaften Strömen unabhängig macht, der Stab der Patriarchen endlich ist die Hilfe der ewigen okkulten Kräfte der Natur."; Ebenda, 166 (Buch 1, Kap. 9).

68 Ebenda, 90 (Buch 1, Kap. 1); franz. Text: Lévi, *Dogme et Rituel*..., 57.
69 Ebenda, 105 (Buch 1, Kap. 2); freilich hat sich der Zoroaster-Topos besonders ab der Frühen Neuzeit stark verselbständigt, wie Michael Stausberg in seiner Studie *Faszination Zarathustra* eindrucksvoll nachweist: Stausberg, *Faszination Zarathustra*....
70 Ebenda, 89/90 (Buch 1, Kap. 1); Lévi, *Dogme et Rituel*..., 57.
71 Vgl. v.a. Pico, *oratio* nach Buck, *Giovanni Pico*..., 52/53. Lévi verweist übrigens mehrfach – etwa im Kontext der Erläuterung seiner kabbalistischen Quellentexte – auf Pico; vgl. exemplarisch Ebenda, 78 (1. Buch 1, Einleitung).

gesehen, operiert auch Lévi in diesem Zusammenhang recht kreativ mit religiösen, häufig sogar biblischen Motiven. So gilt die *Magie* dem Franzosen als *sanctum regnum*, als höchste zu erreichende Priesterschaft, in die kein Anderer als Christus – der *größte der Mystiker* – höchstpersönlich initiiere:

> „Die Magie, von den Alten sanctum regnum, das heilige Reich oder das Reich Gottes, regnum die genannt, ist nur für Könige und Priester. Bist du Priester, bist du König? Das Priestertum der Magie ist kein gewöhnliches Priestertum und ihr Königtum hat nichts mit den Fürsten dieser Welt zu tun. Die Könige des Wissens sind die Priester der Wahrheit und ihr Reich ist wie ihre Opferhandlungen und Gebete für die Menge verborgen. Die Könige des Wissens sind Männer, die die Wahrheit kennen und durch sie dem formellen Versprechen des größten der Mystiker gemäß frei geworden sind."[72]

Die hier wiederum prägnant beobachtbare religiöse Terminologie und Überhöhung der selbstreferentiellen *Magie* – die sich schließlich auch in einer kuriosen magiologischen Deutung der Religionsstiftung Jesu niederschlägt –[73] mündet schließlich in der Überzeugung, dass *Magie* die eigentliche und einzige Wahrheit abbilde, von der institutionalisierte Religionen (insbesondere das Christentum) immer nur Ausschnitte verstanden oder tradiert hätten.[74] Vor dem Hintergrund des universalen Wahrheitsanspruchs des von Lévi postulierten Systems ist dies nur konsequent – indem *Magie* im pseudohistorischen Exkurs der Einleitung als zu Unrecht verfolgte Weisheitslehre etabliert wird, müssen die Verfolger (das heißt besonders: die katholische Kirche) selbst notwendigerweise im Unrecht gewesen sein. Auch die kaum hinterfragbare Gestalt dieses Wahrheitsanspruchs weist übrigens darauf hin, dass die selbstreferentielle Verwendung des

---

72 Lévi, *Transzendentale Magie*..., 88/89 (Buch 1, Kap. 1).
73 Vgl. Ebenda, 159 (Buch 1, Kap. 8): „Der große Initiator der Christenheit sah, daß das Astrallicht mit den unreinen Reflexen der Ausschweifungen Roms gesättigt war. Er wollte seine Jünger von der Sphäre dieser Reflexe trennen und einzig auf das innere Licht hinweisen, damit sie in einem gemeinsamen Glauben durch neue magnetische Bande, die Gnade, verbunden würden und durch den universellen Magnetismus die Ströme der Ausschweifung überwinden könnten, deren Fäulnis er mit dem Namen Teufel und Satan andeutete. Einen Strom einem anderen entgegensetzen, heißt die Macht des fluidalen Lebens erneuern."
74 Vgl. hierzu besonders die kurze Magiegeschichte in der Einführung des ersten Bandes: Ebenda, 70-83 (Buch 1, Einleitung). Ausführlicher wird diese Perspektive in seiner *Histoire de la Magie* (1859) ausgearbeitet, hier allerdings zum Teil mit verblüffenden Brechungen, etwa dahingehend, dass auch die katholische Kirche ursprünglich der *Magie* gehuldigt habe: „Der von der Kirche der Magie erklärte Krieg wurde durch die Entweihung der falschen Gnostiker notwendig. Die wahre Wissenschaft der Magie ist in ihrer auf dem Grundgesetz der Hierarchie beruhenden Verwirklichung im wesentlichen katholisch, wie auch nur diese Kirche eine erste und absolute Hierarchie hat. Deshalb haben die wahren Adepten dieser Kirche immer tiefste Achtung und unbedingten Gehorsam entgegengebracht bis auf Heinrich Khunrath, der entschiedener Protestant und darin vielmehr Deutscher als mystischer Bürger des ewigen Königreichs war."; Eliphas Lévi, *Geschichte der Magie*, Basel 1985, 35.

Magiebegriffs in Lévis *Dogme et Rituel de la Haute Magie* unter dem heuristischen Fenster von *Religion* interpretiert werden kann und sollte. Lévi hilft selbst, diesen Zusammenhang deutlich zu machen, indem er bereits in der Einleitung alle Religionen zu Ausdrucksformen eines einzigen *magischen* Dogmas mutieren lässt; dieses impliziere die Entsprechung des *Sichtbaren* und des *Unsichtbaren* – eine etwas eigentümliche Verlagerung der Entsprechung von *oben* und *unten*, die noch Ficino und Agrippa tradiert hatten.[75]

11.2.4. Lévis weiträumiger Magiebegriff und das Problem der Ritualinvention

Ausgehend von diesem argumentativen Fundament ist die außerordentlich weiträumige Semantik des Magiebegriffs in Lévis *Dogme et Rituel de la Haute Magie* bemerkenswert. Der Franzose fasst unter *Haute Magie* wiederum zahllose Topoi, ohne hierbei konzeptionelle oder funktionale Differenzierungen vorzunehmen oder gar Widersprüche zu sehen. So werden in den beiden Büchern neben den bereits genannten kabbalistischen Ausführungen zu einer besonderen Macht der Buchstaben, Worte, Zahlen und Bilder auch die Astrologie,[76] visionäre Träume,[77] Besessenheit,[78] Alchemie,[79] Nekromantie,[80] Mensch-Tier-Verwandlung,[81] amoristische und schadenbringende Ritualpraktiken,[82] der „Stein der Weisen",[83] Medizin (bei Lévi: *Universalmedizin*),[84] Divination,[85] Magnetismus und Hypnose,[86] satanisti-

---

75 Vgl. Lévi, *Transzendentale Magie...*, 97/98: „Alle Religionen treffen sich in der Einheit eines einzigen Dogmas, welches die Bestätigung des Seins und seiner Übereinstimmung mit sich selbst ist und seinen mathematischen Wert darstellt. Es gibt in der Magie nur ein Dogma: Das Sichtbare ist die Verkörperung des Unsichtbaren, oder anders: das vollkommene Wort in den schätzbaren und sichtbaren Dingen steht in genauem Verhältnis zu den für unsere Sinne unschätzbaren und für unsere Augen unsichtbaren Dingen."
76 Vgl. Ebenda, u.A. Buch 1, Kap. 7 und Kap. 17; Buch 2, Kap. 17.
77 Vgl. Ebenda, u.A. jeweils Kap. 21 (Buch 1 und 2); Buch 1, Kap. 5; Buch 2, Kap. 6.
78 Vgl. etwa Ebenda, Buch 1, Kap. 14.
79 Vgl. Ebenda, u.A. Buch 1, Kap. 12 und Kap. 19; Buch 2, Kap. 19.
80 Vgl. Ebenda, jeweils Kap. 13 (Buch 1 und 2).
81 Vgl. Ebenda, jeweils Kap. 14 (Buch 1 und 2).
82 Vgl. Ebenda, jeweils Kap. 16 und 18 (Buch 1 und 2).
83 Vgl. Ebenda, Buch 1, Kap. 19.
84 Vgl. Ebenda, jeweils Kap. 20 (Buch 1 und 2).
85 Vgl. Ebenda, Buch 1, Kap. 9 sowie jeweils Kap. 21 (Buch 1 und 2).
86 Vgl. Ebenda, Buch 1, Kap. 5.

sche Ritualpraktiken,[87] weitere mirakulöse Fähigkeiten,[88] sowie auch die Vier-Elemente-Lehre der *Haute Magie* zugeordnet.[89]

Gerade letztere Zuordnung – die in ihrer Rezeption durch die rezente Computerspiel-Industrie mittlerweile zu vollkommen verselbständigten Topoi wie dem *magischen Feuerball* geführt hat – impliziert bei Lévi Textmuster, die sich am ehesten unter dem Begriff *Ritualinvention* fassen lassen. Zwar hatte bereits Agrippa von Nettesheim in *De Occulta Philosophia* die Vier-Elemente-Lehre unter *magia* gefasst; während der Nettesheimer die Differenzierung von Feuer, Erde, Wasser und Luft allerdings als theoretischen Aspekt seiner Universalwissenschaft *magia* betrachtet hatte (die Zuordnung kennzeichnet die für Agrippa enge Verwobenheit von *magia* und *alchemia*),[90] findet sich bei Lévi nun die Vorstellung einer rituell umgesetzten, willentlichen Meisterschaft über die vier Elemente: „Die physikalischen Kräfte sind die Mühlsteine, und du wirst das Korn sein, verstehst du nicht Müller zu werden. Du bist zum König von Luft, Wasser, Erde und Feuer berufen; um jedoch über dies [sic!] vier symbolischen Tiere zu herrschen, muß man sie besiegen und fesseln."[91]

Wenngleich der Franzose hier – offenbar beeinflusst vom Wissenschaftsdiskurs des 19. Jahrhunderts – zunächst von physikalischen Kräften spricht, hält ihn dies nicht von der Überzeugung ab, Meisterschaft über die Elemente durch Weihungs- und Beschwörungspraktiken erreichen zu können, welche er ausführlich im zweiten Band von *Dogme et Rituel de la Haute Magie* beschreibt. Wichtig ist hierbei, dass Lévi die vier Elemente gleichzeitig als (allerdings ohne freien agierende) „Elementageister" betrachtet,[92] welche eben dadurch – so die implizite Folge dieser Setzung – durch

---

87 Vgl. jeweils Kap. 15 (Buch 1 und 2).
88 Prägnant wird dies bereits in den Erläuterungen zu seiner Definition im ersten Kapitel greifbar: „Die Magie ist überliefertes Wissen von den Geheimnissen der Natur und stammt von den Magiern. Dieses Wissen verleiht dem Adepten gewissermaßen Allmacht und erlaubt ihm in übermenschlicher Weise zu wirken, d. h. Mit einer die Sphäre gewöhnlicher Menschen übersteigenden Kraft."; Ebenda, 90 (Buch 1, Kap. 1). Vgl. hierzu auch Ebenda, 67-69 (Buch 1, Einleitung). Zum Topos der Unsichtbarkeit bringt Lévi in Buch 2, Kap. 14 dezidierte Ausführungen; vgl. auch Buch 2, Kap. 20 mit Exkurs zum Wunderbegriff.
89 Vgl. Buch 1, Kap. 4 und 5 sowie Buch 2, Kap. 4.
90 Vgl. Agrippa, *De Occulta Philosophia*, u.a. Buch 1, Kapitel 3-9.
91 Lévi, *Transzendentale Magie...*, 92 (Buch 1, Kap. 1); vgl. auch Ebenda, Buch 1, Kap. 4.
92 Vgl. Ebenda, 332/33 (Buch 2, Kap. 4): „Die Elementargeister sind wie die Kinder: sie quälen überdies jene, die sich mit ihnen abgeben, es sei denn, daß man sie durch eine hohe Vernunft und große Strenge beherrscht. Es sind jene Geister, die wir mit dem Namen okkulte Kräfte bezeichnen. Oft veranlassen sie unsere unruhigen und verworrenen Träume, bringen die Bewegungen der Wünschelrute und die Schläge gegen Mauern und Möbel hervor; aber sie können nie einen anderen als unseren Gedanken kundtun, und wenn wir nicht denken, sprechen sie zu uns mit der ganzen Zusammenhanglosigkeit der Träume. Indifferent bringen sie Gutes und Böses hervor, weil sie ohne freies Ermessen sind und infolgedessen keinerlei Verantwortung haben."

Beschwörungsformeln adressiert und für menschliche Zwecke vereinnahmt werden könnten. Der Franzose gibt in diesem Zusammenhang übrigens selbst zu, dass bei der rituellen Umsetzung dieser eigentümlichen Idee Kreativität gefragt war, da „diese Einweihungen nicht mehr sind" – entsprechend verweist er darauf, dass jene (vermeintlicherweise) verloren gegangenen antiken Initiationsrituale zur Herrschaft über die Elemente durch alternative (das heißt: neu entwickelte) Praktiken ersetzt werden könnten, wie etwa: „sich ohne Angst einer Feuersbrunst aussetzen, einen Abgrund auf einem Baumstamm oder einem Balken überschreiten, den Gipfel eines Berges während eines Gewitters besteigen, aus einem Wasserfall oder einem gefährlichen Strudel schwimmen".[93]

Lévis bereits hier ersichtliche Tendenz zu Ritualinnovation wird schließlich besonders an dem darauf geschilderten Handlungsablauf erkennbar, bezeichnet als „Die Beschwörung der Vier". Dieser besteht im Wesentlichen darin, jedes der vier Elemente (beziehungsweise Elementargeister) über – aus frühneuzeitlichen Ritualtexten wie dem *Clavicula Salomonis* entnommene, gleichwohl abgewandelte – Gebetsformeln anzusprechen und so (unter Anderem) im Namen Gottes, der Erzengel sowie wirkmächtiger Symbole (wie Tetragramm[94] und Pentagramm) dienstbar zu machen.[95] In diesem Zusammenhang verweist der Franzose auch auf die Verwendung diverser Ritualgegenstände, welche einen erheblichen Einfluss auf den selbstreferentiellen Magiediskurs der Folgezeit ausüben soll-

---

93 Vgl. Ebenda, 333/34 (Buch 2, Kap. 4).
94 *Tetragramm* steht (auch) im selbstreferentiellen Magiediskurs für den aus vier Lauten bestehenden Namen Gottes – hebr. יהוה beziehungsweise JHWH; vgl. Lévi, *Transzendentale Magie...*, 100: „Adam ist das menschliche Tetragramm, das sich im geheimnisvollen Jod, dem Bild des kabbalistischen Phallus wiederholt. Fügt man diesem Jod den dreiteiligen Namen Eva bei, so bildet man den Namen Jehova, das göttliche Tetragramm, das höchste kabbalistische und magische Wort: יהו welches der Hohepriester im Tempel Jodcheva aussprach."; auch der Tetragramm-Topos geht auf den frühneuzeitlichen *magia-naturalis*-Diskurs zurück: so geht Ficino zwar nicht in *De Vita* auf das Tetragramm ein, wohl aber in seiner 1494 veröffentlichten *Kratylos-Epitome*, in der er sich an einer Aufzählung vierbuchstabiger Götternamen versuchte (hierzu ausführlicher Stausberg, *Faszination Zarathustra...*, 161/62); Agrippa geht in Kapitel 10 bis 12 des 3. Buchs von *De Occulta Philosophia* dann ausführlich auf das Tetragramm und die Frage nach wirkmächtigen Götternamen ein.
95 Exemplarisch das Vorgehen gegenüber dem Element Luft: „Man beschwört die Luft, indem man nach den vier Haupthimmelsrichtungen ausatmet und sagt: Spiritus dei ferebatur super aquas, et inspiravit in faciem hominis spiraculum vitae. Sit Michael dux meus, et Sabtabiel servus meus, in luce et per lucem. [...] Exorciso igitur te, creatura aeris, per Pentagrammaton et in nomine Tetragrammaton, in quibus sund voluntas firma et fides recta. Amen. [...] Dann spricht man das Gebet der Sylphen, nachdem man in der Luft mit einer Adlerfeder ihr Zeichen gezogen hat. GEBET DER SYLPHEN. Geist des Lichtes, Geist der Weisheit, dessen Atem die Form aller Dinge gibt und hinwegnimmt, Du, vor dem das Leben der Wesen ist wie ein Schatten, der sich ändert, und ein Rauch der vergeht. [...] O Du Schöpferodem! O Mund, der Du ein- und ausatmest im Wechsel Deines ewigen Wortes das Sein aller Wesen, welches ist das göttliche Meer der Bewegung und der Wahrheit. Amen"; Lévi, *Transzendentale Magie...*, 334/35 (Buch 2, Kap. 4).

ten: so bedürfe der selbstreferentielle *Magier* eines Schwertes zur Herrschaft über die Gnome, welche dem Erdelement zugeordnet seien, eines gegabelten Stabes (beziehungsweise Dreizacks) zur Herrschaft über die Salamander,[96] welche dem Feuerelement zugeordnet seien, eines Hexagramms (von Lévi mit dem *Siegel Salomos* gleichgesetzt)[97] zur Herrschaft über die Sylphen, welche dem Luftelement zugeordnet seien, sowie eines Kelches zur Herrschaft über die Nymphen, welche dem Wasserelement zugeordnet seien.[98] Die vier etwas eigentümlichen anmutenden Elementarwesen hat Lévi einem Beschwörungstext entnommen – nämlich der Schrift *Secrets Merveilleux de la Magie Naturelle et Cabalistique du Petit Albert* (kurz: *Petit Albert*), die Lévi mehrmals erwähnt, allerdings eigentlich in abwertendem Kontext.[99]

Zusätzlich zur rituellen Verwendung dieser Gegenstände sollen vor jeder Beschwörung das *Siegel Salomons* sowie ein Pentagramm präzise auf dem Boden aufgemalt werden:

> „Wenn ein Elementargeist die Erdbewohner quält oder doch beunruhigt, muß man ihn durch die Luft, das Wasser, die Erde und das Feuer beschwören, indem man atmet, besprengt, Räucherwerk verbrennt und auf die Erde den Stern Salomos und das heilige Pentagramm zeichnet. Diese Figuren müssen vollständig regelmäßig und entweder mit den Kohlen des geweihten Feuers oder mit einem in verschiedene Farben, die man mit pulverisiertem Magneteisen vermischen muß, getauchten Rohr ausgeführt sein. Indem man dann in der einen Hand das Pantakel Salomos hält und nach und nach das Schwert, den

---

96 Lévi erläutert die Gestalt dieses Dreizacks zuvor (und führt sie auf Paracelsus zurück!): Ebenda, 328 (Buch 2, Kap. 3).

97 Vgl. Ebenda, 325 (Buch 2, Kap. 3): „Er [der Magier; d. Verf.] muß außerdem auf der Stirn, der Brust und der rechten Hand das heilige Symbol zweier vereinigter Dreiecke tragen, die den sechsstrahligen Stern bilden, dessen Figur wir schon wiedergegeben haben, und der in der Magie unter dem Namen das Pantakel oder der Schlüssel Salomos bekannt ist."

98 Vgl. Ebenda, 340 (Buch 2, Kap. 4): „Ihre Zeichen sind: Die Hieroglyphen des Stiers für die Gnomen, die man mit dem Schwert beherrscht; die des Löwen für die Salamander, denen man mit dem gegabelten Stab oder dem magischen Dreizack befiehlt; die des Adlers für die Sylphen, die man mit den heiligen Pentakeln beherrscht; die des Wassermann endlich für die Nixen, die man mit der Opferschale beschwört."

99 Vgl. etwa Ebenda, 362 (Buch 2, Kap. 7): „Es gibt endlich gedruckte Schlüssel und Zauberbücher, Mystifikationen und schändliche Spekulationen dunkelster Literatur. Der unseren Vätern so bekannte und verschriene 'Kleine Albert' gehört im Großteil seiner Fassung der letzten Art an. Er enthält nur einige von Paracelsus geborgte Berechnungen und Talismanfiguren, die ernst zu nehmen sind."; ernst genommen hat Lévi gleichwohl die Unterscheidung und Benennung der vier Elementarwesen, die in Kap. 38 des Textes erläutert werden („Des peuples qui habitent les quatre élémens, sous les noms des Salamandres, des Gnomes, des Sylphes & des Nymphes, 85 & suiv."); der Text des 1782 in Lyon verlegten Manuskripts ist nicht ediert, aber mittlerweile auf der bereits erwähnten Internetseite Joseph H. Petersons zu finden - vgl. *Secrets Merveilleux de la Magie Naturelle et Cabalistique du Petit Albert*, Kap. 38, online verfügbar unter: http://www.esotericarchives.com/solomon/petitalb.htm#chap38 (27.09.2009).

11.2. Eliphas Lévi Zahed

Stab und die Schale nimmt, muß man diese Worte und mit erhobener Stimme die Beschwörung der Vier sprechen: [...]"[100]

Der Franzose geht an anderer Stelle ausführlich auf die Bedeutung und rituelle Funktion der Symbole ein[101] und erläutert in diesem Zusammenhang auch weitere Ritualmittel und -symbolika des selbstreferentiellen *Magiers* wie Robe, Wärmeplatte, Lampe, Krone und Stab, welche durch das Handeln des *Magiers* „magnetisiert" werden.[102] Lévis Ausführungen zum (etwa unterarmlangen) „wahre[n] und absolute[n] magische[n] Stab" sind hierbei übrigens von verblüffender Originalität und stellen in dieser elaborierten Form sicherlich eine Weiterentwicklung des selbstreferentiellen Magiediskurses im 19. Jahrhundert dar.[103] Endergebnis der „Beschwörung der Vier" sei schließlich die vollständige, willentliche Kontrolle über die Elemente, welche zum Erlangen mirakulöser Fähigkeiten führe:

„Wenn man in dieser Anlage sehr fest ist, so wird die ganze Welt dem weisen Ausübenden dienstbar sein. Er geht durch ein Unwetter, und kein Regentrop-

---

100 Lévi, *Transzendentale Magie...*, 340 (Buch 2, Kap. 4).
101 Vgl. u.A. Ebenda, 321f (Buch 2, Kap. 3), 345f (Buch 2, Kap. 5).
102 Vgl. Ebenda, 319 (Buch 2, Kap. 2): „Alle magischen Instrumente müssen doppelt sein. Man muß zwei Schwerter, zwei Stäbe, zwei Schalen, zwei Kohlenbecken, zwei Pantakel und zwei Lampen haben, muß zwei übereinandergelegte Kleider und von zwei entgegengesetzten Farben tragen, wie sie heute noch die katholischen Priester gebrauchen, man kann nicht ein Metall, sondern mindestens zwei an sich haben. Die Kronen von Lorbeer, Raute, Beifuß oder Eisenkraut müssen ebenso doppelt sein. [...] Diese Beobachtung ist nicht umsonst, denn beim magischen Werk sind alle Werkzeuge der Kunst durch den Handelnden magnetisiert, die Luft ist von seinen Gerüchen geschwängert, das durch ihn geweihte Feuer unterliegt seinem Willen, die Naturkräfte scheinen auf ihn zu hören und ihm zu antworten."; vgl. auch Ebenda, 373 (Buch 2, Kap. 7).
103 Vgl. Ebenda, 374/75 (Buch 2, Kap. 7): „Der wahre und absolute magische Stab muß ein einziger, ganz gerader Mandel- oder Haselnußschößling sein und vor Sonnenaufgang oder im Augenblick des Erblühens des Baumes mit einem einzigen Schnitt mit dem magischen Messer oder der goldenen Sichel geschnitten werden. Man muß ihn in seiner ganzen Länge durchbohren, ohne ihn zu spalten oder zu brechen, und dann eine lange magnetische Eisennadel hindurchführen, die den ganzen Hohlraum ausfüllt. Dann paßt man an das eine seiner Enden ein dreieckig geschliffenes, vielflächiges Prisma und an das andere eine gleiche Figur aus schwarzem Harz. In der Mitte des Stabes bringt man zwei Ringe an, der eine aus Kupfer, der andere aus Zink; dann wird der Stab auf der Seite des Harzes vergoldet und auf der des Prismas versilbert bis zu den Ringen in der Mitte und bis ausschließlich der Enden mit Seide überzogen. [...] Die Weihe des Stabes muß sieben Tage dauern, bei Neumond begonnen, und von einem Eingeweihten vorgenommen werden, der die großen Arkana besitzt und selbst einen geweihten Stab hat. Das ist die Übertragung des magischen Priestertums, das seit den dunkelsten Anfängen der hohen Wissenschaft nicht aufhörte. Der Stab und die andern Instrumente, aber vor allem der Stab, müssen sorgfältig verborgen werden, und unter keinem Vorwand darf sie der Magier von Profanen berühren oder sie sehen lassen, andernfalls sie ihre ganze Kraft verlieren."
Der kurze Stab, den Lévi beschreibt, scheint kein eigentliches Vorbild im selbstreferentiellen Magiediskurs zu haben, sondern vielmehr am Zeigestab der gerade im 19. Jahrhundert aufblühenden *Varieté-Magie* angelehnt. Vgl. hierzu v.a. Brigitte Felderer, Ernst Strouhal, *Rare Künste. Zur Kultur- und Mediengeschichte der Zauberkunst*, Wien 2006.

fen wird an ihn kommen, der Wind wird nicht einmal eine Kleiderfalte in Unordnung bringen, er geht durch Feuer, ohne daß ihn die Flammen belecken, geht auf dem Wasser und sieht quer durch die Dichte der Erde die Diamanten. Diese Versprechungen scheinen nur dem gemeinen Verstand übertrieben; denn wenn der Weise die hier ausgesprochenen Dinge nicht ebenso und wirklich tut, so wird er größere und bewunderungswürdigere vollbringen. Indessen ist es unzweifelhaft, daß man die Elemente bis zu einem gewissen Grad leiten und verändern und die Wirkungen wirklich aufhalten kann. Warum sollte man z. B. Nicht auf dem Wasser gehen oder gleiten können [...]?"[104]

Zu fragen bei alledem ist nun, ob Lévi mit seinen Ausführungen tatsächlich selbstreferentiell-*magische* Ritualtraditionen aufgreift oder in *Dogme et Rituel de la Haute Magie* vielmehr kreiert. Möglicherweise lässt sich diese Frage mittels eines Blicks in seinen (aus ritueller Sicht) wahrscheinlich wichtigsten Quellentext klären – den *Clavicula Salomonis*. Lévi weist im zweiten Buch explizit darauf hin, dass er sich an Texten der Salomon-Tradition orientiert habe;[105] *Golden-Dawn*-Mitbegründer Samuel MacGregor Mathers glaubt in seiner englischen Edition des Ritualtextes (*The Key of Solomon*, 1888) zudem, dass „Eliphaz Lévi has taken it for the model on which his celebrated 'Dogme et Rituel de la Haute Magie' was based. It must be evident to the initiated reader of Lévi, that the *Key of Solomon* was his text book of study".[106] Im Folgenden soll daher überprüft werden, welche Text- und Ritualsegmente der Franzose dem *Clavicula Salomonis* entnommen haben mag.

11.2.5. Rezeptionsgeschichtlicher Exkurs: Der *Clavicula Salomonis* als Quellentext Lévis

Überblickt man den *Clavicula Salomonis*, dessen früheste, griechische Textzeugen wohl auf das 15. Jahrhundert zu datieren sind,[107] hinsichtlich eines

---

104 Ebenda, 342/43 (Buch 2, Kap. 4).
105 Vgl. Ebenda, 361 (Buch 2, Kap. 7): „Nach mehreren Jahren der Vergleichung und Prüfung aller Zauberbücher und aller echtesten magischen Rituale kamen wir nicht ohne Arbeit dazu, das Zeremonial der universellen und ursprünglichen Magie wiederherzustellen. [...] Die unter dem Namen der Claviculae Salomonis bekannten Rituale sind in großer Zahl vorhanden. Mehrere sind gedruckt worden, andere sind Manuskripte geblieben und mit einer großen Sorgfalt abgeschrieben worden. Es gibt davon ein schönes, kalligraphisch äußerst feines Exemplar in der kaiserlichen Bibliothek."
106 Samuel MacGregor Mathers, *The Key of Solomon the King. (Clavicula Salomonis). Now first translated and edited from Ancient MSS. in the British Museum by S. Liddell MacGregor Mathers. Author of 'The Kabbalah unveiled,' 'The Tarot,' etc. Foreword by Richard Cavendish*, London 1974 (reprint 1888), XII („Preface"). Owen Davies verweist darauf, dass Eliphas Lévi in der Tat eine kommentierte Abschrift des *Clavicula Salomonis* besessen habe: Davies, *Grimoires...*, 176.
107 Eine wissenschaftliche Edition des *Clavicula Salomonis* steht bislang aus – für einen ersten Überblick über Text und Manuskriptsituation muss man wiederum auf das Internet

11.2. Eliphas Lévi Zahed

möglichen Einflusses auf Lévi, fallen Gemeinsamkeiten und Unterschiede ins Auge:[108] zum einen finden sich im Text in der Tat detaillierte Ausführungen zu einer Reihe von Ritualgegenständen, welche auch Lévi erwähnt – so werden im zweiten Buch nicht nur die Gestaltung der während dem Ritual zu verwendenden Schreibutensilien und Kleider erläutert, sondern auch Art und Anwendung diverser Waffen und weiterer Ritualmittel (wie Räuchermittel oder Tierblut) beschrieben. Das Waffenarsenal des *Clavicula Salomonis* umfasst meist – hier gibt es zwischen den einzelnen Manuskriptversionen gleichwohl Unterschiede – ein Schwert, mehrere Dolche, einen Speer, einen (längeren) Stab sowie einen kürzeren, dünneren Stock.[109] Sämtliche Ritualgegenstände werden zuvor mittels der rituellen Gravierung bestimmter, als wirkmächtig erachteter Zeichen sowie einer Reihe von Gebetsformeln geweiht und so für die selbstreferentiell-*magische* Ritualpraxis vorbereitet.

Der Sinn insbesondere der rituellen Verwendung der Waffen ist aus Sicht des Magieverständnisses der Schrift freilich naheliegend und wird im Kontext eines schwarzen Dolchs explizit genannt: „to strike terror and fear into the spirits".[110] Auch für das Schwert wird diese kriegerische BedeuW-

---

zurückgreifen: so hat der bereits genannte Joseph H. Peterson auf seiner Internetseite http://www.esotericarchives.com/solomon/ksol.htm (27.09.2009) zahlreiche Manuskriptversionen des *Clavicula Salomonis* zusammengestellt und analysiert. Seine englische Übersetzung basiert auf der überarbeiteten Übersetzung Mathers' (Mathers, *The Key of...*), berücksichtigt und vergleicht jedoch mehr Manuskriptmaterial, zudem sind unzulässige Einfügungen Mathers' aus dem eigenständigen Lansdowne MS. 1203 (British Library) entfernt. Im Folgenden wird mangels Alternativen dieser Online-Textedition gefolgt.

108 Wenn hier und im Folgenden von einem eigenständigen Text *Clavicula Salomonis* gesprochen wird, ist dies angesichts der Vielfalt des Manuskriptmaterials natürlich irreführend und dient an dieser Stelle der Vereinfachung des Vergleichsprozesses; immerhin hat Mathers, auf dessen Übersetzung die hier verwendete Textedition aufbaut, wahrscheinlich mit denselben französischen Manuskripten der Colorno-Gruppe gearbeitet, die auch Lévi vorlagen – der hier unternommene Vergleich ist also nicht aus der Luft gegriffen. Jedenfalls müsste die weitere Auseinandersetzung mit den Salomon-Ritualtexten dem Problem Rechnung tragen, dass diese durch eine viel größere Uneinheitlichkeit auch dann gekennzeichnet ist, wenn es sich eigentlich – bzw. dem Namen nach – um denselben Text handelt. Die Tradierung selbstreferentiell-*magischer* Texte hat gerade in vormoderner Zeit nicht zu einer eineindeutigen Textreproduktion – wie im theologischen oder auch philosophisch-wissenschaftlichen Diskurs – geführt, sondern immer eine viel größere Variabilität und Kreativität der Kopisten bzw. Autoren impliziert.

109 Hier ist gleichwohl zu differenzieren – dies gilt für die jüngeren Manuskripte der (französischen) Colorno-Gruppe, an denen sich Mathers und wahrscheinlich auch Lévi orientierten; in den älteren englischen und insbesondere griechischen Manuskripten ist die Ausstattung an Ritualgegenständen erheblich reduziert; im ältesten, griechischen Manuskript, dem Harleian MS. 5596 (15. Jahrhundert), wird einzig ein Messer genannt; vgl. hierzu die Edition des griechischen Manuskripts in Armand Delatte, *Anecdota Athenensia. Tome I: Textes Grecs Inedits Relatifs A L'Histoire des Religions*, [Bibliotheque de la Faculte de Philosophie et Lettres de l'Universite de Liege; 36], Paris 1927, 397-445.

110 Vgl. *Clavicula Salomonis*, Buch 2, Kap. 8 nach http://www.esotericarchives.com /solomon/ksol2.htm#chap8 (27.09.2009). Dasselbe wird zuvor (Buch 1, Kap. 18) auch hin-

tung im Kontext eines Weihungsgebets (in dem übrigens das Wort *Abracadabra* auftaucht) genannt.[111] Darüber hinaus werden die Waffen für einzelne Ritualhandlungen verwendet – ein weißer Dolch für alle kleineren Operationen, etwa auch die Opferung eines Tieres, ein weiterer Dolch in Verbindung mit einer neun Fuß langen Schnur und dem Schwert für das Zeichnen eines Ritualkreises auf dem Boden, in welchem die Beschwörung durchzuführen sei. Die konkrete Ausgestaltung dieses Kreises differiert wieder erheblich in den verschiedenen Überlieferungen des *Clavicula Salomonis* – das Pentagramm ist ein häufiges, aber untergeordnetes Motiv; wichtiger erscheint die Einbettung des inneren Ritualkreises in einen oder mehrere größere Kreise, die Umgrenzung dieser Kreise mit (mindestens) einem Quadrat, die Ausrichtung des Quadrats nach den Himmelsrichtungen und die Umgrenzung seiner Seiten mit kleineren Kreisen, in denen Kerzen oder Rächermittel zu platzieren seien.[112] Auch die im *Clavicula Salomonis* genannte Funktion des Ritualkreises wirkt ähnlich kriegerisch wie die Erläuterung der Ritualwaffen: „whosoever entereth he [magus; d. Verf.] shall be at safety as within a fortified castle, and nothing shall be able to harm him."[113]

All diese durch Ritualhandlungen und -gegenstände symbolisierten Vorsichtsmaßnahmen rühren freilich von der primären Bedeutung des textimmanenten Magiebegriffs her – der kontrollierten Anrufung, Einbindung in menschliche Zwecke und schließlichen Entlassung von Zwischenwesen, die dem selbstreferentiellen *Magier* offenbar nicht immer friedlich gesonnen sind. Hiervon leitet sich auch die Bedeutung des Stabes ab, der im Beschwörungsritual meist in der Hand gehalten wird und sonst keine weitere Handlungsfunktion zu haben scheint. Dass auch der Stab die Herrschaft über die beschworenen Zwischenwesen symbolisieren soll, ist freilich zu erwarten; wie dies innerhalb einer im ersten Buch genannten Beschwörungsformel begründet wird, ist allerdings verblüffend:

> „Come ye, then, by the crown of the chief of your emperors, and by the sceptres of your power, and of SID, the great demon, your master; by the names and in the names of the holy angels who have been created to be above you, long before the constitution of the world; and by the names of the two princes of the Universe, whose names are, IONIEL and SEFONIEL; by the rod of Moses, by

---

sichtlich der Funktion der „Holy Pentacles or Medals" gesagt: „medals or pentacles [...] we make for the purpose of striking terror into the spirits and reducing them to obedience"; http://www.esotericarchives.com/solomon/ksol.htm#chap18 (27.09.2009).

111 Vgl. *Clavicula Salomonis*, Buch 2, Kap. 8: „I conjure thee, O sword, by these names, ABRA-HACH, ABRACH, ABRACADABRA, YOD HE VAU HE, that thou serve me for a strength and defence in all magical operations, against all mine enemies, visible and invisible."; http://www.esotericarchives.com/solomon/ksol2.htm#chap8 (27.09.2009).

112 Vgl. *Clavicula Salomonis*, Buch 1, Kapitel 3 nach http://www.esotericarchives.com/solomon/ksol.htm#chap3 (27.09.2009).

113 *Clavicula Salomonis*, Buch 2, Kap. 9 nach http://www.esotericarchives.com/solomon/ksol2.htm#chap9 (27.09.2009).

the staff of Jacob; by the ring and seal of David, wherein are written the names of sovereign God."[114]

Auch im *Clavicula Salomonis* wird ein urbiblisches Motiv zur Erläuterung der selbstreferentiell-*magischen* Ritualpraxis herangezogen: der vom *Magier* verwendete Stab wird in expliziter Anlehnung an die im Pentateuch genannten Stäbe Mose und Jakobs verwendet und soll wiederum – wie der Siegelring Davids (der offenbar, anders als der im *Testamentum Salomonis* genannte Ring, mit einem Hexagramm versehen ist) –[115] die von Gott abgeleitete Macht des Trägers über die beschworenen Zwischenwesen symbolisieren. So ist die ursprüngliche Bedeutung des Stabes innerhalb der Salomon-Ritualtexte im Grunde sehr eingegrenzt. Es geht nicht um die direkte Verwirklichung von Willensimpulsen á la *Harry Potter*, sondern – wie im Falle des Pentagramms – um symbolisierte, göttlich legitimierte Beschwörungsmacht.[116]

Die weiteren in Lévis „Beschwörung der Vier" genannten Ritualgegenstände – Krug und Dreizack – tauchen im *Clavicula Salomonis* nicht auf, sowie auch nicht das in diesem Zusammenhang sicherlich wichtigste Element: die Vier-Elemente-Lehre selbst. Zwar findet sich im weiteren Kreis des *Clavicula Salomonis* – etwa dem *Liber Juratus Honorii* – die Zuordnung der Namen von vier Engeln zu den Elementen, nämlich *Cherub*, *Tharsis*, *Ariel* und *Seraph*.[117] Gleichwohl ist davon auszugehen, dass die Vereinnahmung der Vier-Elemente-Lehre in spätmittelalterlichen und frühneuzeitlichen Beschwörungstexten wie dem *Liber Juratus Honorii* wesentlich von ihrer Rezeption im 19. Jahrhundert (bei Lévi und Anderen) differiert. Zum einen steht die Rezeption der Vier-Elemente-Lehre hier noch eng mit der Alchemie in Verbindung; zum anderen fungiert im Falle ihrer Zuordnung

---

114 *Clavicula Salomonis*, Buch 1, Kap. 7 nach http://www.esotericarchives.com/solomon/ksol.htm#chap7 (27.09.2009).
115 In der Tat sehen sich die *Salomon*-Ritualtexte mit dem *Testamentum Salomonis* gedanklich verbunden; eines der frühesten, griechischen Manuskripte des *Clavicula Salomonis*, welches möglicherweise prototypische Bedeutung für das gesamte Genre hat – das Harleian MS. 5596 –, weist gleichzeitig eine unvollständige Version des *Testamentum Salomonis* auf. Vgl. hierzu auch die Diskussion bei James H. Charlesworth, *The Old Testament Pseudepigrapha*, Vol. 1, New York 1983, 935-987, v.a. 956/57.
116 Auch Agrippa von Nettesheim verweist in *De Occulta Philosophia* einige Male auf die Verwendung eines Stabes (so etwa in Buch 1, Kap. 41, Buch 2, Kap. 38, Buch 3, Kap. 13, 47 und 62), und scheint hierbei eine ähnliche Stoßrichtung wie der *Clavicula Salomonis* zu verfolgen: der Stab diene zur Anrufung und Kontrolle von Zwischenwesen und himmlischen (Planeten-) Potenzen und wird biblisch (bzw. explizit von Gott) hergeleitet: hierzu bes. Buch 3, Kap. 13 sowie 62. Auch das zweite große Vorbild für die Verwendung eines Stabes (neben Moses) – die homerische Kirke – wird bei Agrippa genannt (Buch 1, Kap. 41).
117 Vgl. *Liber Iuratus Honorii* nach http://www.esotericarchives.com/juratus/juratus.htm (27.09.2009). das englische Manuskript MS Royal 17Axlii (British Library), das Peterson hier wiedergibt, weicht von dem lateinischen Manuskript Hedegårds ab und scheint sich vielmehr an der Zuordnung der genannten Engel zu den vier Elementen bei Agrippa, *De Occulta Philosophia*, Buch 3, Kap. 24, zu orientieren.

zu Engeln und weiteren Zwischenwesen nicht die prinzipielle Kontrolle der Elemente als Ritualziel, sondern nurmehr die übliche, rituelle Vereinnahmung der Zwischenwesen zu konkreten, den Elementen jeweils zugeordneten Aufgabenbereichen.[118]

11.2.6. Fazit: Lévis „Beschwörung der Vier"

So kann davon ausgegangen werden, dass Lévis „Beschwörung der Vier" in der Tat eine eigentümliche, kreative Synthese des Franzosen darstellt. Insbesondere Lévis Vorstellung, dass nach dem Beschwörungsritual mittels der Ritualgegenstände jederzeit willentlich Macht über die Elemente ausgeübt werden kann (der *Hermetic Order of the Golden Dawn* bezeichnet diese dann, wie noch gezeigt wird, als *elementary weapons*), ist sicherlich eine neuartige – vom Topos der Naturbeherrschung im Wissenschaftsdiskurs des 19. Jahrhundert beeinflusste? – Idee des Franzosen. Übrigens hat Lévi andere Elemente, die er in den Salomon-Ritualtexten fand, geflissentlich ausgespart – so wird beispielsweise die Trompete, die noch im *Clavicula Salomonis* eine nicht unbedeutende Rolle spielt, bei Lévi gar nicht mehr erwähnt.[119] Auch der rituelle Gruppencharakter, der im *Clavicula Salomonis* greifbar wird, findet sich nicht mehr bei Lévi, der eher einen *magischen* Solisten vor Augen hat.[120] Die hier angesprochene Kreativität Lévis äußert

---

118 Ein Beispiel hierfür ist der selbstreferentiell-*magische* Text *Dr. Faustus vierfacher Höllenzwang oder All vier Elementen (NB) wahrer (†) Geister-Zwang*, erstmals 1501 in Rom gedruckt. Den Elementen werden hier zahlreiche, mittels jeweils genannter Formeln und Symbole zu beschwörende Geistwesen zugeordnet; auch dieser Text findet sich auf der Homepage Joseph H. Petersons, online verfügbar unter: http://www.esotericarchives.com/moses/hollenz4.htm (27.09.2009).

119 Die ebenfalls rituell ausgestaltete (unter Anderem mit hebräischen Gottesnamen versehene) Trompete bläst der *Magier* des *Clavicula Salomonis* nach Betreten des Ritualkreises in alle vier Himmelsrichtungen: *Clavicula Salomonis*, Buch 2, Kap. 7 (http://www.esotericarchives.com/solomon/ksol2.htm#chap7; 27.09.2009): „Having entered into the circle to perform the experiment, he should sound his trumpet towards the four quarters of the Universe, first towards the East, then towards the South, then towards the West, and lastly towards the North."

120 In der Tat wird im *Clavicula Salomonis* mit Nachdruck darauf verwiesen, dass der *Magier* während des Rituals immer Gehilfen bzw. Schüler bei sich haben solle oder – wenn dies nicht möglich ist – zumindest einen vertrauenswürdigen Hund! Vgl. *Clavicula Salomonis*, Buch 2, Kap. 3 (http://www.esotericarchives.com/solomon/ksol2.htm#chap3; 27.09.2009): „When the master of the art wisheth to put in practice any operation or experiment, especially one of importance, he should first consider of what companions he should avail himself. This is the reason why in every operation whose experience should be carried out in the circle, it is well to have three companions. And if he cannot have Companions, he should at least have with him a faithful and attached dog. But if it be absolutely necessary for him to have companions, these companions should be obligated and bound by oath to do all that the master shall order or prescribe them, and they should study, observe, and carefully retain, and be attentive unto all which they shall hear. For those who shall act

sich also nicht nur in der Rezeption und Neugruppierung zahlreicher, vormals heterogener Text- und Ritualsegmente, sondern auch in der Aussparung solcher Elemente, die er als unnötig oder inadäquat erachtete.[121]

Die hier geäußerte Überzeugung, dass Lévi bei der Beschreibung der Ritualhandlungen im zweiten Band von *Dogme et Rituel de la Haute Magie* in hohem Maße innovativ gewesen ist, basiert nicht auf bloßer Spekulation; so schreibt Lévi im zweiten Kapitel des zweiten Buchs:

> „Ich weiß, daß das Christentum die zeremonielle Magie verboten und die Anrufungen und Opfer der alten Welt streng geächtet hat. Auch wir haben nicht die Absicht, ihnen eine neue Daseinsberechtigung zu geben, wenn wir nach so vielen Jahrhunderten die alten Mysterien enthüllen. Unsere Erfahrungen in dieser Tatsachenwelt selbst sind nichts als gelehrte Forschungen gewesen. Wir haben Tatsachen festgestellt, um die Gründe zu beurteilen, und haben nie die Absicht gehabt, schon längst zerstörte Riten zu erneuern."[122]

Lévi gibt hier explizit zu, dass die Rituale der *zeremoniellen Magie*, deren Ursprünge er in der „alten Welt" vermutet, verloren gegangen und längst zerstört seien. Es mache daher keinen Sinn, diese auf einem nicht mehr vorhandenen Fundament aufzubauen – der Franzose betont hier also explizit den experimentellen Charakter seiner *Haute Magie*!

So lässt sich folgern, dass möglicherweise ein signifikanter Teil der Symbolsprache des rezenten selbstreferentiell-*magischen* Diskursfeldes tatsächlich auf Ritualinnovationen und -neusynthetisierungen des 19. Jahrhunderts beruht. Lévi wird mit seinen Ausführungen, wie unten noch ausführlicher zu zeigen ist, nicht nur auf Helena Blavatsky, sondern auch auf den *Hermetic Order of the Golden Dawn* einwirken, der wiederum Vorbildcharakter für die wichtigsten selbstreferentiell-*magischen* Orden des 20. Jahrhunderts hatte. So ist der Topos einer Differenzierung von Feuer-, Erd-, Luft- und Wasser-*Magie*, der nicht nur im selbstreferentiellen Magiediskurs der Gegenwart, sondern auch in Fantasyliteratur und Computerspielen mittlerweile ein verblüffendes Eigenleben entwickelt hat, aller Wahrscheinlichkeit nach der Phantasie des studierten Theologen Alphonse Loius Constant alias Eliphas Lévi verschuldet. Auch seine dezidierten Ausführungen zum etwa unterarmlangen Stab hatten sicherlich Vorbildcharakter für den selbstreferentiell-*magischen* Diskurs der Folgezeit – bis hin zu den *Zauber-*

---

otherwise shall suffer and endure many pains and labors, and run into many dangers, which the spirits will cause and procure for them, and for this cause sometimes they shall even die."; die folgenden Ritualbeschreibungen geben meist für alle Beteiligten, also auch für die Gehilfen die durchzuführenden Handlungen an – die selbstreferentielle *Magie* des *Clavicula Salomonis* wird daher in der Tat als Gruppenritual greifbar.

121 Möglicherweise empfand Lévi eine Trompeten-Fanfare – aufgrund seines geheimen, schweigsamen Magieverständnisses – als zu aufsehenerregend? In jedem Fall ist der Trompeten-Topos der auch sonst augenfälligen Kriegssymbolik des *Clavicula Salomonis* zuzuordnen.

122 Lévi, *Transzendentale Magie...*, 319/20 (Buch 2, Kap. 2).

stäben der *Harry-Potter*-Heptalogie, die nunmehr zu pistolengleichen Zielwerkzeugen für – verschiedenfarbige! – Fluchblitze mutiert scheinen.[123]

11.2.7. Lévis Zuordnung von *Magie* und *Tarot*

Die wirkmächtigste Neusynthetisierung Lévis besteht allerdings in seiner geradezu selbstverständlich anmutenden Zuordnung des Tarot zur *Haute Magie*. So erläutert der Franzose die 22 Trumpfkarten des Tarot (die sogenannte *große Arkana*) im zehnten Kapitel des ersten Buchs jeweils im Kontext der 22 Buchstaben des hebräischen Alphabets sowie der zehn Sephiroth des kabbalistischen Lebensbaums. *Kabbalah* und *Tarot* werden hier also ganz prinzipiell miteinander verwoben und – sozusagen gemeinsam – als Fundament der *Magie* ausgewiesen: „Die zehn Sephirot und die zweiundzwanzig Tarokkarten sind die zweiunddreißig Wege des absoluten Wissens der Kabbalisten."[124] Während die 22 Kapitel des ersten Buchs – wie oben erläutert – jeweils Ausführungen zu Symbolik und Wirkmächtigkeit der jeweiligen Kapitelnummer beinhalten, finden sich im zweiten Buch entsprechende Ausführungen zur Symbolik der jeweiligen Tarot-Karte. Lévi ist bei seiner Einschätzung der kulturhistorischen Bedeutung und divinatorischen Kraft des Tarot übrigens ähnlich überschwänglich wie bei seiner Erläuterung der Kabbalah:

> „Der Tarok, dieses Buch voller Wunder, das die heiligen Bücher aller alten Welt beeinflußt hat, ist auf Grund der analogen Genauigkeit seiner Bilder und Zahlen das vollkommenste Werkzeug der Wahrsagung, und kann mit dem vollsten Vertrauen gebraucht werden. Die Orakel dieses Buches sind tatsächlich mindestens in einem Sinne untrüglich, und wenn es auch einmal nichts voraussagt, so offenbart es doch stets verborgene Dinge und gibt dem Ratsuchenden weise Ratschläge."[125]

Von besonderer Bedeutung ist an dieser Stelle freilich die Tarot-Karte des *Magiers*, die sich in den Trumpfkarten der wichtigsten Tarot-Systeme des 20. Jahrhunderts an prominenter Stelle findet (so etwa im *Rider-Waite-* und im *Crowley*-Deck sowie allen daran angelehnten Systemen). War es für Lévi nicht naheliegend, das Tarot aufgrund der Existenz Bedeutung dieser Karte in sein magiologisches System aufzunehmen?

Aus rezeptionsgeschichtlicher Sicht stellt sich dieser Zusammenhang umgekehrt dar: in dem von Lévi wahrscheinlich verwendeten Tarot-Deck – dem *Marseille-Tarot* – existiert die Figur des *Magiers* noch gar nicht. Statt-

---

123 Vgl. besonders die an das Western-Genre erinnernden Gefechte im sechsten und siebten Band der Heptalogie: Joanne K. Rowling, *Harry Potter und der Halbblutprinz. Aus dem Englischen von Klaus Fritz*, Hamburg 2005; Dies., *Harry Potter und die Heiligtümer des Todes. Aus dem Englischen von Klaus Fritz*, Hamburg 2007.
124 Lévi, *Transzendentale Magie...*, 178 (Buch 1, Kap. 10).
125 Ebenda, 267/68 (Buch 1, Kap. 21).

11.2. Eliphas Lévi Zahed

dessen gibt es die Figur des *bateleur*, des *Gauklers* beziehungsweise *Schaustellers*, die eigentlich die zweitniedrigste Trumpfkarte darstellt (nur noch unterboten von der Karte Le mat, dem *Narr* beziehungsweise *Bettler*). In der Karten-Ikonographie des *Marseille-Tarot* steht der *bateleur* meist an einem Tisch, auf dem sich diverse Gegenstände der Schaustellerkunst wie Kugeln, Würfeln und Becher, Münzen und Dolche befinden; in seiner linken Hand hält er einen kurzen Stab zu Demonstrier- und Ablenkungszwecken.[126] Die primäre Konnotation dieser Karte entspringt offenkundig dem Ausgrenzungsdiskurs: sie kennzeichnet einen betrügerischen Gaukler und Schausteller, der nur mit Illusionen arbeitet und daher kaum zufällig von (fast) allen anderen Trümpfen geschlagen werden kann.

Lévi greift nun die Figur des *bateleur* auf und stellt diese an die Spitze seines magiologisch vereinnahmten Tarotsystems – damit einher geht folgerichtig die symbolische Gleichsetzung der Figur mit dem hebräischen Buchstaben *Aleph*, mit der Weltschöpfung, mit dem ersten, alldurchdringenden Prinzip, mit Gott selbst:

„א Sein, Geist, Mensch oder Gott; begreifliches Objekt; Muttereinheit der Zahlen, prima Materia. All diese Ideen sind hieroglyphisch durch das Bild des Gauklers [bateleur] ausgedrückt. Sein Körper und seine Arme bilden den Buchstaben א; um seinen Kopf trägt er einen Strahlenkranz in Form eines ∞, dem Symbol des Lebens und des universellen Geistes. Vor ihm liegen Schwerter, Schalen und Pantakel, zum Himmel erhebt er den Zauberstab. Er hat eine jugendliche Figur und gelockte Haare wie Apollo oder Merkur, auf den Lippen schwebt ihm das Lächeln der Gewißheit, und in seinen Augen leuchtet der Blick der Intelligenz."[127]

Lévi deutet die im *Marseille-Tarot* eigentlich rangniedrige Figur des *Gauklers* also radikal um und setzt sie mit dem *Magier* gleich, der notwendigerweise wichtigsten Figur seines gesamten Entwurfes.[128] Damit einher geht die Instrumentalisierung des Tarot nicht nur zur Zukunftsschau, sondern auch zu Selbsterkenntnis und persönlicher Weiterentwicklung des selbstreferentiellen *Magiers* – ebenfalls ein Topos, an dem sich der *Hermetic Order of the Golden Dawn* maßgeblich orientieren wird. Folgerichtig erhält auch die Divination eine besondere Stellung in Lévis magiologischem System, wie etwa seine pseudoetymologische Herleitung des lateinischen Begriffs *divinare* am Schluss des ersten Bandes veranschaulicht:

„Im landläufigen Sinne heißt wahrsagen, etwas, was man nicht weiß, mutmaßen; der wahre Sinn des Wortes aber ist kraft seiner Erhabenheit unaussprechlich. *Divinari* heißt Göttlichkeit ausüben. Das lateinische *divinus* bedeutet anderes und mehr als *divus*, dessen Sinn gleichbedeutend ist mit Gottmensch. Das

---

126 Der Einfachheit sei hier auf eine der vielen Internetseiten zum Thema verwiesen – ein ikonographisch repräsentativer *Bateleur* des *Marseille-Tarot* kann etwa unter http://a.trionfi.eu/WWPCM/decks04/d03334/d0333401.jpg (27.09.2009) begutachtet werden.
127 Lévi, *Transzendentale Magie...*, 536 (Buch 2, Kap. 22); Lévi, *Dogme et Rituel...*, 345.
128 Vgl. explizit Ebenda, 476 (Buch 2, Kap. 17).

französische *devin* enthält die vier Buchstaben des Wortes *Gott* (Dieu) mit dem 'N' mehr, welches durch seine Form dem hebräischen Aleph א entspricht und in kabbalistischem und hieroglyphischem Sinn das Große Arkanum bedeutet, dessen Symbol im Tarok die Figur Bagad [sic!] [gemeint ist der *bateleur, Gaukler*; d. Verf.] ist"[129]

Laut dem Franzosen verweise das lateinische Verb *divinari* nicht nur auf die konventionelle Bedeutung der Wahrsagung, sondern reiche weit darüber hinaus, illustriere vielmehr Gott selbst und das *große Arkanum* – das heißt: *Magie*; folgerichtig ordnet Lévi die Divination explizit der Tarot-Karte des Lévischen *Gaukler-Magiers* zu. Der Franzose bündelt sein verblüffendes Wortspiel in der Feststellung „Wahrsager sein, heißt kraft der Bedeutung des Wortes göttlich sein und weist auf ein noch größeres Mysterium hin".[130]

Nicht minder verblüffend ist, dass sich an obiger Beschreibung des *Gaukler-Magiers* die drei wichtigsten Tarot-Decks der Folgezeit orientieren – so das 1889 veröffentlichte *Oswald-Wirth*-Deck, das 1910 veröffentlichte *Rider-Waite*-Deck und schließlich auch das 1944 erstmals beschriebene (aber erst 1969 eigenständig veröffentlichte) *Crowley*-Deck; alle drei Decks weisen die Karte des *Magiers* als ersten Trumpf der *großen Arkana* auf. Die Ikonographie der *Rider-Waite*-Karte ist gegenüber dem *bateleur* des *Marseille*-Decks nun radikal (und in der Tat gemäß der Vorgaben Lévis!) verändert: ein Apollon-gleicher Jüngling reckt einen Stab in die Höhe, über seinem Kopf das schwebende Unendlichkeitszeichen, auf dem Tisch vor ihm Schwert, Kelch, Pentagramm und Stab.[131]

So ist festzuhalten, dass mit Eliphas Lévi das Tarot gewissermaßen dem Ausgrenzungsdiskurs entrissen und dem identifikatorischen Magiediskurs des 19. Jahrhunderts zugeführt wird. Seine Transformation des betrügerischen *Gauklers* in einen hochwertigen, gottgleichen *Magier*, welche in Tarot-Decks vor (*Marseille, Visconti-Sforza*) und nach Lévi (*Oswald-Wirth, Rider-Waite, Crowley*) so konkret sichtbar wird, illustriert auf prägnante Weise die Vereinnahmungstendenzen des selbstreferentiellen Magiediskurses im 19. und 20. Jahrhundert. Der Franzose kann mit seiner überraschenden Synthese von *Tarot* und *Kabbalah* – denn „there is absolutely no historical evidence that the two were in any way related" –[132] daher gleichfalls als

---

129 Lévi, *Transzendentale Magie...*, 263 (Buch 1, Kap. 21).
130 Vgl. Ebenda, 264 (Buch 1, Kap. 21).
131 Vgl. die Ikonographie der Karte im *Universal Waite Tarot* unter http://a.trionfi.eu/WWPCM/decks05/d02443/d0244301.jpg (27.09.2009). Eine beeindruckende Zusammenstellung der ikonographischen Vielfalt der *Magier*-Karte in zahlreichen Decks findet sich auch unter http://www.albideuter.de/html/magier.html (27.09.2009; Webmaster: Thomas Alberts).
132 Christopher McIntosh, *Eliphas Lévi and the French Occult Revival*, London 1972, 148: „Lévi's most startling innovation was in connecting the Cabala with the Tarot. Modern occultists take this connection so much for granted that it tends to be forgotten that there is absolutely no historical evidence that the two were in any way related."; Vgl. auch Gershom Scholem, *Kabbalah*, New York 1974, 203: „Similarly, the activities of French and English

Diskursbegründer gewertet werden. Mit seiner Subsummierung des Tarot unter den Magiebegiff wirkt er nachweislich auf den *Hermetic Order of the Golden Dawn* und Aleister Crowley ein und steht auch für zahlreiche Allusionen des rezenten Tarotdiskurses Pate.[133]

11.2.8. Lévi und Satan

Eliphas Lévi wird im rezenten Satanismus-Diskurs häufig als prägender, mithin diskursbegründender Autor angesehen; so führen beispielsweise die Autoren der offiziellen Internetseite der 1966 in San Francisco gegründeten *Curch of Satan* ihr eigenes Zeichen, das *Sigil of Baphomet*, explizit auf die Ausführungen Lévis in *Dogme et Rituel de la Haute Magie* zurück.[134] So ist an dieser Stelle kurz auf die Rezeption der Figur Satans und ihre Verortung im Magiekonzept des französischen Autors einzugehen.

Zunächst: Lévis Ausführungen zur Figur des Teufels nehmen in seinem Werk nur eine untergeordnete, mithin marginale Stellung ein und sind zudem abwertender, ja, warnender Natur. In Kapitel 15 des ersten Buches über „schwarze Magie" warnt Lévi einführend: „Furchtsamen Gemütern gebe ich den Rat, das Buch hier und jetzt zu schließen, und Personen, die nervösen Empfindungen unterworfen sind, werden gut daran tun, sich zu enthalten und zu zerstreuen. Ich habe mir nun einmal die Aufgabe gestellt und ich werde sie durchführen".[135] Lévis warnender Einstieg nimmt daraufhin eine unerwartete Wendung; nach den beiden provokativen Fragen „Gibt es einen Teufel? Was ist der Teufel?" verwirft Lévi die offizielle Position der Kirche, derer sich auch die „okkulte Philosophie" angeschlossen habe (es gebe einen Teufel, er sei „ein gefallener Engel").[136] Stattdessen versucht sich der Franzose an einer „neue[n] Offenbarung":

„DER TEUFEL IST IN DER SCHWARZEN MAGIE DAS GROSSE MAGISCHE AGENS, DAS VON EINEM VERDERBTEN WILLEN ZUM BÖSEN GEBRAUCHT WIRD. Die Schlange der Legende ist nichts anderes als das universelle Agens, das ewige Feuer des irdischen Lebens, die Seele der Erde und der flammende Herd der Hölle."[137]

---

occultists contributed nothing and only served to create considerable confusion between the teachings of the Kabbalah and their own totally unrelated inventions, such as the alleged kabbalistic origin of the Tarot-cards. To this category of supreme charlatanism belong the many and widely read books of Eliphas Levi".

133 Vgl. neben vielen Anderen Hajo Banzhaf, *Tarot-Magie im Alltag*, München 2004.
134 Vgl. Peter H. Gilmore, „The History of the Origin of the Sigil of Baphomet and its Use in the Church of Satan", online verfügbar unter: http://www.churchofsatan.com/home.html (27.09.2009), Link „History", Link „The History of the Origin of the Sigil of Baphomet and its Use in the Church of Satan".
135 Lévi, *Transzendentale Magie...*, 218 (Buch 1, Kap. 15).
136 Ebenda.
137 Ebenda.

Der Teufel wird hier als *Agens* bezeichnet, in Analogie zur Schlange des biblischen Sündenfalls. Lévi versucht den „schwarzen Gott des Sabbat, den furchbaren Bock von Mendes"[138] hier als Symbolisierung einer pervertierten Vereinnahmung des *magischen Agens* – des *Astrallichts* – darzustellen. Zwar leugnet Lévi nicht, dass man den Teufel tatsächlich herbeirufen könne: „Haben nun die Geisterbeschwörungen und Teufelswahrsagungen wirklich ein Ergebnis? – Ja, ganz gewiß, ein unbestreitbares Ergebnis, das fürchterlicher ist, als alle Legenden erzählen können! Ruft man den Teufel mit den entsprechenden Zeremonien, so kommt er und zeigt sich";[139] gleichwohl ist die abschließende Wendung des Kapitels entscheidend: „Der Teufel ist – kurz gesagt – eine Kraft, die zeitweilig in den Dienst des Irrtums gestellt wurde",[140] nicht aber eine eigenständige Entität. Auch die Teufelsbeschwörung impliziere nur den Versuch einer Evozierung und Steuerung des *Astrallichts* mittels des menschlichen Willens; entscheidend sei die Reife und Gestalt des *Magier*-Willens für den Umgang mit jenem „blinden Agens das gleichzeitig, und nur kraft verschiedenen Strebens ein Werkzeug zu allem Guten und allem Bösen, der Diener des Propheten und der Einflüsterer der Hexen sein kann".[141] Die Postulierung eines selbst wertneutralen *Agens* – des *Astrallichts* – erlaubt es Lévi, die christliche Dichotimisierung von Gott und Satan in eine nurmehr symbolisierende Gegenüberstellung menschlicher Willensformen sowie entsprechender Vereinnahmungen jenes *Agens* zu übertragen.

Gleichwohl – und dies vergessen Lévi-Rezipienten des zeitgenössischen Satanismus-Diskurses – spart der Franzose nicht mit Warnungen, Kritik und Verachtung in seinen beiden Kapiteln zu „schwarzer Magie". So müssten Satansbeschwörer, um bei dessen Anblick „nicht wie vom Blitze getroffen tot" umzusinken, oder „zum mindesten von Krämpfen oder Blödsinn" befallen zu werden, selbst „von vornherein verrückt sein".[142] Dasselbe Urteil attestiert er vermeintlich historischen Satansbeschwörern wie Urbain Grandier (1590-1634) und auch seine eigenen praktischen Erläuterungen im zweiten Buch dienten nicht dazu, „um zu deren Anwendung einzuladen, sondern um sie bekannt zu geben, der Kritik zu unterwerfen und zur Warnung vor derartigen Verirrungen".[143] Lévi schließt sein kurzes Kapitel über den Teufel (im ersten Buch) mit den vieldeutigen Worten: „Es gibt zwei Kammern im Himmel, aber der hohe Rat einer göttlichen Weisheit hält abseits Gericht über Satan."[144]

---

138 Ebenda.
139 Ebenda, 219.
140 Ebenda, 220.
141 Ebenda, 219/20.
142 Ebenda, 219.
143 Ebenda.
144 Ebenda, 220.

11.2. Eliphas Lévi Zahed

Seine Ausführungen im zweiten Buch sind schließlich noch radikaler:

„Wir erklären zur Bekämpfung der manichäistischen Restbestände, die sich bei unseren Christen noch immer hervorkehren, daß Satan als höhere Persönlichkeit oder Macht nicht existiert. Satan ist die Personifizierung aller Irrtümer und Perversitäten und infolgedessen auch aller Schwächen. Wenn Gott als absolute Notwendigkeit erklärt werden kann, kann dann sein Widersacher und Feind nicht als das definiert werden, was notwendigerweise nicht existiert? Die unbedingte Bejahung des Guten bedingt die absolute Verneinung des Bösen, auch ist im Licht selbst der Schatten leuchtend."[145]

Lévi versucht seine Verwerfung der christlichen Teufelsidee nun auch theologisch herzuleiten. Die Vorstellung eines allumfassenden, guten Gottes schließe die Existenz des Bösen im Sinne eines real existierenden Teufels tatsächlich aus: „Ist die Hölle eine Gerechtigkeit, dann ist sie ein Gut. Niemals hat jemand Gott gelästert. Die an seine verunstalteten Bilder gerichteten Flüche und Spöttereien erreichen ihn nicht".[146] In gewissem Sinne wiederholt Lévi hier Argumente, die Jahrhunderte zuvor bereits von Kritikern der Hexenverfolgungen ins Feld geführt worden sind. Der Franzose fasst die Dekonstruktion des Teufels im zweiten Band gleichwohl noch radikaler, versucht sich gar an einer historiographischen Herleitung des Teufelsbeschwörungs-Topos' („Man beging den Wahnsinn, Gott zu teilen, der Stern Salomos wurde in zwei Dreiecke zerrissen")[147] und führt schließlich eine geradezu ironisch anmutende Erläuterung ihrer praktischen Voraussetzungen an:

„Nach dem Zugeständnis einer wirklichen Existenz an die unbedingte Verneinung des Guten, nach der feierlichen Einsetzung des Widersinns und der Schaffung eines Gottes der Lüge blieb dem menschlichen Wahn nur noch die Anbetung dieses unmöglichen Idols, und der gaben sich die Unsinnigen hin. [...] Für Anhänger der Teufelsreligion folgt hier eine Anweisung für den Verkehr mit diesem Pseudo-Gott. [...] *Notwendige Voraussetzungen zum Erfolg bei höllischen Beschwörungen.* 1. Ein unbesiegliches Voreingenommensein; 2. ein jedenfalls gegen das Verbrechen abgehärtetes und den Gewissensbissen und der Furcht sehr zugängliches Gewissen; 3. eine künstliche oder natürliche Unwissenheit; 4. ein blinder Glaube an alles Unglaubliche; 5. eine vollkommen falsche Vorstellung von Gott."[148]

---

145 Ebenda, 438/39 (Buch 2, Kap. 15).
146 Ebenda, 439 (Buch 2, Kap. 15).
147 Vgl. Ebenda, 439 (Buch 2, Kap. 15): „Wir nannten eben den Manichäismus und werden durch diese ungeheuerliche Ketzerei die Verirrungen der schwarzen Magie erklären. Das falsch verstandene Dogma des Zoroaster, das magische Gesetz der zwei das universale Gleichgewicht herstellenden Kräfte schafften einigen unlogischen Geistern die Einbildung einer verneinenden, der aktiven Gottheit untergeordneten, aber feindlich gegenüberstehenden Gottheit. So bildete sich der unreine Binar. Man beging den Wahnsinn, Gott zu teilen, der Stern Salomos wurde in zwei Dreiecke zerrissen, und die Manichäer ersannen eine Dreiheit der Nacht. Dieser schlechte, der Einbildung der Sekten entsprungene Gott wurde der Einflüsterer allen Wahnsinns und aller Verbrechen."
148 Ebenda, 447/48 (Buch 2, Kap. 15). Bei den folgenden Ausführungen illustriert Lévi übrigens jene charakteristische Inversion des Christentums, die dem Satanismus-Diskurs häufig unterstellt wird: „Außerdem muß man: Erstens die Zeremonien des Kultes, an den

Vor dem Hintergrund von Lévis Verwerfung des kirchlichen Teufelsbildes lässt sich schließlich auch die Figur Baphomets klären, deren Bildnis Lévi selbst angefertigt und zu Beginn des zweiten Bandes angefügt hat. Auch diese Figur, ein Mischwesen aus Mensch und Tier, Mann und Frau, Tag und Nacht, ausgeschmückt mit Attributen christlicher Teufelsdarstellung (Flügel, Hörner, Ziegenkopf und -beine) und alchemistischer Terminologie (auf den Armen steht: Solve et coagula – Löse und verbinde), sowie in Anlehnung an den vermeintliche Götzen des mittelalterlichen Templerordens bezeichnet, ist vom Satanismus-Diskurs des 20. Jahrhunderts aufgegriffen worden. Gleichwohl steht auch Lévis Baphomet – wie angesichts seiner eben skizzierten Überzeugungen zu erwarten ist – nicht in einem satanischen Kontext: „Allein die Anbeter dieses Zeichens denken nicht wie wir, daß es sich um eine Darstellung des Teufels, sondern wohl eher um eine solche des Gottes Pan handelt, dem Gott unserer modernen Philosophieschulen, dem der Teurgisten der alexandrinischen Schule und der neuplatonischen Mystiker unserer Tage, dem Gott vom Lamartine und Victor Cousin, dem Spinozas und Platos, ja selbst um den Christus des abtrünnigen Opfers."[149] So geht Lévi auch im Kontext *Baphomets* nicht von einer Teufelsgestalt, sondern vielmehr von einem alle Aspekte der *Haute Magie* umfassenden Wesen, einer „Sphinx der okkulten Wissenschaften" aus, deren Attribute er freilich detailliert aufzählen und erklären kann.[150]

---

man glaubt, entweihen und die heiligsten Zeichen mit Füßen treten; zweitens ein Blutopfer bringen; […] Man muß einen einsamen und verschrieenen Ort wählen, einen von bösen Geistern umspukten Friedhof, eine gefürchtete Ruine in der Ebene, den Keller eines verlassenen Klosters, den Platz, wo ein Mord begangen wurde oder einen alten Tempel für Idole."; Ebenda, 448/49. Lévi spricht daraufhin auch von „vier aus dem Sarg eines Hingerichteten" ausgerissenen Nägeln, dem „Kopf einer fünf Tage lang mit Menschenfleisch gefütterten schwarzen Katze", sowie (unter Anderem) der „Hirnschale eines Vatermörders" als Ritualmittel (Ebenda, 450).

149 Ebenda, 436 (Buch 2, Kap. 15).
150 Ebenda, 437/38 (Buch 2, Kap. 15): „Der Bock auf unserem Titelblatt trägt auf der Stirn das Zeichen des Pentagramms mit der Spitze nach oben, ein Symbol des Lichts, seine zwei Hände formen das Zeichen des Hermetismus, die eine zeigt oben den weißen Mond des Chesed, die andere unten den schwarzen der Geburah. Dies Zeichen drückt die vollkommene Übereinstimmung der Barmherzigkeit mit der Gerechtigkeit aus. Sei einer Arm ist weiblich, der andere männlich wie bei dem Androgyn des Khunrath, […] Die zwischen seinen Hörnern strahlende Flamme der Intelligenz ist das magische Licht des universalen Gleichgewichts, das Bild der über das Stoffliche erhabenen Seele, wie auch die Flamme an die Materie gebunden über derselben erstrahlt. Der häßliche Tierkopf drückt den Schrecken des Sünders aus, dessen materiell handelnder, allein verantwortlicher Teil auch allen die Strafe zu tragen hat; denn die Seele ist ihrer Natur nach unempfindlich und kann nur leiden, wenn sie sich verstofflicht. Der an Stelle der Genitalien stehende Stab versinnbildlicht das ewige Leben, der schuppenbedeckte Leib das Wasser, der darüber stehende Halbkreis die Atmosphäre, die darauf folgenden Federn das Flüchtige. Die Menschheit ist in den beiden Brüsten und den Andogynarmen dieser Sphinx der okkulten Wissenschaften dargestellt."

Die Figur *Baphomets* lässt sich in Lévis Werk mithin als zentrale Symbolisierung seiner *Haute Magie* auffassen – gleichwohl setzt der Franzose sie explizit von der christlichen Teufelsvorstellung ab, die er als illusorisch und absurd markiert. Der *Baphomet* bildet insofern die für Lévi auch im Kontext von *Magie* gegebene menschliche Fähigkeit zu Macht *und* Machtmissbrauch in einer einzigen Figur ab und hat – so lässt sich der Franzose hier deuten – eben in dieser Hinsicht Aspekte des Teufels-Topos' aufgenommen. Der Ziegenbock als zu verehrendes Tier sei durch das Sündenopfer Christi hinreichend legitimiert,[151] zudem drücke der „häßliche Tierkopf [...] den Schrecken des Sünders"[152] aus – eine Warnung, die Lévi angesichts der antizipierten Machtfülle seiner *Haute Magie* freilich als elementar erachten muss. Insofern wird der Wert *magischen* Handelns für den Franzosen ausschließlich durch den menschlichen Willen bestimmt, nicht aber durch Gestalt und Qualität etwaiger transzendenter Bezugswesen.[153] Daher ist der „schreckliche Baphomet [...] wie alle scheußlichen Idole und Rätsel des alten Wissens und seiner Träume nicht mehr als eine unschuldige, ja fromme Hieroglyphe. Wie könnte der Mensch auch ein Tier anbeten, über das er doch herrscht?"[154]

11.2.9. Fazit

So lässt sich das Fazit ziehen, dass auch Lévi zahlreiche heterogene Themen- und Traditionsstränge unter dem Magiebegriff bündelt, welcher dadurch erneut als verblüffend inkonsistente Sammelkategorie für unterdrückte oder ausgeschiedene Elemente der dominanten Weltdeutungsdiskurse des europäischen 19. Jahrhunderts herhalten muss. In dieser außerordentlich synkretistischen Tendenz ist Lévi ein Kind seiner Zeit und letztlich vom Aufklärungsdiskurs selbst beeinflusst. Denn im Grunde sind alle Topoi, die Lévi der *Haute Magie* zuordnet – wie in der vorliegenden Arbeit vielfach gezeigt – unabhängig vom Magiebegriff denkbar und auch so tradiert worden. Indem Lévi diese Themenbereiche dem identifikatorischen Magiebegriff zuordnet, vollzieht er im Grunde denselben Schritt wie ein aufklärender Magietheoretiker á la Edward B. Tylor: er kreiert eine Opposition von richtigem und falschem Denken, von legitimen und illegitimen

---

151 Vgl. Ebenda, 436 (Buch 2, Kap. 15).
152 Ebenda, 438 (Buch 2, Kap. 15).
153 In diesem Zusammenhang findet sich bei Lévi auch die Gegenüberstellung einer *weißen* und *schwarzen Kirche* – möglicherweise eine Formulierung, an der sich Helena Blavatsky bei ihrer Gegenüberstellung von *weißer* und *schwarzer Magie* orientiert hat: „Es gibt also eine Magie des Heiligtums und eine der Wüste, die weiße und die schwarze Kirche, ein Priestertum der öffentlichen Versammlungen und den hohen Rat des Sabbats"; Ebenda, 437 (Buch 2, Kap. 15).
154 Ebenda, 438 (Buch 2, Kap. 15).

Denk- und Handlungsmustern – freilich kehrt Lévi die Aufklärungsrhetorik um und geht von einem übergeordneten, universalen Wahrheitsanspruch seines *magischen* Systems aus, gegenüber dem die Erkenntnisse der Naturwissenschaften seiner Zeit zwangsläufig minderwertig erscheinen. Während für Edward B. Tylor im ausgehenden 19. Jahrhundert *Magie* nur noch das Produkt einer *falschen Ideenassoziation* darstellt, markiert der Begriff bei Lévi die einzig wahre Interpretation und Beurteilung der inneren und äußeren Wirklichkeit des Menschen. Die Konstitution des Magiebegriffs als pseudowissenschaftliche oder areligiöse Restkategorie, die in Teil A der vorliegenden Arbeit rekonstruiert wurde, findet in Eliphas Lévi daher ihr äquivalentes Gegenstück im selbstreferentiellen Magiediskurs des 19. Jahrhunderts.

Lévi kann daher als überaus bedeutsamer Autor des 19. Jahrhunderts und als wichtiges Bindeglied zwischen dem frühneuzeitlichem Magiediskurs und dem identifikatorischen Magiediskurs des 19., 20. und 21. Jahrhunderts eingeordnet werden. Die Art und Weise, wie Lévi die nun wiederum rituell ausgerichtete *Haute Magie* konstruiert – hierbei ist er, wie gesehen, ein höchst kreativer, innovativer Autor – wirkt maßgeblich auf spätere, selbstreferentiell-*magische* Autoren ein. Der Franzose macht nicht nur auf wichtige ideengeschichtliche Verschiebungen im Magiediskurs des 19. Jahrhunderts aufmerksam, sondern kann in mehrerlei Hinsicht als Diskursbegründer gelten. Die Zuordnung von Tarot zu *Magie* ist in der Tat eine genuine Neusynthetisierung Lévis, mit der der Franzose selbstreferentiell-*magische* Gruppierungen des ausgehenden 19. Jahrhunderts beeinflussen wird. Seine offenkundig vom Mesmerismus beeinflusste Herausstellung der besonderen Bedeutung des Willens ist ebenfalls eine Weiterentwicklung Lévis, die nicht nur von Helena Petrovna Blavatsky, sondern auch vom *Hermetic Order of the Golden Dawn* sowie insbesondere von Aleister Crowley – im Rahmen seines *Thelema*-Modells (griechisch *Thelema*: *Wille*) – aufgegriffen wird. Lévis psychologisierende Deutung der Figur Satans kann schließlich den identifikatorischen Satanismus-Diskurs des 20. Jahrhunderts, etwa eine Gruppierung wie die *church of Satan* inspirieren. Schließlich wird Lévis eigentümliche Vier-Elemente-*Magie* sowie überhaupt seine rituelle Verwendung zahlreicher Gegenstände und Symbolika (etwa des Pentagramms) nachhaltig auf den identifikatorischen Magiediskurs der Folgezeit einwirken. Sein Einfluss auf diesen ist daher kaum zu überschätzen.

11.3. Helena Petrovna Blavatsky

Eine weitere, (freilich nicht nur) den identifikatorischen Magiediskurs prägende Autorin des ausgehenden 19. Jahrhunderts ist Helena Petrovna Blavatsky (* 1831; † 1891). Die berühmte Initiatorin der 1875 in New York gegründeten *Theosophischen Gesellschaft* war geradezu prädestiniert dafür, am identifikatorischen Magiediskurs des 19. Jahrhunderts zu partizipieren. Nicht nur werden der russischen Emigrantin bereits vor ihrer Zeit in den Vereinigten Staaten zahlreiche mirakulöse Fähigkeiten zugeschrieben, durch die sie in den populären Alternativdiskursen des 19. Jahrhunderts – Mesmerismus und Spiritismus – bekannt und berühmt wurde.[155] Darüber hinaus weisen die Gründungsprinzipien der *Theosophischen Gesellschaft* selbst signifikante Überschneidungen zum semantischen Feld des Magiebegriffs auf – neben der allgemeinen Erforschung okkulter Wissenschaften bestand ein erklärtes Ziel der Gesellschaft darin, „To investigate the hidden mysteries of Nature under every aspect possible, and the psychic and spiritual powers latent in man especially".[156] So ist es keine Überraschung, dass die russische Autorin in der Tat einen positiv konnotierten Magiebegriff aufgriff, dieser gar als zentraler Terminus ihres (erklärtermaßen) *esoterischen* beziehungsweise *okkulten* Weltbildes fungierte. Im Folgenden soll ihr diesbezügliches Vorgehen anhand einiger charakteristischer Textauszüge rekonstruiert werden. Mit der Rezeption des Magiebegriffs durch Helena Petrovna Blavatskys und ihrer charakteristischen Synthese von *Esoterik* und *Magie* kann zudem ein weiterer, wirkungsgeschichtlich bedeutsamer Einflussfaktor auf die Rezeption des Magiebegriffs im 19. und 20. Jahrhundert skizziert werden.

---

155 Vgl. hierzu etwa (in Anlehnung an Berichte von Blavatskys Schwester, Vera Petrovna de Jelihowsky) James A. Santucci, „Blavatsky, Helena Petrovna, * 12.8.1831 Ekaterinoslav, † 8.5.1891 London", 178, in: Hanegraff/Faivre, *Dictionary of Gnosis...*, 2. Band, 177-185: „The types of phenomena that were produced during the time of Blavatsky' stay in Pskov are classified and described by Madame de Zhelihovsky as follows: '1) direct and perfectly clear written and verbal answers to mental questions – or 'thought-reading'; 2) prescriptions for various deseases, written in Latin, and subsequent cures; 3) private secrets, unknown to all but the interested party, divulged, especially in the case of those persons who mentioned insulting doubts; 4) change of weight in furniture and persons at will; 5) letters from unknown correspondents, and immediate answers written to wueries made and found in the most out-of-the-way mysterious places; 6) appearance and apport of objects unclaimed by any one present; 7) sounds as of musical notes in the air wherever Mme. Blavatsky desired they should resound'".
156 Helena Blavatsky, *The Key to Teosophy. Being a clear Exposition, in the Form of Question and Answer of the Ethics, Science, and Philosophy. For the Study of which the Theosophical Society has been founded*, Pasadena 2002, 39.

11.3.1. Blavatskys Artikel „Magic" im *Theosophical Glossary*

Einführend lassen sich wesentliche Charakteristika der Rezeption des Magiebegriffs durch Blavatsky prägnant in dem von ihr höchstpersönlich zusammengestellten (allerdings nur zum Teil selbst verfassten) und 1892 posthum veröffentlichten *Lexikon der Geheimlehren*, dem *Theosophical Glossary* studieren. Der darin befindliche Artikel „Magic" illustriert auf verblüffende Weise die (eigentümliche) Kontinuität des identifikatorischen Aufwertungsdiskurses über mehrere Jahrtausende hinweg. So wird *Magie* einführend als „große 'Wissenschaft'" vorgestellt, welche laut Blavatsky von den „ältesten, zivilisiertesten und gelehrtesten Nationen 'als eine geheime Wissenschaft betrachtet [wurde], die von *Religion* nicht trennbar ist'".[157] Nach einem kurzen Verweis auf die religiöse Weisheit der „Ägypter" und „Hindus" zitiert Blavatsky schließlich keinen anderen als Platon, um ihre Lesart des Magiebegriffs zu untermauern: „'Magie besteht aus und wird erworben durch die Anbetung der Götter', sagt Platon".[158] Auch Helena Blavatsky kann also als Tradentin der alkibiadischen Rezeptionslinie eingeordnet werden!

Zudem verwendet Blavatsky daraufhin die Setzung des Philosophen, um eine alternative Sichtweise auf die Religionsgeschichte der zuvor genannten „Ägypter" und „Hindus" vorzuschlagen:

> „Könnte dann eine Nation, die dem unwiderlegbaren Zeugnis der Inschriften und Papyri zufolge erwiesenermaßen Tausende von Jahren an Magie geglaubt hat, eine so lange Zeit getäuscht worden sein? Und ist es wahrscheinlich, daß Generationen um Generationen einer gelehrten und frommen Hierarchie von Priestern, von denen viele ein Leben des Selbstmärtyrertums, der Heiligkeit und des Asketentums führten, damit fortgefahren wären, sich selbst und das Volk (oder auch nur das letztere) zu täuschen [...] ? Fanatiker, so wird gesagt, werden alles tun, um dem Glauben an ihre Götter oder Idole Geltung zu verschaffen. Darauf erwidern wir: In diesem Fall hätten die Brâhmaṇen und die ägyptischen *Rech-chet-Amen* oder Hierophanten nicht den Glauben *an die Macht des Menschen* verbreitet, *die Dienste der Götter durch magische Praktiken zu befehlen*. Diese Götter sind aber in Wahrheit nur die okkulten Kräfte oder Fähigkeiten der Natur, die durch die gelehrten Priester selbst personifiziert wurden und in denen nur die Eigenschaften des einen unerkennbaren und namenlosen Prinzips verehrt wurden."[159]

Die Ägypter und Hindus hätten „erwiesenermaßen Tausende von Jahren an Magie geglaubt" – bei Blavatsky wird die magiologische Vereinnahmung ganzer Kulturen auf Ägypten und die von ihr so verehrten „Hindus" erweitert. Gerade angesichts deren Alter sei es undenkbar, dass Generatio-

---
157 Im Folgenden nach der überarbeiteten deutschen Übersetzung von: Hermann Knoblauch (Hg.), *Helena Petrowna Blavatsky. Lexikon der Geheimlehren. Herausgegeben von Hermann Knoblauch*, Hannover 1997, 236; Kursivsetzung immer Blavatsky/Knoblauch.
158 Ebenda.
159 Ebenda, 236/37.

11.3. Helena Petrovna Blavatsky

nen von Priestern so lange einer Täuschung unterlegen seien. Der zur Lebenszeit Blavatskys aufkeimende Evolutionismus im Wissenschaftsdiskurs (Die erste, zweibändige Edition des *Golden Bough* wurde 1890, also nur zwei Jahre vor dem *Theosophical Glossary* veröffentlicht!) wird bei Blavatsky quasi ins Gegenteil verkehrt, der identifikatorische Magiebegriff in ihre alternative Perspektive auf Religionsgeschichte(n) eingewoben. So steht *Magie* wie bei Frazer zwar am Anbeginn der menschlichen Kultur- und Religionsgeschichte, kennzeichnet allerdings eine positiv konnotierte, authentische, letzte Wahrheit. Im 19. Jahrhundert, so führt sie am Schluss des Artikels entsprechend aus, sei jene ursprüngliche *magische* Wissenschaft verloren gegangen – eine verblüffende Umkehrung des Frazerschen Evolutionismus', der ja, wie oben gesehen, das irrationale Fortbestehen *magischer Überlebsel* in der aufgeklärten Moderne beklagt! Frazers evolutionäres Fortschrittsmodell wird in Blavatskys Artikel gleichsam in einen religiösen Dekadenzprozess verkehrt, der erst zu der spirituell minderwertigen Gesellschaft des 19. Jahrhunderts geführt habe.

Aus dieser Perspektive heraus erklärt sich auch Blavatskys psychologistische Deutung des Götterzwang-Topos': die Macht des Menschen, über Götter zu befehlen, habe „in Wahrheit" immer nur die „okkulten Kräfte und Fähigkeiten der Natur" zum Gegenstand gehabt – Blavatsky orientiert sich hier offenkundig am frühneuzeitlichen Topos der *magia naturalis*, zu dessen Begründung sie schließlich keinen anderen als Proklos bemüht:

> „Der Platoniker Proklos drückt dies in geschickter Weise wie folgt aus: 'Die Priester aus alter Zeit zogen selbstverständlich in Betracht, daß sowohl zwischen natürlichen Dingen (Wesenheiten) eine gewisse Verwandtschaft und Sympathie besteht als auch zwischen manifestierten Dingen und okkulten Kräften. Sie entdeckten, daß alle Dinge in allen existieren, und *errichteten aus dieser gegenseitigen Sympathie und Ähnlichkeit eine heilige Wissenschaft* ... und verwandten für okkulte Zwecke sowohl himmlische als auch irdische Natur, durch die sie, einer gewissen Ähnlichkeit zufolge, göttliche Kräfte in diesen niederen Aufenthaltsort hinabzogen.' Magie ist die Wissenschaft, mit deren Hilfe Verbindungen mit überirdischen, überweltlichen Kräften aufgenommen und diese gelenkt werden können und die eine Beherrschung der niederen Sphären ermöglicht."[160]

Auch Blavatsky deutet Proklos' περὶ ἱερατικῆς τέχνης – offenbar in direkter Anlehnung an Marsilio Ficino – als Tradent eines positiv konnotierten Magiebegriffs. Dadurch bettet sie nicht nur den neuplatonischen Sympathiebegriff in ihre Deutung ein, sondern auch den Ficinischen Topos des Herabziehens himmlischer Kräfte mittels *Magie*. Blavatsky greift diese Text- und Rezeptionsmuster kreativ auf und führt sie in eine – den veränderten Bedingungen des 19. Jahrhunderts angepasste (das heißt vor allem: psychologisierende) – Synthese. Zwar klingt die darauf folgende Formulierung

---

160 Ebenda, 237.

„Sie ist das praktische Wissen über die verborgenen Mysterien der Natur"[161] noch wie eine Allusion an den frühneuzeitlichen *magia-naturalis*-Topos. Blavatsky bringt nun allerdings eine moralisierende Komponente ins Spiel: in Anlehnung an Kenneth Robert H. Mackenzie (* 1833; † 1886) und seinen Artikel „Magic" in der *Royal Masonic Cyclopedia*[162] unterscheidet sie die Begriffe *Theurgia*, *Goetia* und *Magie* und verweist in diesem Zusammenhang auf die Unterscheidung von *weißer* und *schwarzer Magie*:

> „Antike und mittelalterliche Mystiker unterteilen die Magie in drei Klassen: *Theurgia*, *Goetia* und natürliche *Magie*. 'Theurgia ist seit langem der besondere Bereich der Theosophen und Metaphysiker', sagt Kenneth Mackenzie. Goetia ist *schwarze* Magie. 'Natürliche (oder weiße) Magie hingegen ist mit ihren heilsamen Schwingen zur stolzen Position eines exakten und fortschrittlichen Studienfachs aufgestiegen.' (The Royal Masonic Cyclopedia, S. 463)."[163]

Interessant ist, dass Blavatsky hier zwar die Unterscheidung von *Theurgie*, *Goetie* und *Magie* von Mackenzie übernimmt, nicht aber die Gegenüberstellung von *weißer* und *schwarzer Magie* – die in der Tat eine kreative Ergänzung Blavatskys darstellt. Im Anschluss an den „Magie"-Artikel führt Blavatsky diese Gegenüberstellung noch etwas detaillierter aus – differenzierendes Kriterium sei die Motivation des Praktizierenden:

> „Weiße Magie oder sogenannte 'wohltätige Magie' ist *göttliche* Magie: frei von Selbstsucht, Liebe zu Macht, Ehrgeiz oder Profit. Sie ist nur darauf gerichtet, Gutes für die Welt im allgemeinen und für den Nachbarn im besonderen zu tun. […] Schwarze Magie ist Zauberei, z.B. Nekromantie oder das Erwecken der Toten oder anderweitiger selbstsüchtiger Mißbrauch unnormaler Kräfte. Dieser Mißbrauch kann unbeabsichtigt sein; nichtsdestoweniger ist es 'schwarze Magie', wann immer irgendein Phänomen lediglich zur eigenen Befriedigung hervorgebracht wird."[164]

An dieser Stelle kann nicht rekonstruiert werden, wann und wo diese duale Farbmetaphorik – die (nicht nur) im rezenten selbstreferentiellen Magiediskurs eine der am häufigsten gebrauchten Systematiken darstellt – ihren tatsächlichen Ursprung hat. Im oben skizzierten frühneuzeitlichen Diskurs – etwa in den Schriften Ficinos, Picos oder auch Agrippas – taucht

---

161 Ebenda.
162 Zum Vergleich – Kenneth Mackenzie, „Magic", in: Ders., *The Royal Masonic Cyclopaedia. Edited by Kenneth R. H. Mackenzie. Introduced by John Hamill and R. A. Gilbert*, [Masonic Classic Series], Wellingborough 1987, 463/64: „That science which, apparently of a subjective character, is actually objective and governs the world. It is the practical art of communicating with supernal, supramundane, and infernal or lower beings. As a matter of fact, it may be divided into three divisions, Theurgia, Goetia, and Natural Magic, or the cognizance of physical objects in their essential forms and properties. Theurgia has long since been appropriated as the peculiar sphere of the theosophists and metaphysicians; Goetia has been abandoned to the lowest of quacks; and natural magic has risen with healing in its wings to the proud position of an exact and progressive study, ameliorating the condition of mankind wherever its beneficent influence is found."
163 Knoblauch, Helena Petrowna Blavatsky. Lexikon …, 237.
164 Ebenda, 238.

11.3. Helena Petrovna Blavatsky 551

sie noch nicht auf und auch Francis Barrett und Eliphas Lévi machen keinen Gebrauch von ihr;[165] eine frühe, wirkungsgeschichtlich allerdings kaum relevante Verwendung findet sich bei dem französischen Gelehrten Gabriel Naudé (* 1600; † 1653)[166]. Gleichwohl kann davon ausgegangen werden, dass die terminologische Differenzierung von *weißer* und *schwarzer Magie* erst im 19. Jahrhundert populär wird – sie ersetzt in gewisser Hinsicht die frühneuzeitliche Unterscheidung von *magia naturalis* und *magia daemonica*, die für eine Autorin wie Blavatsky keine (etwa apologetische) Funktion mehr hat. Der selbstreferentielle Magiediskurs des ausgehenden 19. Jahrhunderts muss sich nicht mehr gegenüber einem übermächtigen theologischen Diskurs verantworten und sieht sich auch gegenüber den als begrenzt und oberflächlich empfundenen Naturwissenschaften als überlegen an. Die Differenzierung, die für Blavatskys Konstitution einer neuen, theosophischen Weltordnung entscheidend ist, ist nun vielmehr die Gesinnung des Individuums, die zu selbstloser, wohltätiger (*weißer*) und egoistischer, schädlicher (*schwarzer*) *Magie* führe.

In diese Perspektive sind schließlich auch Blavatskys weitere Ausführungen einzuordnen. Um ein „wahrer Magier" zu werden, müsse man Isolation, sogar eine „Verleugnung des Selbstes" anstreben; nur so erlange man Fähigkeiten, die einen weit über den „elenden Zustand der modernen Zivilisation" erheben würden.[167] Kaum zufällig wartet Blavatsky daraufhin mit einer Allusion an Jamblichs *De Mysteriis* auf – dessen *Theurgie*-Begriff selbstredend unter *weißer Magie* subsummiert wird. Laut Jamblich steige der *Magier* zu „erhabeneren und universaleren Essenzen" auf, sogar zu „denjenigen, die über dem Schicksal etabliert sind".[168] Blavatsky weist

---

165 Lévi spricht zwar häufig von *magie noire* – *schwarzer Magie* –, so etwa bei der Erörterung satanistischer Ritualpraktiken im (jeweils) 15. Kapitel des ersten und zweiten Buchs; bei ihm fehlt aber die Gegenüberstellung zu *weißer Magie*. Nur an einer Stelle findet sich die Gegenüberstellung von *schwarzer* und *weißer Kirche*, die möglicherweise Vorbildcharakter für Blavatsky hatte. Zu Blavatskys *schwarz-weiß*-Topos ausführlicher unten, Kap. 11.2.3.2.
166 Vgl. Gabriel Naudé, *Apologie pour tous les grands personnages qui ont esté faussement soupçonnez de magie*, Paris 1625, 30f. Die Schrift ist ohnehin interessant, stellt sie doch – wie der Titel bereits zeigt – den Versuch des Autors dar, die Zuschreibung des *Magier*-Titels zu zahlreichen (auch antiken) *grands personnages* zu revidieren.
167 Vgl. Ebenda, 237: „Es heißt, 'nur ein weiser Mensch mache einen Narren'; und die Vorstellungen eines Menschen müssen fast bis zur Verklärung erhoben werden, d.h. die Empfänglichkeit seines Gehirns muß weit über den niedrigen, elenden Zustand der modernen Zivilisation gesteigert werden, bevor er ein wahrer Magier werden kann; (denn) die Verfolgung dieser Wissenschaft setzt ein gewisses Maß an Isolation voraus und eine *Verleugnung des Selbstes*' (ebenda, S. 464)."
168 Ebenda: „Dabei ist Magie nicht irgend etwas *Übernatürliches*. Wie Iamblichos erklärt, 'tun sie durch die priesterliche Theurgie kund, daß sie fähig sind, *zu erhabeneren und universaleren Essenzen* aufzusteigen und zu denjenigen, die über dem Schicksal etabliert sind, dem Gott und dem Demiurgen; dabei verwenden sie weder Materie, noch setzen sie darüber hinaus irgendwelche anderen Dinge voraus, außer der Beachtung eines vernünftigen Zeitpunktes'."

abschließend darauf hin, dass „einige die Existenz subtiler Kräfte und Einflüsse in der Natur zu erkennen" beginnen würden, dass aber – hier zitiert sie den amerikanischen Spiritisten und Theosophen Carter Blake – „Das neunzehnte Jahrhundert [...] nicht dasjenige [sei], das die Entstehung neuer oder auch nur die Vervollständigung alter Methoden des Denkens verfolgt hat".[169] Ein pessimistischer, kritischer, geradezu wehmütiger Blick auf die Gesellschaft ihrer Zeit rundet so ihren Artikel ab.

Kurios auch der darauf folgende kurze Artikel „Magier"; nach einem einführenden Hinweis auf die ihrer Meinung nach übliche, falsche Lesart des Titels – „Der Ausdruck Magier, einst ein Titel von Ansehen und Rang, ist gegenüber seiner wahren Bedeutung völlig entstellt worden. Einst das Synonym von allem, was ehrenhaft und ehrerbietig ist, der Name für jemanden, der Gelehrsamkeit und Weisheit besitzt, ist er zu einem Beinamen degradiert worden, um jemanden zu bezeichnen, der ein Heuchler und ein Schwindler ist"[170] – führt Blavatsky zur Sprachwurzel verblüffenderweise aus:

> „Das Wort *Magier* ist abgeleitet von *mag*, *magh* oder *mah*, im Sanskṛit *maha*, 'groß'; ein Mensch, der im esoterischen Wissen gut bewandert ist (*Isis entschleiert*). In vorvedischen Zeiten hatte der Maha-âtman (die große Seele oder Geist) in Indien seine Priester. Die Magier waren Priester des Feuergottes. Wir finden sie unter den Assyrern und Babyloniern und ebensogut unter den persischen Feueranbetern. Die drei Magier, auch Könige genannt, die dem neugeborenen Jesus Geschenke von Gold, Weihrauch und Myrrhe gebracht haben sollen, waren wie die übrigen Feueranbeter und Astrologen, denn sie sahen seinen Stern. Der Hohepriester der Parsen in Surat wird *Mobed* genannt. Andere leiten den Namen von *megh* ab; *meh-ab* beudetet etwas Großartiges und Edles. Zoroasters Schüler wurden Kleuker zufolge [Johann Friedrich Kleuker, 1749-1827, hatte mehrere Schriften über den Zend-Avesta verfasst; d. Verf.] *Meghestom* genannt."[171]

Der Ur-*Magier*, so lässt sich Blavatskys eigenwilliger etymologischer Versuch hier lesen, stamme ursprünglich aus Indien und sei dort *Maha-âtman*-*Priester* gewesen! Die persischen *mágoi* werden so lediglich als eine von mehreren, über historische Wanderungsprozesse zerstreuten Untergruppierungen indischer *Magier* eingeordnet, ebenso wie die in Mt 2,1 bezeugten Verehrer des „neugeborenen Jesus". Auch und gerade in Blavatskys pseudo-etymologischer Rückführung des Magiebegriffs auf „Sanskrit *maha*, 'groß'" zeigt sich prägnant ihre Neigung, den Ursprung alles Guten in Indien zu suchen – ein Muster, das auch in ihrem vorherigen, kurzen Artikel „Magi" beobachtbar ist[172] und schließlich mit einem Verweis auf

---

169 Ebenda.
170 Ebenda, 238.
171 Ebenda.
172 Vgl. Ebenda, 236: „Magi ist der Name der antiken Erbpriester und gelehrten Adepten in Persien und Medien. Das Wort ist abgeleitet von *Maha*, 'groß', das später zu *Mog* oder *Mag* wurde, dem Pehlevi-Wort für Priester"

einen weiteren Tradenten der alkibiadischen Rezeptionslinie, Porphyrios, abgerundet wird.[173]

Helena Petrovna Blavatsky kann also ohne Abstriche in den in der vorliegenden Arbeit skizzierten identifikatorischen Aufwertungsdiskurs eingeordnet werden; diese Einordnung erhält durch ihre pseudo-indologische Vereinnahmung des Magiebegriffs gleichwohl eine zusätzliche, kuriose Note. Blavatsky orientiert sich nicht nur am identifikatorischen Magiediskurs ihrer Zeit sowie am frühneuzeitlichen Topos der *magia naturalis*, sondern greift auch zentrale Autoren des antiken Diskurses auf – wie Platon, Porphyrios, Jamblich, Proklos. Die russische Autorin kann dadurch außerordentlich prägnant die in der Tat verblüffende rezeptionsgeschichtliche Kontinuität eines zweiten, positiv konnotierten Magiediskurses von Platon ausgehend bis ins ausgehende 19. Jahrhundert illustrieren. Aufgrund ihrer herausragenden wirkungsgeschichtlichen Bedeutung verankert Blavatsky den Magiebegriff wirkmächtig im Okkultismus- und Esoterik-Diskurs des 19., 20. und 21. Jahrhunderts – und kann für diesen Zeitraum wiederum als wirkungsgeschichtlicher Multiplikator der alkibiadischen Rezeptionslinie eingeordnet werden. Freilich ist auch Blavatskys Magiebegriff vielmehr durch identifikatorische als semantische Funktionen ausgezeichnet – tatsächlich nutzt sie die im semantischen Feld des Begriffs angelegten unscharfen Muster des Geheimnisvollen, Faszinierenden, sprichwörtlich Okkulten (das heißt: *Verborgenen*) für ihre Etablierung einer alternativen, theosophischen Wissenschaft.

11.3.2. Blavatskys Rezeption des Magiebegriffs in ihren Hauptwerken

Dieser Befund deckt sich mit der Rezeption des Magiebegriffs in ihren beiden Hauptwerken – *Isis unveiled* (1877) und *The Secret Doctrine* (1888) – sowie in ihrem letzten selbst veröffentlichten Werk *The Key to Theosophy* (1889). Sowohl in *Isis unveiled* wie auch in *The Secret Doctrine* (insbesondere im dritten Band mit dem Untertitel *Esoteric*) ist die Rezeption des Magiebegriffs von außerordentlich umfangreicher und (meist) positiver Gestalt; mithin gewinnt man den Eindruck, dass Blavatsky – wie Wouter J. Haanegraaff richtig beobachtet – „magic [...] as equivalent to the 'secret doctrine'" betrachtet.[174] Im Folgenden kann wiederum keine umfassende Analyse ihrer Werke geleistet werden; vielmehr soll versucht werden, anhand von einzelnen Textpassagen wichtige, über ihren Lexikonartikel hinausgehende

---

173 Vgl. Ebenda: „Porphyrios beschreibt die Magi folgendermaßen (De Abstinentia IV, 16): 'Die gelehrten Menschen, die unter den Persern den Dienst an der Gottheit versehen, werden Magi genannt."
174 Hanegraaff, „Magic V...", 742.

Aspekte des Magiebegriffs sowie grundlegende rezeptionsgeschichtliche Zusammenhänge herauszuarbeiten.

11.3.2.1. *Magie* als zentraler, synthetischer Grundbegriff im Werk Blavatskys: *magic is as old as man*

Zunächst ist festzuhalten, dass der Magiebegriff – mit dem im *Theosophical Glossary* ausgearbeiteten Bedeutungsspektrum – in der Tat eine so fundamentale Bedeutung in Blavatskys Schriften einnimmt, dass er im Grunde synonym zu ihren zentralen Oberbegriffen *Esoteric* und *Occultism* gelesen werden kann. Dies lässt sich bereits an einem einzelnen, zentralen Satz ablesen, der sowohl in *Isis unveiled* wie auch in *The Secret Doctrine* zu finden ist: „*Magic is as old as man*".[175] Dies klingt zunächst *Frazerianisch*, impliziert bei *Blavatsky allerdings – wie bereits im Kontext ihres „Magie"-Artikels gesehen – eine völlig andere argumentative Stoßrichtung:*

> „In the oldest documents now in our possession – the Vedas and the older laws of Manu – we find many magical rites practiced and permitted by the Brahmans. Thibet, Japan and China teach in the present age that which was taught by the oldest Chaldeans. The clergy of these respective countries, prove moreover what they teach, namely: that the practice of moral and physical purity, and of certain austerities, develops the vital soulpower of self-illumination. Affording to man the control over his own immortal spirit, it gives him truly magical powers over the elementary spirits inferior to himself. In the West we find magic of as high an antiquity as in the East. The Druids of Great Britain practised it in the silent crypts of their deep caves; and Pliny devotes many a chapter to the 'wisdom' of the leaders of the Celts. The Semothees, – the Druids of the Gauls, expounded the physical as well as the spiritual sciences. They taught the secrets of the universe, the harmonious progress of the heavenly bodies, the formation of the earth, and above all – the immortality of the soul."[176]

Die Passage ist in mehrerlei Hinsicht bemerkenswert. Zum einen ordnet *Blavatsky hier nicht nur hinduistische und buddhistische Akteure, sondern nun auch ein aus ihrer Sicht westliches Pendant – den keltischen Druiden – ihrem identifikatorischen Gegenstandsbereich Magie* zu. Zum anderen impliziert dieser Gegenstandsbereich selbst wiederum ein eigentümliches semantisches Konglomerat aus moralischer Hochwertigkeit, Macht über „elementary spirits", seelischen Unsterblichkeits- und Erleuchtungsvorstellungen, sowie schließlich dem zentralen Topos einer Kontrolle äußerer (und innerer)

---

175 Vgl. Helena Blavatsky, *Isis unveiled: A Master-Kex to the Mysteries of Ancient and Modern Science and Theology. Vol. I - Science*, Pasadena 1998, 18; vgl. auch Helena Blavatsky, *Die Geheimlehre. Die Vereinigung von Wissenschaft, Religion und Philosophie. 3: Esoterik*, Den Haag 1980, 19: „Man kann es niemals zu oft wiederholen – die Magie ist so alt als [sic!] die Menschheit."

176 Blavatsky, *Isis unveiled...*, Band 1, 18.

Wirklichkeit. Bei alledem idealisiert *Blavatsky die von ihr vereinnahmten Kulturen, ohne jemals* – dies ist übrigens ein Grundmuster in all ihren Werken – *detaillierter auf die konkrete Gestalt oder spezifische Ritualabläufe von Magie* einzugehen. So fungiert auch *Blavatskys Magiebegriff als Chiffre für die religiöse(n) Weisheit(en) der Alten,* deren Spektrum gegenüber den Ficinischen *antiqui* gleichwohl signifikant erweitert wird – nun werden auch ägyptische, keltische, hinduistische und buddhistische Akteure zu *Magier-Priester-Weisen* stilisiert.

Blavatskys paradigmatisches *Magic is as old as man* wird in einer weiteren pseudohistoriographischen Passage in Abteilung drei des dritten Buchs von *The Secret Doctrine* (Thema: „Der Ursprung der Magie") noch radikalisiert. Zwar weist die Autorin zunächst darauf hin, dass es „für die Geschichte [der Magie; d. Verf.] ebenso unmöglich [ist], die Zeit zu bestimmen, da sie noch nicht war, als die Zeit der Epoche, da sie ins Dasein trat";[177] in diesem Zusammenhang verweist sie übrigens auch auf die Meinung der Gelehrten, dass „Zoroaster [...] Begründer der Magischen Riten war" – eine Position, die sie mit Verweis auf eine Reihe antiker Autoren (Amminaus Marcellinus, *Plinius und Arnobius*) allerdings dahingehend verwirft, *dass* Zoroaster „nur ein Reformator der Magie war, wie sie von den Chaldäern und Ägyptern ausgeübt wurde, und nicht ihr Begründer".[178] Interessant ist nun die Argumentation des folgenden Exkurses zum Ursprung von *Magie*. In Anlehnung an eine Deutung der biblischen Sintflut durch den französischen Spiritisten Jules de Mirville schreibt sie, „'daß unmittelbar nach der Flut Cham und seine Nachkommen die alten Lehren der Kainiten und der versunkenen Rasse aufs Neue verbreitet hatten.' Das beweist zum mindesten, daß die Magie, oder Zauberei, wie er es nennt, eine vorsintflutliche Kunst ist".[179]

Blavatskys magiologische Dekadenztheorie nimmt hier also sprichwörtlich biblische, vorsintflutliche Ausmaße an;[180] hiervon ausgehend kann sie schließlich auch den antiken Bücherverlust erklären sowie den themati-

---

177 Blavatsky, *Die Geheimlehre...,* Band 3 (Esoterik), 19.
178 Ebenda, 20.
179 Ebenda, 41/42.
180 In *Isis unveiled* findet sich wiederum eine verlagerte Zuschreibung der *Magie* zu den sieben Rishis, den – nach theosophischer Lehre – ersten Weisen Indiens: „With the Hindus it [magic; d. Verf.] was and is more esoteric, if possible, than it was even among the Egyptian priests. So sacred was it deemed that its existence was only half admitted, and it was only practiced in public emergencies. It was more than a religious matter, for it was considered divine. The Egyptian hierophants, notwithstanding the practice of a stern and pure morality, could not be compared for one moment with the ascetical Gymnosophists, either in holiness of life or miraculous powers developed in them by the supernatural adjuration of everything earthly. [...] To attempt to say whether these Gymnosophists were the real founders of magic in India, or whether they only practiced what had passed to them as an inheritance from the earliest Rishis – the seven primeval sages – would be regarded as a mere speculation by exact scholars."; Blavatsky, *Isis unveiled...,* Band 1, 90.

schen Inhalt der „100000 Bände der großen Alexandrinischen Bibliothek" oder auch der von Clemens von Alexandrien genannten „30000 Bände der Bücher des Thoth" –[181] all diese verloren gegangenen antiken Werke seien nichts anderes als „Abhandlungen über Magie und Esoterik" (!) gewesen:

> „Alle diese Texte – die im Altertum in allgemeiner Verehrung gehalten wurden, sich in den geheimen Büchereien aller großen Tempel fanden und von den großen Staatsmännern, klassischen Schriftstellern, Philosophen und Laien studiert (wenn auch nicht immer verstanden) wurden, ebensosehr wie von den berühmten Weisen – was waren sie? Abhandlungen über Magie und Esoterik, rein und einfach; die jetzt verlachte und verfemte Theosophie – daher der Ostrakismos."[182]

Blavatskys verblüffende Umkehrung des Frazerianischen Evolutionismus' zeigt sich hier in voller Blüte. Das hohe Alter der *Magie* wird mit der alttestamentarischen Genesis-Erzählung in Einklang gebracht, der antike Bücherverlust zu einer direkten Folge der abendländischen Verfolgungsgeschichte stilisiert. Der von Blavatsky postulierte Dekadenzprozess von einem überlegenen, *magischen* Zeitalter zu jener seelenlosen, sprichwörtlich *entzauberten* westlichen Gesellschaft ihrer Lebenszeit wird anhand dieser vermeintlichen Vernichtung eines riesigen, *magischen* Literaturkorpus' außerordentlich greifbar.

In diese Perspektive ist freilich noch die in *Isis unveiled* geäußerte Überzeugung einzuordnen, dass *Magie* in jenen verlorenen Schriften prinzipiell als *divine science* angesehen worden sei. Als Gewährsmann hierfür greift *Blavatsky wiederum einen Vertreter der alkibiadischen Rezeptionslinie auf* – Philo von Alexandrien und seine oben skizzierte Magie-Passage in *De Specialibus Legibus*.[183] So konstruiert die Autorin insgesamt die Vorstellung eines ursprünglichen, *magischen* Zeitalters, in welchem *Religion* letztlich deckungsgleich mit *Magie* gewesen seien – „every true religion was based on a knowledge of the occult powers of nature".[184] Auch bei *Blavatsky – wie bereits bei Eliphas Lévi und Francis Barrett gesehen – führt die identifikatorische Verwendung des Magiebegriffs zu der Überzeugung, dass dieser unumstößliche, letzte Wahrheiten markiere und den wahren Kern aller* historischen Religionen darstelle. Freilich könnten Religionen im Laufe ihrer Geschichte auch von jener Ur-*Magie* abkommen (gewissermaßen vom Glauben abfallen) – das prägnanteste

---

181 Ebenda, 36/37.
182 Ebenda, 38.
183 Ebenda, 25: „Magic was considered a divine science which led to a participation in the attributes of Divinity itself. ‚It unveils the operations of nature,' says Philo Judaeus, ‚and leads to the contemplation of celestial powers.' In later periods its abuse and degeneration into sorcery made it an object of general abhorrence. We must therefore deal with it only as it was in the remote past, during those ages when every true religion was based on a knowledge of the occult powers of nature."
184 Ebenda.

11.3.2.2. *Magie*: schwarz oder weiß?

Ein zentraler Aspekt der Rezeption des Magiebegriffs durch Blavatsky ist – wie bereits gesehen – die Gegenüberstellung von *weißer* und *schwarzer Magie*. In ihren beiden Hauptwerken, sowie insbesondere in den einführenden Kapiteln von *The Key to Theosophy* macht Blavatsky häufig Gebrauch von dieser Unterscheidung. So leitet sie im dritten Buch von *The Secret Doctrine* das Vorhandensein einer *weißen Magie* vom jahrtausendelangen Kampf der Kirche gegen *schwarze Magie* ab:

> „Wenn durch nahezu zwei Jahrtausende eine Körperkraft von Menschen niemals aufgehört hat, ihre Stimme gegen die Schwarze Magie zu erheben, so sollte die Schlußfolgerung unumstößlich sein, daß, wenn die Schwarze Magie als wirkliche Tatsache existiert, irgendwo auch ihr Gegenstück – die Weiße Magie – sein muß. Falsche Silbermünzen könnten kein Dasein haben, wenn es kein echtes Silbergeld geben würde. Die Natur ist dual in allem, was sie versucht, und diese kirchliche Verfolgung hätte allein schon längst die Augen des Publikums öffnen sollen."[186]

Blavatsky verwendet den Topos bereits in *Isis unveiled* –[187] wenngleich sie diesbezüglich nicht als Diskursbegründerin identifiziert werden kann, ist sie doch als wirkungsgeschichtlich zentrale Autorin einzuordnen, die systematische, das esoterische Diskursfeld des 19., 20. und 21. Jahrhundert prägende Setzungen vorgenommen hat. In gewisser Hinsicht spiegelt sich hierin auch das von Blavatsky rezipierte fernöstliche Selbstlosigkeits- und Selbstüberwindungsideal wider. Jene stark moralisierende – nun allerdings personimmanente (intentionale) – Dualisierung von *Magie* war überhaupt notwendig geworden, da der in Blavatskys Denken wiederum grenzenlosen psycho-physischen Machtfülle des *Magiers* Grenzen gesetzt werden mussten – nun, idealerweise, durch das eigene Ego.[188] Insbesondere die Rezeption des indischen Karma-Begriffs und -Konzepts (theosophisch gedeutet als „Gesetz der Vergeltung")[189] konnte die Differenzierung konzeptionell absichern; der *schwarze Magier*, so die nun postulierte Gefahr,

---

185 Vgl. zu dieser Perspektive besonders den zweiten Band von *Isis unveiled*, v.a. Kap. 1-4.
186 Blavatsky, *Die Geheimlehre...*, Band 3 (Esoterik), 14/15.
187 Vgl. Blavatsky, *Isis unveiled...*, u.A. Band 1, 65; Band 2, 589.
188 Vgl. auch Blavatsky, *The Key to Theosophy...*, 25: „I have said already that a true Theosophist [das heißt: ein *Magier*; d. Verf.] must put in practice the loftiest moral ideal, must strive to realize his unity with the whole of humanity, and work ceaselessly for others. Now, if an Occultist does not do all this, he must act selfishly for his own personal benefit; and if he has acquired more practical power than other ordinary men, he becomes forthwith a far more dangerous enemy to the world and those around him than the average mortal."
189 Vgl. Blavatsky, *Lexikon der Geheimlehren...*, 208.

erschwere und verlängere durch sein Tun nur den eigenen Inkarnationsweg.

Die Autorin verwendet in diesem Zusammenhang auch mehrfach die Formulierungen *Pfad der linken Hand* beziehungsweise *Pfad der rechten Hand*, um die Unterscheidung von *schwarzer* (*linke Hand*) und *weißer Magie* (*rechte Hand*) alternativ zu kennzeichnen.[190] Wiedeurm ist nicht rekonstruierbar, ob diese Unterscheidung eine kreative Eigenleistung Blavatskys ist. Eine Rezeptionslinie ließe sich von Eliphas Lévi ziehen, der im dritten Kapitel des ersten Buchs von *Dogme et rituel de la haute magie* zum dualen Gleichgewichtsgedanken der *Haute Magie* schreibt: „Das Gute steht zur Rechten, das Böse zur Linken aber die höchste Güte steht über beiden".[191] Bei Blavatsky erscheint diese nun nicht mehr farbmetaphorische, sondern gleichsam anthropographische Differenzierung zweier Arten von *Magie* noch mit dem Pfadbegriff (*path*) kombiniert, der an den theosophischen Begriff *Mârga* angelehnt ist: „*Mârga* oder *Ashṭânga-mârga*, der 'heilige' oder geweihte Pfad, ist der 'Pfad', der zu *Nirvâṇa* führt".[192] Ein weiterer denkbarer Ursprung der Differenzierung ist freilich Blavatskys Rezeption des Hindu-Tantra.[193] Wie auch immer Blavatsky zu diesen Formulierungen gekommen ist – mittlerweile stellen sie (nicht nur) im selbstreferentiellen Magie-

---

190 Vgl. bspw. Blavatsky, *Die Geheimlehre...*, Band 3 (Esoterik), 67: „Die Magie ist eine doppelte Kraft: nichts ist leichter, als sie in Zauberei zu verwandeln; ein böser Gedanke genügt dazu. Während daher der theoretische Okkultismus harmlos ist und gut tun kann, ist die praktische Magie, oder die Früchte vom Baume des Lebens und der Erkenntnis, oder anders die 'Wissenschaft von Gut und Böse' angefüllt mit Gefahren und Verantwortlichkeiten. [...] wenn der Schüler in Folge mentaler Unfähigkeit zur Magie ungeeignet und so nicht im Stande ist, den Rechten vom Linken Pfade zu unterscheiden, so möge er unser Rat annehmen und dieses Studium unterlassen; er wird nur über sich und über seine Familie unerwartete Leiden und Sorgen bringen, ohne jemals zu vermuten, woher sie kommen, noch was die Kräfte sind, die von seinem auf dieselben gerichteten Gemüte erweckt werden."; vgl. auch Ebenda, 104.
191 Lévi, *Transzendentale Magie...*, 111/12 (Buch 1, Kap. 3).
192 Blavatsky, *Lexikon der Geheimlehren...*, 247.
193 Vgl. Blavatskys Zuordnung von *Tantra* und *Magie* Ebenda, 363/64: „Der Ausdruck Tantra, wörtlich 'Regel' oder 'Ritual', bezeichnet gewisse mystische und magische Werke, deren Hauptbesonderheit die Verehrung der weiblichen Kraft ist, die durch die Śakti personifiziert wird. Devî oder Durgâ (Kâlî, Śivas Gattin) ist die besondere Energie, die mit sexuellen Riten und magischen Kräften verbunden und damit die schlimmste Form schwarzer Magie oder Zauberei ist"; eine kuriose Applikation dieser Gleichsetzung findet sich auch in Band 3 von *The Secret Doctrine*: hier wird kein anderer als Simon Magus als Tantriker dargestellt, dessen *Magie* durch die Vereinigung von männlichem und weiblichem Prinzip charakterisiert gewesen sei – vgl. Blavatsky, *Die Geheimlehre...*, Band 3 (Esoterik), 471: „Wenn daher Simon von sich als vom Vater und dem Sohne und dem Heiligen Geiste sprach, und von Helena als von seiner Epinoia, dem Göttlichen Gedanken, so meinte er die Ehe seiner Buddhi mit Manas. Helena war die Schakti des inneren Menschen, die weibliche Potenz."; Blavatsky interpretiert hier eine Passage aus Hippolyt, *Widerlegung aller Häresien*, VI, 19.

diskurs des Internets geflügelte Worte dar und haben auch auf dem Buchmarkt ein bemerkenswertes Eigenleben entwickelt.[194]

In *The key to Theosophy* ergänzt Blavatsky die Unterscheidung von *weißer* und *scharzer Magie* zudem mit einer – sozusagen – bewusstseinstheoretischen Perspektive. Zu einem *Schwarzmagier* könne nun auch eine Person werden, welche die theosophischen Prinzipien nur unbewusst anwende:

> „no books on Occultism or Theurgy exist in our day which give out the secrets of alchemy or mediaeval Theosophy in plain language. All are symbolical or in parables; and as the key to these has been lost for ages in the West, how can a man learn the correct meaning of what he is reading and studying? Therein lies the greatest danger, one that leads to unconscious black magic or the most helpless mediumship. He who has not an Initiate for a master had better leave the dangerous study alone."[195]

Abgesehen von der hier verblüffenderweise geäußerten Überzeugung, dass kein einziges Buch ihrer Zeit klare Positionen zur (mittelalterlichen?) Theosophie vertreten würde – Blavatsky schließt hier offenbar ihre eigenen Schriften aus – ist die Hinzufügung des Attributs *unconscious* zum Topos der *schwarzen Magie* interessant; etwas später unterscheidet sie analog auch „the *blind* from the *conscious* magic".[196] Es ist kein Zufall, dass jene Unterscheidung schließlich mit einem altbekannten Muster gewürzt wird: „no one can be a true Occultist without being a real Theosophist; otherwise he is simply a black magician".[197] Nur der Theosoph – so die Botschaft dieser Passage – könne ein adäquates Bewusstsein und Verständnis okkulter Wirklichkeitsprinzipien erreichen, um ein integrer (das heißt: *weißer*) *Magier* zu werden; jeder nicht-theosophische Okkultist mutiert zwangsläufig zu einem minderwertigen *Schwarzmagier*. Auch Blavatsky nutzt den Magiebegriff zur polemischen Abwertung Anderer, nun der Konkurrenz auf dem „Okkulta-Markt"[198] des 19. Jahrhunderts – auch hierzu dient die Unterscheidung von *weißer* und *schwarzer Magie*; das differenzierende Kriterium *Bewusstsein* kennzeichnet hier tatsächlich die Mitgliedschaft in der *Theosophischen Gesellschaft*.

11.3.2.3. Vertiefung: *Blavatskys Magiebegriff*

Es bleibt zu fragen: was genau ist nun eigentlich *so alt wie die Menschheit?* Überblickt man *Blavatskys Schriftenkorpus, ist es schwierig, wenn nicht unmöglich, hierauf eine präzise Antwort zu geben.* Zwar wird *Magie* in vie-

---

194 Vgl. hierzu etwa die pseudohistoriographische Studie von Stephen Flowers, *Lords of the Left-Hand Path. A History of Spiritual Dissent*, Smithville 1997.
195 Blavatsky, *The Key to Theosophy...*, 21.
196 Ebenda, 25.
197 Ebenda.
198 Frenschkowski, „Heinrich Cornelius Agrippa von Nettesheim...", 28

len Passagen ihrer Werke – etwa im letzten Kapitel von *Isis unveiled* – wortreich beschrieben.[199] Versucht man aber, diese Beschreibungen semantisch zu bündeln, scheitert man nicht nur an der Unschärfe ihrer Argumentation, sondern auch an der Fülle der zugeschriebenen Topoi (die wiederum der Vielfalt und Heterogenität ihrer eigenen Referenztexte verschuldet ist). Indem *Magie* bei *Blavatsky* – um nochmals das Forschungsprogramm der *Theosophischen Gesellschaft* aufzugreifen – im weitesten Sinne „the hidden mysteries of Nature [...], and the psychic and spiritual powers latent in man"[200] denotiert, kann die Russin wiederum ein breites Spektrum an *verborgenen Mysterien* und *spirituellen Kräften* dem Begriff zuordnen.

So durchzieht insbesondere der Topos *mirakulöser Fähigkeiten die* Hauptwerke Blavatskys –[201] hierin liegt zudem ein wichtiger Anknüpfungspunkt ihrer Magiologisierung fernöstlicher Ritualpraktiken. Blavatskys Erläuterung zum *Wesen der Magie* im letzten Kapitel von *Isis unveiled* kann diesen Zusammenhang prägnant veranschaulichen:

> „To sum up all in a few words, MAGIC is spiritual WISDOM; nature, the material ally, pupil and servant of the magician. One common vital principle pervades all things, and this is controllable by the perfected human will. The adept can stimulate the movements of the natural forces in plants and animals in a preternatural degree. Such experiments are not obstructions of nature, but quickenings; the conditions of intenser vital action are given. The adept can control the sensations and alter the conditions of the physical and astral bodies of other persons not adepts; he can also govern and employ, as he chooses, the spirits of the elements. He cannot control the immortal spirit of any human being, living

---

199 Vgl. Helena Blavatsky, *Isis unveiled: A Master-Kex to the Mysteries of Ancient and Modern Science and Theology. Vol. II - Theology*, Pasadena 1998, 587/88: „To comprehend the principles of natural law involved in the several phenomena hereinafter described, the reader must keep in mind the fundamental propositions of the Oriental philosophy which we have successively elucidated. Let us recapitulate very briefly: 1st. There is no miracle. Everything that happens is the result of law -- eternal, immutable, ever active. Apparent miracle is but the operation of forces antagonistic to what Dr. W. B. Carpenter, F. R. S. -- a man of great learning but little knowledge -- calls 'the well-ascertained laws of nature.' 2d. Nature is triune: there is a visible, objective nature; an invisible, indwelling, energizing nature, the exact model of the other, and its vital principle; and, above these two, spirit, source of all forces, alone eternal, and indestructible. The lower two constantly change; the higher third does not. 3d. Man is also triune: he has his objective, physical body; his vitalizing astral body (or soul), the real man; and these two are brooded over and illuminated by the third -- the sovereign, the immortal spirit. When the real man succeeds in merging himself with the latter, he becomes an immortal entity. 4th. Magic, as a science, is the knowledge of these principles, and of the way by which the omniscience and omnipotence of the spirit and its control over nature's forces may be acquired by the individual while still in the body. Magic, as an art, is the application of this knowledge in practice."
200 Blavatsky, *The Key to Teosophy*..., 39.
201 Vgl. zu einer Auflistung und theoretischen Erörterung zahlloser mirakulöser Fähigkeiten und Ereignisse insbesondere den ersten Band von *Isis unveiled*. v.a. Kapitel 2, 4, 6 und 7.

or dead, for all such spirits are alike sparks of the Divine Essence, and not subject to any foreign domination."[202]

Magie (hier synonym gesetzt zu *spiritueller Weisheit*) ziele auf Verständnis und Kontrolle eines vitalen, alldurchdringenden Prinzips (eine Allusion an die Ficinische *Weltseele* beziehungsweise das Lévische *Astrallicht*) über den perfektionierten menschlichen Willen ab, wodurch wiederum Pflanzen und Tiere, die „spirits of the elements" (offenbar eine Allusion an Lévis *Elementargeister*) sowie die physikalischen und astralen Körper anderer Personen beeinflusst und kontrolliert werden könnten. Blavatsky kannte in der Tat Lévis *Dogme et Rituel de la haute magie* und verweist sehr häufig auf den Franzosen;[203] ihr Fokus auf den menschlichen Willen oder auch die Verwendung des Astralbegriffs selbst lassen sich so rezeptionsgeschichtlich einordnen.[204] Blavatskys Begriff des *Astralkörpers* hat sich gleichwohl von seinem ursprünglichen etymologischen Kontext – dem Bezug zu den Himmelskörpern – gänzlich verabschiedet und scheint vielmehr an feinstoffliche Körperkonzeptionen aus dem Hindu-Tantra angelehnt.

Faszinierend ist in diesem Zusammenhang, wie in Blavatskys Magiebegriff neuplatonische Formulierungen zum Seelenaufstieg mit fernöstlichen Selbstüberwindungs- und Erleuchtungsvorstellungen verschmolzen werden. Eine charakteristische Passage im dritten Buch von *The Secret Doctrine* kann dies prägnant veranschaulichen:

> „Nun zeigt uns Jamblichus, wie diese Vereinigung unserer Höheren Seele mit der Universalseele, mit den Göttern, zu bewirken ist. Er spricht von Manteia, die Samādhi ist, der höchste Trancezustand. Er spricht auch vom Traume, der göttliche Vision ist, wenn der Mensch wiederum ein Gott wird. Durch Thëurgie oder Rādscha Yoga, gelangt der Mensch zu: (1) Prophetischer Einsicht durch unseren Gott (das betreffende höhere Ego eines jeden von uns), der uns die Wahrheiten des Planes enthüllt, auf dem wir gerade wirken; (2) Ekstase und Erleuchtung; (3) Wirken im Geiste (im Astralkörper oder durch den Willen); und (4) zur Herrschaft über die kleineren, sinnlosen Dämonen (Elementale) vermöge der eigenen Natur unseres gereinigten Egos. Aber das erfordert die vollständige Reinigung der letzteren. Und das wird von ihm Magie, durch Initiation in die Thëurgie, genannt."[205]

Von Bedeutung ist hier weniger, dass Blavatsky Jamblichs *Theurgie* – wie Marsilio Ficino – dem Magiebegriff zuordnet; hier ist sie gewissermaßen nur Rezipientin. Wichtiger ist ihre Gleichsetzung von *Manteia* und *Samādhi*, von *Thëurgie* und *Rādscha Yoga*, die in der Tat eine kreative Eigenleistung

---

202 Blavatsky, *Isis unveiled*..., Band 2, 590.
203 Allein in *The Secret Doctrine* verweist Blavatsky 32 Mal auf Lévi; vgl. Helena Blavatsky, *Die Geheimlehre. Die Vereinigung von Wissenschaft, Religion und Philosophie. 4: Index*, Den Haag 1980, 179/80.
204 Vgl. zur Stilisierung des menschlichen Willens als „the master-force of forces" Blavatsky, *Isis unveiled*, u.A. Band 1, Kapitel 2; zur Rezeption des Astrallichts u.A. Ebenda, Band 1, Kapitel 5.
205 Blavatsky, *Die Geheimlehre*..., Band 3 (Esoterik), 474.

Blavatskys darstellt. Hinzu kommt an dieser Stelle sogar noch die Rezeption des Dämonenbegriffs und des Herrschaftsgedankens über jene Dämonen durch das (mittels *Rādscha Yoga*?) bereinigte Ego des selbstreferentiellen *Magiers*. Auch bei Blavatsky führt die Rezeption disparater Quellentexte zu kuriosen, erzwungen wirkenden Synthetisierungen. Letztlich markiert der Magiebegriff hier sogar Gestalt und Ziel der Praktiken des indischen Yogi – an anderer Stelle vereinnahmt Blavatsky auf diese Weise auch den tibetischen und japanischen Buddhismus.[206] Berücksichtigt man, wie oben gesehen, ihre analoge Zuordnung der Ägypter, Hindus und keltischen Druiden zu ihrer großen, magiologischen Ökumene, drängt sich der Eindruck auf, dass Blavatskys Magiebegriff mithin als Sammelbegriff für nicht-christliche Religionen fungiert – unabhängig davon, wodurch diese im einzelnen charakterisiert sein mögen.

Ein weiteres kurioses Element ordnet *Blavatsky auf diese inklusivistische Weise dem Magiebegriff zu: das Verständnis von „magnetism and electricity", sowie, für Blavatsky offenbar damit einher gehend, die Kenntnis der okkulten Eigenschaften von Mineralien und Pflanzen.*[207] Gerade die Zuordnung der zur Lebenszeit Blavatskys zunehmend beherrschbaren Elektrizität zum selbstreferentiellen *Magier* – zwei Jahre nach der Veröffentlichung von *Blavatskys Isis unveiled* wird Thomas Edisons berühmtes Patent der elektrischen Glühlampe eingereicht – illustriert erneut die weiträumige Applizierbarkeit der Denotation des *Mirakulösen*. Aus *Blavatskys Perspektive ist notwendigerweise auch die elektrische Kraft okkult, also* (sprichwörtlich) verborgen und bedarf so der Meisterschaft durch einen *Magier*; die verborgenen Kräfte von Pflanzen und Mineralien erscheinen aus theosophischer Perspektive insofern analog zur – ebenfalls unsichtbaren – Kraft der Elektrizität.

So ist festzuhalten, dass auch Blavatskys Magiebegriff zur Vereinnahmung zahlreicher heterogener Text- und Ritualtraditionen, Personengruppen und Wissensformen dient, die der Autorin wertvoll genug sind, als Bestandteile jener großen, vermeintlich konsistenten, von der Theosophie aufgedeckten *Secret Doctrine* zu fungieren. Freilich rührt dies letztlich daher, dass auch Blavatskys Magiebegriff zur Konstruktion von Identitäten dient – in diesem Fall einer Identität, die sich explizit von (christlicher) Religion und (akademischer) Wissenschaft absetzen will.[208] Indem jene Identität also vorwiegend durch die polemisierende Abgrenzung von herr-

---

206 Vgl. u.A. Blavatsky, *Die Geheimlehre...*, Band 3 (Esoterik), 15ff.
207 Vgl. Blavatsky, *Isis unveiled...*, Band 2, 589/90: „The corner-stone of MAGIC is an intimate practical knowledge of magnetism and electricity, their qualities, correlations, and potencies. Especially necessary is a familiarity with their effects in and upon the animal kingdom and man. There are occult properties in many other minerals, equally strange with that in the lodestone, which all practitioners of magic must know, and of which so-called exact science is wholly ignorant. Plants also have like mystical properties in a most wonderful degree, and the secrets of the herbs of dreams and enchantments are only lost to European science, and useless to say, too, are unknown to it, except in a few marked instances, such as opium and hashish."; Texsetzung Blavatsky.

schenden kulturellen Institutionen konstituiert wird, fällt ihrem Oberbegriff – *Magie* – wiederum ein kurioses Amalgam disparater semantischer Einheiten zu, die einzig durch das Band geeint scheinen, nicht-christlich oder nicht-wissenschaftlich zu sein; so führt auch bei *Blavatsky das Definitionsprinzip ex negativo* zur Verwendung eines nebulösen, hochgradig unscharfen Magiebegriffs.

11.3.3. Fazit

Die wirkungsgeschichtliche Bedeutung der Ausführungen Helena Blavatskys für die *Theosophische Gesellschaft* im Speziellen, aber auch für den weiteren Okkultismus-, Esoterik- und Magiediskurs des 19. und 20. Jahrhunderts ist nicht hoch genug anzusetzen. Gleichwohl erscheint der Magiebegriff in Blavatskys literarischem Werk genauso weiträumig und unbestimmt wie die analog verwendeten Oberbegriffe *Esoterik, Okkultismus* oder auch *Theosophie* selbst. Zwar schwingt die Denotation des *Mirakulösen* immer im Hintergrund; aufgrund der weiträumigen Applizierbarkeit dieses Topos' ist allerdings für die Trennschärfe des theosophischen Magiebegriffs nicht viel gewonnen. Vielmehr stehen nun Mesmerismus und Yoga, Hypnose und Kabbalah, Spiritismus und Alchemie, Elektrizität und Erleuchtung, Zukunftsschau und Levitation, Tantra und Theurgie (um nur einige Punkte zu nennen) in einer großherzigen magiologischen Synthese nebeneinander. Blavatskys Ausführungen nehmen den verblüffenden semantischen Inklusivismus, der auch und gerade in rezenten Esoterikdiskursen beobachtbar ist, auf prägnante Weise vorweg. Nicht zuletzt findet auch die häufig vorzufindende Gleichsetzung der Begriffe *Magie* und *Esoterik* in der russischen Autorin ihre Begründerin.

---

208 Insbesondere die beiden Bücher von *Isis unveiled* illustrieren diese Intention prägnant, stellen sie doch erklärtermaßen Kampfschriften gegen *science* (Band 1) und *theology* (Band 2) dar.

11.4. Der *Hermetic Order of the Golden Dawn*

Im Jahr der Veröffentlichung von Blavatskys *The Secret Doctrine* – genauer: am 1. März 1888 – gründen William Robert Woodman (* 1828; † 1891), Samuel Liddell MacGregor Mathers (* 1854; † 1918) und William Wynn Westcott (* 1848; † 1925) in der Freemasons' Hall in London den *Hermetic Order of the Golden Dawn*. Mittlerweile liegt viel Forschungsliteratur über den Orden vor, etwa zur aller Wahrscheinlichkeit nach fiktiven Gründungsgeschichte um Anna Sprengel, den Orden der *goldenen Dämmerung* und das sogenannte *cipher manuscript*,[209] über die Ursprünge im Freimaurertum, insbesondere der *Societas Rosicruciana in Anglia*,[210] sowie die zahlreichen Querverbindungen zu ähnlichen Gruppierungen des ausgehenden 19. Jahrhunderts wie der *Hermetic Society* um Anna Kingsford oder auch der *Theosophischen Gesellschaft* um Helena Blavatsky,[211] über das komplexe, initiatorische Ritualsystem des Ordens,[212] schließlich über die schrittweisen Zerfallserscheinungen bis hin zur Auflösung der Gruppierung bereits zu Beginn des 20. Jahrhunderts. Im Folgenden müssen all diese Zusammenhänge nicht erneut rekapituliert werden. Im Mittelpunkt soll vielmehr folgende Frage stehen: worin bestand die explizit als *Magie* gekennzeichnete Ritualpraxis des *Hermetic Order of the Golden Dawn*? Wo liegen wichtige Rezeptionsprozesse hinter der Verwendung des Magiebegriffs durch den Orden? Aleister Crowley war zwischen 1898 und 1900 selbst Mitglied des Ordens, sodass sein Selbstverständnis als *Magier* sowie die spätere Gründung des *Astrum Argenteum* – seines eigenen selbstreferentiell-*magischen* Ordens – nicht unwesentlich durch seine Zeit im *Hermetic Order of the Golden Dawn* beeinflusst war. Im Folgenden soll daher versucht werden, die wichtigsten Denotationen und Konnotationen der Rezeption des Magiebegriffs durch den *Hermetic Order of the Golden Dawn* zu rekonstruieren.

---

209 Vgl. zur Ordensgeschichte die hervorragenden Arbeiten von Robert A. Gilbert: Robert A. Gilbert, „Hermetic Order of the Golden Dawn", in Hanegraaff/Faivre, *Dictionary of Gnosis...*, 2. Band, 544-550; ausführlicher Ders., *The Golden Dawn Companion: A Guide to the History, Structure and Workings of the Hermetic Order of the Golden Dawn. Compiled and Introduced*, Wellingborough 1986; sowie Ders., *Revelations of the Golden Dawn: The Rise and Fall of a Magical Order*, London 1997. Wichtige Dokumente zur Ordensgeschichte finden sich auch bei Ellic Howe, *The Magicians of the Golden Dawn: A Documentary History of a Magical Order 1887-1923 (1972)*, Maine 1978.
210 Hierzu auch Bogdan, *Western Esotericism...*, v.a. 57ff, 121ff.
211 Vgl. hierzu auch Butler, „Magical Beginnings...".
212 Hierzu besonders Bogdan, *Western Esotericism...*, 128ff.

11.4.1. Rezeptionsgeschichtlicher Kontext

Zunächst: im Hintergrund der Gründung des *Hermetic Order of the Golden Dawn* (im Folgenden: HOGD) im Jahre 1888 stehen eine ganze Reihe von Traditions- und Rezeptionslinien, die in der vorliegenden Arbeit bereits herausgearbeitet worden sind. Zum einen werden zahlreiche Schriften des identifikatorischen Magiediskurses vorheriger Jahrhunderte von den Mitgliedern des HOGD gezielt aufgegriffen und verarbeitet. Am prägnantesten lässt sich dies sicherlich an der Person Frederick Hockleys (* 1809; † 1885) festmachen. Hockley, von Beruf eigentlich Buchhalter, laut Francis King zudem „pupil of a member of Francis Barretts magical school" (!),[213] hatte im Lauf seines Lebens eine umfangreiche Privatbibliothek mit über 1000 Büchern und Manuskripten zu *magia naturalis*, Kabbalah, Astrologie, Divination und weiteren Diskursfeldern aufgebaut.[214] Darunter befanden sich nicht nur zahlreiche Klassiker des frühneuzeitlichen Magiediskurses (etwa von Johannes Trithemius, Agrippa von Nettesheim, Paracelsus, John Dee und Anderen), sondern auch spätere Synthetisierungen bis hin zu den Schriften Ebenezer Siblys und Francis Barretts; darüber hinaus hatte Hockley eine Reihe der bereits genannten Beschwörungstexte – unter Anderem die Schriften *Clavicula Salomonis*, *Ars notoria*, oder *Almadel Salomonis* – gesammelt und teilweise ins Englische übersetzt.[215] Obwohl Frederick Hockley, der Freimaurer und ab 1875 auch Mitglied der *Societas Rusicruciana in Anglia* war, 3 Jahre vor der Gründung des HOGD starb, wird er in Westcotts offizieller Geschichtsrekonstruktion des Ordens als einer der frühen Adepten genannt, dessen Manuskripte „highly esteemed" gewesen seien.[216] Dies rührt vor allem daher, dass Mitglieder des HOGD wie Arthur E. Waite, Florence Farr, W.A. Ayton und Percy Bullocks große Teile des Nachlasses von Hockley aufkauften, dem Orden zur Verfügung stellten und zum Teil Abschriften und Zusammenfassungen anfertigten.[217] Allein über Hockleys Bibliothek wird daher ein substanzieller Bestandteil des identifikatorischen Magiediskurses vorheriger Jahrhunderte für die Mitglieder des HOGD zugänglich.

---

213 Vgl. King, *Modern Ritual Magic...*, 28.
214 Nach dem Tod Hockleys wurde seine Bibliothek von dem Buchhändler George Redway aufgekauft und in einem umfangreichen Katalog (George Redway, *List of Books Chiefly from the Library of the Late Frederick Hockley,Esq., Consisting of Important Works relating to the Occult Sciences, both in print and manuscript*, London 1887) zum Verkauf angeboten, der einen prägnanten Einblick in das Interessenspektrum Hockleys gibt; vgl. hierzu zusammenfassend Robert A. Gilbert, „Secret Writing: The Magical Manuscripts of Frederick Hockley", in: John Hamil, *The Rosicrucian Seer. Magical Writings of Frederick Hockley*, Wellingborough 1986, 26-33.
215 Vgl. hierzu die Auflistung bei Gilbert, „Secret Writing...", 30f.
216 Vgl. William Westcott, „The Golden Dawn's Official History Lecture", 213, in: King, *Modern Ritual Magic...*, 212-217.
217 Vgl. hierzu Butler, „Magical Beginnings...", 85; sowie Hamil, „Secret Writing...", 26f.

Zum anderen steht der HOGD – wie oben bereits erwähnt – in der Tradition der an den frühneuzeitlichen *magia-naturalis*-Topos angelehnten initiatorischen Freimaurerorden. So wurde das neunstufige Gradsystem des *Ordens der Gold- und Rosenkreuzer* sowie – damit einher gehend – die Verwendung der Bezeichnung *magus* zur Kennzeichnung des höchsten Grades bei der Gründung der *Societas Rosicruciana in Anglia* (im Folgenden: SRIA) im Jahr 1868 aufgegriffen und im ordenseigenen Gradsystem verankert;[218] die Mitglieder der SRIA selbst rekrutierten sich dabei ausschließlich aus Meistergraden der Freimaurerei. Die SRIA „worked simple rituals of initiation through its system of Grades and encouraged its members to study 'the Kabbalah and the doctrines of Hermes Trismegistus'."[219] Allerdings – so Robert A. Gilbert – „for some it was not enough";[220] einer intensiveren und vor allem systematischen Auseinandersetzung mit diversen Aspekten des identifikatorischen Magiediskurses schien durch die SRIA zu enge Grenzen gesetzt.

So bestand in der SRIA schließlich der kuriose Sachverhalt, dass führende Mitglieder des Ordens einen neuen Orden gründeten, um sich explizit einem als *Magie* gekennzeichneten Theorie- und Ritualkomplex zuwenden zu können. Kurios ist dieser Sachverhalt, da alle drei Gründerfiguren des HOGD Mitglieder der SRIA waren und hier bereits den höchsten Grad (*magus*) erreicht hatten – innerhalb des Gradsystems der SRIA waren Woodman, Mathers und Westcott daher bereits vor der Gründung des HOGD selbstreferentielle *Magier*! Mit dem Faszinosum *Magie*, das Woodman, Mathers und Westcott sowie andere praktizierende Freimaurer und SRIA-Mitglieder im ausgehenden 19. Jahrhunderts vor Augen hatten (wie beispielsweise auch Frederick Holland, der Initiator der *Society of the Eight*),[221] hatte der Ordenstitel *magus* allerdings schmerzlich wenig gemein. Dennoch bot es sich natürlich an, die Grad-Systematik des SRIA bei der Gründung des HOGD zu übernehmen – freilich mit einer signifikanten Verschiebung: aus den entfremdeten *Pseudo-Rosenkreuzer-magi* sollten nun endlich echte *Magier* werden!

Schließlich lässt sich die Rezeption des Magiebegriffs durch den HOGD auf einen dritten wichtigen Einflussfaktor zurückführen: auf Kontakte zu jenen Autoren und Gruppierungen, welche bereits wichtige ideengeschichtliche Verlagerungen im identifikatorischen Magiediskurs des ausgehenden 19. Jahrhundert etabliert hatten. Dies zeigt sich zum einen an der Lévi-Rezeption des Ordens; so traf ein wichtiger Protagonist der englischen Freimaurer-Szene – Kenneth MacKenzie (* 1833; † 1886), Mitglied der SRIA

---

218 Vgl. Lamprecht, *Neue Rosenkreuzer...*, 73.
219 Gilbert, „Hermetic Order...", 544.
220 Ebenda.
221 Vgl. Gilbert, „Hermetic Order...", 545: die Society of Eight bildete sich 1882 aus Mitgliedern der SRIA und kann als Wegbereiter des HOGD gelten; gleichwohl fehlte noch ein ausgearbeitetes Ritualsystem.

von 1872-1875, Sekretär des sogenannten *Swedenborgian Rite of Freemasonry* ab 1876, Autor der damals vielbeachteten *Royal Masonic Cyclopedia* und Mitglied der *Society of Eight* ab 1882 – Eliphas Lévi im Jahr 1861 in Paris. In der offiziellen Zeitschrift der SRIA (mit dem Titel *The Rosicrucian*) berichtete MacKenzie im Mai 1873 enthusiastisch von seinem Treffen mit Lévi und erhoffte sich in diesem Zusammenhang wichtige Impulse für den englischen Okkultismus-Diskurs.[222] MacKenzie starb zwar – genau wie Frederick Hockley – kurz vor der Gründung des HOGD, kannte aber alle drei Ordensgründer und war besonders mit Samuel MacGregor Mathers freundschaftlich verbunden;[223] auch MacKenzie wird – wie Frederick Hockley und übrigens auch Eliphas Lévi selbst (!) – in Westcotts Geschichtsrekonstruktion als früher Adept des HOGD genannt.[224]

Wichtiger ist noch, dass MacKenzie in den 80er Jahren aller Wahrscheinlichkeit nach einen signifikanten Teil der Initiationsrituale für die äußere Ordnung des HOGD entwickelt hatte und daher auch als Urheber der *cipher manuscripts* in Betracht gezogen wird;[225] Westcott, MacKenzies Nachfolger als Sekretär des *Swedenborgian Rite* entdeckte das Manuskript im Nachlass, übersetzte es und entwickelte schließlich die fiktive Gründungshistorie des Dokuments um Anna Sprengel und den *Orden der goldenen Dämmerung*.[226] Für die Rezeption des Magiebegriffs durch den HOGD ist die entscheidende Folge dieser Zusammenhänge, dass die *große Arkana* des Tarot als wesentliches Ritualelement in den Orden aufgenommen wird – dies ist sogar in einigen *cipher manuscripts* selbst festgehalten.[227] So beeinflusst Lévis eigentlich arbiträre Gleichsetzung von *Tarot* und *Magie* über ihre Rezeption durch Kenneth MacKenzie maßgeblich das Magieverständnis des HODG. Auch die fundamentale Bedeutung des kabbalistischen Lebensbaums für die Initiationsrituale des Ordens lässt sich (gleichwohl nicht ausschließlich) auf Lévis wirkmächtige Synthese in *Dogme et Rituel de la Haute Magie* zurückführen; kaum zufällig wurde Lévis Werk auch durch ein Mitglied des HOGD – Arthur Edward Waite (* 1857; † 1942), HOGD-Mitglied ab 1891 – im Jahre 1896 erstmals ins Englische übersetzt.[228]

Ein weiterer Einfluss auf den Magiebegriff des HOGD ist zudem über Helena Petrovna Blavatsky und die *Theosophische Gesellschaft* zu rekonstruieren. Konkrete Verbindungen des HOGD zur *Theosophischen Gesellschaft*

---

222 Vgl. Butler, „Magical Beginnings...", 86.
223 Vgl. insgesamt Ebenda, 85-87.
224 Vgl. Westcott, „The Golden Dawn's Official History Lecture", 212/13.
225 Vgl. Gilbert, „Hermetic Order...", 545. Vgl. auch Bogdan, *Western Esotericism...*, 173f.
226 Vgl. Gilbert, „Hermetic Order...", 545.
227 Vgl. Darcy Küntz, *The Complete Golden Dawn Cipher Manuscript. Deciphered, translated, and edited by Darcy Küntz. Introd. by R. A. Gilbert*, [Golden Dawn Studies Series; 1], Edmonds 1996, 76/77 (Folio 17), 92/93 (Folio 24), 116/17 (Folio 35), 120-131 (Folios 36-41).
228 Vgl. Lévi, *Transcendental Magic*.... Im Jahr 1886 hatte Waite bereits eine englische Zusammenfassung von Lévis Schriften publiziert: Arthur E. Waite, *The Mysteries of Magic: A Digest of the Writings of Eliphas Lévi*, London 1886.

sind freilich unschwer auszumachen; William Wynn Westcott war zur Zeit der Ordensgründung selbst Mitglied der *Theosophischen Gesellschaft* und blieb dies bis in die 1890er Jahre hinein. Bis 1889, als Blavatsky – seit 1887 wohnhaft in London – den Mitgliedern der inneren Sektion der *Theosophischen Gesellschaft* vorübergehend verbot, anderen esoterischen Gruppierungen anzugehören, rekrutierte sich daher ein Teil der Initianden des HOGD direkt aus der *Theosophischen Gesellschaft*.[229] Westcott, der mit Blavatsky freundschaftlich verbunden war, schaffte es, ihre Vorbehalte gegenüber dem HOGD auszuräumen, sodass ab 1890 weitere Mitglieder der *Theosophischen Gesellschaft* in den HOGD aufgenommen werden konnten und wurden; über die gesamte Geschichte des HOGD hinweg bestand daher ein signifikanter Bestandteil der Mitglieder in der Tat aus Anhängern Helena Blavatskys.[230]

Die damit einher gehenden Rezeptionsprozesse lassen sich beispielsweise daran erkennen, dass zum Aufgabenspektrum der Initianden des HOGD nun auch (dies wird unten noch ausführlicher erläutert) eine Reihe von Visualisations- und Meditationstechniken gehörte – offenbar eine Adaption der Blavatskyschen Gleichsetzung von *Raja-Yoga* und *Magie*. Darüber hinaus finden sich in den (von Israel Regardie 1984 veröffentlichten)[231] Lehrdokumenten und Ritualanleitungen des HODG auch Ausführungen zu einem feinstofflichen Energiekonzept, welches sich in fünf unterschiedlichen *Tattwas* (*Zuständen*) äußere und in einer – wohl von Blavatskys Tantrismus-Rezeption abgeleiteten – feinstofflichen Körperkonzeption mit Energiekanälen und -zentren münde. In diesem Zusammenhang werden in den Lehrdokumenten des HOGD auch Praktiken (ebenfalls bezeichnet als *Tattwa*) zur Kontrolle und Kanalisation dieser Energie genannt.[232] Ziel sei hier nicht nur eine Harmonisierung körpereigener Energien, sondern darüber hinaus deren Kanalisation zu Heilungszwecken oder auch zur Divination –[233] der indische Yogi, der mittels dieser Techniken auch „lightning, rain, wind, etc." hervorrufen könne, wird daher auch im HOGD zu einem wirkmächtigen Vorbild stilisiert.[234] Über die enge Verwobenheit des HOGD mit der *Theosophischen Gesellschaft* finden daher auch eine Reihe von westlichen Adaptionen fernöstlicher Terminologie und Ritualpraxis in den Orden Eingang.

Auch der menschliche Wille spielt in diesem Zusammenhang freilich eine wichtige Rolle für das Magieverständnis des HOGD, wie etwa an der

---

229 Vgl. Gilbert, „Hermetic Order...", 546.
230 Vgl. Ebenda: „Throughout its history very few members of the Golden Dawn would be other than theosophists or masonic Rosicrucians."
231 Vgl. Israel Regardie, *The Complete Golden Dawn System of Magic*, Tempe 1984; im Folgenden wird weitgehend mit dieser Kompilation Regardies gearbeitet.
232 Vgl. etwa Ebenda, Band 2, 35-49.
233 Ebenda, 48/49.
234 Ebenda, 48.

Differenzierung eines niederen, affekthaften und eines höheren, göttlichen, gleichwohl personimmanenten Willens in einem ordenseigenen Dokument erkennbar ist,[235] welche an Blavatskys Stilisierung des Willens als „masterforce of forces" und ihre gleichzeitige Propagierung einer Überwindung des niederen Egoismus' angelehnt scheint. Die Vorstellung einer rein willentlichen Initiierung psycho-physikalischer Kräfte lässt sich auch von Lévis *Dogme et rituel de la haute magie* ableiten, der – wie oben erläutert – maßgeblich auf den HOGD einwirkte. Allerdings mag für die Rezeption dieser Idee im HOGD noch eine weitere Person relevant sein: Anna Bonus Kingsford (* 1846; † 1888). Kingsford, eine der ersten studierten Ärztinnen der Geschichte, sowie ab den 1870er Jahren auch Frauen- und Tierrechtlerin, war ab den 80er Jahren eine wichtige Figur im britischen Okkultismus-Diskurs und trat 1882 auch der *Theosophischen Gesellschaft* bei. Bereits 1884 trat sie aufgrund von Auseinandersetzungen über die Stoßrichtung der Londoner Abteilung mit Blavatsky selbst sowie dem britischen Theosophen Alfred Percy Sinnett (der ab 1896 auch Mitglied des HOGD war) aus der *Theosophischen Gesellschaft* aus und gründete noch im selben Jahr die unabhängige *Hermetic Society* in London, die sich ebenfalls der Diskussion und Verbreitung des okkulten Themenkatalogs widmete. Kingsford lernte dadurch auch Mathers und Westcott kennen und wurde von beiden (nicht nur) als Medium hochgeschätzt – Mathers und Westcott partizipierten zudem an den Sitzungen der *Hermetic Society*, insbesondere durch Gastvorträge über so illustre Themen wie *Kabbalah* oder *Alchemie*.[236]

Interessant ist nun, dass Kingsford während ihres Medizin-Studiums in Paris (in England konnten Frauen noch keinen Studienabschluss erlangen) zur erbitterten Gegnerin der dort praktizierten Vivisektion wurde – diese implizierte chirurgische, häufig ohne Narkose durchgeführte Eingriffe an lebenden Tieren (meist Hunden) zu medizinischen Anschauungszwecken. Kingsford, die schon vorher Vegetarierin und Tierschützerin gewesen war, verachtete die Vivisektionisten der Pariser Universität und glaubte schließlich, zwei dieser Mediziner mittels eines – nur über ihren Willen initiierten – *spiritual thunderbolt* getötet zu haben.[237] Nach ihrem frü-

---

235 Vgl. hierzu besonders die unten noch ausführlicher behandelte Lehrschrift „The Microcosm Man" (Regardie, *The Complete Golden Dawn...*, Band 3, 36-42).
236 Vgl. Butler, „Magical Beginnings...", 90.
237 Kingsfords langjähriger Vertrauter Edward Maitland hielt die Ereignisse eindrücklich in seiner Kingsford-Biographie fest: Edward Maitland, *Anna Kingsford: Her Life, Letters, Diary and Work. By her collaborator Edward Maitland. Illustrated with portraits, views and facsimiles. In two Volumes. Vol. I*, London 1913, 251f: „And seeing in Claude Bernard the foremost living representative and instrument of the fell conspiracy, at once against the human and the divine, to destroy whom would be to rid the earth of one of its worst monsters, she no sooner found herself alone than she rose to her feet, and with passionate energy invoked the wrath of God upon him, at the same moment hurling her whole spiritual being at him with all her might, as if with intent then and there to smite him with destruction. And so completely, it seemed to her, had she gone out of herself in the effort that her physical sys-

hen Tod im Februar 1888 – möglicherweise nicht zufällig dem Gründungsjahr des HOGD –[238] wurde Kingsfords Biographie von ihrem langjährigen Vertrauten Edward Maitland verfasst und schließlich 1896 veröffentlicht. Ob Kingsford auch durch ihre Pariser Zeit und Lektüre der Schriften Lévis auf die Idee eines rein willentlich initiierten *spiritual thunderbolt* kam, ist an dieser Stelle nicht rekonstruierbar.[239] Jedenfalls kann sie als dritte wichtige Person – neben Lévi und Blavatsky – eingeordnet werden, die im ausgehenden 19. Jahrhundert den menschlichen Willen fundamental mit *Magie* verknüpfte und dadurch auch auf den HOGD einwirkte.[240]

Ein letzter wichtiger Einfluss auf die Rezeption des Magiebegriffs durch die Protagonisten des HOGD ist schließlich deren Fokussierung auf die oben genannten Ritual- und Beschwörungstexte insbesondere der Salomon-Tradition. Samuel MacGregor Mathers übersetzte eine ganze Reihe solcher Texte ins Englische – nämlich den *Clavicula Salomonis* (*The Key of Solomon the King*, 1888), Die Schriften *Abramelin* (*The Book of the Sacred Magic of Abramelin the Mage*, 1897) und *Armadel* (*The Grimoire of Armadel*, um 1898),[241] sowie den *Lemegeton Clavicula Salomonis* (*The Goetia: The lesser Key*

---

tem instantly collapsed, and she fell back powerless on her sofa, where she lay a while utterly exhausted and unable to move. I was thus that, on rejoining her, I found her, with just sufficient power to recount the experience, and to ask me my opinion as to the possibility of injuring a person at a distance by such making, as it were, a spiritual thunderbolt of oneself; [...] We had soon dropped the discussion of the subject, and it was only recalled to our recollection by the startling news of Claude Bernard's death. When I had responded to her appeal, she continued, still seated on the steps of the École – 'It has strongly borne in on my mind that I have been the means of this, and that he has indeed come to his death through my agency.'"

238 Robert A. Gilbert, „Hermetic Order...", 545, geht hier von einem Zusammenhang aus: „At what point Westcott determined to launch this new Order upon the world is unknown, but his decision was probably precipitated by the closure of the Hermetic Society [...] Bot Westcott and [...] Mathers, one of his closest colleagues in the S.R.I.A., were frequent lecturers at the Hermetic Society, and when its activities ceased after Anna Kingsford's death [...] they felt keenly the loss of a public platform."

239 Kingsford betont jedenfalls mehr als einmal die große Bewunderung der beiden für Lévis *Dogme et rituel de la haute magie*. Vgl. u.A. Maitland, *Anna Kingsford...*, Band 1, 276f.

240 Vgl. zu dieser Deutung auch Butler, „Magical Beginnings...", 91: „Kingsford's understanding of magic involved the use of one's will in order to accomplish the desired outcome. She believed that through focusing the will, one could affect another's actions or even their very existence. [...] This understanding of the function of magic and the will informs the works produced by members of the Order of the Golden Dawn and their magical rituals. It is possible that it was Kingsford's interpretation of the functioning of magic that helped shape the Order of the Golden Dawn."; übrigens regte das Ereignis Kingsford und Maitland zu vertiefenden Auseinandersetzungen mit Blavatskys Differenzierung von weißer und schwarzer *Magie* an: Maitland, *Anna Kingsford...*, Band 1, 251f.

241 *The Grimoire of Armadel* wurde erst 1980 veröffentlicht; vgl. zur Frage nach dem Zeitpunkt der Übersetzung Francis King, „Introduction", 5, in: Samuel L. MacGregor Mathers, *The Grimoire of Armadel. Translated and edited from the Ancient Manuscript in the Library of the Arsenal, Paris. By S. L. MacGregor Mathers, Comte de Glanstrae. With an Introduction and additional notes by Francis King*, London 1980, 1-14.

11.4. Der Hermetic Order of the Golden Dawn

of Solomon The King, 1904 gemeinsam mit Aleister Crowley herausgegeben). Indem er durch die Übersetzung dieser Texte deren große Bedeutung für das Magieverständnis des HOGD herausstellte, illustriert er im Grunde – rezeptionsgeschichtlich gesehen – einen Rückschritt: in den Salomon-Ritualtexten stellt der Topos einer *Beschwörung von Zwischenwesen* ja das zentrale semantische Kriterium des Magiebegriffs dar. Wohlgemerkt: eben jener Topos wird gleichzeitig vollkommen unabhängig vom Magiebegriff rezipiert, nämlich im ab 1848 aufblühenden, euroamerikanischen Spiritismus-Diskurs.[242] Gerade die Ursprungsschriften dieser so bedeutsamen religiösen Strömung des 19. Jahrhunderts versuchten den Spiritismus als legitime, authentische und eigenständige Form des Transzendenzbezugs im Öffentlichkeitsdiskurs zu platzieren.[243] Der Magiebegriff spielte im Rahmen dieser Legitimationsversuche keine Rolle mehr,[244] was freilich auch damit zu tun haben mag, dass die – etwa divinatorisch motivierte – Herbeirufung von transzendenten Wesen als klassischer religiöser Topos eingeordnet werden kann. Indem Mathers und der HOGD diesen Topos wiederum als *magischen* Kerntopos ansahen, distanzierten sie sich von jener bedeutsamen terminologischen Verlagerung im Spiritismus-Diskurs ihrer Zeit. Freilich wurde dadurch die eigentümliche magiologische Synthese, die sich schließlich im HOGD manifestierte, noch vielschichtiger, komplexer und – notwendigerweise – inkonsistenter.

---

242 Vgl. einführend John Patrick Deveney, „Spiritualism", in: Hanegraaff/Faivre, Dictionary of Gnosis..., 2. Band, 1074-82.

243 Vgl. hierzu besonders die systematischen Schriften von Allan Kardec, etwa *Le Livre des Esprits* (1857) und *Le Livre des médiums* (1861).

244 Vgl. besonders Kardecs zentrale Schrift *Le Livre des Esprits*, die sogar dem Ausgrenzungsdiskurs zuzuordnen ist (!) – vgl. Allan Kardec, *The Spirit's Book (1898)*, Whitefish 1998 (reprint 1898), v.a. 222: „*551. Can a bad man, with the aid of a bad spirit who is at his orders, cause harm to his neighbour?* ‚No; God would not permit it.' *552. What is to be thought of the belief in the power of certain persons to throw a spell over others?* ‚Certain persons possess a very strong magnetic power, of which they may make a bad use if their own spirit is bad, and, in that case, they may be seconded by other bad spirits; but do not attach belief to any pretended magical power, which exists only in the imagination of superstitious people, ignorant of the true laws of nature. The facts adduced to prove the existence of this pretended power are facts which are really due to the action of natural causes that have been imperfectly observed, and above all, imperfectly understood.' *553. What is the effect of the formulas and practices by the aid of which certain persons profess to be able to control the wills of spirits?* ‚Their only effect is to render such persons ridiculous, if they really put faith in them; and, if they do not, they are rogues who deserve to be punished. All such formulas are mere jugglery; there is no 'sacramental word,' no cabalistic sign, no talisman, that has any power over spirits; for spirits are attracted by thought and not by anything material.'"; Kursivsetzung Kardec.

11.4.2. Der Magiebegriff des *Hermetic Order of the Golden Dawn*

Denn wie nicht anders zu erwarten, implizierte der Magiebegriff des HOGD zahlreiche heterogene Text- und Ritualtraditionen, die in einer wiederum großherzigen magiologischen Synthese zu einem vermeintlich einheitlichen und konsistenten Gesamtsystem zusammengefügt worden sind.[245] Einen hervorragenden Einblick in dieses Gesamtsystem erhält man in Israel Regardies 1984 veröffentlichter, voluminöser (etwa 1100-seitiger) Textsammlung *The Complete Golden Dawn System of Magic*, in welchem nicht nur Leitkonzepte und zahlreiche (gleichwohl von Regardie beträchtlich redigierte)[246] Unterrichtsdokumente aufgeführt, sondern auch die wichtigsten Rituale der äußeren und inneren Ordnung des HOGD beschrieben werden.[247] Im Folgenden sollen, ausgehend von Regardies Materialsammlung, die wichtigsten Aspekte dessen, was im HOGD offenbar unter *Magie* verstanden worden ist, skizziert werden.

Ein grundlegendes Element der durch den HOGD praktizierten selbstreferentiellen *Magie* ist ein magiologischer Klassiker seit der frühen Neuzeit: so fungiert der *kabbalistische Lebensbaum* als symbolische Grundstruktur der gesamten initiatorischen Ritualpraxis des Ordens. Die einzelnen Grade des HOGD entsprechen explizit den zehn Sephiroth –[248] der initiatorische Weg beginnt nach der Aufnahme in den Orden (als *Neophyt*) mit der Einweihung in den *Zelator*-Grad, welchem die erste Sephira *Malkuth* zugeordnet wird und endet (theoretisch)[249] in der zehnten Sephira *Kether*, welcher allerdings nicht die Gradbezeichnung *magus* entspricht (diese kennzeichnet den neunten Grad und entspricht *Chokmah*), sondern eine noch darüber gesetzte Gradbezeichnung *Ipsissimus*.[250] Der rituell umgesetzte,

---

245 Vgl. weniger kritisch Gerald Yorke, „Foreword", ix, in: Howe, *The Magicians of the Golden Dawn*..., ix-xx: „The Hermetic Order of the Golden Dawn (G.D.) with its Inner Order of the Rose of Ruby and the Cross of Gold (R.R. et A.C.) was the crowning glory of the occult revival in the nineteenth century. It synthesized into a coherent whole a vast body of disconnected and widely scattered material and welded it into a practical and effective system, which cannot be said of any other occult Order of which we know at the time or since."
246 Vgl. hierzu Wouter Hanegraaff, „How Magic Survived the Disenchantment of the World", in: *Religion 33, 4 (2003)*, 357-380.
247 Vgl. zu den Initiationsritualen der äußeren und inneren Ordnung Regardie, *The Complete Golden Dawn*..., Band 6 und 7.
248 Vgl. ausführlicher auch Bogdan, *From Darkness to Light*..., 169f.
249 Praktisch wurden allerdings nur Initiationsrituale bis in den *Adeptus-Major*-Grad (entsprechend der siebten Sephira *Geburah*) entwickelt und durchgeführt; die für das Selbstverständnis als selbstreferentieller *Magier* entscheidende Initiation war zudem nur die Aufnahme in den inneren Orden – den *Rosae Rubeae et Aureae Crucis* –, die mit dem *Adeptus-Minor*-Grad (dem sechsten Grad) erreicht war: „all of those who entered the Second Order considered themselves to be magicians in a meaningful sense"; Gilbert, „Hermetic Order...", 550.
250 Vgl. mit Schaubild Bogdan, *From Darkness to Light*..., 170/71.

graduelle Aufstieg der Initianden des HOGD sollte auf symbolischer Ebene also einer schrittweisen Verwirklichung der Implikationen und Potenzen der einzelnen Sephiroth des kabbalistischen Lebensbaums entsprechen. Entsprechend wurden Struktur sowie Symbol- und Ritualmittelausstattung des Tempelinneren während jeder Initiation neu angeordnet, „in order to adequately illustrate the particular *Sephira* that the degree was attributed to".[251] Das gesamte Initiationssystem des HOGD lässt sich so gewissermaßen als ritualisierte Pseudo-Kabbalah bezeichnen; hinter jener eigentümlichen, in der Tat neuartigen Ritualkonstruktion stand das Ziel (und wahrscheinlich auch die Überzeugung) der Schöpfer des HOGD, den kabbalistischen Lebensbaum erstmals rituell abgebildet und dadurch gleichsam verwirklicht zu haben.

Wenngleich an dieser Stelle nicht detaillierter auf das Kabbalah-Verständnis des HOGD – etwa auf die den einzelnen Sephiroth zugeschriebenen Bedeutungen – eingegangen werden soll, ist freilich auf den prinzipiell religiösen Überbau des gesamten Konstrukts hinzuweisen. Denn der kabbalistische Lebensbaum symbolisiert ja (auch) nach Deutung des HOGD die schrittweise Manifestation eines übergeordneten, alldurchdringenden, göttlichen Prinzips in der äußeren und inneren Wirklichkeit des Menschen. Da der HOGD die rituelle Vereinnahmung der einzelnen Sephiroth entsprechend als Stationen auf einem bewusstseinsimmanenten Weg zur letztendlichen Einheit mit jenem göttlichen, allumfassenden Prinzip deutet, kann das gesamte initiatorische Ritualsystem – und daher auch das grundlegende Magieverständnis – des Ordens wiederum als Applikation eines klassisch religiösen Topos' eingeordnet werden. So ist freilich auch der HOGD ganz prinzipiell als religiöse Gruppierung des 19. und frühen 20. Jahrhunderts anzusehen. Die argumentative Berechtigung hierfür ist dieselbe wie bei allen bereits skizzierten Beispielen des identifikatorischen Magiediskurses: selbstreferentielle *Magier* partizipieren üblicherweise nicht nur an den religiösen Diskursen und Terminologien ihres Umfelds, sondern sehen sich selbst noch als überlegen, als Vollendung hieraus destillierter religiöser Wahrheiten an.

Gegen diese Deutung sprechen auch nicht die weiteren Themengebiete der äußeren Ordnung des HOGD – wie etwa Alchemie,[252] Astrologie,[253] unterschiedliche Formen von Divination,[254] Tarot[255] oder auch das Operieren mit als wirkmächtig erachteten Symbolfiguren wie dem Penta- und Hexagramm.[256] Wie gesehen, sind diese Elemente vor allem im Zuge der

---

251 Ebenda, 170; Kursivsetzung Bogdan.
252 Vgl. exemplarisch Regardie, *The Complete Golden Dawn...*, Buch 2, 50ff; Buch 6, 48ff; Buch 8, 43ff.
253 Vgl. exemplarisch Ebenda, Buch 2, 32ff; Buch 9, 90ff.
254 Vgl. exemplarisch Ebenda, Buch 2, 27ff; Buch 5, 1ff und 59ff.
255 Vgl. Ebenda, Band 2, 3ff sowie insgesamt Band 9.
256 Vgl. die entsprechenden Ritualbeschreibungen Ebenda, bes. Band 4, 9-28.

frühneuzeitlichen Konstitution des *magia-naturalis*-Topos' schrittweise jener Sammelkategorie für deviante, alternative Wissensformen zugeordnet worden – die selbstreferentiell-*magische* Rezeption von Divination und Astrologie hat, wie gesehen, bereits spätantike Wurzeln.[257] Der HOGD greift jene synthetische Lesart des Magiebegriffs freilich nicht nur aufgrund seiner Partizipation am frühneuzeitlichen *magia-naturalis*-Diskurs auf, sondern auch aufgrund seiner Verbindungen zum oben skizzierten Esoterik-Diskurs Blavatskyscher Prägung.

Erstaunlich im HOGD ist gleichwohl die Systematisierung all dieser unterschiedlichen Wissensformen zu einem einheitlichen, rituell ausgerichteten Gesamtsystem, welches sich die Initianden durch eigens für den Orden erstellte Text- und Anschauungsmaterialien sowie praktische Übungen (und zahlreiche Prüfungen) aneignen mussten. Bis zur Initiation in den *Adeptus-Minor*-Grad und die Aufnahme in die innere Ordnung des HOGD sollte jedes Mitglied ein fundiertes Wissen dieser Themenbereiche erlangt haben.[258] Damit einher ging eine für den HOGD charakteristische, im rituellen Kontext geradezu ausufernde Wort-, Zahlen-, Buchstaben-, Bild- und Ritualmittelsymbolik. Die Komplexität des HOGD-Systems rührte freilich (auch) daher, dass notwendigerweise eine wechselseitige Entsprechung zwischen den diversen Implikationen und Terminologien von (unter Anderem) hebräischem Alphabet, kabbalistischem Lebensbaum, Vier-Elemente-Lehre, Tarot, Astrologie, feinstofflichen Körper- und Energiekonzepten, sowie zahlreichen Gottheiten, Zwischenwesen, Elementarpotenzen und weiteren transzendenten Bezugswesen angenommen und durchdacht werden musste. Das auch im HOGD inflationär angewendete Entsprechungsdenken mündete so in der Erstellung endlos anmutender Zuordnungsreihen, welche auswendig gelernt und rituell dann auf unterschiedliche Weise angewendet werden mussten. Regardies Materialsammlung *The Complete Golden Dawn System of Magic* weist zahlreiche Tabellen solcher sympathetischer Reihungen auf[259] und kann so auch die Problematik einer dermaßen inklusivistischen Rezeptionsstrategie illustrieren; denn wenn (beispielsweise) astrologische Sternzeichen mit Tattwas, Sephiroth, Erzengeln, Elementen, Himmelsrichtungen und Tarotkarten abgestimmt werden müssen, bedarf man in der Tat einer geradezu *magischen* Auffassungsgabe, um noch den Überblick zu behalten.

Jedem Grad der äußeren Ordnung wurde außerdem ein jeweils zugeschnittenes Repertoire an Konzentrations- und Imaginationsübungen zugeordnet, welches diese Fähigkeiten zum einen ausbilden, zum anderen das Verständnis der komplexen Materie erleichtern sollte. Grundlage hierfür

---

257 Vgl. zu diesen Topoi in den *Papyri Graecae Magicae* oben, Kap. 9.2.
258 Vgl. Regardie, *The Complete Golden Dawn*..., Buch 3, 47-55; vgl. auch die prägnante Zusammenstellung der Lehrinhalte bei Gilbert, *The Golden Dawn Companion*..., 90-94.
259 Vgl. die kuriosen Schaubilder und Tabellen bei Regardie, *The Complete Golden Dawn*..., u.A. Buch 1, 46-51; Buch 3, 24-26 und 63-86.

11.4. Der Hermetic Order of the Golden Dawn

war der sogenannte *Fourfold Breath*, das kontrollierte Ein- und Ausatmen mit Pausen von jeweils 4 Sekunden;[260] daran schlossen sich je nach Grad Visualisationen jeweils zugeordneter Symbolfiguren an, die im weitesten Sinne auf der von Lévi übernommenen Vier-Elemente-Lehre basierten; diese wurde übrigens – um an dieser Stelle nur einen Aspekt der Rezeption altägyptischer Mythologeme durch den HOGD zu nennen – auch mit den (pseudo-) ägyptischen Göttern *Hathor* (Luft), *Tharpesh* (Feuer), *Thoomoo* (Wasser) und *Aphapshi* (Erde) identifiziert.[261]

Da diese Visualisationsübungen die Kreativität der Konstrukteure des HOGD besonders prägnant illustrieren können, sollen sie kurz skizziert werden. Während der *Zelator*-Grad sich mit der Erde, insbesondere den „EARTH SPIRITS in love and sympathy" identifizieren sollte,[262] sowie, damit einher gehend, dem Kristall Salz, („entering into it, actually feel himself of crystalline formation"),[263] hatte der *Theoreticus* dasselbe mit Luft, Geist (*mental world*), Pentagramm und Pflanzenwelt (sowie den Zahlen neun und fünf) durchzuführen.[264] Der *Practicus* sollte sich imaginierend dem Wasser-Element zuzuwenden, dem Parallelogramm, der Zahl acht und dem Symbol des Planeten Merkur; dem Wasserelement wurde zudem die Kontrolle der Emotionen zugeordnet: „Let him now learn to control his emotions, on no account giving way to anger, hatred and jealousy, but to turn the force he hitherto expended in these directions towards the attainment of perfection, that the malarial marsh of his nature may become a clear and limpid lake, reflecting the Divine Nature truly and without distortion."[265]

Die mit der Idee des Seelenaufstiegs notwendigerweise einher gehende religiöse Terminologie findet sich in den Imaginationsanweisungen des *Philosophus* noch expliziter ausformuliert; dieser sollte sich dem Feuer-Element zuwenden („until the Burnt Sacrifice is consummated and the Christ is conceived by the Spirit"),[266] sowie dem Dreieck und dem Planeten Venus, „until he realises the Universal Love".[267] Die letzte überlieferte Beschreibung einer Meditationsanweisung findet sich für die Aspiranten der inneren Ordnung:

„Let the Aspirant meditate upon the Cross in its various forms and aspects as shown in the Admission Badges throughout the Grades. Let him consider the

---

260 Ebenda, Buch 3, 87f.
261 Vgl. Ebenda, Band 6, 66/67; graphische Darstellung Ebenda, Einführungsteil (vor Buch 1), 33/34; die vier Figuren sind nur ein kleiner Bestandteil der durch den HOGD vereinnahmten altägyptischen Ikonographie; ausführlicher bspw. zur Symbolik des Tempelinneren, zu Horus, Isis usw. sowie deren Zuordnung zu den Sephiroth (!) Ebenda, Band 6, 66-68.
262 Ebenda, Buch 3, 87.
263 Ebenda.
264 Ebenda, 88.
265 Ebenda.
266 Regardie, *The Complete Golden Dawn...*, Buch 3, 88.
267 Ebenda.

necessity and prevalence of sacrifice throughout nature and religion. Let him realise the saying of the Master, 'Whosoever shall save his life shall lose it, and whosoever shall lose his life shall save it.' 'Except an ear of wheat fall into the ground and die, it abideth alone, but if it die, it bringeth forth much fruit.' Let him endeavour to realise his own place and relative importance in the Universe, striving to stand outside himself and allowing only such claims as he would allow to another. Let him carefully abstain from talking of himself, his feelings or experiences that he may gain continence of speech, and learn to control the wasteful activities of his mind. Let him contemplate the Sun as thinly veiled in clouds."[268]

Der Aspirant für die Aufnahme in die innere Ordnung des HOGD solle sich während der Übung auf das *Kreuz von Golgata* – das übrigens auch als eines der Abzeichen des *Philosophus*-Grades fungierte – konzentrieren, sich die Notwendigkeit des Opfers, die Vergänglichkeit aller Dinge und schließlich die Bedeutung (beziehungsweise Bedeutungslosigkeit) seiner eigenen Person im Universum deutlich machen! Auch im Kontext der Konzentrationsübungen des HOGD ist also eine üppige Rezeption religiöser, zum Teil genuin christlicher Motive beobachtbar.

Hintergrund dieser Techniken war neben der geistigen Auseinandersetzung mit den diversen Zuordnungsreihen auch eine schrittweise Transformation von Persönlichkeit und Bewusstsein des Initianden. Sandra Tabatha Cicero, eine der Leiterinnen des rezenten (ab 1977 wiederbelebten) *Hermetic Order of the Golden Dawn, Inc.*, fasst in ihrem 2003 veröffentlichten Buch *The Essential Golden Dawn* die Praxis der äußeren Ordnung daher im Kontext einer genuin psychologischen Deutung zusammen:

„The First Order of the Golden Dawn was and is a solid foundation where the student gathers the tools, building materials, and information necessary to: (1) receive an influx of Divine Light, (2) establish an alignment on the Tree of Life and correspondingly imprint the Tree within the psyche, (3) stabilize the unbalanced portions of the psyche through elemental equilibration, and (4) create the groundwork and solid substructure necessary for more advanced magical work in the Adept grades."[269]

Wenngleich Ciceros Deutung stark von der psychologisierenden Sprache rezenter Esoterikdiskurse beeinflusst scheint und in dieser elaborierten Form nicht in den Dokumenten des HOGD zu finden ist, macht sie doch auf die wichtigste Funktion der äußeren Ordnung aufmerksam: es geht nicht nur um die theoretische, sondern vielmehr psycho-spirituelle Vorbereitung der Initianden für die Aufgaben der – gleichwohl erst ab 1891 (also drei Jahre nach Gründung des Ordens) aktiven – inneren Ordnung. Zur Rekonstruktion des Magieverständnisses des HOGD muss man sich also auch und vor allem jener inneren Ordnung zuwenden, zumal – so Robert

---

268 Ebenda, 89.
269 Sandra Tabatha Cicero, *The Essential Golden Dawn. An Introduction to High Magic*, Woodburry 2003, 237.

A. Gilbert – „The study and practise of magic was the exclusive preserve of the Adepts: members of the Second, or Inner Order, the 'Rosae Rubeae et Aureae Crucus".[270]

11.4.3. Die innere Ordnung: Der *Rosae Rubeae et Aureae Crucus*

Worin bestand die Praxis – das heißt: die selbstreferentielle *Magie* – der inneren Ordnung? Die Aufnahme und der weitere Aufstieg innerhalb des *Rosae Rubeae et Aureae Crucus* wurde weiterhin mittels initiatorischer Gruppenrituale begleitet, die für diese Frage nicht weiter beachtet werden müssen. Der Vollständigkeit halber sei erwähnt, dass diese nicht mehr ausschließlich die kabbalistische Lebensbaumsymbolik abbildeten, sondern nunmehr auch eine rituelle Umsetzung der Rosenkreuzer-Legende beinhalteten.[271] Von zentraler Bedeutung war in diesem Zusammenhang die Vorstellung, dass mit dem Erreichen des *Adeptus-Minor*-Grades eine fundamentale psycho-spirituelle Transformation zu erreichen war. Grundlage jener Transformation war wiederum ein mehrstufiges Bewusstseinsmodell, welches mit fünf hebräischen Termini abgebildet wurde: *Nephesch, Ruach, Neschamah, Chiah* und *Jechidah*. In der von Mathers verfassten *Flying Role XX*[272] mit dem Titel „The Elementary View of Man" wird hierzu ausgeführt:

> „Now thus is the Consciousness attributed. In Chiah is the beginning of the Self of Man. The real Self is in Jechidah, and its presentment in Chiah. Thus Jechidah is called the Divine Consciousness 'Conscire' means 'to know with' and 'to be in touch with' and only your Kether can do this as regards the Divine and your Kether is then the Divine Consciousness. In Ruach is the human Consciousness and the human Will. In Jechidah is the Divine Will; so that the human Will is like the King of the material body. The automatic Consciousness, as it is called, is in Yesod, and has to do with the lower passions and desires."[273]

Die Bewusstseinstheorie des HOGD impliziert also eine Gegenüberstellung von einem niederen, menschlichen und einem höheren, als heilig beziehungsweise göttlich erachteten Bewusstseins- beziehungsweise Seelenanteil – Letzterer wird folgerichtig der Sephira *Kether* zugeordnet. *Chia* stellt eine Art Verbindungsglied zwischen menschlichem und göttlichem Bewusstsein, zwischen *Ruach* und *Jechidah* dar. Nach einem weiteren Lehr-

---

270 Gilbert, „Hermetic Order...", 547.
271 Ausführlicher Ebenda, 547f.
272 Die *Flying Rolls* waren 36 kürzere Lehrtexte, die eigens für die innere Ordnung konzipiert wurden und von allen Mitgliedern schrittweise studiert werden sollten; merkwürdigerweise hat Regardie diese nicht in sein Kompendium aufgenommen, sodass sie im Folgenden nach der Internetpräsenz des rezenten *Hermetic Order of the Golden Dawn* zitiert werden, online verfügbar unter: http://www.hermeticgoldendawn.org/hogdframeset.html (27.09.2009), link „Library + Resources", link „The Flying Rolls".
273 Ebenda, link „Flying Role XX" (27.09.2009).

text, der dritten *Knowledge Lecture*, beinhaltet der weltliche, menschliche Seelenanteil zudem zwei weitere Instanzen, *Neschamah* und *Nephesch*:

> „The Soul is divided by the Qabalists into three principal parts: **NESCHAMAH** - The highest part, answering to the Three Supernals, and to the higher Aspirations of the Soul. **RUACH** - The middle part, answering to six Sephiroth from Chesed to Yesod, inclusive. And to the mind and reasoning powers. **NEPHESCH** - The lowest, answering to Malkuth, and to the animal instincts. Neschamah itself is further divided into three parts: **YECHIDAH** - is referred to Kether. **CHIAH** - is referred to Chokinah. **NESCHAMAH** - is referred to Binah."²⁷⁴

Die Ausführungen zur Bewusstseinstheorie des HOGD sind insbesondere in einem weiteren Dokument des Ordens mit dem Titel „The Microcosm-Man" noch weitaus komplexer und grenzen ans Undurchschaubare. Hier werden zusätzlich noch Körperteile, Elemente, Sephiroth, feinstoffliche (wiederum als *astral* markierte) Körperbereiche, weitere Bewusstseinsaspekte und -zustände erläutert und einander zugeordnet. Entscheidend an dieser Stelle ist, dass der graduelle, rituell umgesetzte Aufstieg des selbstreferentiellen *Magiers* im kabbalistischen Lebensbaum auch die Vorstellung eines transformativen Aufstiegs innerhalb der hierarchischen Bewusstseinslehre des HOGD implizierte. In *Flying Role X* mit dem Titel „Concerning the Sybolism of Self-Sacrifice & Crucifixion contained in the 5° = 6° Grade" findet sich eine entsprechende Interpretation der *Adeptus-Minor*-Initiation:

> „Now the foregoing partly represents the mode in which the initiate becomes the Adept: —the Ruach directed in accordance with the promptings of the Neschamah keeps the Nephesch from being the ground of the Evil forces, and the Neschamah brings it, the Ruach, into contact with the Chiah i.e. the genius which stands in the presence of the Holy One = the Yechidah = the Divine Self, which stands, as it were, before the Synthetical God of all things. That is the only real way to become the Greatest Adept, and is directly dependent on your life and your actions in life. [...] Now this transference of consciousness from Ruach to Neschamah is one object of the ceremonial of the 5°=6° Ritual:— it is a thing which will be more readily understood when the Grade of Adept Adeptus Minor is reached. It is especially intended to effect the change of the consciousness into the Neschamah".²⁷⁵

Nach Vorstellung des HOGD implizierte die Initiation in den *Adeptus-Minor*-Grad also die Überleitung des Bewusstseins von *Ruach* in *Neschamah*, den höchsten der drei individuellen Bewusstseins- beziehungsweise Seelenanteile des Menschen, der mit den höheren, göttlichen Teilen *Chiah* und *Jechidah* in Verbindung steht. Diese transformative Überleitung des Bewusstseins implizierte, dass die Orientierung an alltäglichen Bedürfnis-

---

274 Regardie, *The Complete Golden Dawn...*, Buch 3, 75.
275 Vgl. *Flying Role X*, online unter: http://www.hermeticgoldendawn.org/hogdframeset.html (27.09.2009), link „Library + Resources", link „The Flying Rolls", link „Flying Role X".

11.4. Der Hermetic Order of the Golden Dawn

sen, niederen, egoistischen Emotionen und der Ausrichtung des Willens an unkontrollierten Triebkräften überwunden werden und einem höheren, spirituellen Prinzip weichen solle. Denn „lower desires" – so das Dokument weiter – führten zu „Being automatic" beziehungsweise einem „automatic Consciousness", welches den freien Willen des Menschen (des selbstreferentiellen *Magiers* allemal) unterminiere und letztlich als „disease" zu betrachten sei.[276] Ziel insbesondere der *Adeptus-Minor*-Initiation war also, den menschlichen Willen von niederen Triebkräften zu befreien – Eliphas Lévi lässt grüßen – und der Kontrolle des höheren, geistigen Bewusstseinsprinzips *Neschamah* zu unterwerfen, welches *Jechidah,* dem *Divine Consciousness,* näher stehe. Diese Transformation sollte durch drei Einzelschritte des Initiationsrituals herbeigeführt werden:

> „there are three places where is can take place. The first is when the Aspirant is on the Cross, because he is so exactly fulfilling the Symbol of the abnegation of the lower Self and the union with the Higher Self: — and also there is the invocation of \the Angel H.V.A. The second place is when he touches the Rose on the representative of C.R. in the Vault, when he has taken on himself the symbols of suffering and self sacrifice, and says that his victory is in the Cross of the Rose. The third place is when he enters the Vault in the Third point and kneels down and the Chief Adept says 'I am the Reconciler with the Ineffable: I am the dweller of the Invisible: let the White Brilliance of the divine Spirit descend.' In these three cases a possible exchange of the consciousness from the Ruach into the Neschamah is initiated, so that whether he understands it, or not, the Aspirant actually approaches his own Genius."[277]

Die einzelnen Symbolfiguren des Initiationsrituals müssen hier nicht weiter besprochen werden; entscheidend ist, dass der Adept der inneren Ordnung im Laufe des Rituals seinem *niederen Selbst* (*lower self*) entsagen und sich seinem *höheren Selbst* (*higher Self*) zuwenden sollte. Bekanntermaßen hat der Begriff des *Höheren Selbstes* auch in den rezenten Esoterikdiskurs Eingang gefunden – und in der Tat: auch im HOGD steht dieser für einen übergeordneten Bewusstseinsbereich, der Abbild der göttlichen Natur des Menschen sei und dem *niederen Selbst* zudem als helfender Aspekt zur Seite stehen könne. Im HOGD wurde letztere Idee noch durch die Anrufung des Engels *HUA* unterstützt und symbolisiert, welcher dadurch die Funktion

---

276 Vgl. Ebenda: „The automatic Consciousness, as it is called, is in Yesod, and has to do with the lower passions and desires. Being automatic, that is moving of itself, it can hardly be said to be Will. Now this is the danger which threatens the man who yields to the temptations of the lower desires. The Human Will which should be seated in Tiphereth, in the heart, is attracted to contemplation of, and union with, the automatic Consciousness so that the human Consciousness abdicates its throne and becomes automatic. You will find in the life history of men that vice brings about a species of automatic condition which compels them always to move in the same grooves, and it is a known fact that it recurs at regular intervals like a disease, and it is indeed a disease."

277 Ebenda.

eines Rache- beziehungsweise Schutzengels der Adepten einnahm[278] und diesen auch in Form einer inneren Stimme zur Hilfe stehen konnte.[279] Aleister Crowley arbeitete diesen Aspekt im Kontext der Figur des *Holy Guardian Angel* weiter aus – ein Begriff, den er übrigens einem weiteren frühneuzeitlichen Ritualtext entnahm, nämlich der (1897 von Mathers in englischer Übersetzung veröffentlichten) Schrift *Abramelin*.[280]

Diese als höchst transformativ erachtete Kontaktaufnahme zum *Higher Self* im Kontext des *Adeptus-Minor*-Rituals sollte den Initianden also nicht nur mit seinem göttlichen Wesenskern in Verbindung bringen, sondern auch für die praktischer ausgerichtete, zudem als wirkmächtiger – und gefährlicher – erachtete Arbeit der inneren Ordnung vorbereiten. Durch den Kontakt zum *Higher Self* und die Unterstützung von *HUA* wurde der Adept als ausreichend geschützt und psychologisch präpariert für die Praxis der inneren Ordnung angesehen – wenngleich die tatsächliche Einheit mit dem *Higher Self* auch danach als ein nur selten erreichbares Fernziel eingeordnet wurde.[281]

Nach der Initiation in die innere Ordnung mussten die Adepten eine Reihe von rituellen Abläufen erlernen, die sie als selbstreferentielle *Magier* kenn- und auszeichnen sollten; diese lassen sich im Kontext des zentralen Aspekts der selbstreferentiellen *Magie* des HOGD einordnen – der konkreten, rituellen Kontaktaufnahme mit transzendenten Wesen und Wirklichkeitsbereichen. Um hierfür vorbereitet zu sein, musste der Adept nicht nur komplexe, streng reglementierte Vorgehensweisen zur rituellen Verwendung von Penta- und Hexagramm erlernen,[282] sondern auch die Erstellung von vier *Elemental Weapons* sowie von Schwert und Lotusstab, später (ab dem *Theoricus Adeptus Minor*, einer Teilstufe des *Adeptus-Minor*-Grades)

---

278 Vgl. exemplarisch die Anrufung während des Rituals: „I invoke Thee, the great avenging Angel HUA, in the divine name IAO, that Thou mayest invisibly place Thy hand upon the head of the Aspirant in attestation of his Obligation."; Regardie, *The Complete Golden Dawn*..., Buch 7, 41.
279 Vgl. etwa Flying *Role XXXIV*, in der eine Korrespondenz mit einem solchen, als *guide* bezeichneten Schutzwesen beschrieben wird.
280 Vgl. zum *Holy Guardian Angel* besonders Crowleys Schrift *Liber Samekh*.
281 Vgl. hierzu auch *Flying Role XXI* mit dem Titel „Know Thyself": „We who are but Neophytes in the Great Initiation, can only at very rare moments be so in touch with our Higher Self, that our head is immediately under our Kether. For those few moments we are standing in the position in which the Adept ever stands—yet must we on no account imagine that during those few seconds we have equal power with the Adept, for unaccustomed as we are to the Divine Vision, it almost blinds us and it can therefore only be partially transmitted to our Spiritual and Human Selves; yet is this partial vision greatly to be desired, for it is a Force unto us, and it also gives us a glimpse of what we may one day attain."; *Flying Role XXI*, online unter: http://www.hermeticgoldendawn.org/hogdframeset.html (27.09.2009), link „Library + Resources", link „The Flying Rolls", link „Flying Role XXI".
282 Vgl. u.A. Regardie, *The Complete Golden Dawn*..., Buch 4, 8-28.

11.4. Der Hermetic Order of the Golden Dawn

auch von Ring und Scheibe,[283] sowie schließlich dem wichtigsten Symbol der inneren Ordnung, dem *Rosecross*.

Sieht man vom Rosenkreuz (sowie der Scheibe des *Theoricus Adeptus Minor*) ab, bewegt sich der HOGD hier in den Fußstapfen Lévis, wobei die Gestalt der vier *Elementarwaffen* leicht verändert ist: während Lévi noch Schwert (Erde), Dreizack (Feuer), Hexagramm-Amulett (Luft) und Kelch (Wasser) als Symbole verwendete, nennt der HOGD nun ein *Pantacle*-(Hexagramm-) Amulett (Erde), Stab (Feuer), Dolch (Luft) und Kelch (Wasser).[284] Wie in Lévis *Dogme et Rituel de la Haute Magie* werden auch im HOGD komplexe Ritualabläufe zur Beschwörung der Elemente und Weihung der *Elemental Weapons* beschrieben.[285] Interessant ist auch die Ausgestaltung des großen Lotusstabs, den der *Zelator-Adeptus-Minor*-Grad (ebenfalls eine Teilstufe des *Adeptus-Minor*-Grades) herzustellen hatte: dieser wurde der Länge nach in vierzehn Teilbereiche eingeteilt, denen wiederum unterschiedliche Farben, Planeten und Elemente zugeordnet wurden. Je nach Ritualkontext und -ziel sollte der Stab – so die erläuternden Dokumente zu dessen Handhabung – an unterschiedlichen Abschnittsmarkierungen gehalten und zum rituellen Zeichnen verschiedener Symbolfiguren in die Luft verwendet werden.[286] Hierfür wurden je nach Ritualkontext übrigens auch die weiteren Insignien des HOGD-*Magiers* – also die *Elementarwaffen*, Schwert und Rosenkreuz-Emblem, sowie weitere (etwa Pentagramm-) Amulette – verwendet.

Diese Ritualinsignien, die die Adepten der inneren Ordnung selbst erstellen mussten, wurden auch im Kontext weiterer Konzentrations- und Imaginationsübungen der inneren Ordnung verwendet. So wurde im HOGD von der Praxis der Divination ein imaginatives Vorgehen abgeleitetet, das als *skrying* oder *Tattwa Vision* bezeichnet wurde.[287] Hintergrund war die Vorstellung der *clairvoyance*, der Hellsichtigkeit ohne weitere äußere Hilfsmittel, welche nur auf Konzentration und Imagination beruhe.[288] Im HOGD führte die hiermit einher gehende Vorstellung eines dritten, inneren Auges zu der Idee, mit diesem Auge mentale Reisen durchführen zu können, auch bezeichnet als *Astral Projection*. Freilich basierten diese Imaginationstechniken für den HOGD keinesfalls auf Phantasie oder zufälligen Traumbildern, denn (so *Flying Roll V* über „Imagination"):

> „imagination is a reality. When a man imagines he actually creates a form on the Astral or even on some higher plane; and this form is as real and objective to intelligent beings on that plane, as our earthly surroundings are to us. This form, which Imagination creates may have only a transient existence, produc-

---

283 Vgl. Ebenda, Buch 8, 69f.
284 Vgl. Ebenda, Buch 4, 35ff.
285 Vgl. Ebenda, v.a. 38ff.
286 Ebenda, 44ff.
287 Vgl. Regardie, *The Complete Golden Dawn...*, 83ff.
288 Vgl. hierzu auch *Flying Role XI* über „Clairvoyance".

tive of no important results; or it may be vitalised and then used for good or evil. To practice magic, both the Imagination and the Will must be called into action, they are co-equal in the work. Nay more, the Imagination must precede the Will in order to produce the greatest possible effect. The Will unaided can send forth a current, and that current cannot be wholly inoperative; yet its effect is vague and indefinite, because the Will unaided sends forth nothing but the current or force. The Imagination unaided can create an image and this image must have an existence of varying duration; yet it can do nothing of importance, unless vitalised and directed by the Will. When, however, the two are conjoined – when the Imagination creates an image – and the Will directs and uses that image, marvellous magical effects may be obtained."[289]

Hintergrund ist auch hier die Vorstellung einer zweiten, feinstofflichen (weiter untergliederten) Wirklichkeitsebene, die üblicherweise verborgen sei und mittels der imaginativen Steuerung eines zweiten, feinstofflichen (als *astral* bezeichneten) Körpers betreten und erforscht werden könne. Die hierfür vorbereitende Methode des *cryings* basierte auf der Konzentration auf eines der fünf *Tattwa*-Symbole,[290] welche durch die rituelle Verwendung einer entsprechenden *Tattwa*-Karte unterstützt wurde. Der Adept sollte während der Imagination auch die weiteren Insignien wie Rosenkreuz-Abzeichen, Schwert und Lotusstab, sowie seine Elementarwaffen verwenden, den Raum zudem (unter Anderem) mit Feuer und Wasser sowie einem der Pentagramm-Rituale weihen und während der Konzentration auf die Karte verschiedene, der jeweiligen *Tattwa* zugeordnete Worte rezitieren.[291] Daraufhin hatte der Adept in seiner Vorstellung eine dazugehörige Landschaft entstehen zu lassen.[292] Mittels jeweils zugeordneter, mit den Elementarwaffen in die Luft gezeichneter Symbolfiguren und der weiteren Rezitation wirkmächtiger Namen sollte die imaginierte Landschaft intensiver wahrgenommen und schließlich belebt werden – freilich wiederum mit *spirits*, die

---

289 Vgl. *Flying Role V*, online unter: http://www.hermeticgoldendawn.org/hogdframeset.html (27.09.2009), link „Library + Resources", link „The Flying Rolls", link „Flying Role V".
290 Die fünf *Tattwa*-Symbole wurden wiederum den vier Elementen (sowie notwendigerweise einem fünften Element, dem *Spirit*) und unterschiedlichen Farben zugeordnet: gelbes Quadrat (Erde), blauer Kreis (Luft), rotes Dreieck (Feuer), schwarzes, auf der Spitze stehendes Ei (Spirit), silberner, liegender Halbmond (Wasser); Vgl. Regardie, *The Complete Golden Dawn...*, Buch 2, 35.
291 Die Ritualanleitung führt im Kontext der exemplarisch gewählten *Tattwa Apas-Prithivi* (Wasser) aus: „Place the Tattwa card before you on the altar, take the cup in your right hand and the pentacle in the left, and look at the symbol long and steadily until you can perceive it clearly as a thought vision when you close your eyes. Vibrate the Names of Water and of Earth (Empeh Arsel, etc.) and try to realize the mental union more intensely."; Ebenda, Buch 5, 100.
292 Vgl. Ebenda, „Having succeeded in obtaining the thought vision of the symbol, continue vibrating the Divine Names with the idea well fixed in your mind of calling forth on the card a mental picture of some scene or landscape. This, when it first appears, will probably be vague, but continue to realize it more and more."

11.4. Der Hermetic Order of the Golden Dawn

in der HOGD-Systematik dem jeweiligen *Tattwa* beziehungsweise Element zugeordnet waren.[293]

Während die vorbereitende Methode des *Cryings* hier endete, bestand die darauf aufbauende Methode der *Astral Projection* in der Erkundung der imaginierten Landschaft sowie unterschiedlichen Handlungen. Diese umfassten vor allem den Kontakt und Austausch mit den darin befindlichen *spirits*, um etwa Einsichten über die Funktion des *Tattwas*, der Elemente oder weiterer Zusammenhänge zu erlangen. Interessant ist, dass die Mitglieder des HOGD glaubten, für die Kommunikation mit den imaginierten *spirits* ihre ordenseigene Symbolsprache verwenden zu können – das heißt: die Gradzeichen, zahlreichen Symbolfiguren und wirkmächtigen Wörter. In einer Beispielimagination, die der Ritualanleitung der *Astral Projection* (in *Flying Roll XI* über „clairvoyance"). beigefügt ist, wird sogar erwähnt, dass die *spirits* entsprechend antworten würden:

> „The Angelic being, feminine in nature, pale with brown hair and light grey-green eyes, is draped in blue and white. She wears a crown formed of crescents. In her left hand she holds a curious cup, heavy, with a squarish base, and in her right hand a wand with a symbol similar to the positive element of Water. The Elementals vary in type, the majority being of the mermaid and merman nature, but again many are of the Earth and Air nature. Turning to the Angelic Being, I make the 5-6 Signs and LVX Signs, and to the Elementals the 3-8 and 1-10 Signs, and by right of these I ask to have explained some of the secret workings of the plane of the compound Tattwa. The Angel having answered my signs by similar ones gives the impression that she is willing to instruct me. This can enter the mind as an extraneous thought, or may be heard clairaudiently."[294]

Auf vergleichbare Weise wurden die imaginierten Gesprächspartner schließlich verabschiedet, die *Astral Projection* mit spezifischen Ritualzeichen und -handlungen ausgeleitet. Die Technik der *Astral Projection* wurde auch auf die sieben Planeten (die „Lords who Wander")[295] angewendet, schließlich auch im Kontext der Methode *Rising in the planes* umgesetzt, welche das schrittweise Aufsteigen des imaginierten (*astralen*) Körpers innerhalb der *Sephirot* des kabbalistischen Lebensbaums implizierte.[296] Eine

---

[293] Vgl. besonders die Beispiele Ebenda, 105-08.
[294] Band, 102.
[295] Ebenda, 104f.
[296] Vgl. Ebenda, 87/88: „Rising in the planes is a spiritual process after spiritual conceptions and higher aims; by concentration and contemplation of the divine, you formulate a Tree of Life passing from you to the spiritual realms above and beyond you. Picture to yourself that you stand in Malkuth – then by the use of the divine names and aspirations you strive upward by the path of Tau toward Yesod, neglecting the crossing rays which attract you as you pass up. Look upwards to the divine light shining down from Kether upon you. From Yesod leads up the path of Temperance, Samekh; the arrow cleaving upward leads the way to Tiphareth, the great central sun of sacred power. Invoke the great angel Hua, and conceive yourself as standing fastened to the cross of suffering, [...] vibrating the holy names allied to your position, and so may the mental vision attain unto higher planes."

dem *skrying* vergleichbare Methode wurde zudem unter dem Titel *Spirit Vision* durchgeführt, welche (im Gegensatz zur *Tattwa Vision*) die Konzentration auf eine Tarotkarte und damit einher gehende Imaginationsreisen beinhaltete.[297] Die Durchführung der *Astral Projection* im HOGD führte zu der Überzeugung, dass der selbstreferentielle *Magier* einzig mit seinem Geist (beziehungsweise seinem imaginierten, *astralen* Körper) zu entfernten Orten reisen und dort Informationen über tatsächliche Gegebenheiten erlangen könne.[298] Zudem fanden viele Aspekte der Beschwörungspraxis der inneren Ordnung gleichfalls auf jener imaginativen Ebene statt.[299]

So ist festzuhalten, dass im HOGD ein weitreichendes Spektrum an Bewusstseins- und Imaginationstechniken entwickelt worden ist, welche dadurch auf fundamentale Weise mit dem Magieverständnis des Ordens verknüpft wurden. Der selbstreferentielle *Magier* der inneren Ordnung verstand sich offenbar auch als Reisender in – und Beherrscher von – imaginierten Wirklichkeitsbereichen, die freilich auch als relevant für die äußere, materielle Wirklichkeit angesehen wurden. Zwar verweist auch Lévi auf die fundamentale Bedeutung der Imagination für die Kanalisierung des Willens – seine Ausführungen hierzu wirken im Vergleich zu den komplexen, aller Wahrscheinlichkeit nach selbst entwickelten Imaginationstechniken des HOGD allerdings marginal. Auch im Kontext des Topos' der *astralen Projektion* zeigt sich das enorme kreative Potenzial des HOGD. Denn dass ein selbstreferentieller *Magier* es als *magisch* erachtet, in seiner Imagination den kabbalistischen Lebensbaum empor zu steigen, die sieben Planeten oder innere – wahlweise den vier Elementen, Tattwas oder Tarotmotiven zugeordnete – Landschaften zu erforschen, hätten sich die Autoren der *Papyri Graecae Magicae* oder des *Liber Juratus Honorii* sicherlich nicht träumen lassen. Auch die Technik der *Astral Projection* wird schließlich von Aleister Crowley aufgegriffen und im Kontext seiner *Body of Light Technique* weiterentwickelt werden.[300]

Nun zum letzten, gleichwohl zentralen Aspekt der selbstreferentiell-*magischen* Praxis der inneren Ordnung des HOGD – dem Beschwörungs--Topos und der damit einher gehenden Rezeption und rituellen Verwendung der (im Orden) sogenannten *Enochian Language*. Hierzu muss noch-

---

297 Vgl. hierzu besonders *Flying Roll IV* zu „Spirit Vision".
298 Vgl. hierzu Flying *Roll XXVII*: „When in mundane affairs you wish to gain information about a distant country, you do so either from those who have been there, or by yourself proceeding thither, – so with Theurgic operations, – you can either invoke the simulacrum of your subject, or travel by projection."; *Flying Roll XXVII*, online unter: http://www.hermeticgoldendawn.org/hogdframeset.html (27.09.2009), link „Library + Resources", link „The Flying Rolls", link „Flying Role XXVII".
299 Vgl. etwa die zahlreichen Verweise auf Imaginationen während der Beschwörung des Engels *Chassan*: Regardie, *The Complete Golden Dawn...*, Buch 8, 49-57.
300 Vgl. zu Regardies ausführlicher Diskussion der rezeptionsgeschichtlichen Zusammenhänge Ebenda, Buch 5, 95f. Die Technik wird ausführlich beschrieben in Crowleys *Liber 0*.

mals ein rezeptionsgeschichtlicher Exkurs vorangestellt werden, da auf den frühneuzeitlichen Gelehrten John Dee, auf den jene eigentümliche Sprache zurückzuführen ist, bislang nicht eingegangen wurde.

11.4.4. Rezeptionsgeschichtlicher Exkurs: John Dees *Henochische Sprache*

John Dee (* 1527; † 1608), nach seinem Studium zunächst eine Art reisender (Universal-) Gelehrter, ab 1558 wissenschaftlicher Berater und enger Vertrauter von Elizabeth I. von England, trug zu seinen Lebzeiten die größte Bibliothek Englands zusammen, die – kaum zufällig – auch das Gros der frühneuzeitlichen *magia-naturalis*-Literatur umfasste (unter Anderem die *operae* von Ficino, Agrippa und Trithemius).[301] 1564 verfasste Dee die kurze Schrift *Monas Hyroglyphica*, welche ganz im Zeichen der *magia naturalis* stand und die besondere, universale Bedeutung eines von Dee selbst erstellten Symbols – der *hieroglyphischen Monade* – herausstellen sollte.[302] Im Text taucht daher auch der Magiebegriff mehrfach in identifikatorischer Fassung auf, die Monade selbst stellt eine Art Synthese aus typischen Symbolen (unter Anderem) der Astrologie, Alchemie und Vier-Elemente-Lehre dar. Übrigens taucht Dees *hieroglyphische Monade* knapp 50 Jahre später auch auf der Titelseite einer der oben erwähnten Gründungsschriften des Rosenkreuzerdiskurses auf, der *Chymischen Hochzeit* – der rezeptionsgeschichtliche Hintergrund dieses Zusammenhangs ist gleichwohl nicht eindeutig zu rekonstruieren.[303]

Entscheidend für die Rezeption Dees im selbstreferentiellen Magiediskurs der Folgezeit sind gleichwohl eine Reihe von divinatorischen Experimenten, die der Gelehrte vor allem zwischen 1582 und 1589 mithilfe des Mediums Edward Kelley (* 1555; † 1597) durchführte. Dee hatte sich zuvor bereits ausgiebig mit der Möglichkeit einer Kommunikation mit den positiv konnotierten Zwischenwesen des christlichen Diskurses – Engeln – auseinander gesetzt und hierbei die Idee einer *lingua adamica*, einer perfekten, ursprünglichen, heiligen Sprache entwickelt.[304] Da der Gelehrte diese Sprache sowie die damit einher gehende Möglichkeit eines absoluten, letzten Wissens in den Wissenschaften seiner Zeit nicht finden konnte, beschloss er, sich Gott höchstpersönlich zuzuwenden, wie er in seinem Tagebuch festhielt:

---

301 Vgl. ausführlicher Julian Roberts, Andrew G. Watson (Hg.), *John Dee's Library Catalogue*, London 1990.
302 Vgl. ausführlicher György Endre Szőnyi, *John Dee's Occultism. Magical Exaltation through Powerful Signs*, [SUNY series in Western esoteric traditions], Albany 2004, 161f.
303 Vgl. zur Diskussion Stockinger, *Die hermetisch-esoterische Tradition...*, 827f.
304 Vgl. Szőnyi, *John Dee's Occultism...*, 174f, 186f.

"I have read thy bokes & records, how Enoch enjoyed thy favour and conversation, with Moyses thou wast familier: and also that to Abraham, Isaac, and Jacob, Josua, Gedeon, Esdras, Daniel, Tobias, and sundry others, thy good Angels were sent, by thy disposition to instruct them, informe them, help them, yea in wordly and domesticall affaires, yea, and sometimes to satisfy theyr desyres, doutes & questions of thy Secrets."[305]

Wieder steht also ein genuin religiöses, mithin biblisch bezeugtes Motiv hinter einem magiologischen Topos: der bekanntermaßen zutiefst gläubige frühneuzeitliche Gelehrte John Dee wollte es jenen biblischen Figuren gleichtun, die es geschafft hatten, mit den Boten Gottes zu kommunizieren. So begannen Dee und Kelley am 10. März 1582 ihre erste Sitzung, welche mit einem kurzen Gebet Dees eingeleitet wurde[306] und schließlich dadurch gekennzeichnet war, dass Kelley mittels eines Kristallglases versuchte, Kontakt zu Engeln aufzunehmen.

Bereits während der ersten Sitzung gab Kelley vor, mit dem Engel *Uriel* zu korrespondieren, der ihm im Laufe der folgenden Sitzungen dezidierte Anweisungen für die weitere Ausgestaltung der verwendeten Divinationsgegenstände sowie insbesondere die Erstellung mehrerer wirkmächtiger Symbolfiguren übermittelte.[307] Eines der übermittelten Symbole ist in der vorliegenden Arbeit bereits im Kontext der der Salomon-Ritualtexte aufgetaucht: das *Siegel Salomons*, von Dee in *Sigillum Dei Emeth* umbenannt – denn laut der mit Dee korrespondieren Zwischenwesen sei das hebräische Wort *Emeth* (*Wahrheit*) der wahre Name des Symbols.[308] Dee war von den Fähigkeiten Kelleys überzeugt und führte mit diesem im Laufe der folgenden Jahre regelmäßig Sitzungen durch, die er systematisch in seinen Tagebüchern festhielt. Endergebnis waren schließlich Tausende von Seiten an Manuskriptmaterial, die von der akademischen Forschung – welche lange Zeit nur den wissenschaftlich ernst zu nehmenden Mathematiker und Astronomen John Dee im Fokus hatte – lange ignoriert wurden und erst kürzlich (teilweise) ediert worden sind.[309]

Die Kernbotschaft der mit Dee und Kelley korrespondierenden Zwischenwesen[310] bestand nicht nur in der Übermittlung einiger wirkmächti-

---

305   *MS Sloane 3188* (British Library), 6v nach Ebenda, 188.
306   Vgl. hierzu auch Thomas Head, „An Introduction to the Enochian Teaching and Praxis", 3, in: Regardie, *The Complete Golden Dawn...*, Buch 10, 1-11.
307   Ausführlicher Harkness, *John Dee's Conversations...*, 32f.
308   Vgl. Ebenda, 35f, die Symbolfigur findet sich Ebenda, 36. Um den Zusammenhang deutlicher zu machen: die Figur, die bereits im *Liber Juratus Honorii* auftaucht, war zum Zeitpunkt des von Dee und Kelly durchgeführten Ritus' bereits über zwei Jahrhunderte im Umlauf!
309   Vgl. Joseph A. Peterson, *John Dee's Five Books of Mystery. Original Sourcebook of Enochian Magic. From the Collected Works known as Mysteriorum Libri Quinque*, San Francisco 2003.
310   Übrigens waren weder Kelley noch Dee über die tatsächliche Gestalt und Intention ihrer Kommunikationspartner im Klaren; vgl. dazu Head, „An Introduction to the Enochian...", 5: „from the beginning we find him [Kelley; d. Verf.] openly doubting the nature of his spiritual contacts, protesting that their nature is diabolical and not angelic. He tells Dee

11.4. Der Hermetic Order of the Golden Dawn

ger Symbolfiguren (etwa auch eines weiteren *Siegelrings Salomos*)[311] und zahlreicher Engelsnamen, sondern schließlich einer eigenständigen Sprache, dem *Enochian* (*Henochisch*). Dee orientierte sich bei dieser Namensschöpfung explizit an der Figur Henochs im oben erwähnten *äthiopischen Henochbuch*, das ihm in der Tat – wahrscheinlich über Guillaume Postels *De Originibus* (1553) – bekannt war.[312] Die semiotische Grundstruktur der übermittelten Sprache implizierte 21 Buchstaben, „Ethiopic in styling though not in formation, and written like all Semitic languages from right to left".[313] In zahlreichen Sitzungen wurden Kelley und Dee ganze Bücher in der *henochischen* Sprache übermittelt – so unter Anderem das *Liber Loagaeth*, von Dee auch als „Book of Speech from God" bezeichnet, welches aus 49 kürzeren (gebetartigen) Textteilen bestand sowie 95 Quadraten mit je 49 Reihen und Spalten, in deren Kästchen sich jeweils ein *henochischer* Buchstabe befand.[314] Etwas später wurde auch der zweite rezeptionsgeschichtlich bedeutsame *henochische* Text übermittelt, die *Claves Angelicae* (so der Titel in Dees Tagebuch), der wiederum aus 48 gebetartigen Phrasen bestand und nun auch – ganz im Gegensatz zum *Liber Loagaeth* – von Kelleys transzendenten Informanten ins Englische übersetzt wurde.[315]

Interessant ist hierbei, dass Kelley und Dee die englische Transkription der *henochischen* Buchstaben und zum Teil auch Übersetzungen der Texte übermittelt bekamen, jedoch – so zumindest Thomas Head – kaum wussten, was sie mit dem Material eigentlich anfangen sollten; dies sollte erst den selbstreferentiellen *Magiern* des HOGD vorbehalten bleiben:

> „Paradoxically enough, however, the most substantial and convincing proof of the **essential genuineness of both Dee and Kelley is their monumental ignorance of what to do with the material they have accumulated**. The thing that distinguishes Enochian magic as taught by the Golden Dawn is that it makes possible an astonishingly effective and powerful synthesis of both theoretical and practical occult philosophy. In the hands of Dee and Kelley the Enochian material remained a useless mass of letters and squares; and if Kelley feared it

---

that they are deluders, that his ‚heart standeth against them,' that their promises cannot be relied upon. [...] On one occasion he convicts them of plagiarising from Cornelius Agrippa. [...] And if one thing is clear from the thousands of pages of manuscript records, it is that Kelley was deeply frightened and intimidated by the spiritual forces he felt to be arrayed against him. [...] As for Dee himself, it is simply not the case that he meekly accepted everything he was told. Most of the time he is a model of caution. He notes every question and every answer; and if a discrepancy appears, he demands that it be explained before going on. He is all humility when praying to God - but in the matter of revelation he is more than ready to ‚try the spirits whether they are of God.'"

311 Ebenda, 4.
312 Postel skizziert hier Auszüge aus dem *äthiopischen Henochbuch*, das ihm kurz zuvor (1547) von einem äthiopischen Priester in Rom beschrieben worden war. Vgl. Szőnyi, *John Dee's Occultism...*, 188.
313 Ebenda. Zum *Liber Loagaeth* auch Harkness, *John Dee's Conversations...*, 41f.
314 Vgl. insgesamt Regardie, *The Complete Golden Dawn...*, Buch 10.
315 Ebenda, 53-71, 128ff. Vgl. auch Harkness, *John Dee's Conversations...*, 43f.

and Dee revered it, the salient fact is that neither of them ever accomplished anything with it. But in the hands of Macgregor Mathers and his colleagues the Enochian system stood revealed as a true concourse of all the forces in the macrocosm Sephirotic, elemental, planetary and astral. It fused Kabbalah, tarot, astrology, and geomancy into a unified psychological field."[316]

Mit Heads Einschätzung (in der freilich eine identifikatorische Stoßrichtung durchscheint)[317] ist die zentrale Stoßrichtung der Dee-Rezeption im HOGD veranschaulicht. Die *henochische* Sprache wurde von den Mitgliedern des HOGD gleichsam als wirkmächtigste aller wirkmächtigen Sprachen erachtet: „These letters are reputed of greater magical force than Hebrew or English Letters and partake of the nature of sigils rather than simple letters", so ein Lehrdokument;[318] sie wurde – durchaus in Entsprechung zu Dees ursprünglichem Ziel – als heilige, ursprüngliche „true language" betrachtet.[319] In den Dokumenten des HOGD wird in diesem Zusammenhang übrigens keinesfalls auf John Dees Urheberschaft verwiesen – vielmehr wird das *Henochische* als „Angelic Secret Language" bezeichnet, welche mit einem „Theban Alphabet" operiere, dessen Ursprung „possibly of great antiquity" sei![320]

Die magiologische Vereinnahmung von Dees Manuskripten durch den HOGD, die mit einer Neustrukturierung und Systematisierung des Manuskriptmaterials sowie mit der Erstellung eines festen Regelwerks zu Transkription, Phonetik und Grammatik des *Henochischen* einher ging,[321] führte schließlich zur Implementierung und Anwendung zahlreicher *henochischer* Gebetsformeln in Theorie und Praxis des Ordens, wovon bereits eines der *cipher manuscripts* zeugt.[322] Um eines der vielen weiteren Beispiele zu nennen: im Kontext der *Zeremonie zur Öffnung des Portals* wurde folgendes *henochisches* Gebet rezitiert:

„For example, the Call in the opening of the Portal Ceremony: **OL SONUF VAORSAGI GOHO IADA BALATA ELEXARPEH COMANANU TABITOM: ZODAKARA EKA ZODAKARE OD ZODAMRANU: ODO KIKLE QAA PIAPE PIAMOEL OD VAOAN.** This means: "I will reign over you, saith the God of Justice, 0 Lexarph, Comananu, Tabitom. Move, therefore, and show

---

316 Head, „An Introduction to the Enochian...", 6; Fettsetzung Head.
317 Bekanntermaßen war Israel Regardie selbstreferentieller *Magier* – dies ist auch bei Thomas Head, der den zitierten Artikel zu Regardies Textsammlung beitrug, zu vermuten.
318 Regardie, *The Complete Golden Dawn...*, Band 10, 19.
319 Ebenda.
320 Vgl. Ebenda, 17-19: „It is stated in the 1 - 10 Ritual that the Tablet of Earth, (and of course it applies to the others) 'is written in what our tradition calls the Angelic Secret Language.' The Tablets in use in the Outer Temple are lettered with English letters. but these are in fact a translation, or rather a transliteration, of very ancient characters belonging to what is known as the Theban Alphabet. [...] Whether its origin is now known is extremely doubtful, but it is possibly of great antiquity."
321 Ebenda, 13f.
322 Vgl. Folio 55 („Union Tablet of the Elemental Tablets") nach Küntz, *The Complete Golden Dawn Cipher...*, 162/63.

yourselves forth and appear; declare unto us the mysteries of your Creation, the Balance of Righteousness and Truth."[323]

Das *Henochische* fungierte also – neben Hebräisch, Griechisch, Latein und Englisch – als wichtige (Gebets-) Sprache zur Kontaktaufnahme mit den zahlreichen rituell adressierten Zwischenwesen und Potenzen des Ordens. Auch im HOGD findet sich also jener Topos, der bereits in den PGM vielfach aufgetaucht ist und der wiederum nur unzureichend mit der Chiffre *voces magicae* abgebildet wird – vielmehr impliziert der Topos auch im HOGD tatsächlich *voces religiosae*! Nicht nur geht die Konzeptionalisierung des *Henochischen* im HOGD mit der Vorstellung einer, dass jene Sprache tatsächlich von Gott abstamme und über seine Engel an den Menschen übermittelt worden sei. Zudem impliziert die Verwendung der Sprache durch die Adepten der inneren Ordnung die Vorstellung eines mächtigen, schöpferischen Wirkens, welches die göttliche, biblisch bezeugte Schöpfung abbilde und dieser entspreche: „A knowledge of these [Enochian; d. Verf.] tablets will then, if complete, afford an understanding of the Laws which govern the whole creation."[324] Auch die im HOGD applizierte Sprache des *Henochischen* erscheint so wiederum in genuin religiöse Terminologien und Vorstellungsmuster eingewoben – ein weiterer Beleg dafür, dass die Vorstellungen und Praktiken des HOGD unter dem heuristischen Fenster von *Religion* eingeordnet werden können. Auch der Topos des *Henochischen* wurde von Aleister Crowley wirkmächtig aufgegriffen und weiterentwickelt.[325]

11.4.5. Vertiefung: Der *Beschwörungs*-Topos

Doch was war nun eigentlich das Ziel all dieser vielfältigen, symbolisch überladenen Praktiken des HOGD: der Verwendung wirkmächtiger Wortfolgen und Symbolfiguren, der komplexen, mithin langwierigen Ritualhandlungen, der Konzentrations- und Imaginationsübungen, der Beschwörungen, der alchemistischen Prozeduren, der (astrologischen, geomantischen oder auch mittels Tarot durchgeführten) Divination, der Initiationsrituale? Gibt es jenseits des fernen Ideals der Einheit mit einem letzten, göttlichen Prinzip einen semantischen Kern der HOGD-*Magie*?

Zur Beantwortung dieser Frage ist abschließend auf die wichtigste Praxis der inneren Ordnung – die Beschwörung transzendeter Wesen und Wirklichkeitsbereiche – einzugehen. Denn angesichts der Vorstellung eines geglückten Beschwörungsrituals im Kontext der zahlreichen Gottheiten, Engel und weiteren Zwischenwesen der HOGD-Theologie führt obige

---
323 Regardie, *The Complete Golden Dawn*..., Buch 10, 19.
324 Ebenda, 38.
325 Vgl. hierzu aus dem Schriftenkorpus Crowleys besonders *Liber Chanokh* und *Liber 418*.

Frage notwendigerweise zu der weiterführenden Frage „Was nun" – beziehungsweise vielmehr: „Was tun" mit dem beschworenen Wesen? Für die selbstreferentiellen *Magier* der PGM bestand dieses Problem nicht, da sie das konkrete Ritualziel – etwa die Zukunftsschau oder das Herbeiführen der Zuneigung eines anderen Menschen für den jeweiligen Ritualkunden – klar vor Augen hatten und die entsprechende Ritualanweisung nur anhand der Überschrift heraussuchen mussten. Gibt es in den Dokumenten des HOGD vergleichbare Angaben, die auf ein individualreligiöses Bedürfnisspektrum hindeuteten? Waren mirakulöse Fähigkeiten das Ziel, um den zweiten klassischen Topos herauszugreifen?

In der Tat: es finden sich immer wieder Ausführungen zum Erlangen mirakulöser Fähigkeiten in den HOGD-Dokumenten. Neben naheliegenden Topoi wie der Zukunftsschau, der *clairevoyance* und damit einhergehenden *astralen Reisen* zu entfernten Orten (im Esoterikdiskurs des 20. Jahrhunderts auch als *out-of-body-experience* bezeichnet) finden sich in den Ritualanleitungen der inneren Ordnung auch Vorstellungen einer rituell erreichbaren Unsichtbarkeit[326] oder auch der Verwandlung des *Magier*-Körpers.[327] Auch im Kontext alchemistischer Prozeduren wird auf mirakulöse Ereignisse und Anwendungsmöglichkeiten verwiesen.[328] Schließlich findet sich in *Flying Roll XXXIV* mit dem Titel „An exorcism" ein verblüffender Bericht des Frater Sub Spe (John William Brodie-Innes; * 1848; † 1923), dessen Ehefrau an Influenza erkrankt war, was dieser als „obsession of some vampirising elemental" deutete.[329] Die für den Frater angezeigte Austreibung jenes Elementarwesens mündete schließlich darin, das Wesen nach

---

326 Vgl. Regardie, *The Complete Golden Dawn...*, Buch 6, 42: „With the Sign of the Enterer, project now thy whole will in one great effort to realise thyself actually fading out, and becoming invisible to mortal eyes; and in doing this must thou obtain the effect of thy physical body actually gradually becoming partially invisible to thy natural eyes, as though a veil or cloud were formulating between it and thee (and be very careful not to lose thy selfcontrol at this point). But also at this point is there a certain Divine Exstasis and an exaltation desirable, for herein is a sensation of an exalted strength."

327 Vgl. Ebenda, 43: „He then moves to the Pillars and gives Signs, etc., endeavoring with the whole force of his Will to feel himself actually and physically in the shape of the Form desired. And at this point he must see as if in a cloudy and misty manner the outline of the form enshrouding him, though not yet completely and wholly visible."

328 Vgl. jene Prozedur, an deren Ende glühende, von Blitzen durchzogene Substanzen stehen: „And at the end of it, if it have been successful, a keen and translucent flash will take the place of the slightly coloured flashes in the receiver of the curcurbit; so that the fluid should sparkle as a diamond, whilst the powder in the curcurbite shall slightly gleam."; Ebenda, Buch 6, 51. Vgl. auch die gleichfalls komplexe, sich über mehrere Wochen hinziehende Prozedur im achten Buch von Regardies Materialsammlung, an deren Ende dieser anführt: „Mr. King finally closes this ritual with the statement that 'it only remains to add that according to the 'Book of Results' the end product was 'like unto a glittering powder' and that its use produced 'many and wonderful results.'"; Ebenda, Buch 8, 44.

329 Vgl. *Flying Role XXXIV* nach http://www.hermeticgoldendawn.org/hogdframeset.html (27.09.2009), link „Library + Resources", link „The Flying Rolls", link „Flying Role XXXIV".

gelungener Austreibung aus dem Körper der Ehefrau mittels eines „glowing ball of electric fire" zu vernichten.³³⁰ Auch Aleister Crowley wird ein ähnliches Ereignis zugeschrieben: während der Auseinandersetzungen zwischen Mathers und Westcott – Crowley reiste im April 1900 nach London, um im Auftrag Mathers den Ordensbesitz an sich zu bringen – habe plötzlich sein Regenmantel in Flammen gestanden.³³¹ So findet sich einer der meistrezipierten magiologischen Topoi der Computerspielindustrie – der *Feuerball* – offenbar als real vorgestellte Waffe im selbstreferentiellen Magiediskurs um den HOGD.

Neben diesen Beispielen für mirakulöse Fähigkeiten findet sich in der Tat auch der Topos einer individualreligiösen Vereinnahmung der Praktiken des HOGD (das heißt: ihrer Funktionalisierung für individuelle Zwecke und Bedürfnisse des Praktizierenden). So ist im Kontext der Dokumente zur Beschwörungspraxis der inneren Ordnung häufig der Hinweis zu lesen, dass die herbeigerufenen Zwischenwesen und Potenzen für die Zwecke des HOGD-*Magiers* dienstbar gemacht werden könnten. Im Kon-

---

330 Vgl. Ebenda: „I saw, at first dimly, 'as in a glass darkly', and then with complete clarity, a most foul shape, between a bloated big-bellied toad and a malicious ape. My guide spoke to me in an audible voice, saying 'Now smite it with all your force, using the Name of the Lord Jesus'. I did so gathering all the force I possessed into, as it were, a glowing ball of electric fire and then projecting it like a lightning flash upon the foul image before me. There was a slight feeling of shock, a foul smell, a momentary dimness, and then the thing was gone; simultaneously my Guide disappeared."

331 Howe, *Magicians of the Golden Dawn*..., 223, zitiert die ursprünglichen Passagen aus dem ersten *Equinox* und einem „Abra-Melin notebook" Crowleys: „On the first day of his arrival in London he went to see Soror P.E.C.Q {Mrs. Simpson} and Frater S. {actually Resurgam: Dr Berridge}; on his way the cab-lamps catch fire, and later a cab-horse runs away with him, and Soror S.S.D.F.'s {Miss Simpson's} fire refuses to burn. This was on Friday."; am darauf folgenden Tag notiert Crowley: „On Saturday {14 April} the rose cross given by D.D.C.F. {Mathers} began to lose colour and whitened; a rubber mackintosh nowhere near the fire suddenly caught light; and fires by no means anxious to burn. On Monday {16 April} in the morning I was very badly obsessed, and entirely lost my temper – utterly without reason or justification. Five times at least have horses bolted at the sight of me"; Howe zitiert hier *The Equinox Vol I. No. III (1910)*, 259/60. In Crowleys „Abra-Melin notebook" findet sich (laut Howe, *Magicians of the Golden Dawn*..., 224) am folgenden Tag der Eintrag: „Tuesday. Recaptured vault. Suspended Cracknell, H{ora} et S {emper – A. E. Hunter, the husband of Deo Date} and S.S.D.D. {Florence Farr} came. Fight, Police, victory."; King, *Modern Ritual Magic*..., 71/72, schildert die Aktivitäten der Gegenseite während der London-Episode: „The arrival of Crowley in London, where he was regarded by the majority of the London Adepti as (in the words of W. B. Yeats) an unspeakable mad person, caused considerable alarm among the rebels and they resorted an occult attack upon him which came very near to Black Magic. Yeats described this attack in a letter to his fellow-occultist and poet A.E. (George Russell). According to Yeats two or three of the Order's thaumaturgists called up one of Crowley's mistresses and told her to leave him and some two days later she agreed to go to Scotland Yard and give evidence of 'torture and mediaeval iniquity'. Crowley's diary gives quite a different account of this magical attack – his Rose Cross whitened, his rubber mackintosh burst into flames, and 'In the morning I was very badly obsessed and entirely lost my temper utterly without reason or justification.'"

text einer allgemeinen Ritualanleitung zur Praxis der *evocation* findet sich nach geglücktem Ritual eine entsprechende Adaption des Zwang-Topos': „The Magician now addresses an Invocation unto the Lords of the plane of the spirit to compel him to perform that which the Magician shall demand of him."[332] Ausgehend von der solchermaßen (übrigens wieder mittels anderer Wesen – hier den „Lords of the plane of the spirit") erreichten Herrschaft über das gerufene Wesen könne der selbstreferentielle *Magier* schließlich Fragen stellen oder auch (nicht näher erläuterte) Befehle erteilen.[333] Eine solche Instrumentalisierung herbeigerufener Zwischenwesen, die in der Tat analog zu älteren Beschwörungstexten wie den PGM oder auch den Salomon-Ritualtexten zu sehen ist, findet sich auch in Ritualanleitungen des HOGD zur Erstellung eines Talismans.[334]

Trotz dieser Rezeption der beiden klasssichen Topoi des abendländischen Magiediskurses findet sich in den Dokumenten sehr häufig die Warnung, dass der selbstreferentielle *Magier* des HOGD keinesfalls niederen, egoistischen Beweggründen unterliegen dürfe. Während der Initiation in den *Adeptus-Minor*-Grad hat der Adept entsprechend zu schwören: „I furthermore solemnly pledge myself never to work at any important symbol without first invoking the highest Divine Names connected therewith, and especially not to debase my knowledge of Practical Magic to purposes of evil and self-seeking, and low material gain or pleasure, and if I do this, notwithstanding this my oath, I invoke the Avenging Angel HUA, that the evil and material may react on me"[335] – eine Formel, die auch während einzelner Beschwörungsrituale selbst wiederholt wird.[336] Darüber hinaus wird in *Flying Role XIX* mit dem Titel „Aims and Means" auf die Notwendigkeit einer asketischen Lebensweise sowie geradezu eindringlich auf eine „posi-

---

332 Regardie, *The Complete Golden Dawn...*, Band 6, 36/37.
333 Vgl. Ebenda, 37: „The Magician carefully formulates his demands, questions, etc., and writes down any of the answers that may be advisable. The Master of Evocations now addresses a Conjuration unto the Spirit evoked, binding him to hurt or injure naught connected with him, or his assistants, or the place. And that he deceive in nothing, and that he fail not to perform that which he hath been commanded."
334 Vgl. Ebenda, 40: „This being done, let the Talisman or Material Basis have the cord removed and smite it with the Sword and proclaim 'By and in the Names of. . . I invoke upon thee the power of .' He then circumambulates thrice, holding the Talisman or Material Basis in his right hand. [...] Then the Magician, standing in the place of the Hierophant, but fixing his gaze upon the Talisman or Material Basis which should be placed on the ground within the Circle, should now read a potent invocation of some length, rehearsing and reiterating the Divine and other Names consonant with the working. The Talisman should now flash visibly, or the Natural Phenomena should definitely commence. [...] The Magician now addresses an Invocation unto the Lords of the plane of the Spirit to compel him to perform that which the Magician requires. [...] The Operator now carefully formulates his demands, stating clearly what the Talisman is intended to do, or what Natural Phenomena he seeks to produce."
335 Ebenda, Band 7, 42.
336 Etwa auch während der Beschwörung des Engels *Chassan*: Ebenda, Band 8, 51.

11.4. Der Hermetic Order of the Golden Dawn

tive attitude" verwiesen, welche nicht nur vor dem Einfluss negativer äußerer Kräfte schützen, sondern „spiritual progress" überhaupt erst ermöglichen würde.[337]

Auch im Kontext der Divinationspraxis wird explizit davor gewarnt, die Geheimnisse Anderer nicht zu respektieren und – etwa aus bloßer Neugier – zu erforschen.[338] In *Flying Role XVIII* über „Progress" wird über eine etwaige Vereinnahmung der Ordenspraxis zu niederen, weltlichen Zielen gar festgehalten: „Those who expect worldly or social gain for themselves through this Order will be disappointed, yet none of us who have made sacrifices for it in a right spirit are disappointed with the result".[339] Gebündelt finden sich diese moralisierenden Hinweise in *Flying Roll XX* („The Elementary View of Man"); im Zuge eines Seitenhiebs auf die *Theosophische Gesellschaft* wird hier auf „the danger of that spiritual or thought-selfishness" hingewiesen, welche Folge einer übertriebenen Auseinandersetzung mit der eigenen Person sei („which arises from too much study of oneself").[340] Jene Selbstsüchtigkeit, sofern nicht rechtzeitig erkannt, führe letztlich zu einer „period of depression" und „a series of miserable feelings", welche jedem weiteren Fortschritt im Wege stünden.[341]

So lässt sich zunächst zusammenfassen, dass die Verwirklichung niederer egoistischer Interessen mittels der selbstreferentiell-*magischen* Praxis des Ordens – möglicherweise aufgrund der (über Blavatsky verlaufenden) Rezeption des fernöstlichen Selbstlosigkeits- und überwindungsideals – sehr kritisch gesehen wurde. Dadurch war auch die willentliche Kontrolle und Manipulation der äußeren, materiellen Wirklichkeit zum bloßen Wohlergehen des selbstreferentiellen *Magiers* kein Ziel des Ordens. Vielmehr stehen klassisch religiöse Motive wie Askese und Selbstlosigkeit, Demut, Gottesverehrung, Liebe und spirituelle Weiterentwicklung in den Dokumenten des Ordens im Vordergrund.[342] Dies korreliert mit der oben aufgewiesenen Funktion des Initiationsrituals in den *Adeptus-Minor*-Grad, das die Überwindung des niederen, egoistischen Willens zugunsten eines höheren, göttlichen Willens sowie – analog – die Überwindung des niederen Bewusst-

---

337 Vgl. *Flying Role XIX*, online unter: http://www.hermeticgoldendawn.org/hogdframeset.html (27.09.2009), link „Library + Resources", link „The Flying Rolls", link „Flying Role XIX".
338 Vgl. Regardie, *The Complete Golden Dawn...*, Buch 6, 47: „remember that unto thee a divination shall be as a sacred work of the Divine Magic of Light, and not to be performed to pander unto thy curiosity regarding the secrets of another. And if by this means thou shalt arrive at a knowledge of another's secrets, thou shalt respect and not betray them."
339 *Flying Role XVIII*, online unter: http://www.hermeticgoldendawn.org/hogdframeset.html (27.09.2009), link „Library + Resources", link „The Flying Rolls", link „Flying Role XVIII".
340 Vgl. *Flying Role XX*, online unter: http://www.hermeticgoldendawn.org/hogdframeset.html (27.09.2009), link „Library + Resources", link „The Flying Rolls", link „Flying Role XX".
341 Ebenda.
342 Vgl. hierzu prägnant *Flying Role X* zu „Self Sacrifice".

seins zugunsten eines höheren, von *divine light* durchdrungenen Bewusstseins erreichen sollte. Gebündelt wird diese Vorstellung schließlich im Kontakt zum *Higher Self* – wodurch dass das Handeln des Adepten gewissermaßen automatisch mit dem göttlichen Willen koordiniert werden sollte. Egoistisch-narzistisches Handeln, welches nicht mit dem göttlichen Willen übereinstimmte, sollte durch die psycho-spirituelle Konstitution des selbstreferentiellen *Magiers* der inneren Ordnung gleichsam auf natürliche Weise ausgeschlossen werden.[343]

Vor diesem Hintergrund lässt sich nun abschließend klären, worin das eigentliche Ziel der zahlreichen Beschwörungen der inneren Ordnung bestand – etwa im Kontext der „72 Angelical Names",[344] der als besonders wirkmächtig erachteten „Fourty-eight Angelical Keys or Calls" in Anlehnung an Dees *Claves Angelicae,*[345] den (ebenfalls *henochischen*) „Thirty Aethyrs"[346] oder auch den Fünfzehn „Pyramid Gods".[347] In *Flying Roll XXVII* mit dem kaum zufälligen Titel „The Principia of Theurgia or the Higher Magic" finden sich hierzu entscheidende Zeilen – bereits der Titel lässt erahnen, dass eine Jamblich-Rezeption im Hintergrund steht:

> „The effect of spiritual growth is to extend the Consciousness in the direction of divine and superhuman things and correspondingly restrict the 'Automatic Consciousness' of animal Appetites and desires. [...] Theurgia is the science of communion with planetary Spirits, the powers composing the Hierarchies of Being and 'Gods of Light'."[348]

Ausgehend von dieser Definition der *Theurgia* beziehungsweise *Higher Magic* – als „science of communion with planetary Spirits, the powers composing the Hierarchies of Being and 'Gods of Light'" – lässt sich das eigentliche Ziel der Beschwörungspraxis der inneren Ordnung umreißen: es geht nicht um Götterzwang oder die Vereinnahmung transzendenter Wesen zu menschlichen Zwecken, sondern um *communion*, um *Gemeinschaft*. Zwar findet sich daraufhin nochmals der Hinweis auf die Möglichkeit einer Kontrolle von Wesen und Potenzen, die dem spirituellen Reifegrad des selbs-

---

[343] Vgl. hierzu auch prägnant *Flying Role XXI* („Know Thyself"): „We who are but beginners, and but on the Threshold of the Second Order, can do but little yet in this Great Work, but we are daily approaching this end, if we are fitting ourselves to become the Perfect Man, for he, the Perfect Man, the Adept, whose Human Will is at one with his Divine Will, therefore always in contact with his Genius, or Angelic Self, can attract yet Higher Forces. These Forces sending down Divine Rays till they radiate through him, he, the Adept, is able to give out this Force to the human beings who are ready to receive it, and thus is he helping in their regeneration"; *Flying Role XXI*, online unter: http://www.hermeticgoldendawn.org/hogdframeset.html (27.09.2009), link „Library + Resources", link „The Flying Rolls", link „Flying Role XXI".
[344] Vgl. Regardie, *The Complete Golden Dawn...*, Buch 3, 24f.
[345] Vgl. Ebenda, Buch 10, 53ff.
[346] Vgl. Ebenda, 72ff.
[347] Vgl. Ebenda, 95ff.
[348] *Flying Role XXVII*, online unter: http://www.hermeticgoldendawn.org/hogdframeset.html (27.09.2009), link „Library + Resources", link „The Flying Rolls", link „Flying Role XXVII".

treferentiellen *Magiers* untergeordnet sind: „The rule is 'Appeal to the Divine and Superhuman presences, and conjuration of those which are inferior'".³⁴⁹ Gleichwohl ist dies kein reiner Selbstzweck, sondern vielmehr Begleiterscheinung des schrittweisen Aufstiegs des selbstreferentiellen *Magiers* zu Gott, der schließlich in dessen *Apotheose* münde.³⁵⁰ Bis zu dieser *Vergöttlichung* des selbstreferentiellen *Magiers* sei es nötig, dessen Bewusstsein mittels der Identifikation mit dem Göttlichen zu stimulieren: „The Theurgist commands mundane natures by virtue of his own divinity, but until apotheosis be achieved it is necessary in certain higher operations to stimulate the Consciousness by identification with the divinity".³⁵¹

So findet sich auch in den Beschwörungsritualen des HOGD jener Topos, der bereits in den PGM aufgetaucht ist – die rituelle Identifikation mit der Gottheit. Im Kontext der Beschwörung des Engels *Chassan* findet sich in diesem Zusammenhang etwa folgende Rezitation:

> „Stretch unto Me your Hands, 0 Ye Divine Ones, for I am transformed to a God in Your midst. (The Magician assumes the Sign of Osiris Risen.) I am the First and the Last. I am He that liveth and was dead, and behold! I am-alive for evermore, and hold the Keys of Death and of Hell. […] I am Father and Mother, the Father of Fathers, the Mother of Mothers. I am AMOUN, the Concealed One, the Opener of the Day. I am ASAR-UN-NEFER, the Justified One. I am He Who is clothed with the Body of Flesh yet in Whom is the Spirit of the Great Gods. I am the Lord of Life triumphant over Death. There is no part of Me which is not of the Gods. I am the Preparer of the Way, the Rescuer unto the Light.³⁵²

Jener Gedanke, den Jamblich in *De Mysteriis* noch unter dem Begriff *Theurgie* konzeptionalisiert hatte, wird im HOGD wiederum als letztes, elementares Ziel von *Magie* interpretiert: der Mensch ruft positiv konnotierte transzendente Wesen mittels materieller, verbaler oder symbolischer Ritualmittel herbei, um sich mit ihnen zu identifizieren und dadurch den eigenen Seelenaufstieg zu einem letzten, göttlichen Prinzip zu initiieren beziehungsweise voranzutreiben.³⁵³ Endziel der Beschwörungspraxis des

---

349 Ebenda.
350 Während des Beschwörungsrituals des Engels *Chassan* wird dieser sogar vom selbstreferentiellen *Magier* für sein Erscheinen belohnt und darf in göttlichem Licht baden: „O Thou true and faithful Angel CHASSAN, Thou hast complied with the charge set before Thee and pledged Thyself to the Oath prepared for Thee. Therefore I pray that Thou mayest be nourished and elevated by that ray of the Divine Power which thou hast borne as messenger to me this day. (With the Dagger, the Magician inscribes a Cross before CHASSAN and draws a ray of the White Brilliance down on the Angel in the Triangle. The Magician allows the Angel to experience the Light for a few moments, then grants Him license to depart.)"; Regardie, *The Complete Golden Dawn*..., Buch 8, 56.
351 Vgl. *Flying Role XXVII*, online unter: http://www.hermeticgoldendawn.org/hogdframeset.html (27.09.2009), link „Library + Resources", link „The Flying Rolls", link „Flying Role XXVII".
352 Regardie, *The Complete Golden Dawn*..., Buch 8, 50.
353 Die eben genannte Rezitation weist zudem verblüffende Ähnlichkeiten zur Nicht-Identitätsformel in den PGM auf; vgl. oben. Kap. 9.2.4.1.

Ordens ist keine bloße Funktionalisierung der Götter zu egoistischen Zwecken, sondern vielmehr die Überwindung des menschlichen Egoismus', um zu den Göttern selbst aufsteigen und das bereits antike Ideal des *heiligen Menschen*, des *Theios Aner* verwirklichen zu können. Außerordentlich prägnant schreibt hierzu G. H. Frater N.O.M. (William W. Westcott) in *Flying Role XV* („Man and God"): „Let us then make Man – make the Divine Man out of the Human Man. Let us create the Hermetic ideal man from the material sensual man".[354]

Die Beschwörungspraxis der inneren Ordnung stellt insofern den zentralen rituellen Baustein zur Steuerung des psycho-spirituellen Aufstiegsprozesses des selbstreferentiellen *Magiers* dar. Im Hintergrund steht in diesem Zusammenhang auch die Vorstellung, dass der selbstreferentielle *Magier* keinesfalls willfährigen, höheren Kräften oder gar einem undurchschaubaren Schicksalswirken Gottes unterworfen ist; im HOGD ist der Mensch – und niemand anders – voll und ganz Herr seines eigenen Schicksals.[355] Der spätantike Neuplatoniker Jamblich, der in *De Mysteriis* noch tunlichst darauf geachtet hatte, *Theurgie* von *Magie* beziehungsweise *Goetie* zu unterscheiden, findet sich so – nun (unter Anderem) gemeinsam mit Astrologie und Alchemie, Tarot und Kabbalah, Tattwa-Visionen und Henochisch – im magiologischen Schmelztiegel des HOGD wieder.

11.4.6. Fazit

Wenngleich die obigen Ausführungen zu Theorie und Praxis des HOGD bereits hinreichend komplex erscheinen, wurde tatsächlich nur ein kleiner Teil der konzeptionellen und rituellen Inhalte des Ordens abgebildet. Viele Aspekte konnten nur angeschnitten, gleichsam die Spitze des Eisbergs sichtbar gemacht werden – dennoch ist der Ausgangsfrage des Kapitels gerecht geworden. Ziel war keine vollständige Darstellung des HOGD, sondern eine Skizze der wesentlichen Denotationen und Implikationen des

---

354 *Flying Role XV*, online unter: http://www.hermeticgoldendawn.org/hogdframeset.html (27.09.2009), link „Library + Resources", link „The Flying Rolls", link „Flying Role XV".

355 Vgl. hierzu prägnant Israel Regardie, *The Tree of Life. An illustrated Study in Magic*, New York 1973, 20: „The result, which the Magician above all else desires to accomplish, is a spiritual reconstruction of his own conscious universe and incidentally that of all mankind, the greatest of all conceivable changes. The technique of Magic is one by which the soul flies, straight as an arrow impelled from a taut bow, to serenity, to a profound and impenetrable repose. But it is only man himself who may tauten the string of the bow; none else may accomplish this task for him. It is of course in this qualifiying clause that lurks the flaw. 'Salvation' must be self-induced and self-devised. The universal essences and cosmic centers are everpresent, but towards them man must take the first step and then, as Zoroaster has said in the Chaldean Oracles, 'the blessed immortals are swift to come.' The cause and maker of fate and destiny is man himself. As he acts so must the course of his future existence be."

ordenseigenen Magiebegriffs. In diesem Zusammenhang hat sich gezeigt, dass auch der HOGD im Schnittpunkt zahlreicher Rezeptionslinien, Einzeldiskurse und Verwendungsformen des identifikatorischen Magiebegriffs steht und eine hochgradig syntetische Lesart des Begriffs entwickelt. Auch im HOGD fungiert *Magie* als Ober- beziehungsweise Sammelkategorie für eine Fülle devianter Ritual- und Wissensformen, als übergeordnete, positive Chiffre für zahllose Topoi des gerade im 19. Jahrhundert aufblühenden Okkultismus- und Esoterikdiskurses. In dieser Hinsicht weisen die Texte des HOGD sogar ein noch weiträumigeres Zuordnungsmuster auf als die Werke Lévis oder Blavatskys, deren Magiebegriff bereits verblüffend vielschichtig war.

Trotz der Vielfalt des Magieverständnisses im HOGD hat sich allerdings gezeigt, dass es eine Art semantischen Kern gab, eine Zielvorstellung, auf die die gesamte theoretische wie praktische Arbeit des Ordens ausgerichtet war. Jene Zielvorstellung reicht weiter zurück als die Schriften Blavatskys und Lévis, als Dees *henochische* Sprache, als der frühneuzeitliche *magia-naturalis*-Topos, als die vom Orden verarbeiteten Salomon-Ritualtexte oder auch die (Pseudo-) *Kabbalah*. Es ist die neuplatonische Idee eines rituell evozierten Aufstiegs der menschlichen Seele zu Gott, die in Jamblichs Schrift *De Mysteriis* noch unter der Bezeichnung *Theurgie* abgebildet wurde. Im HOGD wird diese Vorstellung aufgegriffen und radikal zu Ende gedacht: der schrittweise Aufstieg des selbstreferentiellen *Magiers* innerhalb der *Sephiroth* des *kabbalistischen* Lebensbaums, der auch und gerade durch die rituell herbeigeführte *communion* mit den zahlreichen Zwischenwesen der HOGD-Theologie erreicht werden sollte, führte nach Vorstellung des Ordens schließlich zur schrittweisen Angleichung des Menschen an jene göttlichen Potenzen und Zwischenwesen, zur Apotheose des selbstreferentiellen *Magiers*, zur Einheit mit dem letzten, göttlichen Prinzip, gleichbedeutend mit der vollständigen Verwirklichung seines *Higher Self*.

Der Kern des Magieverständnisses des HOGD stellt insofern keine neue, vielmehr eine bereits spätantike – freilich genuin religiöse – Idee dar, welche in Westcotts Formel „make the Divine Man out of the Human Man"[356] prägnant gebündelt ist. In gewisser Hinsicht findet sich hier – allerdings mit einer Verzögerung von etwa 2300 Jahren – Hippokrates' Vorwurf gegen die *mágoi* endlich verwirklicht. Was Hippokrates allerdings noch als *Asebie* – als *Götterfrevel* – brandmarkte, wird im HOGD als höchste Idealvorstellung, als natürlich, notwendig und in der Tat gottgewollt betrachtet. Deshalb – sowie, natürlich, aufgrund der Rezeption zahlloser Begriffe, Vorstellungsmuster und Praktiken aus einer Vielzahl von Religionen –[357] sind die selbstreferentiellen *Magier* des HOGD als ernst zu neh-

---

356 *Flying Role XV*, online unter: http://www.hermeticgoldendawn.org/hogdframeset.html (27.09.2009), link „Library + Resources", link „The Flying Rolls", link „Flying Role XV".

357 Für diesen prinzipiellen rezeptionsgeschichtlichen Zusammenhang spricht auch – um nur eines von vielen Beispielen zu nennen – die im HOGD außerordentlich häufige Verwen-

mende Protagonisten abendländischer (beziehungsweise europäischer) Religionsgeschichte zu betrachten, die höchst kreativ, geradezu virtuos auf der weiträumigen Klaviatur religiöser Diskurse zu spielen imstande waren. Eine wissenschaftssprachliche Unterscheidung von *Religion* und *Magie* wäre mit Blick auf die Vorstellungen und Praktiken der Protagonisten des HOGD einmal mehr höchst arbiträr.

Ein wichtiger Aspekt, der in diesem Zusammenhang nochmals anzusprechen ist, ist die Konzeptionalisierung selbstreferentieller *Magie* als Gruppenritual, die in den Gradinitiationen des HOGD so prägnant greifbar wird. Zwar implizierte auch die selbstreferentiell-*magische* Ritualpraxis früherer Jahrhunderte – die sich etwa in den PGM oder den Salomon-Ritualtexten manifestiert – rituelle Gruppenaktivitäten. Der häufige Verweis auf den selbstreferentiellen *Magier* der PGM als initiierten *Mysten*, der Geheimhaltungsregeln unterworfen ist, lässt auf rituelle Zusammenkünfte schließen; auch im *Clavicula Salomonis*, um ein weiteres Beispiel zu nennen, werden Gruppenrituale beschrieben, in denen die Schüler oder Gehilfen des selbstreferentiellen *Magiers* Ritualfunktionen während der Beschwörung übernehmen. Doch das initiatorische Gradsystem des HOGD – man denke hier nicht nur an die außerordentlich komplexen, zum Teil langwierigen Ritualabläufe, sondern auch an die beeindruckende Tempelgestaltung und die zahlreichen Ritualinsignien der Akteure –[358] markierte ein Novum in der Geschichte des identifikatorischen Magiediskurses. Freilich ist der HOGD aus einer Tradition freimaurerischer Initiationsrituale entstanden und hat hier vieles aufgegriffen; im Hintergrund stand gleichwohl auch die Überzeugung, dass durch die rituelle Konstitution einer Gemeinschaft eine den spirituellen Weg fördernde „psychic spiritual force" entstehe.[359] Der Gruppencharakter der selbstreferentiellen *Magie* des HOGD ist insofern als außerordentlich kreative, neuartige Leistung einzuordnen. Durkheims Magietheorie und prototypische Gegenüberstellung von individueller, privater, egoistischer *Magie* und kollektiver, öffentlicher, gemeinnütziger *Religion* findet sich hier – wenige Jahre vor ihrer eigentlichen Veröffentlichung – auf prägnante Weise falsifiziert.

Die Konstitution selbstreferentieller *Magie* als Grupenritual beeinflusste, ausgehend vom HOGD, zahlreiche selbstreferentiell-*magische* Grup-

---

dung des Namens Yeheshuah – „the Qabalistic mode of spelling Jesus."; vgl. Regardie, *The Complete Golden Dawn...*, Buch 6, 143.

358 Vgl. mit zahlreichen Zeichnungen Ebenda, Buch 6, u.a. 72-86.
359 Vgl. explizit *Flying Role XXVII*: „Having entered the Second Order, you come within the radius of a psychic spiritual force, which, generated centuries ago, has acquired a momentum of its own, and silently exerts a protective influence. The isolated student lacks this advantage. The history and existence of this secret organisation is a monument to the energy put forth by our Golden Dawn Ancestors, 'Those who are of a most excellent genius, cultivated the divine science, while yet upon Earth.'"; online unter: http://www.hermeticgoldendawn.org/hogdframeset.html (27.09.2009), link „Library + Resources", link „The Flying Rolls", link „Flying Role XXVII".

pierungen des 20. Jahrhunderts. Hierbei sind nicht nur die Folge-Orden nach dem Zusammenbruch des HOGD zu nennen – wie Waites *Independent and Rectified Rite of the Golden Dawn* (1916 in *Fellowship of the Rosy Cross* umbenannt), Mathers' *Alpha et Omega* oder Robert W. Felkins *Stella Matutina* –, sondern auch eigenständige Ordensgründungen wie Crowleys *Astrum Argenteum* (sowie später der *Ordo Templi Orientis*), Dion Fortunes *Fraternity of the Inner Light*, letzten Endes auch Gerald Brousseau Gardners *Wicca*. All diese Gruppierungen orientieren sich, dies kann hier nur angedeutet werden, im Kontext ihrer initiatorischen Ritualpraxis maßgeblich an der konzeptionellen Vorarbeit des HOGD.

Wirkungsgeschichtlich lässt sich zudem festhalten, dass sich im HOGD – wie oben gesehen – zahlreiche Topoi prägnant verarbeitet finden, die das Aufblühen des euroamerikanischen Esoterikdiskurses seit den 60er und 70er Jahren des 20. Jahrhunderts maßgeblich gekennzeichnet haben. Hierbei ist nicht nur an Kabbalah, Astrologie oder Tarot zu denken, sondern auch an imaginative Bewusstseinstechniken, die Vorstellung einer spirituellen Transformation, die bereits explizit im Begriff des *Higher Self* gebündelt wird,[360] oder auch an das „Ich bin Gott"-Motiv.[361] Auch die Vorstellung einer zweiten, als *astral* bezeichneten Wirklichkeitsebene, welcher ein feinstofflicher Körperbereich mit Energiekanälen und -zentren zugeordnet wird (auch im HOGD bereits als *Aura* bezeichnet),[362] sowie – hierauf aufbauend – die Möglichkeit von *Astralreisen*, findet sich sich bereits im HOGD.[363]

All diese Topoi, die in Untersuchungen zum rezenten Esoterik- und New-Age-Diskursfeld als wichtige, mithin zentrale Aspekte genannt werden, finden sich im HOGD *noch* unter dem Magiebegriff subsummiert. Dieser Befund trifft auch auf die Schriften Helena Blavatskys zu, die – wie gesehen – den Magiebegriff als zentralen, übergeordneten Terminus ihrer gesamten Botschaft appliziert. Wenngleich der Magiebegriff auch im rezenten Esoterikdiskurs Verwendung findet und hierbei meist positiv konnotiert ist, scheint er gegenüber seiner prominenten Stellung im ausgehenden 19. Jahrundert gleichwohl unterrepräsentiert. Offenbar fand im 20. Jahrhundert eine schrittweise Ablösung des Magiebegriffs von zahlreichen Themengebieten ab, die im 19. Jahrhundert noch unter *Magie* subsummiert

---

360 Vgl. zum *Higher Self* im Kontext des jüngeren Esoterikdiskurses Wouter J. Hanegraaff, *New Age Religion and Western Culture. Esotericism in the mirror of secular thought*, [Studies in the history of religions; 72], Leiden 1996, u.A. 211ff.
361 Vgl. Ebenda, 204-10.
362 Vgl. etwa das genannte Dokument „The microcosm man" oder auch *Flying Role XX*.
363 Vgl. zur späteren Rezeption Hanegraaff, *New Age Religion and Western Culture...*, zu Astralebenen 259f, zu *Astralkörper*-Konzepten und *out-of-body-experiences* u.A. 221-23.

worden sind.³⁶⁴ So lässt sich als abschließender, verblüffender Befund festhalten, dass möglicherweise vieles von dem, was seit den 1960er und 1970er Jahren unter den Chiffren *Esoterik* und *New Age* verhandelt worden ist, seinen rezeptionsgeschichtlichen Ausgangspunkt tatsächlich im identifikatorischen Magiediskurs des ausgehenden 19. Jahrhunderts findet.

11.5. Aleister Crowley: Synthese

Abschließend kann Crowleys Magiedefinition nun differenzierter eingeordnet werden. Crowley war nicht nur Lévi-Verehrer (sowie, laut eigener Auskunft, dessen Reinkarnation) und Blavatsky-Leser, sondern zwischen 1898 und 1900 auch Mitglied des HOGD – auf diesbezügliche Rezeptionsleistungen Crowleys wurden oben jeweils hingewiesen. Auch die grundlegende Struktur seines eigenen, 1909 (möglicherweise schon früher) gegründeten selbstreferentiell-magischen Ordens, des *Astrum Argenteum*, lässt sich auf seine Zeit im HOGD zurückführen – etwa (gleichwohl mit einigen geringfügigen Verlagerungen) hinsichtlich des initiatorischen Gradsystems des Ordens, der Ausrichtung am *kabbalistischen Lebensbaum*, der ausufernden Beschwörungspraxis des Ordens oder auch der Vorstellung des Aufstiegs der *Magier*-Seele zu einem letzten, göttlichen Prinzip. Gleichwohl wird der Magiebegriff bei Crowley nochmals ausdifferenziert und weiterentwickelt; angesichts des umfangreichen, wissenschaftlich bislang nur unzureichend erschlossenen Textkorpus' des selbstreferentiellen *Magiers* besteht hier die Notwendigkeit weiterführender Untersuchungen.³⁶⁵

In diesem abschließenden Kapitelteil kann und soll eine eingehendere Analyse des umfangreichen Crowleyschen Textmaterials gleichwohl nicht mehr geleistet werden. Entscheidend ist, dass mit den Texten, Autoren und Gruppierungen, die im vorliegenden Kapitel untersucht worden sind, die rezeptionsgeschichtlichen Rahmenbedingungen deutlich geworden sind, die zum erneuten Aufblühen des identifikatorischen Magiediskurses im ausgehenden 19. Jahrhundert geführt haben. Aleister Crowley ist prinzipiell in die hier skizzierten Entwicklungen einzuordnen und kann gewissermaßen – vielleicht ähnlich zu Agrippa von Nettesheim im frühneuzeitli-

---

364 Die entsprechenden Belege, die Michael York in seinem Aufsatz „New Age and Magic" mit Blick auf den jüngeren Esoterikdiskurs nennt, lassen sich daher als Folge eines Ablösungsprozesses einordnen – vgl. Michael York, „New Age and Magic", 22f, in: Helen A. Berger (Hg.), *Witchcraft and Magic: Contemporary North America*, Philadelphia 2005, 13-27.

365 Vgl. zu einer allgemeinen religionsgeschichtlichen Einordnung der *Thelema*-Religion zumindest von Stuckrad, „Aleister Crowley, Thelema..."; abgesehen von einer Reihe neuerer Biographien und insbesondere Marco Pasis Studie *Aleister Crowley und die Versuchung der Politik* (Marco Pasi, *Aleister Crowley und die Versuchung der Politik*, Graz 2006) ist auch Crowley bislang nur unzureichend als Forschungsgegenstand des akademischen Diskurses vereinnahmt worden.

chen Magiediskurs – als wirkungsgeschichtlicher Multiplikator dieser Entwicklungen eingeordnet werden. Denn während der HOGD immer um Geheimhaltung bemüht war, verfolgte Crowley ab einem gewissen Zeitpunkt das Ziel, an die Öffentlichkeit zu treten, gleichsam als populäre Stimme des identifikatorischen Magiediskurses zu fungieren.[366] Entsprechend ist auch die Magiedefinition Crowleys in seine Bemühungen einzuordnen, den Magiebegriff so zu erläutern und zu verbreiten, dass möglichst Jedermann ihn verstehe.[367] Tatsächlich ist sie als höchst prägnanter, kreativer Versuch einzuordnen, den Magiebegriff auf möglichst stringente, konsistente und eingängige Weise zu operationalisieren – und dadurch die Entwicklungen, die im vorliegenden Kapitel skizziert worden sind, gleichsam semantisch zu bündeln. Crowleys Definition sowie die erläuternden Ausführungen in seiner zentralen Schrift *Magick in Theory and Practice* eignen sich daher hervorragend zur Abrundung des Kapitels.

11.5.1. Crowleys Magiedefinition

Zunächst lohnt es sich, zwei der Einleitungszitate in Crowleys *Magick in Theory and Practice* zu rekapitulieren. Zum einen wird jene Stelle aus dem *Lemegeton Clavicula Salomonis* angeführt, die aufgrund ihrer Allusion an den frühneuzeitlichen *magia-naturalis*-Topos bereits oben genannt wurde: „Magic is the Highest, most Absolute, and most Divine Knowledge of Natural Philosophy, advanced in its works and wonderful operations by a right understanding of the inward and occult virtue of things."[368] Dies ist nicht weiter verblüffend – Crowley hatte sein Faible für diese Ritualtexte im HOGD entwickelt und den *Lemegeton Clavicula Salomonis* gemeinsam mit Samuel MacGregor Mathers 1904 herausgegeben. Verblüffender ist

---

366 Dies lässt sich bereits an Crowleys erfolgreichem Versuch festmachen, (abgeänderte) Teile der Initiationrituale der äußeren und inneren Ordnung des HOGD 1909 und 1910 in seiner Zeitschrift *The Equinox* zu veröffentlichen (Volume I, Number II, 1909 und Volume I, Number III, 1910), was Mathers mit einer gerichtlichen Verfügung vergeblich zu stoppen versucht hatte (vgl. Bogdan, *From Darkness to Light*..., 179/80). Crowley schrieb seinen Erfolg vor Gericht übrigens einem Abramelin-Talisman zu; vgl. von Stuckrad, „Aleister Crowley, Thelema...", 314, Fußnote 26.
367 Vgl. hierzu insbesondere die einführenden Erläuterungen in *Magick in Theory and Practise*: „But MAGICK is for ALL. I have written this book to help the Banker, the Pugilist, the Biologist, the Poet, the Navvy, the Grocer, the Factory Girl, the Mathematician, the Stenographer, the Golfer, the Wife, the Consul – and all the rest – to fulfil themselves perfectly, each in his or her own proper function. [...] In presenting this book to the world, I must then explain and justify my position by formulating a definition of MAGICK and setting forth its main principles in such a way that ALL may understand instantly that their souls, their lives, in every relation with every other human being and every circumstance, depend upon MAGICK and the right comprehension and right application thereof." Crowley, *Magick in Theory and Practice*, XI/XII; Textsetzung hier und im Folgenden vereinfacht.
368 Ebenda, IX.

allerdings das darauf folgende Zitat, das hier auszugsweise wiedergegeben wird:

> „Wherever sympathetic magic occurs in its pure unadulterated form, it is assumed that in nature one event follows another necessarily and invariably without the intervention of any spiritual or personal agency. **Thus its fundamental conception is identical with that of modern science; underlying the whole system is a faith, implicit but real and firm, in the order and uniformity of nature.** [...] Thus the analogy between the magical and the scientific conceptions of the world is close. In both of them the succession of events is perfectly regular and certain, being determined by immutable laws, the operation of which can be foreseen and calculated precisely".[369]

Dem aufmerksamen Leser wird aufgefallen sein, dass Crowley hier keinen Geringeren als James George Frazer zitiert und dessen Ausführungen in *The Golden Bough* offenbar als akademischen Ritterschlag für *Magie* (beziehungsweise *Magick*)[370] ansieht. Kaum zufällig wird daraufhin ein weiteres Frazer-Zitat angefügt, welches eine der wenigen positiven Aussagen zu *Magie* in *The Golden Bough* überhaupt darstellt.[371] Crowleys Verweis auf jene zentrale Figur des akademischen Magiediskurses ist freilich kurios. Möglicherweise steht hinter dem Zitat lediglich Crowleys selektive Lesart des Schreibtisch-Ethnologen; vielleicht macht sich Crowley – für seine Ironie bekannt – aber auch einen Spaß daraus, hier ein aus dem Zusammenhang gerissenes Zitat eines Akademikers anzuführen, der in seinem Werk eigentlich als Aufklärer (gegen *Magie*) in Erscheinung tritt. Freilich wollte auch Crowley aufklären, allerdings – aufgrund seiner identifikatorischen Rezeption des Magiebegriffs – mit entgegen gesetzter Stoßrichtung. Jedenfalls kann Crowleys Rekurs auf James George Frazer als aufschlussreicher Beleg dafür gewertet werden, dass der akademische Magiediskurs durch sein publikatorisches Schaffen mithin auf jene Diskurse einwirkt, die eigentlich seinen Gegenstand darstellen.[372]

Crowleys Selbstwahrnehmung als Stimme des identifikatorischen Magiediskurses findet sich schließlich in den einleitenden Zeilen von *Magick in Theory and Practice* prägnant illustriert:

---

369 Ebenda, IX/X; Fettsetzung hier sowie im Folgenden immer Crowley.
370 Zum Hintergrund der Crowleyschen Schreibweise vgl. Pasi, *Aleister Crowley und...*, 128, Fußnote 203.
371 Ebenda, X: „So far, therefore, as the public profession of magic has been one of the roads by which men have passed to supreme power, it has contributed to emancipate mankind from the thraldom of tradition and to elevate them into a larger, freer life, with a broader outlook on the world. This is no small service rendered to humanity. And when we remember further that in another direction magic has paved the way for science, we are forced to admit that if the black art has done much evil, it has also been the source of much good; that if it is the child of error, it has yet been the mother of freedom and truth."
372 Vgl. von Stuckrad, „Aleister Crowley, Thelema...", 316: „Crowley ist selbst Teil einer religionswissenschaftlichen Debatte, indem er Überlegungen der Ethnologie und akademische Beschreibungskategorien aufgreift und zur Bestimmung seiner Arbeit verwendet."

11.5. Aleister Crowley: Synthese

„I found myself at a loss for a name to designate my work, just as H. P. Blavatsky some years earlier. 'Theosophy', 'Spiritualism', 'Occultism', 'Mysticism', all involved undesirable connotations.
I chose therefore the name
'MAGICK'
as essentially the most sublime, and actually the most discredited, of all the available terms.
I swore to rehabilitate
MAGICK,
to identify it with my own career; and to compel mankind to respect, love, and trust that which they scorned, hated and feared. I have kept my Word.
But the time is now come for me to carry my banner into the thick of the press of human life.
I must make
MAGICK
the essential factor in the life of
ALL."[373]

Crowley verweist hier auf seinen Anspruch, den Magiebegriff – „the most discredited, of all the available terms" – zu rehabilitieren, die Menschheit von seiner Lesart des Begriffs zu überzeugen, genauer: sie zu zwingen, „to respect, love, and trust that which they scorned, hated and feared". Seine Definition wird daraufhin in den Dienst dieser grundlegenden Intention gestellt: „In presenting this book to the world, I must then explain and justify my position by formulating a definition of **MAGICK** and setting forth its main principles in such a way that **ALL** may understand".[374] So bleibt an dieser Stelle zu fragen: wird er seinem Anspruch gerecht? Kann Crowley die definitorischen Probleme des Magiebegriffs endlich lösen? Ist seine Definition etwa „in der Lage [...] neues Licht auf die wissenschaftliche Einordnung dieser religiösen Praxis zu werfen" – wie Kocku von Stuckrad meint?[375]

Zunächst: seine Definition – „**MAGICK is the Science and Art of causing Change to occur in conformity with Will.**" –[376] wird seinem Anspruch dahingehend gerecht, dass Crowley aus der Vielfalt der dem Begriff im selbstreferentiellen Magiediskurs seiner Zeit zugeordneten Themenbereiche einen semantischen Kern herausfiltert, der freilich (zwangsläufig) so abstrakt gehalten ist, dass er auf all diese Topoi gleichermaßen appliziert werden kann. Seine Definition ist also zunächst als Reaktion auf die enorme Breite des semantischen Feldes von *Magie* im selbstreferentiellen Diskurs des frühen 20. Jahrhunderts einzuordnen. Nicht umsonst verlagert Crowley das verbindende semantische Element in das Bewusstsein des Individuums: der *Wille, Veränderung herbeizuführen* erscheint ihm als

---
373 Crowley, *Magick...*, XII.
374 Ebenda.
375 Vgl. Stuckrad, „Aleister Crowley, Thelema...", 307.
376 Crowley, *Magick...*, XII.

vereinendes Motiv hinter Tarot und Kabbalah, Meditation und Beschwörung, Alchemie und Astrologie, Divination und Geomantie, Astralreisen und henochischen Engeln, Gradinitiationen und – bei Crowley nun auch – *Sexualität*.[377]

Wie gesehen, hat der Wille-Topos über unterschiedliche Rezeptionslinien in den identifikatorischen Magiediskurs Eingang gefunden. Eine Linie ist über den Mesmerismus zu ziehen, der den Aspekt des menschlichen Willens (eigentlich ja der Willenlosigkeit) in den Vordergrund stellte und mit einer mysteriösen Kraft in Verbindung brachte, dem *animalischen Magnetismus* (beziehungsweise: *Fluidum*).[378] Wie gesehen, finden sich Allusionen an den Mesmerismus bereits bei Francis Barrett, schließlich auch bei Eliphas Lévi und Helena Blavatsky. Eine zweite Linie des Topos' ist über die Rezeption fernöstlicher Text- und Ritualtraditionen durch Blavatsky und die *Theosophische Gesellschaft* zu ziehen, die nicht nur zur Implementierung von Konzentrations- und Imaginationsübungen in die Praxis des HOGD, sondern auch zur Vorstellung eines höheren, befreiten, mit göttlichen Wirkungsbereichen verbundenen menschlichen Willens führte. Crowley hat insbesondere den Hinduismus-Rekurs nochmals ausgeweitet – so fungierten Übungen des Hatha-Yoga als integraler Bestandteil der selbstreferentiell-*magischen* Praxis des *Astrum Argenteum*.[379] Dadurch wurde *Magie* bei Crowley übrigens noch prägnanter als zuvor mit fernöstlichen Erleuchtungsvorstellungen synthetisiert.[380]

---

377 Einführend hierzu von Stuckrad, „Aleister Crowley, Thelema...", 314f. Neben der Tantrismus-Rezeption Crowleys ist insbesondere die rituelle Verwendung von Sperma Kennzeichen seiner Sexualmagie. So implizierten – wenn man den Ausführungen Francis Kings in *The Secret Rituals of the O.T.O.* glauben darf – die Ritualpraktiken des 9. O.T.O.-Grades den rituellen Verzehr des eigenen Spermas bei gleichzeitiger Konzentration auf einen Wunsch, der mittels jenes *magischen Elixirs* verwirklicht werden möge; dies wurde schließlich auf den rituellen Sexualakt ausgeweitet (Vgl. Francis King, *The Secret Rituals of the O.T.O.*, New York 1973, 180/81; ausführlicher zu Crowleys Sexualmagie auch Bogdan, *From Darkness to Light...*, 212ff). Auch das rituelle Ejakulieren auf Dämonenbilder – bei gleichzeitiger Konzentration auf einen Wunsch – findet sich in Texten Crowleys, die im O.T.O. kursierten (vgl. hierzu den Internet-Artikel des Ethnologen, Okkultismus-Forschers und europäischen Oberhauptes des *Ordo Templi Orientis Antiqua* Peter-R. König, „Sperma-Gnosis und der Ordo Templi Orientis", online abrufbar unter http://user.cyberlink.ch/~koenig/sunrise/sperm_d.htm#_ednref49; 27.09.2009). In diesen Zusammenhang mögen auch die kuriosen Zeichnungen Crowleys in seiner Edition der *Goetia* eingeordnet werden: Crowley zeichnet einige der 72 im *Lemegeton Clavicula Salomonis* genannten *spirits* mit erigiertem Glied – vgl. Aleister Crowley (Hg.), *The Goetia. The Lesser Key of Solomon the King. Clavicula Salomonis Regis. Translated by Samuel Liddell MacGregor Mathers. Edited with an Introduction by Aleister Crowley. Illustrated Second Edition*, San Francisco 1997, u.A. 29, 42, 45.

378 Vgl. zu einer ausführlicheren Einordnung des Mesmerismus' unten, Kap. 12.2.1.

379 Ersichtlich beispielsweise an Band 1 des *Liber ABA*, das unter der Chiffre *Mysticism* neben *Theosophie*-Allusionen primär Beschreibungen von Yoga-Praktiken beinhaltet.

380 Vgl. besonders die Ausführungen in Band 1 des *Liber ABA*; zu Crowleys Rezeption buddhistisch-hinduistischer Konzeptionen vgl. auch von Stuckrad, „Aleister Crowley, Thelema...", 316f.

Entscheidend ist, dass Crowleys Fokussierung auf den Willen auf eine zentrale semantische Verlagerung im selbstreferentiellen Magiediskurs des 19. und 20. Jahrhunderts aufmerksam machen kann: im selbstrefentiellen Magiediskurs des 20. Jahrhunderts stehen nicht mehr *Götter* (wie noch in den PGM) oder *Natur* (wie noch im *magia-naturalis*-Diskurs), sondern ausschließlich die Bedürfnisse des menschlichen *Individuums* – manifestiert in seinem Willen – im Mittelpunkt. Es erscheint möglicherweise etwas paradox, in einer Phase der Rezeptionsgeschichte des Begriffs, in der – unter der Chiffre *ceremonial magic* – komplexe, langwierige Gruppenrituale durchgeführt werden, von einem Prozess der *Individualisierung* zu sprechen. Gleichwohl kann angesichts des Ideals einer selbstreferentiell-*magischen* Apotheose, welches letztlich alle im vorliegenden Kapitel skizzierten Texte durchzieht – und das auch von Crowley aufgegriffen wird –, in der Tat von einer Schwerpunktverlagerung im selbstreferentiellen Magiediskurs des 19. und 20. Jahrhunderts gesprochen werden. Hierunter ist gleichwohl nicht nur eine stärkere Betonung des Topos' der *Individualreligiosität* zu verstehen, wenngleich dieser bei Crowley (etwa in seinen auto-hagiographischen Schriften) wiederum prägnant beobachtbar ist. Die Vergöttlichung des menschlichen Willens führt bei Crowley vielmehr zu einer nochmaligen Radikalisierung – zur Vorstellung einer Göttlichkeit *jedes* menschlichen Individuums.

Dieser Zusammenhang findet sich bereits in Crowleys 1909 veröffentlichtem *Liber AL vel Legis*,[381] lässt sich aber besonders an den Erläuterungen zu seiner Magiedefinition in *Magick in Theory and Practice* – den *28 Theoremen* – aufzeigen. Es seien eine Reihe jener *Theoreme* zusammengestellt, die Crowleys Vergöttlichung des Individuums illustrieren mögen:

"**(6) 'Every man and every woman is a star'**. That is to say, every human being is intrinsically an independant individual with his own proper character and proper motion. [...]
(22) Every individual is essentially sufficient to himself. But he is unsatisfactory to himself until he has established himself in his right relation with the Universe. [...]
(23) Magick is the Science of understanding oneself and one's condition. It is the Art of applying that understanding in action. [...]
(24) Every Man has an indefeasible right to be what he is. [...]
(26) Every man has a right, the right of self-preservation, to fulfil himself to the utmost. [...]
(27) Every man should make Magick the keynote of his life. He should learn its laws and live by them. [...]

---

[381] Der *Liber AL vel Legis* stellt die zentrale Schrift von Crowleys *Thelema*-Religion dar und wurde diesem anscheinend 1904 in Kairo durch das Wesen *Aiwass* übermittelt; vgl. Zum *Liber AL vel Legis* und dessen inhärentes „Ich bin Gott"-Motiv einführend Ebenda, 311-13.

(28) Every man has a right to fulfil his own will without being afraid that it may interfere with that of others; for if he is in his proper place, it is the fault of others if they interfere with him."[382]

All diese Postulate zielen darauf ab, das Individuum und die Verwirklichung seines Willens in das konzeptionelle Zentrum von *Magick* zu stellen. Insbesondere das sechste Theorem, das sich bereits als zentrale Botschaft in Crowleys *Liber AL vel Legis* findet,[383] mag die Stoßrichtung der Crowleyschen Botschaft veranschaulichen: jedes Individuum stelle ein eigenständiges, göttliches Wesen dar, welches die Durchsetzung seines individuellen Lebenswegs, insbesondere die Verwirklichung seines Willens anstreben kann und sollte und vor allem dann leidet beziehungsweise scheitert, wenn dies nicht gelingt oder möglich ist.[384]

Aus rezeptionsgeschichtlicher Sicht lässt sich also festhalten, dass Crowley das selbstreferentiell-*magische* Ideal des HOGD – das des *divine man* – offenkundig auf „Every man" überträgt und dadurch auch das elitäre Selbstverständnis des selbstreferentiellen HOGD-*Magiers* radikal überwindet. Die Vorstellung des *divine man* als Endprodukt eines langen, mühsamen Entwicklungs- und Aufstiegsprozesses, die noch im HOGD kursierte, findet sich bei Crowley nun radikal vereinfacht, gleichsam als Grundeigenschaft jedes einzelnen Menschen implementiert. Dies mündet in der prägnanten Feststellung "**(1) Every intentional act is a Magical Act.**",[385] womit freilich impliziert ist, dass *jede* willentliche Handlung *jedes* einzelnen Individuum auf nichts Anderem als *Magick* beruhe. Und in der Tat: "**All** may understand [...] that their souls, their lives, in every relation with every other human being and every circumstance, depend upon **Magick** and the right comprehension and right application thereof";[386] Crowley hofft entsprechend, "that the [...] principles will demonstrate to **ALL** that their welfare, their very existence, is bound up in **MAGICK**."[387]

Mit Crowleys Fokussierung des Magiebegriffs auf jeden individuellen, willentlichen Akt ist Mehrerlei impliziert. Zum einen rückt – dieser Aspekt sei hier nur angeschnitten – Crowleys Verachtung all jener gesellschaftli-

---

382 Crowley, *Magick*..., XIV-XXI.
383 Vgl. Aleister Crowley, *Das Buch des Gesetzes. Liber Al Vel Legis. Sub figura CXX wie es gegeben ward von XCIII=418 an DCLVVI*, Basel 41993, 14: "1 Had! The manifestation of Nuit. 2 The unveiling of the company of heaven. 3 Every man and every woman is a star."
384 Vgl. hierzu auch Theorem 7 und 8: „(7) Every man and every woman has a course, depending partly on the self, and partly on the environment which is natural and necessary for each. Anyone who is forced from his own course, either through not understanding himself, or through external opposition, comes into conflict with the order of the Universe, and suffers accordingly. [...] (8) A man whose conscious will is at odds with his True Will is wasting his strength. He cannot hope to influence his environment efficiently."; Crowley, *Magick*..., XV.
385 Ebenfa, XIII.
386 Ebenda, XII.
387 Ebenda, XXII.

chen Institutionen in den Blick, die der Selbstverwirklichung des Individuums durch all zu einengende Verhaltensvorgaben oder -reglementierungen im Wege stehen (in diesen Zusammenhang ist natürlich auch Crowleys Hass auf das Christentum einzuordnen).[388] Zum anderen, hiermit einher gehend, ist seine Geringschätzung traditioneller oder überhaupt substanzieller Moralvorstellungen zu nennen, die so prägnant in seinen Auto-Hagiographien, etwa hinsichtlich seines Umgangs mit Rauschmitteln oder Sexualität greifbar wird. Entscheidend für Crowley ist eben nicht, im individuellen Handeln äußeren Maßstäben, sondern einzig dem *Höheren Selbst* beziehungsweise *heiligen Willen* gerecht zu werden. Letzterer sehe mitunter einen Weg für einzelne Individuen vor, welcher von tradierten kulturellen Moralvorstellungen radikal abweichen könne.[389]

Wenngleich in Crowleys Schriften also – worauf Kocku von Stuckrad zurecht hinweist – Parallelen zu Nietzsches *Umwertung alle Werte* identifiziert werden können,[390] gibt es doch auch vorsichtigere Töne. So fügt Crowley an Theorem 26 – "**Every man has a right, the right of self-preservation, to fulfil himself to the utmost**" – folgende Fußnote an: "Men of 'criminal nature' are simply at issue with their true Wills. The murderer has the Will-to-Live; and his will to murder is a false will at variance with his true Will, since he risks death at the hands of society by obeying his criminal impulse."[391] Es geht Crowley eben nicht um die Verwirklichung beliebiger Willensimpulse, sondern nurmehr um solche, die dem „true Will", dem befreiten, göttlichen, mit dem *Higher Self* und dem *Holy Guardian Angel* in Verbindung stehenden Willen entsprechen.[392] Dem Mörder attestiert er einen „false will", da dessen Handeln nach seinem „criminal impulse" seinen „Will-to-live" unterminiere. Entscheidende Bedingung für individuelles Handeln nach dem *höheren Willen* ist folgerichtig die Selbsterkenntnis des Individuums: "One must find out for oneself, and make sure beyond doubt, *who* one is, *what* one is, *why* one is."[393] Jener Prozess, der nach Crowley eines radikalen Maßes an Ehrlichkeit bedürfe,[394] führe – sobald der

---

388 Vgl. von Stuckrad, „Aleister Crowley, Thelema...", 309f; ausführlicher Lawrence Sutin, *Do What Thou Wilt. A Life of Aleister Crowley*, New York 2000.
389 Vgl. etwa Crowleys Rechtfertigung Napoleons – Crowley, *Magick...*, XXI: „If a man like Napoleon were actually appointed by destiny to control Europe, he should not be blamed for exercising his rights. To oppose him would be an error. Any one so doing would have made a mistake as to his own destiny, except in so far as it might be necessary for him to learn the lessons of defeat."
390 Vgl. von Stuckrad, „Aleister Crowley, Thelema...", 313.
391 Crowley, *Magick...*, XX.
392 Vgl. auch Ebenda, XIV: „The most common cause of failure in life is ignorance of one's own True Will, or of the means by which to fulfil that Will."
393 Ebenda, XXIII.
394 Vgl. Ebenda, XXIV: „The processes described will enable him to discriminate between what he actually is, and what he has fondly imagined himself to be. He must behold his soul in all its awful nakedness, he must not fear to look on that appalling actuality. He must discard the gaudy garments with which his shame has screened him; he must accept

höhere Wille frei agieren könne – notwendigerweise zum Gelingen: "**(9) A man who is doing his True Will has the inertia of the Universe to assist him.**"[395] Gebündelt findet sich dieser Zusammenhang freilich in dem zweiten zentralen *Liber AL vel Legis*-Zitat in *Magick in Theory in Practice*, das gleichzeitig als Grundgesetz von Crowleys *Thelema*-Religion fungiert: "**Do what thou wilt shall be the whole of the Law.**"[396] Auch hier steht, dies darf bei Crowley also nicht übersehen werden, eine duale Willenskonzeption im Hintergrund, die – analog zur Überwindung niederer, egoistischer Intentionen im HOGD – reinen Opportunismus unterbinden soll.

Zum anderen führt Crowleys Ausweitung des Magiebegriffs auf jeden intentionalen Akt freilich zu einer verblüffenden Überdeterminiertheit des Begriffs, insbesondere hinsichtlich seiner terminologischen Opposition zu *Wissenschaft*. Crowley ist sich dieser Problematik bewusst und geht sie offensiv an – er subsummiert zahlreiche Aspekte des Wissenschaftsdiskurses seiner Zeit unter *Magick*. Dies haben freilich auch frühneuzeitliche Autoren wie Agrippa von Nettesheim getan (wie bei seiner Unterordnung von Mathematik, Physik und Mechanik unter *magia* in *De Occulta Philosophia* gesehen). Doch die Radikalität, mit der Crowley sich jener Argumentationsstrategie im naturwissenschaftlich dominierten Europa des frühen 20. Jahrhunderts bedient, ist verblüffend. Bereits die Erläuterung zu seiner Magiedefinition zeigt seinen ironischen Umgang mit der Problematik der Bedeutungsunschärfe:

> „(Illustration: it is my Will to inform the World of certain facts within my knowledge. I therefore take 'magical weapons', pen, ink, and paper; I write 'incantations' – these sentences – in the 'magical language' i.e. that which is understood by the people I wish to instruct; I call forth 'spirits', such as printers, publishers, booksellers, and so forth, and constrain them to convey my message to those people. The composition and distribution of this book is thus an act of
> **Magick**
> by which I cause Changes to take place in conformity with my Will)."[397]

Crowley spielt hier gleichsam mit seiner Definition und dem Problem ihrer Trennschärfe; die fehlende Abgrenzbarkeit seines Magiebegriffs zum Verlagswesen – nur eines von vielen Beispielen – erscheint ihm nicht als bedenkenswert. Vielmehr sind seine 28 Theoreme voller Verweise auf wissenschaftliche Errungenschaften seiner Zeit, die – so offenbar Crowleys

---

the fact that nothing can make him anything but what he is. He may lie to himself, drug himself, hide himself; but he is always there. Magick will teach him sthat his mind is playing him traitor. [...] Magick will show him the beauty and majesty of the self which he has tried to suppress and disguise."

395 Ebenda, XV.
396 Ebenda, XXII; vgl. auch Crowley, Das Buch des Gesetzes..., 22: „Who calls us Thelemites will do no wrong, if he look but close into the word. For there are therin Three Grades, the Hermit, and the Lover, and the man of Earth. Do what thou wilt shall be the whole of the Law."
397 Ebenda, XIII.

Anspruch – seine Magietheorie keinesfalls unterminieren, sondern vielmehr belegen sollen.[398] Folgerichtig fasst Crowley auch die zu seiner Zeit gültigen Lehrmeinungen zu chemischen und physikalischen Kräften unter *Magick*,[399] welcher vielmehr eine abstraktere, übergeordnete Fragestellung zukomme: "The question of Magick is a question of discovering and employing hitherto unknown forces in nature".[400] Ausgehend von dieser Grundmotivation ist für Crowley also jeder *Wissenschaftler Magier* und jeder *Magier Wissenschaftler*.

Trotz dieser Grenzverwischungen zwischen *Magie* und *Wissenschaft* bemüht sich Crowley darauf hinzuweisen, dass das Wissen des Menschen begrenzt sei und zudem stetem Wandel unterliege;[401] insbesondere das menschliche Bewusstsein markiert er in diesem Zusammenhang – kaum zufällig – als großes, letztes Geheimnis, welches auch von den Wissenschaften seiner Zeit (trotz der Leistungen Sigmund Freuds)[402] nicht adäquat erklärt werden könne.[403] Insofern ist es auch das Bewusstsein des Menschen, in dem Crowley – freilich wiederum mit Rückbezug auf den *divine Will* – besondere Fähigkeiten lokalisiert, die über wissenschaftlich Anerkanntes oder physikalisch Erwartbares hinausgingen.[404] Das Bewusstsein

---

398 Vgl. exeplarisch Theorem 11 – Ebenda, XV/XVI: „(11) Science enables us to take advantage of the continuity of Nature by the empirical application of certain principles whose interplay involves different orders of idea connected with each other in a way beyond our present comprehension. (Illustration: We are able to light cities by rule-of-thumb methods. We do not know what consciousness is, or how it is connected with muscular action; what electricity is or how it is connected with the machines that generate it; and our methods depend on calculations involving mathematical ideas which have no correspondence in the Universe as we know it.)"; vgl. auch Theorem 15 – Ebenda, XVII.
399 Vgl. prägnant Theorem 12: Ebenda, XVI.
400 Ebenda.
401 Ebenda.
402 Crowley lässt sich in *Magick in Theory and Practice* zu einem Seitenhieb auf Freud hinreißen – vgl. Ebenda, XXIV, Fußnote 2: „Professor Sigmund Freud and his school have, in recent years, discovered a part of this body of Truth, which has been taught for many centuries in the Sanctuaries of Initiation. But failure to grasp the fullness of Truth, [...] has led him and his followers into the error of admitting that the avowedly suicidal 'Censor' is the proper arbiter of conduct. Official psycho-analysis is therefore committed to upholding a fraud, although the foundation of the science was the observation of the disastrous effects on the individual of being false to his Unconscious Self [...]. The result has been that psycho-analysis have misinterpreted life, and announced the absurdity that every human being is essentially an anti-social, criminal and insane animal. It is evident that the errors of the Unconscious of which the psycho-analysts complain are neither more nor less than the 'original sin' of the theologians whom they despise so heartily."
403 Vgl. exemplarisch Theorem 10 – Ebenda, XV: „We may then say that our consciousness is casually connected with the remotest galaxies; yet we do not know even how it arises from – or with – the molecular changes in the brain."; sowie Theorem 11 – Ebenda, XVI: „We do not know what consciousness is, or how it is connected with muscular action";
404 Vgl. Ebenda, XXIV: „In the course of his Training, he [magician; d. Verf.] will learn to explore the Hidden Mysteries of Nature, and to develop new senses and faculties in himself, whereby he may communicate with, and control, Beings and Forces pertaining to

stellt für Crowley daher die entscheidende Instanz des selbstreferentiellen *Magiers* dar, gewissermaßen dessen (letztes) Hoheitsgebiet, über welches dieser zwangsläufig mehr weiß als der gewöhnliche Wissenschaftler seiner Zeit. Der Crowleysche *Magier* kann sich der Wissenschaften für seine Zwecke bedienen; ihm steht aber noch ein viel breiteres Spektrum an Einflussmöglichkeiten zu, welches ihm durch die selbstreferentiell-*magische* Texttradition überliefert ist. Nicht zuletzt erlaubt sein bloßes Bewusstsein ihm, über Techniken wie Yoga, Meditation, Astralreisen oder auch der bloßen, willentlichen beziehungsweise gedanklichen Fokussierung,[405] in der Welt wirken zu können und dadurch eben: *Veränderung herbeizuführen.*

Was ist mit Crowleys Definition also für den akademischen Diskurs gewonnen? Kann er die oben skizzierten wissenschaftssprachlichen Probleme lösen oder überwinden? Sicher nicht – seine Definition ist weithin überdeterminiert und unterliegt (nicht nur) dem klassischen Problem fehlender Trennschärfe insbesondere zu den beiden weiteren Bestandteilen der Frazerschen Trias: *Religion* und *Wissenschaft*. Gleichwohl ist dies kaum zu erwarten gewesen und auch nicht entscheidend; viel wichtiger ist, dass Crowleys Definition wiederum auf prägnante Weise die charakteristische Verwobenheit des selbstreferentiellen Magiebegriffs mit kulturellen Referenzdiskursen veranschaulichen kann – die Nähe des Crowleyschen Magiebegriffs zu Semantiken des nun dominanten Wissenschaftsdiskurses verweist ja explizit auf den kulturhistorischen Kontextes seiner Definition. Zudem macht Crowleys Definition – also seine Betonung von Individuum, Bewusstsein und Wille – auf semantische Verschiebungen im identifikatorischen Magiediskurs des 19. und 20. Jahrhundert aufmerksam, die, mit Blick auf die obigen Befunde zu Spätantike und Früher Neuzeit, in der Tat als neuartige, eigenständige Schwerpunktsetzung zu sehen sind. Crowleys Magiebegriff hat schließlich massiven Einfluss auf den identifikatorischen Magiediskurs des 20. Jahrhunderts ausgeübt und wurde etwa von Dion

---

orders of existence which have been hitherto inaccessible to profane research, and available only to that unscientific and empirical MAGICK (of tradition) which I came to destroy in order that I might fulfil."
405 Vgl. etwa Theorem 16 – Ebenda, XVII/XVIII: „Similarly, the power of my thought may so work on the mind of another person as to produce far-reaching physical changes in him, or in others through him."

Fortune,[406] Donald Michael Kraig[407] oder Sandra Tabatha Cicero[408] aufgegriffen und weiterentwickelt.

11.6. Fazit

Im vorliegenden Kapitel wurde versucht, die Rezeption des Magiebegriffs im Okkultismus-Diskurs des ausgehenden 19. und beginnenden 20. Jahrhunderts zu skizzieren und hierbei auf signifikante semantische Verlagerungen aufmerksam zu machen, die den Magiebegriff bis heute prägen. Dabei hat sich gezeigt, dass der Magiediskurs des 19. Jahrhunderts in der Tat an den identifikatorischen Magiediskurs vorheriger Jahrhunderte anknüpft, allerdings neue Schwerpunkte setzt und folgerichtig auch zu neuen Zuordnungen (etwa hinsichtlich Tarot, Yoga oder Sexualität), theoretischen Folgerungen (etwa hinsichtlich der Kontrolle feinstofflicher, als *astral* bezeichneter Wirklichkeitsebenen) sowie weitreichenden Ritualinnovationen und -neusynthetisierungen (etwa hinsichtlich pseudo-kabbalistischer Initiationsrituale, der Verwendung von Elementarwaffen, oder auch – bei Crowley – der Vereinnahmung von Sperma als Ritualmittel) gelangt. Bei aller Komplexität des identifikatorischen Magiebegriffs, der im vorliegenden Kapitel nochmals weiträumiger und in gewisser Hinsicht auch unüberschaubarer geworden ist, lassen sich doch Kernthemen identifizieren, die für seine Rezeption im 19. und 20. Jahrhundert insgesamt kennzeichnend sind. Crowleys definitorische Betonung der Verwirklichung des individuellen, höheren Willens, die im abschließenden Teilkapitel skizziert wurde, kann ein solch zentrales Motiv hinter dem selbstreferentiellen Magiediskurs seiner Zeit aufdecken: es ist die Vorstellung des *divine man*, die sich bei allen hier skizzierten Autoren findet und im HOGD schließlich als gradueller, rituell evozierter Aufstiegsprozess der *Magier*-Seele umgesetzt worden ist. Crowley hat diese Vorstellung aufgegriffen und in seine oben skizzierte Magiedefinition maßgeblich eingewoben.

---

406 Die Definition „Magic is the Science and Art of causing change in consciousness to occur in conformity with Will" wird in zahlreichen Publikationen Dion Fortune zugeschrieben, konnte aber keiner ihrer Schriften zugeordnet werden; vgl. u.A. Cicero, *The Essential Golden Dawn...*, 70; Donald M. Kraig, *Modern Magick. Eleven lessons in the High Magickal Arts*, St. Paul 1988, 8; Graham Harvey, *Contemporary Paganism. Listening People, speaking earth*, New York 1997, 88.

407 Vgl. Kraig, *Modern Magick. Eleven lessons...*, 9: „Magic is the science and art of causing change (in consciousness) to occur in conformity with will, using means not currently understood by traditional Western science."

408 Vgl. Cicero, *The Essential Golden Dawn...*, 70: „Magic is the art and science of causing change to occur in conformity with will. This change can occur 1) in the outer, manifest world; 2) in the magician's consciousness; and 3) most often in both, for changing one often changes the other." Zu weiteren Beispielen vgl. auch Harvey, *Contemporary Paganism...*, 87f.

Wenn Goodrick-Clarke in seiner Studie *Die okkulten Wurzeln des Nationalsozialismus* als wesentliche Triebkraft des Okkultismus-Diskurses im 19. und 20. Jahrhundert „das große Verlangen, die Errungenschaften der modernen Naturwissenschaft mit einer religiösen Haltung auszusöhnen, die den Menschen in ein Sein inmitten des Zentrums zurückführen konnte" identifiziert,[409] trifft er daher einen wesentlichen Punkt, der im vorliegenden Kapitel durch die Analyse zentraler Texte dieses Diskurses bestätigt werden konnte. Die Frage nach Wert und Bedeutung des menschlichen Individuums hat im selbstreferentiellen Magiediskurs schon immer eine Rolle gespielt, ist allerdings in den hier untersuchten Texten zum identifikatorischen Magiebegriff der Spätantike und Frühen Neuzeit allenfalls als implizites Thema aufgetaucht. Erst im 19. und 20. Jahrhundert kann der Magiebegriff – als Kontrastfolie zu vermeintlich seelenlosem technologischem Fortschritt, der das Individuum bedeutungslos zu machen scheint, sowie zur (aus Sicht des identifikatorischen Magiediskurses) religiösen Insuffizienz des christlichen Weltdeutungsmodells – als Schlagwort und Symbolisierung einer Selbst-Ermächtigung des religiösen Individuums herhalten. Die mitunter radikale Ablehnung von institutioneller (christlicher) Religion und (akademischer) Wissenschaft, die sich so prägnant in Blavatskys *Isis unveiled* zeigt, stellt jedoch eine Chimäre dar; tatsächlich ist der identifikatorische Magiediskurs ohne die ihn umgebenden Referenzdiskurse gar nicht denkbar, besteht er doch vorwiegend aus Variationen, Schwerpunktverlagerungen, Umdeutungen und Neusynthetisierungen durchweg religiöser (und zum Teil, wie bei Crowley gesehen, auch naturwissenschaftlicher) Motiv- und Gedankenlinien.

Crowleys definitorische Betonung von Wille und Bewusstsein des selbstreferentiellen *Magiers* kann zudem darauf aufmerksam machen, dass die Vorstellung einer rein willentlichen oder gedanklichen Einflussnahme auf die äußere Wirklichkeit eine der zentralen Weiterentwicklungen des identifikatorischen Magiediskurses im 20. und 21. Jahrhundert darstellt, die sich in vielfältigen Diskursen niederschlug – so nicht nur in den zahllosen Allusionen des modernen Esoterikdiskurses, sondern auch in der nun genuin psychologischen Deutung zentraler magiologischer Topoi durch (unter Anderem) Carl Gustav Jung und seine Schule.[410] Diese offenkundige interpretative Verlagerung[411] führte bekanntermaßen auch zur Ablösung

---

409 Vgl. Nicholas Goodrick-Clarke, *Die okkulten Wurzeln des Nationalsozialismus. Aus dem Englischen übertragen von Susanne Mörth*, Graz 1997, 32.
410 Vgl. ausführlicher dazu Jolande Jakobi, *Die Psychologie. Eine Einführung in das Gesamtwerk. Mit einem Geleitwort von C. G. Jung*, [Fischer-Taschenbücher; 6365], Frankfurt a. Main 1982; zum *Magier* als Archetyp des kollektiven Unbewussten vgl. Ebenda, 54 bzw. 126, zur Gleichsetzung von *magischer* und *psychischer* bzw. *seelischer* Kraft vgl. Ebenda, 29, 59/60 und 102.
411 Crowley schrieb in diesem Zusammenhang übrigens schon 1904 – in seiner Ausgabe des *Lemegeton Clavicula Salomonis* –, dass die Anrufung und Kontrolle von Zwischenwesen (*spirits*) auch im Sinne einer Kontrolle über das eigene Gehirn (!) verstanden werden

11.6. Fazit

und Vereinnahmung des Topos' *mirakulöser Fähigkeiten* im Kontext wissenschaftlicher Forschung – wenngleich die Parapsychologie bis heute eine höchst umstrittene Disziplin darstellt.[412] Mittlerweile hat sich gerade dieser Topos in einer kaum noch überschaubaren Weise verselbständigt, wie nicht zuletzt zahllose Literatur-, Fernseh- und Kinoproduktionen der letzten Jahrzehnte illustrieren – offenkundig finanziert von der großen Faszination, die mirakulöse Fähigkeiten auch in der naturwissenschaftlich dominierten (Post-) Moderne auslösen.[413]

Wenngleich beispielsweise die Figuren der Filmreihe *X-Men* innerhalb der filmeigenen Terminologie nie als *Magier* klassifiziert werden, wird in der vorliegenden Arbeit davon ausgegangen, dass hier ganz prinzipiell Topoi aufgegriffen werden, die vom identifikatorischen Magiediskurs des 19. und 20. Jahrhunderts angestoßen und beeinflusst worden sind.[414] Letztlich entpuppt sich so auch die herausragende, mithin diskursbegründende Figur des modernen Superhelden-Diskurses – *Superman* – als bloße Variation des im selbstreferentiell-*magischen* Orden *Hermetic Order of the Golden*

könne – vgl. Aleister Crowley, „The Initiated Interpretation of Ceremonial Magic. Introductory Essay by Aleister Crowley", 16f, in: Ders., *The Goetia...*, 15-19: „This being true for the ordinary Universe, that all sense-impressions are dependent on changes in the brain, we must include illusions, which are after all sense-impressions as much as 'realities' are, in the class of 'phenomena dependent on brain-changes'. [...] Magical phenomena, however, come under a special sub-class, since they are willed, and their cause is the series of 'real' phenomena called the operations of ceremonial Magic. These consist of (1) sight. The circle, square, triangle, vessels, lamps, robes, implements, etc. (2) Sound. The invocations. (3) Smell. The perfumes. (4) Taste. The Sacraments. (5) Touch. As under (1). (6) Mind. The combination of all these and their reflection on their significance. These unusual impressions (1-5) produce unusual brain-changes; [...] The spirits of the Goetia are portions of the human brain. Their seals therefore represent (Mr. Spencer's projected cube) methods of stimulating or regulating those particular spots (through the eye). The names of God are vibrations calculated to establish: (a) General control of the brain. (Establishment of functions relative to the subtle world.) (b) Control over the brain in detail. (Rank or type of the Spirit.) (c) Control of one special portion. (Name of the Spirit.)"

412 Vgl. zur anhaltenden Diskussion zwischen Parapsychologen und den sogenannten Skeptikern exemplarisch John Palmer, „Haben wir Psi nachgewiesen?", in: *Zeitschrift für Parapsychologie und Grenzgebiete der Psychologie 32 (1990)*, 6-18.

413 Vgl. neben den zahlreichen klassischen – meist durch das Comic-Genre ins Leben gerufenen – Superhelden wie *Shadow, Superman, Batman, Spiderman, Iron Man, Wonder Woman, Captain America, Flash, Hulk*, den Protagonisten der *Fantastischen Vier* oder der *X-Men* beispielsweise auch die Jedi-Ritter der Verfilmungen des *Star-Wars*-Epos', die Figur Leos in der *Matrix*-Trilogie, oder – um eine rezente, sehr erfolgreiche, US-amerikanische Fernsehserie aufzugreifen – die *Heroes*.

414 Vgl. das Fähigkeiten-Spektrum der *X-Men*: *Professor Charles Xavier* vermag die Gedanken Anderer zu lesen und zu steuern; *Wolverine* ist (neben Anderem) unverwundbar; *Magneto* verfügt über magnetisch-psychokinetische Kräfte; *Storm* kontrolliert Winde und Stürme; *Mystique* kann ihren Körper verändern/verwandeln; *Shadowcat* kann durch Wände gehen; *Pyro* beherrscht das Feuer; usw. Vgl. hierzu die entsprechenden Einträge der Online-Enzyklopädie *MarvelDirectory*, online verfügbar unter http://www.marveldirectory.com/individuals/ (27.09.2009).

Dawn postulierten Ideals des *divine man*. Zwar ist bei *Superman* eine deutliche semantische Verlagerung, insbesondere eine Ablösung von religiösen (und eine Hinwendung zu *science-fiction*-) Motiven beobachtbar. Gleichwohl ist der unverwundbare, fliegende, übermenschlich starke und mit weiteren Superkräften ausgestattete *Superman* durch Eigenschaften gekennzeichnet, die rezeptionsgeschichtlich auf den identifikatorischen Magiediskurs voriger Jahrhunderte (beziehungsweise Jahrtausende) zurückgeführt werden können – und dadurch, so sei an dieser Stelle hinzugefügt, freilich auch auf den jüdisch-christlichen *Wundertäter*-Topos. Der identifikatorische Magiebegriff steht aus rezeptionsgeschichtlicher Sicht daher nicht nur für wichtige Elemente des rezenten Esoterikdiskurses Pate, sondern auch für zahlreiche populäre Verarbeitungen des Topos' einer Überwindung der psycho-physischen Begrenztheit menschlichen Daseins. Dass eine implizite *Theios-Aner*-Allusion des 20. Jahrhundert wie *Superman* nunmehr die Gestalt eines Außerirdischen einnimmt, mag als kurioser Auswuchs des industrialisierten Zeitalters gewertet werden.

12. Synthesen

In der vorliegenden Arbeit wurde versucht, Grundzüge der abendländisch-europäischen Rezeptionsgeschichte des Magiebegriffs zu rekonstruieren. Während in Teil A zentrale Argumentationslinien der akademischen Rezeptionsgeschichte behandelt wurden, wurden in Teil B wichtige Texte und Autoren sowohl des polemischen Ausgrenzungsdiskurses als auch des identifikatorischen Aufwertungsdiskurses der letzten 2500 Jahre zusammengestellt. Hier wie dort konnte freilich keine Vollständigkeit des untersuchten Materials angestrebt werden; wenngleich viele Quellentexte skizziert worden sind, ist doch nur die *Spitze des Eisbergs* sichtbar geworden. Jedes behandelte Szenario weist (mitunter viel) umfangreicheres Quellenmaterial auf, das hier nicht berücksichtigt werden konnte. Insbesondere ab der Frühen Neuzeit hat sich gerade der identifikatorische Magiediskurs in einer Weise ausdifferenziert, die es der vorliegenden Arbeit unmöglich machte, mehr als nur die wichtigsten – beziehungsweise diskursbegründenden – Texte und Autoren zu rekonstruieren. Dies gilt auch für alle jüngeren Entwicklungen im Anschluss an Aleister Crowley, auf die hier nicht mehr eingegangen werden konnte.

Gleichwohl war nicht Ziel der historischen Analyse, eine (ohnehin nur begrenzt umsetzbare) telefonbuchartige Vollständigkeit zu erreichen, sondern vielmehr jene Epochen, Autoren und Texte in den Blick zu nehmen, die die Geschichte des Magiebegriffs maßgeblich beeinflusst haben. Wie in Kapitel 1 erläutert, impliziert die Verwendung eines Begriffs in den seltensten Fällen signifikante Veränderungen in seinem semantischen Feld – die meisten Sprecher verwenden und reproduzieren einen Begriff in seiner bestehenden diskursiv-kontextuellen Bedeutung, ohne ihn zu verändern. In Teil A und B hingegen wurden vor allem solche Texte und Autoren untersucht, die signifikante Veränderungen im semantischen Feld des Magiebegriffs herbeigeführt haben und insofern als diskursbegründend zu erachten sind, oder die wichtige semantische Implikationen oder Transformationsprozesse besonders illustrieren konnten. Insofern ist – um in der Metapher zu bleiben – nicht nur die Spitze, sondern auch die Struktur des gesamten Eisbergs sichtbar geworden. Wenn im folgenden, synthetischen Kapitel versucht wird, mit den obigen Befunden weiterführend zu arbeiten, wird also in der Tat davon ausgegangen, repräsentative Aussagen zur Rezeptionsgeschichte des Magiebegriffs insgesamt tätigen zu können.

Auf der Grundlage dieser Überzeugung sollen im Folgenden weiterführende Überlegungen zu den Befunden aus Teil A und B angestellt werden. Zunächst wird es hierbei um vertiefende Überlegungen zu den historischen Analysen – genauer: zum diskursiven Verhältnis von historischem Ausgrenzungs- und Aufwertungsdiskurs – gehen. Im Mittelpunkt stehen dabei folgende Fragen: in welchem Verhältnis steht der Magiebegriff des Aufwertungsdiskurses zu dem des Ausgrenzungsdiskurses? Inwiefern sind wechselseitige Rezeptionsprozesse rekonstruierbar? Wie ist die Heterogenität und Polyvalenz des historischen Magiebegriffs aus religionswissenschaftlicher Sicht insgesamt einzuordnen?

In einem zweiten Kapitelteil soll versucht werden, die Befunde aus Teil A und B miteinander in Beziehung zu setzen – das heißt: eine differenzierte Einordnung des religionswissenschaftlichen Magiediskurses vor dem Hintergrund historischer Magiediskurse vorzunehmen. Diese Einordnung soll über die Ausführungen zur Ethnozentrik des akademischen Magiebegriffs in Kapitel 3 deutlich hinausgehen; ausgehend von den Ergebnissen in Teil B kann nun genau rekonstruiert werden, an welchen Rezeptionslinien auch akademische Magietheoretiker zwangsläufig partizipiert haben, welche Quellen von diesen ein-, welche ausgeblendet, welche gar nicht bemerkt worden sind. Dadurch kann ein weiteres Erklärungsmoment für das Scheitern des akademischen Magiediskurses generiert werden: es wird sich zeigen, dass die definitorischen Rivalitäten des akademischen Diskurses auch aus unterschiedlichen Rezeptionsleistungen gegenüber dem identifikatorischen (!) Magiediskurs resultierten.

Abschließend wird versucht, ein Fazit zur Tauglichkeit des Magiebegriffs als wissenschaftssprachlicher Terminus – beziehungsweise: als *religionswissenschaftlicher Grundbegriff* – zu ziehen, sowie eine abschließende Verhältnisbestimmung der Begriffe *Magie* und *Religion* vorzunehmen. Hierbei soll jenes Argumentationsmuster, das im Zuge der historischen Analysen häufig appliziert worden ist – die Einordnung und Abbildung selbstreferentiell- und fremdreferentiell-*magischer* Befunde unter dem heuristischen Fenster von *Religion* – nochmals aufgegriffen und vertiefend begründet werden. Besonders ist hierbei nochmals differenziert zu erläutern, inwiefern der Religionsbegriff nach Ansicht der vorliegenden Arbeit *besser* geeignet ist, die Inhalte historischer Magiediskurse abzubilden als der Magiebegriff selbst. Der hier vorgeschlagene Verzicht auf einen substanziell definierten Magiebegriff impliziert insofern keine bloße terminologische Ersetzung des Magiebegriffs durch den Religionsbegriff, sondern kann tatsächlich zu einem sehr viel besseren Verständnis all jener Vorstellungs- und Handlungsmuster beitragen, die in den letzten 2500 Jahren, ob polemisch oder identifikatorisch, unter dem Magiebegriff abgebildet worden sind.

12.1. Zum Verhältnis von Ausgrenzungs- und Aufwertungsdiskurs

Aus genealogischer Sicht ist als wichtigstes Ergebnis der historischen Analysen festzuhalten, dass die Geschichte des Magiebegriffs zunächst als reine Fremdbezeichnungsgeschichte begonnen hat. Im Umkehrschluss heißt das: die Genese des selbstreferentiellen Magiediskurses ist historisch *nach* dem Ausgrenzungsdiskurs anzusetzen. Denn dass zwischen den persischen *Magiern* – also der von Herodot beschriebenen und in den elamitischen Verwaltungstäfelchen bezeugten Priesterkaste des persischen Großreichs – und den bei Platon und Hippokrates genannten Ritualspezialisten oder den Autoren der *Papyri Graecae Magicae* ein historischer Zusammenhang besteht, ist auszuschließen. Wann die selbstreferentielle Verwendung des *Magier*-Titels tatsächlich eingesetzt hat, kann an dieser Stelle freilich nur gemutmaßt werden – die frühesten graeco-ägyptischen Papyri datieren etwa auf das erste Jahrhundert nach Christus. Angesichts der eingeschränkten Überlieferungssituation des antiken selbstreferentiellen Magiediskurses kann nicht einmal rekonstruiert werden, ob jenseits des spätantiken Ägyptens überhaupt Ritualspezialisten mit dem *Magier*-Titel operiert haben. Mithin ist denkbar, dass, wie bereits erwähnt, erst ägyptische Tempelpriester – im romanisierten und schließlich christianisierten Ägypten marginalisiert und ins sozioreligiöse Abseits gerückt – Sympathie für die vormalige Devianzzuschreibung *mágos* entwickelt haben. Für die vorliegende Arbeit ist gleichwohl entscheidend: sowohl der fremdreferentielle als auch der selbstreferentielle Magiediskurs sind als genuines Produkt abendländisch-europäischer Kultur- und Religionsgeschichte einzuordnen. Der Blick auf die Position des *maguš* im achämenidischen Großreich – oder auch auf den noch heute mit der etymologischen Ableitung *mobed* bezeichneten zoroastrischen Ritualpriester – kann die Ethnozentrik des abendländischen Magiebegriffs insofern deutlich vor Augen führen.

Ausgehend vom Befund einer historisch nachgängigen Genese des selbstreferentiellen Magiediskurses wird auch einsichtig, weshalb es in Teil B ohne Weiteres möglich – und zudem von großem Vorteil – war, dessen Inhalte prinzipiell unter dem Religionsbegriff abzubilden. Die Bedeutung dieses Befunds ist nicht hoch genug einzuordnen; tatsächlich lassen sich alle semantischen Topoi, die im identifikatorischen Magiediskurs eine Rolle gespielt haben, auf etablierte kulturell-religiöse Referenzdiskurse des Abendlands zurückführen. Dies betrifft nicht nur die beiden wichtigsten Topoi *mirakulöse Fähigkeiten* und *individualreligiöse Ritualpraktiken*, sondern auch die Vorstellung einer Macht über Dämonen, einer Funktionalisierung von Gottesmacht zum Schaden Anderer, die Verwendung scheinbar asemantischer Worte und Wortfolgen, die Zukunftsdeutung und Astrologie, die Vorstellung eines Aufstiegs der menschlichen Seele zu Gott, die Texttradition der Kabbalah, das Kartenspiel des Tarot, Yoga- und Meditationstechniken oder auch – hier sind wir bei Crowleys wirkmächtigster Hinterlassenschaft angelangt – Sexualität.

Auch zentrale Symbole des selbstreferentiellen Magiediskurses sind auf kulturell-religiöse Referenzdiskurse zurückzuführen – wie Stab, Penta- oder Hexagramm (*sigillum dei*: der Name spricht für sich), Siegelring, Rosenkreuz oder auch die Tempel-, Ritual- und Körperinsignien des *Hermetic Order of the Golden Dawn*. Dasselbe gilt für typische Ritualvorschriften wie Reinigung des Körpers, Enthaltsamkeit, Opfer, die Rezitation von Gebeten und Anrufungen oder die Verwendung von Ritualmitteln, spezieller Kleidung und Symbole. Auch wichtige Vorbildfiguren und Pseudoepigrapha des identifikatorischen Magiediskurses wie Zoroaster, Salomon, Pythagoras oder Apollonios von Tyana – sowie natürlich Moses und Jesus selbst – entstammen den religiösen Diskursen des Abendlands. Dies betrifft schließlich auch den Sprachduktus des selbstreferentiellen Diskurses, der sich von heiligen Texten etablierter Religionen kaum unterscheidet: allein das quantitative Vorkommen der Begriffe *Gott* oder *heilig* in den PGM, in einem spätmittelalterlichen selbstreferentiell-*magischen* Ritualtext wie dem *Liber Juratus Honorii* oder auch den Lehrdokumenten des HOGD mag diesen Zusammenhang prägnant veranschaulichen. Der identifikatorische Magiediskurs greift also nicht nur zentrale semantische Muster aus etablierten kulturell-religiösen Referenzdiskursen des Abendlands auf, er spricht auch – meist noch wortwörtlich – dieselbe Sprache.

So lässt sich an dieser Stelle das zentrale Fazit ziehen, dass der identifikatorische Magiediskurs aus historischer Sicht eben *keinen* eigenständigen Sachbereich *Magie* markiert, sondern vielmehr als rezeptionsgeschichtliche Abspaltung des abendländisch-europäischen Religionsdiskurses selbst einzuordnen ist. Kocku von Stuckrad spricht in diesem Zusammenhang von der „Brüchigkeit diskursiv generierter Kategorien"[1] und verweist darauf, dass die „Trennung zwischen Magie und Religion keinesfalls das Element der wissenschaftlichen Beschreibung sein kann. […] Religionswissenschaftliche Analyse sollte in der Beschreibung der kontextgebundenen Leistung solcher Konstruktionen bestehen, nicht aber in der unkritischen Übernahme und Verallgemeinerung zwangsläufig brüchiger Kategorien."[2] Tatsächlich hat es sich in Teil B als unmöglich erwiesen, einen semantischen Kern des identifikatorischen Magiebegriffs zu identifizieren, der das Denken und Handeln selbstreferentieller *Magier* als etwas Eigenständiges, Konsistentes und von *Religion* stringent Absetzbares qualifizieren würde. So verweist die Selbstreferentialität selbstreferentieller *Magier* selbst auf eine *brü-*

---

[1] Vgl. von Stuckrad, „Aleister Crowley, Thelema...", 319f.
[2] Ebenda, 321.

12.1. Zum Verhältnis von Ausgrenzungs- und Aufwertungsdiskurs

chige Kategorie – ein entscheidender Befund, der gleichsam als historische Kehrseite der akademischen Magieproblematik aufscheint. Dass die Polemika des Ausgrenzungsdiskurses an der Brüchigkeit der historischen Kategorie *Magie* nichts ändern – diese vielmehr noch vergrößern –, versteht sich an dieser Stelle von selbst.

In diesem Zusammenhang ist freilich zu überlegen, ob die in der vorliegenden Arbeit aus systematischen Gründen getroffene Unterscheidung eines polemischen Ausgrenzungs- und eines identifikatorischen Aufwertungsdiskurses nicht tatsächlich in beide Richtungen eine gewisse Durchlässigkeit (beziehungsweise Brüchigkeit) implizierte. Dies betrifft bereits die Abwegigkeit der Vorstellung eines konformen, einheitlichen Christentums, das sich – wie Kocku von Stuckrad festhält – gerade ab der Frühen Neuzeit mit „alternativen und plural ausformulierten religiösen Optionen sowie einer permanenten Reflexion dieser Alternativen" konfrontiert sah.[3] In Anlehnung an Wouter Hanegraaff plädiert von Stuckrad daher für eine „Trennung zwischen 'Christentum/Christentümern' und 'christlicher Theologie'".[4] Im Kontext der vorliegenden Arbeit impliziert eine solche Trennung, dass *christliche Theologie* – hierunter wären hier also die magiologischen Texte des christlichen Ausgrenzungsdiskurses zu fassen – mitunter wenig Einfluss auf individuelle Protagonisten (beziehungsweise getaufte Mitglieder) des *Christentums* haben mochte. Daraus ergibt sich die Notwendigkeit einer differenzierten Bestandaufnahme christlicher Autoren beziehungsweise individueller Protagonisten des historischen Magiediskurses: es stellt sich die Frage, weshalb alle wichtigen Autoren des frühneuzeitlichen Magiediskurses ebenso getaufte Christen – mit zum Teil hohem Orthodoxie-Anspruch – waren wie, um ein weiteres Beispiel zu nennen, das Gros der Protagonisten des *Hermetic Order of the Golden Dawn*. Auch Kieckhefers These einer *klerikalen Unterwelt*, die davon ausgeht, dass gerade die frühen lateinischen selbstreferentiell-*magischen* Ritualtexte des Hoch- und Spätmittelalters von Mönchen beziehungsweise (rangniedrigen) Klerikern verfasst worden sind, mag diesen Zusammenhang illustrieren.[5]

Wendet man sich exemplarisch einer Einordnung einzelner Autoren und ihrer Rezeptionsleistungen zu, fallen daher kaum zufällig signifikante Überschneidungen ins Auge, die ebenfalls zu einer differenzierteren Einschätzung des Verhältnisses von Ausgrenzungs- und Aufwertungsdiskurs zwingen. So weist bereits einer der frühesten, gleichwohl zentralen Autoren des antiken Diskurses – Platon – eine offenkundig ambivalente Rezeption der Terminologie um *mageía* auf. Mit seiner alkibiadischen Definition von *mageía* als *Verehrung der Götter* bei den persischen Königssöhnen initiierte er eine eigenständige, fortlaufend tradierte Rezeptionslinie des identi-

---

3 Von Stuckrad, „Aleister Crowley, Thelema...", 320.
4 Ebenda.
5 Kieckhefer, *Magic in the Middle...*, 151ff.

fikatorischen Magiebegriffs, die, wie gesehen, eine enorme wirkungsgeschichtliche Bedeutung aufweist. Gleichzeitig legte Platon in seinen *Nomoi* eine systematische Verurteilung abweichender, als *asebisch* markierte Ritualpraktiken vor (unter dem Synonym *pharmakeía*), die Vorbildcharakter für die Magiepolemik des graeco-römischen und jüdisch-christlichen Ausgrenzungsdiskurses haben konnte. Diese Ambivalenz – gleichsam eine Personalunion von Ausgrenzungs- und Aufwertungsdiskurs – findet sich auch bei späteren Autoren, prägnant etwa in Apuleius von Madauras *Apologia* oder auch bei Philo von Alexandrien, dessen Unterscheidung von *echter Magie* (ἀληθῆ μαγικήν) und *Afterkunst* (κακοτεχνία) als antike Vorform der frühneuzeitlichen Differenzierung von *magia naturalis* und *magia daemonica* bei Marsilio Ficino oder auch der Unterscheidung von *weißer* und *schwarzer Magie* bei Helena Blavatsky interpretiert werden mag.

All diese Autoren verweisen auf die durchweg beobachtbare Polyvalenz des historischen Magiebegriffs und lassen sich in gewisser Hinsicht beiden hier rekonstruierten Diskursen zuordnen. Marsilio Ficino kann vor dem Hintergrund seiner gleichzeitigen Rezeption des platonischen *und* christlichen Dämonen-Begriffs darüber hinaus auf die große argumentative Flexibilität – und zum Teil beeindruckende Inkonsistenz – von Autoren hinweisen, die gewissermaßen zwischen den Diskursen stehen. Diese Ambivalenz ließe sich sogar dem Parade-Ausgrenzungsdiskurs selbst – dem christlichen – unterstellen, der sich angesichts der Nennung der μάγοι ἀπὸ ἀνατολῶν in Mt 2,1 (im evangelikalen Herz der Heiligen Schrift) immer in einer gewissen Rechtfertigungsnot befand. Sogar in selbstreferentiell-*magischen* Texten, die abseits des elitären Diskurses einzuordnen sind – etwa den PGM, dem *Picatrix*, dem *Liber Juratus Honorii* – finden sich, wie gesehen, heterogene Argumentationsmuster, etwa moralisierende Rechtfertigungs- oder gar Ausgrenzungssemantiken gegenüber konkurrierenden Ritualpraktike(r)n.

12.1.1. Der historische Magiebegriff als *leere Signifikante*

Gleichwohl stellt diese Verwobenheit der Diskurse bei einzelnen Autoren die Struktur und Befunde obiger historischer Analyse nicht prinzipiell in Frage. Unabhängig von individuellen Variationen und Überschneidungen sind Ausgrenzungs- und Aufwertungsdiskurs in Texten der letzten 2500 konstant nachweisbar. Doch was bedeutet dies nun für ein differenziertes Verständnis des historischen Magiebegriffs? Wie lässt sich die hier entwickelte diskursive Struktur und, damit einher gehend, die Heterogenität und Polyvalenz des historischen Magiebegriffs aus religionswissenschaftlicher Sicht insgesamt einordnen?

12.1. Zum Verhältnis von Ausgrenzungs- und Aufwertungsdiskurs

Hierzu sind nochmals die Ausführungen zur Diskurstheorie und insbesondere zur Rolle von Begriffen in Diskursen aufzugreifen. Wie oben erläutert, impliziert das Konzept der *leeren Signifikante* die Annahme der Abwesenheit eines *transzendentalen Signifikats* (eines tatsächlichen, außersprachlichen Bezeichneten) bei diskursiv verhandelten Begriffen, da „das zentrale, originäre oder transzendentale Signifikat niemals absolut, außerhalb eines Systems von Differenzen, präsent ist".[6] Dadurch sei – so Michael Bergunder – die „Bedeutung sprachlicher Zeichen [...] nicht mehr in sich selbst gegeben, sondern sie ergibt sich aus der Differenz zu anderen Zeichen, die sich als ein unendliches Spiel fortschreibt, das offen ist und keine festen differentiellen Relationen ausbilden kann".[7] Die *leere Signifikante* kennzeichnet insofern eine bloße Chiffre, die weniger zur Kennzeichnung semantischer Bedeutung(en), sondern vielmehr zur Aushandlung von Identitäten und Markierung (inter-) diskursiver Grenzen dient.

Fasst man den Magiebegriff in diesem Sinne als *leere Signifikante*, wird möglicherweise erklärbar, weshalb sowohl Ausgrenzungsdiskurs als auch Aufwertungsdiskurs dermaßen unscharfe Gegenstandsbereiche abgebildet haben. Indem etwa – zunächst allgemein gesprochen – im Ausgrenzungsdiskurs religiöse Identität durch die Abgrenzung zu als heterodox und deviant wahrgenommenen Glaubens- und Handlungsformen konstruiert wurde, war die hierbei funktionalisierte Chiffre *Magie* notwendigerweise äußerst variabel applizierbar. Wenn – nun mit Blick auf den christlichen Diskurs – jede vom Kanon orthodoxer, christlicher Gottesverehrung abweichende Praxis vom Topos der Dämonenverehrung überlagert wird (dieses Muster findet sich, wie gesehen, bereits in frühchristlichen Polemiken gegenüber dem graeco-römischen Opferkult), stiftet der Begriff eben dadurch christliche Identität, dass er als übergreifende Chiffre für nicht-christliche Identität fungiert. Diese Funktionalisierung des Magiebegriffs zur Grenzmarkierung zwischen christlichem und außerchristlichem Diskurs musste zwangsläufig zur Zuordnung einer Vielzahl fremdkultureller und -religiöser Glaubens- und Ritualformen führen.[8]

---

6 Derrida, *Die Schrift und die Differenz*, 424.
7 Michael Bergunder, „Was ist Esoterik? Religionswissenschaftliche Überlegungen zum Gegenstand der Esoterikforschung", 493, in: Monika Neugebauer-Wölk (Hg.), *Aufklärung und Esoterik. Rezeption – Integration – Konfrontation. Herausgegeben von Monika Neugebauer-Wölk unter Mitarbeit von Andre Rudolph*, [Hallesche Beiträge zur Europäischen Aufklärung; 37], Tübingen 2008, 477-507.
8 Auf die nachantike christliche Verwendung des Magiebegriffs, die dies wahrscheinlich mannigfach illustrieren könnte, ist in der vorliegenden Arbeit gar nicht mehr eingegangen worden – hier ist etwa, um nur drei prägnante Beispiele zu nennen, an die Christianisierung Europas, die Kreuzzüge, oder auch an die Kolonialisierung Amerikas zu denken. Gerade in solchen interkulturellen und -religiösen Kontakt- und Konfliktszenarien ist davon auszugehen, dass der christozentrische Magiebegriff vielfach auf die beschriebene Weise funktionalisiert worden ist.

Dies ist in devianztheoretischen Ansätzen zum Magiebegriff bereits häufig problematisiert worden; interessant angesichts obiger Befunde ist gleichwohl, dass sich die sehr weiträumige Zuordnung semantischer Topoi zum Magiebegriff auch und gerade – und vielleicht noch sehr viel prägnanter – im identifikatorischen Magiediskurs gezeigt hat. Auch dieser Befund lässt sich mittels des Konzepts der *leeren Signifikante* differenzierter einordnen; denn auch im selbstreferentiellen Diskurs fungierte der Magiebegriff primär zur Stiftung religiöser Identität(en), gegenüber der die Indikation semantischer Bedeutung in den Hintergrund trat. Interessant sind hierbei wiederum charakteristische Überschneidungen zwischen Ausgrenzungs- und Aufwertungsdiskurs: so hat der identifikatorische Magiediskurs häufig genau jene Elemente aufgegriffen, die von den jeweils dominanten kulturell-religiösen Diskursen als deviant markiert und ausgegrenzt worden sind. Dies ist nicht nur für die beiden klassischen Topoi *individualreligiöser Ritualpraktiken* und *mirakulöser Fähigkeiten* zu konstatieren, sondern auch für spätere Zuordnungen wie Nekromantie, Divination, Astrologie, Alchemie, Kabbalah, Mesmerismus, Tarot, Yoga (als dieser im Westen noch *nicht* populär war!) oder auch den *Beschwörungs*-Topos – um nur einige zu nennen. Indem im selbstreferentiellen Magiediskurs Identität ebenfalls durch die Abgrenzung nach *außen* – in diesem Fall: gegenüber jeweils dominanten abendländisch-europäischen Weltdeutungsdiskursen – vollzogen wurde,[9] konnte dieser insbesondere ab der Frühen Neuzeit vieles von dem aufgreifen und aufwerten, das im Öffentlichkeitsdiskurs verdrängt, verachtet, belächelt oder völlig ignoriert worden ist. Vor diesem Hintergrund bezeichnet Hanegraaff auch den identifikatorischen Magiebegriff zurecht als „conceptual waste-basket".[10]

Der Magiebegriff lässt sich darüber hinaus auch deshalb als *leere Signifikante* interpretieren, weil im Grunde alle semantischen Topoi, die ihm im historischen Kontext (ob selbst- oder fremdreferentiell) zugeordnet worden sind, überdeterminiert sind – das heißt: auch *unabhängig* vom Magiebegriff tradiert worden sind. Es gibt, wie vielfach gezeigt, keinen semantischen Kern des historischen Begriffs, der gleichsam genuin *magisch* und ausschließlich für den Begriff reserviert wäre. Um ein Beispiel zu nennen: der wirkungsgeschichtlich so bedeutsame Topos *mirakulöser Fähigkeiten* wird dem Magiebegriff zwar seit der griechischen Antike kontinuierlich – bis

---

9 Was Michael Bergunder über die gleichfalls polemisch-identifikatorische Chiffre *Hermetismus* schreibt – "Während der herrschende Diskurs Hermetismus als eine 'geschlossene Gegenkultur des Aberglaubens und der Irrationalität' beschrieb, invertierten die Anhänger dieser Traditionen dieses Bild dadurch, daß sie sich selbst als gegenkulturelle Bewegung stilisierten, aber die Stigmata in Überlegenheit uminterpretierten, indem sie 'eine überlegene Weltanschauung mit antiken Wurzeln, und in Opposition zu religiösen Dogmen und engstirnigem Rationalismus' für sich beanspruchten" (Bergunder, „Was ist Esoterik...", 499) – ist der ältesten Devianzkategorie *Magie* daher allemal zuzuschreiben.
10 Hanegraaff, „Magic V...", 742.

12.1. Zum Verhältnis von Ausgrenzungs- und Aufwertungsdiskurs 623

heute – zugeordnet, ist allerdings in graeco-römischer und jüdisch-christlicher Religionsgeschichte immer auch mittels anderer, von *Magie* abgesetzter Terminologien und Argumentationsmuster tradiert worden. Insbesondere die Auseinandersetzungen im Rom der mittleren Kaiserzeit um die mirakulösen Fähigkeiten Jesu und Apollonios von Tyanas haben sich in dieser Hinsicht als prägnantes Exempel erwiesen: hier denotierte der *Magier*-Titel eben keine eigenständige Bedeutung, sondern markierte lediglich den negativen Pol einer dichotom aufgegliederten Kennzeichnung von Personen mit mirakulösen Fähigkeiten. Gegenüber dem positiven Pol, der immerhin – allerdings auf beiden Seiten – mittels der *signum-dei*-Denkfigur unterlegt wurde, erfüllte der Magiebegriff keine semantische Funktion, sondern markierte nurmehr ein negatives Stereotyp, fungierte mithin als bloßes Schimpfwort.

Insbesondere aus einer übergeordneten, diachronen Perspektive kann der historische Magiebegriff daher als *leere Signifikante* eingeordnet werden. Wenngleich *Magie* in einzelnen historischen Kontexten durchaus semantische Indikatorfunktionen erfüllt haben mag – etwa für die Autoren der *Papyri Graecae Magicae*, die ihre Ritualpraxis sicherlich zweifelsfrei und für alle Beteiligten verständlich unter dem Begriff abbilden konnten –, treten diese angesichts der historisch viel bedeutsameren Funktionen der Aus- und Eingrenzung, der Ab- und Aufwertung in den Hintergrund. Als wesentliche Charakteristika des abendländischen Magiebegriffs haben sich nicht semantische, sondern eben jene funktionalen Konstanten ergeben, die in der vorliegenden Arbeit mittels der Differenzierung eines Ausgrenzungs- und eines Aufwertungsdiskurses analytisch abgebildet worden sind. Vor dem Hintergrund der erstaunlichen historischen Konstanz dieser beiden Diskurse – über Jahrtausende hinweg – tritt die Zuschreibung einzelner semantischer Bezüge nurmehr als hochvariabler, mitunter beliebig anmutender Sekundärprozess in Erscheinung.

Freilich ist in diesem Zusammenhang auch darüber hinweg zu sehen, dass beide historischen Magiediskurse an die Identität des *Magiers* – freilich unter unterschiedlichen Voraussetzungen – geglaubt haben und dies auch heute noch tun. Die hier vorgeschlagene methodologische Herangehensweise führt in gewisser Hinsicht zur Dekonstruktion der Identität des *Magiers*, die durch das Jahrtausende währende Wechselspiel von Ausgrenzungs- und Aufwertungsdiskurs überhaupt erschaffen worden ist. Diese Dekonstruktion geschieht nicht aus wissenschaftlichem Sadismus oder bloßer akademischer Arroganz und zielt insofern auch nicht auf eine Aufklärung der Untersuchungsobjekte (etwa rezenter selbstreferentieller *Magier*) ab. Vielmehr stellt die analytische Dekonstruktion der selbstreferentiell- und fremdreferentiell-*magischen* Identität(en) einen zwingend notwendigen Abstraktionsprozess dar, um den diffusen Schleier, den die leere Signifikante *Magie* über die abendländische Religionsgeschichte gelegt hat, zumindest im Wissenschaftsdiskurs endlich aufzubrechen. Jener Schleier impliziert die seit nunmehr 2500 Jahren aufrecht erhaltene – weithin arbiträre – Vorstellung einer prinzipiellen, gleichsam ontologischen Dualität zweier wesensunterschiedener Optionen von Transzendenzbezug im Kontext abendländisch-europäischer Kultur- und Religionsgeschichte. Auch wenn sowohl Ausgrenzungs- als auch Aufwertungsdiskurs von der tatsächlichen Existenz dieser Dualität überzeugt waren und sind, sollte die akademische Forschung nicht mehr den Suggestionen dieser Diskurse unterliegen. Grundlegende Voraussetzung hierfür ist, auf die Verwendung eines substanziellen Magiebegriffs (nicht nur) bei der Analyse abendländisch-europäischer Kultur- und Religionsgeschichte zu verzichten.

Das Konzept der *leere Signifikante* erlaubt es also nicht nur, die Geschichte des Magiebegriffs sinnhaft abbilden und einordnen zu können, sondern macht auch nochmals auf die historische Position des akademischen Magiediskurses aufmerksam. Denn es waren nicht zuletzt jene Charakteristika, die den Magiebegriff als *leere Signifikante* kennzeichnen, die zu den in Teil A beschriebenen hermeneutischen Problematiken des akademischen Magiediskurses geführt haben. Auch die frühen akademischen Magietheoretiker haben weniger semantische Inhalte als vielmehr die Abwertungs- und Ausgrenzungsfunktion des Begriffs aufgegriffen – nun freilich in Bezug auf Vorstellungs- und Handlungsmuster, die ihnen als inkonsistent mit wahrer Religion, akademischer Wissenschaft oder aufgeklärter Moderne erschienen sind. Angesichts dieses rezeptionsgeschichtlichen Zusammenhangs soll im Folgenden nochmals auf den akademischen Magiediskurs und seine historischen Wurzeln eingegangen werden.

12.2. Zu historischen Wurzeln des akademischen Magiediskurses

Die Ergebnisse der historischen Analysen in Teil B drängen dazu, nochmals einen Blick auf die akademische Definitionsgeschichte des Magiebegriffs zu werfen. Denn offenkundig setzte diese zu einem Zeitpunkt ein, als der Begriff bereits knapp 2400 Jahre in unterschiedlichen kulturellen Kontexten, Sprachen, Diskursen, Bedeutungen und Funktionen verwendet worden ist. Bereits in Teil A ist in diesem Zusammenhang darauf hingewiesen worden, dass der akademische Magiediskurs prinzipiell mit historisch vorgängigen Magiediskursen in Verbindung steht – die in Kapitel 3 aufgewiesene Ethnozentrik des akademischen Begriffs leitet sich hiervon wesentlich ab. Nun gilt es, vor dem Hintergrund der in Teil B erarbeiteten historischen Befunde einen nochmals differenzierteren Blick auf die Rezeptionsleistungen der wichtigsten akademischen Magietheoretiker zu werfen.

12.2.1. Rezeptionsleistungen gegenüber dem Aufwertungsdiskurs

Zunächst zu Rezeptionsleistungen gegenüber dem Aufwertungsdiskurs: tatsächlich resultieren, wie die folgenden Ausführungen zeigen werden, die Differenzen zwischen den Schulen Frazers und Durkheims nicht nur aus unterschiedlichen theoretischen und methodologischen Annahmen, sondern auch aus unterschiedlichen Rezeptionsleistungen gegenüber dem historischen – und speziell: dem identifikatorischen – Magiediskurs. So weist Frazers zentrales Theorem der *sympathetischen Magie* offenkundig einen Begriff auf – *Sympathie* –, der, wie gesehen, eine nicht unwesentliche Rolle im Aufwertungsdiskurs gespielt hat. Im Folgenden soll überprüft werden, ob dieser Begriff möglicherweise über konkrete Rezeptionslinien vom identifikatorischen in den akademischen Magiediskurs eingangen ist. Auch die symbolistische Schule um Mauss, Hubert und Durkheim ist dahingehend zu prüfen, ob spezifische Rezeptionsleistungen gegenüber dem Aufwertungsdiskurs zu ihrer Postulierung einer prinzipiellen inhaltlichen Vergleichbarkeit – und nur sozialen Differenz – von *Religion* und *Magie* geführt haben.

Zunächst zur intellektualistischen Schule um Edward B. Tylor und James G. Frazer. Sucht man zunächst in den verschiedenen Ausgaben von Frazers *The Golden Bough* nach einer erklärenden Referenz für seine Verwendung des Sympathiebegriffs, wird man nicht fündig – in seiner dritten, zwölfbändigen Edition erläutert Frazer zwar der Ursprung der Begriffe *homöopathische*, *mimetische* und *imitative Magie*, nicht aber die Herkunft des Sympathiebegriffs selbst.[11] Man muss einen Schritt zurück gehen und sich dem Werk Edward B. Tylors zuwenden: anders als Frazer beruft sich Tylor im vierten Kapitel von *Die Anfänge der Cultur* auf eine Reihe von Referenztexten, die in der Tat dem identifikatorischen Magiediskurs zuzuordnen sind. Zum einen rekurriert Tylor mehrfach auf Agrippa von Nettesheim, dessen Schriften (*De Occulta Philosophia* und *De incertitudine et vanitate scientiarum*) Tylor vorwiegend als Materialsammlungen zur Divination dienen. Tylors Rekurs auf den frühneuzeitlichen Magietheoretiker geht gleichwohl nicht über drei Verweise zu unterschiedlichen Formen der Wahrsagepraxis (unter Anderem dem Handlesen) sowie einem Verweis zu einer weiteren (nach Ansicht Tylors) betrügerischen Pseudo-Wissenschaft – der Astrologie – hinaus.[12] Agrippas identifikatorische Ausführungen zu *Magie*

---

11 Vgl. Frazer, *The Golden Bough. A Study in Magic and Religion...*, 52, Fußnote 1: „The expression Homoeopathic Magic was first used, so far as I am aware, by Mr. Y. Hirn (Origins of Art (London 1900), p. 282). The expression Mimetic Magic was suggested by a writer in Folk-lore (viii. 1897, p. 65), whom I believe to be Mr. E. S. Hartland. The expression Imitative Magic was used incidentally by me in the first edition of The Golden Bough (vol. ii. p. 268)."

12 Vgl. etwa Tylor, *Die Anfänge der Cultur...*, Band 1, 120, Fußnote 1 (Rekurs auf Agrippas Ausführungen zu unterschiedlichen Formen der Divination in *De Occulta Philosophia*,

fehlen in Tylors Verweisen und mögen dem britischen Akademiker auch reichlich merkwürdig vorgekommen sein.

So ist kaum davon auszugehen, dass Agrippa Tylor maßgeblich beeinflusst hätte;[13] gleichwohl mag dennoch über einen Zusammenhang nachgedacht werden. Denn in jenem Abschnitt zur Astrologie, in dem Tylor auf Agrippas *De Occulta Philosophia* rekurriert, taucht auch der Sympathiebegriff auf – es ist eine von insgesamt (nur!) zwei Stellen in Tylors Schrift, in der *Sympathie* im Kontext jener Bedeutung verwendet wird, die später Frazer aufgreifen wird – Anziehung: „Eine der lehrreichsten astrologischen Doctrinen, welche noch heute ihre Stellung im Volksglauben behauptet hat, ist jene von der Sympathie der wachsenden und schwindenden Natur mit dem zunehmenden und abnehmendem Monde."[14] Freilich ist hierbei zu bedenken, dass Agrippa den Sympathiebegriff selbst kaum verwendet hat; die einzige (!) Rezeption in *De Occulta Philosophia* findet sich im 37. Kapitel des ersten Buches und ist nah an die Ausführungen Ficinos und Picos angelehnt.[15] So fällt die Rezeption des Sympathiebegriffs bei Agrippa kaum ins Auge und illustriert – analog zur spärlichen Rezeption des Begriffs bei Ficino – vielmehr die Übersetzung des neuplatonischen *sympatheía* mit dem neo-neuplatonischen *magia* im frühneuzeitlichen Magiediskurs. Eine direkte Wanderbewegung des Sympathiebegriffs von Plotin über Ficino zu Agrippa und von diesem zu Tylor und Frazer ist insofern nicht stringent rekonstruierbar.

    Buch 1, Kap. 57, sowie zur Wahrsagung aus dem Vogelgeschrei in *De incertitudine et vanitate scientiarum*, Kap. 37); 125, Fußnote 1 (Rekurs auf Agrippas Ausführungen zum Handlesen in *De Occulta Philosophia*, Buch 2, Kap. 27), 128, Fußnote 1 (Rekurs auf die pseudoepigraphisch Agrippa zugeordnete, tatsächlich aber wohl von Georg Pictorius verfasste Schrift *De speciebus magiae ceremonialis quam goetiam vocant*, ebenfalls im Kontext eines divinatorischen Ritus'), 129, Fußnote 1 (Rekurs auf Agrippas *De Occulta Philosophia* im Kontext von Astrologie, gleichwohl ohne Kapitelangabe).

13 Hanegraaff macht den Zusammenhang wahrscheinlich zu stark, wenn er schreibt: „Frazer, furthermore, famously divided magic into 'homeopathic (imitative, mimetic)' and 'contagious' magic,: a distinction that was probably taken straight from Tylor […], who in turn could have found it in Cornelius Agrippa's De occulta philosophia (I, 15-16), to which he frequently referred. This is a particularly clear example of how academic theories of magic may have unacknowledged roots in magical currents in Western esotericism"; Hanegraaff, „Magic I...", 716.

14 Tylor, *Die Anfänge der Cultur...*, Band 1, 129.

15 Vgl. Agrippa, *De Occulta Philosophia*, Buch 1, Kapitel 37 (Frenschkowski, *Agrippa von Nettesheim...*, 111; Compagni, *Cornelius Agrippa. De Occulta...*, 153/54): „Es wird nämlich täglich etwas natürliches durch die Kunst, etwas göttliches durch die Natur angezogen, weshalb die Ägypter die Natur eine Magierin genannt haben, d.h. die magische Kraft selbst, die sich durch Anziehung des Ähnlichen durch das Ähnliche des Übereinstimmenden durch das Übereinstimmende äußert [quod intuentes Aegyptii naturam magam vocavere, hoc est vim ipsam magicam in attractu similium per simalia et convenientium per convenientia]. Diese Anziehung in Folge der gegenseitigen Übereinstimmung der Dinge, des oberen mit dem unteren, nannten die Griechen συμπάθεια (Sympathie);"

12.2. Zu historischen Wurzeln des akademischen Magiediskurses 627

Wahrscheinlicher ist, dass der Sympathiebegriff über einen anderen Quellentext Tylors in den akademischen Magiediskurs des ausgehenden 19. Jahrhunderts eingegangen ist – hierzu ist die zweite *Sympathie*-Passage in Tylors Werk zu konsultieren: „Wie bei den Negern der Fetischmann, wenn sein Patient nicht in Person kommt, statt dessen mittels seines schmutzigen Gewandes oder seiner Mütze wahrsagen kann, so behauptet der moderne Hellseher, sympathetisch die Empfindungen einer entfernten Person zu fühlen, wenn man durch eine Haarlocke derselben oder irgend etwas Anderes, das mit ihr in Berührung gewesen ist, eine Verbindung herstellt."[16] Tylor rekurriert hier wieder auf divinatorische Praktiken und verwendet zudem (übrigens das einzige Mal im ganzen Werk) das Attribut *sympathetisch* – die Passage mag geradezu Vorbildcharakter für Frazers Magietheorie gehabt haben. In der Fußnote, die Tylor glücklicherweise der Haarlocken-Passage anfügt, findet man die entscheidende Referenz für Tylors Rezeption des *sympathetisch*-Attributs: er verweist auf die Schrift *Letters to a candid inquirer, on animal magnetism* des schottischen Chemikers und Mesmerismus-Anhängers William Gregory (1803-1858).

Gregory verwendet in der 1851 veröffentlichten Schrift die Begriffe *sympathy* und *sympathetic* in der Tat außerordentlich häufig zur Kennzeichnung verschiedener Wirkungen des animalischen Magnetismus' sowie unterschiedlicher Formen von Divination –[17] es kann daher stark davon ausgegangen werden, dass Tylor den Begriff aus Gregorys Abhandlung übernommen hat. Zentral für Gregorys Verständnis des Sympathiebegriffs ist die Vorstellung einer konkret erfahrbaren, sich unterschiedlich manifestierenden Kraft (*power*) zwischen dem Magnetiseur (beziehungsweise Hypnotiseur) und der magnetisierten Person.[18] Interessant in diesem Zusammenhang ist auch Gregorys Rezeption des Magiebegriffs:

> „In Part I., after describing the phenomena, and briefly explaining certain useful applications of our knowledge on this subject, especially to medical purposes, and to the explanation of much that is obscure in what is called Magic or Witchcraft, a great part of which appears to have rested on a knowledge of these phenomena, possessed by a few in an ignorant age, I have ventured to suggest, not as a fully developed theory, but simply as a conceivable idea, an explanation of the *modus operandi* in magnetic phenomena, especially in clair-

---

16 Tylor, *Die Anfänge der Cultur...*, Band 1, 116.
17 Vgl. William Gregory, *Letters to a candid inquirer, on animal magnetism*, Philadelphia 1851, zu *sympathy* u.A. 21, 50, 85, 101, 103, 107, 108, 111 usw.; zu *sympathetic* 22, 108, 109, 110, 112, 113, 115, 121, 142, 148, 191 usw.
18 Vgl. besonders Ebenda, 102: „And first, of Sympathy. This power, as we have seen, begins to appear in the earlier stages, and is shown in the form of an attraction towards the magnetiser, or in that of obedience to his silent will. But as we advance, it is further developed, so as to become the chief characteristic of a certain stage of the magnetic sleep. The sleeper acquires the power of perceiving every sensation, bodily and mental, of his magnetiser. Nay, he often exhibits a like power in reference to all with whom he is placed en rapport, especially when this is done by contact."

voyance. I have endeavored to show, that if we admit the existence of that universally diffused power of influence, whatever be its true nature, […] it then becomes possible to conceive the phenomena as resulting from the operation of natural causes. […] That the phenomena depend on natural causes, cannot, I think, be doubted; […] Whatever may be the essence of the influence which causes these phenomena, it is obvious, that it has analogies with heat, light, electricity, and ferro-magnetism; and yet that it is not identical with any one of these."[19]

Gregorys Ausführungen sind aus rezeptionsgeschichtlicher Sicht in mehrerlei Hinsicht interessant. Zum einen ist seine mesmerische Vereinnahmung des Magiebegriffs bemerkenswert; wie oben gesehen, ist auch der identifikatorische Magiediskurs seit dem frühen 19. Jahrhundert – man denke an Barretts Ausführungen in *The Magus* – durch eine Vereinnahmung des animalischen Magnetismus gekennzeichnet. Während Autoren wie Barrett, Lévi und Blavatsky Mesmerismus allerdings als einen von vielen Aspekten der übergeordneten Kategorie *Magie* ansahen, verfährt Gregory genau umgekehrt: das vormals als „Magic or Witchcraft" bezeichnete sei zu einem guten Teil durch die (rein natürlichen) Mechanismen des animalischen Magnetismus erklärbar.[20] Wieder sind wechselseitige Inklusions- und Exklusionsstrategien im Kontext des Magiebegriffs beobachtbar. Gregory weist mit seinem Verweis auf den natürlichen Ursprung des Mesmerischen *Fluidums*[21] zudem verblüffende Parallelen zur Argumentation des frühneuzeitlichen *magia-naturalis*-Diskurses auf. Bei Gregory, einem anerkannten Chemiker seiner Zeit – er war von 1844 bis 1858 Professor für Chemie an der Universität Edinburgh –, wird allerdings der Naturbegriff wiederum wissenschaftlich vereinnahmt und vom Magiebegriff abgesetzt; der *animalische Magnetismus* stünde insofern den wissenschaftlich erklär- und beherrschbaren Kräften „heat, light, electricity, and ferro-magnetism" näher; es sei nur eine Frage der Zeit, so Gregory, „that we may hope some day to trace the natural relations of Animal Magnetism".[22]

Gregory verkörpert gewissermaßen den (gescheiterten) Versuch, Bestandteile vormaliger Magiediskurse über den Mesmerismus in den akademischen Diskurs aufzunehmen und einer naturwissenschaftlichen Prüfung zu unterziehen. Der Sympathiebegriff fungiert bei ihm daher zur Kennzeichnung einer verborgenen Kraft, die hinter den Phänomenen des animalischen Magnetismus' stehe und tatsächlich auf natürlichen, wissenschaftlich erforschbaren Mechanismen beruhe. Auch Gregory stellt in diesem Zusammenhang übrigens verschiedene Formen von Divination neben *Magie*

---

19 Ebenda, XIV/XV; Kursivsetzung Gregory.
20 Prägnanter hierzu auch Ebenda, 271
21 Gregory spricht in Anlehnung an Baron Carl von Reichenbach auch von Odyle/odylic; vgl. Ebenda, u.A. 21: „His [Reichenbachs; d. Verf.] Odyle is identical with the Magnetic Fluid of Mesmer, or with the Influence which causes the Magnetic Phenomena."; vgl. auch Ebenda, 120, 152, 194, usw.
22 Ebenda, 384.

12.2. Zu historischen Wurzeln des akademischen Magiediskurses 629

und Mesmerismus und geht von einer einheitlichen, natürlichen Ursache aus.[23] Vom wissenschaftlichen Ausgrenzungsdiskurs seiner Zeit ist der Chemiker daher deutlich abzusetzen. *Magie* und *Sympathie* kennzeichnen bei Gregory reale Wirkungszusammenhänge im Kontext der Theorie des animalischen Magnetismus, welche der Schotte faszinierend genug findet, um eine umfangreiche Abhandlung darüber zu veröffentlichen (die für seine wissenschaftliche Reputation sicherlich nicht ungefährlich war). Indem Tylor den Sympathiebegriff Gregorys aufgreift und an Frazer weiterleitet, geht der Sympathiebegriff daher nicht direkt vom identifikatorischen in den akademischen Magiediskurs ein. Gleichwohl lässt sich die mesmerische Vereinnahmung des Magiebegriffs bei Gregory – in der er übrigens signifikant von Mesmers eigenen Schriften abweicht –[24] durchaus als eigentümliche Fortführung des identifikatorischen Magiediskurses lesen.

Bei Gregory selbst finden sich wiederum keine Hinweise zu konkreten Rezeptionsleistungen bezüglich seiner Verwendung des Sympathie- oder Magiebegriffs. Freilich ist anzunehmen, dass der Sympathiebegriff Mesmerismus-Anhängern wie Gregory als wertfreier, semantisch naheliegender Terminus erschien, um die mysteriöse Kraft des animalischen Magnetismus abzubilden und im akademischen Diskurs salonfähig zu machen. Bekanntermaßen ist dies nicht geglückt; entscheidend an dieser Stelle ist, dass die Wanderung des Sympathiebegriffs von Gregory zu Tylor, und von Tylor zu Frazer eine erneute Transformation des Begriffs impliziert. Denn wo bei Gregory noch von tatsächlichen Wirkungszusammenhängen die Rede ist, findet sich bei Tylor nunmehr die Vorstellung einer *falschen Ideenassozia*-

---

23 Vgl. Ebenda, 101: „I appears to me certain, that both classes of phenomena depend essentially on the same cause, and that, a natural cause. There is nothing supernatural or miraculous about sympathy or clairvoyance, if we will only examine them. They occur, as we shall see, spontaneously, and have been observed from the earliest ages. It is probable that the ancients were well acquainted with them, that this knowledge, being kept secret, and perhaps used for bad, certainly for interested objects, by those who had the exclusive possession of it, had been lost, and that it was necessary to recover it, which was first effectually done, in great part at least, by Mesmer, although Van Helmont, and many others before Mesmer, had obtained glimpses of the truth."

24 Vgl. etwa die folgende Passage in Mesmers *Memoiren*, in der er seine Lehre – wie ja zu erwarten – radikal von *Magie* absetzt: „En observant ces phénomènes, en réfléchissant sur la facilité avec laquelle les erreurs naissent, se multiplient et se succèdent, personne ne pourra méconnaître la source des opinions sur les oracles, les inspirations, les sybilles, les prophéties,les divinations, les sortilèges, la magie, la démonurgie des anciens ;et de nos jours, sur les possessions et les convulsions. Quoique ces différentes opinions paraissent aussi absurdes qu'extravagantes, elles ne portent pas tout-à-fait sur des chimères ; tout n'y est point prestige ;elles sont souvent les résultats de l'observation de certains phénomènes de la nature, qui, faute de lumière ou de bonne foi, ont été successivement défigurés ; enveloppés ou mystérieusement cachés. Je puis prouver aujourd'hui que ce qu'il y a toujours eu de vrai dans les faits dont il s'agit, doit être rapporté à la même cause, et qu'ils ne doivent être considérés que comme autant de modifications de l'état appelé somnambulisme."; Franz Anton Mesmer, *Mémoire de F. A. Mesmer, Docteur en Médecine, sur ses découvertes*, Paris 1798/99, 63/64.

tion im Kontext der Pseudo-Wissenschaft *Magie* – kurz gesagt: *Sympathie* wird zu *Symbolik*.[25] Bei Frazer wird *Sympathie* schließlich als rückschrittliches, illusionäres Wirkprinzip hinter primitiven Ritualpraktiken aus den Anfangszeiten menschlicher Kulturentwicklung fest- und fortgeschrieben. So wird auch der Sympathiebegriff bei seinem Eingang in den akademischen Magiediskurs gewissermaßen seines Signifikats beraubt und bildet nur noch assoziierte (bei Tylor: *symbolische*) Wirkungszusammenhänge ab. Mit der göttlichen, alldurchdringenden Kraft, die noch Plotin vor Augen gehabt hatte, hat Frazers Begriff jedenfalls nur noch wenig gemein.

Dennoch weist die Frazersche Magietheorie über den Sympathiebegriff eine signifikante rezeptionsgeschichtliche Verbindung mit dem identifikatorischen Magiediskurs auf. Ausgehend von diesem Befund lassen sich möglicherweise weiterführende Erklärungsmuster für den akademischen *Zerfall der Kategorie* generieren. Denn indem Frazer den Sympathiebegriff in den Mittelpunkt seiner Theorie stellte – und insofern die (im identifikatorischen Diskurs vergleichbar virulente) Frage nach der *Wirkung* der verhandelten Praktiken betonte –, weichen seine Rezeptionsleistungen signifikant von denen Mauss', Huberts und Durkheims ab. Während Durkheim hierzu selbst wiederum keine dezidierten Ausführungen gibt, wird man in seinem aus theoretischer Sicht wichtigsten Quellentext – der *Esquisse d'une théorie générale de la magie* von Henri Hubert und Marcel Mauss – fündig. Die Kernelemente ihres *Entwurfs einer allgemeinen Theorie der Magie*, insbesondere ihre argumentativen Differenzen zur intellektualistischen Schule wurden bereits oben skizziert; nun gilt es, die Quellentexte der beiden Autoren genauer in den Blick zu nehmen.

Auf den ersten Blick scheint es, dass Mauss und Hubert sich primär am Wissenschaftsdiskurs ihrer Zeit orientieren und Texte des identifikatorischen Diskurses (sofern bekannt) sogar bewusst ausblenden.[26] Tatsächlich

---

25 Vgl. Tylor, *Die Anfänge der Cultur...*, Band 1, u.A. 117: „Die Zahl der magischen Künste, bei denen nur auf Zusammenhang von Analogie oder Symbolismus beruht, ist endlos im ganzen Verlaufe der Civilisation."; vgl. auch Ebenda, 132/133: „Ueberblicken wir die Einzelheiten, welche hier als passende Beispiele symbolischer Magie zusammengestellt sind, so können wir mit Recht die Fragen aufwerfen: Ist in dem ganzen ungeheuerlichen Gemisch durchaus keine Wahrheit und kein Werth? Allen Anscheine nach hat es praktisch gar keinen, und die Welt hat jahrhundertelang sklavisch einem blinden Glauben an Vorgänge gehorcht, welche mit ihren vermeintlichen Ergebnissen durchaus nicht in Zusammenhang stehen, und gerade in der entgegengesetzten Weise aufgefasst werden könnten."

26 So heißt es im ersten Absatz des einleitenden Abschnittes „Geschichtliches und Quellen": „Die Magie ist seit langem Gegenstand von Spekulationen. Die der alten Philosophen, der Alchimisten und der Theologen gehören, weil rein praktischer Natur, zur Geschichte der Magie und dürfen in einer Geschichte der unserem Thema gewidmeten wissenschaftlichen Untersuchungen nicht vorkommen. Die wissenschaftliche Literatur beginnt mit den Schriften der Brüder Grimm, die eine lange Reihe von Forschungen eröffnet haben, in deren Folge sich auch unsere Arbeit einreiht"; Mauss/Hubert, „Entwurf einer allgemeinen...", 45.

12.2. Zu historischen Wurzeln des akademischen Magiediskurses 631

geben auch Mauss und Hubert an, sich vorwiegend auf ethnographische Quellen stützen:

> „Wir haben uns also darauf beschränkt, nur eine begrenzte Anzahl von Magien zu beobachten und miteinander zu vergleichen: die Magien einzelner australischer Stämme, die einiger melanesischer Gesellschaften, zweier Nationen irokesischer Abkunft, der Cherokesen und Huronen, und von den algonkinschen Magien die der Ojibwa. Außerdem haben wir die Magie des alten Mexiko herangezogen und schließlich noch die moderne Magie der malaiischen Halbinsel berücksichtigt".[27]

Diese Reihung wird schließlich noch auf indische Brahmanen, jüdische Quellen, das „Studium der griechischen und lateinischen Magie",[28] sowie auf „gut bezeugte Tatsachen aus der Geschichte der Magie des Mittelalters und der französischen, germanischen, keltischen und finnischen Folklore" ausgeweitet.[29]

Nur bei drei Angaben wird das Fremdreferentialitäts-Schema durchbrochen – es sind diese, die hier eingehender zu betrachten sind. Im Kontext der „griechischen und lateinischen Magie" erläutern Mauss und Durkheim in der dazugehörigen Fußnote: „Wir haben uns vorzugsweise auf Zauberpapyri gestützt, die uns, wenn nicht ganze Riten, so doch wenigstens vollständige Angaben über eine bestimmte Zahl von Riten liefern."[30] Ferner verweisen die Autoren auf „Texte der Alchemisten", hinsichtlich derer sie sich auf eine von Marcellin P. E. Berthelot herausgegebene, dreibändige Quellensammlung – die *Collection des anciens alchimistes grecs* – berufen;[31] schließlich wird auf eine Textsammlung zur „Magie des Mittelalters" verwiesen: auf die *Quellen und Untersuchungen zur Geschichte des Hexenwahns und der Hexenverfolgung im Mittelalter* von Joseph Hansen – das Buch besteht freilich ausschließlich aus Texten und Traktaten des christlichen Ausgrenzungsdiskurses – etwa einer Auflistung und Erläuterung aller päpstlichen Erlässe „über das Zauber- und Hexenwesen" zwischen 1258 und 1526, Auszügen aus den wichtigsten Gesetzestexten der Zeit (unter Anderem dem *Canon Episcopi* und der *Constitutio Criminalis Carolina*), sowie aus dämonologischen Traktaten zur frühneuzeitlichen Hexenlehre wie (unter Anderem) dem *Malleus Maleficarum*.[32]

---

27 Ebenda, 49/50.
28 Ebenda, 50.
29 Ebenda, 51.
30 Ebenda, Fußnote 8.
31 Ebenda; vgl. M. P. E. Berthelot, *Collection des anciens alchimistes grecs*, 3 Bände, Paris 1887/1888. Wichtigster Text der Edition ist der Leidener *Papyrus X*, ein griechisch-demotischer Papyrus aus dem 3./4. Jahrhundert nach Christus, der zusammen mit wichtigen *Papyri Graecae Magicae* im frühen 19. Jahrhundert in Theben gefunden und von d'Anastasi 1828 an die Universitätsbibliothek Leiden verkauft worden ist. Der Papyrus ist also den *Papyri Graecae Magicae* historisch zuzuordnen und gilt als einer der ältesten Texte mit Rezepturen zur Herstellung von Farben und Metallen.

Geht man schließlich den Text der *Esquisse* durch, kommt man zu dem verblüffenden Ergebnis, dass von den genannten Quellen vor allem die „Zauberpapyri" – die Autoren rekurrieren hier in der Tat auf die *Papyri Graecae Magicae* (insbesondere auf PGM IV, VII und XIII nach der Zählung Preisendanz'), die bereits zur Jahrhundertwende in einer Reihe von Einzeleditionen vorlagen – eine Sonderstellung einnehmen. Hubert und Mauss verweisen im ersten Teil der *Esquisse* mindestens vierzehn Mal auf diverse Aspekte der Papyri und nutzen diese mehrfach zur Illustration ihrer theoretischen Annahmen; dies sei im Folgenden kurz erläutert.

Zunächst verweisen Hubert und Mauss im Kontext der „griechischen Papyri" auf die offenkundige Existenz von „Magiergesellschaften" und erläutern, dass „sich dort, wo magische Gruppen existieren, Unterschiede zu religiösen Zusammenschlüssen nicht ausmachen" ließen.[33] Zur einführenden Erläuterung der rituellen Ähnlichkeit von *Magie* und *Religion* wird die ὀγδόν Μωϋσέως, das *achte Buch Mose* (nach Preisendanz: PGM XIII) erwähnt, welches „uns detailliert alle Phasen einer derartigen Zeremonie vorführt – Reinigungen, Opferriten, Beschwörungen und als Krönung des Ganzen eine mythische Offenbarung, die das Geheimnis der Welt erklärt".[34] Die Autoren verweisen in diesem Zusammenhang besonders auf die Ähnlichkeit von Vorbereitungs- und Reinigungsritualen, die im Rahmen der religiösen Opferpraxis und *Magie* gleichermaßen durchgeführt würden.[35] Auch hinsichtlich der analogen Bedeutung und Gestalt von „Ausgangsriten"[36] wird auf einen kurzen Ritualtext (die Μαντία Κρονική) im „großen Pariser Zauberpapyrus" (nach Preisendanz: PGM IV) verwiesen, der ein abschließendes „Gebet, das ein wirklicher Ausgangsritus ist", beinhalte.[37] Zur Veranschaulichung weiterer ritueller Parallelen zwischen Opferpraxis und *Magie* verweisen die Autoren erneut auf den kurzen Ritualtext der Μαντία

---

32 Joseph Hansen, *Quellen und Untersuchungen zur Geschichte des Hexenwahns und der Hexenverfolgung im Mittelalter*, Bonn 1901.

33 Vgl. Ebenda, 77: „Die Magiergesellschaften, die in den griechischen Papyri nachweisbar sind, stehen den alexandrinischen mystischen Gesellschaften nahe. Im allgemeinen lassen sich dort, wo magische Gruppen existieren, Unterschiede zu religiösen Zusammenschlüssen nicht ausmachen."

34 Ebenda, 76; vgl. PGM 13 nach Henrichs, *Papyri...*, 2. Band, 87ff.

35 Vgl. Mauss/Hubert, „Entwurf einer allgemeinen...", 82: „Der Magier und sein Klient verhalten sich zum magischen Ritus wie der das Opfer Spendende und der Opferpriester zum Opfer: auch sie müssen sich vorbereitenden Riten unterwerfen, die sich manchmal nur auf sie, manchmal aber auch auf ihre Familie und ihre ganze Gruppe erstrecken. Zu diesen Vorschriften gehört, daß sie keusch bleiben und rein sind, sich vorher Waschungen unterziehen und sich salben; sie haben zu fasten oder sich bestimmter Speisen zu enthalten".

36 Ebenda.

37 Ebenda, 83; die Passage in PGM IV, auf die sich Mauss/Hubert beziehen, lautet: „Entlassung: '(ZW) Geh weg, Herr der Welt, Vorvater, und weiche an deine eignen Orte, damit das All behütet bleibe. Sei uns gnädig, Herr.'"; PGM IV, 3118f (Henrichs, *Papyri...*, 1. Band, 174/75).

12.2. Zu historischen Wurzeln des akademischen Magiediskurses 633

Κρονική in PGM IV, der zeige, dass „der Gott bei der Zeremonie wirklich gegenwärtig" sei.³⁸ Im Kontext der Verwendung von Ritualmitteln werden zudem die Begriffe κολλούρια (Salben) und ἐπιθύματα („das, was verbrannt wird, und allgemein das Opfer") aus den PGM genannt und erläutert.³⁹ In diesem Zusammenhang wird auch eine Passage aus PGM VII zitiert, die eine der christlichen Eucharistie vergleichbare Verwandlung eines Ritualmittels impliziere.⁴⁰ Die Autoren erwähnen zudem Liebes- beziehungsweise Binderituale aus den PGM,⁴¹ und versuchen sich schließlich sogar an einer genealogischen Erklärung der Preisendanzschen Zauberworte.⁴²

Darüber hinaus gehen Mauss und Hubert ausführlich – und ebenfalls in expliziter Anlehnung an die PGM – auf die Funktionalisierung von Zwischenwesen ein. In diesem Zusammenhang verweisen sie (offenbar in Anlehnung an PGM XIII) auf das Nebeneinander von „Erzengeln, Engeln, Ar-

---

38 Mauss/Hubert, „Entwurf einer allgemeinen...", 86 – vgl. PGM 4, 3088f (Henrichs, Papyri..., 1. Band, 172/73): „Begehrtes Orakel des Kronos [Μαντία Κρονικὴ Ζητουμένη], das sogenannte Mühlchen. Nimm zwei Maß Meersalz und mahl es mit der Handmühle, das Gebet oftmals dabei sprechen, bis der Gott dir erscheint. Nimm die Handlung nachts vor an einem Orte, wo Gras wächst. Und hörst du beim Sprechen eines (Mannes) schweren Schritt und Zusammenschlagen von Eisen, dann kommt der Gott mit Ketten gefesselt, eine Sichel tragend. Du aber erschrick nicht; bist du doch geschützt durch das Schutzmittel das dir noch zur Kenntnis gebracht wird."

39 Vgl. Mauss/Hubert, „Entwurf einer allgemeinen...", 86: „In der griechischen Magie beispielsweise unterscheidet sich die Zubereitung der κολλούρια {Salben} nicht von den Opfern, und die Papyri geben den magischen Mischungen, die für Räucherwerk oder irgend etwas anderes bestimmt sind, den Namen ἐπιθύματα {das, was verbrannt wird, und allgemein das Opfer}."; vgl. zur Nennung von κολλούρια in den PGM u.A. PGM 1, 285; 3, 224; 4, 1308, 1826, 2442 usw., von ἐπιθύματα PGM 4, 1316, 2688, 2889.

40 Vgl. Mauss/Hubert, „Entwurf einer allgemeinen...", 86: „Wir betrachten alle diese Riten als Opfer, weil sie uns tatsächlich in dieser Form entgegentraten; im Vokabular sind sie ebensowenig vom religiösen Opfer abgehoben wie die magischen Reinigungen von den religiösen Reinigungen unterschieden werden. Außerdem haben sie dieselben Wirkungen wie die der religiösen Opfer, sie setzen Einflüsse, Mächte frei und sind das Mittel mit diesen zu kommunizieren. In der Μαντεία κρονική ist der Gott bei der Zeremonie wirklich gegenwärtig, und daß die in diesen magischen Riten behandelten Stoffe wirklich verwandelt und vergöttlicht werden. In einer Beschwörung, die unserer Meinung nach ansonsten keinen christlichen Einfluss zeigt, heißt es: [...] (Papyrus, CXXI, B. M., 710)."; die Autoren rekurrieren hier auf PGM VII, 645f (Henrichs, Papyri..., 2. Band, 29): „(Liebes-)Becher, höchst wunderbar [Ποτήριον, λίαν θαυμαστόν]. Den Spruch, der in den Becher gesagt wird, sag siebenmal: 'Du bist Wein; nicht bist du Wein, sondern das Haupt der Athêna. Du bist Wein; nicht bist du Wein, sonder die Eingeweide des Osiris, die Eingeweide des Iaô (ZW).'"

41 Vgl. Mauss/Hubert, „Entwurf einer allgemeinen...", 95.

42 Vgl. Mauss/Hubert, „Entwurf einer allgemeinen...", 90: „Die mythischen Zaubermittel beschränken sich schließlich auf die bloße Nennung eines Eigen- oder Gattungsnamens. Die Namen selbst zerfallen; man ersetzt sie durch Buchstaben: das Trisagion durch seinen Anfangsbuchstaben, die Namen der Planeten durch die entsprechenden Vokale, und so kommt man schließlich zu Rätseln wie den Ἐφέσια γράμματα"; zum Topos der Ἐφέσια γράμματα ausführlicher Önnerfors, Antike Zaubersprüche..., 7f sowie Busch, Magie in neutestamentlicher..., 59, 94.

chonten, Dämonen, Äonen" in einem hierarchisch gegliederten Kosmos,[43] sowie (unter Anderem) auf Totendämonen (νεκυδαίμον).[44] Die Autoren gehen hierbei – wiederum in expliziter Anlehnung an eine Passage aus PGM XIII – von einer Symbolisierung natürlicher Kräfte und Wirkungszusammenhänge durch Dämonologien aus.[45] Schließlich berichten sie – nun in Anlehnung an eine Passage aus PGM IV – dass es „in der Magie [...] sogar den Begriff der Orthodoxie" gebe.[46] Die verblüffend umfangreiche PGM--Rezeption der beiden Soziologen mündet in einer geradezu wertfreien Behandlung der Figur des Dämons und einer historiographischen Erläuterung der pejorativen Verschiebungen um das Zwischenwesen.[47] So können die Autoren schließlich konstatieren: „Nicht einmal ihre Dämonologie hat die Magie selbst entworfen: Im christlichen Europa wie in Indien ist der Katalog der Dämonen von der Religion angelegt worden".[48] Auch die Verwerfung einer Differenzierung von *Religion* und *Magie* hinsichtlich der Gestalt transzendenter Bezugswesen, welche die symbolistische Schule kennzeichnet, ist also der PGM-Rezeption Mauss' und Huberts zu verdanken: „In Wirklichkeit sind die verschiedenen Klassen von spezialisierten Geistern, von denen wir gesprochen haben, nicht immer ausschließlich magisch

---

43 Vgl. Mauss/Hubert, „Entwurf einer allgemeinen...", 117: „Die griechische Magie hat außerdem eine auffällige Vorliebe für die jüdischen Engel, zumal die Erzengel, ganz wie die schadenstiftende Magie. Schließlich errichtet sie mit ihren Erzengeln, Engeln, Archonten, Dämonen, Äonen ein wirkliches magisches Pantheon, das streng hierarchisch aufgebaut ist."

44 Vgl. Mauss/Hubert, „Entwurf einer allgemeinen...", 116; zum νεκυδαίμον in den PGM vgl. u.A. PGM IV, 361; 2054; PGM VII, 1006.

45 Mauss/Hubert, „Entwurf einer allgemeinen...", 113: „Tatsächlich ist es vorgekommen, dass man die Dämonologie als ein Mittel angesehen hat, die magischen Phänomene darzustellen: die Fluiden sind Dämonen, αἱ ἀγαθαὶ ἀπόρροιαι τῶν ἀστέρων εἰσὶν δαίμονες καὶ τύχαι καὶ μοῖραι.* [am Seitenende übersetzt mit: 'Die guten Emanationen der Gestirne sind Dämonen und Glücks- und Schicksalsgenien'] So betrachtet, steht der Begriff des Dämonen nicht im Gegensatz zu anderen Begriffen, er ist in gewisser Weise ein zusätzlicher Begriff, der das Spiel der Gesetze und der Qualitäten zu erklären bestimmt ist. Er setzt einfach die Idee einer als Ursache wirksamen Person an die Stelle der Idee magischer Kausalität."; die Passage nach Preisendanz: „Dir [Gott; d. Verf.] gehören die guten Ausflüsse der Sterne, Dämonen und Tychen und Moiren, von denen gegeben wird Reichtum, glückliches Alter, Kindersegen, Glück, schöne Bestattung"; PGM XIII, 780f (Henrichs, *Papyri...*, 2. Band, 122/23).

46 Vgl. Mauss/Hubert, „Entwurf einer allgemeinen...", 120: „Es gibt kaum einen religiösen Ritus, der nicht seine Entsprechung in der Magie hätte; es gibt sogar den Begriff der Orthodoxie, wie dies die διαβολαί, die magischen Anklagen gegen unreine Riten der griechisch-ägyptischen Magie, bezeugen."; Vgl. hierzu PGM IV, 2477f.

47 Vgl. Mauss/Hubert, „Entwurf einer allgemeinen...", 117: „Es ist das Los der δαίμονες gewesen, zu bösen Geistern zu werden und zusammen mit den Kerkopes, Empusen, Koren, etc. die Klasse der schadenstiftenden Geister zu bilden. [...] Die Dämonen wurden jedoch in Teufel verwandelt und in das Gefolge von Satan-Luzifer versetzt, dem die Magie untersteht."

48 Ebenda, 121.

12.2. Zu historischen Wurzeln des akademischen Magiediskurses 635

gewesen, und selbst als sie magisch geworden waren, haben sie ihren Platz in der Religion behalten".[49]

So ergibt sich ein prägnanter Befund: es scheint, dass Formulierungen wie „In der Magie finden wir nahezu alle Formen oraler Riten, die wir von der Religion her kennen: Eide, Gelübde, Wünsche, Gebete, Hymne, Interjektionen und einfache Formeln",[50] oder „Weiter ist es, wie wir noch genauer sehen werden, nicht richtig, daß alle magischen Riten in einer direkten Handlung bestehen, denn es gibt in der Magie Geister und selbst Götter treten in ihr auf",[51] sowie insgesamt die Überzeugung der Autoren, „daß in der Magie in ihrer ganzen Ausdehnung Kräfte regieren, die denen gleichen, die in der Religion wirksam sind",[52] offenbar maßgeblich durch die Rezeption der *Papyri Graecae Magicae* beeinflusst worden sind. Indem sich die symbolistische Schule um Mauss, Hubert und schließlich auch Durkheim (der die Ergebnisse seiner Schüler in *die elementaren Formen des religiösen Lebens* aufgriff) bei der Genese ihrer Magietheorie an einem Textkorpus des antiken, identifikatorischen Magiediskurses orientierte, war sie gezwungen, differenzierter mit dem Magiebegriff umzugehen als Tylor und Frazer, die Verweise auf die PGM (oder andere selbstreferentiell-*magische* Texte) vermissen lässt.[53] Die religiösen Implikationen der PGM mussten Mauss und Hubert zwangsläufig auf die Problematik einer wesenhaften Opposition von *Religion* und *Magie* aufmerksam machen. Auch das zentrale Merkmal dieser Gegenüberstellung bei Frazer – der Dualismus von (*religiöser*) Bitte und (*magischem*) Zwang – kann in den PGM, wie oben gesehen, nicht konsistent angewendet werden und wurde von den beiden Soziologen entsprechend verworfen.[54]

---

49 Ebenda, 117.
50 Ebenda, 88.
51 Ebenda, 55.
52 Ebenda, 123: „Wenn wir zeigen können, daß in der Magie in ihrer ganzen Ausdehnung Kräfte regieren, die denen gleichen, die in der Religion wirksam sind, dann werden wir bewiesen haben, daß die Magie denselben kollektiven Charakter besitzt wie die Religion."
53 Zwar reagiert Frazer bereits im Vorwort der zweiten, dreibändigen Edition (1900) auf die Kritik von Mauss und Hubert (übrigens im Unterschied zu allen späteren Ausgaben) – in Anlehnung an deren 1899 veröffentlichten Artikel zum Opfer: Marcel Mauss, Henri Hubert, „Essai sur la nature et la fonction du sacrifice", in: *Anné Sociologique 2 (1899)*, 29-138. Gleichwohl werden die *Papyri Graecae Magicae* in keiner der Editionen von *The Golden Bough* berücksichtigt oder überhaupt erwähnt. Es ist kaum davon auszugehen, dass der studierte Altertumswissenschaftler James George Frazer damals nicht von den PGM gehört hat; er hat das Textkorpus bei der Entwicklung seiner Magietheorie wohl schlicht unterschlagen.
54 Mauss/Hubert, „Entwurf einer allgemeinen...", 55: „Das zweite von Frazer vorgeschlagene Kriterium ist, daß der magische Ritus gewöhnlich durch sich selbst wirkt, daß er zwingt, während der religiöse Ritus anbetet und vermittelt. [...] Diese Unterscheidung ist jedoch noch keineswegs hinreichend, denn häufig zwingt auch der religiöse Ritus und in der Mehrzahl der alten Religionen war der Gott gänzlich außerstande, sich einem ohne Mängel der Form vollzogenen Ritus zu entziehen. [...] Und schließlich gehorcht der Geist, Gott oder Teufel, nicht immer unausbleiblich den Anordnungen des Magiers, der ihn am Ende

Mauss' und Huberts relativ wertfreie Auseinandersetzung mit den PGM hätte daher bereits im Jahre 1902 zu der Erkenntnis führen können, dass ein substanzieller semantischer Gehalt des Magiebegriffs auch und gerade mit Blick auf selbstreferentiell-*magische* Quellen kaum rekonstruiert werden kann. Gleichwohl sind die beiden Soziologen weit von einer solchermaßen differenzierten Einschätzung entfernt; auch bei diesen findet sich eine erzwungene Synthetisierung weithin heterogener Quellentexte, ein üppiger Rekurs auf ethnographische Quellen, die Konstitution eines scheinbar konsistenten Gegenstandsbereichs *Magie* – gleichwohl unter anderen Vorzeichen. Indem Mauss und Hubert „Magie nicht durch die Form ihrer Riten definieren, sondern durch die Bedingungen, unter denen sie vollzogen wird und die ihren Platz in der Gesamtheit der sozialen Gewohnheiten markieren",[55] schaffen sie einen neuen, nicht minder arbiträren Gegenstandsbereich, der der Vielschichtigkeit historischer Magiediskurse ebenso wenig gerecht wird wie der intellektualistische Entwurf Tylors und Frazers. Darüber hinaus erscheint der Magiebegriff Mauss' und Huberts auch gegenüber dem eigenen Quellenmaterial inkonsistent – etwa hinsichtlich der offenkundigen Gruppenidentität der selbstreferentiellen *Magier* der PGM, wovon textimmanente Verweise auf Initiationspraxis, Geheimhaltungspflichten, Redaktions- und Traditionsstrukturen zeugen. Zudem steht Mauss' und Huberts Analyse der Charakteristika von *Magie* im ersten Teil der *Esquisse* mithin in eigentümlicher Diskrepanz zu ihren theoretischen Grundannahmen.[56]

Entscheidend ist, dass Mauss und Hubert die problematischen Implikationen der PGM zwar registrieren, diese zudem dazu nutzen, eine eigenständige Forschungsposition – abgesetzt vom ethnologischen Diskurs ihrer Zeit – zu formulieren. Anstatt den Befund der PGM aber zum Anlass zu nehmen, (selbstreferentielle) *Magie* als rezeptionsgeschichtliche Variation und Ausdrucksform von (wie die Autoren an anderer Stelle ja richtig feststellen: *individualisierter*)[57] *Religion* anzusehen, vollziehen sie den Schritt ei-

---

noch bittet."
55 Ebenda, 58.
56 Vgl. etwa Ebenda, 120: „Mit Grund können wir behaupten, daß die Magie ein reales Ganzes bildet. Die Magier haben gemeinsame Merkmale; die von den magischen Operationen erzeugten Wirkungen haben trotz ihrer unendlichen Verschiedenheit etwas Gemeinsames; die divergierenden Vorgehensweisen haben sich zu Typen und komplexen Zeremonien zusammengeschlossen; die unterschiedlichsten Begriffe ergänzen sich und harmonieren miteinander, ohne daß das Ganze etwas von seinem inkohärenten Aussehen verliert. Die Teile bilden durchaus ein Ganzes."; ganz im Gegensatz zu dem an anderer Stelle postulierten sozialen Unterscheidungskriterium von *Religion* und *Magie* schillert hier doch eine stark essenzialistische Position durch.
57 Vgl. hierzu etwa das Schlusswort – Ebenda, 176: „Wir hoffen, daß selbst die allgemeine Soziologie aus dieser Untersuchung einen Gewinn ziehen wird, weil wir anhand der Magie gezeigt zu haben glauben, wie ein kollektives Phänomen individuelle Formen annehmen kann."

ner erneuten, kategorischen Opposition von *öffentlicher Religion* und *privater Magie*. So führt ihr analytisches Resultat zu folgenschweren Konsequenzen – zu der später unüberwindbar erscheinenden Rivalität zwischen den beiden großen Definitionen Frazers und Durkheims –, ist aber eigentlich nicht radikal genug. Die Autoren konstatieren „Unsere ganze Untersuchung läßt sie [Magie; d. Verf.] schließlich noch zweideutiger und unbestimmter erscheinen als je zuvor",[58] nehmen dieses Ergebnis aber nicht zum Anlass, an der Tauglichkeit der Kategorie insgesamt zu zweifeln. Zu stark unterliegt der akademische Diskurs des beginnenden 20. Jahrhunderts noch den Suggestionen vormaliger Magiediskurse; der *Zerfall der Kategorie* wird durch die Überlegungen Mauss' und Huberts zwar eingeleitet, bis zu ersten radikaleren Verzichtsforderungen wird aber noch mindestens ein halbes Jahrhundert vergehen.

So ist das Fazit zu ziehen, dass der identifikatorische Magiediskurs in der Tat, allerdings – dies ist entscheidend – auf höchst unterschiedliche Weise, auf den akademischen Magiediskurs eingewirkt hat. Die Problematik des akademischen Magiediskurses – insbesondere die Rivalität zwischen der symbolistischen und der intellektualistischen Schule – ist so auch auf unterschiedlich geartete Rezeptionsleistungen der frühen Magietheoretiker zurückzuführen. Falls die selbstreferentiellen *Magier* der PGM mittels eines ihrer divinatorischen Rituale tatsächlich in die Zukunft geblickt haben sollten, waren sie möglicherweise verblüfft darüber, dass sie nicht unwesentlich auf eine kontroverse, fast zwei Jahrtausende später ablaufende akademische Auseinandersetzung um ihre Selbstbezeichnung eingewirkt haben.

12.2.2. Rezeptionsleistungen gegenüber dem Ausgrenzungsdiskurs

Trotz dieser Rezeptionsleistungen gegenüber einzelnen Begriffen und Texten des identifikatorischen Diskurses ist der akademische Magiediskurs freilich insgesamt dem Ausgrenzungsdiskurs zuzuordnen. Insbesondere dessen grundlegende Orientierung an Argumentationsmustern des europäischen Aufklärungsdiskurses – was sich etwa an der Stilisierung von *Magie* zu einer Pseudo-Wissenschaft zeigt, die auf *falscher Ideenassoziation* beruhe – qualifiziert den akademischen Magiediskurs als Tradenten und modernen Protagonisten des Ausgrenzungsdiskurses. Sowohl die intellektualistische Schule um Tylor und Frazer, sowie, etwas verlagert Malinowski, Lévi-Bruhl und Evans-Pritchard, als auch die symbolistische Schule um Mauss, Hubert und Durkheim waren von der kausalen Wirkungslosigkeit all jener Ritualpraktiken überzeugt, die sie unter *Magie* subsummierten. Auch das Muster einer weiträumigen Klassifikation von Personen, Texten

---

58   Ebenda, 119.

und Praktiken als *magisch*, die selbst gar nicht durch die Verwendung eines selbstreferentiellen Magiebegriffs gekennzeichnet sind, findet sich im akademischen Magiediskurs wieder. Aufgrund der Spannweite des gerade in der Frühphase verarbeiteten Materials – man denke hier nicht nur an die Zuordnungsexzesse Frazers, sondern auch an die von Durkheim verarbeiteten australischen Aranda, die Trobriand Malinowkis oder auch die Zande Evans-Pritchards – wurden Ritualpraktiker nahezu aller Kontinente dem Bannstrahl des (nun akademischen) Magiebegriffs unterworfen.

Darüber hinaus ist – trotz der Ergebnisse des vorangegangenen Teilkapitels – zu konstatieren, dass die akademischen Rezeptionsleistungen gegenüber dem identifikatorischen Magiediskurs insgesamt als marginal einzuordnen sind. Auch und gerade auf den akademischen Magiediskurs trifft der Vorwurf der Elfenbeinturm-Mentalität zu: keiner der frühen akademischen Magietheoretiker hätte sich ernsthaft mit selbstreferentiellen *Magiern* (etwa des *Hermetic Order of the Golden Dawn*) zusammengesetzt, um den – zumindest dem Namen nach – gemeinsamen Gegenstand zu diskutieren. Sieht man vom Einfluss der spätantiken *Papyri Graecae Magicae* auf Mauss und Hubert sowie der (kaum erwähnenswerten) Agrippa-Rezeption Tylors ab, wurden die Gedanken und Positionen selbstreferentieller *Magier* bei der Genese akademischer Magietheorien geflissentlich ausgeblendet. Dies betrifft auch die fehlende Auseinandersetzung mit weiteren Texten des identifikatorischen Magiediskurses durch akademische Protagonisten, etwa mit dem frühneuzeitlichen *magia-naturalis*-Diskurs, mit den Salomon-Ritualtexten, mit Autoren des 19. Jahrhunderts wie Barrett oder Lévi oder auch mit dem theosophischen Diskurs um Helena Blavatsky. Dadurch blieb die radikale Aufwertung des Magiebegriffs, die sich in Texten des identifikatorischen Diskurses durchweg findet, im akademischen Diskurs ungehört. Mithin ist den frühen, akademischen Magietheoretikern eine besondere Form *diskursiver Ignoranz* zu unterstellen, indem sie glaubten, über einen komplizierten Gegenstand adäquat sprechen zu können, ohne die diesbezüglichen Spezialisten – also europäische, meist hoch gebildete, literarisch produktive Autoren des identifikatorischen Magiediskurses – überhaupt befragen zu müssen. Der frühe, akademische Magietheoretiker kommt einem Wissenschaftler gleich, der eine Religion untersucht, ohne jemals mit ihren Mitgliedern zu sprechen, ihre Texte zu lesen oder ihre Ritualpraktiken zu kennen – sieht man vom Einfluss (der gewissermaßen veralteten Position) der *Papyri Graecae Magicae* auf Mauss und Hubert ab. Dies hat sich erst in jüngerer Zeit geändert, wie einige ethnologische Studien zu rezenten, selbstreferentiellen *Magiern* (und *Magierinnen*) in Großbritannien, Italien oder Deutschland illustrieren.[59]

---

[59] Vgl. Tanya M. Luhrmann, *Persuasions of the Witch's Craft. Ritual Magic in Contemporary England*, Cambridge 1989. Thomas Hauschild, *Magie und Macht in Italien. Über Frauenzauber, Kirche und Politik*, [Merlins Bibliothek der geheimen Wissenschaften und magischen Künste; 13], Gifkendorf 2002. Mayer, *Arkane Welten*....

12.2. Zu historischen Wurzeln des akademischen Magiediskurses 639

Jene *diskursive Ignoranz* des akademischen Magiediskurses ist bis heute nicht von der Hand zu weisen, was beispielsweise auch daran erkennbar ist, dass die Textproduktion des jüngeren identifikatorischen Magiediskurses – etwa die Werke Eliphas Lévis, Aleister Crowleys, Dion Fortunes, Israel Regardies oder auch Starhawks (um eine prominente Autorin des rezenten identifikatorischen Diskurses zu nennen) – sowie zahlreicher weiterer selbstreferentiell-*magischer* Autoren des 19., 20. und 21. Jahrhunderts nach wie vor kaum in Universitätsbibliotheken zu finden sind. In diesem Zusammenhang ist freilich auch die Definition Aleister Crowleys zu erwähnen, die im akademischen Diskurs – trotz ihrer herausragenden Bedeutung für den identifikatorischen Diskurs des 20. und 21. Jahrhunderts – bis heute keine Rolle spielt. Akademischen Magietheoretikern ist daher die Übernahme eines weiteren klassischen Handlungsmusters des Ausgrenzungsdiskurses zu attestieren: zentrale Autoren und Texte des identifikatorischen Magiediskurses *nicht* ernst zu nehmen, gänzlich zu ignorieren, oder, am häufigsten, überhaupt nicht zu kennen.

Vor dem Hintergrund dieser *diskursiven Ignoranz* des Ausgrenzungsdiskurses und ihrer Fortführung bei akademischen Magietheoretikern lässt sich auch erklären, weshalb die Semantiken des (modernen) identifikatorischen und des akademischen Magiediskurses so stark voneinander abweichen. Denn offenkundig sind Kabbalah, Tarot, Henochisch, Yoga, Astralreisen, Pentagramm-Symbolik oder Elementarwaffen (um nur einige Topoi zu nennen) nicht im akademischen Magiediskurs verhandelt worden. Angesichts der enormen Komplexität des identifikatorischen Magiebegriffs im ausgehenden 19. und frühen 20. Jahrhundert muten die Magiedefinitionen Frazers und Durkheims mithin kurios, ja, naiv an. Indem die frühen akademischen Magietheoretiker primär ethnographisches Material verarbeiteten – also auf vermeintlich rückschrittliche Kulturen blickten, deren Ritualtraditionen sie als repräsentativ und konstitutiv für *Magie* ansahen – blieben sie losgelöst von den außerordentlich komplexen Entwicklungen im (europäischen) identifikatorischen Magiediskurs ihrer Zeit.

Freilich: selbst wenn James George Frazer in den späten 1890er Jahren einmal jene knapp 100 Kilometer von seinem Büro in Cambridge zur Freemason's Hall in London zurückgelegt und an einem der Initiationsrituale des *Hermetic Order of the Golden Dawn* teilgenommen hätte, hätte er möglicherweise den Magiebegriff zu Rate gezogen, um das (für ihn) kuriose Geschehen zu kennzeichnen. Gleichwohl hätte er gerade dadurch *nicht* verstanden, worum es dem HOGD eigentlich ging. Denn – wie in der vorliegenden Arbeit vielfach gezeigt – nicht nur der Magiebegriff des historischen (etwa christlich-theologischen) Ausgrenzungsdiskurses, sondern auch der des akademischen Diskurses ist vollkommen ungeeignet, die Vorstellungen und Handlungen selbstreferentieller *Magier* hinreichend abzubilden und verständlich machen zu können. Auch Frazers Sympathiekonzept hätte ihm nicht geholfen, das merkwürdige Treiben der vermummten Ordensmitglieder oder auch die überbordende Symbolik des *Isis-Urania-Tempels* nachvollziehen zu können. Akademische Magietheorien schufen im 20. Jahrhundert eine neue *diskursive Kluft* zwischen akademischem und identifikatorischem Magiediskurs – und auch in dieser Hinsicht führte der Wissenschaftsdiskurs elementare Handlungsstrategien des Ausgrenzungsdiskurses fort.

12.3. *Magie* und *Religion*: Eine abschließende Verhältnisbestimmung

So ist abschließend nochmals die Frage nach Gestalt und Funktion adäquater *religionswissenschaftlicher Grundbegriffe* – um die Bezeichnung Hubert Canciks aufzugreifen – zu diskutieren.[60] Genauer: wie ist angesichts der hier vorgelegten Ergebnisse mit dem Magiebegriff im akademischen Diskurs fortan umzugehen? Welche Konsequenzen hat die vorliegende Arbeit für eine erneute, religionswissenschaftliche Verhältnisbestimmung von *Magie* und *Religion*?

Zunächst: es wäre naiv davon auszugehen, dass die Ergebnisse der vorliegenden Arbeit die immer noch etablierte und verbreitete Verwendung des Magiebegriffs in Nachbardisziplinen der Religionswissenschaft schlagartig beenden könnten. Mit Blick auf nach wie vor mit dem Begriff operierende Forscher – in welchem disziplinären Kontext diese auch lokalisiert sein mögen – wäre bereits viel erreicht, wenn diese Untersuchung dazu anregen könnte, den jeweils verwendeten Magiebegriff kritisch zu reflektieren und hierbei etwa bewusst zu machen, welche seiner vielen semantischen Notationen im Einzelfall aktualisiert werden. Gleichwohl wird der Verzicht auf einen substanziell applizierten Magiebegriff hier als Königsweg für die Überwindung der weitreichenden hermeneutischen Problematiken angesehen, die sich im akademischen Magiediskurs gezeigt haben. Vor diesem Hintergrund ist die rezente Neigung, den Magiebegriff zwar (weiter) zu verwenden, auf Definitionen aber ganz zu verzichten, als kontraproduktive, ja, fatale Entwicklung einzuordnen. Dadurch wirken fortlaufend implizite Vorverständnisse auf den Forschungsprozess ein, die sehr viel schwerer identifizier- und kontrollierbar sind als die Implikationen vormaliger substanzieller Definitionsmuster. Nimmt man die Ergebnisse der vorliegenden Untersuchung ernst, führt kein Weg am Verzicht auf einen substanziellen Magiebegriff im Wissenschaftsdiskurs vorbei.

---

60 Vgl. Hubert Cancik, „Feststellung und Festsetzung religionswissenschaftlicher Grundbegriffe", in: Cancik/Gladigow/Kohl, *Handbuch religionswissenschaftlicher Grundbegriffe...*, Band 1, 19-25.

12.3. Magie und Religion: Eine abschließende Verhältnisbestimmung

Was bedeutet dieser Befund für eine differenzierte religionswissenschaftliche Verhältnisbestimmung der Begriffe *Magie* und *Religion*? Genauer: wie lässt sich rechtfertigen, dass der Magiebegriff in der vorliegenden Arbeit historisiert, ja, historiographisch dekonstruiert wurde, während der Religionsbegriff – ein gerade in der rezenten Debatte nicht minder umstrittener Terminus – mittels einer substanziellen Arbeitsdefinition appliziert worden ist? Gegenüber den Ausführungen im Einführungskapitel, die den Religionsbegriff als ergebnisoffene, heuristische Kategorie für Transzendenzbezug etabliert hatten, kann nun differenzierter argumentiert werden. So ist als entscheidendes Ergebnis der vorliegenden Arbeit festzuhalten, dass religionswissenschaftliche Begriffe *anderen Kriterien* unterliegen müssen als binnen- oder interreligiös verhandelte Begriffe. Diese Einsicht lässt sich aus den Ergebnissen in Teil B direkt ableiten: sowohl im Ausgrenzungs- als auch im Aufwertungsdiskurs war der Magiebegriff, wie gezeigt, weniger durch die Indikation semantischer Bedeutung, als vielmehr durch Funktionen der Aus- und Eingrenzung, der Ab- und Aufwertung eigener und fremder Identität(en) in einem hochkomplexen, interreligiösen Diskursfeld gekennzeichnet. Entscheidend ist: diese Strategien – Bewertung; Abgrenzung; Identitätsstiftung – stellen Funktionalisierungen von Sprache dar, die in religiösen Diskursen eine gewichtige Rolle spielen mögen, im religionswissenschaftlichen Diskurs aber (idealerweise) vernachlässigt, wenn nicht ganz ausgeblendet werden sollten.

Von dieser Einsicht lässt sich eine gedankliche Brücke zur Verwendung eines substanziell gefassten Religionsbegriffs in der vorliegenden Arbeit schlagen. Freilich ist auch der Religionsbegriff in den historischen Analysen als quellenimmanenter Terminus aufgetaucht und war hier in das polemisch-identifikatorische Sprachspiel um *Magie* eingewoben. Entscheidend ist gleichwohl, dass sich der im Analysetext verwendete Religionsbegriff auf einer übergeordneten analytischen Ebene befindet wie das Begriffspaar *Religion – Magie* aus den Anfangszeiten des akademischen Magiediskurses oder auch der Funktionalisierung des Begriffspaares in historischen Magiediskursen. Der hier substanziell verwendete Analysebegriff *Religion* dient nicht mehr der Ein- und Ausgrenzung oder Auf- und Abwertung scheinbar differenter Gegenstandsbereiche wie noch die Frazersche, Durkheimsche oder – um zwei historische Beispiele zu nennen – die Augustinische oder Platonische Dichotomisierung von *Religion* und *Magie*.[61] Vielmehr hatte er die analytische Abbildung der historischen Vielfalt unterschiedlicher Interpretationen von und Optionen auf Transzendenzbezug im Kontext abendländisch-europäischer Kultur- und Religionsgeschichte zum Ziel. Auf dieser methodischen Basis konnte der Religionsbegriff nicht nur all das abbil-

---

61 Freilich ist im historischen Diskurs auf zum Teil verlagerte Terminologien zu achten; Platon stellt nicht *Religion* und *Magie*, sondern *Eusebie* und *Asebie* gegenüber und zählt *pharmakeía* zu letzterer Kategorie. Augustinus verwendet allerdings in der Tat das Begriffspaar, etwa im Kontext entsprechender Formulierungen in *De Ciuitate Dei*.

den, was in den letzten zweieinhalb Jahrtausenden unter der Chiffre *Magie* verhandelt worden ist, sondern tatsächlich zu einem vertiefenden, differenzierten, wertfreieren Verständnis der Inhalte und Funktionen historischer Magiediskurse beitragen.

In diesem Zusammenhang hat sich in Teil B gezeigt, dass der Religionsbegriff signifikant erweitert, von moralisierendem Ballast, von einengenden, insbesondere christozentrischen Denkschablonen befreit werden muss, um selbstreferentiell- und fremdreferentiell-*magische* Befunde sinnvoll abbilden zu können. Um hierfür ein prägnantes Beispiel zu nennen: die im akademischen Diskurs bis heute reflexartig vorgenommene Zuordnung schadenbringender Ritualpraktiken zu *Magie* ist immer auch durch implizit wirkende semantische Muster des jeweils verwendeten *Religionsbegriffs* beeinflusst. Anders formuliert: das akademische Unbehagen, Funktionalisierungen von Gottesmacht zum Schaden Anderer als *religiös* zu bezeichnen, hängt nicht zuletzt mit einer idealisierten, tatsächlich aber arbiträren Verwendung des Religionsbegriffs zusammen, der in dieser Hinsicht nach wie vor durch Wertungsmuster des christlichen Referenzdiskurses gekennzeichnet scheint. Hier werden moralisierende Implikationen des historischen Religionsbegriffs noch in rezenter akademischer Forschung aktualisiert und tradiert.

Dasselbe gilt, um ein weiteres Beispiel zu nennen, für die meist unhinterfragte Zuordnung des *Beschwörungs*-Topos' zu *Magie*, ungedenk der Tatsache, dass die adressierten Zwischenwesen meist den großen religiösen Referenzdiskursen entlehnt sind und der Topos ohnehin unter eine der ersten akademischen Definitionen von Religion – Edward B. Tylors *belief in spiritual beings* – fallen würde. Der hier verwendete Religionsbegriff kann diese christozentrischen Denkmuster durchbrechen und dadurch auch einen Teil der Kritikpunkte an der Ethnozentrik des Religionsbegriffs selbst überwinden –[62] etwa implizit wirkende Moralvorstellungen, die zur Aussortierung sozialfeindlicher Ritualmotive aus der Kategorie *Religion* führen, oder auch idealisierte Vorstellungen vermeintlich richtiger Formen von Transzendenzbezug. Erst der hier verwendete, von solchen Setzungen befreite Religionsbegriff kann all jene scheinbar unmoralischen, areligiösen, blasphemischen, asebischen, dämonischen oder auch nur egoistischen Vorstellungen und Praktiken abbilden, die in Quellen der letzten 2500 Jahre als *magisch* bezeichnet worden sind.

Abschließend ist gleichwohl darauf hinzuweisen: Die Verwendung eines substanziellen Religionsbegriffs im historischen Teil der vorliegenden Arbeit stellte in erster Linie ein *methodisches Hilfsmittel* dar, um das untersuchte Material analytisch abbilden und auf spezifische historische Zusammenhänge – etwa auf Rezeptionsleistungen gegenüber dominanten Religi-

---

62 Hierzu besonders Ahn, „Religion I. Religionsgeschichtlich", 513-15. Sabbatucci, „Kultur und...", 48-50.

12.3. Magie und Religion: Eine abschließende Verhältnisbestimmung 643

onsdiskursen – hinweisen zu können. Die hier angesprochene Erweiterung des Religionsbegriffs war in erster Linie für die Untersuchung historischer Magiediskurse gedacht. Sie mag ihre Gültigkeit in anderen (etwa nichtabendländischen) religionswissenschaftlichen Forschungskonstellationen verlieren – beispielsweise wenn die Notation des Transzendenzbezugs nicht mehr greift. Die vorliegende Arbeit verfolgte insofern nicht das Ziel, einen signifikanten Beitrag zur rezenten Debatte um den Religionsbegriff und dessen Schwierigkeiten als abstrakter Grundbegriff zu leisten. Ausschließliches Ziel war, einen Religionsbegriff zu entwickeln, der sich *im Kontext* der Geschichte des Magiebegriffs als sinnvoll erweist und hier – insbesondere vor dem Hintergrund der unbefriedigenden, in historiographischen Arbeiten bis dato vorzufindenden Dichotomie eines substanziellen Religions- *und* Magiebegriffs – zu fruchtbareren Forschungsergebnissen bei der Analyse historischer Magiediskurse führen kann.

Vor diesem Hintergrund mag die hier angesprochene Enschlackung des Religionsbegriffs von moralisierenden und idealisierenden Implikationen vormaliger Religions- und Magiediskurse primär als Vorschlag an jene akademischen Disziplinen verstanden werden, die die Forschungsliteratur der in Teil B untersuchten Szenarien geliefert haben. Nach Ansicht der vorliegenden Arbeit wurde es durch den Verzicht auf einen substanziellen Magiebegriff und die Applikation eines über Transzendenzbezug gefassten Religionsbegriffs möglich, sehr viel präziser mit den hier untersuchten Texten umzugehen, als dies bis dato geschehen ist. Dies hängt wesentlich damit zusammen, dass bei der Analyse abendländisch-europäischer Kultur- und Religionsgeschichte die Problematik der Verwendung eines substanziellen Magiebegriffs mit der Verwendung eines zu eng gefassten Religionsbegriffs prinzipiell korreliert ist. Die vorliegende Arbeit versteht sich insofern nicht nur als Versuch einer Historisierung und Kontextualisierung des Magiebegriffs, sondern auch als Aufruf zur Überwindung allzu starrer, moralisierender, idealisierender Fassungen des Religionsbegriffs, die in der historiographischen Analyse der abendländisch-europäischen Kultur- und Religionsgeschichte bis heute als verdeckte Kehrseite der eigenen, akademischen Magieproblematik operieren.

13. Schluss

Die vorliegende Arbeit stellt den Versuch dar, dem akademischen Magiediskurs einen neuen methodologischen Umgang mit dem Magiebegriff vorzuschlagen, der nicht nur die Problematik substanzieller Definitionen überwinden, sondern auch weiterführende Ergebnisse bei der historiographischen Analyse des Begriffs im Speziellen und der abendländisch-europäischen Religionsgeschichte im Allgemeinen generieren kann. Die hier vorgeschlagene und in Grundzügen umgesetzte methodologische Umorientierung reagierte im Wesentlichen – wie im Einleitungskapitel erläutert – auf zwei irritierende Gegenwartsbeobachtungen. Zum einen stand die in den letzten Jahrzehnten außerordentlich kritisch ablaufende, zum Teil in radikalen Verzichtsforderungen mündende religionswissenschaftliche Auseinandersetzung mit dem Magiebegriff in einem eigentümlichen Gegensatz zur – bis heute – häufig nur unzureichend reflektierten Weiterverwendung des Begriffs in zahlreichen Nachbardisziplinen der Religionswissenschaft. Die Uneinheitlichkeit, ja, Inkonsistenz auch und gerade des rezenten interdisziplinären Magiediskurses stellte insofern ein äußerst unbefriedigendes Ergebnis der bereits über ein Jahrhundert andauernden akademischen Auseinandersetzung mit dem Magiebegriff dar, auf das die vorliegende Arbeit reagieren wollte. Zum anderen erschien das enorme Rezeptionsniveau eines positiv konnotierten Magiebegriffs im rezenten Öffentlichkeitsdiskurs (die vorliegende Arbeit wurde nicht umsonst zur Zeit der weltweiten *Pottermania* verfasst) zumindest auf den ersten Blick kurios und unerklärlich; ist der Magiebegriff aus historischer Sicht nicht vorwiegend zur Abwertung und Ausgrenzung appliziert worden – etwa im Kontext des historisch so bedeutsamen christlichen *Dämonenpakt*-Topos? Die vorliegende Studie hatte nicht zuletzt zum Ziel, diese beiden Gegenwartsbeobachtungen mittels einer differenzierten Rekonstruktion der Geschichte des Magiebegriffs – eines bis dato schmerzlichen Desiderats akademischer Forschung – einordnen und erklären zu können.

Abschließend soll daher versucht werden, die Ergebnisse der historischen Analysen nochmals so zu bündeln, dass die beiden in Kapitel 1 formulierten Ausgangsfragen zufriedenstellend beantwortet werden können. So mündete die erste Gegenwartsbeobachtung in der Frage, wie es zum Scheitern des akademischen Diskurses kommen konnte, und ob hierfür –

13. Schluss

neben diskursimmanenten (disziplingeschichtlichen oder methodologischen) Implikationen – auch weiter zurückreichende Einflussfaktoren aus außerwissenschaftlichen Magiediskursen identifizierbar sind. In der vorliegenden Arbeit konnte diesbezüglich gezeigt werden, dass neben einer Reihe diskursimmanenter Faktoren – hier sind insbesondere die Pluralität und Unvereinbarkeit akademischer Magiedefinitionen, die prinzipielle Falsifizierbarkeit dieser Definitionen, sowie die zunehmend erkannte Ethnozentrismus-Problematik zu nennen – auch historische Gründe für das Scheitern des akademischen Magiediskurses bestehen. Dies beginnt schon bei der terminologischen Struktur des Diskurses – prägnant greifbar in der Frazerschen Trias *Magie, Religion, Wissenschaft* –, deren grundlegende Wertungsmuster offenkundig dem historischen Ausgrenzungsdiskurs entlehnt sind. Indem die frühen, diskursbegründenden Magiedefinitionen nach dem *ex-negativo*-Prinzip jeweils das minderwertige Antithetum der dadurch gleichermaßen idealisierten Vorstellungskonglomerate *Religion* und *Wissenschaft* konstituierten, stand hier (*Religion*) der sehr viel weiter zurückreichende christlich-theologische Ausgrenzungsdiskurs, dort (*Wissenschaft*) der spätestens seit dem frühen 17. Jahrhundert über den frühneuzeitlichen *magia-naturalis*-Topos obsiegende philosophische Aufklärungsdiskurs Pate. Dadurch flossen nicht nur elementare (negative) Wertungsmuster dieser beiden historischen Spielarten des Ausgrenzungsdiskurses in den akademischen Magiediskurs ein – die zur Stilisierung von *Magie* als falscher, minderwertiger *Religion* oder *Wissenschaft* führten – sondern auch wichtige Handlungsstrategien dieser Diskurse.

Diese Handlungsstrategien implizierten zum einen die Tendenz zur fremdreferentiellen Attribution des Magiebegriffs, die sich prägnant in der – sich zunächst vorwiegend auf ethnographische Befunde stützenden – Textproduktion des frühen akademischen Magiediskurses zeigt. Die aus der fremdreferentiellen Attributionsform resultierenden verzerrenden, abwertenden Implikationen des akademischen Magiebegriffs erscheinen aus historischer Sicht analog zur Funktionalisierung des Begriffs im (beispielsweise) christlich-theologischen Ausgrenzungsdiskurs – die differente semantische Oberfläche (Dämonenpakt/Sympathieprinzip) tritt angesichts der viel wichtigeren Abwertungs- und Ausgrenzungsfunktion hier wie dort in den Hintergrund. Wenn Augustinus in *De Doctrina Christiana* nicht nur Divination und Astrologie, sondern auch Amulettgebrauch, Heilgesänge, „das Aufhängen oder Befestigen von bestimmten Gegenständen", oder auch „Tausende von inhaltslosesten Beobachtungen" (wie „auf die Schwelle zu treten, wenn einer vor seinem eigenen Haus vorübergeht; zum Bett zurückkehren, wenn jemand beim Schuheanziehen geniest hat; ins Haus zurückgehen, wenn man beim Verlassen gestolpert ist")[1] dem Magie-

---

1 Vgl. Augustinus, *De Doctrina Christiana*, 2, XX, 30, 74f (Pollmann, *Aurelius Augustinus. Die christliche...*, 72f). Ausführlicher oben, Kap. 8.2.2.

begriff zuordnet, fühlt man sich nicht umsonst an Tylors *Primitive Culture* oder Frazers *The Golden Bough* erinnert. Im Hintergrund stehen hier wie dort identifikatorische Prozesse, im Rahmen derer der Magiebegriff Funktionen erfüllt, die über bloße Semantik weit hinausgehen: hier geht es um die Konstitution einer christlichen Orthodoxie, dort – mit Randall Styers gesprochen – um die Propagierung einer wissenschaftlich fundierten Moderne, die während der formativen Periode der Religionswissenschaft nicht zuletzt dazu diente, koloniale Machtstrukturen und Expansionsbestrebungen zu legitimieren.

Der akademische Magiediskurs führte in diesem Zusammenhang auch eine weitere elementare Handlungsstrategie des christlich-theologischen und philosophischen Ausgrenzungsdiskurses fort: Desinteresse und weitestgehende Ignoranz gegenüber selbstreferentiellen *Magiern* des eigenen Kulturraums, die mitunter hoch gebildet und literarisch außerordentlich produktiv waren und – noch wichtiger – unter dem Magiebegriff sehr viel komplexere Zusammenhänge abbildeten als die zeitgleich publizierenden akademischen Magietheoretiker. Die Strategie historischer Ausgrenzungsdiskurse, selbstreferentielle *Magier* und deren ganz andere Lesart des Magiebegriffs zu ignorieren, hat nicht nur dazu geführt, dass Vorstellungen einer besonderen Heiligkeit oder Gottesnähe, die sich in den *Papyri Graecae Magicae* oder in lateinischen Ritualtexten wie dem *Liber Juratus Honorii* zeigen, kaum Eingang in die dominanten (etwa Religions-) Diskurse des Abendlands gefunden haben. Auch im akademischen Magiediskurs, der sich dieser Strategie bediente, blieb der Ruf nach einer positiven Lesart des Magiebegriffs, der selbstreferentiell-*magische* Texte bereits seit nahezu zwei Jahrtausenden durchzogen hatte – und der im 20. Jahrhundert nochmals mit Nachdruck von Aleister Crowley formuliert worden ist –, ungehört. Während im selbstreferentiellen Magiediskurs des frühen 20. Jahrhunderts unter Anderem Alchemie, Astrologie, Kabbalah, Tarot, Yoga, Meditationstechniken, Astralreisen, Elementarwaffen, Henochisch sowie hochkomplexe, initiatorische Ritualsysteme zur Verwicklung von Apotheose unter dem Magiebegriff subsummiert worden sind, operierten Akademiker mit geradezu naiv anmutenden Magiedefinitionen, um das Denken und Handeln scheinbar intellektuell Zurückgebliebener in Stammeskulturen (oder auch der europäischen Landbevölkerung) einheitlich klassifizieren und abwerten zu können. Aleister Crowley machte sich bereits 1912/13 einen Spaß daraus, Passagen aus *The Golden Bough* im Vorwort seines *Magick in Theory and Practice* aus dem Zusammenhang zu reißen – der akademische Magiediskurs hingegen hat das literarische Werk des selbstreferentiellen *Magiers* bis heute nicht ausreichend gewürdigt. Auch akademische Magietheoretiker kreierten im 19. und 20. Jahrhundert eine neue diskursive Kluft zwischen ihrem publikatorischen Schaffen und der Textproduktion von Autoren, die sich selbst als *Magier* bezeichneten und verstanden – eine Kluft, deren Überwindung eines der vorrangigen Ziele dieser Untersuchung dargestellt hat.

Die diskursbegründenden Protagonisten des akademischen Magiediskurses – James George Frazer und David Émile Durkheim – können gleichwohl noch differenzierter vor dem Hintergrund der außerwissenschaftlichen Geschichte des Magiebegriffs eingeordnet werden. Wie in Kapitel 13 gezeigt, ist der für Frazers Magietheorie maßgebliche Sympathiebegriff zwar nicht direkt vom identifikatorischen Magiediskurs (etwa über Agrippa von Nettesheim) in den akademischen Diskurs eingegangen. Indem Frazers akademische Leitfigur Edward B. Tylor den Begriff aber von William Gregory – einem Chemiker und Mesmerismusanhänger des 19. Jahrhunderts – übernahm, trat der Sympathiebegriff gleichwohl als Signifikant eines okkulten Kraftverständnisses in den akademischen Diskurs ein, was nicht unwesentlich zur Betonung des rituellen Wirkungsaspektes in der intellektualistischen Schule beigetragen hat – freilich gingen hiermit erhebliche Interpretationsverlagerungen einher (kurz: *Sympathie* wurde zu *Symbolik*). Hubert und Mauss hingegen – deren Setzungen Durkheim verarbeitete – orientierten sich bei der Abfassung ihrer Magietheorie maßgeblich an den *Papyri Graecae Magicae* (vor allem auf PGM IV, VII und XIII nach der Zählung Preisendanz'), die zur Jahrhundertwende bereits in einer Reihe von Einzeleditionen vorlagen. Die Vehemenz, mit der sich Hubert und Mauss – sowie schließlich auch Durkheim – von Frazer und dessen Betonung eines Wesensunterschiedes von *Religion* und *Magie* abgrenzten, war nicht zuletzt den Implikationen der PGM selbst verschuldet. Die prinzipielle Ähnlichkeit des selbstreferentiell-*magischen* Ritualsystems der PGM mit umliegenden antiken Religionsdiskursen verleitete die sich herausbildende französische Religionssoziologie dazu, einen ganz anderen konzeptionellen Schwerpunkt bei der Gegenüberstellung von *Religion* und *Magie* zu setzen: nur der soziale Kontext (privat/öffentlich; verboten/erlaubt) entscheide über die Klassifikation eines Rituals. Die definitorische Rivalität zwischen der intellektualistischen und symbolistischen Schule, die nicht unwesentlich zu dem in Teil A skizzierten *Zerfall der Kategorie* beigetragen hat, war daher nicht nur theoretischen und methodologischen Differenzen, sondern auch unterschiedlichen Rezeptionsprozessen gegenüber dem außerwissenschaftlichen, identifikatorischen Magiediskurs verschuldet.

Wie ist die verwirrende Diskrepanz zwischen der außerordentlich kritisch ablaufenden religionswissenschaftlichen Magiedebatte der letzten Jahrzehnte und der häufig sehr viel weniger reflektierten Weiterverwendung des Magiebegriffs in zahlreichen – insbesondere historiographisch arbeitenden – Nachbardisziplinen der Religionswissenschaft einzuordnen? Hierfür sind mehrere Erklärungsmuster denkbar; zum einen ist die Weiterverwendung eines substanziellen Magiebegriff in Nachbardisziplinen der Religionswissenschaft sicherlich der nach wie vor mangelhaften interdisziplinären Vernetzung des Diskurses verschuldet, der bis heute zu einer weitreichenden interdisziplinären Unkenntnis der heuristischen Problematik des Magiebegriffs geführt hat. Insbesondere die Ergebnisse der Rationalitätsdebatte, die in den 1970er Jahren zu radikalen Verzichtsforderungen hinsichtlich der akademischen Verwendung des Magiebegriffs geführt hatte, scheinen im interdisziplinären Kontext – bis heute – kaum rezipiert worden zu sein. Die nach wie vor beobachtbare Überzeugung, dass der Magiebegriff relativ problemlos (oder problembehaftet, aber dennoch) zur Bezeichnung religionsgeschichtlicher Gegenstände in Nachbardisziplinen der Religionswissenschaft verwendet werden kann, ist daher zu einem guten Teil darauf zurückzuführen, dass der *Zerfall der Kategorie* – so, wie er in Teil A skizziert worden ist – interdisziplinär nach wie vor nicht ausreichend wahr- und ernst genommen wird. Auch diesem Defizit wollte die vorliegende Arbeit mit einer kritischen Aufarbeitung des akademischen Magiediskurses und problematischer Inkonsistenzen noch rezenter Forschungsansätze begegnen.

Eine zweite Triebkraft hinter der Weiterverwendung, in vielen Fächern sogar noch gestiegenen Popularität des Magiebegriffs mag gerade im Zeitfenster der letzten Jahrzehnte auch außerhalb des akademischen Diskurses gesucht werden. Die enorme Popularität des Magiebegriffs in zahlreichen Segmenten zeitgenössischer Popularkultur hat sicherlich auch auf akademische Forschungsinteressen und Publikationsstrategien abgefärbt – auch auf akademischen Buchtiteln verfehlt der Magiebegriff seine Wirkung nicht. Kultur- und Religionswissenschaftler partizipieren nicht nur an den sie umgebenden gesellschaftlichen Diskursen, sie werden auch von ihnen geprägt und in ihren akademischen Interessen mithin signifikant beeinflusst. Denn – so ließe sich fragen – warum sollte man einen Begriff aufgeben, der gerade heute so populär, gleichsam in aller Munde ist, der zudem nach wie vor in zahlreichen binnenreligiösen Diskursen – sei es polemisch oder identifikatorisch – verwendet wird? Ist der hier skizzierte *Zerfall der Kategorie* nicht vielmehr als weltfremde akademische Fehlentwicklung jener seit geraumer Zeit beliebten Neigung zu terminologischer Dekonstruktion – bei gleichzeitiger Vernachlässigung von Alternativen – einzuordnen? Die in den letzten Jahrzehnten zunehmende Popularität eines positiv konnotierten, identifikatorischen Magiebegriffs in außerwissenschaftlichen Diskursen mag solche Gedanken geschürt und nicht unwesentlich dazu beigetragen haben, dass akademische Autoren den kritischen Blick vermissen ließen und den Magiebegriff weiterhin als adäquaten, ja, hilfreichen Terminus erachteten.

Eine dritte Ursache für die Popularität des Magiebegriffs gerade in historiographisch arbeitenden Nachbardisziplinen der Religionswissenschaft ist möglicherweise in methodologischen Umorientierungen (*turns*) zu suchen, die eine verstärkte Hinwendung zu Sprache, zum kulturellen Kontext, zu objektsprachlichen, emischen Terminologien und Konzeptionen implizierten. Gerade jene historischen Disziplinen, die mit Quellentexten der Rezeptionsgeschichte des historischen Magiebegriffs konfrontiert sind – etwa die Altertumswissenschaften, die Mediävistik, die frühneuzeitliche Geschichte oder auch die neuere Esoterikforschung – haben bis dato nicht den Schritt gewagt, einen eigenen, substanziell gefassten Magiebegriff aufzugeben, möglicherweise in der Überzeugung, dass dieser bei der Interpretation des historischen Magiebegriffs und entsprechenden Textmaterials helfen möge. In der vorliegenden Arbeit wurde gezeigt, dass diese Überzeugung nicht nur unbegründet, sondern kontraproduktiv ist. Gerade die Weiterverwendung eines substanziell gefassten Magiebegriffs in den bis dato vorgelegten historiographischen Einzeluntersuchungen zum außerwissenschaftlichen Magiediskurs hat zu tendenziell unbefriedigenden, verzerrenden Darstellungen der historischen Semantik und Funktionalität des Begriffs geführt.[2] In Teil B konnte vielfach gezeigt werden, dass es nur durch den Verzicht auf einen substanziell gefassten Magiebegriff im Analysetext möglich wird, dessen hochvariable Bedeutungen, Funktionen und Wertungsmuster im historischen Kontext überhaupt erfassen und abbilden zu können.[3]

Hier wird daher die Auffassung vertreten, dass auch und gerade jene akademischen Disziplinen, die mit der eigentlichen Rezeptions- und Diskursgeschichte des Magiebegriffs konfrontiert sind, den akademischen *Zerfall der Kategorie* nachvollziehen und ernst nehmen müssen, um adäquatere Analyse- und Beschreibungsmethoden fremdreferentiell- oder selbstreferentiell-*magischer* Textmuster generieren zu können. Für die methodologische Umorientierung, die hier vorgeschlagen wurde – die letztlich eine neuartige Form historiographischer Magieforschung impliziert –, ist die Verwerfung eines substanziell gefassten Magiebegriffs unabdingbar. Die vorliegende Studie wird daher durch drei Hoffnungen begleitet: (1) dass sich der interdisziplinäre Magiediskurs die heuristischen Probleme des akademischen Magiebegriffs nochmals kritisch vor Augen führt und diese gegebenenfalls neu diskutiert; (2) dass der akademische Diskurs auch und gerade im historischen Kontext versucht, auf einen substanziell gefassten Magiebegriff zu verzichten – und in diesem Zusammenhang beginnt, das möglicherweise viel höhere Analysepotenzial alternativer Begriffe und Konzepte (um nur drei zu nennen: *Religion, Ritual, Performanz*) auszuloten; (3) dass die differenzierte Analyse historischer Magiediskurse, die in der vorliegenden Arbeit begonnen und bereits in Grundzügen ausgeführt wurde, fortgeführt und ergänzt werden möge.

---

2 Vgl. das Gros der in Teil B verwendeten Sekundärliteratur.
3 Noch allgemeiner formuliert: semantische (Re-) Konstruktionsgeschichten sind nur möglich, wenn der historiographische Blick nicht durch Vorverständnisse oder (selbst implizit wirkende) substanzielle Fassungen des untersuchten Begriffs in der eigenen Analysesprache getrübt wird.

Die zweite oben genannte Gegenwartsbeobachtung mündete in der Frage, ob die enorme Popularität eines positiv konnotierten, identifikatorischen Magiebegriffs in zahlreichen Spielarten rezenter Populärkultur als plötzliche Neuerscheinung des 20. und 21. Jahrhunderts einzuordnen, oder ebenfalls auf weiter zurückreichende begriffs- und rezeptionsgeschichtliche Wurzeln zurückführbar ist. In der vorliegenden Arbeit konnte diesbezüglich gezeigt werden, dass die negative, polemische Funktionalisierung des Magiebegriffs zwar in historischer Hinsicht (aller Wahrscheinlichkeit nach bis ins 20. Jahrhundert hinein) dominant gewesen ist – gleichwohl konnten positiv konnotierte Lesarten des Begriffs bis in die frühe graeco-römische Antike zurückverfolgt werden. So hat Platon mit seiner Definition von μαγεία als „Verehrung der Götter [θεῶν θεραπεία]"[4] eine im antiken Diskurs zwar marginale, gleichwohl konstant tradierte positive Fassung des Magiebegriffs vorgegeben, die in eigentümlicher Analogie zu den in *Matthäus* 2, 1 erwähnten μάγοι ἀπὸ ἀνατολῶν steht – der gleichfalls und offenkundig positiv konnotierten Nennung der *Magier aus dem Osten* im evangelikalen Herz des Neuen Testaments. Sowohl die *Alkibiades*-Passage als auch Mt 2,1 erscheinen angesichts der sehr viel häufigeren Funktionalisierung des Magiebegriffs zur polemischen Ausgrenzung (sowohl im graeco-römischen als auch jüdisch-christlichen Kontext) gleichwohl abgesetzt zum antiken Diskurs – eine Ambivalenz, die nicht zuletzt in Platons eigenen, nun polemischen Ausführungen gegenüber φαρμακεία in seinen *Nomoi*, oder den zwei weiteren, abwertenden Rezeptionen des Magiebegriffs in der Apostelgeschichte greifbar wird.

Trotz des quellenimmanenten Übergewichts eines negativ konnotierten Magiebegriffs in der graeco-römischen Antike ist in den *Papyri Graecae Magicae* ein Textkorpus überliefert, der zeigt, dass sich im antiken Mittelmeerraum Ritualspezialisten in der Tat selbst als *Magier* bezeichnet, ihr gesamtes Denken und Handeln unter dem griechischen Abstraktum μαγεία gefasst und diesen erstaunlichen Sachverhalt glücklicherweise textuell konserviert haben. Die religionsgeschichtliche Bedeutung dieses Befundes ist nicht hoch genug einzuordnen; die in Kapitel 9.2 untersuchten zehn Rezeptionen des Magiebegriffs der PGM stehen in eigentümlichem Gegensatz zu der gerade im letzten Jahrzehnt vermehrt formulierten Devianzthese, wonach *Magie* gerade in der graeco-römischen Antike eine reine Ausgrenzungskategorie dargestellt habe.[5] Mehr noch: laut den PGM kennzeichne *Magie* eine heilige, eine göttliche Ritualpraxis –[6] offenkundig führte die

---

4 Platon, *Alkibiades*, 122a nach Hülser, *Platon. Euthyphron*..., 124/125.
5 Vgl. u.A. Zinser, *Markt der Religionen*..., 93-110; Kippenberg/von Stuckrad, *Einführung*..., 155-163.
6 Vgl. PGM I, 127 („[...] du glücklicher Myste der heiligen Magie [ὦ μα{κάρι}ε μύςτα τῆς ἱερᾶς μαγείας]"; Henrichs, *Papyri*..., 1. Band, 8/9) bzw. PGM IV, 2245 („[...] wobei er ihm die Wirkung seiner göttlichen Zauberkunst erwies [ἐπιδεικνύμενος τὴν δύναμιν τῆς θείας αὐτοῦ μαγείας]"; Henrichs, *Papyri*..., 1. Band, 148/49); ausführlicher oben, Kap. 9.2.1.

Rezeption des Magiebegriffs durch die Autoren der Papyri zu einer grundlegenden Umkehrung der Wertungsmuster des antiken Ausgrenzungsdiskurses. Die *Papyri Graecae Magicae* stellen den ersten überlieferten selbstreferentiell-*magischen* Textkorpus überhaupt dar und halten insofern eine historische Sonderstellung inne; erst ab dem europäischen Spätmittelalter ist – nun lateinisches, stark vom christlichen Kontext geprägtes – selbstreferentiell-*magisches* Textmaterial (vom etymologisch verlagerten arabischen *siḥr*-Diskurs abgesehen) wieder überliefert.

Trotz der großen Bedeutung der PGM als einzigem textuellem Zugang zu selbstreferentiellen *Magiern* der graeco-römischen Antike ist ihre Bedeutung für die weitere Geschichte des identifikatorischen Magiebegriffs allerdings als marginal einzuordnen – was sicherlich nicht zuletzt damit zu tun hat, dass sie bis ins frühe 19. Jahrhundert im ägyptischen Sand ruhten. Eine Schlüsselfunktion für die weitere Entwicklung des identifikatorischen Magiebegriffs nimmt stattdessen der frühneuzeitliche Gelehrtendiskurs um Marsilio Ficino und Pico della Mirandola ein, der sich weniger an selbstreferentiell-*magischen* Ritual- und Beschwörungstexten, sondern vielmehr an wieder entdeckten klassischen, zum Großteil sogar dem antiken Ausgrenzungsdiskurs zuzuordnenden Autoren und Texten orientierte (vor allem an Platon, Plotin, Jamblich, Proklos, dem *Corpus Hermeticum*). Von all diesen, von Ficino und Pico einer vermeintlich konsistenten Tradition antiker *Magier* zugeordneten Autoren und Texten tradieren allerdings nur zwei Platon-Dialoge (sowie eine kurze, gleichwohl differenziert zu lesende Passage in Plotins *Enneaden*), einen positiv konnotierten Magiebegriff – Platons maßgeblicher Einfluss auf die frühneuzeitliche Aufwertung des Magiebegriffs erweist sich insofern als seine wichtigste begriffs- und wirkungsgeschichtliche Leistung; nicht umsonst firmierte er als quasi-religiöse Leitfigur des *magia-naturalis*-Diskursbegründers Marsilio Ficino.

Die frühneuzeitliche Differenzierung einer positiv gefassten *magia naturalis* von einer als verwerflich empfundenen *magia daemonica* erlaubte es zahlreichen Gelehrten ab dem 15. Jahrhundert, Naturforschung jenseits theologischer Scholastik und biblisch-normativer Grenzen in Angriff zu nehmen. Die wirkungsgeschichtliche Bedeutung der frühneuzeitlichen Aufwertung des Magiebegriffs ist daher nicht hoch genug anzusetzen – sie geht nicht nur weit über den marginalen identifikatorischen Magiediskurs der Antike hinaus, sondern ermöglicht eine ganz neue Form der Natur-Wahrnehmung und -interpretation, die in den folgenden Jahrhunderten schließlich zum Siegeszug der Naturwissenschaften führen sollte. Daher steht der frühneuzeitliche *magia-naturalis*-Diskurs wiederum Pate für alle späteren Rezeptionen des identifkatorischen Magiebegriffs; auch das in Kapitel 11 skizzierte Aufblühen des selbstreferentiellen Magiediskurses im ausgehenden 19. und frühen 20. Jahrhundert ist maßgeblich durch die fortlaufende Tradierung von Texten des frühneuzeitlichen Magiediskurses (allen voran Agrippas *De Occulta Philosophia*) initiiert worden. Autoren wie Eliphas Lévi, Helena Blavatsky oder Aleister Crowley hatten wiederum einen kaum zu unterschätzenden Einfluss auf die Rezeption eines positiv konnotierten Magiebegriffs im 20. Jahrhundert. Insbesondere im Zuge der Popularisierung des New-Age- und Esoterikdiskurses ab den 1960er und 1970er Jahren ist vieles von dem, was Lévi, Blavatsky oder Crowley noch unter dem Magiebegriff abgebildet hatten, sukzessive – und nun auch unabhängig vom Magiebegriff – in die euroamerikanische Popularkultur eingegangen.

Wenn moderne Autoren wie John R. R. Tolkien oder Joanne K. Rowling die Figur des *Magiers* schließlich als positiv konnotierte Identifikationsfigur aufgreifen und dadurch offenbar den literarischen Nerv des späten 20. und frühen 21. Jahrhunderts treffen, scheinen sie gerade aufgrund des enormen Erfolgs ihrer Werke historisches Neuland zu betreten – bis ins 20. Jahrhundert hinein ist eine vergleichbare literarische Popularität positiv konnotierter *Magier* kaum beobacht- oder überhaupt vorstellbar. Die literaturgeschichtlich wohl wichtigste *Magier*-Erzählung aus dem frühen 19. Jahrhundert – Goethes *Faust* – ist noch weitgehend christozentrischer Motivik (insbesondere dem *Teufelspakt*) und einem insgesamt negativen Wertungsduktus verschrieben. Dasselbe gilt für die *Kinder- und Hausmärchen* der Gebrüder Grimm (erste Ausgabe 1812), die viel älteres Material bündelten, oder – um eine romanhafte Verarbeitung aus dem antiken Diskurs aufzugreifen – für Apuleius' *Metamorphoses*. Entscheidend ist, dass erst *Magier*-Erzählungen des 20. Jahrhunderts die Polemika des Ausgrenzungsdiskurses hinter sich lassen und stattdessen Wertungsmuster des vormals devianten, identifikatorischen Magiediskurses aufgreifen – prägnant etwa an der Stilisierung des *Zauberers* Gandalf zu einem quasi-göttlichen Mittlerwesen in Tolkiens Epos *Herr der Ringe* beobachtbar.[7] Noch wichtiger ist, dass diese Werke heute nicht nur Bestseller sind, sondern mehrfach zu den beliebtesten, ja, besten Werken der Gegenwart gewählt worden sind.[8]

In der vorliegenden Arbeit wurde aufgrund der zwar seit Jahrtausenden beobachtbaren, bis ins 20. Jahrhundert hinein allerdings marginalen Rezeption eines positiv konnotierten Magiebegriffs argumentiert, dass die rezente Popularität des Magiebegriffs im Grunde nichts Neuartiges hervorgebracht hat. Vielmehr scheint eine diskursive Verlagerung, ein *Kippen der Diskurse* stattgefunden zu haben,[9] was dazu führte, dass identifikatorische

---

7 Vgl. zusammenfassend Friedhelm Schneidewind, „Gandalf" in: Ders., *Das große Tolkien-Lexikon*, Berlin 2001, 265-267.

8 Beispielsweise wurde in einer 2004 vom ZDF durchgeführten Umfrage unter 250.000 deutschen Lesern Tolkiens *Herr der Ringe* auf Platz 1 gewählt, Rowling stellte 4 der beliebtesten 50 Bücher: vgl. Peter Arens, „Unsere Besten – das große Lesen", online unter: http://www.zdf-jahrbuch.de/2004/programmarbeit/arens.htm (29.09.2009).

9 Diese Beobachtung sei hier nur angedeutet und wird an anderer Stelle ausführlicher dargelegt werden.

Lesarten des Magiebegriffs heute massentauglich, beliebt, begehrt, eben populär geworden sind. Der Erfolg von Autoren wie Tolkien und Rowling, die Popularität und Öffentlichkeitswirksamkeit neureligiöser Bewegungen wie *Wicca* oder auch die nunmehr inflationäre Applikation des Magiebegriffs als Trigger-Reiz in der Produktwerbung sind hierfür bedeutsame Belege. Nicht zuletzt mag dieser Befund auch signifikante Verlagerungen moderner Religiosität widerspiegeln, die im akademischen Diskurs häufig unter den Schlagworten Pluralisierung, Individualisierung oder De-Institutionalisierung gefasst werden. Es ist der Magiebegriff, der im historischen Kontext tendenziell Pluralisierungs-, Individualisierungs- und De-Institutionalisierungsprozesse und -strukturen abgebildet hat – auch und gerade diese semantischen Schichten des Begriffs werden gegenwärtig vielfach aktualisiert und scheinen zu seiner großen Popularität im globalisierten, multimedialen Öffentlichkeitsdiskurs beizutragen.

Abschließend seien Forschungsdesiderate sowie ein Ausblick auf weiterführende Applikationen des hier vorgeschlagenen historiographischen Ansatzes skizziert. Zunächst: die hier untersuchten Fallbeispiele aus der Geschichte des Magiebegriffs werden als wirkungsgeschichtlich bedeutsam, mithin als konstitutiv für jene Geschichte angesehen, mögen jedoch für zahlreiche weitere Texte und Autoren stehen, die hier aus wirkungsgeschichtlichen oder pragmatischen Gründen nicht oder nicht ausreichend behandelt worden sind. Ziel der vorliegenden Analyse war, grundlegende rezeptions- und diskursgeschichtliche Strukturen der Geschichte des Magiebegriffs insgesamt herauszuarbeiten; die Arbeit versteht sich als Anstoß zu weiterführenden Untersuchungen, kaum als erschöpfende Darstellung der in vielerlei Hinsicht komplexen Geschichte des Begriffs. Im Rahmen des hier angelegten rezeptions- und diskursgeschichtlichen Grundgerüstes können und sollten zahlreiche weitere Einzelentwicklungen, Texte und Autoren eingeordnet werden.

In diesem Zusammenhang sei darauf hingewiesen, dass der hier eingenommene Fokus auf den griechisch-hellenistischen, römisch-lateinischen, schließlich christlich-europäischen Kulturraum möglicherweise selbst eine künstliche Engführung und Reduktion der tatsächlichen Breite des historischen Magiediskurses – und insofern einen durch die kulturhistorische Position des Autors bedingten Ethnozentrismus – darstellt. Zahlreiche Sprachen und Kulturräume, auf die nicht weiter eingegangen worden ist, haben bereits im Zeitfenster der Antike die Geschichte des Magiebegriffs gestreift. An einer Stelle wurde auf einen syrischen Text (die *Vita Severi* das Zacharias), an anderer Stelle auf einen äthiopischen Text (das apokryphe *Henoch-Buch*) eingegangen – der *Picatrix* steht als einziger hier untersuchter Text des mittelalterlichen arabischen Diskurses ebenfalls recht isoliert da. Die hier vorgenommene argumentative Engführung war nicht zuletzt den oben genannten Ausgangsfragen der Arbeit verschuldet. Die gewählte Quellenauswahl hat sich an diesen Leitfragen orientiert und weniger relevantes Material notwendigerweise ausgeblendet.

So wird hier durchaus zugegeben, dass möglicherweise nur ein begrenzter Ausschnitt der – möglicherweise noch mehr Sprach- und Kulturräume umspannenden – Geschichte des Magiebegriffs rekapituliert wurde. Eine differenzierte Einordnung der arabischen Rezeption – insbesondere hinsichtlich der Frage nach Legitimität und Ausdifferenzierungen der mit dem arabischen Äquivalenzbegriff *siḥr* assoziierten Gegenstandsbereiche – steht bislang aus und ließ sich im Rahmen der vorliegenden Arbeit freilich nicht durchführen. Hat der arabische Diskurs die frühneuzeitliche Aufwertung des Magiebegriffs im Gelehrtendiskurs möglicherweise stärker beeinflusst als bis dato (und auch hier) angenommen? Diese Überlegungen ließen sich noch sehr viel weiter führen: wie ist der spätere (nachtalmudische) jüdische Diskurs im Kontext der hier rekonstruierten Diskursgeschichte(n) einzuordnen?[10] Müssen im antiken Mittelmeerraum nicht auch weiterführende, möglicherweise eigenständige Rezeptionsgeschichten oder differenziert einzuordnende Übersetzungsprozesse – etwa im Kontext der syrischen, äthiopischen und koptischen Kirche (um nur diese zu nennen) – stattgefunden haben? Ist der Magiebegriff im Kontext antiker Handelsstrukturen – etwa über die Seidenstraße – in den chinesischen und indischen Sprach- und Kulturraum eingedrungen? Wie verlief die weitere Rezeption des Magiebegriffs im oströmischen und schließlich byzantinischen Reich, das den platonischen Textkorpus (und dadurch die alkibiadische Rezeptionslinie!) ja konstant tradierte?[11] Die hier vorgenommene Historisierung des Magiebegriffs generiert neue Fragestellungen, die an dieser Stelle nur angedeutet werden können. Denkbar wäre, die in der vorliegenden Arbeit relativ begrenzt bearbeitete begriffsgeschichtliche Fragestellung noch interdisziplinärer auszulegen und mittels der Expertise einer Phalanx (religions-) historischer Einzeldisziplinen zu untersuchen.

Die wichtigste, ja, vordringlichste Aufgabe ist aber die weiterführende historiographische Analyse des identifikatorischen Magiediskurses. In diesem Zusammenhang hat die hier vorgenommene Konstutition eines genuin selbstreferentiellen Magiediskurses einen neuartigen Gegenstandsbereich geschaffen, der sehr viel präziser abgrenz- und untersuchbar ist als die bis dato vagen, im Kontext eines ideengeschichtlichen Ansatzes als *magisch* klassifizierten, von der Sache her meist sehr disparaten Text- und Quellenkorpora. In entsprechenden Untersuchungen wird der Ursprung eines – dann als homogen wahrgenommenen – Sachbereichs *Magie* ja nicht

---

10 In diesem Zusammenhang ist etwa zu fragen, weshalb die frühneuzeitliche Salomon-Texttradition auch und gerade durch hebräische Manuskriptversionen gekennzeichnet ist.

11 Aus rezeptionsgeschichtlicher Sicht hochinteressant ist hier etwa der positiv konnotierte (!) Eintrag zu Μαγεία in der Suda; vgl. *Suda On Line*, online verfügbar unter: http://www.stoa.org/sol-bin/findentry.pl?keywords=mu+9 (29.09.2009).

13. Schluss

selten in den altmesopotamischen oder -ägyptischen Kulturraum zurückprojiziert; Polemika des Ausgrenzungsdiskurses werden als ernst zu nehmendes Quellenmaterial angesehen; schließlich werden Formen etablierter, meist gar nicht als deviant (beziehungsweise *magisch*) markierter Religionsausübung – etwa, um ein typisches Beispiel zu nennen, mittelalterliche Amulettfunde, Segenssprüche oder Heiligengebete (unter der Chiffre „Die Kirche absorbiert die heidnische Magie") –[12] als integraler Bestandteil solchermaßen konstruierter Ideengeschichten ausgegeben.

Das hier konstituierte Quellenkorpus genuin selbstreferentieller Rezeptionen des Magiebegriffs erlaubt hingegen eine sehr viel quellennähere und dadurch auch differenziertere Rekonstruktion der Vorstellungen und Praktiken von Personen, die sich im Laufe der abendländisch-europäischen Religionsgeschichte tatsächlich als *Magier* bezeichnet und verstanden haben. Gerade vor diesem Hintergrund hat sich gezeigt, dass das Handeln und Denken selbstreferentieller *Magier* unbedingt unabhängig von den Polemika des Ausgrenzungsdiskurses analysiert werden muss. In der vorliegenden Arbeit hat dies zugleich bedeutet, dass substanzielle Fassungen des Magiebegriffs bei der Analyse des selbstreferentiellen Magiediskurses ausgeblendet werden mussten. Nur so konnte herausgearbeitet werden, dass selbstreferentielle *Magier* nicht nur sehr unterschiedliche Dinge unter dem Begriff abgebildet haben (man vergleiche die selbstreferentiellen Magier der *Papyri Graecae Magicae* mit denen des *Hermetic Order of the Golden Dawn*!), sondern dass die üblichen Vorwürfe des Ausgrenzungsdiskurses – etwa der Blasphemie- oder Götterzwang-Topos – mit ihrem Selbstverständnis sehr wenig zu tun hatten. Im Gegenteil: selbstreferentielle *Magier* haben ihr Denken und Handeln als *heilig* und in der Tat *gottgewollt* angesehen – Einschätzungen, die auch der Wissenschaftsdiskurs ernst nehmen sollte, um dem selbstreferentiellen Magiediskurs zukünftig einen angemessenen Platz im weiten Feld akademisch zu untersuchender religiöser Texte einzuräumen.

Gerade im Kontext des identifikatorischen Magiediskurses, dem hier (nur) drei Kapitel – zudem aus sehr unterschiedlichen historischen Konstellationen – gewidmet wurden, ist weiterführende Forschung notwendig. Falls sich der Wissenschaftsdiskurs zu einer differenzierteren, über die in dieser Studie behandelten Fallbeispiele hinausgehenden Auseinandersetzung mit dem selbstreferentiellen Magiediskurs entschließen sollte, liegen noch viele Fragen im Dunkeln: besteht ein konkreter rezeptionsgeschichtlicher Zusammenhang zwischen dem antiken, spätmittelalterlichen und frühneuzeitlichen selbstreferentiellen Magiediskurs? Ist von einer Brückenfunktion des ibero-arabischen oder byzantinischen Diskurses für die ab dem Spätmittelalter erneut einsetzende, nun lateinische Textproduktion des selbstreferentiellen Magiediskurses auszugehen? Oder sind hier jeweils

---

12 Vgl. exemplarisch Baigent, Leigh, *Verschlusssache Magie...*, 71.

unabhängige Gruppen selbstreferentieller *Magier* zu unterscheiden, die eigene Lesarten und Praktiken entwickelten? Wie ist dann das Vorkommen nahezu identischer *charactēres* in den *Papyri Graecae Magicae*, im *Picatrix* und in Agrippas *De Occulta Pilosophia* erklärbar? Gerade mittels der hier verwendeten diskurs- und rezeptionsgeschichtlichen Methodologie ließe sich – bei weiterführender Forschung – mehr Licht ins Dunkel dieser und anderer Fragen bringen.

Dies betrifft schließlich auch den rezenten Diskurs, der offenkundig – im Medium Internet noch potenziert – durch eine Überfülle an Rezeptions- und Diversifizierungsprozessen gekennzeichnet ist. Die zur Verfügung stehenden wissenschaftlichen Untersuchungsmethoden stehen der kaum zu bändigenden Fülle an Rezeptionsprozessen in diesem Medium mithin ohnmächtig gegenüber. Gleichwohl könnte durchaus versucht werden, sich dem Internet-Diskurs und rezenten selbstreferentiellen *Magiern*, die mittels der neuen, technologischen Möglichkeiten selbstständig und ungefiltert publizieren können und so nunmehr einen – in dieser Hinsicht übrigens neu- und einzigartigen – gemeinsamen Diskurs generieren, anzunehmen und beispielsweise auf deren implizite oder explizite Partizipation an historischen Rezeptionsmustern zu überprüfen. Dadurch tritt der akademische Magiediskurs wiederum in Kontakt mit realiter existierenden, den *Magier*-Titel selbst verwendenden religiösen Akteuren, anstatt sich in veralteten Theoriedebatten oder definitorischen Problematiken zu verlieren. Dem Wissenschaftsdiskurs öffnet die hier vorgeschlagene historiographische Herangehensweise an den Magiebegriff daher auch im Zeitfenster der Gegenwart die Tür zu den Quellen selbst und liefert so einen Ausweg aus der theoretischen Erstarrung der Debatte, die nicht zuletzt als Frucht und Folge eines früheren Königswegs der Religionswissenschaft – der substanziellen Definitionspraxis – einzuordnen ist.

Literaturverzeichnis

Abt, Adam, *Die Apologie des Apuleius von Madaura und die antike Zauberei. Beiträge zur Erläuterung der Schrift de magia*, [Religionsgeschichtliche Versuche und Vorarbeiten; 4, 2], Giessen 1908.

Adamzik, Kirsten, *Sprache: Wege zum Verstehen*, [UTB für Wissenschaft: Uni-Taschenbücher; 2172], Tübingen 2001.

Addabbo, Anna Maria, „'Carmen' magico e 'carmen' religiose", in: *Civiltà Classica e Cristiana 12 (1991)*, 11-28.

Ahmad, Hazrat Mirza Tahir (Hg.), *Koran. Der Heilige Qur-Ân. Arabisch und Deutsch. Fünfte überarbeitete Taschenbuchauflage*, Frankfurt a. M. ⁵2001.

Ahn, Gregor, *Religiöse Herrscherlegitimation im Achämenidischen Iran. Die Voraussetzungen und die Struktur ihrer Argumentation*, [Acta Iranica. Troisième Série: Textes et Mémoires; 31], Leiden 1992.

–, „Grenzgängerkonzepte in der Religionsgeschichte. Von Engeln, Dämonen, Götterboten und anderen Mittelwesen", in: Gregor Ahn, Manfred Dietrich (Hg.), *Engel und Dämonen. Theologische, anthropologische und religionsgeschichtliche Aspekte des Guten und Bösen. Akten des gemeinsamen Symposiums der Theologischen Fakultät der Universität Tartu und der Deutschen Religionsgeschichtlichen Studiengesellschaft am 7. und 8. April 1995 zu Tartu*, [Forschungen zur Anthropologie und Religionsgeschichte; 29], Münster 1997, 1-48.

–, „Religion I. Religionsgeschichtlich", in: Krause, Gerhard/Müller, Gerhard (Hg.), *Theologische Realenzyklopädie. Band 28: Pürstinger-Religionsphilosophie*, New York 1997, 513-522.

–, „Eurozentrismen als Erkenntnisbarrieren in der Religionswissenschaft", in: *Zeitschrift für Religionswissenschaft 5 (1997)*, 41-58.

Albert, Hans, *Traktat über kritische Vernunft*, [Die Einheit der Gesellschaftswissenschaften; 9], Tübingen ⁵1991.

Albrecht, Michael von et al. (Hg.), *Jamblich. ΠΕΡΙ ΤΟΥ ΠΥΘΑΓΟΡΕΙΟΥ ΒΙΟΥ, Pythagoras. Legende – Lehre – Lebensgestaltung. Eingeleitet, übersetzt und mit interpretierenden Essays versehen von Michael von Albrecht, John Dillon, Martin George, Michael Lurje, David S. Du Toit*, [Sapere; 4], Darmstadt 2002.

Angenendt, Arnold, *Geschichte der Religiosität im Mittelalter*, Darmstadt ⁴2009.

Apelt, Otto (Hg.), *Diogenes Laertius. Leben und Meinungen berühmter Philosophen. I. Band: Buch I-VI. Übersetzt aus dem Griechischen von Otto Apelt*, Berlin 1955.

Armoni, Charikleia A., *Liebestränke und Giftmord: die Gestalt der Deianeira in den Trachiniai des Sophokles. Mit einer Diskussion über das Verständnis von pharmaka bzw. philtra in der klassischen Zeit*, Göttingen 2001.

Ashley, Leonard R. N., *Geschichte der Magie*, Frechen 1999.

Asmus, Rudolf (Hg.), *Das Leben des Philosophen Isidoros von Damaskios aus Damaskos. Wiederhergestellt, übersetzt und erklärt von Rudolf Asmus*, [Philosophische Bibliothek; 125], Leipzig 1911.

Assmann, Jan, *Tod und Jenseits im Alten Ägypten*, München 2001.

Audollent, Auguste, *Defixionum tabellae quotquot innotuerunt tam in graecis orientis quam in totius occidentis partibus praeter atticas in corpore inscriptionum atticarum editas*, Paris 1904.

August Buck, „Einleitung. Von August Buck", in: Ders. (Hg), *Giovanni Pico della Mirandola. De hominis dignitate. Über die Würde des Menschen. Übersetzt von Norbert Baumgarten. Herausgegeben und eingeleitet von August Buck. Lateinisch-deutsch*, [Philosophische Bibliothek; 427], Hamburg 1990, VII-XXVII.

Aune, David E., „Magic in Early Christianity", in: Temporini, Hildegard/Haase, Wolfgang (Hg.), *Aufstieg und Niedergang der römischen Welt. Geschichte und Kultur Roms im Spiegel der neueren Forschung. Teil 2, Bd. 23, Teilbd. 2*, Berlin 1980, 1507–1557.

Bächtold-Stäubli, Hanns/Hoffmann-Krayer, Eduard (Hg.), *Handwörterbuch des deutschen Aberglaubens*, 10 Bände, Berlin 1987 (reprint 1927-1942).

Bader, Robert, *Der ΑΛΗΘΗΣ ΛΟΓΟΣ des Kelsos*, [Tübinger Beiträge zur Altertumswissenschaft; 33], Stuttgart 1940.

Baigent, Michael/Leigh Richard, *Verschlusssache Magie. Der Einfluß von Mythen und Mysterien auf unser Leben*, München 2000.

Baltes, Matthias (Hg.), *Apuleius. De Deo Socratis. Über den Gott des Sokrates. Eingeleitet, übersetzt und mit interpretierenden Essays versehen von Matthias Baltes (†)/Marie-Luise Lakmann/John M. Dillon/Pierluigi Donini/Ralph Häfner/Lenka Karfíková*, [SAPERE. Scripta Antiquitatis Posterioris ad Ethicam Religionemque pertinentia. Schriften der späteren Antike zu ethischen und religiösen Fragen; VII], Darmstadt 2004.

Bammel, Ernst, *Judaica et Paulina. Kleine Schriften II. Mit einem Nachwort von Peter Pilhofer*, [Wissenschaftliche Untersuchungen zum Neuen Testament; 91], Tübingen 1997.

Banzhaf, Hajo, *Tarot-Magie im Alltag*, München 2004.

Bardenhewer, Otto et al. (Hg.), *Des Heiligen Kirchenvaters Aurelius Augustinus Vorträge über das Evangelium des hl. Johannes. Übersetzt und mit einer Einleitung versehen von Dr. Thomas Specht. I. Band (Vorträge 1-23)*, [Bibliothek der Kirchenväter; 1, 8, 4], Kempten 1913.

–, (Hg.), *Des Origines acht Bücher gegen Celsus. Aus dem Griechischen übersetzt von Hofrat Prof. Dr. Paul Koetschau. I. Teil: Buch I-IV*, [Bibliothek der Kirchenväter; 1, 52], München 1926.

–, (Hg.), *Des Origines acht Bücher gegen Celsus. Aus dem Griechischen übersetzt von Hofrat Prof. Dr. Paul Koetschau. II. Teil: Buch V-VIII*, [Bibliothek der Kirchenväter; 1, 53], München 1927.

–, (Hg.), *Des heiligen Kirchenvaters Aurelius Augustinus Fünfzehn Bücher über die Dreieinigkeit. Aus dem Lateinischen übersetzt und mit Einleitung versehen von Dr. Michael Schmaus*, [Bibliothek der Kirchenväter; 2, 13], München 1935.

Barnes, Barry, „Glaubenssysteme im Vergleich: falsche Anschauungen oder Anomalien?", in: Kippenberg/Luchesi, *Magie. Die sozialwissenschaftliche...*, 213-234.

Barrett, Francis, *The Magus, or Celestial Intelligencer; Being a Complete System of Occult Philosophy*, London 1801.

Bassenge, Friedrich/Steindl, Regina (Hg.), *Aristoteles. Metaphysik. In der Übersetzung von Friedrich Bassenge*, [Philosophiehistorische Texte], Berlin 1990.

Bäumer, Michael, „Magie", in: Auffarth, Christoph/Bernard, Jutta/Mohr, Hubert (Hg.), *Metzler Lexikon Religion. Gegenwart – Alltag – Medien. Band 2: Haar – Osho-Bewegung*, Stuttgart 1999, 360-367

Becker, Carl (Hg.), *Tertullian. Apologeticum. Verteidigung des Christentums. Lateinisch und deutsch*, München ³1984.

Becker, Michael, „Die 'Magie'-Problematik in der Antike – genügt eine sozialwissenschaftliche Erfassung?", in: *Zeitschrift für Religions- und Geistesgeschichte 54/1 (2002)*, 1-22.

–, *Wunder und Wundertäter im frührabbinischen Judentum. Studien zum Phänomen und seiner Überlieferung im Horizont von Magie und Dämonismus*, [Wissenschaftliche Untersuchungen zum Neuen Testament: Reihe 2; 144], Tübingen 2002.

Becker-Huberti, Manfred, *Die heiligen drei Könige: Geschichten, Legenden und Bräuche*, Köln 2005.

Beierwaltes, Werner, „Neuplatonisches Denken als Substanz der Renaissance", in: Heinekamp/Mettler, *Magia naturalis und die Entstehung...*, 1-16.

Benedict, Ruth, „Religion", in: Boas, Franz (Hg.), *General Anthropology*, Boston 1938, 627-665.

Berchman, Robert M., *Porphyry against the Christians*, [Ancient Mediterranean and Medieval Texts and Contexts: Studies in Platonism, Neoplatonism, and the Platonic tradition; 1], Brill 2005.

Berger, Helen A. (Hg.), *Witchcraft and Magic: Contemporary North America*, Philadelphia 2005

–, „Introduction", in: Dies., *Witchcraft and Magic: Contemporary...*, 1-7.

Bergunder, Michael, „Was ist Esoterik? Religionswissenschaftliche Überlegungen zum Gegenstand der Esoterikforschung", in: Neugebauer-Wölk, Monika (Hg.), *Aufklärung und Esoterik. Rezeption – Integration – Konfrontation. Herausgegeben von Monika Neugebauer-Wölk unter Mitarbeit von Andre Rudolph*, [Hallesche Beiträge zur Europäischen Aufklärung; 37], Tübingen 2008, 477-507.

Berthelot, M. P. E., *Collection des anciens alchimistes grecs*, 3 Bände, Paris 1887/1888.

Bertholet, Alfred, „Magie", in: Bunsel, Hermann/Tscharnad, Leopold (Hg.), *Die Religion in Geschichte und Gegenwart. Handwörterbuch für Theologie und Religionswissenschaft. Zweite, völlig neubearbeitete Auflage. Dritter Band I-Me*, Tübingen 1929, 1839-1850.

–, „Das Wesen der Magie", in: Petzoldt, *Magie und Religion...*, 108-134.

–, (überarb. v. Carl-M. Edsman), „Magie", in: Galling, Kurt (Hg.), *Die Religion in Geschichte und Gegenwart. Handwörterbuch für Theologie und Religionswissenschaft. Dritte, völlig neubearbeitete Auflage. Vierter Band Kop-O*, Tübingen 1960, 595-601.

Betegh, Gábor, *The Derveni Papyrus. Cosmology, Theology and Interpretation*, Cambridge 2004.

Betz, Hans Dieter (Hg.), *The Greek Magical Papyri in Translation. Including the Demotic Spells*, Chicago 1986.

Bickerman, Elias J./Tadmor, Hayim, „Darius I, Pseudo-Smerdis, and the Magi", in: *Athenaeum 56 (1978)*, 239-261.

Bidez, Joseph et al. (Hg.), *Catalogue des Manuscrits Alchimiques Grecs VI*, Brüssel 1928.

Bidez, Joseph/Cumont, Franz (Hg.), *Les mages hellénisés: Zoroastre, Ostanès et Hystaspe d'après la tradition grecque*, 2 Bände, Paris 1938.

Bidney, David, *Theoretical Anthropology*, New York 1953.

Bieler, Ludwig, ΘΕΙΟΣ ΑΝΗΡ. *Das Bild des 'göttlichen Menschen' in Spätantike und Frühchristentum*, 2 Bände, Wien 1935.

Biezais, Harald, „Von der Wesensidentität der Religion und Magie", in: *Acta Academiae Aboensis 55 (1978)*, 5-31.

Bitterli, Urs, *Die 'Wilden' und die 'Zivilisierten'. Grundzüge einer Geistes- und Kulturgeschichte der europäisch-überseeischen Begegnung*, München ²1991.

Blavatsky, Helena, *Die Geheimlehre. Die Vereinigung von Wissenschaft, Religion und Philosophie. 3: Esoterik*, Den Haag 1980.

–, *Die Geheimlehre. Die Vereinigung von Wissenschaft, Religion und Philosophie. 4: Index*, Den Haag 1980.

–, *Isis unveiled: A Master-Kex to the Mysteries of Ancient and Modern Science and Theology. Vol. I - Science*, Pasadena 1998.

–, *Isis unveiled: A Master-Kex to the Mysteries of Ancient and Modern Science and Theology. Vol. II - Theology*, Pasadena 1998.

–, *The Key to Teosophy. Being a clear Exposition, in the Form of Question and Answer of the Ethics, Science, and Philosophy. For the Study of which the Theosophical Society has been founded*, Pasadena 2002.

Bloch, Jon P., „Individualism and Community in Alternative Spiritual 'Magic'", in: *Journal for the Scientific Study of Religion 37/2 (Juni 1998)*, 286-302.

Blum, Paul Richard (Hg.), *Marsilio Ficino. Über die Liebe oder Platons Gastmahl. Übersetzt von Karl Paul Hasse. Herausgegeben und eingeleitet von Paul Richard Blum. Lateinisch-deutsch*, [Philosophische Bibliothek; 368], Hamburg 2004.

–, „Einleitung. Von Paul Richard Blum", in: Ders., *Marsilio Ficino...*, XIII-XXXIII.

Bödeker, Hans Erich/Hinrichs, Ernst, „Alteuropa – Frühe Neuzeit – Moderne Welt?", in Dies. (Hg.), *Alteuropa – Ancien régime – Frühe Neuzeit. Probleme und Methoden der Forschung*, [Problemata; 124], Stuttgart 1991, 11-50.

Bogdan, Henrik, *From Darkness to Light. Western Esotericism and Rituals of Initiation*, [Skrifter utgivna av Institutionen för Religionsvetenskap, Göteborgs Universitet / Institutionen för Religionsvetenskap; 30], Göteborg 2003.

Bohak, Gideon, *Ancient Jewish Magic: A History*, Cambridge 2008.
Borchardt, Frank L., „The Magus as Renaissance Man", in: *Sixteenth Century Journal 21, Issue 1 (1990)*, 57-76.
Boyce, Mary, *A History of Zoroastrianism. I: The early period*, [Handbuch der Orientalistik; 1. Abt.: Der Nahe und der mittlere Osten; 8. Band: Religion; 1. Absch.: Religionsgeschichte des alten Orients; Lieferung 2, Heft 2A], Leiden 1975.
—, *A History of Zoroastrianism. II: Under the Achaemenians*, [Handbuch der Orientalistik; 1. Abt.: Der Nahe und der mittlere Osten; 8. Band: Religion; 1. Absch.: Religionsgeschichte des alten Orients; Lieferung 2, Heft 2A], Leiden 1982.
Brach, Jean-Pierre, „Magic IV: Renaissance-17th Century", in: Hanegraaff/Faivre, *Dictionary of Gnosis...*, 2. Band, 731-38.
Brandt, Edward/Ehlers, Wilhelm (Hg.), *Apuleius. Der goldene Esel. Metamorphosen. Lateinisch und deutsch. Herausgegeben und übersetzt von Edward Brandt und Wilhelm Ehlers. Mit einer Einführung von Niklas Holzberg*, [Sammlung Tusculum], München ⁴1989.
Brashear, William M., „The Greek Magical Papyri: an Introduction and Survey; Annotated Bibliography (1928-1994) [Indices in vol. II.18.6]", in: Haase, Wolfgang et al. (Hg.), *Aufstieg und Niedergang der römischen Welt. Geschichte und Kultur Roms im Spiegel der Neueren Forschung. Teil II: Principat. Band 18: Religion. Teilband 5: Heidentum (Die religiösen Verhältnisse in den Provinzen, Fortsetzung)*, Berlin 1995, 3380-3684.
Braun, Willi/McCutcheon, Russel T. (Hg.), *Guide to the Study of Religion*, London 2000.
Bremmer, Jan N., *The Apocryphal Acts of Peter. Magic, Miracles and Gnosticism*, Leuven 1998.
—, "The Birth of the Term 'Magic'", in: *Zeitschrift für Papyrologie und Epigraphik 126 (1999)*, 1-14.
—, „The birth of the Term 'Magic'", in: Ders./Veenstra, Jan R. (Hg.), *The Metamorphosis of Magic from Late Antiquity to the Early Modern Period*, [Groningen studies in cultural exchange; 1], Leuven 2002, 1-12.
Brodersen, Kai (Hg.): *Das Buch der Wunder und Zeugnisse seiner Wirkungsgeschichte*, [Texte zur Forschung; 79], Darmstadt 2002.
Brodersen, Kai/Kropp, Amina (Hg.), *Fluchtafeln. Neue Funde und neue Deutungen zum antiken Schadenzauber*, Frankfurt a. Main 2004.
Brown, Peter, *The World of Late Antiquity*, London 1971.
—, „The Rise and Function of the Holy Man in Late Antiquity", in: *Journal of Roman Studies 61 (1971)*, 80-101.
—, „Sorcery, Demons and the Rise of Christianity: from Late Antiquity into the Middle Ages", in: Ders., *Religion and Society in the Age of Saint Augustine*, London 1972, 119-146.
Brox, Norbert (Hg.), *Irenäus von Lyon. Adversus Haereses. Gegen die Häresien III. Übersetzt und eingeleitet von Norbert Brox*, [Fontes Christiani; 8/3], Freiburg 1995.
—, (Hg.), *Irenäus von Lyon. Epideixis. Adversus Haereses. Darlegung der Apostolischen Verkündigung. Gegen die Häresien. I. Übersetzt und eingeleitet von Norbert Brox*, [Fontes Christiani; 8/1], Freiburg 1993.

Brückner, Wolfgang, „Magie", in: *Brockhaus-Enzyklopädie. Bd. 11: L-Mah*, Wiesbaden [17]1970, 787/88.
–, „Überlegungen zur Magietheorie. Vom Zauber mit Bildern.", in: Petzoldt, *Magie und Religion...*, 404-420.
Bruhn, Roy, „Ring mit Risiken. Der Fantasyklassiker 'Herr der Ringe' kommt in die Kinos", in: *Der Auftrag 81: Esoterik (2001)*, 36-38.
Brunner, Otto/Koselleck, Reinhard/Conze, Werner (Hg.), *Geschichtliche Grundbegriffe. Historisches Lexikon zur politisch-sozialen Sprache in Deutschland*, 8 Bände, Stuttgart 1972-1997.
Bruns, Karl Georg (Hg.), *Fontes Iuris Romani Antiqui. Editit Carolus Georgius Bruns. Leges et Negotia. Editio Sexta. Cura Theodori Mommseni et Ottonis Gradenwitz*, Freiburg 1893.
Buchheim, Thomas, *Gorgias von Leontinoi. Reden, Fragmente und Testimonien. Herausgegeben mit Übersetzung und Kommentar von Thomas Buchheim. Griechisch-deutsch*, [Philosophische Bibliothek; 404], Hamburg 1989.
Bürvenich, Paul, *Der Zauber des Harry Potter. Analyse eines literarischen Welterfolgs*, Frankfurt a. Main 2001.
Burke, Peter, *Die Renaissance. Aus dem Englischen von Robin Cackett*, [Fischer-Taschenbücher; 12289], Frankfurt a. Main 1996.
Burkert, Walter, „ΓΟΗΣ. Zum griechischen Schamanismus", in: *Rheinisches Museum 105 (1962)*, 36-55.
–, *Griechische Religion der archaischen und klassischen Epoche*, [Die Religionen der Menschheit; 15], Stuttgart 1977.
–, „Itinerant Diviners and Magicians: A Neglected Element in Cultural Contacts", in: Hägg, Robin (Hg.), *The Greek Renaissance of the eighth century B.C.: Tradition and innovation; proceedings of the 2. Internat. Symposium at the Swedish Institute in Athens, 1-5 June, 1981*, [Skrifter utgivna av Svenska Institutet i Athen: quarto; 30], Stockholm 1983, 115-119.
–, *The orientalizing revolution. Near Eastern Influence on Greek Culture in the Early Archaic Age*, Cambridge 1992.
Burnett, Charles, *Magic and Divination in the Middle Ages*, Aldershott 1996.
–, „The translating activity in medieval Spain", in: Ders., *Magic and Divination...*, 1036-58.
Busch, Peter, *Das Testament Salomos. Die älteste christliche Dämonologie, kommentiert und in deutscher Erstübersetzung*, [Texte und Untersuchungen zur Geschichte der altchristlichen Literatur; 153], Berlin 2006.
–, *Magie in neutestamentlicher Zeit*, [Forschungen zur Religion und Literatur des Alten und Neuen Testaments; 218], Göttingen 2006.
Butler, Alison, „Magical Beginnings. The Intellectual Origins of the Victorian Occult Revival", 83, in: *Limina 9 (2003)*, 78-95.
Camus, Albert, *Der Mythos des Sisyphos. Deutsch und mit einem Nachwort von Vincent von Wroblewsky*, Hamburg 2008.

Cancik, Hubert/Gladigow, Burkhard/Laubscher, Matthias (Hg.), *Handbuch religionswissenschaftlicher Grundbegriffe. Band I: Systematischer Teil. Alphabetischer Teil: Aberglaube - Antisemitismus*, Stuttgart 1988.

Cancik, Hubert, „Feststellung und Festsetzung religionswissenschaftlicher Grundbegriffe", in: Cancik/Gladigow/Laubscher, *Handbuch religionswissenschaftlicher Grundbegriffe. Band I:...*, 19-25.

Cancik-Lindemaier, Hildegard/Cancik, Hubert „Zensur und Gedächtnis. Zu Tacitus, Annales IV 32-38", in: Cancik-Lindemaier, Hildegard/Harich-Schwarzbauer, Henriette/von Reibnitz, Barbara (Hg.), *Von Atheismus bis Zensur: Römische Lektüren in kulturwissenschaftlicher Absicht. Herausgegeben von Henriette Harich-Schwarzbauer und Barbara von Reibnitz*, Würzburg 2006, 343-366.

Carastro, Marcello, *La cité des mages: Penser la magie en Grèce ancienne*, [Collection HOROS], Grenoble 2006.

Cary, Earnest (Hg.), *Dio's Roman History. With an English Translation by Earnest Cary. In Nine Volumes: IX*, [The Loeb Classical Library], London 1969 (reprint 1927).

Cicero, Sandra Tabatha, *The Essential Golden Dawn. An Introduction to High Magic*, Woodburry 2003.

Clarke, Emma C. et al. (Üb.), *Iamblichus. De mysteriis. Translated with an Introduction and Notes by Emma C. Clarke, John M. Dillon and Jackson P. Hershbell*, [Society of Biblical Literature. Writings from the Greco-Roman World; 4], Atlanta 2003.

Cohn, Leopold (Hg.), *Philonis Alexandrini. Opera quae supersunt. Vol. V. Recognovit Leopoldus Cohn*, Berlin 1906.

−, (Hg.), *Die Werke Philos von Alexandria. In deutscher Übersetzung. Herausgegeben von Prof. Dr. Leopold Cohn. Zweiter Teil*, [Schriften der Jüdisch-Hellenistischen Literatur; 2, 2], Breslau 1910.

−, (Hg.), *Philonis Alexandrini. Opera quae supersunt. Vol. VI. Recognoverunt Leopoldus Cohn et Sigofredus Reiter*, Berlin 1915.

−, (Hg.), *Die Werke Philos von Alexandria. In deutscher Übersetzung. Herausgegeben von Leopold Cohn, Isaak Heinemann, Maximilian Adler und Willy Theiler. Band VII. Mit einem Sachweiser zu Philo*, Berlin 1964.

Colpe, Carsten et al., „Geister (Dämonen)", in: Klauser, Theodor et al. (Hg.), *Reallexikon für Antike und Christentum. Sachwörterbuch zur Auseinandersetzung des Christentums mit der antiken Welt. Band 9: Gebet II-Generatianismus*, Stuttgart 1976, 546-797.

Colpe, Carsten, *Theologie, Ideologie, Religionswissenschaft. Demonstrationen ihrer Unterscheidung*, [Theologische Bücherei; 68: Religionswissenschaft], München 1980.

Colpe, Carsten/Holzhausen, Jens (Hg.), *Das Corpus Hermeticum Deutsch. Übersetzt und eingeleitet von Jens Holzhausen. Teil 1. Die griechischen Traktate und der lateinische 'Asclepius'*, [Clavis pansophiae; 7, 1], Stuttgart 1997.

−, *Das Corpus Hermeticum Deutsch. Übersetzt und eingeleitet von Jens Holzhausen. Teil 2: Exzerpte, Nag-Hammadi-Texte, Testimonien*, [Clavis pansophiae; 7, 2], Stuttgart 1997.

Compagni, Vittoria P. (Hg.), *Cornelius Agrippa. De Occulta Philosophia. Libri Tres. Edited by V. Perrone Compagni*, [Studies in the History of Christian Thought; 48], Leiden 1992.

Conrad, Sebastian (Hg.), *Jenseits des Eurozentrismus. Postkoloniale Perspektiven in den Geschichts- und Kulturwissenschaften*, Frankfurt a. Main 2002.

Conybeare, Frederick C. (Hg.), *Philostratus. The Life of Apollonius of Tyana. The Epistles of Apollonius and the Treatise of Eusebius. With an English Translation by F. C. Conybeare, M.A. In Two Volumes: II*, London 1950 (reprint 1912).

Copenhaver, Brian, „Scholastic Philosophy and Renaissance Magic in the De vita of Marsilio Ficino", in: *Renaissance Quaterly 37 (1984)*, 523-554.

–, „Iamblichus, Synesius and the Chaldean Oracles in Marsilio Ficino's De Vita Libri Tres: Hermetic Magic or Neoplatonic Magic?", in: *Hankins, James et al. (Hg.), Supplementum Festivum. Studies in Honor of Paul Oskar Kristeller*, [Medieval and Renaissance texts and studies; 49], Binghamton 1987, 441-55.

–, „Hermes Trismegistus, Proclus, and the Question of a Philosophy of Magic in the Renaissance", in: Merkel, Ingrid/Debus, Allen G. (Hg.), *Hermeticism and the Renaissance. Intellectual History and the Occult in Early Modern Europe*, [Folger books], Washington D.C. 1988, 79-110.

–, *Hermetica. The Greek Corpus Hermeticum and the Latin Asclepius in a new English translation, with notes and introduction*, Cambridge 1992.

Cotter, Wendy, *Miracles in Greco-Roman Antiquity. A sourcebook*, London 1999.

Craven, William G., *Giovanni Pico della Mirandola. Symbol of his Age. Modern Interpretations of a Renaissance Philosopher*, [Travaux d'humanisme et renaissance; 185], Genf 1981.

Cremer, Friedrich W., *Die chaldäischen Orakel und Jamblich de mysteriis*, [Beiträge zur klassischen Philologie; 26], Meisenheim am Glan 1969.

Crowley, Aleister, *The Equinox Vol I. No. III (1910)*.

–, *Magick in Theory and Practice*, New York 1979 (reprint London 1929).

–, *Das Buch des Gesetzes. Liber Al Vel Legis. Sub figura CXX wie es gegeben ward von XCIII=418 an DCLVVI*, Basel ⁴1993.

–, (Hg.), *The Goetia. The Lesser Key of Solomon the King. Clavicula Salomonis Regis. Translated by Samuel Liddell MacGregor Mathers. Edited with an Introduction by Aleister Crowley. Illustrated Second Edition*, San Francisco 1997.

–, „The Initiated Interpretation of Ceremonial Magic. Introductory Essay by Aleister Crowley", in: Ders., *The Goetia...*, 15-19.

Culianu, Ioan P., *Eros et Magie à la Renaissance. Avec une préf. de Mircea Eliade*, [Idées et recherches], Paris 1984.

Cunningham, Graham, *Religion & Magic. Approaches & Theories*, Washington 1999.

D'Alverny, M. T./ Hudry, F., „Al-Kindi. De radiis", in: *Archives d'histoire doctrinale et littéraire du moyen âge 49 (1974)*, 139-260.

Dan, Joseph, „Jewish Influences III: 'Christian Kabbalah' in the Renaissance", in: Hanegraaff/Faivre, *Dictionary of Gnosis...*, 2. Band, 638-42.

Davies, Owen, *Grimoires: A History of Magic Books*, Oxford 2009.

Daxelmüller, Christoph, *Aberglaube, Hexenzauber, Höllenängste. Eine Geschichte der Magie*, München 1996.

–, *Zauberpraktiken. Eine Ideengeschichte der Magie*, Düsseldorf 2001.

de Jong, Albert, *Traditions of the Magi: Zoroastrianism in Greek and Latin Literature*, Leiden 1997.

della Porta, Giambattista, *Natural magick by John Baptista Porta, a Neapolitane. In twenty books. 1 Of the causes of wonderful things. 2 Of the generation of animals. 3 Of the production of new plants. 4 Of increasing houshold-stuff. 5 Of changing metals. 6 Of counterfeiting gold. 7 Of the wonders of the load-stone. 8 Of strange cures. 9 Of beautifying women. 10 Of destillation. 11 Of perfuming. 12 Of artificial fires. 13 Of tempering steel. 14 Of cookery. 15 Of fishing, fowling, hunting, &c. 16 Of invisible writing. 17 Of strange glasses. 18 Of statick experiments. 19 Of pneumatick experiments. 20 Of the Chaos. Wherein are set forth all the riches and delights of the natural sciences*, London 1669.

Derrida, Jaques, *Die Schrift und die Differenz*, Frankfurt a. Main ⁴1989.

Deveney, John Patrick, „Spiritualism", in: Hanegraaff/Faivre, *Dictionary of Gnosis...*, 2. Band, 1074-82.

Dickie, Matthew W., „The Learned Magician and the Collection and Transmission of Magical Lore", in: Jordan/Montgomery/Thomassen, *The World of Ancient Magic...*, 163-93.

—, *Magic and Magicians in the Greco-Roman World*, London 2001.

Diderot, Denis, „Magie", in: Diderot, Denis/d'Alembert, Jean le Rond (Hg.), *Encyclopédie ou dictionnaire raisonné des sciences des arts et des métiers. Nouvelle impression en facsimilé de la première édition de 1751-1780*, Stuttgart 1966, 852-54.

Diels, Hermann, *Die Fragmente der Vorsokratiker. Griechisch und Deutsch*, Berlin 1903.

Dieter Betz, Hans, *The Greek Magical Papyri in Translation. Including the Demotic Spells. Edited by Hans Dieter Betz*, Chicago 1986.

Dodaro, Robert, „Auseinandersetzung mit dem 'Heidentum'", in: Drecoll, Volker Henning (Hg.), *Augustin Handbuch. Herausgegeben von Volker Henning Drecoll*, Tübingen 2007, 203-207.

Drecoll, Volker Henning, „Neuplatonismus", in: Drecoll, *Augustin Handbuch...*, 72-85.

Driscoll, Daniel J. (Hg.), *The Sworn Book of Honourius the Magician. As composed by Honourius through counsel with the Angel Hocroell. Edited and translated by Daniel J. Discroll*, Gillette 1983.

Du Toit, David S., *Theios Anthropos. Zur Verwendung von θεῖος ἄνθροπος und sinnverwandten Ausdrücken in der Literatur der Kaiserzeit*, [Wissenschaftliche Untersuchungen zum Neuen Testament; 2, 91], Tübingen 1997.

Duling, D. C., „Testament of Solomon (First to Third Century A.D.). A New Translation and Introduction by D. C. Duling", in: Charlesworth, James H. (Hg.), *The Old Testament Pseudoepigrapha. Volume 1. Apocalyptical Literature and Testaments*, New York 1983, 935-988.

Durkheim, Émile, „On Totemism", in: *History of Sociology 5 (1985; reprint 1901)*, 91-121.

—, *Die elementaren Formen des religiösen Lebens. Übersetzt von Ludwig Schmidts*, [Suhrkamp Taschenbuch Wissenschaft; 1125], Frankfurt a. Main 1994.

—, *Die Regeln der soziologischen Methode. Herausgegeben und eingeleitet von René König*, [Suhrkamp-Taschenbuch Wissenschaft; 464], Frankfurt a. Main 2002 (urspr. 1895).

Dzielska, Maria, *Apollonius of Tyana in Legend and History*, [Problemi e ricerche di storia antica ; 10], Rom 1986.
–, *Hypatia of Alexandria*, [Revealing antiquity ; 8], Cambridge 1995.
Edighoffer, Roland, „Rosicrucianism II: 18th Century", in: Hanegraaff/Faivre, *Dictionary of Gnosis...*, 2. Band, 1014-1017.
Effe, Bernd (Hg.), *Theokrit. Gedichte. Griechisch-Deutsch. Herausgegeben und übersetzt von Bernd Effe*, [Sammlung Tusculum], Düsseldorf 1999.
Ehnmark, Erland, „Religion und Magie. Frazer, Söderblom und Hagerström", in: Petzoldt, Magie und Religion..., 302-312.
Eiden, Herbert, „Vom Ketzer- zum Hexenprozeß. Die Entwicklung geistlicher und weltlicher Rechtsvorstellungen bis zum 17. Jahrhundert", in: Baier-de Haan, Rosmarie/Voltmer, Rita/Irsigler, Franz (Hg.), *Hexenwahn – Ängste der Neuzeit. Begleitband zur gleichnamigen Ausstellung des Deutschen Historischen Museums*, Berlin 2002, 48-59.
Eliade, Mircea, *Schamanismus und archaische Ekstasetechnik*, Zürich 1957.
–, *Patterns in Comparative Religion. By Mircea Eliade. Translated by Rosemary Sheed*, London 1958.
–, *Geschichte der religiösen Ideen. III/1: Von Mohammed bis zum Beginn der Neuzeit*, Freiburg 1983, 239-48.
–, *Yoga. Unsterblichkeit und Freiheit*, [Suhrkamp Taschenbuch; 1127], Frankfurt a. Main 1985.
–, *Magische Geschichten. Aus dem Rumän. von Edith Silbermann*, [Insel-Taschenbuch; 1923], Frankfurt a. Main 1997.
Erbse, Hartmut, *Fiktion und Wahrheit im Werke Herodots*, [Nachrichten der Akademie der Wissenschaften in Göttingen; Philologisch-historische Klasse; Jg. 1991, Nr. 4], Göttingen 1991.
–, *Studien zur griechischen Dichtung*, Stuttgart 2003.
Erich von Däniken, *Die Götter waren Astronauten. Eine zeitgemäße Betrachtung alter Überlieferungen*, München 2001.
Eschner, Michael D./Hostrup, Jürgen, *Die magische Kabbala*, Holdenstedt 1986.
Evans-Pritchard, Edward E., "The Intellectualist (English) Interpretation of Magic", in: *Bulletin of the Faculty of Arts 1 (1933)*, 282-311.
–, „Lévy-Bruhl's Theory of Primitive Mentality", in: *Bulletin of the Faculty of Arts 2 (1934)*, 1-36.
–, „The Divine Kingship of the Shilluk of the Nilotic Sudan", in: Ders., *Essays in Social Anthropology*, London 1962, 66-86.
–, *Theories of Primitive Religion*, Oxford 1965.
–, *Hexerei, Orakel und Magie bei den Zande*, [Suhrkamp Taschenbuch], Frankfurt a. Main 1988.
Fahd, Taufiq, „Siḥr", in: Bosworth, Clifford E. et al. (Hg.), *The Encyclopaedia of Islam. 9: San-Sze*, Leiden 1997, 567-71.
Fanger, Claire/Kieckhefer, Richard/Watson, Nicholas (Hg.), *Conjuring Spirits. Texts and Traditions of Medieval Ritual Magic*, [Magic in History], Stroud 1998.

Fanger, Claire, „Medieval Ritual Magic: What it is and why we need to know more about it", in: Dies. et al., *Conjuring Spirits...*, vii-xviii.

Fanger, Claire/Klaassen, Frank, „Magic III: Middle Ages", in: Hanegraaff/Faivre, *Dictionary of Gnosis...*, 2. Band, 724-31.

Faraone, Christopher A./Obbink, Dirk (Hg.), *Magica Hiera. Ancient Greek Magic and Religion*, New York 1992.

Faraone, Christopher A., „The agonistic context of early Greek binding spells", in: Faraone/Obbink, *Magika Hiera...*, 3-32.

Farmer, Stephen A. (Hg.), *Syncretism in the West. Pico's 900 theses (1486); the evolution of traditional, religious, and philosophical systems; with text, translation, and commentary*, [Medieval & Renaissance Texts & Studies], Tempe 1998.

Fehling, Detlev, *Die Quellenangaben bei Herodot. Studien zur Erzählkunst Herodots*, [Untersuchungen zur antiken Literatur und Geschichte; 9], Berlin 1971.

Feldman, Louis H. (Üb.), *Josephus. In Nine Volumes. IX: Jewish Antiquities, Books XVIII-XX. General index to Volumes I-IX. With an English Translation by Louis H. Feldman*, [The Loeb Classical Library], London 1965.

Festugière, André-Jean, *L'Idéal Religieux des Grecs et L'Évangile*, Paris ²1932.

Ficino, Marsilio, *Opera Omnia. Con una lettera introduttiva di Paul Oskar Kristeller e una premessa di Mario Sancipriano. Volumen II, Tomus I*, [Monumenta Politica et Philosophica Rariora; Series I, Numerus 9], Turin 1959.

—, *Opera Omnia. Con una lettera introduttiva di Paul Oskar Kristeller e una premessa di Mario Sancipriano. Volumen II, Tomus II*, [Monumenta Politica et Philosophica Rariora; Series I, Numerus 10], Turin 1959.

Firth, Raymond, „Problem and Assumption in an Anthropological Study of Religion", in: *Journal of the Royal Anthropological Institute 89 (1959)*, 129-148.

Fischer-Elfert, Hans-W., *Altägyptische Zaubersprüche. Eingeleitet, übersetzt und kommentiert von Hans-W. Fischer-Elfert. Mit Beiträgen von Tonio Sebastian Richter*, [Reclam Universal-Bibliothek; 18375], Stuttgart 2005.

Flashar, Hellmut (Hg.), *Aristoteles. Fragmente zu Philosophie, Rhetorik, Poetik, Dichtung. Übersetzt und erläutert von Hellmut Flashar, Uwe Dubielzig und Barbara Breitenberger*, [Aristoteles. Werke in deutscher Übersetzung. Begründet von Ernst Grumbach. Herausgegeben von Hellmut Flashar. Band 20: Fragmente. Teil I] Darmstadt 2006.

Flowers, Stephen, *Lords of the Left-Hand Path. A History of Spiritual Dissent*, Smithville 1997.

Fögen, Marie T., *Die Enteignung der Wahrsager. Studien zum kaiserlichen Wissensmonopol in der Spätantike*, Frankfurt a. Main 1993.

Först, Dietmar, "Ahnen der Religionswissenschaft: Sir James George Frazer (1854-1941) und seine evolutionistische Religionstheorie", in: *Spirita 4 (1990)*, 22-28.

Foucault, Michel, *Archäologie des Wissens*, Frankfurt a. Main 1973.

—, „Was ist ein Autor", in: Ders., *Schriften zur Literatur*, Frankfurt a. Main 1988, 7-31.

Frazer, James George, *The Golden Bough. A Study in Comparative Religion. Volume 1*, London 1890.

—, *The Golden Bough. A Study in Magic and Religion*, 3 Bände, London 1900.

–, *The Scope of Anthropology. A Lecture delivered before the University of Liverpool, May 14th, 1908*, London 1908.
–, *The Golden Bough. A Study in Magic and Religion. Third Edition. Part I. The Magic Art and the Evolution of Kings. Vol. I*, London 1911.
–, *Der goldene Zweig. Eine Studie über Magie und Religion*, Köln ²1968.
Frenschkowski, Marco, *Die Geheimbünde. Eine kulturgeschichtliche Analyse*, Wiesbaden 2007.
–, (Hg.), *Agrippa von Nettesheim. Die Magischen Werke. Und weitere Renaissancetraktate. Herausgegeben und eingeleitet von Marco Frenschkowski*, Wiesbaden 2008 (überarbeiteter Nachdruck der Ausgaben München 1913 und Berlin ⁴1921).
–, „Heinrich Cornelius Agrippa von Nettesheim und seine 'Okkulte Philosophie': Ein Vorwort", in: Ders., *Agrippa von Nettesheim...*, 23-41.
Friedrich, Elvira, *Yoga. Der indische Erlösungsweg. Das klassische System und seine Hintergründe*, [Diederichs Gelbe Reihe; 138: Indien], München 1997.
Friedrich, Hans-Veit (Hg.), *Thessalos von Tralles. Griechisch und Lateinisch. Herausgegeben von Hans-Veit Friedrich*, [Beiträge zur klassischen Philologie; 28], Meisenheim am Glan 1968.
Frye, Richard N., *History of Ancient Iran*, [Handbuch der Altertumswissenschaft; Abt. 3, Teil 7], München 1984.
Fürbeth, Frank, „Die Stellung der artes magicae in den hochmittelalterlichen 'Divisiones philosophiae'", in: Schäfer, Ursula (Hg.), *Artes im Mittelalter*, Berlin 1999, 249-62.
Gager, John G., *Curse Tablets and Binding Spells from the Ancient World*, New York 1992.
–, „Moses The Magician: Hero of an Ancient Counter-Culture?", in: *Helios 21 (1994)*, 179-188.
Gail, Rolph, *Magische Kabbala. Der westliche Weg*, München 1995.
Gallagher, Eugene V., *Divine man or magician? Celsus and Origen on Jesus*, [Dissertation series / Society of Biblical literature; 64], Chicago 1982.
Gebhardt, Winfried/Engelbrecht, Martin/Bochinger, Christoph, „Die Selbstermächtigung des religiösen Subjekts. Der 'spirituelle Wanderer' als Idealtypus spätmoderner Religiosität", in: *Zeitschrift für Religionswissenschaft (2/2005)*, 133-152.
Gerald Yorke, „Foreword", in: Howe, *The Magicians of the Golden Dawn...*, ix-xx.
Gerlach, Wolfgang/Bayer, Karl, *M. Tullius Cicero. Vom Wesen der Götter. Drei Bücher. Lateinisch-deutsch. Herausgegeben, übersetzt und erläutert von Wolfgang Gerlach und Karl Bayer*, [Sammlung Tusculum], München ³1990.
Gerrig, Richard J./Zimbardo, Philip G., *Psychologie. 18., aktualisierte Auflage*, München ¹⁸2008.
Giesecke, Michael, *Der Buchdruck in der frühen Neuzeit. Eine historische Fallstudie über die Durchsetzung neuer Informations- und Kommunikationstechnologien*, Frankfurt a. Main 1991.
Gilbert, Robert A., *The Golden Dawn Companion. A Guide to the History, Structure, and Workings of the Hermetic Order of the Golden Dawn. Compiled and introduced by R. A. Gilbert*, Wellingborough 1986.

—, „Secret Writing: The Magical Manuscripts of Frederick Hockley", in: Hamil, John, *The Rosicrucian Seer. Magical Writings of Frederick Hockley*, Wellingborrough 1986, 26-33.
—, *Revelations of the Golden Dawn: The Rise and Fall of a Magical Order*, London 1997.
—, „Barrett, Francis, * 18.12.1774 Marylebone, London, † probably ca. 1830 London", 164, in: Hanegraaff/Faivre, *Dictionary of Gnosis...*, 1. Band, 163/64.
—, „Hermetic Order of the Golden Dawn", in Hanegraaff/Faivre, *Dictionary of Gnosis...*, 1. Band, 544-550.
Gladigow, Burkhard, "Gegenstände und wissenschaftlicher Kontext von Religionswissenschaft", in: Cancik/Gladigow/Laubscher, *Handbuch religionswissenschaftlicher Grundbegriffe. Band I:...*, 26-40.
—, „Europäische Religionsgeschichte", in: Kippenberg, Hans G./Luchesi, Brigitte (Hg.), *Lokale Religionsgeschichte. Herausgegeben von Hans G. Kippenberg und Brigitte Luchesi*, Marburg 1995, 21-42.
—, „Religionswissenschaft. Historisches, Systematisches und Aktuelles zum Stand der Disziplin", in: *Berliner Theologische Zeitschrift 13 (1996)*, 200-211.
—, „Vergleich und Interesse", in: Klimkeit, Hans-J., *Vergleichen und Verstehen in der Religionswissenschaft. Vom 4. bis 6. Oktober 1995 in Bonn*, [Deutsche Vereinigung für Religionsgeschichte: Vorträge der Jahrestagung der DVRG; 1995. Studies in oriental religions; 41], Wiesbaden 1997, 113-130.
Godwin, Joscelyn, *The Theosophical Enlightenment*, [SUNY Series in Western esoteric traditions], Albany 1995.
Golann, Cecil P., *The life of Apuleius and his connection with magic*, New York 1952.
Goldammer, Kurt, „Magie", in: *Ritter, Joachim/Gründer, Karlfried (Hg.), Historisches Wörterbuch der Philosophie. Band 5: L-Mn*, Basel 1980, 631-636.
—, „Magie bei Paracelsus. Mit besonderer Berücksichtigung des Begriffs einer 'natürlichen Magie'", in: Heinekamp/Mettler, *Magia Naturalis und die Entstehung...*, 30-51.
—, *Der göttliche Magier und die Magierin Natur. Religion, Naturmagie und die Anfänge der Naturwissenschaft vom Spätmittelalter bis zur Renaissance. Mit Beiträgen zum Magie-Verständnis des Paracelsus*, [Kosmosophie. Forschungen und Texte zur Geschichte des Weltbildes, der Naturphilosophie, der Mystik und des Spiritualismus vom Spätmittelalter bis zur Romantik; V], Stuttgart 1991.
Goldenweiser, Alexander A., „Totemism, am Analytical Study", in: *Journal of American Folklore 23 (1910)*, 179-293.
Goode, William J., „Magic and Religion. A Continuum", in: *Ethnos 14 (1949)*, 172-182.
Goodrick-Clarke, Nicholas, *Die okkulten Wurzeln des Nationalsozialismus. Aus dem Englischen übertragen von Susanne Mörth*, Graz 1997.
Goody, Jack, „Religion and Ritual: The Definitional Problem", in: *British Journal of Sociology 12 (1961)*, 142-164.
Gordon, Richard, „Aelian's Peony: the location of magic in Graeco-Roman tradition", in: Shaffer, Elinor S. (Hg.), *Comparative Criticism: A Yearbook 9*, Cambridge 1987, 59-95.

Gordon, Richard L./Marco Simón, Francisco (Hg.) Magical Practice *in the Latin West. Papers from the International Conference held at the Universtity of Zaragoza, 30 Sept.-1st Oct. 2005*, [Religions in the Graeco-Roman World; 168], Leiden 2010.

Görgemanns, Herwig (Hg.), *Plutarch. Drei Religionsphilosophische Schriften. Über den Aberglauben. Über die späte Strafe der Gottheit. Über Isis und Osiris. Griechisch-deutsch*, Düsseldorf 2003.

Götte, Johannes (Hg.), *Vergil. Landleben. Catalepton. Bucolica. Georgica. Ed. Johannes und Maria Götte. Vergil-Viten. Ed. Karl Bayer. Lateinisch und deutsch*, [Sammlung Tusculum], München ^{5}1987.

—, (Hg.), *Vergil. Aeneis. Lateinisch-Deutsch. In Zusammenarbeit mit Maria Götte. Herausgeben und übersetzt von Johannes Götte. Mit einem Nachwort von Bernhard Kytzler*, [Sammlung Tusculum], München ^{7}1988.

Göttert, Karl-Heinz, *Magie. zur Geschichte des Streits um die magischen Künste unter Philosophen, Theologen, Medizinern, Juristen und Naturwissenschaftlern von der Antike bis zur Aufklärung*, München 2001.

Graf, Fritz, *Gottesnähe und Schadenszauber. Die Magie in der griechisch-römischen Antike*, [C. H. Beck Kulturwissenschaft], München 1996.

—, „Augustine and magic", in: Bremmer, Jan N./Veenstra, Jan R. (Hg.), *The Metamorphosis of Magic from Late Antiquity to the Early Modern Period: From Late Antiquity to the Early Modern Period*, [Groningen studies in cultural change ; 1], Leuven 2002, 87-103.

Greenfield, Richard P., *Traditions of Belief in Late Byzantine Demonology*, Amsterdam 1988.

Gregory, William, *Letters to a candid inquirer, on animal magnetism*, Philadelphia 1851.

Grendler, Paul F., "Georg Voigt: Historian of Humanism", in: Celenza, Christopher S./Gouvens, Kenneth (Hg.), *Humanism and Creativity in the Renaissance: Essays in Honor of Ronald G. Witt*, Leiden 2006, S. 295-326.

Grensemann, Hermann [Hg.], *Die hippokratische Schrift 'Über die heilige Krankheit'. Herausgegeben, übersetzt und erläutert von Hermann Grensemann*, [Ars Medica; 1], Berlin 1968.

Grim, Patrick, „Theories and Magicians (review of Daniel L. O'Keefe, Stolen Lightning: The Social Theory of Magic)", in: *Cross Currents 33 (1983)*, 93-95.

Grimm, Gunter, „Einführung in die Rezeptionsforschung", in: Ders., *Literatur und Leser. Theorien und Modelle zur Rezeption literarischer Werke*, Stuttgart 1975, 11-84.

Grimm, Jakob, *Deutsche Mythologie*, Göttingen 1835.

Grube-Verhoeven, Regine, „Die Verwendung von Büchern christlich-religiösen Inhalts zu magischen Zwecken", in: Bausinger. Hermann (Hg.), *Zauberei und Frömmigkeit*, [Volksleben; 13], Tübingen 1966, 11-57.

Gutekunst, Wilfried, „Zauber", in: Wolfgang Helck (Hg.), *Lexikon der Ägyptologie. 6. Band: Stele-Zypresse*, Wiesbaden 1986, 1320-55.

—, „Wie ‚magisch' ist die ‚Magie' im alten Ägypten? Einige theoretische Bemerkungen zur Magie-Problematik", in: Roccati, Alessandro/Siliotti, Alberto (Hg.), *La Magia in Egitto ai Tempi dei Faraoni. atti convegno internazionale di studi, Milano, 29 - 31 ottobre 1985*, [Operazione magia], Mailand 1987, 77-98.

Haarmann, Harald, *Die Gegenwart der Magie. Kulturgeschichtliche und zeitkritische Betrachtungen*, Frankfurt a. Main 1992.

Haarmann, Ulrich/Halm, Heinz/Gronke, Monika (Hg.), *Geschichte der arabischen Welt. Unter Mitwirkung von Monika Gronke, Barbara Kellner-Heinkele, Helmut Mejcher, Tilman Nagel, Albrecht Noth (†), Alexander Schölch (†), Reinhard Schulze, Hans-Rudolf Singer (†), Peter von Sivers. Begründet von Ulrich Haarmann (†), herausgegeben von Heinz Halm*, [Beck's Historische Bibliothek], München ⁴2001.

Haas, Hans (Hg.), *Corpus fabularum Aesopicarum. Vol. I. Editit A. Hausrath. Fasc. 1*, [Bibliotheca Scriptorum Graecorum et Romanorum Teubneriana], Lipsiae 1957, 77/78.

Habermehl, Peter, „Dämon", in: Cancik/Gladigow/Laubscher, *Handbuch religionswissenschaftlicher Grundbegriffe. Band II...*, 203-07.

—, „I. Magie, Mächte und Mysterien: Die Welt des Übersinnlichen im Werk des Apuleius", in: Hammerstaedt et al., *Apuleius...*, 285-314.

Hacker, Paul, „Magie, Gott, Person und Gnade im Hinduismus", in: Schmidthausen, Lambert (Hg.), *Paul Hacker. Kleine Schriften. Herausgegeben von Lambert Schmidthausen*, [Glasenapp-Stiftung; 15], Wiesbaden 1978, 428-436.

Hahn, Johannes, *Der Philosoph und die Gesellschaft. Selbstverständnis, öffentliches Auftreten und populäre Erwartungen in der höheren Kaiserzeit*, [Heidelberger althistorische Beiträge und epigraphische Studien; 7], Stuttgart 1989.

—, „Weiser, göttlicher Mensch oder Scharlatan? Das Bild des Apollonios von Tyana bei Heiden und Christen", in: Aland, Barbara/Hahn, Johannes/Rönning, Christian (Hg.), *Literarische Konstituierung von Identifikationsfiguren in der Antike*, [Studien und Texte zu Antike und Christentum /Studies and Texts in Antiquity and Christianity; 16], Tübingen 2003, 87-109.

Hall, Edith, *Inventing the Barbarian. Greek Self-Definition through Tragedy*, [Oxford Classical Monographs], Oxford 1989.

Halleran, Michael R. (Hg.), *Euripides. Hippolytus. With Introduction, Translation and Commentary by Michael R. Halleran*, Oxford 1995.

Hallock, Richard T. (Hg.), *Persepolis Fortification Tablets. By Richard T. Hallock*, [The University of Chicago; Oriental Institute Publications; 92], Chicago 1969.

Hammerstaedt, Jürgen et al. (Hg.), *Apuleius. De Magia. Eingeleitet, übersetzt und mit interpretierenden Essays versehen von Jürgen Hammerstaedt, Peter Habermehl, Francesca Lamberti, Adolf M. Ritter und Peter Schenk*, [SAPERE. Scripta Antiquitatis Posterioris ad Ethicam Religionemque pertinentia. Schriften der späteren Antike zu ethischen und religiösen Fragen; V], Darmstadt 2002.

—, „Apuleius: Leben und Werk", in: Ders. et al., *Apuleius. De Magia...*, 9-22.

Hammond, Dorothy, „Magic: A Problem in Semantics", in: *American Anthropologist* 72 *(1970)*, 1349-1356.

Hanegraaff, Wouter J., *New Age Religion and Western Culture. Esotericism in the mirror of secular thought*, [Studies in the history of religions; 72], Leiden 1996.

—, „How Magic Survived the Disenchantment of the World", in: *Religion 33, 4 (2003)*, 357-380.

—, "Magic I: Introduction", in: Hanegraaff/Faivre, *Dictionary of Gnosis...*, , 716-19
—, „Jewish Influences V: Occultist Kabbalah", in: Ders./Faivre, *Dictionary of Gnosis...*, 2. Band, 644-47.
—, „Magic V: 18th-20th Century", in: Ders./Faivre, *Dictionary of Gnosis...*, 2. Band, 738-44.
Hanegraaff, Wouter J./Faivre, Antoine (Hg.), *Dictionary of Gnosis&Western Esotericism. Edited by Wouter J. Hanegraaff. In Collaboration with Antoine Faivre, Roelof van den Broek, Jean-Pierre Brach. II: I-Z*, Leiden 2005.
Hankins, James (Hg.), *Platonic Theology. Volume 1. Books I-IV. English Translation by Michael J. B. Allen with John Warden. Latin text edited by James Hankins with William Bowen*, [The I Tatti Renaissance Library; 2], London 2001.
—, (Hg.), *Platonic Theology. Volume 3. Books IX-XI. English Translation by Michael J. B. Allen with John Warden. Latin text edited by James Hankins with William Bowen*, [The I Tatti Renaissance Library; 2], London 2003.
Hansen, Joseph, *Quellen und Untersuchungen zur Geschichte des Hexenwahns und der Hexenverfolgung im Mittelalter*, Bonn 1901.
Harder, Richard (Hg.), *Plotins Schriften. Übersetzt von Richard Harder. Neubearbeitung mit griechischem Lesetext und Anmerkungen*, 12 Bände, [Philosophische Bibliothek; 211a-215c, 276], Hamburg 1956-71.
Harkness, Deborah E., *John Dee's Conversations with Angels: Cabala, Alchemy, and the End of Nature*, Cambridge 1999.
Harmening, Dieter, *Zauberei im Abendland. Vom Anteil der Gelehrten am Wahn der Leute; Skizzen zur Geschichte des Aberglaubens*, [Quellen und Forschungen zur europäischen Ethnologie; Bd. 10], Würzburg 1991.
—, „Sturz der Engel, Sündenfall und Frauenzauber", in: *Perspektiven der Philosophie. Neues Jahrbuch. Band 28 (2002)*, 105-126.
Harnack, Adolf von (Hg.), *Porphyrius, Gegen die Christen, 15 Bücher. Zeugnisse, Fragmente und Referate*, [Aus den Abhandlungen der Königlich Preussischen Akademie der der Wissenschaften, Philosophisch-Historische Klasse; 1916, 1], Berlin 1916.
Hartmann, Wilfried (Hg.), *Das Sendhandbuch des Regino von Prüm. Unter Benutzung der Edition von F. W. H. Wasserschleben hrsg. und übers. von Wilfried Hartmann*, [Ausgewählte Quellen zur deutschen Geschichte des Mittelalters ; 42], Darmstadt 2004.
Harvey, Graham, *Contemporary Paganism. Listening People, speaking earth*, New York 1997.
Hauschild, Thomas, *Magie und Macht in Italien. Über Frauenzauber, Kirche und Politik*, [Merlins Bibliothek der geheimen Wissenschaften und magischen Künste; 13], Gifkendorf 2002.
Haustein, Jörg, *Martin Luthers Stellung zum Zauber- und Hexenwesen*, [Münchener kirchenhistorische Studien ; 2], Stuttgart 1990.
Head, Thomas, „An Introduction to the Enochian Teaching and Praxis", in: Regardie, *The Complete Golden Dawn...*, Buch 10, 1-11.
Heck, Eberhard/Wlosok, Antonie (Hg.), *L. Caelius Firmianus Lactantius. Divinarum Institutionum. Libri Septem. Fasc. 1: Libri I et II. Ediderunt Eberhard Heck et Antonie Wlosok*, Leipzig 2005.

Hedegård, Gösta, *Liber Iuratus Honorii: A Critical Edition of the Latin Version of the Sworn Book of Honorius*, [Studia Latina Stockholmiensia; 48], Stockholm 2002.

Heinekamp, Albert/Mettler, Dieter (Hg.), *Magia naturalis und die Entstehung der modernen Naturwissenschaften. Symposion d. Leibniz-Ges. Hannover, 14. u. 15. Nov. 1975*, [Studio Leibnitiana: Sonderhefte; 7], Wiesbaden 1978.

Heller, Erich (Hg.), *P. Cornelius Tacitus. Annalen. Lateinisch-deutsch. Herausgegeben von Erich Heller. Mit einer Einführung von Manfred Fuhrmann*, Düsseldorf ³1997.

Hellner-Eshed, Melila, „Zohar", in: Skolnik, Fred/Berenbaum, Michael (Hg.), *Encyclopedia Judaica. Second Edition. Volume 21: Wel-Zy*, Detroit 2007, 647-64.

Henrichs, Albert (Hg.), *Papyri graecae magicae. Die griechischen Zauberpapyri. Herausgegeben und übersetzt von Karl Preisendanz. I: Unveränderter Nachdruck der zweiten verbesserten Auflage (1973). Mit Ergänzungen von Karl Preisendanz. Durchgesehen und herausgegeben von Albert Henrichs*, [Sammlung wissenschaftlicher Commentare], München 2001.

Hildebrandt, Matthias/Brocker, Manfred, *Der Begriff der Religion. Interdisziplinäre Perspektiven*, [Politik und Religion], Wiesbaden 2008.

Hoffmann-Krayer, Eduard (Hg.), „Luzerner Akten zum Hexen und Zauberwesen", in: *Schweizerisches Archiv für Volkskunde 3 (1899)*, 22-40 (Teil I), 81-122 (Teil II), 189-224 (Teil III), 291-329 (Teil IV).

Holzberg, Niklas (Hg.), *Piblius Ovidius Naso. Liebeskunst. Ars Armatoria. Heilmittel gegen die Liebe. Remedia Amoris. Lateinisch-deutsch. Herausgegeben und übersetzt von Niklas Holzberg*, [Sammlung Tusculum], München ³1991.

Hondius, J.J.E. (Hg.), *Supplementum Epigraphicum Graecum 9*, Leiden 1944.

Hopfner, Theodor (Hg.), *Jamblichus. Über die Geheimlehren. Aus dem Griechischen übersetzt, eingeleitet und erklärt von Theodor Hopfner*, Hildesheim 1987 (reprint: Leipzig 1922).

Horn, Christoph, „Plotin (ca. 204-270 n.Chr.)", in: Höffe, Ottfried (Hg.), *Klassiker der Philosophie. 1: Von den Vorsokratikern bis David Hume*, [Beck'sche Reihe; 1792], München 2008, 106-117.

Horton, Robin „African Traditional Thought and Western Science", in: *Africa 37 (1967)*, 50-71 („Part I. From Tradition to Science") / 155-187 („Part II. The 'closed' and 'open' predicaments").

Hose, Martin, „Am Anfang war die Lüge? Herodot, der 'Vater der Geschichtsschreibung'", in: Ders. (Hg.), *Große Texte alter Kulturen. Literarische Reise von Gizeh nach Rom*, Darmstadt 2004, 153-174.

Howe, Ellic, *The Magicians of the Golden Dawn: A Documentary History of a Magical Order 1887-1923 (1972)*, Maine 1978.

Hoyningen-Huene, Paul, *Formale Logik. Eine philosophische Einführung*, [Universal-Bibliothek; 9692], Stuttgart 1998.

Hubert, Henri/Mauss, Marcel, „Entwurf einer allgemeinen Theorie der Magie", in: Mauss, Marcel *Soziologie und Anthropologie, Band 1: Theorie der Magie. Soziale Morphologie. Mit einer Einleitung von Claude Lévi-Strauss*, München 1974, 43-179.

Huchthausen, Liselott, *Römisches Recht: in einem Band. Zwölftafelgesetz. Gaius. Institutionen. Aus den Digesten. Cicero. Rede für Sextus Roscius aus Ameria. Cicero. Aus den zwei Büchern Rhetorik*, [Bibliothek der Antike. Römische Reihe], Berlin ³1991.

Hull, John M., *Hellenistic Magic and the Synoptic Tradition*, [Studies in Biblical Theology; 2, 28], London 1974.

Hülser, Karlheinz (Hg.), *Platon. Euthyphron. Alkibiades. Gorgias. Menexenos. Griechisch und Deutsch. Sämtliche Werke II*, [Insel-Taschenbuch; 1402] Frankfurt a. Main 1991.

–, (Hg.), *Platon. Nomoi. Griechisch und Deutsch. Sämtliche Werke IX*, [Insel-Taschenbuch; 1409] Frankfurt 1991.

Jäger, Siegfried, *Kritische Diskursanalyse. Eine Einführung*, [Edition DISS, Band 3], Münster ⁴2004.

Jahn, Ulrich, *Die deutschen Opfergebräuche bei Ackerbau und Viehzucht*, [Germanistische Abhandlungen; 3], Breslau 1884.

Jakobi, Jolande, *Die Psychologie. Eine Einführung in das Gesamtwerk. Mit einem Geleitwort von C. G. Jung*, [Fischer-Taschenbücher; 6365], Frankfurt a. Main 1982.

Janowitz, Naomi, *Magic in the Roman World. Pagans, Jews and Christians*, London 2001.

Jarvie, Ian C./Agassi, Josef, „Das Problem der Rationalität von Magie", in: Kippenberg/Luchesi, *Magie. Die sozialwissenschaftliche...*, 120-149.

Jauß, Hans Robert, *Literaturgeschichte als Provokation der Literaturwissenschaft*, [Konstanzer Universitätsreden; Universität Konstanz; 3], Konstanz 1967.

Jevons, Frank B., *An Introduction to the Study of Comparative Religion*, New York 1920.

Jones, Robert A., „Einen soziologischen Klassiker verstehen", in: Lepenies, Wolf (Hg.), *Geschichte der Soziologie. Studien zur kognitiven, sozialen und historischen Identität einer Disziplin. Herausgegeben von Wolf Lepenies. Übersetzungen von Wolf-Hagen Krauth. Band 1*, [Suhrkamp Taschenbuch Wissenschaft; 367], Frankfurt a. Main 1981, 137-197.

Jordan, David R./Montgomery, Hugo/Thomasson, Einar (Hg.), *The World of Ancient Magic: Papers from the First International Samson Eitrem Seminar, Norwegian Institute Athens, 4-8 May 1997*, [Papers of the Norwegian Institute at Athens; 4], Bergen 1999.

Josef Feix, *Herodot. Historien. Erster Band. Griechisch-deutsch. Herausgegeben von Josef Feix*, [Tusculum-Bücherei], München 1963.

Kardec, Allan, *The Spirit's Book (1898)*, Whitefish 1998 (reprint 1898).

Karfíková, Lenka, „Augustins Polemik gegen Apuleius", in: Baltes, *Apuleius. De Deo Socratis...*, 162-189.

Kaske, Carol V./Clark, John R. (Hg.), *Marsilio Ficino. Three Books on Life. A Critical Edition and Translation with Introduction and Notes by Carol V. Kaske and John R. Clark*, [Medieval & Renaissance Texts & Studies; 57: In conjunction with the Renaissance Society of America; Renaissance Texts Series; 11], Binghamton 1989.

Kees, Hermann, *Totenglauben und Jenseitsvorstellungen der alten Ägypter. Grundlagen und Entwicklung bis zum Ende des Mittleren Reiches. Mit 7 Abbildungen. Zweite, neubearbeitete Auflage*, Berlin ²1956.

Kieckhefer, Richard, *Magic in the Middle Ages*, Cambridge 1989.

–, *Forbidden Rites. A Necromancer's Manual of the Fifteenth Century*, [Magic in History Series], Stroud 1997.
Killy, Walther/Schmidt, Ernst A. (Hg.), *Q. Horatius Flaccus. Oden und Epoden. Lateinisch und Deutsch. Übersetzt von Christian Friedrich Karl Herzlieb und Johann Peter Uz. Eingeleitet und Bearbeitet von Walther Killy und Ernst A. Schmidt*, Zürich 1981.
King, Francis, *The Secret Rituals of the O.T.O.*, New York 1973.
–, „Introduction", in: Mathers, Samuel L. MacGregor, *The Grimoire of Armadel. Translated and edited from the Ancient Manuscript in the Library of the Arsenal, Paris. By S. L. MacGregor Mathers, Comte de Glanstrae. With an Introduction and additional notes by Francis King*, London 1980, 1-14.
–, *Modern Ritual Magic: The Rise of Western Occultism*, Dorset 1989.
Kingsley, Peter, "Meetings with Magi: Iranian Themes among the Greeks, from Xanthus of Lydia to Plato's Academy,", in: *Journal of the Royal Asiatic Society 5 (1995)*, 173-209.
Kippenberg, Hans G., „Diskursive Religionswissenschaft. Gedanken zu einer Religionswissenschaft, die weder auf einer allgemein gültigen Definition von Religion noch auf einer Überlegenheit von Wissenschaft basiert.", in: Gladigow, Burkhard/Kippenberg, Hans G., *Neue Ansätze in der Religionswissenschaft*, [Forum Religionswissenschaft; 4], München 1983, 9-28.
–, „Rivalität in der Religionswissenschaft", in: *Zeitschrift für Religionswissenschaft 2 (1994)*, 69-89.
–, „Einleitung: Zur Kontroverse über das Verstehen fremden Denkens", in: Kippenberg/Luchesi, *Magie. Die sozialwissenschaftliche...*, 9-51.
–, *Die Entdeckung der Religionsgeschichte. Religionswissenschaft und Moderne*, München 1997.
–, „Magie", in: Cancik, Hubert/Gladigow, Burkhard/Kohl, Karl-Heinz (Hg.), *Handbuch religionswissenschaftlicher Grundbegriffe. Band IV: Kultbild-Rolle*, Stuttgart 1998, 85-98.
Kippenberg, Hans G./Luchesi, Brigitte (Hg.), *Magie. Die sozialwissenschaftliche Kontroverse über das Verstehen fremden Denkens*, [Suhrkamp-Taschenbuch Wissenschaft; 674], Frankfurt a. Main ²1995.
Kippenberg, Hans G./Schäfer, Peter (Hg.), *Envisioning Magic: A Princeton Seminar and Symposium*, Leiden 1997.
Kippenberg, Hans G./von Stuckrad, Kocku, *Einführung in die Religionswissenschaft. Gegenstände und Begriffe*, München 2003.
Kircher, Athanasius, *Oedipus Aegyptiacus, hoc est universalis hieroglyphicae veterum doctrinae temporum iniuria abolitae instauratio. Tomi Secundi, Pars altera: Complectens Sex posteriores Classes*, Rom 1653.
Klaassen, Frank, „English Manuscripts of Magic, 1300-1500: A Preliminary Survey", in: Fanger et al., *Conjuring Spirits...*, 3-31.
Klass, Morton, *Ordered Universes: Approaches to the Anthropology of Religion*, Boulder 1995.
Klauck, Hans-J., *Die religiöse Umwelt des Urchristentums. Band I: Stadt- und Hausreligion, Mysterienkulte, Volksglaube*, [Kohlhammer-Studienbücher Theologie; 9], Stuttgart 1995.

Kluckhohn, Clyde, „Universal Categories of Culture", in: Tax, Sol et al. (Hg.), *Anthropology Today. An Encyclopedic Inventory*, Chicago 1953, 507-523.

Kluge, Friedrich, *Etymologisches Wörterbuch der deutschen Sprache. Bearbeitet von Elmar Seebold. 24., durchgesehene und erweiterte Auflage*, Berlin [24]2002.

Knibb, Michael A. (Hg.), *The Ethiopic Book of Henoch. A New Edition in the Light of the Aramic Dead Sea Fragments. By Michael A. Knibb in Consultation with Edward Ullendorff. 2: Introduction, Translation and Commentary*, Oxford 1978.

Knoblauch, Hermann (Hg.), *Helena Petrowna Blavatsky. Lexikon der Geheimlehren. Herausgeben von Hermann Knoblauch*, Hannover 1997.

Knobloch, Clemens, „Überlegungen zur Theorie der Begriffsgeschichte aus sprach- und kommunikationswissenschaftlicher Sicht", in: *Archiv für Begriffsgeschichte 35 (1992)*, 7-24.

Koch, Heidemarie, *Es kündet Dareios der König... Vom Leben im persischen Großreich*, [Kulturgeschichte der antiken Welt; 55], Mainz 1992.

Köchy, Kristian, *Ganzheit und Wissenschaft: Das historische Fallbeispiel der romantischen Naturforschung*, [Epistemata: Reihe Philosophie; 180], Würzburg 1997.

Koebner, Richard/Schmidt, Helmut D., *Imperialism: The Story and Significance of a Political word. 1840-1960*, Cambridge 1964.

Kohl, Karl-Heinz, „Geschichte der Religionswissenschaft", in: Cancik/Gladigow/Laubscher, *Handbuch religionswissenschaftlicher Grundbegriffe. Band I...*, 217-262.

König, Friedrich Wilhelm, *Relief und Inschrift des Königs Dareios I am Felsen von Bagistan*, Leiden 1938.

König, Roderich/Winkler, Gerhard (Hg.), *C. Plinius Secundus d. Ä. Naturkunde. Lateinisch-Deutsch. Buch XXIV/XXX. Medizin und Pharmakologie. Heilmittel aus dem Tierreich. Herausgeben und übersetzt von Roderich König in Zusammenarbeit mit Gerhard Winkler*, München 1988.

–, (Hg.), *C. Plinius Secundus d. Ä. Naturkunde. Lateinisch-Deutsch. Buch XXVIII. Medizin und Pharmakologie. Heilmittel aus dem Tierreich. Herausgeben und übersetzt von Roderich König in Zusammenarbeit mit Gerhard Winkler*, München 1988.

Konrad Preysing (Hg.), *Des heiligen Hippolytos von Rom. Widerlegung aller Häresien (Philosophumena). Übersetzt von Dr. Theol. Graf Konrad Preysing*, [Bibliothek der Kirchenväter; 1, 40], München 1922.

Koselleck, Reinhard, „Einleitung", in: Ders., Otto Brunner, Werner Conze (Hg.), *Geschichtliche Grundbegriffe. Historisches Lexikon zur politisch-sozialen Sprache in Deutschland. Band 1, A-D*, Stuttgart 1972, XIII-XXVII.

–, „Begriffsgeschichte und Sozialgeschichte", in: Ders. (Hg.), *Historische Semantik und Begriffsgeschichte*, Stuttgart 1979, 19-36.

Kraig, Donald M., *Modern Magick. Eleven lessons in the High Magickal Arts*, St. Paul 1988.

Kranz, Walther, „Kosmos als philosophischer Begriff frühgriechischer Zeit", in: *Philologus 93 (1938)*, 430-448.

Kraus, Thomas J. (Hg.), *Das Evangelium nach Petrus. Texte, Kontexte, Intertexte*, [Texte und Untersuchungen zur Geschichte der altchristlichen Literatur ; 158], Berlin 2007.

Kreinath, Jens/Snoek, Jan/Stausberg, Michael (Hg.), *Theorizing Rituals*, 2 Bände, [Numen book series: Studies in the history of religions; Vol. 114, 1 und 2], Leiden 2006/07.

Krieger, Klaus-Stefan, *Geschichtsschreibung als Apologetik bei Flavius Josephus*, [Texte und Arbeiten zum neutestamentlichen Zeitalter; 9], Tübingen 1994.

Kriss, Rudolf, „Zum Problem der religiösen Magie und ihrer Rolle im volkstümlichen Opferbrauchtum und Sakramentalien-Wesen", in: *Österreichische Zeitschrift für Volkskunde 22 (1968)*, 69-84.

Kristeller, Paul Oskar, *Humanismus und Renaissance. I: Die antiken und mittelalterlichen Quellen*, [UTB; 914], München 1980.

–, *Humanismus und Renaissance. II: Philosophie, Bildung und Kunst*, [UTB; 915], München 1980.

Kugener, Marc-Antoine (Hg.), *Vie de Sévère*, [Patrologia Orientalis; 2, 1], Turnhout 1980 (reprint 1903), 7-115.

Kullmann, Wolfgang, *Das Wirken der Götter in der Ilias. Untersuchungen zur Frage der Entstehung des Homerischen Goetterapparats*, [Schriften der Sektion für Altertumswissenschaft; 1], Berlin 1956.

Küntz, Darcy, *The Complete Golden Dawn Cipher Manuscript. Deciphered, translated, and edited by Darcy Küntz. Introd. by R. A. Gilbert*, [Golden Dawn Studies Series; 1], Edmonds 1996.

Labouvie, Eva, „Wissenschaftliche Theorien – rituelle Praxis. Annäherungen an die populäre Magie der Frühen Neuzeit im Kontext der 'Magie- und Aberglaubensforschung'", in: *Historische Anthropologie 2 (1994)*, 287-307.

Lamberti, Francesca, „III. De magia als rechtsgeschichtliches Dokument", in: Hammerstaedt et al., *Apuleius...*, 331-350.

Lamprecht, Harald, *Neue Rosenkreuzer. Ein Handbuch*, [Kirche – Konfession – Religion; 45], Göttingen 2004.

Lang, Wolfram, *Das Traumbuch des Synesius von Kyrene. Uebersetzung und Analyse der philosophischen Grundlagen*, [Heidelberger Abhandlungen zur Philosophie und ihrer Geschichte; 10], Tübingen 1926.

Laurant, Jean-Pierre, „Lévi, Éliphas (ps. Of Alphonse Louis Constant), * 8.3.1810 Paris, † 31.5.1875 Paris", in: Hanegraaff/Faivre, *Dictionary of Gnosis...*, 2. Band, 689-92.

Lee, Dorothy D. „Being and Value in a Primitive Culture", in: *The Journal of Philosophy 46 (1949)*, 401-415.

–, *Freedom and Culture*, New Jersey 1959.

Leinkauf, Thomas, „Die Bedeutung Platons und des Platonismus bei Marsilio Ficino", in: Blum, Elisabeth (Hg.), *Marsilio Ficino. Traktate zur Platonischen Philosophie. Übersetzt und mit Erläuterungen versehen von Elisabeth Blum, Paul Richard Blum und Thomas Leinkauf*, [Collegia], Berlin 1993, 9-27.

Lévi, Eliphas, *Transcendental Magic. Its Doctrine and Ritual. By Eliphas Lévi. A Complete Translation of „dogme et Rituel De La Haute magie" with a Biographical Preface. By Arthur Edward White*, London 1896.

—, *Dogme et Rituel de la Haute Magie. Par Éliphas Lévi. Nouvelle Édition, complète en un Volume avec 24 Figures dans le Texte*, Paris 1952.
—, *Geschichte der Magie*, Basel ²1985.
—, *Transzendentale Magie. Dogma und Ritual*, [Bibliotheca Hermetica], München 2000.
Lévy-Bruhl, Lucien, „Das Gesetz der Teilhabe", in: Petzold, *Magie und Religion...*, 1-26.
Lewis, Gilbert, "The Look of Magic", in: *Man 21 (1986)*, 414-435.
Liebs, Detlef, *Römische Jurisprudenz in Africa. Mit Studien zu den pseudopaulinischen Sentenzen*, [Antike in der Moderne], Berlin 1993.
Lindsay, Wallis M. (Hg.), *Isidori Hispalensis Episcopi. Etymologiarum sive originum. Libri XX. Recognivit brevique adnotatione critica instruxit W. M. Lindsay. Tomus I: Libros I-X continens*, [Scriptorum Classicorum Bibliotheca Oxoniensis], Oxford 1911.
Linsenmann, Thomas, *Die Magie bei Thomas von Aquin*, [Veröffentlichungen des Grabmann-Instituts zur Erforschung der Mittelalterlichen Theologie und Philosophie; N.F., 44], Berlin 2000.
Lotz, Almuth, *Der Magiekonflikt in der Spätantike*, [Habelts Dissertationsdrucke; Reihe Alte Geschichte; 48], Bonn 2005.
Lowie, Robert H., *History of Ethnological Theory*, New York 1937.
—, *Primitive Religion*, [Universal Library; 35], New York 1948.
Luck, Georg (Hg.), *Arcana Mundi. Magic and the Occult in the Greek and Roman Worlds. A collection of ancient texts. Transl., annotated, and introd. By Georg Luck*, [A John Hopkins paperback: Classics], Baltimore 1985.
Luck-Huyse, Karin, *Der Traum vom Fliegen in der Antike*. [Palingenesia; 62], Stuttgart 1997.
Luhmann, Niklas, „Das Problem der Epochenbildung und die Evolutionstheorie", in: Gumbrecht, Hans U./Link-Heer, Ursula (Hg.), *Epochenschwellen und Epochenstrukturen im Diskurs der Literatur- und Sprachhistorie. Herausgegeben von Hans Ulrich Gumbrecht und Ursula Link-Heer. UnterMitarbeit von Friederike Hassauer, Armin Biermann, Ulrike Müller-Charles, Barbara Ullrich*, [Suhrkamp-Taschenbuch Wissenschaft; 486], Frankfurt a. Main 1985, 11-33.
Luhrmann, Tanya M., *Persuasions of the Witch's Craft. Ritual Magic in Contemporary England*, Cambridge 1989.
Lukes, Steven, *Émile Durkheim. His life and work: a historical and critical study*, London 1988 (reprint 1973).
Luther, Martin, „Predigten über das 2. Buch Mose", in: Ders., *D. Martin Luthers Werke/ [Abt. 1], Bd. 16*, Weimar 1899.
Mackenzie, Kenneth, „Magic", in: Ders., *The Royal Masonic Cyclopaedia. Edited by Kenneth R. H. Mackenzie. Introduced by John Hamill and R. A. Gilbert*, [Masonic Classic Series], Wellingborough 1987, 463/64.
MacLennan, John F., „The Worship of Animals and Plants", in: *The Fortnightly Review 6 (1869)*, 407-427.
Magie, David (Hg.), *The Scriptores Historiae Augustae. With an English Translation by David Magie. In Three Volumes: II*, [The Loeb Classical Library], London 1953.

Mahal, Günther, *Faust. Der Mann aus Knittlingen; 1480/1980; Dokumente, Erläuterungen, Informationen*, Knittlingen 1982.
–, *Faust. Untersuchungen zu einem zeitlosen Thema*, Neuried 1998.
Maitland, Edward, *Anna Kingsford: Her Life, Letters, Diary and Work. By her collaborator Edward Maitland. Illustrated with portraits, views and facsimiles. In two Volumes. Vol. I*, London 1913.
–, *Anna Kingsford: Her Life, Letters, Diary and Work. By her collaborator Edward Maitland. Illustrated with portraits, views and facsimiles. In two Volumes. Vol. II*, London 1913.
Malinowski, Bronislaw, *Argonauten des westlichen Pazifik. Ein Bericht über Unternehmungen und Abenteuer der Eingeborenen in den Inselwelten von Melanesisch-Neuguinea*, [Schriften in vier Bänden/Bronislaw Malinowski; Bd. 1], Frankfurt a. Main 1979.
–, *Magie, Wissenschaft und Religion. Und andere Schriften*, [Conditio humana], Frankfurt a. Main 1983.
Mannhardt, Wilhelm, *Die Korndämonen. Beitrag zur Germanischen Sittenkunde*, Berlin 1868.
–, *Wald- und Feldkulte*, 2 Bände, Berlin 1875/76.
Marcovich, Miroslav (Hg.), *Hippolytus. Refutatio omnium haeresium*, [Patristische Texte und Studien; 25], Berlin 1986.
–, (Hg.), *Iustini Martyris. Apologiae pro Christianis*, [Patristische Texte und Studien; 38], Berlin 1994.
–, (Hg.), *Diogenis Laertii. Vitae Philosophorum. Vol. I. Libri I-X. Editit Miroslav Marcovich*, [Bibliotheca scriptorum Graecorum et Romanorum Teubneriana], Stuttgart 1999.
–, (Hg.), *Origines. Contra Celsum. Libri VIII. Editit M. Marcovich*, [Supplements to Vigiliae Christianae; 54], Leiden 2001.
Marrett, Robert R., *The Threshold of Religion*, London 1979 (reprint 1914)
Martel, Yann, *Schiffbruch mit Tiger*, Frankfurt a. Main ⁴2007.
Martin, Joseph/Daur, Klaus-D. (Hg.), *Sancti Aurelii Augustini. De doctrina christiana. De vera religione*, [Corpus Christianorum; Series Latina; XXXII: Aurelii Augustini Opera; Pars IV, I], Turnholti 1962.
Martin, Luther H., "Comparison", in: Braun/McCutcheon, *Guide to the Study...*, 45-56
Martinet, Hans (Hg.), *C. Suetonius Tranquillus. Die Kaiserviten. De vita caesarum. Berühmte Männer. De viris illustribus. Lateinisch-deutsch. Herausgegeben und übersetzt von Hans Martinet*, [Sammlung Tusculum], Düsseldorf 1997.
Martínez, Florentino García, „Magic in the Dead Sea Scrolls", in: Bremmer/Veenstra, *The Metamorphosis of Magic...*, 13-34.
Mathers, Samuel MacGregor, *The Key of Solomon the King. (Clavicula Salomonis). Now first translated and edited from Ancient MSS. in the British Museum by S. Liddell MacGregor Mathers. Author of 'The Kabbalah unveiled,' 'The Tarot,' etc. Foreword by Richard Cavendish*, London 1974 (reprint 1888).
Mauss, Marcel/Hubert, Henri, „Essai sur la nature et la fonction du sacrifice", in: *Anné Sociologique 2 (1899)*, 29-138.

McCown, Chester C. (Hg.), *The Testament of Solomon. Edited from manuscripts at Mount Athos, Bologna, Holkham Hall, Jerusalem, London, Milan, Paris and Vienna. With introduction, by Chester Charlton McCown*, Leipzig 1922.
McIntosh, Christopher, *Eliphas Lévi and the French Occult Revival*, London 1972.
Meiggs, Russell/Lewis, David (Hg.), *A selection of Greek historical inscriptions to the end of the fifth century*, Oxford 1969.
Mesmer, Franz Anton, *Mémoire de F. A. Mesmer, Docteur en Médecine, sur ses découvertes*, Paris 1798/99.
Meyer, Marvin/Mirecki, Paul (Hg.), *Ancient Magic and Ritual Power*, [Religions in the Graeco-Roman world; 129], Leiden 1995.
Michaels, Axel (Hg.), *Klassiker der Religionswissenschaft. Von Friedrich Schleiermacher bis Mircea Eliade*, München 1997.
Middleton, John, „Theories of Magic", in: Mircea Eliade (Hg.), *The Encyclopedia of Religion. Volume 9: Liu – Mith*, New Nork 1987, 81-89.
Migne, Jacques P. (Hg.), *Sancti Aurelii Augustini, Hipponensis Episcopi, Opera omnia, [...], Tomus Primus*, [Patrologiae cursus completus/Series Latina; 32], Turnholti 1865.
–, *Sancti Aurelii Augustini, Hipponensis Episcopi, Opera omnia, [...] Tomus Secundus*, [Patrologiae cursus completus/Series Latina; 33], Paris 1865.
Möller, Lenelotte (Üb.), *Die Enzyklopädie des Isidor von Sevilla. Übersetzt und mit Anmerkungen versehen von Lenelotte Möller*, Wiesbaden 2008.
Mountain, William J./Gloire, Fr. (Hg.), *Sancti Aurelii Augustini. De Trinitate. Libri XV (Libri I-XII)*, [Corpus Christianorum; Series Latina; L: Aurelii Augustini Opera: Pars XVI, I], Turnholti 1968.
Müller, Friedrich M., *Einleitung in die vergleichende Religionswissenschaft. 4 Vorlesungen im Jahre 1870 an der Royal Institution in London gehalten*, Straßburg 1874.
Müller, I. G., „Magier, Magie", in: Herzog, Johann J. (Hg.), *Real-Encyklopädie für protestantische Theologie und Kirche. In Verbindung mit vielen protestantischen Theologen und Gelehrten. 8: König - Manna*, Hamburg 1857, 675-85.
Müller-Jahncke, Wolf-Dieter, „Von Ficino zu Agrippa. Der Magia-Begriff des Renaissance-Humanismus im Überblick", in: Faivre, Antoine/Zimmermann, Rolf Christian (Hg.), *Epochen der Naturmystik. Hermetische Tradition im wissenschaftlichen Fortschritt. Grands Moments de la Mystique de la Nature. Mystical Approaches to Nature. Unter Mitarbeit zahlreicher Fachgelehrter des In- und Auslandes*, Berlin 1979, 24-51.
Müller-Jentsch, Ekkehard, „Schlechte Zeiten für Hexen" in: *Süddeutsche Zeitung (31.10.2006)*, Deutschlandausgabe: Seite 36.
Mumprecht, Vroni (Hg.), *Philostratos. Das Leben des Apollonios von Tyana. Griechisch-deutsch. Herausgegeben, übersetzt und erläutert von Vroni Mumprecht*, [Sammlung Tusculum], München 1983.
Murphy, Tim, „Discourse", 402, in: Braun/McCutcheon, *Guide to the Study...*, 396-408.
Muth, Robert, *Einführung in die griechische und römische Religion*, Darmstadt ²1998.
Nelson, Leonard, „Die sokratische Methode", in: Birnbacher, Dieter/Krohn, Dieter (Hg.), *Das sokratische Gespräch*, [Reclam Universal-Bibliothek; 18230], Stuttgart 2002, 21-72.

Nesselrath, Heinz-Günther, „II. Lukian und die Magie", in: Ebner, Martin et al. (Hg.), *Lukian. ΦΙΛΟΨΕΥΔΕΙΣ Η ΑΠΙΣΤΩΝ. Die Lügenfreunde oder: Der Ungläubige. Eingeleitet, übersetzt und mit interpretierenden Essays versehen von Martin Ebner, Holger Gzella, Heinz-Günther Nesselrath, Ernst Ribbat*, [SAPERE; 3], Darmstadt 2001, 153-66.

Nesselrath, Heinz-Günther et al. (Hg.), *Dion von Prusa. Menschliche Gemeinschaft und Göttliche Ordnung: die Borysthenes-Rede. Eingeleitet, übersetzt und mit interpretierenden Essays versehen von Heinz-Günther Nesselrath, Balbina Bäbler, Maximilian Forschner und Albert de Jong*, [SAPERE; 6], Darmstadt 2003.

Nestle, Wilhelm, „Die Haupteinwände des antiken Denkens gegen das Christentum", in: Martin, Jochen/Quint, Barbara (Hg.), *Christentum und Antike Gesellschaft*, [Wege der Forschung; 649], Darmstadt 1990, S. 17-80.

Neumann, Almut, *Verträge und Pakte mit dem Teufel. Antike und mittelalterliche Vorstellungen im „Malleus maleficarum"*, [Saarbrücker Hochschulschriften; 30: Grundlagen- und Geschichtswissenschaften], St. Ingbert 1997.

Nickel, Rainer (Hg.), *Xenophon. Kyrupädie. Die Erziehung des Kyros. Griechisch-deutsch. Herausgegeben und übersetzt von Rainer Nickel*, [Sammlung Tusculum], München 1992.

Nilsson, Martin P., „Die Religion in den griechischen Zauberpapyri", in: *ÅRSBERÄTTELSE. Bulletin de la Société Royale des Lettres de Lund 1947-1948*, Lund 1948.

Nock, Arthur D., "Paul and the Magus", in: Foakes-Jackson, Frederick J./Lake, Kirsopp (Hg.), *The Beginnings of Christianity. V: Additional notes to the Commentary*, London 1933, 164-88; erneut veröffentlicht in: Stewart, Zeph (Hg.), *Arthur Darby Nock. Essays on Religion and the Ancient World*, 2 Bände, Oxford 1972, 1. Band, 308-30.

–, (Hg.), *Corpus Hermeticum. Tome II: Traités XIII-XVIII. Asclepius. Texte établi par A. D. Nock et traduit par A. J. Festugière*, [Collection des Universités de France], Paris ²1960.

Norbeck, Edward, *Religion in Primitive Society*, New York 1961.

Nörr, Dieter, *Causa Mortis. Auf den Spuren einer Redewendung*, [Münchner Beiträge zur Papyrusforschung und antiken Rechtsgeschichte; Heft 80], München 1986.

Nothers, Thomas (Hg.), *Diodoros. Griechische Weltgeschichte. Buch I-X. Zweiter Teil. Übersetzt von Gerhard Wirth (Buch I-III) und Otto Veh (Buch IV-X). Eingeleitet und kommentiert von Thomas Nothers*, [Bibliothek der griechischen Literatur; 35], Stuttgart 1993.

Nowotny, Karl A. (Hg.), *Agrippa ab Nettesheym, H. C.: De Occulta Philosophia*, Graz 1967.

O'Keefe, Daniel L., *Stolen Lightning: The Social Theory of Magic*, New York 1983.

Ogden, Daniel, "Part 1: Binding Spells: Curse Tablets and Voodoo Dolls in the Greek and Roman Worlds", in: Ankarloo, Bengt/Clark, Stuart (Hg.), *The Athlone History of Witchcraft and Magic in Europe. Vol. 2: Ancient Greece and Rome*, London 1999, 1-90.

–, *Magic, Witchcraft, and Ghosts in the Greek and Roman Worlds: A Sourcebook*, Oxford 2002.

O'Meara, John J. (Hg.), *St. Augustine. Against the Academics. Translated and annotated by John J. O'Meara*, [Ancient Christian Writers; 12], London 1951.

Önnerfors, Alf (Hg.), *Antike Zaubersprüche. Zweisprachig. Übersetzt und herausgegeben von Alf Önnerfors*, [Reclams Universal-Bibliothek; 8686], Stuttgart 1991.

Otto, Rudolf, *Das Gefühl des Überweltlichen. Sensus numinis*, München ⁶1932.

Otto, Stephan, *Renaissance und frühe Neuzeit*, [Geschichte der Philosophie in Text und Darstellung; 3: Renaissance und frühe Neuzeit], Stuttgart 1994.

Pagel, Walter, *Paracelsus. An Introduction to Philosophical Medicine in the Era of the Renaissance*, Basel ²1982.

Pahnke, Donate, „Gibt es eine Hexenreligion? Das Phänomen Hexe und die deutsche Hexen- und Heidenszene", in: Köpke, Wulf/Schmelz, Bernd (Hg.), *Hexen im Museum. Hexen heute. Hexen weltweit*, [Mitteilungen aus dem Museum für Völkerkunde Hamburg; 34], Hamburg 2004, 213-229.

Palmer, John, „Haben wir Psi nachgewiesen?", in: *Zeitschrift für Parapsychologie und Grenzgebiete der Psychologie 32 (1990)*, 6-18.

Pape, Wilhelm, *Griechisch-Deutsches Handwörterbuch. In drei Bänden. Zweiter Band: Λ – Ω. Dritte Auflage bearbeitet von M. Sengebusch*, Braunschweig ³1906.

–, *Griechisch-Deutsches Handwörterbuch. In drei Bänden. Erster Band: A – K. Dritte Auflage bearbeitet von M. Sengebusch*, Braunschweig ³1908.

Parisciani, Gustavo, *Der heilige Josef von Copertino. Verzückung, Gefängnis und Heiligkeit*, Osimo 1968.

Parsons, Talcott, *The Structure of Social Action. A study in social theory with special reference to a group of recent European writers*, Glencoe ²1949.

Pasi, Marco, „Magic", in: von Stuckrad, Kocku (Hg.), *The Brill Dictionary of Religion. Edited by Kocku von Stuckrad. Revised edition of Metzler Lexikon Religion edited by Christoph Auffarth, Jutta Bernard and Hubert Mohr. Translated from the German by Robert R. Barr. Volume III: M-R*, Leiden 2006, 1134-40.

–, *Aleister Crowley und die Versuchung der Politik*, Graz 2006.

Patillon, Michel/Segonds, Alain Ph. (Hg.), *Porphyre. De L'Abstinence. Tome III. Livre IV. Texte Établi, Traduit et Annoté par Michel Patillon et Alain Ph. Segonds*, [Collection des Universités de France; Série Grecque; 368], Paris 1995.

Peel, John D. Y., „Was heißt 'fremde Glaubenssysteme verstehen'?", in: Kippenberg/Luchesi, *Magie. Die sozialwissenschaftliche...*, 150-173.

Pels, Peter, „Introduction: Magic and Modernity", in: Meyer, Birgit/Pels, Peter (Hg.), *Magic and modernity: interfaces of revelation and concealment*, Stanford 2003, 1-38.

Penella, Robert J. (Hg.), *The Letters of Apollonius of Tyana. A Critical Text with Prolegomena, Translation and Commentary*, [Mnemosyne: Suppl.; 56], Leiden 1979.

Perl, Carl Johann (Hg.), *Aurelius Augustinus. Der Gottesstaat. De Civitate dei. Erster Band: Buch I-XIV. In deutscher Sprache von Carl Johann Perl*, [Aurelius Augustinus' Werke], München 1979.

–, (Hg.), *Aurelius Augustinus. Der Gottesstaat. De Civitate dei. Zweiter Band: Buch XV-XXII. In deutscher Sprache von Carl Johann Perl*, [Aurelius Augustinus' Werke], München 1979.

Peterson, Joseph H. (Hg.), *The Lesser Key of Solomon. Lemegeton Clavicula Salomonis. Detailing the Ceremonial Art of Commanding Spirits Both Good and Evil*, York Beach 2001.

–, *John Dee's Five Books of Mystery. Original Sourcebook of Enochian Magic. From the Collected Works known as Mysteriorum Libri Quinque*, San Francisco 2003.

Pettersson, Olof, „Magie – Religion. Einige Randbemerkungen zu einem alten Problem.", in: Petzold, *Magie und Religion...*, 313-324.

Petzke, Gerd, *Die Traditionen über Apollonius von Tyana und das Neue Testament*, [Studia ad Corpus Hellenisticum Novi Testamenti; 1], Leiden 1970.

Petzoldt, Leander (Hg.), *Magie und Religion. Beiträge zu einer Theorie der Magie*, Darmstadt 1978.

Pfannenschmidt, Heino, *Germanische Erntefeste im heidnischen und christlichen Cultus. Mit besonderer Beziehung auf Niedersachsen*, Hannover 1878.

Pfister, Friedrich (Hg.), *Der Alexanderroman mit einer Auswahl aus den verwandten Texten*, [Beiträge zur klassischen Philologie; 92], Meisenheim am Glan 1978.

Phillips III, Charles R., "The Sociology of Religious Knowledge in the Roman Empire to A.D. 284", in: Temporini, Hildegard/Haase, Wolfgang (Hg.), *Aufstieg und Niedergang der römischen Welt: Geschichte u. Kultur Roms im Spiegel der neueren Forschung, Teil 2 (Principat), Bd. 16 (Religion), Teilband 3*, Berlin 1986, 2677-2773.

–, „Nullem Crimen sine Lege: Socioreligios Sanctions on Magic", in: Faraone, Christopher A./Obbink, Dirk (Hg.), *Magica Hiera. Ancient Greek Magic and Religion*, New York 1992, 260-276.

Philsooph, H., „Primitive Magic and Mana", in: *Man 6 (1971)*, 182-203.

Pichler, Karl, *Streit um das Christentum. Der Angriff des Kelsos und die Antwort des Origenes*, [Regensburger Studien zur Theologie ; 23], Frankfurt a. Main 1980.

Pingree, David, „The Diffusion of Arabic Magical Texts in Western Europe", in: Scarcia Amoretti, Biancamaria (Hg.), *La diffusione delle scienze islamiche nel medio evo europeo*, Rom 1987, 57-102.

Pocock, David, "Foreword", in: Mauss, Marcel, *A General Theory of Magic. Translated from the French by Robert Brain*, London 1972, 1-6.

Pollmann, Karla (Hg.), *Aurelius Augustinus. Die christliche Bildung (de doctrina christiana). Übersetzung, Anmerkungen und Nachwort von Karla Pollman*, [Reclam Universal-Bibliothek Nr. 18165], Stuttgart 2002.

Poole, Fitz J. P., "Metaphors and Maps: Towards Comparison in the Anthropology of Religion", in: *Journal of the American Academy of Religion 54 (1986)*, 411-457.

Popkin, Richard H. (Hg.), *Agrippa von Nettesheim. Opera II*, Hildesheim 1970 (reprint Lyon, whs. 1600).

Quack, Johannes F., „Das Pavianshaar und die Taten des Thot (pBrooklyn 47.218.48+85 3, 1-6)", 309f, in: *Studien zur altägyptischen Kultur 23 (1996)*, 305-333.

–, „La magie au temple", in: Koenig, Yvan (Hg.), *La magie égyptienne: à la recherche d'une définition*, Paris 2002, 41-68.

Quinn, Dennis M., *Early Mormonism and the Magic World View*, Salt Lake City 1998.

Radcliffe-Brown, Alfred R., *Structure and Function in Primitive Society*, Glencoe 1952.

Redway, George, *List of Books Chiefly from the Library of the Late Frederick Hockley, Esq., Consisting of Important Works relating to the Occult Sciences, both in print and manuscript*, London 1887.

Regardie, Israel, *The Tree of Life. An illustrated Study in Magic*, New York 1973.

–, *The Complete Golden Dawn System of Magic*, Tempe 1984.
Reich, Klaus (Hg.), *Platon. Menon. Auf der Grundlage der Übersetzung von Otto Apelt in Verbindung mit Else Zekl. Neu bearbeitet und herausgegeben von Klaus Reich*, [Philosophische Bibliothek; 278], Hamburg 1972.
Reinhardt, Karl, *Kosmos und Sympathie. Neue Untersuchungen über Poseidonios*, München 1926.
Remus, Harold, *Pagan-Christian Conflict over Miracle in the Second Century*, [Patristic monograph series; 10], Cambridge 1983.
Riesebrodt, Martin, *Cultus und Heilsversprechen. Eine Theorie der Religionen*, München 2007.
Ritner, Robert K., *The Mechanics of Ancient Egyptian Magical Practice*, [Studies in ancient Oriental civilization; 54], Chicago 1993.
Ritter, Hellmut/Plessner, Martin (Üb.), *'Picatrix'. Das Ziel des Weisen von Pseudo-Maǧrīṭī. Translated into German from the Arabic by Hellmut Ritter and Martin Plessner*, [Studies of the Warburg Institute; 27], London 1962.
Roberts, Julian/Watson, Andrew G., (Hg.), *John Dee's Library Catalogue*, London 1990.
Roeder, Hubert, „Die Imagination des Unsichtbaren. Die altägyptischen Erzählungen des Papyrus Westcar und die Performanz des Performativen", in: *Paragrana 12 (2003)*, 184-222.
Rolfes, Eugen (Hg.), *Aristoteles. Topik. Neu übersetzt und mit einer Einleitung und erklärenden Anmerkungen versehen von Eugen Rolfes*, [Philosophische Bibliothek; 12. Organon/Aristoteles; 5], Leipzig 1948 (reprint ²1922).
Rowling, Joanne K., *Harry Potter und der Feuerkelch. Aus dem Englischen von Klaus Fritz*, Hamburg 2001.
–, *Harry Potter und der Halbblutprinz. Aus dem Englischen von Klaus Fritz*, Hamburg 2005.
–, *Harry Potter und die Heiligtümer des Todes. Aus dem Englischen von Klaus Fritz*, Hamburg 2007.
Rudolph, Kurt, „Vergleich, religionswissenschaftlich", in: Cancik, Hubert/Gladigow, Burkhard/Laubscher, Matthias (Hg.), *Handbuch religionswissenschaftlicher Grundbegriffe. Band V: Säkularisierung - Zwischenwesen. Register*, Stuttgart 2001, 314-323.
Rüpke, Jörg, *Die Religion der Römer. Eine Einführung*, München ²2006.
Ruff, Margarethe, *Zauberpraktiken als Lebenshilfe. Magie im Alltag vom Mittelalter bis heute*, Frankfurt a. Main 2003.
Rummel, Walter, „Das 'ungestüme Umherlaufen' der Untertanen. Zum Verhältnis von Religiöser Ideologie, sozialem Interesse und Staatsräson in den Hexenverfolgungen im Rheinland", in: *Rheinische Vierteljahresblätter 67 (2003)*, 121-161.
Rummel, Walter/Voltmer, Rita, *Hexen und Hexenverfolgung in der frühen Neuzeit*, Darmstadt 2008.
Ruska, Julius, *Tabula Smaragdina. Ein Beitrag zur Geschichte der hermetischen Literatur*, [Heidelberger Akten der Von-Portheim-Stiftung; 16; Arbeiten aus dem Institut für Geschichte der Naturwissenschaft ; 4], Heidelberg 1926.
Russell, Jeffrey Burton, *Satan. The Early Christian Tradition*, London 1981.

Sabbatucci, Dario, „Kultur und Religion", in: Cancik/Gladigow/Laubscher, *Handbuch religionswissenschaftlicher Grundbegriffe. Band 1...,* 43-58.

Saffrey, Henri D., „Florence 1492: The Reappearance of Plotinus", in: *Renaissance Quaterly 49 (1996),* 488-506.

Santucci, James A., „Blavatsky, Helena Petrovna, * 12.8.1831 Ekaterinoslav, † 8.5.1891 London", in: Hanegraaff/Faivre, *Dictionary of Gnosis...,* 1. Band, 177-85.

Sarasin, Philipp, „Diskurstheorie und Geschichtswissenschaft", in: Keller, Reiner et al. (Hg.), *Handbuch Sozialwissenschaftliche Diskursanalyse. Band 1: Theorien und Methoden,* Wiesbaden 22006, 55-82.

Schade, Oskar, „zoubar, zoupar", in: Ders., *Altdeutsches Wörterbuch. Zweiter Teil: P-Z. Zweite umgearbeitete und vermehrte Auflage,* Hildesheim 1969 (reprint Halle 1872-82), 1295/96.

Schäfer, Peter, „Magic and Religion in Ancient Judaism", in: Kippenberg/Schäfer, *Envisioning Magic...,* 19-44.

Schaff, Philip (Hg.), *Nicene and Post-Nicene Fathers. Volume 1: The Confessions and Letters of Augustin, with a sketch of his life and work,* Peabody 1995 (reprint 1886).

Schäublin, Christoph (Hg.), *Marcus Tullius Cicero. Über die Wahrsagung. De Divinatione. Lateinisch-deutsch. Herausgegeben, übersetzt und erläutert von Christoph Schäublin,* [Sammlung Tusculum], München 1991.

Schenk, Peter, „Einleitung", in: Hammerstaedt et al., *Apuleius...,* 23-57.

Schlatter, Gerhard, "Evolutionismus", in: Cancik, Hubert/Gladigow, Burkhard/Laubscher, Matthias (Hg.), *Handbuch religionswissenschaftlicher Grundbegriffe. Band II: Apokalyptik - Geschichte,* Stuttgart 1990, 385-393.

Schmitt, Rüdiger, „Magietheorien und die Religionen des Antiken Vorderen Orients", in: Ahn, Gregor/Dietrich, Manfred/Häußling, Ansgar (Hg.), *Zeit in der Religionsgeschichte,* [Mitteilungen für Anthropologie und Religionsgeschichte; 13], Münster 2001, 309-332.

–, *Magie im alten Testament,* [Alter Orient und Altes Testament. Veröffentlichungen zur Kultur und Geschichte des Alten Orients und des Alten Testaments; 313], Münster 2004.

Schneemelcher, Wilhelm, *Neutestamentliche Apokryphen. In deutscher Übersetzung. Herausgegeben von Wilhelm Schneemelcher. 5. Auflage. I. Band: Evangelien,* Tübingen ⁵1987.

Schneidewind, Friedhelm, „Gandalf" in: Ders., *Das große Tolkien-Lexikon,* Berlin 2001, 265-267.

Scholem, Gershom, *Kabbalah,* New York 1974.

Schreiner, Peter, „Giovanni Aurispa in Konstantinopel. Schicksale griechischer Handschriften im 15. Jahrhundert", in: Helmrath, Johannes/Müller, Heribert (Hg.), *Studien zum 15. Jahrhundert. Festschrift für Erich Meuthen. Hg. von Johannes Helmrath und Heribert Müller in Zusammenarbeit mit Helmut Wolff. Band 2,* München 1994, 623–633.

Seeck, Gustav Adolf (Hg.), *Euripides. Sämtliche Tragödien und Fragmente. Griechisch-deutsch. Übersetzt von Ernst Buschor. Herausgegeben von Gustav Adolf Seeck. 1. Band: Alkestis. Medeia. Hippolytos,* [Tusculum-Bücherei], München 1972.

–, (Hg.), *Euripides. Sämtliche Tragödien und Fragmente. Griechisch-deutsch. Übersetzt von Ernst Buschor. Herausgegeben von Gustav Adolf Seeck. 4. Band: Euripides. Iphigenie im Taurerlande. Helena. Ion. Die Phönikierinnen*, [Tusculum-Bücherei], München 1972.

–, (Hg.), *Euripides. Sämtliche Tragödien und Fragmente. Griechisch-deutsch. Übersetzt von Ernst Buschor. Herausgegeben von Gustav Adolf Seeck. Band V: Orestes. Iphigenie in Aulis. Die Mänaden*, [Tusculum-Bücherei], München 1977.

Segal, Alan F., „Hellenistic Magic: Some Questions of Definition", in: Broek, Roelof van den/Vermaseren, Maarten J. (Hg.), *Studies in Gnosticism and Hellenistic Religions. Presented to Gilles Quispel on the occasion of his 65. birthday*, [Études préliminaires aux religions orientales dans l'Empire romain; 91], Leiden 1981, 349-375.

Seidel, Jonathan, „Charming Criminals: Classification of Magic in the Babylonian Talmud", in: Meyer, Mirecki, *Ancient Magic...*, 145-166.

Sethe, Kurt (Hg.), *Übersetzung und Kommentar zu den altägyptischen Pyramidentexten. Band 5: Spruch 507 - 582 (§§ 1102 - 1565)*, Hamburg ²1962.

Shaked, Shaul (Hg.), *Officina Magica. Essays on the Practice of Magic in Antiquity. Edited by Shaul Shaked*, [IJS Studies in Judaica; 4], Leiden 2005.

Sharpe, Eric J., „Nathan Söderblom (1866-1931)", in: Michaels, *Klassiker...*, 157-170.

Sieger, Marcus, *Die Heiligsprechung. Geschichte und heutige Rechtslage*, [Forschungen zur Kirchenrechtswissenschaft; 23], Würzburg 1995.

Simon, Manfred (Hg.), *Horaz. Werke in einem Band. Oden. Säkulargesang. Epoden. Satiren. Briefe. Buch über die Dichtkunst*, [Bibliothek der Antike. Römische Reihe], Berlin ²1983.

Skutella, Martin (Hg.), *S. Aureli Augustini. Confessionum. Libri XIII. Editit Martinus Skutella*, [Bibliotheca Scriptorum Graecorum et Romanorum Teubneriana], Stuttgart 1981.

Smith, Jonathan Z., *Map is not Territory. Studies in the History of Religions*, Leiden 1978.

–, „The Temple and the Magician", in: Ders., *Map is not Territory...*, 173-189.

–, „When the Bough Breaks", in: Ders., *Map is not Territory...*, 208-239.

–, "Classification", in: Braun/McCutcheon, *Guide to the Study...*, 39-44.

Smith, Morton, *Jesus, The Magician*, London 1978.

–, „On the Lack of a History of Greco-Roman Magic", in: Heinz Heinen (Hg.), *Althistorische Studien*, [Historia Einzelschriften; Vol. 40], Wiesbaden 1983, 251-57.

Smith, William R., *Die Religion der Semiten*, Darmstadt 1967 (reprint 1899).

Sodano, A. R., *Porfirio. Lettera ad Anebo*, Neapel 1958.

Söderblom, Nathan, *Der lebendige Gott im Zeugnis der Religionsgeschichte. Nachgelassene Gifford-Vorlesungen*, München 1942 (reprint 1931).

Soergel, Philip M., „Miracle, Magic, and Disenchantment in Early Modern Germany", in: Kippenberg, Hans G./Schäfer, Peter (Hg.), *Envisioning Magic: A Princeton Seminar and Symposium*, Leiden 1997, 215-234.

Sommerstein, Alan H. (Hg.), *The Comedies of Aristophanes: Vol. II. Wealth. Edited with translation and commentary by Alan H. Sommerstein*, Warminster 2001.

Spencer, Baldwin/Gillen, Francis J., *The Native Tribes of Central Australia*, London 1938 (reprint 1899).

Spencer, Herbert, *A System of Synthetic Philosophy 6: Principles of Sociology 1*, London 1883 (reprint 1874).
Speyer, Wolfgang, *Frühes Christentum im antiken Strahlungsfeld. Kleine Schriften III. Herausgegeben von Veronika Coroleu Oberparleiter*, [Wissenschaftliche Untersuchungen zum Neuen Testament; 213], Tübingen 2007.
Spiro, Melford E., „Religion: „Problems of Definition and Explanation", in: Banton, Michael (Hg.), *Anthropological Approaches to the Study of Religion*, [Association of Social Anthropologists of the Commonwealth: ASA monographs; 3], London 1966, 85-126.
Sprenger, Jakob/Institoris, Heinrich, *Der Hexenhammer (Malleus maleficarum). Aus dem Lateinischen übertragen und eingeleitet von J. W. R. Schmidt*, [dtv bibliothek. Literatur. Philosophie. Wissenschaft], München ³1983.
Stannard, Jerry, „Herbal medicine and herbal magic in Pliny's time", in: Pigeaut, Jackie/Orozio, José (Hg.), *Pline l'Ancien. témoin de son temps*, [Bibliotheca Salmanticensis: Estudios; 87], Salamanca 1987.
Stausberg, Michael, *Faszination Zarathustra: Zoroaster und die europäische Religionsgeschichte der frühen Neuzeit*, [Religionsgeschichtliche Versuche und Vorarbeiten; Bd. 42], Berlin 1998.
–, *Die Religion Zarathushtras. Geschichte – Gegenwart – Rituale. Band 1*, Stuttgart 2002.
Steiner, Gerhard, *Freimaurer und Rosenkreuzer – Georg Forsters Weg durch Geheimbünde. Neue Forschungsergebnisse auf Grund bisher unbekannter Archivalien*, [Acta humaniora], Berlin 1985.
Stierle, Karlheinz, „Renaissance – Die Entstehung eines Epochenbegriffs aus dem Geist des 19. Jahrhunderts", in: Herzog, Reinhart/Koselleck, Reinhart (Hg.), *Epochenschwelle und Epochenbewusstsein. Herausgegeben von Reinhart Herzog und Reinhart Koselleck*, [Poetik und Hermeneutik; 12], München 1987, 453-92.
Stockinger, Hermann E., *Die hermetisch-esoterische Tradition. Unter besonderer Berücksichtigung der Einflüsse auf das Denken Johann Christian Edelmanns (1698-1767)*, [Philosophische Texte und Studien ; 73], Hildesheim 2004.
Stolz, Fritz, „Paradiese und Gegenwelten", in: *Zeitschrift für Religionswissenschaft 1 (1993)*, 5-24.
–, „Bronislaw Kaspar Malinowski (1884-1942)", in: Michaels, *Klassiker...*, 246-263.
–, *Grundzüge der Religionswissenschaft*, Stuttgart ²1997.
Stuckrad, Kocku von, *Das Ringen um die Astrologie. Jüdische und christliche Beiträge zum antiken Zeitverständnis*, [Religionsgeschichtliche Versuche und Vorarbeiten; 49], Berlin 2000.
–, *Schamanismus und Esoterik. Kultur- und wissenschaftsgeschichtliche Betrachtungen*, [Gnostica; 4], Leuven 2003.
–, „Aleister Crowley, Thelema und die Religionsgeschichte des zwanzigsten Jahrhunderts", in: von Stuckrad, Kocku/Luchesi, Brigitte (Hg.), *Religion im kulturellen Diskurs. Festschrift für Hans G. Kippenberg zu seinem 65. Geburtstag. Herausgegeben von Bri-*

gitte Luchesi und Kocku von Stuckrad, [Religionsgeschichtliche Versuche und Vorarbeiten; 52], Berlin 2004, 307-24.
–, Geschichte der Astrologie. Von den Anfängen bis zur Gegenwart, München 2007.
Styers, Randall, Making Magic. Religion, Magic, and Science in the Modern World, New York 2004.
Suhr, Dierk/Seifert, Sabine, Kleine Geschichte der Magie, Ostfildern 2009.
Sutin, Lawrence, Do What Thou Wilt. A Life of Aleister Crowley, New York 2000.
Symonds, John/Grant, Kenneth (Hg.), The confessions of Aleister Crowley: an autohagiography. Ed. by John Symonds and Kenneth Grant, London 1969.
Szlészak, Thomas Alexander (Hg.), Platon. Der Staat. Griechisch-deutsch. Übersetzt von Rüdiger Rufener, Einführung, Erläuterungen, Inhaltsübersicht und Literaturhinweise von Thomas Alexander Szlészak, [Sammlung Tusculum], Düsseldorf 2000.
Szőnyi, György Endre, John Dee's Occultism. Magical Exaltation through Powerful Signs, [SUNY series in Western esoteric traditions], Albany 2004.
Tambiah, Stanley J., „Form und Bedeutung magischer Akte. Ein Standpunkt", in: Kippenberg/Luchesi, Magie..., 259-96.
–, Magic, Religion, Science, and the Scope of Rationality, [The Lewis Henry Morgan Lectures; 1984], Cambridge 1990.
Taylor, Mark C. (Hg.), Critical Terms for Religious Studies, Chicago 1998.
Taylor, Thomas (Hg.), Iamblichus. On the Mysteries of the Egyptians, Chaldeans, and Assyrians. Translated from the Greek by Thomas Taylor, Chiswick 1821.
Tegtmeier, Ralph, Magie und Sternenzauber. Okkultismus im Abendland, Köln 1995.
Terzaghi, Nicola (Hg.), Synesii Cyrenensis. Hymni et Opvscvla. II. Nicolavs Terzahgi Recensvit, [Scriptores Graeci et Latini: Synesii Cyrenensis Opvscvla; 2], Rom 1944.
Theißen, Gerd/Merz, Anette, Der historische Jesus. Ein Lehrbuch, Göttingen 1996.
Thimme, Wilhelm (Hg.), Aurelius Augustinus, Bekenntnisse. Eingeleitet und übertragen von Wilhelm Thimme, München ³1985.
Thorndike, Lynn, A History of Magic and Experimental Science, 8 Bände, New York 1923-58.
–, A History of Magic and Experimental Science. Volume II: During the first thirteen Centuries of our Era., New York 1923.
Tillotson, John, A Discourse against Transsubstantiation. The third edition, London 1685.
Tischendorf, Konstantin von (Hg.), Evangelia Apocrypha. Adhibitis plurimis codicibus graecis et latinis maximam partem nunc primum consultis atque ineditorum copia insignibus. Collegit atque recensuit Constantinus de Tischendorf, Leipzig 1876.
Titiev, Mischa, „A Fresh Approach to the Problem of Magic and Religion" in: Lessa, William A./Vogt, Evon Z. (Hg.), Reader in Comparative Religion: An Anthropological Approach, ²1965, 316-319.
Torczyner, Harry (Hg.), Die Heilige Schrift. Neu ins Deutsche übertragen. Erster Band. Tora/Fünfbuch, Franfurt a. Main 1934.
Trombley, Frank R., Hellenic Religion and Christianization C. 370-529. Frank R. Trombley. Volume 2, Boston ²2001.

Trumpf, Jürgen (Hg.), *Vita Alexandri Regis Macedonum. Primum Edidit Juergen Trumpf*, Stuttgart 1974.
Trunk, Dieter, *Der messianische Heiler. Eine redaktions- und religionsgeschichtliche Studie zu den Exorzismen im Matthäusevangelium*, [Herders Biblische Studien; 3], Freiburg 1994.
Tsantsanoglou, Kyriakos, „The First Columns of the Derveni Papyrus and their Religious Significance", in: Laks, André/Most, Glenn W. (Hg.), *Studies on the Derveni Papyrus*, Oxford 1997, 93-128.
Tyler, Stephen A., "Post-Modern Ethnography: From Document of the Occult to Occult Document", 124, in: Clifford, James/Marcus, George E. (Hg.), *Writing Culture. The Poetics and Politics of Ethnography*, Berkeley 1986, 122-140.
Tylor, Edward B., *Primitive Culture. 1*, [The collected works of Edward Burnett Tylor; 3], London 1994 (reprint 1871).
–, *Die Anfänge der Cultur. Untersuchungen über die Entwicklung der Mythologie, Philosophie, Religion, Kunst und Sitte*, 2 Bände, Hildesheim 2005/06 (reprint: Leipzig 1873).
Ungricht, Gabriela Brunner, *Die Mensch-Tier-Verwandlung. Eine Motivgeschichte unter besonderer Berücksichtigung des deutschen Märchens in der ersten Hälfte des 19. Jahrhunderts*, [Europäische Hochschulschriften. Reihe I: Deutsche Sprache und Literatur; 1676], Bern 1998.
van der Leeuw, Gerardus, *Phänomenologie der Religion*, Tübingen ²1956.
van Dülmen, Richard (Hg.), *Johann Valentin Andreae. Fama Fraternatis (1614). Confessio Fraternatis (1615). Chymische Hochzeit: Christiani Rosencreitz. Anno 1459 (1616). Eingeleitet und hrg. Von Richard van Dülmen*, [Quellen und Forschungen zur württembergischen Kirchengeschichte; 6], Stuttgart 1973.
van Oort, Johannes, „De ciuitate dei (Über die Gottesstadt)", in: Drecoll, *Augustin Handbuch...*, 347-363.
Veil, Heinrich (Hg.), *Justinus des Philosophen und Märtyrers Rechtfertigung des Christentums (Apologie I u. II). Eingeleitet, verdeutscht und erläutert von Dr. H. Veil*, Strassburg 1894.
Velde, H. Te, „The God Heka in Egyptian Theology", in: *Jaarbericht van het Voorasiatisch-Egyptische Genootshap; Ex Oriente Lux (JEOL) 21 (1970)*, 175-86.
Veltri, Giuseppe, *Magie und Halakha. Ansätze zu einem empirischen Wissenschaftsbegriff im spätantiken und frühmittelalterlichen Judentum*, [Texte und Studien zum Antiken Judentum; 62], Tübingen 1997.
Véronèse, Julien, *L'Ars notoria au Moyen Age. Introduction et édition critique*, [Micrologus' Library; 21: Salomon Latinus; 1], Florenz 2007.
Versnel, Henk S., „Some reflections on the Relationship Magic – Religion", in: *Numen 38 (1991)*, 177-197.
Vickery, John B., *The Literary Impact of the Golden Bough*, Princeton 1973.
Vogel, Friedrich (Hg.), *Diodorus. Bibliotheca Historica. Vol. II. Post I. Bekker et L. Dindorf. Recognivit Fr. Vogel. Editio Stereotypa. Editionis Tertiae*, [Bibliotheca Scriptorum Graecorum et Romanorum Teubneriana], Stuttgart 1964.
Vogel, Klaus Anselm, *Sphaera terrae: Das mittelalterliche Bild der Erde und die kosmographische Revolution*, Göttingen 1995.

Voigt, Georg, *Die Wiederbelebung des classischen Alterthums oder das erste Jahrhundert des Humanismus*, Berlin 1859;

Voltaire, „Enchantment", in: Beuchot, Adrien J. Q. (Hg.), *Oeuvres de Voltaire. Avec Préfaces, Advertissements, Notes, etc. par M. Beuchot. Tome XXIX. Dictionnaire Philosophique. – Tome IV*, Paris 1829, 98-108.

–, „Magie", in: Beuchot, Adrien J. Q. (Hg.), *Oeuvres de Voltaire. Avec Préfaces, Advertissements, Notes, etc. par M. Beuchot. Tome XXXI. Dictionnaire Philosophique. – Tome VI*, Paris 1829, 115-18.

Voltmer, Rita, „'Gott ist tot und der Teufel ist jetzt Meister!'. Hexenverfolgungen und dörfliche Krisen im Trierer Land des 16. und 17. Jahrhunderts", in: *Kurtrierisches Jahrbuch 39 (1999)*, 175-223.

–, „Netzwerk, Denkkollektiv oder Dschungel? Moderne Hexenforschung zwischen 'global history' und Regionalgeschichte, Populärhistorie und Grundlagenforschung", in: *Zeitschrift für Historische Forschung 34/3 (2007)*, 467-508.

Wagner, Andreas, *Sprechakte und Sprechaktanalyse im Alten Testament. Untersuchungen im biblischen Hebräisch an der Nahtstelle zwischen Handlungsebene und Grammatik*, [Beihefte zur Zeitschrift für die alttestamentliche Wissenschaft; 253], Berlin 1997.

Waite, Arthur Edward, *The Mysteries of Magic: A Digest of the Writings of Eliphas Lévi*, London 1886.

Walker, Daniel Pickering, *Spiritual and Demonic Magic: From Ficino to Campanella*, Pennstate ²2000 (reprint 1958).

Walz, Rainer, „Dörfliche Hexenprozesse in Lippe. Ein Vergleich zwischen ethnologischen und regionalgeschichtlichen Konzepten", in: Brakensiek, Stefan et al. (Hg.), *Kultur und Staat in der Provinz. Perspektiven und Erträge der Regionalgeschichte*, [Studien zur Regionalgeschichte; 2], Bielefeld 1992, 281-314.

Wason, Peter C., "On the failure to eliminate hypotheses in a conceptual task", in: *Quarterly Journal of Experimental Psychology 12 (1960)*, 129-140.

Wax, Murray/Wax, Rosalie, „Der Begriff der Magie", in: Petzoldt, *Magie und Religion...*, 325-384.

Weber, Max, *Wirtschaft und Gesellschaft. Grundriß der verstehenden Soziologie. Fünfte, revidierte Auflage, Besorgt von Johannes Winckelmann. Studienausgabe*, Tübingen ⁵1980.

–, „Die drei reinen Typen der legitimen Herrschaft", in: Winckelmann, Johannes (Hg.), *Gesammelte Aufsätze zur Wissenschaftslehre. Von Max Weber. Fünfte, erneut durchgesehene Auflage herausgegeben von Johannes Winckelmann*, Tübingen 1982, 475-488.

–, *Die protestantische Ethik und der Geist des Kapitalismus. Vollständige Ausgabe. Herausgegeben und eingeleitet von Dirk Kaesler*, [beck'sche Reihe], München 2004.

–, *Wirtschaft und Gesellschaft. Die Wirtschaft und die gesellschaftlichen Ordnungen und Mächte. Nachlaß. Teilband 4. Herrschaft. Herausgegeben von Edith Hanke in Zusammenarbeit mit Thomas Kroll*, [Max Weber Gesamtausgabe; I: Schriften und Reden; 22-4], Tübingen 2005.

Weigt, Detlef (Hg.), *Porphyrios. Über die Enthaltsamkeit von fleischlicher Nahrung. Bearbeitet und neu herausgegeben von Detlef Weigt*, Leipzig 2004.

Weiher, Anton (Hg.), *Homer, Odyssee. Griechisch und deutsch. Übertragung von Anton Weiher. Mit Urtext, Anhang und Registern. Einführung von A. Heubeck*, [Sammlung Tusculum], München ⁹1990.

Wengeler, Martin, *Topos und Diskurs. Begründung einer argumentationsanalytischen Methode und ihre Anwendung auf den Migrationsdiskurs (1960-1985)*, Tübingen 2003.

Wenskus, Otta/Daston, Lorraine, "Paradoxographoi", in: Cancik, Hubert/Schneider, Helmuth (Hg.), *Der Neue Pauly. Enzyklopädie der Antike. Altertum. Band 9: Or-Poi*, Stuttgart 2000, 309-14.

West, Mark I., *Trust your Children: Voices against Censorship in Children's Literature*, New York 1997.

West, Martin, *Early Greek Philosophy and the Orient*, Oxford 1971.

Westcott, William, „The Golden Dawn's Official History Lecture", in: King, *Modern Ritual Magic...*, 212-217.

Wiesehöfer, Josef, *Das antike Persien. Von 550 v. Chr. bis 650 n. Chr.*, [Albatros im Patmos Verlagshaus], Düsseldorf 2005.

Wilke, Annette, „Magisch-religiös? Hinduistische Weltorientierung und Magie-Debatte", in: Fiedermutz, Annemarie et al. (Hg.), *Zur Akzeptanz von Magie, Religion und Wissenschaft. Ein medizinethnologisches Symposium der Institute für Ethnologie und Anatomie, Westfälische Wilhelms-Universität Münster (1999)*, [Worte, Werke, Utopien; 17], Münster 2002, 81-103.

Willige, Wilhelm (Hg.), *Sophokles. Dramen. Griechisch und deutsch. Herausgegeben und übersetzt von Wilhelm Willige, überarbeitet von Karl Bayer. Mit Anmerkungen und einem Nachwort von Bernhard Zimmermann*, [Sammlung Tusculum], München ²1985.

Winch, Peter, *Die Idee der Sozialwissenschaft und ihr Verhältnis zur Philosophie*, [Suhrkamp-Taschenbücher Wissenschaft; 95], Frankfurt 1974.

–, „Was heißt ‚eine primitive Gesellschaft verstehen'?", in: Kippenberg/Luchesi, *Magie. Die sozialwissenschaftliche...*, 73-119.

Winkelman, Michael, „Magic: A Theoretical Reassessment", in: *Current Anthropology 23 (1982)*, 37-65.

Winter, Thomas Nelson, *Apology as Prosecution. The Trial of Apuleius*, Lincoln 2006 (urspr. Evanston 1968).

Wißmann, Hans, „James George Frazer (1854-1941)", in: Michaels, *Klassiker der Religionswissenschaft...*, 77-89.

Wollgast, Siegfried (Hg.), *Agrippa von Nettesheim. Über die Fragwürdigkeit, ja Nichtigkeit der Wissenschaften, Künste und Gewerbe. Mit einem Nachwort herausgegeben von Siegfried Wollgast. Übersetzt und mit Anmerkungen versehen von Gerhard Güpner*, Berlin 1993.

Worstbrock, Franz J., *Deutscher Humanismus: 1480-1520. Verfasserlexikon. Band 1: A-K*, Berlin 2008.

Wright, Margaret R. (Hg.), *Empedocles: The Extant Fragments. Edited, with an Introducion, Commentary, and Concordance, by M. R. Wright*, New Haven 1981.

Wright, Wilmer C. (Hg.), *Philostratos. Lives of the Sophists. Eunapius. Lives of Philosophers. With an english translation by Wilmer Cave Wright*, [The Loeb Classical Library; 134], Cambridge 1998 (reprint 1921).

Wünsch, Richard, „Deisidaimoniaka I. Der Zaubersang in der Nekuia Homers", in: *Archiv für Religionswissenschaft 12 (1909)*, 1-19.

Wuttke, Adolf, *Der deutsche Volksaberglaube der Gegenwart*, Hamburg 1860.

Ya `kûb ibn Ishâk ibn Sabbâh al-Kindi, *De Radiis Stellicis. On The Stellar Rays. C9th AD. Translated by Robert Zoller from the Latin De Radiis Stellicis edited by M. T. D'Alverny and F. Hudry in Archives d'histoire doctrinale du Moyen Age, vol. 41, 1974, published in 1975*, London 2004.

Yates, Frances A., *Giordano Bruno and the Hermetic Tradition*, London 1964.

–, *The Rosicrucian Enlightment*, London 1972.

York, Michael, „New Age and Magic", in: Berger, *Witchcraft and Magic:...*, 13-27.

–, „Shamanism and Magic", in: Berger, *Witchcraft and Magic: Contemporary...*, 81-101.

Young, Douglas (Hg.), *Theognis. Ps.-Pythagoras. Ps.-Phoclydes. Chares. Anonymi Aulodia. Fragmentum Teliambicum. Post Ernestum Diehl. Editit Douglas Young*, [Bibliotheca scriptorum Graecorum et Romanorum Teubneriana], Leipzig 1961.

Zehnpfennig, Barbara (Hg.), *Platon. Symposion. Übersetzt und herausgegeben von Barbara Zehnpfennig. Griechisch-deutsch*, [Philosophische Bibliothek; 520], Hamburg 2000.

Zimmermann, Bernhard (Hg.), *Sophokles. König Oidipus. Griechisch-deutsch. Übersetzt von Wilhelm Willige, überarbeitet von Karl Bayer, mit einem neuen Anhang herausgegeben von Bernhard Zimmermann*, [Tusculum Studienausgaben], Düsseldorf 1999.

Zinser, Hartmut, *Der Markt der Religionen*, München 1997.

Zintzen, Clemens (Hg.), *Damascii Vitae Isidori Reliquiae. Editit Clemens Zintzen*, [Bibliotheca Graeca et Latina suppletoria; 1], Hildesheim 1967.

–, „Bemerkungen zur neuplatonischen Seelenlehre", in: Jüttemann, Gerd et al. (Hg.), *Die Seele: Ihre Geschichte im Abendland*, Göttingen 2005, 43-58.

Zoepf, Ludwig, *Das Heiligen-Leben im 10. Jahrhundert. Von Dr. Ludwig Zoepf*, [Beiträge zur Kulturgeschichte des Mittelalters und der Renaissance; 1], Leipzig 1908.

Quellentexte aus dem *World Wide Web*

Alberts, Peter, Vergleich zahlreicher *Magier*-Karten des Tarot, online verfügbar unter: http://www.albideuter.de/html/magier.html (27.09.2009).

Anonymer Autor, "Beschreibung" (Marktkirche Hannover), online verfügbar unter: http://www.kirche-hannover.de/marktkirche/geschichte/Beschreibung.html (29.09.2009).

Anonymer Autor, *Harry-Potter*-Pressemappe des Carlsen-Verlags, online verfügbar: http://www.carlsen.de/uploads/Presse/Harry_Potter_Pressemappe.pdf (29.09.2009).

Arens, Peter, „Unsere Besten – das große Lesen", online verfügbar unter: http://www.zdf-jahrbuch.de/2004/programmarbeit/arens.htm (29.09.2009).

Bild des *Bateleur* im *Marseille-Tarot*, online verfügbar unter: http://a.trionfi.eu/WWPCM/decks04/d03334/d0333401.jpg (29.09.2009).

Bild des *Magiers* im *Universal Waite Tarot*, online verfügbar unter: http://a.trionfi.eu/ WWPCM/decks05/d02443/d0244301.jpg (29.09.2009).

Bodart, Gabriel, „Review: Marcello Carastro, La cité des mages: Penser la magie en Grèce ancienne", in: Bryn Mawr *Classical Review 2007.07.33*; online abrufbar unter: http://ccat.sas.upenn.edu/bmcr/2007/2007-07-33.html (29.09.2009).

Chaniotis, Angelos, „Wie (er)findet man Rituale für einen neuen Kult? Recycling von Ritualen - das Erfolgsrezept Alexanders von Abonouteichos", in: *Forum Ritualdynamik 9 (2004)*, online verfügbar unter: http://www.ub.uni-heidelberg.de/archiv/5103 (29.09.2009).

DFG-Forschergruppe 529: „Die Aufklärung im Bezugsfeld neuzeitlicher Esoterik", Erläuterungen zu „Methodische Orientierungen in der Forschergruppe", online verfügbar unter: http://www.izea.uni-halle.de/forschergruppe/methodik.htm (29.09.2009).

Englisch, Andreas „Die Rückkehr der Exorzisten", Bild.de, online verfügbar unter: http://www.bild.de/BILD/news/vermischtes/2008/03/06/neue-exorzisten/vom-vatikan-beauftragt,geo=3940816.html (29.09.2009).

Gilmore, Peter H., „The History of the Origin of the Sigil of Baphomet and its Use in the Church of Satan", online verfügbar unter: http://www.churchofsatan.com/ home.html (27.09.2009), Link „History", Link „The History of the Origin of the Sigil of Baphomet and its Use in the Church of Satan".

Harland, Philip A., „Thessalos Project: Thessalos' Journeys and Prepaarations to Meet an Egyptian God", online verfügbar unter: http://www.philipharland.com/ travel/Thessalos.htm (29.09.2009).

Heidbrink, Simone/Miczek, Nadja/Radde-Antweiler, Kerstin, „Das Konzept 'Individualreligiosität'", in: *SFB 619 Ritualdynamik – Projekt C2: Zwischen Online-Religion und Religion-Online: Konstellationen für Ritualtransfer im Internet*, online verfügbar unter: http://rituals-online.uni-hd.de/downloads/individualreligiositaet.pdf (29.09.2009).

Homepage des rezenten *Hermetic Order of the Golden Dawn, Inc.*, online verfügbar unter: http://www.hermeticgoldendawn.org, hieraus entnommen die *Flying Roles*: link „Library + Resources", link „The Flying Rolls" (29.09.2009).

Homepage des Forschungsprojektes "Giovanni Pico della Mirandola and The Kabbalah Translated into Latin", online verfügbar unter: http://www.pico-kabbalah.eu (29.09.2009).

König, Peter-R., „Sperma-Gnosis und der Ordo Templi Orientis", online abrufbar unter http://user.cyberlink.ch/~koenig/sunrise/sperm_d.htm#_ednref49 (29.09.2009).

Marktkirche St. Georgii et Jacobi Hannover (Hg.), http://www.kirche-hannover.de/ marktkirche/geschichte/Beschreibung.html (27.09.2009).

MarvelDirectory, Online-Enzyklopädie zum *X-Men*-Universum, online verfügbar unter http://www.marveldirectory.com/individuals/ (29.09.2009).

Modestin, Georg/Tremp, Kathrin Utz, „Zur spätmittelalterlichen Hexenverfolgung in der Westschweiz. Ein Forschungsbericht", online verfügbar unter http://www. zeitenblicke.de/2002/01/modestin/modestin.html#fn27 (29.09.2009).

Peterson, Joseph. H., Internetseite zu europäischen Ritualtexten, online verfügbar unter: http://www.esotericarchives.com, hieraus verwendet (29.09.2009):
Liber Juratus Honorii (http://www.esotericarchives.com/juratus/juratus.htm),
Sigillum Dei (http://www.esotericarchives.com/juratus/aemeth2.gif),
Heptameron (http://www.esotericarchives.com/solomon/heptamer.htm),
Secrets Merveilleux de la Magie Naturelle et Cabalistique du Petit Albert (http://www.esotericarchives.com/solomon/petitalb.htm),
Clavicula Salomonis (http://www.esotericarchives.com/solomon/ksol.htm),
Dr. Faustus vierfacher Höllenzwang oder All vier Elementen (NB) wahrer (&dagger) Geister-Zwang (http://www.esotericarchives.com/moses/hollenz4.htm).
Schäfer, Heinrich Wilhelm, „Zum Religionsbegriff in der Analyse von Identitätskonflikten: einige sozialwissenschaftliche und theologische Erwägungen.", online verfügbar unter: http://www.religion-und-konflikt.de/attachments/Schaefer_EPD-Doku2009_lang.pdf (29.09.2009).
Schuman, Heinz, „Was Homer von den Göttern zu sagen wußte", online verfügbar unter: http://www.heinz-schumann.de/Homer/homer.html (29.09.2009).
Suda On Line, online verfügbar unter: http://www.stoa.org/sol-bin/findentry.pl?keywords=mu+9 (29.09.2009).
Textsammlung zu Aleister Crowley, online verfügbar unter http://www.hermetic.com/crowley/ (29.09.2009; Webmaster: John G. Bell).
Ullrich, Chris, „The iPhone is magic", online verfügbar unter: http://www.tuaw.com/2009/01/15/the-iphone-is-magic/ (29.09.2009).
Voltmer, Rita, „St. Maximin bei Trier (Reichsabtei) – Hexenverfolgung", online verfügbar unter: http://www.historicum.net/no_cache/persistent/artikel/1594/ (29.09.2009).

Personenregister (Auswahl)

Vorbemerkung: Die in der vorliegenden Arbeit applizierte rezeptionsgeschichtliche Methode lässt keine stringente Aufteilung des Personenregisters in akademische und nicht-akademische Autoren beziehungsweise Personen zu. Daher werden im Folgenden alle wichtigen, im Fließtext genannten Personen gemeinsam aufgeführt, unabhängig von ihrem historischen Ort oder ihrer Diskurszugehörigkeit. Moderne akademische Autoren werden allerdings mit dem Nachnamen zuerst, außerwissenschaftliche (historische wie rezente) Autoren und Personen mit der üblichen Namenfolge (beziehungsweise dem Kurznamen) gelistet.

Aaron (bibl.) 279-281, 408, 510
Abraham (bibl.) 296, 412, 586
Agassi, Josef 121
Agrippa von Nettesheim (Heinrich Cornelius) 138, 486, 493-497, 504, 506, 510, 511, 513, 514, 516, 517, 520, 522, 524, 527, 528, 550, 565, 585, 600, 608, 625, 626, 638, 647, 652, 656
Ahn, Gregor 29, 100, 104, 109
Al-Kindi (Abū Yaʿqūb ibn Isḥāq al-Kindī) 442, 452, 462, 478
Albertus Magnus 514
Aleister Crowley 138, 139, 338, 503-505, 508, 509, 518, 519, 538, 540, 541, 546, 564, 571, 580, 584, 589, 591, 599-612, 615, 618, 639, 646, 652
Ammianus Marcellinus 325, 555
Anaximander 350
Anna Kingsford 564, 569, 570
Anna Sprengel 564, 567
Apollonios von Tyana 215, 274, 287, 289-295, 297-299, 304, 307, 325, 333, 337, 341, 412, 429, 465, 477, 478, 501, 514, 518, 524, 618, 623

Apuleius von Madaura 27, 136, 219-220, 225, 230, 235, 236, 238-266, 268, 270, 272, 273, 295, 297, 302-304, 307, 308, 310, 312-315, 323-326, 329, 335, 337, 341, 342, 345, 346, 382, 393, 514, 524, 620, 652
Aristophanes 204, 205
Aristoteles 218, 240, 514
Arnobius der Ältere 555
Arnuphis 371
Arthur E. Waite 565, 567, 599
Äsop 157
Athanasius Kircher 502
Augustinus von Hippo 15, 25, 108, 137, 141, 273-275, 304, 305, 309-336, 342, 350, 358, 360-362, 364, 370, 393, 413, 429, 471, 474, 480, 641, 645
Bardiya/Smerdis 150
Barjesus/Elymas (bibl.) 284
Becker, Michael 148, 277, 281
Benedict, Ruth 84, 85, 419
Bergunder, Michael 24, 621
Berthelot, Marcellin P. E. 631
Bertholet, Alfred 72, 89

Betz, Hans-Dieter 373
Bidez, Joseph 145, 437
Bieler, Ludwig 289, 305
Bodart, Gabriel 179-181
Bremmer, Jan 160, 188
Brown, Peter 76, 86, 87, 305, 306, 583
Brückner, Wolfgang 90
Burkert, Walter 163, 180
Busch, Peter 92, 93, 146, 147, 380
Buschor, Ernst 160
Camus, Albert 26, 255, 256
Cancik-Lindemaier, Hildegard 374
Cancik, Hubert 640
Carastro, Marcello 146, 149, 179
Carl Gustav Jung 612
Cassius Dio 295, 341, 371
Cato der Ältere 462
Catull (Gaius Valerius) 221
Christian Rosencreutz 509, 511
Cicero (Marcus Tullius) 220, 310, 350
Clemens von Alexandrien 157, 556
Cluckhohn, Clyde 86
Copenhaver, Brian 436, 437
Cosimo de' Medici 420, 421
Cumont, Franz 145
Dan, Joseph 481
David Copperfield 200
David Hume 57
Demokrit 227, 412, 475, 476
Denis Diderot 57, 505
Derrida, Jaques 23
Dicki, Matthew 147, 149, 175, 193, 203, 204, 210
Dieterich, Albrecht 382
Diodor (Diodorus Siculus) 206, 207, 216
Diogenes Laertios 217, 288, 344
Dion Chrysostomos 344
Dion Fortune 599, 639
Dionysios Areopagita 422
Donald Michael Kraig 611
Durkheim, David É. 7, 33, 42-45, 60-72, 76, 78, 79, 81-83, 85-89, 94-98, 105-107, 113, 123, 148, 212, 213, 407, 598, 625, 630, 631, 635, 637-639, 641, 647
Ebenezer Sibly 507, 514, 565
Edward Bulwer-Lytton 517, 518
Edward Kelley 585-587
Edward Maitland 570
Elia (bibl.) 74, 75, 131, 146, 237-239, 243, 281, 408
Eliade, Mircea 74, 75
Eliphas Lévi Zahed 21, 138, 503-504, 508, 517-533, 535-546, 551, 556, 558, 561, 566, 567, 569, 570, 575, 579, 581, 584, 597, 600, 604, 628, 637-639, 652
Elischa (bibl.) 131, 281, 408, 409
Emanuel von Swedenborg 518, 567
Empedokles 209, 210, 227, 350, 475, 476
Erich von Däniken 200
Euphrates 295, 341
Euripides 158-160, 167, 190, 191, 199, 206
Eusebios von Caesarea 309
Evans-Pritchard, Edward E. 76, 95, 113-120, 123, 125, 244, 245, 267, 637, 638
Flavius Josephus 369, 370
Fögen, Marie Theres 276, 299, 306
Foucault, Michel 16-18, 20, 22, 36, 70
Francis Barrett 138, 504, 508, 513-517, 519, 551, 556, 565, 604, 628, 638
Franz Anton Mesmer 514
Frazer, James G. 7, 26, 33, 42-64, 66, 69-74, 76, 78-90, 93, 94, 96, 105-107, 109, 112, 114, 123, 145, 177, 185, 191, 192, 212, 213, 227, 228, 399, 400, 507, 549, 554, 556, 602, 610, 625-627, 629, 630, 635-641, 645-647
Frederick Hockley 508, 517, 565, 567
Frederick Holland 566
Gabriel Naudé 551
Galen (von Pergamon) 350, 458

Gaumata 149, 150, 152
Georgios Gemistos Plethon 421
Gerald Brousseau Gardner 599
Giambattista della Porta 138, 486, 497, 504
Gianfrancesco Poggio Bracciolini 418
Gilbert, Robert A. 566, 577
Gillen, Francis J. 67
Giordano Bruno 464, 496
Goethe (Johann Wolfgang von) 274, 335, 652
Goldammer, Kurt 420, 488
Goode, William J. 85, 86, 106
Goodrick-Clarke, Nicholas 612
Goody, Jack 95, 122-124
Gordon, Richard 146
Gorgias 160-162
Graf, Fritz 146, 149, 162, 163, 187, 189, 244
Grattius 224
Grim, Patrick 54, 55, 98, 570, 652
Habermehl, Christoph 304
Hanegraaff, Wouter J. 522, 619, 622
Hansen, Joseph 631
Heinz Schuhmann 200
Helena Petrovna Blavatsky 138, 140, 344, 508, 537, 546-564, 567-570, 574, 593, 597, 599, 600, 603, 604, 612, 620, 628, 638, 652
Henrichs, Albert 383
Hermippos 226, 477
Herodot (von Halikarnassos) 16, 143, 150-156, 170, 179-181, 207, 282, 297, 345, 409, 617
Hesiod 201
Hippokrates (von Kos) 136, 165-173, 178, 180-188, 193, 198, 201, 206, 208, 209, 224, 252, 350, 393, 597, 617
Homer 159, 163, 168, 177, 183, 189, 200-206, 211, 222, 228, 247, 292, 305, 330, 390, 409, 477, 478
Horaz (Quintus Horatius Flaccus) 223, 235

Horton, Richard 72, 126
Hubert, Henri 7, 68, 89, 90, 125, 148, 625, 631-636, 638, 647
Irenäus von Lyon 300
Isaac Casaubon 366
Isidor von Sevilla 324
Israel Regardie 568, 572, 574, 639
Jacques Lefèvre D'Étaples 493
Jakob Böhme 518
Jakob Grimm 54, 55, 652
Jamblich (von Chalkis) 287, 288, 356-361, 364, 408, 421, 436, 454, 460-462, 551, 553, 561, 594-597, 651
Jarvie, Ian C. 121
Jauß, Hans R. 12
Jean Baptiste le Rond d'Alembert 505
Jean D'Anastasi 382
Jesus von Nazareth 146, 215, 216, 274, 275, 281, 282, 285, 286, 289, 292, 294, 296-300, 307, 308, 316, 325, 333, 337, 372, 373, 381, 398, 412, 434, 435, 483, 515, 516, 526, 552, 618, 623
Joanne K. Rowling 3, 4, 137, 504, 652, 653
Johan Baptista van Helmont 514
Johann Faustus 498
Johann Hartlieb 444
Johann Valentin Andrae 510
Johannes Reuchlin 485, 493
Johannes Trithemius 138, 485, 493, 524, 565, 585
John Dee 496, 502, 565, 585-588, 594
John R. R. Tolkien 4, 504, 652, 653
John William Brodie-Innes 590
Jules de Mirville 555
Justin der Märtyrer 300, 301
Kelsos 216, 296, 297, 301, 302
Kenneth Robert H. MacKenzie 550, 566, 567
Kieckhefer, Richard 619
Kippenberg, Hans G. 2, 3, 8, 39, 96, 104-105, 111, 124-127
Klass, Morton 96, 98

Knobloch, Clemens 9
Koselleck, Reinhard 9, 10, 19, 23, 24
Lamberti, Francesca 239
Lee, Dorothy D. 95
Linsenmann, Thomas 322, 334, 336
Lorenzo de Medici 473
Lowie, Robert 94
Lukian von Samosata 288, 382
MacLennan, John F. 67
Malinowski, Bronislav 7, 76, 78-83, 85-88, 94-96, 106, 107, 113, 114, 123, 637-638.
Mannhardt, Wilhelm 53, 54
Marett, Robert R. 83, 84, 93-95
Marsilio Ficino 138, 366, 413, 415, 420-444, 448, 449, 451, 452, 454-472, 474, 475, 479, 480, 482, 484, 486-494, 496, 503, 504, 506, 510, 512, 516, 520, 521, 527, 549, 550, 561, 585, 620, 626, 651
Mauss, Hubert 7, 68, 69, 90, 97, 125, 148, 625, 630-638, 647
Mohammed 450
Moses 279-281, 308, 326, 398, 405, 408, 412, 424, 510, 534, 535, 618, 632
Müller-Jahncke, Wolf-Dieter 486-487
Müller, Friedrich Max 52, 54, 528
Murphy, Tim 17
Niccolo Niccoli 418
Nock, Arthur D. 145
Nowotny, Karl A. 91
O'Keefe, Daniel L. 97
Ogden, Daniel 227, 228
Origines (Adamantius) 301, 309, 462, 501
Otto, Rudolf 72, 73
Ovid (Publius Ovidius Naso) 224, 228, 237
Pape, Wilhelm 282, 608
Paracelsus (Philippus Theophrastus Aureolus Bombast von Hohenheim) 496, 520, 524, 565
Paulus (bibl.) 298

Peel, John D. Y. 121, 125
Petrus (bibl.) 283, 298
Phillips, Charles R. III. 25, 147
Philo von Alexandrien 342-344, 501, 556, 620
Philostratos (Flavius) 289-295, 304, 344
Pico della Mirandola (Giovanni) 21, 138, 413, 415, 425, 436, 472-488, 490-494, 496, 503, 504, 510, 512, 519, 525, 550, 626, 651
Pietro d'Abano 501, 513, 514
Platon 14, 21, 87, 88, 136, 138, 140, 158, 161-165, 169-178, 184-187, 189-191, 193, 195-197, 212, 224, 234, 242, 251, 252, 259, 275, 282, 301-303, 310, 314, 315, 341, 343, 344, 346, 349, 367, 393, 408, 415-417, 420-424, 426, 429, 431, 436, 459, 470, 475-477, 492, 544, 548, 553, 617, 619, 620, 650, 651
Plinius der Ältere 225-235, 237, 253, 275, 393, 476, 477, 555
Plotin 21, 138, 288, 315, 316, 346-356, 361, 363, 398, 416, 417, 421, 424, 426-428, 431, 436, 437, 442, 448, 455-458, 466-469, 475, 478, 479, 487, 492, 626, 630, 651
Pocock, David 125
Porphyrios 287, 297, 331, 344, 348, 355-362, 422, 429, 454, 466, 474, 475, 478, 553
Preisendanz, Karl 383, 385, 386, 397, 403-406, 499, 632, 633, 647
Proklos 288, 361, 422, 436-443, 446, 452, 455, 471, 487, 549, 553, 651
Pseudo-Phocylides 372
Ptolemäus (Claudius) 452, 453
Pythagoras (von Samos) 227, 287, 350, 412, 475, 476, 524, 618
Radcliffe-Brown, Alfred 76, 86, 87
Remus, Harold 307
Riesebrodt, Martin 28
Robert W. Felkin 599

Personenregister (Auswahl) 699

Roger Bacon   478, 514
Salomon (bibl.)   15, 378-380, 412, 497, 502, 503, 510, 532, 535, 536, 570, 571, 586, 592, 597, 598, 618, 638
Samuel MacGregor Mathers   532, 564, 566, 567, 569-571, 577, 580, 588, 591, 599, 601
Samuel Richter   510
Sandra Tabatha Cicero   576, 611
Sarasin, Philipp   24, 263
Saulus (bibl.)   284
Schmitt, Rüdiger   130-131, 278
Segal, Alan F.   339
Simon (Magus)   283, 285, 286, 299, 300
Skorupski, John   72, 126
Smith, Jonathan Z.   103, 306, 307, 376, 378
Smith, William R.   67-69
Söderblom, Nathan   73
Sokrates   87, 162, 163, 169, 429, 461
Sophokles   157, 161, 166, 190, 192, 193, 206
Sossianos Hierokles   216, 298
Spencer, Baldwin   67
Spencer, Herbert   54
Spinoza (Baruch de)   544
Spiro, Melford E.   28, 72
Starhawk   639
Stausberg, Michael   12, 422
Stolz, Fritz   29, 103
Strabon   217
Stuckrad, Kocku von   603, 607, 618, 619
Styers, Randall   56, 97, 124, 229, 646
Synesios von Kyrene   361, 422, 455, 462, 479

Tambiah, Stanley J.   126
Tertullian (Quintus Septimius Florens)   301
Theokrit   205, 222, 247
Thessalos   376-378
Thomas Head   587, 588
Thomas von Aquin   137, 274, 332, 413, 492
Titiev, Mischa   85
Tylor, Edward B.   7, 29, 54, 55, 57, 58, 60-66, 69, 74, 80, 84, 112, 114, 177, 213, 227, 228, 507, 545, 546, 625-627, 629, 630, 635-638, 642, 646, 647
van der Leeuw, Gerardus   72, 74, 76
Veltri, Giuseppe   278
Vergil (Publius Vergilius Maro)   221-223, 247, 310, 323
Versnel, Henk S.   35
Voigt, Georg   417, 418
Voltaire   57
Weber, Max   60, 85, 91, 97, 200, 206
Wengeler, Martin   9
Wilhelm von Auvergne   478
William Gregory   627-629, 647
William Robert Woodman   564, 566
William Wynn Westcott   564-569, 591, 596, 597
Winch, Peter   117-122, 124, 125
Xenophon   217
Yates, Francis   464
Zacharias von Mytilene   375, 653
Zintzen, Clemens   362, 363
Zoroaster   12, 21, 169, 170, 226, 242, 341, 375, 412, 424, 429, 454, 462, 470, 476, 477, 514, 525, 552, 555, 618

www.ingramcontent.com/pod-product-compliance
Lightning Source LLC
Chambersburg PA
CBHW070252240426
43661CB00057B/2541